한권으로 끝내는
청소년상담사 3급

조만업 지음

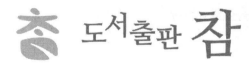
도서출판 참

머리말

　국가공인청소년상담사는 미래의 주인공인 청소년에 대한 올바른 성장과 진로설계를 돕는 전문가입니다. 그간 많은 이들이 본 자격증 취득을 위한 도전의 역사를 만들어 왔고 '전인교육'과 '통습형 교육'인재 양성이라는 최근의 교육환경 변화로 인해 청소년상담사와 자격증의 위상이 강화되고 있으며 이에 따라 본 시험을 준비하는 수험생도 최근 2~3년간 폭발적으로 늘어난 것도 주지의 사실입니다.

　청소년상담사 3급을 취득하고자 하는 이는 상담관련 분야를 졸업하거나 졸업을 예정하고 있는 사람들 중에서 필기시험과 실무경력을 거친 후, 최종면접이라는 전형절차를 통해 여성가족부장관에 의해 취득하게 됩니다.

　위에서 언급한 상담관련분야라 함은 교육학, 심리학, 아동복지학, 사회사업(복지학), 정신의학, 청소년(지도)학 등을 말합니다. 청소년상담사 시험의 내용과 난이도 수준은 상기 전공을 충실히 학습한 이들이 응시할 수 있는 수준의 시험으로 구성되어 있지만 자격시험의 변별도로 인하여 보다 체계적인 수험준비를 해야 합니다.

　또한 최근에서는 합격률과 합격생 규모가 연도별로 큰 차이를 보이고 있어 이에 대한 대비와 더불어 수험준비의 전략적 접근이 필요합니다.

　본서는 이러한 추세에 적절히 대응하기 위한 4가지 전략을 준비해 두었습니다.

첫째는 기본에 충실한 내용입니다.

　시중에 나온 많은 수험서들이 기본적인 내용보다 다양한 내용을 두서없이 수록하는 경향이 있습니다. 이로 인해 수험생들이 학습량에 대한 부담만 가중되는 결과를 야기하고 있습니다. 본서는 시험준비에 꼭 필요한 부분만 심도있게 다루었습니다.

둘째는 NCS기반의 문제들과 내용을 수록하여 과정평가형 자격취득과정에서 언급될 내용들을 수록하였습니다.

본 저자가 참여한 NCS 청소년상담복지분야의 과정평가형 학습내용과 문제유형을 충실히 반영하여 검정형 과정에서 활용될 수 있는 NCS 교재개발내용중 주요사항을 수록하였습니다.

셋째는 기출문제에 대한 충실한 분석과 내용정리입니다.

본서는 국가자격시험의 주요 출제패턴인 기출문제 재출제 경향을 철저히 분석하여 최신기출중심의 분석문제를 심도있게 다루었습니다.

넷째는 최근 출제빈도가 높아지고 있는 심화문제를 대비한 추가학습의 강화입니다.

본서는 과목별 출제빈도가 높은 부분을 기본내용과 기출빈도로 분석하여 다양한 출제경향에도 수험생들이 적절히 대응할 수 있도록 추가학습 내용을 탑재해 두었습니다.

청소년상담사는 미래의 주역인 청소년들의 미래지향적 가치설계를 돕는 참으로 아름다운 사람들입니다. 청소년상담사가 되겠다는 여러분의 꿈은 여러분의 내담자인 청소년의 꿈만큼이나 맑고 깨끗합니다. 본 교재가 여러분의 꿈을 이루는 멋진 도구가 될 것입니다.

끝으로 청소년상담사가 되기 위해 이 시간, 이 교재를 펼치는 여러분에게 건승의 박수를 보내드립니다.

저자 **조만업**

● 목 차

1. 발달심리

1강 발달심리학의 개념 ····················· 3

2강 발달의 특징 ························· 8

3강 발달이론의 연구 ·················· 11

4강 발달과업과 이론 ················· 15

5강 심리사회발달이론 – 에릭 에릭슨 ······· 22

6강 발달단계이론 ···················· 28

7강 인간발달과정 ···················· 33

8강 염색체이상/뇌발달/발달단계
 – 신생아기 ···················· 41

9강 영아기 발달 ····················· 47

10강 영아기의 특징 ···················· 51

11강 유아기의 발달 ···················· 55

12강 아동기의 발달 ···················· 61

13강 아동기발달 / 청소년기의 발달 ······ 65

14강 청년기/성인기 발달(1) ······· 73

15강 성인기 발달(2) – 인지발달 등 ······ 79

16강 성인기/노년기 발달 ················· 83

17강 노년기 질병 및 생활전략 ·········· 88

18강 인간발달–주요발달 영역(1) ······· 94

19강 인간발달 – 주요발달영역(2) ········ 98

20강 인간발달 – 주요발달영역(3) ······ 103

21강 인간발달 – 주요발달영역(4)/ 성격,
 사회성발달 ···················· 107

22강 인간발달 – 발달단계론 ··········· 117

23강 인간발달–정서/도덕성 발달 등 ······ 121

24강 인간발달 – 도덕성 발달 ··········· 127

25강 기타발달론/진로발달론 ··········· 130

❖ 문제풀이 ❖

26강 발달의 개념과 발달심리학의 연구 ··· 138

27강 신경계발달과 영아기발달 ·········· 141

28강 아동기/청소년기 인지발달 등 ···· 145

29강 청소년발달과 특징 ··············· 149

30강 인간발달 전반에 대한 내용 ······· 153

2. 집단상담의 기초

1강 집단상담의 의의 ·················· 159

2강 집단상담의 응집력과 장단점 ······ 163

3강 집단상담의 유형 ················ 168

4강 집단의 구조와 집단지도성 ········ 172

5강 집단상담자의 자격과 협동상담자 ·· 177

6강 문제집단원 및 집단진행기법/

     집단규범(1) ··················· 181

7강 집단상담기법과 집단규범(2) ······ 186

8강 집단상담과 상담이론(1) ·········· 191

9강 집단상담과 상담이론(2) ·········· 195

10강 집단상담과 상담이론(3) ·········· 199

11강 집단상담과 상담이론(4) ·········· 204

12강 집단상담과 상담이론(5) ·········· 209

13강 상담이론(6)과 집단상담 계획 ····· 213

14강 집단의 구성과 유형 ················ 217

15강 집단원의 선발, 상담평가/윤리적문제 등

     ······························ 220

16강 집단상담의 실제 ·············· 228

17강 집단상담의 단계(1) ············· 233

18강 집단상담의 단계(2) ············· 237

19강 청소년 집단상담 ·············· 242

20강 참여자의 권리/상담자의 윤리적

     문제 등 ···················· 247

21강 청소년집단상담자의 자질 등 ······ 251

❖ 문제풀이 ❖

22강 집단상담의 구성 및 응집력 ······· 255

23강 집단상담 기법 ················ 259

24강 집단원의 문제행동 등 ············ 263

25강 집단상담의 단계/비밀보장 ········ 268

26강 청소년 집단상담 등 ·············· 271

3. 심리측정 및 평가

1강 심리평가와 측정 ························· 277

2강 검사도구의 개발과 표준화 ········ 282

3강 검사도구의 선정과 채점 및 척도 ··· 286

4강 표집 ······································· 291

5강 대표값과 정규분포 ··················· 296

6강 원점수와 규준점수 ··················· 300

7강 준거/규준참조검사 및 신뢰도 개념

     ··· 305

8강 신뢰도와 타당도(1) ················· 309

9강 신뢰도와 타당도(2) ················· 314

10강 타당도의 종류 ······················· 318

11강 타당도 및 기타개념 ················· 323

12강 검사의 종류와 평가법(행동관찰, 면접)

     ··· 327

13강 검사지의 선정과 실시 ············· 333

14강 검사실시 윤리 및 해석 ············· 338

15강 인지적 검사 - 지능검사(1) ······· 343

16강 인지적 검사 - 지능검사(2) ······· 350

17강 웩슬러아동/유아검사 ··············· 357

18강 웩슬러검사의 해석/적성검사 등

     ··· 363

19강 적성검사/정서적 검사(1) ··········· 368

20강 정서적 검사(2), MMP1(1) ········· 373

21강 MMPI(2) ····························· 378

22강 MMPI(3) ····························· 382

23강 CPI/PAI/MBTI ······················ 389

24강 16PF/NEO-PI-R/투사적 검사(1)

     ··· 399

25강 투사적 검사(2) ······················ 405

26강 투사적 검사(3), 기타검사(1) ······ 409

27강 기타 검사(2) ························· 415

❖ 문제풀이 ❖

28강 심리평가의 의미와 척도이해 ····· 421

29강 심리검사의 개발 등 ················· 424

30강 타당도와 확인방법 ················· 428

31강 심리검사의 종류 및 검사변인 ···· 431

32강 지능이론 및 지능/성격검사 ······· 435

4. 상담이론

1강　청소년상담의 의의와 특성 ········ 441

2강　상담사의 자질/윤리 및 상담의 의의

　　　 ··············· 445

3강　일반상담이론의 개요/정신분석이론(1)

　　　 ··············· 450

4강　정신분석상담이론(2) – 자아방어기제

　　　 ··············· 457

5강　정신분석이론(3)– 심리성적 발달론

　　　 ··············· 461

6강　정신분석이론(4)– 신프로이드 학파

　　　 ··············· 468

7강　개인주의심리학적 상담이론(1) ··· 476

8강　개인주의상담이론(2)/실존주의 상담이론

　　　 ··············· 483

9강　실존주의 상담이론(2) ··············· 488

10강　실존주의 상담이론(3) ··············· 493

11강　내담자중심상담이론(1) ··············· 498

12강　내담자중심상담이론(2) ··············· 503

13강　내담자중심상담이론(3)/

　　　 게슈탈트상담이론 ··············· 508

14강　게슈탈트상담이론(2) ··············· 513

15강　게슈탈트상담이론(3) ··············· 520

16강　게슈탈트상담이론(4) ··············· 527

17강　교류분석적 상담이론(1) ··············· 531

18강　교류분석적 상담이론(2) ··············· 536

19강　교류분석적 상담이론(3) ··············· 542

20강　행동주의 상담이론(1) ··············· 548

21강　행동주의 상담이론(2) ··············· 554

22강　행동주의 상담이론(3) ··············· 560

23강　행동주의 상담이론(4) ··············· 565

24강　인지적 – 정서상담이론(RET)(1) ··· 574

25강　인지적 – 정서상담이론(RET)(2) ··· 580

26강　인지적 – 정서상담이론(3) ··············· 585

27강　현실요법 ··············· 590

28강　현실요법(2) ··············· 596

29강　여성주의 상담이론 ··············· 600

30강　청소년 상담의 실제 ··············· 605

❖ 문제풀이 ❖

31강　상담의 의의/정신분석이론 ········ 612

32강　개인주의 심리학과 행동주의 이론

　　　 ··············· 615

33강　인지적 접근의 이해 ··············· 619

34강　이야기치료기법 등 ··············· 623

35강　상담기법과 예외질문법 등 ········ 627

5. 학습이론

1강   학습의 의의와 학습유형 ········· 635

2강   전이학습과 학자별 학습 제이론 ··· 639

3강   브루너의 발견학습/가네의 목표별

　　　 수업이론 ···················· 644

4강   행동주의 학습이론 ·············· 649

5강   인지주의 학습이론 ············· 654

6강   사회학습이론 ·················· 657

7강   통찰학습/잠재학습 ············· 661

8강   행동주의-인지학습비교, 정보처리 이론

　　　 ··························· 665

9강   기능주의 학습 ················ 670

10강   구성주의학습과 신경생리학적 학습

　　　 ··························· 674

11강   학습이론 - 뇌, 시냅스의 이해 ···· 679

12강   뇌, 연합학습, 기억 ············ 683

13강   작업기억, 장기기억 등 ········· 688

14강   기억과 인출 ················· 692

15강   학습동기이론 ················ 697

16강   학습동기, 기대-가치이론 ········· 701

17강   최적각성수준이론, 목표설정 이론

　　　 ··························· 706

18강   학습정서이론 ················ 710

19강   학습장애 ··················· 714

20강   귀인이론 ··················· 717

21강   학습이론 - 기타내용 ············ 721

❖ 문제풀이 ❖

22강   학습의 의의와 학습관 ············ 726

23강   행동주의 학습이론과 손다이크의

　　　 학습법칙 ·················· 729

24강   행동주의 연합학습/인지적 접근

　　　 ··························· 733

25강   학습과 기억, 전이, 절차적 지식 등

　　　 ··························· 737

26강   정보처리이론/분습법/간섭 ········ 740

6. 청소년의 이해

1강 청소년의 일반적/법적/역사적 의미

·················· 747

2강 중세이후의 청소년/현대의 청소년 의의

·················· 751

3강 청소년의 발달과 시대별 견해 ···· 755

4강 청소년의 의미/발달적 특징 ······· 758

5강 사춘기 신체적 발달과 순서 ······· 762

6강 청소년발달과 성역할론 ············· 767

7강 양성성/청소년 사회성 발달 ······· 771

8강 청소년기의 사고특성/자아중심성

·················· 775

9강 감성지수/청소년 우정론 ··········· 779

10강 도덕성 발달/정체성 발달 ·········· 784

11강 청소년의 자아정체감 형성 및 사회적

특성 ··················· 788

12강 진로발달 및 진로발달이론 ········ 792

13강 문화의 개념/특징/유형 ············· 798

14강 세대별 특징 및 각국의 상황 ····· 802

15강 청소년 문화의 의의, 특성 ········ 807

16강 청소년문화의 다양한 관점, 여가활동

·················· 812

17강 인터넷문화/청소년복지 ············· 817

18강 법률상의 청소년보호 등 ·········· 822

19강 또래집단과 청소년의 위험행동 ··· 827

20강 청소년 비행이론 ······················ 832

21강 학교부적응, 폭력, 자살, 가출문제

·················· 838

22강 청소년자살, 약물중독문제 등 ····· 844

23강 학교폭력 및 예방 등 ················ 851

24강 청소년 사회참여 및 기타문제 ···· 857

❖ 문제풀이 ❖

25강 청소년의 자기중심성/조숙, 만숙 ·· 862

26강 도덕성발달 및 진로발달 ············ 866

27강 청소년의 학교부적응/자살문제 등

·················· 870

28강 청소년의 사회성발달/범죄이론 등 ·· 873

29강 청소년 보호/복지 ····················· 877

01

발달심리

발달심리

1강 발달심리학의 개념

<table>
<tr><td>학습목표</td><td>1. 발달의 의미를 이해
2. 인간발달과 관련된 '성장' '성숙' '학습' 등의 개념이해</td></tr>
<tr><td>학습내용</td><td>1. 발달의 의미와 다른 용어들과의 차별화, 유사성 학습
2. 인간발달에 영향을 미치는 요소와 발달에 따른 특성에 대한 내용 학습</td></tr>
</table>

■ 발달심리학의 개념

발달 심리학(發達 心理學, developmental psychology)은 사람의 출생부터 사망까지 일생동안 연령에 따른 정신과정과 행동상의 변화를 다루는 심리학의 한 영역이다.

발달심리학은 개인의 일생의 지적·정서적·사회적 과정의 전개에 관심을 둔다. 발달 원리는 신체적·지적 변화가 급속히 이루어지고 행동 유형이 형성되는 생후 20세까지의 시기에 적용된다. 정체성, 인간관계, 창의력 등을 삶의 중요한 세 영역으로 본다.

연구 영역은 신체적·지적·정의적(情意的)·사회적 발달로 나누기도 하고, 영아기·유아기·아동기·청년기·장년기·노년기로 나누기도 한다. 또는 어떤 특수 영역, 예를 들어 뇌의 발달, 양심의 발달, 성격의 발달 등으로도 나눌 수 있다.

운동능력의 발달, 인지발달, 성격 발달 등 심리학 분야의 다양한 연구방법과 주제를 포괄하기도 한다. 변화는 크게 질적 변화(구조적 변화, 단계적 변화)와 양적 변화(연속적 변화, 비단계적 변화)로 나눌 수 있다.

■ 발달심리학 주요내용

1. 주요 연구 분야

임상심리학, 인지심리학, 인지 신경과학, 발달심리학, 진화심리학, 실험심리학, 개인심리학, 수리심리학, 매체심리학, 약물심리학, 신경심리학, 수행심리학, 성격심리학, 생리심리학, 긍정심리학, 정신병리학, 정신물리학, 심리생리학, 정성적 심리 연구, 정량적 심리 연구, 사회심리학, 이론심리학, 교육심리학, 군중심리학 등

2. 주요 응용 분야

심리 실험, 임상심리학, 상담심리학, 교육심리학, 법정심리학, 건강심리학, 산업 및 조직 심리학, 법심리학, 산업 건강심리학, 관계심리학, 학교심리학, 스포츠심리학, 음향심리학, 체제심리학, 심리철학

3. 접근 방법

분석심리학, 행동주의, 인지주의, 인지 행동 치료, 기술심리학, 실존주의 상담, 가족 치료, 인지 정서 행동 치료, 여성주의 상담, 게슈탈트 치료, 인본주의심리학, 초심리학, 이야기 치료, 정신분석학, 정신 역동 치료, 초개인심리학

4. 주요 심리학자

버러스 프레더릭 스키너, 장 피아제, 지그문트 프로이트, 오토 랑크, 멜라니 클라인, 앨버트 반두라, 칼 로저스, 스탠리 샤흐터, 닐 엘가 밀러, 에드워드 손다이크, 에이브러햄 매슬로, 고던 올포트 에릭 에릭슨, 한스 아이젠크, 윌리엄 제임스, 데이비드 맥클랜드, 앨버트 엘리스, 아론 벡, 레이몬드 캐텔, 존 B. 왓슨, 카를 융, 이반 파블로프, 알프레드 아들러 등

▨ 발달(development)의 의미

1. 발달의 의미

연령 증가에 따라 전 생애에 걸쳐서 일어나는 모든 신체적, 심리적 변화를 의미한다.
 1) 사전적 의미 : 사물이나 상황이 낮은 수준에서 보다 높은 수준으로 진전되어 가는 것이다.
 2) 전문적 의미 : 생의 전반(수태에서 청년기)은 신체적, 심리적 구조와 기능이 모두 낮은 수준에서 보다 높은 수준으로 이행하는 상승적 변화를 나타내며, 후반(성인기에서 노년기)은 점차 기능이 쇠퇴해 가는 하강적 변화를 의미한다.
 3) 허록(Hurlock, 1955)의 정의
    질서정연하고 일관성 있는 형태의 진보적인 변화의 연속으로서, 개체의 전 생애 주기를 통해 일어나는 계속적인 변화라고 정의하였다.

2. 발달심리학은 제2의 심리학이라고 불리며 인간의 전 생애에 걸친 모든 발달적 변화의 양상과 과정을 연구하는 학문이다. 발달 심리학에서 다루는 변화는 어떤 시점에서 중단되는 것이 아니라 일생에 거쳐 지속적으로 변화하는 전 생애에 걸쳐 발달(life-span development)되는 내용을 담고 있다.

3. 발달 심리학의 연구필요성과 연구영역

1) 연구필요성

(1) 실존적인 이유 : 인간은 지속적으로 변화하는 존재이다. 따라서 생애 전반에 걸쳐서 일어나는 모든 심리적 변화의 양상과 그 변화 과정 및 기본 기제에 관심을 가지게 된다.

(2) 이론적인 측면 : 인간의 여러 가지 심리현상을 설명하는 데에는 다양한 가설과 이론이 존재한다. 때로 이 이론과 가설들은 상반되기도 한다.

(3) 실제적인 필요 : 연령단계에 따른 발달과제 및 행동의 기본 기제에 대해 설명하기 위한 것이다. 궁극적으로는 발달과정을 바람직한 방향으로 이끌어 나갈 수 있도록 하기 위한 것이다.

2) 연구영역

(1) 현상기술연구(phenomenal description) : 발달 심리학 연구의 일차적인 목적은 사람의 연령이 변화함에 따라 여러 영역에 있어서의 심리적 특성이 변화해 가는 양상을 있는 그대로 기술하는 데 있다.

(2) 발달기제연구(developmental mechanism)
아동의 연령에 따라 발달적 변화가 일어나는 원인과 그 과정을 추론하고 이론 화하는데 주안점을 둔다.

📗 발달의 개념과 설명

1. 발달과 성장의 개념

1) 발달(development)

(1) 발달이론은 연령 증가에 따른 발달과 관련된 심리적 법칙이나 이론적 체계를 말하는 것으로 발달이라함은 인간이 연령의 증가에 따라 전 생애에 걸쳐서 획득(일어나는)하는 신체적, 정신적(심리적), 사회적 변화를 말한다.

(2) 인간발달은 인간 각 개인마다 차별성있는 양상을 보이기도 하며 그 발달의 속도면에도 일정하지 않다. 발달의 내용에 대한 예측도 가능하다. 그리고 인간발달의 속도와 내용에서도 개인차가 있다.

(3) 인간발달은 심리적(지적/정서적), 신체적, 사회적, 경험적 측면에서 조화와 균형을 유지하면서 발달한다. - 생태이론적 측면

(4) 인간발달은 인생 전반에 걸쳐 영속적이고 단계적으로 일어나는 변화의 과정이며 수태부터 죽음까지 전 과정에서 일어나는 정적 부적 변화 모두를 말한다.

(5) 인간발달은 신체적 기능이나 구조의 변화를 말하며 심리적, 인지적, 정서적 내용도 포함

한다. 이러한 변화는 상승적 변화만 말하는 것이 아니라 기능이 약화되거나 퇴행적 변화를 겪는 내용도 다 포함한다.

2) 성장(growth)

(1) 성장은 육체적인 변화중 정적부문 즉, 증가, 증대의 내용을 의미하며주로 양적인 증가를 의미한다고 본다

(2) 성장은 골격의 양적증가로 설명하기도 한다. 즉, 뼈의 증가라든지 근육이 발달되고 볼륨이나 체격이 커지고 풍부해지는 신체적 측면의 양적 증가를 의미한다.

학습, 성숙, 성장의 개념

1. 학습은 경험과 훈련에 의한 것이다. 즉, 학습은 경험과 훈련에 의한 것이다.

2. 성숙은 경험과 훈련에 관계없이 유전적인 인자 등에 의해 나타날 수 있는 것이다.

3. 성장은 신체의 양적증가를 나타내는 것이다.

인간 발달에 영향을 미치는 요소

인간발달은 생애발달적 접근을 갖는 발달심리학의 대상으로서, 인간의 전 생애에 걸친 모든 발달적 변화 양상과 과정을 의미한다. 이러한 인간발달의 모든 연령과 시기는 서로 밀접하게 관련되어 있고 여러 요소에 의해 상호작용적 영향을 받는다.

1. 생물학적 요소

인간발달에 가장 근본적인 영향을 미치는 것은 생물학적 요소이다. 예를 들면, 성격이나 기질, 부모의 유전자, 가족력 등이 이에 해당되며 특히, 육체적 발달에 많은 영향을 준다.

2. 심리적 요소

1) 심리적 측면에서 인간발달에 미치는 영향은 매우 크다. 전생애를 거쳐 대인관계와 상호작용 등을 통해 많은 변화의 기회를 갖게 되며 실제 변화의 내용도 갖게 된다.

2) 인간발달은 한 개인을 둘러싼 여러 환경적 요소가 영향을 미친다. 그러한 환경적 요소는 개인과의 상호작용으로도, 직간접으로 겪는 경험과 사회적,문화적, 일경험 등으로 설명되며 인간발달은 이들에 의해 영향을 받는다.

- 인간발달에 환경적 요소란 학습(learning)과 사회화(socialization) 에 영향을 준다.
- 한 개인이 속한 가족, 학교, 동아리활동, 취미모임, 직장과 같은 사회문화적 요소나 환경여건에 의해 영향을 받는다.

- 한 인간이 자신이 속한 사회에서 그 사회가 기대하는 행동 양식과 규범, 가치 등을 학습해 가는 과정으로서의 사회화(socialization)는 한 개인이 속한 가족, 지역사회, 국가와 민족 등의 사회적 환경에 구성원으로서 온전히 동화/조절되어가는 과정으로 그 사회가 기대하는 사회적 행동규범이나, 관습, 가치, 신념, 역할 , 태도 등을 학습하는 것이다. 이는 인간발달의 매우 중요한 영향이며 목적되기도 한다.

🔲 인간 발달의 특성

발달 심리학에서는 발달단계를 연령에 따라 구분하는데 이것을 보면 발달단계인간의 발달적 변화의 내용을 한눈에 볼 수 있다. 전 생애를 연령으로 구분하면 크게 3개의 주된 발달단계, 즉 아동발달단계, 청년발달단계, 성인발달단계로 구분된다.

인간은 개체의 발생에서 시작하여 끊임없이 부단한 변화의 연속적인 과정을 거친다. 발달이란 개체로서 인간의 생명이 수정될 때부터 출생하여 삶을 끝마칠 때까지 변화하는 과정을 말한다. 이 기간 동안에 일어나는 생활체로서의 바람직한 신체적, 심리적인 변화과정이 총칭한다. 이처럼 인간발달에 특성으로 기초성, 적기성, 누적성, 불가역성이 있다.

이러한 인간발달의 독특성을 지니고 있는데 아래와 같이 정리할 수 있다.

1) **발달의 기초성** : 어릴 때의 발달이 나중의 모든 발달의 기초가 된다는 원리이다. 아동기는 성인기의 기초가 형성되는 기간이므로, 아동기의 발달을 촉진하는 환경을 마련해야 한다

2) **발달의 적기성** : 어떤 특정한 발달과업을 성취하는 데는 가장 적절한 시기가 있는데 이 시기를 결정적 시기라고 한다. 이 시기를 놓치면 다음 시기에 보충되기가 어렵고, 과업 획득의 효율성이 떨어진다.

3) **발달의 누적성** : 인간의 성장발달에 있어 전 단계의 발달에 어떤 결손이 생기면 그 결손은 누적되어 다음 시기의 발달에 좋지 못한 장애가 된다.

4) **발달의 불가역성** : 인간의 특성은 주로 인간의 초기에 그 기초가 형성되고 또한 발달이 급속히 이루어지는데, 만약 발달의 최적기를 놓치게 되면, 그 시기 이후에 이를 보완하거나 교정하기가 힘들다.

5) 머리와 몸통부분에서 먼저 발달이 일어나고 사지부분은 나중에 일어나는데 즉, 머리에서 아래쪽으로 발달이 이루어지고 몸 중심에서 몸 밖으로 발달이 이루어진다.(두미의 원리, 중심-말초의 원리, 전체활동-특수활동의 원리)

6) 발달은 점성성(epigenesis)를 갖는다(점성의 원리-에릭슨) : 이전에 이루어진 발달의 기초 위에서 다음 단계의 발달이 이루어지게 되는 것인데, 즉 발달은 특히 이전 단계의 발달들이 함축되어 전반적으로 영향을 미친다는 원리이다.

2강 발달의 특징

학습목표	1. 발달기제 이해 2. 인간발달단계와 과업 이해

학습내용	1. 적기성, 기초성 등 발달기제에 대한 내용 학습 2. 인간발달단계의 과업과 각 단계별 고유한 특성에 대한 이해 및 학습

발달의 특징

1. 다양한 맥락의 영향을 받지만 발달의 결과는 개인차가 존재한다.
2. 발달은 양적 변화와 질적 변화를 포함한다.
3. 기능과 구조가 쇠퇴하는 부정적 변화도 포함된다.
4. 신체적, 도덕적, 사회적 발달은 독립적이기보다는 통합적이고 총체적이다.
5. 수정에서 죽음에 이르기까지 개인의 체계적인 연속성과 변화를 말한다.

발달의 일반적 특징

1. 발달의 각 영역은 상호의존적이며 배타적이지 않다.
2. 발달은 이전 경험의 누적에 따른 산물이다.
3. 삶의 주요한 사건이나 경험이 발달상의 큰 변화를 가져올 수 있다.
4. 한 개인의 발달은 역사, 문화적 맥락의 영향을 받는다.
5. 대부분의 발달적 변화는 성숙과 학습의 산물이다.

발달기제

1. 적기성 : 각 단계에 맞는 과업이 있다.
2. 기초성 : 유아기의 경험이 중요하다.
3. 누적성 : 이전 단계에서 잘못되면 다음 단계에 더욱 잘못된다.
4. 불가역성 : 이후 단계에서는 전 단계의 잘못을 교정하거나 보충하지 못한다.
5. 상호 관련성 : 아동 발달의 여러 측면들은 서로 밀접하게 연결되어 있다.

수로화 모형 - Waddington

1. 수로화란 강력한 환경의 영향에도 불구하고 유전자형이 결과적으로 동일한 발달 상태에 도달할 수 있도록 표현형을 한정짓는 기제를 의미한다.
2. 따라서 강하게 수로화된 특성일수록 유전적으로 설계된 계획은 다르기 때문에 환경의 영향을 거의 받지 않지만, 약하게 수로화된 특성은 환경의 영향을 많이 받게 된다.
3. 특징
   1) 아동이 발달하는 방향에는 여러 경로가 있다.
   2) 유전과 환경이 상호작용하여 발달의 방향이 결정된다.
   3) 유전이나 환경, 어느 한쪽이 다른 쪽에 영향을 줄 수 있는 범위를 제한한다.

인간발달의 주요쟁점

1. 안정성과 불안정성의 쟁점은 집단 내 개인의 상대적 위치변동과 관련
2. 연속성과 불연속성의 쟁점은 양적/질적변화의 문제와 관련된다.
3. 초기경험을 강조하는 학자에 비해 후기경험을 강조하는 학자들은 발달의 변화가능성을 더 크게 평가한다.
4. 인간발달의 특성을 설명하는데 '민감기'가 '결정기'보다 설득력이 더 크다.
5. 오늘날 유전과 환경 중 어느 한쪽만을 주장하는 입장은 설득력이 떨어진다.

발달 단계와 과업, 발달과업(development tasks)

　인간발달 과정에서 인간이 환경에 적응하기 위하여 각 발달단계에서 반드시 성취해야 할 일들을 뜻한다. Havighurst는 개인이 한 단계에서의 발달과업을 잘 성취하면 행복하게 되고 다음 단계의 과업을 원만히 수행할 기초를 마련하나, 그렇지 못하면 불행해질 뿐 만 아니라 장차의 과업수행에 곤란을 겪게 된다고 하였다.

발달의 영역에 대한 구분(Craig, 1996)

1. 신체적 발달
   - 외적 변화 : 신장, 체중 등을 들 수 있다.
   - 내적 변화 : 근육, 뇌, 내분비선, 감각기관 등을 들 수 있다.
   - 신체적 건강상태 : 걷기, 달리기 등의 운동능력을 의미한다.

2. 인지적 발달

사고와 문제해결에 관련된 정신적 과정을 포함하며, 인식(perception), 기억, 추론, 창의성, 지능, 상상, 언어 등으로 이루어져 있다.

3. 심리사회적 발달

성격과 대인관계 능력의 발달을 포함하며 자아개념, 정서(감정)와 더불어 사회성, 사회적 관계, 사회적 행동으로 이루어져 있다.

■ 발달에 관한 학설

1. **생득설** : 유전론(멘델, 게젤)
2. **경험설** : 환경론(로크, 왓슨)
3. **폭주설** : 생득론과 환경론의 대립된 논쟁의 결과를 인정하고 양이론의 통합을 시도하는 입장
4. **체제설** : 내부적 소인과 환경적 요인이 고차적으로 작용하며 하나의 새로운 체계를 이루는 역동적 과정으로 보는 입장(레빈)

■ 발달의 개념과 연구

1. 발달이란 출생에서부터 노년기까지의 전 생애를 통해 이루어지는 모든 변화의 양상과 과정을 의미한다.
2. 최근의 추세 변화가 있었다면, 어떠한 요인들이 어떠한 과정을 통해 변화를 일으켰는지 탐색하는 것이 발달기제 연구이다.
3. 발달기제 연구는 기술된 현상의 기저과정을 설명하는 것으로서, 무엇이, 왜, 어떻게 발달적 변화를 일으키는가를 알아봄으로써 인간의 발달과정을 보다 깊이 이해할 수 있다.
4. 발달적 변화과정을 탐색하는 것이 현상 기술적 연구(질적연구) 이다. 즉, 현상기술 연구는 사람의 연령이 변화함에 따라 여러 영역에 있어서의 심리적 특성이 변화해 가는 양상을 있는 그대로 기술하는 것으로 규준을 제공해 준다.
5. 변화의 과정을 설명하는 질적 연구 방법과 집단의 규준을 탐색하는 양적 연구방법과는 성격이 다르다.

발달심리

3강 발달이론의 연구

학습목표
1. 발달이론의 연구방법 이해
2. 연구설계법의 이해

학습내용
1. 횡적/종적 접근법의 개념과 연구특성을 학습
2. 시차설계법 등 연구설계에 대한 이해와 학습

📖 발달이론의 연구방법론

1. 횡(단)적 접근법(cross-sectional approach)

1) 횡단적 접근법(cross-sectional approach)은 성장과 발달에 관하여 알아보고자 할 때, 동시적으로 각 연령단계에서 연구대상을 표집하여 어떤 특성을 측정한 후 각 연령단계별로 대푯값을 구하여 그 대푯값을 서로 연결시켜서 발달적 경향을 추정하는 연구방법이다.
연령이 다른 개인 또는 집단을 대상으로 어느 시점 – 횡으로 잘라서 본다는 의미 – 에서 동시에 실험하거나 조사하는 방식이다.
'횡단' 내지 '횡적'이란 시간적으로 어느 한 시점을 횡으로 절단하여 그 단면을 연구대상으로 한다는 의미이다.
(사례 : 아동의 성 역할인식 정도/발달정도를 연구하기 위하여 현재시점의 아동 100명을 표집하여 연구하는 경우)

2) 횡단적 접근법은 일정시점을 기준으로 연령이 다른 개인(또는 집단)간의 발달적 차이나 특이점을 비교하려는 경우에 적합한 방법이다.

3) 이러한 횡단적 연구방법은 대비되는 종단적 접근 내지 종적 접근법의 단점이라 할 수 있는 장시간의 소요라는 문제를 극복하는 것으로 비용적인 면이나 연구상황 때문에 대부분의 발달관련 연구나 접근은 횡단적 접근방식을 택하고 있다.

4) 각 연령단계에서 표집된 사람들이 연구에서 규정한 해당 연령층의 전체 집단을 대표할 수 있으며, 그들의 사회적·역사적 배경이 대체로 동질적이라고 가정할 수 있다면, 횡단적 연구에서 얻은 결과를 토대로 발달의 경향을 추정해도 큰 무리는 없다. 그러나 각 연령층에서 표집한 집단이 심하게 편포(偏布)되었거나 각각 이질적인 역사적·사회적 배경을 가지고 있을

때는, 이러한 연구를 통하여 얻은 결과가 연령의 증가에 기인한 것인지 아니면 다른 어떤 조건 때문인지 구분할 수 없고, 따라서 그 결과를 가지고 발달의 기준을 삼기는 어렵다.

5) 횡단적 접근법(cross-sectional approach)의 장점과 단점

(1) **장점** : 어느 한시점에 여러 연령층, 여러 집단, 개인을 대상으로 연구할 수 있다는 점과 시간과 경비가 절감된다는 점이다.

(2) **단점**

    가. 발달적 측면에서의 연구는 연령 차이 뿐 아니라 생활시기나 생존시기가 상이하여 발생되는 차이 등과 혼합되어 그 원인과 결과의 인과성에 큰 흠결이 되기도 한다.

    나. 특히 인간발달은 연속적으로 이어지는 과정이기에 일관성있는 내용을 담고 있다. 횡단적 접근은 이러한 연속적 변화적인 요소를 파악하는데 어려움이 있다는 것이다.

2. 종(단)적 접근법(longitudinal approach)

1) '종적' 내지 '종단적'이란 의미는 시간적으로 연구대상을 따라가면서 연구하는 방법이다.

종단적 접근법은 같은 피험자가 오랜 기간에 걸쳐 연구대상이 되는 것이다. 모든 피검자들은 동일한 시기에 출생했고, 단일한 사회 문화적 환경 내에서 성장했으므로, 연령 변화에 대한 정보를 제공해 준다.

따라서 횡단적 접근법에서는 알 수 없는, 성장하면서 보여주는 변화까지 알 수 있다. 만약 연구자가 종단적 접근법을 사용하여 연령 증가에 따른 아동의 놀이발달을 연구하기 위해, 1세 아동들을 연구대상자로 선정하여 그들이 10세가 될 때까지 1년 간격으로 또래들과의 상호작용을 관찰해야 한다. 따라서 아동의 놀이발달 패턴을 연구하기 위해 10년의 기간이 소요된다. 종단적 접근법은 시간과 비용이 많이 들고 연구대상자의 손실이 일어나는 단점을 지니고 있기는 하지만, 시간 경과에 따른 개별적 성장을 볼 수 있으며, 각 연구대상들의 행동 특성의 안정성이 유지되는 가치로운 접근법이다.

2) 종단적 접근(longitudinal approach)의 장점과 단점

(1) **장점** : 종단적 접근/연구방법은 연속적이고 일관성있는 발달과정이나 성장의 내용을 알수 있다.

(2) **단점**

    가. 단점으로는 위에서 언급한 바와 같이 시간이 많이 소요되고 예산규모가 커 경제적이지 못하다.

    나. 시간이나 비용의 절감문제로 관찰대상의 규모나 양적인 면에서 지나치게 범위를 제한하면 그 연구결과를 일반화하는데 문제가 생길 수 있다.

    다. 종적연구의 가장 큰 문제가 바로 연구대상자 또는 연구집단의 변화이다. 예를 들면 관

찰대상자의 이탈적 요소이다. 사고, 사망 등에 의한 탈락이나 관찰대상자의 동의를 철
회하는 경우 등의 문제가 있다

라. 종단연구는 연구시점과 종결점의 시간적 간격이 크기 때문에 최초에 적용된 이론과 기
준을 일관되게 적용해야 한다. 하지만 그 연구기간 동안 계발된 새로운 이론이나 연구
방법, 접근법 등을 활용할 수 없다는 점도 단점으로 거론된다.

☐ 횡단적-단기 종단적 접근법(short-term longitudinal approach)

1. 횡단적 접근법과 종단적 접근법을 절충한 방법으로 주로 소수의 집단이나 개인을 단기간 동안
추적함으로써 종단적인 발달적 변화를 진단하거나 연구하고자하는 접근법이다.
   - 사례 : 초등학생, 중학생, 고등학생의 각각의 집단 즉, 3개 집단을 어느 한 시점에서 주제를
   연구한 후에 10년 후 이들의 변화된 내용을 다시 연구하는 경우이다.
2. 이 접근법은 동시대 효과가 크게 작용할 수 있는 변인일 경우 종단적 설계를 적용해야겠지만
현실적인 여건이 충족되지 않을 경우에 주로 사용한다.

☐ 계열적 접근법

1. 여러 동시대 집단을 시간을 두고 반복적으로 관찰함으로써 횡단적 접근과 종단적 접근을 결
합한 형태를 말한다.

2. 계열적 접근법의 장점

실제적 발달경향과 동시대 집단효과를 구별한다. 즉 하나의 동시대 집단이 경험한 발달적 변
화가 다른 동시대 집단이 경험한 발달적 변화와 비슷한지 여부를 알 수 있다.

3. 계열적 접근법의 단점

종단적 연구보다 비용과 시간이 덜 든다. 하지만 횡단적 연구보다 비용과 시간이 많이 든다.
가장 강력한 연구방법 내지 설계임에도 불구하고 여전히 발달적 변화가 연구된 동시대집단
을 넘어 일반화 될 수 있느냐에 관한 문제가 있다.

☐ 순차적 접근법

순차적 접근법 역시 횡단적 접근법과 종단적 접근법의 단점들을 극복하기 위한 절충적 접근법
으로 각기 다른 연령의 사람들을 동시에 여러번 비교하는 연구방법이다. 이러한 접근법의 목적

은 연령의 차이와 변화를 보는데 적합하다. 장점으로는 동시대 출생집단이 경험하는 발달의 변화가 다른 동시대 출생집단이 경험하는 발달의 변화와 유사한지 어떤지를 알 수 있다는 점이다. 그러나 단점으로는 시간이 상당히 소요되고 복잡한 절차가 문제가 되며 효율적인 방법이긴 하지만 발달의 변화를 일반화하는데 어려움이 있다.

시차 설계법

1. 시차 설계법이란 출생연도가 다르지만 같은 연령대의 개인 또는 집단을 조사시점을 달리하여 조사, 연구하는 연구설계, 접근법이다.

2. 이 접근법은 나이는 동일하지만 출생연도가 다른 개인이나 집단이 조사시점을 달리하는 연구 결과에서 어떤 차이점이 있는가하는 것을 보고자 할 때 매우 유용한 방법이다.

3. 상이한 출생연도와 동일한 연령대의 차이점을 조사시기를 달리하여 그 결과(예를 들면 연령효과 등)를 보고자 하는 것이 시차 설계법의 유용성이다.

각 연구/접근법의 비교요약

구분	조사대상	장점	단점
횡단적 연구/접근법	동시에 각기 다른 연령대의 개인이나 집단	연령에 의한 차이를 알 수 있음.	개인차나 시간의 흐름에 따른 개인의 변화를 알 수 없음
종단적 연구/접근법	동일한 개인이나 집단을 오랜 시간동안 반복하여 관찰	시간(연령)변화에 따른 개인의 발달적 변화를 알 수 있음.	연구대상 탈락 시간과 비용의 과다
계열적 연구/접근법	다른 연령층의 연구대상을 오랜시간 동안 반복하여 조사함.	연령에 의한 차이와 시간에 따른 개인의 발달 변화를 알 수 있고 연구기간이 단축됨	연구대상 표집, 자료수집과 분석 및 연구결과 해석이 복잡함.

발달심리

4강 발달과업과 이론

학습목표	1. 학자별 발달과업의 이해 2. 정신역동적 입장에서의 발달론

학습내용	1. 길모어 등 학자별 발달과업과 내용에 대한 학습 2. 정신역동적 입장에서의 성격구조와 발달내용 이해

☐ 발달과업과 이론

1. 발달과업과 관련이론

1) 발달과업의 의의
 (1) 개인의 일생에 있어서 어떤 시기에 이룩해야 할 과업을 의미한다.
 (2) 이 과업이 성공적으로 이루어지면 그 개인의 행복이 이루어지고 다음 과제를 성공적으로
  이룰 수 있다.

2. 길모어(Gilmore)의 발달과업

인간 발달의 과업을 일, 인간관계, 자기 자신에 관련된 것 등의 3가지 영역으로 구분하였다.

3. 해비거스트(Havighurst)의 발달과업

1) 개인의 생리적, 심리적 조건, 사회규범과 기대, 개인의 철학적 이상과 포부, 가치관의 상호
 작용에 의해서 결정된 특징이다.
2) 특정한 시기에 기대되는 과업이며, 질서와 개연성, 결정적 시기를 가진다.
3) 그 시기의 적응도를 결정한다.
4) 다음 발달 단계의 행동 발달에 영향을 준다.
5) 교육목표 설정에 도움을 준다.
6) 학습준비도 결정에 도움을 준다.

정신분석/정신역동적 발달론

1. 정신분석이론

- 자세한 내용은 본 교재 제 4권(제4과목) '상담이론' 참조

프로이드 이론은 20세기의 인류문명에 광범위하게 영향을 준 이론이라고 볼 수 있다. 그의 이론은 심리학과 정신의학 뿐 아니라 문학과 예술, 종교에 이르기까지 관심의 대상이 되었다. 인간 조건에 대한 프로이드의 관점은 당시의 지배적이던 견해와는 크게 대립되는 것이었지만 당시 불명확하고 잘 이해될 수 없었던 정신생활을 이해하는데 적절한 방법을 제시해 주는 것이었다.

2. 주요개념

의식과 무의식

프로이드는 의식을 인간의 정신생활의 중심이라고 보지 않고 인간의 마음을 빙산에 비유하고 물위에 떠있는 작은 부분이 의식이라면 물속의 훨씬 더 큰 부분을 무의식으로 비유하고 이 거대한 무의식 영역 속에 추진력, 정열, 억압된 관념 및 감정들이 숨어 있다고 보았다. 그리고 이것들은 인간생명의 거대한 하층구조로서, 인간의 의식적 사고와 행동을 전적으로 통제하는 보이지 않는 힘이라고 생각했다.

1) 의식 (consciousness)

의식은 어떤 순간에 우리가 알거나 느낄 수 있는 모든 경험과 감각을 말한다. 프로이드는 정신생활의 극히 일부분만이 의식의 범위 안에 포함된다고 했다. 우리가 어떠한 순간에 경험하는 의식 내용은 외부적 요인에 의해 주로 규제되는 선택적 여과과정의 결과이며, 이 경험은 잠시 동안만 의식될 뿐 시간이 경과하거나 주위를 다른 곳으로 돌리면 그 순간에 전의식이나 무의식 속으로 들어가 잠재하게 된다. 그러므로 의식은 성격의 제한된 적은 부분만을 나타낸 것이다.

2) 전의식 (preconsciousness)

전의식은 흔히 이용 가능한 기억으로 불린다. 즉, 어느 순간에는 의식되지 않으나 조금만 노력하면 곧 의식될 수 있는 경험이나 기억을 말한다. 이 전의식은 의식과 무의식의 영역을 연결해 주는데 예컨대, 어떤 치료기법에 의해서 무의식 내용이 전의식으로 나타나고 또 그 다음에 의식이 될 수 있다고 프로이드는 생각했다. 전의식은 의식과 무의식 사이에 있는 문지기이다.

3) 무의식 (unconsciousness)

프로이드는 무의식이 인간정신의 가장 크고 깊은 심층에 잠재해 있으면서 의식적 사고와 행

동을 전적으로 통제하는 힘이라고 생각하였다. 전의식과는 달리 무의식은 전혀 의식되지 않지만, 사람들의 행동을 결정하는 주된 원인이 된다. 인간의 모든 생활경험은 잠시 동안만 의식의 세계에 있을 뿐 주위를 다른 곳으로 바꾸거나 시간이 지나면 그 순간에 의식의 경험들은 전의식을 거쳐 깊은 곳으로 들어가 잠재하게 되는데 이를 무의식이라고 보았다. 즉 의식 밖에서 억압되는 어떤 체험이나 생각은 소멸되는 것이 아니라 무의식 속으로 들어가 잠재하여 그 개인의 행동에 강력한 영향력을 행사한다. 억압된 생각이나 체험 혹은 그 밖의 잠재된 경험들은 생물학적 충동이나 어떤 일과 연상되어 나타나면 현실에서 불안을 일으키고 다시 밑으로 밀려나 끝없는 무의식적 갈등이 된다고 한다.

이러한 무의식적 갈등을 분석하여 환자를 치료하는 정신분석학적 방법은 초기에 최면술로 시도되었으나, 후에 자유연상법으로 억압된 무의식을 의식화하였으며 이로써 프로이드는 무의식이 추상적인 것이 아니라 증명될 수 있고 제시될 수 있는 현실이라고 주장했다. 그는 40여 년간에 걸쳐 자유연상방법으로 무의식을 탐구했고 최초로 포괄적인 성격이론을 발전시켰다.

■ 성격의 구조

정신분석적 관점에 의하면 성격은 세 가지 조직으로 구성된다. 즉, 본능(id), 자아(ego), 초자아(superego)이다. 이러한 구조들은 세 가지 부분으로서 구분되기보다 오히려 전체로서 작용하는 개인의 성격기능이다. 본능은 생물적인 구성요소이고, 자아는 심리적인 구성요소이며, 초자아는 사회적인 구성요소라 볼 수 있다. 정신분석학적 관점에서 보면 성격의 역동성은 심적 에너지가 본능, 자아, 초자아에 분포되는 방식에 따라 결정된다. 이는 심적 에너지가 어느 한 체계로 쏠린다면 다른 두 체계는 유용한 에너지를 사용할 수 없게 되므로 행동은 이러한 역동성에 의해 결정된다.

1) 본능 – 원초아 (Id) – 쾌락원칙

본능 성격의 가장 원시적인 체계이다. 본능은 심적 에너지의 근원으로 비조직적이고 맹목적이며 고집스럽다. 본능은 긴장을 즉시 감소시키고 고통을 피하며 즐거움을 얻기 위한 쾌락원칙에 근거하여 본능의 욕구를 만족시키려는 생각에 의해서만 움직인다. 본능은 공격적이고 동물적이며 비논리적이고 부도덕하며 조직되지 않은 것으로써, 쾌락의 원칙에 위배되는 모든 억압을 싫어하고 무시한다. 따라서 모든 행동은 자애적인 방법으로 표현되며 언제나 비합리적이고 충동적으로 행동하고 다른 사람에 대한 영향은 전혀 고려하지 않는다. 본능은 무의식적이거나 의식외적 존재이다.

2) 자아 (Ego) – 현실원칙

자아는 "이성과 분별"을 뜻한다. 자아는 본능과 초자아를 중재하는 외적세계의 교통순경과도 같은 역할을 하며 의식을 통제하고 검열하는 역할을 한다. 자아는 원초아의 충동들을 어떤 방법으로든지 충족시켜 주어야 하지만 그것은 초자아가 침해를 받지 않는 범위 내에서 이루어져야 한다. 이같이 자아는 원초아의 욕구(yes)와 초자아의 거절(no) 사이에서 현실에 맞도록 조정하여 개체를 적절히 유지시키는 기능을 한다. 자아는 원초아의 쾌락적 원리와는 달리 현실의 원칙을 따른다. 현실원칙의 목적은 욕구충족을 위해서 적당한 대상이나 환경조건이 이루어질 때까지 본능적 만족을 지연시켜 개체를 안전하게 보전시키는데 있다. 다시 말하면 자아의 목적은 자신이나 타인에게 해를 끼치지 않고 원초아의 욕구를 충족시키는 적절한 과정을 발달시키는데 있다. 즉, 자아는 성격의 조정자이며 집행자이다.

3) 초자아 (Superego)

인간은 바람직한 사회생활을 하기 위해서 그 사회의 질서체계인 가치, 도덕, 윤리체계를 습득해야 한다. 이것들은 사회화과정을 통해 이루어지며, 정신분석학적 용어로는 초자아이다. 초자아는 인간의 마음속에 있는 윤리적, 도덕적, 이상적인 면을 말하며, 유전되는 것이 아니라 성격구조 중 마지막으로 발달되는 체계로써 부모의 양육태도 즉, 부모가 주는 보상과 처벌에 대한 반응으로 발달한다. 초자아는 아동이 옳고 그름을, 선과 악을, 그리고 도덕과 비도덕을 분별할 수 있게 될 때 비로소 나타나며, 아동의 생활범주가 점차 확대되면서 그 집단들이 인정하는 적절한 행동규범을 추가하면서 초자아를 형성한다. 아동은 항상 이러한 부모의 기대와 집단의 규범에 알맞게 행동함으로써 갈등과 처벌을 피한다.

프로이드는 초자아를 두 개의 하위체계 즉, 양심(conscience)과 자아이상(ego ideal)으로 나누었다. 양심은 아동이 잘못을 저질렀을 때 부모로부터의 야단이나 처벌을 통해 생기며 이것은 자신에 대한 비판적 평가나 도덕적 억압, 죄의식 등이 포함된다. 한편 자아이상은 아동이 긍정적인 일을 했을 때 부모로부터 받는 보상이나 칭찬으로부터 발달하며 아동이 목표나 포부를 갖게 하고 자존심과 긍지를 느끼게 해준다. 초자아는 오이디푸스 콤플렉스(Oedipus Complex)가 해결되는 기간에 아버지와 동일시함으로써 형성된다. 그러므로 아버지는 도덕적 상징자로서 중요한 역할자가 된다.

☐ 불안의 개념 및 종류

1. 불안은 무엇을 하기 위해 동기를 유발하게 하는 긴장상태로써 유용한 심적 에너지를 통제할 수 없을 때 발달하는 것으로 본능과 자아 그리고 초자아간의 갈등의 형태로 나타난다. 불안의 기능은 절박한 위험을 경고하는 것으로 적절한 대책이 취해지지 않으면 자아가 전복될 때까지 위험이 증가하리라는 것을 자아에게 경고하는 것이다.

2. 불안의 종류

1) 현실적 불안

현실적 불안은 외부세계로부터 오는 위협에 대한 두려움으로 그 정도는 외부세계가 주는 실제위협에 비례한다.

2) 신경증적 불안

신경증적 불안은 통제되지 않은 불안에 의해 개인이 어떤 행동을 하게 됨으로써 처벌받지 않을까하는데 대한 두려움이다. 즉, 자아는 자신의 에너지가 없으므로 본능에게서 자신의 에너지를 빌려와야 하기 때문에 위험하고 억압된 욕망이 뚫고 나오려고 위협한다거나, 기본적인 생물학적 욕구를 만족시키기에 무력하게 느낀다거나, 본능의 충동을 처리할 수 없을 때 신경증적 불안을 경험하게 된다.

3) 도덕적 불안

도덕적 불안은 자신의 양심에 대한 두려움이다. 양심이 잘 발달된 사람은 자신의 도덕에 위배되는 일을 할 때 죄의식을 느끼게 된다.

▨ 정신역동적 이론에서 주창하는 심리성적 발달 5 단계

– 리비도의 위치에 따른 분류

1) 구강기

출생에서 1세까지로 유아는 입을 통해 쾌락을 얻는다. 생후 1년간은 입이 성적, 공격적 욕구 충족을 하는 신체 부위가 되며, 입, 입술, 혀, 잇몸 등을 자극하는데서 만족을 느끼기 때문에 빨고, 삼키고, 깨물면서 만족을 얻는다. 구강기에는 수동적으로 어머니의 보살핌을 받으며 생활하기 때문에 유아는 의존적이고 다른 사람으로부터 분화되지 않은 상태이다.
구강 전기에는 어머니에게 접근하고 합치되려는 경향이나 후반기에는 애정과 우호적인 태도를 갖는 동시에 적대적이며 파괴적인 태도를 갖게 된다. 이 때 유아는 최초의 양가감정을 경험하게 된다. 구강기 전반기에 좌절 혹은 방임을 경험하면 구강 수동적 성격이 되며, 이 성격은 낙천적이고 타인에게 의존적이며, 모든 것을 희생해서라도 인정받고 싶어 한다. 구강기 후반기에 고착되는 구강 공격적 혹은 구강 가학적 성격의 특징은 논쟁적이고 비꼬길 잘하며, 타인을 이용하거나 지배하려고 한다.

2) 항문기

항문기란 대소변을 가리는 훈련이 시작되는 1세 내지 1세 반에서 3세까지로 리비도가 항문에 집중하는 시기를 말한다. 이 시기의 유아는 신경계의 발달로 괄약근을 수의적으로 조절할 수 있다. 괄약근의 발달로 아동은 마음 내키는 대로 배설하거나 보유할 수 있다. 그러나 대소변 훈련이 시작되면서 유아의 본능적 충동은 외부에 의해 즉, 양육자인 어머니에 의해 통제된다.

유아는 자신이 원하는 때에 배변을 하기 원하나 어머니는 사회적 관행을 따르도록 하며 유아는 배변 시기를 조정하기 위해 갈등하며 욕구의 만족을 늦추어야 할 필요성에 의해 자아가 발달한다. 부모는 배변 훈련을 할 때에 옳고 그름에 대해 말하고 유아는 부모에 동조하며 부모의 의견을 내면화시켜서 이를 따르게 된다. 이것이 초자아 발달의 시초가 되며, 배변 훈련이 성공하면 유아는 사회적 승인을 얻는 쾌감을 경험하게 된다.

부모가 거칠게 혹은 억압적으로 훈련하여 고착된 항문기 강박적 성격은 고집이 세고 인색하며, 복종적이고 시간을 엄수하며, 지나치게 청결한 특징을 가진다. 반대로 지나치게 관대하여 고착된 항문기 폭발적 성격은 잔인하고 파괴적이며, 난폭하고 적개심이 강하며, 불결한 특징을 갖는다.

3) 남근기(성기기)

남근기는 3세에서 6세로 리비도가 아동의 성기로 집중되는 때이며, 아동은 자신의 성기를 만지고 자극하는 데서 쾌감을 느끼는 시기이다. 이 시기부터 원초아, 자아, 초자아는 역동적으로 작용하기 시작한다.

남근기의 가장 중요한 상황은 오이디푸스 콤플렉스로 아동이 이성의 부모에게 성적 관심을 갖고 접근하는 욕망을 가리킨다. 남아는 어머니에 애착을 느껴 아버지를 경쟁자로 생각하고 적대감을 느끼며, 거세불안을 느끼게 된다. 그러나 이 불안을 해소하기 위해 어머니가 인정하는 남성다움을 갖기 위해 동성의 부모에게 성적 동일시를 함으로써, 남자아이는 남자답게, 여자아이는 여자답게 행동하려고 애쓴다. 남근기에 고착된 남자는 경솔하고, 과장이 심하며, 야심이 강하고 여자는 경박하고 유혹적이다.

4) 잠복기

잠복기는 6세에서 12, 13세까지로 리비도의 신체적 부위는 특별히 한정된 데가 없고 성적인 힘도 잠재된 시기이다. 이 시기에는 오이디푸스 콤플렉스를 극복하고 난 후의 평온한 때로 성적 욕구가 철저히 억압되어 비교적 자유롭지만 그 감정은 무의식 속에 계속 존재한다. 다시 말하면 본능 약해지고 자아와 초자아는 강력해지며 성격에서 이루어지는 주요한 발달은 초자아의 기능이다.

리비도의 지향 대상은 친구 특히 동성의 친구로 향하고 동일시 대상도 주로 친구가 된다. 잠복기 아동의 에너지는 지적인 활동, 운동, 친구와의 우정 등에 집중된다. 잠복기에 고착되면 성인이 되어서도 이성에 대한 정상적인 친밀감을 갖지 못하고 이성과의 관계를 회피하거나 정서적 감정 없이 단지 공격적인 방식으로 성적 행동을 한다.

5) 생식기

생식기는 사춘기부터 성적으로 성숙되는 성인기 이전까지의 시기로 심한 생리적 변화가 특징이며 격동적 단계로 불린다. 호르몬과 생리적 요인들로 인해 그 동안 억압되었던 성적 감정들이 크게 강화되면서 잠복기 동안 억제되었던 성적, 공격적 충동이 자아와 자아의 방어를 압도할 정도로 강해진다. 따라서 이전의 방어 양식들은 적절치 않게 되고 광범위한 재적응이 요구된다.

본능이 우세할 때는 지나치게 쾌락 추구에 몰두해 공격성, 야수성, 범죄 행동이 왕성해지며, 반대로 자아가 너무 표면화되면 불안이 심해지고 금욕주의, 지성화의 경향이 강해져서 본능을 억제하고 자아를 방어하려고 애쓴다.

사춘기에는 성적 성숙이 다 이루어져서 사춘기 전기의 불안은 사라진다. 이 시기에는 부모에 대한 관심이 사라지고 가족 밖에서 연장자와의 친교를 가지며, 이성을 향한 성욕 충족을 추구한다. 이러한 성적 욕구는 독서, 운동, 자원봉사 등 다른 활동을 통해 승화되기도 한다. 이 시기에 성격발달을 위해서는 근면을 배워야 하고 즉각적인 만족을 지연시켜야 하며 책임감이 있어야 한다.

자아방어기제 이론

– 본 교재 제 4과목 '상담이론' 부분 참조

발달심리

5강 심리사회발달이론 - 에릭 에릭슨

학습목표	1. 에릭 에릭슨의 심리사회발달이론 2. 구스타프 칼 융의 집단무의식

학습내용	1. 에릭 에릭슨의 인간관계에서 출발하는 발달이론을 이해한다. 2. 프로이트의 이론과 차별화되는 융의 집단무의식과 그 내용을 학습한다.

☐ Erikson의 심리사회적 발달이론

1) 요약

정신사회적 발달론은 1950년대 미국 하바드대학 정신분석가인 에릭 에릭슨(Erik Erikson)이 제시한 것이다. 에릭슨은 인간의 발달단계를 문화적 환경에 중점을 두었으며, 인간의 기능영역을 확대 시켰고 정신사회적 발달의 개념을 제시하였다.

프로이드가 도식화한 정신성적 발달 단계에 병행하는 자아발달의 순서를 만들고 이를 점진적 분화의 시기들이라고 명명했다. 즉, **자아(인간현실의 자아)는 전 생애를 통하여 정신분석이론의 <u>정신성적 발달에 따라 사회 심리적으로도 8단계를 거치면서 발전</u>한다**고 하였다.

인간은 각 단계마다 극복해야 할 독특한 갈등과 과제가 있으며 이를 성공적으로 수행하면 다음 단계로 발달, 성숙해 나가지만 만약, 잘 해결하지 못하면 만성적 적응장애에 빠진다고 한다.

그는 각 단계마다 해당되는 신체기관이나 신체운동에 따른 지역의 개념이 있으며(예: 구순기 때는 입과 먹는 행위), 단계 특유의 수행방식이 있다고 하였다(예: 구순기 때는 안으로 받아들임과 의존). 각 단계에서의 성공적 또는 실패적 결과로 나타나는 인격성향은 다음과 같이 요약된다.

프로이드의 vs 에릭슨

Freud	Erikson
본능 id	인간 현실의 자아 ego
리비도의 방향전환을 강조	개인에 대한 가족, 사회의 영향을 강조
무의식의 흐름 중시	의식의 흐름, 사회적 상호작용 중시
발달의 부정적인 면 강조	긍정적인 면을 강조
청년기 이후의 발달변화 무시	전 생애를 계속적인 발달과정으로 간주

점성이론 (epigenetic principle)

Erikson은 성격발달이 점성원리(epi-genetic principle)에 따라 이루어진다고 본다. 이 원리는 생물학적 원칙에서 유래된 것인데, 성장하는 모든 생물은 기본계획을 갖고 있고, 그 기본계획으로부터 여러 부분들이 발생하고 발달하며, 이 과정에서 각 부분이 우세하게 나타나는 특정한 시점이 있으며, 이 모든 부분이 통합하여 하나의 기능적인 전체를 이루게 된다는 것이다.

에릭슨의 심리사회적 발달 8단계론

(1) 제 1단계 : 신뢰감 대 불신감(영아기, 0-18개월)
- 이 단계는 프로이드의 구강기에 해당되는 시기로서, 출생에서 약 1세까지를 가리킨다.
- 이 시기 동안에 유아가 맺게 되는 사회적 관계는 주로 돌보아 주는 사람인 어머니와의 관계이다. 유아가 생의 초기에 처음으로 맺게 되는 사회 관계에서 어머니가 유아의 신체적, 심리적 욕구와 필요를 적절히 충족시켜 주면서 그를 일관성 있게 돌보아 주면, 유아는 어머니 또는 돌보아 주는 사람을 신뢰하게 된다.
- 에릭슨은 이 시기를 인생에서 가장 중요한 시기로 보았는데, 그 이유는 이 시기에 신뢰감을 형성하게 되는 것이 생의 후기에 맺게 되는 모든 사회 관계에서의 성공적인 적응과 밀접한 관련이 있기 때문이다. 그러나 여기서 주목할 점은 에릭슨이 신뢰감만을 강조하고 불신감의 효용을 무시한 것이 아니라는 점이다. 그는 인간의 참된 성장을 위해서는 어느 정도 불신감의 경험도 필요하다고 주장한다. 그러나, 긍정적인 성격발달을 위해서는 불신감보다 기본적 신뢰감을 많이 경험해야 한다는 것이 그의 주장이다.

(2) 제 2단계 : 자율성 대 의혹(유아기, 18개월-3세)
- 이 단계는 약 1년 이후부터 3세까지를 말하는데, 이 시기의 유아는 여러 개의 상반되는 충동 사이에서 스스로 선택을 하고자 하게 되며, 이러한 과정을 통하여 자신의 의지를 나타

내고자 한다고 에릭슨은 말한다. 즉 자율성을 가지려고 한다는 것이다.

- 이 단계의 유아는 근육발달로 인하여 대소변의 통제가 가능하게 되며, 자기 발로 서서 걷게 되면서부터 자기 주위를 혼자서 열심히 탐색하게 되고, 음식도 남의 도움을 받지 않고 자신의 힘으로 먹으려고 한다. 이러한 자율성은 그들의 언어에서도 나타나는데, 예를 들어 〈나〉, 〈내 것〉등의 말을 자주 반복하여 사용하며, 특히 〈안 해 !〉라는 말을 씀으로써 자기주장을 표현한다.
- 자율성에서 의지가 성장한다. 의지는 자기 제한과 마찬가지로 자유 선택을 이행하려는 꺼지지 않는 결심이다. 의지라는 것은 고집이 세다는 의미가 아니다. 이는 판단력과 분별력을 가지고 자신의 추동을 통제하는 것을 말한다. 어쩔 수 없는 좌절에도 불구하고 결정을 내리고 결단력 있게 행동하는 것을 배운다. 따라서 의지라는 것은, 피할 수 없는 수치와 회의의 경험에도 불구하고, 선택의 자유와 자기 제약을 연습하는 깨지지 않는 결심이다.

(3) 제 3단계 : 주도성 대 죄책감(유치기, 3-6세)
- 이 단계는 프로이드의 남근기에 해당하는 시기로서, 성인의 활동에 열정을 보이고 성인의 일에서 자기의 능력을 평가해 보려는 시기이다.
- 그의 행동은 목표 지향적이 되고 경쟁적으로 되는데, 이때 어린이의 행동에는 상상적인 측면도 포함된다. 이 시기에 어린이는 자신의 큰 계획과 희망들이 결국에는 실패할 수밖에 없다는 사실을 깨닫게 되는 자신의 계획이나 희망이 사회의 금기를 범하는 결과를 가져오게 된다는 사실을 알게 되면서 죄의식을 느끼게 되어, 그러한 충동이나 환상을 억제한다고 한다. 부모가 아이의 주도적 활동과 환상(오디프스)에 어떻게 반응하는가? 만일 부모가 이런 활동을 처벌하거나 억제하면, 아이는 새로운 활동을 나쁜 것이라고 느끼고 죄책감을 발달시킨다.
- 이 위기를 극복할 수 있는 길은 목적을 설정하는 것이다. 목적의식은 유아기의 환상의 좌절, 죄의식, 벌에 대한 두려움 등에 방해받지 않고 가치 있는 목표를 설정하고 추구하는 용기이다. 결국 주도성을 발달시키게 된다.

(4) 제 4단계 : 근면성 대 열등감(아동기, 6-12세)
- 이 단계는 6세부터 11세까지를 말하며, 프로이드의 이론으로는 잠복기에 해당된다. 에릭슨은 이 단계를 자아성장의 결정적인 시기라고 보았다.
- 이 시기의 어린이는 기초적인 인지적 기술과 사회적 기술을 습득하게 되면서부터, 가족의 범주를 벗어나 더 넓은 사회에서 통용되고 유용한 기술들을 열심히 배우고자 하며 이를 숙달하고자 한다. 예를 들어, 미개사회에서는 사냥이나 농업기술을 배우게 되며, 현대 사회와 같은 문명이 고도화된 사회에서는 읽기, 쓰기, 셈하기 등의 인지적 기술을 획득하기 위해서 학교에 들어가게 된다. 또, 이 시기의 어린이들은 또래와 같이 놀고 일하는 것을 배우게 된다.

- 학문과 인간관계의 능력이 출현하기 시작한다. 에너지가 넘쳐 끊임없이 움직인다. 모르는 것은 무엇이든 물어보게 되므로 성실하게 답변을 주어야 한다. 능력이란, 유아적 열등감에 의해 손상되지 않는, 과제를 완수하는 데 필요한 기술과 지능의 자유로운 발휘이다. 능력이란 기술의 심리적 기초이다. 이 단계에서부터 우리는 생산적인 일원으로 우리 문화에 합류한다.

(5) 제 5단계 : 자아정체감 대 정체감 혼미/역할혼미(청소년기, 12-18세)

- 다섯째 단계인 청소년기에는, 급격한 신체적 변화와 더불어 새로운 사회적 압력과 요구에 부딪치게 된다. 그러므로 이시기의 청소년은 이러한 새로운 상황에 어떻게 대응해 나가야 할 지 몰라서 당황하게 된다. 그리하여 이전 단계까지는 회의 없이 받아들였던 자기존재에 대해 새로운 경험과 탐색이 시작된다.

- 에릭슨은 청소년기의 중심과제를 자아 정체감의 확립이라고 했다. 자아정체감이란 자기 동일성에 대한 자각인 동시에, 자기의 위치, 능력, 역할 및 책임에 대한 분명한 인식이다. 이 시기의 청년들은 자기 자신의 의문에 대한 해답을 찾으려고 애쓰지만, 그 해답은 쉽사리 얻어지지 않기 때문엔 고민하고 방황한다. 이 고민과 방황이 길어질 때 정체감의 혼미가 온다고 에릭슨은 말한다.

- 에릭슨은, 이 시기를 기본신뢰감이 형성되는 시기인 제 1단계에 못지 않을 만큼 중요한 시기라고 주장하고 있다. 그 이유는, 이 시기에 긍정적인 자아정체감을 확립하면 이후의 단계에서 부딪치는 심리적 위기를 무난히 넘길 수 있게 되지만, 그렇지 못하면 다음 단계에서도 방황이 계속되고, 때로는 부정적인 정체감을 성하게 되기 때문이다.

(6) 제 6단계 : 친밀성 대 고립감(청년기/성인전기, 18-24)

- 청소년기에는 주로 관심의 대상이 자기 자신이었으나, 성인초기에 이르게 되면 직업을 선택해야 하고 배우자를 찾아야 하므로, 이 시기의 사람들은 배우자인 상대방 속에서 공유적 정체감을 찾으려 든다.

- 이 시기에는 타인과의 관계에서 친밀성을 이룩하는 일이 중요 과업으로 된다. 에릭슨에 의하면, 청년기에 긍정적인 정체감을 확립한 사람만이 진정한 친밀성을 이룰 수 있다고 한다. 정체감을 확립하지 못한 사람은 자기 자신에 대하여 자신감을 가지지 못하므로, 타인과의 관계에서 친밀성을 형성하지 못하고 고립하여 자기 자신에게만 몰두하게 된다.

- 친밀성은 동성과 이성간의 인간관계, 친밀감, 연대의식, 공동의식 등의 따뜻한 인간관계에서 형성된다. 심리적 고립감은 과도한 또는 형식적인 인간관계에서 형성된다. 다른 사람이나 집단과 친밀한 관계를 맺는 능력은 적성과 충실에 바탕을 둔다.

(7) 제 7단계 : 생산성 대 침체감(장년기/성인중기, 24-54)

- 일단 두 사람간의 친밀성이 확립되고 나면, 그들의 관심은 두 사람만의 관계를 넘어서 그 밖의 사람으로 확대되기 시작한다. 가정적으로는 자녀를 낳아 키우고 교육하게 되며, 사

회적으로는 다음 세대를 양성하는 데에 관심과 노력을 기울이게 된다. 또 직업적인 성취나 학문적, 예술적 업적을 통해서도 생산성이 발휘된다. 자신의 2세가 없는 경우에는 다음 세대들을 위한 사회적인 봉사 등을 통해서도 생산성을 발달시키게 된다.

- 중년기의 덕은 돌봄(care)이다. 돌봄은 베풂, 전수, 자기 것을 넘겨주는 것에 대해 감수할 수 있는 능력이다. 적극적이고 직접적으로 가르치고 지도하려는 욕구이다. 만약, 이런 행동이 나타나지 않을 때 "정체, 지루함, 대인관계에서의 피폐"감에 압도된다.

(8) 제 8단계 : 통합성/자아통정감 대 절망(노년기/성인후기, 54세 이후)

- 마지막 단계인 노년기에는, 신체적인 노쇠와 직업으로부터 은퇴, 친한 친구나 배우자의 죽음 등으로 인하여, 인생에 대한 무력감을 느끼게 되는 일이 많다.
- 이 시기의 성패는 신체적, 사회적, 퇴보를 어떻게 받아들이는 가에 달려 있다고 에릭슨은 주장하고 있다. 대부분의 경우 노년기에 들어서면 자신이 지금까지 살아온 생애를 돌아보면서 자신의 생애가 가치 있는 삶이었는지를 음미해 보게 된다. 이러한 과정에서, 자신의 삶이 무의미한 것이었다고 느끼게 되면 절망에 빠지게 된다. 그러나 이러한 절망 속에서도 자신은 그때 그럴 수밖에 없었다고 생각하면서 자기 나름대로 인생의 의미를 찾고 보람을 느끼게 되면 인생에 대한 참다운 지혜를 획득하게 된다.
- 지혜의 힘은 우리가 궁극적으로 염려하는 것(죽음)에 직면하면서 겪는 통합성과 절망에 의해 생겨난다. 지혜는 우리의 축적된 지식과 경험을 통합한다. 지혜를 발달시킨 사람은 전체성과 완결성의 모델이다.

구스타프 칼 융의 집단무의식과 분석심리이론

스위스의 정신의학자 칼 구스타프 융(Carl Gustav Jung, 1875-1961)은 프로이드학파에서의 최초의 이탈자로서, 프로이드의 성충동에 치우친 리비도설과 그의 기계론적이며 생물학적 환원론적인 접근방법을 비판하고 독자적인 심리학설을 내세워 이를 분석심리학이라고 하였다.

즉, 전통적 의미의 성적욕구의 중요성을 부인하고 **리비도를 정신에너지(psychic energy)로** 간주하며 이는 평형(equilibrium)을 향해 간다고 생각하였다.

1. 분석심리학에서의 무의식의 의미

분석심리학은 **무의식의 존재를 인정**하고 인격의 성숙이 무의식적인 것을 의식화함으로서 가능하다는 주장에서 프로이드의 정신분석학설과 일치되지만, 무의식이 어떤 것이며 의식화 과정이 어떻게 이루어지느냐에 대해서 새로운 견해를 제시하면서 **개인 무의식과 집단 무의식의 개념을 구분하여 설명**하였다. 즉, 분석심리학에서 말하는 무의식이란 아직 자아로부터 의식되지 못하고 있는 모든 정신을 말한다. 그것은 궁극적으로는 그 끝을 헤아릴 수 없는 미지의 정신세계이다.

2. 집단무의식

융은 무의식중에 개인적 무의식이외에 더 깊은 곳에 인류 전체의 공통적이고 종족적이며 선험적인 집단적 무의식이 있으며 그 기본적인 것을 원형이라 하였다.

이 집단 무의식들은 환자들의 증상에서 뿐만 아니라 꿈, 전설, 신화, 민요, 종교경험, 예술적 영감 등에서 나타난다고 하였다.

3. 5가지의 주요 원형

가) 애니마(anima) : 남성 속에 있는 여성적 요소

나) 아니무스(animus) : 여성 속에 있는 남성적 요소

다) 페르조나(Persona) : 겉으로 나타난 사회적 내지 가면적 인격 양상인

라) 쉐도우(Shadow) : 사회적으로 나타나지 않는 어두운 면의 인격성향

마) 자기(self) : 모든 원형들과 콤플렉스들을 통일시키고 평형을 유지시키는 기능을 한다.

4. 성격의 4가지 유형

융은 또한 성격을 내향성(introversion), 외향성(extroversion)으로 나누고 마음의 기능을 사고형, 감정형, 감각형, 직관형으로 분류하고 있다.

특수한 정신기능은 합리적 기능(사고-감정)과 비합리적 기능(직관- 감각)으로 이루어지며 사고와 감정, 직관과 감각은 각각 한 대극의 쌍을 이루어, 하나가 발달될 때에 다른 하나는 자연히 억눌리게 된다. **개체는 이 네 가지 특수한 정신기능 가운데 특히 발달된 기능을 가지고 있어 이를 주기능이라 하며, 이에 따라 내향적 사고형, 외향적 감정형 등 여러 가지 유형으로 나누어진다. 주기능이 있으면 그 반대 극에 해당하는 기능이 미분화되어 무의식에 남아 열등기능이 된다.**

자기실현은 이 열등기능의 분화발달과 함께 가능한 한 모든 기능을 골고루 발전시키는 작업이기도 하다. 따라서 치료는 인격 요소들을 이해하여 균형을 회복시키고 통일을 이루는 작업인 것이다.

학습목표	1. 도덕성 발달이론 2. 설리번의 발달 6 단계론
학습내용	1. 콜버그의 도덕성 발달이론에 대한 단계별 내용을 이해하고 사례학습을 한다. 2. 설리번의 발달 6 단계론을 학습하며 이론의 특성을 이해한다.

☐ 발달과 관련된 '동물행동학'의 개요

1. 대표적인 학자 : 로렌츠(K. Lorenz)
2. 동물을 대상으로 주로 자연관찰 방법을 이용
3. '각인'은 동물행동학자들이 발견한 현상 중 하나
4. 동물행동학자들은 발달의 민감기와 결정기를 인정하고 이를 인간발달에 적용하려 함.
5. 특정한 외적 자극에 의해 유발되는 본능적 행동에 관심이 있음.

☐ 도덕성 발달이론(콜버그)

1. 도덕성 발달단계

- 콜버그(L. Kohlberg)는 사람의 도덕 판단의 내용을 3수준 6단계(혹은 7단계)로 구분한 도덕 발달 7단계론을 주장하였다.

2. 콜버그의 도덕 발달 단계(Kohlberg's stages of moral development)는 장 피아제의 인지발달이론을 도덕성 발달에 적용시켜 미국의 심리학자 로렌스 콜버그가 제시한 인간의 도덕성 발달 단계를 말한다. 전인습수준, 인습수준, 후인습수준으로 분류하였다.

3. 기본적인 개념

1) **구조적 조직(Structual organization)** : 개인의 인지구조 발달은 개인의 성장과 발달에 결정적으로 중요하다. (여기에서 인지구조란 인간이 자료를 분석하고 해석하며, 개인이나

사회의 문제에 대해서 결정을 내리는 방식을 말한다.)

2) 발달의 계열성 (Developemental sequence) : 개인의 인지구조 발달이 단계에 따라 일어
난다는 관점이다. 이 견해에 의하면 발달성으로 초기이고, 덜 복잡한 낮은 단계는 보다 높
은 단계를 위한 필수적인 선행조건이다.

3) 상호 작용주의 (Interactionism) : 개인의 도덕발달은 유기체(인간)와 환경간의 상호관계
에 기초한다.

4. 도덕성 발달 단계

1) 제1수준 : 인습 이전 수준 (Pre-conventional level)_전인습적 수준
- **9세 이전**
  - **1단계** : 벌과 복종의 단계 (Obedience and punishment orientation) 복종과 처벌이 판단
의 기준이 된다. 처벌을 피하기 위해 고의로 도덕적 행위를 한다. 처벌을 받는 것을
나쁜 것으로 본다. 타율적 도덕
  - **2단계** : 도구적 목적과 교환의 단계 (Self-interest orientation) 자신의 욕구를 충족시킬
수 있는지 없는지가 도덕적 판단의 기준. 상대적 쾌락주의에 해당하며 욕구충족
수단으로 도덕적 판단을 한다. 개인주의적 도덕.

2) 제2수준 : 인습적 수준 (Conventional level)
- **9세 이후**
  - **3단계** : 개인간의 상응적 기대, 관계, 동조의 단계, 착한 소년, 소녀(Interpersonal accord
and conformity)대인관계의 조화를 위한 도덕성이며 옳은 행동은 타인과 좋은 관
계를 유지하고 기대에 맞게 행동하는 것이다. 대인관계조화를 중시. 상호관계의
도덕. 사회체계 지향적 도덕
  - **4단계** : 사회체제와 양심보존의 단계 (Authority and social order obedience driven)옳
은 행동이란 사회질서를 유지하면서 자신의 의무를 다하는 것이다. 사회계약의
차원. 법과 질서 준수. 사회체계 지향적 도덕.

3) 제3수준 : 인습 이후 수준 (Post-conventional level)
- **특별한 사람 등**
  - **5단계** : 권리 우선과 사회계약, 혹은 유용성의 단계(Social contract orientation)사회계
약 정신으로서의 도덕성 법과 질서가 무조건 옳은 것이 아니라 사회적인 유용성에
따라 합의에 이르게 되면 바뀔 수 있다.
사회계약의 차원.

- **6단계** : 보편윤리적 원리의 단계 (Universal ethical principles) 도덕적 원리에 따라 스스로 선택한 양심적인 행위가 올바른 행위라고 본다.
보편원리 지향의 도덕 이후 말년에 '우주적 영생을 지향하는 단계'로 마지막 7단계를 추가하였다.

☐ 길리건(Gilligan)의 도덕 발달이론

길리건(Carol Gilligan, 1936~)은 콜버그(Kohlberg)의 이론이 성차별적이라고 비판한다. 그녀는 남성의 도덕성이 정의 지향적이라면, 여성의 도덕성은 대인 지향적이라고 주장하였다. 길리건(Gilligan, 1982)은 도덕성이 정의와 배려라는 두 개의 상호 의존적인 요소로 이루어져 있으며, 이 요소들은 도덕적 문제를 파악하는 특수한 방식을 나타냄과 동시에 각각의 요소들은 서로 다른 발달 유형을 보여준다고 주장하였다. 길리건은 성적 갈등, 낙태 등의 문제와 관련되는 상황에서 청소년들의 도덕적 판단을 분석한 결과를 가지고 배려의 윤리라는 3수준의 여성 도덕성 발달 단계를 제안하였다.

1. 1단계

1) 아동은 자신의 요구에 몰두한다.
2) 자신에게 이득이나 도움이 되는 행동을 도덕적인 것으로 보는 반면, 자신에게 피해를 주는 행동을 부도덕한 행동으로 간주한다.

2. 2단계

1) 타인에게 도움을 주거나 돌보는 행동을 도덕적인 것으로 간주한다. 특히, 스스로 돌볼 수 없는 노인이나 아동을 돌보는 것을 중시한다.
2) 자기 자신을 희생하면서도 상대방의 욕구를 충족시키는 데 몰두한다.

3. 3단계

1) 인간관계에 관여하는 모든 사람을 돌보는 데 관심을 둔다.
2) 자신과 타인을 모두 돌보고자 하는 데 중점을 둔다.

☐ 길리건(Gilligan)의 대인지향적 도덕발달이론의 단계(수준별 3단계론)

1. 제1수준: 자기 중심적 단계

① 여성이 자기의 이익과 생존을 위해 자기 중심적으로 몰두하는 단계.

② 타인에 대한 관심과 배려가 결여, 오직 자기 자신을 위한 욕구만 보임.

③ 자기 자신에게 최상의 것이 무엇인가가 결정과 판단의 준거.

2. 제1.5수준(과도기): 이기심에서 책임감으로의 변화 / 제 1이행기

① 이기심과 책임감의 대립개념이 등장하는 시기.

② 자아와 타인 간의 연계성을 인식하기 시작함.

③ 이기심에 대한 자책감을 알기 시작함.

④ 하지만 여전히 자신의 행복이 삶의 목표임.

3. 제2수준: 책임감과 자기희생의 단계

① 타인에 대한 책임과 보살피고자 하는 모성애적 도덕률을 채택하는 단계.

② 자신의 희생해서라도 타인이 원하는 것을 해주려는 욕구가 전면에 등장.

③ 배려의 대상에서 자신은 제외되어 평형상태가 파괴.

4. 제2.5수준(과도기): 선에 대한 관심에서 진실에 대한 관심으로의 변화 / 제 2이행기

① 타인의 욕구뿐만 아니라 자신의 욕구도 고려함으로써 책임의 개념이 확대되는 단계.

② 선에 대한 관심보다 진실에 대한 관심이 더 증가.

5. 제3수준: 자신과 타인에 대한 배려의 단계

① 인간 관계가 상호적이라는 것을 인식하며 이기심과 책임감 간의 대립이 해소되는 단계.

② 더 이상 자신을 무기력하거나 복종적인 존재로 여기지 않음.

③ 의사결정 과정에서 적극적이고 동등한 참여자가 됨.

④ 자기자신에 대한 책임감을 느낌.

■ 설리번(Sullivan)의 발달 6단계론(영아기부터 청소년 후기)

설리번은 프로이트 성격구조중 '자아'를 강조하며 다른 사람과 어떤 관계를 유지하느냐가 발달에 매우 중요한 요소로 파악하였다. 관계속에서 상호작용의 욕구는 안정과 정서적 지지를 제공받는 수단으로서 어떠한 관계를 유지하는가가 중요하며

- 인간의 행동을 유발하는 것은 긴장 감소의 욕구가 작동
- 인간의 모든 동기는 불안으로부터 벗어나기 위한 욕구로 설명

1. 유아기 - 2,3세
- 타인과의 접촉욕구와 양육자로부터 사랑 받고자 하는 욕구
- 기본적인 생존욕구를 양육자로부터 공급, 초기 대인관계

2. 아동기 - 6,7세
- 놀이에 성인의 참여를 희망하고, 성인이 원하는 행동을 함.
- 특정친구를 선택하지만, 관계는 가상적이며, 공상적임

3. 소년/소녀기 - 10세
- 또래 친구를 얻고자 하며, 또래집단 참여하고 하는 욕구
- 친구관계에서 보다 친밀한 진정한 첫친구를 사귀고.
- 학교를 통해 대인관계 폭이 넓어지게 됨.

4. 전 청소년기 - 14세
- 동성친구와 1:1의 관계를 갖고자 하는 욕구가 생김
- 폭넓은 대인관계서 1;1의 친밀한 관계를 통해 생각, 느낌을 공유하게 됨.

5. 청소년 초기 - 18세
- 성적 접촉욕구가 생기며, 자신과 비슷한 생각을 가진 친구
- 이성친구와의 친밀욕구 vs 본능적 욕구 충족에서 갈등

6. 청소년 후기 - 성인기 까지
- 성인사회에의 통합욕구를 가짐
- 성적욕구와 친밀감의 욕구가 통합됨.
- 애정에 입각한 지속적이고 안정적인 관계 유지

*** 6단계 후기 청소년기 : 17세 ~ 20세로 지적성장을 이루며
- 모든 것을 털어놓을 수 있는 또래의 주요성이 커지는 시기이다.
- 이 시기에는 대인관계의 깊이가 이전보다 깊어지게 된다.
- 독립심이 나타나지만 다소 혼란스러운 시기이다.
- 스탠리 홀이 주장한 질풍노도의 시기에 해당한다.

발달심리

7강 인간발달과정

<table>
<tr><td>학습목표</td><td>1. 인간발달과정
2. 태아에 영향을 주는 요인</td></tr>
</table>

<table>
<tr><td>학습내용</td><td>1. 수정부터 출산까지 인간발달에 대한 내용과 특징 이해
2. 임산부의 영양상태, 정서상태 등 태아에게 영향을 주는 각종 요인들에 대한 학습</td></tr>
</table>

☐ 인간 발달과정

1. 인간발달

1) 수정(fertilization)
   (1) 임신은 정자와 난자가 만나 수정되고, 수정란이 자궁 속으로 들어가 자리를 잡고 발육하는 전 과정으로 수정은 정자가 난자 내로 들어가 수정막을 형성하는 것이다.
   (2) 체내 수정과 체외 수정의 어느 경우든지, 먼저 정자가 운동을 하여 난자에 접근하여 난자 속으로 침입해 들어가서 수정이 이루어진다. 이어서 정자의 핵(정핵)과 난자의 핵(난핵)이 합체한다. 즉, 정핵과 난핵의 융합에 의해, 감수 분열로 반감해 있던 염색체수가 원래의 복상(2n)으로 환원되어 수정이 끝나는 것이다. 수정이 완성되기까지의 과정을 살펴보면 다음과 같다.
   – 먼저 정자가 편모 운동을 하여 난자에 접근한다.
   – 정자가 난자의 표면에 도달하면 정자와 난자에 변화가 일어난다.
   – 정자가 난자 속으로 들어가면, 난자 표면에 화학 변화가 생겨 다른 정자의 침입을 막는다.
   – 정자는 난핵 쪽으로 이동하여 핵의 융합이 이루어진다.

2) 유전(heredity)
   유전은 부모의 유전형질이 자손에게 전달되는 것을 말한다. 유성생식은 암·수 각자의 감수 분열에 의해 만들어지는 정자와 난자가 수정되어 새로운 개체로 발생한다. 결국 유전이란 생식을 통해 유전형질이 전달되는 것이다.

(1) 유전의 기제

인간의 수정란은 어째서 다른 동물이 아니라 인간으로 발달하게 되는지. 자녀는 어떻게 해서 부모의 특징을 다 물려받는지라는 질문은 유전이란 무엇인가라는 난제의 핵심이 된다.

가. 유전인자

인간의 생식 세포를 배우체 또는 성세포라고 한다. 여성의 배우체는 난자, 남성의 배우체는 정자라 한다.

- 인간의 생식과정은 난자와 정자가 만나 수정이 이루어지면서 시작된다. 수정을 통해서 형성된 단세포를 접합체(세포가 세포분열을 통해 자라기 시작할 때)라고 한다. 정자와 난자가 결합하는 순간 난자의 23개의 염색체와 정자의 23개의 염색체가 만나 쌍을 이루어 새로운 46개의 염색체에 의해 결정된다.

- 23쌍의 염색체 중 22쌍을 상염색체이며, 23번째 쌍이 성염색체이다. 정상적인 여성의 성염색체는 XX이고, 정상적인 남성의 성 염색체는 XY이다. 이 염색체 속에 유전의 기본 단위인 유전인자가 들어있다.

- 이 유전인자는 DNA라고 하는 화학물질로 구성되어있는데, DNA는 부모의 어떤 특성이 자손에게 전해질 것인가를 결정하고 또한 일생을 통한 성장과 발달을 관리한다. DNA는 나선형 사다리꼴 모양을 하고 있으며, 지퍼처럼 가운데가 열리게 구성되어 있다.

나. 세포분열

수정 후 인간의 성장과 발달은 세포분열에 의해 진행된다. 신체세포로서 유사분열에 의해 재생산되며, 골격, 신경, 근육, 소화기관들을 형성한다. 생식세포는 난자와 정자를 만드는 세포로서 감수분열에 의해 재생산된다.

(1) 유사분열

유사분열은 염색체가 스스로를 복제하는 과정으로부터 시작된다. 복제된 염색체는 모세포의 양쪽 끝으로 옮겨가서 분열을 시작한다. 그리고 분열이 완성되면 모세포와 동일한 23쌍의 염색체를 가진 자세포를 형성하는데, 여기에는 최초의 접합체가 들어있던 것과 동일한 유전정보가 들어 있다. 이 과정은 낡은 세포를 대신해서 새로운 세포가 생성되면서 일생동안 계속된다. 출생 시 약 10조 개의 세포를 갖고 태어나는데, 성인이 되면 약 수백 조 개의 세포로 증가한다. 그러나 아무리 많은 세포를 갖게 되더라도 각 세포는 수정의 순간에 접합체라는 단세포에 들어 있던 유전정보를 그대로 전달받게 된다.

(2) 감수분열

첫째, 생식세포는 46개의 염색체를 복제한다.

둘째, 유전자 교환이 이루어지는데, 감수분열을 하는 동안 수정란 세포 내의 염색체 간에 유전자가 교환되는 것이다.

셋째, 복제된 염색체는 두 개의 새로운 세포로 균일하게 나누어져서 네 개의 배우체를 형성하게 된다. 이 배우체는 23개의 염색체를 갖게 된다.

3) 성의 결정

23쌍의 염색체 중 마지막 1쌍은 성 염색체인데, 이 성염색체의 의해 태아의 성이 결정된다. 정자와 난자가 결합할 때 X 염색체를 가진 정자와 난자와 만나면 여자아이가 태어나고, Y 염색체를 가진 정자가 난자와 짝지어지면 남자아이가 태어난다. 유전학상으로 보면 수정된 순간부터 여아는 남아보다 더 많이 살아남고, 신체적 결함이나 정신적 결함도 남아보다 적다. 남아의 경우, X 염색체의 유전적 이상은 모두 표현형으로 나타나게 된다.

2. 태내기(The Period of Fetus : 수태에서 출생까지)

태내기란 결합된 수정란인 아기가 자궁 내에서 성장하는 기간을 말한다. 난자와 정자가 만나 수정된 순간부터 출산에 이르기까지 약 38주의 기간을 말한다. 수정에서 분만에 이르기까지 태내기의 발달은 배종기, 배아기, 태아기의 3단계로 나누어 진행된다.

1) 착상기(implantation)

수정란이 세포분열을 시작하면서 점차 자궁 쪽으로 이동하며, 수정 후 약 일주일에 낭배를 형성하여 자궁내막에 묻히게 되는 시기이다.

2) 배종기(germinal period)/발아기

- 정자와 난자가 결합한 수정란이 자궁벽에 완전히 착상하여 모체와 의존관계를 확립하는 2주까지의 기간
- 하나의 세포로서 삶을 시작한 태아가 성인을 이루고 있는 8조개 이상의 세분화된 세포를 발달시킬 때까지 이 세포분열은 계속된다.
- 이 시기는 인간의 생애에서 사망률이 가장 높은 시기이지만, 신체는 이에 대해 전혀 지각을 하지 못한다. 정자와 난자의 결합으로 이루어진 수정란은 급격하게 세포분열을 한다.
- 수정란은 세포분열을 하는 동안 난관 내부의 섬모운동과 난관의 수축작용으로 3~4일 후에 자궁에 이르게 된다.
- 외세포 덩어리는 자궁벽에 정착하여 태아를 보호하고 태아에게 영양분을 공급하는 조직으로 발달한다. 세포극으로 집결되는 내세포 덩어리는 이후에 자궁 내에 완전히 착상하게 되면 배아로 성장하게 된다.
- 수정란이 자궁벽에 완전히 착상하기까지는 10-14일 정도 걸리며, 수정란이 자궁벽에 착상함으로써 태내발달의 전 과정을 통해 지속될 모체와의 밀착된 의존관계가 확립된 것이

다. 착상과 동시에 배종기는 끝나고 배아기가 시작된다.

3) 배아기(embryonic period)
- 수정란이 자궁벽에 착상한 후부터 8주까지
- 이 기간 동안 중요한 신체기관과 신경계가 모두 형성된다. 내세포 덩어리는 외배엽, 중배엽, 내배엽의 세 개의 분리된 층으로 분화하기 시작한다.
- 외배엽은 피부의 표피, 손톱, 발톱, 머리카락, 신경계, 감각기관으로 발달하고, 중배엽은 피부의 진피, 근육, 골격, 순환계, 배설기관으로 발달하며, 내배엽은 소화기관, 간, 췌장, 침샘, 호흡기 계통으로 발달하게 된다.
- 4주경에는 심장이 뛰기 시작하며, 뇌와 신경조직이 분화되고, 입이나 소화기관, 간 등이 형성되기 시작한다.
- 8주경에는 얼굴에서 입, 눈, 귀가 뚜렷하게 분화되며, 팔, 다리, 손발이 형성된다. 이때 성기가 형성되기 시작하고 근육이나 연골조직이 발달한다. 내부기관에서도 잘, 간, 폐, 신장, 췌장이 뚜렷하게 형성되고 그 기능이 시작된다. 또한 신경조직이 급속히 발달한다.
- 외세포 덩어리는 양수주머니과 양막이라는 두 개의 막을 형성하게 되는데, 자궁벽에서 형성된 막과 함께 태아를 감싸게 된다. 이 시기 동안 신체기관 외에도 태내 발달에 중요한 역할을 하는 영양세포층인 양수주머니·태반·탯줄 등도 발달한다.
- 탯줄이 발달하여 태아를 자궁벽의 태반과 연결시켜 준다. 탯줄을 통하여 배아의 성장을 위란 영양분과 산소가 공급되고, 이산화탄소와 배아의 분비물이 배출되어 모체의 혈액속으로 들어간다. 이처럼 배아기는 신체의 주요 기관이 형성되고 빠른 속도로 세포분열이 이루어지는 시기이므로 태내환경에 대해 각별한 주의가 필요하다.
- 사실상 모든 출생의 결함은 임신 기간에서 결정적 시기인 첫 3개월 동안에 일어난다. 어머니의 질병·영양결핍·약물·모체의 낙상 등은 배아기 발달에 치명적인 영향을 줄 수 있다.

4) 태아기(fetal stage)
- 약 8주가 되었을 때, 뼈 세포가 처음 나타나면서 배아는 태아가 된다.
- 전 단계에서 기본적으로 형성된 여러 신체조직이 급격히 발달(키도 약 20배로 성장)하고 기능하기 시작한다.
- 태아기에 이르러서는 촉각적 자극에 대해 반응을 하며, 운동기능이 점차 분화되고 복잡해진다. 또한 태아는 신생아와 유사한 수면과 각성의 사이클을 가지게 되며, 소음을 들을 수 있고, 큰 소리나 음악은 태아의 움직임을 촉발시킨다.
- 12주경에는 인간의 형체를 닮기 시작하고, 팔과 다리의 움직임이 나타나며, 태아의 성별을 확실하게 구분할 수 있다.
- 16주경에는 어머니가 태동을 느낄 수 있으며, 이를 통해 태아가 성장하고 있다는 사실에 주목하게 되고 애착을 형성하기 시작한다.

- 20주에는 태아의 움직임이 활발하게 나타나며, 태내에서의 많은 활동들은 출생 이후에 사용될 반사능력의 기초가 된다.
- 마지막 3개월 동안에 태아의 체중은 급격하게 증가하는데, 이는 지방층의 발달에 기인한다. 36주경에는 대부분의 태아는 머리가 아래로 간 위치로 정착하게 된다.

1개월:	혈액이 미세한 정맥과 동맥을 통해 흐르고 있다. 그리고 소화기간의 초기 형태를 갖추고 있다. 아직 **성은 구별할 수는 없다.**
2개월:	**손, 손가락과 엄지손가락이 생기고** 다리에는 무릎, 발목, 발가락이 생긴다. 심장고동이 일정하다.
3개월:	기관의 체제들이 기능함으로써 태아는 숨을 쉬고 폐 안팎으로 양수를 받아들이고 내뱉고, 가끔씩 소변을 본다. **성 구별이 가능**하다.
4개월:	태아가 **발로 차는 동작을 느낄 수 있다.** 근육 발달의 증가로 인해 더 활발하게 이루어진다.
5개월:	눈썹과 속눈썹 등이 자라기 시작한다. 더욱 활동적이 된다.
6개월:	피부 아래 지방질이 쌓이기 시작하고, **눈은 감고, 뜨고,** 모든 방향을 쳐다 볼 수 있을 만큼 완전하다.
7개월:	**태아는 울고, 숨쉬고, 들이마시고,** 엄지손가락을 빨 수도 있다.
8개월:	**생활반경에 비해 훨씬 빨리 커진다.** 제한된 환경 때문에 동작은 줄어든다.
9개월:	지방층의 형성은 계속되고, 기관계통이 더 효율적으로 작동하며, 심장 속도가 빨라지고, **노폐물이 더 많이 배출된다.**

5) 출산(delivery)

태아가 골반으로 내려와 어머니의 아랫배가 불러지고 가벼운 진통과 요통이 느끼지는 증상이 나타나고 일주일 정도가 지나 혈액이 섞인 이슬이 비치면 분만이 시작된다. 마지막 월경주기의 첫날로부터 280일이 되는 시점을 분만예정일로 보며 예정일을 중심으로 전후 2주간은 정상적인 범주에 속한다.

■ 태내환경과 영향요인

1. 영양

- 임신기간중의 충분한 영양섭취가 태아의 발달뿐만 아니라 어머니의 건강에도 필수적이다. 임신중기에는 태아가 모체의 철분을 흡수해 자신의 혈액을 만들기 시작하므로 철분을 충분히 공급하는 것이 좋다. 철분이 부족하면 빈혈을 일으키고, 임신중독증의 원인이 되기도 한다.
- 태내기는 뇌세포가 급격하게 증가하는 시기이며, 다른 신체부위와는 달리 뇌는 태내에서 급격한 발달이 이루어지므로 충분한 영양공급이 필수적이다. 영양실조의 피해가 가장 클 때에는 마지막 3개월에 영향을 많이 받는다. 영양결핍은 청소년, 미혼모, 임신한 동안 체중 증가가 부족한 여성에게 많이 일어난다.

2. 약물복용

- 어머니에게 안전한 약물도 태반을 통해 태아에게 전달되는 경우 치명적인 영향을 미칠 수 있으며, 특히 임신 초기에는 더욱 심각하다. 약물복용은 흡연이나 음주등과 복합적으로 이루어지며, 태아에게 인지, 운동, 언어, 사회성, 정서발달의 여러 영역에 걸쳐 심각한 결함을 초래한다.
- 항생제는 청각결함을, 아스피린은 태아의 혈관장애를 일으킬 수 있다. 헤로인 등과 같은 습관성 약물은 청각결함, 심장이나 관절의 결함, 구개파열, 사지기형이나 행동장애를 유발하는 것으로 나타났다.
- 코카인은 성장지체나 사산, 출산과정에서의 문제, 뇌손상, 생식기의 이상, 갑상선 이상, 뇌출혈, 급성 심장발작을 유발하는 확률이 증가하고, 환경자극에 대해 적극적인 반응을 보이지 않으며, 그 효과는 지속적인 것으로 나타났다.

3. 질병

- 모체의 질병도 태내결함을 유발하는 중요한 원인으로 작용한다. 풍진은 태내결함을 유발하는 대표적인 질병이다. 특히 임신 3개월 이전에 모체가 풍진에 감염된 경우, 시각장애나 청각장애, 중추신경계 손상, 심장 결함, 정신지체 등을 유발하는 확률이 높다.

4. 연령 및 출산 횟수

- 임신의 최적 연령은 23~28세까지라고 한다. 임산부의 연령이 35세를 넘을 경우 노산이라고 하는데 노산의 경우 자연유산, 임신중독증, 난산, 미숙아 출산이나 다운 증후군의 비율이 급격히 증가한다. 어머니의 임신 횟수도 태아의 발달에 영향을 미친다. 태내환경은 첫 아이보다 이후에 출생하는 아이에게 보다 유리하다.

5. 음주

- 알코올은 빠른 속도로 태반에 침투하여 장시간 영향을 미치게 된다. 태아의 알코올 분해 능력은 성인의 절반 수준에 머무르기 때문에, 태아는 알코올에 상당히 민감하게 반응하며, 소량의 알코올조차도 비정상적인 발달을 야기할 수 있다.

6. 흡연

- 흡연은 저체중아 출산에 영향을 미치는 가장 대표적인 요인이다. 또한 흡연은 뇌결함, 작은 두개골, 구개파열이나 조산아가 태어날 확률이나 질병에 걸릴 확률을 증가시킨다. 담배속에 든 니코틴은 임신부의 체내를 통과하며, 니코틴이 태아에게 영향을 미친다.

7. 정서상태

– 우리나라 전통육아에서는 태교라는 용어로 임신 중 모체의 정서상태의 중요성을 나타내고 있다. 어머니의 정서적 스트레스는 자율신경계에 영향을 미쳐 부신 호르몬의 분비를 촉진시키게 되며, 이는 태반을 통해 태아에게 영향을 미치게 된다.

☐ 태내환경과 아버지의 영향

– 아버지의 음주, 흡연, 화학약품에 대한 노출이나 연령변인에 따라 출생경함이 증가하는 양상을 보이고 있다. 남성의 흡연은 여성에게 간접적으로 영향을 미치게 되며, 흡연 남성의 정자는 비흡연 남성의 정자에 비해 기형이 더 많이 나타난다. 또한 남성의 흡연은 방출되는 정자의 수를 감소시켜 생산능력을 떨어뜨리는 대표적인 요인이 된다. 심한 음주는 남성 호르몬인 테스토스테론의 수준을 낮추며, 결과적으로 불임과 관련이 있다.

– 아버지의 연령도 태아의 건강과 관련된 중요한 변수다. 연령이 증가할수록 염색체의 결함이 빈번하게 나타난다.

☐ 태아기 기형발생물질(TERATOGEN)의 작용 원리 중 수면자 효과(sleeper effect)

1. 문제에서 출제되었던 사례는 [임신 중 매일 알코올 30ml를 섭취한 사모의 아기들은 태어날 당시 아무런 신체적 기형을 나타내지 않았다. 그러나 이 아이들은 유아기 때 효과가 나타났다는 것이다.

2. 기형유발 물질효과가 즉각적이지 않고 한참 후 발견될 수도 있는데 예를 들어 2차 대전 때 기아로 인해 심각한 영양 결핍 상태로 태어난 아이들은 성인이 된 후 조현증(정신분열증)을 호소할 가능성이 더 높았다.

3. 이는 태아기의 영양결핍으로 야기된 미묘한 뇌 손상의 효과가 훨씬 시간이 지난 후에 나타난 것으로 이해된다.(Hoek, Brown&susser, 1999)

4. 이렇게 원인이 즉각적으로 결과를 야기하지 않고, 상당한 시간이 지난 후 영향을 미치는 것을 수면자 효과(sleeper effect)라고 한다.

☐ 탈리도마이드(thalidomide)-사지기형과 관련된 약물

1. 약 때문에 생긴 태아 기형의 가장 유명한 것은 탈리도마이드(thalidomide)사건인데, 이 약은 1950년대 후반에 유럽에서 진정제 또는 최면(수면)(sedative hypnotic)작용을 하는 것으로

산모에게 치료적 용량의 투여로는 태아에게 독성이 없는 것으로 여겨졌다.

2. 그러나 이 약이 쓰인 후 1959년부터 1961년 사이에 독일을 비롯한 유럽에서 그 전까지는 보기 힘들었던 포코멜리아(phocomelia)라는 사지가 매우 짧은 기형아가 많이 태어났는데, 한 의사의 세심한 관찰과 노력으로 이 기형아의 어머니들이 임신 5주 쯤에 탈리도마이드(thalidomide)라는 진정 수면제를 먹은 사실을 알아냈다.

3. 당시에 이 약은 안전한 것으로 알려져 많은 사람들이 진정 수면 작용을 기대하고 쓰고 있던 약이였다. 여러 과학자들이 철저한 연구를 통하여 이 약이 그러한 기형아의 원인임을 증명하게 되었다.

4. 이는 20세기 의학에서 최대 비극으로 기록되었으며, 약의 부작용이 얼마나 무섭다는 교훈을 주었다.

발달심리

8강 염색체이상/뇌발달/발달단계-신생아기

학습목표	1. 각종 증후군에 대한 이해, 뇌발달의 특징 2. 발달단계 - 신생아기의 발달이해

학습내용	1. 염색체 이상으로 인한 선천적 장애와 뇌발달에 대한 학습 2. 신생아기의 발달과 내용에 대한 학습

☐ 선천적 장애(염색체의 이상)

1. 다운 증후군 : 존 랭던 다운(John Langdon Down. 1866년)의 이름을 따서 지어졌으며, 몽골증이라고도 함

 1) 염색체의 이상 : 21번째 염색체가 3개. 정상인은 2개 (2n+1)

 2) 장애 동반, 특히 지능발달에 지체 보임

 3) 외형적 특성

  (1) 특징적인 얼굴 모양
  다운증후군 아이들은 특징적인 얼굴 모양을 보이는 경우가 많음. 눈꼬리가 위로 올라간 작은 눈, 눈구석 주름, 작고 낮은 코, 작은 입과 큰 혀, 작은 귀 등을 관찰할 수 있으며, 얼굴 형태는 둥글고 납작합니다. 또한 작은 머리와 납작한 뒤통수를 보이기도 하며, 가늘고 곧은 머리카락을 가지고 있음.

  (2) 특징적인 손과 발
  가로 손금이 긴 한 개의 선으로만 되어 있는 경우가 흔하고, 짧고 뭉뚝한 손가락과 안쪽으로 휜 새끼손가락을 가지고 있기도 함. 또한 엄지발가락과 두 번째 발가락 사이가 넓게 벌어져 있는 작은 발을 가지고 있기도 함. 다운증후군 아이들은 일반적으로 키가 작고 팔다리가 짧습니다.

  (3) 시력과 청력의 문제
  약 60%는 안과적인 문제가 발생하는데, 주로 근시, 원시, 내사시와 코눈물관 막힘증을

보일 수 있으며 백내장(15%)도 잘 생길 수 있음. 또한 다운증후군 아이들의 약 75% 정도는 청력 장애를 가지고 있기 때문에 신생아기에 청력 검사와 안과 검진을 조기에 시행하여야 함.

2. 클라인펠터증후군 : 클라인펠터가 발견한 성염색체 이상 증후군

1) 성염색체의 이상

2) 성염색체 : XXY, XXXY 등

3) 외성기·체격·성징 등의 특징적인 면에서 완전한 남성이 결혼하여 성생활까지 하였으나, 자식이 없자, 부부가 함께 병원을 찾아가서 염색체를 검사해 보고, 이 증후군이 있음을 알게 되는 경우가 많다.

4) 클라인펠터 증후군은 사춘기 남아에게 나타나는 여성적인 2차 성징을 주요 특색으로 하고 있다.

▧ 터너(Turner)증후군의 증상(Symptoms)

1938년에 키가 작고 목이 짧고 두꺼우며 성적발달이 지연된 여자 환자들을 처음 발표한 Henry Turner라는 학자의 이름에서 인용.

1. 여성으로서의 2차 성징 결여가 특징이다.

2. 여성으로서 생식기관은 정상으로 나타나지만, 사춘기에 2차 성징이 나타나지 않거나, 미약해서 성적 발달이 이루어지지 않는다.

3. 언어성 지능이 정상이지만, 심적 회전(mental rotation)과 같은 공간 추론 능력이 평균 이하를 보인다.

4. 이러한 특징이 나타나는 이유는 난소가 제대로 발달하지 않아서 여성 호르몬인 에스트로겐을 분비하지 못하기 때문이다.

5. 외형상 특징

1) 저신장

2) 림프부종(70%)

3) 삼각형의 얼굴형, 내안각췌피, 앞쪽으로 향해 있는 귀, 물고기모양의 입, 좁고 높은 구개(82%), 작은 턱

4) 두껍고 짧은 목(80%), 뒷목 아래에 내려와 있는 머리카락선(80%)

5) 방패형 가슴(75%), 유두의 형성부전과 넓은 간격의 유두(78%)

6) 몸의 중심에서 밖으로 향해 있는 팔꿈치(70%)

7) 손톱의 발육부전(75%), 짧은 4번째 손가락과 4번째 발가락

8) 다발성 색소점

연령별 뇌 발달 과정

1. 0~3세 : 전두엽과 두정엽, 후두엽 등 뇌의 기본적인 구조들이 형성

- 주요 신경세포들끼리의 연결이 이 시기에 집중적으로 일어남.
- 이 신경세포 회로의 연결이 어떻게 이루어지느냐에 따라 지능수준이 결정됨.
- 이 시기에는 한 가지에 편중된 교육은 오히려 역효과를 가져올 수 있으므로 골고루 자극을 주는 것이 주요.

2. 4~6세 : 종합적 사고를 담당하는 전두엽이 주로 발달하는 시기

- 이 부위는 인간성과 도덕성도 담당

3. 7~12세 : 두정엽과 측두엽이 발달하는 시기

- 두정엽은 언어와 청각에 관련한 기능들과 논리적이고 입체적인 사고를 하는 곳

4. 12세 이후 : 뇌의 뒷부분인 후두엽이 발달하는 시기

- 이곳은 시각 중추가 모여 있는 곳으로 이때 유난히 시각적인 것들, 즉 외모나 유행 등에 민감해짐.

뇌 발달의 특징

- 엄마 뱃속에 있는 동안 태아의 뇌는 호스 모양의 신경관 내에서 왕성한 세포분열이 일어나 최종적으로 유지할 뉴런의 2배인 약 2천억 개의 뉴런을 생성하고, 이들 뉴런은 뇌의 여러 부위로 이동한다.

1. 뇌 발달의 가장 특징적인 패턴은 '과잉생성 후 솎아내기'
2. 뉴런이라는 뇌 세포는 신체의 다른 부분의 세포와 달리 쉽게 재생되지 않기 때문에 출생을 전후한 시기에 가장 많고, 그 이후로는 대체로 감소하는 것으로 알려져 있음
3. 즉 뇌의 원형은 발달이 완료된 성인의 뇌보다 훨씬 더 많은 수의 뉴런으로 구성.

📒 신경계의 주요개념

1. 뉴런

1) 뇌는 자극을 받아들이고 전달하며, 이를 해석하여 명령을 내리는 신경계의 최고 중추로서, 신경 정보들을 받아들이고 반응을 결정하며 명령을 내리는 중추 신경계와, 우리 몸 곳곳에서 정보를 전달하는 말초 신경계로 나눌 수 있음.

2) 뇌와 척수는 중추 신경계에 해당된다. 뇌는 수십 억 또는 수 조 개의 신경 세포로 구성되어 있고 뇌를 포함하는 신경계는 모두 신경 세포, 뉴런으로 구성되어 있음.

3) 뉴런은 전기적 신호를 이용해 멀리 떨어진 거리에도 정보를 빠르게 전달할 수 있고 신경계에서 신호를 전달하는 역할을 담당하는 뉴런은 모양과 크기가 종류에 따라 다양하지만, 기본적인 구조는 비슷함.

4) 기본적으로 뉴런은 신경 세포체와 가지 돌기, 축삭(축색) 돌기로 구성.

5) 뉴런은 기능에 따라 감각 뉴런, 중간(연합)뉴런, 운동 뉴런의 세 종류로 나눌 수 있음

2. 수초

- 신경돌기의 중앙을 신경섬유가 지나가고, 그 둘레를 여러 겹의 수초가 싸고 있으며, 그 겉은 다시 슈반초라는 얇은 막으로 덮여 있다.

- 축색돌기는 수초로 싸여 있지 않은 곳이 있는데, 이 곳을 랑비에결절이라고 한다.

- 즉, 수초는 수초는 절연체의 구실을 하므로 흥분전도속도를 빠르게 한다. 수초를 가지고 있는 신경을 유수신경이라 한다.

3. 시냅스 – 연접(連接, synapse)

시냅스란 한 뉴런에서 다른 세포로 신호를 전달하는 연결 지점이다. "시냅스"(synapse)라는 단어는 찰스 셰링턴이 만든 합성어 "synaptein"에서 온 것이다. "synaptein"는 그리스어 "syn-"(함께)과 "haptein"(결합하다)의 합성어이다. 신경접합부라고도 한다.

- 연접은 뉴런이 작동하는데 있어 중요한 역할을 한다. 뉴런이 신호를 각각의 표적 세포로 전달하는 역할을 한다면, 연접은 뉴런이 그러한 역할을 할 수 있도록 하는 도구이다. 구조론적으로 보면 뉴런의 축색돌기 말단과 다음 뉴런의 수상돌기 사이의 연접 부위에 해당한다.

4. 뇌 신경가소성

뇌의 신경경로가 외부의 자극, 경험, 학습에 의해 구조 기능적으로 변화하고 재 조직화 되는 현상이다. 일생을 통해 끊임없이 변하며, 새로운 언어나 운동기능의 습득이 왕성한 유년기때 사용되는 새로운 신경경로의 활동성이 최대치를 보인다. 성년기나 노년기에는 그 잠재성은

약간 감소하지만, 여전히 새로운 언어나 운동기술을 어느 정도의 수준까지 습득할 수 있는 일정한 수준의 뇌신경 가소성을 일생동안 유지한다.

단계별 발달

1. 신생아기(New Born Baby)와 영아기 및 유아기(걸음마기)발달

1) 신생아기 : 0 ~ 2주
- 신장 : 출생시 남아 50.8㎝. 여아 50.1㎝
- 신생아의 일반적인 몸무게 : 2.6 ~ 4.4kg

    (신생아의 체중은 출생 직후 약간 감소, 이는 일시적인 현상으로 약 10일 후면 대부분 정상으로 돌아온다)
  * 저 체중아 : 2.5kg 미만
  * 극소 저체중 출생아 : 1.5kg 미만
  * 과체중아 : 4kg 이상
- 뇌 무게 : 출생시 350g. 첫돌 무렵 800g. 성인 1,350g

2. 반사운동 유형 - 신체적 발달

1) 근원반사(탐지반사)

    뺨을 물체로 부드럽게 자극한다.

2) 빨기 반사

    무의식적으로 젖이나 입 주위의 것을 빤다.

3) 탐색반사(젖찾기 반사)

    자극에 대한 자동적인 움직임으로서 입술과 입 근처 볼에 물건이 닿으면 자동으로 머리를 돌리는 등 자극이 있는 방향으로 입을 돌려 빨고자 한다.

4) 모로 반사 / 경악반사 (moro/startle reflex)

    갑자기 놀라 큰 소리를 듣고 신체적인 충격을 받았을 때마다 아기가 팔과 다리를 벌리고 손가락을 펴며 몸 쪽으로 팔과 다리를 움츠리는 것으로, 큰 소리나 몸이 불안정하게 되어 놀라면 등을 구부리고 손과 발을 앞으로 뻗는 반사이다.

5) 걷기반사(stepping reflex)

    아이를 들어 올려 발이 바닥에 닿게 되면 발을 번갈아 짚으며 걷는 것과 유사한 움직임을 나타낸다.

6) 쥐기 반사(파악반사)

손바닥을 누르면 꽉 쥔다. 이를 파악 반사(쥐기반사)라고도 한다.

7) 바빈스키 반사(babinski reflex)

아기의 발바닥을 간지럽게 하면 발등 위쪽으로 부채살처럼 편다.

8) 바브킨 반사

손바닥을 누르면 눈을 감고 입을 연다. 이러한 행동의 기능은 불분명하다.

9) 수영반사(swimming reflex)

물 속에 아기를 수평으로 엎어놓으면 팔과 다리를 움직이면서 숨을 쉰다. 생후 4~6개월 이후 소멸

발달심리

9강 영아기 발달

학습목표
1. 영아기 발달의 특성
2. 애착이론

학습내용
1. 영아기 발달과 대상항상성(대상영속성)에 대한 내용을 학습하게 된다.
2. 영아기 발달중 가장 중요한 '애착이론' 에 대한 상세 학습을 하게 된다.

☐ 영아기(Infancy, 2주~24개월)의 발달

1. 일생 중 신체적 발달이 가장 빠른 시기

- 신체의 모든 부분이 급속한 성장을 함.
- 2세경, 근육조절 능력은 뇌의 발달과 연합되어 운동기능을 더욱 가속화함
- 프로이트의 구강기, 에릭슨의 기본적 신뢰감 대 불신감, 피아제의 감각운동기에 해당

2. 인지 및 지적발달

1) 언어발달
   - 생후 2개월쯤 되어 아기의 신경근육기제가 발달하면 소리내기(옹알이)가능
   - 2세쯤이면 언어능력의 발달이 급격하여 150~200여개 정도의 어휘를 갖게 됨.

2) 인지발달
   - 영아기는 감각기관을 통해 주변환경의 정보를 지각하고 선택적으로 획득한 정보를 조직하며, 환경적 자극에 반응하는 도식을 형성한다. 정보를 받아들이면서 다양한 감각을 배우는 시기이며 목적지향적 행동을 하며 추상적 사고는 매우 어려운 시기이다.
   - 대상영속성을 이해하기 시작하면서 2세가 지나면서 볼 수 없고 들을 수 없었던 대상의 이미지를 생각하고 활용하는 능력으로 간단한 문제해결이 가능하다.

☐ 대상 항상성(=대상 영속성) 단계

1. 대상 영속성(Object permanence)이란 특정 대상이 관찰(시각, 청각, 촉각, 후각 등의 모든 방법)되지 않아도 계속 존재함을 뜻하는 용어다.

47

예를 들자면 어떤 물건이나 사람이 다른 사물에 의해 가려서 안 보인다고 해도 그 물건이나 사람이 없어진 것이 아니라 사물에 의해 가려져 있을 뿐이라는 것을 인지할 수 있다는 것을 말한다.

* 내적 표상 또는 정신적 표상능력을 갖게 됨.

2. 이는 발달 심리학의 분야에서 연구되는 핵심 개념이다. 대상 영속성이 인간 발달에서 등장하는 시기에 대한 과학적 합의는 존재하지 않는다. 처음으로 유아에 대한 대상 영속성을 연구했던 스위스의 심리학자 피아제는 대상영속성은 유아의 가장 중요한 성취들 중 하나라고 주장했다.

3. 피아제의 인지발달이론에 따르면 유아는 출생 때부터 약 2세 까지 이어지는 감각운동기가 끝날 무렵, 이 개념을 형성한다.

▨ 습관화 기법 – 영아의 인지능력을 측정하는 기법중 하나

1. 두 자극을 변별하는 능력을 알아보기 위하여 영아가 한 자극에 습관화될 때까지 그 자극을 계속 제시한 다음 다른 자극을 제시하는 방법.

  – 자극이 반복적으로 제시됨으로 인해 그 자극에 친숙해져 더 이상 주의를 기울이거나 반응하지 않게 되는 것

    * **판별** : 습관화 후 제시된 자극에 주의를 기울이거나 행동이 변화하면 두 자극간의 차이를 아는 것으로 해석

2. 동일한 자극에 반복적으로 노출되면 영아는 흥미를 잃고 응시하지 않다가 새로운 자극이 제시되면 다시 주의를 집중하여 응시하는 경향을 말하기도 한다.

▨ 정서 발달

1. 유아의 정서

사랑, 화냄, 공포의 세 가지 기본 정서를 가지고 있다.

2. 애착형성과 발달

애착은 유아와 양육자 사이에 형성되는 애정적 유대관계로 어머니와 애착관계가 형성된다.

3. 애착발달 4단계

1) 제1단계 (출생~3개월) : 비사회적 단계 – 울음, 미소 응시를 통해 양육자와의 접촉 시도

2) 제2단계 (4~6개월) : 비변별적인 애착단계 – 몇몇 친숙한 성인에게 반응이 한정

3) 제3단계 (7개월~2세) : 특정 애착단계, 낯가림, 격리불안(=분리불안)4) 제4단계 (2세 이후) : 다중 애착단계 – 양육자와 협력자 관계 형성, 사회적 관계에 대한 기본 이해 획득

🔲 애착이론

1. 다인수(multiple) 애착

다인수(multiple) 애착은 어머니와 함께 다른 대상에게도 동시에 애착을 형성하게 되는 것이다. 다인수(multiple) 애착은 아이에게 맞게 민감하게 반응해주고 관계의 질이 좋다면 다인수 애착은 걱정할 만큼 부정적인 영향을 미치지만은 않다.

2. 유아기 애착형성과정 – 보울비(Bowlby)

① 애착 전 단계 (출생 후–6주)
  - 애착이 형성되지 않고 특정대상 구분 없이 누구에게나 미소를 짓는 단계 (반사적 미소)
  - 애착 대상과 낯선 사람과의 구분이 명확하지 않은 시기

② 애착형성 단계 (3–6개월)
  - 낯익은 사람과 낯선 사람을 구분하기 시작하는 단계
  - 아무나 보고 웃지 않고 부모나 낯익은 사람에게 미소를 짓거나 옹알이를 함.
  - 애착대상과 떨어져도 분리불안이 나타나지 않음.

③ 애착단계 (6–18개월)
  - 애착을 느끼는 대상을 적극적으로 찾는 단계
  - 부모나 대리양육자 등 특정 대상에게 강한 집착을 보여서 애착 대상이 없으면 울어대며 찾음.
  - 낯선 이에 대한 낯가림을 하고 애착대상과 멀어지면 불안해하는 분리불안을 보임

④ 상호관계 형성단계 (18개월–24개월)
  - 양육자와 분리되더라도 양육자가 다시 돌아온다는 사실을 이해하게 되면서 분리불안 감소
  - 양육자와 협상하고 자신이 원하는 대로 엄마의 행동을 수정하려고 함.

🔲 낯가림과 분리불안

1. 영아가 낯선 사람에게 불안 반응을 보이는 낯가림의 행동은 대개 생후 5–15개월 사이에서 나타난다.
2. 분리 불안은 영아가 애착대상과 분리될 때 불안반응으로 나타나는 심리정도로서 대개 9개월경에 시작하여 15개월을 기점으로 절정에 도달한다.

🔲 기질

기질이란 한 개인의 행동과 정서 반응유형을 의미하는 것으로 활동수준, 사회성, 과민성을 예로 들 수 있다.

1. 기질은 타고난 것으로 유전의 영향을 많이 받는다.

2. 기질은 유아기, 아동기, 심지어 성인기까지 지속성이 있는 것으로 알려져 있다.

3. 기질은 유전의 영향을 많이 받지만, 환경의 영향에 의해 변화가 가능하다.

4. 기질 유형

1) 순한 아이

행복하게 잠에서 깨고 장난감 가지고 혼자 잘 놀며 잘 당황하지 않으며 규칙적인 수면을 취한다. 낯선이에게 미소를 짓는다.

2) 까다로운 아이

눈을 뜨기 전부터 울고 생물학적 기능이 불규칙하며 불행해 보이고 적대적이다.

3) 반응이 느린 아이

수동적이고 새로운 상황에 대해 움츠러드는 경향이 있다.

■ 뉴욕 종단적 연구모형(NYLS)

1. 9개 행동차원으로 부모에게 설문평가하여 3개의 기질유형을 식별함.

2. 9개의 행동차원

활동성(신체활동량), 규칙성(수유, 배변, 수면 등의 예측가능성), 접근/기피(새로운 자극에 대한 기분, 행동), 적응성(상황변화에 대한 적응의 용이성), 강도(긍정 및 부정적 반응의 에너지 수준), 식역(반응을 유발하는 데 필요한 자극의 양), 기분(행복, 불행의 반응의 빈도), 산만성, 주의범위와 지속성(활동 지속기간과 장애에 직면시 활동을 계속하려는 의지)

3. 유형3가지

- 순한 아동(easy child) : 수면, 음식섭취, 배설 등이 대체로 규칙적이며, 반응강도는 보통. 새로운 음식을 잘 받아들이고 낯선 대상에게 잘 접근하며, 환경변화에 대한 적응력이 높고, 평온하고 행복한 정서가 지배적. 영아의 약 40%
- 까다로운 아동(difficult child) : 불규칙한 생활습관. 자극에 대한 반응강도가 강함. 새로운 음식을 받아들이는 속도가 늦고, 낯선 사람 경계. 환경의 변화에 대한 적응이 떨어지며, 강한 정서가 자주 나타나며, 부정적인 정서도 자주 보임. 영아의 약 10%
- 더딘 아동(slow to warm up child) : 적응이 늦고, 낯선 사람이나 사물에 부정적인 반응을 보이나, 까다로운 아동보다 활동이 적고 반응강도가 약하며 생활습관은 중간정도. 영아의 약 15%

10강 영아기의 특징

학습목표	1. 영아의 기질 2. M. Parten : 평행놀이, 연합놀이, 협동놀이(병원놀이)

학습내용	1. 영아기의 기질과 이행운동 기능 2. M. Parten : 평행놀이, 연합놀이, 협동놀이(병원놀이)의 특징과 비교점

영아의 기질과 부모의 양육행동

1. 영아의 기질은 부모와의 관계에 영향을 미치는데 예를 들어, 까다로운 기질 영아는 부모를 좌절케 한다.
2. 부모의 양육태도는 영아의 기질을 변화시키는데 예를 들어, 수줍은 기질을 타고나도 엄마에 따라 변화 될 수 있다.
3. 부모-자녀 상호작용을 통해 부모는 자녀가 타고 난 유전적 요인에 변화를 주는 역할을 하게 된다.

부모의 자녀양육 유형 - 바움린드

		애 정	
		수 용	거 부
통제	엄격	민주형 - 부모가 적절한 권위를 가지고 자녀와 양방적 의사소통 보임	전제형 - 부모가 권위에 의해 일방적으로 지시하고 주장함
	허용	익애형 - 부모의 권위 없이 자녀의 욕구나 주장에 따라감.	방임형 - 부모 역할에 무관심하고 방임적이며 자녀를 무시함.

조화의 적합성

조화의 적합성은 개인이 기질과 환경적 요구가 조화를 이룰 때 최적의 발달을 이룰 수 있다는 개념이다. 즉, 조화의 적합성이란 아동이 까다로운 기질을 가졌더라도 부모가 그에 적절한 양육 방법을 제공해 주면 원활한 발달이 이루어진다는 것으로 영아의 기질자체보다는 환경과의 조화가 아동발달에 중요한 요인이라는 것을 알 수 있다.

■ 깁슨과 워크(Gibson & walk)의 시각절벽(벼랑)(visual cliff)실험

1. 생후 6개월에서 14개월 된 36명의 유아들과 그들의 엄마가 참여한 실험으로 이 시기의 영아가 깊이 지각을 할 수 있는 능력이 있음을 보여준 실험이다.
2. 영아는 체크무늬로된 실험공간, 즉, 시각 절벽(visual cliff)이 보이는 유리판 위로 기어가는 것을 피하는데 이는 영아가 시각적 자극에 반응해서 깊이애 대한 공포심 등을 지각한다는 것이다.
3. 기어 다니지 못하는 영아도 시각절벽을 볼 수 있었다.

■ 영아기 기억상실증

1. **보통의 경우, 만 2세~3세 이전의 기억을 떠올리지 못함.**
   - 떠올린다고 해도 나중에 커서 들었던 게 각색되어 남아있을 가능성이 큼.
   - 생의 초기에 대한 기억에 실패하는 것을 영아기 기억상실증이라고 함.
   - 영아기 기억상실증은 병리적이고 문제가 있는 것이 아니라, 모두에게 일

2. **영아기 기억상실증의 원인**
   1) 뇌 발달적인 측면
      영아기에는 기억을 저장하는 데 큰 역할을 하는 전두엽이나 해마의 발달이 덜 이루어져서 기억하지 못한다고 주장.
   2) 언어 발달적인 측면
      영아 시기에는 기억을 조직화하고 저장할 언어라는 수단을 사용할 수 없기 때문이라고 설명.
      - 우리는 기억을 언어의 형태로 저장하는데, 영아기는 언어 이전의 시기이기 때문에(말을 배우기 이전이기 때문에) 기억을 저장할 수 없다는 것.

■ M. Parten : 평행놀이, 연합놀이, 협동놀이(병원놀이)

1. **평행놀이(2세 경)**
   1) 평행놀이는 친구의 행동을 관찰만 하고 함께 놀지는 않는다.

2) 같은 또래의 아이들이 여러 명 있어도 각자 따로 혼자 노는 모습이 자연스런 모습이다.

3) 아이들이 각자 따로 놀고 있지만, 아이들이 상상속으로 같은 공간에 있는 아이들과 놀고 있다는 개념이다.

4) 서로 상호작용하고 대화를 직접적으로 하는 성장한 아기들과 반대로 평행놀이를 하는 아이들은 독립적 놀이를 하며, 다른 사람의 행동을 관찰한다.

5) 평행놀이는 가족 이외의 사람과 사회적 관계를 형성하는 첫 번째 걸음이다.

2. 연합놀이 : 같이 따로 노는 유형

3. 협동놀이 : 병원놀이, 역할이 있음.

*방관자적 놀이 : 다른 유아가 노는 것을 관찰하면서 말을 하거나 제안을 하지만, 자신이 직접 놀이에 참여하지 않는 놀이유형

■ 영아기 운동기능의 발달

1. 근육발달

– 신생아의 근육조직은 약 39% 정도가 수분으로 출생 후 1년까지는 근육이 충분히 발달하지 못하다.

– 수분이 많이 줄어들면서 근육섬유는 성인이 될 때까지 계속 성장하여 점차 두꺼워지고 단단해지고 두미발달 원칙에 따라 머리와 목 쪽의 근육부터 발달하고 점차 몸통, 팔, 다리의 근육으로 발달한다.

2. 대근육 운동

– 두미발달과 근원발달의 원칙에 따라 머리, 목, 어깨, 팔, 손에서 허리, 다리, 발 등 위에서 아래로 운동발달이 진행

– 영아가 대근육의 운동능력을 발달시키는 데 필요한 기술을 획득하는 시기는 개인차가 있다.

> 엎드려 90도 고개 들기(3.2) - 구르기(4.7) - 고개 세우고 도움 받아 앉아 있기(4.2) - 혼자 앉기(7.8) - 붙잡고 서기(10.0) - 잡고 걷기(12.7) - 잠깐 혼자 서기(13.0) - 혼자서 서기(13.9) - 잘 걷기(14.3) - 뒤로 걷기(21.5) - 도움 받아 계단 오르기(22.0) - 공 앞으로 차기(24.0)

3. 소근육 운동

- 소근육 운동은 팔, 손, 손가락의 순서로 발달이 진행
- 생후 4개월경의 영아는 눈과 손의 협응력이 많이 발달하여 간혹 물체를 잡는데 성공하기도 함
- 물체를 이 손에서 저 손으로 옮길 수 있는 시기는 6~7개월경
- 8~9개월경에는 손바닥으로 물건을 잡을 수 있으며, 10개월이 되면 서투르기는 하나 엄지와 검지 두 손가락을 사용해서 물체를 잡을 수 있고 11~12개월이 되면 조금 큰 물체를 잡기 위해 두 손을 함께 사용
- 혼자서 양말, 옷, 신발 등을 벗을 수 있는 시기는 생후 12~18개월
- 숟가락을 사용하여 음식을 먹기 시작하는 시기는 첫돌 무렵으로 협응능력의 미숙으로 2세쯤 되어야 음식을 흘리지 않고 먹을 수 있다.

---

1. 3개월경 머리나 가슴을 들기 위해 팔을 사용한다.
2. 3~4개월경 혼자서 몸을 뒤집고, 뒤를 받쳐주지 않으며, 5개월 경 양팔을 가슴 밖으로 빼고, 배에서 등으로 뒤집기를 한다.
3. 8개월경이 되면, 배밀이를 통해 몸을 이동시킬 수 있으며, 혼자 앉기 시작한다.
4. 10개월 경 두 손으로 가구를 잡고 그 주변을 걷는다.
5. 12개월 경에는 혼자 일어설 수 있다.
6. 13개월 정도 되면 혼자 걸을 수 있게 된다.
7. 24개월이 되면, 난간 없는 계단도 혼자 오를 수 있게 된다.

📋 영아의 지각반응 측정법

1. **선호도 측정법** : 팬츠(Fantz, 1963). 영아에게 동시에 두 가지 이상의 자극을 제시한 후 각 자극에 대한 응시시간을 측정하여 보다 더 오랫동안 응시한 자극을 영아가 선호하는 것으로 판단

2. **습관화 연구** : 영아에게 단순한 형태의 학습으로 같은 자극을 여러 번 반복 제시했을 때 영아가 더 이상 그 자극에 반응을 보이지 않으면 그 자극에 습관화된 것으로 판단하는 것

3. **뇌파측정법** : 뇌파측정기를 이용하여 영아의 머리에 전극을 부착함으로써 시각적 자극에 대한 뇌의 반응을 기록

4. **빨기반응 연구** : 빨기 속도나 강도를 기록할 수 있는 고무젖꼭지에 전선을 연결

11강 유아기의 발달

학습목표	1. 유아기 발달 2. 자폐증

학습내용	1. 유아기의 발달 : 신체적 발달, 운동발달, 정서 및 사회성 발달 등에 대한 내용 학습 2. 자폐 스펙트럼 장애에 대한 내용과 특징 학습

▩ 유아기(Early Childhood, 2세~6세) 발달

1. 유아(幼兒)는 걸음마를 시작할 즈음부터 초등학교에 입학하기 전까지의 어린이를 가리킨다. 유아기는 사전적 의미에 따르면 유아는 생후 1년부터 초등학교 입학 전까지의 어린아이를 가리키며, 우리의 영유아보육법에서 영유아란 만 6세 미만의 취학 전 아동을 말한다.

2. 유아기에는 체중의 증가가 현저하고, 체격이 눈에 띄게 튼튼해진다. 그리고, 이 시기에는 뛴다든지, 달린다든지, 기어오른다든지 하는, 몸 전체를 사용하는 신체의 운동이 발달하게 된다. 또한, 언어생활이 급속하게 발달하게 된다.

3. 특징
   - 피아제의 전조작기에 해당하는 시기로서 자유로운 보행이 가능한 시기로 끊임없는 지적 호기심을 가지고 많은 탐색을 하는 단계로서 걸음마기라고도 한다.
   - 부모로부터 사회화 교육을 받고 사회행동의 기준이 되는 가치관을 확립하는 시기이다.

▩ 발달 내용

1. 운동 발달

유아기에 있어서 운동발달은 현저하다. 이동운동으로서 1세 전후로 기기·서기·걷기 등이 가능해지고, 손·팔의 운동으로서 물건에 대한 도달·파악·손놀림이 가능해진다. 균형 있는 걸음걸이, 달리기, 대소변 훈련의 마무리 시기, 손과 눈의 협응 능력 발달하나, 미숙한 단계이다.

1) 대근육 운동기능
    2~3세 점프가능
    3세 계단오르기
    3~4세 공을 던짐
    4세 달리기, 뛰기 등 가능
    4~5세 평균대위 보행, 곡선길 주행
    5~6세 높이뛰기, 멀리뛰기 가능

2) 손의 사용
    2세 토막쌓기, 집짓기
    3세 수직선을 그리기, 가위/젓가락 사용
    4세~5세 원, 사각형 그리기

2. 인지 및 정서발달

1) 24개월 이후 대소변의 배변 훈련시기

2) 초자아가 발달되기 시작하는 시기로 판단기준인 자아 이상과 양심의 체계화가 형성된다.

3) 지적 활동의 도식이 머릿속에 형성되기 시작하여 기호적 기능이 자리 잡게 되는 시기이며 상징놀이가 출현한다.

  *사물을 지각하는 능력의 발달은 피아제의 첨가설과 깁슨의 분화설을 근거로 설명한다.
   – **첨가설** : 어떤 사물을 자주 접할수록 그 사물에 대한 지식이 점점 늘어난다는 입장
   – **분화설** : 사물을 지각할 때 먼저 형태와 크기, 부피,

4) 정서발달
  – 유아기에는 언어생활이 발달하여 대체로 자유로이 이야기할 수 있게 되고, 동무들이나 어른들과도 그런대로 대화가 가능
  – 심리적으로는 자기중심적·의존적(依存的)·정서적이다
  – 유아기 정서는, 지속시간이 짧고, 폭발적·일과적(一過的)이고, 자주 나타나는 특징이 있다. 일반적으로 정서적으로 불안정한 시기

📖 사회성 발달

1. 1세

– 어른의 요구나 의사를 조금씩 이해, 모방도 나타남
– 수동적이었던 어른과의 사회적 관계가 능동적·적극적·상호교섭적인 것으로 발전

2. 2세 이후

- 본격적인 어린이끼리의 상호교섭이 나타남.
- 다른 어린이에게 말을 건다거나, 간단한 놀이에 함께 참가하는데 아직 따로따로이다. 소위 평행(平行)놀이가 특징적이다.

3. 3세

- 진정한 의미로서의 사회성은 3세 이후가 아니면 나타나지 않는다.

4. 5, 6세

- 집단의식이 명료.
- 놀이상대의 수나 놀이시간은 증가하고, 서로 교섭이 있는 놀이가 전개되어, 다른 어린이에 대한 우호적·협력적인 접근을 찾는 행동을 차차 나타내게 된다.

■ 자폐성 장애 (자폐 스펙트럼 장애)

1. 자폐

우리말의 자폐란 말은 '스스로를 닫는다' 라는 뜻을 가지고 있지만, 자폐 증세를 살펴보면 스스로 닫는 것이 아니라 타인과의 관계를 할 수 없어 자기 자신만을 향해 행동하는 것이므로 자폐증은 대인관계가 안 되고 의사소통이 안 되며 타인과의 어울리는 행동을 잘 하지 못한다.

2. 자폐증상

(1) 다른 사람과의 관계형성을 못한다.
(2) 언어습득의 지연을 보인다.
(3) 언어발달이 되었더라도 언어가 의사소통에 쓰이지 않는 경우가 많다.
(4) 언어 중에 반향(Echolalia), 즉 남이 얘기하는 것을 그대로 앵무새처럼 되풀이 하는 경우가 많다. * 기이한 언어를 반복 사용
(5) 대명사가 혼동이 된다.
(6) 반복적이고 상동(相同)적 놀이나 행동을 보인다.
(7) 강박적이고 상동(相同)적 놀이나 행동을 보인다.
(8) 상상력이 없다. * 자발적 가상놀이를 잘못함
(9) 기억이 좋다(특히, 특정한 것)
(10) 신체적인 발달이나 외양은 정상이다.

3. 위의 증상 중에서 자폐증이라고 진단을 내릴 수 있는 증상

  (1) 대인관계 형성에 장애를 보인다.
  (2) 언어장애가 있다.
  (3) 변화에 대한 저항이 있다. 즉 똑같은 것을 반복하려고 한다.

4. 여러 자폐증에서 발견되지만 모든 자폐아가 다 갖지 않는 증상

  (1) 반복적인 행동
  (2) 집중력 부족
  (3) 과잉행동 – 자기 자신을 해하는 행동, 예컨대 머리를 처박는다거나 자기 자신을 물어뜯는 것.
  (4) 대소변 가리기가 늦어지는 것.

📋 자폐아동의 행동

1. 시각적 자극행위(주시하기)

  ① 자폐아동은 다음과 같은 것에 주시하며 시각적으로 자극행위를 하고 그것을 즐기며 스스로 만족해한다.
  ② 예 : 불빛, 색채, 천, 포장종이, 신체 부위 중 특히 손이나 손가락을 쳐다보며 즐긴다.

2. 동작적 자극행위(반복하기)

  ① 자폐아동은 특이한 동작을 반복함으로서 자기자극 행위를 일삼고 타인과 상관없이 스스로 이것을 즐긴다.
  ② 예 : 종이 찢기, 집어던지기, 만지작거리기, 떨어뜨리기, 물건 진열하기, 손이나 손가락을 반복하여 흔들고 움직이기, 몸을 전후 좌우로 흔들기, 온 몸을 360도 회전하기 등

3. 언어적 자극 행위

  ① 언어란 의사소통의 수단으로 타인에게 하는 것이며 자폐아동은 자신을 향해 반복한다.
  ② 같은 말 되풀이하기, 말 따라 하기, 의미 없는 혼잣말하기, 반복적으로 노래하기, 소리흉내 내기 등의 행동을 하고 다른 사람의 관심과 상관없이 혼자 반복적으로 하고 즐긴다.

4. 촉감적 자극 행위

  ① 침 만지기, 음식물이나 모래, 대소변 등을 주물럭 거리기, 물가지고 놀기, 신체부위를 만지작 거리기 등이다.
  ② 이러한 촉각을 자극하여 스스로 감각을 자극하고 만족감을 갖는다.

5. 청각적 자극행위

① 자기가 어떤 소리를 만들어 그것을 반복한다.

② 물건 떨어뜨리는 소리 듣기, 달그락거리는 소리 듣기, 일정한 소리를 내도록 하여 반복적으로 즐기는 행위, 이를 '빠드득' 갈거나 부딪쳐서 만들어 내는 소리 등을 반복해서 듣기를 즐긴다.

6. 자해행위

① 화가 난다든지 기분이 불안하면 보통 머리를 바닥이나 벽에 박는 행위

② 자기의 눈을 손가락으로 찌르는 행위

③ 입술을 깨무는 행위

④ 머리털을 뽑는 행위

⑤ 신체부위를 심하게 긁는 등

7. 타인이나 다른 물체에 대한 행위

① 물건을 손에 닿는 대로 던지는 행위

② 남의 물건을 낚아채는 행위

③ 타인을 밀치고 때리고 깨무는 행위

④ 물건을 부수는 행위

⑤ 책이나 종이를 갈기갈기 찢는 행위

⑥ 안경, 머리핀, 장신구, 목걸이, 특히 넥타이 등을 잘 잡아당기는 행위

8. 결여행위 – 언어 및 의사소통 능력에 문제점이 많이 나타난다.

① 의미 없는 소리를 항상 중얼거린다.

② 의미 없는 말을 한다.

③ 남의 말을 문장 그대로 모방하고 반복하는 반향어를 쓴다.

④ 말은 할 수 있으나, 요구사항 이외의 의사소통의 수단으로서 언어를 사용하지 않는다.

⑤ 대화가 되지 않는 혼자만의 말만 한다.

NCS 국가직무능력표준
National Competency Standards

❑ 자폐증의 증상
　1) 변화에 대한 저항
　2) 언어장애
　3) 대인관계형성의 장애 등

■ 스크립트(script) 기억

　스크립트(script) 기억은 아동의 행동을 설명하는 내용으로 어른들의 연속적 행동이나 내용에 대한 전형적인 행동을 아동이 기억하고 실행하는 스키마의 일종인 '행동의 연속성'을 의미한다.
　사례) 생일잔치에서 차례로 촛불을 끄는 모습을 본 아동이 자기 차례가 되었을 때 촛불을 끄려고 하는 행동 등을 말한다.

12강 아동기의 발달

학습목표	1. 아동기 발달 2. 피아제의 학령기 발달

학습내용	1. 아동기 전기와 후기의 발달내용중 특징적인 사항을 학습 2. 피아제의 학령기 발달의 세부사항인 신체적 발달과 심리적 발달, 사회적 발달에 대한 내용을 학습한다.

◻ 아동기(Middle and Late Childhood, 학동기 7~12세) 발달

1. 아동기 전기와 아동기 후기의 발달

- 학령 전기 (아동기 전기, 4세~6세) 발달 : 유아기의 특성이 남아있음.
- 학령 후기 : 청년기의 전조가 나타남.
- 구체적 조작기, 에릭슨의 '근면성 대 열등감' 단계
- 또래 집단과의 접촉을 통하여 사회 기술을 본격적으로 습득하게 되고 사물에 대한 호기심이 증가하며 직관적 사고능력의 발달을 보인다.

> 1. 공식적 학교교육을 통하여 사회가 요구하는 기본적인 기술을 습득하는 발달단계이다.
> 2. 프로이트는 이전 단계에서 외디푸스 콤플렉스가 해결되고 성적, 공격적 충동이 억제됨으로써 중요한 발달적사건은 일어나지 않는 '잠복기=잠재기'라 하였다.
> 3. 피아제는 아동기 전기와는 다른 새로운 형태의 사고발달이 이루어지는 중요한 시기라고 하였다.

2. 신체발달

- 성장속도는 영아기에 비해 둔화
- 1년에 평균 5.5㎝ 증가
- 체중도 1년에 2.7kg씩 증가
- 뇌발달 : 이미 유아기때 90% 이상 성장했기 때문에 매우 느린 편

1) 6~12세 사이는 유아기에 비해 그 속도가 완만해진다. 대체로 11~13세까지는 성장속도나 절대치에서 여자가 남자보다 빠른데, 이는 여자가 남자보다 사춘기에 일찍 도달하기 때문
2) 사춘기의 특징인 제2차 성징이 출현
   여아 : 9세~16세 사이
   남아 : 10세 ~18세 사이
3) 신체적 발달이 성인들이 하는 거의 모든 운동이 가능
4) 단체게임에 참여하는 것은 운동 효과 이외에도 대인관계를 형성하고 게임의 규칙을 준수하며 팀의 구성원들과 상호 협력하는 방법을 배우는 등 사회적 기술의 학습 기회도 부여하게 됨.

3. 도덕성 발달/자아개념 발달

1) 자기중심적인 2~6세 동안의 전조작기에 존재하는 도덕적 수준(전인습적 수준)
2) 자아개념이란 자신의 존재에 대해 인지사고 체계에 의하여 형성된 것이며 자아존중감(self-esteem)으로 연결된다.
3) 자아존중감은 주로 사회적 자아존중감, 학업/성취적 차원의 자아존중감, 신체적 자아존중감 등이 있다.

4. 인지/정서 발달

- 직관적 사고에서 논리적 사고로
- 중심화 현상에서 탈중심화로
- 비가역적 사고에서 가역적 사고로

1) 아동기에는 대체로 화재라든가 천재지변·전쟁·죽음 등의 비교적 외적사상(外的事象)에 대한 두려움이 많다. 그 밖의 정서도 각각 그 대상 혹은 표출방법의 발달과 더불어 분화·확대하고 혹은 변화되어간다.
2) 5~6세가 되면 집 밖에서 일어나는 일로 질투심이 나거나 가정 내에서의 질투는 점차 감소한다. 자신의 감정을 감추는 등의 여러 가지 기제를 갖게 되므로 감정을 보다 능숙하게 숨길 수 있게 된다.
3) 피아제의 구체적 조작단계에서 성취하는 세 가지 개념적 능력은 보존기술, 분류기술, 조합기술 등이 있는데 이 시기에 이러한 개념적 능력들이 점차적으로 발달함.(보존개념, 조망수용, 유목화, 서열화)
   * **조작적 사고** : 주어진 정보를 특정 목적을 위해 변형 또는 관련된 사고로 통합하는 정신적

활동을 말하며 덧셈이나 뺄셈과 같은 능력을 예로 들 수 있다.

* **보존개념** : 물체의 외형상 변화에도 불구하고 이로부터 빼거나 더하지 않으면, 그 물체의 특정한 양은 그대로 보존된다고 판단할 수 있는 능력
  · 가역성, 보상성, 동일성 개념 획득이 전제
    - **가역성** : 어떠한 상태 변화가 그 변화의 과정을 역으로 밟아가면 다시 원상으로 복귀될 수 있다는 것
    - **보상성** : 높이의 감소가 폭이라는 차원으로 보상된다는 것
    - **동일성** : 어떤 방법으로든 더하거나 빼지 않았기에 양은 동일하다는 것.
* 수(5~6세) ⇒ 길이(6~7세) ⇒ 무게, 액체, 질량, 면적(7~8세) ⇒ 부피(11~12세)
* 유목화
    - **단순유목화** : 물체를 한 가지 속성에 따라 분류
    - **다중유목화** : 물체를 두 개 이상의 속성에 따라 분류
    - **유목포함** : 상위유목과 하위유목 간의 관계를 이해하는 것

4) 아동기의 인지양식
  • 수렴적 사고/확산적 사고
    - 문제에 대한 해결책으로 한 가지 정답만을 추구하는 사고방식
    - 다양한 해결책이나 답을 모색하는 사고(유창성, 융통성, 독창성 등)
  • 장의존성/장독립성
    - 지각대상을 전체로서 지각. 다른 사람의 의견을 잘 수용하고 자신의 의견을 수정(장의존성)
    - 지각대상을 여러 개의 부분으로 지각. 자신을 다른 사람과 분리시켜 자율적으로 행동(장독립성)
  • 신중성/충동성
    - 주어진 문제에 대해 한참 생각한 후 반응
    - 주어진 문제에 즉각적인 반응을 보임

■ 주요학습

1. 사회적 관점 수용 능력- 미약

3~6세가 되면 다른 놀이터에 가서 친구들과 자주 노는 시간 때문에 다른 사람의 관점을 수용할 수 있는 능력, 즉 사회적 관점을 수용 할 수 있는 능력이 생긴다.

1) 이 때 사회적 발달은 타인의 관점을 수용할 수 있는 능력발달과 관련되어 있다.
2) 자신의 관점과 타인의 관점을 정확하게 구별할 수 없기 때문에 아동기 전기에는 사회적 관

점 수용능력의 발달수준이 매우 낮고 유아는 대인 관계상의 갈등을 객관적으로 해결하지는 못한다.

***분업의 원리** : 분업이 목적을 성취하기 위해 효과적이라는 것을 이해한다. 놀이를 통해서 어떤 놀이를 할 때에 어떤 부분은 내가 감당을 하고 다른 것은 다른 친구가 감당을 한다는 것이 바로 분업의 원리이다.

2. 성역할 학습

1) 성 역할의 고정관념은 남성 또는 여성으로 귀착시키는 특성과 역할의 집합이다.
2) 이 시기에는 성역할에 대한 인식이 생기며 전체적인 자아개념에 자신의 성을 연결시키게 된다.
3) 자신의 성과 그에 맞는 행동 및 사회적 관계에 관심을 갖게 되며 점차적으로 성역할 기준을 자신과 친구들의 행동에 적용하려고 한다.

3. 사고 발달

1) 논리적 사고는 만 5~6세부터 나타나는데, 아직 주관적 정서적 경향이 강하다. 만 11~13세에 객관적·논리적 사고가 가능해진다.
2) 만 9~11세부터 부분을 전체적 통일 속에서 인정하고, 탈중심화된 객관적 사고가 가능해진다. 최초는 개개의 사상(事象)을 감각적으로 받아들이는 개별적 판단이기 때문에 사상의 상호관계나 의미관계를 파악할 수 없으나, 차차 통일이 된 전체적 판단이 가능해진다.

4. 사회성 발달

1) 아동기에 들어서면, 사회생활의 영역은 현저히 확대.
2) 학급집단이라고 하는 형식적 집단에 속하게 되고, 교사 및 급우와의 인간관계가 전개된다.
3) 초등학교 입학 직후는 어린이끼리의 결부는 약하나, 차차 자발적으로 집단을 형성
   - 처음에는 2~3명의 소인원으로 되나, 발달과 더불어 수는 증대하고, 초등학교 4~5학년 때에는 7~8명으로 된다.(갱 시대)

   * 갱(gang)시대에 발달하는 사회적 행동의 특징
     (1) 사회적 승인이나 부인(否認)에 대한 민감성, 친구의 승인이 중요한 것
     (2) 암시성이 강하고, 다른 아동 특히 리더의 암시를 받음
     (3) 경쟁에는 개인적 경쟁뿐만 아니라 집단적 경쟁이 나타남.
     (4) 이 시기는 집단의식이 강하기 때문에 협력적이며, 규칙을 지키고, 충성·자기통제력 등 사회성의 좋은 측면을 신장하는 데 좋은 시기이기도 함.

아동기발달 / 청소년기의 발달

1. 아동발달기의 반응과 협응의 내용을 이해한다.
2. 청소년기 발달과 조숙과 만숙의 의미를 이해한다.

1. 아동기 '반사' 유형과 반응유형에 대해 학습한다.
2. 청소년기 조숙과 만숙의 특징을 비교분석하고 그 차이를 학습한다.

☐ 아동발달기에 대한 기타 내용 = 감각운동기

1단계 : 반사	출생시부터 1개월 때 까지의 인지발달단계로, 효율적으로 반사운동이 일어나지만, 아직 영아가 욕구와 행동을 서로 구별할 수 없는 단계이다.
2단계 1차 순환반응	순환반응이란 반복적 행동을 의미(감각경험의 재현) 피아제는 반복행동이 인지적인 의미를 지닌다고 보았음. 출생 후 1개월부터 4개월까지의 인지발달단계로 엄지손가락을 빠는 것과 같은 긍정적인 자극에 의도적으로 반응하는 것을 반복하며, 무의식적 반응을 점차 익숙해지게 하여 새로운 반응을 만들어 내는 단계이다.
3단계 2차 순환반응	물체를 떨어뜨리는 것과 같은 흥미로운 사건을 재현하려고 함. * 지루해 하지 않고 물체를 다시 떨어뜨리는 행동의 반복 출생 후 4~10개월까지의 인지발달단계로, 반복된 학습을 통해 후천적으로 반응할 수 있게 되며, 후천적으로 습득한 반응을 실천할 수 있게 되는 단계이다.
4단계 2차 도식협응 (순환반응의 조정+협응)	10~12개월까지의 인지발달단계로, 도식을 도구로 활용하여 자신의 목적을 이룰 수 있게 되며, 도식을 여러 방법으로 조합할 수 있게 된다. 이 단계에서는 전 단계에서 획득된 도식이 새로운 상황에 부딪치면서 좀 더 넓어진다. 2차 순환반응들이 3단계보다 좀 더 순응적이고 좀 더 의도적으로 통제되고 조정된다. 또 모방력이 급속하게 향상되는 시기로서, 손 움직임만 아니라 얼굴표정의 모방까지도 한다. TV가 보고 싶은 아이가 엄마 손을 TV스위치로 가져갈 수 있게 되는 것이 이 단계에 해당된다.
5단계	12~18개월

3차 순환반응	이 시기는 전에 한 번도 해보지 못했던 새로운 행동유형을 만들어내는 능력이 생기는 것이 특징이다. 이때, 유아가 흥미로운 것을 발견하려고 행동들을 반복해서 하게 된다. 이 시기에는 활발한 시행착오적 행동이 나타난다. 즉, 하나의 목적을 위해 여가 차례 시행해 보거나, 같은 목적을 얻기 위해 새로운 반응을 시도해 보기도 한다. 특히 어린이가 어른의 가르침이 없이도 스스로 학습하며, 외부세계에 대한 선천적 호기심으로부터 그들의 도식을 발달시켜 나간다는 점이 중요하다.
6단계 사고시작	시행착오적인 부자연스러운 행동에서 점차 벗어나 신중하게 생각한 후 행동하는 단계로 출생 후 18~24개월의 시기에 해당된다.

☐ 아동기 정서/인지조절의 발달에 관한 내용(구체적 조작기)

1. 아동기 조망수용능력 – 탈중심화

1) 감정조망능력 : 공감능력, 다른 사람의 정서상태를 바르게 추론하는 것

2) 공간조망능력 : 각도에 따라 동일물건도 달리보인다는 사실에 대한 이해

3) 인지조망능력 : 타인의 사고과정이나 행동의 원인을 추론하고 이해하는 능력(타인과의 다툼에서 서로의 생각이 다를 수 있음을 아는 것, 좋아하는 물건이나 행동 등이 개인마다 다를 수 있다는 추론능력)

2. 정보처리 능력의 발달

1) 지식/정보기반 사고 등 : 사전지식이나 선 경험, 선 학습의 내용으로 현재의 문제를 해결하려한다.

2) 기억책략 : 기억해야 할 지식이나 정보를 반복적으로 암송하는 책략을 사용, 아동기 후반부에는 여러 가지 기억책략들을 학습하고 적절한 책략을 언제 선택하여 사용하는 것이 효과적인지를 인식함.

3) 상위기억 : 기억책략보다 한 차원높은 내용으로 많은 내용의 기억하는 노력의 결실이며 과제의 목적을 결정하고 책략을 선택하여 사용하고 상위기억적 인지능력으로 이를 감시하거나 다른 책략으로의 변경 등에 활용되는 요소이다.

3. 기타

1) 아동기는 전반부와 후반부의 발달차이가 큰 시기이며 연령이 증가함에 따라 인지 자극에 대한 반응 강도가 증가한다.

2) 정보처리능력의 발달로 다양한 정서조절 전략을 융통성 있게 사용하는 능력이 증가

3) 아동기에는 정서적인 내용과 조절하여 행동조절 전략에서 인지조절 전략으로 변화가 가능하다.

4) 아동기는 학교, 친구와 같은 존재의 의미가 커지면서 부모에게 의지하기보다는 스스로 조절하는 능력이 강화된다.

5) 매우 중요한 아동기의 능력으로 경험하는 정서와 표현하는 정서를 구별. 적절히 사용하는 능력 증가

■ 청소년기(사춘기, Puberty ; 13 ~ 24세) 발달

1. 청소년기의 발달

1) 이 시기는 질풍노도의 시기이기도 하며 추상적 사고가 가능한 피아제의 형식적 조작기와 에릭슨의 '자아정체감 확립 대 역할 혼미'의 단계이며 '주변인'에 해당되는 시기이다.

2) 청소년기에 처음 나타나는 인지적 특징으로는 이상주의적 사고, 추상적 사고, 가설영역적 사고가 가능함.

2. 청소년기의 심리적, 사회적 발달

1) 지적 발달

청소년기의 자아 정체감 형성과 도덕성, 정서, 사회성 발달의 기초가 됨.

(1) 청소년기 사고의 특징

– 추상적 사고가 가능해짐(독서, 경험 학습을 통한 향상 발전)

– 가능성의 세계를 중요시함.

– 논리적 방법으로 문제를 해결함.

– 일시적 자아 중심성이 나타나게 함.

– 기성 세대에 반항적이 되기도 함.

2) 자아 정체감의 발달

(1) 자아 정체감

자아 정체감이란 자신의 위치, 능력, 역할 및 책임에 대한 변함없는 인식을 말하며 자신의 모든 행동에 영향을 줌. 자아 정체감 형성은 다음과 같은 의미에서 매우 중요한 발달상의 과업이다.

– 인생의 목표가 뚜렷해짐.

– 일관성 있는 모습을 갖게 되어 타인에게 신뢰감을 줌.

– 자신을 알아 가는 과정에서 진로 탐색의 기회를 가질 수 있음.

3) 청소년기의 직업과 진로 탐색
  (1) 스스로에 대한 정확한 이해가 우선되어야 함.
  (2) 자신의 적성과 흥미에 맞는 직업 분야의 탐색
  (3) 직업 활동을 위한 스스로의 능력 개발

4) 사회성 발달
  - 인간 관계의 범위가 확대된다.
  - 기성 세대로부터 정신적 독립을 원한다.
  - 또래 친구와의 친밀감이 강해진다.
  (2) 청소년기의 인간관계
    가. 어른들과의 관계
      - 부모님이나 선생님과의 마찰이 빈번하게 발생한다.
      - 기성 세대의 간섭을 불필요하게 여긴다.
      - 기성 세대와의 갈등을 극복하면서 독립성 발달을 이룬다.
    나. 또래와의 관계
      - 일생 중 또래와의 관계가 가장 친밀해진다.
      - 또래 중 특별히 친한 단짝 친구를 만들기도 한다.
      - 또래들의 행동을 그대로 따르는 경향이 있다(문제 행동이 나타나기도 함.)

3. 도덕성 발달

청소년기의 도덕성은 다음과 같은 기능을 한다는 면에서 매우 중요하다.
- 추상적 사고가 가능해짐에 따라 스스로의 가치 기준을 세울 수 있다.
- 나름대로 옳고 그름이 기준을 형성하여 도덕적 판단을 할 수 있다.

  * 청소년기 도덕성 발달의 특징
   - 스스로의 양심에 의해 만들어 놓은 기준에 따라 행동한다.
   - 개인의 욕구 충족과 타인에 대한 배려 사이의 균형이 필요함을 인식한다.
   - 규칙이나 약속에 대한 융통성을 인식한다.
   - 일의 결과보다 동기나 과정을 중요시한다.

4. 정서 발달

1) 정서란 : 외부의 자극에 의하여 변화하는 개인의 감정 상태
2) 청소년의 정서
  - 기분에 따라 충동적으로 행동한다.

　　　－ 새로운 사회적 환경에 적응하는 문제

　　　－ 쉽게 수줍음을 느낀다.

　3) 불안정한 정서의 원인

　　　－ 신체 생리적 발달로 인한 신체의 불균형

　　　－ 새로운 사회적 환경에 적응하는 문제

　　　－ 성숙한 행동을 원하는 주위의 기대

　4) 청소년기 정서의 조절

　　　－ 자신의 감정을 효과적으로 조절

　　　－ 말이나 행동을 통해 정서를 사회가 인정하는 방법으로 표현

2. 청년전기, 청년중기, 청년후기로 나누기도 한다.

3. 청소년기와 조숙과 만숙

　1) **의미** : 조숙은 신체나 정신의 성장이 빠른 것이고 만숙은 반대의 경우이다.

　2) **실제** : 조숙 청소년과 만숙 청소년 간에 지능과 성적은 일반적으로 차이가 없는 것으로 나타났지만 조숙청소년들이 더 학교 중퇴율이 높으며 중퇴생들의 학업성적은 일반적으로 평균 이하이다.

　3) 조숙/만숙

　　(1) **조숙**

　　　－ 신체적 성장에 맞는 책임감을 이른 나이에 요구받는다.

　　　－ 남아는 책임감이 강하고 협동적이며 자기통제력이 뛰어나다.

　　　－ 남아는 이성에 대한 관심도가 높으며 외향적인 성격 소유자가 많다.

　　　－ 남아청소년은 긍정적인 평가를 받으나 여자청소년은 부정적인 평가를 받는다.

　　　－ 여아는 성격적 특성에 걸쳐 평균 이하로 평가된다.

　　(2) **만숙**

　　　－ 충동적이고 자기 주장이 강하다.

　　　－ 통찰력이 강하고 창조적이다.

　　　－ 또래와 비교당해 열등감을 느낄 수 있다.

　　　－ 자신의 신체에 대해 열등감을 갖게 되며 타인에 대한 의존도가 높아진다.

　　　－ 여아는 주변 어른들로부터 긍정적으로 평가를 받아 자신의 신체에 대해 긍정적인 이미지를 형성한다.

　4) 만숙한 청소년

- 사회적인 불이익을 경험하게 되며 열등감이 발달한다.
- 남자 청소년의 경우, 운동능력이 떨어져 또래롭터 인기와 매력이 없다.
- 정서적으로 불안정하고 의존적이기 쉽다.

5) 조숙한 남자 청소년

- 비슷한 연령의 여자들이 신체적으로 유사하므로 여자들과 더 쉽게 어울릴 수 있다.(여아들이 남아보다 더 빨리 신체적으로 성숙한다.)
- 신체적 활동에 유리하므로 또래 남자들에게 인기가 있어 또래 사이에서 리더가 되기 쉽다.
- 또래로부터 힘이 세고 용기가 있으며 성적으로 보다 적극적일 것이라고 기대를 받는다.
- 주변 어른들로부터 더 이르게 성인으로 취급되어 신뢰를 얻을 수 있다.
- 성인남성의 지위와 특권을 획득함으로서 흡연, 음주, 약물복용 등에 노출되기 쉽다.
- 학교 폭력과 같은 비행 행동에 보다 쉽게 노출된다.

6) 조숙한 여자 청소년

- 여자 청소년에게 운동 능력은 그다지 중요하지 않으며 자신의 신체에 부정적인 견해를 가지기 쉽다.
- 남자 청소년과의 교제에 도움이 되지 않는다.
- 성숙했다고 해서 또래로부터 긍정적 기대를 더 받지는 않는다.
- 비행, 약물과 같은 부적응행동의 가능성이 크다.
- 데이트에서 성관계의 압력을 더 받는다.
- 남아보다 2~3년정도 신체적 성숙이 빠른 여자 청소년에게 조숙현상이 가세할 경우 발달과제를 해결하기 위한 시간이 부족하다.
- 또래와 비슷한 성장을 보이는 여자 청소년이 신체적 자아개념이 가장 긍정적이다.

7) 조숙한 청소년의 부모

가) 신체적 성장을 정신적인 성장으로 오인하여 과도한 책임감을 요구할 수 있다.
나) 일반 청소년보다 관습적으로 영향을 줄 수 있다.

8) 만숙한 청소년의 부모

가) 또래와 비교되는 말로부터 상처를 받기 쉽다.
나) 부모의 과도한 걱정으로 왜곡된 자아를 형성하기도 한다.

◾ 청소년기에 정체감 형성이 중요한 이유

1. 급속한 신체적, 정신적 성숙에 따라 내적 충동의 양적, 질적 변화 때문.
2. 아동도 성인도 아닌 주변인, 독립성과 의존성의 상반된 사회적 욕구를 경험하기 때문.
3. 사회는 청소년이 독립적인 존재가 되기를 요구하면서도, 청소년들의 본격적인 사회적 관심과 참여에는 제한을 가하기 때문.
4. 청소년기가 되면서 선택을 강요받는데, 특히 진로선택의 경우에는 그 결과에 대한 책임이 수반하고 미래의 삶의 방향이 좌우될 수 있기 때문에 청소년들은 그에 대해 불안감과 초조감을 갖게 되기 때문.
5. 지적 능력의 급속한 발달로 자아에 대한 고민과 번민, 갈등이 증폭되기 때문.
6. 동일시 대상이 변화하기 때문.

◾ 청소년기 품행장애

　품행장애는 남자에게서 훨씬 높게 나타난다. 청소년기의 여아에게는 성적일탈이 두드러지며 남아는 폭력적 성향이 두드러진다. 주로 청소년 초기에 처음 발현된다. 소아기(10세 이전)에 발병되면 잘 낫지 않으며, 청소년기에 발병하면 나이가 들어서 반사회적 행동이 줄어드는 경향이 있다.

◾ DSM-5 의 신경성 식욕부진증 진단 준거

1. 연령과 신장에 비해 최소한의 정상 체중을 유지하는 것조차 거부한다.
2. 체중이 적음에도 불구하고 체중 증가와 비만에 대한 극심한 두려움이 있다.
3. 체중과 체형에 대한 지각방식이 왜곡되고, 체중과 체형이 자기 평가에 지나친 영향을 미치며 현재의 낮은 체중의 심각성을 부정한다.
4. 월경이 시작된 여성에게 무월경, 즉 적어도 3회 연속적으로 월경 주기가 없다(만일 월경 주기가 에스트로겐과 같은 호르몬 투여 후에만 나타날 경우 무월경이라고 간주된다)

* 식욕부진증 유형의 세분화
　가. 제한형 : 신경성 식욕부진증의 현재 삽화 동안에 규칙적으로 폭식을 하지만 하제를 사용하지 않음(즉, 스스로 유도하는 구토, 또는 하제, 이뇨제, 관장제의 남용이 없음)
　나. 폭식 및 하제 사용형: 신경성 식욕부진증의 현재 삽화 동안 규칙적으로 폭식하거나 하제를 사용함(즉, 스스로 유도한 구토 또는 하제, 이뇨제 , 관장제의 남용)

청소년 자살

1. 청소년자살의 특성

청소년 자살은 성인의 자살과 비교했을 때 매우 충동적이며 모방성 유형이 많고 모멸감, 부당함, 스트레스 등과 같은 정상적 범주에 포함되는 특성을 보이고 있다.

- 외부 자극 변화에 민감하여 충동적으로 일어나기 쉽다.
- 사소한 일에도 쉽게 충격을 받아 단순하게 자살하는 경향이 많다.
- 오랫동안 자살생각을 한 결과라기보다는 다분히 감정적이다.
- 모방 자살이 많다.
- 자신의 심적 고통을 외부에 알리고자 하는 호소형 자살이 많다.
- 가정의 불화를 자신의 탓으로 생각하는 죄책감으로 인한 자살이 많다.
- 성적 및 학교생활과 관련된 문제로 인한 자살이 많다.
- 친구와의 동일시로 인한 집단 자살이 많다.
- 최근에는 이성교제와 그로 인한 비관 등의 문제로 자살하는 경우가 증가하고 있으며, 청소년 소비 증가로 인하여 카드와 핸드폰의 무분별한 사용과 그에 따른 경제적 문제로 자살하는 사례도 나타나고 있다.

2. 청소년 자살의 원인

1) 청소년들이 자살을 생각하는 이유는 다양한데, 일반적으로 가정이나 학교에서의 관계문제, 성적에 대한 압박감, 학업 스트레스, 개인의 성격 문제 등이 청소년 자살 생각을 하게 되는 요인들로 알려져 있다.
2) 개인적으로는 주위에 자살한 가족이나 친구가 있는 경우, 음주경험이 많거나, 학업성적이 낮고, 따돌림이나 폭력을 당한 경험이 많은 청소년, 우울하고 수동적인 삶의 자세를 가졌거나 적대감, 절망감, 부정적인 자기평가 등이 청소년의 자살행동과 큰 연관이 있는 것으로 나타났다.

아동 · 청소년기의 정신장애 특징

1. 아동기에는 남아가 여아보다 주의력결핍 및 과잉행동장애(ADHD)의 유병률이 높다.
2. 아동기에 발병하는 품행장애의 문제는 일생을 통해 영향을 미칠 가능성이 높다.
3. 청소년기의 우울증은 남학생보다 여학생에게서 더 높게 나타난다.
4. 청소년기의 신경성폭식증(bulimia nervosa)은 남학생보다 여학생에게서 더 흔히 나타난다.
5. 조현병(schizophrenia)은 아동기보다 청소년기나 성인초기에 발병하는 경우가 더 많다.

발달심리

14강 청년기/성인기 발달(1)

학습목표	1. 청년기(성인초기)의 발달내용을 이해한다. 2. 결혼과 자녀의 출산 등 성인의 발달단계에서의 특징 등을 이해한다.

학습내용	1. 청년기의 인지적 변화 내용을 학습한다. 2. 여성의 갱년기에 대한 내용과 중년의 위기에 대한 학습을 한다.

☐ 청년기(성인초기, Adulthood)

청년기는 흔히 성인초기라고도 불리우며 성인기로 진입하는 전환기의 시기이다. 청년기는 신체적, 지적 측면에서 가장 정점에 있는 시기이며 심리적, 사회적 측면에서는 다른 사람을 사랑하고 보살피는 능력이 심화되는 시기이다.

1. 청년기/성인초기(25-35세 또는 40세) 발달

1) '친밀감과 고립감의 시기이다.
2) 청년기는 근육 및 내부 기관에 있어서 약 19세에서 26세 사이에 최대의 신체적 기능성에 도달한다
3) 성인초기에는 지식을 획득하여 활용하는 능력이 성숙한 상태에 도달한다. 일반적으로 인지적 능력은 청년기 이후에 감퇴되는 것으로 알기 쉬우나 웩슬러 성인지능검사(Wechsler Adult Intelligence Scale) 결과, 언어성 검사(일반 상식, 이해, 산수, 공통성 찾기, 어휘능력, 숫자) 점수는 성인기에 상승하는 데 비하여 동작성 검사(바꿔 쓰기, 빠진 곳 찾기, 토막 찾기, 그림 차례 맞추기, 모양 맞추기) 점수는 26세를 정점으로 하강하는 것으로 보고 있다(Turner & Helms)
4) 이 시기에 가장 큰 변화는 직업을 갖고 결혼하는 것이다.
5) 청년기 이후 발달은 신체적 인지적 요소가 아닌 사회문화적 요소에 따라 이끌어 진다.

2. 신체적 발달

- 근육 및 내부 기관에 있어서 약 19세에서 26세 사이에 최대의 신체적 기능성에 도달한다. 근육의 발달은 성인기에 완전히 이루어지며 근력의 절정이 25세에서 30세 사이에 나타난다.

- 그 이후에 감소하기 시작하며 주로 등과 다리의 근육이 약해지기 시작하나 팔 근육의 약화 정도는 덜하다. 손가락과 손 움직임의 민첩성이 30대 후반 이후에 감소되기 시작한다
- 청년기말부터 성인초기는 신체적 건강상태와 힘이 최고조에 달하는 시기이므로 이 상태를 유지하기 위하여 규칙적인 운동과 적절한 영양공급이 필요하다. 그렇지 않을 경우 건강 수준이 점점 쇠퇴해지게 된다. 과도한 스트레스, 흡연, 음주, 약물 사용 등은 성인 초기의 건강 유지에 매우 해로운 요소이다.
- 청년기는 신체적 발달이 정점에 달하며 육체적인 힘은 25-30세 사이에 최고조에 이르며 그 이후에는 점차 쇠퇴한다.

3. 인지적 변화

- 연령에 따른 지능의 변화에 관한 연구에서 시각 운동 융통성은 25세를 정점으로 쇠퇴하였으나 인지적 융통성에는 변화가 없으며 결정성 지능과 시각표상점수는 연령이 증가함에 따라 향상되었다(Baltes & Schaie, 1971).

  ** 유동성 지능과 결정성 지능 – 카텔
  1) 유동성 지능은 문제해결을 위한 정보의 조직과 재조직에 기초를 둔 정신적 기능으로 선천적 능력에 해당한다.
  2) 결정성 지능은 공식교육이나 일반적 생활경험에 크게 영향을 받는 학습된 정신능력을 반영한다.
  3) 결정성 지능은 연령과 함께 증가하고, 유동성 지능은 감소한다.

- **시각 운동 융통성**은 시각 및 운동 능력 간의 협응을 요구하는 과제에 있어서 익숙한 것에서부터 익숙하지 않은 유형으로 전환하는 능력이다. **인지적 융통성**은 한 사고방식에서 다른 사고방식으로 전환하는 능력이다. **결정적 지능**은 언어 이해, 계산 기술, 귀납법 추론과 같은 능력으로 교육 및 문화적 습득을 통하여 획득하는 것이다. **시각표상**은 시각적 자료들을 조직화하고 처리하는 능력이다.
- 성인기의 인지 발달을 정확히 판단하기에는 어려움이 있으며 각 개인의 교육수준, 사회경제적 지위, 건강 상태 등을 동시에 고려해야 한다. 성인기의 인지 발달에 대한 학자들의 의견을 종합해 볼 때 성인기에는 새로운 지능 발달이 거의 일어나지 않으며 인지 기술의 상실도 뚜렷하게 나타나지 않는다.

4. 심리사회적 발달 – 결혼

1) 친밀감의 형성

- 청년기의 중요한 발달과업 중 하나는 원가족 이외의 다른 사람들과 친밀감을 형성하는 것

- 진정한 친밀감이란 성적 친밀감까지 포함하는 것.
- 친밀감은 자신을 가치 있고 유능하며 신뢰할 수 있는 사람으로 지각할 수 있을 때에야 가능하다. 청년기는 직장, 결혼, 취미 등 사회적 활동 범위를 확대하여 대인관계를 넓혀 나가기 때문에 이러한 친밀감을 통하여 유대감과 사회화를 지속적으로 성취하고자 한다.
- Stemberg(1986)는 친밀감에 대해서 다음과 같은 10가지로 정의하였다.
  • 사랑하는 사람의 행복을 증진시키고자 하는 열망
  • 사랑하는 사람과 함께 있을 때 행복을 느끼는 것
  • 사랑하는 사람에 대해 존중하는 마음
  • 어려울 때 사랑하는 사람에게 기댈 수 있는 것
  • 사랑하는 사람과 서로 이해하는 것
  • 자신 및 자신의 소유물을 사랑하는 사람과 함께 나누어 갖고 싶은 것
  • 사랑하는 사람으로부터 정서적 지지를 받는 것
  • 사랑하는 사람에게 정서적 지지를 주는 것
  • 사랑하는 사람과 친밀한 의사소통을 하는 것
  • 자신의 생활에서 사랑하는 사람의 가치를 높이 평가하는 것

2) 결혼
  (1) 배우자 선택과정 – 레위스의 6단계론
    배우자 선택과정을 레위스(Lewis, 1973)는 배우자 선택과정을 유사성단계, 라포단계, 자기공개단계, 역할탐색단계, 역할조화단계, 상호결정단계 등 여섯 단계로 제시하였다 (표감수 외, 2016:121).
    가) 유사성단계: 상대방의 사회적 배경, 가치관, 인성 등이 유사함을 지각하는 단계
    나) 라포단계: 상대방에 대해 긍정적인 평가를 하고 호감과 친밀감을 느끼는 단계
    다) 자기공개단계: 서로 솔직하게 자기를 오픈하는 단계
    라) 역할탐색단계: 역할 수행에 대하여 상호 파악하는 단계
    마) 역할조화단계: 역할에 대하여 상호 조화를 이룰 수 있는가를 파악하는 단계
    바) 상호결정단계: 상대자는 물론 타인들로부터 인정받는 단계
  (2) 배우자 선택 이론 – 여과이론
    가) 근접성 여과(propinquity filter)
    나) 매력 여과(attractiveness filter)
    다) 사회적 여과(social filter)
    라) 일치 여과(consensus filter)
    마) 상보성 여과(complementarity filter)
    바) 준비성 여과(readiness filter)

5. 자녀의 출산과 양육 – 가정유지를 위한 부부의 역할

1) 자녀양육과 사회화의 역할
2) 가계부양자의 역할
3) 성적인 역할
4) 치료적 역할
5) 오락 및 휴식의 역할
6) 친족관계를 조정하는 역할

6. 직업의 세계

1) 직업을 구하거나 직업을 준비하는 과정에서 자신의 개인적 능력과 특정한 직업이 갖는 다음의 요소들이 조화를 이루는지를 평가해야 한다.
2) 고려해야 할 요소로는 자신 능력, 직장 직무 성격(전문지식, 기술), 지위, 권위, 직장위험 요소, 직장동료와의 화합 정도 등이 있다.

■ 성인기 – 성인중기 (Middle Adulthood, 중년기)발달

1. 성인기(중년기, 장년기, 40세~65세)의 발달

중년기란 일반적으로 청년기와 노년기의 중간에 끼인 시기를 중년기로 보는데 학자들마다 의견을 달리하고 있어 정의가 일치되어 있지는 않다. 그러나 평균수명의 연장과 자녀양육으로 보내는 기간이 감소됨에 따라 중년기의 연구가 꾸준히 늘어나고 있다.

1) 융
   - 40세경에 시작되는 중년기를 인생의 전반에서 후반으로 바뀌는 전환점으로 보고 매우 중요시했고 중년기는 새로운 변화의 길로 접어드는 시기이다
   - 외적 자아를 내적, 정신적 차원으로 전환 시키는 것을 '개별화(individuation)'라 하였다.
   - 인간이 의식과 무의식을 모두 포함하는 정신에 의한 자기 인식을 통해 개별화를 향해 나아갈 때 중년의 위기가 해결될 수 있다
   - 개인은 외부세계를 향하여 쏟았던 에너지를 전환하여 내적 자아에 초점을 맞추도록 자극받으며, 지나간 생의 의미에 대해서도 의문을 제기하기 시작한다.

2) 에릭슨
   - 에릭슨은 중년기에 사회적 발달에 초점을 맞추어서 생산성 대 침체감으로 발달위기를 설정하였다.
   - 에릭슨의 8단계 중 이 시기의 주된 관심은 부모 됨과 직업에서의 성취를 통해 자신의 흔적을 영속적으로 남길 수 있는 무엇인가를 생산하는 것이다.

3) 펙

- 지혜를 중요시할 것인가? 아니면 육체적 힘을 중요시할 것인가?
- 이 시기를 효과적으로 보내는 사람은 육체적 힘보다는 정신적 능력(=지혜)을 평가의 기준과 문제 해결의 수단으로 삼는 사람이다.
- 대인관계를 사회화 할 것인가? 아니면 성적 대상화할 것인가?
- 갱년기의 변화는 남녀관계에서 상대방에 대하여 성적 대상으로 가치를 두기보다는 개인적인 인격에 가치를 두도록 한다.
- 정서적 융통성 대 정서적 빈곤

  ** 정서적 융통성이란 정서적 투자를 한 사람 또는 한 활동에 집중하던 것으로부터 다른 사람, 다른 활동으로 전환할 수 있는 능력을 말한다
- 지적 융통성 대 지적 엄격성

  ** 중년기의 사람들은 견해나 활동에 융통성이 있어야 하고 새로운 사고에 대하여 수용적이어야 한다.

4) 레빈슨

- 중년기 전환은 다음 단계를 보다 창의적으로 가능성 있게 맞이하느냐, 혹은 심리적 위축과 함께 절망감으로 맞이하느냐를 결정하는 결정적 시기라 할 수 있다.
- 레빈슨은 중년기 생애구조 형성을 위한 근거로 젊음과 노화(young & old), 파괴와 창조(destruction & creation), 남성성과 여성성(masculine & femine), 애착과 분리(attachment & separateness)등 자아 내부에 공존하는 양극성을 통합해 나갈 것을 제안하였다.

2. 신체적 변화

1) 40대 초반에 신진대사의 저하가 일어나며 체중이 늘기 시작하여 건강상의 문제가 일어나기 쉬우며 질병에 취약해진다 – 성인병
2) 감각기관의 능력도 감소하며, 특히 시각에서 원시가 되는 경향이 있으며 청각의 예민성을 상실하기 시작한다.
3) 갱년기(여성) – 폐경은 대개 40세 후반에 일어나지만 개인차가 있다. 폐경과 더불어 신체적 변화가 일어나는데 그 대표적인 증상이 얼굴이 붉게 달아오르는 홍조(flushes)현상이다.
4) 중년의 위기(남성) – 이 시기는 이혼, 결혼 외의 관계, 직업의 전환, 사고(accident) 등이 일어나기 쉬우며, 자살시도의 위험까지도 존재한다. 이것은 생물학적 요인과 심리적 요인이 복합되어 일으키는 현상으로 볼 수 있다.

   ** 중년의 위기(남성)

이 시기는 이혼, 결혼 외의 관계, 직업의 전환, 사고(accident)등이 일어나기 쉬우며, 자살시도의 위험까지도 존재한다.

* 중년의 위기

① 4가지의 중년의 위기 – 마모어

신체의 노화문제, 경제적 스트레스의 증가 문제, 사회문화적 스트레스의 증가문제, 이별과 상실감으로 인한 정신적 스트레스 문제

② 자녀들은 가정을 떠나기 시작하고 샌드위치 세대로 고령의 노부모를 모셔야 하는 책임을 맡는다.

③ 남성들은 신체적 노화와 직업에서의 성패여부, 여성들은 자녀의 독립과 폐경을 거친다.

④ 부모역할의 감소와 함께 자신이 직면하는 노화와 죽음에 대한 지각을 하게 된다.

3. 인지적 변화

1) 단기적 기억능력은 장년기에 약화되기 시작하지만, 장기적 기억능력은 장년기에 변화를 보이지 않는다.

2) 반응시간이 느려지고 속도와 민첩성을 요구하는 검사에서 젊은 사람들보다 낮은 점수를 얻으며 문제를 파악하고 해결하는 데 필요한 시간도 길어진다.

성인기 발달(2) - 인지발달 등

학습목표
1. 성인지의 인지발달에 대한 특성을 이해한다.
2. '빈둥지증후군'에 대한 내용을 이해하고 탈부모기의 위기와 적응문제를 이해한다.

학습내용
1. 성인기 인지발달론과 심리사회적 변화에 대한 내용을 학습
2. 탈부모기의 위기와 적응과 관련된 '빈둥지 증후군', 고독감, 중년의 이혼문제를 다룬다.

📗 성인기 인지발달의 특징

1. 지혜는 연령이 증가할수록 발달하는 경향이 있다.
2. 리겔(K. Riegel)의 변증법적 사고에서는 모순과 한계를 인식하는 불평형 상태에서 인지발달이 이루어진다고 본다.
3. 후형식적 사고에서는 상황에 따라 진리가 달라질 수 있다고 가정한다.
4. 유동적 지능은 결정화된 지능에 비해 상대적으로 더 빨리 낮아진다.
5. 변증법적 사고는 현실적 문제해결 사고에서 '귀납적 사고'로 변화한다.

📗 심리사회적 변화

 - 건강한 결혼관계를 유지하기 위한 조건 세가지 - 뉴만

1. 부부는 각자의 개인적인 성장뿐만 아니라 부부로서의 성장에 헌신해야 한다.
2. 부부는 효과적인 대화체계를 가지고 효과적인 대화체계를 개발해야 한다.
3. 갈등을 창의적으로 활용하면서 각자의 독특성과 동등성을 인정하여야 한다.

📗 샤이에의 성인인지 발달5단계 : 성인기 이후의 구분

• 1단계 : 지식습득단계(피아제 단계까지)
• 2단계 : 성취단계(20~30세, 성인초기, 직업선택) : 실제맥락을 고려하여 인간의 평생 중요하게 영향을 미치는 문제들을 결정하고 해결하는 과정이 이루어진다.

- 3단계 : 책임단계(중년기, 성인중기, 의사결정/책임성) : 가족과 직장, 자신이 속한 사회에 대해 책임을 지고 중요한 의사결정을 하게 된다.
- 4단계 : 실행단계(일부는 지도자급) : 일부 성인들은 책임단계에서 적합한 기술력이 얼마나 발달했느냐, 대인관계능력을 수행할 기회를 얼마나 가졌느냐에 따라 자신이 행한 책임단계에 대한 평가가 달라진다.
- 5단계 : 재통합단계(노년기, 성인후기, 은퇴)

가정과 운영

1. 가정은 인간의 성장과 정신건강을 조정하는 현장으로서 이러한 환경을 창출하는 것이 중요하다.

2. 효과적인 가정의 운영을 위해 필요한 행정적 기술

1) 가족성원들이 욕구와 능력을 평가하는 것인데 이를 위해 각 성원의 고유한 욕구, 선호하는 것, 기술, 재능을 파악해야 한다.
2) 의사결정, 즉 삶의 영역에서 결정을 내리는 능력이 효율적인 가정 운영에 요구된다.

3. 자녀양육

자녀 양육은 부모에게 많은 스트레스를 초래하지만, 자녀들의 성장을 위해 새로운 문제들을 해결하는 가운데 부모이 인격 발달을 촉진하는 구실도 한다.

직업관리

이 시기에 직업의 세 가지 측면이 개인의 발달과 적응에 영향을 미친다.

1. 대인관계 기술로 자신을 신뢰할 수 있는 존재로 인식시키고 효과적으로 일할 수 있는 능력을 갖추며 타인에게 영향력을 발휘할 수 있는 기술이다.
2. 직업에 존재하는 권력구조를 확인하고 그 구조 내에서 자신의 지위를 확립하여야 한다.
3. 직업에 따라 필요로 하는 기술 즉, 직무기술이 요구되며 청년기에서 장년기에 걸쳐 종사하는 직업과 직장에서 맡은 업무는 그 사람의 지적 발달에 영향을 미친다.

'빈둥지' 증후군 – 탈부모기의 위기와 적응

1. 자녀가 모두 성장해서 집을 떠나고 두 부부만 남게 되는 시기이다.
2. 만족도 증가 부부 – 경제적 부담 줄고 자유시간이 많아져서 결혼만족도도 증가한다.

3. 만족도 감소 부부 – 빈 둥지 위기시기로 결혼생활이 행복하지 못했던 부부들의 경우 자녀가 떠나고 난 빈 둥지에서 둘 사이에 공통점이 없음을 발견하고 공허함을 느낀다.

4. 빈 둥지 증후군 – 자신의 삶을 오로지 자식만을 위해 헌신해 온 어머니의 경우 고독감에 심한 우울증에 빠진다.

  * 탈부모기 내지 빈둥지 증후군을 잘 넘긴 부모들은 평소 자녀들에게 의존성을 조장하지 않고 자율과 독립성을 격려해 온 사람들이다.

중년기 이혼의 문제

① 초등학교 입학 전의 아동들은 부모의 이혼책임이 자신에게 있다고 생각하고 죄책감과 괴로움을 느낀다.

② 같이 살지 않은 부나 모의 지나친 허용적이고 관대한 행동이 부모–아동 관계를 더욱 손상시켜 아동의 문제행동을 악화시킨다.

③ 일반적으로 어머니–남아관계가 어머니–여아 관계보다 이혼에 의해 더 많은 손상을 받는다.

④ 이혼 후 약 2년이 경과하면 가족은 제자리를 찾기 시작한다는 연구가 있으나, 부모가 이혼한 아동–청소년들은 성인이 되어서도 이성과의 사랑과 성적 친밀감, 결혼생활, 부모역할에 어려움을 겪게 된다.

⑤ 남아는 이혼 6년이 지나도 부모, 형제, 교사, 또래 관계에서 문제를 일으킨다.

⑥ 어머니가 재혼하면 남아들은 여아들보다 더 잘 적응한다.

⑦ 여아들은 부나 모의 재혼 후에 남아들보다 더 문제를 일으키고 적응하기 어려워 한다.

⑧ 이혼은 남아에게 더 외상적 이지만, 재혼은 여아들에게 더 외상적 이다.

중년기의 특징

1. 여성

1) 중년 여성들은 신체적으로 급격한 노화와 갱년기를 경험하는데, 많은 스트레스를 경험하게 되며, 폐경과 노화 현상과 같은 신체적 변화에 대해 민감한 반응을 보이기도 한다.

2) 그러나 중년 여성의 체형은 실제적인 키와 길이 면에서는 젊었을 때와 거의 변화가 없지만 둘레나 너비 그리고 체형 등의 변화가 불안감을 초래하고 있다

  ** 이러한 신체적 증상들은 중년 여성에게 자신감 및 자존심 부족 등 처럼 자신을 부정적으로 평가하게 되어 불안과 우울 등의 정서적 위기를 경험하게 하기도 함

3) 중년기는 젊음과 활력을 유지하고자 하고 권위를 나타내는 시기이기도 하다. 신체적으로 이 시기에 중요한 주제는 '보존'인 반면 사회활동은 매우 중요한 시점이 시작되는 시기이

다. 중년기에는 인생의 절정기로 대인관계가 매우 활발히 이루어질 뿐만 아니라 문화, 사회, 경제 등 한 사회의 매우 중요한 위치

4) 노화되는 현상을 긍정적으로 받아들이는 경우, 주어진 시간적 경제적 여유를 이용하여 새로운 관심사를 찾고 다방면의 여가활동을 즐기게 되며, 자신의 일을 갖게 되어 사회활동에 적극적으로 참여함으로써 최대한의 자아성취감을 느낄 수 있는 시기이기도 함

5) 중년 여성의 폐경은 40대 후반에 접어들면서 나타나는데, 난소가 점점 퇴화하여 에스테로겐과 프로게스테론 생산이 중지된다. 이를 갱년기라 부르며, 월경이 중지되고 생식기 능력이 상실

** 에스테로겐은 여성의 신체 내의 여러 기능과 관련이 있어, 에스테로겐의 수준이 떨어지면 심장병과 암에 걸릴 확률이 높아진다

** 폐경기 동안 여성은 두통, 구토증, 피로감, 심장 박동의 앙양 등을 겪으며 생식 능력을 갖지 못하게 되는 변화를 실감하고 우울해하고 불안해한다.

** 어떤 여성은 임신 가능성에서 해방된 것을 다행스럽게 느껴서 전혀 우울증 증세를 보이지 않는다는 상반된 보고도 있음

2. 남성

1) 중년 남성의 신체변화는 체력의 저하로부터 신체 증상에 이르기까지 다양하게 나타나는데 노화가 진행되며, 얼굴에 주름이 가고 피부의 탄력도 떨어질 뿐만 아니라 신진대사의 저하가 일어남

2) 생물학적으로 남자들은 생식능력을 계속 유지하지만 남성 호르몬의 생산이 감소함에 따라 성 기능이 영향을 받는다. 심리적으로 남자들은 이 시기에 자신의 결혼생활과 가정에 대하여 재평가하며 과거와 미래를 생각하고 그가 성취한 것과 실패한 것에 대하여 생각한다.

3) 심리적으로 개인의 내면세계에서 개인의 독특한 가치나 욕구 그리고 감정 등이 포함되는 독자적 영역으로 부정적 혹은 긍정적 양상으로 나타난다. 중년기 남성들은 가족에게만 안주한 것에 대한 후회와 모든 인생이 부인과 자녀에 의하여 지배되었다는 생각으로 자기몰두나 침체를 초래하고 또 이러한 적절치 못한 마음을 가졌다는 죄책감 등으로 심리적 갈등을 경험하게 된다.

4) 특히 **한국 중년 남성의 경우**, 남성은 반드시 어떠해야 한다는 전통적인 남성의식이 우리사회에 뿌리 깊이 내려져 있다.

*** 남성중심의 이러한 사고방식은 혈통계승에 따른 남아 선호의 심각성을 낳고 있는데 이는 오히려 중년 남성의 심리적인 압박을 가져오는 원인이 됨.

발달심리

16강 성인기/노년기 발달

<table>
<tr><td>학습목표</td><td>1. 성인기 정신장애를 이해하고 그 특징을 학습
2. 노화이론의 이해</td></tr>
<tr><td>학습내용</td><td>1. 레빈슨의 성인발달이론에 대한 내용을 추가학습으로 진행한다.
2. 노년기의 특징과 노화의 정의, 노화이론에 대한 광범위한 내용을 학습한다.</td></tr>
</table>

☐ 레빈슨(D. Levinson)의 성인발달이론에 대한 추가학습

레빈슨의 성인발달이론에서 안정기와 변환기를 언급하였는데 '안정기'는 자신에게 중요한 삶의 가치를 추구하는 기간으로 침체적 요소는 거의 없다. 반면에 '변환기'는 삶을 침체시키거나 새롭게 만드는 시기로 설명하였다.

1. 성인초기의 주요과업은 꿈의 형성과 멘토관계의 형성
2. 인생(혹은 생애)구조에는 직업, 가족, 결혼, 종교와 같은 요소들이 포함.

☐ 성인기 정신/지체장애의 특징

1. 우울증은 낮은 세로토닌 수준과 관련이 있다.
2. 알츠하이머병은 아세틸콜린의 부족과 관련이 있다.
3. 파킨슨병에서는 매우 느리게 걷고 손을 떠는 증상이 나타난다.

  ** 파킨슨병(Parkinson's Disease, PD)
    느린 운동, 정지시 떨림, 근육 강직, 질질 끌며 걷기, 굽은 자세와 같은 파킨슨 증상들을 특징으로 하는 진행형 신경 퇴행성 질환이다

4. 헌팅턴병에서는 팔과 다리가 불수의적으로 춤추듯이 움직이는 증상이 나타난다.

  ** 헌팅턴병
    – 헌팅턴 무도병(Huntington's chorea)이라고도 함.
    – 헌팅턴병(Huntington's disease)은 드물게 발병하는 우성 유전병이다.
    – 보통은 30세에서 50세 사이에 발병한다.

- 뇌 세포의 죽음을 초래하는 유전 질환이다. 초기 증상은 종종 기분이나 정신 능력에 미묘한 문제가 있다.
- 특정 증상들은 사람들 마다 약간 다르다. 증상은 보통 나이 30에서 50 세 사이에 나타나지만, 어느 나이에서나 시작할 수 있다.
- 운동증상
  운동 증상은 대개 안면 경련과 함께 시작되고, 나중에는 떨림이 신체 다른 부위에까지 퍼져서 환자의 의사와 상관없이 비틀리는 운동으로 발전한다. 무도병의 비틀리는 움직임이 때로는 약간 무용 같아 보이기에 붙인 이름이다. 점차 경련이나 비틀리는 운동이 환자의 걷기, 말하기, 그리고 다른 자발적인 운동을 더욱 더 방해하게 된다. 특히 새로운 운동습관을 형성하는 능력이 쇠퇴한다.

■ 성인후기(Late Adulthood, 노년기) 발달

노년기의 특징은 사회적 활동의 감소라고 볼 수 있는데 이러한 현상에 대한 설명에서 분리이론과 활동이론이 있음.

- 분리이론 : 감소된 사회적 상호작용은 일종의 상호적 과정. 즉, 사회와 노인이 서로 후퇴하는 것으로 노인은 사회적 활동의 축소에 대해 수용적이고 나아가서 그것을 소망하는 것으로 봄.
- 활동이론 : 노년기의 특징인 사회적 상호작용의 감소는 노인으로부터 사회가 후퇴하기 때문에 일어나며, 이것은 사회적 활동에 계속 참여하고 싶어하는 노인의 소망에 상반되게 진행되는 것으로 간주.

  ** 노년기의 자기중심적 사고체계 : 헐록(Hurlock)은 이를 노인의 '제2 아동기'라 칭함.

1. 노년기의 발달

1) 노년기(Late Adulthood, 65세 이상)의 발달
  (1) 신체적 변화
    가. 외양이 많이 변하고 '노인의 모습'이 나타남. 더 이상의 추남, 추녀의 개념도 없어짐. 이는 마치 아동기의 외양과 유사해짐, 체력이 쇠퇴하기 시자하고 노쇠를 촉진시키는 질병이 나타나기 시작한다.
    나. 에릭슨의 발달단계중 '자아 통합성 대 절망감'의 단계.
    다. 회복력이 떨어짐
  (2) 지능의 변화

- 일반적으로 지능은 25세 이후부터 점진적으로 쇠퇴

* 연령증가에 따른 지능의 쇠퇴는 거의 없거나 극히 적다고 주장
  (발테스&샤이에 : 생애발달 심리학자)
  - 유동성 지능은 결정성 지능에 비해 큰 폭으로 감퇴한다.
  - 감각/지각능력, 추리력 등과 같은 동작성 능력이 언어적 능력보다 쇠퇴
  - 반응속도의 둔화로 지능발달의 감퇴가 일어나며 개인차를 보임
  - 노년기 지적 능력의 변화 양상은 건강, 성격, 교육수준, 문화환경에 따라 큰 폭의 개인차를 보인다.
** 교육수준과 현재의 직업과 역할 등을 통하여 지적 능력을 계속 발휘하고 있는 경우, 연령증가에 따른 지적능력의 쇠퇴가 덜 일어남.
** 익숙한 영역에서의 지적능력 덜 쇠퇴
  - 기억력의 감퇴와 관련하여 단기기억의 감퇴는 새로 접하는 정보를 처리하는 능력이 감퇴되며 의미과제보다 기계적 과제에서 더 크게 나타난다.
  - 단기기억이 공고하게 되어서 장기기억에 일단 저장되면 영속적이기에 장기기억은 단기기억보다 감퇴정도가 적게 나타나며 최근에 일어난 일에 대한 기억보다 오래 전에 일어난 일을 회상하는 먼 기억을 잘한다.

(3) 심리적 변화
- 신체적 질병, 배우자의 죽음, 경제 사정의 악화, 사회와 가족들로부터의 고립, 일상생활에 대한 자기 통제 불능, 지나온 세월에 대한 후회가 원인이 되어 우울증 정세가 나타남.
- 노화해감에 따라 사람은 사회적 활동이 점차 감소하고 사물의 판단과 활동 방향을 외부보다는 내부로 돌리는 행동양식을 갖게 된다 이는 내적성향 및 수동성의 증가로 이어진다.
- 성역할 지각의 변화
  노인은 이전과는 달리 일생동안 자기 자신에게 억제되었던 성역할의 방향으로 전환되어 경직성이 증가하며 신체적, 경제적 능력의 쇠퇴로 인한 의존성이 증가하며 친근한 사물에 대한 애착심을 가지게 되며 후손/자녀들에 대한 유산을 남기려는 태도 등이 강화된다.

☐ 노화 시계이론

1) 인체 내에 일정한 프로그램이 있어서 그에 따라 인간은 일정한 수명을 살고 죽게 된다는 것으로 세월이 흐르면 사람은 늙는다는 것이다.
2) 즉, 노화 시계가 염색체에 이미 프로그램 되어있어, 정상 세포가 50번 정도 세포분열을 하면 더 이상 분열을 못하고 죽게 된다는 견해이다.
3) 세포의 DNA에 노화 및 생체의 수명이 결정되어 있음을 밝혀주고 있다.

4) 노화된 시상하부와 뇌하수체에서의 호르몬 분비가 저하되며, 이는 신체 각 기관의 퇴화를 가져오고 대사를 지연시키며 면역 체계의 기능을 저하시킨다.

5) 나이가 들면서 두드러지게 적어지는 멜라토닌은 뇌에 있는 송과선에서 유일하게 분비하는 호르몬으로 수면과 각성의 리듬을 조절하며, 활성산소를 제거하는 항산화 효과 및 항상화 물질 생성촉진 등 노화를 억제할 수 있는 물질로 여겨진다.

노화의 정의와 노화이론

1) 노화의 정의

노화는 질병이나 사고가 아닌 시간의 흐름에 따른 점차적인 생체의 구조적 변화로 궁극적으로 생체 기능이 손실되어 죽음에 이를 가능성이 증대되는 현상이다.

2) 노화이론 – 유전적 이론

(1) 예정 계획 이론

① 유전 인자 속에 노화의 속성이 미리 프로그램화 되어 있다가 유기체가 적절한 시간이 경과함에 따라 그 노화의 속성이 나타남으로써 노화현상이 생긴다는 주장이다.

② 노화는 세포의 생존과 죽음에 의해 일어나며 우리 인체 각 세포의 수명은 유전적으로 정해진 한계가 있다.

③ 살아있는 동안에도 세포는 크기의 증가, 염색체 수의 증가 또는 감소, 효소의 감소 등의 변화가 일어난다. 이와 같은 세포의 변화나 죽음이 곧 인체의 노화와 죽음을 유발하는 것으로 생각된다.

(2) DNA 작용 과오 이론

DNA가 단백질이나 효소를 결합시키는 과정에서 DNA에 맞지 않는 것을 생산하게 되는데, 이러한 단백질이나 효소가 축적되어 노화를 일으킨다는 것이다.

(3) 유전적 변이이론(genetic mutation theory)

노화를 DNA의 손상수선체계(damage repair system)의 쇠퇴에 기인한다고 생각하며 각종 세포는 여러 바람직하지 않은 환경의 영향에 의해 세포의 손상이 누적 될 수 있다.

3) 노화이론 – 비유전자 세포이론

(1) 사용 마모 이론

① 노화를 장기간 인체를 사용함으로써 기능이 약화되고 구조가 와해되기 때문에 나타나는 현상으로써 설명한다.

② 마모이론에서 보는 노화는 자동차의 사용기간이 늘어나면 각종 부품에 손상이 오며 급기야 폐차하게 되는 과정과 다를 바가 없다.

(2) 노폐물 축적이론

(3) 교차 연결 이론

세포 내의 단백질로 가장 많은 교원질(collagen)의 분자들이 서로 상대에게 부착되어 이들 분자들이 움직일 수 없게 되고, 따라서 이와 같은 상태는 화학적 반응을 유발하는데 이로 인하여 조직은 탄력성을 잃고 노화가 촉진된다는 이론이다.

(4) 활성 산소 이론

세포가 산소를 흡수하여 신진대사를 하는 과정에서 짝짓지 못한 전자를 하나 더 가진 불안정한 분자를 생성하게 되는 경우가 많은데, 이러한 불안정적인 분자를 활성산소라고 한다. 활성산소의 생성은 DNA 돌연변이, 분자의 교차 연결 촉진, 단백질 기능변화 등 부작용을 초래하게 되며 정상적 분자의 기능에 손상을 초래하고, 축적된 손상은 결국 조직의 기능손상이라는 노화를 촉진하게 된다.

(5) 신체적 변이 이론

세포가 방사선이나 기타 원인에 의해 상해를 받게 되면 세포가 원래의 성질이 변하고 이 변이 세포가 축적되어 노화가 일어난다.

▨ 텔로미어 이론 – 노화이론의 배경

텔로미어(말단소립, telomere)는 세포시계의 역할을 담당하는 DNA의 조각들이다. 텔로미어는 그리스어의 '끝'(τέλος, telos)과 '부위'(μέρος, meros)의 합성어다. 세포분열이 일어나는 동안에 염색체와 DNA를 복제하는 효소는 염색체의 끝부분으로 복제를 계속할 수 없다.

발달심리

17강 노년기 질병 및 생활전략

학습목표
1. 노화기의 특징과 알츠하이머에 대한 이해
2. '죽음'에 대한 태도 등

학습내용
1. 노화이론중 면역이론, 생리적 통제이론 등을 학습
2. 노년기 은퇴, 알츠하이머, 펙의 노년기 발달이슈 등을 학습

◻ 생물학적 측면에서의 노화이론 – 면역이론

1. 면역반응 이론

- 면역반응이론 백혈구가 인체 내 해로운 물질을 식별하는 능력을 상실해 감으로써 노화가 촉진.
- 면역체계가 노년기에 접어들면 감염 등 외부에서 오는 바람직하지 않은 요인들에 대한 저항력이 떨어져 이로 인해 인체가 손상당하기 쉬우므로 노화가 일어난다고 주장. 면역체계 내지 개별항체가 이물질에 대한 식별능력이 저하되어 좋지 못한 이물질이 체내에 축적되면 부작용을 일으켜 결국은 노화를 촉진시킨다고 주장하는 이론.

2. 자동 면역 반응 이론

- 자동면역반응이론은 자동면역항체의 증가에 의해 정상세포가 파괴되면서 노화를 야기한다는 이론으로 체내의 면역체계가 항체를 만들 때 정상세포까지 파괴하는 항체를 만들게 되고 파괴된 정상 세포의 영향으로 노화가 일어난다고 봄.

◻ 심리학적 노화 관련 이론

1. 사회유리이론(분리)

1) 개인에 의한 분리 – 노인 스스로 자아통합을 위해 사회로부터 분리하고자 하는 경우, 노화가 진행
2) 사회에 의한 분리 – 쇠퇴한 지식과 기술을 소유한 노년 세대가 사회와 유리(분리)된다.

2. 활동이론

- 활동은 개인의 자아개념을 재확인하는 데 필요한 역할지지를 제공해 주는 것. 그리고 지속적인 역할지지를 통해 긍정적인 자아상을 유지할 수 있다. 스스로의 심리적 만족감과 생활만족도를 높이기 위해서는 가능한 사회적 활동을 지속해야 하는데 노화로 위축되고 사회활동이 줄어든다.

3. 사회교환이론

- 교환관계의 경우 교환자원(지식, 기술, 생산능력, 금전, 통제권, 복종, 존경 등)의 가치가 높거나 풍부한 교환자원을 소유한 자가 낮은 가치의 교환자원을 소유한 자를 지배하게 되는데, 노인이 소유한 교환자원의 가치와 양은 젊은 세대가 소유한 그것에 비해 상대적으로 열세이며, 열등한 교환자원의 소유자로서의 노인은 사회적 교환관계 배분에서 열등한 지위와 권력적인 열세에 몰리게 됨으로써 노인문제 발생.

4. 지속성 이론

- 노년기의 성격은 젊을 때의 성격 성향을 지속하면서 노화된다는 견해이다.

5. 성장발달이론

- 훌륭한 적응전략 개발로 성장발달과업을 성공적으로 이루면서 노화된다

■ 사회학적 노화이론

1. 현대화 이론 - 현대화의 정도가 높으면 높을수록 노인의 지위는 더욱 낮아진다.

2. 사회와해이론

- 노인에 대한 부정적 인식이 노인의 사회적 활동관계를 더욱 더 위축시키고 어렵게 만드는 순환적 틀을 형성하며, 이러한 틀 속에 생활해야만 하는 노인은 결국 사회적으로 와해된다.

3. 하위문화이론

- 노인이 가지고 있는 공통적 특성과 사회문화적 요인 등에 의해 노인특유의 하위문화가 형성된다. 노인이 동일한 하위문화 속에서 상호이해하고 기회를 주고받으며 서로를 지지 할 수 있다는 것은 긍정적이라고 할 수 있으나, 노인에 의한 하위문화가 사회로부터 분리되고 소외됨으로부터 형성된다는 것은 사회통합의 차원에서 부정적 현상이라고 할 수 있다.

🔲 노년기 질환

1. 노인성 치매

노인성 치매(senile dementia)는 나이가 들어서 기억력 장애를 비롯한 인지장애와 정신행동증상이 발생하는 질환.

* 미국의 알츠하이머 협회에서 권고하는 치매가 의심되는 10가지 주의 증상

1) 직업이나 일상생활에 영향을 주는 최근 일에 대한 기억력 상실이 온다.
2) 익숙한 일을 처리하는데 어려움이 생긴다.
3) 언어사용이 어려워진다.
4) 시간과 장소를 혼동한다.
5) 판단력이 감소하거나 그릇된 판단을 자주 한다.
6) 추상적인 사고능력에 문제가 생긴다.
7) 물건을 잘못 간수한다.
8) 기분이나 행동의 변화가 온다
9) 성격의 변화가 온다
10) 자발성이 감소한다.

2. 대표적 노인성 치매 – 알츠하이머

1) 원인 : 연령, 가족력(유전), 머리의 외상 등으로 파악되고 있음
2) 초기에 가장 두드러진 증상은 기억력 장애
3) 전체 치매의 2/3을 차지하는 대표적인 치매증후로서 뇌의 피질부 특정 부위의 뉴론 퇴화로 나타난다. / 대표적인 노인성 치매
4) 서서히, 꾸준히 퇴화가 진행되는 특징이 있으며 노년기 발병 시 10년 이상 걸려서 천천히 진행된다.
5) 증상으로는 기억 손상, 판단능력 손상, 정서 통제에 심각한 손상, 언어 유창성 감퇴, 우울증 등이 있다.

2. 파킨슨병

치매와 근육 손상이 함께 나타나는 노년기 질병으로 뇌의 뉴런 손상이 진행되면서 병의 중기에 치매가 나타난다.

🔲 노년기 은퇴 이후의 적응문제

1. 사회적 유리설

가) 은퇴 후의 노년기에는 적극적인 활동보다는 은둔생활이 적합하다고 주장한다.

나) 은퇴를 수용, 예견하며 점진적인 준비가 필요하다고 인식한다.

다) 사회적인 활동과 유리되는 생활을 영위하는 것이 인생을 만족시킬 수 있으며, 이것이 바로 성공적인 노화의 과정이라고 인식한다.

2. 사회적 활동설

가) 은퇴란 청년중심 사회의 강요된 산물이며 노년기에도 지속적으로 활동능력을 발휘할 수 있어야 한다고 주장하였다.

나) 개인은 완전히 사회적 관계를 끊을 때까지 적절한 활동을 계속함으로써 신체적, 정신적 건 강 및 생활의 질 등을 향상시킬 수 있다고 인식한다.

🔲 죽음에 대한 태도 – 퀴블러-로스 (Kubler & Ross)

① **부정** – 사망에 이르는 큰 병에 걸렸다는 진단 등에 의해 충격을 받는 경우, 제일 먼저 자신 의 상황을 부정하려고 하며 '아니야, 그럴 리 없어'와 같은 말을 입에 달고 다님.

② **분노** – 분노단계에서는 자신 주변의 모든 것이 분노의 대상이 되며 '다들 멀쩡한데 왜 나만 이렇게 되냐' '왜 하필 나인가'라는 분노를 품는다.

③ **타협** – 상황도 받아들였고 분노도 충분히 표출했으면 더 이상 상황이 나아지지 않을 것이라 는 걸 깨닫고 상황을 미루려 한다. 이것이 협상/타협이라는 형태로 나타나는 것이다. '이번 한 번만 살려주시면 앞으로 정말 착하게 살게요!'

④ **우울** – 결국 협상도 되지 않는다는 것을 깨달으면 극심한 우울증 증세가 나타난다. 이 단계 에선 증상이 더욱 확실하게 나타나 환자도 알아차릴 수 있다. 모든 일에 초연해지고, 웃음 을 잃고 하루 종일 멍한 표정으로 있거나 아예 울어버리기도 한다.

⑤ **수용** – 모든 감정이 지나가면 이젠 피할 수 없는 것이라며 받아들이게 된다. 이 단계에선 우 울하지도 않고 활기차지도 않으며, 차분하게 자신의 감정을 정리하는 시간이다.

🔲 펙(PECK)의 노년기 발달에 관한 세가지 이슈

① **자아분화 대 직업역할에 대한 몰두**: 은퇴에 대한 대처, 자기 가치 재평가

 – 노년기 이후 성공적인 노화를 위해 자기 가치에 대한 평가를 다시 하는 것이 필요하다. 이 러한 자기 가치의 정적/부적평가내용은 이전에 삶속에서 경험했던 일, 직업 등에 따라 개

인차가 발생한다.

* 직업과의 관계성에서 자신의 정체성을 직업과 연결되었다고 보는 이들은 직업세계를 떠나면 자신의 정체성에 혼란을 겪고 자신에 대한 무가치함을 느낄 수 있다. 이들은 자신의 역할을 직업역할과 동일시한다.

② 신체초월 대 신체몰두
- 신체적 변화에 대해 초월하는가. 연연하는가의 문제

③ 자아초월 대 자아몰두
- 자아초월이란 늙어감에 대한 불안이나 부정적 생각을 버리고 살아온 삶의 연장선속에서 여전히 열심히 활동하고 지역사회의 작은 일에도 관심을 가지며 자신의 생활에 대해 의미와 가치를 스스로 만들어가는 능동적 삶을 영위하는 것이다. 이러한 태도는 죽음에 대해서도 의연한 모습을 보인다.
- 자아몰두는 삶에 집착, 자기만족감에 탐닉하게 되는 것이다.

발테스와 발테스(P. Baltes & M. Baltes)의 SOC (Selective Optimization with Compensation) 이론

① 전생애적 관점에서 연령에 따른 획득의 최대화와 상실의 최소화를 적응적 발달로 본다.
② 선택, 최적화, 보상을 발달적 조절의 세 가지 중심적 과정으로 제안한다.
③ 노화에 따른 내적외적 자원의 제약과 상실로 인해 선택과정이 필요한 것으로 본다.
④ 노화에 따른 상실을 보상하기 위해서는 타인의 도움이나 부가적 자원의 동원 등이 필요하다고 제안한다.
⑤ 선택한 목표 달성을 위해 최선의 노력을 다하는 최적화를 중시한다.

○ 발테스(Baltes)가 주장한 지혜의 구성요소
① 삶에 실용적인 사실적 지식
② 삶의 문제를 해결할 수 있는 발달적인 지식
③ 삶과 사회의 변화의 맥락에 대한 맥락적 지식
④ 삶의 복잡성과 미래의 불확실성에 대한 불확실한 지식
⑤ 삶의 가치와 목표에 따라 달라지는 상대성을 고려한 지식

노년기 인지발달

1. 기억력 감퇴
- 노년기 사람들의 이름, 약속 시간, 사물이나 장소에 관해 곧잘 잊어버며 좌절감에 빠지기도

한다. 학습 상황이나 검사 상황에서 수행능력 저하에 따른 자신감도 상실할 수 있다.

2. 최근 기억과 옛날 기억

– 과거의 사건 (예– 자녀출생, 결혼식, 부모나 배우자와의 사별 등)에 대한 내용은 비교적 자세한 기억하는 반면, 최근 사건에 대해서는 희미하게 기억하거나 잘 잊어버림

* 일화기억/의미기억 – 툴빙(Tulving)
   – 일화기억이란 개인이 경험하는 각종 사건들, 일화들에 대한 기억이다. 일화기억은 계속하여 새로운 일화경험이 쌓이기 때문에 사전 일화들은 비교적 쉽게 변화되고 망각된다.
   – 의미기억이란 일화적 경험이 쌓이고 이것이 추상화되어 이루어진 개념적 일반지식의 기억이다. 이러한 의미기억은 일화 기억처럼 쉽게 변하거나 망각되지 않으며 비교적 영구적으로 남아있다고 본다.
   – 부호화 문제 : 최근 일은 주의 산만, 흥미부족, 능력감소 등으로 부호화가 잘 되지 못했을 수 있음
   – 과거사건에 대한 선명한 기억 : 옛날 일은 개인적으로 매우 의미 있는 일로 마음속으로 수천 번 재현하여 강렬한 기억으로 남아 있을 수 있음

* 의미기억
   – 단서과부하 : 옛날 일을 기억하는데 사용되었던 단서가 최근 일을 기억하는 데는 단서과부하 현상으로 덜 효율적이 되었을 가능성
      예) 노인들이 전화번호를 외울 때, 옛날 전화번호와 강하게 연관되어 있어 새로운 전화번호를 외우는데 어려움

인간발달-주요발달 영역(1)

학습목표	1. 인간발달과 관련된 주요발달 영역에 대한 이해 2. 유전에 대한 내용을 이해

학습내용	1. 뇌와 신경계의 변화에 대한 내용을 학습 2. 유전과 유전의 기제에 대한 내용을 학습

■ 인간발달 주요발달 영역

1) 신체변화

(1) 출생시
- 남아 : 평균체중 3.40kg, 평균신장 51.4cm
- 여아 : 평균체중 3.24kg, 평균신장 50.5cm

2) 운동발달 - 운동발달의 역동적 체계이론

(1) 운동기술은 분리된 능력들이 합쳐진 하나의 체계
(2) 영아는 능동적으로 기존의 운동기술을 새롭고 복잡한 운동체계로 재조직함.
(3) '만지고 싶은 물건에 도달하기'와 같은 목표가 운동기술의 발달에 영향을 미침.

■ 뇌와 신경계의 변화

1) 뇌의 구조와 기능

출생 시의 뇌는 성인 뇌의 약 25%밖에 되지 않지만, 1년 사이에 66%, 2년 사이에 75%, 만 6세에 약 90%가 성장한다.

(1) **뇌간(brainstem)** : 호흡, 심장박동과 같은 생존과 관련된 기능을 담당하며, 뇌교와 연수를 포함하고 있다.

    가. **뇌교(pons)** : 척수와 뇌를 이어 주는 가교 역할을 하며, 수면과 관련된 화학물질을 생성 시킨다.

    나. **연수(medulla)** : 척수의 상단에 존재하며 생명과 관련된 반사 기능을 조절하는 세포군

을 포함하고 있다.

(2) **변연계**(limbic system) : 동기행동, 정서행동, 기억저장에 관여하며, 시상하부, 편도체, 해마로 구성되어 있다.

2) 신경계의 발달

(1) **시냅스의 증가**

시냅스는 축색돌기와 수상돌기가 만나는 연결고리로서, 화학물질을 방출하여 정보를 전달하는 역할을 한다.

(2) **수초의 증가**

수초는 신경의 축색돌기에 생기는 기름띠와 같은 것으로, 빠르고 효율적으로 정보를 전달하는 역할을 한다.

(3) **신경계**

중추신경계와 말초신경계로 나눠진다. 중추신경계는 뇌와 척수로 구성되며 말초신경계는 체성신경계와 교감/부교감신경계로 나눠진다.

🔲 뇌의 발달과정

1. 0~3세 : 전두엽과 두정엽, 후두엽 등 뇌의 기본적인 구조들이 형성

– 신경세포들간의 연결

2. 4~6세 : 종합적 사고를 담당하는 전두엽이 주로 발달하는 시기

– 인간성과 도덕성담당

– 애절교육과 인성교육이 필요한 시기

3. 7~12세 : 두정엽과 측두엽이 발달하는 시기

– 언어와 청각, 논리적이고 입체적인 사고를 주관

4. 12세 이후 : 뇌의 뒷부분인 후두엽이 발달하는 시기

– 시각 중추가 모여 있는 곳, 외모나 유행 등에 민감해짐

■ 인간의 뇌 발달에 관한 추가내용

1. 3세 아동의 시냅스 수가 성인의 시냅스 수보다 많다.
2. 신경망 가지치기 시기는 각 대뇌 피질 영역에 따라 다르다.
3. 풍부한 환경은 시냅스의 연결을 가속화한다.
4. 대뇌피질 영역 중 브로카와 베르니케 영역이 손상되면 실어증을 초래한다.
5. <u>사춘기 뇌의 대표적인 특징은 전두엽의 리모델링</u>
   - 전두엽은 뇌의 가장 앞 부분으로 합리적인 사고
   - 사춘기의 전두엽발달은 이전의 정보처리속도보다 100배 정도 빨라짐
   - 시냅스 왕성히 생산(과정생산)
   - 급작스런 뇌의 변화로 인해 청소년들이 혼란스러워 함. 의사결정을 빨리 못하고 충동적이고 참을성없는 행동을 보이기도 함.

■ 유전

1. 유전인자

유전자(영어: gene)는 유전의 기본단위이다. 지구상의 모든 생물은 유전자를 지니고 있다. 유전자에는 생물의 세포를 구성하고 유지하고, 이것들이 유기적인 관계를 이루는 데 필요한 정보가 담겨있으며 생식을 통해 자손에게 유전된다.

2. 염색체 속에 유전의 기본 단위는 유전인자가 있음

3. 사람의 염색체

사람의 체세포에는 46개(23쌍)의 염색체가 있다.

   * 상염색체
      - 남녀가 공통으로 가지는 성 결정과 관련없는 염색체로, 44개(22쌍)가 있다.
   * 성염색체
      - 성을 결정하는 데 관여하는 염색체로서 남자는 XY, 여자는 XX를 갖는다.

4. 성 결정

   - 정자의 염색체 구성은 22 + X, 22 + Y 의 두 종류이며 난자의 염색체 구성은 22 + X 의 한 종류이다. 따라서 정자의 성염색체에 따라 성별이 결정된다.

■ 유사분열

1. 분열생물의 세포분열은 생식세포 분열인 감수분열(meiosis)과 체세포분열(mitosis)로 나눌 수 있다. 이들 모두를 유사분열이라 일컬으며, 그 분열속도는 세포의 종류와 특성에 맞게 리듬을 갖는다.

2. 세포가 새로이 형성되고 폐기되기까지의 세포주기는 세포 내부 또는 외부의 여러 인자들로 인해 조절된다.

3. 개체의 생장을 가능하게 하는 체세포분열은 한 개의 모세포에서 일어난다. 이배체(2n)인 모세포로부터 동일한 수의 염색체를 가지는 이배체(2n)를 갖는 두 개의 딸세포인 만들어내는 과정이다. 이는 DNA량이 두 배로 증가하는 간기 — 염색체의 응축이 시작되는 전기 — 염색체에 방추사가 연결되는 중기 — 양극으로 염색체가 이동하는 후기 — 핵막과 인이 생성되며 두 개의 딸핵이 형성되는 말기(종기)의 과정을 거친 후 끝마친다.

   * 유사분열 – 유사분열은 염색체가 스스로 복제하는 과정으로부터 시작된다.
   * 감수 분열(Meiosis)은 생식세포를 만들기 위한 진핵생물의 세포 분열 형태 중 하나이다. 난세포가 정자와 합체하여 만든 새로운 개체인 세포의 염색체수는 생식 세포의 염색체수의 두 배가 된다.

19강 인간발달 - 주요발달영역(2)

학습목표
1. 피아제의 인지발달론의 이론적 가정에 대한 이해
2. 피아제 인지발달 4 단계를 이해

학습내용
1. 피아제의 인지발달과 '동화', '조절' 등의 개념을 학습하고 이해한다.
2. 감각운동기부터 시작되는 피아제의 인지발달 4 단계와 상세내용을 학습한다.

주요발달영역 - 인지 영역

- 인지발달이론
  인지 발달이란 인간의 지적능력이 환경과의 상호작용을 통해 어떻게 발달되어 가는가의 과정이며 인간은 환경과의 적극적인 상호작용을 통해 자신의 인지구조를 재구성해 나간다.

피아제 인지발달론(Theory of cognitive development)

1. 피아제의 인지발달론은 구조주의 인식론에 기초하고 있으며 아동은 능동적으로 자기 자신을 구성할 수 있다고 본다. 또한 인간의 지식과 지능은 개인과 환경간의 상호작용에 의해서 그 개인 내부에서 점차적으로 구성된다고 보았다. 특히, 언어발달은 인지발달에 의존한다고 주장하였다.

2. 피아제는 한 사람의 아동기가 사람의 발달 과정에서 핵심적이고 중요한 역할을 기능한다고 생각했다. 그에게 인지 발달은 신체적 성숙과 환경적 경험으로부터 비롯되는 정신적 과정의 점진적 재조직이었다. 더 나아가 그는 인지 발달은 유기체로서의 인간의 핵심에 있으며 언어는 인지 발달을 통해 습득된 지식을 대변한다고 주장했다.

3. **피아제 인지발달이론의 가정**
   - 인지발달은 질적으로 다른 단계들로 진행된다.
   - 전 단계를 성공적으로 거치지 않으면 다음 단계로의 진입이 불가능 하다.
   - 교육에 의해 다음 단계로의 이행이 촉진될 수 없다.

4. 주요 개념

유기체가 환경에 적응한다는 말은 파란 신호일 때 길을 건너는 것, 구구단을 외우는 것 등을 말한다. 즉 인간의 지적 능력은 타고난 것이되, 그것이 주어진 환경에 적응하는 것이 인지의 발달이라는 것이다. 이것을 설명하기 위해 피아제는 도식과 적응이라는 개념을 설정했다.

1) 도식

도식은 사물이나 사건에 대한 전체적인 윤곽을 말한다. 쉽게 말해 사고의 틀이라고 생각할 수 있다. 이는 유사한 환경 안에서, 반복에 의해 변화되고 일반화된 행동의 구조 또는 조직화를 의미한다.

예를 들어 5세 유아가 날아다니는 물체는 새라고 배웠다고 생각해 보자. 이를 통해 이 아이는 "날아다니는 물체는 새와 같다"는 도식을 보유하게 된다.

– 몇 가지의 도식은 인간이 탄생하기 이전부터 이미 가지고 있다.

예를 들면 빨기 도식이나 잡기 도식과 같은 것인데, 빨기 도식의 경우 그러나 그 기능면에서 변화된 것은 아니라서 적응의 과정을 통해 새로운 도식을 개발하고, 기존의 것을 변형시키면서 발전하게 된다.

2) 적응

적응은 환경과의 직접적인 상호작용을 통해 도식이 변화하는 과정을 말한다. 두 가지의 상호보완적인 과정을 통해 이루어지는데, 바로 동화와 조절이라는 수단이다. 적응은 우리에게도, 또 동식물에게도 흔히 찾을 수 있다.

3) 동화와 조절

동화는 기존의 도식에 맞추어서 새로운 경험을 일반화하는 과정을 말한다. 쉽게 말해 새로운 경험을 기존에 가지고 있는 도식에 맞추어 보는 것을 의미하는데, 만약 새로운 경험이 기존의 도식에 맞는다면 유기체는 인지적으로 평형 상태가 된다.

– 위에서 날아다니는 모든 물체를 새라고 배운 아이는 날아다니는 비행기를 보면서도 새라고 부른다. 하지만 이 아이는 이것이 털도 없고, 날개도 펄럭이지 않는 등 기존에 알고 있던 새와는 다르다고 느끼게 되면서 불평형의 상태가 된다.

4) 조절/조직화 : 조직화는 유기체가 현재 가지고 있는 도식을 새롭고, 더욱 복잡한 도식으로 변화시키는 과정을 말한다. 즉 지금 가지고 있는 도식을 어떤 새롭고 복잡한 구조로 재구성하는 것이다.

– 아까 새와 비행기를 구분하게 되었던 아이는 이제 날아다니는 대상의 하위 범주로 새와 비행기를 조직하게 된다. 이런 식으로 조직화를 거듭함으로써 인지적인 발달이 이루어지는 것이다. 조직화는 인지적 발달의 핵심적인 요소이다.

📖 피아제 인지발달단계

피아제는 인간의 인지 발달은 네 단계를 통하게 되며, 질적으로 다른 이 단계들은 정해진 순서대로 진행되고 단계가 높아질수록 복잡성이 증가된다고 한다(Piaget,1954).

1. 감각운동기(0-2세)

1) 감각운동기(Sensorimotor Stage)의 시기 : 출생 직후~2세

2) 감각운동기에는 신생아의 단순한 반사들이 나타나는 출생에서 초기의 유아적 언어가 나타나고, 상징적 사고가 시작되는 2세 경에 끝난다. 이 단계에서 아동의 행동은 자극에 의해 반응하는 것에 불과한데, 이는 언어가 발달하기 이전의 단계이기 때문이다. 따라서 아동은 시각이나 청각 등의 감각과 운동기술을 사용해 외부 환경과 상호작용하게 된다.

3) 특징
   - 대상영속성(Object permanence)

     이는 대상이 보이지 않더라도 존재한다는 것을 알게 되는 것을 말한다. 초기의 아동은 어떤 대상이 눈 앞에서 사라지면 세상에서 없어지는 것으로 이해한다. 그러나 이 시기가 지나게 되면 눈 앞에서 사라져도 아예 없어지는 것은 아니라는 것을 이해하게 된다(8개월 무렵부터).

     또 이 시기가 지나면 모방이나 기억이 가능한, 정신적 표상을 형성하게 되며 초기의 단순한 반사행동은 사라지고 점차 자신의 의도에 따라 계획된 목적행동으로 바뀌게 된다.

2. 전조작기(2-6,7세)

1) 전조작기(Preoperational Stage)의 시기 : 2세~6, 7세

2) 조작이란 어떤 논리적인 사고를 통해 조작하는 행위를 의미한다. 즉, 전조작기란 조작이 가능하지 않은 이전의 단계라는 의미이다. 이 시기에는 대략 언어를 사용하면서 자신이 내재적으로 가지고 있는 표상을 여러 형태의 상징으로 표현하게 된다.

3) 특징
   (1) **상징적 사고** : 감각운동기까지의 인간은 자신의 행동이나 감각에 의존하여 생활한다. 그러나 감각운동기의 말기가 되면 점점 정신적 표상을 형성하기 시작한다. 여기서 정신적 표상은 언어의 발달이 가속화하는 특징이 있다. 전조작기 아동은 자신이 가지고 있는 표상들을 그림이나 언어 등의 형태로 표현한다.

      * 가상놀이라는 것이 있는데, 소꿉놀이나 병원놀이와 같은 것으로 가상적인 사물과 상황을 실제 사물이나 상황처럼 상징하곤 한다.

   (2) **자기중심적 사고(Egocentrism)** : 아이들은 남을 배려하지 못한다. 피아제는 그 원인을

자기중심적 사고에서 찾는다. 전조작기의 아이들은 타인의 생각, 감정, 지각, 관점 등이 자신과 동일하리라고 생각하는 특성을 가지게 되는데,

* 유명한 세 산 실험(three mountain problem)의 결과
: 타인의 시각에서 보는 조망을 추론할 수 있는 조망수용능력(Perspective Taking)을 가지고 있지 못하다는 것

(3) **직관적 사고(Intuitive Thinking)** : 크기, 모양, 색깔과 같은 한 가지 두드러진 속성에 근거하여 대상을 이해하려는 사고를 말한다. 즉, 지각적인 특성에만 의존하게 된다는 것인데 이러한 사고의 특성으로 전조작기 아동은 보존개념을 획득할 수 없게 된다.

* A, B의 두 비커의 물

(4) **물활론적 사고** : 모든 사물에 모두 생명이 있다고 여기는 사고를 말한다.

(5) **인공론적 사고** : 모든 것을 사람이 만들었다고 생각하는 것과 나를 위해 만들어졌다고 생각하는 사고를 말한다.

3. 구체적 조작기(7~11세) : concrete operational stage

1) 자아중심적 사고에서 벗어나 보존개념이 생기며 논리적인 사고를 하기 시작하고, 인과관계를 이해하기 시작한다. 이 단계는 전조작기에 비해 내적인 표상을 다양한 방식으로 조정할 수 있다.

2) 이에 따라, 가역적인 사고(바꾸어 생각하는 것. 예를들면 3+4=7일 때 7-4=3임을 이해)가 가능하며, 분류, 서열화 등의 개념이 형성된다.

3) 그러나 아직은 생각의 대상이 눈에 보이는 구체적인 대상에 국한되기 때문에, 구체적 조작기라고 한다.

4) 특징
   (1) **보존 개념**
   보존 개념(conservation)이란, 모양이 넓은 같은 모양의 컵에 같은 양의 우유를 보여준 뒤, 한 컵의 우유를 모양이 다른 긴 컵에 부어도 긴 컵과 넓은 컵의 우유의 양은 같다는 것을 이해하는 것이다. 즉, 동일성, 보상,역조작의 개념이 가능해지는 것이다.
   (2) **유목화** : 같은 모양의 구슬을 보고 쇠구슬과 유리구슬을 구분할 수 있게 됨
   (3) **서열화** : 연역적 사고가 가능하게 됨

4. 형식적 조작기(11, 12세 이후) : Formal operational stage, 청년기

1) 실제 대상이 없어도 머리 속에서 추상적으로 생각하여 해결방안을 찾을 수 있다. 논리적 사고가 가능하며 가능성에 근거하여 연역적 사고를 할 수 있다.

2) 이 시기는 조합적 사고 가능하다. 즉, 문제해결을 위한 방법들을 생각하고, 가설을 세워 그 중 가장 정확한 것으로 시도한다.

3) 특징

(1) 가설적 사고

새로운 상황에 직면 했을 때 과거와 현재의 경험을 통해 가설적 상황을 설정하여 문제를 해결할 수 있게 된다.

(2) 과학적 사고

주어진 문제를 해결하기 위하여 사전에 일련의 계획을 세우고 체계적으로 시험하면서 해결책을 찾을 수 있게 된다.

(3) 추상적 사고

현실 상황에는 없는 여러가지 추상적 개념을 이해할 수 있다. 현실에는 없는 개념도 상상하고 그려 볼 수 있는 능력을 갖추게 된다.

(4) 체계적 사고

자신과 다른사람이 이상적이라고 생각하는 것들에 대하여 생각할 수 있게 된다. 자신의 이상적인 기준에 따라 자신의 주장과 타인의 주장을 비교, 분석 할 수 있는 능력도 생긴다.

(5) 명제적 사고

현실 상황을 고려하지 않고도 언어적 진술에 의한 명제의 논리를 평가할 수 있다.

발달심리

20강 인간발달 – 주요발달영역(3)

<table>
<tr><td>학습목표</td><td>1. 피아제 인지발달론의 추가학습으로 구체적 조작기를 심화학습한다.
2. 여러학자들의 인지발달이론에 대한 학습</td></tr>
<tr><td>학습내용</td><td>1. 피아제이론에서 등장하는 보존개념, 탈중심화 등의 개념을 학습한다.
2. 케이스 등의 신피아제이론들에 대한 내용을 학습한다.</td></tr>
</table>

🔲 피아제 이론의 '구체적 조작기' – 추가학습

1) 피아제의 인지발달 단계 중 구체적 조작단계에 속하는 아동기에는 구체적이고 실제적인 사물에 대해 정신적인 활동 또는 조작을 통한 사고를 하기 시작.

2) 이 시기의 논리적 사고는 구체적이고 사실적인 것에 국한되며 추상적인 대상에 대한 정신적 조작능력은 청년기인 형식적 조작기에나 가능

3) 구체적 조작기의 특정적인 발달내용은 탈중심화, 가역적 사고, 보존개념의 획득 및 위계적 분류능력이 가능
   - 탈중심화
   - 가역적 사고

      * 둥근 점토덩어리를 길고 납작하게 만들었다가 다시 둥글게 뭉칠 수 있다는 것을 알게 되는 것

   - 보존개념

      * 수에 대한 보존개념이 가장 일찍 형성
      * 길이, 액체의 양, 질량(덩어리), 무게의 보존개념 순으로 발달. 부피의 보존개념이 가장 늦게 발달
   * 전조작기 후반부터 발달하여 구체적 조작기에 보존개념을 완전히 획득

103

기타 인지발달이론 모형들

1. 리겔(Riegel) 의 변증법적 추론모형

1) 리겔(Riegel, 1976)은 인지발달은 청소년기 이후에도 계속해서 이루어지며 그것은 변증법적이라고 주장한다.

2) 성인기 동안의 인지발달은 청소년기까지와는 다르게 일련의 계속적인 갈등이나 위기 혹은 모순과 그것의 해결에 의해 설명될 수 있기 때문에, 평형모델을 지향하는 피아제의 인지발달단계이론은 성인기의 사고를 완전하게 설명할 수 없다는 것이다.

3) 리겔은 형식적 조작기 다음에 오는 인지발달단계를 변증법적 조작기(dialectic operational stage)라고 명명하고 인지적 모순과 다양한 사고수준간의 갈등을 중요시하였다. 우리 앞에 제시되는 과제는 때에 따라 단 한 가지 수준의 조작사고(구체적 조작사고나 형식적 조작사고)를 요구하기도 하지만, 때로는 내적-생물학적, 외적 -문화적, 그리고 역사적 수준의 인지적 사고가 갈등을 일으킬 수도 있다.

4) 변증법적 조망에서 보면, 갈등은 지적 발달의 자극제가 되며 성장하는 개인은 모순을 해결하기 위하여 계속적으로 노력한다. 예를 들면 자신이 속한 종교 및 관점의 문제와 한계점을 인식하고 모순을 깨달을 줄 아는 사고이다.

해결은 새로운 모순을 가져 오고 또 다시 새로운 해결을 이루게 하는 정-반-합의 과정이 순환한다.

5) 피아제와 리겔의 비교
 - 피아제는 개인과 문제 상황 간의 안정된 균형을 지향하는 인지구조 발달을 전제로 한다.
 - 리겔은 문제 상황과 그 해결양상이 내포하고 있는 불완전성과 애매성을 강조한다.
 - 리겔은 갈등과 변화를 발달의 본질로 삼는다.
 - 리겔의 변증법적 추론은 형식적 조작기 이후의 독립적인 성인기 인지발달이 아니라, 피아제가 간과한 인지발달의 다른 측면을 부각시켜 주는 것이다.

2. 바센체스의 변증법적 사고이론
 - 변증법적 사고가 성인기의 특징적인 추론형태
 - 성인기의 인지적 성장은 변증법적 형태
 - 이러한 변증법적 도식들은 때로는 사고자의 관심을 관계나 상호작용으로 유도하고 어떤 것들은 변화와 움직임에, 그리고 또 어떤 것들은 형태나 패턴을 처리하는데 이용
 - 성인들은 사회적 체계나 정치적 체계에 대해 그리고 대인관계에 대해 추론할 수 있는 것

3. 아를린(Arlin)의 문제 발견적 사고

- 아를린(Arlin)의 문제 발견적 사고: 창의적 사고, 확산적 사고, 새로운 문제해결 방법의 발견 등
- 피아제가 주장하는 형식적 조작단계의 조작적 사고는 문제해결에 국한되지만 아를린은 성인기의 인지발달은 조작적 사고를 넘어 문제발견이 주(主)된 내용이 된다고 보았다.
- 성인기에는 문제발견의 단계가 존재
- 이 문제발견의 단계에서는 창의적 사고, 확산적 사고, 새로운 문제해결 방법의 발견 등이 동원된다는 것.
- 복잡하고 이해관계가 충돌하는 성인기의 삶속에 다양한 선택지를 가지고 있는 경우, 어떤 선택이 가장 중요한가? 유효한가? 등의 문제를 발견/대면하게 되며 이를 해결하려는 인지의 발달이 요구된다.

■ 케이스(Robie Case)의 신피아제이론('Neo – Piage Theories)

: 대표적인 신피아제이론가인 케이스는 피아제이론의 수정제안론을 펼치며 자신만의 독특한 아동인지발달4단계를 주창.

- ·1단계 : 감각운동단계(피아제와 동일)
- ·2단계 : 상호관련단계
    - 사물/사건/사람들간의 관계를 이해하고 이를 표상함.
- ·3단계 : 차원단계
    - 가깝다/멀다
    - 많다/적다 등의 양극단 차원을 선택, 비교가능하며 표상함.
- ·4단계 : 방향량(벡터)단계
    - 두차원의 상호작용결과인 벡터라는 보다 높은 차원에 주목함.

■ 샤이에(Schaie)의 성인 인지발달 5단계 모형

- 샤이에는 피아제의 인지발달은 지식 획득 과정을 설명하면서 지식 획득이 완성되는 청년기까지만 설명하였다고 비판하며, 성인기 역시 청년기와 구별되는 지식 사용능력이 발달한다고 보았다.

- 성인 인지발달 5단계론
    - ·1단계(지식습득) : 피아제가 주장한 단계까지
    - 1단계(아동, 청소년기) : 지식 획득, 감각운동기~형식적 조작기까지 기본 인지구조 발달

- **2단계(성취)** : 성인초기 – 직업선택
  2단계(성인전기=20~30대) : 실제적 문제 해결, 맥락을 고려할 수 있어야 함, 독자적 의
  사결정
- **3단계(책임)** : 중년기 – 의사결정, 책임성
  3단계(성인중기=중년기) : 여러 역할과 위치에서 책임을 가지고 과업에 관여하고 의사결정
- **4단계(실행)** : 실행과 일부는 지도자급 실행
  4단계(성인중기=일부) : 기관 및 사회가 발전 또는 위기초래, 복잡하고 책임을 갖는 문제
  해결
- **5단계(재통합)** : 성인후기, 노년기의 은퇴 등
  5단계(성인후기=노년기) : 사회적 책임 감소, 개인적 문제 및 과제 선택

21강 인간발달 - 주요발달영역(4)/성격, 사회성발달

학습목표	1. 비고츠키의 인지발달이론을 이해한다. 2. 성격발달 및 사회성 발달에 대한 이론들을 이해한다.

학습내용	1. 비고츠키의 인지발달론과 비계이론 등을 학습한다. 2. 인간발달의 주요내용인 성격과 사회성 발달에 대한 각종 이론을 학습한다.

▢ 비고츠키의 인지발달이론(사회문화적 발달이론)

1. 가장 기본적인 특징은 언어 및 사고 발달을 개별적 개체 수준이 아닌 사회−문화적 맥락에 관련지어 설명.
2. 필요한 도구를 스스로 고안하거나, 남에게 도움을 청하거나 자기 자신에게 말을 건네건 간에 문화가 마련해 준 틀 속에서 문제를 해결하게 된다. 비록 그 모든 마음들이 자신의 것일지라도 문화가 마련해 주는 제약과 해결책으로의 여러 가능성 속에서 현재 쓸 수 있는 여러 물리적, 심리적 자원들을 이용하게 되는 것이다.
3. 언어와 사고의 발달은 사회문화적 맥락을 떠나서 생각할 수 없는 개념임을 강조했다는 것이 비고스키 이론의 큰 특징이다.
4. 비고스키의 이론중 사회문화이론은 협동적 구성주의, 사회·문화역사적 구성주의, 변증법적 구성주의라는 다른 말로도 불린다.
5. 유아기의 인지 발달의 기초가 어머니와의 언어적 교감에서 비롯된다고 하였으며 언어를 통한 어머니의 교육이 점차 동적, 심리적, 지적 교육 환경으로 확대되어 제공될 때 유아의 창의성 및 학습 능력이 가장 이상적으로 계발된다고 주장.

▢ 비고츠키 인지발달 이론의 특징

1. **비교 문화적 다양성에 대한 인정** : 각 문화마다 강조하는 활동들과 또한 사용하는 도구들이 서로 다르기 때문에, 인간의 고등 정신 기능은 문화에 따라 다양하다는 것이다.
2. **발달적 또는 발생학적 방법으로 인간을 이해** : 우리는 행동의 발달이나 역사를 조사함에 의해서만 인간의 행동을 이해할 수 있다.

3. **두가지 측면의 발달** : 아동 발달이 일어나는 두 가지 구별되는 측면은 자연적 측면과 문화적 측면이다. 자연적 측면은 생물학적인 성장과 신체적, 정신적 구조의 성숙을 의미한다. 문화적 측면은 문화적 수단을 사용하는 것을 배우는 것과 문화적 활동에 참여할 때 나타나는 인간의 의식을 말한다.

4. **저등 대 고등 정신 기능으로 구별** : 발달의 생물학적, 문화적 측면과 유사하게, 인간 정신 활동은 저등과 고등 정신 기능으로 나뉘어질 수 있다. 저등 정신 기능은 다른 포유동물에게도 나타나는 반면, 고등 정신 기능은 인류에게만 독특하게 존재한다.

5. **문화 발달의 일반적인 발생학적 법칙** : 아동의 문화적 발달 면에서의 기능은 두 가지 수준에서 두 번에 걸쳐 나타난다. 먼저 사회적, 또는 개인간의 수준에서, 그 후에는 개인적, 또는 심리적 수준에서 나타난다.

6. **중심으로서의 언어** : 인간이 자신들의 행동을 중재하기 위해 사용하는 기본적인 문화적 도구로서의 언어는 정신을 재구조화하고 보다 높은 수준의 자기 조절이 이루어진 사고 과정을 형성하는 데 있어서 도구적이다.(= 언어는 사고의 도구이다.)

7. **교육은 발달을 주도** : 형식적 교육이나 다른 문화적 형태의 사회화는 어린이로 하여금 발달적 경로를 따라가 성인에 이르도록 주도해 나가는 핵심이 된다.

8. **언어발달의 4단계**
　1단계　원시적 언어 – 사고 이전의 언어단계. 울음, 옹알이
　2단계　순수심리적 언어 – 문법이 없는 언어
　3단계　자기중심적 언어(사적언어) – 문제해결을 위한 도구로서의 외적 언어인 혼잣말을 사용하는 단계
　4단계　내적 언어 – 머릿속으로 말하면서 문제해결을 시도하는 단계

☐ 비고츠키 인지발달이론의 장점

1. **타인과 상호 작용 강조** : 서구의 이론들과는 다르게 부모·교사·동료가 학습자에게 어떤 역할을 하고 있으며 어떤 역할을 해야 하는지에 대한 생각을 하게 했다는 점에서 의의가 크다. 단순한 환경 정돈자나 관찰자, 전달자가 아닌 지식 형성의 촉진자로서의 타인의 역할을 중시한 것이다.

2. 새로운 지식관 : 지식의 형성과 사용에 대해서 기존의 이론적 틀을 깨고 새로운 지식관을 제공한다. 이런 그의 이론은 다른 학문에도 큰 영향을 주고 있으며 특히 실제로 진보적 교육 방안이나 수업 모형 개발시 개념적 배경으로 널리 사용되고 있다.

3. 새로운 언어관 : 사고와 언어를 연관지어 언어 발달의 중요성을 재조명하였으며 이러한 그의 노력은 의사소통 도구로서의 언어를 사고의 수단, 촉진적 매개체로서 고려하게 했다는 점에서 의의가 크다.

☐ 피아제와 비고츠키 이론 비교표

	피아제	비고츠키
1. 발달의 요인	- 성숙과 함께 주변환경	- 주변 환경과의 사회적 상호 작용
2. 기본개념	- 동화 - 조절	- 근접발달지대에서 학습의 기회를 제공할 때 사회적 협력을 통한 전달과 함께 개인의 내면화된 과정으로 지식의 전이가 이루어진다.
3. 상징놀이	• 현실에서 획득한 다양한 개념이나 기호적 기능을 연습하는 동화적 활동	• 사회적 기준에 맞추어 자신의 조절력을 증진시켜 나가는 자기 조절의 기능
4. 언어	• 인지우선론	• 언어우선론

* 근접 발달 지역(ZPD): 근접 발달 지역은 학습과 발달이 일어난다고 가정하는 역동적인 지역이다. 이는 아동이 독자적으로 문제를 해결하는 동안 성취할 수 있는 것과 성인 또는 문화에서 보다 능력있는 구성원(비계설정자)의 도움을 받아 성취할 수 있는 것 사이의 차이를 의미한다.

ZPD를 간단한 공식으로 표현화 해보자면 "ZPD = 잠재발달영역 − 실제발달영역"으로 나타낼 수 있다.

☐ 비고츠키의 비계이론

1. 비고츠키(vygotsky)는 상호지향적인 정신기능의 내부 지향적 정신 기능으로의 변화과정에 초점을 두고서 인지 발달의 사회적 기원성을 강조.
   나아가 능력에서 차이가 있는 수직적 관계의 상호작용을 중요.

2. 비고츠키(vygotsky)는 근접 발달 영역 내에서 언어 등의 기호 체계의 사용을 통한 성인과 학생, 또는 보다 유능한 학생과 평범한 학생 간의 수직적 상호작용에 의한 문제해결과 개념이 발달을 강조.

3. 비고츠키(vygotsky)이론을 토대로 근접발달영역내에서 상호작용에 참여하는 사람들이 수직

적 관계를 유지하면서 수평적 학습을 가능하게 해주는 교수 방법을 생각해 볼 수 있고 그것이 학생의 근접발달영역 내에서의 비계설정(scaffolding)이다.

1) 비계설정은 비고츠키(vygotsky) 자신이 고안한 개념은 아니지만, 그의 이론을 적용하여 효과적인 개별화 교수의 주요 요소를 파악하려 했던 wood 등에 의해 소개된 개념이다.

2) 비계설정(scaffolding)은 교육 분야에서는 학생의 근접발달영역 내에서의 효과적인 교수 −학습을 위해 성인이 학생과의 상호작용 등 도움을 적절히 조절하며 제공하는 것을 묘사하기 위해 은유적으로 사용.

   * 비계설정의 사전적 의미는 '건물을 건축하거나 수리할 때 작업원들이 건축 재료를 운반하거나 오르내릴 수 있도록 건물 주변에 세우는 장대와 두꺼운 판자로 된 발판을 세우는 것'이다.

📘 메타인지(Metacognition, 초인지, 상위 인지)

1. 메타인지 (metacognition)

자신의 인지과정에 대해 생각하여 자신이 아는 것과 모르는 것을 자각하는 것과 스스로 문제점을 찾아내고 해결하며 자신의 학습과정을 조절할 줄 아는 지능과 관련된 인식이라 정의할 수 있음.

2. "인식 에 대한 인식", "생각에 대한 생각", "다른 사람의 의식에 대해 의식", 그리고 더 높은 차원의 생각하는 기술이다. 단어의 어원은 메타에서 왔다.

메타인지는 다양한 형태를 취할 수 있다; 배움 혹은 문제해결을 위한 특별한 전략들을 언제 그리고 어떻게 사용하느냐에 관한 지식을 포함한다. 일반적으로 메타인지에는 두 가지의 구성 요소가 있다

(1) 인식에 대한 지식

(2) 인식에 대한 규제이다.

3. 연상기호적 전략과 기억에 관한 지식으로 정의되는 메타메모리는 메타인지의 특별히 중요한 형태이다. 여러 문화를 아우르는 메타인지 처리에 관한 학술 연구는 초기 단계이지만, 교사들과 학생들사이의 비교 문화 학습(cross-cultural learning)에서 추가적인 연구들이 좋은 결과물을 제공할 수 있겠다는 조짐들이 있다.

4. 메타인지는 다음과 같은 세 가지의 요소로 분류된다.

1) 선언 지식 – 자신이 학습하는 부분에 대해서 얼마만큼의 지식과 능력을 가지고 있는지 아는 것.

2) 절차 지식 – 어떤 일을 하는 데 얼마만큼의 노력과 시간이 들어갈 지 아는 것.

3) 전략 지식 – 지식을 습득 할 때 어떤 방법을 선택해야할지 아는 것.

■ 인간발달 – 성격 및 사회성 발달론

1. 성격의 정의

성격(性格)은 환경에 대하여 특정한 행동 형태를 나타내고, 그것을 유지하고 발전시킨 개인의 독특한 심리적 체계이다.

2.학자들의 성격에 대한 정의

1) 고던 올포트(1937년) : 개인이 환경에 독특하게 적응하도록 결정지어주는 심리물리적 체계의 역동적 조직

2) 한스 에이젠크(1960년) : 환경에 독특하게 적응하도록 하는 한 개인의 성품, 기질, 지성 등의 안정성 있는 조직

3) 존 L 홀랜더(1967년) : 한 개인을 유일하고 독특하게 하는 특징의 총합

4) 터 미셀(1976년) : 개인이 접하는 생활 상황에 대해 독특한 적응을 나타내는 사고와 감정을 포함한 구별되는 행동 패턴

3. 성격 이론

– 성격에 대한 이론은 관점에 따라 특성 이론, 행동인지적 접근, 정신역동적 접근, 인본주의적 접근, 사회문화적 접근으로 구분할 수 있다.

1) 특성 이론

레이몬드 카텔의 16개 성격 지표나 워렌 노먼의 5가지 성격 특성 요소과 같이 성격의 특성을 결정짓는 요소를 구분하고 이에 따라 개인의 성격을 기술하는 이론이다.

– 특성 이론은 학자마다 서로 다른 성격 지표수를 가지고 있으나 형성된 성격이 일정한 특성을 오랫동안 유지한다고 보는 공통점이 있다.

2) 행동인지적 접근

행동주의 심리학에서 영향을 받은 성격 이론으로 인간의 성격이 외적 환경의 작용에 의해 형성된다고 본다. 이들은 개인의 행동에 따른 결과 돌아오는 보상에 따라 어떤 행동은 강화되고 다른 행동은 감소된다고 여겼고, 이러한 보상 기제를 조절하면 개인은 그에 따른 자기

통제력이 형성되고 그 결과 특정한 성격이 형성된다고 보았다.

3) 정신역동적 접근

지그문트 프로이트의 정신분석학을 바탕으로 하는 성격 이론이다. 정신분석학은 인간의 행동을 무의식에서 부터 기원하는 욕망과 초자아로 대표되는 자기 통제 기제의 작용결과 나타난 결과로 본다. 이후 알프레드 아들러, 카를 융, 밀턴 에릭슨 등이 개인의 성적 욕망을 무의식의 주요 작동 기제로 보는 프로이트의 이론을 수정하여 사회 문화적 환경이 개인에게 주는 영향을 강조한 이론을 구축하였다.

4) 인본주의적 접근

인간의 자유의지와 개인의 주관적 경험을 강조하는 이론으로 현상학적 성격 이론이라고도 불린다. 이 이론은 개인의 직접적인 경험에 의해 형성된 자기 자신과 타인에 대한 가치 평가가 성격의 형성과 행동에 영향을 미친다고 파악한다.

5) 사회문화적 접근

위의 이론들이 개인의 성격을 주로 개인 내부에서 형성되는 것으로 파악한 것과 달리 사회문화적 접근은 사회 문화적 맥락속에서 개인의 성격이 결정된다고 파악한다. 이들은 문화인류학의 연구 성과를 토대로 문화에 따라 남·여의 성역할이나 개인의 행동 양식 등이 다르다는 점에 주목하였다.

성격유형론

1. 히포크라테스

다혈질 : 온정적, 사교적, 온화함.
담즙질 : 쉽게 흥분하고 용감함.
우울질 : 예민하고 보수적임
점액질 : 냉정, 침착, 둔함

2. 크레치머

- 체형을 기준으로
 세장형 : 꼼꼼하다. 신경질적
 비만형 : 사교적, 변덕 심함, 활발
 근육형 : 활동적, 모험적

■ 성격 발달 – 성격의 정의와 특성

여러 성격 연구자들이 성격을 정의하는데 있어 공통적으로 강조하는 성격의 특성은 두 가지가 있다.

1. 행동의 독특성(개인차)

- 다른 사람들과 구별되며 변하지 않는 것이다.

  만약 어떤 상황에서 모든 사람이 동일하게 행동한다면, 우리는 그러한 외현적인 행동을 성격에 기초해 나타나는 행동이라고 생각되지 않으며, 또한 그러한 행동을 기초로 타인의 성격을 추론하지 않는다.

2. 안정성

- 다른 사람과 구별되는 개인만의 특성이 비교적 변하지 않는 것, 오랫동안 관찰했을 때 얻을 수 있다.

3. 일관성

- 성격은 시간과 공간의 변화에 따라 매 순간 바뀌는 것이 아니고, 어느 정도 안정적으로 일관되게 나타나야 한다.

  * 성격의 안정성과 일관성이 있어야 한다는 말은 결코 성격이 변화되지 않는다는 것을 의미하는 것은 아니고 비교적 변화지 않고 일관성을 지닌다는 의미.

■ 사회성 발달

아동은 다른 사람들과의 상호 작용 속에서 다른 사람들이 자기를 어떻게 보고, 어떻게 반응하느냐에 따라 자아개념이 형성된다. 또한 자기에 대한 이해는 다른 사람들뿐 아니라 그들과의 관계에 대한 이해와 연관되어 발달한다.

1. 자아개념의 발달

1) 자아 개념(self-concept)

   자신의 특성, 능력, 태도와 가치에 대한 총체적인 개념으로서 자신이 누구인가에 대한 개인의 믿음이다.

2) 자아 개념의 발달과정

   (1) 1~2개월

   - 자신의 신체가 중심이 된 활동을 반복함.

- 자신이 어떤 일을 일어나게 할 수 있다고 생각하는 개인의 힘에 대한 의식이 생김 (예:
  모빌에 달린 줄을 당기기 위하여 팔을 내밀거나 다리를 차는 등의 반응).

(2) 4~24개월
- 외부 사물을 통제하고 조종하는 것이 가능함.
- 거울이나 사진 속의 자신을 알아보는 등 자아인지가 가능함.

(3) 2~5세
- 욕구, 정서와 같은 정신적 상태에 대하여 말함.
- 마음은 물리적 세계와 다르며 다른 사람들이 자신의 마음을 볼 수 없음을 알게됨.
- 마음속의 믿음은 정확하지 않을 수도 있으며 다른 사람과 다를 수도 있다는 것을 이해하기 시작함. 거짓말 등으로 자기에게 유리하게 지식을 사용할 수 있게 됨(예: 물건 감추기 놀이를 할 때 가짜 단서를 만들어 상대방이 숨긴 장소를 잘못 찾도록 유도할 수 있음)

(4) 학령기
- 자신의 신체적/행동적 그리고 다른 외적 특성을 나열하다가 점차 그들의 지속적인 내적/추상적 특성인 기질, 가치, 신념, 이념과 같은 것으로 변화함.

2. 타인 이해의 발달

1) 3~5세
- 다른 사람의 행동은 마음속의 의도를 나타낸다고 생각함.
- 자기의 가까운 친구들이 여러 다른 상황에서 어떻게 행동할지를 알게 됨(예: 학업 상황에서 팀을 구성할 때 팀원으로 머리가 좋은 아동을 선택할 수 있음)

2) 6~8세
- 사람들을 행동적 차원에서 비교(예: 철수가 영호 보다 빨리 달린다)함.

3) 9세 이후
- 사람들을 심리적 차원에서 말하는(예: 영희는 매우 예술적이다) 것이 급격히 증가함.

4) 14~16세
- 사람들간의 유사점과 차이점을 인식함.
- 질병이나 가정문제와 같은 상황적 요인에 의해 본래 그 사람의 특성과 다르게 행동할 수 있다는 것으로 인지하기 시작함.

3. 친사회적 행동의 발달

1) 이타성(altruism)
타인의 행복에 대해 관심을 갖고 배려하는 내재적인 심리적 특성

2) 친사회적 행동(prosocial behavior)
   이타성이 행동으로 나타나는 것으로 타인과의 관계에 있어서 사회적으로 바람직한 행동
   (예: 나누기, 돕기, 위로하기, 보살피기, 협조하기 등)

3) 친사회적 행동의 발달과정
   (1) 2세 이전
   - 다른 아기가 아파하면 함께 울고, 위로하며, 나누어 갖는 행동 나타남.
   - 어머니가 화가 났을 때는 함께 우는 등의 공감적 반응을 보임.

   (2) 2~3세
   - 곤경에 처한 또래에 대한 이타적 행동이 나타나나 자발적인 자기 희생적 친사회적 행동
     은 드물게 나타남

   (3) 4~6세
   - 자발적인 친사회적 행동이 증가하기 시작함.

4. 공격성의 발달

1) 공격성(aggression)
   생명체에 대해 의도적으로 해를 가하려는 사회적으로 바람직하지 않은 행동

2) 공격성의 발달과정
   (1) 12~15개월
   - 공격적 의도가 없는 공격성이 나타남.
     (예: 가지고 놀고 있는 장난감을 서로 가지려고 다투기는 하나 상대방을 거의 쳐다 보
     지 않음)

   (2) 1세 6개월
   - 자신에게 이익이 되는 무엇인가를 얻기 위해 타인에게 해를 가하는 공격성이 나 타 남.
     (예: 장난감을 서로 차지하려고 상대방으로 의도적으로 밀치는 행동)

   (3) 2세경
   - 또래와 충돌이 일어날 경우 이전에 비하여 싸움보다는 협상 등으로 대처하는 경향이 높
     아짐.

   (4) 2~3세
   - 타인에게 고통이나 해를 가하는 것 자체가 목적인 공격성이 나타남.
   - 또래가 공격하거나 자기를 좌절시킬 때 치거나 때리는 등의 신체적으로 보복하는 것이
     늘기 시작함

   (5) 3~5세
   - 신체적 공격성이 줄어들기 시작함.

- 상대방을 위협하고 모욕을 가하는 언어적 공격성이 나타남.
  (예: 놀리기, 흉보기, 욕하기 등)
(6) 4~7세
- 경쟁자를 해치려는 적대적 공격성이 증가함.
- 상대 아동의 공격적 의도나 동기를 알고 이를 보복하고자 하는 경우가 증가함.
(7) 7~10세
- 의도성이 있는 것과 의도성이 없는 공격성을 구별하는 것이 가능함.
- 의도성이 없더라도 자신을 지나치게 성나게 하거나 약오르게 하면 공격적으로 반응하기도 함.
(8) 13~15세
- 적대적 공격과 보복적 공격이 절정에 이르렀다가 감소하기 시작함.

🔲 사회성 발달 – 마음의 이론

1) 마음의 이론(theory of mind)
마음의 이론이란 경험, 내재적 상태 및 행동간의 관계를 이해하는 아동의 사고 체계를 의미함. 마음의 이론은 아동이 타인의 생각, 욕구, 감정 등을 정확하게 추론하는 능력과 이러한 추론을 바탕으로 특정 상황에서 타인의 행동을 정확하게 예언하는 능력의 발달과정을 보여줌.

2) 마음의 이론 발달과정
(1) 2~3세
- 타인의 욕구에 근거한 행동이나 정서를 예측할 수는 있음.
- 타인의 신념에 근거한 행동을 예측하는 것은 불가능함.
(2) 3~4세
- 타인의 지각적 경험을 바탕으로 하여 타인의 생각이나 신념 등 내재적 상태를 자신의 신념과 구분하여 표상하는 능력을 갖게 됨.
- 내재적 상태와 실재를 구분하는 능력이 발달함.
  (예: 실제로 과자를 만지고, 먹을 수 있는 아이는 '과자를 생각하는 아이'가 아니라 '과자를 가진 아이'라는 것을 알게 됨)
(3) 4~5세
- 실제가 아니라 신념이 행동을 주도한다는 사실을 이해함.
- 자신의 욕구와 타인의 신념을 구분.
- 타인의 행동은 타인의 지각적 경험에 근거한 신념이나 지식에 의해 결정된다는 것을 이해하며, 이를 자신의 신념과 구분하는 탈중심화된 마음의 이해능력을 갖게 됨.

22강 인간발달-발달단계론

<table>
<tr><td>학습목표</td><td>1. 심리사회적 발달론의 이해와 애착론에 대한 이해
2. 애착행동, 아버지 애착 등에 대한 내용 이해</td></tr>
</table>

<table>
<tr><td>학습내용</td><td>1. 에릭 에릭슨의 심리사회적 발달론에 대한 상세 학습
2. 애착이론과 관련된 핵심, 주변이론에 대한 학습</td></tr>
</table>

■ 에릭슨(Erikson)의 심리사회적 성격 8단계 발달론

1. 특징

정신분석이론에서 발전된 것이지만, 전 생애를 통한 발달이라는 점과 자아를 성격의 중심구조로 보고 있다는 점이 프로이드의 이론과 다르다.

2. 자아의 중요성

1) 프로이드(Freud)가 삶의 원동력을 원초아(id)로 보는 데 반해, 에릭슨(Erikson)은 자아의 중요성을 강조한다.
2) 생물학적인 힘보다는 인간관계에서의 경험을 중시한다.
3) 인간을 확실히 파악하기 위해서는 개인과 사회와 시간성의 관계를 이해해야 함을 주장한다.
4) 발달이란 개인의 심리적 발달과 개인이 만든 사회적 관계들이 병행하는 이중적 과정으로 본다.
5) 각 단계마다 개인의 생리적 성숙과 더불어 사회적 요구가 있다.
6) 하나의 위기로서 이 위기를 성공적으로 해결하면 더 성숙하지만, 해결하지 못하면 성장이 왜곡되어 나타날 수 있다.

■ 프로이드의 심리성적 성격발달이론

본 교재 '상담이론' 참조

사회성 발달과 애착이론

사회성 발달이란 사회적인 존재로서 타인과 관계를 맺는 데 필요한 능력, 기술 등의 발달과정을 의미한다. 애착이론은 인간의 사회성 발달과 매우 밀접한 관계가 있다.

1. 애착/애착이론

애착이란 한 개인이 자신과 가장 가까운 사람에 대해서 느끼는 강한 감정적 유대관계이며 유아에게는 물리적 필요뿐 아니라 정서적 필요에 민감하게 반응해주는 성인과의 관계형성이 중요하다.

* 애착(attachment)이론

대표적인 학자로 볼비(Bowlby)를 들 수 있다. '애착'이란 용어는 심리학과 정신분석학적 용어로서 한 개인이 자신과 가장 가까운 사람에 대해서 느끼는 강한 감정적 유대관계를 말한다.

2. 볼비의 애착형성단계

1) 구분 없는 사회적 반응 단계(undiscrimnainating social responsiveness)
 - 출생~ 3개월. 모든 대상에게 붙잡기, 미소짓기 등 애착행동을 통해 주위사람들과 가까운 관계를 유지

2) 변별적인 사회적 반응 단계(discriminating social responsiveness)
 - 생후 3개월부터 6개월까지. 친숙한 사람과 낯선 사람을 구별하면서 본격적으로 접근하고 접촉을 유지하기 위한 행동을 보임.

3) 적극적이고 주도적인 접근과 접촉추구 단계(active initiative inseeking proximity and contact)
 - 6개월부터 3세까지. 혼자 이동할 수 있게 되면서 애착이 형성된 사람에게 적극적 접근과 접촉 시도.
 - 설정한 목표를 달성하기 위해 다양한 애착행동을 보이며, 애착대상이 떠나면 분리불안을 나타낸다.

4) 목표 수정적인 동반자 단계(goal-corrected partnership)
 - 3세부터 아동기 말까지. 애착대상의 행동의 예측과 행동에 영향을 주는 것이 무엇인지도 알게 된다.
 - 애착대상과 상호협조적인 관계를 맺으면서 자신이 원하는 방향으로 애착대상의 행동을 수정.

3. 내적 작동 모델(internal working model)

생애 초기 애착관계에 기초하여 애착대상과 자신 및 관계에 대해 형성된 정신적 표상을 뜻하는 것으로 애착이론의 창시자인 Bowlby가 1969년에 제안한 아동의 대인관계에 대한 지표 역할을 설명하는 독창적이고 혁신적인 개념이다(Thompson, 2008).

1) 애착의 주요 원인-접촉위안(contact comfort) - 스피츠(R.Spitz)
 - 1940년대 미국과 캐나다의 고아원에 있는 유아들의 발달을 연구하였다.
 - 고아원의 아이들이 충분한 음식과 청결에도 불구하고 1/3 가량이 첫 해에 죽는다는 것을 발견하였다.
 - 이들 중 많은 아이들이 신체적으로, 정신적으로 발달이 부진하다는 것을 발견하였다.

2) 할로우(Harlow)의 어린 원숭이 대리모 실험
 - 새끼 원숭이들을 어미에게서 떼어내어 대리모 역할을 하는 철사로 되어있고, 젖꼭지를 단 인형과 담요로 만든, 젖꼭지가 없는 인형을 각각 할당하였다.
 - 새끼 원숭이는 철사 인형보다는 담요로 된 인형에 매달려 있었다.
 - 먹이가 아닌 접촉위안(contact comfort)이 어미에게서 형성하는 애착에 더 중요한 변수가 되었다.

■ 애착 행동 측정- 애착 유형

 - 에인스워드(Mary Ainsworth)의 낯선 상황(strange situation) 검사
   유아가 친숙하지 않은 상황에서 미리 계획된 방식으로 주 양육자가 같이 있거나 없거나 하면서 낯선 사람이 들어왔을 때와 나갔을 때의 유아가 보이는 불안 행동을 측정하였다.

1. 안정 애착
 - 엄마가 같이 있을 때는 활달하게 높았으며, 적극적으로 탐색하는 행동을 보였다.
 - 엄마가 없거나 낯선 사람과 함께 있을 때는 약간 놀라면서 탐색하는 것이 줄었으나, 엄마가 다시 돌아왔을 때 적극적으로 엄마에게 접근하여 접촉하려고 하였다.

2. 불안정 회피 애착
 - 엄마가 떠났을 때는 무관심한 것처럼 보였다.
 - 엄마가 돌아왔을 때는 적극적으로 회피하고 무시하였다.

3. 불안정 저항 애착
 - 엄마가 떠났을 때는 극심한 분리불안을 보였다.
 - 엄마가 돌아왔을 때는 화를 내지만, 엄마에게 다가가 안겼다가는 이내 화난 듯 밀쳐내는 반응을 보였다.

4. 혼란 애착

- 회피 애착과 저항 애착이 결합된 것이다.
- 엄마가 돌아왔을 때는 얼어붙은 표정으로 엄마에게 접근하고 엄마가 안아줘도 먼 곳을 쳐다 보았다.

분리 불안(separation anxiety)

- 영아가 자신의 눈앞에서 부모가 일시적으로 사라질 때마다 큰 소리를 내어 울고 요동치는 식으로 스트레스를 느끼는 것을 말한다.
- 이는 영아가 부모에게 애착을 가진다는 분명한 증거이다.
- 에인스워드(Ainsworth, 1979)

아버지 애착

1) Schaefter와 Emerson(1964)에 따르면, 아버지와 영아 관계에 관한 애착안정성에서 일상 적인 양육활동에 참여하지 않은 아버지에게도 아동은 애착을 보인다고 하였다.
2) 특히, 영아의 초기 사회적 발달 과정에서 양육 그 자체보다 사회적 감각적 자극활동이 영아 발달에 중요한 결정자임을 주장하면서 아버지와의 애착을 설명하였다.
3) 아버지의 양육 참여는 아동의 인지발달을 강화하며(Radin 1981), 아버지가 저녀 양육에 직 접 참여했을 때는 인내심, 이해력, 사회적, 도덕적 성숙을 지닌 성인으로 발달하며, 아버지 가 모–자 관계를 지지하고 정서적으로 표현력이 풍부한 경우, 이런 아버지는 아들이 훨씬 더 긍정적 자아개념과 사회적 상호작용 패턴을 발달시킨다고 하였다.(Biller 1993).
4) 또한 Parke와 동료 등은 아버지는 역할모델로써 자녀와의 상호작용을 통해 성 유형화 과정 에 영향을 주며 이때 아버지가 보여주는 따뜻함과 보살핌이 무엇보다도 중요하다고 보았다.
5) 연구보고서에 따르면 아버지의 애착이 어머니의 애착보다 고유관계의 질에 중요한 영향을 미치고 있음을 보고하였고, 다른 연구보고서에서는 아버지는 자녀들을 사회라는 외부세계 로 연결시켜주는 역할을 하며, 나이가 가정에서 사회로의 전환에 필요한 기술들을 제시해 주므로 자녀들이 사회 활동이 많아질수록, 즉 성인기로 접어들수록 아버지 역할이 더 큰 의 미로 다가온다고 하였다.
6) 어머니의 양육태도 뿐만 아니라, 아버지의 양육태도가 긍정적일수록 대학생 자녀가 지각한 자기효능감이 높은 것으로 나타났다.

23강 인간발달-정서/도덕성 발달 등

학습목표	1. 각인이론에 대한 이해 2. 스턴버그의 사랑 3 요소, 정서와 도덕발달론에 대한 내용을 이해하게 됨.

학습내용	1. 로렌츠의 각인이론을 학습한다. 2. 청소년기의 정서와 스턴버그의 사랑 3 요소론, 그외의 도덕발달론에 대한 내용을 학습한다.

☐ 각인(imprinting)이론

1. 태어나면서 바로 활동할 수 있는 동물들은 애착이 급격하게 이루어져야 하는데, 이때의 급격한 애착 형성 기제를 의미한다.
2. 처음 움직이는 대상에 대해 전적인 신뢰와 애착을 형성하는 것이다.

3. 로렌츠(Lorenz)의 각인(imprinting)

1) 로렌츠(Lorenz)는 다윈의 진화론적 관점과 동물행동학적 방법을 토대로 동물의 행동을 연구한 현대 행동학의 창시자이다. 그는 모든 종(種)의 개체발달이 진화과정에 내재된 생물학적 역사와 함께 환경적 조건에 의해 영향을 받는다고 보았다.

2) 로렌츠는 어미 청둥오리의 알들을 둘로 구분하여, 한쪽은 어미 청둥오리에게 부화하도록 하고, 다른 한쪽은 로렌츠 자신이 부화하였다. 그러자 로렌츠에 의해 부화된 청둥오리 새끼들이 마치 로렌츠를 자신의 어미인 양 따라다니는 행동을 보였다. 로렌츠는 이와 같은 실험을 통해 '각인(Imprinting)'의 개념을 제시하였다.

3) 각인은 새끼가 생후 초기의 특정한 시기에 어떤 대상과 소통을 하게 되는 경우 이후 그 대상에 대해 애착을 가지게 되는 것을 말한다. 이때 각인은 생후 초기의 제한된 기간 내에 발생하며, 그 대상은 보통의 경우 어미에 해당된다.

4) 로렌츠는 각인을 통해 아동발달에 있어서 '결정적 시기'의 주요 개념을 도출하였다. 여기서 결정적 시기란 아동이 적응적인 행동을 획득하기 위해 생물학적으로 준비되어 있는 특정의 시기를 말하는 것으로서, 이 시기에 각인이 이루어지지 않는 경우, 이후 그와 같은 행동을 습득하기 매우 어렵다는 것이다.

5) 아동은 제한된 시간 내에 특정한 적응행동을 습득하도록 생물학적으로 준비되어 있으며, 이를 위해 적절하고 자극적인 환경이 지원되어야 한다.

각인이론의 공헌점/한계점

1. 공헌점
- 진화론적 관점과 동물행동학적 방법 등을 인간 행동의 연구에 접목
- 아동연구에 관찰법의 적용에 영향을 미침
- 각인과 결정적 시기 의 개념을 제시
- 보올비 등 아동발달을 연구하는 학자들에게 영향을 줌

2. 각인이론의 한계점
- 결정적 시기의 개념을 지나치게 강조
- 인간발달에 있어서 학습과 경험의 역할 및 기능을 도외시

친사회적 행동

1. 다른 사람을 돕거나 도우려고 행하는 모든 행동. 타인을 돕기 위한 순수한 의도로 행해진 이타적 행동은 물론, 돕는 행위에 따르는 이익을 노린 계산적인 도움 행동도 포함한다.
   - 친사회적 행동은 다른 사람을 이롭게 하는 행동(나누기, 돕기, 위로하기, 보살피기, 협조하기)이다.

2. 친사회적 행동과 이타적 행동의 개념적 구분

1) 친사회적 행동(prosocial behavior)

   다른 사람을 돕거나 도우려고 행하는 모든 행동을 뜻한다. 일상적으로 친사회적 행동은 이타적 행동(altruistic behavior)과 혼용되어 쓰이는 경우가 많지만, 사실 친사회적 행동은 이타적 행동보다 훨씬 더 넓은 범위의 행동들을 포함하는 광범위한 개념이다(이동원, 박옥희, 2000). 이타적 행동과 친사회적 행동은 행위자의 의도 혹은 동기에 따라 구분할 수 있다.

2) 이타적 행동

   행위자가 그 행동에 따를 이익이나 보상을 기대하지 않고 순수하게 다른 사람을 돕기 위해 행한 행동으로, 때로는 자기 희생을 감수하면서까지 남을 돕는 행동을 뜻한다. 반면, 친사회적 행동은 순전히 타인을 돕기 위한 순수한 의도로 행해진 이타적 행동은 물론, 돕는 행위에 따르는 이익을 향한 계산적인 도움 행동도 모두 포함한다.

■ 낯가림

- 유아가 애착을 형성한다는 증거는 6~8개월 사이에 이루어지는 낯가림에서 나타난다.
- 아이들은 낯선 사람을 피하고 낯선 사람이 친근감을 표하려고 하면 울음을 보인다.
- 어머니와 애착형성이 잘 이루어진 아이일수록 새로운 것을 탐색하는 모험에 적극적이므로, 애착은 어머니에 대한 의존성을 증가시키는 것이 아니라 아이의 자율성을 높인다.

■ 스턴버그의 사랑 3요소

세 가지 요소는 친밀감(intimacy), 열정(passion), 결심/헌신(commitment)이다.

1. 친밀감 요소

스턴버그와 그래젝(Sternberg & Grajek, 1984)은 가까운 관계에서의 친밀감을 나타내는 다음과 같은 열 가지 지표를 지적한다.

1) 사랑하는 이의 복지를 증진시키기를 열망함
2) 사랑하는 이와 함께 행복을 경험함
3) 사랑하는 이에 대해 존경심을 가짐
4) 필요할 때 상대방에게 의지할 수 있음
5) 사랑하는 사람끼리 서로 이해함
6) 상대와 자신 및 자신의 소유를 나눌 수 있음
7) 상대로부터 정서적 지지를 받음
8) 상대에게 정서적 지지를 줌
9) 상대와 친밀한 의사소통을 함
10) 자신의 삶에서 사랑하는 이의 가치를 높이 평가함

2. 열정 요소

사랑하는 관계에서 낭만, 신체적 매력, 성적인 몰입과 같은 것들로 이끄는 욕망을 말한다.

3. 결심/헌신 요소

결심/헌신 요소는 두 가지 측면으로 구성되어 있다. 첫째는 단기적인 것이고, 둘째는 장기적인 것이다. 단기적인 것은 어떤 사람을 사랑하기로 하는 결심을 말한다. 장기적인 것은 그 사랑을 지속시키겠다는 헌신을 말한다.

사랑의 종류

1) **친밀감 요소만 있는 경우 : 좋아함**
사랑에서 열정과 결심/헌신 요소가 결여된 채 친밀감 요소만이 경험될 때 나타난다.

2) **열정 요소만 있는 경우 : 도취성 사랑**
"첫눈에 빠진 사랑" 또는 상대를 있는 그대로가 아니라 이상화하는 망상으로 치우치는 사랑이다. 친밀감, 결심/헌신의 요소가 결여된 열정적인 흥분만으로 이루어진 사랑이다.

3) **결심/헌신 요소만 있는 경우 : 공허한 사랑**
친밀감이나 열정이 전혀 없이 상대를 사랑하겠다고(사랑에 헌신하겠다고) 결심함으로써 생겨난다. 몇 년 동안씩 서로간에 감정적 몰입이나 육체적 매력을 전혀 느끼지 못하는 정체된 관계에서 가끔 발견되는 그런 종류의 사랑이다.

4) **친밀감과 열정 요소의 결합 : 낭만적 사랑**
낭만적 사랑은 육체적 매력이나 그 밖의 매력들이 첨가된 좋아하는 감정이라 할 수 있다. 이러한 관점에서 보면 낭만적 사랑은 서로에게 육체적, 감정적으로 밀착되어 있는 것이다.

5) **친밀감과 헌신 요소의 결합 : 우애적 사랑**
열정의 주된 원천인 육체적 매력이 약해진 오래된 우정 같은 결혼에서 자주 발견되는 사랑이다.
사실상 대부분의 낭만적 사랑은 차츰 우애적 사랑으로 변하면서 남게 된다.

6) **열정과 헌신 요소의 결합 : 얼빠진 사랑**
헐리우드 영화나 급행 구혼에서 접하게 되는 종류의 사랑으로, 친밀감의 요소가 결여되어 있다. 즉 남녀가 어느 날 만났다. 곧 서로 약혼하고 또 곧 결혼한다. 둘의 관계가 발전해가는 데 시간을 요하는 상대에 대한 몰입 없이 열정에 근거해서 헌신이 이루어진다는 점에서 그것은 실체가 없어 보인다.

7) **친밀감과 열정과 헌신 요소의 결합 : 성숙한 사랑**
성숙한, 또는 완전한 사랑은 사랑의 세 요소가 모두 존재할 때 생긴다. 우리 모두가, 특히 낭만적 관계에 있는 사람들이 도달하려고 노력하는 그런 종류의 사랑이다.

8) **모든 요소들의 부재: 사랑이 아닌 것**
사랑이 아닌 상태는 사랑의 세 요소가 부재한 상태이다. 이런 것은 우리가 경험하는 다수의 대인관계에 나타난다.

정서 발달론 – 청소년의 정서발달

1) 청소년기는 흔히 질풍노도의 시기라고 말한다. 이러한 표현에는 청소년들이 정서나 행동이

불안정하고, 충동적이라는 의미가 내포되어 있다.

2) 청소년기에 이러한 특징이 나타나는 것은 급격한 신체·성적 성장으로 인한 것이기도 하고, 내면의 의존과 독립의 욕구 사이의 갈등 때문일 수도 있다.   3) 청소년들은 도움을 필요로 하면서도 도와주는 것을 간섭이라고 생각하며, 세심한 관심에 대해서는 자기를 어린애 취급 한다고 생각하고, 충고를 싫어한다.

4) 자기중심성이 나타나는데 이러한 특성으로 인해 자신을 우상화하고, 타인을 상상적 관객으로 여기는 현상이 나타나기도 한다. 자신만의 감정이 특이하고 유일하다고 생각하거나 타인의 관심을 과도하게 신경 쓰게 된다. 특히 동료의 관심이나 반응에 예민해 진다.

죄책감과 수치심(guilt & shame)

1. 죄책감은 이미 일어난 잘못에 자신이 책임이 있다는 생각 때문에 발생하는 감정이고, 수치심은 다른 사람이 자신을 결점이 있는 사람으로 바라본다고 판단할 때 발생하는 정서이다.

2. 죄책감

1) 죄책감은 사회와 친밀한 관계에 긍정적인 작용을 한다. 죄책감을 느낄 줄 모르는 상사, 연인, 룸메이트, 사업 파트너를 만나고 싶어하는 사람은 없다. 이러한 사람들은 종종 타인을 착취하고 해를 끼치며, 타인을 이용하고, 자신이 타인에게 상처를 주었다는 점에 대해 후회를 느끼지 않는다.

2) 죄책감(guilt)은 부정적인 정서로, 과거에 이미 일어난 잘못에 대해 발생한다.

* 오서벨(Ausubel, 1955)은 죄책감이란 특정 행동이 개인적으로 지켜야 한다고 생각하는 도덕 기준에 위배될 때 발생하는 부정적 느낌이라고 정의한다.

3. 수치심

내재화된 양심에 의해 유발되는 정서인 죄책감과 달리 수치심은 자신의 결점이 외부에 노출되었을 때 느끼는 정서로 정의될 수 있다.
수치심이 죄책감보다 더 고통스러운 정서로 여겨진다.

브리지스(Bridges)의 정서발달

1. 정서발달의 내용

1) 출생초기 : 흥분 상태

2) 생후 3개월 : 쾌(즐거움)와 불쾌로 분화

3) 생후 6개월 : 불쾌에서 분노, 혐오, 공포로 분화

4) 생후 10~12개월 : 쾌에서 득의(의기양양) 및 애정으로 분화

5) 생후 5년 : 성인과 같은 대부분의 정서가 나타난다.

2. 정서발달의 체제는 계속해서 그 유형을 그대로 유지하지만 각각의 발달 단계에서 겪게되는 여러 가지 경험을 통해 세분화된다.

3. 정서의 표현방식 역시 점차 복잡해진다.

🔲 도덕성 발달

– 콜버그(L.Kohlberg)의 인습적 도덕성 발달 이론(3수준 7단계)

   * 인습이란 사회 규칙, 기대, 관습, 권위에 순응하는 것을 말한다.

○ 도덕성 발달 단계

– 제1수준 : 인습 이전 수준 (Pre-conventional level)

   1단계 : 벌과 복종의 단계 (Obedience and punishment orientation)
   복종과 처벌이 판단의 기준이된다. 처벌을 피하기 위해 고의로 도덕적 행위를 한다.

   2단계 : 도구적 목적과 교환의 단계 (Self-interest orientation)
   자신의 욕구를 충족 시킬 수 있는지 없는지가 도덕적 판단의 기준

– 제2수준 : 인습 수준 (Conventional level)

   3단계 : 개인간의 상응적 기대, 관계, 동조의 단계, 착한 소년, 소녀(Interpersonal accord and conformity)
   대인관계의 조화를위한 도덕성 옳은 행동은 타인과 좋은 관계를 유지하고 기대에 맞게 행동하는 것이다.

   4단계 : 사회체제와 양심보존의 단계 (Authority and social order obedience driven)
   옳은 행동이란 사회질서를 유지하면서 자신의 의무를 다하는 것이다.

– 제3수준 : 인습 이후 수준 (Post-conventional level)

   5단계 : 권리 우선과 사회계약, 혹은 유용성의 단계(Social contract orientation)
   사회계약 정신으로서의 도덕성 법과 질서가 무조건 옳은 것이 아니라 사회적인 유용성에 따라 합의에 이르게 되면 바뀔 수 있다.

   6단계 : 보편윤리적 원리의 단계 (Universal ethical principles)
   도덕적 원리에 따라 스스로 선택한 양심적인 행위가 올바른 행위라고 본다.

발달심리

24강 인간발달-도덕성 발달

학습목표	1. 도덕성 발달에 대한 주요학자들의 사례이해 2. 피아제의 도덕성 발달론 이해

학습내용	1. 콜버그의 하인츠 딜레마를 학습한다. 2. 피아제의 도덕성 발달론과 연령대별 도덕발달의 내용을 학습한다.

☐ 콜버그의 '하인츠(Heinz)의 가설적 딜레마'(1983)

"한 부인이 희귀한 암으로 죽어가고 있었다. 그런데 그 부인이 사는 마을에서 한 약사가 그 암을 치료할 것으로 기대되는 신약을 개발했다. 약사는 그 약을 만들기 위해 200달러를 투자했으며, 약 한 알에 2,000달러의 가격을 책정하였다. 죽어가는 부인의 남편 하인츠씨는 있는 힘을 다해 돈을 융통하고자 애썼지만, 결국 1,000달러 정도밖에는 모으지 못했다. 하인츠 씨는 약사를 찾아가서 아내가 죽어가고 있으니 제발 약값을 절반으로 깎아 달라고 애걸했지만, 약사는 이를 거절했을 뿐만 아니라 나중에 나머지 절반을 갚겠다는 요청까지도 거절하였다. 절망한 하인츠 씨는 결국 그날 밤 약사의 연구실에 침입하여 신약을 훔치게 되었다."

하인츠씨는 왜 그래야만 했을까? 또는, 왜 그래서는 안 되었을까? 그의 판단에 대해서 어떻게 생각하는가?

1단계 : 처벌과 복종(전인습적 수준)
2단계 : 도구적 목적/개인적 보상지향(전인습적 수준) : 개인은 자신에게 손해가 되는 것, 이익이 되는 것을 판단(인식)하게 됨.
3단계 : 좋은 사람 원리/대인관계 지향(인습적 수준) : 타인의 평가에 무게를 둠, 청소년들이 주로 선택한다고 콜버그는 말함.
4단계 : 준법정신과 질서(인습적 수준) : 콜버그는 대부분의 성인들이 이 단계에 도달한다고 주장. 사회공리적 판단
5단계 : 사회적 계약으로서의 법(탈인습적 수준)
6단계 : 보편적 가치/도덕 원리(탈인습적 수준)

콜버그 이론의 한계와 비판

1. 콜버그의 도덕추론은 개인의 실제 도덕적 행위가 아니라 주어진 상황에 대한 개인의 인지적 반응, 즉 도덕적 추리능력을 통해 발달단계를 구분하였다는 비판.
2. 아동의 도덕적 사고에 관한 것이지 도덕적 행동에 관한 것이 아니며 따라서 도덕적 사고와 도덕적 행동간의 일치성이 나타날 것인가에 대한 의문
3. 콜버그에게는 단계 순서에 퇴행이란 없으며, 실제로 도덕발달 단계에서 전 단계로 후퇴하는 도덕적 퇴행이 존재한다는 점.
4. 3단계 이후 모든 사람들이 4단계에서 7단계에 이르는 것은 아니며 많은 성인은 5단계에 도달하지 못하고 소수만이 그 이상으로 진행한다는 점.
5. 그의 도덕적 추론이 서구적이고 남성 중심적 가치로 치우침.

길리건(Gilligan)의 도덕 추론설

1. 길리건의 도덕발달이론 3단계 – 타인에 대한 돌봄과 책임을 강조

- 1단계
  : 아동은 자신의 요구에 몰두한다. 자신에게 이득이나 도움이 되는 행동을 도덕적인 것으로 보는 반면, 자신에게 피해를 주는 행동을 부도덕한 행동으로 간주한다.
- 2단계
  : 타인에게 도움을 주거나 돌보는 행동을 도덕적인 것으로 간주한다. 특히, 스스로 돌볼 없는 노인이나 아동을 돌보는 것을 중시한다. 즉, 자기 자신을 희생하면서도 상대방의 욕구를 충족시키는 데 몰두한다.
- 3단계
  : 인간관계에 관여하는 모든 사람을 돌보는 데 관심을 둔다. 자신과 타인을 모두 돌보고자 하는 데 중점을 둔다.

○ 길리건의 성별 도덕성 특성
  - 남성 : 권리와 독립성을 강조, 정의 도덕성
  - 여성 : 인간관계와 상호의존성, 책임을 강조하는 배려 도덕성

피아제(Piaget)의 도덕성 발달 이론

피아제는 자신의 인지이론에 기초하여 4단계의 도덕 발달이론을 제시하고 도덕 갈등 상황에 대한 이야기를 아이들에게 들려주고 어느 쪽이 잘했는지 잘못했는지 판단하게 하는 면접을 통해 도덕발달을 연구하였다.

- 이야기 1

존(John)은 어머니께서 저녁을 먹으라고 불러서 식당에 갔다. 그런데 문 뒤에 의자가 있고, 의자 위에는 접시가 15개 놓여 있었다. 존은 문 뒤에 있는 접시를 알지 못했다. 존이 문을 열고 들어갔는데 문이 부딪치면서 접시 15개가 모두 깨졌다.

- 이야기 2

헨리(Henry)는 어머니가 외출하고 없는 사이 찬장에 있는 잼을 꺼내려고 하였다. 의자를 놓고 올라가서 손을 뻗어 보았지만 잼이 너무 높이 놓여 있었다. 잼을 꺼내려고 애쓰다가 컵을 1개 깨뜨리고 말았다.

1. 상기 이야기에 따른 피아제의 도덕발달 4단계론 이론 (타율적/자율적)

1) 1단계(2~4세) : 전도덕적 단계
   - 규칙이나 질서에 대한 인식이 거의 없다
   - 도덕적 갈등 상황에서 일관성 있는 도덕적 인식을 유추하지 못한다.

2. 2단계(5~7세) : 도덕적 실재론(moral realism)의 단계

- 놀이나 일상생활에서 자신이 준수해야 하는 규칙이나 질서 혹은 사회적 정의가 있음을 인식한다.
- 도덕적 절대주의 : 사회적 규칙은 절대자가 만든 것으로 누구나 지켜야 하는 것이며 결코 범해서는 안 되는 것이라고 인식한다.
  - 타율적 도덕률에 의해 지배되기 때문에 한결같이 존이 헨리보다 나쁘다고 판단하는 경향이 있다.
  (결과론적으로), 속죄를 위한 처벌, 처벌은 처벌 그 자체로 중요하다고 인식

3. 3단계(8~11세) : 도덕적 상대론(moral relativism)의 단계

- 도덕적 상대주의 : 사회적 규칙은 임의적 약속이며 사회의 동의에 의해 얼마든지 변할 수 있음을 인식한다.
- 자율적 도덕률 : 결과보다는 의도나 동기를 고려하기 시작한다.
- 1개를 깬 헨리가 15개를 깬 존보다 더 나쁘다고 생각 : 존은 실수로, 헨리는 의도적으로 깼기 때문이다.
  (과정론적으로) 결과의 원인에 대한 비중이 높아짐.

4. 4단계(11세경)

- 새로운 규칙을 생성할 수 있고 가설적 상황에서 작동될 수 있는 규칙을 미리 설정할 수 있다.
- 도덕적 추론은 개인적 차원을 넘어 전쟁, 공해와 같은 사회적 문제로 확대가 가능하다.

기타발달론/진로발달론

학습목표	1. 성정체감발달과 마르샤의 자아정체감 수준 분류를 이해 2. 진로발달에 대한 여러학자들의 이론 이해

학습내용	1. 마르샤의 자아정체감 수준분류를 이해하고 각각의 특성을 학습한다. 2. 진로발달에 대한 긴즈버그와 수퍼의 이론을 학습한다.

기타 발달이론

1. 성정체감

  1) 자신의 1차 성징에 따라 남성과 여성이 결정되며, 이에 대한 자신의 의식이 형성된다.

  2) 대개 4~5세가 되면 외적인 단서에 기초해서 판단되는 성의식이 나타난다.

2. 성차

  1) 신체적 측면

   (1) 일반적으로 남성은 여성보다 더 크고 힘이 세다

   (2) 힘의 우위가 중요한 사회에서 남성은 여성보다 중요한 사회적 지위를 누려 왔다.

  2) 인지적 측면

   여성은 주로 언어적 능력을 타고나는 반면, 남성은 시공간적 능력이 우수한 것으로 나타난다.

  3) 사회/정서적 측면

   여성은 자신의 감정과 표현을 정확하고 섬세하게 표현하고 수용하는 반면, 남성은 공격적이고 활동적인 경향을 가진다.

3. 정체성 발달 등 – 청소년 중심

  1) 자아 정체감

   – 개인의 신체적 특징은 물론 능력, 흥미, 욕구, 자신의 위치, 역할 및 책임에 대한 변함없는 인식

2) 청소년기 자아 정체감의 형성

　　– 청소년기가 되면 '나는 누구인가?', '나는 무엇을 할 수 있는가?' 등 자신에 대하여 여러 가지 의문을 가지게 되는데, 이렇듯 진정한 자기를 찾기 위해 노력하는 과정에서 자아 정체감을 형성하게 됨

3) 올바른 자아 정체감의 형성

　　– 자아 존중감과 자신에 대한 정확한 이해를 통해 긍정적인 자아 정체감을 형성하는 것이 중요함

　　– 자아 정체감이 바르게 확립된 사람은 자신의 인생에서 스스로 주인이 되어 의미 있는 삶을 살아갈 수 있음

　　　* 자아 정체감이 바르게 확립된 사람의 특징
　　　　– 삶의 목표가 뚜렷함
　　　　– 자신의 생각과 행동에 자신감을 가짐
　　　　– 독립된 사회 구성원으로서 살아갈 준비를 할 수 있음
　　　* 자아 정체감이 바르게 확립되지 않은 사람의 특징
　　　　– 삶의 방향이 뚜렷하지 않음
　　　　– 현재와 미래에 대하여 불안감을 가짐
　　　　– 자신의 역할에 대한 혼란으로 열등감을 가지게 되어 대인 관계에 좋지 않은 영향을 끼침

4) 긍정적인 자아 정체감 형성을 위한 노력

　　– 자신을 객관화시켜 있는 그대로 받아들이며, 지나치게 과대 평가 또는 과소 평가하지 말아야 함

　　– 자신의 장점과 단점을 모두 수용할 수 있는 심리적 여유를 가져야 함
　　　(장점은 길러 나가고, 단점은 고쳐 나가기 위해 노력함.)

　　– 자신을 소중하고 가치있게 여길 것

　　– 자신만의 고유한 특성을 계발해 나가야 함

▣ 마르샤(marcia)의 자아 정체감 수준 분류

1. 마르샤(marcia)는 자아정체감 수준을 성취지위에 따라 네 가지로 분류 하였으며, 마르샤는 자아정체감 성취를 위해서는 정체감 유예 상태가 꼭 필요한 단계라고 주장하였고 유예상태를 거치지 않은 사람은 정체감을 성취한 것 같지만, 외적 충격이 오면 쉽게 정체감 혼란에 빠진다고 보았다.

2. '관여', '위기' 2개 차원에 따른 4가지 분류

1) 정체감 혼미(identity diffusion)
가장 낮은 성취지위로 직업계획이나 이념적인 세계관에 대한 강한 참여를 하지 않거나 쉽게 중단해 버리고 자아에 대해 안정되고 통합된 견해 형성을 실패한다.

2) 정체감 유실(identity for closure) – 조기완료
정체감 위기를 경험하지 않은 채로 바로 부모나 기타 권위주의에 의하여 주어진 가치관을 그대로 받아들여 동조하는 상태이다.

3) 정체감 유예(identity moratorium)
여러 가지 대상에 적극적인 참여를 보이지만, 참여의 안정성과 만족이 결핍되어 있고 대개는 위기를 경험하게 된다. 하지만 심리적으로는 정체감 성취유형과 같이 건강한 상태이다.

4) 정체감 성취(획득)(identity achievement)
이미 위기를 경험하고 비교적 강한 참여를 할 수 있게 되어 상황적 변화에 따른 동요 없이 성숙한 정체감 소유하고 의사결정도 가능하다.

🔲 언어, 공격성, 지능

1. 촘스키(N. Chomsky)의 언어발달 – 언어습득장치
- 아동은 언어습득 장치를 가지고 태어난다고 보았다.
- 언어습득장치는 외부로부터 들어오는 언어자극을 분석하는 일단의 지각적 및 인지적 능력이다.
- 언어습득장치를 통해 투입된 언어자료를 처리하고 규칙을 형성하여 문법에 맞는 문장을 이해하고 산출할 줄 안다.
- 비록 문화적 환경이 다르더라도 다양한 문화권에 속한 아동들이 범하는 문법적 오류나 언어발달 과정은 매우 유사하다고 주장

2. 공격성 발달
1) 청소년기 남자보다 여자에게서 더 높은 수준으로 나타나는 공격유형은 관계적 공격이며, 이 공격성은 기존의 대인관계 맥락 내에서 발생하는 공격을 말한다.
2) 대부분의 청소년 공격성은 대인관계에서의 갈등이나 복수심으로부터 비롯되는데, 종종 가족이나 친구와의 관계에서 나타나기도 한다.
3) 청소년기는 가족의 범주를 넘어서서 친구와 이웃, 사회 등으로 대인관계의 폭을 넓혀 나가는 시기인데, 청소년들의 대인관계 기술이나 갈등협상전략은 여전히 미숙하고 비합리적인

경우가 많다.

4) 갈등과 사소한 분쟁 등을 합리적으로 해결하지 못함으로써 많은 청소년들은 비합리적인 수
단 즉 공격성에 의존하게 된다.

*** 수퍼남성증후군(Supermale Syndrom)
(1) 유전이 인간행동에 미치는 영향 가운데 성염색체 이상과 범죄 가운데 하나를 말한다.
수퍼남성은 정상남성에 비해 한 개의 더 많은 Y염색체를 가지고 있다. 따라서 수퍼남
성은 정상적인 남성에 비해 공격적인 성격을 가지고 있어서 폭력행위를 저지르기 쉽다
는 것이다.
(2) XYY
(3) 성장이 빨라서 대부분 키가 큰 편.
(4) 활동성 높고, 주의산만, 분노발작등이 있을 수 있고 언어발달과 독서장애가 흔한 편.

3. 정서지능 – 골만

1) 정서지능이란, 자신과 타인의 감정과 정서를 점검하고 그것들의 차이를 변별하며 그 정보
를 사고와 행동을 안내하는 데 이용할 줄 아는 능력이다.
2) 프로그램 중 정서지능 향상 프로그램은 모든 아동이 대상이 되며 사전검사 후 아동에게 다
양한 활동을 통해 아동의 정서지능을 향상시키는데 목적을 둔다.
3) 골만이 제시하는 정서지능의 구성요소는 자기인식 능력, 감정이입 능력, 자기 동기화 능력,
자기조절 능력, 대인관계 능력이다.

■ 진로발달

1. 긴즈버그의 진로발달단계

긴즈버그(Ginzberg)와 그 동료들은 직업의 선택은 발달적 과정으로 일련의 결정들이 계속적
으로 이루어지는 과정이라고 보았다.

직업선택과정은 바람(wishes)과 가능성(possibility)간의 타협으로 보고 이런한 직업선택은 가
치관, 정서적 요인, 교육의 양과 종류, 환경 영향 등의 상호작용으로 결정된다고 주장하였다.

2. 진로발달3단계(Period)

1) 환상기(Fantasy Period – 11세 이전) : 놀이가 점차 일지향(Work-oriented)이 되며, 처음
으로 특정활동에 대한 선호를 나타낸다. 이것은 다양한 직업적 역할이 놀이를 통해서 나타
나게 되며, 직업 세계에 대한 최초의 가치판단을 반영하는 것이다.

2) 잠정기(Tentative Period － 11~17세) : 선택의 변화기
- 흥미단계 : 좋아하는 것과 그렇지 않은 것에 대한 보다 분명한 결정을 하게 된다.
- 능력단계 : 직업적인 열망과 관련하여 자신의 능력을 깨닫게 되는 단계
- 가치단계 : 자신의 직업 스타일에 대하여 보다 명확한 이해를 하게 된다.
- 전환단계 : 직업선택에 대한 결정과 진로선택에 수반되는 책임의식을 깨닫게 된다.

3) 현실기(Realistic Period － 17세~청장년기) :
- 탐색단계 : 이 시기 동안 개인은 자신의 진로선택을 2~3가지 정도로 좁혀간다. 대부분 이러한 선택은 애매하여 확실한 결정의 상태라고 보기는 어려우나 진로에 대한 초점 (career focus)의 범위는 훨씬 좁혀진 상태이다.
- 구체화단계 : 특정직업 분야에 몰두하게 된다.
- 특수화(정교화)단계 : 각자가 직업을 선택하거나 혹은 특정의 진로에 맞는 직업훈련을 받 게 된다. 이 단계에서 자신의 결정을 구체화시키고 보다 세밀한 계획을 세우며 고도로 세 분화, 전문화된 의사결정을 하게 된다.

3. 긴즈버그의 이론적 특성

1) 직업선택의 과정이 개인의 아동기부터 초기 성인까지의 사회, 문화적 환경에 따라 주관적 으로 평가, 발달되었다는 점이 독특하다.
2) 긴즈버그는 초기의 연구에서 직업적 의사결정의 발달과정은 심리적으로든 연대기적으로 든 다시 돌아갈 수 없는 점에서 불가역적(irreversible)이라고 보았다. 그러나 직업적 결정 과정이 불가역적이라는 결론은 나중에 초기의 입장이 반박되면서 수정되었다.
3) 긴즈버그는 지속적인 진로선택과정에서의 초기선택이 매우 중요하다고 강조하였으며 동 시에 직업선택은 일생동안, 즉 사람이 일하는 동안 병존하는 것이라고 역설하였다.
4) "직업선택은 일생 동안의 의사결정과정이며, 사람들은 자신의 일로부터 상당한 만족을 추 구한다. 이를 통해서 사람들은 자신의 변경된 진로목표와 직업세계라는 현실 간의 조정을 어떻게 해 나갈 수 있는지를 반복적으로 재평가하게 되는 것이다.

▣ 슈퍼의 진로발달단계

1. 성장기(growth stage. 0-14세)

- 주요 인물과 동일시함으로써 자아개념을 발달시킨다. 자기에 대한 지각이 생겨나고 직업세 계에 대한 기본적 이해가 이루어지는 시기라고 할 수 있다.
- 초기-욕구와 환상이 지배적
- 사회참여와 현실검증이 증가 - 흥미와 능력을 중요시

1) **환상기**(fantasy substage. 4-10) : 욕구가 지배적, 환상적인 역할 수행이 중요시

2) **흥미기**(interest substage. 11-12) : 취향 – 활동의 목표 및 내용을 결정하는 요인

3) **능력기**(capacity substage. 13-14) 능력 중요시, 직업의 요구조건 고려

2. 탐색기(exploration stage. 15-24)

– 학교생활, 여가활동, 시간제 일 – 자아검증, 역할시행, 직업적 탐색을 함

1) **잠정기**(tentative substage. 15-17)
   – 욕구, 흥미, 능력, 가치, 직업적 기회 등을 고려하기 시작
   – 잠정적인 진로 선택 – 환상, 토의, 일, 기타경험을 통해서 시행해 봄

2) **전환기**(transition substage. 18-21)
   – 취업, 취업훈련, 취업교육을 받으며 자아개념을 실천하려고 함에 따라 현실적 요인을 중요시

3) **시행기**(trial substage. 22-24) – 최초의 직업

3. 확립기(establishment stage. 25-44)

– 적합한 분야 발견 – 영구적인 위치 확보 위한 노력
   1) **시행기**(trial substage. 25-30) – 적합한 일을 발견할 때까지의 변동
   2) **안정기**(stabilization substage. 31-44) 안정된 위치를 굳히기 위한 노력

4. 유지기(maintenance stage. 45-65)

– 직업에 정착 유지하기 위한 노력

5. 쇠퇴기(decline stage.65 이후)

– 은퇴 후 다른 활동

> * 긴즈버그와 슈퍼의 이론적 차이점
> ·**진로 발달**
>   – G : 아동초기부터 성인 초기에 국한된 과정
>   – S : 인생의 전 생애에 걸쳐 이루어지고 변화되는 것
> ·**직업선택**
>   – G : 타협의 과정
>   – S : 타협과 선택이 상호작용 하는 일련의 적응과정
> ·**가역성**
>   – G : 불가역성을 주장
>   – S : 필요하다면 언제든지 발달과정의 가역성을 인정함.

NCS 국가직무능력표준
National Competency Standards

□ **D. Super의 진로발달 5단계**

　1) 성장기(4~14세)
　　- 환상기
　　- 흥미기
　　- 능력기
　2) 탐색기(15~24세)
　　- 잠정기
　　- 전환기
　　- 시행기
　3) 확립기(25~44세)
　　- 시행기
　　- 안정기
　4) 유지기(45~66세)
　5) 쇠퇴기(65세~　)

인간발달이론 : 유전-환경 상호작용의 개념적 모형

1. 반응의 범위 모형

　사람의 발달은 선천적인 요소와 후천적인 요소가 복합적으로 작용한다는 이론이며 선천적으로 발달이 가능한 범위가 정해져 있고, 그 안에서 환경 풍요도에 따라 발달의 수준이 변한다. 즉, 유전에 의해 결정된 반응의 범위가 경험과 환경에 의해 얼마만큼 변화될 수 있는가를 보여주는 모형이다.

　ex) 중간정도 신장의 유전인자를 가진 사람이 궁핍한 환경에서 자라면 평균 신장보다 신장이 작아지는 경향이 있다는 것이다. 그리고 풍요로운 환경에서 자라 영양상태가 좋으면 평균보다 신장이 커질 가능성이 많다. 그러나 환경이 아무리 좋다 하여도 단신의 유전인자를 가진 사람이 평균 신장을 능가하기는 어렵다.

2. 거래적 상호작용 모형

유전과 환경요인은 양방향적인 과정[P(유기체)↔E(환경)] 으로 설명하는 것이며 유전자형이 환경에 미치는 영향과 그러한 영향이 다시 유전자형의 발달로 송환되는 과정에 관심(활동적, 적극적 기질은 환경요소에서 바람직한 자극을 유도하는 것 등)을 보이며 보다 적극적, 활동적이 된다.(Baumrind, 1991).

1) 수동적 유전 – 환경 상호관계

스스로 환경자극을 선택할 수 있는 능력이 없는 어린 아동들이 부모나 주위의 어른들이 제공하는 환경자극에 수동적으로 노출되는 경우에 해당된다.

2) 능동적 유전 – 환경 상호관계

아동의 경험이 가족 이외의 학교나 이웃, 그리고 지역사회로 확대됨에 따라 자신의 유전적 성향과 가장 잘 맞는 환경을 능동적으로 선택하는 경우에 해당한다.

　　ex) 운동에 소질이 있는 아동은 특별활동 시간에 농구부에 들어 농구연습을 할 것이고, 그림에 소질 있는 아동은 미술반에 들어가 그림을 그릴 것이다.

3) 유발적 유전 – 환경 상호관계

아동의 유전적 특성이 아동에 대한 다른 사람들의 행동에 영향을 미쳐 특정 환경을 유발하는 경우에 해당된다.

학습목표
1. 발달의 개념/ 인간발달의 이해
2. 발달심리학의 연구방법 이해

학습내용
1. 발달의 개념/인간발달의 원리 등에 대한 내용을 학습한다.
2. 발달심리학의 연구방법과 그 내용을 학습한다.

01 발달의 개념 및 연구에 관한 설명으로 옳은 것은?

① 발달이란 출생에서부터 성인기까지의 전 생애를 통해 이루어지는 모든 변화의 양상과 과정을 의미한다.
② 연령에 따른 발달적 특징을 분석하는 것을 발달기제 연구라고 한다.
③ 변화의 양상과 과정을 조작적으로 기술하면, 어떤 특징의 양적 증대와 구조의 정밀화, 기능의 유능화를 의미하며, 이들 특징의 부정적 변화도 함께 포함한다.
④ 발달적 변화가 일어나는 원인과 방법을 탐색하는 것을 현상기술적 연구라고 한다.
⑤ 변화와 과정을 설명하기 위해서는 집단의 규준을 탐색하는 것이 중요하다.

정답 ③

해설
• 발달이란 인간의 전 생애를 통해 이루어지는 모든 변화의 양상과 과정을 의미한다.
• 발달기제 연구는 무엇이, 왜, 어떻게 발달적 변화를 일으키는가의 물음에 답을 얻고자 하는 연구이다.
• 발달이 이루어지는 양상을 기술해 주는 연구가 현상기술적 연구라 한다.
• 변화와 과정을 설명하기 위해서는 발달규준을 탐색하는 것이 중요하다.

02 인간발달의 특성에 대한 설명이다 옳지 않은 것은?

① 발달의 양상은 예측이 가능하다.
② 발달은 일정한 방향성을 지니고 있지 않다.
③ 발달에는 결정적 시기가 있다.
④ 개개인의 발달 과정을 비교해 보면 개인차가 있다.
⑤ 인간발달은 연속적인 과정이다.

정답 ②

해설 인간의 발달은 일정한 방향으로 진행된다. 두미의 원리, 중심-말초의 원리, 전체활동-특수활동의 원리 등이 적용되는 방향성을 지니고 있다.

03 발달의 기본원리 중 위에서 아래로, 머리에서 발로 발달이 이루어진다는 것은?

① 점성원리
② 개인차의 존재
③ 두미의 원리
④ 중심-말초의 원리
⑤ 결정적 시기의 존재

정답 ③

해설 지문의 내용은 발달의 원칙 중 '두미의 원리'에 해당되며 '점성원리'는 성장은 기초에 따라 부분적으로 이루어지며, 전 단계의 발달에 기초하여 특정단계의 발달이 이루어진다는 의미이다.

04 다음 중 영가설의 특징으로 옳은 것끼리 묶인 것은?

㉠ 일반적으로 "A는 B보다 ~하다."와 같은 문장으로 표현된다.
㉡ 작업가설과 반대로서, 유의미한 차이가 없을 때 유용한 가설이다.
㉢ 연구자가 처음부터 의도한 가설에 해당된다.
㉣ 반드시 검증이 필요한 연구가설과는 달리 영가설에는 검증과정이 생략된다.

① ㄱ, ㄴ   ② ㄱ, ㄷ

③ ㄴ   ④ ㄴ, ㄹ

⑤ ㄹ

정답 ③

해설 영가설은 '귀무가설'이라고 하여 대립가설(작업가설)의 반대개념으로 사용된다.

05 다음 중 관찰법의 장점으로 옳지 않은 것은?

① 시간과 비용, 노력이 절약된다.

② 비협조적이거나 면접을 거부하는 대상자에게도 가능하다.

③ 대상자의 무의식적 행동을 포착할 수 있다.

④ 많은 수의 대상자를 한꺼번에 관찰할 수 있다.

⑤ 인간의 외부행동에 대한 자료수집에 효과적인 방법이다.

정답 ①

해설 관찰법의 단점 중 하나는 시간과 비용, 그리고 관찰을 위한 준비과정 및 관찰자의 노력이나 전문성이 많이 요구된다.

06 다음 〈보기〉에서 설명하는 인간발달연구의 표집방법은?

> **보 기**
>
> 서울시 강남구의 A 중학교에서는 자기 학교 재학생들의 전문적인 교내 상담의 필요성의 인식여부를 파악하기 위해 각 반을 4개의 분단으로 나눈 다음, 2분단과 4분단 학생을 무작위로 표집하였다.

① 단순무작위표집   ② 계통표집

③ 할당표집   ④ 층화표집

⑤ 군집표집

정답 ⑤

해설 지문의 내용은 군집표집의 대표적인 사례이다.

27강 신경계발달과 영아기발달

학습목표	1. 신경계 발달의 내용 이해 2. 기질에 대한 내용 이해

학습내용	1. 신경계발달과 영아기 발달에 대한 내용을 학습한다. 2. 뉴욕 종단적 기질연구모형에 대해 학습한다.

01 신경계 발달에 관한 설명으로 옳은 것은?

① 태아기 신경세포 증가는 정보 저장의 결과이다.

② 시냅스의 선택적 소멸은 신경퇴화 현상이다.

③ 수초화는 정보 전달의 효율성을 낮춘다.

④ 대뇌 편재화에 따라 뇌 가소성이 증가된다.

⑤ 영유아기 뇌 발달의 특징은 뉴런과 시냅스의 과잉생산 후 가지치기이다.

정답 ⑤

해설 태아기 신경세포 증가는 발달의 결과이며 시냅스의 선택적 소멸은 필요한 것만 남는 가지치기 현상이라고 본다. 수초화는 정보 전달의 효율성을 높인다.

02 다음 중 중추신경계의 변연계에서 생명에 직접적으로 위험이 되는 요소들로부터의 도망행위와 싸움행위, 음식 섭취행위, 교미행위의 4가지 행동을 주관하는 기관은?

① 해마   ② 편도체

③ 시상   ④ 사구체

⑤ 시상하부

정답 ⑤

해설 지문의 내용은 '시상하부'에 대한 설명이다.

03 다음 중 뉴욕 종단적 기질연구모형에서 설명하는 기질진단 행동차원으로 옳은 것은?

① 정서성   ② 사회성

③ 반응성   ④ 자기규제

⑤ 접근/기피

정답 ⑤

해설 뉴욕 종단적 기질진단 행동차원 : 활동성, 규칙성, 접근/기피, 적응성, 강도, 식역, 기분, 산만성, 주의범위와 지속성.

▶ 보충학습

뉴욕 종단적 연구모형(NYLS)

9개 행동차원으로 부모에게 설문평가하여 3개의 기질유형을 식별함.
활동성(신체활동량), 규칙성(수유, 배변, 수면 등의 예측 가능성), 접근/기피(새로운 자극에 대한 기분, 행동), 적응성(상황 ----변화에 대한 적응의 용이성), 강도(긍정 및 부정적 반응의 에너지 수준), 식역(반응을 유발하는 데 필요한 자극의 양), 기분(행복, 불행의 반응의 빈도), 산만성, 주의범위와 지속성(활동 지속기간과 장애에 직면시 활동을 계속하려는 의지)

- 순한 아동(easy child) : 수면, 음식섭취, 배설 등이 대체로 규칙적이며, 반응강도는 보통. 새로운 음식을 잘 받아들이고 낯선 대상에게 잘 접근하며, 환경변화에 대한 적응력이 높고, 평온하고 행복한 정서가 지배적. 영아의 약 40%
- 까다로운 아동(difficult child) : 불규칙한 생활습관. 자극에 대한 반응강도가 강함. 새로운 음식을 받아들이는 속도가 늦고, 낯선 사람 경계. 환경의 변화에 대한 적응이 떨어지며, 강한 정서가 자주 나타나며, 부정적인 정서도 자주 보임. 영아의 약 10%
- 더딘 아동(slow to warm up child) : 적응이 늦고, 낯선 사람이나 사물에 부정적인 반응을 보이나, 까다로운 아동보다 활동이 적고 반응강도가 약하며 생활습관은 중간정도. 영아의 약 15%

04 다음 중 영아기 발달에 대한 설명으로 올바른 것을 모두 고르시오.

> 가. 6개월 된 영아는 깊이지각을 한다.
> 나. 제1차 성장 급등기로서, 신장과 몸무게가 급등한다.
> 다. 대상영속성이 발달한다.
> 라. 성유형에 맞는 행동을 학습하기 시작하는 시기이다.
> 마. 피아제의 전조작기에 해당한다.

① 가, 나, 다   ② 가, 나, 라
③ 나, 다, 라   ④ 나, 다, 마
⑤ 다, 라, 마

정답 ①

해설 라, 마는 유아기 발달 단계에 대한 특징이다.

05 다음 중 영아기의 신체적 발달에 대한 설명으로 올바르지 못한 것은?

① 외부로부터 주어지는 단순한 시각, 청각, 촉각, 후각, 미각 등 감각적 자극에 대하여 민감하게 느끼거나 반응한다.
② 손으로 만져보거나 눈으로 봄으로 인해서 자신의 감각기관을 통해 주변 환경을 탐색할 수 있는 능력을 가지고 있다.
③ 외부의 자극에 대하여 흥미를 가지고 있기 때문에 즐거움을 강화시켜 주기 위한 새로운 장난감을 주는 것이 좋다.
④ 신체발달에 있어서 완만한 성장곡선을 보이는 경향이 있다.
⑤ 일반적으로 청각은 시각에 비해 더 일찍 발달한다.

정답 ④

해설 ④는 아동기에 대한 설명이며, 영아기는 제1차 성장급등이 일어나는 시기이다.

06 다음 중 반두라가 주장한 내용에 해당하지 않는 것을 모두 고르시오.

> 가. 사회학습에는 모방이 포함될 수 있다.
> 나. 새로운 상황에서 관찰대상은 모델이 되고, 우리는 그의 행동을 모델링하게 된다.
> 다. 사회학습이론은 단순히 자신이 본 것을 따라하는 것이다.
> 라. 사회학습은 모방과 동의어이다.

① 가, 나   ② 가, 다
③ 나, 다   ④ 나, 라
⑤ 다, 라

정답 ⑤

해설 반두라는 모방과 사회학습을 구분하였으며, 전자는 단순히 자신이 본 것을 따라하는 것이고 후자는 보고, 배운 것을 인지적으로 처리하고 자신에게 유리한 행동을 하는 데 지침이 되는 정보를 학습하는 것으로 보았다.

28강 아동기/청소년기 인지발달 등

학습목표
1. 아동기 학대와 품행장애에 대한 내용 이해
2. 인지발달론의 이해

학습내용
1. 아동기 품행장애 등에 대한 내용을 학습한다.
2. 피아제의 인지발달론에 대한 내용을 학습한다.

01 다음 중 아동학대의 특징에 대한 설명으로 옳지 않은 것은?

① 아동학대의 종류에는 신체적 학대, 성적 학대, 방임, 정서적 학대 등이 있다.
② 아동학대는 신체에 대한 공격이나 상대방에게 심각하게 상처를 주는 행동을 말한다.
③ 아동의 경우 대부분 부모의 훈육과 체벌에 의해 무의식적으로 학대를 당한다.
④ 아동의 주변 환경을 안정적으로 만들어 주지 못하는 것도 방임에 포함된다.
⑤ 부모 자신의 학대 경험여부가 아동학대에 결정적인 영향을 미치는 것은 아니다.

정답 ②

해설 아동학대는 단순히 신체에 대한 공격만을 말하는 것은 아니다.

02 다음 중 학대와 품행장애 사이의 관계에 대한 설명으로 옳은 것은?

① 부모로부터 학대받는 아동은 학교에서도 공격적인 성향을 나타낸다.
② 부모로부터 학대받은 아동은 학교에서도 모든 친구들에게 거부를 당하는 경향이 있다.
③ 학대받은 청소년은 그렇지 않은 청소년들보다 분노를 느끼는 데 둔한 경향이 있다.

④ 청소년기의 학대 경험이 아동기의 학대 경험보다 개인의 품행장애에 더 큰 영향을 미친다.

⑤ 부모 자신의 스트레스는 청소년 자녀에 대한 학대와 별 관련이 없다.

정답 ①

해설
- 부모로부터 학대받은 아동은 학교에서도 모든 친구들에게 거부를 당하는 것은 아니다. 하지만 거부당할 가능성은 일반아동에 비해 높다고 볼 수 있다.
- 학대받은 청소년은 그렇지 않은 청소년들보다 더 쉽게 분노를 느끼고 통제하기 힘들어 하는 경향이 있다.
- 아동기의 학대 경험이 청소년기의 학대 경험이 보다 개인의 품행장애에 더 큰 영향을 미친다.
- 부모 자신의 스트레스는 청소년 자녀에 대한 학대와 관계가 깊다.

03 피아제(Piaget)의 인지발달단계에서의 감각운동기 발달과정 중 다음 〈보기〉의 내용과 관련된 것은?

보 기

A양은 엄마와 함께 마루에서 소꿉놀이를 하던 중 평소에 좋아하던 애니메이션 '뽀로로'의 방영시간이 되자, 만화를 보기 위해 엄마의 손을 이끌어서 소파 앞에 놓인 리모컨에 엄마 손을 갖다놓았다. 그 후 A양의 엄마는 리모컨으로 TV 전원을 켰고, A양과 엄마는 20분 동안 함께 '뽀로로'를 시청했다.

① 반사
② 1차 순환반응
③ 2차 순환반응
④ 2차 도식협응
⑤ 사고 시작

정답 ④

해설 지문의 내용은 '도식협응'에 대한 내용이다.

반사	출생시부터 1개월 때까지의 인지발달단계로, 효율적으로 반사운동이 일어나지만, 아직 영아가 욕구와 행동을 서로 구별할 수 없는 단계이다.
1차 순환반응	출생 후 1개월부터 4개월까지의 인지발달단계로 엄지손가락을 빠는 것과 같은 긍정적인 자극에 의도적으로 반응하는 것을 반복하며, 무의식적 반응을 점차 익숙해지게 하여 새로운 반응을 만들어 내는 단계이다.
2차 순환반응	출생 후 4~10개월까지의 인지발달단계로, 반복된 학습을 통해 후천적으로 반응할 수 있게 되며, 후천적으로 습득한 반응을 실천할 수 있게 되는 단계이다.
2차 도식협응	10~12개월까지의 인지발달단계로, 도식을 도구로 활용하여 자신의 목적을 이룰 수 있게 되며, 도식을 여러 방법으로 조합할 수 있게 된다. TV가 보고 싶은 아이가 엄마 손을 TV스위치로 가져갈 수 있게 되는 것이 이 단계에 해당된다.
사고시작	시행착오적인 부자연스러운 행동에서 점차 벗어나 신중하게 생각한 후 행동하는 단계로 출생 후 18~24개월의 시기에 해당된다.

04 설리번(Sullivan)의 발달단계이론의 특징 중 다음 〈보기〉의 특징이 나타나는 시기는?

> **보 기**
>
> • 모든 것을 털어놓을 수 있는 또래의 주용성이 커지는 시기이다.
> • 이 시기에는 대인관계의 깊이가 이전보다 깊어지게 된다.
> • 독립심이 나타나지만 다소 혼란스러운 시기이다.
> • 홀이 주장한 질풍노도의 시기에 해당한다.

① 유아기   ② 아동기
③ 청소년 전기   ④ 청소년 후기
⑤ 성인기

정답 ④

해설 지문의 내용은 청소년 후기(17~20세)에 해당하는 내용이다.

05 다음 중 의사소통장애의 특징에 대한 설명으로 옳은 것은?

① 정신지체아의 언어발달은 비정상적으로 진행되며, 정상적인 발달 순서를 따르지 않는다.
② 루터 등이 개발안 ADI, SEF, ADOS 등과 르코티아르 등이 ADI를 발전시킨 ADI-R이 주요 의사소통장애 진단도구이다.
③ 주로 언어표현이 늦고 친구들과 잘 어울리지 못하거나 말을 심하게 더듬고 타인의 말을 앵무새처럼 반복하게 된다.
④ 케르니케실어증의 경우 청각능력에 비해 말하기능력이 떨어지고, 브로카실어증의 경우는 반대로 언어능력에 비해 청각능력이 떨어진다.
⑤ 우발학습기법에서 치료자는 아동이 흥미 있어 하는 것에 대해 먼저 관심을 표하고 아동의 반응이 없으면 아동에게 시범을 보여준다.

정답 ③

해설 ① 정신지체아의 언어발달은 정상적으로 진행되며, 정상적인 발달 순서를 따른다.
② 주요 의사소통장애 진단도구로는 그림어휘검사, MCDI-K, 문장이해력 검사 등이 있다.

④ 케르니케실어증의 경우 언어능력에 비해 청각능력이 떨어지고, 브로카실어증의 경우는 말하기능력에 비해 청각능력이 떨어진다.

⑤ 우발학습기법에서 치료자는 아동에게 필요한 것을 일부러 우연히 빠뜨린 후 약간의 힌트만 주면서 아동의 물건에 대한 자연스러운 요구를 이끌어낸다.

06 영아기 신체발달에 관한 설명으로 옳은 것을 모두 고른 것은?

> 가. 신생아는 머리크기가 성인 머리의 약 70%에 이를 만큼 머리부터 발달한다.
> 나. 잡기 기능은 물건을 가슴으로 덮치듯이 잡기–팔로 끌어당기기–손바닥으로 잡기–손가락으로 잡기 순으로 발달한다.
> 다. 촉각은 환경에 대한 지식을 습득하는 주요 수단으로, 출생 시 손과 발에 집중되어 있다.
> 라. 이행운동 기능은 머리 들기–뒤집기–혼자 앉기–혼자서기–가구잡고 걷기– 잘 걷기–계단오르기 등의 순으로 발달한다.
> 마. 눈으로 보는 것을 잡을 수 있는 협응기능은 4세경에 발달한다.

① 가, 나, 다　　　　　② 가, 다, 마
③ 가, 나, 라　　　　　④ 나, 다, 라
⑤ 나, 라, 마

정답 ③

해설 출생시 촉각은 입술, 혀, 이마 등에 집중되어 있으며 눈으로 보는 것을 잡을 수 있는 협응 기능은 12개월경에 발달한다.

청소년발달과 특징

학습목표	1. 청소년발달과 성격형성의 이해 2. 청소년발달과 특징에 대한 이해

학습내용	1. 프로이트의 정신분석 이론에 대한 내용을 학습한다. 2. 청소년기의 발달단계와 그 내용을 학습한다.

01 프로이트의 심리성적발달이론에 대한 설명으로 올바른 것을 모두 고르시오.

> 가. 인간의 마음은 원초아, 자아, 초자아로 형성되어 있으며, 이의 불균형은 불안을 초래한다.
> 나. 리비도는 공격 충동의 에너지로서 죽음의 본능을 의미한다.
> 다. 자아는 도덕원리에 의해 지배된다.
> 라. 원초아는 현실의 원리에 의해 지배된다.
> 마. 초자아는 양심의 원리에 의해 지배된다.

① 가, 나   ② 가, 다
③ 가, 마   ④ 나, 라
⑤ 나, 마

정답 ③

해설 ① 리비도는 성충동 에너지를 의미하며, 자아는 현실원리, 원초아는 쾌락원리에 의해 지배된다.

02 다음 중 단계적 발달을 주창한 이론가에 해당하는 사람을 모두 고르시오.

> 가. 에릭슨   나. 프로이트   다. 스키너   라. 피아제   마. 왓슨

① 가, 나, 다   ② 가, 나, 라
③ 나, 다, 라   ④ 나, 다, 마
⑤ 다, 라, 마

정답 ②

해설 에릭슨은 심리사회발달이론, 프로이트는 심리성적발달이론, 피아제는 인지발달이론을 주
장하였다.

03 다음 중 청소년기의 특징으로 옳은 것은?

① 심한 육체적 · 정신적 변화를 경험하는 질풍노도의 시기이다.
② 에릭슨의 근면성 대 열등감 단계에 해당한다.
③ 피아제의 구체적 조작기에 해당한다.
④ 자신에 대한 자신감과 상황에 대한 대처능력이 확립된다.
⑤ 친구들과의 협동생활을 통해 새로운 교우관계를 맺게 된다.

정답 ①

해설 ② 에릭슨의 8단계에 따르면 청소년기는 친밀감 대 고립감 단계에 해당한다.
③ 피아제의 형식적 조작기에 해당한다.
④ 자신에 대한 자신감과 상황에 대한 대처능력이 확립된다라고 단언적으로 말하기는 힘들다.
⑤ 친구들과의 협동생활을 통해 새로운 교우관계를 맺게 되는 시기는 청소년기라기보다
는 아동기의 특징이다.

04 다음 중 부모와 청소년 사이의 의사소통을 원활하게 하기 위한 '나 전달
법'의 특징에 대한 설명으로 옳은 것은?

① 느낌서술 - 행동서술 - 결과서술의 순서로 문장이 이루어진다.
② 구현하기가 비교적 어려운 방법으로, '너 전달법'에 비해 효과가 낮다.
③ 청소년들의 낮은 자존감과 고립감을 경험하게 하는 방법이다.

④ '나 전달법'에서 행동에 대한 묘사는 비판적이지 않고 객관적이어야 한다.

⑤ 상대의 장점을 구체적으로 집어 말하고, 상대방에게 부탁하듯이 말하는 것이다.

정답 ④

해설 '나 전달법'에서는 문장이 상대의 행동에 대한 중립적 묘사, 상대의 행동에 대해 내가 받는 영향, 상대의 행동에 대한 나의 기분, 상대의 행동에 대해 내가 상대방에게 바라는 것으로 구성된다.

05 아동기와 청소년기의 또래관계에 관한 설명으로 옳지 않은 것은?

① 자신의 가치관과 또래집단의 기대 간 불일치가 크면 긴장과 갈등이 초래된다.

② 또래집단은 사회적 비교를 통해 자신을 평가할 수 있는 기준을 제공한다.

③ 또래관계에서 발생하는 갈등의 극복 양상은 우정을 지속하는데 중요한 영향을 미친다.

④ 인기있는 아동은 많은 또래들이 좋아하지만, 또래집단 내에서 높은 지위를 유지하는 것은 아니다.

⑤ 또래압력은 긍정적인 방향으로 작용할 수 있다.

정답 ④

해설 인기있는 아동은 많은 또래들이 좋아하며, 또래집단 내에서 높은 지위를 유지하는 것이 특징이다.

06 다음 중 상상속 청중에 대한 예에 해당되는 것을 모두 고르시오.

> 가. 어제 라면을 먹고 잤더니 얼굴이 퉁퉁 부었다. 전철을 타고 오는 내내 사람들이 퉁퉁 부은 내 얼굴만 쳐다보아서 너무 창피했다.
> 나. 도훈 오빠를 짝사랑하는 내 마음은 그야말로 지옥이다. 이 세상에 그 누구도 지금의 나만큼 힘들고 어려운 사랑을 하지는 않을 것이다.
> 다. 엄마는 오토바이가 위험하다고 앞으로 타지 말라고 한다. 그런데 그런 일이 나에게 절대 일어날 리 없다. 엄마는 늘 걱정이 지나쳐서 탈이다.
> 라. 오늘은 내내 입술 밑의 뾰루지 때문에 거울만 쳐다보았다. 사람들이 나를 볼 때면 그 부분이 신경 쓰여 눈을 제대로 맞출 수가 없다.

① 가, 나   ② 가, 라

③ 나, 다   ④ 나, 라

⑤ 다, 라

정답 ②

해설 '상상속 청중'은 청소년기의 과장된 자의식으로 인해 자신이 타인의 집중적인 관심과 주의의 대상이 되고 있다고 믿는 자아중심성의 한 유형이다.

07 다음 중 청소년기에 대한 설명으로 올바르지 못한 것은?

① 청소년기의 우울증은 외현화되어 가출이나 비행을 초래하기도 한다.

② 자살의 성비율은 남성이 여성에 비해 많다.

③ 신경성 거식증은 청소년 초기에 주로 나타나며 환자의 대부분은 남성이다.

④ 폭식증은 10대 여성에게 흔한 먹기장애이다.

⑤ 우리나라는 특히 고등학교 집단에서 가장 높은 강박증을 보이고 있다.

정답 ③

해설 청소년의 신경성 거식증 환자는 95% 이상이 여성이다.

인간발달 전반에 대한 내용

학습목표	1. 인간발달에 미치는 제요소들의 이해 2. 발달과업에 대한 내용이해

학습내용	1. 인간발달에 미치는 여러 요소들에 대한 내용을 학습한다. 2. 해비거스트의 발달과업 등에 대해 학습한다.

01 개인이 다른 사람을 돕는 행동에 영향을 미치는 요인들 중 도움 제공자 요인에 해당하는 것은?

① 매력   ② 날씨

③ 시간압력   ④ 타인의 존재

⑤ 행위자의 성격

정답 ⑤

해설 ① 매력 : 도움 수요자 요인

② 날씨, ③ 시간압력, ④ 타인의 존재 : 상황요인

⑤ 행위자의 성격 : 도움 제공자 요인

02 발달은 연속적인가, 비연속적인가?라는 기본 쟁점에 대한 입장을 기준으로 발달이론을 구분할 경우, 비연속적 발달이론에 해당하는 이론은?

① 브론펜브레너(U. Bronfenbrenner)의 생태체계이론

② 피아제(J. Piaget)의 인지발달이론

③ 스키너(B. F. Skinner)의 행동주의이론

④ 반두라(A. Bandura)의 사회학습이론

⑤ 다지(K. Dodge)의 사회정보처리이론

정답 ②

해설 피아제의 인지발달론은 구조주의 인식론에 기초하고 있으며 인지발달은 질적으로 다른 단계들로 진행된다고 보아 비연속적인 측면을 강조하였다.

03 다음 중 해비거스트(Havighurst)가 주장한 영유아기의 발달과업에 해당하는 것은?

① 경제적 독립의 필요성을 인식하기
② 생활에 대한 경제적인 표준 설정 및 유지시키기
③ 선악에 대한 판단을 익히고 양심에 대한 관념을 발달시키기
④ 체력감소와 건강, 은퇴 및 경제적 수입감소에 적응하기
⑤ 사회적으로 책임있는 행동에 대한 실천습관 형성하기

정답 ③

해설 해비거스트(Havighurst)의 영유아기 발달과업
• 걸음마 배우기   • 말 배우기   • 배설통제훈련하기
• 성차인식과 성차에 따른 행동양식 배우기 시작하기
• 부모 및 형제, 다른 사람들과의 정서적 관계 만들기
• 선악 개념을 익히고 양심에 관한 관념 발달시키기
• 사회적, 물리적 세계에 대한 간단한 개념 형성하기

04 쿠블러-로스(Kubler-Ross)의 죽음이론에서 죽음을 수용하기 시작하지만 인생의 과업을 모두 마칠 때까지 삶에 대한 희망을 계속 갖는 단계는?

① 부정단계   ② 분노단계
③ 타협단계   ④ 우울단계
⑤ 수용단계

정답 ③

해설 지문의 단계는 타협단계를 말한다.
• 부정단계 : 죽음을 인정하지 않는 단계
• 분노단계 : 여전히 죽음을 받아들이지 못하며 주위 사람들에게 분노와 질투를 표현하는 단계
• 우울단계 : 죽음을 실감하면서 심한 우울을 느끼는 단계

05 길리건(C. Gilligan)은 남성과 여성이 지향하고 선호하는 도덕성이 다르다고 본다. 다음에서 남성과 여성의 도덕성 특징이 바르게 연결된 것은?

① 남성 : 정의, 여성 : 배려
② 남성 : 원칙, 여성 : 친밀감
③ 남성 : 책임감, 여성 : 우정
④ 남성 : 정의, 여성 : 친밀감
⑤ 남성 : 우정, 여성 : 배려

정답 ①

해설 길리건은 도덕적 딜레마를 추론하면서 남성은 '정의' 여성은 '타인에 대한 애정(배려)'를 중심으로 설명하였다.

06 다음 중 우리나라 노년기 부모와 자녀 간의 관계에 대한 설명으로 옳은 것끼리 묶인 것은?

> ㉠ 우리나라의 노년기 부모들은 경제적인 측면보다는 정서적인 측면에 더 큰 영향을 받는다.
> ㉡ 오늘날 자녀들은 노인들이 삶의 경험과 지혜들을 가르쳐 주는 것이 자신들에게 유용하다고 생각한다.
> ㉢ 중년의 자녀들은 부모에 대한 부양의무와 배우자 및 자녀에 대한 부양의무 사이에서 갈등을 겪는다.
> ㉣ 노부모와 성인이 된 자녀 사이의 관계는 자녀가 부모를 일방적으로 부양하는 일방향적인 관계이다.

① ㉠
② ㉠, ㉡
③ ㉢
④ ㉡, ㉢
⑤ ㉡, ㉢, ㉣

정답 ③

해설 ㉠ 우리나라의 노년기 부모들은 정서적인 측면보다는 경제문제나 자녀교육 등에 더 큰 영향을 받는다.
㉡ 오늘날 자녀들은 노인들이 삶의 경험과 지혜들을 가르쳐 주는 것이 자신들에게 유용하다고 생각하지 않는다.
㉣ 노부모와 성인이 된 자녀 사이의 관계는 상호적 관계이며 어느 일방이 부양하는 관계가 희미해지고 있다.

07 성인기 남성과 여성 간 인지기능의 차이에 대하여 시애틀 종단연구에서 주장하는 내용으로 옳은 것은?

① 대체로 공간지각과 산수문제에 있어서는 여성이 언어능력이나 추론능력, 현상의 지각속도에서는 남성이 각각 우세하였다.

② 이러한 연구결과는 문화권에 관계없이 세계 어디에서나 일반적으로 나타나는 경향이 있으며, 중국인을 대상으로 한 연구에서는 여성보다 남성의 공간지각력이 우수하였다.

③ 시애틀 종단연구에서 여성이 남성보다 결정성 지능이 빨리 감소하며, 유동성 지능의 경우에는 남성이 여성보다 감소속도가 빠른 것으로 나타났다.

④ 귀납적 추론능력은 여성이 남성보다 우세하며, 여러 가지 언어적 능력의 감소속도 또한 여성이 남성보다 느리다.

⑤ 좌뇌와 우뇌를 연결하는 뇌량의 크기 차이 때문에 문제해결에 관여하는 전두엽이 여성의 경우에는 70대부터 쇠퇴하는 데 비해, 남성의 경우에는 80대에 와서 서서히 쇠퇴한다.

정답 ④

해설 ① 대체로 공간지각과 산수문제에 있어서는 남성이, 언어능력이나 추론능력, 현상의 지각속도에서는 여성이 각각 우세하였다.
② 이러한 연구결과는 문화권에 관계가 있다. 예를 들면 중국인을 대상으로 한 연구에서는 여성보다 남성의 공간지각력이 우수하였다고 보고되기도 한다.
③ 시애틀 종단연구에서 여성이 남성보다 유동성 지능이 빨리 감소하며, 결정적 지능의 경우에는 남성이 여성보다 감소속도가 빠른 것으로 나타났다.
⑤ 뇌량의 크기는 여성이 더 크다. 전두엽이 남성의 경우에는 70대부터 쇠퇴하는 데 비해, 여성의 경우에는 80대에 와서 서서히 쇠퇴한다.

집단상담의 기초

집단상담의 기초

1강 집단상담의 의의

학습목표	1. 집단상담의 개념과 본질 이해 2. 집단상담의 특징이해

학습내용	1. 집단상담의 개념과 정의를 학습한다. 2. 집단상담의 목표와 본질을 이해하고 집단상담의 일반적 특성을 학습한다.

■ 집단상담의 의의

1. 집단상담의 개요

집단상담은 '생활과정상의 문제를 해결하고 보다 바람직한 성장발달을 위해 전문적으로 훈련된 상담자의 지도와 집단구성원들과의 역동적인 상호교류를 통해 각자의 감정, 태도, 생각 및 행동양식 등을 탐색, 이해하고 보다 성숙된 수준으로 향상시키는 과정'이라 할 수 있다.

○ 미국집단상담의 역사

- 1931년 Allend의 논문발표로 집단상담 용어가 기록됨.
- 1966년 Amold 'intering group(동업자집단)'
- 1968년 Gazdar의 활동으로 동업자집단 회원수 1500명 수준
- 1973년 Gazdar는 미국 생활지도협회 내의 한 분과 집단작업전문가학회 창설. 초대회장이 되어 집단상담. 집단지도, 집단치료 분야를 망라하는 활발한 연구 및 학술활동을 함.
- 1960년대 초반 Roger 집단에 대해 보다 집중적인 연구 시작.
- Lewin을 중심으로 한 MIT 심리학자들이 인간관계 기법 훈련의 중요성을 인식하게 된 후, 1947년에 처음으로 T집단이 NTL(National Training Laboratory-Bethel)에서 시작되어 유명해지면서 특히 산업계를 중심으로 확산되었다.
- 1946년과 1947년에 시카고 대학교의 상담센터에서 Roger와 동료들이 처음으로 상담자 훈련 장면에서 특히 개인 성장과 대인 간 의사소통 및 관계 개선에 초점을 둔 집중적인 집단 경험을 도입한 것이다.
- 금세기에 가장 급속하게 퍼져 나가는 또 가장 강력한 영향력을 가진 사회적 발명품

2. 집단상담의 정의

집단상담에 대한 정의는 학자들마다 조금씩 달리 표현하지만 그 핵심적인 내용은 유사하다.

1) 집단이란 상호 의존적인 관계에서 사회적 상호작용을 통해 서로 영향을 주고 받는 상호 독립적인 개인들의 집합체를 말한다 라고 하며 집단의 조건 5가지을 심리적 유의성, 직접적 의사소통, 유의한 상호작용, 역동적 상호관계, 생산적 상호 의존으로 설명함.- 강진령
   - 집단상담을 비교적 정상적으로 기능하는 개인들을 대상으로 집단 기법과 전략을 적용하여 그들 사이에서 발생하는 역동적인 상호 교류과정을 통해 문제해결, 의사결정 또는 인간적 성장을 목적으로 구성, 운영되는 상담의 유형으로 정의함.

2) 집단상담이란 "생활 과정상의 문제를 해결하고 보다 바람직한 성장과 발달을 위하여 전문적으로 훈련된 상담자의 지도와 동료들의 역동적인 상호 교류를 통해 각자의 감정, 태도, 생각 및 행동 양식 등을 탐색 및 이해하고 보다 성숙된 수준으로 향상시키는 과정"이라고 정의.- 이장호와 김정희
   - 집단상담은 한 사람의 상담자가 동시에 몇 명의 내담자들을 상대로 각 내담자의 관심사, 대인관계, 사고 및 행동 양식의 변화를 가져오게 하려는 노력이라고 함. - 이장호

3) 전문적인 훈련을 받은 집단 지도자인 상담자의 조력을 필요로 하는 2명 이상의 집단원들이 집단상담 활동의 공동주체로서 집단역동의 이해 및 적용을 바탕으로 집단원들의 자기자각의 확장을 통해 문제 예방, 발달과 성장, 문제해결을 달성함으로써 그들의 삶의 질을 향상시키기 위해 함께 노력하는 집단 과정이라고 정의함.
   - 노안영

4) 집단상담은 비교적 적은 수의 정상인들이 한 사람의 전문가의 지도하에 집단 혹은 상호 관계성의 역동을 토대로 신뢰롭고 수용적인 분위기에서 개인의 태도와 행동의 변화 혹은 한층 높은 수준의 개인의 성장·발달 및 인간관계 발달의 능력을 촉진하려는 의도에서 이루어지는 하나의 역동적인 대인관계 과정이라고 정의함.
   - 이형득
   정의에 대한 내용을 정리하면 집단상담이란 한 사람 또는 협동상담자(2명 이상)의 상담자가 여러 명의 참여자를 대상으로 집단을 구성하고 그 참여자들의 집단풍토(, 다이나믹, 역동적 상호작용)와 집단기법을 활용하여 집단전체의 문제 내지 참여자 개개인의 문제를 해결하거나 성장·발달을 촉진시켜 나가는 집단형 상담과정을 말한다고 정의할 수 있다.

☐ 집단상담의 본질

1. 내담자 문제해결에 대한 '집단적 접근'
2. 집단상호작용에 의한 역동적 상황
3. 다양한 분야에서 활용

☐ 집단상담의 목적과 목표

1. 이장호 & 김정희의 목적달성을 위한 집단상담의 목표 3가지

첫째 : 자기이해, 자기수용 및 자기관리 능력의 향상을 통한 인격적 성장.
둘째 : 개인적 관심사, 생활상의 문제, 객관적 검토와 해결을 위한 실천적 행동의 습득.
셋째 : 집단생활 능력과 대인관계 기술의 습득.

2. 이형득은 집단상담의 목적을 개인의 태도와 행동의 변화 혹은 한층 높은 수준의 개인의 성장·
   발달 및 인간관계 발달의 능력을 촉진하기 위한 개인의 성장이라함.
   – 이형득의 집단상담 목표는 자기이해, 자기수용, 자기개방 및 자기주장.

  1) **자기 이해**
    가. 자신의 문제를 해결하기 위해 자신의 인지적, 정서적, 행동적 상황에 대한 모든 것을 있
       는 그대로 이해하는 것.
    나. 자기자신에 대한 이해의 양과 질은 타인을 이해하기 위한 촉진적 선제적 조건이 된다.
    다. 자신에 대한 이해능력은 타인을 탐색할 수 있고 이해하는 능력과 연결된다.

  2) **자기수용/자기개방**
    가. 자기수용이란 참여자/내담자가 있는 그대로의 자신을 인정하고 받아들이는 것으로 집
       단상담의 참여자뿐만 아니라 상담자에게도 해당하는 자세이다.
    나. 자기만을 수용하는 것만이 아니라, 타인의 상황 등을 수용할 수 있는 내용도 포함한다.
    다. 이해하고 수용한 자신을 그대로 나타내 보이는 것이다.
    라. 이해한 자신의 일면을 완전히 수용하지 못하면 자기개방도 어렵게 된다.
    마. 자기개방은 타인의 개방을 촉진시켜, 상호 이해의 폭을 넓힌다.
    바. 넓어진 이해와 신뢰를 근거로 더 깊은 자기개방을 하게 하는 연쇄반응으로 이어진다.

  3) **자아개념의 발달**
    집단상담의 목적은 집단속에서 자신의 자아개념을 상대적 위치에서 파악하고 이를 발달시
    키기 위한 내용을 포함한다.

    * 자아개념은 인간이 세상을 어떻게 느끼고 생활 경험을 어떻게 받아들이고 주위의 중요 인

물들이 자기를 어떻게 본다고 느끼느냐에 따라 다르게 형성된다.

4) **대인관계의 발달**

집단상담의 최대 장점이며 특징이라 할 수 있는 내용으로 대인관계 능력의 증진이다. 이는 참여자들이 상담을 통해 주위의 동료들과의 인간관계를 이해하고 보다 바람직한 태도나 문제를 해결가능한, 긍정적 측면에서 바라보는 자세를 배우게 된다는 것이다.

5) **자기주장**

가. 집단상담은 개별/심층상담과는 달리 문제를 노출시킨 상태에서 진행되며 해결과정이 참여자의 다양한 의견과 의사결정을 통해 이루어지므로 상대방에게 피해를 주지 않으면서 자신이 나타내고자 하는 바를 그대로 나타내는 학습된 행동을 보여주는 것이다.

나. 따라서 집단속에서 개별 참여자는 자신의 권리, 욕구, 의견, 생각, 느낌 등을 직접 상대에게 나타낸다.

집단상담의 일반적 특성

1) 집단상담은 정상 범위에서 심하게 일탈하지 않는 사람들을 대상으로 이루어지게 되고 심각한 정서적, 성격적 문제를 가지고 있는 사람은 제외되며, 본격적인 치료보다는 성장과 적응에 강조점이 주어진다.

2) 집단상담의 상담자는 훈련받은 전문가이거나 상담에 대한 최소한의 지식과 자질을 갖추어야 한다.

3) 집단상담의 분위기는 신뢰로우며 수용적이어야 한다.

4) 집단상담은 집단 구성원들이 상호작용하는 역동적인 대인관계 과정이다.

5) 집단 응집력은 집단 내의 친밀감, 신뢰감, 온화함, 공감적 이해로 나타내며, 적대감과 갈등을 포함할 수 있다.

6) 응집력 있는 집단은 집단원으로 하여금 자기 개방, 위험 감수, 그리고 집단 내의 갈등에 대해 건설적으로 표현함으로써 성공적인 상담으로 나아갈 수 있다.

집단상담의
기초

2강 집단상담의 응집력과 장단점

<table>
<tr><td>학습목표</td><td>1. 집단상담의 집단풍토 이해
2. 집단상담의 장점과 한계점</td></tr>
</table>

<table>
<tr><td>학습내용</td><td>1. 집단상담의 집단풍토와 응집력 높은 집단의 특징을 학습한다.
2. 집단상담의 장점과 필요성을 학습하며 한계점을 이해한다.</td></tr>
</table>

집단상담과 응집력(집단풍토, 역동성)

1. 집단의 역동성(응집력 등)을 파악하기 위한 관찰 요소

  1) 집단원 간의 신뢰감

  2) 집단원의 책임감

  3) 집단원간의 동맹

  4) 힘의 과시

2. 집단의 역동성(응집력 등)이 높은 집단의 징후(특징)

  1) 부정적 감정을 표현한다.

  2) 상호협조적이다.

  3) 자기를 개방하고 더 많은 모험을 시도한다.

  4) 집단규범을 지키지 않은 집단원에게 압력을 가한다.

  5) 개인적 친분을 넘어 다른 집단원들에게도 배려하는 자세를 보인다.

집단상담의 장점

(1) 집단상담의 장점

집단상담의 이점 중에서 가장 명백한 것은 실용성이다. 집단상담이 선호되는 이유는 효율
성뿐만 아니라 어떤 문제는 개별상담보다 집단상담이 더 효과적이기 때문이다. 내담자는
대인관계나 내재적인 문제를 해결하는데 초점이 있지만 집단지도자와 다른 집단성원간에
모형으로 제시되는 대인관계 기술에도 접하게 된다. 공감, 적극적 경험, 피드백, 직면 등과

같은 기술이 집단내에서 모형으로 제시되고 집단성은 이들을 관찰하고 집단내에서 실천할 기회를 갖게 된다.
- 효과적인 대인관계를 위해서 필수적인 기술과 행동을 학습하는 것은 내담자로 하여금 그들의 대인관계 기능을 증진하도록 한다.
- 집단상담의 또 다른 이점은 내담자가 상담자와 다른 집단성원으로부터 도움을 받을 수 있는 기회뿐만 아니라 다른 성원에게 도움을 줄 수 있는 기회를 가질 수 있는 것이다. 다른 사람에게 도움을 주는 형태로 반응함으로써 내담자의 관심을 자기 밖으로 돌릴 수 있고 조력하는 행동이 다른 집단 참여자에 의해서 강화됨에 따라 긍정적인 자아개념을 형성하는 데 도움을 줄 수 있다.

○ 집단상담의 이점 1

1. 실용성
2. 타인과의 교류능력 배양
3. 내담자들이 개인상담보다 쉽게 받아들이는 경향이 있다.
4. 자신의 문제에 대한 객관화
5. 문제해결에 있어 상담자의 부담이 적다.
6. 다양한 자원 획득, 인간적 성장환경 제공, 문제예방, 상담에 대한 긍정적 인식확대.

○ 집단상담의 이점 2

가. 익명성의 편안함
- 개인상담에서는 내담자가 상담자와의 일대일 관계에서 오는 부담감이나 불안감을 느끼게 되지만 집단 속에서는 보다 편안함과 안전감을 가지게 된다.

나. 피드백 기회 제공
- 집단상담 장면은 개인으로 하여금 어떤 외적인 비난이나 처벌에 대한 두려움 없이 새로운 행동을 검증해 볼 수 있는 실험실 역할을 하게 되어 새로 학습한 행동을 실제의 생활 속에서 실천할 수 있는지를 집단 안의 가상적 현실 속에서 검증할 수 있다.

다. 집단풍토, 역동성, 동질성 회복
- 집단상담에서는 동료들 간에 서로의 관심사나 감정을 터놓고 이야기할 수 있기 때문에 구성원들은 쉽게 소속감과 동료의식을 발전시킬 수 있다.

라. 다양한 경험에 대한 간접경험 기회
- 집단상담은 집단원들에게 넓은 범위의 다양한 성격(특히 연령, 성별, 흥미, 성장 배경, 사회경제적 지위, 문제의 형태 등이 다양한 개인들)의 소유자들과 접할 수 있는 기회를

부여해 줌으로서 풍부한 학습 경험을 할 수 있다.

　마. 자신의 문제 객관화

　　– 특정한 대화의 내용을 취급하는데 고통이나 위협을 느끼는 경우 그는 다른 구성원들을 관찰하면서도 함께 생각하고 느끼므로 자기 자신과 타인 이해에 도움이 될 수 있고 자신의 문제해결에 필요한 통찰을 얻을 수 있다.

○ 집단상담의 이점 3 – 말레코프, 1997

　1) **상호지지** : 집단 성원 서로 지지하는 역할

　2) **일반화** : 어떤 성원이 문제를 이야기할 때 그 문제를 듣고 "나만 이런 문제가 있는 것이 아니구나! 라고 생각하고 동기부여를 받을 수 있다.

　3) **희망 증진** : 집단 활동을 통해 많은 경험을 하기 때문에 개인대상으로 하는 것보다 더욱 희망을 가질 수 있는 계기가 된다.

　4) **이타성 향상** : 남을 생각하고 배려하는 마음

　5) 새로운 지식과 기술 습득(정보제공)

　6) **집단의 통제감 및 소속감** : 집단규범 준수와 응집력으로 인한 효과

　7) **정화의 기능** : 카타르시스라고도 하며 성원이 가지고 있는 감정을 다른 성원에게 충분하게 표현하는 등 생각이나 느낌 등을 서로 교환한다.

　8) **재 경험의 기회 제공** : 집단경험을 한 후, 성원은 문제해결 활동 즉, 집단 활동의 결과물을 통해 실제적인 현장에서 재 경험의 기회를 갖는다.

　9) **현실 감각의 테스트효과** : 집단 프로그램의 내용들을 치료 세팅 내에서 벗어나서 실제적인 생활현장에서 다른 집단과 실제적이고 현실적인 감각을 시험해 보는 효과를 의미한다.

▇ 집단상담의 한계(단점)

1. 다른 상담방법과 마찬가지로 집단상담도 많은 이점이 있지만 제한점도 있다. 이러한 제한점을 B. Shertzer와 S. Stone은 다음과 같이 들고 있다.

　가) 어떤 내담자는 집단에서 기능할 수 있기 전에 개별적인 도움이 필요하다. 처음에 1대 1의 상담과정의 경험이 없이는 집단환경에 들어갈 수 없거나 안전하게 느끼지 못하는 내담자가 있다. 그러나 이러한 선결문제을 해결한 다음에는 자신의 문제가 집단과정의 목표에 적합하면 집단에 무리없이 들어갈 수 있게 된다.

　나) 집단상담에서 상담자의 역할은 훨씬 더 분산되고 더 복잡하게 된다. 상담자는 동시에 각 내담자의 문제에 집중하고, 집단성원간의 상호작용에 반응하고, 집단의 역동성을 관찰해야 한다

다) 집단은 시간을 낭비하는 집단과정의 문제에만 집착하게 되고 집단성원의 개인적인 문제는 등한시하게 된다.

라) 어떤 내담자는 집단에서 신뢰감을 발전시키기가 어렵다.

마) 아직도 어떤 유형의 내담자의 문제가 개인상담에서 보다 집단상담에서 더 잘 해결될 수 있는가에 대해서 논란이 있고 이에 대한 정보가 부족하다.
　비밀보장의 한계, 개인에 대한 관심 미약, 역효과의 가능성, 집단압력의 가능성

○ 집단상담의 제한점 1

가. 개인적 문제에 대한 충분한 만족을 못 준다는 점.
　- 집단상담에서는 특정 내담자의 개인적인 문제가 충분히 다루어지지 않을 가능성이 많다.

나. 참여자 개개인의 사적비밀이나 노출하기 힘든 사항에 대해서 드러내어야 한다는 심리적 부담과 집단압력을 받기 쉽다.

다. 대인관계 형성에 어려움을 지나치게 갖고 있는 사람 등 모든 사람이 집단 상담에 모두 적합하지 않다.

바. 집단상담이 개인의 생활양식과 가치관에 변화를 초래할 경우, 개인이 안정감을 상실할 가능성이 있다.

사. 동료들과의 상담집단이 대체로 유리하지만, 그 반대의 경우도 생길 수 있는데 이는 동질적이거나 유사한 조건(연령, 학년, 학습경험, 일경험 등)으로 구성된 집단의 경우, 다른 다양한 성격과 수준의 참여자들로부터 자극을 받거나 배울 기회가 없게 된다는 점도 거론할 수 있다.

🔲 집단상담보다 개인상담(심층상담)이 필요한 경우

1) 내담자가 갖고 있는 문제가 위급하고 신속히 해결해야 하는 경우

2) 내담자의 내적 비밀과 노출되어야 할 문제가 지극히 개인적인 것이고 비밀보장이 완벽하게 되어야 할 경우.

3) 자아개념 또는 사적인 내면세계와 관련해서 심리검사 결과를 해석해 주는 상담의 경우

4) 대인관계 능력이 떨어지거나 집단에서 자신의 문제가 노출되는 것에 대해 심한 불안/거부감이 있는 내담자

5) 자기 자신에 대한 탐색, 통찰력이 극히 제한되어 있는 내담자

6) 폭행이나 '비정상적'인 성적 행동을 취할 가능성이 보이는 내담자 등

■ 개인상담과 집단상담의 공통점

개인상담과 집단상담이 서로 상반되는 것이라고 생각하는 경우도 있으나 실제로는 그렇지 않다. 개인상담이건 집단상담이건 효과적인 상담이 되려면 상담자는 '촉진적' 조건을 조성해야 한다. 개인상담과 집단상담에서 공통적으로 갖추어야 할 기본적 조건들은 다음과 같다.

1) 가치있는 개인으로 수용이 되는 것
2) 자신의 행동에 대한 책임감을 갖는 것.
3) 인간행동에 대한 이해를 심화시키는 것.
4) 개인의 정서적 생활의 다양성을 탐색하고, 충동적 정서를 통제하는 데 있어서 전보다 더 자신을 얻는 것
5) 자신의 관심과 가치를 검증하고, 그 결과를 실제 생활과정과 행동 계획에 통합시키는 것이다.

3강 집단상담의 유형

학습목표	1. 집단상담과 개인상담의 차이점 이해 2. 감수성훈련의 내용과 특징

학습내용	1. 집단상담과 개인상담의 차이점과 유사점에 대한 학습을 한다. 2. 집단의 유형과 감수성훈련의 내용과 특징에 대해 학습한다.

🔲 집단상담과 개인상담의 차이

– 집단상담은 개인상담에 비해 타인을 대하는 바람직한 태도나 행동반응을 즉각적으로 시도
해 보고 확인할 수 있다.
– 집단상담은 개인상담과는 달리 내담자들이 타인으로부터 도움을 받을 수 있을 뿐만 아니라
내담자 자신이 타인을 도와주는 경험을 가질 수 있다.
– 집단상담의 상담자는 개인상담의 상담자보다 더욱 복잡한 과제를 처리해야 한다.

  * 내담자의 발언이 다른 내담자와 집단상담 전체에 어떤 영향을 주고 있는지 관찰한다.

– 개인상담은 1명의 내담자를 만나는 반면, 집단상담은 2명 이상의 내담자를 포함하고 있어야
한다.

○ 집단상담과 개인상담의 유사점

① 상담자가 내담자의 감정을 명료화하고 이것을 반영한 후 해석한다.
② 내담자 스스로 자기관리와 인격적 통정, 생활에 있어서의 문제해결을 하도록 돕는다.
③ 내담자 스스로 자신의 감정과 태도를 느끼고, 이를 검토하도록 돕는다.
④ 이해적이고 허용적인 상담 분위기로 내담자들의 자기공개와 자기수용을 촉진한다.

🔲 집단형 '상담'과 '지도'의 차이

(1) 집단형 상담
  가. 집단형 상담은 상담의 기본적 내용을 담고 있기에 상담의 목적과 방향성은 집단원 개개
      인이 가지고 있는 문제를 해결하고자 함에 있다.

나. 상담의 목적은 내담자의 변화와 성장을 도모하는 일이기에 변화에 대한 정보제공이 목적이 아니라 더 나아가 상담의 결과로 개개인의 실제적 행동변화를 촉진하는 것이 목적이다.

(2) **집단형 지도**

가. 집단형 지도는 교육적, 지시적 형태로 이루어진다.

나. 정보제공을 포함한 자료 및 각종 지원을 주요내용으로하며 교육적 경험이나 의사결정의 문제를 주제로 다룬다.

다. 정보제공/경험제공/자료제공 등 의 모든 책임이 주로 상담자 내지 교사에게 있다.(지시적 상담상황 연출)

◻ 상담집단과 토의 집단의 차이점

구분	상담집단	토의집단
내용 대 과정	과정중시	내용중시
양극성 대 통일성	양극성 허용	통일된 내용으로 초점을 맞춤
형식성 대 자발성	토론의 승패가 없는 것으로 자발성이 중요	공동의 결의나 토론의 결론을 내야하는 형식을 요구
객관성(사실) 대 주관성(감정)	주관성이 중요	객관성을 중시

◻ 집단의 유형

1. 상담집단(counseling group)

1) 개인적, 교육적, 사회적, 직업적 문제에 초점을 맞추고, 치료적인 목표뿐만 아니라 예방과 교육적인 목표를 설정하여 상담을 실천하는 집단이다.

2) 집단상담자에게는 심리사회적인 문제에 관한 폭넓은 지식과 경험이 요구된다.

2. 치료집단(therapy group)

1) 상담집단에 비해 보다 심각한 정도의 정서, 행동 문제나 정신장애를 치료하기 위한 목적으로 구성되어 입원이나 통원의 형태로 이루어지는 집단이다.

2) 대부분 치료집단에서는 무의식적 요소, 과거사, 성격의 재구성 등에 초점을 맞춘다.

3. 교육집단(education group)

치료적 측면보다는 정의적, 인지적 측면의 정신건강 교육의 기회와 이와 관련된 다양한 주제에 대한 정보를 제공하기 위해 구성되는 집단이다.

4. 성장집단(growth group)

1) 집단경험을 원하거나 자신에 대해 좀 더 알기를 원하는 집단구성원들로 구성되는 집단이다.

2) 성장집단의 유형
   (1) 훈련집단 −T그룹 혹은 T집단
   (2) 참만남집단
   (3) 마라톤집단

5. 과업집단(task group)

1) 구체적인 과업의 목적을 달성하기 위해 모인 구성원들의 집단이다.

2) 주로 의식적인 수준의 행동을 강조하고 집단역동을 활용하여 어떤 결과나 산물을 성공적으로 추출할 것인가에 초점을 맞춘다.

6. 자조집단(self−help group)

1) 정신건강 전문가의 도움을 필요로 하지 않거나 전문가들이 돕는데 한계가 있는 문제를 지닌 사람들을 위한 집단이다.

2) 공통적인 문제를 가진 사람들로 구성되어 있기 때문에 응집력이 높은 집단으로 발전되는 경향을 지닌다.

7. 지지집단(support group)

1) 공통적인 관심사가 있는 집단구성원들이 서로의 생각과 감정을 나누는 한편, 특정문제와 관심사에 대해 점검해 보기 위한 집단이다.

2) 지지집단에서 집단구성원들은 다른 구성원들도 흔히 유사한 문제를 경험하고 있고, 유사한 감정을 체험하고 있으며, 비슷한 생각들을 하고 있다는 것 등을 깨닫게 된다.

📖 감수성 훈련집단의 특징

① 인간관계 훈련집단으로도 불린다.
② 대부분 비구조화 집단의 형태로 진행된다.
③ '지금 여기'에서의 정서적 경험에 초점을 맞춘다.
④ 집단의 역동과 조직에 대한 이해·개선을 도모한다.
⑤ 학습방법을 학습하기 위한 실험실과 같은 기능을 한다.

🔲 집단형 상담/지도의 유형

범주 차원	지도집단	훈련집단(T-그룹)	상담집단	치료집단
1. 보편적 명칭	토론집단, 정보제공 및 생활안내집단, 경력(진로) 및 직업지도 집단	훈련집단, 대인관계 실험실, 감수성 훈련, 대면집단	집단상담 소집단 대화	집단치료 집단요법
2. 집단 원의 종류	취급되는 영역과 필요성에 의해 자진 또는 타인이 선발	대인관계 경험 및 정서적 성장을 위해 자진 또는 타인의 추천	적응문제 때문에 자신 또는 타인의 의뢰	이상행동 때문에 자진 혹은 타인의 의뢰
3. 크기 (인원)	10~80	8~30	6~12	4~8
4. 초점	교육적·직업적·개인적 정보제공과 생활계획	자기노출과 귀환반응, 지금-여기의 상호작용	관찰할 수 있는 비적응적 행동, 집단원간의 상호작용에 의한 문제해결	집단 내·외에서의 비적응적 행동, 집단원의 심리적 갈등
5. 목표	생활계획과 의사결정의 촉진을 위한 환경적·개인적 요인에 대한 지식의 증가	바람직한 대인관계의 체험적 학습 및 정서적 순화	자기탐색을 추진하기 위한 환경을 제공하고, 문제 해결·대안적 행동의 탐색·실천	성격적 변화 이상 행동의 수정
6. 지도자	지도책임자(상담자·교사 및 교수등)	훈련자(교육자·심리학자·사회사업가 등)	상담자(심리학자·상담교사 등)	치료자(임상심리학자·정신과 의사·상담자·사회사업가 등)
7. 지도형태	지도자가 집단방향과 내용을 정함	구성원의 요구에 따라 지도자가 집단과정을 안내·촉진	지시적 또는 집단 중심적 접근	치료자의 경험·훈련·환자의 문제에 따라 다르나 대체로 분석적·지시적
8. 지도기간	전달된 정보·자료의 성질에 따라 1회~7, 8회	보통 1~10일간 지속	5~25회 정도 지속	보통 1~50회 동안 지속
9. 면접시간	20~50분	1일에 8~12시간 정도	1~2시간 정도	1~2시간 정도
10. 장소	교육기관(중등학교·산업체·대학의 교실 및 강당)	산업·종교·교육·의료기관의 회의실, 주로 숙박형 수련회	교육기관의 상담실 및 일반 상담소	병원 정신과 및 임상 진료실

집단상담의
기초

4강 집단의 구조와 집단지도성

학습목표	1. 집단상담의 구조와 심리극에 대한 내용 이해 2. 집단상담의 지도성에 대한 이해

학습내용	1. 집단상담의 구조와 심리극에 대한 내용 이해 2. 집단상담의 지도성에 대한 이해

▣ 집단의 구조 또는 형태에 관한 설명

1) 구조화집단
 ⑴ 상담자에 의해 통제되며 정해진 절차에 따라 지시적으로 진행되는 집단이므로 목적달성
  이 용이한 결과중심의 집단에 해당하며 집단의 목표, 과정, 내용, 절차 등을 체계적으로
  구성해 둔다.
 ⑵ 고도의 조직성을 띠며 조직화된 역할연습을 통해 구성원들 사이의 친밀관계를 형성하는
  데 도움이 된다.
 ⑶ 구조화된 집단을 시작할 때 참여자들은 그들이 문제영역을 얼마나 잘 대처하는지에 관한
  질문지를 작성하는 것이 일반적이다.
 ⑷ 어떤 집단은 구조화된 연습, 읽기, 숙제, 계약을 사용한다. 집단이 종결하게 될 때 또 다른
  질문지가 종종 참여자들의 성장을 평가하기 위해 사용된다.
2) 폐쇄집단은 집단의 안정성이 높아 집단응집력이 강한 편이다.
3) 마라톤집단은 심화된 상호작용의 활성화를 꾀하기 위한 집단이다.
4) 자조집단은 지도자의 전문적 도움 없이 집단원들 간에 서로를 돕는 특성이 강한 집단이다.

▣ 집단상담장면에서 요구되는 바람직한 구조화된 활동들

1. 활동 유형에는 글읽기형, 글쓰기형, 체험형, 의사결정형, 신체접촉형 등
2. 활동 자체보다는 활동이 의미있는 경험이 되도록 진행하는 것 등
3. 사전에 정한 절차에 따라 진행되므로 초보 집단상담자가 운영하기 용이

심리극(psychodrama)

1. 일정한 대본 없이 등장인물인 집단원에게 어떤 역할과 상황을 주어 그가 생각나는 대로 연기를 하게 하여 그의 억압된 감정과 갈등을 표출하게 하여 치료하는 집단치료 접근이다.
   ① 갈등을 말보다는 행동으로 직접 표현하여 드러내게 한다.
   ② 이 과정을 통해 과거의 상처받은 마음을 치료하며 보다 깊이 있게 자신을 이해하고 새로운 모습으로 변화하도록 한다.
   ③ 아이들이나 정신질환자들처럼 언어 표현에 불편을 느끼거나 잘 표현하지 못하는 사람들까지도 신체적 동작을 통해 자신을 표현하도록 해 준다.
   ④ 특정한 의상을 입을 필요도 없으며 무대도구도 필요하지 않고 단지 장면을 상상만 하면 되는 것이다.

2. **심리극 구성**
   주인공, 연출가, 보조자아, 관객, 무대로 구성되며 모두가 참여하여 하나의 드라마를 연출하게 된다.
   - 주인공의 중요 타인의 역할을 하며, 살아 있거나 죽었거나 실제이거나 상상할 수 있어야 한다.
   - 주인공에 의해 제안되었던 지각대상을 연기한다
   - 주인공과 이들 자신의 역할들 간에 상호작용을 탐구하고, 이러한 상호작용과 관계를 해석한다.
   - 주인공이 개선된 관계들을 개발하도록 조력하는 치료적 안내자로 연기한다.

모레노(Moreno)가 개발한 심리극의 핵심인 역할연기

① 집단구성원들의 삶의 질 향상에 도움을 준다.
② 역할연기를 통해 집단구성원들은 무한한 범위의 치유경험을 할 수 있다.
③ 다른 사람들에게 자신의 다양한 정보와 주관적인 감정 등을 나눌 수 있다.
④ 주요 기법은 모의취업면접, 친구사귀기, 자기표현하기, 이의제기하기 등이다.
⑤ 실제 경험 전에 다른 집단구성원들의 지지 하에 새 환경을 미리 경험하는 것이다.

집단상담의 지도성 및 협동상담사

집단상담자는 집단상담의 특성상 인간적인 특성을 갖추어야 한다. 예를 들면 용기, 기꺼이 모범을 보일 의지, 집단구성원들과 함께 한다는 의지, 기꺼이 돌봄을 보일 의지, 긍정적 변화에

대한 믿음, 개방성, 공격에 대처할 때
비방어적이 될 용기, 유머감각, 창의성, 자기수용 등의 특수한 자질을 갖추어야 한다.

1. 집단상담의 집단지도력

집단지도력은 사회적 상호작용의 특수한 형태, 즉 집단과 개인의 목표달성을 촉진하기 위해 다른 사람들에게 영향을 주고 동기화시키도록 개인들 간의 협력이 허용되는 상호간, 의사교류적, 변형적 과정이다.

2. 집단상담자의 역할

(1) 집단의 방향을 제시하고 집단의 규준발달을 돕는다.
(2) 집단의 분위기 조성을 돕는다.
(3) 집단원의 권리를 보호한다.

　가. 집단의 압력으로 부당하게 어떤 행위를 강요하거나 압력을 가하는 시도를 막는다.
　나. 집단원들 중 어느 누구도 속죄양이 되어 인권을 침해당하는 없도록 한다.
　다. 참여를 원치 않거나, 개인적인 문제를 파헤치는 일을 꺼린다면, 집단원의 거절의 권리를 인정한다.

▣ 집단상담에서 상담자의 기능과 역할

1. 집단상담자의 역할

- 집단상담자는 집단원들이 자유롭게 자기의 내면세계를 탐색하고 대인관계의 효율성을 검토할 수 있는 분위기를 조성해야 한다. 즉 집단상담자의 가장 중요한 역할은 내담자 개개인의 문제해결에 치중하기보다 집단성원들간에 생산적인 상호교류가 이루어지는 '**집단풍토**'를 형성·유지하는 것이다.
- 상담집단의 바람직한 풍토란 집단성원이면 누구나 자기의 관심사를 말할 수 있고, 모든 사람의 관심사를 존중하고 경청하고, 다른 사람의 의견 및 태도를 비판지적하되 결코 인격적인 모독이나 파괴적인 행동을 해서는 안되는 분위기 등을 말하는 것이다.
- 특히 집단상담의 초기에는 이유 없이 계속 빠지거나 늦는 내담자가 없도록 해야하고, 다른 사람에 대한 비방이나 집단안에 배타적인 파벌이 생기지 않도록 노력할 책임이 있다.
- 이러한 생산적인 집단풍토를 바탕으로 집단상담의 효과가 거의 달성될 수 있고 개개인의 문제 해결이 촉진되기 때문이다. 집단상담의 과정에 있어서 상담자의 구체적인 역할기능(과업기능/유지기능)은 다음과 같다.

1) 과업기능
  ① 정보와 의견제공자
  ② 정보와 의견수집가
  ③ 출발자
  ④ 방향지시자
  ⑤ 요약자
  ⑥ 조정자
  ⑦ 진찰자
  ⑧ 활력자
  ⑨ 현실검증자
  ⑩ 평가자

2) 유지기능
  ① 참여격려자
  ② 조화와 타협자
  ③ 긴장완화자
  ④ 의사소통 조력자
  ⑤ 정서적 분위기의 평가자
  ⑥ 과정 관찰자
  ⑦ 기준 설정자
  ⑧ 적극적 경청자
  ⑨ 신뢰감 형성자
  ⑩ 대인관계문제 해결자

이외에 상담자는 효과적인 의사소통과 비효율적인 의사소통에 관한 정보를 골고루 다 갖추고 있어야 한다.

상담자는 집단성원으로 하여금 의사전달을 정확하게 수신하도록 하는 것이 중요하다. 이를 위해서 상담자는 첫째, 수신자로 하여금 전달내용을 반복하게 할 수 있고, 둘째, 송신내용을 상담자가 다시 이야기함으로써 수신자가 정확하게 들을 수 있도록 하고, 셋째, 전달내용이 명확하지 않으면 수신자로 하여금 송신자에게 묻도록 격려할 수 있다.

2. 집단상담자의 자질과 책임

집단상담자의 자질로서는, ① 인간 행동의 깊은 이해력, ② 행동 및 태도의 의미를 명료화시키는 능력, ③ 집단에의 몰입 및 상호교류의 속도·깊이를 관리하는 능력, ④ 행동변화를 위한 실천노력을 촉진하는 능력 등이다.

집단상담자는 내담자들이 집단압력에 억지로 순응하게 하지 말고 필요 없이 집단과정을 연장시키지 않으며, 집단에서 교류한 사적인 정보들이 외부에 누설되지 않도록 할 중요한 책임이 있다.

○ 기타 집단상담 진행자에 필요한 덕목들

1. 자기개방의 용기
   집단원들과 정서적으로 함께 하고, 집단원과의 상호작용 속에서 진실된 모습으로 임하는 용기

2. 자기노출과 자기직면
   자신을 직면하는 기꺼움, 자기인식, 진실성, 진솔성,

3. 그 외에도 정체성, 집단과정에 대한 신념과 열정, 창의성, 상담자 자싱의 심리적 건강, 에너지 수준, 활기 등을 유지할 수 있는 힘, 삶의 중심 유지 능력 등

5강 집단상담자의 자격과 협동상담자

학습목표
1. 집단상담진행자의 자격과 역할에 대한 이해
2. 협동(공동)상담자의 의미와 운영상의 장점 등 이해

학습내용
1. 집단상담 진행자의 자격과 역할 및 윤리적 문제 등을 학습한다.
2. 협동(공동)상담자의 의미를 학습하고 운영상의 장점 등에 대한 학습을 한다.

▣ 집단상담자의 자격

1. 개인의 능력수준

- 집단을 이끌만한 충분한 교육과 훈련을 받았는가?
- 자신의 능력 정도를 결정하는 기준은 무엇인가?
- 능숙하게 사용할 수 있는 기법들은 어떤 것인가?
- 어떤 집단구성원을 가장 잘 상담할 수 있는가?
- 집단구성원들에게 언제, 어떻게 조언해야 하는가? 등

2. 집단상담자 전문훈련

- 과제, 작업집단을 위한 전문가 훈련 : 조직발달, 경영, 자문 등
- 지도, 교육 심리집단을 위한 전문가 훈련 : 지역사회 심리학, 건강증진, 경영, 자문, 교과과정 고안 등.
- 상담, 대인관계 문제해결집단을 위한 전문가 훈련 : 일반상담, 집단상담, 슈퍼비전 등
- 심리치료집단을 위한 전문가 훈련 : 이상심리학, 정신병리학, 진단평가 등

▣ 집단상담자의 자질

1. 인간행동에 대한 깊은 이해

1) 상담자는 집단원의 행동양식을 이해할 수 있어야 하며, 또한 집단원들이 자신의 행동을 이해하도록 도울 수 있을 만큼 그들의 행동원인을 충분히 알아야 한다.
2) 한 인간으로서 타인에 대한 실존적 존재의 의미를 예민한 감수성으로 파악해야 한다는 뜻이다.

2. 개별적 행동의 의미를 명료화 시키는 능력

상담자는 집단원들이 너무 어려워서 이해하지 못하는 상황을 명료화 시켜주는 역할을 맡아야 한다.

3. 개인 및 상호작용의 속도와 깊이를 조절하는 능력

1) 집단원에게 용기를 북돋아주고 긍정적인 강화를 해 줌으로써 자기자신에 대해서 좀더 많은 것을 배우도록 도와주는 것 외에, 상담자는 유익한 상담적 분위기를 조성할 책임이 있다.
2) 때로는 집단이나 개인이 지나치게 성급히 진행해 나갈 경우 이를 조정해야 한다. 지나치게 충동적이거나 감정적인 사람은 자기자신과 그 집단의 이익을 위해서 좀더 차분히 진행하도록 주의를 주어야 할 필요도 있다.

■ 집단상담자 훈련에서 고려해야 할 기타 사항

1. 집단상담이나 개인 성장집단에 참여함으로써 집단에서 자신의 인간적 특성을 효과적으로 사용할 수 있어야 한다.
2. 훈련집단이나 슈퍼비전 집단에 참여함으로써 효과적인 개입을 위해 필요한 기법을 익힌다.

■ 집단상담자 훈련에서의 윤리

1. 프로그램에 참여하기 전에 무엇을 해야 하는지에 대한 정보를 받아야 한다.
2. 적절하고 유용한 자기노출에 대한 지침이 주어져야 한다.

○ 바람직한 집단상담자의 역할

㉠ 집단상담의 시작과 종결을 돕는다.
㉡ 집단의 방향을 제시하고 집단의 규준이 확립되도록 돕는다.
㉢ 집단구성원 간의 의사소통과 활발한 상호작용을 돕는다.
㉣ 집단구성원을 적극적으로 보호한다.

■ 집단상담 시 집단상담자의 행동

1) 집단상담자는 집단 활동의 시작을 도우며 집단의 방향을 제시하고 집단 규준의 발달을 돕는다.
2) 집단의 분위기를 조성하고 행동의 모범을 보이며 의사소통 및 상호작용을 촉진시킬 뿐만 아니라 집단원을 보호한다.

3) 집단활동의 종결을 도와야 한다.

4) 효율적인 집단상담자의 특성은 집단원들과 정서적으로 함께 하고 집단원과의 상호작용 속에서 진실된 모습으로 임하는 용기, 자신을 직면하는 기꺼움, 자기인식, 진솔성, 정체성, 집단과정에 대한 신념과 열정, 창의성, 상담자 자신의 심리적 건강, 에너지 수준, 활기 등을 유지할 수 있는 힘, 삶의 중심 유지 능력 등을 갖추어야 한다.

5) 집단원들의 진술에 일일이 반응할 필요는 없으며 필요한 경우 자기노출을 할 수 있다.

6) 질문을 자주하는 집단원의 행동은 집단에 오히려 방해가 될 수 있기 때문에 적절하게 통제하는 기술이 필요하며 소극적인 집단원이라도 적극적으로 참여할 것을 지속적으로 권하면 오히려 부담을 가질 수 있다.

■ 협동상담자(공동상담자)

2인 또는 그 이상의 집단상담자가 협력하여 한 집단을 이끄는 경우의 집단상담자를 말한다. 주로 초심 상담자가 임상경험이 풍부한 상담자와 함께 동일한 집단을 이끄는 형태로 이루어진다.

1) 장점

(1) 소진가능성 감소 즉, 상담자의 소진발생 가능성을 줄일 수 있다. 한 상담자가 집단을 이끌어 가는 동안 다른 상담자는 문제의 소지가 있는 집단구성원에게 주의를 기울임으로써 서로 소진 가능성을 줄일 수 있다.

(2) 한 상담자가 직접 집단 활동에 참여하거나 집단을 지도하고 있는 동안 다른 상담자는 집단 전체를 객관적인 입장에서 관찰할 수 있다.

　가. 혼자서는 전 집단원을 한꺼번에 모두 관찰하고 그들의 비언어적 의사소통 메시지를 전부 파악하는 것이 어렵다.

　나. 협동상담의 형태를 취하는 경우 두 상담자가 서로 마주보고 앉는 것이 바람직하다.

　다. 각각 자기의 시야에 들어오는 반(半) 정도 이상의 집단원들의 거동을 파악할 수 있다.

○ 협동집단상담자들이 집단상담을 운영할 때의 장점

① 집단원의 상호작용을 관찰할 수 있는 범위가 넓어진다.

② 집단원의 전이 반응을 촉진시킬 수 있다.

③ 한 집단상담자가 부득이하게 불참할 경우 다른 집단상담자가 집단을 진행할 수 있다.

④ 집단상담자가 신체적, 정서적으로 소진되는 가능성을 줄일 수 있다.

2) 단점

    (1) 두 집단상담자 사이에 협동이 잘 이루어지지 못하고 경쟁관계에 놓이게 되는 경우, 잘못하면 집단의 유지, 발전에 지장을 초래한다.

    (2) 문제점을 해결하기 위해서 이런 사실을 재빨리 자각하고 집단 앞에 솔직히 털어놓고 원만히 해결하면 경쟁이나 적대감도 좋은 집단활동의 자료가 될 수 있다.

    (3) 협동집단상담자가 서로 다른 접근과 전략을 취하게 되면 집단원들에게 혼란과 운영상의 어려움이 야기 될 수 있다.

○ 공동상담자 활용의 장점

    1) 한 상담자가 직접 집단 활동에 참여하거나 집단을 지도하고 있는 동안 다른 상담자는 집단 전체를 객관적인 입장에서 관찰할 수 있다.

    2) 혼자서는 전 집단을 한꺼번에 모두 관찰하고 그들의 비언어적 의사소통 메시지를 전부 파악하는 것이 어려우며 협동상담의 형태를 취하는 경우 두 상담자가 서로 마주보고 앉는 것이 바람직하다.

    3) 각각 자기의 시야에 들어오는 반 정도 이상의 집단원들의 거동을 파악할 수 있다.

    4) 필요한 경우 두 상담자끼리 상호작용을 함으로 집단원들에게 시범을 보일 수도 있다.

집단구성을 위한 공동리더십의 장점

1. 집단구성원들의 여러 가지 문제행동들로 인한 집단상담자의 소진 가능성 감소
2. 협의를 통한 집단상담자간의 역할분담의 용이성과 집단원 간의 상호작용 촉진 및 집단원들의 자기 문제에 대한 여러 관점에서의 이해 가능성 증대
3. 집단상담자 간 상호보완 용이
4. 집단상담자 간 활발한 피드백 가능
5. 집단상담자 간 활발한 상호 정보교환 가능
6. 집단상담자 간 집단리더십의 기술과 전략 교환 및 상호모방학습 가능

6강 문제집단원 및 집단진행기법/집단규범(1)

학습목표	1. 문제집단원의 의미와 유형이해 2. 집단상담 진행기술/규범의 이해

학습내용	1. 문제집단원의 의미와 유형이해와 코리의 유형구분을 학습한다. 2. 집단상담 진행기술과 주요기법과 규범에 대해 학습한다.

☐ 문제 집단구성원

1. 대화독점(자)

다른 집단구성원과 관련된 상황을 연결시켜 자신의 일상생활에 대한 이야기를 장황하게 늘어놓는 경우를 말한다.

집단 내에서 끊임없이 이야기를 계속하는 사람이며 화제 독점은 자신의 불안을 방어하는 수단인 경우가 많다. 화제 독점자의 집단에 대한 영향은 지루한 감(感)을 일으키고 집단의 흐름을 혼란시키는 것이다.

2. (일시적)구원자

다른 집단구성원의 상처를 달래고, 고통을 줄여 사람들을 즐겁게 하며, 자신도 안정을 취하려는 욕구의 표현이다. 다른 집단원이 경험하는 부정적인 감정을 수습하려는 집단원이다.

3. 습관적 불평불만자

습관적으로 불평, 불만을 늘어놓고 집단에 대해 항상 불평하고 다른 집단원의 말에 맞서는 집단원이다.

4. 저항하는 집단원

집단 내에서 압력을 받기 때문에 저항하게 되는데, 분노를 표현할 기회를 주면 저항을 조금씩 풀게 된다.

5. 상담자를 곤란하게 하는 집단원

집단상담자가 집단 내에서 하는 말이나 행위를 고의로 방해하려는 집단원으로 집단상담자의 말에 동의하지 않는 형태로 나타난다.

6. 도사형

스스로 옳다고 생각하는 도덕군자 형이다. 옳고 그른 것에 집착하며 타인의 잘못을 들추어내려고 한다. 외관상으로 근엄하고 우월한 태도를 취하며, 타인들로부터의 인기 여부에는 관심이 없다.

또한 다른 내담자들은 처음에는 그런 행동을 인내하지만 차츰 분노하게 되고 무시한다.

NCS 국가직무능력표준 National Competency Standards

❑ 문제 집단원(구성원)의 유형과 대처방법

1) 집단 내에서 끊임없이 이야기를 계속하는 화제독점자
   - 대화를 독점할 경우, 독점행위를 통해 얻고자 하는 것이 무엇인지를 탐색
2) 집단에 대해 항상 불평하는 부정적인 집단원
   - 습관적인 불평은 불평이유를 파악하되 논쟁이 유발되지 않도록 유의
3) 하위집단화의 문제
   - 하위집단이 형성되면, 전체 집단 내에서 개방적으로 다룸
4) 자기의 수치와 분노에 대한 방어기제로 도사같이 행동하는 집단원
   - 집단원에게 자신이 말하는 내용과 관련된 감정을 인식하고 자신의 이야기를 표현할 수 있도록 함.

▣ 코리(Corey)는 집단상담과 관련하여 집단구성원의 개인적 특성을 다음과 같이 분류하였다.

㉠ 다른 사람에게 기꺼이 모범을 보일 의지
㉡ 긍정적 변화에 대한 믿음
㉢ 공격에 대한 비방적인 태도
㉣ 자기자각의 확장

이외에도 집단구성원의 개인적 특성으로는 용기, 호기심, 자기수용, 문화적인 힘 등을 들었다.

청소년 집단원의 문제행동과 그에 대한 집단상담자의 대처방법

1) 습관적 불평 – 불평 이유를 파악하되 논쟁이 유발되지 않도록 유의한다.
2) 소극적 참여 – 지루함으로 인해 침묵할 경우에는 지루함을 없앨 수 있도록 분위기를 조성하는 것이 필요하다.
3) 하위집단 형성 – 하위집단 형성에 따른 문제점을 전체 집단 내에서 개방적으로 다룬다.
4) 대화 독점 – 독점 행동을 통해 얻고자 하는 것이 무엇인지를 탐색할 수 있게 한다.
5) 지성화 – 집단원에게 자신이 말하는 내용과 관련된 감정을 인식하고 표현할 수 있게 한다.

집단상담 진행기술 및 진행규범 등

1. 진행기술

집단상담은 다수가 모여서 진행하는 상담이기에 경청의 어려움이 있다. 따라서 적극적 경청의 기법이 중요하며 공감적 이해와 초점맞추기, 모델링기법, 집단구성원의 적극적 참여를 유도하는 기법이 특히 중요하다. 그 외에 주요기법으로 아래와 같은 것이 있다.

1) 자기노출하기
   (1) 집단상담자가 적절한 때에 자기 자신에 대한 정보를 노출하거나 감정을 진술하게 말해주는 것이다.
   (2) 자기노출을 통해 집단원에게 유사성과 친근감을 전달하고 집단상담자와 집단원 간의 보다 깊은 이해를 발달시킬 수 있다.
   (3) 과도한 자기개방의 문제
      – 집단상담자가 자기개방을 할 때 고려해야 할 사항
      가. 집단상담자의 역할수행에 방해되는 문제가 있다면 다른 전문가와의 상담을 통해 그 문제를 최우선적으로 해결한다.
      나. 집단작업과 관련된 자기개방은 일반적으로 바람직하다는 점을 기억한다.
      다. 집단에서 자신의 사적인 문제를 개방하고자 한다면, 그 이유와 어느 정도까지 털어놓을 것인가를 고려한다.

2) 피드백 주고받기
   피드백은 타인의 행동에 대한 자신의 반응을 상호 간에 솔직히 이야기해주는 과정으로 라포(rapport)형성된 이후에 구체적이고 관찰가능한 행동의 직후에 하는 것이 좋다.

   * 긍정적 피드백 : 집단구성원의 강점이나 장점을 드러내어 언어적, 비언어적 행동으로 되

돌려 주는 것.

* 부정적 피드백 : 집단구성원의 문제행동이나 비생산적인 사고 또는 사고방식을 드러내어 언어적, 비언어적 행동으로 되돌려 주는 것.

(1) 피드백 사용 시 주의할 점

- 분명하고 직접적으로 주어지는 간결한 피드백이 효과가 크다.
- 내용이나 비언어를 포함한 모든 집단의 전 과정에 대해 피드백을 주는 것이 좋다.
- 포괄적인 피드백은 피하는 것이 좋다.
- 피드백은 적절한 시기에 이루어져야 하고 비 판단적이어야 한다.
- 피드백은 이를 주고받는 사람 간의 관계를 다룰 때 큰 의미를 가진다.
- 피드백은 그 집단원에 대해 부정적으로 경험한 것과 마찬가지로 긍정적으로 경험한 것에도 관심을 가지는 것이 좋다.
- 피드백을 통해 상대를 강제로 바꾸려 해서는 안 된다.
- 생각이나 느낌을 나타내는 하나의 지각적 사실로 피드백이 주어져야 한다.
- 변화가 가능한 행동에 대해서 피드백이 주어져야 한다.
- 같은 피드백이라도 여러 사람이 주면 집단역동 때문에 영향력이 더 크다.
- 서로가 잘못 이해하여 오해할 수 있는 소지를 파악하기 위해 피드백을 받을 때는 관심을 기울이고 상대방이 말한 내용을 확인해 본다.

(2) 도움을 줄 수 있는 피드백 종류

가. 객관적 자료 - 외현적 행동의 관찰이나 용어로 현상을 기술하는데 국한되는 것이다.

나. 주관적 자료 - 어떤 사람의 행동이 다른 사람의 느낌에 영향을 미치는 것이다.

3) 명료화 기법

(1) 내담자가 표현을 분명하게 할 수 있도록 격려한다.

(2) 장점으로는 상담자가 내담자의 이야기를 주의 깊게 경청하고 있으며 이야기에 중요성을 부여하고 있음을 보여주는 것이다.

(3) 단점은 내담자가 부담을 느껴 면접의 흐름을 방해할 수 있다는 것이다.

(4) 내담자의 말 속에 내포되어 있는 뜻을 내담자에게 명확하게 말해 주는 것이며 또한 내담자가 보다 분명하게 표현할 수 있도록 도와주는 것이다.

(5) 내담자에게 언급해 주는 내용과 의미는 내담자의 표현 속에 포함되었다고 판단된 것이어야 하고 명료화해 줄 것은 내담자가 미처 자각하지 못하는 의미와 관계가 있는 것으로 한다.

(6) 내담자가 애매하게 느끼던 내용과 자료를 상담자가 말로 표현해 주기 때문에 내담자는 자신이 이해받고 있고 상담이 잘 진행되고 있다는 느낌을 갖게 해주는 장점이 있으며 내담자가 미처 생각하지 못했던 측면을 분명하게 생각하도록 하는 자극제 역할을 한다.

2. 집단상담의 규범(진행규범)

1) 비밀 지키기
2) 시간 약속을 지키고 출석 잘하기
3) 적극적으로 참여하기
4) 나와 너의 이야기하기
5) 피드백 주고 받기
6) 자기이해와 자기개방, 자시성장 지향
7) 지지적 의사소통하기.
8) 술이나 약물, 폭력적 행동 금지하기
9) 혼자서 독점하지 않기
10) 휴대전화 사용하지 않기
11) 깨끗한 사용과 정리정돈

7강 집단상담기법과 집단규범(2)

집단상담의 기초

학습목표	1. 집단상담의 주요기법 추가학습 2. 집단규범과 구조화의 이해

학습내용	1. 차단하기 등과 같은 집단상담의 주요기법에 대해 학습한다. 2. 안정적 집단상담 진행을 위한 규범과 구조화의 의미를 이해, 학습한다.

집단상담기법

1) 적극적 경청
   - 집단원의 언어·비언어 행동에 대해 민감하게 반응하여 집단 상담자가 이해한 내용을 자신의 말과 행동으로 되돌려주는 것.
   - 이를 위해서는 '관심 기울이기'를 할 수 있어야 하며 관심을 기울여 집단원이 전달하고자 하는 내용을 잘 듣고 반응하는 것이 적극적 경청이다.

2) 공감적 반응하기
   - 현재 이야기하고 있는 집단원의 마음을 감지하여 이를 그대로 공유하고 의사소통하는 기술
   - 개인상담에서는 상담자와 내담자 간의 신뢰하는 관계 형성에 필수적인 반응이다.

3) 반영하기
   - 집단원의 말과 행동에서 표현된 기본적인 감정 생각 및 태도를 집단 상담자가 참신한 말로 다시 들려주는 것이다.
   - 내용에 대한 반영과 감정에 대한 반영으로 구분한다.

4) 모델링
   - 집단 상담자의 시범을 보고 배우는 것을 의미하는 것으로 행동주의 상담이론의 용어이다.
   - 초기 단계에서 모델링은 집단 규칙을 교육하는 효과가 있다.
   - 지나친 모델링은 집단원의 참여 기회를 감소시키기도 한다.

5) 참여 유도하기
   - 집단원의 집단 참여를 이끌어 내는 기술이다. 서로에 대한 개방적인 태도를 형성하고 함

께 하는 상담이라는 정서적 유대를 갖게 하는 것으로 결국 집단상담의 발달을 촉진시키는 촉매제가 된다.

- 아직 자신의 이야기를 할 준비가 되어 있지 않은 집단원의 경우 집단 상담자의 권유나 지목은 압력이 될 수 있다.
- 짝지어 말하기, 순서대로 말하기, 손들기 등 구조화된 활동을 활용하기도 한다.

6) 피드백 주고받기

- 피드백이란 다른 사람의 행동 사고, 감정과 관련하여 개인의 생각과 감정을 언어적 표현으로 되돌려주는 것을 의미한다.
- 모호한 일반적인 것보다는 집단상담 장면에서 벌어지고 있는 지금-현재에 초점을 두는게 좋다.
- 긍정적 피드백은 학교 집단상담에서 유요하다. 긍정적 피드백이란 집단원의 강점을 드러내어 언어·비언어 행동으로 되돌려 주는 것을 의미한다.

7) 동질성 찾기(회복하기) - 연결 짓기

- 집단에 참여하는 집단원의 경험이나 생활속의 취미 등에서 공통점/유사점을 연결하여 동질감을 찾도록 해주는 것
  (1) 집단원들의 다양한 생각이나 느낌, 진술한 내용 등의 유사점과 공통점 등을 찾아내어 인위적으로 유사한 이들과 연결하기도 하고 집단의 주제와 관련하여 연관시켜 상황에서의 동질감을 갖게 한다.
  (2) 이러한 연결 짓기는 집단의 분위기를 편안하게 하며 집단원간의 유대감을 주는 효과가 있어 한 집단원의 문제와 진술을 다른 집단원의 문제와 연결하는데 수월하며 - 그 자체가 연결짓기 이기도 함 - 집단원 간의 상호교류를 격려하고 촉진한다.

8) 지금 - 여기의 상호작용 촉진하기

(1) 강진령(2011)의 집단상담에서의 상호작용 촉진 방안

- 집단 상담자에게 의존하는 경향을 줄인다.
- 갈등과 대립을 공개적으로 표현하도록 격려한다.
- 직접적인 의사소통의 장애물을 극복하도록 돕는다.
- 집단 참여를 적극 유도하여 모든 집단원을 참여시킨다.
- 집단 참여에 대한 두려움과 기대를 공개적으로 표현하도록 격려한다.
- 사적인 문제를 탐색하거나 새로운 행동을 시도할 때 지지·격려한다.
- 서로 신뢰하고 생산적인 의견 교환을 할 수 있는 안전하고 수용적인 분위기를 조성한다.

(2) 나를 주어로 말하는 '나-전달법'을 활용하는 것도 상호작용 촉진에 도움이 된다.

9) 감정적 환기법

(1) 집단상담장면에서 어색함이나 진행상 촉진이 필요할 때, 또는 지금여기의 즉시성이 분명하게 들어나지 않을 때, 주제와 다른 이야기가 진행될 때 등 변화가 필요한 시점에 사용된다.

(2) 상담기법중 하나인 유머, 역할놀이, 유머, 강한 설득 등의 방법이 동원된다.

10) 모험하기

(1) 도전하기(직면)과 유사한 기법으로 모험하기는 많은 위험이 있어도 자신의 성장에 도움이 되는 행동을 기꺼이 실행하는 것이다.

(2) 집단상담은 다수인이 관계되고 또한 상대적으로 비교가 되기도 하기 때문에 개인활동이나 팀별활동에서 위축되거나 소극적 행동/활동을 하는 집단원이 발생한다. 이 때 다른 사람을 너무 의식하지 말고 자신이 하고 싶은 것을 자신있게 하라고 격려하는 등의 내용이다.

 * 이성의 신체적 접촉에 대해 너무 큰 부담을 느끼는 집단원일 경우는 가능한 한 많은 집단원에게 신체적 접촉을 경험해 보도록 하는 것이다.

11) 직면시키기(Confronting), 직면(Confrontation)

(1) 직면기법은 개인상담장면에서나 집단상담장면에서 공통으로 활용되는 기법으로 내담자가 자신의 문제를 직시하고 해결을 위한 도전을 촉구하는 것이다. '맞닥뜨림' 등으로 표현되기도 한다.

(2) 이러한 직면은 이러한 직면시키기는 내담자를 당혹하게 하거나 이를 촉진하는 상담자를 무례하고, 불친절하거나 자신에 대해 적대적인 행동을 한다고 판단할 수 있기에 내담자와의 라포가 충분히 형성된 뒤에 활용하는 것이 적절하다.

(3) 직면은 집단상담자가 관심사(문제)에 대한 집단원의 사고, 감정, 행동반응의 모순, 비일관성, 비합리성을 확인하여 지적해주거나 해당 문제에 대해 피하지 말고 도전하도록 하는 기술이다.

○ 집단상담에서 '직면(Confrontation)' 기법이 필요한 상황

1. 집단원의 말과 행동이 불일치할 때
2. 이전에 한 말과 지금 하는 말이 불일치할 때
3. 집단원이 스스로에 대해 인식하는 것과 다른 사람이 인식하는 것이 불일치할 때 등

개인상담에 비해 집단상담 장면에서 활용도가 더 높은 상담기술

1) 차단하기
   집단원이 다른 집단원의 말이나 행동에 방해가 될 때 적절히 차단하는 기술

2) 연결하기
   ⑴ 집단원들이 제각기 말한 생각, 느낌 등의 공통점을 찾아내어 집단의 주제와 관련하여 연관시켜 설명하는 것을 의미한다.
   ⑵ 집단원 간의 상호교류를 격려하고 촉진하는 기술이며 집단원들이 자신의 문제를 보다 객관적으로 보게 하여 자기의 문제가 심각하다거나 비정상적인 것이 아니라는 생각을 갖도록 도와줄 수 있다.

차단하기(blocking)기법 활용

1. 부드러운 어조와 태도로 차단할 수 있다.
2. 시선이나 반응회피와 같은 비언어적인 방법 등으로 구현할 수 있다.
3. 다른 집단원의 피드백과 병행해서 사용할 수 있다.
4. 질문을 사용하여 차단할 경우, 해당 집단원에게 변명할 기회가 되지 않도록 유의해야 한다.
5. 문제 집단원의 행동이 집단에 부정적인 영향을 미칠 수 있다고 판단되는 시점에 즉각 개입하는 것이 필요하다.

집단상담에서 표출된 갈등을 중재하는 기술

1. 부적절한 행동 차단하기
2. 갈등관계 당사자에 대한 대면을 통한 해결책 마련
3. 의사소통의 명료화, 재진술 시도
4. 갈등적 요소, 느낌, 생각을 직접 표현하도록 돕는다.
5. 집단응집력을 기반으로 갈등을 다룬다.

집단규범

집단상담자는 집단구성원들이 기본적으로 지켜야 할 규칙을 집단상담 초기에 제안하고, 적절한 토의를 거쳐 집단규범을 형성하는 것이 필요하다.
집단지도자는 집단원의 바람직하지 못한 행동을 제한할 책임이 있으며 집단원의 인간 자체를 비난하거나 공격함이 없이 그의 비생산적인 행동만을 제한할 수 있는 것이다.

- 집단이 성공하기 위해 구성원들이 지켜야 할 규준(규칙)
  (1) 집단 안에서 일어나는 모든 일과 이야기의 비밀 유지하기
  (2) 다른 사람의 이야기나 일반적인 이야기보다는 자신의 이야기에 초점 두기
  (3) 솔직한 자신의 느낌과 생각들을 나누고 타인의 이야기를 경청하기
  (4) 지각이나 결석이 불가피할 경우 미리 집단지도자와 다른 구성원들에게 알리기
  (5) 집단상담 과정 중에 인간 대 인간의 참 만남을 경험할 수 있도록 노력하기
  (6) 집단에서 결정되는 사항은 구성원들 모두가 논의하고 동의된 것으로 삼기

집단진행 촉진

집단원들이 의사소통의 장애가 되는 것들을 극복하고 열린 마음으로 자신을 표현하도록 돕는 것이다.
(1) 집단원들이 그들의 두려움이나 기대하는 것 등을 솔직하게 표현하도록 돕는다.
(2) 안전하고 수용적인 분위기를 조성하기 위하여 적극적으로 활동한다.
(3) 집단원이 개인적인 문제를 탐색하거나 새로운 행동을 시도해 보려고 할 때 지지와 격려를 보낸다.
(4) 집단원들이 참여하도록 초대하고 도전함으로써 가능한 한 많은 집단원들을 상호작용에 참여시킨다.
(5) 집단상담자에 대한 의존성을 감소시키는 방향(상담자의 집단 개입의 최소화)으로 개입한다.
(6) 갈등이나 의견의 불일치를 공공연히 표현하도록 장려한다.
(7) 직접적으로 의사소통을 하는데 있어서 장애물을 극복하도록 돕는다.

집단과정을 촉진하기 위한 집단상담자의 적절한 행동

1. 불안과 긴장을 표현하도록 격려한다.
2. 집단상담자에게 의존하는 경향을 줄인다.
3. 자기탐색을 위한 새로운 시도를 격려한다.
4. 집단속에서 발생하는 갈등표현은 자연스러운 일이기에 이를 표현하도록 함으로서 오히려 생산적인 집단운영이 될 수 있다.

8강 집단상담과 상담이론(1)

> **학습목표**
> 1. 집단상담과 정신역동적 상담기법의 이해
> 2. 집단상담과 개인주의심리학적 상담기법의 이해

> **학습내용**
> 1. 집단상담 장면에서 활용되는 정신역동적 상담기법 등을 학습한다.
> 2. 개인주의심리학적 상담이론의 이해와 집단상담에서의 활용법을 학습한다.

■ 집단상담의 제 이론

1) 정신분석적 집단상담

　　정신분석적 상담이론에 입각한 집단상담은 내담자의 특성과 성격체계를 재구성하려는데 그 목적을 두고 있다.

2) 상담과정

　　초기갈등의 탐색

　　의식수준의 확대

　　성격구조의 재구성/자아의 강화

　　부적응 행동과 치료

3) 집단상담자의 기능과 역할

　　권유자, 자극제, 확장자, 해석자

4) 집단상담기법

　가. 전이

　　　집단구성원의 무의식적 감정, 태도, 부정적 상상이나 긍정적 상상이 상담자에게 향하는 것이다.

　나. 자유연상 – 돌림차례법

　　　집단 구성원들 중에 한 사람씩 택하여 모든 집단원들이 그 사람을 볼 때 마음에 연상되는 것은 무엇이든 이야기 하게 하는 것이다.

　다. 해석

　　　집단에서 일어나는 여러 행동의 숨은 의미에 대해서 해석하여 통찰을 하게 한다. 집단상담에서는 집단원들이 남자, 여자, 노인 등 다양하기 때문에 모든 가족에 대한 전이가 가능하다.

라. 통찰과 훈습

통찰: 과거 경험과 현재 문제간의 관계를 지적/정서적으로 인식하는 것이다.

훈습: 분석집단의 마지막 단계에 나타나며, 의식을 증가시키고 자아를 통합시킨다.

정신역동모델 가족상담자의 바람직한 역할

① 가족 간의 갈등이 가족의 행동에 미치는 영향을 해석한다.

② 가족구성원 간, 가족과 상담자 간 내적 전이와 동일시를 중시한다.

③ 현재 가족관계에 있어서 개인의 원가족에 대한 내면화된 이미지를 중시한다.

④ 자신에 대한 통찰을 통해 가족구성원과의 갈등을 중립적으로 해소하려고 한다.

정신분석적 집단상담의 단계

1. 제1단계

- 상담시작 전 집단상담의 각 구성원들과 면담을 실시하는 단계이다.
- 집단상담 참여배경, 구성원들이 현재 가지고 있는 문제들, 자신의 소망, 성격의 장단점 등 구성원의 내면적 문제들을 파악하여 집단상담에 필요한 예비진단을 내린다.

2. 제2단계

- 집단구성원들의 자유연상을 통해 꿈과 환상을 자유롭게 나누도록 이끌며, 구성원의 무의식적 세계를 해석해 주고, 그들의 심리적 문제들을 스스로 통찰하도록 유도한다.

3. 제3단계

- 상담단계에서 나타나는 집단구성원의 저항을 수면 위로 드러내고, 그것을 해결하도록 이끈다.

4. 제4단계

- 집단구성원의 전이과정을 분석하고 전이 감정을 해결하도록 돕는다.

5. 제5단계

- 집단구성원이 얻은 통찰을 검증하고 실생활에 적용하도록 하며, 종결을 준비한다.

◼ 개인심리학적 상담이론과 집단상담 – 알프레드 아들러(Alfred Adler)

정신분석상담이론의 또 다른 영역을 개척한 알프레드 아들러는 자신의 '개인주의 심리학적 상담이론'에서 프로이트와 구분되는 인간관을 제시하였다. 이러한 인간관이 그의 이론의 독특성과 위대성을 보여주고 있다.

먼저, 그는 인간을 단일하고 분리할 수 없는 전체로서의 인간을 의미한다고 하였다. 또한 인간의 삶은 목적론적 입장을 갖고 있기에 성장과 발전을 향한 경향이 있다고 역설하였다. 즉, 인간은 목표와 목적으로 인해 살아가며, 미래에 관심을 기울이고 의미를 창출하는 존재라고 본 것이다. 따라서 상담의 목적 또한 여기에 초점을 두고 있다.

1. 개인주의심리학적 집단상담 과정의 특징

① 인간의 경험을 통합적으로 이해한다.
② 개인심리학적 접근도 정신분석적 접근을 기본으로 하기 때문에 유아기때의 발달을 중시한다.
③ 집단구성원을 독립된 개별적 존재로 보는 것이 아니라 상호 영향을 주는 존재로 인식함.
⑤ 집단구성원의 유아기 경험이 개인의 생활양식에 미치는 영향을 입증하기 어렵다.

2. 상담목표

(1) 집단구성원들의 행동을 변화시키는 것이 아닌 동기를 수정하려고 한다.
(2) 집단구성원들에게 완벽주의가 아닌 완벽을 향해 노력하는 사람이 될 것을 주문한다.
(3) 열등감과 그릇된 생활양식의 발달과정에 대한 이해를 통해 잘못된 생활 목표를 변화시키는 것이다.
(4) 새로운 생활양식을 구성하게 하고 사회적 관심을 가지도록 촉구한다.
(5) 집단상담은 서로에게서 배우고 학습하는 일종의 교육과정으로 이해된다.

3. 집단상담자의 기능과 역할

(1) 협력적으로 치료를 위해 노력하는 활동적인 역할을 담당한다
(2) 집단과정을 수립하고 유지하는 역할을 한다.
(3) 내담자의 신념과 목표에 도전하고, 내담자가 집단과정에서 학습한다는 것을 새로운 믿음과 행동으로 옮길 수 있도록 조력한다.

4. 개인심리적 집단상담의 기술

(1) 역설기법(역설적 의도)
    가. 문제 또는 증상에 대한 집단원의 저항에 대항하지 않고 문제에 편승하게 하는 기법으로

내담자 자신을 나약하게 만든다는 생각이나 행동에 의도적으로 관심을 가지고 과장하는 것을 말한다.

나. 이 기법의 핵심은 내담자가 저항에 대해서라기보다는 내담자의 편이 되는 것이다.

(2) 단추누르기(버튼 누르기)

가. 집단원에게 행복한 경험과 불행한 경험을 번갈아 가면서 생각하도록 하고, 각 경험과 관련된 감정에 관심을 가지도록 하는 기법이다.

나. 내담자가 유쾌한 경험과 유쾌하지 않은 경험을 번갈아 가면서 생각하도록 하고 각 경험과 관련된 감정에 관심을 가지도록 하는 것이다.

(3) 스프에 침뱉기

집단원의 행동 뒤에 숨겨진 의도나 목적을 드러내어 집단원이 문제행동을 하는 것을 꺼리게 하는 기법이다.

(4) 마치~인 것처럼 행동하기는 상담자는 내담자가 자신의 바람을 이룬 자신으로 상상하고 행동하도록 역할놀이 상황을 설정한다.

(5) 내담자가 "만약 내가 …을 할 수 있다면" 이라고 말하면 최소한 일주일 동안 그 환상 속의 역할을 실제로 행동해 보고 무슨 일이 일어났는지를 보도록 한다. 따라서 내담자는 긍정적인 방향으로 기대를 변화시킴으로써 자신의 계획을 성공시킬 수 있도록 돕는다. 만약 실패했다면 실패한 이유에 대해서 논의한다.

(6) 악동피하기(악동의 함정 피하기)

가. 내담자가 일상생활에서의 자기 패배적 행동양상을 상담 장면에 가져오는데 잘못된 가정도 사실로 인정받을 수 있는 기회가 있기 때문에 잘못된 가정에 매달려 있는 것인지도 모른다.

나. 따라서 상담자는 함정에 빠지지 않도록 하며 내담자의 행동을 강화하지 않도록 주의해야 한다.

(7) 집단상담에서의 '재정향(reorientation)' 기법의 내용

가. 새로운 결정이 이루어지고 목표가 수정된다.

나. 효과적인 대안을 선택해서 실행한다.

다. 집단원이 과거의 잘못된 행동과 태도를 버린다.

라. '마치 ~ 인 것처럼'과 같은 행동지향적 기법을 자주 사용한다.

집단상담의
기초

9강 집단상담과 상담이론(2)

학습목표
1. 실존주의 상담이론과 집단상담
2. 집단상담장면에서의 실존주의 상담이론의 적용 이해

학습내용
1. 실존주의 상담이론의 의의와 집단상담에서의 활용이해
2. 집단상담장면에서의 실존주의 상담기법 적용방법에 대해 학습한다.

실존주의 상담이론과 집단상담

– 실존주의 상담이론의 개요

세상에 대한 개인의 주관적 초점을 중요하게 다루는 현상학적 접근이론으로 인간을 아픈 존재로 보는 것이 아니라 어떤 역할을 하는 데 있어 부족하거나 생활이 조금 불편한 존재로 보기 때문에 인간을 고치는 데 목적을 두지 않는다.

실존주의 집단상담의 이론적 접근내용

1. 집단원의 행동을 주관적 관점에서 이해하는 것을 추구한다.
2. 집단상담자는 집단원의 경험이 어떻게 의식으로 나타나는가를 규명한다.
3. 삶의 중요성과 목적을 향한 노력은 인간의 독특한 특성임을 강조한다.
4. 집단상담자는 집단원이 오랫동안 회피해 왔던 불안에 직면하도록 돕는다.

실존주의 집단상담의 주요개념

1. 실존적 불안

– 병적인 것이 아닌 성장을 향한 동기가 되는 힘으로, 인간이 가지고 있는 가장 근본적인 특성이다.
– 이 개념을 주장하는 철학자들은 인간이 성장하기 위해서는 새로운 것과 드러나지 않은 것들을 친숙하고 안전한 방법으로 바꾸어야 한다고 주장한다.
– 실존집단에서는 집단구성원들이 불안을 겪은 후에 성장할 수 있다는 것을 받아들이도록 하

고, 그러한 불안을 직면하면서 완전히 경험할 용기를 갖도록 도움을 받게 된다.

2. **자기인식** : 내가 누구인지, 내가 어디로 가고 있는지, 내가 경험하는 사건에 어떤 의미를 부여하는지 등

3. **죽음의 추구** : 죽음을 삶의 의미와 목적을 발견하는데 필수적인 것으로 파악한다.

4. **진솔함의 탐색** : 모순된 삶을 지양하며, 우리의 한계를 알고 받아들이는 것이다.

5. **자기결정 및 개인의 책임능력** : 대안을 선택하는데 있어서 자유롭기 때문에 우리 삶을 방향지우고 운명을 결정하는 데 책임이 있다.

🔲 실존주의 상담이론의 상담목적

(1) 집단구성원이 자기 자신에게 진실하도록 한다.
(2) 자신과 자신을 둘러싼 세상에 대한 관심을 넓힌다.
(3) 집단구성원들의 현재와 미래 삶의 의미를 주는 것을 밝힌다.

🔲 집단상담자의 기능과 역할

(1) 실존치료는 특별한 기법을 쓰는 것보다는 내담자가 현재 순간을 경험하는 것에 더 강조점을 둔다.
(2) 실존적 관점에서 치료란 동료애이자 상담자와 내담자가 함께 하는 것이다.
(3) 집단에서 변화는 상담자와의 관계뿐만 아니라 다른 내담자들과의 관계에 의해서도 생겨난다.

○ 실존주의 상담이론에 입각한 집단상담의 치료적 요인 − 얄롬

1) 희망 심어주기

집단상담을 통해 자신에게 변화가 일어나고 문제가 해결될 수 있다는 희망을 가지게 되는 것이다. 집단은 내담자에게 그들의 문제가 개선될 수 있다는 희망을 심어주고 이러한 희망은 그 자체가 치료적 효과를 갖는다.

2) 보편성

다른 사람들도 자신과 유사한 생각과 고민을 가지고 있음을 알게 되는 것이다. 내가 그렇게 이상하지만은 않다는 것을 알게 되는 것이다. 내담자는 종종 자기만이 유독 끔찍하거나 용납될 수 없는 문제, 생각, 충동 등을 가지고 있다고 생각한다.

3) 정보 전달

유사한 문제에 대해 다른 집단원들이 어떤 방식으로 그 문제를 극복했는지에 대한 정보를 얻는다.

4) 이타주의

다른 집단원들에게 도움을 주는 경험을 통해 개인의 자긍심이 고양된다. 집단성원들은 위로, 지지, 제안 등을 통하여 서로 도움을 주고받으며 자신도 누군가에게 도움을 줄 수 있고 타인에게 중요할 수 있다는 발견은 자존감을 높여준다.

5) 일차 가족집단의 교정적 반복발달

집단은 가족과 유사한 점이 있기 때문에 집단상담자는 부모역할, 그리고 집단 성원은 형제자매 역할을 할 수 있다. 내담자는 부모 형제들과 상호작용하는 방식으로 상담자 및 집단성원들과 상호작용을 재연하는데 그 과정을 통해서 그 동안 해결되지 않은 가족갈등에 대해 탐색하고 도전한다.

* 교정적 정서체험 : 과거에는 다룰 수 없었던 외상 경험의 수정을 위해 집단원을 보다 안전하고 지지적인 환경에 노출시키는 것을 뜻하는 개념

6) 사회화 기술의 발달

다른 집단원들과 사회적 관계를 형성하면서 다양한 사회화 기술을 습득한다.
집단성원으로부터의 피드백이나 특정 사회기술에 대한 학습을 통해 대인관계에 필요한 사회기술을 개발한다.

7) 모방행동

다른 집단원들이나 집단상담자를 모방하여, 바람직한 생각, 행동, 그리고 감정을 습득한다. 집단상담자와 집단성원은 새로운 행동을 배우는 데 좋은 모델이 될 수 있다.

8) 대인관계 학습

집단원들과의 대인관계에서 집단원이 가지고 있는 대인관계 문제를 해결하고 새로운 패턴을 습득한다. 내담자는 집단성원간의 다양한 상호작용 속에서 자신의 대인관계에 대한 통찰을 얻게 되고 자신이 원하는 관계형성에 대한 아이디어를 가질 수 있다.

9) 집단응집력

집단원들이 집단에 계속해서 참여하도록 하는 모든 요인의 합이다. 신뢰, 따뜻함, 공감적 이해, 수용, 하나 됨을 의미하고, 집단원에게 소속감과 안정감을 제공한다. 집단성원들이 느끼는 소속감과 친밀감, 존중감 등으로 표출되는 집단 응집력은 치료의 가치를 지닌다.

10) 정화

내면에 억압된 여러 가지 감정과 생각들을 집단상담을 통해 노출하는 것이다. 노출된 감정과 생각들이 다른 집단 구성원들에게 수용되면 정서적 변화가 생긴다.

11) 실존적 요인

인생이 때로는 부당하고 공정치 않다는 것을 알고 인생의 고통과 죽음은 피할 길이 없음을 인식하고, 자신의 인생에 스스로 책임이 있음을 배우게 된다.

집단성원들은 각자의 경험들을 공유함으로써 각 집단성원들의 행동은 독자적인 특성을 지니고 있음을 인정하게 되고, 자신의 문제는 스스로 결정하는 것이 중요하다는 것을 알게 된다.

○ 얄롬의 궁극적 관심사 4가지 : 죽음, 자유, 소외(고립), 무의미성 등

1) **죽음** : 실존적 관점에서 내적 갈등의 핵심은 불가피한 죽음에 대한 개인적 자각과 삶을 지속시키려는 동시적 소망사이에 있다. 즉, 죽음 자각에 대항하는 방어가 성격구조를 조성한다. – 이를 극복하는 것이 관심사

2) **자유** : 자유란 인간이 그 자신의 세계, 자신의 인생 설계, 자신의 선택과 행동에 책임이 있다는 사실을 말한다. 자유의 개념에는 책임과 의지의 측면을 수반한다. 의지란 책임에서 행동으로 가는 통로이다.

3) **고립(소외)** : 실존적 인간은 역동적 갈등을 갖고 있다. 즉, 전체에 융화되고 또한 부분이 되고자하는 소망 사이에서 갈등한다. 상담은 자신의 자아경계를 누그러뜨리고 다른 사람의 일부가 되면서 개인적인 성장을 하고 성장에 수반되는 고립감을 피한다.

 ***사랑에 빠지거나 강박적인 성욕도 무서운 고립의 일반적 반응이라고 본다.**

4) **무의미성** : 모든 인간이 죽어야 하고, 자신의 세계를 세워야 하고, 상이한 우주안에서 혼자 있어야 한다면, 인생이 지닐 수 있는 의미는 무엇이고 왜 사는지, 어떻게 살아야 하는지에 대한 의문을 갖게 된다. 따라서 상담자는 존재의 패턴, 존재에 대한 설명, 존재의 의미를 찾도록 하며 삶의 가치(우리가 사는 이유와 방법 등)을 깨닫도록 도와줘야 한다.

집단상담의
기초

10강 집단상담과 상담이론(3)

학습목표
1. 인지적 상담이론의 이해와 집단상담에서의 활용이해
2. 행동주의 상담이론의 이해와 집단상담에서의 적용

학습내용
1. 인지적 상담이론과 집단상담에서의 활용에 대한 학습을 한다.
2. 행동주의 상담이론의 특징과 기법 및 집단상담에서의 적용내용을 학습한다.

☐ 인지적 이론/합리적-정서적 행동적 집단상담이론(REBT) - 엘버트 엘리스

1) REBT는 내담자들에게 비합리적 행동과 감정을 어떻게 적절한 것으로 변화시키고 일상생활에서 겪게 되는 바람직하지 못한 결과나 사건들에 대해 어떻게 대처하는가를 각성시키는 것이며 이 이론에 의한 집단상담은 집단구성원들의 부적절한 정서나 비합리적 신념을 제거하는데 목적이 있다.

** 비합리적 신념
정서적 문제는 비합리적 신념에 기인하기 때문에 비합리적인 것을 합리적으로 대치할 때 정서적 문제가 해소된다는 원리에 입각한다.

2) 집단상담자의 기능과 역할
집단구성원들이 가지고 있는 비합리적 생각과 스스로 계속 비논리적으로 생각함으로써 정서적으로 혼란되는 것에 대한 구성원의 생각을 수정하도록 노력한다. 또한 내담자의 비합리적인 경향을 논박하는 동시에 인간으로서는 완전하게 수용한다.

(1) 비합리적 신념의 대치
집단원들로 하여금 그들의 현재 상태와 행동들이 비합리적 사고에 기반하고 있기 때문에 자기 기만적이라는 사실에 맞닥뜨릴 수 있게 한다.

(2) 논박을 통해 보다 합리적인 것으로 대치하도록 돕는다.

(3) 능동적이고 지시적이며 설득적, 철학적인 방법을 사용한다.

(4) 집단원의 비합리적인 생각들을 재빨리 포착한 후 그것을 확인하기 위해 도전적으로 맞부딪쳐야 한다.

(5) 그것들이 근거가 희박한 비논리적 생각들임을 밝혀주고 합리적으로 생각하는 법을 가르친다.

3) 인지적/합리적정서행동이론(RET) 이론의 집단상담내 기법

  (1) 인지적 기법
    - 비합리적 신념 논박
    - 적응적인 자기 진술문 가르치기
    - 심리 교육적 방법들
      : 탐닉 극복, 우울을 다루는 것, 분노를 조절하는 것, 문제를 이해하고 그것에 대처하는 것, 주장적이게 되는 것, 주저하는 버릇을 극복하는 것 등 일반적인 정서문제들과 구체적 관심사들을 다루는 데 많은 자원을 제공한다.
    - 인지적 숙제

  ○ **인지적 재구조화**
    : 비효과적 행동패턴이 나타나는 것은 인지구조 때문이라고 보고 관련된 인지구조를 바꾸면 효과적 행동패턴이 나타날 수 있다고 보는 것.

  (2) 정서적 기법
    - 무조건적 수용
    - 합리적/정서적 상상
      : 내담자가 상상할 수 있는 최악의 것을 어떻게 상상하는지 보여주고, 그 다음에 혼돈된 감정 대신 적절한 감정을 발전시키도록 훈련시킨다.
    - 유머의 사용
    - 수치/공격연습
      : 수치심에 기저하는 비합리적인 신념을 많이 다루고 직면하게 되면, 이로 인해 정서적 혼돈을 점점 덜 느끼게 된다.
    - 역할연기

▨ 엘리스(Ellis)의 합리적·정서적·행동적 집단상담 기법의 전개단계 – 사례

ⓐ 집단구성원들 가운데 한 사람에게 문제를 내게 한다.
ⓑ 집단구성원들이 엘리스의 ABC모형을 이용하여 문제를 낸 사람에게 반응하게 한다.
ⓒ 집단구성원들이 문제를 낸 사람의 감정과 시각, 스스로에게 다짐한 자기진술에 대해 질문하고 생각을 자극한다.
ⓓ 집단상담자는 집단구성원들에게 행동과제를 내주고, 다음 회기 때 행동의 결과를 보고하게 한다.

행동주의 이론

1) 행동주의적 집단상담

행동주의 집단상담의 기본원리는 효과적이든 비효과적이든, 우리가 통제하는 대부분의 행동이 학습된다는 전제에 근거하며 행동은 학습의 원칙에 따른다는 기본원리를 견지한다. 따라서 행동주의에 근거한 집단상담자는 구성원의 행동이 조건형성의 산물이라고 보며, 모든 인간행동학습의 기본적 유형으로 자극-반응의 패러다임임을 알아야 한다.

2) 상담 목표

- 집단원이 가진 문제는 학습 과정을 통해 습득된 부적절한 행동이기 때문에 부적절한 행동을 제거하고 보다 적절한 새로운 행동을 학습하도록 하는 것이다.
- 상담자의 과제는 집단구성원들이 전반적이거나 일반적인 목표를 구체적이고 명확하게 측정 가능한 목표로 세분화시켜서 체계적으로 추진해 나갈 수 있게 돕는 것이다.

3) 집단상담자의 기능과 역할

- 구성원들에게 집단과정에 참가하는 것과 집단에서 많이 얻을 수 있는 방법을 가르쳐 준다.
- 적절한 행동과 가치관을 가진 하나의 본보기가 된다.
- 행동중의적 상담에서 상담자는 과학적 연구자, 강화자, 코치, 교사로서의 역할을 담당한다.
- 활동적이고 능동적인 역할을 하며 집단역동성보다는 집단원 개개인에게 직접 관여하게 된다.
- 상담이 집단에 의해 이루어지는 것이 아니라 집단 속에서 이루어지게 한다.
- 각 구성원의 수정되어야 할 사고방식(인지), 스트레스(긴장)를 경험하는 상황의 조건들, 문제의 해결을 촉진할 수 있는 개인적 자원(자질, 능력 등), 환경(지지적 인물 등)을 알아보며 필요한 심리검사를 실시한다.
- 목표를 설정한다.
  집단원이 수정하고자 하는 행동이 무엇인가를 분명히 밝히고 목표를 설정한다.
- 구성원이 수립한 목표 설정을 위해서 습득해야 할 구체적 행동이나 제거시켜야할 행동을 선정하여 객관적인 용어로 정의한다.
- 행동의 기초선을 측정한다.
  행동 수정에 들어가기 직전까지의 행동이 얼마나 빈번하게 또는 오랫동안 일어나고 있었는가를 측정한다.
- 행동 수정된 효과의 일반화를 이룬다.
  어떤 바람직한 행동이 획득된 다음에는 그 행동이 구성원의 생활환경에 확대되어 유지되도록 하게 한다.

4) 기법

체계적 둔감법, 자기표현훈련, 타임아웃, 혐오치료, 홍수법, 토큰경제법, 프리맥의 강화원리, 모델링 기법, BASIC‒ID(다중양식치료법)

행동주의 집단상담의 인간행동 약화 기법

- 소거 : 내담자의 바람직하지 않은 행동에는 강화물을 주지 않음으로써 내담자의 반응을 약화시키는 것.
- 양립할 수 없는 행동강화 : 병존할 수 없는 두 개의 행동 중 하나를 강화함으로써 나머지를 약화시키는 것
- 체계적인 과민성 제거 : 불안상태의 역조건화를 위해 이완을 사용하는 방법
- 심적 포화 : 강화의 가치를 상실시키기 위해 강화를 포화상태가 될 때까지 계속 제공하는 것

Lazarus가 개발한 다중양식치료의 핵심개념인 BASIC-ID

(1) 개요
① 이 치료법의 기본전제는 내담자들은 보통 여러 가지 특수한 문제들로 고통을 받고 있기 때문에 그 문제들을 다룰 때에도 여러 가지 특수한 치료법들을 동원해야 한다는 것이다.
② 다중양식 치료에 있어서 상담자의 역할은 내담자의 특수한 문제들을 평가하여 그것에 적절한 치료기법들을 적용하는 것이다.

(2) BASIC ID 확인
① 다중양식 치료는 인간의 경험이 움직이기, 느끼기, 감지하기, 상상하기, 생각하기 및 서로 관계하기로 이루어져 있다고 본다.
② 이 치료이론에 따르면 한 개인의 진행 중인 두드러진 행동(B), 감정적, 정서적 과정, 반응(A), 감각(S), 심상(I), 인지(C), 대인관계(I) 및 생물학적 기능, 성향(D)에 상세하게 파악할 수 있다면 그 사람의 성격과 심리적 특성에 대한 완전한 이해가 가능해지게 되는 것이다.
③ 라자루스(Lazarrus)는 진행 중인 행동(Behavior), 감정적 과정(Affect), 감각(Sensation), 심상(Imagery), 인지(Cognition), 대인관계(Interpersonal), 및 생물학적 기능(Drugs / Diet) 들 각각을 '양식'이라 불렀다.
④ 다중양식 치료에서는 내담자의 문제를 이러한 BASIC ID에 의거해서 평가한다.
⑤ 내담자들은 이러한 7가지 양식들이 관련되어 있는 정도와 그것들이 서로 관련되는 순서에 있어서 차이가 날 수 있다.
⑥ 실제 상담에서 다중양식 치료자는 각 내담자마다 독특한 BASIC ID의 형태를 파악하여 내담자 문제를 평가할 수 있게 된다.

집단상담과 관련된 Lazarus의 BASIC-ID의 핵심개념과 치료기법들

1. 행동 B
– 집단구성원이 얼마나 활동적인가, 얼마나 행동적인가를 조사한다.
– 치료기법 : 소거, 역조건 형성, 긍적정 강화, 부정적 강화 및 처벌

2. 정서 A
– 얼마나 정서적인가? 사물들을 얼마나 깊이 느끼는가?
– 치료기법 : 1) 소유하고 수용하는 감정
   2) 수용전념치료(Acceptance Commitment Therapy: ACT) : 수용과 마음챙김 과정 그리고 전념, 행동의 변화과정을 경험함으로써 심리적 유연성을 증진시키는 것에 목적을 둔 인지적이고 행동적인 중재(개입)이라 할 수 있다.

3. 감각 S
– 집단구성원이 신체적으로 쾌락에 얼마나 주의를 기울이는가를 평가한다.
– 치료기법 : 긴장이완, 감각적 쾌감

4. 심상 I
– 집단구성원이 얼마나 생생한 상상을 하는가에 주의를 기울인다.
– 치료기법 : 자기상(셀프 이미지)의 변화, 대처 심상

5. 인지 C
– 집단구성원이 사색과 사고를 얼마나 좋아하는지, 얼마나 분석적/계획적인지를 조사한다.
– 치료기법 : 인지적 재구성, 자각

6. 대인관계 I
– 얼마나 사교적인가? 타인들이 자신에게 얼마나 중요한 존재인가? 타인과 친밀하기를 원하는가?
– 치료기법 : 모델링, 불건전한 공포를 분산시키기, 역설적인 책략

7. 약물 또는 생물학 D
– 집단구성원의 건강한 정도를 파악한다.
– 치료기법 : 의학적 치료, 운동의 이행, 영양섭취, 물질남용 중지

집단상담과 상담이론(4)

학습목표	1. 현실요법의 이해와 집단상담에서의 활용이해 2. 인간중심 상담이론과 집단상담에서의 활용법 이해

학습내용	1. 윌리암 그래서(William Glasser)의 현실요법에 대한 학습과 집단상담에서의 활용이해 2. 인간중심(자아접근적, 내담자중심, 비지시적 상담)상담이론과 집단상담에서의 활용법 이해

☐ 현실요법 이론

윌리암 그래서(William Glasser)로 대표되는 현실요법은 기본적으로 인간은 욕구와 바람을 달성하도록 동기화되고 있다고 보았다. 즉, 환경으로부터 얻고 있다고 지각하는 것과 바라는 것 사이에 차이나 불일치가 있기 때문에 사람들은 각자에게 필요한 구체적 행동을 수행하게 된다는 것이다.

1) 현실치료 집단상담

(1) 집단상담 목표

집단구성원이 바람직한 방법으로 욕구를 달성할 수 있도록 하는데 있어 3R, 즉 책임감(Responsibility), 현실(Reality), 옳거나 그름(Right or wrong)을 강조한다.

(2) 현실치료 집단상담에서 집단원의 바람이나 욕구 충족에 효과적인 계획의 특징

– 집단원이 새로운 행동을 시도하도록 하고 계획수립 하는 것을 돕는다.

– 계획과 실행 과정으로서 집단원이 긍정적인 행동 계획을 세우고 그 계획을 실천하겠다고 약속을 받는 것으로 이루어진다.

– 따라서, 효과적인 계획의 특징은 이해하기 쉽고 간단하며 즉각적인 실행이 용이하다.

2) 현실요법에 터잡은 집단상담자의 기능과 역할

효과적인 집단상담자는 자신의 욕구를 충족시킬 수 있는 책임있는 전문가이여야 한다. 또한 집단구성원에 대한 수용적 태도를 견지해야 한다.

(1) 우리는 우리 자신의 인생을 통제할 뿐이지, 통제받기를 원하지 않는 타인도 통제할 수

없다는 것을 학습시킨다.

(2) 타인의 욕구를 방해하지 않는 범위 내에서 자기의 욕구를 충족시키며 타인이 자기를 통제하지 않도록 가르친다.

(3) 치료자는 내담자에게 자신의 정신적, 신체적 건강 유지에 유익한 활동을 찾아서 긍정적인 현상에 몰입하도록 요청한다.

(4) 집단상담자는 내담자와 함께 WDEP(Want, Doing, Evaluation, Planning)의 단계를 거친다.

3) 집단상담에 있어서 현실치료기법의 특징

(1) 이해하기 쉽고 간단하다.

(2) 즉각적인 실행이 용이하다.

(3) 과정중심의 활동으로 구성되어 있다.

(4) 집단원의 감정에 충실히 반영하기보다는 '인지적 접근'을 중시.

🔲 현실요법과 집단상담에서의 WDEP

W : 집단구성원 본인의 충족된 욕구와 그렇지 못한 욕구를 구분하는 단계로서 개인의 욕구와 바람, 지각을 탐색하는 단계이다. '무엇을 원하는가?', '당신은 상담자에게 무엇을 얻기를 바라는가?' 등의 문제를 다룬다.

D : 상담 초기에 집단구성원이 어디로 가고 있는가를 알 수 있도록 도와주는 단계로 현실치료 집단상담자들은 집단구성원이 통제할 수 있는 활동을 스스로 탐색할 것을 강조한다.

E : 개인의 행동과 욕구와의 관계를 점검해 보는 것으로서 집단구성원의 행동변화를 위해 그들 스스로 자기평가를 하는 단계이다.

P : 계획과 실행과정으로 긍정적 행동계획 계획에 대한 약속, 과정에 대한 마무리 제언으로 이루어진다. 집단상담자가 집단구성원의 진정한 욕구충족을 위한 계획을 수립하고 실천하도록 돕는 단계이다.

🔲 현실요법과 집단기법

기법으로서의 집단상담자의 태도는 집단구성원과의 친밀한 관계형성을 바탕으로 집단구성원의 변명을 수용하지 않고 처벌이나 비판을 하지 않으며, 결코 포기하지 않고 조력하는 태도를 보인다.

– 질문하기 : 현실치료에서 질문하기 기법은 집단구성원의 전체행동 탐색, 바람 파악, 현재 하고 있는 행동 파악, 구체적 계획수립에서 중요한 역할을 한다.

– 직면하기

- 역설적 기법
- 유머 사용하기 : 집단상담자는 유머를 통해 집단구성원과 친근한 관계를 유지함으로써 그의 소속감 욕구를 충족시킬 수 있다.

현실요법에서의 '불행의 근원'(기출문제)

- 윌리암 그래서는 자신의 이론에서 인관관계에서 불행이 시작된다고 하였다.
- 주요한 인물의 부재, 또는 의미있는 타자와의 갈등 등이 원인
- 현재의 관계성의 건전성이 행복과 불행의 원인이며 부부간의 관계를 중시함.

인간중심 상담이론(자아접근적, 내담자중심, 비지시적 상담)과 집단상담

인본주의적 접근을 기본으로 하는 인간중심상담이론은 상담장면에서 현상학적 접근을 시도하며 인간(내담자)을 자유롭고 자기결정적인 존재라는 것에 대한 믿음과 함께 실현경향과 성장경향을 수용한다.

1) 인간중심적 집단상담 – 칼 로저스
   (1) 인간중심 집단상담에서 인간은 완전성과 자아실현을 지향하는 존재이면 집단상담자의 최소한의 도움으로 자신들의 방향을 찾을 수 있다는 것을 전제한다.
   (2) 인간중심 집단상담은 인간의 자기잠재력을 실현하려는 경향성에 대한 기본적인 신뢰감과 스스로 건설적인 방향으로 움직여 갈 수 있는 가능성을 가진 집단 능력에 대한 신뢰를 바탕으로 하고 있다.
   (3) 따라서 집단이 지향하는 바로 나아가기 위해서 구성원들은 자신들의 감추었던 부분을 드러내고 새로운 행동을 시도할 수 있는 신뢰롭고 수용적인 분위기를 발전시켜야 한다.
   (4) 인간중심 집단상담의 기본이론은 "if~then"의 가설 [만약(if) 상담자의 태도에서 어떤 조건이 나타난다면, 그 때(then) 내담자에게 긍정적인 변화가 일어날 것이다.]로 설명될 수 있다.
   (5) 여기서 어떤 조건이란 진솔성 무조건적 긍정적 배려, 공감적 이해라는 필요충분조건을 말한다.

2) 주요개념
   (1) 집단과정에 대한 신뢰
   (2) 성장을 위한 치료적 조건
      - 진실성
        : 로저스(Rogers)는 '인간중심 집단상담'에서 인간의 성장을 위한 치료조건 중 진실성에 대해 이것은 외부표현과 내부경험을 조화시키는 상담자의 태도이며 상담장면에서

상담자가 언어적 표현과 자신의 실제 경험을 조화시키는 것이라고 했다.

아울러 상담자는 진실성을 유지하기 위하여 강한 자기인식, 자기수용, 자기믿음을 가져야 한다.

- 무조건적 긍정적 존중(수용)
- 공감적 이해

3) 집단상담의 목표

⑴ 인간중심 집단상담의 목표는 각 참가자와 집단 전체에 기본적 실현 경향성이 자유롭게 표현되는 분위기를 창조하는 것이다.

⑵ 인간중심 집단상담에서는 참가자의 자아개념과 유기체적 경험 사이의 불일치를 제거하고 그들이 느끼는 자아에 대한 위협과 그것을 방어하려는 방어기제를 해제함으로써 참가자들이 스스로 충분히 기능하는 사람이 되도록 하는 것을 목표로 한다.

⑶ 상담자는 참가자로 하여금 치료목표를 스스로 세우도록 하고, 상호 신뢰로운 분위기속에서 참가자가 거리낌 없이 자기를 노출하도록 함으로써 자신의 내면세계를 이해하고 자신의 문제를 제대로 파악할 수 있도록 돕는다.

⑷ 참가자는 자신이 처한 환경에 대한 왜곡된 지각을 수정하고 현실적 경험과 자아개념간의 조화를 이룩하며 궁극적으로는 자신의 능력과 개성을 최대로 발휘하여 자아실현을 촉진하게 되어 충분히 기능하는 사람으로 성장한다.

⑸ 참가자가 잠재력의 발휘를 가로막는 불안과 의심으로부터 자유로워져야 하는데, 여기서 상담자의 조력이 필요하며 상담자의 진솔성, 무조건적 긍정적 존중, 공감적 이해와 같은 태도는 내담자의 변화를 이끄는 촉매 역할을 한다.

⑹ 인간 중심 집단상담에서는 어떤 특별한 행동의 변화에 상담의 목적을 두기보다는 참가자 모두가 자신의 전체적이고 계속적인 성장의 방향으로 향하게 하도록, 궁극적으로 충분히 기능하는 사람으로 성장하도록 돕는 것을 목적으로 삼는다.

⑺ 결론적으로 참가자 모두가 자신의 '자아실현 경향성'의 발현과 '완전히 기능하는 인간'이 되도록 조건을 조성하는 것이다.

4) 기법

인간중심에서는 특정한 상담기법이나 방법보다는 상담자의 인격이 상담 장면에서 중요한 역할을 한다. 즉, 내담자의 자기실현경향성을 이루도록 도와주기 위한 상담자의 진실성, 무조건적 긍정과 수용, 공감 등의 태도가 일종의 상담기법이 되는 것이다.

- 적극적 경청
- 심시숙고하기
- 명료화하기
- 요약하기
- 개인적인 경험 말하기

- 집단에서 다른 사람과 어울리고 관심 가지기
- 집단이 나아가야 할 방향을 지시하기보다는 집단의 흐름에 동참하기
- 내담자의 자기결정능력에 대해 인정하기

5) 집단상담자의 기능과 역할

인간중심 상담이론에 입각한 집단상담자가는 집단과정을 신뢰하며, 직접적인 개입 없이도 집단이 발전해 나갈 수 있음을 믿는다.

(1) 인간중심 접근에서는 상담자의 가장 중요한 역할이 집단 내에서 참가자들이 서로 솔직하고 의미 있는 방식들로 상호작용할 수 있는 생산적이고 치료적인 분위기를 만드는 것이므로 기법보다는 상담자의 인간적 자질이 더 요구된다.

(2) 치료적 분위기는 상담자가 정확한 공감적 이해 수용, 비소유적인 온정, 관심, 진솔성과 같은 태도에 기초한 관계를 만들 때 형성된다.

(3) 상담자가 이러한 태도와 수용, 애정을 보여주면 내담자들은 자신의 방어벽을 누그러뜨릴 것이고, 개인적으로 의미 있는 목표를 이루기 위해 노력할 것이며 그 과정 속에서 적절하고 유용한 행동변화를 할 수 있게 되는 것이다.

(4) 로저스는 인간의 자기실현 경향성을 촉진시키는 상담자의 3가지 태도로 진실성, 무조건적 긍정적 존중, 공감을 주장하였다.

인간중심 집단상담자의 개입방식

가. 개인적인 경험을 말한다.
나. 집단과정에 대한 많은 의견을 말하기 보다 경청하는 자세가 중요
다. 집단원의 동기와 행동을 해석하려는 태도는 바람직하지 않다.
라. 어떤 정서를 이끌어 내기 위해 계획된 방법보다는 집단의 흐름에 맞춰 동참하는 태도가 적절
마. 상담자의 직접적인 개입이 없어도 집단이 발전해 나갈 수 있다고 믿는다.

인간중심 집단상담자의 개입방식

집단과정에 대해 많은 의견을 제시하는 것이 아니라 파트너의 역할을 하며 집단원의 동기와 행동을 지속적으로 해석해 주기보다는 집단원 자신이 스스로 찾아갈 수 있도록 도와주며 어떤 정서를 이끌어 내기 위해 계획된 방법을 사용하기보다는 집단과정 그 자체를 더 중요시한다.

카커프(Carkhuff)의 인간중심적 집단상담의 기본적인 단계

1. 탐색 – 이해 – 실행의 3단계
2. PEGS : 존중, 공감, 진실성, 표현의 구체성

집단상담과 상담이론(5)

게슈탈트 이론

1) 게슈탈트 집단상담

게슈탈트(Gestalt)상담이론의 기본가정은 인간을 완성을 추구하는 경향이 있는 존재로서 인간은 자신의 현재 욕구에 따라 게슈탈트를 완성할 것이라 가정한다. 나아가 인간의 행동은 행동이 일어난 상황과 관련해서 의미있게 이해할 수 있다고 보았다.

2) 기본가정

(1) 인간은 완성을 추구하는 경향을 가지고 있다.

(2) 인간은 자신의 현재 욕구에 따라 게슈탈트를 완성할 것이다.

(3) 인간의 행동은 그것을 구성하는 구체적인 구성요소, 즉 부분의 합보다 큰 전체다.

(4) 인간의 행동은 행동이 일어난 상황과 관련해서 의미 있게 이해할 수 있다.

(5) 인간은 전경과 배경의 원리에 따라 세상을 경험한다.

○ 게슈탈트이론의 인간관 -기출문제

- 인간은 통합된 부분들로 이루어진 복합물

- 인간은 환경의 한 부분이며 환경과 분리하여서는 인간을 이해할 수 없음

- 인간은 내/외적 자극에 대해 반응할 방법을 선택하며 세계에 대한 행위자이다.

- 인간은 모든 감각, 사고, 정서, 지각을 충분히 인식할 수 있는 잠재력을 가지고 있다.

- 인간은 인식력을 가지고 있기 때문에 선택할 수 있다.

- 인간은 자기 자신의 삶을 효과적으로 영위할 수 있는 능력을 가지고 있다.

- 인간은 과거와 미래를 경험할 수 없으며 현재에서만 자기 자신을 경험할 수 있다.

- 인간은 기본적으로 선하지도 악하지도 않다.

5개의 신경증의 층

펄스(1970)는 성인의 성격을 벗기는 것을 양파 껍질을 까는 데에 비유하였다. 개인이 심리적으로 성숙하게 되기 위해서는 다섯 단계의 신경증의 층을 벗겨야 한다. 성장에 장애가 된다고 가정된 이 층들은 ① 가짜, ② 공포, ③ 곤경, ④ 내적 파열, ⑤ 외적 파열 등이다.

상담의 목적/목표

(1) 자기 내부의 양극단을 통합시킨다.

(2) 자신과 타인 간의 접촉을 이룬다

(3) 타인에게서 지지를 구하는 대신 자기지지를 제공하는 것을 학습한다.

(4) 현재 개인이 지각하고, 느끼고 , 생각하고, 상상하고, 행동하는 것을 인식하며 자신의 한계를 분명하게 정의한다.

(5) 집단지도자에게 의존하기보다는 집단 내부의 자원을 사용하는 방법을 학습한다.

게슈탈트 집단상담의 목표

① 통찰을 행동으로 옮긴다.

② 자기 내부의 양극단을 통합시킨다.

③ 자신과 타인 간의 접촉을 경험하게 한다.

④ 집단원 자신의 한계를 분명하게 정의한다.

⑤ '지금 – 여기'에 입각하여 과거를 현재로 가져와서 다루게 된다.

집단상담자의 기능과 역할

(1) 집단 안에서 한 사람의 문제를 상담자와 1:1로 집중적으로 다루고 나서 다른 구성원의 문제를 다루어 나간다.

(2) 집단원들은 집단 속의 참여적 관찰자이면서 청중이 되는 것이다.

(3) 집단원들의 자각을 돕기 위해 여러 가지 기술, 게임, 활동 등을 책임지고 계획하고 지도한다.

집단 기법

(1) 언어표현 바꾸기

(2) 신체활동을 통한 자각확장

(3) 책임지기

(4) 빈의자(empty chair)기법

(5) '지금 – 여기' 기법

　가. 지금 – 여기(Here and now)

　　지금–여기는 실존주의 철학에 근거를 두지만 게슈탈트 창시자인 펄스(Perls)에 의해 확산되었다. 펄스는 상담자가 과거 사건에 초점을 두는 상담방법을 사용하게 되면 내담자가 자신의 현재 문제를 정당화하는 이유를 제공함으로써 오히려 증상 완화를 방해한다고 믿었다. 우리의 일상적인 삶도 과거나 미래에 집착하는 경향이 많은데 이것은 현재를 직면하지 않으려는 태도에서 비롯된다. 우리의 실존적 삶이란 이미 지나버린 과거도 아니고 아직 다가오지도 않은 미래도 아니며 단지 현재에서만 가능한 것이다.

　나. '지금 – 여기'의 개입이 집단상담에 주는 효과

　　– 집단원에 대한 가장 타당한 자료수집의 방법이 된다.

　　– 개인적 자각을 증가시키고 집단에 관여하도록 한다.

　　– 집단원 자신의 문제를 대인관계 문제로 바라볼 수 있도록 한다.

　　– 집단원 간의 합의적 타당화와 자기 관찰을 통해 자신이 다른 사람과 상호작용하는 방식을 알아차리게 된다.

　　– 과거나 미래에 머물면서 집단 상호작용에 저항하는 집단원들로 하여금 집단 상호작용에 참여케 한다.

(6) 뜨거운 자리기법

　– 단계적 적용방법

　가. 집단원 중에 자기 문제를 해결하고 싶으면 누구든지 한 사람만 나와 집단상담자의 자리와 마주보고 있는 빈자리에 앉으라고 한다.

　나. 자기를 괴롭히는 구체적 문제를 이야기하게 하고 집단상담자는 직접적으로 공격하고 맞닥뜨린다.

　다. 집단원과 집단상담자 사이에 어떤 결론에 도달했다고 느낄 때까지 그 문제에 대한 상호작용이 이루어진다.

　라. 다른 집단원들은 특별한 허락 없이는 그 집단원과 집단상담자의 상호작용을 방해하지 않게 하도록 한다.

　마. 차례로 돌아가기(=한 바퀴 돌기)

　　뜨거운 자리에 앉아 있는 집단원이 다른 집단원들에게 한 사람씩 차례로 돌아가면서 자신의 감정을 이야기하거나 특정한 행동을 하게 한다.

(7) **역전기법** : 게슈탈트 집단상담은 꿈을 해석, 분석하지 않고, 그 대신 일상 속으로 꿈을 가지고 와서 마치 지금 일어난 일인 양 재창조하고 재생시키는 데 목적을 둔다.

(8) **현실검증기법** : 상상과 현실의 비교

■ 게슈탈트 집단상담의 발달단계

(1) 발견단계 : 집단구성원 스스로가 이전에 깨닫지 못했던 문제들에 대해 새로운 생각들을 배우는 단계

(2) 조절단계 : 새로운 선택을 하고 새롭게 학습하는 단계

(3) 동화단계 : 조절단계에서 발전하여 환경을 총체적으로 배우는 단계

상담이론(6)과 집단상담 계획

학습목표
1. 의사교류분석(TA : Transactional Analysis) 이론과 집단상담에서의 활용 이해
2. 집단상담의 계획 및 평가에 대한 구체적 내용 이해

학습내용
1. 의사교류분석(TA : Transactional Analysis) 이론에 입각한 집단상담에서의 상담자 역할 학습
2. 집단상담의 계획서 작성 및 집단의 크기 등에 대한 학습

■ 의사교류분석(TA : Transactional Analysis) 이론

의사교류 내지 교류분석 상담이론은 문화를 반영한 성격이론으로서 문화적 적응을 돕는 상담 기법이다. 따라서 '교류분석적 집단상담'은 대인관계, 의사소통 문제에 매우 효과적으로 적용할 수 있는 이론이다.

1) 집단상담 목표

(1) 교류분석 집단상담자는 집단구성원이 자각, 자발성, 친밀성의 능력을 회복하도록 조력한다.

(2) 우리가 대하는 상대방이 어떤 자아상태에서 이야기하는가를 파악하여 그가 전달한 메시지에 따라 상보적인 교류가 될 수 있도록 조력한다.

(3) 구성원들이 각자의 자아 상태 교류 양식의 특성을 이해하도록 분석을 시도한다.

    가. 집단원들로 하여금 자아 상태의 오염을 제거하도록 돕는다.

    나. 생활장면의 요구에 따라 모든 자아상태를 고르게 활용할 수 있는 능력을 개발하도록 돕는다.

    다. 각 개인이 부적절한 생활각본(=인생각본)을 버리고 생산적인 생활각본을 지니도록 돕는다.

2) 집단상담자의 기능과 역할

(1) 교류분석이 무엇인지를 집단구성원에게 가르치는 역할(교사)

(2) 집단구성원의 자아상태가 적절하게 기능하는가를 파악하는 역할(분석자)

(3) 타인과의 교류분석이 적절하게 이루어지는가를 판단하는 역할(평가자)

(4) 부적절한 인생각본을 새로운 각본으로 재구성해서 살아가도록 촉진하는 역할(촉진자)

3) 기법

    집단원 교류 분석의 종류 : 구조분석, 교류분석, 게임분석, 각본분석

(1) 구조분석

    과거의 경험적 자료들 때문에 형성된 자아구조의 혼합이나 배타 현상의 여부를 파악하고 자유롭게 각 자아 상태들에 대한 현실검증을 할 수 있도록 돕는다.

(2) 의사교류 분석

    구조적 분석을 기초로 하여 집단원 각 개인이 집단 지도자나 다른 집단원과의 관계에서 행하고 있는 의사교류 혹은 의사소통의 양상과 성질을 파악하는 분석이다.

(3) 게임분석

    숨겨져 있기는 하지만, 세련된 보상 행동으로 보이는 일련의 암시적 혹은 이중적 의사교류를 분석한다.

    특히 생산적인 방법으로 그들의 시간을 조직하는 데 실패한 사람들이 인정, 자극을 받기 위해 얼마나 게임에 의존하는가를 분석한다.

(4) 생활각본 분석

    생의 초기에 있어서 개인이 경험하는 외적 상태들에 대한 자신의 해석을 바탕으로 결정하여 형성된 생활각본을 분석한다.

■ 교류분석이론에서 말하는 구조적 요구(갈망)의 의미

  인간이 삶을 유지하는 동안 주어진 시간, 즉 인생을 어떻게 보낼 것인가의 방법을 우리 각자가 찾고 발달시키려는 욕구이다.

- 인간이 자신의 시간을 구조화하는 6가지 방법

  철회((withdrawal) : 자기를 타인으로부터 멀리하고, 대부분의 시간을 공상이나 상상으로 지내며, 자기에게 어루만짐을 주려고 하는 자기애에 해당한다.

  의례적 행동(ritual) : 일상적인 인사를 하거나 전통, 습관에 따름으로써 간신히 어루만짐을 유지하는 것이다. 상호 간의 존재를 인정하면서도 누구와도 특별히 친하게 지냄이 없이 일정한 시간을 보내게 되는 것이다.

  활동(activity) : 풍부한 인간관계와 소극적 인간관계의 중간에 위치하는 방법이다. 건설적인 교류는 밝고 무리가 없는 실용적인 형태를 취하는 것인 반면, 부정적인 교류는 가족이나 아이들과의 시간을 피하기 위해 일에 전념하는 경이다.

  여흥(pastime) : 사회적으로 수용될 수 있는 방식으로 수용되는 주제에 대해 이야기하며 시간

을 보내는 것이다. 깊이 들어가지 않고 어루만짐을 주고받는다는 점에서 비교적 단순한 보완적 교류에 해당한다.

게임(game) : 심리적 대가를 치르는 반복되는 일련의 저의적 교류이다. 신뢰와 애정이 뒷받침된 진실한 교류가 영위되지 않기 때문에 부정적 어루만짐을 교환하고 있다고 할 수 있다.

친밀성(intimacy) : 두 사람이 서로 신뢰하며 상대방에 대하여 순수한 배려를 하는 진실한 교류이다. 교류분석에서 추구하는 이상적인 시간 구조화 방법이다.

집단상담의 계획 및 평가

1) 집단상담의 계획
   (1) 집단상담자는 미래의 구성원들에게 집단의 이론적 근거나 목표에 대해서 충분하게 설명한다.
   (2) 집단에 대한 더 많은 정보를 원하는 모든 사람들에게 간단한 신청서를 나누어 주는 것도 좋다.

2) 집단상담에서 적용할 상담이론의 결정
   (1) 집단상담에 적용하는 주요한 상담이론이 무엇인지에 대한 고려가 필요하다.
   (2) 집단상담자는 자신이 취하는 이론적 입장에 대한 강점과 제한점이 무엇인지에 대한 인식을 갖는 것이 중요하다.

3) 집단상담 계획서에 포함되어야 할 내용
   집단 목적, 집단 유형, 집단 활동내용, 기대효과 및 평가계획 등이다.
   *집단규칙은 집단상담계획서에 포함되지 않는다.

집단상담 전 고려해야 할 사항

① 상담계획은 상담이 시작되기 전에는 참여자에게 알려주고 공유하는 것이 중요.
② 상담 시작 전 예비면접을 통해 집단의 구성원들을 구성한다.
③ 18세 미만의 청소년이 상담에 참여하고자 할 때에는 부모의 동의를 얻어야 한다.
④ 상담시작 전 상담 시 있을 수 있는 위험들을 구성원들과 함께 고려해 보고, 구성원들에게 사전 동의를 얻는다.
⑤ 집단상담의 목적과 기본 규칙들을 명확히 알려주고, 상담준비 기간을 두어 집단구성원들이 성공리에 집단경험을 하도록 돕는다.

집단상담 진행장소 등

(1) 집단상담이 열리는 환경은 집단의 분위기와 집단 내 상호작용에 영향을 미치게 되기 때문

에 매우 중요하다.

(2) 집단상담 프로그램의 진행 공간의 크기는 집단원 간의 관계에 영향을 미칠 수 있다. 또한 집단원들의 비밀이 보장되고 편안함을 느끼며 방해를 받지 않는 장소라면 어디에서든 이루어질 수 있다.

■ 집단의 크기

(1) 집단의 크기는 집단 구성원의 수를 의미하며, 보통 6명에서 15명의 범위 정도인데, 8명이 가장 이상적이며 공동의 집단리더가 있을 경우 15명까지도 무방하다.

   ** 어린이집단은 3~4명이 적당하다고 본다.

(2) 집단의 크기는 모든 집단원이 원만한 상호작용을 할 수 있을 정도로 커야 하며, 동시에 모든 집단원이 정서적으로 집단 활동에 관여하여 집단에서 감정을 느낄 수 있을 정도로 작아야 한다.

   가. 집단원 수가 너무 많을 경우
   - 개인적 문제를 다룰 시간이 줄어들기 때문에 서로 이야기하려는 경쟁이 치열하여 문제가 발생한다.
   - 자기주장이 강하지 못한 집단원들은 그들의 생각을 표현하기가 더욱 어려워지게 된다.

   나. 집단원수가 너무 적을 경우
   - 집단으로서 기능하지 못하며 개인 상담을 하는 경우가 종종 생기게 된다.
   - 집단에서 일어나는 집단 역동성을 활용할 수 있는 기회가 줄어들어 문제가 발생한다.
   - 집단원들이 말을 하지 않고 조용히 앉아있고 싶어도 그렇게 하기가 어려워서 심리적 압박을 받게 된다.

집단상담의
기초

14강 집단의 구성과 유형

학습목표	1. 집단의 구성형태 : 이질집단, 동질집단 이해 2. 집단상담과 NCS 에서 중요시하는 내용 이해

학습내용	1. 이질집단과 동질집단의 차이점, 각 집단의 장단점을 학습한다. 2. 집단구성시의 NCS 에서 중요시하는 내용과 구조화/반구조화 집단에 대한 내용을 학습한다.

☐ 집단의 구성형태

1. 동질/이질집단

1) 동질집단은 비슷한 특성을 가진 사람들이 모인 집단으로 특정한 요구를 지닌 집단일 때 더 적절한 반면, 이질집단은 다양한 특성을 가진 사람들로 이루어진 집단으로 개인 성장 집단 일 때 많은 장점을 지닌다.
    (1) **동질집단(homogeneous group)** : 구성원들의 인구통계학적 배경 즉, 성별, 연령, 인종, 민족, 종교, 성장배경, 출신지역, 교육수준, 사회경제적 지위, 직업 등이 유사한 사람들 로 구성된 집단의 형태
    (2) **이질집단(heterogeneous group)** : 구성원들의 인구통계학적 배경과 특성이 서로 다른 사람들로 구성된 집단의 형태이다.

2) 동질집단의 장점과 단점
    (1) **장점**
        – 출석률이 높고 보다 쉽게 공감이 이루어지며 상호 간에 즉각적인 지지가 가능하다.
        – 상호 간 갈등이 적고 응집성이 빨리 발달하며 집단 소속감의 발달이 쉽게 이루어진다.
    (2) **단점**
        – 상호 간에 피상적인 관계에 머무르며 영속적인 행동의 변화 가능성이 낮다.

3) 이질집단의 장점
    (1) 다양한 대인 간의 상호작용이 가능하기 때문에 상호 간에 의미 있는 자극을 주고받을 수 있다.
    (2) 서로 간의 차이점을 발견하고 이해하게 되며 현실 검증의 기회도 더 풍부하게 된다.

217

남녀구성문제

청소년 대상 집단상담에서는 혼성적인 집단이 동성적 집단보다 더 바람직하다. 다만, 15세 이전의 청소년들은 성적 정체감에 몰두하여 다른 동성 또래들과 비교하려는 욕구가 강한 시기이기 때문에 동성 집단이 더 바람직하다.

의미 있는 집단상담 구성을 위해 필요한 조건

① 심리적 유사성　　② 직접적 의사소통　　③ 유의한 상호작용
④ 역동적 상호관계　　⑤ 생산적 상호의존

NCS 국가직무능력표준
National Competency Standards

□ **집단상담의 구성(집단원)구성에 대한 유의점**

- 동질성 유지
- 집단직업상담의 경우에는 직업이력이 적은 사람이 적절
- 청소년상담의 경우, 동성집단과 이성집단 운영의 구분이 중요

구조화 집단, 비구조화 집단, 반구조화 집단

1. 구조화 집단

상담자에 의해 통제되며 정해진 절차에 따라 지시적으로 진행되는 집단이다.
고도의 조직성을 띠며 조직화된 역할연습을 통해 구성원들 사이의 친밀관계를 형성하는데 도움이 된다.

- 구조화된 집단을 시작할 때 참여자들은 그들이 문제영역에 얼마나 잘 대처하는지에 관한 질문지를 작성하는 것이 일반적이다.
- 어떤 집단은 구조화된 연습, 읽기, 숙제, 계약을 사용한다.
- 집단이 종결하게 될 때 또 다른 질문지가 종종 참여자들의 성장을 평가하기 위해 사용된다.

2. 비구조화 집단

비구조화 집단은 사전에 정해진 활동이 없고, 집단구성원 개개인의 경험과 관심을 토대로 상호작용함으로써 집단의 치료적 효과를 얻고자 하는 집단의 형태이다.

- 집단원들이 중심이 되는 집단으로 비조직적인 형태를 띠게 된다.
- 지나치게 비조직적인 집단은 혼란스럽게 보내는 시간이 많을 수 있어 시간과 에너지를 낭비할 수 있는 문제점이 있다.
- 집단원들의 불만과 욕구 좌절로 집단 활동 및 개인 성장에 방해 요인이 될 수 있다.
- 또한 말 수가 적고 수줍어하는 사람은 소극적으로 가만히 있기 때문에 변화를 기대하기 어려울 가능성이 있다.

3. 반구조화 집단(semi-structured group)
- 비구조화 집단의 형태를 토대로 운영하되, 필요에 따라 구조화 집단을 혼합한 집단의 형태이다.

■ 집단의 개방성 여부에 따른 분류

1. 개방집단
가) 개방집단은 집단이 허용하는 한도 내에서 중도에 탈락하는 집단원의 자리를 새로운 구성원으로 대치할 수 있다.
나) 개방집단의 장점으로는 새로운 자극을 집단에 제공할 수 있으며 새 집단원은 기존 집단원을 모방하여 집단의 과정과 집단기술에 대하여 배울 수 있다.
다) 새로운 아이디어의 도입으로 분위기 조성에 좋은 경우가 있다.
라) 단점으로는 너무 많은 집단원들이 나가거나 새로이 들어오는 경우 집단 응집력이 발달하기 어려우며 새로운 집단원이 들어옴으로써 분위기가 흐트러지기 쉬우며 새로운 집단원은 이미 토의한 내용과 집단 기능에 대해 생소해서 갈등을 초래할 소지가 있다.
마) 유치원, 초등학교 등의 저학년 집단에 적합하다.

2. 폐쇄집단
집단상담의 시작 시 참여했던 구성원들만으로 끝까지 유지되는 집단이며 도중에 탈락자가 생겨도 새로운 집단원을 받아들이지 않는다.
가) 장점
집단의 안정성과 집단응집력이 강하며 회합을 준비하기가 쉽고 협력이 잘 나타난다.
나) 단점
새로운 아이디어, 정보의 제공이 어렵고 장기집단으로 유지하기 어렵고 집단적 사고에 빠지기 쉽다. 또한 새로운 아이디어의 도입이 불가능하고 비효율적인 집단이라고 하더라도 순응할 수 밖에 없다.

학습목표	1. 집단성원의 선발과 모집공고시 유의사항에 대한 이해 2. 집단상담의 평가와 진행 윤리 이해

학습내용	1. 집단성원의 선발시 유의사항과 모집공고시 내용에 대해 학습한다. 2. 집단상담의 평가와 진행 윤리에 대한 내용을 학습한다.

집단성원의 선발

집단상담자는 자신의 이론적 지향점과 일치하는 구성원을 선별하는데, 가능한 한 집단의 목표와 요구에 부합되는 구성원을 선택해야 하며, 그러한 구성원은 집단과정을 방해하지 않고 집단경험을 통해 행복을 유지, 향상시켜야 한다.

○ 모집공고

① 집단의 유형
② 집단의 목적
③ 만나는 시간과 장소
④ 집단에 가입하는 절차
⑤ 집단 상담자로부터 집단원들이 기대할 수 있는 것
⑥ 집단 상담자의 자질과 배경에 대한 진술
⑦ 집단에 적합한 사람들을 결정하는 지침
⑧ 가입비
⑨ 집단에서 사용될 기법이나 절차
⑩ 회기의 기록(녹화, 녹음) 여부
⑪ 집단 리더와 집단 구성원들의 권리와 책임(집단과 관련된 개인적인 위험) 등

집단상담을 준비하는 개별면담과정에서의 집단상담자 임무

1. 집단상담에 대한 이해 도모
2. 발생가능한 문제 파악
3. 집단참여를 촉진하기 위한 정보 제공
4. 집단상담에 대한 현실적 기대 형성 조력

집단상담의 평가

(1) 집단 활동을 통해 어느 정도의 목표가 달성되었으며 얼마만큼의 진전이 이루어졌는가에 대하여 알아보는 과정이다.

(2) 집단평가의 방법

　공개토의 방식, 단어연상법, 관찰자나 기록지를 이용하는 방법, 녹음이나 녹화장치를 이용하는 방법, 측정도구를 이용하는 방법.

(3) 집단평가의 기회

　가. 매 회기 종료 시점
　나. 집단회기의 중간 시점
　다. 집단회기 마지막 시점
　라. 추후평가

(4) 집단평가의 내용 – 젠킨스(Jenkins, 1961)의 집단자체에 대한 평가

　가. 목표지향적인 방향성
　나. 집단토의나 활동의 성취도
　다. 성취 혹은 진전의 속도
　라. 집단자원의 활용도
　마. 집단활동의 개선책

(5) 추후면담

　가. 집단의 마지막 상담에서 집단경험을 토론하고 추후 면담일정을 정하는 것이 바람직하다.
　나. 추후 면담은 집단상담자에게 집단의 결과를 평가할 기회를 제공하며, 동시에 구성원들에게 집단이 자신과 동료에게 미친 효과에 대해 생각할 기회를 제공한다.

(6) 개인면담

　가. 전체집단에서 나누지 못한 반응들을 공유한다.
　나. 집단상담자는 1대1 접촉을 통해 구성원들에게 관심을 갖고 배려하고 있음을 부여주어야 한다.

집단상담과 이중관계 - Corey

1. 상담/치료에서의 이중관계의 의의

이중관계는 상담치료자들이 내담자에게 두가지 혹은 그이상 역할을 동시에, 연속해서 수행할 때 발생한다. 예로 선생님과 상담치료자의 역할, 감독자와 상담치료자의 역할이 합쳐진 것이다. 이중관계는 필연적으로 복잡하고 중다 차원적이기 때문에 이를 해결하기 위한 간단하고 절대적인 해답은 없다. 윤리적 이유와 특정상황에 윤리적 규정이 적용될 때 개입되는 판단 때문에 이중관계는 극히 미묘한 문제이다.

2. 이중 관계

① 상담자는 객관성과 전문적인 판단에 영향을 미칠 수 있는 이중 관계는 피해야 한다. 가까운 친구나 친인척 등을 내담자로 받아들이면 이중 관계가 되어 전문 적 상담의 성과를 기대할 수 없으므로, 다른 전문가에게 의뢰하여 도움을 준다.

② 상담자는 상담 할 때에 내담자와 상담 이외의 다른 관계가 있다면 , 특히 자신이 내담자의 상사이거나 지도교수 혹은 평가를 해야 하는 입장에 놓인 경우라면 그 내담자를 다른 전문가에게 의뢰한다.

③ 상담자는 특별한 경우를 제외하고는 , 내담자와 상담실 밖에서 사적인 관계를 유지하지 않도록 한다.

④ 상담자는 내담자와의 관계에서 상담료 이외의 어떠한 금전적 , 물질적 거래관계 도 맺어서는 안 된다.

3. 이중관계와 중다관계

이중관계가 어떤 상황에서는 피할 수 없기 때문에 전면적인 금지는 현실적인 해결책이 될수 없다고 본다. 이중관계를 다루는 법을 배우는 열쇠는 위험요인을 최소화시키는 방법을 아는 것이다.

- **위험을 최소화 시키는 방법들**
  *초기의 치료관계에서 건전한 경계를 정하라.
  *동료들에게 조언을 구하라.
  *지도 감독하에 상담/치료를 하라.

- **모델 결정하기** : 이중관계와 관련된 치료에서 그런 관계를 피할 수 있는지를 확신한 후 치료 시작이 중요하다.

집단상담의 윤리적/법적문제 - Corey

1. 코리는 집단상담이란 독특한 치유력을 지닌 것이지만 참여자들에게 해를 입힐 수 있는 부정적 잠재력도 있다는 점을 지적함.

2. 집단상담의 윤리적 문제와 관련하여 윤리적, 법률적으로 건전한 원리에 입각해서 계획된 집단은 이런 원리에 대한 생각 없이 계획되고 부적절하게 진행되는 집단보다 높은 효과를 거둘 가능성이 훨씬 크다고 주장함.

3. 집단참여에서의 윤리적 쟁점들

1) 사전동의

최선의 실천을 위한 내용으로 사전동의를 구할 시에는 아래와 같은 내용(상담전문가의 자기 개방형의 진술서로)을 포함해서 참여자에게 제공하는 것이 건전.
   - 집단의 성격과 목적 및 목표에 관한 정보
   - 비밀유지 및 비밀유지의 예외적 상황
   - 집단상담사의 이론적 성향
   - 제공되는 집단활동
   - 집단원과 상담사의 역할 및 책임
   - 제공되는 특정한 집단 운영에 요구되는 상담사의 자격요건

2) 비자발적 참여

집단원의 집단참여가 자발적으로 이루어지는 것이 이상적인 상황이다. 집단참여가 강제적인 경우에는 집단의 성격과 목표, 집단에서 적용될 절차, 특정 활동을 거부할 집단원의 권리, 비밀유지의 한계, 적극적인 집단참여가 여러 가지 방식으로 집단 밖의 삶에 영향을 줄 수 있음 등에 대해 집단원에게 명료하게 그리고 충분하게 알리도록 각별히 많은 노력을 다 할 것.

*정책적으로 집단치료를 요구하는 기관에서는 집단원이 최소한 이런 요구사항에 대한 자신의 느낌과 생각을 표현할 수 있는 기회를 주어야 한다.

3) 집단을 떠날 자유

(1) 상담자는 집단을 중도에 그만두는 절차에 대해 집단 초기에 모든 집단원에게 설명할 필요가 있다.

(2) 집단원은 집단을 떠날 권리가 있지만, 최종 결정을 내리기 전에 집단상담자와 다른 집단원들에게 알리는 것이 중요하며 떠나려는 집단원은 집단을 떠나기 전에 참석하고 싶지 않은 이유를 집단에서 개략적으로 밝혀야 한다.

(3) 다른 집단원들이 떠나려는 집단원에게 남아 있으라고 부당한 압력을 행사한다면 집단상

담자가 반드시 개입하여야 한다.

(4) 집단원에게는 집단을 떠날 권리가 있다.

물론 적절한 준비와 선발 과정은 집단원이 떠날 위험을 줄일 수 있을 것이다. 또한 집단에서 일어난 대인 간 갈등이나 불만을 해결하는 가장 좋은 방법은 집단에 남아 대화로 풀어 나가는 것임을 집단원들은 알 필요가 있다.

4) 집단참여에 따른 심리적 위험

치료집단에서 작용하는 힘은 강력하다. 이는 긍정적 변화를 가져오는 건설적인 힘이 될 수도 있지만, 힘의 분출에는 항상 어느 정도의 위험이 따른다. 집단에 어떤 위험도 따르지 않기를 바라는 것은 비현실적이다. 집단원은 희생양이 될 수도 있고, 집단압력을 받고, 신뢰가 깨지며, 부적절한 안심시키기와 적대적인 직면에 처할 수도 있다. 예비 집단원이 이러한 위험 가능성을 인식하도록 안내하고, 이런 위험이 발생하지 않도록 모든 조치를 취하고 위험 가능성을 줄일 수 있는 방법을 고려하는 것이 상담사의 윤리적 책임이다.

** 위험성을 줄이기 위해 상담사가 취해야 할 태도

(1) 집단원들의 한계 인식

(2) 집단원의 요구 존중

(3) 집단원에게 기회를 주는 방식 적용

(4) 공격적인 언어적 직면 피하기

(5) 판단하기보다 묘사하기

(6) 상담사의 해석을 강요하기보다 제시하기

** 치료집단의 잠재적인 위험

(1) 자기노출 : 자기노출은 필수적인 부분이다. 그러나 이는 보다 충분한 자기이해 라는 목적을 위한 수단이고 그 자체로 미화되어서는 안된다.

(2) 비밀유지 :집단상담사는 비밀유지의 중요성을 끊임없이 강조할 필요가 있다. 그러나 이렇게 하는 경우에도 일부 집단원이 집단에서 논의된 내용 에 대해 부적절하게 얘기할 가능성은 존재한다.

(3) 희생양 만들기 :다른 집단원들이 한 집단원에 대해 그를 적대감의 대상으로 삼거나 다른 유형의 부정적 감정의 표적으로 삼을 수도 있다. 물론 집단상담사는 이런 일이 일어나지 않도록 단호하게 필요한 조치를 취할 수 있고 또 그렇게 해야 한다.

(4) 직면 :비생산적인 직면의 위험을 줄이기 위해서 상담사는 구체적인 행동에 초 점을 맞춘 직면의 시범을 보여야 하며 집단원의 인격을 판단하는 행동 을 삼가야 한다. 그리고 집단원이 자기 자신에 대해, 그리고 다른 집단 원의 행동패턴에 대한 자신의 반응에 대해 어떻게 말해야 하는지 가르쳐 주어야 한다.

5) 비밀유지

(1) 효과적인 집단작업을 위한 필수적인 한 가지 조건이 비밀유지다. 이 조

(2) 집단상담자는 집단원들의 비밀을 지켜야 할 뿐 아니라 집단원들이 서로의 비밀을 지키도록 해야 하기 때문이며 집단상담자는 반드시 비밀 유지의 중요성을 구두로 전달

(3) 집단원들이 이에 동의한다는 계약서에 서명하도록 하는 것도 적절

(4) 이를 어기는 사람에게 제재를 가할 수도 있음

(5) 아동과 청소년이 참여하는 집단에서는 상담사가 비밀유지가 좀 더 잘 지켜지도록 각별히 노력해야 할 책임이 있음

(6) 집단 과정 중 적절한 시기에 상담사는 여러 차례 다른 집단원의 신분이나 구체적인 상황을 언급하지 않도록 집단원의 주의를 환기시켜야 한다.

** 비밀유지의 예외

(1) 전문가의 입장에서 볼 때 내담자가 자신이나 다른 사람 혹은 기물에 심각한 손상을 끼칠 것으로 판단되는 경우

(2) 아동이나 노인의 학대가 의심되는 경우

(3) 법원으로부터 정보를 제공하라는 명령을 받는 경우

(4) 슈퍼비전을 받고 있는 경우

(5) 내담자가 서면으로 허락한 경우

(6) 미성년자에 대한 부모의 권리 인정시

– 자녀에 대한 약간의 피드백가능, 그러나 구체적 내용은 언급하지 않도록 해야한다. 청소년 집단에서는 상담사의 비밀 유지 더 중요

4. 집단상담기법의 적용과 남용

1) 집단상담자의 불편이나 무능력을 감추려고 기법을 사용하지 않기

2) 세심하고 시기적절하게 기법 사용

3) 효과가 없을 땐 포기

4) 집단원에게 강제하지 말고 참여할 기회를 주는 태도로 해야 함

5. 집단에서 상담자의 가치관이 갖는 역할

1) 상담자로서의 역할은 상담사가 옳다고 생각하는 일을 집단원이 하도록 설득하는 것이 아니라 그들이 자신에게 무엇이 맞는지를 발견하도록 도전하는 것이다.

2) 집단의 목적은 집단원이 자신의 신념을 명료화하고 자신의 가치관과 가장 일치하는 선택이 무엇인지 살펴보도록 돕는 것이다.

3) 상담사는 자신의 가치를 분명하게 알고 있어야 하며, 자신과는 다른 가치를 지향하는 내담자를 상담할 때 객관적인 태도를 유지해야 한다.

6. 다양한 배경을 가진 집단원을 상담할 때의 윤리적 쟁점

1) 가치와 다양성 다루기

(1) 집단상담의 다문화적 맥락을 인식하는 것이 윤리적인 실천이다. 집단상담자는 인종과 종교, 성, 심리적 성숙, 경제적 계층, 가족력, 신체적 특성과 한계, 지리적 위치 등을 포함한 영역에서 내담자 간의 개인차에 민감해야 한다.

(2) 집단상담자는 자신이 상담하는 다양한 내담자 집단의 문화적 쟁점과 관련된 정보를 집단 참여자들과의 교류와 집단 밖의 자원을 활용하여 지속적으로 구해야 한다.

2) 준비와 실천을 위한 윤리와 기준

(1) 다양성과 관련된 유능성은 단순히 다른 사람들을 존중하는 것보다 복잡한 능력이라고 할 수 있다. 상담자는 함께 상담할 내담자의 다양한 문화적 배경을 이해하려고 적극적으로 노력해야만 한다.

(2) 집단의 목표와 과정이 집단원의 문화적 가치에 부합하도록 하는 일이 중요하다. 이를 위해 집단 상담사는 나이나 장애, 민족성, 성별, 인종, 종교, 성적 성향에 근거한 편견이 무엇인지 먼저 인식해야 할 필요가 있다.

3) 성적 성향에 관한 문제

상담자의 인종이나 민족성, 성별, 성적 성향 등에 있어 소수자에 대한 차별은 비윤리적이며 용납될 수 없다. 동성애 남성과 여성 및 양성애자를 상담하는 이는 누구나 이들만의 특별한 문제를 이해해야 할 책임이 있고, 이들에게 유능하게 서비스를 제공하는 데 필요한 지식과 기술을 개발해야 할 윤리적 의무가 있다.

7. 전문적 능력과 훈련 – 훈련 및 개인 경험

(1) **집단 상담사를 위한 개인 심리치료** : 집단상담자는 집단에서 집단원이 하기를 기대하는 것을 스스로 할 수 있는 용기를 보여주어야 한다.

(2) **집단 상담사를 위한 자기탐색집단** : 자신이 이끄는 집단의 '집단원이 되는' 상담사는 직접 치료집단에 집단원으로 참여하여 자신의 문제를 탐색하고 성장을 계속하는 것을 고려해 보는 것이 좋다.

(3) **집단 상담사를 위한 훈련 집단** : 체험적 과제 집단에 참여함으로써 자신의 개인역동에 대해 많은 것을 배울 수 있다. 뿐만 아니라 이런 경험은 집단 역동에 대해 배울 수 있는 좋은 기회이다.

8. 집단상담자를 위한 윤리적 원리의 개요

1) 상담자의 정체성 숙고–참여자들에게 미치는 영향 생각, 집단에서 상담자의 역할과 기능

　명료화
2) 상담자가 계획하는 집단유형과 최선의 치료에 대한 고찰-참여자들의 특성, 집단의 목표, 집단원들의 역할, 상담자의 기능과 역할, 평가
3) 문화적 다양성에 대한 함의
4) 예비집단원들에게 상담자의 기대를 알려주고 계약서 작성 권장
5) 집단에서 사용될 기법과 활동, 지침을 제시
6) 초기에 집단상담의 초점, 강조점을 분명히 한다
7) 상담자의 자격요건에 대한 서면 진술서를 작성하고 상담자의 훈련, 경험한도내의 상담을 맡도록 한다.
8) 집단원에게 집단참여시 따를 수 있는 심리적 위험이 무엇인지 설명하기
9) 집단원의 권리보호 – 집단압력, 희생양 만들기, 정형화하기
10) 집단원들이 집단에서 학습한 바를 일상생활로 옮기려 할 때의 어려움에 대비시키기
11)기존의 윤리강령을 숙지하고 집단실천에 영향을 줄 수 있는 법률도 숙지하라
12) 집단활동의 이론적 근거를 마련하고 유능하게 적용할 수 있는 기법만을 활용하고 가능하면 집단원으로 경험해본 적이 있는 기법을 활용
13) 새로운 연구결과와 정보를 통해 상담실제의 효율성을 높여라
14) 집단회기를 정해진 시간에 시작하고 끝내라
15) 집단원을 희생시키면서 상담자의 욕구를 충족시키는 위험성을 인식하라
16) 비밀유지 중요성 강조
17) 비밀을 보장하는 법률적 특혜가 집단상담에는 적용되지 않는다는 점을 집단원에게 설명
18) 집단회기 내용을 기록
19) 상담자의 가치관을 집단원에게 주입하지 않도록 하라
20) 집단원의 심각한 심리적 쇠약증상에 대해 예의 주시하라
21) 집단원들이 집단에서의 경험에 대해 토론하고, 각자 개인적인 목표를 달성한 정도를 평가할 수 있도록 도움을 주라
22) 상담자의 상담절차의 효율성과 리더쉽 방식의 효과를 측정할 수 있는 평가방법 개발하기

집단상담의 실제

학습목표
1. 집단역동(group dynamics)에 대한 이해
2. 청소년상담 집단역동의 구성 요소/집단상담 단계 에 대한 이해

학습내용
1. 집단응집력, 집단지도력(group leadership)에 대한 내용을 학습한다.
2. 집단상담의 과정의 세부내용을 이해하고 각 단계별 활동에 대해 학습한다.

NCS 국가직무능력표준
National Competency Standards

☐ 집단상담의 평가시 유의사항 - 종결시 유의사항
1. 분리감정 다루기 :
2. 집단 내 초기지각과 후기 지각 비교
3. 미해결 문제 다루기
4. 집단경험의 의미를 표현하는 집단구성원의 개인행동
5. 집단 경험 뒤돌아보기
6. 행동 변화의 실습
7. 보다 심도 있는 학습 수행하기
8. 피드백 주고받기
9. 다짐과 과제의 활용
 - 향후 다짐쓰기, 개인 계획 짜기(너무 거창한 계획 배제)
 - 큰소리 읽기, 집단 내 한 사람에게 진척상황 알리기
10. 좌절극복하기
 - 집단원의 현실적 장애극복, 낙담 및 포기 않도록 강화
 - 집단구성원이 스스로 다루기 쉬운 과제 및 목표수립
11. 집단상담에서 배운 것을 실생활에 옮기는 지침
 - 집단상담은 목표가 아니라 하나의 수단 인식
 - 변화는 천천히, 눈에 띄지 않게 발생함을 인식
 - 한번의 집단상담만으로 인생변화 불가능
 - 자신의 배움을 어떻게 다룰 것인지 결정
12. 비밀 보장을 상기하기
 - 비밀보장의 중요성 언급
 - 깨달은 사실만 이야기하고 과정은 상세히 설명금지
 - 자신의 이야기만 하고 타인의 이야기는 금지

집단상담의 실제

- 집단역동(group dynamics)에 대한 이해

집단역동은 집단구성원들 사이, 집단상담자의 집단구성원들 사이에 발생하는 지속적인 상호작용과 상호관계를 말한다.

*상호작용이란 의식과 무의식적인 힘과 에너지의 기능으로서 집단의 구조, 이론적 접근, 집단구성원들의 성격, 성별, 연령, 문화, 욕구, 등과 같은 보잡한 요인들의 영향을 받는다.

1. 집단 역동의 개요

1) 집단 역동의 정의

⑴ 집단 역동은 집단 구성원들 간의 전체적 상호작용이다.

⑵ 집단상담은 상담자와 10명 내외의 집단 구성원들의 상호작용이 끊임없이 활동적이고 활기 있게 변하며 일어나기 때문에 역동이라는 용어를 사용한다.

⑶ 집단 역동은 집단 과정을 분석하기 위하여 일반적인 체제이론을 적용하는데, 체제이론이란 한 사람의 행동을 집단 체제 내의 한 부분으로 이해하는 방법이다.

⑷ 집단 체제이론의 관점에서 볼 때 집단상담은 각 구성원들에게 미치는 집단의 힘이 있는데, 상담자의 임무는 집단 과정에 영향을 미치는 주요 요인들을 규명하고 분석하며, 집단상담의 목표를 달성할 수 있도록 통제하는 것이다.

○ 집단역동 촉진을 위한 체크리스트

1. 어떤 사람들로 구성되었는가?
2. 집단경험이 있는 또는 없는 사람이 얼마나 되는가?
3. 집단구성원들은 어떤 기대와 욕구를 가지고 있는가?
4. 집단회기를 주도하고 싶어 하는 사람은 누구인가?
5. 집단을 조기에 마지고 싶어 하는 집단구성원이 있는가?
6. 모든 사람들에게 인정받고 싶어하는 집단구성원이 있는가?

2) 청소년상담 집단역동의 구성 요소

(1) 의사소통과 상호작용

언어적, 비언어적 의사소통은 상호작용의 구성요소가 된다.

(2) 집단매력

가. 청소년들이 집단에 남아 있어 집단 역동을 일으키게 하는 모든 힘의 결과이다.

나. 개인적 차원의 관계(매력) : 과업보다 친구관계에 치중한다.

다. 과업중심의 매력 : 과업을 빨리, 효율적으로 완수하기를 원하며, 과업과 관련된 대화를 주로 한다.

라. 집단에서 얻은 지위의 매력 : 집단 내에서의 지위에 손상을 받을 수 있는 모험을 하지 않는다.

○ 집단응집력

- 집단상담자는 집단상담 초기에 집단구성원들이 서로 간의 신뢰를 바탕으로 끈끈한 관계를 형성하도록 돕는 것이 필요하다.
- 집단역동을 위해서는 무엇보다도 그 집단의 응집성과 집단성원들을 서로에게 혹은, 집단 자체에게 연결시키는 관계의 강도를 고려하는 것이 중요하다.

3) 사회적 통제

청소년들을 순응, 복종하게 하는 힘이며 이는 집단규범과 관련이 있다.

4) 집단문화

① 청소년들이 공통적으로 가지고 있는 가치, 신념, 관습, 전통 등을 의미한다.
② 집단의 가치는 청소년들이 일반적 속성, 문화, 인종, 민족 등에 따라 달라진다.
③ 유사한 문화를 갖고 있는 청소년들이 집단을 이룰 때, 집단역동의 힘은 높아진다.

집단지도력(group leadership)

1. 집단지도력

집단지도력은 사회적 상호작용의 특수한 형태, 즉 집단과 개인의 목표달성을 촉진하기 위해 다른 사람들에게 영향을 주고 동기화시키도록 개인들 간의 협력이 허용되는 상호간, 의사교류적, 변형적 과정이다.

2. 효과적인 집단지도력의 특성

1) 동일시 : 집단구성원들은 집단상담자 성격의 여러 면을 모형으로 이용하고, 상담자를 그들 자신의 자아이상을 형상하는데 도움이 되는 한 인간으로 간주한다.
2) 욕구 대상 : 집단상담자는 구성원들에게 공격적 욕구나 사랑의 욕구를 어떻게 처리하는지를 보여주는 모형으로서의 역할을 담당한다.
3) 자아지지 : 집단상담자는 구성원들이 느끼는 죄의식, 불안, 갈등을 처리하도록 도와준다.

집단 역동성을 이해하기 위한 영역

1) 의사소통과 상호작용

   (예 : 정서적 유대, 하위집단, 집단크기, 물리적 환경 등)

2) 집단응집력

   집단 구성원들이 그 집단에 머물고자 하는 소속감으로 집단의 영향력이다.

3) 집단문화

   집단 성원들이 공통적으로 가지고 있는 가치, 신념, 관습, 전통 등을 말한다.

4) 집단지도력

   집단 활동에 참여하는 모든 성원이 가능한 한 최대의 만족감을 가지고 효과적인 목표 달성
   을 위해 행동하도록 하는 작용한다.

5) 집단규범

   집단에서 중요하게 생각하는 것에 대하여 행동의 표준을 일반화한 것이며 가치 판단으로
   구체화 되고 집단 내에서는 주요한 통제의 수단이 된다.

6) 집단구조화

   집단에서 형성되는 지위와 역할 등의 구조화는 역동성을 이해하는 영역 중 하나이다.

7) 피드백(환류)

   집단상담자와 집단성원 간, 집단성원들 간에 상호작용 즉, 피드백이 잘 일어날 때 집단의
   역동성이 활발하게 일어날 수 있는 것이다.

8) 긴장과 갈등

   어느 정도의 긴장과 갈등은 집단 성원 간 상호작용의 힘을 증가시킨다.

집단상담의 과정

1. 6단계론

1) **집단 준비단계**는 집단구성원들에게 집단의 목적과 운영방식 등을 알려주고 이 집단을 통해
   어떤 경험과 도움을 받을 것인지 미리 생각해야 한다.

2) **초기단계(initial stage)**는 오리엔테이션과 탐색이 이루어지는 시기로 침묵이 많고 서로 어
   색하게 느끼며 혼란스러워 하는 단계이다.

3) **과도기적 단계(transitional stage)**는 집단원의 불안감과 방어적 태도가 두드러지며 집단
   내에서 힘과 통제력을 놓고 갈등이 일어나며 저항이 다양한 형태로 표현되는 단계이다.

4) **작업단계(working stage)**는 집단에 응집력이 생기고 생산적인 활동이 이루어지는 시기이

다. 이 단계에서 상담자는 집단의 응집력을 강화하고 맞닥뜨림과 공감 같은 적절한 반응에 대해 모범을 보이며, 집단 전체와 개인이 보이는 패턴에도 관심을 가지고 자신이 관찰한 것을 개방한다.

5) **종결단계**(final stage)는 종결과 헤어짐에 대한 감정을 다루고, 지금까지 집단이 집단원 각자에게 주었던 영향을 평가하며 서로에 대한 피드백과 해결되지 않은 주제를 마무리하고 앞으로 개인의 성장을 위해 어떻게 살것인가를 전망하는 활동이 전개된다.

6) **추수작업단계**는 지금까지 해 온 집단의 효과를 재검토하고 집단이 어떤 부정적인 영향은 없었는지, 집단이 일상 생활에 어떤 긍정적 영향을 끼치고 있는지, 집단의 효과가 지속되고 있는지 등을 돌아보는 단계이다.

집단발달단계의 특징

1) 집단원들 간의 낮은 신뢰감, 높은 불안감(초기단계) – 집단상담자에 대한 도전, 저항과 방어적 태도 형성(과도기적 단계) – 강한 집단응집력, 피드백교환의 활성화(작업단계) – 복합적 감정, 소극적 참여, 양가감정 다루기(종결단계)의 순서로 이루어진다.

2) 집단의 과정은 집단준비단계 – 초기단계 – 과도기적 단계 – 작업단계 – 종결단계 – 추수작업으로 이루어진다.

3) **종결단계의 과업** : 종결계획하기, 양가감정 다루기, 의존성 감소시키기, 변화된 것 확인하기, 변화 유지시키기, 변화된 내용 적용시키기, 집단경험 나누기, 미해결과제 취급하기, 피드백 주고받기, 사후관리계획 수립하기 등

집단상담의 단계(1)

학습목표	1. 집단상담의 과정의 단계별 활동에 대한 추가학습 2. NCS 학습모듈에서 강조하는 '작업단계'의 내용이해

학습내용	1. 집단상담의 과정의 단계별 활동을 이해하고 특히 생산적 집단에 대한 내용을 학습한다. 2. 집단에서의 저항과 NCS에서 언급하는 '작업단계' 내용에 대해 학습한다.

■ 4단계론

1) 참여단계(시작/도입단계)

(1) 주요내용

가. 집단상담은 서로 어느 정도 친숙해지고 아는 것에서부터 시작된다.

나. 인사를 하고 소개하는 과정은 모든 집단과정에서 필요한 일이다.

다. 상담자는 집단의 분위기를 형성하고 유지시키는 책임이 있다.

라. 첫 번째 모임은 다른 어떤 모임보다도 중요하다.

마. 상담자는 집단 상담을 위한 사전 준비를 철저히 한 후 첫 번째 모임을 시작한다.

바. 상담자는 각 구성원들에게 왜 이 집단에 들어오게 되었는가를 분명히 해 주며 수용과 신뢰의 분위기를 형성하여 집단 상담에서 새롭고 의미 있는 경험을 가지도록 이끌어 준다.

사. 구성원들은 자유로이 각자의 의견과 느낌을 나누도록 격려된다.

아. 상담자의 적극적인 참여가 필요하지만, 그렇다고 교사와 같이 가르치는 역할을 하는 것이 아니다.

자. 상담자는 내담자들로 하여금 스스로 집단의 규범을 지키고 상호 협력적인 자세를 갖추도록 함으로써 효율적인 집단 분위기를 만들 수 있다.

(2) 과제

가. 걱정 다루기

나. 집단구성원의 목표와 계약 검토하기

다. 집단규칙을 보다 명료하게 구체화하기

라. 한계 설정하기

마. 집단구성원들 간에 긍정적 교류 촉진하기

2) 과도기적 단계(전환/준비/갈등단계)

  (1) 주요내용

    가. 과도기적 단계는 참여 단계와 엄격히 구분되는 않는다. 말하자면 참여 단계에서 생산적인 작업단계로 넘어가는 '과도기적 과정'이라고 볼 수 있다.

    나. 과도기적 단계에서의 주요 과제는 집단 구성원들로 하여금 집단에 참여하는 과정에서 일어나는 망설임이나 저항, 방어 등을 자각하고 정리하도록 도와주는 것이다.

    다. 이 단계의 성공 여부는 주로 상담자가 집단 구성원들에게 얼마나 수용적이고 신뢰로운 태도를 보이며 상담 기술을 어떻게 발휘하느냐에 달려 있다.

  (2) 과제

    가. 저항다루기

    나. 집단구성원들 사이에서 주도권 쟁탈전이 일어날 수 있는 상황이므로 이에 적절히 대처하기

    다. 상담자 자신이 불편감이나 저항에 대한 방어가 일어날 수 도 있기 때문에 상담자의 자기이해가 더 더욱 필요하게 된다.

○ 집단에서의 저항 1

집단속에서 발생할 수 있는 저항의 유형은 매우 다양하다. 그러나 저항은 집단운영에 방해될 수도 있지만 그것을 잘 활용하면 매우 효과적일 수도 있다는 점을 잊지 말아야 한다. 집단속에서 발생할 수 있는 대표적으로 저항으로는 다음과 같다.

주지화, 질문하기, 충고주기, 상처 싸매기, 의도적 회피, 참여하지 않음, 독점하기, 바깥 사건 중심의 얘기하기, 지나친 의존, 적개심과 공격성 등이다.

  (1) 침묵

침묵의 원인은 매우 다양하다. 상담자에 대한 직접적인 불만의 표시이기도 하며, 타 집단원이나 상담자의 반응에 대한 불만, 집단에 제시된 정보나 자료에 대한 각 개인의 처리과정 등에서 발생하기도 한다.

상담자는 이러한 침묵의 의미와 정도를 정확히 파악하고 느낌의 반영이나 해석기법 등을 통해 침묵의 원인에 대한 명료화작업이 필요하다.

  (2) 독점

집단내에서 대화나 활동을 독점하는 경우이다. 어떤 집단원은 타인의 이야기를 듣지 않고 자신의 이야기만 하거나 집단을 주도하는 것을 의미한다.

  (3) 지나친 의존

집단내에서 해결하기위해 주어진 과제를 상담자 또는 동료집단원에게 의지하는 유형이다. 집단 초기에 집단원은 상담자가 자신들에게 무엇인가를 지시하고 문제를 해결해 주기를 기대하는 현상이 자주 나타나는데 이는 상담자의 참조력의 과잉에서 비롯되기도 한다.

(4) 집단내 소집단의 형성

집단원의 규모가 10명 이상이 되면 전체집단의 방향성에 반하는 소집단이 형성되기도 한다. 이러한 소집단의 악영향은 집단 전체적인 역동성을 방해하고 소집단별로 전체와는 다른 주제에 대해 이야기하거나 때에 따라서는 전혀 집단에 참여하지 않고 침묵하기도 하는 현상이다.

(5) 주지화(=지성화)

정신역동적 상담이론의 자아방어기제로 설명되는 주지화는 집단상담에서 다른 의미로 도출되어 집단상담의 문제해결을 위한 촉진적 활동을 방해한다. 집단내의 주지화 내지 지성화란 자신의 내면적인 세계를 개방하기보다는 지적인 토론을 벌이는 현상이다.

(6) 역사가 출현

청소년집단보다 성인집단의 경우, 자주 일어나는 현상으로 집단상담의 촉진적 분위기에 장애가 된다. 예를 들면집단에서 옛날에 일어났던 일, 또는 떠난 사람에 대해 이야기를 지속적으로 하며 이를 이유나 변명으로 치환하는 경우 등이다.

(7) 상담자와의 동일시 내지 협동상담자 역할

특정 집단원은 마치 협동상담자의 모습으로 상담자의 보조역할, 또는 동급의 역할을 맡아 다른 집단원에게 질문하고 충고, 리더하려는 현상이다.

(8) 다른 문제행동들

우월자로 행동하기(한때 나도 당신들과 같았지) / 도덕화(나는 옳고 당신들은 틀렸다) / 리더에 대한 전이(전문가, 권위인물, 초인, 친구, 연인) / 역전이 / 타인을 조종하려함 (순수한 자기노출이 아니라).

3) 작업 단계 (응집/생산 단계)

- 집단이 작업단계이 들어서면, 구성원들은 집단을 신뢰하고 자기를 솔직하게 공개한다.
- 또한 대부분의 집단원들이 자신의 구체적인 문제를 가져와 활발히 논의하며 바람직한 관점과 행동방안을 모색하게 된다. 상담자는 집단원들이 대인관계를 분석하고 문제를 다루워가는데 자신감을 얻도록 도와주는 존재라고도 말 할 수 있다.
- 작업단계이서는 집단원들이 높은 사기와 분명한 소속감을 갖는 것이 특징이다.
- 이 단계에서 집단원들은 '우리집단'이라는 느낌을 갖는다.
- 집단원들이 모임에 빠지지 않으려 하고, 일상생활의 과정에서 일련의 문제가 발생되었을 때는 집단에 와서 문제해결을 매듭짓기 위해 스스로의 결정을 보류하기도 한다.

(1) 주요내용

가. 작업 단계는 집단상담의 전체단계중에서 가장 핵심적인 부분으로 매우 문제해결적 내용을 담고 있다.

나. 잘 조정된 앞단계들을 바탕으로 작업단계는 순조롭게 진행되고 집단상담자도 집단으로부터 한 걸음 물러나서 집단구성원들이 스스로 자신의 문제, 과제를 해결할 수

있도록 대부분의 작업을 맡길 수도 있다.

다. 집단단계가 작업단계에 들어서면 역동성이 살아있는 경우, 구성원들은 집단을 신뢰하고 자기를 솔직하게 공개한다.

라. 역동성 내지 건전한 집단풍토가 조성된 집단 – 생산적 집단 –의 경우, 구성원들이 자신의 구체적인 문제를 집단에 가져와 활발히 논의하며 바람직한 관점과 행동 방안을 모색하게 된다.

마. 집단구성원들의 사기가 높은 경우 – 생산적 집단 –, 작업단계에서는 구성원들이 소속감을 갖게된다.

** 작업단계의 유의사항

1) 집단중심의 진행으로 집단이 결속력이 강화됨으로서 다루어야 할 개인적 부정적 감정의 표현을 억제하는 경향이 생길 수도 있기에 상담자는 이 점에 유의해야 할 필요가 있다.

2) 작업단계는 문제해결을 위한 구체적인 행동 등을 해야할 때도 있다. 이 때, 어려운 행동을 실행해야만 하는 처지의 집단원에게는 다른 집단원들과 함께 강력한 지지를 보내주는 식으로 그들에게 실행을 위한 용기를 주도록 한다.

■ '생산적' 집단의 특징

1. 비슷한 문제를 가진 집단원을 보면서 안도감을 느낀다.
2. 다른 집단원의 긍정적 행동을 모방한다.
3. 자신의 책임을 수용한다.
4. 회피했던 감정을 표현한다.
5. 건강한 생활에 대한 정보를 얻는다.

NCS 국가직무능력표준
National Competency Standards

□ 집단상담 단계론에서 '작업단계'의 특징

1) 작업단계가 순조로우면, 집단지도자는 집단구성원들에게 대부분을 맡길 수 있음.
2) 작업단계에 들어서면, 구성원들은 집단을 신뢰하고, 자기를 솔직히 공개
3) 대부분의 구성원들은 높은 사기와 분명한 소속감을 가짐
4) 구성원들은 자신의 구체적인 문제를 집단에 가져와 활발히 논의하고 바람직한 관점과 행동방안을 모색
5) 구성원들은 '우리'라는 느낌을 가짐.
6) 집단결속이 이루어짐에 따라 집단에서의 부정적 감정을 억제하는 경향이 있어 유의하여야 함.
7) 어려운 행동을 실행해야 하는 집단원에게는 강력한 지지를 보내주어 용기를 북돋음.

집단상담의 단계(2)

학습목표
1. NCS 학습모듈에서 강조하는 '종결단계'의 내용이해
2. 코리 등 학자별 집단상담 단계 이해

학습내용
1. NCS 학습모듈에서 강조하는 '종결단계'의 내용을 이해하고 강조점을 학습한다.
2. 코리(Gerald. Corey)의 집단상담 4단계론 등을 학습한다.

▣ 종결단계(마무리단계)

집단상담의 종결단계는 어떤 면에서는 하나의 '출발'을 의미한다고 볼 수 있다. 즉 상담자와 집단원들은 집단과정에서 배운 것을 미래의 생활장면에 어떻게 적용할 것인가를 생각해야 한다. 집단원 각자의 첫 면접기록과 현재의 상태를 비교한 후, 일정한 정도의 진전이 있다면 상담자는 종결을 준비한다. 종결이 가까워지면 집단원과 언제 집단을 끝낼 것인가 토의를 하며 결정한다.

때에 따라서 점진적인 종결이 제안되기도 한다. 즉 매주 만나던 집단이 2주일에 한 번이나 한 달에 한 번씩 만나는 것으로 횟수를 늦추어 가다가 마치는 과정이다.

상담자는 집단상담의 전 과정에서 집단원들이 각자의 행동에 대한 자기통찰을 향상하도록 훈련시켜야 하지만, 특히 종결부분에서는 앞으로의 행동방향에 대해서 주의를 기울이도록 상기시켜야 한다.

이 단계에서 적용되는 원리는 집단에서 배우고 경험한 것을 일상생활에서 적용할 수 있으며 또 적용해야 한다는 점과 자신을 보다 깊이 이해하고 타인을 수용하면서 살아갈 수 있다는 것이다.

요컨데, 집단상담의 경험은 집단원들이 집단상담을 종결한 이후라도 주위 삶들에 대해서 지배나 경쟁 보다는 조화를 추구하고, 감정의 발산보다는 절제를 통하여 자신의 수양과 성숙을 위해 더욱 노력하는 계기가 되어야 할 것이다.

○ 집단상담의 단계와 관련된 의미있는 기출문제

1) 초기단계 : 집단원들간의 낮은 신뢰감, 높은 불안감
2) 과도기적 단계 : 집단상담자에 대한 도전, 저항과 방어적 태도 형성
3) 작업단계 : 강한 집단응집력, 피드백교환의 활성화

  4) 종결단계 : 복합적 감정, 소극적 참여, 양가감정 다루기

○ 종결단계의 과업과 관련된 의미있는 기출문제

  – 종결단계의 과업으로 종결계획하기, 양가감정 다루기, 의존성 감소시키기, 변화된 것 확인하기, 변화 유지시키기, 변화된 내용 적용시키기, 집단경험 나누기, 미해결과제 취급하기, 피드백 주고받기, 사후관리계획 수립하기 등

NCS 국가직무능력표준
National Competency Standards

❏ 집단상담 종결단계에서의 주요 과제

  1) 이별감정의 취급
  2) 미해결 과제의 취급
   - 집단에서 마무리 짓지 못한 채 남겨진 안건을 확인
   - 집단원 상호 간에 부정적 감정을 가지고 있지 않는지 확인
   - 집단원중 개인적인 문제해결을 마무리하지 못해 아쉬운 사람이 없는지 확인
   - 미해결과제를 집단에서 토론할 기회를 제공하고 공감해 준다.
  3) 피드백 주고받기

❏ 집단상담의 과정

  집단준비단계 - 초기단계 - 과도기적 단계 - 작업단계 - 종결단계 - 추수작업 순으로 정리

▨ 집단상담의 5단계론

1. 계획단계

  1) 집단에 대한 안내와 집단구성원 선발
  2) 집단상담의 상담이론 개발
  3) 상담 전 만남 또는 최초 회기
  4) 실제 고려사항 검토
  5) 집단상담 홍보

2. 참여단계

3. 과도기적 단계(전환, 준비, 갈등단계)

4. 작업단계(응집/생산단계)

5. 종결단계

1) 집단원중 일부는 소극적인 태도를 취하기도 한다.
2) 집단원중 일부는 과제회피가 나타난다.
3) 집단원중 일부는 집단활동에 대한 애착과 정서적 관여가 감소한다.
4) 종결단계에서는 기본적으로 집단원의 성장과 변화를 평가한다.

■ 코리(Gerald. Corey)의 집단상담 4단계론

- 1단계 : 집단형성단계
- 2단계 : 과도기단계
  불안이 증가하며 하위집단을 이루며 분리되기도 한다. 집단원 자신을 속으로 숨기거나 간접적 표현을 사용하기도 한다. 다른 사람들에게 조언을 하는데 많은 에너지를 쏟는다.
- 3단계 : 작업 단계
  가장 핵심적인 단계로 구성원들이 자신의 구체적인 문제를 집단에 가져와 활발히 논의하며 바람직한 관점과 행동방안을 모색하는 단계이다. 지도자(상담자)는 구성원들이 자신의 문제를 다루어 나가는데 자신감을 얻도록 도와주고, 구체적인 실천을 할 수 있는 용기를 북돋아주고 지지를 보낸다.
- 4단계 : 종결단계

■ 학자별 집단상담의 단계론

1. 존스

1) 첫 단계 : 가입 전 단계(친밀 전 단계)
   성원들이 집단 참여에 대해 양립된 감정을 가진다.
   거리감을 유지하려고 하고 자신이 위험하지 않은 상태에서 집단으로부터 무엇인가를 얻으려 한다. 좌절이나 고통이 따를 수 있을 것이라고 인식하고 있다. 보상이 주어질 것이라는 기대를 가지고 있다.

2) 두 번째 단계 : 힘과 통제의 단계(권력과 통제 단계)
   규범(규칙)이 나타난다.
   집단 내에 출현하는 의사소통의 유형, 집단 성원들의 특정역할과 책임의 수행, 집단 과제를 다루기 위한 규범과 방법의 개발, 회원제에 대한 의문과 회의를 갖는다.

집단 내에 그들이 위치를 수립하고자 할 때 투쟁 형태로 나아가게 된다.

3) 세 번째 단계 : 친숙단계(친밀단계)

좋아하고 싫어하는 관계가 나타나는 단계이다.

집단에 대한 느낌이 좀 더 개방적으로 표현한다. 집단과제 실행으로 일체감과 집단 내 응집력이 고조되며, 투쟁을 개인적 삶의 변화와 탐색을 유도하는 쪽으로 활용된다.

4) 네 번째 단계 : 분화단계(특수화단계)

집단성원들로 하여금 새롭고 대안적인 행동 유형을 자유로이 탐색하는 단계이다.

거의 모든 성원들에게 지도력이 공평하게 분배되고 더욱 기능적이 된다. 권력과 투쟁 문제는 최소화 되고 의사결정이 이루어지며 감정적인 면은 약화되면서 객관적 기준에서 일을 수행하게 된다. 집단에 대해 이해하면서 집단은 갈등을 공개적으로 드러내며 집단발달을 저해하는 장애물을 확인하게 된다.

5) 마지막 단계 : 이별단계(종결단계)

처음 시작 시 종결에 대해 이야기 한다.

퇴행적 행동이나 분노를 보일수도 있다. 집단상담자는 자연스러운 진화과정을 밟도록 함으로써 생애를 최대한 활성화하도록 노력해야 한다.

2. 노튼(Northen)

1) 준비단계

집단구성의 계획과 접수과정, 상호작용 이전단계, 개인적 속성의 동질성과 경험의 이질성을 가진 구성원으로 구성. 심리적 불안 해소 및 신뢰관계 분위기

2) 오리엔테이션 단계

1차적 접촉, 공통점의 탐색, 강한 자(自)의식, 강한 불안과 긴장, 투쟁적 리더, 집단에의 매력이 중요, 인간적 유대관계 발생, 의사소통 형성

3) 탐색과 시험단계

상화관계와 상호작용 가능성 탐색, 타협과 갈등, 목적이 분명해지고 목표 지향적 활동이 현저, 목표 지향적 리더, 상호작용 유형 발달, 하위집단 형성, 통제기제 발생, 여전히 긴장과 불안이 남아 있음

4) 문제해결 단계

소속감, 상호의존성과 집단 응집력이 고도화, 목적에 대한 충분한 일치성과 목적달성을 향한 협동능력의 극대, 운영절차 습관화, 역동적 평형상태, 다양한 하위집단, 문제해결 능력

고도화, 높은 영향력과 높은 역동성

5) 종결단계
　　목적 달성, 기한 도래, 통합력 결핍, 부적응

■ 침묵하는 집단원에 대한 개입방법

1. 침묵 이면에 숨겨진 의미를 탐색할 수 있도록 촉진한다.
2. 회기에 대한 준비부족으로 인해 나타나는 침묵인 경우에는 적극 개입하여 집단활동을 유도한다.
3. 상담자가 집단원의 침묵 행동을 조장할 수도 있으므로 상담자 자신을 탐색해 본다.
4. 다른 집단원이 침묵하는 집단원에 대해 비난하거나 공격적인 태도를 취하지 않도록 개입한다.
5. 집단원의 침묵이 비록 집단역동을 방해하지 않는다 하더라도 성공적인 집단촉진을 위해 적절한 개입을 통해 침묵상황을 해소하는 것이 적절하다.

청소년 집단상담

학습목표	1. 청소년 집단상담의 의미와 적합성 이해
	2. 청소년 집단상담의 특성에 대한 이해

학습내용	1. 청소년 집단상담의 의미와 적합성 및 집단원의 특성에 대해 학습한다.
	2. 청소년 집단상담의 특성에 대해 학습한다.

☐ 청소년 집단상담

1. 청소년 집단상담의 개요

1) 청소년 집단상담의 정의

(1) 청소년집단상담의 의미는 큰 틀에서 보면 일반 집단상담의 의미와 큰 차이는 없다. 하지
만 대상자가 청소년이며 청소년기의 발달과업의 독특성으로 인해 고려해야 할 내용을 의
미에 담아야 한다.

(2) 한국청소년상담원에서는 청소년 집단상담의 의미를 한 명의 상담자와 여러 명의 청소년
들이 함께 모여 일정기간 동안 정기적으로 만나면서 생활 과정에서 직면하는 문제나 사
건 등 그들의 관심사에 대하여 각자의 느낌, 반응행동, 생각들을 대화로 서로 교환하는
가운데 허용적, 현실적, 감정 정화적, 상호 신뢰적, 수용적, 지원적인 집단의 응집력과
치료적 분위기를 통해 상호 이해를 촉진함으로써 긍정적 변화를 모색하는 목적을 가진
집단 활동이라고 개념지었다.

2) 청소년집단상담의 의의

집단에 참여한 청소년들이 각자의 느낌, 태도, 경험, 행동, 생각 등 그들의 관심사를 얘기하
고 듣는 가운데 성격 변화와 발달이 이루어진다. 그러나 정신 질환과 같은 비정상적이며 병
적인 문제들을 주로 다루는 심리치료적 기능보다는 일상생활의 적응이나 대인관계 등, 대
부분 정상적 청소년들이 그들의 자아 정체감 발달 과정에서 겪고 있거나 관심을 두는 문제
를 다룸으로써 청소년들의 성장과 발달에 중점을 둔다.

2. 청소년 집단 상담의 목표

1) 자신감 회복
2) 새로운 환경에 대한 적응문제
3) 자신수용을 위한 변화
4) 청소년기의 자아 정체감 확립, 확인
5) 자학 행위에서 벗어나 자존감을 찾는 것(회복_
6) 대인관계 효능감 증진을 위한 사회성 기술을 발달시키는 것
7) 이성에 대해 이해하는 것
8) 장래의 진로를 결정하는 것
9) 자신의 장점과 잠재력을 인식하고 개발하는 것
10) 열등감과 패배 의식을 극복하고 자신이 새로운 가치를 발견하는 것 등
청소년 집단 상담의 목표는 청소년들이 가져오는 각자의 목표들을 수용할 수 있는 포괄적이고 일반적인 목표이어야 한다

■ Gazda(1989)가 제시한 청소년 집단상담의 목표

1) 청소년의 중대한 발달적 요구를 충족시켜 줄 수 있다.
2) 청소년이 동일성 추구과정을 조력할 수 있게 관계를 수립한다.
3) 청소년 자신에 대한 이해와 보다 효율적인 생활과 행동의 기회를 제공한다.
4) 청소년으로 하여금 자신의 감정과 태도, 그리고 자신과 세계에 대한 개념을 점검할 수 있는 기회를 제공한다.
5) 청소년들이 자신의 지각으로 타인과 함께 이야기하는 방법을 익히고, 점진적으로 행동에 대한 책임을 받아들여서 자신에 대해 생각하도록 한다.
6) 자기 자신 및 다른 사람들의 행동에 대하여 단순한 표면적 관찰만으로는 만족하지 않는 태도를 배우게 한다.
7) 다른 성원들의 견해가 자신과 일치하지 않아도 그들의 의견과 권리를 존중하도록 도와준다.

■ 청소년 집단 상담의 특성

1) 청소년들은 그들의 발달 과정상 많은 요구가 있다. 그들은 잠재 능력을 최대한 발휘하며, 대인 관계를 원만하게 형성하고 유지하려 한다. 자신의 장래 진로를 결정하고 준비하기 위하여, 자신의 정체를 확립하려 한다. 낯선 환경에 잘 적응하고 자기를 부정하고 비하시키는 사고, 느낌, 행동에서 벗어나 긍정적인 자아개념을 갖고자 한다.

2) 청소년 집단상담은 이러한 내용들을 고려하여 진행되어야 할 특성이 있다.

(1) 자존심의 회복

청소년들은 아동기를 지나는 동안 심한 경쟁 상황에서 패배 의식과 열등감을 경험한다. 이러한 경험은 청소년들로 하여금 자신을 부정하며 자신의 보습을 부끄럽게 느끼도록 만들 수도 있다. 열등감을 극복하고 자신감과 자존심을 높이기 위하여 청소년들은 다양하고 폭넓은 경험을 하는 가운데 자신의 느낌을 인식하고 수용하여야 하며, 그들 주변의 많은 사람들과 자신의 경험, 생각, 느낌, 희망, 신념 등을 자유롭게 교환하는 기회를 가져야 한다.

(2) 성적 갈등의 해소

청소년들은 특히 이성에 호기심과 관심이 많으며 이 성과 친밀한 관계 형성을 원하면서도 이성과의 접촉을 두려워할 수 있다. 급작스런 신체변화와 성적 욕구의 팽창은 그들로 하여금 혼란과 무지와 죄책감에 빠지게 한다.

(3) 외로움과 고립감의 극복

- 청소년들은 신체적, 심리적, 사회적으로 급격한 발달과 성장에 따른 변화를 경험하기 때문에 온갖 고민과 회의와 혼란스러움을 오로지 자신만이 겪는 어려움으로 느끼기 쉬우며 극도의 외로움과 고립감에 빠지기도 한다.
- 한 사람의 성인이 된다는 것은 신체발달과 성숙에 따라 자연히 이루어지는 과정이 아니라 중요한 선택과 그 책임에 대한 부담과 고통이 수반되는 것이다.
- 자신의 삶의 목표를 발견하기 위해서 고통스런 과정이 있어야 하고, 그 과정과 직면해야 한다.

(4) 새로운 가치 추구

- 집단은 하나의 작은 축소판 사회이다. 집단내의 다른 사람에 대한 관심과 이해는 자기주관에 빠지기 쉬운 청소년들에게 귀중한 사회 경험을 가능케 한다.
- 청소년들은 그들 자신의 인생 목표를 찾고 그에 따라서 삶의 방향을 정하기 때문에 지금껏 그들이 적용해 온 기존의 가치에 의문을 제기할 수 있다.
- 부모나 교사의 일방적 주문에 의한 가치와 생활양식이 그들 자신의 삶의 목표라는 기준에 맞추어 재정립되어야 한다.

(5) 자아의 발견과 진로 결정

- 청소년들에게 있어 진로 결정은 일생 일대의 중요한 과제인데, 가장 바람직하고 만족스런 진로결정은 자아 정체감의 발달이 이루어질 때 가능하게 된다.
- 어떤 분야에 흥미와 적성과 능력이 있는가?
- 부모의 도움 없이도 중대한 내 자신의 일에 현명한 결정을 하고 책임을 질 수 있는가?
- 내가 추구하는 가장 중요한 가치는 무엇인가?

위와 같은 질문에 구체적으로 명확히 대답하기엔 그들의 경험이 너무 부족하고 주관적이며 자기 중심적인 사고에서 벗어나지 못할 수 있다. 자기 자신과 세상의 사물을 객관적으로 폭넓은 경험과 식견을 넓혀야 이와 같은 질문에 분명히 대답할 수 있다.

(6) 자아 정체감의 발달

청소년기의 주요 발달 과업은 자아 정체감을 발단시키는 것이다(erikson, 1963; dinkmeyer & muro, 1980). 자아 정체감은 과거, 현재, 그리고 미래에 걸쳐 일관성 있는 자기 자신의 모습에 대한 느낌이며 발견이다.

자신의 모습을 명확히 찾아 나가는 것이 자아정체감의 발달이다.

■ 청소년기의 주요 발달 과업

1) 의존적이며 독립적인 삶의 생활 균형을 성취하기
2) 사랑과 관심을 주고 받는 적절한 생활 방식을 성취하기
3) 새로운 사회 집단에 참여하기
4) 도덕성 발달시키기
5) 심리적이고 사회적이며 생리적인 성역할 배우기
6) 신체 변화를 인정하고 적응하기
7) 신체 변화를 조절하고 새로운 기능 형태에 익숙해지기
8) 현실적 세계를 이해하고 통제하는 것을 배우기
9) 적절한 개념 체제와 어휘 능력을 발달시키기
10) 우주 속의 내 자신의 존재 의미를 찾기

○ 청소년 내담자의 특성 – 기출문제관련 심화학습 내용

1) 의뢰된 내담자가 많다
2) 상담에 대한 지구력, 참여동기의 부족
3) 학교선생님이나 부모님의 왜곡된, 부정적 표상의 연결선에서 상담자를 인식하고 반감을 갖는다.
4) 청소년의 동시다발적 관심사로 인해 특정된 주제에 몰입하기 힘들다.
5) 감각적 재미와 흥미에 빠져 진지한 진행의 어려움이 있다.
6) 언어표현력이 떨어진다.
7) 형식적 조작기에 해당하는 연령이긴 하지만 인지적 능력이 고도화 되지 못하여 진행기법의 세밀화가 필요하다.

학교장면에서 집단상담을 계획하고 준비할 때, 교내외 구성원의 적극적인 지지를 확보할 수 있는 적절한 방법

1. 학부모들에게도 알려주고 집단상담 프로그램의 필요성을 인식하게 하여야 한다.
2. 집단상담이 학교의 교육목표에 부합한다는 점을 교직원들에게 강조한다.
3. 학업, 정서행동, 등교거부 문제 등 학교의 주된 관심사를 주제로 선정한다.
4. 신학기 초뿐만 아니라 지속적으로 집단상담 계획을 교직원들에게 홍보한다.
5. 집단상담이 학생들뿐만 아닐 교사들에게도 도움이 된다는 점을 학교행정가들에게 인식시킨다.

청소년 집단원의 일반적 특성

1. 부모나 교사에 의해 의뢰된 경우, 상담에 대한 의심과 적대감을 표출하는 경향이 있다.
2. 상담동기가 낮은 경우, 장시간 진행하는 자기탐색 활동에 집중해서 참여하는 것이 어렵다.
3. 동시다발적으로 다양한 관심을 갖고, 관심의 변화속도가 빠른 경향이 있다.
4. 기성세대에 대한 편견과 왜곡된 기대로 인해 성인 상담자를 부정적으로 지각하는 경향이 있다.
5. 형식적 조작기에 해당하는 시기로서 추상적 개념을 고려하고 논리적 추론도 가능하다.

20강 참여자의 권리/상담자의 윤리적 문제 등

학습목표	1. 청소년 집단상담 참여자의 권리와 책임 이해 2. 주제별 청소년 집단상담 프로그램의 개요 이해

학습내용	1. 청소년 집단상담 참여자의 권리와 책임와 이해하고 운영시 유의사항을 학습한다. 2. 주제별 청소년 집단상담 프로그램의 개요와 그 특성을 학습한다.

☐ 청소년 집단 상담 참여자의 권리와 책임

집단 상담에 참여하기를 희망하는 청소년들의 선발은 집단 상담의 성공을 위해서 뿐만 아니라 변화를 희망하는 청소년 참여자들의 권리를 보호해야 하는 윤리적인 측면에서도 아주 중요하다. 어떤 청소년들은 다른 참여자들에게 심리적 부담을 주기 때문에 집단 참여자를 선발하는 과정은 신중을 기해야 한다.

1. 집단 참여를 희망하지 않는 청소년을 무리하게 참여시키려는 상담자는 무책임하며 비윤리적이다.
   - 이러한 청소년들이 집단에 참여한 후 집단의 목적이 그들 자신의 목적과 다르거나, 집단의 목적을 사전에 몰랐다면 공격적으로 될 수 있기 때문이다.
   - 집단참여 희망자들은 청소년 집단 상담이 그들에게 이로운지 여부를 결정할 수 있도록 집단의 목적, 절차, 형식, 예상되는 결과 등에 대한 충분한 정보를 가지고 있어야 한다.
2. 청소년 집단 상담의 성격과 목적에 따라 참여자들의 권리가 침해될 경우가 있다. 즉, 집단 상담의 과정에서 참여자 다수의 의견에 따라 참여자 모두 일률적인 행동 지침에 따라야 할 때가 있다.
   - 집단 상담의 과정에 이러한 활동과 내용이 부분적으로 포함되어 있다면, 참여자들이 미리 알고 있어야 한다. 이것은 그들이 집단 상담에 참여할 것인가 말 것인가를 결정하는 중요한 사항이 되기 때문이다.
   - 참여자들 사이에 알게 모르게 서로 인격과 권리를 침해할 수 있는 사항에 대하여 미리 참여자들 모두 약속하는 형태의 규범을 만드는 것이 좋다.
3. 청소년 집단 상담에서 참여자들의 권리를 침해할 수 있는 또 다른 예는 비언어적인 훈련 집단에서 발생한다.

- 팔씨름, 레슬링, 사람을 안고 넘어지기, 눈감고 회전 후 사람잡기 등 신체적 접촉이 포함된 공격적 훈련이나 게임을 하는 경우 상담자는 혼성 집단원들 간에 신체적 접촉에 의한 성적 접촉의 기회는 차단해야 한다.
- 어떤 청소년들은 흡연이나 술, 약물복용을 상습적으로 하는 경우도 있는데 상담자는 이러한 청소년들과 분명한 약속을 하고 그 약속을 이행하는 데 중점을 두어야 할 것이다.

▣ 청소년 집단상담 운영시 상담자가 유의해야 할 사항

1. 집단원에게 도움이 된다고 하여 훈련받지 않은 기법을 사용해서는 안된다.
2. 집단내 갈등이 발생하면 다루던 주제를 잠시 미루고 갈등을 먼저 다룰 수 있다.
3. 상담을 시작할 때 집단에 참여함으로서 발생할 수 있는 심리적 위험요소에 대해 인지시킨다.
4. 상담을 시작하기 전, 개인적 목표에 도달하기 위해 상담자로부터 어떤 도움을 받을 수 있는지를 알려준다.
5. 상담내용을 녹화할 때 집단원에게 녹화한 자료의 용도를 알리고 사전 동의를 받는다.

▣ 청소년 집단상담의 윤리

1. 참여자에 대한 서면동의를 받아야 한다.
2. 집단에 참가하기 전에 내담자가 알아야 할 정보를 알려야 할 의무가 있고 집단상담 동안 집단 구성원들의 권리에 대해 분명히 인식하고 사전이나 도중에 알려야 할 사항에 대해서는 반드시 알려야 한다.
   ⑴ 집단 참여자들은 집단 상담의 목표를 분명히 알 권리가 있다.
   ⑵ 집단 상담에서 가장 중요한 윤리 문제가 비밀 보장이며 상담 과정에서 상담자는 집단과 관련된 구체적 사항을 집단 밖에서는 논의하지 않도록 구성원들에게 상기시켜야 한다.
   ⑶ 청소년 집단 상담에 참여한 청소년들이 심리적 혼란을 느끼는 경우가 발생하는데 즉, 치료적 기능이 강한 청소년 집단 상담은 긍정적 변화에 효과적이지만 그들의 본래 모습을 혼란시킬 수 있다. 이럴 경우 상담자가 이런 위협의 가능성을 참여자에게 알려주는 것이 중요하며 이러한 위협이 상담 초기에 논의되어야 하며 상담자는 이러한 위협을 줄이기 위한 방안을 참여자들과 논의해야 한다.
   ⑷ 상담자는 참여자들이 자신을 위해 무엇을 탐색하고 어떻게 대처할 것인지 결정할 권리가 있음을 강조해야 한다. 상담자는 집단의 압력에 민감하고, 참여자들이 다른 사람이 원하지 않는 어떤 것을 하도록 하려는 어떠한 시도도 차단해야 한다.
   ⑸ 집단 경험 후 참여자들은 그들의 삶뿐만 아니라 가족들의 삶에도 영향을 미치는 성급한 결정을 내릴 수 있다.
   ⑹ 참여자들에게 또 다른 위협은 집단 내의 활동을 바깥으로 옮기려는 시도에서 나타날 수 있다. 외부에서 만나는 것을 거부하는 것이 집단 경험의 가치를 완전히 저하시킬 수 있다.

■ 청소년상담사 윤리강령

① 청소년 내담자 상담 시 사전에 상담에 대한 동의를 받는다.
② 기록 및 녹음에 관해 내담자의 사전 동의를 구한다.
③ 수퍼바이저에게 자문을 받기 위해 내담자의 동의를 구한다.
④ 관계법령에서 따로 정한 경우를 제외하고는 내담자의 동의없이 상담의 기록을 제3자나 기관에 공개하지 않는다.
⑤ 퇴직, 이직 등의 이유로 상담을 중단해야 할 경우 기록과 자료를 절차에 따라 해당기관에 보관한다.

■ 청소년 집단 상담의 여러 가지 형태

– 집단 지도, 집단 상담, 집단 훈련, 집단 심리치료

1. 집단 지도

1) 성 교육
2) 진로/진학을 위한 가이던스형 집단지도

2. 집단 상담

1) 학습 부진아의 집단 상담
2) 수줍은 초등학생을 위한 집단 상담
3) 비행 청소년을 위한 집단 상담
4) 우울과 자살 관념의 여고생을 위한 집단 상담
5) 말더듬 학생을 위한 집단 상담
6) 갈등 해소를 위한 집단 상담
7) 적응력 강화를 위한 집단 상담

3. 집단 훈련

1) 스트레스를 대응하도록 돕는 집단 훈련
2) 가치관 명료화를 위한 집단 훈련
3) 성취 동기 육성을 위한 집단 훈련
4) 또래 상담자 훈련
5) 부끄러움 극복을 위한 집단 훈련
6) 사회성 훈련 집단
7) 효율적 공부 방법을 익히는 집단 훈련
8) 분노 조절의 훈련 집단
9) 마음의 대화를 위한 집단 훈련

4 집단 심리 치료(group psychotherapy)

- 부적응, 우울, 정체감 혼미, 자살 충동 등의 문제해결을 위한 심리적 절차에 따른 전문 집단 상담

■ 청소년 집단상담중 자조집단의 내용

1. 전문가 없이 구성원들이 스스로, 자율적으로, 합의된 절차에 따라 일정한 주제를 구체적으로 해결하기 위한 상담을 한다.
2. 구성원들이 공통적으로 관심을 가진 문제만을 가지고 상담한다.

■ 청소년 집단상담중 치료집단의 내용

1. 구성원들이 문제를 어떻게 극복하고 있는지를 알아보기 위해서 상담초기와 마지막에 질문지 법을 이용한다.
2. 새로운 기술을 익히도록 독려할 목적으로 계약서쓰기 방법이 이용된다.

○ 청소년 집단상담 운영과 관련된 기출문제를 통한 심화학습

* 법원의 명령에 의해 의뢰된 청소년 내담자 대상 집단상담시 유의사항
  1) 집단운영의 규칙을 위반할 시 법적 제제를 할 수 있다.
  2) 비밀보장에 대한 책임을 분명히 하고 고지한다.
  3) 중도포기의 권리를 알려주며 그것이 의미하는 바를 알려준다.
  4) 집단의 목적을 분명히 인식시키고 적극적 참여를 독려
  5) 법원에서 요구하면 비밀보장의 예외가 있음을 알려준다.

○ 청소년 집단상담 운영과 관련된 기출문제를 통한 심화학습

* 적대적 행동을 보이는 집단원에 대한 집단상담자의 적절한 대처
  1) 적대적 행동과 집단응집력의 영향에 대한 점검
  2) 다른 집단원의 적대적 행동에 대한 적대적 집단원의 경청 유도
  3) 적대적 행동 이면의 감정적 문제를 자각하도록 돕는다
  4) 개인상담도 과감히 진행한다.
  5) 적대적 행동의 문제심각성이 크다고 판단되면 즉각적으로 개입하는 것이 적절하다.

○ 청소년 집단상담 운영과 관련된 기출문제를 통한 심화학습

* 학교폭력 가해자가 참여하는 청소년 집단상담에서의 상담자 역할
  1) 교칙에 의해 의무적으로 참여하는 학교폭력 가해자인 내담자가 참여하는 집단상담이라 도 보호자의 허락과 사전 동의를 필요로 하며 비밀보장의 예외가 있음을 알려준다.
  2) 집단원에게 집단이탈시 발생하는 결과에 대해 고지해야 한다.

집단상담의
기초

21강 # 청소년집단상담자의 자질 등

학습목표
1. 청소년 집단상담 진행자의 전문적 자질 이해
2. 청소년 집단상담 진행시 유의사항에 대한 지식 함양

학습내용
1. 청소년 집단상담 진행자의 전문적 자질과 전문적 지식에 대해 학습한다.
2. 청소년 집단상담 진행시 유의사항/법적 책임, 과실에 대해 학습한다.

▣ 청소년 집단상담자가 갖추어야 할 전문적 자질

① 치료적, 예방적, 발달적 집단을 다차원 관점에서 접근과 피드백을 해야한다.
② 청소년의 부모와 협력할 수 있는 기술을 갖는다.
③ 각 연령집단의 발달과업을 이해한다.
④ 청소년 집단원에게 적합한 의사소통 기술을 갖춘다.
⑤ 자신의 가치관이 다문화 청소년에게 미칠 수 있는 영향을 인식한다.

○ 청소년 집단상담자 – 기출문제를 통한 심화학습

– 청소년 집단상담자가 갖추어야 할 전문적 자질(지식)

1) 청소년마다 발달적인 접근이 다르기 때문에 치료적·예방적·발달적 집단을 다른 관점에서 이끌어간다.
2) 청소년의 부모와 협력할 수 있는 기술을 갖는다.
3) 각 연령집단의 발달과업을 이해한다.
4) 청소년 집단원에게 적합한 의사소통 기술을 갖춘다.
5) 자신의 가치관이 다문화 청소년에게 미칠 수 있는 영향을 인식한다.
6) 자신과 타인을 이전과 다르게 보고 느낄 수 있는 유일한 경험을 제공하며 이전과 다르게 행동하도록 격려하고 지지한다.
7) 더 나아가 일상생활에서 경험하는 문제들을 점검하고 이러한 문제들에 대응하는 다양한 방법들을 서로 교환할 수 있는 기회를 제공한다.
8) 청소년 집단상담은 서로 영향을 주고받는 경험과 함께 다른 사람에게 미치는 자신의 영향력을 분석하도록 만들어주는 기능이 있다.

청소년 집단상담자의 기본자세

1) 용기내기

집단상담자도 실수할 수 있음을 받아들이고 모험을 꺼리지 않음으로써 집단구성원들이 상담자와 동료 집단구성원들을 향해 자신의 마음을 열도록 유도하는 것이다.

2) 모범보이기

집단상담자가 먼저 자신을 집단구성원들에게 드러냄으로써 집단구성원들이 상대방의 의견에 귀를 기울이게 하는 것이다

3) 심리상태에 동참하기

집단상담자가 슬픔, 화, 죄책감 등 집단구성원들의 부정적인 심리상태에 적극적으로 공감하고, 이러한 감정들을 집단상담에서 다룸으로써 내담자의 심리가 치유되도록 하는 것이다.

4) 선의의 관심갖기

집단구성원들이 적극적으로 집단상담에 참여하도록 지지하고 이끌어주며, 집단 내에서 집단구성원들 각자의 개성을 존중해 주는 태도이다.

5) 공격에 대응하는 능력 함양하기

집단상담자가 집단의 구성성원들을 공평하게 배려해 주고, 충분히 관심을 기울여주며, 공격적인 내담자에게 비판적으로 대하기보다 내담자들의 부정적인 마음을 중요하게 다루어 주는 것이다

그 외에 개방적 자세, 자신감을 갖고 영향력 발휘하기, 창의적 태도 지니기 등

○ 청소년 집단상담자의 전문성 - 기출문제를 통한 심화학습

1) 내담자로서, 상담자로서의 개인상담의 경험
2) 집단상담의 경험
   - 자기진단과정
   - 교육지도 실습집단 경험
3) 집단계획과 조직능력
4) 상담이론에 관한 지식
5) 인간에 관한 폭넓은 지시과 경험

청소년 집단상담자의 유의 사항

1) 집단상담 기법의 사용뿐만 아니라 자신의 개인적 가치체계를 통하여 집단 구성원들에게 미

칠 수 있는 자신의 영향력에 주의를 기울여야 한다.

2) 집단상담에 참여하는 과정에 부수하는 심리적 부담에 주의를 기울여야 한다.

3) 집단 구성원들의 목적을 분명하게 재정의 해야 한다.

4) 집단 구성원들과 함께 비밀보장과 집단의 규범에 대해 논의해야 한다.

5) 비밀보장의 한계

  (1) 전문가의 입장에서 볼 때 집단구성원이 자신이나 다른 사람 혹은 기물에 심각한 위협을 끼칠 것으로 판단되는 경우.

  (2) 아동이나 노인의 학대, 방임 및 폭행이 의심되는 경우.

  (3) 법원으로부터 정보를 제공하라는 명령을 받는 경우.

  (4) 슈퍼비전을 받고 있는 경우.

  (5) 집단구성원이 서면으로 허락한 경우.

6) 자신의 심리적 욕구충족을 위하여 집단 구성원들을 대하지 않도록 진지한 존중심을 보인다.

7) 각 회기의 종결 단계에서 구성원들이 그들의 생각과 느낌을 말할 수 있도록 격려하고 충분한 시간을 할애해야 한다.

8) 집단 구성원들이 집단에서 학습한 내용을 그들의 일상생활에 활용하려고 시도할 때 다른 사람들로부터 받을 수 있는 부정적인 반응에 효율적으로 대처하도록 도와야 한다.

9) 자신의 집단상담자 기법과 효율성을 높이기 위해 집단상담의 효과를 평가할 수 있는 방법을 개발해야 한다.

10) 집단 구성원들의 권리를 보호하기 위하여

    첫째, 말하고자 하는 것만 말하도록 허용하고

    둘째, 집단의 압력으로 어떤 행위를 강요하려는 시도를 막으며

    셋째, 구성원들 중 어느 누구도 속죄양이 되어 인권을 침해당하는 일이 없도록 해야 한다.

■ 청소년들을 대상으로 집단상담을 진행할 때의 유의사항

① 또래상담자를 적극적으로 활용한다.

② 집단구성원들의 적극적인 참여 분위기를 조성한다.

③ 역할극과 같은 행동지향기법을 적극적으로 이용한다.

④ 집단상담자가 상담의 초기단계에 지나치게 개입하거나 상담의 체계를 잡으려 하지 않는다.

⑤ 다른 사람들이 내담자에게 행한 행동 자체보다 특정한 상황에서 내담자가 받은 영향에 대해 이야기하도록 도와준다.

☐ 청소년 집단상담과 법적책임, 과실

1) 미성년자와의 상담에서는 법률에서 요구하지 않더라도 부모의 서면허가를 확실하게 받아야
   한다.
2) 집단상담자가 일하는 기관의 지침이나 치료한계에 대한 법에 대해 알아야 한다.
3) 불참을 예고하는 집단구성원의 심리적 취약의 징후에 주의를 기울여야 한다.
4) 집단구성원이 자신이나 타인에게 위험한 행동을 할 경우에 사전에 이를 평가하고 개입하는
   방법을 배워야 한다.
5) 집단상담자가 받은 교육, 훈련, 경험의 한계 내에서 구성원을 치료해야 한다.
6) 최신 연구들을 알고, 이 정보를 집단의 유효성 증가를 위해 적용시킬 수 있어야 한다.

집단상담의 구성 및 응집력

학습목표

1. 집단상담자의 리더십에 대한 이해
2. 집단응집력에 대한 이해

학습내용

1. 집단상담을 운영하는 상담자의 리더십, 전문지식을 학습한다.
2. 집단응집력, 집단풍토에 대한 내용과 특징을 학습한다.

01 다음 중 의미 있는 집단상담 구성을 위해 필요한 조건으로 옳지 않은 것은?

① 심리적 다양성
② 직접적 의사소통
③ 유의한 상호작용
④ 역동적 상호관계
⑤ 생산적 상호의존

정답 ①

해설 집단운영상 심리적 유사성이 집단풍토내지 역동성을 이끌어내는데 매우 중요한 내용이 된다.

02 다음 중 집단상담자의 리더십 유형 중 다음 〈보기〉에서 설명하는 것은?

보기

- 집단중심적 리더십으로 집단에 대한 책임을 구성원들과 공유한다.
- 구성원들의 자율성과 구성원 자신에 대한 이해능력, 문제해결능력을 인정하고 존중한다.
- 집단상담의 분위기가 합리적이고 촉진적이 된다면 집단 및 구성원들은 잠재력을 스스로 개발할 수 있다는 전제 하에서 출발한다.
- 집단상담자는 모든 문제의 정답을 알고 있는 전문가로 행동하는 것이 아닌, 인간발달과정의 조력자로서의 역할을 수행해야 한다.
- 상담에서 집단상담자가 주로 사용하는 상담기술을 명료화 및 재진술, 반영, 피드백, 과정의 평가 등이다.

① 독단형
② 집단형
③ 방임형
④ 민주형
⑤ 모델형

정답 ④

해설 민주형은 집단중심적, 비지시적 리더십으로 구성원들의 의사를 그대 존중하여 민주적으로 집단이 운영되며, 민주적 집단상담자는 집단의 방향을 설정할 때나 상담주제를 결정할 때 독단적이지 않다.

03 집단상담시 집단상담자의 행동으로 가장 적절한 것은?

① 집단중기에 집단원들의 진술에 일일이 반응한다.
② 전문가의 이미지를 유지하기 위해 자기 노출을 하지 않는다.
③ 질문을 자주하는 집단원의 행동을 적극적인 집단 참여로 보고 수용한다.
④ 소극적으로 집단에 참여할 경우 적극적으로 참여할 것을 지속적으로 권유 한다.
⑤ 집단원들 간의 상호작용을 촉진하기 위해 다른 집단원들이 반응을 보일 때 까지 잠시 기다려준다.

정답 ⑤

해설 집단중기에 집단원들의 진술에 일일이 반응하는 것은 비효율적이며, 진행자의 적절한 자기노출은 진행을 수월하게 할 수 있으며 질문을 자주하는 집단원의 행동은 다른 참여자의 참여기회를 방해할 수 있고, 소극적으로 집단에 참여할 경우 적극적으로 참여할 것을 권유하지만 지속적 권유는 저항을 야기시킬 수 있다.

04 다음 중 집단상담과 개인상담의 유사점에 대한 설명으로 옳지 않은 것은?

① 상담자가 내담자의 감정을 명료화하고 이것을 반영한 후 해석한다.
② 내담자 스스로 자기관리와 인격적 통정, 생활에 있어서의 문제해결을 하도록 돕는다.
③ 내담자 스스로 자신의 감정과 태도를 느끼고, 이를 검토하도록 돕는다.
④ 이해적이고 허용적인 상담 분위기로 내담자들의 자기공개와 자기수용을 촉진한다.
⑤ 타인에 대한 바람직한 태도와 행동을 즉시 시도하도록 돕는다.

정답 ⑤

해설 집단상담은 구성원들이 다른 사람을 대하는 바람직한 태도와 행동을 즉시 시도하도록 돕는 데 반해, 개인상담은 그렇지 못하다.

05 다음 중 집단상담 시 집단구성원들의 권리로 옳지 않은 것은?

① 상담을 통해 자신의 문제가 해결되지 못했다고 생각할 때 집단을 떠날 자유
② 집단상담에서 배운 것을 실천할 때 전문상담자의 도움을 받지 않을 권리
③ 집단 참여로 인해 문제가 닥쳤을 때 상담자와 상담할 권리
④ 집단구성원들이 해결되지 않은 것에 지나치게 매달리지 않도록 집단에서 배운 것을 논의하고, 집단을 끝낼 기회를 누릴 권리
⑤ 집단에 참여할 때나 집단에서 의사결정을 할 때, 동료 집단구성원의 제안을 받아들일 때 부당한 압력을 받지 않을 권리

정답 ②

해설 집단상담에서 배운 것을 실천할 때 전문상담자의 도움 받을 권리.

06 다음 중 집단응집력에 대한 올바른 설명을 모두 고르시오.

가. 집단의 초기 단계보다는 마무리 단계에서 더욱 중요하게 간주된다.
나. 집단응집력을 높이기 위해 집단구성원은 집단에서 일어나는 일들에 대해 가능한 긍정적인 반응을 보이는 것이 바람직하다.
다. 집단구성원이 집단에 대한 매력을 더 많이 느낄수록 집단의 응집력은 강해진다.
라. 집단응집력은 집단구성원들이 서로를 신뢰하고, 집단의 일원으로서 지속적으로 존재하고 싶어 하는 정도를 말한다.
마. 집단응집력은 집단상담자가 자신의 역할을 집단구성원과 함께 나눌 때 높아진다.

① 가, 다, 라　　　② 가, 라, 마
③ 나, 다, 라　　　④ 나, 라, 마
⑤ 다, 라, 마

정답 ⑤

해설 집단응집력은 초기단계에 더욱 중요하게 작용하며, 집단응집력을 높이기 위해 집단구성원은 긍정적인 반응뿐만 아니라 부정적 반응도 공개해야 한다.

07 **집단상담의 기술 중 바람직한 해석의 방향으로 옳은 것은?**

① 자기방어 → 자기개방
② 구체적인 것 → 일반적인 것
③ 직접적인 것 → 간접적인 것
④ 확인과 탐색 → 가정과 추측
⑤ 'I & You' → '사람들', '우리들'

정답 ①

해설 ② 일반적인 것 → 구체적인 것
③ 간접적인 것 → 직접적인 것
④ 가정과 추측 → 확인과 탐색
⑤ 사람들, 우리들 → 'I & You'

23강 집단상담 기법

01 다음 지문의 집단구성원은 상담자의 기법 중 무엇을 통해 상담효과를 높일 수 있었는가?

> 영아 : 저는 이 집단에 참여하면서 많은 것을 얻었습니다. 특히 저에게는 이 번 상담이 두 번째였는데요.
> 지난 번 집단상담과 다른 점은 이전 상담에서는 말을 하면 할수록 짜 증이 났었는데, 이번에는 그렇지 않았다는거예요.
> 왠지 나를 잘 이해해주고 알아주는 것 같아서 집단에 참석하면서 잃 었던 자신감도 많이 회복하고, 왠지 힘이 났던 것 같아요.

① 직면
② 수용
③ 요약
④ 진실성
⑤ 적극적 경청

정답 ②

해설 수용은 상담자가 집단구성원의 내면 감정을 느끼고 그의 입장을 이해함

02 다음 중 집단구성원의 문제행동과 이에 대한 상담자의 대처방식이 잘못 짝
지어진 것은?

① 대화를 장황하게 늘어놓아 독점하려는 구성원의 경우, 즉각적으로 개입하여
더욱 생산적인 행동을 습득할 수 있도록 돕는다.

② 습관적으로 불평을 일삼는 구성원의 경우, 개별면담을 통해 불평의 이유를 파
악하려고 노력한다.

③ 소극적으로 집단과정에 참여하는 구성원의 경우, 적극적인 참여를 유도하여
집단구성원들 모두가 집단에 적극적으로 참여해 학습효과를 얻을 수 있도록
분위기를 조성한다.

④ 자신의 느낌보다는 사실 중심의 이야기를 늘어놓는 구성원의 경우, 공감적 이
해를 통해 구성원의 과거에 초점을 맞추고 그 경험을 탐색하도록 한다.

⑤ 질문 공세를 하는 구성원의 경우, 질문 속에 포함된 핵심내용을 다시 직접적
인 방식으로 표현할 있도록 도와주어야 한다.

정답 ④

해설 사실적인 이야기를 늘어놓을 경우, 공감적 이해를 통해 집단구성원이 지금-여기에 초점
을 맞추고 과거의 경험에서 야기된 감정을 적절하게 표출할 수 있도록 도와주어야 한다.

03 개인상담에 비해 집단상담 장면에서 활용도가 더 높은 상담기술을 모두 고
른 것은?

가. 반영하기	나. 직면하기	다. 해석하기
라. 차단하기	마. 연결하기	

① 가, 나   ② 나, 다

③ 라, 마   ④ 가, 라, 마

⑤ 나, 다, 마

정답 ③

해설 '차단하기', '연결하기' 등은 집단상담에서 필요한 기법이다.

04 집단상담의 기법 중 다음 〈보기〉에서 설명하는 것은?

> • 집단구성원의 언어적·비언어적 행동에 대해 민감하게 반응하여 집단상담자 자신이 이해한 내용을 자신의 말과 행동으로 되돌려 주는 것이다.
> • 타인이 이야기를 할 때 그들에게 충분한 주의를 기울이는 방법을 배우는 것이 가장 중요하다.

① 적극적 경청
② 공감적 이해
③ 초점 맞추기
④ 모델링
⑤ 지지와 격려

정답 ①

해설 지문의 내용은 집단상담 기법중 적극적 경청에 대한 내용이다.

05 다음 중 집단역동에 영향을 주는 요인으로 옳은 것끼리 묶인 것은?

> ㉠ 집단상담자와 그 구성원들이 상담의 목적을 명확하게 이해하고 있는지가 중요하다.
> ㉡ 집단의 크기가 너무 크면 구성원들이 집단에 부담을 가지게 되며, 상담태도도 소극적일 수 있다.
> ㉢ 집단의 회기가 너무 길면 구성원들이 자칫 지루함을 느낄 수 있다.
> ㉣ 효과적인 집단상담을 위해 집단상담자는 문화적으로 민감해야 한다.

① ㉠, ㉡
② ㉠, ㉣
③ ㉠, ㉡, ㉢
④ ㉠, ㉢, ㉣
⑤ ㉠, ㉡, ㉢, ㉣

정답 ②

해설 ㉡ 집단의 크기가 너무 크면 구성원들 개인에게 주어지는 시간이나 활동기회가 적어 집중도가 떨어지며 부담감도 떨어지져서 소극적일 수 밖에 없다.

06 다음 중 집단구성원 간 관심기울이기 행동의 중심이 되는 요소로 옳은 것끼리 묶인 것은?

> ㉠ 집단구성원의 감정과 느낌을 잘 나타낼 수 있는 단어 찾기
> ㉡ 대화할 때 서로 간에 시선을 부드럽게 마주치기
> ㉢ 몸짓 및 얼굴 표정을 통해 다른 내담자에게 관심 보이기
> ㉣ 집단상담자가 집단구성원을 잘 이해하고 있다는 사실을 구체적 단어로 말해주기

① ㉠, ㉡   ② ㉠, ㉢
③ ㉡, ㉢   ④ ㉡, ㉢, ㉣
⑤ ㉠, ㉡, ㉢, ㉣

정답 ③

해설 ㉠, ㉣은 집단구성원간 공감적 반응을 위한 효과적인 방법이다.

집단상담의 기초

24강 집단원의 문제행동 등

학습목표	1. 집단상담의 특수한 상황 이해 2. 집단원들의 문제행동 이해

학습내용	1. 집단상담의 특수상황, 문제행동 등을 학습한다. 2. 구조화/비구조화집단에 대한 내용을 학습한다.

---

01 다음 상황에서 집단원들에게 한 집단상담자의 반응에 해당하는 기법은?

> **상 황**
>
> 집단상담에 처음 참여하게 된 '별'(별칭)은 집단회기 대부분 침묵을 지키고 있었다. 많은 수의 집단원들이 별에게 그의 경험을 개방할 것을 요구하였고 이 상황에서 집단상담자는 다음과 같이 말했다.
> 집단상담자 : "별이 침묵을 지키고 있으니 별이 스스로 이야기할 수 있도록 우리가 좀 더 기다려 주는 것이 어떨까요?"

① 반영(reflection)
② 직면(confrontation)
③ 해석(interpretation)
④ 명료화(clarification)
⑤ 행동제한(cutting-off)

정답 ⑤

해설 지문의 내용은 집단상담에서 보여지는 상담자의 '행동제한(cutting-off)' 기법에 대한 설명이다.

02 집단상담 과정에서 저항으로 해석할 수 있는 행동을 모두 고른 것은?

> ㄱ. 타인의 문제만을 다루려 한다.
> ㄴ. 관찰자의 자세를 취한다.
> ㄷ. 특별한 이유 없이 자주 지각한다.
> ㄹ. 피상적인 개인 정보를 늘어놓는다.
> ㅁ. 침묵을 지키거나 도움받을 문제가 없는 것처럼 행동한다.

① ㄱ, ㄴ, ㄷ   ② ㄴ, ㄷ, ㄹ
③ ㄱ, ㄴ, ㄹ, ㅁ   ④ ㄴ, ㄷ, ㄹ, ㅁ
⑤ ㄱ, ㄴ, ㄷ, ㄹ, ㅁ

정답 ⑤

해설 지문의 내용 전부는 저항의 한 형태로 볼 수 있다.

03 집단상담자의 지도력과 집단유형 중 다음 〈보기〉에서 설명하는 것은?

> **보기**
>
> • 지도자의 성격이 허용적이다.
> • 집단구성원들의 행동에 제약이 없다.
> • 상담자의 리딩이나 지시 없이 집단구성원들이 집단의 일을 처리하기를 기대한다.
> • 지도자가 집단에 과제를 부여하기를 망설이게 되어 적절한 통제가 이루어질 수 없을 정도로 수동적이며, 자신감이 결여되어 있다.

① 지도자 중심 집단   ② 방임적 집단
③ 내면적 통제집단   ④ 외면적 통제집단
⑤ 격려집단

정답 ②

해설 • 지도자 중심 집단 : 지도자는 엄격하고 권위주의적이며, 집단구성원들이 무엇을 해야 하는지, 어떻게 실행할 것인지 등을 구성원들에게 교육한다.

- 내면적 통제집단 : 실제로는 집단구성원들이 상담자가 원하는 것만을 하도록 허락해주면서 겉으로는 권위나 통제를 나타내지 않는다.
- 외면적 통제집단/격려집단 : 집단구성원들에게 한계를 설정해 주고 자신의 행동에 대한 책임을 느낄 수 있도록 환경을 조성해 주며 스스로의 정체감과 자율성을 유지하도록 돕는다.

04 다음 대화에서 나타나는 집단상담자의 문제행동은?

> [내담자]
> 　제가 이 집단에 올 때마다 기분이 많이 나쁘네요. 저는 사람들 속에서 제 마음을 치유하고 싶어서 이 집단에 왔는데, 이 집단은 너무 다른 분들 위주로만 돌아가고…… . 저는 여기에서 존재감이 너무 없는 것 같아요.
>
> [상담자]
> 　내담자님의 마음은 알겠지만, 너무 말을 하지 않고 다른 구성원들의 말만 듣고 있는 내담자님도 어느 정도 문제가 있지 않을까요?

① 상담자의 지나친 상담개입
② 집단구성원에 대한 상담자의 폐쇄적 태도
③ 특정 집단구성원에 대한 상담자의 방어적 태도
④ 집단상담자의 지나친 자기개방
⑤ 집단상담자 간 지나친 경쟁심

정답 ③

해설 지문의 내용상 집단상담자의 대화내용은 특정 집단구성원에 대한 상담자의 방어적 태도에서 나온 것으로 특정 집단구성원과 상담자간의 적대감이 형성될 위험이 있다.

05 집단상담 장면에서 발생할 수 있는 집단역동에 집단상담자가 적절하게 대처한 것은?

① 다루기 어색하고 힘든 주제는 비밀유지의 문제가 될 수 있으므로 다루지 않는다.
② 집단상담자는 집단분위기에 너무 민감해하지 말고 집단에서 이루어야 할 집단목표 달성에 집중한다.

③ 어떤 집단원이 제안한 의견이 계속해서 묵살당하게 되면 집단상담자는 이 사실을 감지하고 당사자와 집단을 도와준다.

④ 집단원들 간의 지도성 경쟁현상이 나타나면 집단상담자는 자신의 지도성을 확고히 지키려 노력한다.

⑤ 하위집단은 집단활동에 암암리에 영향력을 행사하고 이들에 의해 생기는 집단감정은 항상 부정적이기 때문에 하위집단이 생기는 것을 사전에 막는다.

정답 ③

해설
- 다루어야 할 내용은 비밀유지에 대한 규칙을 정한 후 다루어야 하며, 집단상담자는 집단분위기에 민감해야 한다. 집단원들 간의 지도성 경쟁현상이 나타나면 자신의 지도성 확고히 하기 보다는 그 원인에 대해서 공개적으로 다루는 것이 좋다.
- 하위집단은 집단활동에 암암리에 영향력을 행사하고 이들에 의해 생기는 집단감정은 부정적일 수 있지만 항상 부정적인 것만은 아니다.

06 집단의 구조 또는 형태에 관한 설명으로 옳지 않은 것은?

① 구조화 집단은 과정중심 집단이다.

② 폐쇄집단은 집단의 안정성이 높아 집단응집력이 강한 편이다.

③ 구조화 집단은 집단의 목표, 과정, 내용, 절차 등을 체계적으로 구상해 둔다.

④ 마라톤집단은 심화된 상호작용의 활성화를 꾀하기 위한 집단이다.

⑤ 자조집단은 지도자의 전문적 도움없이 집단원들 간에 서로를 돕는 특성이 강한 집단이다.

정답 ①

해설 구조화 집단은 비구조화 집단과는 달리 내용중심 집단으로 사전에 그 내용, 즉 집단의 목표, 회기목표, 회기내에 해야 할 내용 등이 정해져 있는 형태이다.

07 집단상담자의 윤리적 행동에 해당되는 것은?

① 중도이탈하려는 학생에게 징계로 인한 집단참여이므로 이탈 할 수 없다고 말해준다.

② 절친한 친구의 자녀를 자신의 집단상담 프로그램에 참여시켰다.

③ 학교폭력으로 힘들어서 자살할 구체적인 계획을 세웠다는 이야기를 듣고 이 사실을 학부모와 담임교사에게 알린다.

④ 바쁜 일정 때문에 집단의 목적과 절차에 대한 설명을 집단 2회기에 하였다.

⑤ 집단사례를 발표하기 위해 학생의 동의서를 받으려고 했으나 연락이 닿지 않아 익명으로 발표하였다.

정답 ③

해설
- 집단참여자는 포기할 권리가 있고
- 사적관계가 있는 참여자는 부적절하며
- 집단의 목적과 절차 등에 대해서는 1회기에 공지되어야 한다.
- 집단사례를 발표하기 위해서는 반드시 관계자의 동의서를 받아야 하며 받지 못한 경우, 익명으로 발표하는 것은 진행자 윤리에 어긋난다.

25강 집단상담의 단계/비밀보장

집단상담의 기초

학습목표	1. 집단상담의 설계와 계획의 이해 2. 집단상담의 단계와 비밀보장문제

학습내용	1. 집단상담의 설계와 단계 등을 학습한다. 2. 집단상담 진행중의 비밀보장과 참여자 권리에 대한 내용을 학습한다.

01 집단상담계획서에 반드시 포함되어야 할 내용이 아닌 것은?

① 집단목적
② 집단유형
③ 집단규칙
④ 집단 활동내용
⑤ 기대효과 및 평가계획

정답 ③

해설 '집단규칙'은 집단프로그램 진행 중 참여자들이 함께 만들어가는 것이 적절하며 일반적이다.

02 다음 〈보기〉의 사례 중 집단상담에서 비밀을 유지해야 하는 경우를 모두 고르시오.

> **보 기**
>
> 가. 아내가 남편의 집단상담 내용에 대해 공개할 것을 요구하는 경우
> 나. 상담동료가 호기심으로 집단상담 내용에 대해 궁금해 하는 경우
> 다. 아동 학대나 노인 학대가 의심되는 경우
> 라. 법원에서 집단상담 정보를 증거로서 요구하는 경우

① 가, 나
② 가, 다
③ 나, 다
④ 나, 라
⑤ 다, 라

정답 ①

해설 아동이나 노인의 학대, 방임 및 폭행이 의심되는 경우, 법원으로부터 정보를 제공하라는 명령을 받은 경우에는 비밀보장이 적용되지 않을 수 있다.

03 집단발달단계의 특징을 발달단계 순서대로 바르게 나열한 것은?

> 가. 복합적 감정, 소극적 참여
> 나. 강한 집단응집력, 피드백 교환의 활성화
> 다. 집단원들 간의 낮은 신뢰감, 높은 불안감
> 라. 집단상담자에 대한 도전, 저항과 방어적 태도 형성

① 가 - 나 - 다 - 라
② 가 - 다 - 라 - 나
③ 다 - 라 - 가 - 나
④ 다 - 라 - 나 - 가
⑤ 라 - 가 - 나 - 다

정답 ④

해설 • 참여단계 : 집단원들 간의 낮은 신뢰감, 높은 불안감
• 갈등단계 : 집단상담자에 대한 도전, 저항과 방어적 태도 형성
• 작업단계 : 강한 집단응집력, 피드백 교환의 활성화
• 마무리단계 : 복합적 감정, 소극적 참여

04 다음 특성이 나타나는 집단 발달단계에서 집단상담자가 담당해야 할 역할로 옳은 것은?

> • 좌절 극복하기
> • 분리에 대한 감정다루기
> • 집단에서 다루려고 했던 문제 완결하기

① 집단원들이 상호간에 의존할 수 있으면서도 독립적일 수 있도록 돕는다.
② 집단원의 저항과 불안을 존중하고 자신의 특성과 방어기제를 인식할 수 있게 돕는다.

③ 집단응집력을 높이는 행동을 장려하고 상담자가 적절한 행동 모델을 보여준다.
④ 집단원들의 변화를 강화하고, 특별한 기술들을 다양한 일상에서 적용시키도록 돕는다.
⑤ 집단원이 자신의 두려움과 기대를 표현하도록 돕고 집단원의 질문을 개방적인 태도로 다룬다.

정답 ④

해설 지문의 내용은 마무리단계로서 상담이 종료되는 것에서 오는 감정(예를 들면 분리-헤어짐 에 대한 감정 등)을 잘 다스리도록 도와야 한다.

05 모레노(Moreno)가 개발한 심리극의 핵심인 역할연기에 대한 설명으로 옳지 않은 것은?

① 집단구성원들의 삶의 질 향상에 도움을 준다.
② 역할연기를 통해 집단구성원들은 한정된 범위의 치유경험을 할 수 있다.
③ 다른 사람들에게 자신의 다양한 정보와 주관적인 감정 등을 나눌 수 있다.
④ 주요 기법은 모의취업면접, 친구사귀기, 자기표현하기, 이의제기하기 등이다.
⑤ 실제 경험 전에 다른 집단구성원들의 지지 하에 새 환경을 미리 경험하는 것이다.

정답 ②

해설 역할연기를 통해 집단구성원들이 경험할 수 있는 치유경험의 범위는 무한하다.

06 청소년 집단상담자가 갖추어야 할 전문적 자질에 해당하지 않는 것은?

① 치료적, 예방적, 발달적 집단을 동일한 관점에서 이끌어간다.
② 청소년의 부모와 협력할 수 있는 기술을 갖는다.
③ 각 연령집단의 발달과업을 이해한다.
④ 청소년 집단원에게 적합한 의사소통 기술을 갖춘다.
⑤ 자신의 가치관이 다문화 청소년에게 미칠 수 있는 영향을 인식한다.

정답 ①

해설 집단상담 진행자(상담자)는 집단원들에 대한 다양한 상황이나 발달단계를 고려하여 다차원적 관점과 접근 및 피드백을 주고 받으면서 이끌어가야 한다.

01 청소년 집단원의 문제행동과 그에 대한 집단상담자의 대처방법의 연결이 옳지 않은 것은?

① 습관적 불평 : 불평 이유를 파악하되 논쟁이 유발되지 않도록 유의한다.

② 소극적 참여 : 지루함으로 인해 침묵할 경우에는 숙고한 후 이야기할 수 있도록 기다려준다.

③ 하위집단 형성 : 하위집단 형성에 따른 문제점을 전체 집단 내에서 개방적으로 다룬다.

④ 대화 독점 : 독점 행동을 통해 얻고자 하는 것이 무엇인지를 탐색할 수 있게 한다.

⑤ 지성화 : 집단원에게 자신이 말하는 내용과 관련된 감정을 인식하고 표현할 수 있게 된다.

정답 ②

해설 소극적 참여는 전반적으로 다른 구성원들의 집단참여가 둔화되고 집단역동이 침체되어 집단의 응집력에도 부정적인 영향을 미치기 때문에 집단상담자는 집단원 모두가 자발적으로 참여할 수 있도록 분위기를 조성하려는 노력을 해야 한다.

02 청소년집단상담의 유형 중 각 구성원들을 위한 특수 기술을 개발하고 구성원들만의 특정한 상담주제를 이해하며, 구성원들의 인생에 있어서의 어려운 시기를 극복하도록 돕는 집단에 대한 설명으로 옳은 것끼리 묶인 것은?

> ㉠ 전문가 없이 구성원들이 스스로, 자율적으로, 합의된 절차에 따라 일정한 주제를 구체적으로 해결하기 위한 상담을 한다.
> ㉡ 구성원들이 문제를 어떻게 극복하고 있는지를 알아보기 위해서 상담초기와 마지막에 질문지법을 이용한다.
> ㉢ 새로운 기술을 익히도록 독려할 목적으로 계약서쓰기 방법이 이용된다.
> ㉣ 구성원들이 공통적으로 관심을 가진 문제만을 가지고 상담한다.

① ㉠, ㉡   ② ㉠, ㉢   ③ ㉠, ㉢, ㉣

④ ㉡, ㉢   ⑤ ㉡, ㉢, ㉣

정답 ④

해설 각 구성원들을 위한 특수 기술을 개발하고 구성원들만의 특정한 상담주제를 이해하며, 구성원들의 인생에 있어서의 어려운 시기를 극복하도록 돕는 집단은 치료집단을 말한다. 보기 중 ㉡, ㉢은 치료집단에 대한 설명이다.

03 청소년들을 대상으로 하는 집단상담을 위해 상담자가 기본적으로 가져야 할 태도중 '용기내기'에 대한 설명으로 옳은 것은?

① 집단상담자가 먼저 자신을 집단구성원들에게 드러냄으로써 집단구성원들이 상대방의 의견에 귀를 기울이게 하는 것이다.

② 집단구성원들이 적극적으로 집단상담에 참여하도록 지지하고 이끌어주며, 집단 내에서 집단구성원들 각자의 개성을 존중해 주는 태도이다.

③ 집단상담자도 실수할 수 있음을 받아들이고 모험을 꺼리지 않음으로써 집단구성원들이 상담자와 동료 집단구성원들을 향해 자신의 마음을 열도록 유도하는 것이다.

④ 집단상담자가 슬픔, 화, 죄책감 등 집단구성원들의 부정적인 심리상태에 적극적으로 공감하고, 이러한 감정들을 집단상담에서 다룸으로써 내담자의 심리가 치유되도록 하는 것이다.

⑤ 집단상담자가 집단의 구성성원들을 공평하게 배려해 주고, 충분히 관심을 기울여주며, 공격적인 내담자에게 비판적으로 대하기보다 내담자들의 부정적인 마음을 중요하게 다루어 주는 것이다.

정답 ③

해설 ① 집단상담자가 먼저 자신을 집단구성원들에게 드러냄으로써 집단구성원들이 상대방의 의견에 귀를 기울이게 하는 것이다. : 모범 보이기
② 집단구성원들이 적극적으로 집단상담에 참여하도록 지지하고 이끌어주며, 집단 내에서 집단구성원들 각자의 개성을 존중해 주는 태도이다. : 선의의 관심 갖기
④ 집단상담자가 슬픔, 화, 죄책감 등 집단구성원들의 부정적인 심리상태에 적극적으로 공감하고, 이러한 감정들을 집단상담에서 다룸으로써 내담자의 심리가 치유되도록 하는 것이다. : 심리상태에 동참하기
⑤ 집단상담자가 집단의 구성성원들을 공평하게 배려해 주고, 충분히 관심을 기울여주며, 공격적인 내담자에게 비판적으로 대하기보다 내담자들의 부정적인 마음을 중요하게 다루어 주는 것이다. : 공격에 대응하는 능력 키우기

04 집단상담 개입기술과 그 예로 옳지 않은 것은?

① 연결짓기(linking) : 반짝이와 궁금이는 자신들의 생각을 포기하고 다른 사람이 원하는 것을 받아들여야 할 때 자신에게 화를 내는 것으로 보이네요.
② 보편화하기(universalizing) : 감정을 표현하는데 어려움을 느껴본 사람 있어요?
③ 격려하기(encouraging) : 반짝이가 남학생들과 이야기할 때 잘 할 것으로 믿어요.
④ 정보제공하기(information-giving) : 지금 말하는 것은 화가 난다는 것을 말하는 거죠?
⑤ 차단하기(blocking) : 어렸을 때의 일이 현재 삶에 영향을 많이 주어서 계속 이야기를 하는군요. 그렇지만 다른 사람들의 이야기도 들어보는 것이 어떨까요?

정답 ④

해설 ④ 지금 말하는 것은 화가 난다는 것을 말하는 거죠? 는 직면기법에 해당한다.

05 청소년이 개인상담보다 집단상담을 통해 얻을 수 있는 이점이 아닌 것은?

① 청소년기의 개인적 우화(personal fable)가 자연스럽게 해소될 수 있다.
② 개인상담에서 느껴지는 성인 상담자와의 힘의 불균형을 느끼지 않을 수 있다.
③ 의존성과 독립성을 연습해 볼 수 있는 기회가 된다.
④ 또래 집단원들도 자신과 비슷한 감정이나 경험을 갖고 있다는 사실을 깨달을 수 있다.
⑤ 또래 집단원들과의 연대감을 통해 자아를 강화시킨다.

정답 ①

해설 청소년기의 개인적 우화(personal fable)에서 벗어나기 위해서는 집단상담의 참여가 도움이 되겠지만 이에 대한 구체적인 활동이나 집단적 활동을 해야 한다. 단순히 참여자체만으로 자연스럽게 해소될 수는 없다.

06 집단상담자의 자기노출에 관한 설명으로 옳은 것은?

① 집단원과 대화하는 동안 집단상담자가 자신에 대한 감정이나 집단원에 대한 감정을 진솔하게 말해주는 것이다.

② 현재 집단원이 경험하고 있는 것과 관련하여 자신이 알고 있는 정보를 알려주는 것이다.

③ 집단상담자의 부정적인 정서는 표현하지 않아야 한다.

④ 집단상담자에 대한 존경심이 생겨 오히려 집단원의 개방을 어렵게 한다.

⑤ 집단원이 생각하고 느끼는 수준보다 높게 표현하는 것이 효과적이다.

정답 ①

해설 '자기노출'은 상담장면에서 상담자가 자신에 대한 감정이나 집단원(내담자)에 대한 감정을 진솔하게 말 해주는 것이다.

07 청소년 집단원의 문제행동과 그에 대한 집단상담자의 대처방법의 연결이 옳지 않은 것은?

① 습관적 불평 : 불평 이유를 파악하되 논쟁이 유발되지 않도록 유의한다.

② 소극적 참여 : 지루함으로 인해 침묵할 경우에는 숙고한 후 이야기할 수 있도록 기다려준다.

③ 하위집단 형성 : 하위집단 형성에 따른 문제점을 전체 집단 내에서 개방적으로 다룬다.

④ 대화 독점 : 독점 행동을 통해 얻고자 하는 것이 무엇인지를 탐색할 수 있게 한다.

⑤ 지성화 : 집단원에게 자신이 말하는 내용과 관련된 감정을 인식하고 표현할 수 있게 된다.

정답 ②

해설 소극적 참여는 전반적으로 다른 구성원들의 집단참여가 둔화되고 집단역동이 침체되어 집단의 응집력에도 부정적인 영향을 미치기 때문에 집단상담자는 집단원 모두가 자발적으로 참여할 수 있도록 분위기를 조성하려는 노력을 해야 한다.

심리측정 및 평가

1강 심리평가와 측정

학습목표	1. 심리평가의 의미를 이해하고 관련 용어들을 이해한다. 2. 심리측정의 한계를 이해한다.

학습내용	1. 심리평가와 측정, 심리평가 용어들에 대해 학습한다. 2. 심리평가의 한계와 심리검사의 기능에 대한 학습을 한다.

심리평가/측정의 이해

1. 심리평가(Psychological assessment)의 기본이해

– 심리평가에 대한 정의는 다양한 시각으로 정리될 수 있지만 기출문제의 내용에 터잡아 아래
 와 같이 정리할 수 있다.

1) 심리평가(Psychological assessment)는 심리검사, 면담, 행동관찰, 개인력 등 개인에 관한
 정보를 종합적으로 통합하는 과정이다. 즉, 심리평가란 개인의 심리적 특성을 이해하기 위
 한 일련의 전문적인 과정으로서, 심리검사, 면담, 행동관찰, 전문지식의 여러 다른 방법에
 의해 이루어진다. 즉, 다양한 평가결과를 종합하여 최종적으로 해석을 내리는 보다 복잡하
 고 전문적인 과정이다.

2) 임상가가 개인의 심리적 특성을 평가하기 위해서는 심리검사결과, 면담, 행동관찰, 기타의
 기록 등을 전문적 지식을 토대로 종합하여야 한다.

3) 심리평가가 의뢰되면 먼저 의뢰된 문제를 분석하여 적절한 평가절차와 검사를 결정하고,
 검사를 시행, 채점하여 결과를 해석한다.

4) 심리검사결과를 가장 중요한 해석의 근거로 사용하지만, 이 결과만으로 개인을 평가할 수
 없으며, 심리 검사과정의 행동관찰과 면담자료를 토대로 검사결과를 해석하는 것이 바람
 직하다.

5) 또한 이러한 결과들은 심리학, 정신병리학과 같은 전문적 지식과 임상적 경험이 바탕이 되
 어야한다.

6) 따라서 심리평가란 심리검사결과, 행동관찰, 면담, 개인력, 전문적 지식이 종합된 일련의
 과정이라고 할 수 있다.

2. 심리검사의 의미

인간의 성격, 능력 및 그 밖의 그 사람이 갖고 있는 심리적 특성의 내용과 그 정도를 밝힐 목적으로 일정한 조건 하에 이미 마련한 문제나 혹은 작업을 제시한 다음 그 사람의 행동 또는 행동의 결과를 어떤 가정의 표준적 관점에 비추어 질적 혹은 양적으로 기술하는 조직적 절차를 의미한다.

기출문제 분석 : 심리검사란 한 개인의 지능, 성격 등을 측정하여 그 사람에 대해 보다 심층적이고 분석적인 이해를 돕기 위해 수검자에게 수행하는 일련의 심리학적 측정 절차로, 이를 통해 정신 병리나 개인차를 평가할 수 있다. 심리 검사는 표준화된 방식에 따라 전문적인 교육을 받은 임상가에 의해 수행된다.

🔲 심리학적 측정(psychological measurement)

1) 개인의 행동을 특징짓는 성질, 즉 심리적 특성을 수량화하는, 즉 측정하는 과정이다.
2) 이러한 심리학적 측정은 물리학적 측정과는 다르게 직접적인 측정이 가능하지 않는 간접적인 측정이다.
3) 왜냐하면 심리적 특성은 추상적인 구성개념(construct)이기 때문이다.
4) 예) 자아강도, 지배성, 엄격성, 사회적응과 같은 심리적 특성은 인간의 행동을 설명하기 위해 이론으로부터 도출된 가설적이고 추상적인 개념이다.
5) 이러한 구성개념이 측정 가능한 방식으로, 즉 조작적으로 정의되고 구성개념과 관련이 있다고 생각되는 행동을 바탕으로 하여 측정되기 때문에 심리적 특성을 측정하는 과정은 간접적인 것이다.
6) 이와 같이 심리학적 측정은 구성개념을 조작적으로 정의하고, 측정도구인 심리검사를 제작하고, 심리검사를 통하여 측정하고, 그 결과를 해석하는 일련의 과정을 거치게 된다.
7) 따라서 심리적 특성에 대한 정확하고 객관적인 측정결과를 얻기 위해서는 이러한 일련의 과정이 객관적 측정을 보장해 줄 수 있어야 한다.
8) 이와 같이 구성개념인 심리적 특성은 간접적으로 평가될 수밖에 없는 추상적 개념이므로 이러한 변인을 측정하기 위한 도구를 고안함에 있어서 어려운 문제점이 제기된다.

🔲 용어의 정리

1. **척도(scale)** : 사물이나 사람의 특성을 수량화하기 위해 체계적인 단위를 가지고 그 특성에 숫자를 부여한 것으로 임상에서는 검사(test)와 유사하게 사용된다. 검사지 명칭에 자주 사용된다.

2. **검사(test)** : 반응(예를 들면 정답이나 선호정도 등)을 요구하는 일련의 항목이나 설문, 수행과제를 제시해 놓은 것으로 대부분의 검사지를 말한다.

   * '척도'의 개념과 유사

3. **항목표 (inventory)** : 일반적으로 정서적(정의적)검사지의 문항에 대한 반응양식으로 활용되는 일련의 응답지

4. **측정(measurement)** : 관찰 내지 탐색하려는 물체나 인간이 가지고 있는 어떤 속성이나 내용을 수량화하는 과정으로 무게, 길이, 심리적 특성의 측정 과정을 들 수 있다. 척도와 검사 등과 비교하여 매우 유사한 개념으로 설명되지만 엄밀히 말하며 측정은 검사 또는 척도보다는 광의의 의미를 지닌다.

5. **키트(kit)** : 질병 등을 신속하고 간편하게 진단할 목적으로 화학적 반응을 이용하여 만든 검사기구(일반적으로 '진단키트'라 한다)

6. **총집(battery)** : 말 그대로 모두를 모아놓았다는 의미이며 검사도구중 다양한 내용을 하나의 검사지에 종합적으로 모아서 제작된 검사도구를 말한다.

7. **평가(evaluation)** : 인간, 프로그램, 사물의 속성과 특성을 측정한 결과를 가지고 가치를 판단하는 행위이며 평가는 필요한 정보를 결정하고 수집하여 가치를 판단하는 과정으로 측정과 검사를 모두 포함하는 개념이다.

8. **계량(indicator)** : 지침에 의하여 계량, 계측을 하는 계기를 총칭하는 말.

■ 심리측정의 특성의 한계

1. 심리측정은 규준을 만들기 위해 표집과 같은 절차가 있어 그 과정에서 발생하는 차이로 인한 오차 등의 문제를 안고 있다.
2. 사회과학분야의 연구절차에는 측정을 위한 조작적 정의와 개념의 불일치로 인한 차이가 있다. 예를 들면 연구목적, 연구자의 연구태도, 연구내용, 관측하고자하는 대상이나 내용에 따라 달라질 수 있다.
3. 심리측정의 관측대상은 직접적으로 계량하거나 잴 수 없는 요소들이 대부분이다. 특히 심리적 구성개념은 직접적으로 측정할 수 없기에 간접적 방법으로밖에 측정할 수 없다.
4. 그리고 이러한 심리적 구성개념을 측정하는 간접적 방법은 대상이 같아도 여러 가지 방법이 있다.
5. 심리측정은 심리검사, 면담, 행동관찰 등을 통해 심리적 구성개념을 추론한다.

심리평가의 기능

1) 문제의 명료화
2) 상담계획 세우기
3) 상담결과에 대한 평가
4) 수검자에게 통찰의 기회 제공

심리검사의 기능

1. 예측기능

- 현재의 상태에서 미래의 상황을 예측할 수 있는 기능

  예 : 지능검사를 실시함으로써 검사 결과에 따라 검사 대상자의 장래 학업적, 직업적 상황을 예측할 수 있음.

- 여기서 유의해야 할 점은 보통 지능이 높을수록 공부를 잘한다거나 직업적으로 성공 가능성이 높다고 예언하지만, 성공이 반드시 지능만으로 결정되는 사항이 아니기에 다른 검사들과의 종합적인 결과에 의하여 추론해야 하는 것이 더 예측기능을 높인다는 것이다.

2. 진단기능

- 개인의 능력이나 특징, 성격 등이 가지고 있는 문제점을 발견하고 사회생활을 하는 데 있어 장애적 요인이나 사회적 이상 여부를 발견 할 수 있는 기능
- 이 진단 기능의 의의는 개인이 가진 성격 등의 장단점을 알 수 있도록 하여 검사 대상자가 보다 바람직한 인간관계를 가지는 데 도움이 되게 하고, 인간 특성을 이해하는데 도움을 준다.

3. 정보기능

- 검사 대상자는 자신의 능력이나 특성에 대한 정보를 제공받을 수 있다.
- 표준화 되고 전문적인 성격검사를 통해 보다 막연히 알고 있던 자신의 성격을 구체적이고 정확하게 알게 된다. 그리고 자신의 성격을 기준으로 타인을 이해하는 데도 도움을 주는 중요한 자료가 된다.

4. 자극기능

- 심리 검사를 해 본 사람은 안 해 본 사람에 비해 자신의 능력이나 특성에 보다 많은 관심을 가지게 됨.
- 심리검사를 한 사람은 진단의 결과를 통해 스스로 자아발견을 할 수 있는 기회와 자신을 이해 할 수 있는 기회를 가질 수 있고 스스로에 대해 더 탐구하고 자신의 잠재능력 까지 발휘할 수 있는 기회를 갖게 된다는 것이 심리검사의 자극기능이다.

■ 초기상담과 심리검사

1. 초기면담에 찾아온 내담자의 호소문제 및 변인에 따라 적합한 심리측정도구를 선택해야 한다.

2. 초기면담(상담)에 임하는 내담자 변인들

1) 내담자가 보여야할 행동경향

가) 감정, 신념, 가치에 대해 자각하도록 노력한다.

나) 자기성찰과 자기검토를 위해 노력한다.

다) 완전한 솔직성과 공개적인 태도를 갖는다.

라) 상담자의 반응을 빨리 이해한다.

마) 깨달은 것은 행동개념으로 연결시킨다.

2) 내담자의 비생산적인 태도와 행동경향

가) 거짓을 말하려는 경향

나) 자기성찰을 회피하려는 경향

다) 침묵하거나 저항적이거나 방어적인 경향

라) 빗대어 말하려는 경향

마) 상담자의 반응을 통해서도 자기감정을 깨닫지 못하는 경향

바) 의논된 내용을 새롭고 효과적인방향으로 정리하지 못하는 경향

사) 자기문제를 남의 탓으로 돌리는 경향

아) 도움의 책임은 상담자에게만 있다고 생각하는 경향

자) 내담자 자신은 상담자의 지시를 받는 수동적 입장이라 여기는 경향

차) 상담자를 믿지 못하고 상담 장면이 노출되고 있다고 생각하는 경향

3) 내담자가 도움을 청하는 이유

가) 새로운 생활환경에 적응하지 못하여 고민하는 경우

나) 마음의 상처로 인해 타인과 의논하지 않고는 일상생활을 잘 이끌어 나가지 못하는 경우

다) 자기의 진로, 장래의 교육, 결혼문제 등의 중요한 감정을 의논하고자 하는 경우

라) 타인의 권유에 의해 상담자를 찾아오는 경우

심리측정
및 평가

2강

검사도구의 개발과 표준화

학습목표	1. 검사도구의 개발에 대한 내용
	2. 검사도구의 표준화와 문항반응이론 학습

학습내용	1. 검사도구의 개발 및 개발절차에 대한 학습을 한다.
	2. 문항반응이론에 대한 이해와 기출문제의 내용을 학습한다.

☐ 검사도구/심리검사의 개발과 표준화

– 표준화의 개념과 개발

표준화(standardization)란 검사의 실시 및 채점에서의 일관성을 의미한다. 또한 어떤 피검자의 구체적인 점수가 어떤 의미를 지니는지 알 수 있게 해주는 검사의 요소이기도 하다.

1. 심리검사의 개발과정

1) 표준화검사 standardized test

- 표준화된 제작절차, 검사내용, 검사의 실시조건, 채점과정 및 해석을 함으로써 객관적으로 행동을 측정하는 검사방법
- 타당도와 신뢰도가 보장되어 상대적 비교가 가능한 규준이 있는 검사다. 검사가 일정하게 동일한 절차에 따라 이루어지는 것으로서 검사의 실시·채점·해석 등이 일정한 방식으로 진행된다.
- 즉, 개인의 능력, 지식 및 심리적 특성을 비슷한 연령의 다른 집단과 비교하여 수행수준을 결정할 목적으로 개발되고 표준적인 절차에 의거하여 실시된다.

2. 표준화 검사의 제작과정

- 표준화 검사의 목적은 모든 피검자들이 동일한 물질로 동일한 과제를 수행하고 검사자로부터 동일한 정도의 보조를 받고, 동일한 채점 방법 및 해석 지침에 따라 수행 결과를 평가받도록 하는 것이다.

표준화 검사의 제작 과정은 제작 계획 수립 → 문항 작성 → 예비 조사 → 문항 분석 → 표준화 검사제작 → 규준 작성 → 신뢰도와 타당도의 산출로 진행된다.

3. 심리검사 제작의 절차
(1) 검사의 사용목적 파악

(2) 검사내용의 정의

(3) 검사방법의 결정 - 문항작성

(4) 예비검사의 실시

(5) 문항분석과 수정

(6) 신뢰도와 타당도 검토

(7) 규준과 검사요강 작성

(8) 검사출판

■ 규준(norm)의 개념과 개발

1. 규준의 개념과 필요성
- 검사가 사용될 대상을 대표할 수 있는 큰 표본인 규준집단으로부터 얻은 검사 점수의 분포를 의미한다.
- 규준자료는 흔히 규준표라는 형식으로 제시되는데, 각 점수는 이 규준표에 나타난 전체에 대한 개인의 비율로 설명한다.
- 상대적 평가를 위해 필요한 것이 규준.
- 규준은 검사점수를 일정한 분포, 정규분포 모양의 분포도로 작성되어 설명된다.
- 규준제작은 일정한 표집방법에 따라 구성, 제작한다.
- 규준(점수)는 원점수의 단점을 극복하고 원점수를 어떤 상대적 측정치로 변환해서 사용함으로써 점수의 위치나 상호비교의 정보를 준다.

2. 적절한 규준이란
- 규준의 최신성이 유지되어야 한다.
- 규준집단의 구성이 명확하게 규정되어야 한다.
- 규준집단은 적정한 크기의 표본에 기초해야 한다.
- 규준집단은 전집의 대표적인 표본이어야 한다.

🔲 원 점수 해석과 관련된 기출문제 이해

1) 규준 : 비교하고자 하는 집단의 검사 결과

2) 규준 참조적 검사(norm-referenced test)

   ⑴ 규준을 기준으로 원 점수가 상대적으로 해석될 수 있는 검사

   ⑵ 상대평가를 위해 대상자집단의 점수분포를 고려하며, 개인의 점수를 해당 분포에 비추어 상대적으로 파악함

   ⑶ 이 때 점수분포가 규준(Norm)에 해당함

3) 준거 참조적 검사(criterion-referenced test)

   비교의 근거가 다른 대상이 아니라 숙달 기준에 있는 검사

4) 규준 집단

   ⑴ 표집 절차의 명확한 제시

   ⑵ 표집의 크기

   ⑶ 규준 집단의 특징을 명확히 정의

   ⑷ 검사 실시의 시기

   ⑸ 표집의 대표성

    ① 표집의 무선화 원리

    ② 전집 요소의 동일한 추출 가능성

    ③ 표집 도중 전집에 변화가 없어야 함

    ④ 한 요소의 표집이 다른 요소의 표집 될 확률에 전혀 영향을 미치지 않아야 함

    ⑤ 표집의 오차가 적어야 함

    ⑥ 규준의 자료 분포와 전집의 자료 분포가 유사

🔲 문항반응이론(item response theory)과 관련된 기출문제 이해

1. 심리적 구성물을 측정하기 위한 여러 방법중 가장 보편적인 이론이 고전검사이론으로 이는 문항을 무작위로 구성하여 배점의 합을 통해 평가하는 전형적인 방법이다. 이에 대해 수검자(피험자)의 능력이나 상황에 맞게 출제된 문제에 대한 수검자의 응답을 나타내는 문항곡선의 특성에 따라 평가하는 문항반응이론이 있다.

2. 문항반응이론은 1943년 롤레이(Lawley)에 의하여 이론적으로 출발하였으며 잠재특성이론(latent trait theory)으로 불려졌다. 문항반응이론의 최대 강점은 문항특성의 불변성과 피험자 능력 불변성으로 교육과 측정 심리 분야에 널리 이용되고 있다.

3. 문항특성은 검사 총점에 의하여 분석하는 것이 아니라 문항마다 특유한 문항특성곡선에 의하여 분석하는 검사이론이다.

4. 피험자의 능력 추정에 있어 인간의 능력은 잠재적 특성(latent trait)이기 때문에 직접 측정의 결과인 관찰점수에 의하여 추정하는 것이 아니다. 그러므로 문항반응이론은 피험자의 잠재된 능력과 피험자의 문항의 응답 결과의 관계를 규명하는 것.

5. 문항반응이론의 전개를 위하여 검사의 일차원성(unidimensionality)가정이 충족되어야 하며, 지역독립성(local independence)이 지켜져야 한다.

 1) 검사의 일차원성(unidimensionality)가정

  한 검사의 모든 문항들이 오직 하나의 잠재적 특성만을 재어야 한다는 가정

 2) 지역독립성(local independence)

  피험자의 능력수준을 감안하여 한 검사의 문항들에 대한 반응은 각각 통계적으로 상호 독립적이라는 가정. 이는 특정 문항에 대한 반응은 다른 문항에 대한 반응에 전혀 영향을 미치지 않으며 능력과 문항특성에 의해서만 문항반응이 결정된다는 것을 의미한다.

3강   검사도구의 선정과 채점 및 척도

학습목표	1. 검사도구의 선정과 실시방법 등에 대한 학습 2. 측정척도와 통계분석 방법이해

학습내용	1. 검사도구 선정시 유의사항과 실시과정 관리에 대한 내용을 학습한다. 2. 측정척도의 유형과 통계내용에 대한 처리과정/방법을 학습한다.

☐ 검사도구의 선정, 실시, 채점, 활용과정

검사는 상담과 분리된 활동이 아니라, 상담의 한 과정이며 검사의 선정, 실시, 채점 및 해석은 상담자로서의 전문성이 요구된다.

1. 검사의 선정

1) 내담자가 요구하는 경우

검사를 왜 받으려 하는지 탐색, 적합한 검사를 선정하고 검사의 일반적 특징에 대해 내담자에게 안내한다.

2) 상담자가 필요로 하는 경우

㉠ 가능하면 내담자와 의논하여 결정해야 하지만, 일반적으로 상담자가 일방적으로 결정하는 경우가 많으며 내담자의 검사에 대한 불안을 감소시키는 것이 중요하다.

㉡ 검사의 목적은 내담자 스스로 자신을 더 잘 이해할 수 있도록 도와주기 위한 것이라고 인식시킴으로써 지능검사나 적성검사와 같은 능력검사에서 최대한의 능력을 발휘하게 하고, 흥미검사나 성격검사에서 솔직하게 응답할 수 있도록 하여야 한다.

㉢ 내담자가 검사를 선택하는 과정에 참여하게 되면 결과와 해석을 객관적으로 받아들일 가능성이 높아진다.

2. 검사의 실시

1) 검사요강에 나와 있는 지침대로 실시한다.

2) 기계적인 실시는 바람직하지 않으며 이러한 오류는 경험이 많은 조사실시자에게 종종 나타난다.

3) 검사실시자의 전문적 능력을 보여줄 필요가 있다.

4) 적합한 검사장소를 준비하여야 한다.

검사도구의 선택과 유의사항

– 검사도구를 선택할 때에는 다음과 같은 사항에 유의하여야 한다.

1. 검사 도구의 사용 여부

직업심리검사가 진로 및 직업상담 장면에서 반드시 필요한 것은 아니므로 어떤 검사를 사용할지를 결정하기 전에 검사의 사용 여부부터 결정하여야 한다. 즉, 다른 방법을 통해서는 얻을 수 없는 정보를 검사가 제공해 줄 수 있는지, 시간을 절약해야 할 필요가 있는지, 그리고 내담자의 목표에 적절한지 등을 고려하여 검사도구의 사용 여부를 결정하게 된다.

2. 검사의 심리측정적 속성

직업심리검사가 내담자의 목표에 유용하기 위해서는 어떤 특수한 기술적인 필수사항, 즉 검사의 심리측정적 속성을 갖추고 있어야 한다.

예를 들어 어떤 내담자가 자신의 성격특성이 상담분야에 적합한지를 알고 싶어 할 때 아무리 구성타당도 및 예언타당도가 우수한 검사라고 하더라도 상담분야에 대한 예언타당도를 가지고 있지 않다면 그 검사는 내담자의 목적에 부적합할 수 있으므로 이 검사의 유용성은 매우 의심스럽다.

3. 검사선택 과정에 내담자 포함시키기

검사자료의 적절한 해석은 검사선택 과정과 함께 시작되며 이것은 내담자의 협조 하에 이루어진다. 선택과정에 내담자를 포함(또는 개입)시키기 위해서는 상담자는 물론 내담자에게 도움이 되고 유용할 것 같은 검사 도구를 제안할 수 있어야 하고, 상담자는 검사에서 알 수 있는 결과의 유형을 명확히 기술할 수 있어야 한다.

검사 해석시 유의사항과 이유

검사 결과는 내담자에게 혼란스럽고 당황스러우며 때로는 내담자의 마술적 대답에 대한 바람을 강화시킬 수 있기 때문

1. 해석에 대한 내담자의 반응 고려

상담자가 검사결과를 제시한 후 검사결과의 일치 여부나 검사 결과에 대한 느낌 등에 대한 내담자의 반응을 유도하게 되는데 이때에 내담자는 자발적으로 결과에 반응할 수도 있고 또 그렇지 않을 수도 있다. 그리고 이러한 과정 속에서 내담자는 결과의 의미를 잘못 해석하거나 이해할 수 있으므로 가능한 한 내담자의 반응에 대해 지속적으로 세심한 관심을 갖는 것이 중요하다.

2. 검사결과에 대해 이해하기 쉬운 언어 사용

단순히 검사점수만을 전달해서는 그것이 어떤 의미를 가지고 있는지 내담자는 알 수가 없다. 따라서 상담자는 내담자가 이해할 수 있는 말을 사용하여 검사결과를 전달하여야 한다.

3. 내담자의 점수 범위 고려

상담자는 정확하지는 않지만 내담자의 진점수에 걸쳐 있는 범위 내에서 점수가 나온다는 점을 명심하고, 점수를 한 지점이라고 여기기보다는 오히려 범위로 생각하여야 한다.

내담자의 T점수가 70점이고 표준오차가 5점일 때 "당신의 진점수는 65점과 75점 사이에 걸쳐 있다고 추론할 수 있고, 60점에서 80점 사이에 분포할 확률은 매우 높습니다." 라고 내담자에게 설명해 줄 수 있어야 한다.

*진점수란 관찰점수의 기대치로서 동일한 검사를 독립적으로 반복 실시하여 얻은 관찰점수들의 평균이라고 할 수 있다.

4. 검사결과에 대한 중립적 판단

상담자는 내담자가 검사결과에 대해 어떻게 반응할 것인지를 항상 예측할 수는 없다.

예를 들어 상담자에게 부정적으로 보이는 검사결과가 내담자에게는 그렇게 보이지 않을 수도 있고 또 그 반대의 경우도 생길 수 있다. 따라서 상담자의 주관적 가치관이 객관적 판단을 방해하지 않도록 상담자는 검사결과에 대해 중립적 입장을 취하고 내담자를 평가하는 주관적 판단은 배제하여야 한다.

5. 검사결과에 대한 내담자의 방어 최소화

검사결과에 대한 상담자의 태도는 중립적이고 무비판적이어야 하지만, 낮거나 위협적인 점수에 대해서는 내담자의 반응을 경계할 필요가 있다.

내담자의 방어를 최소화하기 위하여 해석회기를 가질 필요가 있다

6. 검사의 대상과 용도의 명확화

검사해석 시에는 검사가 측정하고자 하는 것이 무엇이고 측정하지 않는 것이 무엇인지를 명확히 제시하여야 한다.

예를 들어 청소년흥미검사 결과 수검자의 흥미유형으로 사회형이 가장 높은 것으로 나타났을 때 수검자는 자신의 사회형에 맞는 능력 또한 갖추고 있다고 착각할 수도 있다. 따라서 청소년흥미검사는 동기나 능력을 측정할 수 없다는 것을 명확히 함으로써 이러한 오류를 범하지 않도록 해야 한다.

■ 측정척도와 통계 분석 방법

1. 통계적 추정

1) 측정 척도는 양적 분석을 위한 통계 분석 방법을 결정하기 때문에 중요하다.

2) 즉, 명목척도와 서열척도로 측정된 변인은 비모수통계(non-parametric statistics)를 적용하고, 등간척도와 비율척도로 측정된 변인은 t검증이나 상관관계분석, 변량분석과 같은 모수통계(parametric statistics)를 적용한다.

3) 측정척도는 측정하고자 하는 변인의 속성에 따라 결정되는 것이 아니라 측정하는 방식에 따라 결정되기 때문에 동일한 측정변인에 대해서도 어떻게 측정하였는가에 따라 적용되는 통계 분석방법이 달라진다.

   (예 : 학업성취를 성적(점수)으로 측정하였다면 모수통계가 적용되지만, 학업석차로 측정하였다면 비모수통계가 적용된다.)

2. 변인의 종류

1) 변인(수)

변인(수)는 서로 다른 수치를 부여할 수 있는 모든 사건이나 대상의 속성이다.

2) 변인(수)의 종류

   (1) 연속변수와 불연속변수

   무한히 많은 값을 취할 수 있는 변수와 한정된 수치만을 할당할 수 있는 변수

   (2) 양적변수와 질적변수

   수치들이 양적인 차이를 나타내는 변수와 질적인 차이를 나타내는 변수

   질적변인 : 수량화할 수 없는 변인 예) 성별, 출신지, 직업의 종류 등

   양적변인 : 수량화할 수 있는 변인 예) 지능지수, 성적, 키, 몸무게 등

   (3) 독립변수와 종속변수

   어떤 다른 변수의 원인이 되는 변수와 독립변수의 결과가 되는 변수

(4) 예언변수와 준거변수

변수의 값을 통해 다른 변수의 값을 예언하려는 용도로 사용되는 변수와 예언변수로 예측하고자 하는 변수

3. 척도- 척도의 종류

– 척도는 수치를 체계적으로 할당하는데 사용하는 측정도구이며 대상들을 산출한 수치들을 담고 있는 정보의 양에 따라 다음과 같이 나눈다.

가. 명명척도(=명목척도)

정보 차이 만을 담고 있는 척도 예) 성별, 지역, 눈 색깔 등

나. 서열척도(=순위척도)

상대적 크기, 순위 관계에 관한 정보도 담고 있는 척도 예) 석차, 만족도 등

다. 등간척도(=동간척도)

수치 차이가 반영하는 속성 차이가 동일하다는 등간정보도 포함 예) 지능지수, 온도 등

라. 비율척도

수의 비율에 관한 정보도 담고 있는 척도로 절대영점이 있는 변수를 측정한 경우에 얻을 수 있음. 측정치 간에 등간성이 있고, 순위에 대한 정보를 포함한다. 위의 나머지 척도보다 많은 정보를 가지고 있다. 양적연구를 위한 모수통계가 적용된다.

예) 길이, 무게 등

심리측정
및 평가

4강 **표집**

학습목표	1. 모집단, 표집, 표본에 대한 이해 2. 확률표집과 비확률표집의 유형 및 특성 이해

학습내용	1. 자료수집을 위한 모집단, 표집, 표본의 개념을 학습한다. 2. 표집방법과 관련된 확률표집과 비확률표집의 유형 등을 학습한다.

📖 표집

1) 모집단을 대표하는 표본을 추출하는 과정이나 행위

연구에는 대상이 있고, 연구의 대상 전체를 모두 연구에 포함시킨다면 표집의 문제는 생기지 않는다. 그러나 특수한 경우를 제외하고는 대부분 전체 중에서 일부만 뽑아서 연구하고, 그 결과를 토대로 전체의 특성을 추정한다.

2) 모집단(population)과 표본(sample)

- 모집단이란 전집이라고도 하는데, 연구자가 관심을 갖고 있는 대상 전체, 즉 연구자가 자신의 연구결과를 일반화하려고 규정한 사건이나 사물 혹은 대상의 전체를 뜻한다.
- 표본이란 모집단의 일부를 뜻한다. 모집단에 대한 특성을 알고 싶을 때 모집단 전체에 대한 전수조사를 할 수 있지만 시간, 노력, 비용 등이 많이 들기 때문에 현실적으로 모집단을 모두 조사하는 것은 어렵다. 따라서 모집단으로부터 일정한 크기의 표본을 뽑아서 이들을 통하여 모집단의 특성을 추정한다.

3) 전수조사(complete enumeration)

- 통계조사에서 모집단(母集團) 전부를 조사하는 방법.
- 전체조사(全體調査)·완전계수법(完全計數法) 등으로도 불리며 모집단 내의 일부만을 조사하여 전체를 추정하는 표본조사(sampling survey)와 대비된다.
- 전수조사의 대표적인 것으로는 국민전체를 모집단으로 하여 전국민을 조사하는 국세조사(census),
- 학교에서 전학생을 대상으로 실시하는 신체검사 등이 있다.
- 표본에서 모집단을 추정하는 것이 아니기 때문에 표본오차가 없다는 것이 장점이나, 시간

291

과 비용이 너무 많이 소요되기 때문에 모집단이 아주 적은 경우 이외는 거의 실시가 불가능하다. 그래서 일반적으로는 표본조사가 많이 활용된다.

확률 표본추출

1. 단순무작위 표집(simple random sampling)

1) 무작위추출법 중 가장 원형적(原型的)인 추출법.
2) 모집단(母集團 : 조사의 전대상)에 속하는 개체를 표본으로 하여 추출할 때 미리 개체를 어떤 층 또는 부류로 나눈 다음 추출하는 것이 아니라, 모든 개체가 동질이라고 여겨질 때 그 개체에 동등한 확률을 부여하여 추출하는 방법을 말한다. 크기 N인 모집단으로부터 크기 n의 표본을 무작위 추출하는 데에는 조사자의 주관적 판단을 배제하고 임의로 추출하게 되므로, 실제 추출에 있어서 샘플링 카드와 난수표(亂數表)를 사용한다.

2. 층화표집(유층표집)

1) 모집단을 서로 겹치지 않은 여러개의 층으로 분할한 후 각 층에 배정된 표본을 단순임의 표집하는 방법
2) 그러므로 층화표집을 하기 위해서는 연구하고자 하는 문제에 영향을 미친다고 생각하는 변인 즉, 성, 연령, 교육정도 등을 기준으로 모집단을 여러층으로 나눈 후 그 구성비율을 알아내서 표본에서도 그 구성 비율이 같도록 응답자를 뽑는 방법.
3) 예를 들어 학교생활만족도의 경우 대학 구성원의 특성을 효율적으로 반영하기 위해서는 성별, 연령, 전공(인문, 자연, 예능)등으로 구분하게 되는데 이것이 바로 층화변수가 된다. 그래서 층의 갯수는 성별(2개)*학년(4개)*전공(3개)=24개 가 된다. 이 방법을 적용하면 전체모집단의 추정과 더불어 각층의 특성도 알게 된다.
4) 계층별로 하위집단을 나누는 가장 큰 이유는 각 계층의 크기에 비례한 만큼의 표본이 구해지도록 하기 위해서 이다.

○ 유층표집(심화학습) – 기출문제

1) 유층표집(층화표집)의 특징.
　(1) 유층표집이란 모집단을 동질적인 일련의 하위집단으로 나누고(유층화), 각 하위집단에서 적절한 수의 표본을 뽑아내는 방법이다.
　(2) 유층화는 연구자의 연구목적에 따라 임의적으로 이루어지나, 유층에서의 표본추출은 단순무선으로 이루어진다.
　(3) 동질성을 지닌 유층에서 표본을 추출하므로, 다른 확률적 표집방법보다 표집오차가 적다.

⑷ 따라서 다른 표집방법보다 표본의 크기가 작아도 된다.

2) **유층표집의 절차**

⑴ 우선 모집단을 하위집단으로 구분한다.

⑵ 하위집단에서 무선으로 표본을 추출한다.

3) **유층표집의 종류**

⑴ 비례유층표집

유층으로 나뉜 각 집단에서 같은 비율로 표집하는 방법으로, 예컨대, 전집의 10%를 표집한다고 했을 경우 우선 유층을 나누고, 각각 10%씩 단순무선으로 표집하는 방법이다.

⑵ 비비례유층표집

연구목적에 따라 의도적으로 표본의 수를 정하는 경우로서, 예를 들어 초등학교 남녀교사에 대한 비교연구에서 여교사 대 남교사의 비율이 7 : 3 일 경우, 남교사의 수가 너무 작아 통계상의 문제를 가져올 경우 필요한 만큼의 적당한 수를 표집하는 방법이다.

⑶ 최적분할 비비례 유층표집

이 방법은 비비례 유층표집의 한 방법으로 표본의 크기를 각 층에 할당함에 있어서 통계량의 표본오차가 최소가 되도록 하는 방법이다. 즉, 일정한 층화기준에 의해 층화하더라도 어떤 층은 매우 동질적인데 반해 다른 어떤 층은 동질성의 정도가 상대적으로 떨어지기도 한다. 이 때 동질적인 층은 비교적 적은 수의 표본을 선정하고 이질적인 층에서는 보다 많은 수의 표본을 선정함으로써 결과적으로 가장 적은 표본의 크기로써 요구되는 정확성의 수준을 유지할 수 있다.

3. 집락표집(cluster sampling = 군집표집)

1) 이것은 자연적으로 형성된 집단 또는 군집의 전집에서 표본을 추출하는 방법이다. 공장, 학교, 행정구역등이 집락이 될 수 있고, 예컨대, 서울의 15개 구중에서 무선으로 5개의 구를 뽑고 이 2개구에 거주하는 성인을 대상으로 집중 조사를 할 수 있는데 이를 집락표집 방법이라 한다.

2) 예를 들어 학교전체에 대한 연구를 할 때 학교에서 각 반을 집락으로 나눌 때 각 반끼리는 동질적이고, 학생 개개인의 이질적으로 구성되어진다.

3) 집락표집은 모집단을 집락이라고 부르는 많은 수의 집단으로 분류하여, 그 집락들 가운데서 표집의 대상이 될 집락을 먼저 뽑아낸 다음에 뽑힌 집락에서만 표본을 추출하는 방법이다.

비확률 표본추출

1. 편의표집(convenient sampling/accidental sampling=임의표집=우발적 표집)

1) 전문가의 주관적 입장이나 편견에 의해서 임의적으로 선정하는 비무선적(非無選的) 표집 방법

2) 비확률적 표집은 그 특성에 따라 몇 가지 유형으로 나누어 볼 수 있다. 그중에 유의도적 표집(purposive sample) 또는 주관적 판단표집(judgement sample) 방법은 전문가의 판단에 의해서 전집을 가장 잘 대표한다고 생각하는 일부 대표적인 지역이나 대상만을 임의로 표집하는 방법이다.

3) 다음에 할당 표집방법(割當標集方法)이 있는데, 이것은 주관적 판단 표집방법의 한 변형된 형태로서 전집의 성별·종교·지역 등의 구성비율을 아는 경우에 이를 이용하여 대표적인 표집을 얻기 위하여 전문가의 주관적 판단이 개입되는 표집방법이다.

4) 할당(割當)

   (1) 원래 할당이란 말이라는 말은 인구조사, 또는 의견이나 시장조사 등에서, 예를 들어 면접 조사자에게 어떤 지역, 어떤 연령층의 어떤 성별(性別)을 가진 사람의 얼마를 표집하라는 구체적인 표집수를 할당하되, 그러한 테두리 안에서 구체적으로 어떤 사람을 선정할 것인가 하는 것을 면접자에게 맡기는 표집방법이라는 데서 연유된 것이다.

   (2) 이 외에도 편의에 의해서 손에 닿치는 대로 가장 얻기 쉬운 집단만을 대상으로 하는 우연적 표집방법(accidental sampling)도 있다.
   일반적으로 비확률적 표집방법의 목적은, 주관적 견지에서 전집과 같은 구성요소를 가진 대표적인 표집을 얻고자 하는 데 있다. 그러나 이러한 표집방법은 어디까지나 주관적인 판단과 편견이 개입되므로 표집에서 얻은 결과로 전집치를 추정하는 데 어느 정도의 오차가 있는가 하는 것을 확률이론과 같은 객관적인 기준에 의해서 평가할 수 없는 문제가 있다.

2. 유의표집(purposive sampling=판단표집=의도적 표집)

1) 모집단에 대한 정보가 많은 경우 연구자의 주관적 판단의 기준에 따라 연구목적 달성에 도움이 될 수 있는 구성요소를 의도적으로 추출하는 방법이다.

2) 주관적 판단의 타당성 여부가 표집의 질을 결정한다.

3) 문제점으로는 표본의 대표성을 확신할 수 없고 모집단에 대해 상당한 사전지식이 필요하며 표집오차의 산정이 곤란하다는 점이다.

3. 할당표집(quota sampling)

1) 모집단의 어떤 특성을 사전에 미리 알고 추출된 표본에 같은 비율을 얻고자 할 때 사용되는 방법이다.
2) 표본을 모집단에서 차지하는 범주의 비율에 따라 할당하고 할당된 수의 표본을 임의적으로 추출하는 것이다.
3) 확률표집인 층화표집과 유사한데 이의 차이점은 무작위방법과 인위적 방법의 차이이다.

4. 누적표집(snowball sampling=눈덩이 표집)

1) 연구에 필요한 소수의 사례 표본을 찾고 그 표본을 통해서 다른 사람을 추천받아 점차로 표본의 수를 늘려가는 표집방법이다. 즉, 첫 단계에서 연구자가 임의로 선정한 제한된 표본에 해당하는 사람으로부터 추천받아 다른 표본을 선정하는 과정을 되풀이하여 마치 눈덩이를 굴리듯이 표본을 누적해 가는 방법이다.
2) 연구자가 특수한 모집단의 구성원을 전부 파악하고 있지 못할 때에 적합한 표집 방법이다.
3) 단점으로는 추천하는 사람의 주관에 의한 편견이 개입될 수 있다는 점이다.

대표값과 정규분포

학습목표	1. 극한중심의 이해와 대푯값 유형 학습 2. 정규분포곡선의 이해와 특징 학습

학습내용	1. 대푯값에 대한 개념과 유형별 특성에 대해 학습한다. 2. 정규분포곡선/ 자료의 분산에 대한 내용을 학습한다.

☐ 중심경향(central tendency, 집중경향)

1. 개념

1) 한 집단의 점수분포를 하나의 값으로 요약해 주는 지수를 말한다.
2) 가장 대표적인 것이 산술평균이 있으며 이외에 중앙치, 최빈치 등이 있다.

2. 종류

1) 평균(mean)
   - 묶지 않은 자료일 경우, 원 자료를 그대로 가지고 있는 경우를 묶지 않은 자료라고 하며, 이 경우 모든 사례 수의 값을 더해서 총 사례수로 나눈 것이 평균이다.
   - 묶은 자료일 경우, 원 자료가 아닌 급간에 의해 나누어진 자료를 의미하며, 묶은 자료로 평균을 계산할 때는 각 급간의 중앙치와 해당 급간의 빈도를 곱한 후, 그 값을 더하여 총 사례 수로 나눈다.

2) 중앙치(median)
   - 한 집단의 점수분포에서 전체 사례를 상위 1/2과 하위 1/2로 나누는 점을 말한다. 즉, 이 중앙치를 중심으로 전체 사례의 반이 중앙치 상위에, 나머지 반이 중앙치 하위에 있게 된다. 예를들어, 12, 13, 16, 19, 20과 같이 5개의 사례가 크기 순서로 나열되어 있는 경우 그 중앙에 위치한 16이 중앙치가 된다. 엄격히 말하면 중앙에 위치한 16을 가진 사례가 중앙치가 되는 것이 아니라 전체 사례 5가지를 상위 2.5와 하위 2.5로 나누는 16.0이 중앙치가 된다. 만약 22라는 점수를 가진 사례가 하나 더 있다면 총 사례수는 짝수가 되므로 (16+19)/2=17.5, 즉, 17.5가 중앙치가 된다.

– 중앙치는 자료를 순서대로 오름차순이나 내림차순으로 재배열한 후 한가운데에 속하는 값이다.

3) 최빈치(값)(mode)

최빈치(mode)란 가장 많은 빈도를 지닌 점수를 말한다. 11개 사례의 값이 12, 12, 14, 14, 18, 18, 18, 18, 19, 20, 20인 경우, 18은 그 빈도가 4로 가장 많으므로 18이 최빈치가 된다. 빈도의 크기가 다 같은 경우에는 최빈치가 없다. 예를 들어 1, 8, 12, 13, 15의 경우이다.

■ 중심경향(central tendency, 집중경향)의 추가적 이해

1) 최빈값은 2개 이상 될 수 있다.
2) 평균값은 편리하나 극단의 값에 영향을 많이 받음.
3) 중앙값은 크기순으로 나열하여 이등분하는 것으로 짝수일 때 그 중간값으로 하면 된다.
4) 대칭적인 양봉분포에서는 평균값, 중앙값, 최빈값이 동일하지 않다.
5) 평균값에 대한 모든 점수들의 편차 합은 항상 0이다.

■ 변산도(Variability, 분산도, 산포도)

1. 점수가 흩어진 정도로서 산포도라고도 한다.
2. 변산도가 크다는 것은 개인간 차이가 크다는 것을 의미
3. 변산도를 나타내는 지수로는 범위, 사분위수범위, 사분편차, 평균편차, 표준편차, 표준오차, 분산, 변동계수, 등이 있다.

1) 범위 (range)

– 범위는 최고점수에서 최저점수를 뺀 값(범위 = 최고점수 – 최저점수)을 말한다. 예를 들어, 2, 6, 8, 11, 15로 구성된 집합의 경우를 가정해보자. 최고점수는 15이고, 최저점수는 2이다. 따라서 범위는 최고점수 15에서 최저점수인 2를 뺀 값인 13이 된다.
– 범위는 최대값과 최소값 간의 차이를 나타내기 때문에 만일 범위 값이 작다면 나머지 측정치들 간의 차도 작다. 따라서 자료 전체의 변산도가 작다고 말할 수 있다. 앞의 자료의 경우 범위가 13이기 때문에 다른 측정치들 간의 차이는 13 이하가 된다는 사실을 알 수 있다.
– 범위는 비교적 계산이 용이하다는 장점이 있으나 몇 가지 문제점을 갖는다.
  첫째, 많은 측정치들 중에서 오직 양극단에 놓여있는 두 측정치 간의 차이 점수를 통해 자료 전체의 변산도를 구하기 때문에 다른 측정치들 간의 차이에 대한 정보가 범위 값 속에 충분히 고려되지 않는다.
  둘째, 수집된 자료에 이상치가 포함될 경우, 이상치에 의해 변산도가 과대평가된다.

2) 사분편차(사분위 편차)

- 사분편차(interquartile range)는 범위가 양극단의 점수에 의해 좌우된다는 단점을 가지
  므로, 점수 분포 상에서 양극단의 점수가 아닌 어떤 일정한 위치에 있는 점수 간의 거리를
  비교하고자 하는 것이다.
- 즉, 사분편차는 범위가 가지고 있는 단점인 양극단의 점수의 영향을 배제하기 위해 만든
  것인데, 전체 사례를 '넷으로 나누는'(사분) 점수 중 백분위 75에 해당하는 백분위 점수에
  서 백분위 50에 해당하는 백분위 점수까지의 거리와 백분위 50에 해당하는 백분위 점수
  에서 백분위 25에 해당하는 백분점수까지의 거리를 합하여 2로 나눈 것이다.
- 중앙치로부터 백분위 25가 되는 평균거리를 산출한 것이 바로 사분편차인데, 사분편차 역
  시 범위(range)의 일종이라고 할 수 있다.

3) 변량(Variance, 분산)

- 평균을 중심으로 자료의 값이 얼마나 흩어져 있는가를 나타낸다.
- 변량은 편차를 제곱한 후 그 수를 모두 더하여 전체 사례 수로 나눈 값이다.

4) 평균편차(AD : Average Deviation)

한 집단의 산술평균으로부터 모든 점수까지의 거리를 평균낸 것을 말하며 평균편차는 수리
적인 조작에 한계가 있기 때문에 추리통계에서는 사용되지 않는다.

5) 표준편차(SD; Standard Deviation)

- 통계집단 단위의 계량적 특성값에 관한 산포도를 나타내는 도수 특성값을 말하며 한 집단
  의 수치들이 어느 정도 동질적인지를 표현하기 위해 개발한 통계치 중 하나로서 집단의
  각 점수들이 평균에서 벗어난 평균거리를 의미한다.
- 표준편차가 0일 때는 관측값의 모두가 동일한 크기이고 표준편차가 클수록 관측값 중에는
  평균에서 떨어진 값이 많이 존재한다.
- 표준편차는 관측값의 산포(散布)의 정도를 나타낸다.

6) 표준오차(Standard error)

표준편차에 속하는 표준오차는 표본이 모집단에서 떨어져있는 정도를 나타낸다. 표준오차
가 작을수록 표본의 대표성이 높다고 할 수 있다. 표준오차는 '표준편차/평균의 루트값'으
로 계산된다.

7) 변동계수(coefficient of variation)

표준편차의 산술평균에 대한 상대적인 크기를 나타내며, 다수의 자료의 산포도를 이용할
때 사용한다. 비교대상의 단위가 다르거나 값의 차이가 클 때 이용한다. 변동계수는 '표준
편차/평균'으로 계산 할 수 있다.

■ 정규분포 - [정규분포곡선]

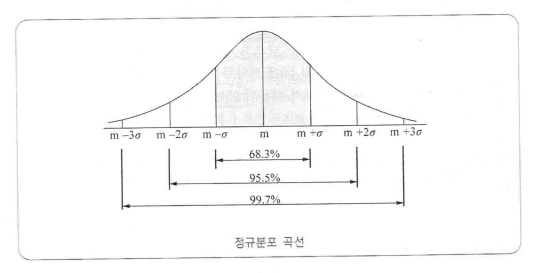

정규분포 곡선

1) 수검자 수가 많을수록 정규분포에 가까워진다.

2) 심리검사 결과가 정규분포를 이룬다면, 평균으로부터 1표준편차 이내에 전체 사례의 68.26%(68.3%)가 포함된다.

3) 측정 특성이 이질적일수록 정규분포에 가까워진다.

4) 한 점수를 다른 유형의 점수로 전환할 때 정규분포의 속성들을 활용할 수 있다.

5) 정규분포에서 최빈치는 평균, 중앙치가 일치한다.

6) 평균값을 중앙으로 하여 좌우대칭인 종모양을 이루는 것이다.

7) 반으로 접으면 좌우가 같다.

8) 정규분포곡선은 연속적 변인의 분포이다.

9) 정규분포곡선하의 전 영역은 1 혹은 100%이다.

심리측정
및 평가

6강 원점수와 규준점수

학습목표	1. 측정의 표준오차와 표준편차에 대한 심화학습 2. 원점수와 규준점수의 유형 및 특성이해

학습내용	1. 측정의 표준오차의 의미와 표준편차와의 차이점에 대해 학습한다. 2. 원점수의 한계와 규준점수의 기능 및 유형에 대해 학습한다.

▢ 표준오차

1) 추정량의 정도를 나타내는 측도로서 표준편차를 표본크기의 양의 제곱근으로 나눈 것이다.
2) 표본추출을 여러 번 했을 때 각 표본들의 평균이 모집단 전체의 평균과 얼마만큼의 차이를 보이는가를 알려주는 통계량이다.

▢ 표준편차와 표준오차 비교

1. 표준편차

1) 1893년 피어슨에 의해 소개된 통계량
2) 점수(데이터)가 평균에서 얼마나 벗어났는지를 알려주는 통계량

$$\text{표준편차} = (\text{분산의 양})^2$$

2. 표준오차

1) 추정량 정도 나타내는 측도
2) 각 표본들의 평균이 전체(모집단) 평균과 얼마큼 차이 보이느냐 알려주는 통계량

$$\text{표준오차} = \text{표준편차} \div (\text{표본크기})^2$$

3. 모집단 표준편차를 안다면 표준오차 구할 수 있으며, 표준오차는 항상 표준편차 보다 작다.

표준편차와 '측정의 표준오차(SEM)의 차이

- 표준편차는 '특정한 표본집단 내의 편차
  표준편차를 가지고는 데이터의 퍼짐정도를 알 수 있다.
- SEM은 '표본집단들(평균)간의 편차
  표준오차를 가지고는 평균이 얼마나 정확한지 알 수 있다.

측정의 표준오차(SEM : Standard Error of Measurement)

1. 측정의 표준오차란 관찰점수(검사점수)를 가지고 진점수를 추정할 때 생기는 오차의 정도를 말한다. 어떤 검사도구로 한 사람을 무한히 반복해서 검사한다고 가정할 때 얻어지는 관찰점수 분포의 평균은 진점수이고 이 때의 표준편차가 표준오차에 해당한다. 실제로는 검사를 한두 번 밖에 실시하지 않기 때문에 SEM은 관계공식을 이용하여 산출한다. 관계공식은 표준편차와 신뢰도계수를 활용하여 추정된다.
2. 신뢰도계수와 SEM은 반비례하며 신뢰도계수의 집단의 검사신뢰도에 대한 정보를 주며 SEM은 개인이 얻은 점수의 신뢰도에 대한 정보를 준다.
3. SEM은 상수라는 점이다. 즉, 개인의 진점수는 다를 수 있지만 수천수만의 검사에서 도출한 SEM은 거의 상수라고 볼 수 있는 것이다.
4. SEM은 분포의 표준편차에 해당하기 때문에 정상분포곡선에서의 표준편차에 관한 일반적 해석을 그대로 적용할 수 잇다.

원 점수와 규준(표준)점수

1. 원점수

1) 원 점수는 심리검사를 해서 우선적으로 채점되어 나오는 점수로서 소점(raw score)으로 부르기도 한다.
2) 수를 부여하는 일정 규칙에 따라 얻어진 원래의 점수로, 어떤 조작이나 변환을 가하지 않은 점수이다. 보통 검사에서 피험자가 정답한 문항에 부여된 배점을 단순히 합산한 점수를 말한다.
3) 원점수는 동간적인 측정치가 아니고, 의미 있는 해석을 할 수 있는 기준점이 없기 때문에 그 자체로 의미 있는 해석을 할 수 있는 정보를 주지 못한다. 예컨대, 한 피험자가 50점이란 원점수를 받았는데 이 점수가 절대적으로 높은 점수인지 또는 다른 점수와 비교해서 높은 점수였는지 등에 관한 해석을 할 수 없다. 따라서 원점수는 어떤 변환과정을 거쳐 해석되고 활용된다.

4) 예를 들어, 5점짜리 20개 문항으로 구성된 검사를 통해 5점, 10점, …, 100점 등의 원점수를 산출한 경우, 개별점수를 받은 학생의 상대적 위치를 알 수 있도록 표준점수 혹은 백분위점수로 점수를 변환하여 활용한다.

**** 원점수의 추가적 의미
1) 원 점수는 그 자체의 점수로는 상대적 의미나 어떤 의미도 갖지 못한다.
2) 검사의 결과는 규준을 갖고 있어야 해석을 할 수 있고 또한 규준의 유형에 따라서 동일한 원점수도 전혀 다른 의미를 가질 수 있다.
3) 원 점수 척도에는 단위의 동간성이 없다 즉, 원점수간에의 의거점이 없어 비교할 수 없다는 것이다.
4) 원점수는 규준점수(표준점수 등)으로 전환해야 한다.

2. 규준(표준)점수

1) 분포의 표준편차를 이용하여 개인의 점수가 평균에서 떨어져 있는 거리를 표시한 것으로, 평균으로부터 편차 점수를 그 점수분포의 표준편차로 나누어 얻은 점수
2) 표준점수란 원점수를 표준편차 단위로 전환한 점수이다. 즉, 통계학적으로 정규분포를 만들고 개개의 경우가 표준편차 상에서 어떤 위치를 차지하는지를 보여주는 수치이다.
3) 표준점수는 비율척도에 해당되는 가장 유용한 척도로 원 점수와 달리 의거점이 있으며 동간성이 있다.
4) 상대적인 위치도 짐작할 수 있고 검사결과를 의미 있게 비교할 수 있다
5) 종류로는 Z점수와 T점수가 있다.
    예) Z점수와 T점수 계산식(법)
        Z점수 공식 = (원점수 − 평균)/표준편차.
        T점수 공식 = 10*Z점수+50

📋 표준점수에 관한 기출문제

이는 표준 점수(standard score)라고 하기도 한다. 표준 정상분포에서 Z= (X−mean)/standard deviation 으로 구해진다. 한 표집 자료에서 모든 Z점수의 평균은 0이고, 표준편차는 1이다.

1. Z점수(Z-score) − 표준점수

1) 존재하는 모든 것의 속성이 정규 분포라는 가정 아래 원점수의 평균을 0으로 하고 표준편차를 1로 해서 개인이 얻은 점수가 평균으로부터 떨어진 거리(편차 : deviation)를 표준 편차로

나눈 값이다.

2) Z점수는 대부분의 점수가 +3 ~ -3 사이에 분포되어 있고, -1 ~ +1점 사이에 전체 점수의 약 68%, 그리고 -2 ~ +2 사이에 약 95%의 검사 점수가 분포되어 있다.

3) Z점수는 모든 표준 점수의 기본이 된다.

2. T점수(T-score) - 표준화점수

1) Z점수를 일반인이 쉽게 이해할 수 있도록 평균 50, 표준 편차 10인 단위로 변환한 점수를 말한다.

2) T점수는 대부분의 점수가 최대 80점, 최소 20점 사이에 분포되어 있고, 40 ~ 60점 사이에 전체 점수의 약 68%가, 30 ~ 70점 사이에 약 95%가 분포되어 있다.

▣ 백분위 점수

1. 서열척도

2. 백분위 50은 중앙치에 해당한다.

3. 규준집단 내에서 수검자의 상대적 위치를 알 수 있다. 즉, 규준참조검사이다.

4. 원점수가 같아도 백분위는 속한 규준집단에 따라 다르게 나타날 수 있다.

5. 표준화 집단에서 특정 원점수 이하인 사례의 비율이라는 측면에서 표시한 것으로서, 개인이 표준화 집단에서 차지하는 상대적인 위치를 가리킨다. 예를들면, 백분위 80 이란 백분위 80에 해당하는 점수보다 낮은 점수를 받은 사람이 전체 사례의 80%이다

6. 백분위는 능력검사와 성격검사에서 사용된다.

▣ 스태나인(stanine)점수/표준등급

1. 정규분포에서의 여러 가지 표준점수 중 평균이 5이고 표준편차가 2인 정상분포를 참조하여 1/2표준편차의 구간을 1점 구간으로 표현하여 9개의 구간으로 척도화한 점수

2. 서열화의 오류를 최소화하는 점수

3. 사례 : 고교 내신등급

**** 스태나인(stanine점수

스태나인(stanine)은 standard와 nines라는 두 단어를 합해서 만든 용어로서 여러 가지 표준점수 중에서도 이해하기 쉽고 활용하기 쉬운 방법이다. 스태나인은 모든 원점수를 1~9까지의 한 자리 숫자 체계(single-digit system)로 전환시킨 것으로, 제2차 세계 대전 중에 미국 공군이 개발하여 평균을 5, 표준편차를 2로 표준화한 점수다(Hopkins, Stanley, & Hopkins, 1990). 최고의 스태나인 점수는 9이며 최하점은 1, 그리고 중간 부분은 5가 된다.

1) 스테나인의 최대 장점은 점수의 최고점에서 최하점까지 배열될 수 있는 자료이면 어떤 것이나 적용할 수 있다는 데 있다. 원점수를 스테나인이란 표준점수로 고칠 때 한 부분의 스테나인 점수와 다른 부분의 스테나인 점수, 한 검사의 스테나인 점수와 다른 검사에서의 스테나인 점수는 공통적인 기반 위에서 해석되기 때문에 동일한 의미를 갖는다.

2) 스테나인 6과 7의 차이는 4와 5의 차이나 2와 3의 차이와 같다. 즉, 표준점수는 척도가 다르더라도 그들의 상대적 위치를 비교해 볼 수 있다. 스테나인은 한 자리 숫자로 되어 있으므로 기록하고 해석하는 데 편리하지만 원점수가 다른 때에도 같은 스테나인 점수를 가질 수 있기 때문에 정밀도를 다소 상실해 버리는 결점을 가지고 있다. 그리고 정상 분포 가정을 충족하지 않으면 스테나인 점수를 적용하는 것이 적합하지 않다(Anastasi & Urbina, 1997).

3) 상대 비교 평가에서 점수가 주는 영향을 교육적으로 약화시키기 위해 사용되는 점수로서, 우리나라에서도 2002학년도부터 대학수학능력 시험에서 스테나인 점수를 제공하고 있다. 다만 스테나인 점수 1을 9로, 9를 1로 하는 것이 다를 뿐이다. 상담자는 표준점수가 특정 내담자에 대해서 의미하는 바가 무엇인지 사고하는 데 신중을 기해야 된다. 표준점수가 사용되는 경우 상담자는 특정 내담자와 비교가 적절한가를 보장하기 위해 규준집단(연령, 문화, 교육·수준 등)의 특성에 대해 많이 알고 있을 필요가 있다.

심리측정
및 평가

7강 준거/규준참조검사 및 신뢰도 개념

<table>
<tr><td>학습목표</td><td>1. 준거참조검사와 규준참조검사의 차이점 이해
2. 심리검사제작과 신뢰도의 개념이해</td></tr>
</table>

<table>
<tr><td>학습내용</td><td>1. 준거참조검사와 규준참조검사의 차이점 및 기능에 대해 학습한다.
2. 심리검사제작의 필수적 요소인 신뢰도의 개념 등을 학습한다.</td></tr>
</table>

■ 준거참조검사와 규준참조검사

1) 준거참조검사(절대평가)
  - 특정내용에 대한 숙달 여부를 검사할 수 있다.
  - 검사에서 측정하려고 하는 지식이나 기술영역을 명확하게 규정해야 한다.
  - 어떤 검사의 점수분포가 반드시 정규분포일 필요는 없다는 가정에서 출발한다.
  - 내담자 간의 오차에 대한 추정에 유리하다.
  - 문항 간 난이도가 거의 비슷하고, 백분율점수를 활용한다.
  - 준거참조검사의 문항분석에서는 양극단적인 분포를 지양한다.

2) 규준참조검사(상대평가)
  - 보통 표준화된 점수를 사용한다.
  - 다른 사람의 수행 수준과 비교하여 점수를 해석한다.
  - 대부분의 심리검사에서 활용되며, 백분위점수·표준점수·표준등급과 관련된다.

☐ 준거참조검사와 규준참조검사의비교

규준참조검사와 준거참조검사		
구분	규준참조검사	준거참조검사
검사목적	**피검사자의 서열화** 상대비교평가의 목적을 수행하기 위해서 시행되는 검사로 피검사자들을 서열화하고, 각 피검사자의 점수가 다른 사람들에 비해 어느 위치에 해당되는지를 파악하기 위한 검사임	**성취도달 수준 확인** 목표지향평가 혹은 절대평가의 목적을 수행하기 위해 시행되는 검사로 피검사자의 검사점수에 따른 상대적 서열에 의해 행정적 결정이 이루어지는 것이 아니라 피검사자가 무엇을 얼마만큼 알고 있는가를 밝히는데 중점을 두는 검사임
문항난이도 범위	**다양한 수준** 검사에 응하는 피검사자들에게 점수를 다양하게 부여하기 위해 문항난이도가 다양함	**준거와 유사한 수준** 준거에 부합하는 수준의 난이도를 가진 문항들로 검사를 구성함
비교내용	**피검사자와 피검사자** 피검사자와 피검사자의 점수비교(서열정보, 석차)	**원점수와 준거점수** 피검사자의 능력과 준거점수
검사의 양호도	**신뢰도 강조** 상대적인 서열 정보가 상당히 중요한 정보로써 사용되기 때문에 검사의 양호도를 평가하는 가장 기본적인 정보인 신뢰도와 타당도 가운데 신뢰도가 더 중용하게 취급됨. 하지만 타당도가 확보되지 않아도 되는 것은 아님	**타당도 강조** 검사의 양호도를 평가하는 가장 기본적인 정보인 신뢰도와 타당도 중에서 타당도가 더 중요하게 취급되는데, 그 중에서도 내용타당도가 확보되어야 함
빈도분포	**정규분포** 이상적인 점수분포는 중간 점수를 받은 사람이 많고 높거나 낮은 점수를 받은 사람이 상대적으로 적은 정규분포의 모양을 보임	**부적으로 편포된 분포** 점수가 높은 부분에 많은 사람들이 몰려있는 형태인 부적으로 분포된 분포의 모양을 보임
검사개발과정	**통계적 방법에 의존** 정상분포를 가정으로 했을때 나오기 때문에 통계적 방법을 이용하여 문항을 구성함	**전문가의 판단에 의존** 문항 개발 시 측정하고자 하는 내용 영역이 정해져 있기 때문에 내용영역을 잘 반영했는지에 대한 전문가의 평가가 중요한 근거가 됨

규준의 종류

1) 발달규준

발달규준이란 수검자가 정상적인 발달경로에서 얼마나 이탈해 있는지를 표현하는 방식으로 원점수에 의미를 부여하는 것이다. 이러한 발달규준을 토대로 한 점수는 심리측정학적으로는 다소 조잡해서 점수 자체를 통계적으로 처리하기에는 적합하지 않다는 평가를 받고 있기는 하지만, 기술적인 목적, 특히 개개인에 관한 집중적인 임상 연구와 연구목적에서는 상당히 유용하다.

**** 발달규준의 예

규준의 종류	개 념
연령규준	개인의 점수를 규준집단에 있는 사람들의 연령에 비교해서 몇 살에 해당되는지를 해석할 수 있게 하는 방법
학년규준	주로 성취검사에서 이용하기 위해 학년별 평균이나 중앙치를 이용해서 규준을 제작하는 방법
정신연령규준	연령과 정신력의 비교를 통해 해석하는 법

2) 집단내 규준
   - 백분위점수, 표준점수, 스테나인 등

규준해석의 유의점

1. 규준은 절대적이거나 보편적인 것이 아니며 영구적인 것이 아니므로, 규준집단이 모집단을 잘 대표하는 것인지를 확인하는 것이 중요하다.
2. 검사요강을 검토하여 규준집단의 다양한 변인들을 잘 고려하여 제작된 것인지를 살펴보아야 한다.
3. 오래된 규준제작에 대해서는 특별히 해석에 주의해야 한다.

상관계수(coefficient of correlation)

1. 두 변량 X, Y 사이의 상관관계의 정도를 나타내는 수치(계수)이다.
2. 두 변수 X, Y 간의 관계의 정도를 나타내는 지수로서, 일반적으로 Pearson의 적률상관계수를 가리킨다. Pearson의 적률상관계수는 두 연속변수가 선형관계를 보일 때, 두 변수가 얼마나 직선적으로 관계되어 있는가의 정도를 나타내고, 기호는 표본 상관은 r로, 모집단 상관은 ρ로 표시한다.

3. 상관계수는 두 변수간의 관계의 정도만을 표시할 뿐 인과관계를 나타내지는 않으며, 크기는 -1에서 1까지이다. 부호가 +인 경우는 정적 상관을 나타내고, -인 경우는 부적 상관을 나타낸다. 절대값이 클수록 상관관계가 높다는 것을 뜻한다.

4. 두 변인이 서로 일정한 관련성 갖고 있는 정도를 나타낼 수 있도록 개발된 통계치로서 검사의 신뢰도나 타당도를 분석할 때 널리 이용된다.

5. 산포도를 표현했을 때 사례들이 나타내는 점들이 직선에 가깝게 모여 있을수록 상관계수가 크고 점들이 퍼져 있을수록 상관계수가 작다.

신뢰도(reliability)

1. 신뢰도의 개념

1) 검사의 신뢰도(reliability)란 동일한 사람을 상대로 검사를 실시했을 때 검사조건이나 검사 시기 등과 관계없이 검사 점수가 일관성(consistency) 있게 나타나 얼마나 믿을 수 있는지의 정도를 말한다.

즉, 검사가 측정하려고 하는 심리적 구성물의 속성이 전혀 변화하지 않았음에도 불구하고 검사를 반복해서 실시할 때마다 관찰된 점수가 계속 변화한다면 그 검사의 결과를 믿을 수 없게 되어 우리는 더 이상 그 검사를 사용하려 하지 않을 것이다.

또한, 검사실 환경, 지시 내용, 수검자가 검사는 받는 시기, 건강상태, 시간제한 등 검사목적과 관련이 없는 조건은 모두 오차변량에 해당이 되므로 이러한 요인들을 통제해서 균일한 검사 조건을 유지하려고 애를 쓰는 것은 이런 요인들에 의한 오차변량을 줄여서 검사 점수를 더욱 신뢰성 있게 하기 위함인 것이다.

2) 신뢰도에 대한 추가설명
   ① 신뢰도는 검사점수의 안정성 정도를 나타낸다.
   ② 신뢰도에서 측정의 표준오차는 검사점수에 어느 정도의 오차가 있는가를 알려준다.
   ③ 전체검사의 신뢰도는 하위검사의 신뢰도는 별개의 문제이다.
   ④ 다양한 신뢰도 추정방법에 따른 측정오차의 종류는 서로 다르다.

심리측정
및 평가

8강 신뢰도와 타당도(1)

<table>
<tr><td>학습목표</td><td>1. 신뢰도의 종류에 대해 학습
2. 신뢰도 유형에 따른 계수와 확인방법 이해</td></tr>
</table>

<table>
<tr><td>학습내용</td><td>1. 반분신뢰도 등 5가지 신뢰도의 종류에 대해 학습한다.
2. 신뢰도 유형에 따른 상관계수의 종류를 확인하고 그 내용을 학습한다.</td></tr>
</table>

■ 신뢰도의 종류

1. 검사 − 재검사 신뢰도

1) 검사−재검사 신뢰도(test−retest reliability)란 동일한 사람을 대상으로 하여 서로 다른 시기에 두 번 실시한 검사 점수들의 상관계수(coefficient of correlation)를 말한다.
   검사−재검사는 검사점수가 시간의 변화에 따라 얼마나 일관성이 있는지를 알려주므로 시간에 따른 안정성을 나타내는 안정성 계수(coefficient of stability)라고도 한다.

2) 어떤 검사의 신뢰도가 높다고 한다면, 첫 번째 시점에서 높은 점수를 받은 사람들은 두 번째 시점에서도 높은 점수를 받을 것이고 그 역의 경우도 성립한다. 그러나, 그 검사가 신뢰롭지 못하다면 두 번의 검사에 있어서 개인의 점수들 간에는 어떠한 유사성이나 규칙성을 발견하지 못할 것이다.

3) 안정성 계수를 보고할 때에는 두 검사를 실시한 시기의 시간 간격을 보고하는 것이 중요하다. 그리고 이 방법은 비교적 간단하고 쉬워 보이지만 반복노출로 인한 검사 속성 자체의 변화나 연습효과 등으로 인하여 대부분의 심리검사에 적용하기에는 어려움이 있고, 반복노출의 영향을 별로 받지 않는 감각 능력 검사와 운동 능력 검사 등에 적합하다.

4) 검사−재검사 신뢰도의 단점
   검사요인효과 : 처음 측정이 재검사점수에 영향을 미치는 효과
   성숙요인효과 : 측정간격이 길 때에 조사대상집단의 특성변화에 따른 효과
   역사요인효과 : 측정기간 중에 발생한 사건의 영향
   (1) 첫 번째 검사에서의 기억효과와 연습효과가 두 번째 검사에 작용할 수 있다.

*이월효과 : 검사시간 간격이 짧은 경우 선행검사의 기억에 따른 높은 상관도 현상

(2) 첫 번째 검사와 두 번째 검사 간의 시간간격이 길고 짧음에 따라서 신뢰도 계수의 크기가 달라진다.

*반응민감성효과 : 검사기간 간격이 긴 경우 망각이나 새로운 학습요인에 따른 낮은 신뢰도 현상

(3) 두 번째 검사를 실시할 때에 피검사자들의 특성(측정하고자 하는 특성)자체가 변화되었을 수도 있다.

*측정속성의 변화 : 응답자의 연령, 측정하려는 특성의 본질 등의 시간변화 에 따른 영향

2. 동형검사 신뢰도

1) 동형검사 신뢰도(parallel form reliability)란 한 사람에게 어떤 검사를 실시하고, 그 검사와 같은 속성을 측정하면서 이미 신뢰성이 입증된 또 다른 검사를 실시하여 두 검사 점수의 상관계수를 계산한 것이다.

**두 검사의 동등성 정도를 나타낸다는 측면에서 동등성(동형성)계수(coefficient of equivalence)라고 부르기도 한다.

2) 이것은 시간에 따른 안정성과 반응의 안정성을 모두 포함하여 검사-재검사 신뢰도보다 널리 이용할 수 있기는 하지만, 검사가 다루는 행동기능이 연습효과에 매우 취약한 것이라면 동형 검사의 이용이 연습효과를 줄여 주기는 해도 그것을 아예 없애지는 못하며, 검사내용의 차이에 따른 오차가 생길 수 있다. 또한 진정으로 동등한 검사인 평행검사를 구하거나 제작하는 일이 매우 어렵기 때문에 동형검사 신뢰도 역시 대부분의 검사에 쉽게 이용하기는 어렵다.

3) 동형검사 신뢰도의 장단점

장점으로는 시험(측정)간격의 문제를 해결했다는 점이며 신뢰도 계수추정이 용이하다는 점이다. 단점으로는 위에서 언급한 동형검사의 제작이 어렵다는 점이다.

*** 동형검사 신뢰도(parallel form reliability)에 대한 추가학습

1) 동일한 구인을 측정하는 두 개의 검사를 개발하고 이로부터 나온 점수들 간의 상관관계를 구하여 추정하는 신뢰도이다. 두 개의 검사문항들은 동일한 구인을 측정하는 수많은 문항들로부터 무선적으로 표집된 것으로 가정하게 된다.

2) 이론적으로는 동형검사의 두 관찰점수들이 진점수와 동일한 상관관계를 갖는다고 가정하게 된다.

3) 동형검사의 추정은 검사-재검사 신뢰도 추정과 두 가지 측면에서 유사성을 갖는데

① 동일한 집단에 대한 두 번의 검사를 실시하고

② 검사참여상의 동기, 피로도, 연습효과 등과 같은 요인에 의해서 영향을 받는다는 것이다.

4) 동형검사신뢰도는 또 한 가지의 오차변량의 원인을 갖는 바 그것은 문항추출상의 오차이다. 즉, 피험자들의 능력과는 관계없이 어느 한 쪽의 검사에서 더 좋은 점수를 받을 가능성이 있다.

5) 동형검사신뢰도 추정의 가장 큰 어려움은 시간과 경제적인 측면의 제한점인데, 동일한 구인을 재기 위해서 두 종류의 검사를 개발한다는 것은 다분히 시간 소모적이고 경비가 많이 드는 작업이다.

3. 반분신뢰도 – 내적합치도 계수

가. 반분신뢰도(split-half reliability)란 한 가지 검사를 한 번 실시한 자료로도 구할 수 있는 신뢰도로서 해당검사를 문항수가 같도록 반씩 나눠서 개인별로 각기 채점한 두 개의 점수들의 상관계수를 계산한 것이다.

이때 얻은 신뢰도는 반분된 것이므로 교정공식을 사용하여 검사전체의 신뢰도를 산출하여야 한다. 교정공식으로는 스피어먼-브라운 공식을 이용한다.

나. 반분의 방법
 – 전후반분법
 – 기우반분법
 – 난수표에 의해 두 부분으로 나누는 방법
 – 의식적인 비교에 의한 반분법

○ 속도검사와 반분신뢰도

속도검사의 경우에는 많은 수검자들이 시간제한 때문에 검사의 뒷부분에 있는 문항들을 다 풀지 못하거나 0점을 받는 경우가 있기 때문에 실제 신뢰도계수가 실제보다 더 크게 나온다. 따라서 반분신뢰도 계수는 속도검사의 신뢰도로서 적당한 지표가 아니다.

***** 반분신뢰도(split-half reliability)에 대한 추가학습

1) 검사의 신뢰도를 구하는 방법의 하나로서 한 개의 검사를 한 피검자 집단에게 실시한 다음 그것을 적당한 방법에 의해 두 부분으로 나눈 후 이 두 부분을 독립된 검사로 생각하고, 두 부분의 점수들의 상관계수를 가지고 문항들간의 내적 합치도를 알아보는 신뢰도 추정법이다.

2) 이때 나오는 신뢰도는 검사 전체의 신뢰도가 아닌 반분된 부분 검사 점수 사이의 신뢰

도이기 때문에 과소추정되므로, Spearman-Brown 공식을 사용해 전체 검사의 신뢰도 계수로 교정한다.

4. 문항 내적 일관성 신뢰도(internal consistency reliability) - 동질성 계수

1) 한 검사 내에 있는 문항 하나 하나를 각각 독립된 별개의 검사로 간주하여 문항 내 득점의 일관성을 상관계수로 표시한 신뢰도계수를 말한다.
2) 검사의 문항 간 정답과 오답의 일관성을 종합적으로 추정한 상관계수로 나타내는 신뢰도.
3) 둘로 구분된 문항들의 내용이 얼마나 일관성이 있는가를 측정한 것이어서 동질성계수라고도 한다.
4) 동질성 계수의 문제점 해결책 : 크론바흐 알파(Cronbach a)계수, 쿠더/리차드슨공식, Hoyt의 공식을 사용한다.
5) 크론바흐 알파 계수
 - 측정의 신뢰도 확보 방안 중 변량분석에 따라 신뢰도를 재는 척도로서, 0부터 1까지의 계수값을 가지며 값이 클수록 신뢰도가 높은 방법으로 검사를 구성하는 문항 간 내적일관성이나 합치도의 정도를 나타내는 지수 혹은 측정치를 말한다. 1에 가까울수록 문항의 동질성이 높다는 것을 말한다. 크론바흐 알파계수가 높다는 것은 검사문항이 동질적이라는 것
 - Cronbach a 계수는 문항간의 신뢰도를 추정하는 방식으로 문항중 신뢰도를 저해하는 항목을 찾아내어 제거함으로서 전체문항의 신뢰도를 높이는 방법이다.
 *****문항 내적 일관성 신뢰도(internal consistency reliability)-동질성 계수
   추가학습
 1) 검사를 구성하고 있는 부분검사 및 문항들에 대한 피험자 반응의 일관성을 분석하는 신뢰도 추정방법이다.
 2) 하나의 검사는 여러 개의 부분검사로 이루어져 있고 또 개별문항들 역시 하나의 검사로 보는 전제하에서 신뢰도 추정이 이루어진다.
 3) 하나의 검사 안에서의 일관성을 분석하기에 검사-재검사나 동형검사 신뢰도처럼 두 번에 걸친 자료수집이 불필요하다. 이는 검사의 실시가 동일한 구인을 재는 수많은 문항집합에서 특정 내용을 표집하여 피험자 반응을 수집한다는 전제에 기초한다.
 4) 일관성을 따지는 분석의 단위를 부분검사로 보는 경우는 반분신뢰도의 방법으로 추정한다. 즉, 하나의 검사를 두 개의 검사로 쪼갠 후 그 둘 사이의 상관관계를 계산함으로써 신뢰도를 추정하는 방법이다. 이 때 문항의 수가 반으로 줄었기에 Spearman-Brown공식을 이용한 보정이 필요하다.

5. 채점자 신뢰도(scorer reliability)

1) 채점자들의 판단에 기초하여 채점 또는 평가가 이루어질 때에는 채점자 사이에 불일치가 일어날 수 있다. 즉, 대부분의 검사들이 실시와 채점을 위하여 표준화 절차를 제공하고 있기 때문에 실시나 채점요인으로 인한 오차변량을 무시해도 좋지만, 창조성 검사나 투사적 성격검사 등과 같이 채점자에게 많은 재량권이 있는 검사의 경우에는 채점자의 판단에 따른 왜곡이나 오류로 인하여 동일한 수검자에 대해서도 다른 점수가 나타날 수 있다.

2) 채점자 신뢰도는 주관적으로 채점해야 하는 검사도구들을 연구할 때 흔히 계산되며, 검사요강에는 필요한 경우에 수록한다.

3) 이런 검사들을 쓸 때에는 통상적인 신뢰도 계수를 측정하는 것 못지않게 채점자 신뢰도(inter-rater reliability ; 또는 평가자간 신뢰도)에 대한 측정도 필요하다. 이것은 한 집단의 검사용지를 두 명의 검사자가 각자 독립적으로 채점한 다음, 개개의 수검자들한테서 관찰된 두 개의 점수를 가지고 통상적인 방법에 따라 상관관계를 따져 보게 되며, 이 때 나타나는 신뢰도 계수가 바로 채점자 신뢰도의 측정치가 된다.

****채점자 신뢰도(scorer reliability)에 대한 추가학습

1) 논문형 학력검사나 투사적 검사에 있어서 채점자간의 일치도 또는 평정척도에 있어서 평정자간의 일치도의 정도.

2) 일련의 논문형 검사에서 두 채점자간의 신뢰도는 두 채점자가 동일한 검사에 배당한 두 점수간의 상관관계로써 추정할 수 있다.

일반적으로 같은 검사일 경우의 신뢰도 계수는 반분 신뢰도 계수가 가장 높고 그 다음으로는 동형검사 신뢰도, 검사-재검사 신뢰도의 순으로 나타난다.

9강 신뢰도와 타당도(2)

학습목표	1. 신뢰도 계수에 영향을 주는 요인들에 대한 학습 2. 타당도의 개념과 신뢰도와의 관계 학습

학습내용	1. 문항수 등 신뢰도 계수에 영향을 주는 요인들에 대해 학습한다. 2. 타당도의 개념과 신뢰도와의 관계 학습

📋 신뢰도의 종류

구 분	주 요 내 용
검사-재검사 신뢰도 (안정성 계수)	동일한 사람에게 동일한 검사를 서로 다른 시기에 두 번 실시하여 그 결과가 시간의 변화에 상관없이 얼마나 일관되게 나타나는지의 정도를 측정함
동형검사 신뢰도 (동등성 계수)	한 사람에게 어떤 검사를 실시하고 그 검사와 같은 속성을 측정하면서 이미 신뢰성이 입증된 또 다른 검사를 실시하여 그 결과들이 얼마나 일관되게 나타나는지의 정도를 측정함
반분신뢰도 (내적합치도 계수)	어떤 한 검사를 실시하여 그 검사를 문항수가 같도록 반씩 나눈 후 개인별로 각기 채점한 점수들의 상관계수를 계산한 것으로서 둘로 구분한 문항들의 내용이 얼마나 일관성이 있는지를 측정함
문항내적일관성 신뢰도 (동질성 계수)	한 검사 내에 있는 문항 하나 하나를 각각 독립된 별개의 검사로 간주하여 문항 내 득점의 일관성을 상관계수로 표시한 것
채점자 신뢰도	한 집단의 검사용지를 두 명의 검사자가 각자 독립적으로 채점한 후 그 결과가 일관되게 나타났는지의 정도를 측정한 것으로서 주관적으로 채점해야 하는 검사도구들을 연구할 때 주로 사용함

📋 신뢰도 계수에 영향을 미치는 요인

(1) 개인차

수검자의 개인차가 전혀 없을 경우에는 수검자의 검사점수가 모두 동일하게 나타나 신뢰도 계수는 0이 되며, 반면에 개인차가 충분히 클 경우에는 검사점수가 매우 낮은 점수에서부터 상당히 높은 점수까지 널리 분포하여 신뢰도 계수는 더욱 높게 나타난다. 즉, 검사의 신뢰도는 표본의 특성에 따라 달라지기 때문에 검사의 신뢰도를 평가할 때는 표본이 충분히 넓은 범위의 개인차를 잘 대표하는 것인지 검토할 필요가 있다.

(2) 검사의 문항수

검사의 문항이 여러 개라는 것은 결국 하나의 특성을 여러 번 측정한다는 것을 의미한다. 따라서 검사의 문항수가 많을 때가 적을 때보다 신뢰도는 더 높게 나타난다. 그러나, 문항수를 늘린다고 해서 검사의 신뢰도가 정비례하여 늘어나는 것은 아니며, 어느 정도 이상의 되면 문항수가 늘어나도 신뢰도는 거의 증가하지 않는다. 또한, 문항수가 너무 많아지면 실시와 채점 등에 상당한 부담이 되므로 문항수를 늘려서 신뢰도를 늘리고자 할 때에는 손익을 충분히 계산해서 결정해야 한다.

(3) 문항에 대한 반응수

개인의 직무만족, 조직몰입 등의 태도검사는 대부분 설문지를 이용하게 된다. 이 경우 5점 또는 7점 척도를 이용하는데, 문항의 반응수가 5나 7을 넘게 되면 검사의 신뢰도는 더 이상 올라가지 않고 평행선을 그리게 된다.

(4) 검사유형(속도검사의 신뢰도)

어떤 신뢰도 계수는 검사 유형에 따라 다르게 나타날 수 있다. 예를 들어 검사의 시간제한이 있는 속도검사의 경우에는 앞서 설명했듯이 수검자들이 0점을 받는 문항들은 반분신뢰도를 계산할 때 양쪽으로 나뉘어져서 상관계수의 값을 증가시키기 때문에 반분신뢰도보다는 검사-재검사 신뢰도 계수를 측정하여 사용하는 것이 더 바람직하다.

(5) 신뢰도의 종류에 따른 요인

같은 검사라도 어떤 종류의 신뢰도를 측정했는가에 따라 측정오차가 조금씩 다를 수 있기 때문에 신뢰도 계수가 다르게 나타난다.

■ 신뢰도를 높이는 방법

1. 문항의 수가 많아야 한다.
2. 답지의 수가 많아야 한다.
3. 문항곤란도 50%를 유지해야 한다.
4. 문항변별도가 높아야 한다.
5. 문항의 지시문이나 설명이 명확하여야 한다.
6. 충분한 시험 실시 시간을 주어야 한다.
7. 시험 실시 상황이 적합해야 한다. 즉, 부정행위, 부주의로 인한 오답이 없어야 한다.
8. 변산도가 커야 한다. 능력의 범위가 넓으면 전체 변량에 대한 진점수 변량부분이 상대적으로

커지기 때문에 신뢰도가 높아진다.

9. 문항이 동질적이어야 한다.

10. 평가내용을 전체 범위 내에서 골고루 표집해서 문항을 작성하여야 한다.

11. 객관적인 채점방법을 사용하여야 한다.

타당도

1. 타당도의 개념

1) 검사의 타당도(validity)란 그 검사가 무엇을 측정하는지 그리고 측정하고자 하는 심리적 구성물을 얼마나 잘 측정하고 있는지에 관한 것이며, 검사의 타당도는 우리에게 검사점수를 이용해서 그 검사가 측정하려는 속성에 관해 추론하는 것이 타당한 일인가를 결정해 준다.

2) 타당도란 검사가 측정하려고 하는 것을 제대로 측정하고 있는가와 검사에서 상담자가 필요한 정보를 얻을 수 있는가에 관한 문제다. 신뢰도와 함께 검사도구가 갖추어야 할 중요한 조건이다.

- 예를 들어, 수학 학력을 측정하기 위해서 만든 수학 학력검사는 수학 학력을 측정하기에 알맞게 만들어야지, 문법이나 어휘력을 측정하는 결과가 된다면 그 검사는 타당성이 결여되었다고 할 수 있다.

- 타당도의 개념에는 반드시 준거의 개념이 수반된다. 즉, 막연하게 타당도가 있다 혹은 없다가 아니라 무엇에 비추어 본 타당성인가의 문제가 반드시 제기된다. 따라서 타당도를 결정하기 위해서는 독립적인 외적 준거나 준거집단이 필요하다.

- 결국 타당도를 알기 위해 가장 중요한 것은 어떤 특성을 많이 가진 독자적인 집단이 있어야 한다는 것이다. 이러한 준거와 제작된 검사와의 상관계수를 산출하는 것이 곧 타당도 계수(validity coefficient)다.

3) 신뢰도와 타당도의 관계

- 신뢰도와 타당도는 매우 밀접한 관계에 있으며 이론적으로 한 검사의 신뢰도는 그 검사의 타당도의 최대값이 된다. 즉, 신뢰도 계수가 70이라면 그 검사의 타당도는 아무리 높아도 70을 넘을 수 없다는 것이다.

- 따라서, 검사의 신뢰도가 높지 않다면 타당도가 높은 검사를 기대할 수 없게 된다.

- 그러나, 한 검사의 신뢰도가 높다고 해서 항상 타당도가 높은 것은 아니다. 예를 들어 몸무게를 잴 때 줄자를 이용한다면 아무리 줄자가 정확하다(또는 신뢰롭다) 해도 몸무게를 제대로 측정할 수 없다.

검사의 타당도에 관한 설명

1. 교차타당도의 결과가 적어도 통계적으로 의의(意義)있는 관계보다는 우연적 관계를 보여 주는 것은 타당하지 않다. 즉, 우연적 관계에서 유추되는 계수를 보여준다면 통계적 의미를 살피는 측정검사의 의미가 없어진다.

2. 검사를 사용했을 때 단순히 집단의 기본 구성비율(base rate)에 의하여 우연히 맞힐 수 있는 최대확률보다는 더 정확한 결정을 내릴 수 있어야 한다.

3. 검사는 어느 정도 실용도를 가지고 있어야 한다. 즉, 검사를 사용했을 때 얻는 이익은 그 실용도를 능가해야 할 것이다.

4. 검사는 결정과정에 있어서 다른 정보자원이 제공할 수 없는 독특한 정보를 제공할 수 있어야 한다.

   * **교차타당도** : 같은 모집단에서 이끌어 낸 독립적인 표본에서 예언변인과 기준변인(준거변인)간의 관계를 설정시키려는 과정을 의미함.
     - 문항분석을 끝내고 최종문항을 선정해서 검사를 구성하고 나면 문항분석에 이용했던 표본이 아닌 다른 표본을 대상으로 검사를 실시해서 전체 검사의 타당도를 점검하는데, 이를 교차타당도(cross-validation)라 한다.

타당도의 종류

> **학습목표**
> 1. 타당도의 종류에 대한 학습
> 2. 각 타당도의 확인방법 이해

> **학습내용**
> 1. 내용타당도 등 타당도의 종류에 대해 학습한다.
> 2. 각 타당도별로 독특한 확인방법과 절차 등에 대해 학습한다.

☐ 타당도의 종류

1. 내용타당도(논리적 타당도, 교과타당도)

1) 내용타당도(content validity)란 검사의 문항들이 그 검사가 측정하고자 하는 내용 영역을 얼마나 잘 반영하고 있는지를 의미한다.

2) 내용타당도는 검사를 실시하여 경험적으로 평가되기보다는 검사 구성시에 검사 개발자의 안목과 지식에 의해 확보되어야 하는 타당도이며, 해당 분야 전문가의 판단에 의존하게 된다.

3) 각 문항이 어떤 내용 범주로 분류되는 것이 적절한지, 그리고 각 문항이 그것이 속하는 내용 범주를 얼마나 잘 대표하고 있는지를 판단함으로써 평가되어진다.

4) 내용 타당도는 검사하고자 하는 내용이 검사방법이나 검사도구에 제대로 반영되었는지를 연역적, 논리적으로 검토하는 것이다. 즉, 검사를 위해 선정된 내용(표집)이 검사대상이 되는 전체 내용(전집)을 잘 대표할 수 있는가를 연역적이면서도 논리적으로 따지는 작업이다. 그래서 내용 타당도를 논리적 타당도라고 부르기도 한다.

5) 내용 타당도는 학교교육현장에서 시행되는 시험이나 학력검사의 타당도를 파악하는 방법으로 가장 많이 사용되며, 주로 학업성취도평가에서 많이 사용되기 때문에 교과 타당도 혹은 교육과정 타당도라고도 한다.

6) 종전에는 내용 타당도란 용어와 유사하게 안면 타당도(face validity)라는 용어를 사용하기도 하였다. 이는 검사 사용자나 피험자가 검사문항을 보고 그 문항이 무엇을 측정하고 있는 것 같다는 주관적인 관점을 중심으로 기술한 것이고, 검사자나 피험자의 수준이나 관점에서 검사내용을 외형적으로 보고 말하는 타당도라고 해서 외형에 의한 타당도라고 말하기도 한다.

검사의 구성내용이 무엇을 어느 정도 측정하고 있는지를 말한다는 점에서 내용 타당도와 거의 같은 의미를 갖고 있지만, 내용 타당도는 전문가의 입장에서 그 검사와 관련된 정의, 전제, 가설 등을 기초로 하여 검사 내용의 타당성을 이론적으로 설명하고 있다는 점에서 안면 타당도와 다르다.

○ 안면타당도

안면타당도(face validity)는 내용타당도와 비슷하지만 전혀 다른 개념으로서 실제로 무엇을 측정하는가의 문제가 아니라 검사가 측정한다고 하는 것을 측정하는 것처럼 보이는가의 문제이다. 즉, 안면타당도는 수검자에게 그 검사가 타당한 것처럼 보이는가를 뜻하는 것이다.

○ 향상학습

- 내용타당도는 흔히 성취도 검사의 타당도를 평가하는 방법으로 많이 쓰이며 성격이나 적성을 측정하는 검사의 경우에는 적합하지 않다.
- 내용타당도는 논리적 사고에 입각한 논리적인 분석과정으로 판단하는 주관적 타당도이다.
- 내용타당도: 산출하기 가장 어렵다.
  * 수능시험 난이도

2. 준거타당도

1) 준거타당도(criterion-related validity)란 어떤 심리검사가 특정 준거와 어느 정도의 관련이 있는지를 나타낸다. 즉, 기계적성검사의 점수로 피검자가 공학자로서의 성과를 잘 예측해 줄 수 있는지, 학업적성검사의 점수로 그 학생의 입학 후 학점을 잘 예측해 줄 수 있는지 등의 문제이며, 그 검사의 점수와 준거 점수의 상관계수가 바로 준거타당도 계수가 된다.

2) 준거 타당도는 얻은 검사점수를 가지고 미래의 행동을 예측하거나 다른 검사에서의 점수를 추정해 보려고 할 때 필요하다. 예를 들어, 한 고등학생이 대학 입학 후에 받을 학과점수를 예측한다든가 또는 선발 후에 어떤 직종에서 작업능률을 예측하는 것 등이 모두 이러한 문제에 속한다. 이와 같이 예측에 대한 정확성의 정도가 그 검사의 타당도의 증거가 되는 것이다.

3) 주요 관심은 미래의 어떤 기준이나 현재의 어떤 기준을 예측하는 것에 있으므로, 즉 준거와 관련해서 한 검사의 타당성을 밝히는 과정이므로 이를 준거 타당도 혹은 준거 관련 타당도(criterion-related validity)라고 부르는 것이다.

4) 준거타당도를 확인하는 방법으로는 예언타당도와 동시(공인,공존)타당도가 있다.

(1) 예언타당도

- 예언타당도(predictive validity)란 그 검사의 점수를 가지고 다른 준거점수들을 어느 정도 예측할 수 있는지를 의미하며, 검사를 먼저 실시한 후에 어느 정도 일정 기간이 흐른 다음 준거를 측정해서 두 점수들의 상관계수를 측정하여 평가한다.
- 검사점수와 일정시간이 지난 후 측정한 준거점수의 상관계수를 뜻함.
- 예측 타당도는 제작된 검사에서 얻은 점수와 미래의 어떤 행위와의 관계로 추정되는 타당도다. 즉, 예측 타당도는 검사점수가 미래의 행위를 얼마나 잘 예측하느냐 하는 문제다.
- 예를 들어, 비행사 적성검사를 실시했을 때 그 적성검사에서 높은 점수를 받은 비행사가 안전운행거리가 길다면 그 검사는 예측 타당도가 높다고 할 수 있다.
- 유아의 어휘 발달검사를 제작했을 경우, 그 검사에서 높은 점수를 받은 유아가 초등학교에 입학하여 어휘능력이 우수하다면 유아 어휘 발달검사의 예측 타당도가 높다고 할 수 있다.

(2) 동시타당도(공인타당도, 공존타당도)

- 동시타당도(concurrent validity)는 한 시점에서 검사와 준거를 동시에 측정해서 얻은 두 점수들의 상관계수를 준거 타당도 계수로 사용하는 것으로서 타당도 계수를 얻기 위해 일정 기간 기다려야 하는 예언타당도의 단점을 해결할 수 있다.
- 동시/공인/공존타당도는 현재의 검사점수와 현재의 준거(점수)가 되는 어떤 행동이나 특성과 관련정도를 나타내는 타당도이다. 하지만, 여전히 예언타당도와 마찬가지로 타당도 계수 분석에 사용된 집단이 모집단을 잘 대표하지 못함으로써 타당도 계수의 축소현상이 나타날 수 있다.
- 공인 타당도는 검사점수와 기존에 타당성을 입증받고 있는 검사로부터 얻은 점수와의 관계에서 검증되는 타당도다. 즉, 새로운 검사를 제작했을 때 기존에 타당성을 보장받고 있는 검사와의 유사성 혹은 연관성에 의하여 타당성을 검증하는 방법이 공인 타당도다.
- 예를 들어, 연구자가 본인의 연구에 부합하는 흥미유형 검사를 제작했을 때 그 검사의 공인 타당도를 검증하기 위하여 스트롱의 흥미검사와의 관계를 검증하고서는 새로 제작한 검사의 타당성을 판정할 수 있다.
- 일반적으로 예측 타당도는 적성검사에서 중요시되는 경향이 있으며, 임상심리에서 사용되는 심리검사에도 자주 이용된다. 또 대학수학능력시험에서도 예측 타당도가 중요하다. 즉, 대학수학능력시험에서 높은 점수를 획득한 학생이 대학에서 성공적으로 학업을 수행할 때, 즉 학점이 높을 때 대학 수학 능력 시험의 예측 타당도가 높다고 할 수 있다.

3. 구성타당도(구인타당도, 심리적 타당도)

1) 구성타당도(construct validity)란 그 검사가 이론적 구성개념(hypothetical construct, 객관적으로 관찰가능하지 않은 추상적 개념)이나 특성을 측정할 수 있는 정도를 말한다.

2) 적성, 흥미, 직무만족, 불안, 우울 등 심리검사에서 사용하는 구성개념들은 그 자체가 본질적으로 추상적이고 논란의 여지가 있는 것이어서 구성타당도를 구하는 방법도 매우 복잡하고 다양할 수 밖에 없다.

3) 구인 타당도는 측정하고자 하는 속성이 무엇으로 구성되어 있다고 설명하는 것이므로 구성타당도라고도 한다. 예를 들어, 창의성을 측정할 때 창의성은 민감성, 이해성, 도전성, 개방성, 자발성, 그리고 자신감으로 구성되어 있다는 조작적 정의에 근거하여 검사를 제작·실시한 다음 그 검사도구가 이와 같은 구인을 측정하고 있다면 검사는 구인 타당도를 지니고 있다고 본다.

4) 만약 검사결과가 조작적으로 규정한 어떤 심리적 특성의 구인들을 제대로 측정하고 있지 못하거나 다른 구인들을 측정한다면 이는 구인 타당도가 결여된 것이다.

5) 구인 타당도란 조작적으로 정의되지 않은 인간의 심리적 특성이나 성질을 심리적 구인(構因)으로 분석하여 조작적 정의를 내린 뒤 검사점수가 조작적 정의에서 규명한 심리적 구인들을 제대로 측정했는지 검증하는 방법이다. 다음은 대표적인 구성타당도 확인 방법이다.

(1) (연령에 따른) 발달적 변화

- 어떤 속성들은 발달에 따라 수준이 변화하는데, 이러한 발달적 변화들은 구성타당도의 증거로 사용될 수 있다. 예를 들어 지능을 포함한 능력들은 보통 아이들이 발달함에 따라 점차 증가하는데, 이런 종류의 속성을 측정하는 검사가 타당한 것이라면 연령이 높아짐에 따라 그 검사 점수 역시 더 높게 나타나게 될 것이다.

- 그러나 성격처럼 발달적 변화가 있다 하여도 그리 두드러지지 않는 경우에는 발달적 변화를 구성타당도의 증거로 볼 수 없으므로, 발달적 변화를 구성타당도의 필요충분조건이라고 생각하는 오류를 범해서는 안 된다.

(2) 실험적 개입법(실험처치에 따른 변화)

예컨대 불안성향을 측정하려고 개발한 검사의 구성타당도를 실험적 방법으로 확인하기 위한 실험에서 불안을 느끼도록 유도한 집단과 그렇지 않은 집단에게 이 검사를 실시해서 두 집단간의 불안검사점수를 비교해 보는 경우, 긍정적 결과가 나왔다면 그 검사 점수는 현재의 불안수준을 반영하는 증거가 될 수 있다.

(3) 중다특성 중다방법 행렬표(multitrait-multimethod matrix ; MTMM) - 수렴타당도와 변별타당도

가) 캠벨(Campbell, 1960)은 새로 개발된 검사의 구인 타당도를 밝히기 위해서 타당화 검사가 측정하려고 하는 변인과 이론적으로 상관이 있는 다른 변인이나 검사와 상관이

높아야 하고, 이론적으로 상관이 없는 변인이나 검사는 통계적으로 무시해도 좋을 만큼 상관이 낮아야 한다고 보았다. 전자를 수렴 타당도(convergent validity)라 하고, 후자를 변별 타당도(discriminant validity)라 한다.

나) 다특성–다방법 행렬(multitrait–multimethod matrix)에 따른 실험설계

어떤 검사가 측정하고자 하는 속성을 제대로 측정하는 것이라면, 검사점수는 이론적으로 그 속성과 관계가 있는 변인들과는 높은 상관관계를 갖고, 관계가 없는 변인들과는 낮은 상관관계를 가질 것이다. 이렇게 이론적으로 관계가 있는 변인과 상관관계가 높을 때 수렴타당도(convergent validity)가 높다고 하며, 관계가 없는 변인과 상관관계가 낮을 때 변별타당도(discriminant validity)가 높다고 한다.

○ 중다특성 중다방법 행렬표(multitrait–multimethod matrix ; MTMM)

1. 수렴타당도와 변별타당도를 동시에 확인할 수 있는 방법
   - 이것은 2개 이상의 속성을 2개 이상의 방법으로 측정해서 상호상관의 양상을 평가하는 방법이다.
   - 수리추론능력과 수학점수간의 상관관계가 높을 때에는 수렴타당도가 높고 독해력과의 상관관계가 낮을 때에는 변별타당도가 높다.

(4) 요인분석
   - 요인분석은 검사를 구성하는 문항들 간의 상호 상관관계를 분석해서 서로 상관이 높은 문항들을 묶어 주는 통계적 기법이다. 이러한 요인분석을 이용하면 어떤 검사가 그 검사의 토대가 된 이론이 예측하는 것과 같은 구조를 가지고 있는지를 확인할 수 있으며, 이것이 바로 구성타당도의 증거가 되는 것이다.
   - 예를 들어 홀랜드(Holland, 1992)는 사람들의 직업성격(vocational personality ; 또는 직업흥미)유형을 6가지로 분류하였으며, 사람들은 이들 유형 중 어떤 한 유형과 닮게 되는데, 특정 유형과 닮으면 닮을수록 그 유형의 성격 특성과 관련 있는 행동을 많이 나타내게 되고 직업을 선택할 때에도 자신의 능력을 발휘할 수 있도록 자신의 성격유형과 일치하는 환경을 선택하게 된다고 하였다. 이러한 주장을 토대로 검사를 개발할 경우에 그 검사는 직업성격유형을 대표하는 다양한 활동 특성에 대한 문항들로 구성될 것이며, 이 검사 결과를 요인분석 하였을 때 서로 상관이 높은 문항군집이 6개가 아니라 2개 또는 7개 등으로 나타난다면 이 검사는 홀랜드의 이론을 제대로 반영하지 못하는 검사이며, 구성타당도가 낮은 것이다.

○ 요인분석

구성타당도를 확인하기 위해 가장 많이 사용되는 방법

11강 타당도 및 기타개념

학습목표
1. 타당도에 미치는 요인들에 대한 학습
2. 타당도 확인절차 및 신뢰도와의 관계 이해

학습내용
1. 표집오차, 준거측정치 등 타당도에 미치는 요인들에 대해 학습한다.
2. 6단계로 이루어지는 타당도 확인절차 등을 학습한다.

🔲 타당도에 영향을 미치는 요인

1. 표집오차

1) 표집오차(sampling error)란 표본이 모집단을 잘 대표하지 못해서 생기는 오차를 말하며, 표집오차가 커지게 되면 타당도 계수는 낮아진다. 이러한 표집오차는 표본의 크기에 영향을 많이 받는데, 표본의 크기가 작아지면 표집오차가 급격하게 증가하게 된다.

2) 일부 표본을 대상으로 하여 검사점수와 준거점수의 상관계수를 구할 때에는 적절한 표본의 크기를 결정해야 하며, 어떤 검사의 준거타당도를 평가할 때에는 타당도 계수를 보고한 연구에서 표본의 크기를 어느 정도로 하였는지 고려할 필요가 있다.

2. 준거측정치의 신뢰도

1) 어떤 검사의 준거타당도 계산을 위해 사용하는 준거측정치의 신뢰도가 그 검사의 타당도계수에 영향을 미친다. 즉 준거측정치의 신뢰도가 낮으면 검사의 준거타당도도 낮아지게 된다. 예를 들면 직무성과 측정의 신뢰도가 낮으면 해당 적성검사와의 상관계수가 낮게 된다.

2) 이론적으로 어떤 검사의 타당도 계수는 그 검사의 신뢰도 계수보다 낮다고 하였는데, 마찬가지로 준거의 신뢰도 계수보다 더 높을 수는 없는 것이다.

3. 준거측정치의 타당도

준거측정치(실제준거)가 해당 개념(개념준거)을 얼마나 잘 반영하는가 하는 준거측정치의 타당도가 검사의 준거타당도에 영향을 미친다.

따라서 실제로는 타당도가 1.0이라는 완벽한 준거측정치는 없기 때문에 검사의 준거타당도도 실제 타당도에 비해 낮아지는 것은 피할 수 없는 현상이다.

○ **준거왜곡(criterion distortion)**

준거관련성을 벗어난 경우 발생되는 왜곡적 상황 : 준거결핍/준거오염

1. 준거결핍(criterion deficiency)
   - 준거 검사도구가 개념준거의 내용을 충분히 반영하지 못하는 경우
2. 준거오염(criterion contamination)
   - 개념준거와 관련이 없는 내용을 포함하고 있는 경우

4. 범위제한

범위제한(range restriction)으로 인한 상관계수의 축소 현상은 준거타당도 계산을 위해 얻은 자료들이 검사점수와 준거점수의 전체 범위를 포괄하지 않고 일부 범위만을 포괄하는 경우의 상관계수가 실제 상관계수보다 작게 나타나는 것을 말한다.

즉, 준거타당도는 범위제한으로 인해 실제타당도에 비해 낮게 나타나는 것이 일반적이다.

타당도 확인절차

1단계 : 적합한 준거변인 발굴
2단계 : 그 변인을 측정할 수 있는 방법 탐색
3단계 : 검사가 되었을 때 검사가 적용될 대상모집단을 대표하는 표본집단을 선정
4단계 : 검사를 실시하여 응답자의 점수 기록
5단계 : 준거변인에 관한 자료수집이 가능한 시기에 검사에 참여했던 응답자를 대상으로 점수 추출
6단계 : 검사점수와 준거변인점수 간의 상관관계 정도 계산

신뢰도와 타당도의 관계

1) 타당도는 측정하려는 것을 얼마나 충실하게 측정하고 있는가와 관계가 있다.
2) 신뢰도는 무엇을 측정하든 측정의 정확성과 관계가 있다.
3) 신뢰도는 타당도의 측정조건이 아니고 필요조건이다.
4) 신뢰도를 높이려 할 때 타당도는 오히려 내려갈 수도 있다.

문항난이도, 문항 변별도, 문항의 유용도

1. 문항난이도

1) 난이도는 정답률이기 때문에 난이도 지수(계수)가 높을수록 그 문항은 쉽다는 의미이다.

2) 문항난이도 계산 공식은 (정답자 수 ÷ 전체 사례 수) × 100 이 된다.

3) 문항난이도(item difficulty)는 각 문항에 정확하게 답한 학생들의 비율을 조사함으로써 결정될 수 있다.

4) 만약 한 학급 40명 중 32명이 특정한 문항을 정확하게 답했다면 문항난이도는 0.80이 될 것이다.

5) 문항 난이도는 특정 문항을 맞춘 사람들의 비율로서 0.00에서 1.00의 값을 갖으며 문항의 난이도는 신뢰도에 영향을 미치는데 어려울수록 신뢰도는 유사하게 나올 가능성이 낮아 신뢰도가 낮아진다.

6) 문항의 난이도가 0.50일 때 가장 이상적인 것으로서 검사점수의 분산도가 최대가 된다.

7) 이는 쉬운 문항과 어려운 문항이 적절히 포함되고 중간수준 난이도 문항이 다수이면 변별력이 높아지게 되어 이상적이고 변별력이 높아진다는 것은 곧 편차가 커진다는 것과 같기 때문에 분산도는 최대가 된다.

예제) 100명의 학생이 시험을 치루었고(N=100), 이 중에서 65명이 정답을 맞추었다(R=65)고 가정하면 이 경우의 문항난이도의 계산은 아래와 같다.

$$P = 65 / 100 = 0.65$$

2. 문항 변별도

1) 한 검사에서 각 문항이 수검자의 능력 수준을 변별할 수 있는 정도를 나타내는 지수인데. 즉, 문항변별도란 학생의 능력을 어느 정도 변별해 내느냐의 정도를 말한다.

2) 예를 들어 변별력이 있는 문항은 능력이 높은 수검자가 답을 맞히는 확률이 능력이 낮은 수검자가 답을 맞히는 확률보다 높은 문항이다.

3) 문항변별지수는 -1.0에서 +1.0 사이의 값을 갖는다.
   - 이 값이 +1.0에 가까울수록 변별력이 높은 문항이고, 0에 가까울수록 변별력이 떨어지는 문항이다.

4) 일반적으로 규준 참조검사에서는 문항변별지수가 적어도 0.30 이상이 되는 것이 좋다.

5) 내담자 개인이 한 문항에서 얼마나 좋은 점수를 얻었는지에 기반하여 그 문제가 내담자의 정서를 얼마나 잘 구별하는지 가려내는 척도이다.

6) 문항과 그 문항의 점수 사이의 관계인 문항총점상관과 관련되어 있으며, 이 척도가 높을수록 내담자의 수준을 더 효율적으로 판단할 수 있다.

○ 문항 변별도

(1) 문항이 능력에 따라 피험자를 변별하는 정도를 나타내는 것으로 문항난이도의 영향을 받음

(2) 문항의 변별력이 높으면 검사의 신뢰도는 높아짐

⑶ 개별 문항 점수와 전체 점수 간의 상관이 높으면 문항의 변별도가 높아짐

⑷ 개별 문항이 총점이 높은 사람과 낮은 사람을 구분해 주는 정도를 의미함

⑸ 변별도 지수(DI) = (Ru − Rl) /f (Ru : 상위집단의 정답자 수, Rl : 하위집단의 정답자 수, f : 상위집단 및 하위집단 각각의 총 사례 수)

⑹ 전체 피험자의 점수를 기준으로 상위 27%를 상위집단으로, 하위 27%를 하위집단으로 나눔

⑺ 0.40 이상을 매우 좋은 문항, 0.30~0.39를 상당히 좋으나 개선될 여지가 있는 문항, 0.20~0.29를 약간 좋은 문항으로서 개선될 필요가 있는 문항, 0.19 이하를 별로 좋지 않은 문항으로서 버려야 하거나 수정되어야 하는 문항

3. 문항의 유용도(실용도)

1) 문항 유용도란 가급적 최소의 노력, 최소의 시간, 최소의 경비로 유용하게 이용할 수 있어야 하는 것을 말한다.

2) 즉, 실용도는 한 마디로 쉽게 사용할 수 있는 정도를 의미한다.

3) 유용도의 사례로는 검사 문제가 적절할 것, 실시하기 용이할 것, 검사 · 채점이 객관적이고 용이할 것, 검사의 비교가 가능할 것, 경제적일 것 등을 들 수 있다.

4) 아무리 훌륭한 평가라도 노력과 비용과 시간 등이 많이 드는 평가는 실용도가 있는 평가라고 할 수 없다.

5) 평가의 원리나 그 방법을 항상 현실적 교육 여건에 맞게 조절하고 실제에 적용시켜 조화롭게 학습 평가를 수행해야 한다.

6) 문항유용도의 조건

⑴ 실시의 용이성(시간 제한, 실시의 과정, 방법이 명료하고 간결하며 완전해야 함)

⑵ 채점의 용이성

⑶ 검사의 해석과 활용의 용이성

⑷ 비용과 시간, 노력들이 절약되는 효율성

🔲 문항의 오답지 매력도

1. 정답지와 오답지가 효과적으로 제 기능을 다하고 있는지를 나타내는 척도

2. 이 때 각 오답지의 응답 비율이 공식으로 계산된 오답지의 매력도 보다 높으면 매력적인 답지이며, 그 미만이면 매력적이지 않은 답지로 판단한다.

3. 오답지의 매력도(Po) = 1 − P / Q − 1

(Po : 답지 선택 확률, P : 문항 난이도, Q : 답지 수)

심리측정
및 평가

12강 검사의 종류와 평가법(행동관찰, 면접)

학습목표
1. 검사의 종류와 평가법에 대한 학습
2. 객관적 심리검사의 분류 이해

학습내용
1. 검사의 종류와 행동관찰법/면접 등 평가법에 대해 학습한다.
2. 인지적검사와 정서적 검사의 특징 등을 학습한다.

☐ 검사의 종류와 평가법

1. 투사적 검사 – 투사적(자유반응)검사

　1) 피검자가 상징적인 생각들을 통해서 자신을 드러내는 성격검사이다. 투사적 방법의 기본 전제는 인간은 모호한 자극에 대해 반응할 때 자신의 내적인 상태나 특성을 투사하기 때문에 이러한 반응을 분석하면 그 개인의 성격이나 심리적 특성을 파악할 수 있다는 것이다.

　2) 검사자극이 모호하고 검사 지시 방법이 제한되어 있지 않기 때문에 개인의 반응이 다양하게 표현되며 이러한 반응의 다양성이 개인의 독특한 심리적 특성을 반영해 준다.

　3) 자기보고목록 형식의 성격검사(예 : MMPI)와 달리 엄격한 표준화가 되어있지 않으며 따라서 객관성과 신뢰도, 타당도의 문제가 있다. 채점에서 어느 정도의 객관성을 세울 수는 있지만 내용적으로 유용한 평가를 하려면 임상적 해석이 필요하다.

2. 투사적 검사의 장점과 단점

1) 장점
　– 반응이 풍부
　– 반응이 독특
　– 내담자의 의도된 방어가 어렵다 : 무의식적 반응이 표출된다. 실제 투사적 검사는 자극적 성질이 매우 강렬하여 평소에는 의식화되지 않던 사고나 감정이 자극됨으로써 이러한 전의식적이거나 무의식적인 심리적 특성이 반응 할 수 있다.

　2) 단점
　　– 반응에 대한 상황적 요인의 영향력 : 검사자의 인종, 성, 검사자의 태도, 검사자에 대한

피검자의 선입견등이 검사반응에 강한 영향을 미친다는 것.

– 타당도와 신뢰도가 낮다는 점이다.

: 대부분의 투사적 검사의 경우 타당도 검증이 매우 빈약하고 그 결과는 매우 부정적이다. 다시 말하자면 투사적 검사를 통해서 내려진 해석의 타당성은 대부분 객관적으로 입증되는 자료가 아닌 임상적인 증거를 근거로 하고 있다.

3) 종류

로르샤하(Rorschach)검사, 주제통각검사(TAT), 문장 완성 검사(SCT), 집, 나무, 사람 그림검사(HTP:House, Tree, Person Drawing Test), 벤더게스탈트검사(BGT)등이 있다 .

2. 객관적 검사

1) 우선 객관적 검사는 주로 양적인 측정을 일차적인 목표로 하는 객관적 검사나 검사문항에 대하여 예, 아니오, 잘 모르겠다 등으로 간략하게 답하는 자기보고식 질문지 검사를 통해서 얻게 된다.

2) 검사 점수는 각 검사가 측정하고자 하는 영역에서 대상자가 어느 위치를 차지하고 있는가에 대한 구체적이며 상대적인 정보를 줄 수 있습니다.

3) 장점과 단점

(1) 장점

– 검사 실시의 간편성 : 객관적 검사는 시행과 채점, 해석의 간편성으로 인하여 임상가들에게 선호되는 경향이 있고 검사에 따라서 차이가 있기는 하지만 일반적으로 시행시간이 비교적 짧다는 장점도 있다.

– 검사의 신뢰도 및 타당도 : 투사적 검사에 비해 검사 제작 과정에서 신뢰도와 타당도 검증이 이루어지는 표준화된 검사라는 장점이 있다.

– 객관성의 표준화 측정도구 : 투사적 검사에 비해 검사자 변인이나 검사 상황변인에 따라 영향을 적게 받고 개인간 비교가 객관적으로 제시될 수 있으므로 객관성이 보장될 수 있다.

(2) 단점

– 자유로운 표현이 어렵다

– 응답이 왜곡될수 있다

– 문항의 배열 등에 의하여 결과가 달라질 수 있다

– 문항 내용이 사회적으로 바람직한 내용인가에 따라 문항에 대한 응답결과가 영향을 받는다.

: 피검자들은 문항 내용이 표면적으로 드러나는 객관적 검사에서 바람직한 문항에 대해

긍정적으로 반응하는 경향이 있다. 다시 말하자면 내용에 따라 방어가 쉽게 일어날 수 있다는 것이다.

4) 종류

다면적 인성검사(MMPI), 캘리포니아 성격검사(CPI), 성격유형검사(MBTI), 16요인 성격 검사 등이 있다.

○ 객관적 심리검사의 분류표

대분류	중분류	심리검사의 종류	특 징
인지적 검사 (능력검사) 또는 극대 수행검사	지능검사	한국판 웩슬러 성인용 지능검사(K-WAIS) 한국판 웩슬러 아동용 지능검사(K-WISC)	· 문항에 정답이 있음 · 응답의 시간제한 있음 · 최대한의 능력발휘 요구
	적성검사	GATB 일반직업적성검사 성인용 직업적성검사 청소년용 직업적성검사 기타 다양한 특수적성검사들	
	성취도검사	TOEFL, TOEIC 등 다양한 시험들	
정서적 검사 (성향검사) 또는 습관적 수행검사	성격검사	노동부 직업선호도검사 중 성격검사 다면적 인성검사(MMPI) 캘리포니아 성격검사(CPI) 성격유형검사(MBTI) 이화방어기제검사(EDMT)	· 문항에 정답이 없음 · 응답의 시간제한 없음 · 최대한의 정직한 응답 요구
	흥미검사	스트롱 흥미검사 청소년 선호도검사	
	태도검사	진로성숙도 검사	
	가치관검사	진로가치관검사	

평가기법 - 행동관찰법, 면접

– 평가방법은 위에서 언급한 양적평가외에도 다양한 방법이 있다. 이 중에서 가장 대표적인 것으로 행동관찰법과 면접(인터뷰)법 등이 있다.

1. 행동관찰/행동평가(Behavioral Assessment)

1) 행동관찰법은 개인이나 집단의 심리학적 성질을 알기 위하여 사용하는 연구법으로 즉, 개인

이 특정한 상황에서 어떤 행동을 하는지를 유심히 관찰하여 그 행동의 내용을 구체적으로 기술하고 그 빈도나 강도를 수량화하는 방법이다.

2) 관찰 가능하고 측정 가능한 행동을 그 대상으로 개인의 특이한 행동을 발견하고 문제행동을 유발시키는 요인과 이들 간의 상호 관련성을 밝히는 과정이다.

3) 행동관찰법의 장단점
   (1) 장점
   - 광범위한 범위(대상)에게도 적용이 가능
   - 질문지법과 같은 간접조사보다 신뢰도를 높일 수 있으며 심화된 자료를 얻을 수 있음.
   (2) 단점
   - 관찰 할 수 없는 대상이나 내용이 있으며,
   - 관찰결과의 해석에 주관성이 개입될 가능성 높고
   - 전체 장면의 관찰이 어렵다는 점 등이다.

2. 행동관찰/행동평가 유형

1) 자연관찰법(naturalistic observation)
   - 자연관찰법은 일상생활이나 특정 장소에서 자연적으로 발생하는 행동자체를 관찰하고 기록하는 방법
   - 어떠한 조작이나 자극을 주지 않고 통제하지 않기 때문에 비통제관찰이라고도 한다.
   - 장점으로 생태학적으로 가장 완벽하고 많은 정보를 제공해준다. 하지만 문제행동이 나타나는데 시간이 소요되기 때문에 시간과 비용 면에서 효율적이지 못하다는 단점이 있다.

2) 실험적/유사관찰법(통제관찰법, analogue observation)
   - 관찰대상과 장소와 방법을 한정
   - 행동을 인위적으로 일으키거나 조직적으로 변화시켜서 관찰
   - 인위적으로 통제하기 때문에 통제관찰이라고도 함.
   - 내담자가 문제행동을 보이는 상황을 조작해 놓고 그 조건에서의 문제행동을 관찰하는 것이다. 경제적이고 효율적인 방법이다.

3) 우연적 관찰법/결정적 사건법
   - 우연히 나타난 두드러진 행동을 기록하고 관찰하는 방법
   - 일정기간 동안 관찰대상의 행동에서 특별하다고 생각되는 행동을 선별하여 기록하기 때문에 일화기록법, 결정적 사건법이라고도 한다.
   - 기록방법으로는 서술기록, 간격기록, 사건기록, 평정기록이 있다.

   *서술기록 : 특정사건이나 행동의 전모를 이야기하듯 있는 그대로 사실적으로 묘사하는

방법

***간격기록** : 관찰대상행동을 관찰기간동안 일정한 간격으로 여러회에 걸쳐 관찰하여 기록

***사건기록** : 관찰기간 동안 지속적으로 관찰하여 관찰대상 행동이 발생할 때마다 기록하는 방법

* **평정기록** : 관찰대상행동을 관찰한 후 사전에 준비된 평정수단(범주, 척도 또는 달성목표 등)을 사용하여 행동의 특성, 정도 또는 유무를 판단해 기록하는 방법

4) 자기/자가관찰법

- 관찰대상자인 자신이 일정한 계획아래 자신의 행동, 사고, 정서 등을 스스로 관찰하고 기록하는 것
- 장점으로 비용이 저렴하고 자신의 행동에 대한 피드백으로 문제행동을 통제한다는 점이 있지만 자신에 대한 기록과 관찰을 스스로 하기에 왜곡가능성이 있다는 점이 단점이다.

5) 참여관찰법

- 관찰대상자인 내담자와 일상생활을 같이 하며 일상속의 행동이나 활동을 함께하는 이들의 관찰을 활용
- 부모나, 보호자, 교사 등과 같이 관찰대상자와 자연스런 환경에서 같이 생활하고 있는 이가 관찰된 행동내용을 보고하도록 하는 것
- 장점/단점 : 비용이 적게 들고, 광범위한 문제행동과 환경적 사건에 적용 가능하며, 자연적 상황에서 자료수집이 가능.
  단점으로는 관찰자의 훈련 문제, 정확한 기록이 어렵다는 점 등이다.

○ 행동관찰/평가법 − 기출문제

1) 관찰할 행동에 대한 조작적 정의가 명확해야 한다.
2) 자연적 상황의 관찰은 인위적 상황의 관찰보다 반응성 문제가 적다.
3) 행동관찰법 중에서 평정자가 한 번에 관찰해야 하는 표적행동의 개수는 적을수록 좋다.
4) 발생빈도가 높은 행동의 기록은 간격기록법을 사용한다. 간격기록은 관찰대상행동을 관찰기간동안 일정한 간격으로 여러 회에 걸쳐 관찰하여 기록하는 방법이다.

3. 면접법

1) 면접법(interview method)

- 자료수집 방법 중 하나로, 연구자 혹은 면접관이 피면접자를 일대일로 만나서 1차자료를 수집하는 상호작용의 형식

2) 면접법의 장단점
  (1) 장점
    - 면접관이 자료를 직접 작성하기 때문에 질문지법에 비해 응답률이 높다는 것
    - 피면접자가 질문을 잘 이해하지 못했을 경우 추가적인 보충 설명이 가능하다는 것
    - 응답이 불분명하다고 느껴질 때 추가질문을 함으로써 오류를 줄일 수 있다는 것
    - 필요하다면 면접용 질문지에 적힌 질문 외의 질문도 할 수 있다는 것 등이 있다.
  (2) 단점
    - 많은 면접관을 모집하는 시간과 인건비
    - 면접관을 훈련시키는 시간과 훈련비용 등이 소요된다는 것
    - "태도 변인"이 존재하여 면접관의 외모나 옷차림, 말투, 목소리가 영향을 줄 수 있다는 것
    - 피면접자가 느끼는 감정(ex. 기대, 공포)이 영향을 줄 수 있다는 것
    - 익명성이 보장되지 않아서 예민한 질문(ex. 정치, 종교, 성)을 하기 어렵다는 것
    - 면접관의 주관적 판단이나 왜곡, 잘못된 해석, 연구부정행위가 개입할 수 있다는 것
    - 응답자가 충분히 숙고하고 대답하기 어렵다는 것
    - 일부 특수한 집단의 피면접자를 구하기 어렵다는 것 등

3) 방법에 따른 면접법 유형
  (1) 연구질문의 제시방법이나 참여자 응답의 분류방법에 따라 구조화된 면접(structured interview), 반구조화된 면접(semi-structured interview), 또는 비구조화된 면접(unstructured interview)으로 나눔.
  (2) 면접자수에 따른 면접법 유형
    - 개인면접법 : 1명의 피면접자가 면접관과 일대일로 만나서 면접을 진행하는 방법
    - 집단면접법 : 다수의 피면접자가 면접관과 다대일로 만나서 면접을 진행하는 방법 개인면접법에 비해서 잘 쓰이지 않는다. 이 방법의 장점은 피면접자 당 소모되는 시간과 비용을 절감할 수 있다는 것 등이다.
      *초점집단면접법(FGI) : 일정한 기준에 따라 초청된, 동질적인 다수 응답자들을 대상으로 진행하는 집단면접법의 한 종류

심리측정
및 평가

13강 검사지의 선정과 실시

학습목표
1. 검사지의 선정과 속성 이해
2. 검사실시와 각종 변인에 대한 이해

학습내용
1. 검사지의 선정과 검사의 심리측정적 속성에 대해 학습한다.
2. 검사자와 수검자 변인에 대한 내용과 손다이크의 변인에 대해 학습한다.

☐ 검사지(도구) 선정

1. 검사도구를 선택할 때에는 다음과 같은 사항에 유의하여야 한다.

1) 검사 도구의 사용 여부
심리검사/도구는 상담장면에서 반드시 필요한 것은 아니므로 어떤 검사를 사용할지를 결정하기 전에 검사의 사용 여부부터 결정하여야 한다. 즉, 다른 방법을 통해서는 얻을 수 없는 정보를 검사가 제공해 줄 수 있는지, 시간을 절약해야 할 필요가 있는지, 그리고 내담자의 목표에 적절한지 등을 고려하여 검사도구의 사용 여부를 결정하게 된다.

2) 검사의 심리측정적 속성
심리검사/도구가 내담자의 상담목표에 유용하기 위해서는 어떤 특수한 기술적인 필수사항, 즉 검사의 심리측정적 속성을 갖추고 있어야 한다.
예를 들어 어떤 내담자가 자신의 성격특성이 상담분야에 적합한지를 알고 싶어 할 때 아무리 구성타당도 및 예언타당도가 우수한 검사라고 하더라도 상담분야에 대한 예언타당도를 가지고 있지 않다면 그 검사는 내담자의 목적에 부적합할 수 있으므로 이 검사의 유용성은 매우 의심스럽다.

3) 검사선택 과정에 내담자 포함시키기
검사자료의 적절한 해석은 검사선택 과정과 함께 시작되며 이것은 내담자의 협조 하에 이루어진다. 선택과정에 내담자를 포함(또는 개입)시키기 위해서는 상담자는 물론 내담자에게 도움이 되고 유용할 것 같은 검사 도구를 제안할 수 있어야 하고, 상담자는 검사에서 알 수 있는 결과의 유형을 명확히 기술할 수 있어야 한다.

2. 검사 도구 선정과 실시 조건

1) 상담자가 검사 도구를 선정할 때 도구의 타당도, 신뢰도, 실용도, 객관도, 심리측정의 한계를 신중하게 고려한다.

2) 상담자는 제삼자에게 내담자에 대한 검사를 의뢰할 때, 적절한 검사도구가 사용될 수 있도록 내담자에 대한 구체적인 의뢰 문제와 충분한 객관적인 자료를 제공한다.

3) 상담자는 문화적으로 다양한 집단을 위한 검사 도구를 선정할 경우, 그러한 내담자 집단에서 적절한 심리측정 특성이 결여된 검사 도구를 사용하지 않도록 합당한 노력을 한다.

4) 상담자는 검사도구의 표준화 과정에서 설정된 동일한 조건하에서 검사를 실시한다.

5) 상담자는 기술적 또는 다른 전자적 방법들이 검사 실시에 사용될 때, 실시 프로그램이 잘 기능하고 있는지 그리고 정확한 결과를 제공하는지에 대해 점검한다.

3. 결론적으로 심리검사/도구의 선정은 아래와 같은 원칙으로 정리된다.

- 심리검사의 목적을 명확히 하고 목적달성에 적절한 검사를 선정
- 표준화된 검사의 경우 검사의 신뢰도와 타당도 검토
- 심리검사의 실용성 고려

📖 검사 시행 시 고려사항

1. 심리검사/도구의 활용시 유의사항에 대한 APA 윤리강령

> "심리학자는 심리평가기법을 개발·출판·활용할 때 가능한 모든 노력을 기울여 의뢰인의 최대의 이익과 복지를 증진한다. 평가결과의 오용을 방지한다. 결과와 해석, 결론과 제언의 근거를 알 의뢰인의 권리를 존중한다. 심리학자는 법령의 한계 내에서 검사나 다른 평가기법의 기밀을 유지하기 위한 모든 노력을 한다. 타인 평가기법을 바르게 사용하도록 노력한다."

1. 심리학자는 평가기법을 이용할 때 의뢰인이 그 기법의 목적과 본성을 자신이 이해할 수 있는 언어로 충분히 설명을 받을 권리가 있음을 인정하며, 이런 권리를 제한할 때는 사전에 문서로 동의를 받는다.

2. 심리학자는 심리검사나 다른 평가기법을 개발하고 표준화할 때 기존의 잘 확립한 과학적 과정을 따라야 하며 APA의 관련 기준을 참조한다.

3. 심리학자는 평가결과를 보고할 때 평가환경이나 수검자를 위한 규준의 부적절성으로 인한 타당도나 신뢰도에 관한 모든 제한점을 지적한다. 심리학자는 평가결과와 그 해석을 다른 사람이 오용하지 않도록 노력한다.

4. 심리학자는 평가결과가 시대에 뒤떨어진 것일 수 있음을 인식한다. 심리학자는 이렇게 측정을 오용하지 않기 위해 노력한다.

5. 심리학자는 채점과 해석 서비스가 그런 해석에 이르기 위해 사용한 과정과 프로그램의 타당도에 대한 적절한 증거를 갖출 수 있게 한다. 공공에 대한 자동 해석 서비스도 전문가끼리의 컨설팅과 같은 것으로 간주한다.

6. 심리학자는 적절한 훈련이나 교습, 후원이나 감독을 받지 않은 사람들이 심리검사기법을 이용하는 것을 조장하거나 권장하지 않는다.

2. 심리검사 장소와 시간

1) 검사 장소 : 조용한 곳, 안정된 좌석과 공간

2) 검사 시간 : 오전 9시부터 11시 사이, 오후 1시에서 3시 사이

3. 친밀감 형성 : 검사자와 피검사자 간에 친밀한 관계 형성

■ 검사자와 수검자 변인

1. **검사자 변인** : 검사자의 인종적 배경, 성별, 연령, 경험, 외모, 성격, 검사결과에 대한 기대, 수검자의 반응에 대한 강화 등

 * **연구결과** : 과제가 잘 구조화되고 학습된 기능을 다루는 경우보다 비구조화되고 모호하거나 어렵고 새로운 과제일 경우에 검사자 변인의 영향이 더 크다고 보고됨.

2. **수검자 변인** : 수검자의 심신상태, 검사불안, 수검능력, 수검동기, 검사경험과 코칭, 위장반응, 반응태세, 반응양식

 1) 강화효과 : 수검자에 대한 강화

 2) 기대효과

 3) 검사불안

 4) 수검능력

 5) 코칭효과

 6) 위장반응

 7) 반응태세 : 수검자가 의식적이거나 무의식적으로 문항 자체의 내용이나 물음과는 관계없이

일정한 방향으로 일관성 있게 반응하는 경향
   - 수검자변인은 검사자변인보다 검사점수를 왜곡시키는 경향이 훨씬 더 심각함.

피그말리온 효과(=로젠탈효과, 자성적 예언, 자기충족적 예언)-기출문제

1) 타인의 기대나 관심으로 인하여 능률이 오르거나 결과가 좋아지는 현상을 의미하는 심리학 용어이다.
2) 미국의 교육학자인 로젠탈과 제이콥슨이 밝혀낸 것으로 로젠탈효과, 자성적 예언, 자기충족적 예언이라고도 하며 그리스신화에 나오는 키프루스의 왕이자 조각가 피그말리온의 이름에서 유래했다.
3) 피그말리온은 아름다운 여인상을 조각하고, 그 여인상을 진심으로 사랑하게 되는데 여신(女神) 아프로디테의 비너스는 그의 사랑에 감동하여 여인상에게 생명을 주었다고 한다.

손다이크(Thorndike)가 주장한 검사점수의 변동원인 4가지

1. 개인의 영속적/일반적 특질

   - 일반적 기능(예: 독해력)
   - 문항의 지시를 이해하는 일반적인 능력, 검사에 익수한 정도, 수험의 요령
   - 이 검사에 출제된 형식의 문제를 푸는 일반적인 능력
   - 검사장면과 같은 상황에서 일반적으로 작용하는 태도, 정서적, 반응, 습관(예: 자신감)

2. 개인의 영속적/특수적 특질

   - 검사의 문항이 요구하는 지식과 지능
   - 특정한 검사자극에 관련된 태도, 정서적 반응, 습관
     (예: 성격검사에서 높은 장소에 대한 공포에 관해서 묻는 문항이 야기한 공포심)

3. 개인의 일시적/일반적 특질

   - 건강, 피로, 정서적 긴장
   - 동기, 감독자와의 인간관계
   - 온도, 광선, 통풍 등의 영향
   - 검사의 문항형식이 요구하는 기능에 대한 연습의 정도
   - 현재의 태도, 정서적 반응, 습관의 강도(물론 그 개인의 평균적, 영속적 특질과는 다르다.
     예: 선거기간 중의 정치에 대한 태도)

4. 개인의 일시적/특수적 특질

- 검사사를 받는 도중에 생긴 피로와 동기의 변화
  (예: 어떤 한 문항에의 실패가 낙담감을 유발하는 경우)
- 주의력, 조절력, 판단기준의 동요
- 특수한 사실에 대한 기억력의 동요
- 검사가 요구하는 지식이나 기능에 대한 연습의 정도
  (예: 문항내용의 사전누설에 의한 지도)
- 특정한 검사자극에 관련된 일시적인 태도, 정서적 반응, 습관의 강도 등
  (예: 어떤 문항이 최근의 악몽을 연상케 하는 경우)
- 추측에 의해서 답할 경우의 운수.

심리측정
및 평가

14강 검사실시 윤리 및 해석

학습목표	1. 검사시행준비와 실시에 따른 내용 학습 2. 검사해석에 대한 내용과 해석자 자격 등 학습

학습내용	1. 검사시행준비와 실시요령에 대해 학습한다. 2. 검사해석시 유의사항과 해석을 위한 기법 등에 대해 학습한다.

📋 검사시행 준비

1. 검사자는 심리검사를 편안하고 자연스럽게 시행할 수 있도록 검사시행에 대해 숙달되어 있어야 하고, 지시 내용이나 시행지침 등을 잘 숙지해 두어야 한다.
2. 검사를 시작하기 전에 검사도구가 잘 챙겨져 있는지 점검하고 부족한 도구가 없도록 주의한다.
3. 검사 의뢰목적에 따라 검사 계획을 세우고 검사를 선정한 결과에 따라 필요한 검사 도구를 미리 갖추어 놓고 검사를 시작한다.

📋 내담자를 위한 심리검사에서의 고려사항 중 검사상황 변인

1. 종합적인 심리검사의 경우, 검사에 걸리는 시간과 내담자의 심리적 안정도 및 피로도 등을 고려하여 2~3번에 나누어 실시하는 것이 좋다.

2. 심리검사에 대한 내담자의 저항이 지나치게 강할 경우, 무리하게 계속해서 검사를 진행하기보다는 검사를 중단하거나 뒤로 미루는 것이 바람직하다.

3. 검사 시행 전후의 내담자에 대한 검사자의 다양한 태도들은 내담자와의 검사가 제대로 진행되는 데 중요한 영향을 미친다.

4. **평가동맹형성 변인**
   1) 검사자는 심리검사 도중 내담자가 자신의 응답을 스스로 체크하거나 고치지 않고, 문제에 대해 떠오르는 반응을 있는 그대로 자연스럽게 응답하도록 도와주어야 한다.
   2) 검사자는 내담자에게 동기를 부여해 주고 내담자가 심리 검사에 좀 더 적극적으로 참여하도록 돕는 전문적 기술을 습득해야 한다.

*코칭효과: 어떤 검사를 받으려는 수검자에게 그 검사나 유사한 검사로 검사 내용과 방법에 대해 설명, 지시, 조언, 지도 또는 훈련하는 행위를 '검사에 대한 코칭'(coaching)이라 한다. 코칭을 받은 수검자는 그렇지 않은 수검자보다 능력검사에서 높은 점수를 받는다. 코칭효과는 능력검사뿐만 아니라 성향검사에서도 나타나고, 코칭을 통해 수검자는 자신이 원하는 방향으로 점수가 나오도록 조작하는 것도 가능하다.

실시요령

1. 검사자는 피검사자와 친밀교감(rapport)을 형성하여야 한다. 친밀교감이란 수검자에 대한 관심과 협조, 격려를 표함으로써 수검자가 성실히 검사에 임하게 하는 노력을 말한다. 검사에 대한 두려움과 불안 또는 검사에 대한 지나친 기대와 의존이 있는 경우 친밀교감은 수검자가 성실하고 솔직하게 답하려는 동기를 마련해 준다.
2. 검사의 목적과 용도를 정확하게 설명하여 타당한 점수를 얻는 것이 개인에게 이익이 된다는 점, 개인의 특성을 정확하게 파악하는 것이 수검자에게 도움이 된다는 점을 강조하여 검사시행 시에 자신의 생각을 솔직하고 성실하게 반응할 수 있는 분위기를 조성하여야 한다.
3. 수검자가 여러 가지 이유로 솔직하지 않은 답을 하거나 최선을 다하지 않는 것을 속이기(faking)라고 한다. 이를 방지하기 위해서는 수검자가 예기치 못한 상황에 처하지 않도록 검사의 목적과 본성, 수검방법에 대한 일반적인 사항, 연습문항 및 응답요령 등을 충분히 이해할 수 있도록 알려 주는 것이 바람직하다.
4. 채점 시에는 검사요강이 정한 판단기준과 절차를 철저히 따르는 것이 오차를 줄이는 데 좋다. 해석은 전문적인 문제이므로, 전문적인 지식이나 경험이 부족한 사람이 검사결과를 해석한다면 심각한 문제를 야기할 수 있다. 따라서 규준표를 해석할 때에는 주의가 요구된다.

검사 채점 및 해석. 검사 해석시 유의사항과 이유

검사 결과는 내담자에게 혼란스럽고 당황스러우며 때로는 내담자의 마술적 대답에 대한 바람을 강화시킬 수 있기 때문이다.

1. 해석에 대한 내담자의 반응 고려

상담자가 검사결과를 제시한 후 검사결과의 일치 여부나 검사 결과에 대한 느낌 등에 대한 내담자의 반응을 유도하게 되는데 이때에 내담자는 자발적으로 결과에 반응할 수도 있고 또 그렇지 않을 수도 있다. 그리고 이러한 과정 속에서 내담자는 결과의 의미를 잘못 해석하거나 이해할 수 있으므로 가능한 한 내담자의 반응에 대해 지속적으로 세심한 관심을 갖는 것이 중요하다.

2. 검사결과에 대해 이해하기 쉬운 언어 사용

단순히 검사점수만을 전달해서는 그것이 어떤 의미를 가지고 있는지 내담자는 알 수가 없다. 따라서 상담자는 내담자가 이해할 수 있는 말을 사용하여 검사결과를 전달하여야 한다.

3. 내담자의 점수 범위 고려

상담자는 정확하지는 않지만 내담자의 진점수에 걸쳐 있는 범위 내에서 점수가 나온다는 점을 명심하고, 점수를 한 지점이라고 여기기보다는 오히려 범위로 생각하여야 한다. 내담자의 T점수가 70점이고 표준오차가 5점일 때 "당신의 진점수는 65점과 75점 사이에 걸쳐 있다고 추론할 수 있고, 60점에서 80점 사이에 분포할 확률은 매우 높습니다." 라고 내담자에게 설명해 줄 수 있어야 한다.

*진점수란 관찰점수의 기대치로서 동일한 검사를 독립적으로 반복 실시하여 얻은 관찰점수들의 평균이라고 할 수 있다.

4. 검사결과에 대한 중립적 판단

상담자는 내담자가 검사결과에 대해 어떻게 반응할 것인지를 항상 예측할 수는 없다. 예를 들어 상담자에게 부정적으로 보이는 검사결과가 내담자에게는 그렇게 보이지 않을 수도 있고 또 그 반대의 경우도 생길 수 있다. 따라서 상담자의 주관적 가치관이 객관적 판단을 방해하지 않도록 상담자는 검사결과에 대해 중립적 입장을 취하고 내담자를 평가하는 주관적 판단은 배제하여야 한다.

5. 검사결과에 대한 내담자의 방어 최소화

검사결과에 대한 상담자의 태도는 중립적이고 무비판적이어야 하지만, 낮거나 위협적인 점수에 대해서는 내담자의 반응을 경계할 필요가 있다. 내담자의 방어를 최소화하기 위하여 해석회기를 가질 필요가 있다.

6. 검사의 대상과 용도의 명확화

검사 해석 시에는 검사가 측정하고자 하는 것이 무엇이고 측정하지 않는 것이 무엇인지를 명확히 제시하여야 한다.

예를 들어 직업흥미검사 결과 수검자의 직업흥미가 사회형이 가장 높은 것으로 나타났을 때 수검자는 자신의 사회형에 맞는 능력 또한 갖추고 있다고 착각할 수도 있다. 따라서 직업흥미검사는 동기나 능력을 측정할 수 없다는 것을 명확히 함으로써 이러한 오류를 범하지 않도록 해야 한다.

실시 및 해석자의 자격

1. 심리검사는 상당히 강력한 도구로써 개인에게 중요한 영향을 미치는 의사결정에 있어서 매우 중요한 역할을 한다. 예를 들어, 취업결정, 업무배치, 정신장애 치료의 지원 여부 등에 영향을 미칠 수 있다.

2. 따라서 심리검사를 사용하는 전문가는 사용에 따른 책임을 인식해야 하며, 검사도구의 판매는 전문가에게만 허용되어야 한다.

Tinsley &Bradley (1986, 1988)는 결과 해석의 4단계를 제시하였다.

첫단계는 해석준비기이다. 이 단계에서는 내담자가 검사 자체와 점수 의미에 관하여 충분히 이해하고 있는지, 내담자의 교육, 가정환경등 중요한 관련 정보와 검사 결과의 의미가 어떻게 통합되는지 잘 알고 있는지 등을 심사숙고해 본다. 그리고 두 개 이상의 검사를 해석할때는 그 순서를 결정하고, 해석 흐름을 간략하게 미리 생각해 둔다. 해석절차의 이러한 단계들이 모두 하나같이 중요하지만 특히 주목해야 할 것은 보다 전형적인 형태의 검사결과들과 다른 형식의 측정도구로부터 얻은 자료들을 통합하는 문제이다. 그 자료들이 서로 잘 어울리는지 여부, 그러한 어울림 현상의 의미, 그 해석결과 전달방식 등이 주로 관심사가 된다.

두번째 단계는 내담자가 검사결과 해석을 듣고 받아들이도록 준비시키는 것이다. 피검사자는 보통 검사결과을 고대하기 마련이지만 먼저 측정의 목적이 무엇이었으며, 검사에 응답하는 동안 어떤 경험을 했는지, 점수나 프로파일은 어떻게 나올지 등을 생각해 보도록 하면 도움이 된다.

세번째 단계에서는 정보를 실제로 전달하게 되는데 이때 상담가는 측정의 목적을 마음에 다시 한번 새기고 단순히 점수만 얘기하는 것이 아니라 측정오차 문제를 설명해 주고 어려운 용어를 삼가며, 검사결과에 대하여 내담자가 솔직하게 반응하도록 격려해 주어야 한다. 이때 설사 듣기에 좋지 못한 내용을 전하게 되더라도 방어적 자세를 최소화해야 한다. 즉, 점수가 정확하지 못할 수도 있다는 식으로 빠져나갈 여지를 두는 것도 방법이겠지만 더 중요한 것은 점수 자체가 아니라 그 의미를 강조한다는 것이다. 예를 들면 직업적성검사의 점수가 어떤 직업분야에 대해 생각보다 낮게 나왔을 경우 성공하려면 내담자가 다른 사람들 보다 더 많은 노력을 해야 된다는 의미이지, 꼭 그 분야의 직업에서 절대 성공할 수 없다는 의미는 아닌 것이다. 내담자들은 긍정적인 말로 전달된 결과를 잘 수용한다.

공식적 해석이 끝나면 네번째 단계가 되는데, 이때 상담가는 추후활동을 통하여 상담결과에 대한 의견을 같이 나누고, 내담자가 결과를 어떻게 이해했는지 확인하며 그들이 검사를 통해 알게 된 내용들과 그 외의 도구 활용 결과나 관련 자료들을 잘 통합할 수 있도록 도와준다.

Bradley 는 검사결과의 해석시 '개인 기준식 접근' 방법을 활용하라고 제시했다. 즉 상담가는 제일 먼저 바로 그 검사가 그 내담자에게 타당한지를 확인하는 것이다. 이 방법은 내담자가 저학력이나 장애인과 같은 특별한 집단에 해당될 경우 중요하다. 또 내담자가 함께 검사결과상의 강약점을 결정하고 그 취약점을 해결할 방법을 결정한다. 동시에 내담자가 얻은 검사결과 정보를 의사결정 과정에서 어떻게 활용할지 가르쳐 준다.

📋 부정적 결과에 대한 해석 – 심리검사의 부정적 결과에 대한 통보방법

내담자의 방어를 최소화하기 위한 해석기회(해석회기)를 갖는다. 좀 더 심층적인 질문을 통해 상담자는 내담자가 검사결과와 자신을 연결시키고 피드백을 독려하고, 유용한 점수를 분별하도록 돕는다.

내담자가 충격을 받지 않도록 유의한다. 타인에게 부정적 결과가 알려져서 사회적 멸시와 수치심을 가지게 될 수 있으므로 검사 결과에 대한 비밀보장에 유의한다.

일반 수검자들에게 검사결과를 전달할 때에는 기계적으로 해서는 안 되며, 통계적인 숫자나 용어를 사용하기보다는 일상적인 용어로 전반적인 수행을 설명하고 질적인 해석을 덧붙인다.

상담의 한 부분으로서 간주하고 전반적인 상담자와 내담자의 관계 속으로 끌어들여야 하며, 검사 결과를 가능한 한 내담자가 제기한 특정 문제에 대한 설명이나 해결책으로 활용하는 것이 좋다.

📋 청소년 심리검사 결과 해석 및 통보

- 검사결과가 수검자에게 어떻게 받아들여졌는지 확인하는 과정을 갖는 것이 바람직하다.
- 수검자가 쉽게 이해할 수 있는 용어를 사용하여 설명한다.
- 보호자의 서면 동의하에 교사가 검사를 의뢰한 경우에는 검사결과를 교사나 학교에 전달할 수 있다.
- 검사결과에 대한 수검자의 정서적 반응을 살피고 검사결과를 이해할 수 있도록 돕는다.

심리측정
및 평가

15강 인지적 검사 - 지능검사(1)

학습목표	1. 지능의 의미 이해 2. 지능이론에 대한 학습

학습내용	1. 지능의 의미와 본질에 대한 학작들의 이론 등을 학습한다. 2. 요인이론/위계이론 등 지능이론과 지능검사의 목적 등을 학습한다.

☐ 인지적 검사 – 지능검사

1. 지능의 개념과 주요 지능측정도구

1) 지능의 의미

　　지능(intelligence)는 인간의 지적 능력을 나타내는 심리학적 개념이다. 아직까지 지능의 정의와 관련하여 학자들 간에 보편타당하고 명확하게 합의된 결론에 이르지 못하고 있다.

2) 지능의 본질

　(1) 진리 혹은 사실의 관점으로부터의 훌륭한 반응력

　(2) 추상적 사고를 수행하는 능력

　(3) 환경에 적응하는 것을 학습한 것 또는 그 학습 능력

　(4) 생활에서 비교적 새로운 장면에 대한 적응 능력

　(5) 아는 능력과 소유하고 있는 지식

　(6) 지극들의 복잡성의 효과들을 한데 모아서, 행동에 대한 효과를 가져오게 하는 생물학적 기제

　(7) 본능적인 적응을 금지하는 능력, 금지된 본능적인 적응을 상상으로 경험된 시행착오를 통해 재정의하는 능력, 사회적 동물로서의 개인에 알맞도록 수정된 본능적인 적응을 행동으로 실현시키는 의지력

　(8) 능력을 획득하는 능력

　(9) 경험에 의한 학습 능력 또는 이해 능력.

📋 지능에 대한 학자별 정의

(1) 헨몬(Henmon) : 소유하고 있는 지식의 양과 지식을 알 수 있는 능력

(2) 비네(Binet)

최초로 지능검사를 개발하였으며 지능이란 잘 판단하고, 이해하고, 추리하는 일반적이고 기본적 능력으로서 그 구성요소는 판단력, 이해력, 논리력, 추리력, 기억력이며, 이러한 기본적 능력이 행동차원에서 평가될 수 있다고 보았다.

(3) 스피어만(C. Spearman)

- 지능을 추상적으로 사고하는 능력으로 보았다
- 모든 지적 기능에는 공통 요인과 특수 요인이 존재한다는 2요인설을 제시하였다.
- 지능을 일반요인 g(general factor)와 특수요인 s(special factor)로 구분

(4) 손다이크(Thorndike)

추상적, 언어적 능력과 실용적 지능, 사회적 지능 등의 특수 능력을 분류하였다.

(5) 웩슬러(Wechsler)

지능은 유목적적으로 행동하고, 합리적으로 사고하고, 환경을 효과적으로 다루는 개인의 종합적인 능력으로 성격의 다른 부분과 분리될 수 없으며 이러한 인지적, 정서적, 동기적 측면을 모두 포함하는 전체적 능력이다.

- 웩슬러는 지능을 어떤 목적을 향하여 행동하고 합리적으로 사고하며 환경을 효과적으로 다루는 능력이라고 보았다.

(6) 써스톤(L. Thurstone)

대학생을 대상으로 56가지에 이르는 다양한 종합 지능 검사를 실시하여, 10개의 독립적인 군집 요인을 추출하고, 단순 회전 요인 모형을 사용하여 7개의 군집 요인을 제안했다.

7개의 군집 요인을 지능을 설명하는 7가지 기본정신능력, 즉 언어 이해, 언어유창성, 기억, 귀납적 추론, 공간적 시각화, 수, 지각 속도를 제시했다.

- 지능의 다요인이론으로 기본정신 능력으로 7개 요인을 제시(7-PMA)하였다.
- 써스톤의 기초정신능력(Primary Mental Ability)
- **언어이해** : 어휘검사로 측정할 수 있으며, 언어적 자료나 정보를 이해하는 능력으로 어휘나 문장의 이해능력이다.
- **언어유창력** : 시간제한 검사로 측정할 수 있으며, 어휘의 표현능력으로 언어를 빠르게 만들어 내거나 짧은 시간에 하나의 철자로 시작되는 단어를 생각하는 능력이다.
- **기억** : 회상검사로 측정할수 있으며 글, 단어, 숫자, 상징 등의 물건을 기억하는 능력이다.
- **귀납적 추론** : 비유, 수열완성 과제 등의 검사로 추론과 유추능력으로 구체적 예에서 일반적 아이디어를 추리하는 능력이다.

- **공간적 시각화** : 사물의 그림 위치 바꿈 등의 과제로 측정할 수 있으며 물체의 회전, 형태의 시각화, 기하학적 사물을 조작하는 능력이다.
- **수** : 계산이나 수학적 문제해결 검사로 측정할 수 있으며 빨리 계산하거나 수학적 이해능력이다.
- **지각속도** : 그림 속의 작은 차이점을 인식하는 과제로 측정할 수 있으며 인지 속도로 글, 숫자, 상징 부호를 신속하게 인지하는 능력이다.

(7) 카텔(Cattell)

유동성 지능(fluid intelligence)과 결정성 지능(crystallized intelligence)으로 구분하였다.

(8) 가드너(H. Gardner)

- 가드너는 지능을 한 문화권 혹은 여러 문화권에서 가치있게 인정되는 문제를 해결하거나 산물을 창조해 내는 능력이라고 보았다.
- 다중지능모형
- 지능요인에 운동능력(신체-운동지능), 음악적인 재능 등을 포함시켰다.
- 독립적 9요인(언어적, 음악적, 논리-수학적, 공간적, 신체-운동적, 개인 간, 개인 내 요소, 자연탐구, 실존지능)을 제시하였다.

(9) 스턴버그(R. Sternberg)의 삼원지능모형

지능을 맥락적 지능이론, 경험적 지능이론, 성분적 지능이론으로 구성된 것으로 가정한 지능모형

(10) 길포드(J. Guilford)

- 길포드(J. Guilford)는 써스톤(L. Thurstone)의 지능요인들을 확장시켜 지능구조모형 SOI(Structure-of-Intellect Model)를 만들었다.

(11) 디어본(Dearborn)과 스턴(Stern)

- **디어본(Dearborn)** : 지능은 학습하는 능력
- **스턴(Stern)** : 지능이란 생활의 새로운 문제나 상황에 대한 정신적 반응능력

🔲 지능이론 - 요인이론

- **지능을 구성하고 있는 요인의 실체 규명**

1. 스피어만(Spearman)

스피어만은 인간의 지능이 일반요인과 특수요인으로 이루어진다고 제안

1) 일반요인 : 모든 종류의 지적/인지 과제를 해결하는 데 필수적으로 관여하는 일반적인 능력
   - 일반요인은 기본 정신에너지이며 일반적인 능력을 의미

2) 특수요인(특정 과제를 해결하는 데에만 적용되는 다수의 특수요인
   - 특정과제를 해결하는데만 적용되는 일반성이 낮은 능력이므로 지능에론에서 중시되지 않음.

3) 스피어만의 주장에 따르면 지능은 결국 일반요인으로 구성되는 단일능력으로 귀결된다.

2. 손다이크(Thorndike)의 다요인설

1) 손다이크는 스피어만의 통계적 처리결과를 비판하고, 지능에 일반요인은 존재하지 않으며 무수한 특수요인으로 구성되었음을 주장
   - 기계적 지능
   - 사회적 지능
   - 추상적 지능

2) 손다이크는 추상적 지능의 검사기준으로 문장완성력, 산수추리력, 어휘력, 지시를 따를 수 있는 능력을 제시

3. 서스톤의 기본정신능력

1) 일반능력 또는 지능을 구성하고 있다고 생각되는 가설적인 능력의 단위.

2) 서스톤(L. Thurstone)은 다요인분석법을 발전시켜 당시 미국에서 사용되는 60여종의 지능검사를 종합 분석하여 7개의 능력 요인, 즉 언어능력(V요인)·수능력(N 요인)·기억력(M 요인)·지각속도(P 요인)·공간관계(S 요인)·언어유창성(W 요인)·추리력(R 요인 또는 I 요인 ; 연역추리·귀납추리)을 추출하였으며, 이들 능력이 지능 또는 일반능력의 거의 모든 변량을 설명할 수 있다고 간주하였다.

3) 언어능력은 언어의 표현, 이해에 작용하는 능력이며, 수능력은 간단한 수량을 처리하는 능력이다.

4) 기억력은 기존 경험내용의 재생과 새로운 경험내용의 기억에 작용하며, 지각속도는 시지각 대상의 세부를 신속, 정확하게 지각하는 능력이다.

5) 공간관계는 2차, 3차원적 공간관계를 이해하는 능력이며, 언어유창성은 언어적 반응의 속도에 관계하는 능력이다.

6) 추리력은 구체적 사례에서 일반적인 원칙·법칙을 도출하는 귀납추리와, 일반원칙·법칙을 구체적 사례에 적용하는 것과 같은 연역추리를 포함하고 있다.

7) 써스톤은 이들 각 능력요인을 측정하는 검사를 제작하고 이를 바탕으로 종합 지능검사를 구성하였으며, 이를 기본 정신능력 검사라 했다.

4. 길포드(Guilford)의 지능구조이론

- 길포드는 서스톤의 7PMA를 확장, 지능구조이론을 제안
- 내용(시각적, 청각적, 상징적, 의미론적, 행동적), 산출(단위, 유목, 관계, 체계, 변환, 함축), 조작(평가, 수렴적 사고, 확산적 사고, 기억파지(=기억장치), 기억저장, 인지)의 세 차원으로 구성되어 있다.
- 이 세 차원의 조합에 따라 180개(5*6*6)의 능력으로 구성

  *수렴적 사고는 하나의 정답을 찾아 가기 위해 생각을 모아가는 방식의 사고를 말하고
  *확산적 사고는 다양한 가능성 있는 대안을 찾기 위해 생각을 퍼뜨리는 방식의 사고를 말한다.

- 길포드에 의하면, 창의력은 확산적 사고와 관련이 깊다고 한다.

■ 지능이론 - 위계이론

카텔과 혼(Cattell&Horn)의 위계이론은 인간의 능력이 단일요소로 구성된다는 스피어만의 일반지능이론이나 다양한 기본능력의 합이라는 서스톤의 기본정신능력이론 등의 논의에 대해 이들 이론들의 적절한 조합으로 인간의 능력을 이해하려는 노력이 지능의 위계이론이다.

1. 유동성(적)지능

1) 문화적 영향을 받지 않는 유전적 혹은 생리학적 영향하에 있는 능력
2) 주어진 자극을 바탕으로 이를 분석하고 의미를 파악하는 능력으로 경험에 바탕을 두지 않는다.
3) 유동지능은 10대 후반에 절정에 도달하고 성년기에는 중추신경구조의 점차적인 노화로 인해 감소하기 시작.

2. 결정성(적)지능

1) 후천적 경험에 의해 발달한 지적인 능력을 지칭하며 특정문화속에서 교육에 의해 형성된 일종의 지식체계를 가리킨다고 할 수 있다.
2) 결정지능은 교육이나 경험의 축적된 효과를 반영하므로 생의 말기까지 증가.

■ 지능이론 - 다중지능이론(가드너: Gardner, 1983)

1. 가드너는 지능이 높으면 모든 영역에서 우수하다고 간주하는 종래의 지능이론을 비판하고 지능을 가치있는 문제를 해결하거나 산물을 만들어 내는 능력이라고 규정.

2. 지능의 종류

① 언어적 지능 ② 논리/수학적 지능 ③ 공간적 지능 ④ 신체 운동적 지능 ⑤ 음악적 지능
⑥ 대인 간 지능 ⑦ 개인 내 지능 ⑧ 자연탐구 지능 ⑨ 실존 지능

스턴버그(Sternberg)의 삼원지능이론(triarchic theory of intelligence)

1. 지능의 삼위일체이론

2. 1985년에 Robert J. Sternberg가 제안한 지능이론

3. 정신능력 3요소(성분요소적 지능, 경험적 지능, 상황적 지능)가 상호연관되어 지적 행동이 일어남

4. 3요소

1) 분석적/성분요소적 지능

지식 습득, 과제 수행, 계획 및 전략 선택(전통적 지능에 가까움)

2) 창조적/경험적 지능

새로운 문제에 당면했을 때 통찰력 발휘, 관련없는 것을 연관시킴

3) 실천적/상황적 지능

현실상황에 적응(기존상황에 적응 + 필요에 따라 환경을 변화시킴 + 더 좋은 환경을 선택함). 실용적 지능

5. 스턴버그는 가장 성공적인 지능은 3가지 요소가 잘 연계된 지능이라고 주장

지능검사의 목적

− 지능검사를 통해 얻을 수 있는 양적·질적 정보는 다음과 같다.

1. 개인의 지적인 능력수준을 평가함으로써 학업이나 직업적 성취를 예견할 수 있다.
2. 지능검사를 통해 개인의 인지적·지적 기능의 특성을 파악할 수 있으며, 인지적 특성과 관련된 정보를 가지고 환경에 대한 적응 여부를 예측할 수 있다.
3. 지능검사를 통해 기질적 뇌손상 유무, 뇌손상으로 인한 인지적 손상을 평가할 수 있다.
4. 지능검사의 결과를 질적으로 분석함으로써 개인의 인격적·정서적 특징 등과 같은 질적 특징도 일부 파악할 수 있으며, 합리적인 상담 및 치료방법과 목표를 설정하는 데 중요한 정보가 되기도 한다.

지능검사(intelligence test)

1. 지능검사는 일반적인 정신능력을 측정하는 것으로서 언어, 수리, 동작능력 등을 종합적으로 측정하는 검사이다.

2. 지능검사란 새로운 것을 학습하는 능력이나 복잡하고 추상적인 자료를 적절히 취급하는 능력을 측정하는 검사이며 아동용과 성인용으로 구분하고 개인용과 집단용으로 구분한다.

3. 카우프만(Kaufman) 검사, 비네(Binet) 검사, 웩슬러(Wechsler) 검사 등이 이에 속하며, 많은 국내검사들이 그렇듯이 우리나라의 지능검사는 외국의 검사들을 토대로 우리 실정에 맞도록 재표준화한 것이 대부분이다.

인지적 검사 - 지능검사(2)

<table>
<tr><td>학습목표</td><td>1. 주요 지능검사를 학습
2. 웩슬러 성인용지능검사(Wechsler Adult Intelligence Scale) 학습</td></tr>
<tr><td>학습내용</td><td>1. '1905 척도'와 스탠포드 – 비네검사를 학습한다.
2. 웩슬러 성인용지능검사(Wechsler Adult Intelligence Scale)의 주요개념을 학습한다.</td></tr>
</table>

☐ 주요 지능검사

1. 1905척도

1) 프랑스 문부성의 의뢰로 학생들의 학업성적 예언과 정신적 지체 수준을 파악하여 그에 걸맞는 특수교육을 하기 위하여 개발

2) 각 연령대를 2개월 단위로 1년을 6개 유형으로 나눈 후에 그 나이대의 아동들이 풀 수 있는 문제들로 구성

3) 정신연령(Mental Age) 개념을 발전시킴.

2. 스탠포드-비네(Stanford-Binet) 검사

– 1916년, 스탠포드 대학의 터만(Terman)이 위에서 언급한 비네 검사(1905척도)를 개정한 것

– 표준화 작업을 거쳐 집단형 검사로 가능

– 비율 IQ 도입

(비율 IQ = 정신연령 ÷ 생활연령 × 100 즉, 비율 IQ = MA/CA × 100)

– Intelligence Quotient 개념 도입

– Mental Age, Chronological Age

☐ 웩슬러 성인용지능검사(Wechsler Adult Intelligence Scale) 개요

1. 루마니아계 미국인 심리학자 데이비드 웩슬러가 기존 비네 검사, 그리고 미군에서 1차 대전 무렵 빠르게 입영 대상자를 선정하기 위해 개발한 Army Alpha, Army Beta와 기존 여러 검사들을 바탕으로 만든 만든 지능 검사이다. 현재 지능 검사 중 세계에서 가

장 많이 쓰이는 검사.

2. WAIS의 구성요소

하 위 검 사 명		측 정 내 용	문항수
언어성 검사	기본지식	개인이 가진 기본 지식의 정도	29
	숫자외우기	청각적 단기 기억, 주의력	14
	어휘문제	일반지능의 주요 지표, 학습능력과 일반 개념 정도	35
	산수문제	수개념 이해와 주의집중력	16
	이해문제	일상경험의 응용능력, 도덕적·윤리적 판단 능력	16
	공통성문제	유사성 파악능력, 추상적 사고능력	14
동작성 검사	빠진곳찾기	사물의 본질과 비본질 구분 능력, 시각예민성	20
	차례맞추기	전체 상황에 대한 이해력과 계획능력	10
	토막짜기	지각적 구성능력, 공간표상능력, 시각-운동 협응력	9
	모양맞추기	지각능력과 재구성능력, 시각-운동 협응력	4
	바꿔쓰기	단기기억 및 민첩성, 시각-운동 협응력	93

그리고, 언어성, 동작성, 전체 IQ의 분포는 소검사들의 환산점수의 합을 평균이 100이고 표준편차가 15인 표준점수로 변환하며, 얻어진 개인의 지능수준은 아래표와 같이 분류할 수 있다.

**지능수준에 의한 진단분류체계

IQ	분류	백 분 율 (%)	
		이론적 정상분포	표 본 분 포
130 이상	최우수 (very superior)	2.2	2.3
120~129	우수 (superior)	6.7	6.7
110~119	평균상 (high average)	16.1	18.0
90~109	평균 (average)	50.0	48.6
80~89	평균하 (low average)	16.1	15.3
70~79	경계선 (borderline)	6.7	7.3
69 이하	정신지체 (mentally deficient)	2.2	1.8
계		100.0	100.0

3. 한국형 검사지 종류

- 한국형유아용 웩슬러 지능검사 K-WIPPSI-Ⅳ 만3세~7세3개월
- 한국형아동용 웩슬러 지능검사 K-WISC-Ⅳ 6세~16세11개월
- 한국형성인용 웩슬러 지능검사 K-WAIS-Ⅳ 16세~69세 11개월

■ K-WAIS-Ⅳ(한국형 웩슬러성인용 지능검사)

1. K-WAIS-Ⅳ의 의의

한국판 웩슬러 지능검사 제4판(K-WAIS-IV)은 2008년에 개정된 미국의 원판 웩슬러 성인용 지능검사 제 4판(WAIS-IV)을 번안하여 표준화한 것이다.

- 변화하는 시대적 상황과 개인의 지적능력 변화 양상을 반영하기 위한 노력의 일환으로서, 지능의 측정에 관한 다양한 이론적 연구결과, 경험적 연구결과들을 토대로 하고 있다.
- 개정판은 동시대적 규준을 만들고 심리측정적 속성들 개선하며, 검사도구의 임상적 활용을 개선하고 사용상 편리를 도모하는 것을 목표로 한다.

구 분	개발연도	대상연령
WAIS-IV(웩슬러 성인용 지능검사)	2008년	16~90세
K-WAIS-IV(한국판 웩슬러 성인용 지능 검사)	2012년	16~69세 11개월

2. K-WAIS-Ⅳ의 특징

1) 언어성IQ와 동작성IQ에 대한 구분 없이 전체검사IQ(FSLQ:Full Scale IQ)를 제시한다.
2) 언어이해, 지각추론, 작업기억, 처리속도 등 4요인 구조에 대한 측정이 이루어진다.
3) 기존의 K-WAIS에 있던 소검사들 중 차례맞추기, 모양맞추기가 제외
    행렬추론, 퍼즐, 동형 찾기 소검사 추가, 보충검사인 순서화, 무게비교, 지우기 추가됨.
4) 연령교정 표준점수로서 환산점수와 조합점수를 제공한다.
    환산점수 : 수검자의 수행을 동일연령대와 상대적으로 비교하기 위한 것으로 평균10, 표준편차 3인 표준점수로 변환한 점수
    조합점수: 소검사 환산점수들이 다양한 조합을 토대로 평균100, 표준편차 15인 표준점수로 변환한 점수.
5) 기존 K-WAIS의 지능지수 범위: 45~150인데 반해, K-WAIS-IV는 그 범위를 40~160으로 확장.
6) 시각적 자극을 부각시키고 언어적 지시를 단순화하는 등 수검자의 과제 수행이 용이하게 이루어지도록 배려하였다.
7) 미국판 WAIS-IV는 16-90세를 대상연령으로 하는데 반해, 한국판 K-WAIS-IV는 16세-69세를 대상연령으로 하고 있다.

3. K-WAIS-IV의 척도별 구성

	주요지표	소검사	보충검사
IQ	언어이해	공통성, 어휘, 상식	이해
	지각추론	토막짜기, 행렬추론, 퍼즐	무게비교, 빠진 곳 찾기
	작업기억	숫자, 산수	순서화
	처리속도	동형 찾기, 기호쓰기	지우기

4. K-WAIS-IV의 조합점수별 측정 내용

언어이해지수 (VCI: Verbal Comprehenssion Index)	언어적 이해능력, 언어적 정보처리능력, 언어적 기술 및 정보의 새로운 문제해결을 위한 적용능력, 어휘를 이용한 사고능력, 결정적 지식, 인지적 유연성, 자기감찰 능력등을 반영
지각추론지수 (PRI: Perceptual Reasoning Index)	지각적 추론능력, 시각적 이미지에 대한 사고 및 처리 능력, 시각-운동 협응능력, 공간처리 능력, 인지적 유연성, 제한된 시간 내에 시각적으로 인식된 자료를 해석 및 조직화하는 능력, 유동적 추론능력, 비언어적 능력등을 반영
작업기억지수(WMI: Working Memory Index)	작업기억, 청각적 단기기억, 주의집중력, 수리능력, 부호화 능력, 청각적 처리기술, 인지적 유연성, 자기감찰 능력 등 반영
처리속도지수 (PSI: Processing Speed Index)	시각정보의 처리속도, 과제 수행속도, 시지각적 변별능력, 정신적 수해의 속도 및 정신운동속도, 주의집중력, 단기 시각-운동협응능력, 인지적 유연성등을 반영
전체지능지수 (FSIQ: Full Scale IQ)	개인의 인지능력의 현재 수준에 대한 전체적인 측정치로서, 언어이해지수, 지각추론지수, 작업기억지수, 처리속도지수 등 4가지 지수를 산출하는 데 포함된 소검사 환산점수들의 합으로 계산된다.
일반능력지수 (GAI: General Ability Index) (언어이해지수+지각추론지수)	언어이해의 주요 소검사(공통성, 어휘, 상식)와 지각추론의 주요 소검사(토막짜기, 행렬추론, 퍼즐)로 구성된 조합점수이다. 특히 전체지능지수에 비해 작업기억 및 처리속도의 영향을 덜 받으므로, 전체지능지수에 포함된 이들 요소들을 배제한 인지적 능력을 검토할 필요가 있는 경우 사용한다.
인지효능지수 (GAI: General Ability Index) (작업기억지수+처리속도지수)	작업기억의 주요 소검사(숫자, 산수)와 처리속도의 주요 소검사(동형찾기, 기호쓰기)로 구성된 조합점수이다. 언어이해 및 지각추론에 덜 민감한 인지적 능력에 대한 측정이 필요한 경우 사용한다.

☐ 한국판 K-WAIS-Ⅲ 체계와 K-WAIS-Ⅳ의 개선사항

① K-WAIS-Ⅲ보다 효율적으로 검사를 할 수 있게 하였다.
② K-WAIS-Ⅲ에 비해 발달장애를 가진 내담자를 더 배려하였다.
③ K-WAIS-Ⅲ에 비해 차례 맞추기와 모양 맞추기 항목을 제거하고 퍼즐, 무게비교, 지우기 등 3개 항목을 추가하였다.
④ 검사에 대한 내담자가 본래 가지고 있는 외부요인의 영향력이 감소되게 하였다.

☐ 한국판 웩슬러 아동용 지능검사(K-WISC-IV)

1. 6세 0개월~16세 11개월까지의 아동의 인지적 능력을 평가하기 위한 개별 검사도구
2. **기존의 한국판 웩슬러 아동용 지능검사(K-WISC-Ⅲ)를 개정한 것으로**
   개정과정에서 인지발달, 지적평가, 인지과정에 대한 최근 연구들을 통합하여 전반적인 지적 능력(전체검사IQ)을 나타내는 합성 점수는 물론 특정 인지 영역에서의 지적 기능을 나타내는 소검사와 합성 점수를 제공.
3. K-WISC-IV는 15개의 소검사로 구성되어 있는데 K-WISC-Ⅲ와 동일한 10개의 소검사에 5개의 새로운 소검사(공통그림찾기, 순차처리, 행렬처리, 단어추리)가 추가.

4. 소검사 유형

A. 언어이해

검 사	목 적	방 법
공통성 (SR)	- 언어적 추론과 개념 형성을 측정 - 청각적 이해, 기억, 본질적인 특성과 비본질적인 특성간의 구분, 언어적 표현과 관련	- 총 23문항, 아동이 공통적인 사물이나 개념을 나타내는 2개의 단어를 듣고 두 단어가 어떻게 유사한지를 말함
어휘 (VC)	- 아동의 언어 지식과 언어적 개념 형성을 측정 - 아동의 지식의 측정, 학습능력, 장기기억, 언어발달의 정도 측정	- 총 36문항(4개의 그림문항+32개의 언어문항) - 그림문항에서 아동은 소책자에 있는 그림들의 이름을 말하고 말하기 문항에서 아동은 검사자가 읽어주는 단어의 정의를 말함
상식 (IN)	- 아동이 일반적이고 사실적인 지식을 획득하고 휴지하고, 인출하는 능력을 측정	- 총 33문항, 아동이 일반적 지식에 관한 광범위한 주제를 다루는 질문에 대답

검 사	목 적	방 법
	- 결정화된 지능, 장기기억, 학교와 환경으로부터 얻은 정보를 유지하고 인출하는 능력과 관건	
이해 (CO)	- 언어적 추론과 개념화, 언어적 이해와 표현, 과거경험을 평가하고 사용하는 능력, 실제적 지식을 발휘하는 능력 측정	- 총 21문항, 아동이 일반적 지식에 관한 광범위한 주제를 다루는 질문에 대답함
단어추리 (WR)	- 언어적 이해, 유추 및 일반적 추론 능력, 언어적 추상화, 특정 분야의 지식, 서로 다른 유형의 정보를 통합 및 종합하는 능력, 대체 개념을 만들어 내는 능력을 측정	- 총 24문항, 아동이 일련의 단서에서 공통된 개념을 찾아내어 단어로 말함

B. 지각추론

검 사	목 적	방 법
토막짜기 (BD)	- 특정 제한 시간 내에 적-백 토막을 이용하여 소책자에 있는 그림의 모양을 다시 만들어 내도록 요구	- 총 14문항, 아동이 제한시간 내에 흰색과 빨간색으로 이루어진 토막을 사용하여 제시된 모형이나 그림과 똑같은 모양을 만듦

검 사	목 적	방 법
행렬추리 (MR)	- 유동성 지능의 좋은 측정장치이며 일반 지적 능력에 대한 신뢰할 추정치를 측정 - 시각적 정보처리와 추상적 추론 능력을 신뢰성 있게 측정하기 위해 네 가지 유형의 문항을 고안	- 총 35문항, 아동은 불완전한 행렬을 보고 다섯 개의 반응 선택지에서 제시된 행렬의 빠진 부분을 찾아냄
공통그림찾기 (PCn)	- 추상화와 범주적 추론 능력을 측정하기 위해 새롭게 고안된 검사로 추상적 추론 능력이 점점 더 요구되는 순서로 되어 있음	- 총 28문항, 아동에게 두줄 또는 세줄로 이루어진 그림을 제시하며, 아동은 공통된 특성으로 묶일 수 있는 그림을 각 줄에서 한 가지씩 고름
빠진곳 찾기 (PCm)	- 시·지각 및 시각적 조직화, 집중력, 사물의 본질적인 세부에 대한 시각적 재인을 측정	- 총 38문항, 아동이 그림을 보고 제한 시간 내에 빠져있는 중요한 부분을 가리키거나 말함

C. 작업기억

검 사	목 적	방 법
숫자(DS)	- 청각적 단기기억, 계열화 능력, 주의력, 집중력을 측정 - '숫자 바로 따라하기'는 기계적 암기 학습과 기억, 주의력, 부호화, 청각적 처리와 관련 - '숫자 거꾸로 따라하기'는 작업기억, 정보변환, 정신적 조작, 시공간적 형상화와 관련	- 총 18문항 - '숫자 바로 따라하기'는 검사자가 큰 소리로 읽어준 것과 같은 순서로 아동이 따라함 - '숫자 거꾸로 따라하기'는 검사자가 읽어준 것과 반대방향으로 아동이 따라함
순차연결(LN)	- 계열화, 정신적 조작, 주의력, 청각적 단기기억, 시공간적 형상화, 처리속도와 관련	- 총 10문항, 아동에게 연속되는 숫자와 글자를 읽어주고 숫자가 많아지는 순서와 한글의 가나다 순서대로 암기하도록 함
산수(AR)	- 정신적 조작, 집중력, 주의력, 청각적 단기기억 및 장기기억, 수와 관련된 추론능력, 정신적 기민함과 연관	- 총 34문항, 아동이 구두로 주어지는 일련의 산수 문제를 제한시간 내에 암산으로 계산함

D. 처리속도

검 사	목 적	방 법
기호쓰기 (CD)	- 처리속도에 더하여 단기기억, 학습능력, 시·지각, 시각·운동협응, 시각적 주사 능력, 인지적 유연성, 주의력, 동기를 측정	- 아동은 간단한 기하학적 모양이나 숫자에 대응하는 기호를 그리고 기호표를 이용하여 해당하는 모양이나 빈칸 안에 각각의 기호를 주어진 시간 안에 그림
동형찾기 (SSN)	- 처리속도와 함께 시각적 단기기억, 시각·운동협응, 인지적 유연성, 시각적 변별, 집중력과 관련	- 아동은 반응 부분을 훑어보고 반응 부분의 모양 중 표적 모양과 일치하는 것이 있는지를 제한 시간 내에 표시함
선택 (CA)	- 처리속도, 시각적 선택주의, 각성, 시각적 무시를 측정	- 아동은 무선으로 배열된 그림과 일렬로 배열된 그림을 훑어보고 제한시간 안에 표적 그림들에 표시함

17강 웩슬러아동/유아검사

학습목표
1. 한국판 웩슬러 아동용 지능검사 추가학습
2. 한국판 웩슬러 유아용 지능검사

학습내용
1. 한국판 웩슬러 아동용 지능검사(K-WISC-IV)의 특징 등을 추가로 학습한다.
2. 한국판 웩슬러 유아용 지능검사의 특징과 장단점을 학습한다.

☐ K-WISC-IV (한국판 웩슬러 아동용 지능검사) - 추가학습

1. K-WISC-IV

한국판 웩슬러 아동용 지능검사(K-WISC-IV)는 6세 0개월 ~ 16세 11개월까지의 아동의 인지적 능력을 평가하기 위한 개별 검사도구이다. 기존의 한국판 웩슬러 아동용 지능검사(K-WISC-III)를 개정한 것으로 개정과정에서 인지발달, 지적평가, 인지과정에 대한 최근 연구들을 통합하여 전반적인 지적능력(전체검사 IQ)을 나타내는 합성점수는 물론, 특정 인지 영역에서의 지적 기능을 나타내는 소검사와 합성점수를 제공한다.

2. 본 검사의 특징

1) 소검사 추가_ K-WISC-IV는 15개의 소검사로 구성되어 있다. K-WISC-III와 동일한 10개 소검사와 5개의 새로운 소검사(공통그림찾기, 순차처리, 행렬추리, 선택, 단어추리)가 추가되었다.

2) 합성점수 산출_ K-WISC-IV는 다섯 가지 합성점수를 얻을 수 있으며, 아동의 전체적인 인지능력을 나타내는 전체검사 IQ를 제공한다(15개의 소검사로 이루어져 있지만 합성점수를 얻기 위해서는 대부분 10개의 주요검사만 실시한다).

3) 처리점수 산출_ K-WISC-IV는 3개의 소검사(토막짜기, 숫자, 선택)에서 7개의 처리점수를 제공한다. 이러한 점수들은 아동의 소검사 수행에 기여하는 인지적 능력에 대한 보다 자세한 정보를 제공하도록 고안되었다(처리점수는 다른 소검사 점수로 대체할 수 없으며, 합성 점수에도 포함되지 않음).

4) 심리교육적 도구_ K-WISC-IV는 전반적인 인지적 기능에 대한 포괄적인 평가를 할 때 사

용할 수 있다. 또한 지적 영역에서의 영재, 정신지체, 그리고 인지적 감정과 약점을 확인하기 위한 평가의 일부분으로 사용가능하다. 따라서 임상장면 및 교육장면에서 치료계획이나 배치결정을 내릴 때 유용하다.

5) 다양한 인지기능 평가 _ 인지 능력이 평균 이하로 추정되는 아동, 아동의 인지기능을 재평가해야하는 아동, 낮은 지적능력이 아닌 신체적 · 언어적 · 감각적 제한이 있는 아동, 청각장애아 또는 듣는 데 어려움이 있는 아동의 평가 등이 가능하다.

3. K-WISC-Ⅳ 소검사(15개)

토막짜기, 공통성, 숫자, 공통그림찾기, 기호쓰기, 어휘, 순차연결, 행렬추리, 이해, 도형찾기, 빠진 곳 찾기, 선택, 상식, 산수, 단어추리

추가학습(기출문제)

① 아동용 지능검사(K-WISC-Ⅳ)의 평균은 100이고, 표준편차는 15이다.

*K-WISC : Korean - Wechsler Intelligence Scale for Children

② 아동용 지능검사(K-WISC-Ⅳ)의 실시 연령은 6세에서 16세 11개월이다.

③ 소검사 간 점수들의 분산을 통해 각 소검사가 표상하는 인지적 특성을 추론할 수 있다.

④ 지능의 분포에서 평균 상(High Average)에 속하는 지능지수(IQ)는 110에서 119이다.

*한국판 웩슬러 성인용 지능검사의 시행순서

기본지식 → 빠진 곳 찾기 → 숫자 외우기 → 차례 맞추기 → 어휘 → 토막 짜기 → 산수 → 모양 맞추기 → 이해 → 바꿔 쓰기 → 공통성

🔲 한국 웩슬러 유아지능검사 (K-WPPSI)

- (Korean-Wechsler Prechool and Primary Scale of Intelligence)

1. 검사의 개요

1) 검사의 제작 배경

기존의 아동지능검사(KEDI-WISC)보다 더 어린 연령의 지능을 검사하는 유아용 검사이다. 한국에서는 WPPSI-R을 모체로 하여 한국아동심리검사연구회에서 1996년에 K-WPPSI를 개발하였다.

유아의 조기교육이 보편화되면서 과거에 비해 아동의 장애나 지적능력에 대한 진단 요구가 높아지고 있다. 어린 시기의 지능검사는 영재성 또는 정신지체 등의 특성을 조기에 발견하여 적절한 교육적 조치를 취함으로써 문제를 예방하거나 아동의 잠재적 능력을 고양하는데 사용한다.

2) 검사의 표준화 과정

검사의 표준화 과정은 검사의 실시조건, 절차, 사용되는 지시문, 제한시간, 검사자, 채점기준, 해석방법 등의 모든 측면에서 통일된 과정을 확정하는 것이다.

K-WPPSI-R에 기준하여 만들어졌으며, WPPSI-R의 문항 내용 중 문화적 차이가 있거나 부적절한 문항은 한국의 현실에 맞게 수정 보완하였다. 규준은 대한민국의 3세부터 7세 3개월까지의 아동을 대표하기 위해 만들어졌다.

2. 검사의 대상

만 3세에서 7세 3개월 된 아동이다. 그러나 만 3세가 안 되었으나 지적 능력이 우수하거나, 만 7세가 넘었지만 지적 능력이 떨어지는 아동들에게게도 사용할 수 있다.

이들 아동의 경우에는 제시된 규준이 없어 IQ를 정확히 산출할 수는 없고, 아동들이 각 소검사에서 수행한 원점수가 평균적으로 어느 연령수준에 해당하는지를 파악할 수 있다.

3. 검사의 장·단점

1) 장점

- 유아지능검사가 개발됨에 따라 일관된 지능이론(Wechsler 이론)에 기초한 지능검사를 통하여 3세 유아부터 성인까지 비교할 수 있게 되었다
- 검사도구의 색이나 모양 등이 유아들의 흥미를 끌 수 있도록 고안되었다.

2) 단점

- 전체 IQ 산출표에서 환산점수 144~148의 IQ는 나타나 있지 않기 때문에 평균치로 추정해야 한다.

4. 검사내용과 실시방법

1) 검사의 구성

동작성	언어성
1. 모양맞추기	2. 상식
3. 도형	4. 이해
5. 토막짜기	6. 산수
7. 미로	8. 어휘
9. 빠진곳 찾기	10. 공통성
* 11. 동물 짝짓기	* 12. 문장

*표는 보충검사, 번호는 검사가 시행되는 순서를 나타낸다.

2) 검사의 내용

① **모양 맞추기** : 여러 조각을 나열하여 제시하고 제한된 시간 안에 맞추게 한다.

② **상식** : 일상의 사건이나 물건에 대한 지식을 알아보기 위한 검사이다. 여러 개의 그림 중에서 하나를 지적하여 응답하는 그림 문항으로 시작하는데 , 이는 언어능력이 떨어지는 유아들에게 유용하다. 그 나머지는 간단한 구두로 응답해야 하는 문항이다.

③ **도형** : 두 가지 유형의 과제로 이루어져 있다. 첫 번째 유형은 재인 문항으로 아동은 제시된 그림을 보면서 보기로 제시된 4개의 도형 중에서 제시 그림과 똑같은 도형을 지적해야 한다. 두 번째 유형은 도형 검사에서와 같이 아동이 그림을 보고 따라 그리는 것이다.

④ **이해** : 행동의 원인과 사건의 결과에 대한 자신의 생각을 구두로 표현해야 한다.

⑤ **토막 짜기** : 제한된 시간 안에 두 가지 색깔로 된 토막들로 구성된 모양을 재구성해야 한다.

⑥ **산수** : 기본적인 수 개념에 대한 이해를 알아보기 위하여 그림문항으로 시작하여, 단순한 셈하기 과제, 그리고 마지막에는 보다 어려운 구두문제로 진행한다.

⑦ **미로** : 제한된 시간 안에 점점 더 어려워지는 미로의 통로를 찾는 지필 검사이다. 매우 어린 아동을 위하여 단순한 미로 문제들을 처음 부분에 추가하였다.

⑧ **어휘** : 그림의 이름을 맞추는 쉬운 그림 문항으로 시작한다. 나머지 문항에서는 구두로 제시된 단어들의 뜻을 대답해야 한다.

⑨ **빠진 곳 찾기** : 일상적인 물건 그림에서 빠진 부분을 찾아내야 한다.

⑩ **공통성** : 세 부분으로 구성되어 있는데 첫 부분에서는 몇 개의 그리들 중에서 제시된 그림들과 같은 특징을 가진 것을 손가락으로 지적해야 한다.

두 번째 부분에서는 구두로 제시되는 주문장에서 가리키는 개념과 유사한 단어를 사용하여 문장을 완성해야 한다.

마지막 부분에서는 제시하는 두 단어의 공통점을 구두로 설명해야 한다.

⑪ **동물 짝짓기(*)** : 끼움 판 맨 위에 제시되어 있는 보기에 따라 각각의 동물그림이 그려져 있는 구멍 안에 알맞은 색의 막대를 꽂아야 한다.

⑫ **문장(*)** : 숫자 소 검사(digit span)의 형식을 이용해 만든 검사로 숫자 대신에 문장을 사용한다. 검사자가 문장을 큰 소리로 읽어주면 아동은 이를 그대로 따라해야 한다.

3) 검사도구

(1) 지침서

(2) 기록용지

(3) 상식, 산수, 어휘, 공통성 소 검사에 대한 그림이 있는 소책자

(4) 도형, 토막자기, 빠진 곳 찾기 소 검사에 대한 그림이 있는 소책자

(5) 모양 맞추기 퍼즐

(6) 모양 맞추기 배열판

(7) 도형 소 검사 용지 및 채점판

(8) 토막자기 소 검사 토막

(9) 미로 용지

(10) 동물의 짝짓기 끼움 판

(11) 동물 짝짓기 소 검사용 28개의 작은 원통막대

(12) 검사자용 빨간색 연필, 아동용 굵은 검은색 연필, 지우개, 초시계

4) 검사의 실시방법 및 유의점

순서	소검사	시작문항	중지기준	제한시간
1	모양맞추기	모든 아동이 1번 문항부터 시작한다.	3문항을 계속해서 실패하면 중지한다.	각 문항에는 각각 시간이 있다.
2	상식	모든 아동이 1번 문항부터 시작한다.	5문항을 계속해서 실패하면 중지한다.	
3	도형	모든 아동이 1번 문항부터 시작한다.	2부에서 2문항을 계속해서 실패하면 중지한다.	
4	이해	모든 아동이 1번 문항부터 시작한다.	4문항을 계속해서 실패하면 중지한다.	
5	토막짜기	6세 미만 아동은 1번부터, 6세 이상은 6번부터 시작한다.	세도형을 계속해서 실패하면 중지한다.	각 문항에는 각각 시간이 있다.
6	산수	6세 미만 아동은 1번부터, 6세 이상은 8번부터 시작한다.	5문항을 계속해서 실패하면 중지한다.	12-23번은 제한시간이 30초이다.
7	미로	5세 미만아동은 미로 1A부터, 5세 이상은 미로 3A부터 시작한다	2문항에서 두 시행을 연속해서 실패하면 중지한다.	각 미로에는 각각 제한시간이 있다.
8	어휘	모든 아동이 1번 문항부터 시작한다.	4번 문항부터 5문항을 계속해서 실패하면 중지한다.	
9	빠진곳찾기	5세 미만 아동은 미로 1A부터, 5세 이상은 3번부터 시작한다.	5문항을 계속해서 실패하면 중지한다.	
10	공통성	모든 아동이 1번 문항부터 시작한다.	2부에서 5문항을 계속해서 실패하면 중지한다.	
11	동물짝짓기			제한시간 5분
12	문장	5세 미만 아동은 1번부터, 5세 이상은 6번부터 시작한다.	3문항을 계속해서 실패하면 중지한다.	

*** K-WPPSI와 KEDI-WISC의 차이점

1) K-WPPSI는 만 3세에서 만 7세 3개월 아동에게 실시하므로 KEDI-WISC보다 어린 아동을 대상으로 한다.

2) KEDI-WISC의 기호쓰기 대신에 동물 짝짓기로, 숫자 소 검사가 문장으로 대치되었다.

3) 동작성 검사와 언어성 검사를 번갈아 실시하는 것은 같으나 K-WPPSI는 아동의 흥미유발을 위해 동작성 검사인 모양 맞추기부터 시작한다.

4) 채점판을 사용하여 채점방식이 보다 엄격해졌다.

웩슬러검사의 해석/적성검사 등

학습목표	1. 웩슬러지능검사의 해석법 2. 적성검사의 개요이해

학습내용	1. 웩슬러지능검사의 해석과 지능지수에 대한 해석접근법을 학습한다. 2. 적성의 개념을 이해하고 적성검사의 활용점에 대해 학습한다.

☐ 지능지수의 해석 – 웩슬러(Wechsler)식 지능검사의 해석

(1) 언어성 지능 〈동작성 지능 : 동작성 지능이 언어성 지능보다 유의미하게 높을 때

　가. 동작성 기술이 언어적 기술보다 더 잘 발달되어 있다.

　나. 시각-운동 협응 능력이 청각적-언어적 정보처리 능력보다 더 잘 발달되어 있다.

　다. 즉각적인 문제해결 능력이 경험을 통해 축적된 지식보다 더 잘 발달되어 있다.

　라. 읽기 능력과 학업 성취에 어려움이 있을 수 있다.

　마.) 언어 능력에 결함이 있을 수 있다.

(2) 언어성 지능 〉동작성 지능 : 언어성 지능이 동작성 지능보다 유의미하게 높을 때

　가. 언어적 기술이 동작성 기술보다 더 잘 발달되어 있다.

　나. 청각적-언어적 정보처리 능력이 시각-운동 협응 능력보다 더 잘 발달되어 있다.

　다. 경험을 통해 축적된 지식이 즉각적인 문제 해결 능력보다 더 잘 발달되어 있다.

　라. 피검사자가 실용적인 과제들을 다루는데 어려움이 있다.

　마. 대처기술에 결함이 있을 수 있다.

　바. 시각-운동 협응 능력의 어려움이 수행에 영향을 주었을 수 있다.

　사. 속도를 요하는 과제를 수행하는데 어려움이 있다.

❖ 경계선 지능 (Borderline Intelligence)

   1) 경계선 지능 (Borderline Intelligence)은 웩슬러 지능검사 등의 표준화된 지능검사로 지능지수가 70~79점을 받은 경우를 지칭하는 말이다.

   2) 즉, 경계선의 의미는 정상과 정신지체의 경계에 있다는 의미로서, 정상이 80이상이고, 70이 되지 않으면 정신지체이므로 그 사이에 있다는 것이다.

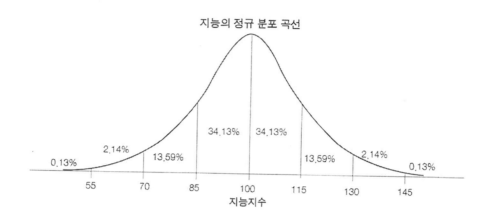

지능의 정규 분포 곡선

지능지수	분류	백분율(%)
130 이상	최우수	2.2
120~129	우 수	6.7
110~119	평균 상	16.1
90~109	평 균	50.0
80~89	평균 하	16.1
70~79	경계선	6.7
69 이하	정신지체	2.2

웩슬러(Wechsler) 지능검사의 해석지침

1. 지능검사를 통해 사고로 인한 뇌손상과 인지능력 손상정도를 평가하여 해석할 수 있다.

2. 언어성 검사와 동작성 검사는 상호 비교, 평가한다.

3. 동작성 지능이 언어성 지능보다 높은 경우, 낯선 상황에 대한 순발력이나 대응력이 높은 편이다.

4. 소검사 간에 20점 이상의 차이가 났을 때, 통계적으로 유의한 것으로 본다. 즉, ② 언어성 지능과 동작성 지능의 점수의 차가 15~20점 이상이면 유의미한 차이로 간주한다.

5. 한국형 웩슬러 지능검사에는 내담자의 지능의 범위 및 백분위 점수, 오차범위 등을 기술해야 한다.

6. 사회경제적 수준이 높은 사람일수록 언어성 IQ가 동작성 IQ보다 높은 경향이 있다.
7. 한국형 웰슬러 지능검사의 소검사 개별 프로파일을 분석함으로써 내담자의 인지적 측면에서의 약점과 강점을 모두 살펴볼 수 있다.
8. 급성 또는 만성의 정신건강 의학적 증상, 뇌손상 등으로 인해 내담자의 현재 지적 능력이 내담자의 병전 지능보다 떨어질 수 있다.

■ K-WISC-IV의 기본적인 분석절차

- 1단계 : 전체 검사 지능지수(FSIQ) 보고 및 기술

  개인의 인지능력의 전반적인 수준을 추정하는 종합적인 합산점수, 4개의 합산점수
  (VCI, PRI, WMI, PSI)의 합의 표준점수이며, 주요 소검사 점수들의 합계.

- 2단계 : 언어이해 지표(VCI) 보고 및 기술

  언어적 개념 형성, 언어적 추론, 획득된 지식, 언어적 자극에 대한 주의력에 대한 측정치.

- 3단계 : 지각추론 지표(PRI) 보고 및 기술

  지각적, 유동적 추론, 공간 처리, 세부에 대한 주의력, 시각-운동을 통합한 측정치.

- 4단계 : 작업기억 지표(WMI) 보고 및 기술

  입력된 정보가 일시적으로 저장되고, 계산과 변환처리가 일어나며, 계산과 변환의 산물 출력이 일어나는 곳에 대한 정신적 용량을 측정.

- 5단계 : 처리속도 지표(PSI) 보고 및 기술

  간단한 시각적 정보를 빠르고 정확하게 살펴보고, 배열하고, 구별하는 능력을 측정.

- 6단계 : 지표-수준의 차이 비교 평가

  점수 차이의 절대치가 통계적으로 유의한지 아닌지를 결정해야 함. 두 점수 간 차이의 절대치가 임계치보다 같거나 크면, 그 차이는 진정한 차이로 간주됨.

- 7단계 : 강점과 약점 평가

  의뢰 사유를 토대로 한 가설을 시작으로, 점수 차이와 다른 관련 임상 정보를 평가함으로써 그 가설을 검증.

- 8단계 : 소검사-수준의 차이 비교 평가

  추측적인 개별적 확증하거나 반박하기 위해 두 개의 소검사 점수들을 비교할 필요가 있음.

- 9단계 : 소검사들 내에서의 점수 패턴 평가
- 10단계 : 처리분석 수행하기

  소검사 수행에 영향을 주는 인지능력에 대한 보다 자세한 정보를 얻기 위한 질적 분석 과정.
  3개의 소검사(토막짜기, 숫자, 선택)에서 추가적인 실시 절차 없이 점수 도출 가능.

☐ K-WISC-IV 해석의 8단계(1~6: 필수적 해석, 7~8: 선택적 해석)

- **1단계** : 아동·청소년의 K-WISC-VI 합산 점수와 소검사 환산점수를 보고한다.

  합산점수의 경우, 표준점수, 신뢰구간, 백분위와 기술적 범주를 보고, 소검사의 경우 아동이 얻은 환산점수와 환산점수에 대한 백분위만 보고.

표준 점수 범위	기술적 분류	수행 기술
131 이상 116~130	최상위 평균상	규준적 강점 〉+ 1 표준편차
85~115	평균	정상 범위 내, 1 표준편차
70~84 69이하	평균하 최하위	규준적 약점 〈- 1 표준편차

- **2단계** : 전반적인 지적 능력을 요약할 최상의 방법을 결정한다.

  ① 언어이해지표, 지각추론지표, 작업기억지표 및 처리속도 지표를 구성하는 10개의 소검사로 이루어진 전체IQ(FSIQ).

  ② 언어이해지표와 지각추론 지표를 구성하는 소검사들로 이루어진 일반 능력 지표(GAI).

- **3단계** : 4개의 지표가 단일하여 해석 가능한지 결정한다.

  소검사 환산점수들 간 차이 크기를 비교, 지표를 구성하는 측정된 점수들 간에 큰 차이가 발견될 때, 지표는 단일 능력을 나타내는 것으로 해석될 수 없음.

- **4단계** : 지표 프로파일에서 규준적 강점(normative strength)과 규준적 약점(normative weaknesses)을 결정한다. 해석 가능한 지표들의 정확한 값을 고려, 3단계에서 단일한 지표로 판명된 것만을 사용.

- **5단계** : 지표 프로파일에서 개인적 강점(personal strength)과 개인적 약점(personal weaknesses)을 결정한다.

  ① 모든 지표점수(해석할 수 있는 것과 해석할 수 없는 것을 모두 포함)의 평균 구하기

  ② 해석 가능한 각 지표의 표준점수에서 평균을 빼고, 이 점수 차이가 유의한지를 판단

  ③ 개인적 강점과 개인적 약점이 10% 이하 누적비율 기준을 적용하여 흔치 않은 경우인지 결정

  ④ 아동의 프로파일에서 핵심자원(key assets)과 최우선적 관심(High priority concerns)을 확인. 흔치 않은(uncommon)개인적 강점이면서 동시에 규준적 강점이면 핵심자원, 흔치않은 개인적 약점이면서 최우선적 관심

- **6단계** : 지표 프로파일에 나타난 변동성(fluctuation)을 해석한다.

　① 강점(핵심자원을 포함)을 먼저 해석한 뒤에 약점(최우선적 관심 포함)을 해석

　② 강점도 약점도 아닌 지표를 해석

　③ 해석가능하지 않은 지표의 결과를 설명

　④ 각 지표별로 문단을 작성

- **7단계** : 보충 소검사들이 시행되었을 때 임상적 비교를 시행한다.

- **8단계** : 아동의 일반능력 지표(General ability index : GAI)와 인지효능지표 (cognitive proficiency index : CPI)간 차이가 비일반적으로 큰지를 결정한다.

■ 적성검사

1. 기출문제를 통해 정리된 적성검사의 개념

1) 적성검사는 특정 분야의 교육이나 직업과 관련되는 활동을 성공적으로 수행할 수 있는 능력 의 소유 정도를 예언하기 위한 검사를 말한다.

2) 적성검사는 개인의 직무관련 인지적 능력을 밝혀주므로 선발 의사결정시 지원자들을 선별 (screening)하는 기준으로 활용할 수 있으며 인성검사는 지원자들을 선별하는 것뿐 아니 라 면접에서의 활용 자료로도 활용할 수 있다.

3) 또한 신입사원 교육 시 자신의 성격특성이 직무수행 시 갖는 장단점을 파악하여 보다 빠른 적응을 도울 수 있으며 자신의 경력개발 계획을 수립하는데 도움을 줄 수 있다.

4) 직무 수행과 관련된 언어력과 수리력 · 추리력 · 공간지각력 등의 기초지능 검사와 일을 수행할 때 부딪치는 여러 가지 상황에 대한 대처 능력을 평가하는 검사를 말한다.

5) 업무 능력과 대인관계 능력 및 사회생활을 하는 데 필요한 상식 능력 등을 중점적으로 파악 하는 문항도 있다.

2. 적성의 개념

1) 적성이란 어떤 과제나 임무를 수행하는 데 있어서 개인에게 요구되는 특수한 능력이나 잠재 능력을 의미한다.

2) 일반적으로 적성은 개인이 가지고 있는 일반 능력인 지능과 구분되는 특수한 능력을 말하 는 것으로, 어떤 특수부문에 대한 능력이나 능력의 발현 가능성을 말한다.

3) 적성은 개인이 어떤 직업에서 얼마만큼 그 직무를 성공적으로 수행할 수 있는지를 예측하 게 해 주는 요인이다.

적성검사/정서적 검사(1)

<table>
<tr><td>학습목표</td><td>1. 일반적성검사의 구성요소를 이해한다.
2. 정서적/정의적 검사의 이해</td></tr>
</table>

<table>
<tr><td>학습내용</td><td>1. 일반적성검사총집의 구성요소와 특수적성검사 등을 학습한다.
2. 정서적/정의적 검사와 성격검사의 종류에 대해 학습한다.</td></tr>
</table>

☐ 주요 적성검사도구

1) 일반적성검사 (GATB)
   - 직업상담, 진로지도에서 가장 많이 활용되는 검사중 하나
   - 미국에서 개발한 일반적성검사를 토대로 표준화한 검사

2) 구성요소
   - 15개의 하위검사를 통해서 9개 분야의 적성을 측정
   - 15개의 하위검사 중 11개는 지필검사, 4개는 수행검사

3) 일반적성검사총집(GATB)의 구성

하위 검사명 (15개)	검출되는 적성 (9개)		측정방식
기구대조 검사	형태지각(P)		지필검사
형태대조 검사	형태지각(P)		지필검사
명칭비교 검사	사무지각(Q)		지필검사
타점속도 검사	운동반응(K)		지필검사
표식 검사	운동반응(K)		지필검사
종선기입 검사	운동반응(K)		지필검사
평면도 판단 검사	공간적성(S)		지필검사
입체 공간 검사	공간적성(S)		지필검사
어휘 검사	언어능력(V)	지능(G)	지필검사
산수추리 검사	수리능력(N)	지능(G)	지필검사
계수 검사	수리능력(N)	지능(G)	지필검사

하위 검사명 (15개)	검출되는 적성 (9개)		측정방식
환치 검사	손의 재치(M)		동작(수행)검사
회전 검사			
조립 검사	손가락 재치(F)		
분해 검사			

(1) 지능 : 학습능력, 지도내용, 원리 이해능력

(2) 형태지각 : 실물, 도해, 표에 나타나는 것을 세부까지 바르게 지각하는 능력

(3) 사무지각 : 문자, 인쇄물, 전표 등의 세부를 식별하는 능력

(4) 운동반응 : 눈과 손을 함께 사용해서 빠르고 정확한 운동을 할 수 있는 능력

(5) 공간적성 : 공간상의 형태를 이해하고 평면과 물체의 관계를 이해하는 능력.

(6) 언어능력 : 언어의 뜻과 그에 관련된 개념을 이해하고 사용하는 능력

(7) 수리능력 : 빠르고 정확하게 계산하는 능력

(8) 손의 재치 : 손을 마음대로 정교하게 조절하는 능력

(9) 손가락 재치 : 손가락을 정교하게 조절하는 능력

4) 특수적성검사

직무와 관련된 특수적성검사는 아래와 같은 기능을 한다.

가. 잠재적 능력을 측정한다.

나. 미래의 수행능력을 예측한다.

다. 미래의 적응도를 예측한다.

라. 직무와 관련된 인지적 강점과 약점을 알려 줄 수 있다.

◻ 학업성취도검사

1. 학업성취의 개념

1) 학업성취도검사에 대한 내용을 이해하려면 '학업성취'(academic achil evement, academic performance)의 의미를 먼저 정리해 볼 필요가 있다. 일반적으로 학업성취를 학습의 결과로서 지식과 기능을 습득하는 과정 또는 결과라고 한다. 학업성취란 학습에 의해 얻어진 교과 성적은 물론이려니와 학교교육 활동에서 얻어지는 모든 교육성과까지 포함하는 것이다.

- 교육훈련에 의해 얻은 능력
- 교육을 통해 얻은 지식, 기능의 양
- 학생들이 학교 교과목에서 얻은 점수
- 경쟁 유도 효과, 학생들의 심리문제, 스트레스로 작용

2) 학업의 결과로서, 그리고 지식과 기능을 습득하는 과정으로서 교과목 성적만이 아니라 학습자가 가진 특성, 학습과제의 종류와 성질, 교사가 행하는 수업방법 간에 일어나는 상호작용의 소산/학업성취도는 학업성취라고도 부른다. 학업성취도를 개별학생과 그를 둘러싼 여러 변인에 따라 복합적으로 결정된다.
  – 학업성취도를 개별학생과 그를 둘러싼 여러 변인에 따라 복합적으로 결정된다.
  – 학업성취도는 학습자 요인, 수업 요인, 환경 요인에 따라 결정되는 것으로 보았으며 Walberg는 학업성취도에 영향을 주는 요인을 학생적성, 학습지도, 사회심리학적 환경으로 분류하였다.

2. 학업성취도검사(academic achievement test)

1) 일련의 교육활동이 이루어진 뒤 학습자가 무엇을 얼마나 학습했는가를 평가하는 검사이다.
2) 구체적인 교육활동에 대한 결과적 성과를 평가한다는 면에서, 미래 학업성취에 대한 잠재력을 평가하는 학업적성검사와는 구별된다.
3) 검사의 타당도는 일반적으로 검사문항들이 평가하려는 내용을 적절하게 반영하고 있는지를 점검하는 내용타당도에 근거하여 판단된다.

3. 학업적성검사(academic aptitude test)

1) 학습자의 학습에 대한 잠재력을 평가하는 검사이다. 통제되지 않은 일련의 교육활동으로부터 습득된 잠재력을 평가한다는 면에서 구체적인 교육활동의 결과로 현재까지 무엇을 얼마나 학습했느냐를 평가하는 학업성취도 검사와는 구별된다.
2) 이 검사의 타당도는 주로 미래 수행을 예측하는 능력에 근거한 예언적 준거타당도에 의존한다.

4. 주요 학업성취도 검사 – 기초학습기능검사

1) 기초학습기능검사는 한국교육개발원(KEDI 1989)이 개발한 개인용 표준화 기초학습기능검사로서
  ① 아동의 학습수준이 정상과 어느 정도 떨어지는가를 알아보거나,
  ② 학습 집단 배치에서어느 정도 수준의 집단에 들어가야 하는가를 결정하기 위한 것이며,
  ③ 각 아동의 구체적인 개별화 교육계획을 작성하기 위한 것이다.

2) 개인용 학력검사가 필요한 이유는 대부분의 집단 학력검사의 경우, 피검자가 읽기 능력을 갖추고 있지 않고서는 답을 할 수 없다는 점 때문이다. 개인용 검사는 읽기 능력이 제대로 갖추어지지 않은 피검자의 경우에도 능력을 파악할 수 있다는 장점이 있다. 그러므로 읽기 능력이 갖추어지지 않은 어린 아동이나 장애자들의 능력을 평가하는 데는 개인용 학력검사가 필요하게 된다.

3) 이 검사는 언어기능, 수 기능 및 정보처리기능이 복합된 형식을 취하는 복수 심리 검사이며, 능력이 부족한 장애아동 뿐 아니라 유치원이나 초등학교 수준의 일반 정상아동들의 기초 학습 기능 또는 기초 능력을 평가하는데 사용된다. 그리고, 학년규준과 연령규준을 갖춘 개인용 학력검사라는 특징을 가졌다.

4) 기초 학습 기능 검사의 특징과 구성
   (1) 검사대상 아동 : 유치원(5세)~초등학교 6학년(12세)까지의 아동
   (2) 검사 규준
   ① 각 소검사 및 전체 검사의 학년규준(유치원~ 초등학교 6학년)
   ② 각 소검사 및 전체 검사의 학년별 백분위 산출표 (유치원~초등학교 6학년)
   ③ 각 소검사 및 전체 검사의 연령 규준(5세 10개월~12세 11개월)까지 1년 단위의 연령
   ④ 각 소검사 및 전체 검사의 연령별 백분위 산출표
   (3) 검사의 구성
   – 9개 요인을 구체적으로 측정하며 이를 5개 하위 검사 총 270문항에서 다룬다.

5) 기초 학습 기능 검사의 검사명 및 측정 요소

기 능	측정요소	하위검사명	문항수
정보처리	· 관찰 · 조직 · 관계짓기	정보처리	60
언 어	· 문자와 낱말의 재인 · 철자의 재인 · 독해력	읽기 I	50
		쓰기	50
		읽기 II	50
수	· 기초개념 이해 · 계산능력 · 문제해결력	셈하기	60

■ 정서적 검사 – 성격의 의미와 주요 성격검사

1. 성격의 의미

1) 성격은 겉으로 드러난 각종 사인(sign)을 관찰하여 그것으로부터 추론하여 추상화한 것으로 우리 안에 있는 어떤 가설적인 구조 또는 조직체이다.
2) 성격은 개인차가 있다.
3) 성격을 제대로 이해하기 위해서는 그 사람의 성장 역사, 생활사, 발달사를 살펴볼 필요가 있다.

4) 성격은 고정된 조직체이다.

5) "성격이란 내담자 개인의 특징적 행동 및 사고를 결정하는 내담자 내면의 정신신체체계의 조직체" – 올포트

NCS 국가직무능력표준
National Competency Standards

□ **성격의 의미**

- 사람들이 다른 사람들을 '무뚝뚝하다', '정겹다', ' 씩씩하다', '세심하다', 등으로 표현할 때 그 내용은 그 사람의 '**성격**'을 나타내는 것이다.

- 어떤 사람을 표현할 때에 우리는 인품의 고매함을 칭찬하거나 성품의 난폭함을 지적하면 서 '**성격**'을 분석하고 단정 짓는다.

---

2. 성격이론

(1) 과정이론 : 성격의 형성과정에 대한 접근

　－ 인본주의이론

　－ 사회학습이론

(2) 내용이론 : 성격의 내용이나 구성요소에 대한 접근

　－ 유형론

　－ 특질론

3. 성격검사의 종류

(1) 투사형 검사

　주제통각검사(TAT: Thematic Apperception Test), 로샤검사(Rorschach's Inkblot Test) 등

(2) 자기보고형 검사

　캘리포니아 성격검사(CPI: California Psychological Inventory), 미네소타 다면 인성검 사(MMPI: Minneaota Multiphasic Personality Inventory) 등

　＊정신상태평가(mental status examination)의 주요 항목

　　① 수검자의 지남력(orientation)

　　② 수검자의 외모와 행동

　　③ 수검자의 기분

　　④ 수검자의 환각 유무

심리측정
및 평가

20강 정서적 검사(2), MMP1(1)

<table>
<tr><td>학습목표</td><td>1. 성격검사의 주요구성요인을 이해
2. MMPI 의 타당도척도와 임상척도의 이해</td></tr>
<tr><td>학습내용</td><td>1. Big Five 이론과 성격검사의 주요구성요인에 대해 학습한다.
2. MMPI 의 타당도척도와 임상척도의 유형과 내용에 대해 학습한다.</td></tr>
</table>

☐ 성격검사

1. 성격검사의 이론적 배경

Big Five이론을 배경으로 개발, 성격심리학자들이 정상인 성격을 기술하는 기본차원인 외향성, 호감성, 정서적 안정성, 성실성, 경험에 대한 개방성을 중심으로 개발함.

2. Big Five의 내용

1) 외향성
   - 외향적인 사람은 사교적, 활달하고 말을 많이 하며, 자기주장을 잘함.
   - 흥분과 자극을 좋아하고, 명랑하고 힘이 넘치며 선천적으로 낙관적
   - 영업사원들은 전형적인 외향적 특성을 갖고 있다.
   - 내향적인 사람은 외향성의 반대가 아니라 외향적 특징이 없는 것으로 보아야 함.

2) 호감성
   - 호감성은 외향성과 함께 대인관계적인 양상과 관련된 차원
   - 이타적이며 타인과 공감을 잘하고, 기꺼이 도와주며 상대방도 도움을 줄 것이라고 생각.
   - 호감성이 부족한 사람은 자기중심적이고 타인의 의도를 의심하고 경쟁적
   - 이 차원의 양극단은 사회적으로 바람직하지 않음

3) 성실성
   - 매사에 꼼꼼히 계획하고 일정을 조정하며 끈질기게 과제를 수행하는 일종의 자기통제력
   - 이 점수가 높은 사람은 꼼꼼하고 정확하며 믿을 만하다. 의지가 강하다.
   - 높은 성실성 점수는 학문분야와 직업분야에서 높은 성취와 관련이 있고, 까다로움, 강박

적인 깔끔함, 일중독자 증상을 보일 수도 있음.

4) 정서적 안정성
- 두려움, 슬픔, 당혹감, 분노, 죄책감과 같은 부정적인 정서의 경험
- 점수가 낮은 사람은 정서적으로 안정되어 있고, 어려운 상황에 큰 두려움 없이 대처

5) 경험에 대한 개방성
- 자기 자신과 자신을 둘러싼 세계에 대한 관심이 많고 새로운 윤리, 사회, 정치사상을 기꺼이 받아들인다.
- 풍부한 경험과 감정의 긍정적인 면과 부정적인 면 모두를 예민하게 경험
- 점수가 높을수록 더 건강하고 성숙한 사람으로 보이기 쉬움

3. Big Five를 활용한 성격검사의 구성

*정서적 안정성을 **정서적 불안정성**으로 구성

성격요인	하위척도	측정내용
외 향 성	온정성, 사교성, 리더십, 적극성, 긍정성	타인과의 상호작용을 원하고 타인의 관심을 끌고자 하는 정도
호 감 성	타인에 대한 믿음, 도덕성, 수용성, 타인에 대한 배려, 겸손, 휴머니즘	타인과 편안하고 조화로운 관계를 유지하는 정도
성 실 성	유능감, 조직화 능력, 책임감, 목표지향성, 자기 통제력, 완벽성	사회적 규칙, 규범, 원칙들을 기꺼이 지키려는 정도
정 서 적 불안정성	불안, 분노, 우울, 자의식, 충동성, 스트레스 취약성	정서적으로 얼마나 불안정하며, 자신이 세상을 통제할 수 없다고 생각하는지와 세상을 위협적인 것으로 생각하는 정도
경험에 대한 개방성	상상력, 문화, 정서, 경험추구, 지적 호기심	자기 자신을 둘러 싼 세계에 대한 관심, 호기심, 다양한 경험에 대한 추구 및 포용력 정도

개방성(O:Opennness), 신중성(C:Conscientiousness), 외향성(E:Extraversion)친교성 또는 호감성(A:Agreebleness), 신경성 또는 정서적 불안정성(N:Neuroticism)

☐ 볼티모어 장기종단연구 – 기출문제 심화학습

- 볼티모어 장기종단연구(The Baltimore Longitudinal Study) 코스타와 맥크레이(Costa & McCrae)

1. 1959년에 시작
2. 5요인 성격검사(FF: Five Fator Inventory) 적용

   *연령증가에 따른 성격특질의 변화 탐색.
3. 남녀 모두 20~30세 사이에 신경성과 외향성이 약간 낮아지고 친교성과 신중성이 약간 높아
   지는 경향이 보였다.
4. 나머지 항목에서는 변화가 별로 없이 비교적 안정적

■ 성격검사 – 미네소타 다면적 인성검사(MMPI-오리지널 척도)

- (MMPI: Minnesota Multiphasic Personality Inventory)

1) 기본개요
   - 1938년, 멕킨리와 헤사웨이(Mckinley & Hathaway)가 개발
   - 종류 : full form(566문항=550문항+동일문항 중복 16문항)/ short form(383문항)
   - 4개의 타당성 척도와 10개의 임상척도로 구성
   - 표준화된 규준을 가지고 있다.
   - 수검태도와 검사결과의 타당성을 확인하는 척도가 있다.
   - MMPI의 임상척도와 MMPI –2의 기본 임상척도의 수는 동일하다
   - MMPI 다면적 인성검사의 특징중 하나는 임상척도간의 중복적 문항이 다수 존재한다는
     것이다.

2) 실시 목적과 방법
   (1) MMPI는 질문지형 성격검사인데도 상당히 투사법적 함축(projective implication)을 띤
      550개의 문항을 포함하고 있다. 그 중 16문항이 중복되어 총 566문항으로 구성되어 있
      으며, 피검사자가 각 문항에 대하여 '그렇다' 혹은 '아니다'의 두 가지 답변 중 하나를 택
      하여 반응하게 되어 있다.
   (2) MMPI는 주요 비정상 행동의 종류를 측정하는 10가지 임상척도와 그 사람의 검사태도를
      측정하는 4가지 타당성 척도로 구성되어 있다. 이 타당성 척도는 피검자가 얼마나 정확
      하게 검사를 실시했었는지에 대한 검사태도를 평가할 수 있다.
   (3) MMPI는 문항선정과 척도구성은 철저한 경험적 접근을 통하여 만들어졌다.
   (4) MMPI는 피검자의 심리적 상태 및 정상으로부터의 이탈을 매우 신뢰롭고 타당하게 반영
      해 준다.
   (5) 진단을 목적으로 하는 병원중심의 임상척도 뿐 아니라 일반인의 적응이나 성격특성을 이해
      할 수 있는 특수내용 척도가 있어 정상인의 적응과 성격을 예측, 이해하는데 효율적이다.

3) 타당도 척도와 임상척도

(1) 타당성 척도

　가. L(Lie)척도(15문항) – 부인척도

　　– 자신을 지나치게 완벽하고 이상적으로 꾸며내는 것을 포착한다.

　　– 낮은 점수를 보인 사람은 자기 신뢰감이 높은 사람이라고 할 수 있다.

　나. ? 척도 – 무응답척도

　　– ? 척도는 다른 척도들처럼 정해진 특정문항으로 구성되어 있는 것이 아니므로 ? 점수
　　　의 크기는 다른 척도점수에 영향을 미치게 된다.

　　– 원 점수 100이상이면 임상척도 점수를 신뢰하기 어렵다.

　　– 이러한 경우는 정신쇠약증, 우울증 등의 피검사자에게서 발견된다.

　다. F(inFrequency)척도(64문항) – 비전형척도

　　– 응답이 얼마나 평균으로부터 벗어나 있는지(비전형적인지)를 측정한다.

　　– 높은 점수의 경우 정신병이나 실직, 이혼, 사별 등에 의한 혼란된 감정상태를 반영하
　　　는 것이다.

　라. K(correction)척도(30문항) – 교정척도

　　– 자기옹호나 자기방어, 그 반대로 자신의 결점 및 약점 노출 정도를 측정한다.

　　– 높은 점수를 보인 사람은 자신에 대해 지나치게 방어적이고 긍정적인 면만 나타내 보
　　　이려고 하는 사람이다.

　　– 중간 정도의 점수를 보인 사람은 자아강도가 높고 정서적 방어가 효과적이며 현실접촉
　　　이 좋으며 대처기술이 탁월한 사람이라고 평가할 수 있다.

NCS 국가직무능력표준
National Competency Standards

□ **MMPI의 L(부인)척도를 올바르게 설명한 것은?**

1) 방어적 태도를 측정하기 위하여 총 10문항으로 구성
2) T점수가 60점 이상이면 무효임
3) 실제로 심각한 정신병리를 지니고 있는가, 아니면 정신병리를 왜곡하는가 측정
4) 이 점수는 긍정왜곡을 나타내는 점수임

정답 : 4)

---

(2) 임상척도 : 성격특성 척도

　가. 건강염려증(Hypochondriasis)

　　– 높은 점수는 질병을 포함하여 신체에 대한 관심이 지나칠 뿐만이 아니라, 자기 중심적,

미성숙, 염세적, 요구가 많고, 수동 공격적 경향을 나타낸다.
- 신체적 곤란에 대해 불평하는 목적은 타인을 조절하고 통제하기 위한 것이다.

나. 우울증(Depression)
- 비관, 염세, 무의미, 자기무력감, 죽음과 자살의 편견을 측정한다.

다. 히스테리(Hysteria)
- 전환 히스테리(신체적 징후를 수단으로 해서 어려운 갈등, 위기를 모면 또는 회피하려고 하는 것)을 측정한다.

라. 반사회적 성격(Psychopathic Deviate)
- 사회적 규범 무시, 깊은 정서적 반응 결핍, 경험(특히 처벌)으로부터 학습하는 능력부족을 측정, 높은 점수의 경우 범죄의 가능성을 의심해볼 수 있다.

마. 남향성-여향성(Masculinity-Femininity)
- 본래 동성애 감정과 성 정체성의 혼란이라는 문제가 있는 남성을 확인하기 위해 만들어졌다.
- 그러나 이것만으로 개인의 성적 흥미를 명확히 판단하기는 어렵다.
- 대신에 이것은 전통적인 남녀의 역할과 흥미에 관련된 항목에 동의하는 정도를 측정한다.

바. 편집증(Paranoid)
- 집착증, 의심증, 각종 망상(피해망상, 관계망상, 과대망상 등)을 측정한다.
- 높은 점수의 경우 대인관계가 원만하지 못하다.

사. 강박증(Psychasthenia)
- 정신쇠약증에 해당
- 병적 공포, 근심 걱정, 불안, 강박행동, 우유부단, 지나친 완벽주의를 측정한다.
- 건강한 일반일들이 점수가 높은 경우는 몹시 예민하고, 논리정연하고, 개인주의적이고 완벽주의적이며 도덕기준이 높다.

아. 정신분열증(Schizophrenia)
- 억압, 현실에 냉담하고 무관, 각종 망상, 환각(환청, 환시, 환미, 환촉, 환취), 사고와 행동의 전후 모순을 측정한다.
- 정신분열증으로 진단하기 위해서는 다른 척도 점수 및 임상 기록, 행동관찰 기록 결과를 함께 고려하여야 한다.

자. 경조증(Hypomania)
- '가볍게 날뛴다'는 한자어의 뜻에서 알 수 있듯이, 사고와 행동의 과잉, 지나친 정서적 흥분, 관념의 비약, 열광적, 과도한 낙천주의 등을 측정한다.

카 사회적 내향성(Social Ineversion)
- 대인관계 회피, 비사회성을 측정한다.

21강 MMPI(2)

학습목표	1. MMPI 타당도 척도 및 임상척도의 기호와 해석방식의 이해 2. MMPI-2(개정판)의 이해와 실시 등에 대한 이해

학습내용	1. MMPI 타당도 척도 및 임상척도의 기호와 해석방식 등을 학습한다. 2. MMPI-2(개정판)의 실시 및 검사자 자격에 대해 학습한다.

☐ MMPI 타당도 척도 및 임상척도 기호 및 약자

	척 도 명	기 호	약 자
타당도척도	무응답척도		?
	부인척도		L
	비전형척도		F
	교정척도		K
임상척도	건강염려증 (Hypochondriasis)	1	Hs
	우울증 (Depression)	2	D
	히스테리 (Hysteria)	3	Hy
	반사회성 (Psychopathic Deviate)	4	Pd
	남향특성-여향특성 (Masculinity-Femininity)	5	Mf
	편집증 (Paranoid)	6	Pa
	강박증 (Psychasthenia) *신경쇠약증	7	Pt
	정신분열증 (Schizophrenia) *조현증(병)	8	Sc
	경조증 (Hypomania)	9	Ma
	사회적 내향성 (Social Ineversion)	0	Si

■ 다면적 인성검사(MMPI)의 해석방식

(1) 형태 해석 (Configurational Interpretation)

　　가. 임상척도 간 상관관계나 임상 증후 간 중복 때문에 피검자의 MMPI 결과는 몇 개의 척도가 동시에 하나의 형태를 이루면서 상승하는 경향이 있다.

　　나. 형태 분석은 T점수가 70점 이상으로 상승된 임상척도들을 하나의 프로파일로 간주하여 해석하는 2-코드, 3-코드 방식이 있다.

　　다. 다시 말하자면 임상척도 가운데 척도 2와 척도 7이 T점수 70점 이상으로 상승되어 있으면 2-7코드형이 된다.

　　라. 또한 타당도 척도와 임상척도 가운데 의미 있게 점수가 상승하는 척도들을 묶어서 전체 형태로 보는 방식이 있다.

　　마. 그리고 전체 임상척도의 프로파일에 대한 형태적 분석방식도 있다.

　　바. 이러한 각 형태분석 방식은 서로 배타적이라기보다 보완적이며 단계적으로 진행하면서 해석할 수 있다.

(2) 내용에 근거한 해석 (Content-based Interpretation)

　　MMPI에 대한 연구개발과 임상 적용을 프로파일들의 경험적 연구와 이를 근거로 한 내용적 해석을 강조한 것이며 내용 해석은 피검자가 검사 문항에 응답하는 과정에서 문항의 의미와 내용에 솔직하고 직접적으로 반응한다는 가정을 전제로 한다.

　　가. 요인분석적 접근

　　나. 내용해석에 대한 논리적 접근

　　다. 내용해석에 대한 '결정 문항' 접근

　　　가) 이 접근은 피검자들이 문항에 대한 자신의 반응을 통해서 개인적인 문제를 드러낼 것이라는 가정을 전제로 하고 있으며, 어떤 문항들은 다른 문항들보다 더 중요하게 문제 영역을 결정적으로 반영한다고 간주된다.

　　　나) 이 방식은 단일 문항들의 낮은 신뢰도가 문제점으로 지적이 되지만 내용에 근거한 해석과정으로서 경험적인 해석방법에 추가되고 있다.

(3) 특수척도의 해석 (Special scale interpretation)

　　가. 현재 MMPI에 대한 연구와 실시는 주로 타당도 척도, 임상척도, 내용척도, 그리고 다른 특정한 또는 실험적인 척도를 사용하고 있다.

　　나. MMPI의 경우 지배성이나 편견과 같은 성격특성 혹은 행동특성을 측정하거나 약물남용이나 만성적 질병과 같은 다양한 증후군을 예측하려는 목적에 부가적인 척도들이 개발되었다.

　　다. 이러한 부가척도 중 소수의 특정 척도는 널리 연구되고 임상적으로 활용되어 왔다. 자아 강도 척도, 일반적 부작용, 불안측정 요인척도, 알코올 남용척도 등이 있다.

다면적 인성검사 개정판 (MMPI-2)

1) Original MMPI 개정의 필요성
    (1) **부적절한 문항** : 성적인 문항, 특정 종교 편향, 시대에 맞지 않는 내용 등
    (2) **새로운 내용 영역을 추가할 필요성 있음** : 자살, 약물, 부부문제, Type A 행동 등
    (3) **기타 내용**
        ① 원판에서는 특정지역의 집단으로 규준이 제작되어, 여러 지역의 표본을 추가하여 규준의 대표성을 확보하였다.
        ② 시대에 뒤떨어지는 단어나 표현은 현대적인 표현으로 수정하였다.
        ③ 원판에서는 예비문항의 부족으로 성격특성을 충분히 반영하지 못하여 내용차원을 확충하였다.
        ④ MMPI는 원판에서나 개정판에서나 성인용(MMPI-2)와 청소년용(MMPI-A)으로 구분된다.
        ⑤ 수검태도 평가의 중요성이 인식되어 몇 가지 타당도 척도가 추가되었다.

2) 재 표준화의 목표
    (1) Original MMPI와의 '연속성' 유지
    (2) 새로운 척도 및 보강된 정보의 제공 : 재구성 임상척도(RC), 성격병리 5요인 척도(PSY-5)

3) MMPI-2 및 MMPI-A(청소년용)의 출간
    ⑴ 1989, MMPI-2 출간 (567문항)
    ⑵ 1992, MMPI-A 출간 (478문항)

4) MMPI-2의 실시
    (1) **검사자의 자격조건**
        심리측정에 대한 지식(통계적 의미 해석), 성격/정신병리에 대한 지식(임상적 의미 해석), 타 분야 전문가와의 효과적인 의사소통 능력이 있어야 함
    (2) **피검자의 조건**
        초등학교 6학년 수준 이상의 독해력 요구, 신체적/정서적 문제에 대한 고려(예: 시력 저하, 중독/금단 상태, 기질성 혼미, 환각, 정신운동 지체 등), 19세 이상 성인
    (3) **소요 시간**
        약 50~90분, 시간제한은 없으나 가능한 빨리 읽고 빨리 답하도록 지시하고 가능한 한 번에 실시하지만, 임상적 상태에 따라 분할 실시 가능
    (4) **검사 실시**
        가. 검사자의 감독 하에 실시하고 옳고 그른 답이 없으므로 자신의 생각을 솔직하게 응답

하도록 지시함

　나. 피검자들의 질문에 대한 답변 : 단어의 뜻을 질문하는 경우 간단한 정의를 말해주거나 구어적 표현으로 바꾸어 말해줄 수는 있으나, 그 이상의 언급은 피해야 함

　다. 일반적으로 "본인이 생각하는 대로 답하시면 됩니다."라고 말하는 것으로 충분함

(5) 기타내용

① 검사는 60분 이내에 끝나야 하며, 검사자는 검사 실시 전 내담자와 면접을 한 후, 검사 결과 채점 후에 내담자와 다시 면접을 해야 한다.

② 검사 시에는 내담자의 독해능력, 연령 및 지능수준과 임상적 상태 등을 중요하게 고려해야 한다.

③ 검사는 일반적으로 검사자가 지정한 공공장소에서 검사자의 감독 하에 실시된다.

④ 검사자는 검사 도중 1~2번 정도 검사진행을 확인하되, 내담자에게 방해되지 않아야 한다.

⑤ 검사자는 검사 전 내담자에게 검사목적 및 용도, 검사결과의 비밀보장 등에 대해 알리고, 내담자의 검사 제반에 대한 질문에 성실하게 답해야 한다.

MMPI(3)

학습목표	1. MMPI-2 타당도 척도(Validity scales)의 이해 2. MMPI-A(청소년용)의 내용 이해

학습내용	1. MMPI-2 타당도 척도(Validity scales) 8개의 내용이해와 검사시 활용법을 학습한다. 2. MMPI-A(청소년용)의 내용척도 등을 학습한다.

☐ MMPI-2 타당도 척도(Validity scales)

(1) L : 바른 척하려는 태도, 심리적으로 세련되지 못한 부인(denial)의 방어기제

(2) F : 비전형 척도로서 고립감과 소외감, 심리적 불편감에 대한 지표

(3) K : 정상인의 경우는 성격적 통합성과 건강한 적응의 지표, 부적응을 겪는 사람에게는 방어성의 지표, L척도에 비해 세련되고 은밀한 방어

(4) VRIN : 응답이 심하게 일관되지 못한 경우, 부적응으로 일관성을 유지할 수 없는 경우

(5) TRIN : 무성의한 응답자를 가려냄

(6) F(B) : 특이한 비전형 척도가 문항 후반부에서도 발견되는지 가려내는 척도

(7) F(P) : 정신병리가 있는 척! 하는 사람들을 가려내는 척도

(8) S : 지나치게 완벽해 보이려 방어하는 사람을 가려냄

  *기출문제를 통한 심화학습

   MMPI-2의 척도에 관한 설명

1. **FBS** : 2011년 7월부터 MMPI-2 타당도 척도 상에서 증상 타당도 척도(Symptom Validity, FBS)가 추가되었다. FBS(증상 타당도) 척도는 원래 부정왜곡 척도(Faking Bad Scale)로 개발되었으나, 척도 해석에 이론의 여지가 있어 현재 증상 타당도 척도로 불린다. 이 척도는 개인적 상해소송 맥락에서의 꾀병을 탐지하기 위해 Lees-Haley 등에 의해 합리적인 방식으로 선정된 43문항으로 구성되어 있다.

2. **TRIN** : 모든 문항에 대해 '그렇다' 또는 '아니다'로 반응하는 경향을 탐지

3. **척도 9** : 심리적 에너지와 열정, 활력, 과장된 자기지각 경향을 측정
4. **척도 0 또는 억압척도(보충척도)** : 대인관계 상황에서 수줍음, 직업에 대한 흥미를 측정
5. **척도 1** : 신체 기능에 대한 과도한 불안과 집착, 염려하는 경향을 측정

■ MMPI-2 임상척도

(1) 임상척도

★ MMPI-2의 임상척도 및 임상 소척도

번호	약어	척도 설명 및 임상 소척도
1	Hs	1) 건강 염려증 환자를 탐지할 목적에서 개발 2) 건강에 대한 과도한 걱정, 기질적 원인 없거나 미미함에도 다양한 신체적 호소를 하는 사람들 3) 신체형 장애, 우울 장애, 불안 장해 범주의 진단을 받은 환자들에게서 흔히 상승함
2	D	1) 다양한 형태의 우울 징후를 탐지할 목적에서 개발 2) 슬플 기분, 우울감, 불행감, 불만족감, 불쾌감, 무망감, 절망감, 일상생활에 대한 흥미 저하, 주의집중의 어려움, 의사 결정력 약화, 과민하고 짜증스러운 기분, 사소한 근심, 걱정, 죽음에 대한 생각 증가, 자살 사고 및 자살 가능성 증가 등 3) D1 : 주관적 우울감, D2 : 정신운동 지체, D3 : 신체적 기능 장애, D4 : 둔감성, D5 : 깊은 근심
3	Hy	1) 심인성 감각 장애 또는 운동 장애를 보이는 히스테리 환자 집단을 탐지할 목적에서 개발됨 2) 신체적 불편감, 신체 기능 저하, 특정 신체 증상 호소가 많음. 3) 스트레스 증가 시 신체 증상 학와, 애정, 인정 및 의존 욕구 강함, 적대감, 분노감 등을 부인하며 우회적인 방식으로 드러냄 4) Hy1 : 사회적 불안 부인, Hy2 : 애정 욕구, Hy3 : 권태-무기력, Hy4 : 신체 증상 호소, Hy : 공격성 억제
4	Pd	1) 반사회적 성격 장애 환자들 탐지할 목적에서 개발됨 2) 감각적, 자극적 활동을 선호하며 모험적, 충동적, 보편적 가치 규범에 대해 저항적인 태도, 욕구 지연이나 좌절에 대한 내구성이 약함 타인에 대한 공감 및 배려가 부족함. 3) 소소한 규칙 위반이나 위범 행동 연루 가능성 높아짐 4) Pd1 : 가정 불화, Pd2 : 권위 불화, Pd3 : 사회적 침착성, Pd4 : 사회적 소외, Pd5 : 내적 소외

번호	약어	척도 설명 및 임상 소척도
5	Mf	1) 사회적 성 역할 특성 탐지 2) 높은 점수의 남성 : 섬세하고 민감하며 감수성 풍부함, 전통적인 남성적 역할이나 활동에 관심이 적을 수 있음 3) 낮은 점수의 남성 : 전통적인 남성적 성 역할 중요하게 여기며 이를 과시하고자 함 4) 높은 점수의 여성 : 진취적이고 성취 지향적이며 경쟁적, 자기 주장이 강함, 전통적인 여성적 역할에 거부적일 수 있음 5) 낮은 점수의 여성 : 전통적인 여성적 역할에 만족감 경험
6	Pa	1) 편집성 상태 환자 집단을 탐지할 목적에서 개발 2) 타인의 사소한 말이나 행동에 민감하고 과잉 경계함 3) 타인으로부터 부당한 처우, 무시, 모함, 괴롭힘을 당한다는 피해 사고 보임 4) 자신의 도덕적 정당성, 합리성, 공평무사함을 과도하게 강조하고 집착함 5) 융통성이 부족함, 투사, 부인, 합리화 등의 방어기제를 주로 사용함 6) 망상 장애, 조현병 진단을 받은 환자들에게서 척도 점수가 매우 높게 상승함 7) Pa1 : 피해 사고, Pa2 : 예민성, Pa3 : 순진성
7	Pt	1) 강박 장애를 비롯한 불안 장애 환자들을 탐지할 목적에서 개발 2) 불안감, 긴장감, 초조감 경험, 정서적 동요와 불편감 증가 3) 강박사고 및 강박 행동, 불필요한 근심, 걱정 증가, 자신의 능력에 대한 의구심, 피로감이나 에너지 소진, 불면, 자율신경계의 각성과 관련된 신체 증상 호소 등
8	Sc	1) 조현병을 비롯한 정신증적 장애 탐지할 목적에서 개발 2) 사고의 혼란, 판단력 손상, 부적절하고 와해된 행동, 충동 및 행동 통제력 약화, 정서적 부적절성, 대인 관계 기술 부족, 이질감이나 고립감, 소외감 경험, 주의 집중력 저하 및 산만함 등 3) 조현병, 망상 장애, 정신증적 장애의 가능성 증가 4) Sc1 : 사회적 소외, Sc2 : 정서적 소외, Sc3 : 자아 통합 결여-인지적, Sc4 : 자아통합 결여-동기적, Sc5 : 자아통합결여-억제부전, Sc6 : 기태적 감각 경험
9	Ma	1) 경조증 징후를 탐지할 목적에서 개발 2) 심신 에너지의 항진, 고양된 기분, 정서적 흥분성, 과민하고 짜증스러운 기분, 과장된 자기 지각, 과대 사고, 지나치게 긍정적, 낙천적 태도, 행동량 증가, 충동성 증가, 행동 통제력 약화 3) Ma1 : 비도덕성, Ma2 : 심신운동 항진, Ma3 : 냉정함, Ma4 : 자아 팽창
0	Si	1) 내향적 성향, 대인 관계에 대한 두려움, 불편함, 회피적 태도 등을 평가 2) 높은 점수 : 내향적, 수줍음이 많음, 주위 평판에 민감함, 대인 관계 기술이 부족하거나 사회적 상황을 불편해함, 소극적이고 회피적 3) 낮은 점수 : 외향적, 사교적, 활달함, 말수가 많고 자기 표현적, 대인 관계 욕구가 강함, 폭넓은 대인 관계 추구, 피상적일 수 있음 4) Si1 : 수줍음/자의식, Si2 : 사회적 회피, Si3 : 내적/외적 소외

▢ 재구성 임상척도 (9개의 척도)

척 도 명			내 용
RCd	dem	Demoralization	정서적 혼란과 관련된 문항
RC1	som	Somatic Complaints	신체적 불편감
RC2	lpe	Low Positive Emotions	낮은 긍정적 정서
RC3	cyn	Cynicism	냉소성
RC4	asb	Antisocial Behavior	반사회적 행동
RC6	per	Ideas of Persecution	피해의식
RC7	dne	Dysfunctionsl Negative Emotions	역기능적 부정적 정서
RC8	abx	Aberrant Experiences	기태적 경험(망상, 환각 등)
RC9	hpm	Hypomanic Activation	경조증적 상태

▢ MMPI-2 성격병리 5요인 (PSY-5) 척도

⑴ 주요 성격특성의 전체적 윤곽을 제공함
⑵ 심리장애를 범주적(categorical)으로 분류하는 체계에 문제가 있음을 지적함
⑶ 성격장애를 정상 성격기능의 연장선상에서 개념화할 필요성을 제기함
⑷ 차원적(dimensional)으로 접근할 필요성을 제기함
⑸ PSY-5는 정상적인 기능 및 임상적인 문제 모두와 관련되는 성격특질을 평가하기 위해 제작된 척도임

▢ MMPI-2 내용척도 (Content scales) - 15개

⑴ MMPI-2 내용척도는 새로운 내용 영역에 대한 문항 추가함
⑵ 15개 내용척도 (65T 기준 점수)는 이성적 방법과 통계적 방법을 사용함
⑶ 내적 일치도와 척도 간 독립성이 높음

▢ MMPI-2 보충척도 (Supplementary scales) - 15개

⑴ MMPI-2의 문항군집을 문항분석, 요인분석, 직관적 절차를 통해 다양하게 재조합하여 새로운 척도 개발함
⑵ 연구 자료를 참조하여, 신뢰도와 타당도가 확보된 척도만을 MMPI-2에 포함시킴

MMPI-2 해석의 단계

(1) 의뢰사유, 기초 신상자료의 검토
(2) 수검행동 및 수검태도의 검토
(3) 타당도 척도의 검토
(4) 전반적 적응수준의 검토
(5) 프로파일 해석
(6) 치료적 시사점

MMPI-A(청소년용)

1. MMPI-A에 나타나는 내용척도의 해석

- MMPI-A는 원판 MMPI의 기본 타당도 척도와 임상 척도를 거의 유지함으로써, 원판 MMPI 와 연속성을 지닌 검사로 인정된다. 그러나 MMPI-A에 새로이 추가된 내용척도, 보충척도, PSY-5척도 등을 고려한다면, 원판 MMPI와는 다른 새로운 측면을 지닌 검사이기도 하다. 원판 MMPI 척도들의 대부분은 경험적인 검사 구성 절차를 사용하여 개발되었다. 그러나 MMPI-2의 개발 과정에서도 확인되었듯이, 문항 내용에 초점을 둔 척도 구성 접근이 지난 20년 동안 점차 더 널리 수용에 되고 있다. 내용에 기초하여 구성된 척도들은, 다른 방법들 에 의해서 개발된 척도들만큼이나 성격 변인들을 기술하고 예측하는 데 타당하고 유용함을 보여주었다. 이에 더하여 내용에 기초한 성격 척도들은 문항 내용이 동질적이기 때문에 해 석이 더 쉽다는 장점을 지닌다.
다양한 척도 개발 절차에 따라서, 15개의 잠재적인 MMPI-A 내용척도가 구성되었 다. MMPI-A의 구체적인 내용 척도는 다음과 같다.

2. 내용척도

- 불안 척도(A-anx : Adolescent-Anxiety)
불안 척도에서 높은 점수를 보이는 청소년들은 긴장, 잦은 걱정, 수면 장애 등의 불안 증상 을 보고한다.
- 강박성 척도(A-obs : Adolescent-obsessiveness)
강박성 척도에서 높은 점수를 보이는 청소년들은 종종 사소한 일에 대한 과도한 걱정을 보 고한다. 이들은 "나쁜 말"에 대한 반추적인 사고를 보이기도 하고, 중요하지 않은 것을 반복 적으로 세기도 한다.
- 우울 척도(A-dep : Adolescent-Depression)

우울 척도에서 높은 점수를 보이는 청소년들은 우울증의 많은 증상들을 보고한다. 자주 울고 쉽게 피곤을 느낀다. 다른 사람들이 자신보다 더 행복하다고 느끼며, 자신의 삶에 만족을 느끼지 못한다. 이들은 자신이 인생을 올바로 살아오지 못했고, 자신은 무가치하며, 저주를 받아서 자신의 죄가 용서 받지 못할 거라고 생각하는 등 많은 자기 비하적인 사고를 보인다.

– 건강염려 척도(A-Hea : Adolescent-Health Concerns)

건강염려 척도에서 높은 점수를 보이는 청소년들은 다양한 신체 증상을 호소하는데, 이로 인해 이들은 방과후 활동을 즐기지 못하며 학교에 자주 결석하게 된다고 보고한다. 이들은 자신의 건강이 다른 친구들에 비해 좋지 않다고 느낀다. 이들의 신체 증상 호소는 여러 신체 기능에 걸쳐서 나타난다.

– 소외 척도(A-aln : Adolescent-Alienation)

새로 개발된 이 척도에서 높은 점수를 보이는 청소년들은 다른 사람들과 상당한 정서적 거리를 느끼며 지낸다고 보고한다. 이들은 살면서 정당한 대접을 받지 못해왔다고 믿으며, 또한 부모나 가까운 친구를 포함해서 어느 누구도 자신을 돌보거나 이해하지 못한다고 믿고 있다.

– 기태적 정신상태 척도(A-biz : Adolescent-Bizarre Mentation)

이 척도에서 높은 점수를 보이는 청소년들은 환청, 환시, 환후 등을 포함하여 이상한 생각과 경험을 보고한다. 이들은 자신의 경험을 이상하거나 흔치 않은 것으로 느끼고, 자신의 정신에 뭔가 문제가 있다고 믿는다. 또한 이들 중에는 편집적 사고(예를 들면, 자신이 음모에 연루되어 있다거나 누군가 자신을 독살하려 한다는 믿음)를 보고하기도 한다.

– 분노 척도(A-ang : Adolescent-Anger)

이 척도에서 높은 점수를 보이는 청소년들은 분노 조절과 관련된 많은 문제들을 보고한다. 이들은 종종 욕설을 퍼붓거나 물건을 부수거나 주먹다짐을 하고 싶은 충동을 느끼며, 때로는 실제 물건을 부수거나 파손하여 곤경에 처하기도 한다.

– 냉소적 태도 척도(A-cyn : Adolescent-Cynicism)

이 척도에서 높은 점수를 얻은 청소년들은 염세적인 태도를 지니고 있다. 이들은 다른 사람들이 자신을 이용하려 하며, 이익을 얻기 위하여 공정하지 못한 수단을 사용할 것이라고 믿는다.

– 품행 문제 척도(A-con : Adolescent-Conduct Problems)

이 척도에서 높은 점수를 보이는 청소년들은 절도, 좀도둑질, 거짓말, 기물 파손, 무례, 욕설, 반항적 행동과 같은 다양한 행동적 문제들을 보고한다. 이들이 사귀는 또래 집단 또한 종종 곤경에 빠지며, 이들에게 해서는 안 되는 일에 동참하도록 권유하는 경향이 있다.

- 낮은 자존감 척도(A-lse : Adolescent-Low Self-Esteem)

  이 척도에서 높은 점수를 보이는 청소년들은, 자신은 매력이 없으며, 자신감이 부족하고, 쓸모 없는 존재이며, 능력이 없고, 결점이 많으며, 어떤 일도 잘하지 못한다고 생각하는 등, 자신에 대해 부정적인 견해를 보고한다. 이들은 다른 사람의 압력에 쉽게 굴복하여, 논쟁에서 밀리거나 자신의 의견을 바꾼다.

- 낮은 포부 척도(A-las: Adolescent-Low Aspirations)

  청소년을 위해 새로이 개발된 이 척도에서 높은 점수를 보이는 사람은 성공하는 것에 대해 흥미를 보이지 않는다. 이들은 공부를 하거나 책을 읽는 것을 좋아하지 않는다. 심각하거나 진지한 주제에 대한 강의를 싫어하며, 그다지 주의를 기울이지 않아도 되는 일을 더 선호한다.

- 사회적 불편감 척도(A-sod: Adolescent-Social Discomfort)

  이 척도에서 높은 점수를 보이는 청소년들은 사람들과 함께 있는 것이 힘들다고 보고한다. 이들은 수줍음이 많으며, 혼자 있는 것을 더 선호한다. 이들은 주변에 사람들이 있는 것을 싫어하며, 자주 다른 사람들을 피하다. 파티나 사람이 밀집된 장소, 춤이나 다른 사회적인 모임을 좋아하지 않는다.

- 가정 문제 척도(A-fam: Adolescent-Family Problems)

  이 척도에서 높은 점수를 보이는 청소년들은 부모나 다른 가족 구성원들과 많은 문제가 있다고 보고한다.

- 학교 문제 척도(A-sch: Adolescent-School Problems)

  새로 개발된 이 척도에서 높은 점수를 보이는 청소년들은 학교에서의 많은 문제들을 보고한다. 이들은 저조한 성적, 정학, 무단 결석, 교사에 대한 부정적 태도, 학교에 대한 혐오 등을 특징적으로 보인다. 만일 이들이 학교에서 유일하게 즐거움을 느끼는 부분이 있다면, 이는 친구들과 함께 있는 것뿐일 것이다.

- 부정적 치료 지표 척도(A-trt:: Adolescent-Negative Treatment Indicators)

  이 척도에서 높은 점수를 보이는 청소년들은 의사나 정신 건강 전문가에 대한 부정적인 태도를 보고한다. 이들은 다른 사람들이 자신을 이해할 수 있을 것이라거나 자신의 문제에 대해 관심을 보일 것이라고 믿지 않는다. 이들은 자신의 문제나 어려움의 책임을 떠맡아 직면하려 하지 않는다.

CPI / PAI / MBTI

학습목표	1. 캘리포니아 심리 검사(California Psychologcal Inventory:CPI)에 대한 이해
	2. 'PAI (Personality Assessment Inventory) 검사—성격평가질문지에 대한 이해

학습내용	1. 캘리포니아 심리 검사(California Psychologcal Inventory:CPI)의 범주 유형에 대해 학습한다.
	2. PAI (Personality Assessment Inventory) 검사—성격평가질문지의 구성 척도에 대한 내용을 학습한다.

■ 캘리포니아 심리 검사(California Psychologcal Inventory:CPI)

CPI는 준거 – 집단 전략에 의해 구조화된 성격검사로서, MMPI 다음으로 대중성이 높다. 1987년 개정판에서 18개의 CPI 척도들 중에서 11개에 대해서 준거집단들은(예를 들면, 남자 대 여자 : 동성 남자들 대 이성 남자), 3개의 주제로 범주화되는 성격의 측정치를 제작하기 위해 비교되었다.

*MMPI 문항에 기초한 정상인의 적응을 평가하기 위한 검사

(1) 범주 1 : 내향성 – 외향성
(2) 범주 2 : 규준을 따르는 데 있어서 전통적인 것 대 비전통적인 것
(3) 범주 3 : 자기실현과 통합감(sense of integration)
   MMPI와는 대조적으로, CPI는 정상적인 사람들의 성격을 평가하기 위해서 시도한다. 그 검사는 18개의 척도를 포함한다. 각각의 척도는 4개의 집단들 중에 하나에 속한다.
(4) 집단Ⅰ 척도
   안정, 자기–확신(self–assurance), 상호 대인적 효능성(interpersonal effectiveness)을 측정한다. 이러한 부류(class)내의 척도들에서 높은 점수를 얻은 사람들은 적극적이고, 기지가 있고, 경쟁적이고, 외향적이고, 자발적이며 자신감이 있는 경향이다. 그들은 사람을 대하는 상황을 편하게 느낀다.
(5) 집단Ⅱ 척도

<u>사회성과 성숙, 그리고 책임감을 평가한다.</u> 이 척도에서 높은 점수를 얻은 개인들은 양심적이고, 정직하고, 의존적이고, 조용하고, 실용적이고, 협조적이고, 윤리적이며 도덕적인 문제에 주의하는 경향이 있다.

(6) 집단 Ⅲ 척도

<u>성취 잠재성과 지적인 효능성을 측정한다.</u> 이러한 척도에서 높은 점수를 얻은 사람은 조직적이고, 효능감이 있고, 진지하고, 성숙하며, 추진력 있고, 유능하고, 지식이 풍부한 사람인 경향이 있다.

(7) 집단 Ⅳ 척도

<u>흥미 양식을 탐색한다.</u> 이 척도에서 높은 점수를 얻은 사람은 다른 사람의 내적 요구에 반응하고 사회적 행동에서 융통성이 있다.

(8) CPI의 장점은 그 검사를 정상적인 피험자에 사용할 수 있다는 것이다. MMPI는 일반적으로 정상적인 대상에 적합하지 않다. 만일 대인관계 효능성과 내적 통제에 대해서 정상적인 사람들에게 적용하도록 의도된다면, CPI는 좋은 검사가 된다.

CPI 척도 상세내용

캘리포니아 성격검사는 각 18개의 척도를 포함한 4개의 군집으로 구성되어 있다. 캘리포니아 성격검사가 다면적 인성검사의 내용을 기초로 개발되었지만, 캘리포니아 성격검사의 각 척도가 대비성을 갖고 있다는 점에서 다면적 인성검사와 구별된 장점을 갖고 있다. 그 구체적인 척도를 살펴보면 다음과 같다.

척도(4개 집단구분)	측정군집
지배성, 사회성 등의 대인관계 적절성	지배성, 지위능력성, 사교성, 사회적 자발성, 자기수용성, 안녕감(6)
성격과 사회화, 책임감	책임성, 사회성, 자제성, 호감성, 임의성, 관용성(6)
인지적, 학업적 특성	순응적 성취, 독립적 성취,지적 효율성(3)
다른 세 군집의 척도와 무관한 척도	심리지향성, 융통성, 여성성/남성성 (3)

3. 내용

CPI는 해석적인 편리를 위해서 18개의 척도를 4개의 집단으로 나누고 있다. 선정된 문항들은 주로 사회적 행동, 태도 및 대인관계에 관한 일련의 질문으로 구성되어 있다. 각 집단에 속해있는 척도를 구체적으로 살펴보면 다음과 같다.

1) 제1군 척도(집단1척도)

① 지배성 :DO 척도

이 척도는 원래 정치적 참여와 관련하여 주도권을 잡고 통솔력을 행사하는 사람을 알아내기 위해 마련된 척도이다. 이 척도에는 모두 46개의 문항이 포함되며 이중 23개문항은 "그렇다" 로 24개는 "아니다"로 채점된다. 문항중 많은 부분이 안정감과 자신감을 다루고 있다. 지배성이 높은 사람은 자기자신을 유능하고 설득력이 있으며 강한 책임감과 인내심이 있어서 현실을 잘 직시하여 지도자가 될수 있다고 생각했다. 이 척도는 CPI척도중 타당도가 잘 증명된 척도중 하나이며 예언 타당도가 높은 것으로 알려져 있다.

② 지위능력성 : CS척도

원래 이 척도는 사회, 문화적 환경에서의 지위, 수입, 교육, 권력 등과 관련이 있는 인성적인 척도를 구성하려는 목적에서 시작되었다. 현재의 지위를 측정하는 것이 아니라 지위를 획득하게끔 하는 내부적인 포부 및 자기확신을 평가하는 척도이다. 32개의 Cs척도 문항중 11개는 "그렇다"로 21개는 "아니다"로 채점된다. 문항 내용은 사회적인 안정과 자기확신, 문학적이거나 심미적인 흥미, 사회적인 야심, 다양한 집단 소속에 대한 관심, 공포나 불안이 적은 것과 관련된다.

③ 사교성 : Sy척도

이 척도는 본래 사회적인 참여 척도였으나 사교성척도로 명칭이 변경되었다. 사교성 척도는 사교적이고 활달하며 참여하기를 좋아하는 사람과 자신을 드러내기를 꺼리고 참여를 회피하는 사람을 변별하기 위한 척도이다. 총 36개 문항 중 20개는 "그렇다"로 14개는 "아니다"로 채점된다. 문항내용은 사회적인 상호작용을 즐기는 정도, 타인과의 관계에 대한 자신감 및 안정감, 문화적 혹은 지적 흥미, 자신에게는 엄격하지만 타인에게 관용적인 태도 등이 포함된다.

④ 사회적 자발성 : Sp척도

내적 합치도 분석에 의해서 합리적으로 구성한 척도로 사회적 상호작용에서의 안정감, 자신감, 활력, 자발성 등을 평가하기 위한 척도이다. 사교성과 관련이 있어 Sp점수가 높은 사람은 타인 앞에 나서기를 좋아하지만 타인을 이용하고 마음대로 다루려하며 이들의 행동방식은 공격함으로써 즐거움을 얻는 특징을 지닌다. 총 56개 문항 중 25개는 "그렇다"로 31개는 "아니다"로 채점된다. 문항내용은 사회적인 상호작용을 즐기는 정도, 자기확신감, 사회적인 규칙과 금기에 대한 보다 관용적인 태도, 의무나 동조를 강조하는 청교도적인 윤리에 대한 거부 등이 포함된다.

⑤ 자기수용성 : Sa척도

개인에 대한 가치감, 자기수용, 독립적인 활동과 사고를 위한 능력 등을 평가하기 위한 척도로 사회적인 행동에서 활동적이든 그렇지 않든 간에 자신에 대해 안정되어 있고 확신감이 있는 사라을 변별해내고자 한다.

총 34개 문항 중 17개는 "그렇다"로 17개는 "아니다"로 채점된다. 문항내용은 자기확신이나 사회적 안정감, 사회적 금기에 대한 관용적 태도, 열심히 일하고 의무에 충실하고 타인을 배려해주는 자세 등이 포함된다.

⑥ 안녕감 : Wb척도

이 척도는 정상인과 정신질환자, 가장된 응답 및 솔직한 응답을 가려내려는 타당성척도이다. 또한 일상생활에서의 활력 및 만족감을 나타내는 해석적 척도로도 사용이 된다. 총 44개 문항 중 5개가 "그렇다"이며 39개는 "아니다"로 채점된다. 내용은 주로 다양한 신체적, 정신적인 증후들에 대한 부인, 중요한 가족문제에 대한 부인, 성적 갈등 및 편견에 대한 부인, 독립성 및 자기충족감과 관련이 있다. 많은 연구에서 Wb와 적응간의 관계를 다루고 있다.

2) 제2군 척도(집단2척도)

① 책임성 : Re척도

양심적이고 책임감이 있고 법과 질서에 철저하여 믿을 수 있는 사람, 그리고 인생이 이성에 의해 지배되어야 한다고 믿는 사람을 변별하기 위한 척도이다. 총 42개 문항 중 17개는 "그렇다"로 25개는 "아니다"로 채점된다. 문항내용으로 사회적, 시민적, 도덕적인 의무감, 자기훈육, 특권이나 불공평에 대한 불만, 자기확신 및 안정성, 타인에 대한 믿음과 자신감, 충동성 및 반항에 대한 거부 등이 포함된다.

② 사회성 : So척도

이 척도는 본래 비행척도로서 개발했으나 비행 이외의 사회적 성숙, 성실성, 정직성 등을 반영한다고 보아 사회성 척도로 명칭을 바꾸었다. 따라서 So문항은 개인생활에서 일상의 가치가 어느 정도 내면화되어 있고 어느 정도로 유용하게 쓰이는가를 측정함과 동시에 일탈행동이나 비행을 범할 가능성이 있는 사람을 가려내기 위한 척도이다.

총 54개의 척도중 22개는 "그렇다" 반응이고 32개는 "아니다" 반응이다. 많은 연구에서 사회성 척도가 타당성이 매우 높다는 사실이 증명된 바 있다.

③ 자제성 : Sc척도

자기조절 및 자기통제의 적절성 정도, 충동과 자기중심성에서 벗어날 수 있는 정도를 재는 척도이다. 다만 자제성 척도 점수가 너무 높을 때에는 감정통제가 잘 안되므로 충동적, 공격적인 상태를 보이게 된다. 총 50개 문항 중 6개는 "그렇다"로 44개는 "아니다"로 채점된다. 척도 타당성에 대한 연구가 이루어지기는 했으나 통계적인 의미가 다소 약한 편이다.

④ 관용성 : To척도

허용적이고 수용적이며 판단하기를 꺼리는 사회적인 신념과 태도를 평가하려는 척도이다. 따라서 이 척도에 대한 타당도 연구는 주로 편견이나 고정관념과 관련된 것이었다.

변별력이 있다고 평가된 MMPI문항에다 새로운 문항을 첨부해서 총 32문항이 척도도 포함된다. 이 중 3개는 "그렇다"로 29개는 "아니다"로 채점된다.

⑤ **호감성 : Gi척도**

타인에게 좋은 인상을 주려고 하며 자신에 대한 다른 사람의 생각이 어떤지에 관심을 쓰는 사람을 구별해내며 긍정적인 인상을 주기 위해 자신의 본래 모습을 가장하여 솔직하지 않은 반응을 보이는 사람을 찾아내기 위한 척도이다. 총 40개문항 중 8개는 "그렇다"로 32개는 "아니다"로 채점된다. 이 척도는 타당성을 재는 가장 중요한 척도이다.

⑥ **임의성 : Cm척도**

타당도를 평가하기 위한 목적으로 고안된 척도로 MMPI의 F척도와 유사하다. 사회에 대한 보수적인 태도 및 아무렇게나 반응한 피험자를 찾아내려는 척도이다. 28개 문항 중 14개는 "그렇다"로 14개는 "아니다"로 채점된다. 정상적인 점수보다 높은 것은 지나치게 관습적인 태도를 반영하며 낮은 점수는 "나쁘게 보이도록 자신을 가장한"결과이다.

3) 제 3군척도(집단3척도)

① **순응적 성취 : Ac척도**

Ac척도는 고등학교 학생들의 학업성취와 관련된 동기와 성격요인을 평가하기 위한 척도로 본래는 '성취'척도였으나 이 척도가 깊이 내면화된 인식구조나 조직에 따르려는 강한 성취욕구를 나타내므로 이후 '순응적 성취'로 재명명했다. 총 38개 문항 중 12개는 "그렇다"로 26개는 "아니다" 응답으로 구성되어 있다.

② **독립적 성취 : Ai척도**

Ac척도와 달리 Ai척도는 주로 대학교에서의 성취와 관련이 있는데 이 척도는 사고의 독립성, 창의성, 자기실현 등이 보상되는 상황에서의 성취를 예언하고 있다. 총 32개 문항 중 3개는 "그렇다"로 29개는 "아니다"로 채점된다.

③ **지적 효율성 : Ie척도**

지능에 대한 측정치와 의미있는 상관관계가 있는 문항들로 구성되어 있다. 즉 지능검사를 통해 상, 하 두 집단을 나눈뒤 이들에게 MMPI 문항과 검사자가 제작한 문항을 실시한 후 변별력이 높은 문항만을 선택했다. 총 52개 문항 중 19개는 "그렇다"로 33개는 "아니다"로 채점된다. Ie가 높은 사람은 조직적이고 효율적이며 지적이고 문화적인 것을 추구한다.

4) 제4군척도(집단4척도)

① **심리지향성 : Py척도**

타인의 내적인 욕구, 동기, 경험 등에 대해 관심을 가지고 반응을 하는 정도를 평가 하기 위한 척도이다. 단지 연민이나 친절이 아닌 타인의 심적 상태를 알아내는 숙련된 기술을 의미하는 것으로 심리학 분야에서의 성공적인 성취를 예언해 준다고도 할 수 있다. 총 22

개 문항중 6개는 "그렇다"로 16개는 "아니다"로 채점된다.

② 융통성 : Fx척도

개인의 사고, 행동, 기질상의 융통성, 적응성 및 변화성을 평가하기 위한 척도로 본래는 엄격성(rigidity)척도로 고안되었었다. 총 22개 문항 중 "그렇다" 문항은 1개 "아니다" 문항은 21개이다. 문항내용에는 권위주의적인 성격을 특징짓는 독단적 주장에 대한 거부, 불확실성과 모호성에 대해 관용적인 태도, 충동적이고 비조직적이며 도덕적 표준이나 윤리적 강령에 대해 유연하고 판단적이지 않은 태도 등이 포함된다.

③ 여성성 : Fe척도

흥미의 남성성, 여성성을 측정하기 위한 척도이다. 이 척도는 남녀비교에 의한 외적 준거에 의해 마련되었으며 총 38개 문항 중 17개는 "그렇다"로 21개는 "아니다"로 채점된다. 높은 점수는 관습적인 여성역할에 대한 선호 및 대인관계에 대한 민감성을 나타내는 여성성을 반영하며 낮은 점수는 남성성을 반영한다.

4. 해석

다른 성격검사해석과 마찬가지로 CPI해석은 문헌 및 연구에 조예가 깊고 다른 정보와 연결지어 해석을 할 수 있는 숙련된 심리학자에 의해 실시되어야 한다. 특히 강조되는 점은 그 사람만이 지니고 있는 독특한 상황을 교려하여 해석해야 한다는 점이다.

성격 프로파일상 패턴이 비슷할지라도 그 개인의 상황(예를 들면 가정환경)에 따라 해석이 달라지기 때문이다. 잠정적인 해석을 하는 과정에서 검사 지침서와 각 척도의 타당도 및 신뢰도를 관찰해야 하고 점수의 높낮이를 비교해야 하는데 이중 가장 중요한 과정은 오차분석에 있다. 오차분석의 첫째 과정은 각 척도 내에서 점수의 높낮이를 해석하는 것이다. 대부분의 척도에서 점수가 높을수록 바람직한 특성도 강하지만 일부 척도는 점수와 행동 간에 곡선적인 관계를 보여준다. 예를 들어 중간 정도로 높은 Sc점수는 공격적인 행동을 실행에 옮기지 못하도록 하는 자제력을 발휘하게 하지만 지나치게 높은 Sc점수는 강한 공격적 충동과 내적인 통제 사이에 불안정한 갈등을 보여주는 것이다. 따라서 해석하는 사람은 각 척도 점수의 높낮이에 따른 의미를 잘 이해해야한다. 둘째 과정은 해석시 다른 척도와의 점수변화도 함께 살펴봐야 한다는 점이다. 예를 들어 Do점수가 높은 사람중에서도 Do점수도 높고 Gi점수도 높은 사람, Do점수는 높지만 Gi점수는 낮은 사람 그리고 Do점수가 낮은 사람중에도 Do점수가 낮고 Gi점수는 높은 사람, Do점수는 낮지만 Gi점수는 높은 사람 등이 있다.

5. 채점 방법

– **타당도 결정** : 각 척도의 점수를 계산하여 프로파일 용지에 옮긴다. 타당성을 저해하는 무반응이나 허위반응을 확인한다: (1) 무반응; 모두 '그렇다' 또는 모두 '아니다', '그렇다' 또한

'아니다'에 다 표시한 문항, 응답하지 않은 문항 등을 확인한다. Cm척도는 무반응을 나타내는 타당성척도이다. (2) 나쁘게 왜곡한 반응; Wb척도와 Cm척도의 점수를 가지고 평가한다. 그러나 이들 척도의 점수가 낮다고 해서 반드시 나쁘게 왜곡했다고는 단정할 수 없다. 따라서 다른 자료들을 함께 고려해서 해석해야 한다. (3) 좋게 왜곡한 허위반응; Gi척도의 점수가 매우 높으면서 다른 척도의 점수들도 높을 경우 수검자가 지나치게 좋게 보이려는 의도를 가지고 왜곡했을 가능성이 높다.

- **프로파일 형태분석** : 검사결과를 믿을 수 있다면 전체적인 프로파일의 높이를 해석하고 4개 척도군 내에서 하위척도들의 상대적 수준을 서로 비교한다. 각 척도의 점수를 고려해서 보다 구체적으로 해석하는 단계이다. 전체 프로파일에서 가장 높고 낮은 척도를 먼저 유의해서 분석하고 각 군내에서 가장 높고 낮은 점수를 해석한다. 이 경우 척도치가 상승한 정도를 먼저 고려해서 기술하고 규준이나 프로파일의 평균에서 이탈된 정도 등을 고려하여 상대적 해석을 시도해야 한다. 형태분석이란 각 단계의 해석을 전체적으로 통합하는 단계로, 여기서는 척도들간 상호관련성에 유의한다. 즉 해당 프로파일의 기본적인 형태를 결정한 후 다른 척도들의 상승과 동시에 하강한 정도를 고려해서 그 형태를 해석한다. 그리고 마지막으로 검사결과의 분석이 모두 끝나면 이들 정보와 여러 가지 다른 검사자료나 개인적 정보를 통합해서 최종적인 해석을 시도한다.

6. 결과활용

성격을 객관적으로 파악하여 내담자의 진로지도에 도움을 줄 수 있다. 또한 개인별 프로파일에 대한 전문가의 구체적 해석이 전산화되어 있어 결과가 신속하게 제공된다. 대부분의 성격검사들이 각 하위특성별 점수만을 제공함으로써 결과의 활용에 한계가 있었던 점에 비해 본 검사는 각 하위특성들 간의 상호관계를 기초로 전문가가 종합적 해석을 내려줌으로써 교사들도 쉽게 검사결과를 이해하고 활용할 수 있도록 했다. 그리고 각 하위 척도들에 대한 설명과 구간별 점수가 가지는 의미를 제시함으로써 내담자의 성격의 하위특성이 어떤지에 대한 정보를 제공하고 있다.

캘리포니아 성격검사는 올바른 진로선택을 위해서 적합한 요인들 중 하위요인 간의 중복성을 최대한 줄였으며, 성격검사의 결과를 가지고 진학 및 진로지도, 성격지도 및 학습지도에 활용할 수 있다.

PAI (Personality Assessment Inventory) 검사 -성격평가질문지

(1) Morey (1911)가 제작한 객관형 성격평가 질문지 검사로서, 성인의 다양한 정신병리를 측정하기 위해 구성된 성격검사로 임상진단, 치료계획 및 진단집단을 변별하는데 정보를 제공

해 주고 일반인에게도 적용할 수 있는 성격검사이다.

(2) 성격평가질문지 (PAI)의 구성척도

  가. 정신장애를 측정하는데 가장 타당하다고 보는 22개 척도에 344개 문항을 선별하여 구성하였고 4점 척도(0-3)로 이루어진다.

  나. 4개의 타당도 척도와 11개의 임상척도, 5개의 치료고려척도와 2개의 대인관계척도가 있다.

  다. 이 중 10개 척도에는 해석을 보다 용이하게 하고 임상적 구성개념을 포괄적으로 다루는 데 도움을 주는 3~4개의 하위척도가 포함되어 있다.

    가) 타당도척도 : 비일관성 척도, 저빈도 척도, 부정적 인상 척도, 긍정적 인상 척도

    나) 임상척도 : 신체적 호소 척도, 불안척도, 불안관련 장애척도, 우울척도, 조증척도, 망상척도, 정신분열병 척도, 경계선적 특징 척도, 반사회적 특징 척도, 알코올 문제 척도, 약물 문제 척도

    다) 치료고려 척도 : 공격성 척도, 자살관념 척도, 스트레스 척도, 비(非)지지 척도, 치료거부 척도

    라) 대인관계 척도 : 지배성 척도, 온정성 척도

■ MBTI 검사

1) 마이어-브리그스 유형지표(The Myers-Briggs Type Indicator)의 약어이다.

2) 융(C.G. Jung)의 심리유형론을 근거로 하는 심리검사이다.

3) 1921~1975년에 브릭스(Katharine Cook Briggs)와 마이어(Isabel Briggs Myers) 모녀에 의해 개발되었다.

4) 개인이 쉽게 응답할 수 있는 자기보고 문항을 통해 각자가 인식하고 판단할 때 선호하는 경향을 찾아낸 뒤, 그 경향들이 행동에 어떤 영향을 끼치는가를 파악하여 실생활에 응용한다.

5) 성격유형은 모두 16개이며 외향형과 내향형, 감각형과 직관형, 사고형과 감정형, 판단형과 인식형 등 네가지의 분리된 선호경향으로 구성된다.

6) 선호경향은 교육이나 환경의 영향을 받기 이전에 잠재되어 있는 선천적 심리경향을 말하며, 각 개인은 자신의 기질과 성향에 따라 각각 네 가지의 한쪽 성향을 띠게 된다.

7) 마이어-브리그스 유형지표(The Myers-Briggs Type Indicator)

  (1) 4가지 유형

    어느 방향에서 나의 에너지가 더 선호하게 흐르는가? (에너지의 방향, 원천, 주의집중)

    외향성(E : Extraversion) / 내향성(I : Introversion)

  (2) 나는 어떤 것을 인식할 때 어떤 과정으로 인식하는 것을 더 선호하는가? (정보수집)

감각기능(S : Sensing) / 직관기능(N : iNtuition)

(3) 무엇을 결정하고 어떤 견해를 내세울 때, 어떤 과정으로 판단하는 것을 더 선호하는가?
(판단과 결정)

사고형(T : Thinking) / 감정형(F : Feeling)

(4) 나의 외부생활에서 판단기능을 더 선호하는가? 인식기능을 더 선호하는가? (생활유형)

판단태도(J : Judging) / 인식태도(P : Perceiving)

■ 클로닝거(C. R. Cloninger)의 심리생물 인성모델(7가지의 기본척도)에서 기질과 성격의 구조 및 특징-TCI(Temperament and Character Inventory)

1) 기질은 자동적으로 일어나는 정서적 반응성향 행동조절 시스템에 대한 기초 신경시스템의 발달양상으로 유전적 요인이며 기질척도로는 4개의 척도가 있는데 ① 자극추구, ② 위험회피, ③ 사회적 민감성, ④ 인내력이다.

(1) **자극추구 척도**

새로운 자극, 보상 단서에서 행동의 활성화와 처벌과 단조로움을 적극적으로 회피하려는 유전적 성향에서의 개인차를 알 수 있다.

(2) **위험회피**

처벌이나 단서 앞에서 수동적인 회피성향, 행동이 억제되거나 이전의 행동이 중단되는 유전적 성향에서의 개인차를 알 수 있다.

(3) **사회적 민감성**

행동특성 중 사회적 보상 신호에 민감하게 반응하는 유전적인 경향성을 알 수 있다.

(4) **인내력**

한번 보상된 행동을 일정한 시간 동안 꾸준히 지속하려는 성향이 있는지에 대해 알 수 있다.

2) 성격은 체험하는 것에 대한 개인적 해석과의 관계, 자기개념의 발달과 관련 기질과 환경의 상호작용의 결과이다.

(1) 성격척도에는 3개의 척도가 있는데 ① 자율성 ② 연대감 ③ 자기초월이다.

(2) **자율성**

자율적인 자율로서의 자기로 자신의 선택한 목표와 가치를 이루기 위하여 자신의 행동을 상황에 맞게 통제, 조절, 적응시키는 능력을 나타내준다.

(3) **연대감**

사회의 한 일부분으로서의 자기로서, 타인에 대한 수용 능력 및 타인과 동일시 능력에서의 개인차를 말해준다.

(4) 자기초월

우주의 일부로서의 자기로 우주만물과 자연을 수용하고 동일시하며 이들과 일체감을 느끼는 능력에서의 개인차를 말해준다.

3) TCI 프로파일 해석- 개별 척도의 해석

(1) 기질유형(Temperament type)의 해석

3가지 기질차원(자극추구, 위험 회피, 사회적 민감성)의 상호작용의 관점에서 가장 잘 이해된다.

(2) 성격 척도와 기질유형의 연계 해석

성격 척도들 중에서 특히 자율성과 연대감 차원의 발달정도를 평가하고, 성격발달의 정도가 기질유형에 미치는 조절적 영향을 이해한다.

(3) 성격유형(Character type)의 해석

3가지 성격차원들(자율성, 연대감, 자기 초월)의 조합에 의해서 이루어지는 성격유형을 분류하고 이를 해석한다.

> **학습목표**
> 1. 16PF(16 Personality Factor Questionnaire)-다특성인성검사를 이해한다.
> 2. 투사적 검사의 개념과 장단점을 이해

> **학습내용**
> 1. 6PF(16 Personality Factor Questionnaire)-다특성인성검사와 NEO-PI-R (NEO-Personality Inventory-Revised)-개정판에 대한 내용을 학습한다.
> 2. 투사적 검사의 개념과 필요성 그리고 장단점을 학습한다.

16PF(16 Personality Factor Questionnaire)-다특성인성검사

1) 1949년 커텔(Cattell)과 그 동료들이 개발하였다.

2) 사전을 통해 인간에게 적용되는 모든 형용사 목록을 추려서 4,500개의 성격특성 목록을 작성한 후, 이 중 인간 특성을 가장 잘 나타낸다고 생각되는 171개 단어 목록을 선정하였다.

3) 이것을 대학생에게 선정된 단어 목록을 얼마나 알고 있는지 평정하게 하고 요인 분석하여 16개의 요인을 발견하였다.

4) 16개 요인
냉정성-온정성/낮은 지능-높은 지능/약한 자아강도-강한 자아강도/복종성-지배성/신중성-정열성/약한 도덕성-강한 도덕성/소심성-대담성/강인성-민감성/신뢰감-불신감/실제성-가변성/순진성-실리성/편안감-죄책감/보수성-진보성/집단의존성-자기 충족성/약한 통제력-강한 통제력/이완감-불안감

5) 16요인은 척도 점수 상 높은 것과 낮은 것에 각기 다른 이름을 붙이고 이 검사는 다양한 프로파일을 분석하여 그 사람의 성격특성을 이해할 뿐만 아니라 직업적 적성까지도 이해하려고 하였다.

6) 3개의 타당성 척도가 있는데 그것은 '무작위 반응 척도', '허세반응 척도'(faking good), '꾀병 척도'(fakig bad)이다.

☐ NEO-PI-R(NEO - Personality Inventory - Revised) - 개정판

1) 올포트(Allport)는 주 특성, 중심 특성, 이차적 특성으로 구분하여 설명하고 있으며 아이젱크(Eysenck)는 그의 성격검사에서 정신병적 경향성, 외향성-내향성, 신경증적 경향성, 허위성(Lie) 척도를 제시하고 있다.

2) NEO-PI-R은 1992년 코스타와 맥크레이(Costa & Mccrae)에 의해 개발된 것으로서, CPI, MMPI, MBTI 등의 성격검사들을 [결합요인 분석]을 하여 공통적으로 추출되는 요인을 발견하고자 한 결과의 산물이다. 즉, 내담자가 가진 성격의 특성을 요인이 비슷한 경우끼리 묶은 후 통계적인 방법을 이용하여 평가하는 방법이다.

3) 5대 성격요인이라는 용어는 골드버그(Goldberg, 1981)가 "개인차를 구조화하기 위한 모델은 Big Five 차원을 어느 수준에서든 포함해야 할 것"이라고 제안하면서 사용되기 시작하였다.

4) 코스타와 맥크레이(Costa & Mccrae)는 처음에는 신경증(N : Neuroticism), 외향성(E : Extraversion), 개방성(O : Openness) 즉, "NEO"에 초점을 맞추어서 "새 성격검사"(NEO-PI)라고 하였다가, Big Five 모델을 취하여 수용성(A : Agreeableness), 성실성(C : Conscientiousness)을 추가하여 NEO-PI-R(개정판)을 만들었다.

5) 5대 요인은 각각 6개의 하위 척도로 구분되며, 각 척도 당 8문항씩 모두 240문항으로 구성되어 있다.

6) 5가지 요인(Big Five factor)의 6개 하위 척도
   (1) **신경증(Neuroticism, 정서적 불안정성)** : 불안, 적대감, 우울, 자의식, 충동, 심약성
   (2) **외향성(Extraversion)** : 온정, 사교성, 주장, 활동성, 흥분성, 긍정적 감정
   (3) **개방성(Openness, 경험개방성)** : 공상, 심미, 느낌, 행동, 사고, 가치
   (4) **수용성(Agreeableness, 호감성)** : 신뢰, 정직성, 이타주의, 순종, 겸손, 동정
   (5) **성실성(Conscientiousness)** : 능력, 질서, 착실성, 성취, 자기규제, 신중함

7) 중학생 이상 한글을 해독할 수 있는 사람이면 누구나 응시가 가능하고 개인 또는 단체로 실시하며 소요시간은 30분~40분 정도이나 엄격한 시간통제는 필요치 않고 원 점수를 구하고 규준표에 따른 환산점수(T점수-평균이 50, 표준편차10) 얻은 후 프로필을 작성한다.

8) 비장애인 성인용으로 개발되어 직업상담에 사용하기 적합한 것으로 평가한다.

☐ 투사적 검사

1. 투사검사의 특성

1) 투사형 검사 의미

⑴ 성격검사의 하나로 엄격한 표준화가 되어있지 않아 임상적 해석이 필요한 검사이다.

⑵ 로샤 잉크반점 검사와 주제통각검사 등이 해당되며 이는 비 표준화된 검사이다.

2) 투사형 성격검사의 특징

⑴ 글, 그림, 이야기 속에 한 사람의 성격이 투사되어 있다고 가정하고 그것을 분석한다.

⑵ 검사자극이 불분명하고 모호하며 모호한 자극에 대한 반응의 종류가 다양하기 때문에 그것을 실시 및 해석하는 데에는 많은 훈련과 경험이 필요하다.

⑶ 채점과정이 매우 복잡하고 주관적인 측면이 있어서 신뢰도 및 타당도가 낮은 편이다.

⑷ 투사적 검사는 객관적 검사에 비해 채점과 해석이 복잡하다.

⑸ 투사적 검사는 객관적 검사에 비해 검사자에게 상당한 전문성이 요구된다.

⑹ 투사적 검사에 비해 객관적 검사에서 수검자는 자신의 상태를 은폐하거나 과장하기가 용이하다.

⑺ 투사적 검사는 객관적 검사에 비해 검사의 타당도가 충분히 입증되지 않았다.

⑻ 투사적 검사는 객관적 검사에 비해 검사자극이 모호하다.

2. 투사적 검사의 장점/단점

1) 장점

⑴ 투사적 검사 반응은 면담이나 행동관찰, 객관적 검사에서의 반응과는 달리 매우 독특하며, 이러한 반응은 개인을 이해하는 데 매우 유용하다.

⑵ 자극의 내용이 불분명하여 피검자가 자신의 의도에 맞추어 적절한 방어를 하기 어렵다

⑶ 검사자극이 모호하고 검사 지시 방법이 제한되어 있지 않기 때문에 개인의 반응이 다양하게 표현되며, 이러한 반응의 다양성으로 개인의 독특한 심리적 특성을 알 수 있다.

⑷ 실제 투사적 검사는 자극적 성질이 매우 강렬하여 평소에는 의식화되지 않던 사고나 감정을 자극함으로써 전의식적이거나 무의식적인 심리적 특성을 이끌어 낸다.

2) 단점

⑴ 전반적으로 검사의 신뢰도가 부족하며 특히 재검사 신뢰도는 매우 낮게 평가되고 있다.

⑵ 대부분의 투사적 검사의 경우 타당도 검증이 매우 빈약하며 그 결과는 매우 부정적이다. 투사적 검사를 통해서 내려진 해석의 타당성은 대부분 객관적으로 입증할 수 있는 자료가 아닌 임상적인 증거를 근거로 하고 있다.

⑶ 검사자의 주관적 해석에 의존하며, 뚜렷한 표준화도 없다.

3. 투사적 검사의 활용방안

1) 비표준화 검사(투사적 검사)는 표준화된 검사에 비해 신뢰도와 타당도가 떨어지지만, 기존

의 심리검사에 의해 다루어지지 못했던 측면들을 융통성 있게 고려할 수 있다.

2) 상담에 쓰이는 많은 심리검사들은 검사 해석을 위한 대표적 규준집단, 검사 채점의 신뢰도 등의 기준을 갖추고 있지 않은 경우가 많고, 이러한 비표준화 검사에는 투사적 기법, 행동 관찰, 질문지 등이 포함된다.

3) 면접이나 투사적 기법, 행동 관찰 등의 경우, 평가절차 상 신뢰도는 낮지만 검사 대상자의 일상생활, 주관적인 생각 등 표준화 검사를 통해 얻기 어려운 정보를 제공해 준다.

집, 나무, 사람 그림검사(HTP : House, Tree, Person)

1. 개요

(1) 검사개요

1948년 벅(Buck)에 의해 처음 제창된 투사적 검사지로 개인에게 가능한 가장 멋진 집(나무, 사람)을 그려 보라는 지시를 한 후, 완성된 그림에 대한 임상적인 해석을 하는 것이다. HTP의 효시는 구디너프(Goodenough, 1926)가 개발한 인물화 검사(Drawing A Person Test, DAP)인데, DAP는 본래 아동들의 지능을 간편하게 측정할 목적에서 사용되었지만 이후 투사적 성향 검사로서의 유용성이 확인되어 널리 사용되었다. 벅(Buck, 1948)은 이를 HTP로 확장하고 양적인 채점 체계도 개발했다.

(2) 집, 나무, 사람은 누구에게나 친밀한 주제이기 때문에 이것을 그리게 하여 환경에 대한 적응적인 태도, 무의식적 감정과 갈등을 파악하려고 하였다.

(3) DAP, HTP 같은 그림 검사에서는 사람들이 그리는 그림에는 그 자신도 인식하지 못하는 내면의 욕구, 감정, 생각, 환경 또는 자신에 대한 경험 및 지각 등이 투사된다고 가정한다.

(4) HTP에서는 수검자에게 '집', '나무', '사람'의 주제를 순차적으로 제시하여 자유롭게 그림을 그리도록 한 후 각 주제에 대해 몇 가지 질문을 하는 과정을 거쳐 검사 자료를 수집하고 이를 해석한다.

(5) 이렇듯 HTP는 종이와 연필 외에는 별도의 검사 도구가 필요치 않으며 짧은 시간 안에 쉽고 간편하게 실시할 수 있다는 점. 지적 능력이나 언어 및 문화적 제약이 적다는 점. 복잡한 채점 절차 없이 그림과 수검자의 반응을 토대로 즉성에서 해석이 가능하다는 점 등이 장점이며 폭넓게 사용되고 있다.

(6) 실시방법

- 도화지 한 장을 가로로 제시하면서 '집을 그리세요.' 라고 지시한다.
- 집을 다 그리고 나면 다시 도화지 한 장을 이번엔 세로로 제시하면서 '나무를 그리세요.' 라고 한다.

- 나무를 다 그리고 나면 그 다음엔 도화지 한 장을 세로로 제시하면서 '사람을 그리세요. 단 사람을 그릴 때 막대 인물상이나 만화처럼 그리지 말고 사람의 전체를 그리세요.' 라고 한다.
- 그 다음엔 다시 도화지를 세로로 제시하며, '그 사람과 반대되는 성(性)을 그리세요.' 라고 지시한다.
- 다 그리고 나면 각각의 그림에 대해 20가지의 질문을 한다.

2. HTP의 집 그림

(1) 일반적으로 가족 구성원이나 가족 관계 및 가정생활에 대한 수검자의 생각, 감정, 소망 및 내적 표상 등이 반영되며 때로는 가족 관계에서의 자기 지각, 상징적인 의미에서의 자기 표상이나 내적 공상이 투영되기도 한다.

(2) 집 그림을 해석할 때에는 그림의 전반적인 구조 및 특성과 함께 필수 요소인 지붕, 벽, 문, 창문이 어떻게 묘사되었는지가 해석의 주안점이다.

(3) 또한 집 그림에 부가적으로 덧붙인 사물, 조망이나 원근감 등도 해석의 대상이다.

3. HTP의 나무 그림

(1) 인생과 성장에 대한 상징이 투사된다고 알려져 있다.

(2) 여기에는 무의식 수준의 자기 개념과 자기상, 적응 정도, 성취 및 포부 등이 반영된다.

(3) 나무 그림에서는 기둥, 잎을 포함한 수관(樹冠), 가지, 뿌리와 같이 나무의 구성 요소 각각에 대한 묘사와 함께 나무 그림에서 표현되는 내용 및 주제 등을 해석한다.

(4) 여기에는 나무의 종류, 나무의 상태 등이 포함된다.

4. HTP의 사람 그림

(1) 집과 나무에 비해 자기 개념, 자기 표상, 자기에 대한 태도 등이 좀 더 의식적인 수준에서 직접적으로 드러난다.

(2) 여기에서는 현재의 자기 지각이나 이상적인 자기상이 반영될 뿐만 아니라 부모, 배우자, 가족과 같이 중요한 타인에 대한 표상이 투영되기도 한다.

(3) 사람 그림에서는 머리, 얼굴, 팔과 다리, 이목구비 같은 신체의 각 부위와 복장 등의 구성 요소와 함께 전반적인 인상, 크기, 성별을 묘사하는 순서 등을 살펴봐야 한다.

(4) 또한 인물 각각에 대한 수검자의 언어적인 설명 역시 해석의 중요한 단서가 된다.

■ '집-나무-사람'(HTP)검사'의 해석

'집-나무-사람'(HTP)검사에서 사람그림의 몸통, 집그림의 벽면, 나무그림의 줄기는 일반적으로 피검사자의 자아강도에 해당하는 심리적 특성으로 해석.

① 집 그림의 굴뚝에서 연기가 뿜어져 나오는 것은 피검자가 집안의 갈등 상황을 표현한 것으로 생각할 수 있다.

② 사람 그림을 그리라고 할 때 다른 성을 먼저 그리는 피검자의 경우 성 역할 동일시에 갈등이 있거나 현재 생활에서 특정 이성에 대한 비중이 큰 상태임을 시사한다.

③ 과도하게 지우개를 사용하는 피검자의 경우 불안정, 초조 및 자신에 대한 불만 등이 내재되어 있다고 볼 수 있다.

④ 그림의 선이 흐린 경우에는 피검자가 감정표현을 하는 데 있어서 억제와 억압을 하고 있다는 의미로 해석할 수 있다.

⑤ 과도하게 지붕을 크게 그린 경우는 환상에 과몰입되어 있고, 외부 대인접촉으로부터 철수되어 있다고 해석한다.

⑥ **집그림 해석**
- 문 : 외부환경과 내담자가 접촉·상호작용한 정도
- 창문 : 내담자가 외부환경과 직접 접촉하지 않고 간접적으로 접촉·상호작용한 정도
- 굴뚝 : 다른 가족구성원과 관계 및 성적·애정욕구
- 벽 : 자아정체감의 정도 및 마인드컨트롤 능력

⑦ **나무** : 내담자의 심리적 안정 상태, 현실접촉수준(뿌리), 자아정체성의 정도, 내적인 힘의 정도(기둥), 대인관계수준, 내담자의 심리상태(가지), 외부환경 및 내담자의 활력 수준(잎)

⑧ **사람** : 내담자의 인지력, 지적 능력, 상상력 수준(머리), 정서적 성향 및 외부로부터 정서적 자극에 대한 반응(얼굴), 내담자의 책임 수행능력 및 성적 행동 수행능력(몸통), 내담자의 욕구충족능력 및 환경통제능력, 독립능력의 정도, 욕구충족방식(팔다리)

심리측정
및 평가

25강 # 투사적 검사(2)

<table>
<tr><td>**학습목표**</td><td>1. 문장완성검사 (SCT : Sentence Completion Test)의 이해
2. 로샤(Rorschsch)의 잉크반점 검사(Ink-blot test)의 개요와 검사특징 이해</td></tr>
<tr><td>**학습내용**</td><td>1. 문장완성검사 (SCT : Sentence Completion Test)의 결정적 요인과 성격적
요인 등을 학습한다.
2. 로샤(Rorschsch)의 잉크반점 검사(Ink-blot test)의 개요와 검사의 장단점
등을 학습한다.</td></tr>
</table>

☐ SCT

1. 문장완성검사 (SCT : Sentence Completion Test)의 특징

(1) 연상검사의 응용으로 발전한 것으로 피검자가 미완성의 문장을 완성하는 것이다.

(2) 다른 투사적 검사와는 달리 검사 자극이 분명하며, 피검자가 검사 자극 내용을 지각하기 때문에 의식적 수준의 심리적 현상을 측정한다.

(3) 문장완성 검사는 Rorschach 검사나 TAT에 비해 검사의 체계화가 구비되어 있어 검사자극이 보다 분명하며 피검사자가 검사자극 내용을 지각할 수 있도록 구성되어 있다.

(4) 문장완성검사는 문항이 매우 짧지만 몇 가지 기본적인 주제를 포함하고 있다.

(5) 단축형의 경우 (40문항) 자기개념, 어머니, 아버지라는 세 가지 주제가 반복되어 있고, 수검자는 주제가 반복될 때마다 각 주제에 대해서 다양하게 자신을 표현할 수 있다.

(6) 적게는 40문항에서 많게는 100문항으로 구성된 문장완성검사도 있고 주제도 적게는 4가지에서 많게는 15가지를 포함하고 있다.

(7) **결정적 요인** : 성장적/가정적 요인

(8) **성격적 요인** : 정서적 요인/ 정신역동적 요인

2. 검사의 방법

(1) 정답, 오답이 없으므로 생각나는 것을 쓰도록 한다.

(2) 글씨 쓰기, 글짓기 시험이 아니므로 글씨나 문장의 좋고 나쁨을 걱정하지 않다도 된다.

(3) 주어진 어구를 보고 제일 먼저 생각나는 것을 쓴다. 주어진 어구를 보고도 생각이 안 나는

경우에는 번호에 O표를 하고 다음으로 넘어가서 문장을 작성한 뒤, 최후에 완성시킨다.

(4) 시간제한은 없으나, 너무 오래 걸리지 않도록 한다.

(5) 볼펜이나 연필로 쓰되, 지울 때는 두 줄로 긋고 빈 공간에 쓴다.

3. 문장완성검사의 장점과 단점

(1) 문장완성검사의 장점

가. 반응의 자유를 들 수 있다. 피검사자는 '네', '아니요', '모릅니다' 식으로 단정적으로 답을 강요당할 필요가 없고 자기가 원하는 대로 답할 수 있다.

나. 검사의 목적을 피검사자가 뚜렷하게 의식하기 어려움으로 비교적 솔직한 답을 얻을 수 있다.

다. 집단적으로 검사를 실시할 수 있어서 경제적이며, 또한 다른 투사법보다 그 시행·채점·해석에 소요되는 시간이 적다.

라. 이 검사는 극히 용이하게 작성할 수 있으며, 여러 특수 상태에 부합할 수 있도록 검사 문항을 수정할 수 있다.

(2) 문장완성 검사의 단점

가. 그 결과를 어느 정도 객관적으로 채점할 수 있다고는 하지만, 표준화 성격검사에서와 같이 완전히 객관적으로 채점할 수가 없으며, 그 결과를 토대로 하여 성격을 임상적으로 분석하려면 상당한 지식과 훈련이 필요하다.

나. 기타 투사법에서와 같이 검사의 목적이 완전히 은폐되어 있지 않으므로 약은 피검사자는 검사의 목적을 알아채서 자신에게 불리한 답을 안 할 수도 있다.

다. 피검사자의 언어 표현력이 부족하거나, 검사에 협조적이 아니면 그 결과가 만족할 만한 것이 못 될 우려성이 있어서 이 검사는 문장표현력이 부족한 초등학생에게는 적당치 못하다.

■ 로샤(Rorschsch)의 잉크반점 검사(Ink-blot test)

1. 검사개요

1) Rorschsch의 잉크블롯은 심리적 장애인을 분류하는데 긴요하게 사용된다.

2) 잉크블롯에 대한 Rorschsch의 연구는 1911년 시작되었으며 그의 유명한 저서 심리진단방법이 발간됨으로써 절정에 이르게 되었다.

3) 로샤 검사는 가장 대표적인 투사적 성격검사이다.

4) 이 검사는 1921년 Hermann Rorschsch에 의해 처음 개발되었으며 여러 학자들에 의해 채점 및 해석 체계가 발전되었다.

2. 검사의 특징

1) 장점
(1) 피검자의 의식적 저항을 통과해서 개인의 심층적인 무의식적 성격구조를 평가한다.
(2) 명백한 임상적 증상으로 발현되기 전에 나타나는 미묘한 사고 장애 과정을 예민하게 감지할 수 있다.
(3) 로샤검사를 실시할 때 피검자들은 반응의 진정한 의미를 잘 모르기 때문에 고의적으로 좋게 보이려 하거나 나쁘게 보이기 위한 반응을 하기가 어렵다.
(4) 실시하기 쉽다.

2) 단점(한계)
(1) 신뢰도와 타당도가 낮고 피검자에 의한 검열, 채점오류, 해석시의 미묘한 오류, 연령이나 교육 배경을 고려하지 않은 해석, 검사자 편향 등이 생길 수 있다.
(2) 검사의 해석이 복잡하기 때문에 실시자는 상당한 훈련을 받아야 한다.

3. 실시방법

1) 이 검사는 데칼코마니 양식에 의한 대칭형의 잉크 얼룩으로 이루어진 무채색 카드 5매, 부분적인 유채색 카드 2매, 전체적인 유채색 카드 3매로 모두 10매의 카드로 구성되어 있다.
2) 이 카드를 순서에 따라 피검자에게 한 장씩 보여 주고 이 그림이 무엇처럼 보이는지 말하게 한다.
3) 모든 반응은 검사자에 의해 자세하게 기록되며 10장 카드에 대한 피검자의 반응이 끝난 후에 검사자는 다시 각 카드마다 피검자가 카드의 어떤 점 때문에 그렇게 보았는지를 확인하게 된다.
4) 이러한 자료에 근거하여 각 반응은 채점 항목과 기준에 따라 채점되며 채점의 주요항목은 반응영역, 결정요인, 반응내용, 반응의 독창성 여부, 반응의 형태질 등이며 그 밖에 반응수, 반응시간, 채점항목 간의 비율 및 관계 등이 계산되어 구조적 요약표에 정리된다.

4. 로샤(Rorschsch)검사에서 사용하는 채점 지표 (반응의 채점지표)

1) 반응 채점은 Rorschsch 검사에 대한 반응을 Rorschsch 부호로 바꾸는 과정이다.
2) Rorschsch 반응을 부호로 바꾼 다음에는 각 부호의 빈도, 백분율, 비율, 특수 점수를 산출하여 이러한 자료들을 체계적으로 요약하고 해석을 시도하게 된다.
3) 종합체계의 반응은 9가지 항목으로 채점된다.
(1) 반응의 위치(반응영역) : 피검자가 블롯의 어느 부분에 반응했는가?
(2) 반응 위치의 발달 질 : 위치 반응은 어떤 발달수준을 나타내는가?

(3) 반응의 결정요인 : 반응을 결정하는데 영향을 준 블롯의 특징은 무엇인가?

　　*채점시 확인하는 결정인 7가지
　　　형태(F), 운동(M 등), 유채색(FC 등), 무채색(C 등), 음영(T 등), 형태차원(FD), 쌍반
　　　응과 반사반응

(4) 형태질 : 반응된 내용을 자극의 특징에 적절한가?

　　* 내담자의 반응내용이 내담자에게 주어진 자극의 특성과 잘 조화되는지를 평가

(5) 반응 내용 : 반응은 어떤 내용 범주에 속하는가?

(6) 평범 반응 : 일반적으로 흔히 일어나는 반응인가?

(7) 조직(화) 활동 : 자극을 조직화하여 응답했는가?

(8) 특수점수 : 특이한 언어반응이 일어나고 있는가?

(9) 쌍 반응 : 사물을 대칭적으로 지각하고 있는가?

로샤검사의 지표 – 해석적 의미

- D : 스트레스에 대한 내성과 통제력.
- R : 막연한 두려움이나 불안
- H : 대인관계를 나타내는 것
- MOR : 병적인 내용
- Lamda는 형태반응으로 주의력 산만이나 대인관계 등의 어려움이나 장애를 나타내는 지표.

로샤검사의 반응영역

- W : 반응영역 전체
- D : 5%를 설명(부분 반응)
- Dd : 가끔 사용되는 부분(드문 반응)
- S : 공백반응에 대한 내용
- v : 모호반응
- + : 통합반응

투사적 검사(3), 기타검사(1)

학습목표

1. 주제통각검사(TAT : Thematic Apperception Test)의 개요와 종류 학습
2. 홀랜드(Holland) 인성이론 - RIASEC 6 각형 모형에 대한 이해

학습내용

1. 주제통각검사(TAT : Thematic Apperception Test)의 개요와 종류, 해석방법에 대해 학습한다.
2. 홀랜드(Holland) 인성이론과 RIASEC 6 각형 모형의 세부내용에 대해 학습한다.

▣ 주제통각검사(TAT : Thematic Apperception Test)

1. 검사검사의 개요

(1) 1935년에 Harvard 대학교의 임상심리연구실에서 Murray와 Morgan에 의하여 제작된 투사적 검사이다.

(2) 개인과 환경과의 관계를 밝히는 검사로서, 검사 도구는 여러 생활 장면을 묘사한 30매의 그림과 1매의 백색카드이며, 학생들의 연령과 성별에 따라서 그 중 20매를 선택하여 두 번에 걸쳐 실시한다.

(3) 피검자의 성격, 내적 욕구 및 동기, 환경과의 심리적 갈등에 대한 정보를 빠르게 얻을 수 있다는 장점이 있다.

(4) 내담자가 주어진 카드를 중심으로 스스로 이야기나 순서를 만들도록 하는 검사

(5) 기본 가정은 사람들이 모호한 상황을 자신의 과거 경험과 현재의 소망에 따라 해석하는 경향이 있다는 것이다.

2. TAT의 종류

- 머레이(H. Murray)의 욕구이론에 기초하여 제작된 투사적 검사
- 집단으로 시행하는 것도 가능
- 남자청소년과 여자 청소년에게 제시하는 그림이 동일하지 않다.
- 하나의 이야기속에 두명 이상의 주인공이 나타나기도 한다.
- 그림자극에 대한 이야기를 구성하는 과정에서 성격특성과 무의식적 갈등이 나타난다.

1) 아동용 주제통각검사(CAT)
　⑴ Bellak & Bellak이 개발하였으며 3~10세 아동용으로 활용된다.
　⑵ TAT와 다른 점은 그림판에 동물이 등장한다는 점이며 표준 그림판 9매, 보충 그림판 9매 총 18매의 그림판으로 구성된다.
　⑶ 주로 동물그림을 담고 있다. 모호한 검사자극을 통해 개인의 의식 영역 밖의 정신현상을 탐색하여 다양한 대인관계상의 역동성을 알아보는데 유효하다.
2) CAT-H : 동물이 아닌 사람 그림 사용.
3) 노인용 통각검사(GAT) : 가족, 외로움을 묘사한 그림 사용
4) 아동용 로버트 통각 검사(RATC) : 아동용 TAT의 최신판(1990)
5) 이야기 검사(TTMAS) : 소수인종 아동과 청소년 대상, 9개의 성격 기능

3. TAT 해석
1) 해석방법
　⑴ TAT 반응을 해석하기 전에 피검자에 관한 기본 정보(성, 결혼상태, 직업, 연령, 부친의 사망이나 이별 여부, 형제들의 연령과 성 등)는 검사자가 필수적으로 갖고 있어야 한다.
　⑵ 해석의 타당성은 임상가의 훈련과 경험 그리고 역동심리학에 대한 이해에 의존한다.
2) 슈나이드만(Schneidman, 1951)이 제안한 다섯 가지 방식의 해석
　⑴ **표준화법**
　　TAT해석을 수량화하려는 입장이며 각 개인의 검사기록에 의한 TAT 반응상 특징을 항목별로 분류하여 유사점과 이질점을 피검사자군에서 작성된 표준화 자료에 비교하여 분석한다.
　⑵ **주인공 중심의 해석법**
　　가장 중요한 의의를 갖는 연구법으로 이야기에 나오는 주요 인물, 주인공을 중심으로 분석하는 방법으로서 '이야기 속 인물 분석법', '요구-압력 분석법', '주인공 중심법'이 있다.
　⑶ **직관적 방법**
　　정신분석이론에 기초한 가장 비조직적 분석방법이며 해석자의 통찰적인 감정이입 능력에 의존하고 반응내용 기저의 무의식적 내용을 자유연상법으로 해석하는 방법이다.
　⑷ **대인관계법**
　　① Arnold(1949)의 인물 등의 대인관계 상태분석법 : 이야기 중 인물 간 및 인물들에 대한 피검사자의 역할에 비추어 공격, 친화, 도피 감정을 중심으로 분석하는 방법이다.
　　② White(1944)방식 : 이야기에 나오는 여러 인물의 사회적 지각 및 인물들의 상호 관계를

중심으로 분석한다.

(5) **지각법**

피검자의 이야기 내용 형식을 분석하며 도판의 시각 자극의 왜곡, 이야기 자체의 기묘한 왜곡, 언어의 이색적 사용, 사고나 논리의 특성 등을 포착, 분석한다.

3) **해석하는데 관련되는 기본 요인**

주인공, 환경자극의 압력, 주인공의 욕구, 대상에 대한 주인공의 감정(긍정적, 부정적), 주인공의 내적 심리상태, 주인공의 행동표현 방식 등.

**가장 보편적인 진단방법은 말레의 '욕구-압력' 분석을 사용한다. 분석은 다섯 가지 조건으로 행해진다.

① 이야기의 주인공은 누구이며 어떤 특징을 가지고 있는가.

② 주인공의 욕구·의도, 행동의 종류, 욕구의 대상, 그리고 그 현실성을 분석한다.

③ 주인공에게 어떤 외부로부터의 힘이 작용하였으며 그 욕구를 어떻게 방해하고 있는가를 분석한다. 이것을 압력분석이라고 한다. 또한 욕구와 같은 방법으로 압력의 원천과 현실성을 본다.

④ 내적 상태, 이야기 그 자체의 정동성 등을 살핀다.

⑤ 이야기의 결과로서 주인공은 성공했는가, 실패했는가, 만족했는가, 불만이었나 등을 분석한다.

▣ 홀랜드(Holland) 인성이론 – RIASEC 6각형 모형

1. 홀랜드의 인성이론

1) 이 이론은 각 모형형태에서 사람의 속성을 비교할 수 있도록 기술되어 있으므로 개인의 가장 유사한 형태를 결정할 수 있는데 개인이 한 가지나 그 이상의 형태를 갖고 있기 때문에 유사한 다른 형태의 것에 확대하여 결정한다.

2) 각각의 부호는 다음의 6각형 모형을 사용하면 가장 쉽게 이해할 수 있다. 각 형태의 첫 번째 글자로 표기된 6각형은 아래의 그림과 같다. 이 모형에서 6각형 각각에 인접한 다른 유형은 서로 상반된 직선에 있는 것보다 더 유사성을 가지고 있고, 또한 가까이 관련된 유형에 있는 부호는 가까이 있지 않은 부호보다 더 자주 나타나는데, 예컨대 ESC와 RIC의 부호는 CSI와 IES의 부호보다 더 빈번히 나타난다는 것이다.

3) 성격형태와 환경을 서술하기 위하여 홀랜드가 사용한 언어는 개인의 심상을 주제논술로 전환하는 데 매우 유용하다. 이 모형은 개인이 어떻게 생각하고 그들 자신에 대해 이야기하는지에 대해 쉽게 관련지을 수 있다. 홀랜드의 모형은 개인의 결과를 해석하는 수단으로서 많은 흥미검사에서 사용된다.

2. 홀랜드(Holland)의 직업적 성격 유형 6가지

Holland의 6가지 흥미유형

유형	성격특징	직업적성	대표직업의 예
R 실재형	남성적이고 솔직하며 성실, 검소하고 지구력이 있고 신체적으로 건강하고 소박하며 말이 적고 고집이 있고 단순하다. 분명하고 질서정연하고 체계적인 활동을 좋아하며 교육적 활동은 좋아하지 않는다.	기계적, 운동적인 능력은 있으나 대인관계 능력이 부족하다. 수공, 농업, 전기, 기술적 능력이나 연장, 기계, 동물들의 조작을 주로 하는 능력이 있으나 교육적 능력은 부족하다.	기술자, 자동차 기계 및 항공기 조종사, 정비사, 농부, 어부, 엔지니어, 전기 및 기계 기사, 운동선수, 소방대원, 동물전문가, 요리사, 목수, 건축가, 도시계획가
I 탐구형	탐구심이 많고 논리적, 분석적, 합리적이며 정확하고 지적 호기심이 많으며 비판적, 내성적이고 신중하다. 관찰적, 상징적이며 체계적이고 창조적인 탐구에 관심 있으나 사회적이고 반복적 활동에 관심 부족하고 혼자 있는 것을 좋아 한다.	학구적, 지적 자부심을 가지고 있으며 수학적, 과학적 능력과 연구 능력은 높으나 지도력이나 설득력은 부족하다. 혼자 하는 활동에 적합하다.	과학자, 생물학자, 화학자, 물리학자, 인류학자, 지질학자, 의료기술자, 의사, 수학교사, 천문학자, 비행기 조종사, 편집자, 발명가
A 예술형	상상력이 풍부하고 감수성이 강하며 자유분방하고 개방적이다. 개성이 강하고 협동적이지 않다. 예술적 창조와 다양성을 좋아하나 체계적이고 구조화된 활동에는 흥미가 없다.	미술적, 음악적 능력은 있으나 사무적 기술은 부족하다. 상징적, 자유적, 비체계적 순서적 능력은 부족하나 창의적이고 독창적인 활동에 적합하다.	예술가, 작곡가, 음악가, 무대감독, 작가, 배우, 소설가, 미술가, 무용가, 디자이너, 조각가, 연극인, 음악평론가, 만화가

유형	성격특징	직업적성	대표직업의 예
S 사회형	사람들을 좋아하며 어울리기 좋아하고 친절하고 이해심이 많으며 남을 잘 도와주고 봉사적이며 감정적이고 이상주의적이다. 기계, 도구, 물질과 함께 하는 명쾌한 활동에 관심이 없다.	사회적, 교육적 지도력과 대인 관계 능력은 있으나 기계적, 과학적, 체계적 능력은 부족하다.	사회복지사, 교육자, 간호사, 유치원 교사, 종교지도자, 상담가, 임상치료가, 언어치료사, 승무원, 청소년 지도자, 외교관, 응원단원
E 진취형	지배적이고 통솔력, 지도력이 있으며 말을 잘하고 설득적이며 경쟁적, 야심적, 외향적, 낙관적이고 열정적이다. 계획, 통제 관리하는 일과 그에 따른 인정, 권위를 즐긴다.	적극적이고 사회적이고 지도력과 언어 능력이 탁월해 조직의 목적과 경제적 이익을 얻는 일에 적합하나 과학적, 상징적, 체계적 능력은 부족하다.	기업경영인, 정치가, 판사, 영업사원, 상품구매인, 관리자, 연출가, 생활 설계사, 매니저, 변호사, 탐험가, 사회자, 여행안내원, 광고인, 공장장, 아나운서
C 관습형	정확하고 빈틈없고 조심성이 있으며 세밀하고 계획성이 있고 변화를 좋아하지 않으며 완고하고 책임감이 강하다. 정해진 원칙과 계획에 따르는 것을 좋아하나 탐구적, 독창적 능력은 부족하다.	자료를 기록, 정리, 조직하는 일을 좋아하고 사무적, 계산능력이 뛰어나나 창의적, 자율적, 모험적, 예술적, 비체계적 활동에는 흥미가 없다.	공인회계사, 경제분석가, 은행원, 세무사, 경리사원, 감사원, 안전관리사, 사서, 법무사, 통역사, 공무원, 약사, 비서, 보디가드, 우체국 직원

NCS 국가직무능력표준 National Competency Standards

□ **홀랜드 인성이론의 이론의 가정 : 직업적 흥미와 개인의 성격은 같은 차원이다.**

가) 대부분의 사람들은 6가지 유형으로 분류될 수 있다.

나) 6가지 종류의 직업 환경이 존재한다. 일반적으로 각 환경에는 그 성격유형에 일치하는 사람들이 머물고 있다.

다) 자신의 기술과 능력을 발휘할 수 있고 태도와 가치를 표현할 수 있으며, 자신에게 어울리는 문제와 역할을 담당할 환경을 추구한다.

라) 인간 행동은 자신의 성격과 환경의 특성 사이의 상호작용에 의해 결정된다.

홀랜드(Holland)적성탐색검사 검사결과 해석 – 기출문제를 통한 심화학습

1) **RIASEC의 요약점수** : 높은 순으로 3개의 코드

2) **희망직업과의 일치성** : 전체유형과 희망직업 유형간의 일치성 정도

3) **일관성** : 전체유형 간의 유사성을 의미하며, 육각형 모형에서 유형이 근접한 정도로 결정됨

4) **긍정응답률** : 피검사자가 검사의 모든 영역에서 '좋아함' 또는 '예'에 표시한 비율로 흥미의 전반적인 수준을 보여줌.

5) **변별성** : 성격이나 직업 프로파일이 변별되는 수준을 보여줌

기타 검사(2)

🔲 그림검사

– 구다나프(Gooddenough)의 인물화 검사(DAP ; Draw A Person)

1) 아동기부터 청소년까지 인물화의 변화 과정을 제시한다.

2) 아동의 인물화를 통하여 그림을 그린 아동의 지능 발달 수준을 평가한다.

3) 주로 세부 묘사를 얼마나 정확하게 많이 하였는지를 측정한다.

🔲 메코버(Machover)의 인물화 검사

1) 개인이 그린 인물 그림에 그 자신의 신체상이나 자아개념이 투사될 뿐만 아니라, 개인습관 이나 정서적 특성이 나타난다고 가정한다.

2) 인물 그림에 자신에게 중요한 인물에 대한 태도, 사회 상황에 대한 태도 및 검사자나 검사 상황에 대한 태도 등이 반영된다고 보았다.

🔲 벤더 게슈탈트 검사(BGT, Bender Gestalt Test)

1) 검사의 개요

 (1) 벤더(L. Bender)가 1938년 개발한 투사적 검사로 본래 Bender Visual – Motor Gestalt Test 이었던 것을 1940년 BGT로 개칭하였다.

 (2) 형태주의 심리학의 창시자인 베르트하이머(Wertheimer)가 형태 지각 실험에 사용한 여

러 기하학적 도형 중 9단계를 선택하였다(도형 A, 도형 1-8).

(3) **지시** : "여기 9장의 간단한 도형 그림이 있습니다. 앞에 있는 종이에 도형을 똑같이 그려 보세요. 한 장을 다 그리면 다음 장으로 넘어갑니다."

(4) 비언어적 검사로 문화적 영향을 덜 받는다.

(5) 형태심리학과 역동심리학 이론을 근거로 개인의 심리적 과정을 분석할 수 있다.

(6) 인지장애가 심한 기질적 뇌손상 환자에게도 실시할 수 있다.

(7) 여분의 모사용지를 준비하여 수검자가 요구하면 더 사용할 수 있게 한다.

(8) 시각, 운동 및 통합기능을 평가한다.

2) BGT 검사의 특징

(1) 기질적 장애를 판별하려는 목적에서 널리 사용

(2) 뇌손상 이외에 정신증, 정신지체, 그 밖의 성격적인 문제를 진단하는데 적용될 수 있음

(3) 시지각-운동 성숙수준, 정서적인 상태, 갈등의 영역, 행동통제의 특성이 드러남

3) BGT 검사가 유용한 검사자

(1) **언어적인 방어가 심한 환자** : 강박적이고 이지적이며 자기합리화를 하는 경향이 강한 사람들 또는 자신이 가지고 있는 증상 이상으로 병리적인 반응을 보이는 사람들

(2) 문화나 언어적인 배경을 뛰어넘기 때문에 언어적 능력이 제한되어 있는 사람이나 언어 표현이 자유롭지 못한 환자(예 : 긴장성 정신분열환자)

(3) 뇌손상 여부가 의심스러운 사람들

(4) 정신지체를 좀 더 정확히 진단할 수 있음

4) BGT 검사의 실시 방법

(1) **모사(copy)단계** : 한 장의 용지에 9개의 도형을 하나씩 그대로 옮겨 그리게 한다.

(2) **회상(recall)단계** : 우연한 회상이 이루어진다.

(3) **재모사(recopy)단계** : 모사에서 모호한 경우 재검사를 실시한다.

(4) **정교화(elaboration)단계** : 사고의 확장이 이루어진다.

5) 채점(Pascal-Suttell식 채점)

오류 즉, 이탈(일탈)을 채점 / 채점 항목이 미리 정해져 있음 / 교육정도(중등교육, 대학교육)에 따라 두 개의 규준표 있음 / 전적으로 객관적인 것은 아니다.

예) '크기의 일탈

• 전체적으로 크거나 작은 그림

• 점진적으로 커지거나 작아지는 그림

• 고립된 큰 그림 또는 작은 그림

BGT검사 - 기출문제를 통한 심화학습

- BGT검사에서 도형 A의 위치(Position of the first drawing)
- 도형 A를 어디에 그리는가에 대해서 평가하는 것이다.

> 1. 도형 A가 용지 상부의 1/3이내에 있고 가장자리에서 2.5cm 이상 떨어져 있다면 정상적인 위치에 있는 것으로 볼 수 있다.
> 2. 용지의 왼쪽 또는 오른쪽 아래의 모서리에 A도형을 그리면 매우 병리적인 상태임이 시사 된다.
> 3. 소심하거나 겁이 많은 사람은 A도형을 극단적으로 왼쪽 위의 모서리에 배치하고 도형을 전체적으로 작게 그리는 경향이 많다.
> 4. 자기중심적이고 주장적인 사람은 용지의 중앙에 비치하면서 크게 그리는 경향이 있는데, 도형 하나에 용지 1매를 사용하는 경우도 있다.

동적 가족화검사(KFD: Kinetic Family Drawing)

1. KFD의 해석영역은 인물상의 행위, 그림의 양식, 그림의 역동성, 상징, 인물상의 특성

2. 해석 예

1) 인물상의 행위
   - 가족 전체가 상호작용을 하고 있는지?
   - 가족의 일부만 상호작용을 하고
   - 가족 내 상호작용을 하지 않는지? 등

2) 그림의 양식
   - 가족관계 내에서 자기의 감정과 상태, 신뢰감을 나타냄.
   - 일반적으로 신뢰감이 있고 원만한 가족관계를 형성하고 있는 경우는 가족 사이에 장애물이 없고 온화하고 편안한 관계를 암시하는 그림 표현
   - 관계상의 직선, 곡선 활용하기도 하고 용지를 접는 경우 등

3) 그림의 역동성
   - 그림 전체의 맥락에서 가족 간의 역동성을 파악
   - 인물 묘사의 순서는 가족 내의 힘 서열을 반영하고 심리적으로 중요한 대상을 먼저 그리는 것 등을 탐색
   - 성별의 경향은 남아의 경우는 자기상을 우측에 여아는 좌측에 그리는 경향이 있음.
   - 인물의 위치에서도 용지를 상하로 구분했을 때 위쪽으로 그려진 인물상은 가족 내 리더로서의 역할

기타 검사지

1. K-ABC검사

한국판K-ABC는 7년간의 개발과정을 거쳐 2세 6개월 ~ 12세 6개월의 한국 아동의 지능을 측정하기 위하여 미국판K-ABC 지능검사를 우리나라의 문화적 특성에 맞도록 수정개발한 다음 표준화한 개인지능검사

K-ABC는 모두 16개의 하위검사로 구성되어 있으며 아동의 인지발달단계(연령)에 따라 선정된 6개 ~ 13개 정도가 실시되며 검사결과를 통해 Cattell의 유동성지능-결정성지능이론에 따라 유동성지능에 해당되는 인지처리과정지능과 결정성지능에 해당되는 습득도지능을 측정

인지처리지능은 다시 좌측뇌의 능력인 순차처리능지능(분석력)과 우측뇌의 능력인 동시처리지능(통합력)으로 분리해서 측정할 수 있도록 구성되어 있어서 아동의 순차처리지능, 동시처리지능, 인지처리과정지능, 습득도지능을 비교하므로서

1) 아동이 어떤 유형의 문제해결능력을 가지고 있고
2) 아동이 좋아하는 학습방법은 무엇이며
3) 아동에게 가장 적합한 학습지도방법은 무엇인지를 분석할 수 있도록 되어 있습니다. 그리고 여러 하위검사에 대한 반응을 분석하여
4) 아동이 지니고 있는 여러 가지 학습저해 요인들을 파악할 수 있으므로 아동들의 학습지도에 필요한 실제적이고 유용한 정보를 얻을 수 있음.

2. K-CBCL(Korea-Child Behavior Checklist) 아동/청소년 행동평가척도

Achenbach와 Edelbrock(1983)이 개발한 CBCL을 우리나라에서 번역하여 표준화한 행동평가도구.

3. Sacks의 문장완성검사(SSCT: Sacks Sentence Completion Test)

1) 성인용

이 검사는 Josepg M. Sacks에 의해 개발되었다. Sacks는 20명의 심리치료자에게 적응에 있어 중요한 '가족, 성, 자기개념, 대인관계'의 네 가지 영역에 관한 피검자의 중요한 태도 및 임상적 자료를 이끌어낼 수 있는 미완성 문장 3개씩을 만들도록 하였다.

각 영역별 문항을 구체적으로 보면 다음과 같다.

(1) 가족(12문항)

이 영역은 어머니, 아버지, 가족에 대한 태도를 담고 있는 문항으로 구성되어 있다. 어머

니와 아버지, 그리고 가족 전체에 대한 태도를 나타내도록 하는 문장으로 구성되어 있으며, 피검자가 경계적이고 회피적인 경향이 있다하더라도 네 개의 문항들 중 최소 한 개에서라도 유의미한 정보가 드러나게 된다.

(2) 성(8문항)

이 영역은 이성 관계에 대한 것으로 여성, 결혼, 성 관계에 관한 태도를 표현할 수 있는 문항으로 구성되어 있다. 이 문항들은 사회적인 개인으로서의 여성과 남성, 결혼, 성적 관계에 대하여 자신을 나타내도록 한다.

(3) 대인관계(16문항)

이 영역은 친구, 지인, 직장동료, 직장상사에 관한 태도를 포함한다. 이 영역의 문항들은 가족 외의 사람들에 대한 감정이나 자신에 대해 타인이 어떻게 느끼는지에 관한 피검자의 생각들을 표현하게 한다.

(4) 자기개념(24문항)

이 영역은 자신의 두려움, 죄의식, 목표, 자신의 능력, 과거와 미래에 대한 태도가 포함되며, 이 영역에서 표현되는 태도들은 현재, 과거, 미래의 자기개념과 그가 바라는 미래의 자기상과 실제로 자기가 될 것 같다고 생각하는 모습에 대한 정보를 제공해 준다. 즉, 이런 표현을 통해서 임상가는 피검자가 자신을 어떻게 생각하고 있는지를 알 수 있는 것이다.

2) 아동용 문장완성 검사

아동의 욕구상태와 부모 및 교사, 동성, 이성 친구에 대한 태도를 파악하기 위해 실시하며 성격 역동엥 대한 심리진단 정보를 얻고 전반적인 심리적 적응을 판단하는 데 사용된다. 이 검사는 다음과 같은 4가지 영역으로 구성되어 있다.

(1) 가족

이 영역은 어머니, 아버지, 가족에 대한 태도를 담고 있는 문항으로 구성되며 가족에 대한 지각, 정서적 관계 등을 파악할 수 있다.

(2) 사회

또래와의 상호작용, 일반적인 대인관계 등에 대해 파악할 수 있다.

(3) 학교

학교에 대한 지각 성취와 욕구에 대한 지각 등을 파악할 수 있다.

(4) 자기

미래 지향, 소원, 일반적인 정신건강 등의 개인내적 기능을 파악할 수 있다.

차원	평가영역	척도
가족	외부환경	가족에 대한 지각
		또래에 대한 지각
사회	외부환경	또래와의 상호작용
		일반적인 대인관계
학교	자기지각	학교에 대한 지각
		욕구지향
자기	개인내적 기능	개인적인 평가
		미래지향
		일반적인 정신건강

심리측정
및 평가

28강 심리평가의 의미와 척도이해

학습목표	1. 심리평가의 의미 이해 2. 각종 척도와 규준의 이해

학습내용	1. 심리평가 및 행동관찰법의 내용을 학습한다. 2. 각종 척도의 내용과 차이점, 정규분포와 규준 등을 학습한다.

01 심리평가(psychogical assessment)의 정의로 옳은 것은?

① 심리적 특성에 대한 체계적인 면담이다.
② 심리검사, 면담, 행동관찰, 개인력 등 개인에 관한 정보를 종합적으로 통합하는 과정이다.
③ 얻어진 검사점수의 질을 객관적인 기준에 따라서 분류하는 과정이다.
④ 심리적 특성을 나타내는 행동표본을 표준화된 방식으로 측정하는 기법이다.
⑤ 명확한 공식이나 규칙에 따라서 사람의 특성을 수량화하는 것이다.

정답 ②

해설 심리평가(psychogical assessment)란 심리검사, 면담, 행동관찰, 개인력 등 개인에 관한 정보를 종합적으로 통합하는 과정이다.

02 행동관찰법에 관한 설명으로 옳은 것을 모두 고른 것은?

가. 관찰할 행동에 대한 조작적 정의가 명확해야 한다.
나. 자연적 상황의 관찰은 인위적 상황의 관찰보다 반응성 문제가 적다.
다. 평정자가 한 번에 관찰해야 하는 표적행동의 개수는 많을수록 좋다.
라. 발생빈도가 낮은 행동의 기록은 간격기록법을 사용한다.

① 가, 나   ② 가, 다
③ 나, 다   ④ 나, 라
⑤ 다, 라

정답 ①

해설 행동관찰법은 초기 면담 동안에 나오는 행동의 특정영역을 측정하는 구체적인 전략과 기법이다.

03 심리검사를 위해 쓰이는 척도 중 인간의 여러 가지 특성을 분류하기 위해 측정대상의 속성에 수치를 부여하는 것은?

① 명명척도   ② 서열척도
③ 등간척도   ④ 비율척도
⑤ 순위척도

정답 ①

해설 명명척도는 명목척도라고 하며 분류를 목적으로 측정대상의 속성에 수치를 부여한 것이다.

04 정규분포에 관한 설명으로 옳은 것은?

① 수검자 수가 적을수록 정규분포에 가까워진다.
② 심리검사 결과가 정규분포를 이룬다면, 평균으로부터 2표준편차 이내에 전체 사례의 68.26%가 포함된다.
③ 측정 특성이 동질적일수록 정규분포에 가까워진다.
④ 한 점수를 다른 유형의 점수로 전환할 때 정규분포의 속성들을 활용할 수 있다.
⑤ 정규분포에서 최빈치는 평균과 일치하지 않는다.

정답 ④

해설 ① 수검자 수가 많을수록 정규분포에 가까워진다.
② 심리검사 결과가 정규분포를 이룬다면, 평균으로부터 1표준편차 이내에 전체 사례의 68.26%가 포함된다.
③ 측정 특성이 이질적일수록 정규분포에 가까워진다.
⑤ 정규분포에서 최빈치는 평균과 일치한다.

05 백분위에 관한 설명으로 옳은 것을 모두 고른 것은?

> ㄱ. 백분위 80은 100점 만점에서 80점에 해당된다.
> ㄴ. 백분위는 서열척도이다.
> ㄷ. 백분위는 능력검사와 성격검사에서 사용된다.
> ㄹ. 백분위는 준거–참조점수이다.

① ㄱ, ㄴ   ② ㄱ, ㄹ
③ ㄴ, ㄷ   ④ ㄴ, ㄹ
⑤ ㄷ, ㄹ

정답 ③

해설 백분위 80은 100점 만점에서 상위 20점에 해당된다. 백분위는 상대평가로서 규준–참조
검사이다.

06 등간척도에 관한 설명으로 옳은 것은?

① 절대영점이 없다.
② 범주척도라고도 한다.
③ 변량분석을 수행할 수 없다.
④ 우편번호는 등간척도에 해당한다.
⑤ 상대적 크기에 관한 정보를 주지 못한다.

정답 ①

해설 등간척도는 동간척도라고도 하며 절대영이 없기 때문에 산술계산은 가능하지만 비율계산
을 할 수 는 없다.

학습목표
1. 난이도, 변별도, 실용도 이해
2. 신뢰도와 타당도의 이해

학습내용
1. 심리검사의 문항개발과 난이도, 변별도, 실용도 등의 내용을 학습한다.
2. 심리검사의 제작과 신뢰도와 타당도의 유형과 내용 등을 학습한다.

01 문항점수가 내담자에게 얼마나 적합한지를 구별하는 여러 척도들 중 다음 〈보기〉에서 설명하는 것은?

> **보 기**
>
> • 내담자 개인이 한 문항에서 얼마나 좋은 점수를 얻었는지에 기반하여 그 문제가 내담자의 정서를 얼마나 잘 구별하는지 가려내는 척도이다.
> • 문항과 그 문항의 점수 사이의 관계인 문항총점상관과 관련되어 있으며, 이 척도가 높을수록 내담자의 수준을 더 효율적으로 판단할 수 있다.

① 난이도   ② 변별도
③ 실용도   ④ 인지도
⑤ 타당도

정답 ②

해설 지문의 내용은 변별도에 대한 설명이다.

02 다음 중 내담자의 성향측정에 필요한 심리검사에서의 상관분석에 대한 설명으로 옳은 것은?

① 상관분석에서 두 가지 변인 사이의 관계가 반비례관계이면 두 변인 사이에는 정적 상관이 있다고 본다.

② 두 가지 변인 사이의 관계를 설명함으로써 내담자 주위에서 벌어지는 상황들을 내담자 스스로 이해하게 하기 위해 사용된다.

③ 선형성은 X변인과 Y변인의 흩어진 정도 사이에는 특별한 관련이 없음을 나타내는 것이다.

④ 단순상관분석에서 산포도는 X변인과 Y변인이 평균점수에서 흩어져 있는 정도를 표현하는 것으로, 두 변인 사이의 선형성의 방향을 알 수 있다.

⑤ 상관분석을 위한 여러 가지 특수상관계수들 중 파이계수는 두 가지 변인이 모두 서열척도일 때, 양류상관계수와 양분상관계수를 서열척도로 바꿀 경우, 극단적으로 척도 값의 분포가 나타날 때 사용된다.

정답 ②

해설 ① 상관분석에서 두 가지 변인 사이의 관계가 반비례관계이면 두 변인 사이에는 부적 상관이 있다고 본다.
③ 선형성은 X변인과 Y변인간의 관계가 직선적인지 아닌지를 살펴보는 것으로, 산포도를 통해 파악할 수 있다.
④ 산포도는 X축과 Y축에 각기 다른 변인을 설정하고, 각 변인에 점을 찍어 두 변인 사이의 관계를 나타내는 도표로서 각 사례에서 얻은 두 변인의 값을 짝으로 이차적인 평면 위에 나타내는 것이다.
⑤ 파이계수는 두 변인이 모두 이분화된 명목척도일 때 두 변인 사이의 상관관계를 나타내는 방법이다.

03 다음 중 검사-재검사 신뢰도에 대한 설명으로 옳은 것끼리 묶인 것은?

> ㉠ 검사를 반복해서 얻은 점수 간 상관의 정도를 알아보는 방법이다.
> ㉡ 두 점수 간 상관도가 높을수록 신뢰도도 높다.
> ㉢ 기억효과, 연습효과 등을 극복할 수 있다는 장점이 있다.
> ㉣ 한 검사 안에 있는 문항을 각각 독립된 별개의 검사로 여기고, 문항 안의 정답과 오답 간의 일관성을 표현한 것이다.

① ㉠, ㉡   ② ㉠, ㉢
③ ㉡, ㉢   ④ ㉡, ㉣
⑤ ㉢, ㉣

> **정답** ①

> **해설** ㉢ 기억효과, 연습효과 등으로 인해 신뢰도가 위협을 받는다.
> ㉣은 문항합치도신뢰도에 대한 설명이다.

04 심리검사의 4가지 평정척도 중 검사의 신뢰도를 낮추는 원인이 아닌 것은?

① 문제의 길이가 긴 경우
② 검사에 결함이 있는 경우
③ 내담자가 문제의 뜻을 헷갈리게 하는 경우
④ 검사 당일 검사를 받는 내담자의 컨디션이 나쁜 경우
⑤ 검사를 받는 내담자가 동일한 검사를 이전에 받아본 경우

> **정답** ①

> **해설** 검사를 받는 표집의 범위가 클 때에는 문제의 길이가 길 경우에 오히려 검사의 신뢰도가 높아진다.

05 다음의 설명 중 틀린 것을 모두 고르시오.

> 가. 타당도가 높은 검사는 신뢰할 수 있다.
> 나. 검사와 준거 검사 간의 신뢰도 계수가 낮으면 이에 따라 타당도 계수도 낮아진다.
> 다. 신뢰도는 검사하고자 하는 심리 특성을 그대로 반영하고 있는지의 문제이다.
> 라. 신뢰도는 외적 준거와 관련이 있다.

① 가, 나   ② 가, 다
③ 나, 다   ④ 나, 라
⑤ 다, 라

> **정답** ⑤

> **해설** '다'와 '라'는 타당도에 대한 설명이다.

06 측정의 신뢰도 확보 방안 중 변량분석에 따라 신뢰도를 재는 척도로서, 0부터 1까지의 계수값을 가지며 값이 클수록 신뢰도가 높은 방법은?

① 문항내적합치도
② 반분신뢰도
③ 스피어만의 적률상관계수
④ 크론바흐의 α계수
⑤ 스턴버그의 지능측정지수

정답 ④

해설 지문의 내용은 크론바흐의 α 계수의 내용을 설명한 것으로 이는 검사를 구성하는 문항 간 내적일관성이나 합치도의 정도를 나타내는 지수 혹은 측정치를 말한다. 1에 가까울수록 문항의 동질성이 높다는 것을 말한다.

심리측정
및 평가

30강 타당도와 확인방법

학습목표	1. 타당도의 종류와 내용 이해 2. 타당도 유형별 확인방법의 이해

학습내용	1. 타당도의 종류와 내용 등을 학습한다. 2. 타당도 유형별 확인방법과 MTMM 을 학습한다.

01 다음 중 측정된 값과 평가기준 간 상관관계의 지수를 가지고 있으며, 타당
도를 나타내는 계수로서 가장 많이 사용되는 것으로, 외부 기준으로 쓰인
측정계수들 자체의 신뢰도와 타당도를 구할 경우에는 신뢰도와 타당도가
모두 검증된 측정치를 사용해야 하는 타당도의 종류에 해당하는 것끼리 묶
인 것은?

> ㉠ 내용타당도   ㉡ 구인타당도   ㉢ 예언타당도
> ㉣ 공인타당도

① ㉠, ㉡   ② ㉠, ㉣
③ ㉡, ㉢   ④ ㉡, ㉣
⑤ ㉢, ㉣

정답 ⑤

해설 지문의 내용은 준거타당도에 대한 설명이며 준거타당도에는 예언타당도와 공인(동시)타
당도가 있다.

02 심리검사의 타당도에 관한 설명으로 옳지 않은 것은?

① 내용타당도는 측정변인이 구체적일수록 검증이 어렵다.
② 안면타당도가 높아도 내용타당도는 낮을 수 있다.
③ 예언타당도는 미래의 행동특성을 준거로 검증할 수 있다.
④ 공인타당도는 검사와 외적준거 간의 상관계수로 표현할 수 있다.
⑤ 구인타당도는 요인분석이나 다특성-다방법 행렬분석으로 검증할 수 있다.

정답 ①

해설 내용타당도는 난이도 타당도, 논리적 타당도 등으로 불리우며 측정변인이 구체적일수록 타당도 검증이 수월해진다.

03 심리검사의 타당도가 양호하게 산출되는 조건이 아닌 것은?

① 검사의 신뢰도가 낮기보다는 높은 경우
② 심리검사의 문항 수가 적기보다는 많은 경우
③ 소규모보다는 대규모 표본에서 검증하는 경우
④ 심리검사 결과가 기본구성비율(base rate)보다 민감도가 낮은 경우
⑤ 심리검사의 결과가 실제 선발 여부와 유의한 관계가 있을 때, 선발확률을 높이기보다는 낮추는 경우

정답 ④

해설 심리검사의 타당도를 향상시키는 조건으로는 신뢰도, 문항수, 표본의 크기 등이다.

04 심리검사의 준거타당도에 관한 설명으로 옳은 것을 모두 고른 것은?

ㄱ. 검사점수와 동시간대 존재하는 준거변인의 점수 간 상관계수를 계산하는 것이 공인타당도이다.
ㄴ. 예언타당도는 미래의 행동유형을 측정하고자 하는 검사에 주로 사용된다.
ㄷ. 공인타당도와 예언타당도는 검사점수와 준거변인 중 하나라도 점수의 범위가 제한되면 상관계수 크기가 작아진다.
ㄹ. 공인타당도와 예언타당도 모두 통계적 수치가 타당도 계수로 제공된다.

① ㄱ, ㄴ   ② ㄱ, ㄷ

③ ㄱ, ㄷ, ㄹ   ④ ㄴ, ㄷ, ㄹ

⑤ ㄱ, ㄴ, ㄷ, ㄹ

정답 ⑤

해설 지문의 내용은 준거타당도에 대한 설명이다.

05 다특성-다방법 행렬(multitrait-multimethod matrix)에 따른 실험설계를 통해 확인하는 타당도는?

① 예언타당도   ② 수렴변별타당도

③ 준거타당도   ④ 내용타당도

⑤ 안면타당도

정답 ②

해설 '다특성-다방법 행렬(multitrait-multimethod matrix)'은 구성타당도를 확인하기 위한 방법으로 수렴타당도와 변별타당도를 구하는 방식이다.

06 타당도를 검증하는 여러 방법 중 다음 〈보기〉에 해당하는 것은?

> **보 기**
>
> • 여러 가지 타당도 척도 중 구인타당도를 검증하기 위한 방법이다.
> • 검사를 구성하는 문항들 사이의 상관성을 기반으로 잠재적 변수가 되는 요인을 뽑아낸다.
> • 검사방법을 만들 때 개발자가 가정했던 이론적 요인이 심리검사에서 나타나는지 파악하는 것이다.

① 요인분석   ② 상관분석

③ 문항분석   ④ 단순상관분석

⑤ 규준분석

정답 ①

해설 지문의 내용은 요인분석에 대한 설명이다.

31강 심리검사의 종류 및 검사변인

학습목표	1. 심리검사의 종류와 특징을 이해 2. 심리검사와 변인의 이해

학습내용	1. 심리검사의 종류와 특징, 객관적/주관적 검사 등을 학습한다. 2. 심리검사와 각종변인/ 검사상황 변인 등에 대해 학습한다.

01 심리검사의 종류 중 다음 〈보기〉에서 설명하는 것은?

> **보기**
>
> 지각 속도나 내담자의 기계적 기억력을 재는 검사처럼 비교적 쉽고, 난이도가 비슷한 문항을 주고 내담자가 주어진 시간 안에 정답을 얼마나 많이 맞혔는지를 측정하는 검사이다.

① 역량검사   ② 속도검사   ③ 규준참조검사
④ 준거참조검사   ⑤ 지식-기반검사

정답 ②

해설 지문의 내용은 '속도검사'에 대한 설명이며 속도검사는 비교적 쉬운 문제를 제한된 시간 안에 많이 해결하도록 하는 검사이다.

02 심리검사의 여러 분류 방법 중 측정영역에 따른 분류방식에 해당하지 않는 것은?

① 지능검사   ② 흥미검사   ③ 성격검사
④ 학력검사   ⑤ 도구에 의한 검사

해설 ⑤의 내용은 측정방법에 따른 분류방식에 의한 것이다.

03 성격검사 중 객관적 검사들을 모두 고른 것은?

> ㄱ. MBTI   ㄴ. DAP   ㄷ. PAI
>
> ㄹ. TC   ㅁ. HTP

① ㄱ, ㄴ, ㄹ   ② ㄱ, ㄷ, ㄹ
③ ㄴ, ㄷ, ㄹ   ④ ㄴ, ㄹ, ㅁ
⑤ ㄷ, ㄹ, ㅁ

정답 ②

해설 DAP는 사람을 주요내용으로 하는 그림 검사. HTP는 집, 나무, 사람 검사

04 심리검사 장면에서 로젠탈(Rosenthal)효과에 관한 설명으로 옳은 것은?

① 검사자의 기대가 검사결과에 영향을 미친다.
② 검사자의 판단이 양극단보다는 가운데로 몰린다.
③ 검사자의 판단이 관대한 경향을 보인다.
④ 검사결과는 검사내용이 같아도 검사형식에 따라 달라진다.
⑤ 수검자의 선행경험이 결과에 영향을 미친다.

정답 ①

해설 로젠탈(Rosenthal)효과는 결과치에 대해 사전에 갖는 기대효과라고 하며 검사자가 피검자에게 검사결과에 대한 기대를 보임으로써 실제로 피검자의 능력이나 성적 등이 높게 나타나는 현상(효과)라고 할 수 있다.

05 다음 중 손다이크(Thorndike)가 주장한 검사점수의 변동 원인 중 개인의 일시적·특수적 특질에 해당하는 것은?

① 개인의 건강 및 피로, 정서적 긴장
② 검사문항이 요구하는 지식과 기능
③ 동기 및 감독자와의 인간관계
④ 특정 검사자극과 관련된 태도, 정서적 반응, 습관
⑤ 검사가 요구한 지식 혹은 기능에 대한 내담자의 연습 정도

정답 ⑤

해설 • 개인의 건강 및 피로, 정서적 긴장/동기 및 감독자와의 인간관계 : 개인의 일시적, 일반적 특질
 • 검사문항이 요구하는 지식과 기능/특정 검사자극과 관련된 태도, 정서적 반응, 습관 : 개인의 영속적, 특수적 특질

06 내담자를 위한 심리검사에서의 고려사항 중 검사상황 변인에 대한 설명으로 옳은 것은?

① 종합적인 심리검사의 경우, 검사에 걸리는 시간과 내담자의 심리적 안정도 및 피로도 등을 고려하여 2~3번에 나누어 실시하는 것이 좋다.
② 심리검사에 대한 내담자의 저항이 지나치게 강할 경우, 무리하게 계속해서 검사를 진행하기보다는 검사를 중단하거나 뒤로 미루는 것이 바람직하다.
③ 검사 시행 전후의 내담자에 대한 검사자의 다양한 태도들은 내담자와의 검사가 제대로 진행되는 데 중요한 영향을 미친다.
④ 검사자는 심리검사 도중 내담자가 자신의 응답을 스스로 체크하거나 고치지 않고, 문제에 대해 떠오르는 반응을 있는 그대로 자연스럽게 응답하도록 도와주어야 한다.
⑤ 검사자는 내담자에게 동기를 부여해 주고 내담자가 심리 검사에 좀 더 적극적으로 참여하도록 돕는 전문적 기술을 습득해야 한다.

정답 ①

해설 ② 심리검사에 대한 내담자의 저항이 지나치게 강할 경우, 무리하게 계속해서 검사를 진행하기보다는 검사를 중단하거나 뒤로 미루는 것이 바람직하다. : 내담자 변인

③ 검사 시행 전후의 내담자에 대한 검사자의 다양한 태도들은 내담자와의 검사가 제대로 진행되는 데 중요한 영향을 미친다. : 검사자 변인
④ 검사자는 심리검사 도중 내담자가 자신의 응답을 스스로 체크하거나 고치지 않고, 문제에 대해 떠오르는 반응을 있는 그대로 자연스럽게 응답하도록 도와주어야 한다. : 평가동맹형성 변인
⑤ 검사자는 내담자에게 동기를 부여해 주고 내담자가 심리 검사에 좀 더 적극적으로 참여하도록 돕는 전문적 기술을 습득해야 한다.– 평가동맹형성 변인

07 다음 중 심리검사에서 검사자가 범하기 쉬운 평정의 오류를 막기 위한 대책으로 옳지 않은 것은?

① 평정척도의 형태에 구체적인 지침을 세운다.
② 연구대상이 되는 행동들에 대해 일반적인 용어의 사용을 지양한다.
③ 가능한 한 검사자가 참고할 다른 관찰자의 평정의 개수를 줄인다.
④ 평정척도에서 쉽게 관찰될 수 있는 주요 특징들은 모두 포함되어야 한다.
⑤ 평정척도에서 얻어진 결과들을 내담자의 실제 생활에 적극적으로 활용한다.

정답 ③

해설 평정를 할 때는 가능한 많은 관찰자의 평정들을 참조한다.

지능이론 및 지능/성격검사

학습목표
1. 지능이론과 지능검사의 특징 이해
2. MBTI, HTP 등 성격검사의 이해

학습내용
1. 학자별 지능이론과 대표적 지능검사의 내용에 대해 학습한다.
2. 성격이론 및 MBTI, HTP 등 성격검사 등을 학습한다.

01 지능을 맥락적 지능이론, 경험적 지능이론, 성분적 지능이론으로 구성된 것
으로 가정한 지능모형은?

① 젠센(A. Jensen)의 2수준 지능이론
② 케텔-혼(Cattell and Horn)의 유동성-결정성 지능모형
③ 버논-버트(Vernon and Burt)의 위계적 모형
④ 스턴버그(R. Sternberg)의 삼원지능모형
⑤ 써스톤(L. Thurstone)의 기본정신능력 모형

정답 ④

해설 스턴버그(R. Sternberg)의 삼원지능모형은 지능을 맥락적 지능이론, 경험적 지능이론, 성
분적 지능이론으로 구성된 것으로 가정한 지능모형이다.

02 다음 〈보기〉 중 지능에 대한 설명으로 올바르지 못한 것을 모두 고르시오.

보 기

가. 가드너는 지능을 한 문화권 혹은 여러 문화권에서 가치있게 인정되는 문
제를 해결하거나 산물을 창조해 내는 능력이라고 보았다.
나. 웩슬러는 지능을 어떤 목적을 향하여 행동하고 합리적으로 사고하며 환경
을 효과적으로 다루는 능력이라고 보았다.
다. 스피어만은 지능을 추상적으로 사고하는 능력으로 보았다.
라. 헨몬은 지능을 학습하는 능력으로 보았다.
마. 스턴버그는 지능을 생활의 새로운 문제나 상황에 대한 정신적 적응능력으
로 보았다.

① 가, 나, 다   ② 나, 다, 라

③ 다, 라, 마   ④ 가, 마

⑤ 라, 마

정답 ⑤

해설 '라'는 디어본(Dearborn), '마'는 스턴(Stern)의 지능에 대한 정의이다.

03 MMPI-2의 척도 중 불안과 자아강도, 사회적 책임감, 적대감, 중독 인정 등의 정도를 측정하는 것은?

① 내용척도   ② 보충척도

③ 임상척도   ④ 타당성척도

⑤ PSY-5척도

정답 ②

해설 지문의 내용은 '보충척도'에 대한 내용이다.

04 MMPI-A를 해석할 때 검토해야 할 질문으로 옳지 않은 것은?

① 수검자의 반응 태도는 어떠한가?

② 수검자의 쓰기 능력은 어떠한가?

③ 수검자의 강점은 어떠한가?

④ 수검자의 대인관계는 어떠한가?

⑤ 수검자의 학교생활은 어떠한가?

정답 ②

해설 '수검자의 쓰기 능력은 어떠한가?'라는 질문은 '능력'에 대한 질문이므로 적절하지 않다.

05 MBTI 검사의 성격유형 지표 중 의사판단을 하는 기능에 따라 그 선호의 축이 결정되는 것은?

① 외향(Extraversion) / 내향(Introversion)
② 외향(Extraversion) / 직관(iNtuition)
③ 감각(Sensing) / 직관(iNtuition)
④ 사고(Thinking) / 감정(Feeling)
⑤ 판단(Judging) / 감정(Feeling)

정답 ④

해설 사고(Thinking) / 감정(Feeling)의 양극단은 의사결정에 대한 태도를 보여주는 것이다.

06 다음 중 HTP의 해석방법으로 올바르지 못한 것은?

① 집 그림의 굴뚝에서 연기가 뿜어져 나오는 것은 피검자가 집안의 갈등 상황을 표현한 것으로 생각할 수 있다.
② 사람 그림을 그리라고 할 때 다른 성을 먼저 그리는 피검자의 경우 성 역할 동일시에 갈등이 있거나 현재 생활에서 특정 이성에 대한 비중이 큰 상태임을 시사한다.
③ 과도하게 지우개를 사용하는 피검자의 경우 불안정, 초조 및 자신에 대한 불만 등이 내재되어 있다고 볼 수 있다.
④ 그림의 선이 흐린 경우에는 피검자가 감정표현을 하는 데 있어서 억제와 억압을 하고 있다는 의미로 해석할 수 있다.
⑤ 과도하게 지붕을 크게 그린 경우에는 심각하게 성격이 위축되어 있다고 해석할 수 있다.

정답 ⑤

해설 과도하게 지붕을 크게 그린 경우는 환상에 과몰입되어 있고, 외부 대인접촉으로부터 철수되어 있다고 해석한다.

04

상담이론

상담이론

1강 청소년상담의 의의와 특성

학습목표
1. 청소년상담의 정의와 의의를 학습
2. 청소년상담의 특징과 내담자 특징의 이해

학습내용
1. 청소년상담의 정의와 성인상담과의 차이점 등을 학습한다.
2. 발달단계의 내용을 반영한 청소년상담의 특징과 내담자 특징 등을 학습한다.

☐ 청소년 상담의 의의

1. 청소년상담은 성인상담과 달리 내담자와 상담자의 관계, 상담과정, 상담기술과 전략 면에서 다른 접근이 필요하다.
   - 청소년들은 자아정체감을 형성하고 개별화하는 과정 중에 있어 스스로 선택하며 자신의 삶을 자율적으로 통제할 수 있다는 확신을 갖기가 쉽지 않다.
     따라서 청소년을 상담하는 상담자는 자율성에 대한 이러한 청소년의 딜레마를 이해할 수 있어야 한다.

2. 청소년 문제를 효과적으로 해결하고 최적의 성장을 이루기 위해서는 청소년의 특징을 고려한 독자적인 청소년상담 영역이 전문화되어야 한다고 강조한다.
   - 청소년상담은 성인상담이나 아동상담과 달리 청소년 내담자의 특성, 즉 상담에 대한 자발성, 체계적 접근의 필요성, 사이버 공간에 대한 선호 등을 고려한 상담이론과 기법들이 필요하다는 것이다.
     이러한 청소년 특징을 고려하여 "청소년들이 원하는 것을 청소년들에게 알맞은 방법으로 제공하여 그들이 행복하게 살아갈 수 있도록 돕는 활동이다."
   - 청소년 상담은 청소년의 바람직한 발달 및 성장과 행복한 삶을 위해 청소년과 주변환경을 대상으로 직접적, 간접적 상담활동을 하는 것이라고 할 수 있다.

청소년 상담이 성인상담과 다른 점

- **첫째,** 청소년상담의 대상은 청소년, 청소년관련인 그리고 관련 기관이다. 청소년 관련인이 란, 부모, 교사, 청소년 지도자 등 청소년 주변의 사람을 말하며 청소년 관련기관은 가정, 학교, 청소년 고용업체, 청소년 수용기관, 청소년 봉사기관 등이 포함된다. 청소년은 주변 의 가족, 또래, 학교, 환경 등의 주변 요인들과 밀접하게 관련되어 있기 때문에 청소년을 상 담하는 경우 대부분 그를 둘러싼 주변의 주요 관계들과 환경에 대한 개입이 포함되게 마련 이다.
- **둘째,** 청소년 상담의 목표는 심리치료적 측면보다는 청소년의 건전한 발달, 성장을 돕는 예 방 및 교육적 측면이 강조된다. 청소년상담은 성인상담에서 강조되는 정서문제, 부적응 행 동, 정신과적 병리 등의 치료도 중요하지만 문제예방과 건전한 성장을 돕기 위한 프로그램 의 실시 및 훈련 등의 심리교육적 활동이 더 강조된다고 하겠다.
- **셋째,** 청소년 상담의 방법은 일대 일의 개인면접뿐만 아니라 소규모, 대규모 형태의 집단교 육 및 훈련, 컴퓨터나 전화 등을 이용한 매체상담 등 다양한 방법을 활용한다. 또한, 청소년 상담은 면접 중심의 대화뿐만 아니라 여러가지 활동, 게임, 작업 등 다양한 활동으로 이루 어질 수 있기 때문에 청소년 상담자는 개인면접 중심의 상담기술뿐만 아니라, 다양한 상담 기술과 활동을 익히고 개발할 필요가 있다.

상담 청소년의 특징

1. 상담자에 대하여 반항적일 수 있다.

- 상담자 불신으로 작업 동맹 형성이 어려울 수 있다.
- 많은 시간과 노력을 투입해야 한다.

2. 주변 인물인 부모, 교사로부터의 영향이 크다.

- 부모, 교사, 청소년지도자를 대상으로 한 상담, 교육, 자문

3. 또래의 영향이 크므로 집단 상담이 필요

청소년 내담자의 특성

1. 상담동기의 부족

2. 상담자에 대한 오해

- 내담자들은 상담자를 학교 지도부 선생님의 표상을 가지고 있는 경우가 많다.

3. 지구력의 부족

- 청소년의 집중력의 한계를 가지고 있으며 큰 재미없이 큰 변화없이 상담시간에 꾸준하게 자발적으로 참여하는 것이 힘든 일이다.

4. 인지적 능력의 부족

- 피이제의 이론에 의하면 청소년은 구체적 조작기에서 형식적 조작기에 걸쳐있는 시기 구체적 조작기는 경험해보지 않은 것에 대해서는 합리적 사고를 할 수 없고 추론 추리 예상 등을 하기가 어렵다. 하물며 통찰을 통한 내면의 변화를 가져오기란 쉬운 일이 아니다.

5. 동시다발적 관심

- 청소년들은 한가지에 관심을 지속적으로 가지지 못한다.

6. 감각적 흥미와 재미의 추구

7. 언어 표현력의 부족

8. 왕성한 변화를 이루는 발달시기

- 신장이나 몸집이 영아기 외에 가장 급격한 발달을 이루는 시기가 청소년기이다.

9. 종합적 이해와 대책의 요구

- 청소년 내담자의 문제는 자기 자신과 가정배경, 학교생활배경, 친구 배경, 미래에 생각이나 방향 등을 총체적으로 살필 수 있는 틀과 방법을 상담자는 확보하고 있어야 한다.

■ 청소년 상담의 목표

1. 문제해결＋성장·발달 지원＋부적응 예방
2. 내담자가 문제를 스스로 해결→ 사고, 감정, 행동 변화
3. 자아정체감 확립, 긍정적 자기 개념 형성
4. 자신의 흥미와 적성 발견, 개발
5. 대인관계 기술 훈련
6. 의사결정 기술 훈련

■ 지오르지와 크리스티아니의 청소년 상담의 목표

1. 행동변화의 촉진 – 사고 감정, 행동의 변화·인간관계의 개선

2. 적응기술의 증진-청소년기의 변화·내담자의 잠재력 계발·자아정체감 확립
3. 의사결정기술의 함양·긍정적 자아개념형성·건전한 가치관 정립
4. 인간관계의 개선
5. 내담자의 잠재력 계발
6. 내담자의 자아정체감 정립
7. 긍정적 자아개념 형성
8. 건전한 가치관 정립

■ 청소년 상담의 필요성

1. 심리적 이유기로서 정신적 독립과 자아정체감 형성 추구

2. 급격한 신체적 변화, 상충된 역할기대
 – 주변인, 중간인, 경계인으로서의 심리적 불안정

3. 과도한 학업부담으로 인한 스트레스

4. 충동적 행동의 가능성
 – 단순하고 경직된 사고→ 적응곤란
 – 진로고민, 현실인식 부족→ 심리적 갈등
 – 부적응, 가출, 약물, 따돌림, 성행동 등의 문제행동

5. 서구화, 산업화, 정보화는 청소년에게 긍정적, 부정적 영향

상담이론

2강 상담사의 자질/윤리 및 상담의 의의

학습목표	1. 상담사의 자질 및 전문성의 이해 2. 상담의 의의와 상담유형에 대한 이해

학습내용	1. 상담사의 자질 및 청소년상담사의 자질 등에 대해 학습한다. 2. 상담의 의의와 ' 지도' ' 상담' ' 치료' 등의 개념구분을 학습한다.

☐ 상담자의 자질

상담자가 갖추어야 할 자질은 전문활동을 수행하는데 필요한 지식과 기술을 갖춘 전문가적 자질과 상담자로서 갖추어야 할 기본적 태도나 품성 내지 인간성으로 설명되는 인성적 자질이다.

1) 상담자는 자신의 감정과 경험에 대해 개방적이고 수용적
2) 상담자의 자기인식
3) 상담자는 자신의 가치와 신념을 인식
4) 상담자는 개방적/모험적/온정적/책임지는 태도
5) 상담자의 자기노출
6) 상담자는 현실적인 포부 수준을 가지고 있을 것
7) 상담자는 유머감각/ 통찰력을 지닐 것

☐ 청소년 상담자의 자질

1. 전문가적 자질

– 전문가적 자질이란 상담활동에 필요한 지식 및 기술과 상담지원 활동에 필요한 지식 및 기술 등을 말한다.

2. 인성적 자질

– 상담자의 인간적 자질은 자신에 대한 이해, 타인에 대한 태도, 상담에 대한 태도 등의 3가지로 측면으로 설명되어 진다.

▣ 상담자 자질의 특성 중 상담활동 자질에 포함되는 것.

1. 개인에 대한 지식
2. 사회 문화에 대한 이해
3. 상담이론 및 기법
4. 상담자 윤리 −비밀 보장 등
5. 심리검사
6. 진단 및 평가체제 − 이상과 정상의 평가체제

▣ 청소년 상담자의 역할

1. 상담활동

 − 청소년의 문제해결 및 예방, 발달 및 성장을 촉진하는 제반활동을 의미.

2. 상담지원활동

 − 상담활동을 효과적이고 효율적으로 수행하기 위한 제반활동으로 상담자의 양성활동, 상담
연구, 상담행정 및 정책활동 등을 말한다.

▣ 상담자의 윤리

1. 내담자 권리보호

상담자의 최우선 책임은 내담자의 존엄성을 존중하고 내담자의 복지를 증진시키는 것.상담자
는 상담관계에서 오는 친밀성과 책임감을 인식하고 전문가로서의 개인적 욕구충족을 위해서
내담자를 희생시켜서는 안되며, 내담자로 하여금 의존적인 상담관계를 형성하지 않도록 할
것.

2. 내담자 다양성 존중

상담자는 자신의 고유한 가치, 태도, 신념, 행위가 사회에서 어떻게 적용되는지를 인식하고
내담자에게 자신의 가치를 강요하지 않아야 하며 상담자는 모든 인간의 기본적인 권리, 존엄
성, 가치를 존중하며 연령이나 성별, 인종, 종교, 성적 선호, 장애 등의 어떤 이유로든 내담자
를 차별해서는 안된다.

3. 비밀보장의 예외사항

 − 내담자의 상담과 치료에 관여한 상담자와 의사 및 이들의 업무를 도운 보조자들 간의 의사소
통을 위해 말할 수 있다.

- 내담자가 비밀노출을 허락한 경우.
- 법적으로 권한을 부여받은 후견인, 대리인 등의 동의 받은 경우.
- 슈퍼비전의 경우.
- 상해나 위험이 발생할 가능성이 있는 경우.
- 법률에 의해 위임되고 승인된 경우.

상담의 정의 – 공통적 특성

1. 상담은 내담자로 하여금 선택해서 행동하도록 조력하는 것을 목적으로 한다.
2. 상담은 학습과정을 다룬다.
3. 상담에서 성격발달이 다루어진다.

상담의 정의에 나타난 상담의 특징

1. 상담은 전문 상담자에 의해서 제공되는 전문적 활동이다.
2. 상담은 상담자와 내담자의 관계에 기초를 둔 과정이다.
3. 상담은 의사결정과 문제해결에 관여한다.
4. 상담은 내담자로 하여금 새로운 행동을 학습하거나 새로운 태도를 형성하도록 돕는 것이다.
5. 상담은 개인 존중에 기초한 상담자와 내담자의 상호 협력 활동이다.

생활지도, 상담, 심리치료의 차이점 비교

1. 생활지도는 학교 전체의 활동과 봉사 프로그램을 의미한다. 상담은 그 활동에 포함된다.

2. 심리치료는 일반적으로 개인의 성격에 더 깊게 관여되고 좀 더 심각한 행동의 교정에 관심을 두고 있다. 상담관계는 치료관계에서 발견되는 것보다 정서적 표현이 덜 강하다.
3. 상담의 대상자는 생활지도는 모든 학생을, 상담은 부적응 문제를 가지고 있는 청소년을 심리치료는 심리적 장애를 가진 사람을 대상으로 한다.
4. 상담은 의식적에 것에 초점을 두고 심리치료는 무의식적, 역사적 자료를 더욱 중시한다.
5. 심리치료는 상담에 비해서 목표를 달성하는데 더 장기간 소요된다.
6. 생활지도, 상담, 심리치료의 구분은 목표, 장면, 내담자, 수행자, 방법 등을 구분하여야 하며 생활지도는 정보제공활동을, 상담은 지지적, 상황적, 문제해결, 단기적 문제들을 다루며 심리치료는 재구성, 심층강조, 분석적, 과거강조 그리고 장기적인 것이 특징이다.

📖 개인상담과 집단상담의 차이점 비교

1. 개인상담

문제가 위급하거나 원인과 해결이 복잡하고, 내담자와 관련된 사람의 신상을 보호할 필요가 있을 때, 집단에서 발표할 때 심한 공포 불안이 있는 내담자에게 적당.

2. 집단상담

자기이해가 필요하고, 타인의 조언과 반응이 필요한 사람, 타인과 관계를 맺는 사회적 기술 이 필요한 사람.

📖 상담의 방법

상담은 상담자와 내담자의 상호 신뢰를 바탕으로 내담자의 의사결정 및 문제해결 능력을 발달 시키는 일종의 학습활동이라고 볼 수 있다. 이러한 상담활동을 위해 상담자와 내담자는 일반적 으로 두 가지 방식으로 상담관계를 형성한다.

첫째는 직접적으로 얼굴을 마주하는 대면상담관계이고 두 번째는 전화, 인터넷, 편지, 방송, 신문, 잡지 등의 간접적 수단을 통한 매체상담관계이다. 전자를 간단히 대면상담이라 하고 후자 를 매체상담이라 하는데 매체 수단에 따라 전화상담, 인터넷상담, 서신상담 등으로 구분한다.

1. 대면상담

- 대면상담은 상담자와 내담자가 직접 만나는 상담을 말한다. 대면상담은 대부분 내담자가 상 담자를 방문하지만 경우에 따라서 상담자가 내담자를 방문하는 '찾아가는 상담'도 실시한다. 대면상담은 여러 유형의 상담 가운데 가장 일반적이고 전통적인 상담 진행방식이다.
- 대면상담의 가장 큰 장점은 상담자가 내담자의 행동과 태도를 관찰할 수 있기 때문에 내담자 가 스스로 보고하는 내용 이외에 여러 가지 중요한 정보들을 수집하고 이를 상담에 활용할 수 있다. 상담자는 대화를 통해 내담자를 이해하며 변화시킨다.

2. 매체상담

매체상담은 커뮤니케이션의 발달과 함께 송신자와 수신자 사이에 메시지(message)를 전달 하는 방법의 하나로 그 의미가 정착되었으며 메시지를 전달하는 매개체의 방법론적인 측면이 포함된 광범위한 개념이다. 매체상담은 전화, 인터넷 그리고 신문, 잡지, 라디오, 텔레비전, 영화 등의 매스미디어를 매개체로 하여 상담을 진행하는데 사이버상담과 전화상담이 대표적 인 매체상담이다.

1) 전화상담

전화상담은 상담자와 내담자가 전화로 대화를 나누면서 상담을 진행하는데 우리나라의 많은 상담기관이 전화 상담을 활용하고 있다.

– 전화상담은 내담자가 도움이 필요한 경우 언제든지 상담이 가능하기 때문에 접근성이 높은 장점이 있다. 또한 전화상담은 필요할 때 상담실을 직접 찾아가지 않아도 상담이 가능하기 때문에 위기상황에 있는 내담자들에게 특히 도움이 된다. 전화상담의 또 다른 장점은 익명성이다.

– 전화상담은 내담자가 자발적으로 전화를 걸어야만 상담이 시작되기 때문에 내담자의 적극성과 동기가 요구된다. 또한 전화상담은 내담자가 다시 전화를 걸지 않는 한 상담이 지속되기 어려워 일회성으로 끝나기쉽다는 한계가 있다.

2) 사이버 상담

사이버 상담은 의사소통의 매개 수단으로 컴퓨터를 활용하여 인터넷이라는 공간에서 상담이 이루어지는 것을 말한다. 사이버 상담은 원거리 상담, 온라인 상담, PC통신 상담, 웹상담 등의 용어로 사용된다. 사이버 상담이 이루어지기 위해서는 내담자와 상담자의 일정한 조건이 필요하다. 내담자의 경우에는 컴퓨터와 문자를 활용할 수 있는 인지적인 능력, 비밀보호, 암호장치 등 소프트웨어 사용에 대한 능숙함, 기본적인 의사소통이 가능한 타이핑속도, 정확한 문장구사 능력, 채팅이나 게시판을 사용한 경험이 있어야 한다. 즉, 컴퓨터 사용이 어느 정도 가능해야 상담이 진행될 수 있다.

3강 일반상담이론의 개요/정신분석이론(1)

상담이론

┌───┐
│ **학습목표** 1. 일반상담이론의 관점별 유형이해   │
│   2. 정신분석상담이론의 주요개념 이해   │
└───┘

┌───┐
│ **학습내용** 1. 일반상담이론의 2개 차원의 관점별 유형을 이해하고 그 내용을 학습한다. │
│   2. 정신분석상담이론의 성격이론, 성격구조론 등의 주요개념 등을 학습한다. │
└───┘

☐ 기초상담이론의 관점에 따른 분류

1. 정신역동적 관점

정신분석적 상담이론, 개인심리학적 상담이론, 분석심리학적 상담이론

2. 행동주의적 관점

행동(과학)주의 상담이론

3. 인본주의적 관점

인간중심상담이론, 게슈탈트(형태주의)상담이론, 실존주의상담이론/의미치료적 상담이론)

4. 인지적 관점

합리적 정서행동 상담이론, 교류분석상담이론, 인지치료상담, 현실치료적 접근

☐ 기타 관점에서의 분류

1. 정서중심상담이론 : 내담자의 감정상태를 파악하여 공감하며 내담자의 감정변화를 일
차적인 목적으로 삼아 감정과 정서상태의 변화를 일으킨 후 사고와 행동의 변화를 꾀
하는 것을 주요전략으로 하는 이론들을 의미한다.
예) 정신분석이론, 정신역동이론, 인간중심이론, 게슈탈트이론

2. 인지중심상담이론 : 내담자의 심리적, 정서적 문제나 대인관계 문제가 그들이 자신이
나 이 세상에 대해 가지고 있는 잘못된 전제나 신념 때문에 발생한다고 보는 이론이다.

즉, 인간문제의 근본을 지적인 과정과 왜곡으로 규정하는 상담이론들이다.

3. **환경중심상담이론** : 내담자를 둘러싼 물리적, 사회적 환경에 개입함으로써 내담자 개인의 변화를 꾀하는 전략
   - 내담자가 가지고 있는 긍정적인 사회적 자원을 최대한 활용하도록 돕는 사회적 지지체계 개입, 내담자가 가진 인간망을 활용하는 인간망 개입 등이 포함된다.

◼ 정신분석적 상담

1. 서론

프로이드 이론은 20세기의 인류문명에 광범위하게 영향을 준 이론이라고 볼 수 있다. 그의 이론은 심리학과 정신의학 뿐 아니라 문학과 예술, 종교에 이르기까지 관심의 대상이 되었다. 인간조건에 대한 프로이드의 관점은 당시의 지배적이던 견해와는 크게 대립되는 것이었지만 당시 불명확하고 잘 이해될 수 없었던 정신생활을 이해하는데 적절한 방법을 제시해 주는 것이었다.

2. 주요개념들

가. 인간관

1) **결정론(determinism)**

인간의 모든 행동은 이전의 정신적인 사건에 의하여 유발되거나 결정된다는 것이다. 물론 신 정신분석학파에서는 이러한 견지에 대해 반대하고 있지만 프로이드는 인간의 행동은 무의식적 동기, 생물학적 욕구와 충동, 그리고 생후 5년간의 생활경험에 의해 결정된다고 주장한다. 즉, 환자가 보이는 이해하기 어려운 행동도 과거의 심리적인 사건에 의해 형성된 것이기 때문에, 정신분석 치료는 이러한 정신적인 결정요인을 밝혀서 이를 제거하거나 수정하고자 한다.

2) **심리내적 힘의 역동**

인간의 마음속 깊은 곳에서 일어나는 서로 상이한 힘들 사이의 역동적인 상호 작용을 강조한다. 인간의 성격구조는 원초아-본능(id), 자아(ego), 그리고 초자아(superego)의 셋으로 이루어진다. 인간은 이 셋의 내적 힘과 환경 사이의 끝임 없는 역학관계 속에서 균형과 적응을 유지하면서 행동한다. 따라서 이들 사이의 균형이 깨지거나 외부의 심한 위협이 있어 적응곤란의 상태가 되면 심리적 장애를 유발한다고 본다.

그러므로 정신분석학적 치료의 목표는 내담자의 억압된 욕구와 무의식적 갈등을 의식으로 떠올리어 개인의 성격구조를 재구성하는데 초점을 둔다. 다시 말하면. 무의식적 갈등과 불안의 배경을 언어표현을 통해 의식화(자각)시키면, 그로 인해 묶여 있던 심리적 에

너지가 그만큼 자아가 기능하는데 활용됨으로써 개인의 의식과 행동이 원활하게 될 것이라는 주장이다.

나. 의식과 무의식

프로이드는 의식을 인간의 정신생활의 중심이라고 보지 않고 인간의 마음을 빙산에 비유하고 물위에 떠있는 작은 부분이 의식이라면 물속의 훨씬 더 큰 부분을 무의식으로 비유하고 이 거대한 무의식 영역 속에 추진력, 정열, 억압된 관념 및 감정들이 숨어 있다고 보았다. 그리고 이것들은 인간생명의 거대한 하층구조로서, 인간의 의식적 사고와 행동을 전적으로 통제하는 보이지 않는 힘이라고 생각했다.

1) 의식 (consciousness)

의식은 어떤 순간에 우리가 알거나 느낄 수 있는 모든 경험과 감각을 말한다. 프로이드는 정신생활의 극히 일부분만이 의식의 범위 안에 포함된다고 했다. 우리가 어떠한 순간에 경험하는 의식 내용은 외부적 요인에 의해 주로 규제되는 선택적 여과과정의 결과이며, 이 경험은 잠시 동안만 의식될 뿐 시간이 경과하거나 주위를 다른 곳으로 돌리면 그 순간에 전의식이나 무의식 속으로 들어가 잠재하게 된다. 그러므로 의식은 성격의 제한된 적은 부분만을 나타낸 것이다.

2) 전의식 (preconsciousness)

전의식은 흔히 이용 가능한 기억으로 불린다. 즉, 어느 순간에는 의식되지 않으나 조금만 노력하면 곧 의식될 수 있는 경험이나 기억을 말한다. 이 전의식은 의식과 무의식의 영역을 연결해 주는데 예컨대, 어떤 치료기법에 의해서 무의식 내용이 전의식으로 나타나고 또 그 다음에 의식이 될 수 있다고 프로이드는 생각했다. 전의식은 의식과 무의식 사이에 있는 문지기이다.

3) 무의식 (unconsciousness)

프로이드는 무의식이 인간정신의 가장 크고 깊은 심층에 잠재해 있으면서 의식적 사고와 행동을 전적으로 통제하는 힘이라고 생각하였다. 전의식과는 달리 무의식은 전혀 의식되지 않지만, 사람들의 행동을 결정하는 주된 원인이 된다. 인간의 모든 생활경험은 잠시 동안만 의식의 세계에 있을 뿐 주위를 다른 곳으로 바꾸거나 시간이 지나면 그 순간에 의식의 경험들은 전의식을 거쳐 깊은 곳으로 들어가 잠재하게 되는데 이를 무의식이라고 보았다. 즉 의식 밖에서 억압되는 어떤 체험이나 생각은 소멸되는 것이 아니라 무의식 속으로 들어가 잠재하여 그 개인의 행동에 강력한 영향력을 행사한다. 억압된 생각이나 체험 혹은 그 밖의 잠재된 경험들은 생물학적 충동이나 어떤 일과 연상되어 나타나면 현실에서 불안을 일으키고 다시 밑으로 밀려나 끝없는 무의식적 갈등이 된다고 한다.

이러한 무의식적 갈등을 분석하여 환자를 치료하는 정신분석학적 방법은 초기에 최면술로 시도되었으나, 후에 자유연상법으로 억압된 무의식을 의식화하였으며 이로써 프로이드는 무의식이 추상적인 것이 아니라 증명될 수 있고 제시될 수 있는 현실이라고 주장했다. 그는 40여 년간에 걸쳐 자유연상방법으로 무의식을 탐구했고 최초로 포괄적인 성격이론을 발전시켰다.

다. 성격의 구조

정신분석적 관점에 의하면 성격은 세 가지 조직으로 구성된다. 즉, 본능(id), 자아(ego), 초자아(superego)이다. 이러한 구조들은 세 가지 부분으로서 구분되기보다 오히려 전체로서 작용하는 개인의 성격기능이다. 본능은 생물적인 구성요소이고, 자아는 심리적인 구성요소이며, 초자아는 사회적인 구성요소라 볼 수 있다. 정신분석학적 관점에서 보면 성격의 역동성은 심적 에너지가 본능, 자아, 초자아에 분포되는 방식에 따라 결정된다. 이는 심적 에너지가 어느 한 체계로 쏠린다면 다른 두 체계는 유용한 에너지를 사용할 수 없게 되므로 행동은 이러한 역동성에 의해 결정된다.

1) 본능-원초아 (Id) - 쾌락원칙

본능 성격의 가장 원시적인 체계이다. 본능은 심적 에너지의 근원으로 비조직적이고 맹목적이며 고집스럽다. 본능은 긴장을 즉시 감소시키고 고통을 피하며 즐거움을 얻기 위한 쾌락원칙에 근거하여 본능의 욕구를 만족시키려는 생각에 의해서만 움직인다. 본능은 공격적이고 동물적이며 비논리적이고 부도덕하며 조직되지 않은 것으로써, 쾌락의 원칙에 위배되는 모든 억압을 싫어하고 무시한다. 따라서 모든 행동은 자애적인 방법으로 표현되며 언제나 비합리적이고 충동적으로 행동하고 다른 사람에 대한 영향은 전혀 고려하지 않는다. 본능은 무의식적이거나 의식외적 존재이다.

2) 자아 (Ego) - 현실원칙

자아는 "이성과 분별"을 뜻한다. 자아는 본능과 초자아를 중재하는 외적세계의 교통순경과도 같은 역할을 하며 의식을 통제하고 검열하는 역할을 한다. 자아는 원초아의 충동들을 어떤 방법으로든지 충족시켜 주어야 하지만 그것은 초자아가 침해를 받지 않는 범위 내에서 이루어져야 한다. 이같이 자아는 원초아의 욕구(yes)와 초자아의 거절(no) 사이에서 현실에 맞도록 조정하여 개체를 적절히 유지시키는 기능을 한다. 자아는 원초아의 쾌락적 원리와는 달리 현실의 원칙을 따른다. 현실원칙의 목적은 욕구충족을 위해서 적당한 대상이나 환경조건이 이루어질 때까지 본능적 만족을 지연시켜 개체를 안전하게 보전시키는데 있다. 다시 말하면 자아의 목적은 자신이나 타인에게 해를 끼치지 않고 원초아의 욕구를 충족시키는 적절한 과정을 발달시키는데 있다. 즉, 자아는 성격의 조정자이며 집행자이다.

3) 초자아 (Superego)

인간은 바람직한 사회생활을 하기 위해서 그 사회의 질서체계인 가치, 도덕, 윤리체계를 습득해야 한다. 이것들은 사회화과정을 통해 이루어지며, 정신분석학적 용어로는 초자아이다. 초자아는 인간의 마음속에 있는 윤리적, 도덕적, 이상적인 면을 말하며, 유전되는 것이 아니라 성격구조 중 마지막으로 발달되는 체계로써 부모의 양육태도 즉, 부모가 주는 보상과 처벌에 대한 반응으로 발달한다. 초자아는 아동이 옳고 그름을, 선과 악을, 그리고 도덕과 비도덕을 분별할 수 있게 될 때 비로소 나타나며, 아동의 생활범주가 점차 확대되면서 그 집단들이 인정하는 적절한 행동규범을 추가하면서 초자아를 형성한다. 아동은 항상 이러한 부모의 기대와 집단의 규범에 알맞게 행동함으로써 갈등과 처벌을 피한다. 프로이드는 초자아를 두 개의 하위체계 즉, 양심(conscience)과 자아이상(ego ideal)으로 나누었다. 양심은 아동이 잘못을 저질렀을 때 부모로부터의 야단이나 처벌을 통해 생기며 이것은 자신에 대한 비판적 평가나 도덕적 억압, 죄의식 등이 포함된다. 한편 자아이상은 아동이 긍정적인 일을 했을 때 부모로부터 받는 보상이나 칭찬으로부터 발달하며 아동이 목표나 포부를 갖게 하고 자존심과 긍지를 느끼게 해준다. 초자아는 오이디푸스 콤플렉스(Oedipus Complex)가 해결되는 기간에 아버지와 동일시함으로써 형성된다. 그러므로 아버지는 도덕적 상징자로서 중요한 역할자가 된다.

*본능(id):심적에너지의 근원
 - 생의 본능(eros) : 창조적 욕구, libido(성충동)는 그 중의 하나
 - 죽음의 본능(thanatos) : 파괴충동

📋 불안의 의미

불안은 무엇을 하기 위해 동기를 유발하게 하는 긴장상태로써 유용한 심적 에너지를 통제할 수 없을 때 발달하는 것으로 본능과 자아 그리고 초자아간의 갈등의 형태로 나타난다. 불안의 기능은 절박한 위험을 경고하는 것으로 적절한 대책이 취해지지 않으면 자아가 전복될 때까지 위험이 증가하리라는 것을 자아에게 경고하는 것이다.

1) 현실적 불안

현실적 불안은 외부세계로부터 오는 위협에 대한 두려움으로 그 정도는 외부세계가 주는 실제위협에 비례한다.

2) 신경증적 불안

신경증적 불안은 통제되지 않은 불안에 의해 개인이 어떤 행동을 하게 됨으로써 처벌받지 않을까하는데 대한 두려움이다. 즉, 자아는 자신의 에너지가 없으므로 본능에게서 자신의 에너지를 빌려와야 하기 때문에 위험하고 억압된 욕망이 뚫고 나오려고 위협한다거나, 기본적인 생물학적 욕구를 만족시키기에 무력하게 느낀다거나, 본능의 충동을 처리할 수 없

을 때 신경증적 불안을 경험하게 된다.

*신경증적 불안

　: 본능의 충동을 처벌받을까 하는 위협 때문에 처리못하여 생기는 불안

3) 도덕적 불안

도덕적 불안은 자신의 양심에 대한 두려움이다. 양심이 잘 발달된 사람은 자신의 도덕에 위배되는 일을 할 때 죄의식을 느끼게 된다.

■ 자아방어기제(불안에 대한)

인간은 언제나 정신적 안정상태를 유지하기를 희망하지만, 인간은 삶을 살아가면서 성적 충동, 공격적 충동, 적개심, 원한, 좌절감 등의 여러 요인에서 오는 갈등을 경험할 수밖에 없다. 따라서 인간은 스트레스로부터 자신을 방어하고 갈등을 일으키는 충동들을 타협시키고 내적 긴장을 완화시킬 수 있는 다양한 심리적 기제를 사용하게 된다.

이와 같이 자아가 불안에 대응하고 대처함에 있어서 활용하는 여러 가지 심리적 책략들이 바로 자아방어기제(ego defence mechanism)이다. 자아방어기제는 정신내적 갈등의 원천을 왜곡하거나 대체하거나 차단하는데 이는 무의식적으로 채택되며, 대부분 한번에 한 가지 이상의 방어기제가 동시에 동원되는 경우가 많다.

불안을 해결하기 위하여 사용되는 자아방어기제는 정신 병리적 기능도 내포되어 있기 때문에 과다하게 사용하게 되면 심각한 정신증상을 야기하게 된다. 그 이유는 자아방어기제의 과다한 사용으로 인하여 다른 자아기능의 발달에 투입되어야 할 정신에너지를 고갈시키기 때문이다. 현실 생활에 잘 적응하는 사람은 자아방어기제를 융통성 있고 선택적으로 사용하는 경향이 있지만, 그렇지 못한 경우에는 한두 가지 방어기제만을 편중적이고 고착적으로 사용하는 경향이 있다.

***자아방어기제

이 말은 1894년 지크문트 프로이트의 논문 《방어의 신경정신학》 에서 처음으로 사용되었다. 방어기제는 자아와 외부조건 사이에서 겪게 되는 갈등에 적응하도록 하여 인간의 심리 발달과 정신건강에 도움을 준다는 면에서 효과적이라 할 수 있다. 하지만 갈등 자체를 변화시키는 것이 아니라 자신을 속이고 관점만을 바꾸는 방법을 주로 사용하게 되면 오히려 사회생활에 적응하지 못하게 되는 부정적 역할을 하기도 한다. 방어기제는 여러 가지가 있으며 주로 부정, 억압, 합리화, 투사, 승화 등의 방법이 일반적이다.

■ 적응기제(방어기제)의 분류

욕구불만과 갈등으로 인한 긴장과 불안을 해소하기 위하여 자기방어를 목적으로 하는 기제로

방어기제, 도피기제, 공격기제가 있다.

1. 방어기제

합리화, 억압, 전치/치환, 동일시, 격리, 반동형성, 보상, 승화

2. 도피기제

고립, 퇴행, 백일몽.

3. 공격기제

1) **직접형** : 폭행, 싸움, 기물파괴 등
2) **간접형** : 욕설, 비난, 조소 등
3) **직/간접적인 공격기제형** : 수동공격형기제로서 상사에 대한 불만으로 지시업무를 미루고 지체하는 행위 등

*** 자아방어기제의 긍정적인 면

방어기제는 불안을 감소시킬 뿐만 아니라 긍정적인 사회적 결과를 가져오기도 하므로 정상인들도 자주 사용하게 되며, 자아방어기제의 사용이 적응을 도모하고 정신건강을 향상시키기도 한다.

상담이론

4강 정신분석상담이론(2) - 자아방어기제

학습목표	정신분석이론에서의 자아방어기제 이해

학습내용	억압, 신체화 등 다양한 자아방어기제의 내용과 작동원리를 학습한다.

■ 자아방어기제

1) 억압

억압(repression)은 갈등을 해결하기 위하여 가장 흔하게 사용되는 무의식적 정신기제이다. 그 전형적인 예는 기억상실이며, 하기 싫고 귀찮은 과제를 하지 않고 '깜박 잊었다'고 말하는 경우가 여기에 해당된다. 억제되어 온 무의식적인 힘. 억압을 통해 자아는 고통스럽거나 위협적인 충동, 감정, 기억 등을 무의식 속으로 추방시켜 의식화되는 것을 막아준다. 이와 유사한 방어기제가 바로 억제(suppression)인데, 받아들이고 싶지 않은 욕구나 기억을 의식적으로 잊으려고 노력하는 것으로 무의식적인 억압과는 구별된다. 예를 들어 실연, 창피를 당한 기억들을 머리에서 지우려 하는 경우이다. 자신의 역할, 기대가 많을수록 자신을 억누르게 된다.

2) 반동형성

반동형성(reaction formation)은 용납할 수 없는 감정이나 충동을 정반대의 감정이나 행동으로 대체시켜 표현하는 방어기제이다. 원래 것을 감추는 행동으로서, 강하게 해야 원래 것을 생각 안 할 수 있으니까 그런 행동을 하게 된다. 허세 많은 사람이 반동형성이 많다. 예를 들면, 자기를 학대하는 남편 앞에서 그를 매우 사랑하는 것처럼 행동하는 것 등이다.

3) 퇴행

가) 퇴행(regression)이란 실패가능성이 있거나 불안한 상황에 대한 해결책으로 초기의 발달단계나 행동양식으로 후퇴하는 것이다. 그 예로 울어버리거나, 애교를 떨거나, 손가락을 빨거나 하는 행동들이 여기에 해당된다. 또 동생이 태어나 부모의 관심이 동생에게 집중되자 갑자기 말을 하지 못하고 대소변을 못 가리는 네 살 어린이의 경우 등이다.

나) 고착이란 머물러 있는 행동을 말하는데, 어떤 물건이나 행위에 집요하게 매달리는 행동

457

으로서 수집하거나 담배 피우는 것 등이 여기에 해당된다.

4) 동일시

동일시(identification)란 무엇인가를 닮아서 자신을 높이려는 행동을 말한다. 용납할 수 없는 충동 그 자체는 부정하고 그 충동을 갖고 있는 사람 또는 그 사람의 일면과 동일화하여 받아들이는 과정을 말한다. 예를 들면 아버지를 무서워하는 아들이 그 아버지를 닮아가거나, 강한 성적 욕망이 있는 여자가 화려한 여배우와 동일시하는 것 등이다.

5) 보상

보상(compensation)은 심리적으로 어떤 약점이나 제한점이 있는 사람이 이를 보상받기 위하여 다른 어떤 것에 몰두하는 경우를 들 수 있다. 대표적인 예로는 자신의 친부모에게 효도를 하지 못한 사람이 이웃의 홀로된 노인을 극진히 부양하는 경우를 들 수 있다.

6) 합리화

합리화(rationalization)는 아주 빈번히 사용되는 방어기제로서 우리가 인식·의식하지 못하는 동기에서 나온 용납할 수 없는 충동이나 행동에 대해 지적으로 그럴듯한 설명이나 이유를 대는 것이다. 예를 들어 ① 어떤 목표를 달성하려 했으나 실패한 사람이 자신은 처음부터 그것을 원하지 않았다고 변명을 하는 신포도(sour grapes)형, 즉 자기 스스로 자기를 위로함. 가치가 있는 것을 취할 수 없을 때 그 가치를 절하시킴으로서 자기를 높이는 행동 ②자기가 현재 가지고 있는 것이야말로 바로 그가 원하던 것이라고 스스로 믿는 달콤한 레몬(sweet lemon)형 ③자신의 결함이나 실수를 자기 이외의 다른 대상에게 책임을 전가시키는 투사(projection)형 ④원하는 일이 마음대로 되지 않을 때 자신의 능력에 대해 허구적 신념을 가짐으로써 실패의 원인을 합리화시키는 망상(delusion)형 등이 있다.

7) 대치 (치환)

대치(substitution)는 정서적으로 아주 중요하지만 심리적으로 수용할 수 없는 대상을 심리적으로 수용 가능한 비슷한 다른 대상으로 무의식적으로 대치하는 것을 의미한다. 예로서 오빠에게 매력을 느끼는 여동생이 오빠와 비슷한 용모를 가진 사람과 사귀는 것 등이다.

8) 전치/전위

전치(displacement)는 실제로 있는 어떤 대상에 향했던 감정 그대로를 다른 대상에 표현하는 것이다. 그 예로서 자기의 도덕적 타락에 대해 강한 무의식적 죄책감을 느끼는 사람의 경우 하루에도 몇 번씩 옷을 갈아입고, 수십 번씩 손을 씻고, 시내버스 손잡이도 장갑을 끼어야 잡는 경우 등을 들 수 있다. 겉으로 드러나는 모습이 그 사람의 본 모습이 아니고 꿈으로 바꾸어서 나타나며 전위는 에너지를 바꾸는 것으로 성적 에너지를 운동을 하거나, 학문에 몰입하거나 해서 바꾸는 등의 예를 들 수 있다.

9) 투사

투사(projection)도 용납할 수 없는 자기 내부의 문제나 결점이 자기 외부에 있는 것으로 생각하는 기제로서, 그 예로는 어떤 사람을 미워할 때, 그 사람이 자기를 미워하기 때문에 자신도 그 사람을 미워한다고 말하는 경우와 부도덕한 성적 충동을 강하게 억압하고 있는 부인이 '남자는 모두 도둑이다'라고 말하는 경우 등을 들 수 있다.

*내면화의 반대개념

10) 상징화

상징화(symbolization)는 어떤 사람이나 사물에 부착된 감정적 가치를 어떤 상징적 표현으로 전치시키는 것이다. 꿈, 공상, 신화 등은 상징화의 가장 흔한 예가 되는데, 남근(penis)은 길게 팽창하는 것이나 뱀 등으로 상징화되며, 아이를 낳고 싶은 강렬한 소망을 지닌 여인은 꿈에서 달걀이나 새알을 보기도 한다.

11) 분리

분리(isolation) 혹은 격리는 고통스러운 생각이나 기억을 그에 수반된 감정상태와 분리시키는 것이다. 그 예로는 아버지의 죽음에 대해 말할 때는 슬픈 감정을 느끼지 못했던 한 청년이 아버지를 연상시키는 권위적 남자 주인공이 죽는 영화를 볼 때는 비통하게 우는 경우를 들 수 있다.

12) 부정

부정(denial)은 의식화되면 도저히 감당할 수 없는 어떤 생각이나 욕구를 무의식적으로 부정하는 것이다. 이러한 예는 어머니가 사망했음에도 불구하고 돌아가신 것이 아니라 며칠 동안 딴 곳으로 갔다고 하는 경우, 암환자가 자기의 병을 부정하는 것 등이다.

14) 승화

승화(sublimation)는 원초적이고 용납되지 않는 충동을 적절히 억압할 수 없을 때 사회적으로 용납되는 다른 형태로 전환하여 표출하는 경우를 말한다. 예를 들어 예술은 성적 욕망을, 종교는 막강한 아버지를 찾는 의존심을, 의사가 되는 길은 잔인한 충동을 승화시키는 길이다.

15) 해리

해리(dissociation)는 성격의 부분들 간에 의사소통이 잘 이뤄지지 않을 때, 괴롭고 갈등을 느끼는 성격의 일부분을 다른 부분과 분리시키는 기제로서 이중인격자, 몽유병, 잠꼬대, 건망증 등을 들 수 있다.

16) 저항

저항(resistance)이란 억압된 재료들이 의식화되는 것을 방해하는 것을 말하는데, 그 이유는 억압된 감정이 의식화되면 너무 고통스럽기 때문이다. 이럴 경우 대개가 기억이 없다는 답변을 하는 경우가 많다.

*억압과 유사

17) 내면화

내면화(introjection)는 외부의 대상을 자기 내면의 자아체계로 받아들이는 기제이다. 예를 들어 어머니를 미워하는 감정을 수용할 수 없기 때문에 자기 자신을 미워하는 것으로 대치하는 것이다.

18) 원상복귀

원상복귀(undoing)는 무의식에서 어떤 대상을 향해 품고 있는 자기의 성적인 또는 적대적인 욕구로 인해 상대방이 당할 것이라고 생각되는 피해를 원래 상태로 되돌려 놓은 것을 의미한다. 이러한 기제는 굿과 같은 의식(ritual)에서 주로 활용된다.

19) 전환, 신체화, 역전

가) 전환(conversion)이란 심리적 갈등이 신체감각기관과 수의근계통의 증상으로 표출되는 것을 말한다. 그 예로는 군에 입대하기 싫어하는 사람이 입영영장을 받아보고 시각장애를 가져오는 경우를 들 수 있다.

나) 신체화(somatization)란 심리적 갈등이 감각기관, 수의근계를 제외한 기타 신체부위의 증상으로 표출되는 경우를 말한다. 예를 들면 사촌이 땅을 사면 배가 아픈 경우이다.

다) 역전(reversion)은 감정, 태도, 관계를 반대로 변경하는 것을 말한다. 그 예로는 극도로 수동적이며 무기력한 어머니에게 무의식적으로 반항하면서 유능한 여성으로 성장한 사람이 자신의 성공에 대해 죄책감과 불안을 경험하는 경우를 들 수 있다.

20) 지성화

지성화(intellectualization)란 고통스러운 감정과 충동을 누르기 위해 그것들을 직접 경험하는 대신 그것들에 대해 생각을 많이 하는 것을 말한다. 이는 여러모로 체계적인 생각을 많이 하고 그 생각에 붙어있는 정서를 제거하여 용납 못할 충동에서 유발되는 불안을 막는다는 심리적 책략이다.

5강 정신분석이론(3) - 심리성적 발달론

학습목표
1. 성적충동에너지의 위치에 따른 성격발달 이해
2. 정신분석상담이론의 상담목적과 기법 이해

학습내용
1. 리비도의 의미와 위치에 따른 성격발달단계와 내용을 학습한다.
2. 정신분석상담이론의 상담목적과 다양한 기법을 학습한다.

정신분석상담이론의 심리성적 발달5단계

프로이드에 의하면, 성격발달은 유아기부터 청소년기까지 다섯 단계에 걸쳐 이루어지는데 초기의 세 단계가 성격형성에 결정적 역할을 하게 된다. 이 시기에 리비도는 신체의 특정 부위에 자리 잡고 이 신체 부위에서 만족을 추구한다. 만족을 추구하는 특정 부위는 연령에 따라 변화하며 리비도가 지향해서 충족을 추구하는 대상도 연령에 따라 변화한다. 그러나 심리성적 발달단계가 모두 성공적으로 진행되는 것은 아니다. 한 단계에서 다음 단계로의 진행이 저해되면 특정 단계에 고착될 수 있다. 프로이드는 이 고착이 성인기 성격에 직접적 영향을 미친다고 보고 이를 좌절과 방임이라는 두 가지 요소로 설명하였다. 좌절은 아동의 심리성적 욕구를 양육자가 적절하게 충족시키지 못한 것을 의미하며, 방임은 과잉으로 만족시켜 양육자가 아동에게 내적으로 극복하는 훈련을 제대로 시키지 않아 의존성이 심한 것을 뜻한다.

*리비도의 위치에 따른 분류

1) 구강기

출생에서 1세까지로 유아는 입을 통해 쾌락을 얻는다. 생후 1년간은 입이 성적, 공격적 욕구 충족을 하는 신체 부위가 되며, 입, 입술, 혀, 잇몸 등을 자극하는데서 만족을 느끼기 때문에 빨고, 삼키고, 깨물면서 만족을 얻는다. 구강기에는 수동적으로 어머니의 보살핌을 받으며 생활하기 때문에 유아는 의존적이고 다른 사람으로부터 분화되지 않은 상태이다. 구강 전기에는 어머니에게 접근하고 합치되려는 경향이나 후반기에는 애정과 우호적인 태도를 갖는 동시에 적대적이며 파괴적인 태도를 갖게 된다. 이 때 유아는 최초의 양가감정을 경험하게 된다. 구강기 전반기에 좌절 혹은 방임을 경험하면 구강 수동적 성격이 되며, 이 성격은 낙천적이고 타인에게 의존적이며, 모든 것을 희생해서라도 인정받고 싶어 한다. 구강기 후반기에 고착되는 구강 공격적 혹은 구강 가학적 성격의 특징은 논쟁적이고 비꼬길 잘하며, 타인을 이용하거나 지배하려고 한다.

2) 항문기

항문기란 대소변을 가리는 훈련이 시작되는 1세 내지 1세 반에서 3세까지로 리비도가 항문에 집중하는 시기를 말한다. 이 시기의 유아는 신경계의 발달로 괄약근을 수의적으로 조절할 수 있다. 괄약근의 발달로 아동은 마음 내키는 대로 배설하거나 보유할 수 있다. 그러나 대소변 훈련이 시작되면서 유아의 본능적 충동은 외부에 의해 즉, 양육자인 어머니에 의해 통제된다. 유아는 자신이 원하는 때에 배변을 하기 원하나 어머니는 사회적 관행을 따르도록 하며 유아는 배변 시기를 조정하기 위해 갈등하며 욕구의 만족을 늦추어야 할 필요성에 의해 자아가 발달한다. 부모는 배변 훈련을 할 때에 옳고 그름에 대해 말하고 유아는 부모에 동조하며 부모의 의견을 내면화시켜서 이를 따르게 된다. 이것이 초자아 발달의 시초가 되며, 배변 훈련이 성공하면 유아는 사회적 승인을 얻는 쾌감을 경험하게 된다. 부모가 거칠게 혹은 억압적으로 훈련하여 고착된 항문기 강박적 성격은 고집이 세고 인색하며, 복종적이고 시간을 엄수하며, 지나치게 청결한 특징을 가진다. 반대로 지나치게 관대하여 고착된 항문기 폭발적 성격은 잔인하고 파괴적이며, 난폭하고 적개심이 강하며, 불결한 특징을 갖는다.

3) 남근기(성기기)

남근기는 3세에서 6세로 리비도가 아동의 성기로 집중되는 때이며, 아동은 자신의 성기를 만지고 자극하는 데서 쾌감을 느끼는 시기이다. 이 시기부터 원초아, 자아, 초자아는 역동적으로 작용하기 시작한다. 남근기의 가장 중요한 상황은 오이디푸스 콤플렉스로 아동이 이성의 부모에게 성적 관심을 갖고 접근하는 욕망을 가리킨다. 남아는 어머니에 애착을 느껴 아버지를 경쟁자로 생각하고 적대감을 느끼며, 거세불안을 느끼게 된다. 그러나 이 불안을 해소하기 위해 어머니가 인정하는 남성다움을 갖기 위해 동성의 부모에게 성적 동일시를 함으로써, 남자아이는 남자답게, 여자아이는 여자답게 행동하려고 애쓴다. 남근기에 고착된 남자는 경솔하고, 과장이 심하며, 야심이 강하고 여자는 경박하고 유혹적이다.

4) 잠복기

잠복기는 6세에서 12, 13세까지로 리비도의 신체적 부위는 특별히 한정된 데가 없고 성적인 힘도 잠재된 시기이다. 이 시기에는 오이디푸스 콤플렉스를 극복하고 난 후의 평온한 때로 성적 욕구가 철저히 억압되어 비교적 자유롭지만 그 감정은 무의식 속에 계속 존재한다. 다시 말하면 본능 약해지고 자아와 초자아는 강력해지며 성격에서 이루어지는 주요한 발달은 초자아의 기능이다. 리비도의 지향 대상은 친구 특히 동성의 친구로 향하고 동일시 대상도 주로 친구가 된다. 잠복기 아동의 에너지는 지적인 활동, 운동, 친구와의 우정 등에 집중된다. 잠복기에 고착되면 성인이 되어서도 이성에 대한 정상적인 친밀감을 갖지 못하고 이성과의 관계를 회피하거나 정서적 감정 없이 단지 공격적인 방식으로 성적 행동을 한다.

5) 생식기

생식기는 사춘기부터 성적으로 성숙되는 성인기 이전까지의 시기로 심한 생리적 변화가 특징이며 격동적 단계로 불린다. 호르몬과 생리적 요인들로 인해 그 동안 억압되었던 성적 감정들이 크게 강화되면서 잠복기 동안 억제되었던 성적, 공격적 충동이 자아와 자아의 방어를 압도할 정도로 강해진다. 따라서 이전의 방어 양식들은 적절치 않게 되고 광범위한 재적응이 요구된다. 본능이 우세할 때는 지나치게 쾌락 추구에 몰두해 공격성, 야수성, 범죄 행동이 왕성해지며, 반대로 자아가 너무 표면화되면 불안이 심해지고 금욕주의, 지성화의 경향이 강해져서 본능을 억제하고 자아를 방어하려고 애쓴다. 사춘기에는 성적 성숙이 다 이루어져서 사춘기 전기의 불안은 사라진다. 이 시기에는 부모에 대한 관심이 사라지고 가족 밖에서 연장자와의 친교를 가지며, 이성을 향한 성욕 충족을 추구한다. 이러한 성적 욕구는 독서, 운동, 자원봉사 등 다른 활동을 통해 승화되기도 한다. 이 시기에 성격발달을 위해서는 근면을 배워야 하고 즉각적인 만족을 지연시켜야 하며 책임감이 있어야 한다.

▣ 정신분석적 상담이론의 개요

1. 상담의 목표

프로이드학파의 정신분석적 상담의 두 가지 목표는 내담자의 무의식을 의식화함으로써 개인의 성격구조를 재형성시키는 것이며, 상담의 과정은 유아기 경험을 재생시키는데 초점을 둔다. 과거의 경험은 퍼스낼리티의 재구성을 위한 목적으로 재구성되고, 논의·분석되며 해석된다.

2. 상담자의 기능과 역할

1) 상담자의 특성

상담자나 정신분석가가 내담자에게 자신의 감정이나 경험을 나누는 것이 아니라 내담자가 상담자에게 감정이나 생각을 투영시키거나 전이시킨다.

2) 상담자의 역할

가) 내담자가 자각, 솔직성, 그리고 현실적인 방법으로 불안을 다루며 충동적이고 비이성적인 행동을 통제하려고 조력하는데 주로 관심을 기울인다.

나) 저항에 대해 특별한 주의를 기울이고 경청해야 하며 어떤 시점에서 적당한 해석을 해야 할지 판단해야한다.

다) 상담자는 내담자의 이야기 속에서 결함과 모순에 유의하며 내담자가 보고하는 꿈과 자유연상의 의미를 치료하고 상담기간 동안 내담자를 주의 깊게 관찰하며 상담자에 대한 내담자의 감정에 관한 단서에 민감하게 반응하여, 무의식적 사실을 발견해 내는 과정을 가속시키는 역할을 해야 한다.

3. 내담자의 경험

1) 내담자는 집중적이고 장기적인 치료과정에 기꺼이 자신을 맡길 수 있어야 하며, 치료비, 일정 기간의 치료, 집중적 상담과정에서 전심전력할 것을 상담자와 합의해야 한다.
2) 상담자와 의존적이며 신뢰적인 관계를 형성한다.
3) 상담이 진행되는 동안 내담자는 과거와 무의식에 대한 통찰이나 이를 방해하는 저항을 경험하게 된다.
4) 상담자와의 전이관계의 의미를 깨달으면서 자신과 대인관계에서의 갈등이 해결되는 것을 경험하게 된다.
5) 정신분석적 상담에서 내담자는 정서적 문제를 명료히 인식하고 받아들이며, 장애의 근원을 이해하여 과거와의 관계에서 현재가 갖는 의미를 인식하여 통합시킬 수 있게 되면 치료는 종결하게 된다.

▣ 상담자와 내담자의 관계

1) 전이관계

상담자와 내담자의 관계는 분석상담에서 핵심적이라고 할 수 있는 "전이관계"로 설명 될 수 있는데, 이러한 전이관계에서의 감정을 해소하는 것이 정신분석상담의 핵심이다.

2) 전이의 발생

상담이 진행되면서 내담자의 어린 시절의 경험과 갈등이 무의식으로부터 표면화되고, 내담자는 신뢰와 불신, 독립과 의존, 사랑과 증오 등 여러 가지 상반되는 감정에 대한 갈등을 회상하게 되고, 이는 상담자를 대상으로 재경험하며 전이관계를 형성하게 되는데 부정적 전이 또는 긍정적 전이가 발생할 수 있다.

3) 훈습과정

이러한 전이관계를 이해하고 해결하기 위해서는 훈습(working-through)이라는 장기간의 과정이 필요하다. 훈습(working-through)과정은 해석의 반복과 저항의 형태를 탐색함으로써 과거의 행동유형을 해결하게 되고 새로운 선택을 할 수 있게 된다. 무의식의 자료들을 인식하게 될 뿐만 아니라 부모로부터 절대적인 사랑과 수용을 바라던 유아적 욕구에 의해 동기화된 행동유형으로부터 자유롭게 될 수 있다고 가정할 수 있다.

*훈습 : 내담자의 통찰을 변화로 이끄는 것을 방해하는 저항을 반복적이고 점진적으로 정교하게 탐색하는 것을 말한다.(Greenson) .

4) 내담자–상담자의 관계는 정신분석적 상담의 핵심이다.

이런 관계의 결과로 특히 전이 상황에서 내담자는 자신의 무의식의 정신역동성을 통찰하게 된다. 내담자는 현재의 성격을 형성하는데 영향을 준 과거의 영향뿐만 아니라 과거 경험과 현재 행동 간의 연합을 이해하게 된다. 정신분석학적 접근에서 이런 역동적인 자기이해를 가정하지 않는다면 거기에는 어떤 실질적인 성격의 변화나 현재의 갈등의 해결이란 있을 수 없다.

■ 정신분석 상담의 주요기법

정신분석상담의 기법은 내담자의 자각을 증진시키고 행동에 대한 지적 통찰을 얻게 하며 증상의 의미를 이해하려는 목적을 갖고 있다. 치료과정은 내담자의 대화에서 정화(catharsis)로, 정화에서 통찰로, 통찰에서 무의식적인 문제를 다루면서 노력하는 과정을 통해 성격의 변화로 이끄는 지적·정서적인 이해와 재교육의 목표를 향해가는 것이다. 정신분석치료에서는 자유연상, 꿈의 분석, 전이, 저항, 해석의 다섯 가지 기본기법이 사용된다.

1) 자유연상(free association)

자유연상은 마음에 떠오르는 의식과 감정을 모두 말하게 하는 기법으로, 내담자의 무의식에 억압되어 있는 욕구나 갈등, 그리고 감정을 의식화시키기 위하여, 내담자로 하여금 떠오르는 생각이나 느낌을 의식적으로 검열하지 말고 떠오르는 대로 모두 이야기하도록 하는 것이다. 중요한 목적은 내담자가 자유연상을 하는 동안 연상의 흐름을 살펴서 무의식 속에 억압되어 있는 내용을 찾아내는 것이다. 그리고 이것을 내담자에게 설명해 줌으로써 무의식적인 심리과정을 점차 이해할 수 있는 터전을 마련해 주는 것이다.

2) 꿈의 분석(dream analysis)

꿈의 분석은 꿈속에 내재된 본능적이고 무의식적인 욕구를 밝히는 기법으로, 프로이드는 꿈을 소원성취의 일차적 기능으로 보았다. 수면 중에는 자아의 방어능력이 약화되어 억압된 욕망과 감정들이 꿈으로 표면화된다. 프로이드는 "꿈은 무의식에 이르는 왕도"라고 하였다. 꿈의 분석은 이러한 꿈의 속성을 이용하여 꿈의 내용을 분석하여 무의식적 자료를 발굴하고 정리함으로써. 내담자로 하여금 자신의 내면세계에 대하여 통찰을 얻도록 도와주는 중요한 절차이다. 꿈에는 회상되는 꿈인 현재몽과 꿈의 근본 의미인 잠재몽의 두 가지가 있다. 잠재몽의 내용은 무의식적 동기가 위장되어 상징적으로 위장되어 있는 잠재몽의 정체를 밝히는 것이다. 현재몽의 내용에 대해 내담자에게 자유연상을 시킴으로써 잠재몽의 내용에 빨리 접근할 수 있다.

3) 전이(transference)

전이는 중요한 사람에게 가졌던 감정을 상담자에게 표현 하는 것으로, 내담자가 과거에 중요한 인물, 예를 들면 부모, 형제 또는 중요한 타인들에게 나타내었던 애정, 적개심, 욕망, 기대 등의 감정을 상담자에게 옮겨 나타내는 것을 전이라고 한다. 상담과정에서는 이와 같은 억압된 감정들을 상담자에게 전이시켜 나타나게 함으로써 자신이 전이된 감정이 부적절하다는 것을 이해시킴으로써 내담자로 하여금 과거의 영향으로부터 벗어나 현재의 올바른 자아를 발견하도록 도움을 준다.

가) 긍정적 전이의 예

상담가와 사랑에 빠지게 되는 경우, 상담가의 양자가 되길 원하는 경우 등 다른 여러 가지 방법으로 상담자의 사랑, 수용, 승인을 구하려 하는 경우

나) 부정적 전이의 예

과거의 엄격했던 아버지, 매정하고 냉정했던 어머니에 대한 감정을 상담자에게 전이시키는 경우, 상담자를 미워하거나 못믿어워함.

역전이의 발생 (counter-transference)란?

상담자가 그들의 객관성을 방해하는 내담자에게 갖는 비합리적인 반응으로, 상담자가 내담자와의 관계에서 갈등을 느끼고 내담자를 싫어하거나 좋아하게 되는 경우를 말한다. 상담자는 내담자와의 관계에서 생기는 분노, 사랑, 아첨, 비평, 기타 강렬한 감정에 직면해서 비합리적이고 주관적인 반응을 하지 않도록 해야 하며, 때때로 돌출하는 자신의 미해결된 문제와 함께 자신의 취약성을 인식하기 위한 노력을 해야 한다.

부정적 전이, 긍정적 전이, 역전이의 사례

(1) 어린 시절에 믿을 수 없이 차갑고 무관심한 부모 밑에서 자란 환자는 의사를 믿지 못하고 의사의 지시를 무시하는 경향이 있다.(부정적 전이)

(2) 선생님은 제가 본 선생님들 중 가장 용한 선생님이십니다.(긍정적 전이)

(3) 할머니 환자만 보면 이상하게도 혐오감이 생기고 불안해지는 여의사가 있었다. 두 번의 오진이 있었는데, 모두 다 할머니 환자였다. 알고 보니 어릴 때 그녀를 키워 준 분이 외할머니였는데, 갑자기 돌아가신 일이 있었다. 이 여의사는 의사가 된 뒤에도 할머니에 대한 갈등을 해결하지 못하고 있었다. 돌아가신 외할머니 나이 또래의 환자를 대하면 외할머니로 착각하고 마는 것이다. 어릴 때 자신을 버리고 숨진 할머니에 대한 미움이 그 할머니 환자도 갑자기 돌아가신 할머니처럼 그렇게 돌아가실지도 모른다는 불안을 느끼게 하는 것이다. (역전이)

4) 저항(resistance)

저항은 무의식적 내용이 의식화되는 것을 막으려는 내담자의 시도로써, 상담과 치료의 진전을 방해하고 상담자에게 협조하지 않으려는 내담자의 무의식적 행동을 저항이라고 한다. 예를 들면, 약속시간에 지각하는 것, 연락 없이 약속된 상담에 응하지 않는 것, 무례한 행동을 하는 것, 별로 중요하지 않은 이야기를 길게 늘어놓는 것, 또는 특정한 생각, 감정, 경험을 말하려 하지 않는 것 등이 저항의 예들이다. 저항은 자신의 억압된 감정이나 충동을 스스

로 알아차렸을 때 느끼게 되는 불안으로부터 자아를 보호하기 위해 나타나는 일종의 심리적 역동의 결과이다. 따라서 내담자의 갈등을 근본적으로 해결하기 위해서는 치료자는 내담자에게 왜 저항하는지에 대하여 지적해 주어야 한다.

5) 해석(interpretation)

해석은 문제를 새로운 각도에서 이해하도록 행동의 의미를 설명해 주는 것으로, 정신분석학에서 해석은 자유연상, 꿈, 저항, 전이 등을 분석하고 그 속에 담긴 행동상의 의미를 내담자에게 지적해 주고 설명하는 것을 말한다. 해석을 통해 내담자는 이제껏 의식하지 못했던 심적 내용을 분명히 이해할 수 있게 된다. 해석이 효과를 거두기 위해서는 해석의 시기 선정이 적절해야 한다. 내담자가 수용할 태세가 아닐 때 해석하면 거부반응을 일으키기 때문이다. 또 다른 문제점은 해석의 깊이로서 내담자가 소화할 수 있을 정도의 깊이까지만 해석해야 한다.

*기타 상담기법

1. 버텨주기(Holding)   2. 간직하기(Containing)

■ 정신분석적 상담의 과정

1) 내담자가 갈등, 부정적 감정(불안죄의식)등 도움을 필요로 하는 심리적 불편을 말하기 시작한다.
2) 상담 장면의 행동에서 내담자가 신경증적 증세를 보인다.
3) 상담자는 자유연상, 꿈의 분석, 최면 등을 통해 내담자의 신경증적 갈등을 탐색한다.
4) 상담자가 내담자의 언어 내용에서 갈등의 핵심, 주제 내용과 관련된 행동 측면을 추리한다.
5) 상담자는 전이관계에서 내담자의 갈등이 표면화되도록 한다.
6) 상담자는 내담자의 저항적 언어 반응을 해석한다.
7) 상담자는 그러한 해석에 대한 내담자의 반응 및 수용을 격려한다.
8) 신경증적 불안의 감소 및 제거가 시작된다.
9) 내담자의 부정적 감정이 해소되고 정신에너지가 해방된다.
10) 내담자로부터 보다 적절한 언어반응은 물론 자아 통제력 및 통찰이 생긴다.

6강 정신분석이론(4)-신프로이드 학파

학습목표	1. 정신분석상담이론의 공헌점과 한계 이해 2. 신프로이드 학파의 주요내용이해

학습내용	1. 정신분석상담이론의 한계점과 그 이유에 대해 학습한다. 2. 융, 아들러, 에릭에릭슨 등 신프로이드 학파의 이론 등을 학습한다.

☐ 정신분석적 상담의 공헌 및 제한점

1. 공헌점

1) 인간은 자주 그 개인이 인지하지 못하고 수용할 수 없는 충동들에 의하여 사고나 행동이 동기화된다는 사실을 밝혀 주었다.
2) 담대하고 통찰력 있는 탐구를 통하여 최초의 체계적인 성격 이론과 최초의 효과적인 심리 치료의 기술을 개발해 내었다.
3) 심리 치료에 있어서 면접 활용의 한 모형을 개발하였다. 신경증이나 치료 과정에 있어서 불안의 기능을 처음으로 확인하였고 해석, 저항, 전이 현상의 중요성을 강조하였다.

2. 제한점

1) 유아기에서부터 성적인 동기와 파괴적인 소원에 의하여 행동이 동기화된다고 본 점
2) 오이디푸스 콤플렉스와 엘렉트라 콤플렉스 이론에서 볼 수 있는 것처럼 모든 인간에게 근친상간과 쾌락적인 충동이 있다고 한 점
3) 현재의 인간 행동의 이해 근거로서 유아기의 경험들과 억압된 무의식의 내용을 중시함으로써 인간을 결정론적이고 비합리적인 존재로 보고 인간의 자율성과 책임성, 합리성을 무시하고 있다는 점
4) 이론을 뒷받침해 줄 자료가 주로 통제되지 않는 상태에서 관찰한 불완전한 기록들과 자료에 근거한 추론의 결과라는 점
5) 정신 분석의 결과에 대한 연구들이 그 효과성을 충분히 지지해 주지 못하고 있다는 점
6) 여권 신장론자들로 부터는 남근 선망의 개념에 대하여 맹렬한 공격을 받고 있다.
7) 책임성없는 인간형의 허용, 인과관계의 끝없는 소급문제 등

☐ 신 프로이드 학파

1. Erikson의 심리/사회적 발달이론

1) 요약

정신사회적 발달론은 1950년대 미국 하바드대학 정신분석가인 에릭 에릭슨(Erik Erikson)이 제시한 것이다. 에릭슨은 인간의 발달단계를 문화적 환경에 중점을 두었으며, 인간의 기능영역을 확대 시켰고 정신사회적 발달의 개념을 제시하였다. 프로이드가 도식화한 정신성적 발달 단계에 병행하는 자아발달의 순서를 만들고 이를 점진적 분화의 시기들이라고 명명했다. 즉, 자아(인간현실의 자아)는 전 생애를 통하여 정신분석이론의 정신성적 발달에 따라 사회 심리적으로도 8단계를 거치면서 발전한다고 하였다. 인간은 각 단계마다 극복해야 할 독특한 갈등과 과제가 있으며 이를 성공적으로 수행하면 다음 단계로 발달, 성숙해 나가지만 만약, 잘 해결하지 못하면 만성적 적응장애에 빠진다고 한다. 그는 각 단계마다 해당되는 신체기관이나 신체운동에 따른 지역의 개념이 있으며(예: 구순기 때는 입과 먹는 행위), 단계 특유의 수행방식이 있다고 하였다(예: 구순기 때는 안으로 받아들임과 의존). 각 단계에서의 성공적 또는 실패적 결과로 나타나는 인격성향은 다음과 같이 요약된다.

2) 에릭슨의 심리/사회적 발달단계(8단계설)

가) 영아기(출생-1세) : 신뢰감 대 불신감

나) 소아기 초기(1-3세) : 자율성 대 수치심과 의심

다) 소아기 후기(3-6세) : 주도성 대 죄의식

라) 학령기(7-12세) : 근면성 대 열등감

마) 소년기(12-18세) : 주체성(또는 정체감) 대 주체성 혼동

바) 청년기(18세 이후) : 친교 대 고립

사) 중년기 : 생산성 대 정체

아) 노년기 : 자아통정감 대 절망감

3) 프로이드의 vs 에릭슨

Freud	Erikson
본능 id	인간 현실의 자아 ego
리비도의 방향전환을 강조	개인에 대한 가족, 사회의 영향을 강조
무의식의 흐름 중시	의식의 흐름, 사회적 상호작용 중시
발달의 부정적인 면 강조	긍정적인 면을 강조
청년기 이후의 발달변화 무시	전 생애를 계속적인 발달과정으로 간주

융의 분석심리학

1. 요약

스위스의 정신의학자 칼 구스타프 융(Carl Gustav Jung, 1875-1961)은 프로이드학파에서의 최초의 이탈자로서, 프로이드의 성충동에 치우친 리비도설과 그의 기계론적이며 생물학적 환원론적인 접근방법을 비판하고 독자적인 심리학설을 내세워 이를 분석심리학이라고 하였다. 즉, 전통적 의미의 성적욕구의 중요성을 부인하고 리비도를 정신에너지(psychic energy)로 간주하며 이는 평형(equilibrium)을 향해 간다고 생각하였다.

2. 분석심리학에서의 무의식의 의미

분석심리학은 무의식의 존재를 인정하고 인격의 성숙이 무의식적인 것을 의식화함으로서 가능하다는 주장에서 프로이드의 정신분석학설과 일치되지만, 무의식이 어떤 것이며 의식화 과정이 어떻게 이루어지느냐에 대해서 새로운 견해를 제시하면서 개인 무의식과 집단 무의식의 개념을 구분하여 설명하였다. 즉, 분석심리학에서 말하는 무의식이란 아직 자아로부터 의식되지 못하고 있는 모든 정신을 말한다. 그것은 궁극적으로는 그 끝을 헤아릴 수 없는 미지의 정신세계이다.

3. 집단무의식

융은 무의식중에 개인적 무의식이외에 더 깊은 곳에 인류 전체의 공통적이고 종족적이며 선험적인 집단적 무의식이 있으며 그 기본적인 것을 원형이라 하였다. 이 집단 무의식들은 환자들의 증상에서 뿐만 아니라 꿈, 전설, 신화, 민요, 종교경험, 예술적 영감 등에서 나타난다고 하였다.

4. 5가지의 주요 원형

가) 애니마(anima) : 남성 속에 있는 여성적 요소
나) 아니무스(animus) : 여성 속에 있는 남성적 요소
다) 페르조나(Persona) : 겉으로 나타난 사회적 내지 가면적 인격 양상인
라) 쉐도우(Shadow) : 사회적으로 나타나지 않는 어두운 면의 인격성향
마) 자기(self) : 모든 원형들과 콤플렉스들을 통일시키고 평형을 유지시키는 기능을 한다.
자아(ego)가 의식의 중심이라면, 자기(self)는 전체정신의 중심으로서 정신의 전체를 실현시킬 수 있는 잠재력을 지닌 원형이다.

5. 자기실현

인간 누구에게나 자기실현의 가능성이 부여되어 있는데, 자아의식의 적극적인 참여로 이 과

정이 촉진된다. 자기실현은 자아의 무의식적 측면인 그림자(shadow)를 포함한 무의식적인 것을 깨달아가는 의식화를 거듭함으로써 가능한데, 이는 고통을 수반하는 작업이다. 인격성숙은 개성화(individuation) 또는 자기실현(self-actualization)의 과정을 통해 실현된다고 보았는데, 이는 의식과 무의식을 통틀어 진정한 개성을 발휘하여 "전체가 되는 것"을 말한다.

6. 성격의 4가지 유형

그는 또한 성격을 내향성(introversion), 외향성(extroversion)으로 나누고 마음의 기능을 사고형, 감정형, 감각형, 직관형으로 분류하고 있다. 특수한 정신기능은 합리적 기능(사고-감정)과 비합리적 기능(직관- 감각)으로 이루어지며 사고와 감정, 직관과 감각은 각각 한 대극의 쌍을 이루어, 하나가 발달될 때에 다른 하나는 자연히 억눌리게 된다. 개체는 이 네 가지 특수한 정신기능 가운데 특히 발달된 기능을 가지고 있어 이를 주기능이라 하며, 이에 따라 내향적 사고형, 외향적 감정형 등 여러 가지 유형으로 나누어진다. 주기능이 있으면 그 반대극에 해당하는 기능이 미분화되어 무의식에 남아 열등기능이 된다. 자기실현은 이 열등기능의 분화발달과 함께 가능한 한 모든 기능을 골고루 발전시키는 작업이기도 하다. 따라서 치료는 인격 요소들을 이해하여 균형을 회복시키고 통일을 이루는 작업인 것이다.

7. 꿈의 분석

융은 상징(symbol)의 이해를 중요하게 생각하였다. 프로이드는 꿈을 이상한 정신활동으로 생각했고 꿈을 통하여 환자의 노이로제를 찾아갈 수 있다고 믿었으나 융은 꿈을 정상적이고 창조적인 무의식의 표현으로 보았다. 융에 의하면 꿈의 기능이란 "전체적인 정신적 평형을 미묘한 방법으로 재정립시켜 주는 꿈의 자료를 만들어 냄으로서 우리들의 심리적 균형을 회복시켜주는 것"이라고 했다. 즉, 꿈을 포함한 무의식의 현상 속에서 우리가 발견해야 하는 것은 억압된 욕구나 불안의 원인이 아니라 인격의 창조적 변환을 향한 무의식의 의도이며 갈등이 지닌 **목적의미**이다. 그러므로 분석심리학적 정신치료는 자기실현을 향한 인격변화를 목표로 한 무의식의 의식화, 무의식적인 것의 의식에의 동화과정이며, 방법보다 치료자의 기본자세를 중요시 한다. 꿈의 분석, 회화(그림)분석, 적극적 명상과 같은 방법이 있으나 가능한 한 비체계적이며, 진정한 의미의 대화의 과정을 존중하며, 치료자 자신이 교육 분석을 받는 것을 분석치료의 필수적인 전제조건으로 삼는다.

*목적의미 : 융의 꿈의 내용에 대한 생각

과거에 의해 결정된 것이라기보다 미래에 관련하여 어떤 이유가 있다는 목적론적 견해를 제시

🔲 아들러의 개인심리학

1. 알프레드 아들러(Alfred Adler, 1870-1937)는 프로이드가 지나치게 유아기적 성을 강조하는 데서 벗어나 인간은 자기실현을 위하여 합목적적으로 추구하는 존재라는 점을 강조 하였다. 인간은 태어나서 유아기 시절의 무력한 상태와 열등상태에서부터 출발하여 그 열등의식을 극복하고 우월성과 힘에의 의지를 추구하는 데서 행동이 나타나고 인격이 발달한다고 하였다.

2. 그는 성격발달에 있어서 우월하려는 마음과 권력추구가 더 중요한 역할을 한다고 보았다. 아들러에 의하면 열등감(기질. 지능. 사회 혹은 과거의 경험)때문에 권력으로 향한 의지가 자극되며, 열등감에 대한 보상으로 우월함을 얻으려고 하게 된다고 한다.

3. 이러한 추구는 사회적 관심과 유용성에 대한 인식을 갖게 하여 각 개인이 주어진 사회 환경에서 자존심을 유지하며 독특한 생활양식을 갖고 살게 하는 중요한 원동력이 된다. 즉, 모든 사람은 자기 나름의 목표를 갖고 있으며 이를 위하여 그들대로의 독특한 방법으로 노력한다고 했다. 바로 이 방법이 그 사람을 남과 구별하게 하는 것이며 그의 성격구조를 결정하는 것이라고 했다.

🔲 카렌 호나이 (Karen Horney)

1. 10가지 신경증적 욕구

호나이(1985-1952)에 따르면 인간은 강박관념, 불만, 비현실적 성격으로 인해 10가지의 불안을 다루려는 욕구를 가진다고 하였다.

가) 애정과 승인에 대한 욕구
나) 자신의 일생을 맡길 배우자에 대한신경증적 욕구
다) 일생을 협소한 한계 속에 국한시키고자 하는 신경증적 욕구
라) 명성에 대한 신경증적 욕구
마) 권력에 대한 신경증적 욕구
바) 다른 사람을 착취하려는 신경증적 욕구
사) 자아찬미에 대한 신경증적 욕구
아) 자기성취에 대한 신경증적 욕구
자) 자아충족감과 독립심에 대한 신경증적 욕구
차) 방어와 비침공성에 대한 신경증적 욕구

2. 3가지 성격유형

호나이에 따르면 부모의 불가피한 미워함, 적의, 잘못 다룸, 몰이해 등으로 말미암아 무력함

과 격리를 느끼며 여기서 '근본적인 불안'이 생긴다고 한다. 프로이드와는 달리 사람의 근본적 불안은 우리들 자신 속에서 생기는 것이 아니라 사회적 조건 때문에 생긴다고 하였다. 이 불안을 해결하기 위해서 어린이는 처음에는 순종, 적대, 회피, 독립 또는 완벽주의 등 여러 가지 전략을 사용하지만 결국은 3가지 기본적 성격특성 즉,

① 남에게 사랑과 인정을 받기 원하고, 순종하는 태도를 보이는 유형으로 추종형,

② 권력을 추구하고, 반항적이며 건방지고 적대적인 태도를 보이는 유형으로 공격형,

③ 사회적으로 위축되고 이탈하는 것으로 타인으로부터 떨어져 나오는 유형으로 고립형 중의 하나가 우세하게 된다.

그러나 한 가지 특성이 다른 것을 배척하는 경우 장애가 발생하게 된다. 즉, 한 가지 성격특성이 불안을 해결하기는 하나 부분적일 따름이며, 다른 성격특성과의 관계에 융통성이 없이 경직되어 있어서 악순환을 일으키는 결과, 없애거나 방지하려고 했던 문제가 새롭게 생기게 되기 때문이다. 호나이는 경직된 성격특성에 집착하게 되면 근본적 갈등이 생기게 되는데, 이는 신경증적 성격특성이 그리는, 허구적이고 이상화된 자화상으로 피할 수 있다고 한다.

■ 안나 프로이트(Anna Freud) - 기출문제 심화학습

아동정신분석이론가인 안나 프로이트(Anna Freud)는 심리적 방어기제의 병리성과 정상성을 판단하는 기준을 아래와 같이 설정하였다.

1. 방어의 강도
2. 방어철회의 가능성
3. 활용된 방어 연령의 적절성
4. 균형

■ 설리반(Harry Stack Sullivan)

1. 이론의 특성

설리반(1892-1949)의 대인관계 이론에 의하면, 성격이란 인간 생활을 특징짓는 비교적 지속적인 형태의 대인관계 상황이라고 정의 하였다.

그는 사람의 성격은 남들과의 사회적 교류에서 생기는 것이며 그런 과정은 어린이의 어머니와의 관계에서 시작된다고 한다.

2. 사람의 성격은 대인관계이며 대인관계가 우리의 마음이라는 것이다.

성격의 건전한 발육과 기능에는 생물학적 욕구의 만족과, 지위와, 타인과의 관계에 있어서의 안정이 필요하다고 했다.

3. 세 가지 경험양식

가) **원형(prototaxic mode)** : 미분화되어 있으며 순간적이고 경험과 나 혹은 남의 감정이나 사고와 구별이 없는 생후 일년 사이에서 특징적으로 나타나는 경험양식으로 다른 유형에 대한 필연적인 전제조건이 됨

나) **병형(parataxic mode)** : 시간적 관계를 갖고 앞뒤 연결은 있는 것 같으나 현실적인 해석과 그릇된 논리의 결론으로 생기는 공상적인 것과 혼동하는 경험양식으로 유아시절에 일어난다. 어린이는 발생되는 모든 사건을 평가 없이 수용하고 타인에게 비현실적 근거를 가지고 반응한다.

다) **전형(syntaxic mode)** : 논리적이고 합리적인 사고를 하는 가장 성숙한 경험 양식으로 왜곡이 없으므로, 모든 사람들이 인정하는 언어적 성격의 상징 활동으로 구성된다.

4. 상담 및 치료의 의미

1) 설리반은 불안과 불안이 발생하게 된 대인관계가 치료의 초점이라고 했다. 그는 치료를 정신과적 면담의 연장으로 보았으며, 정신과 의사는 문제를 파고들어가는 과정에서 같이 참여하는 참여자나, 환자가 자신의 문제를 깨우치는 것을 방해하고 있는 방어를 관찰하는 관찰자의 역할도 하므로 참여관찰자라고 명명했다.

2) 치료자의 능동적인 역할을 강조했으며, 치료과정이란 억압되고 해리된 일들을 파고 들어가는 과정 뿐 아니라 새로운 대인관계 패턴을 치료자와의 관계를 통해서 재현하도록 도와주는 학습과정도 포함된다고 했다.

◻ 프롬(Erich Fromm)

1. 이론의 특성

사회철학자이며 심리학자인 프롬(1900-1980)은 정신질환에 있어서의 사회의 역할을 강조한 프로이드의 제자 중 한사람으로서, 인간의 근본적인 문제를 다른 인간 동료들과의 관계의 상실로 보고 있다. 이런 격리감은 불안을 일으키고 또한 그것은 방어적 행동을 낳게 한다고 했다. 프롬에 따르면, 사회에 대한 순응의 강요는 개인의 자발성과 자유를 포기하도록 하는 것이라고 했다. 신경증적 행동은 부모가 자식에게 따뜻한 사랑과 격려로써 사회에 대항하며 살아갈 수 있는 능력을 강화시켜 주지 못한 경우에 나타난다고 했다. 프롬은 치료목표는 자기 스스로에의 책임을 통해 적응이 원활히 되도록 하는데 있다고 했다.

2. 성격유형

그는 또한 프로이드의 신경증적 성격형을 사회적 인격형으로 수정했다. 프롬이 언급한 성격

유형은 프로이드의 각각의 발달단계에 다음과 같이 대응하며, 각각의 성격유형이 타인과 관계를 맺는 유형도 단계별로 상이하다.

프로이드	프롬	타인과의 관계
구강적 수동성격	수용적 성격	피학증
구강적 공격성격	착취형 성격	가학증
항문적 자기애 성격	축적형 성격	파괴적 경향
남근적 성격	시장형 성격	기계적 순종
생식기적 성격	생산적 성격	사랑

*프로이드는 신경증적 성격형으로 보고, 프롬은 사회적 인격형으로 분류

오토(Otto Rank)

1. **분리불안(Sepation Anxiety)** : 분리의 공포가 주요 역동적 세력, 유아기때 어머니로부터의 격리에서 최초불안 경험 --- 일생에 영향을 줌

2. **개체화와의 투쟁** : 부모에 의한 만족충동(욕구충족)이 방해될 때 나타남.

3. **의지의 개념** : "의지" 긍정적 요소, 인본적인 자아요소, 창조적 활동이 가능하며 기본적인 충동을 통제하는 것

4. **성격유형**
   - 평범한 인간(Average Person)
   - 신경증적 인간(Neurotic Person)
   - 창조적 인간(Creative Person)

상담이론

7강 개인주의심리학적 상담이론(1)

학습목표	1. 개인주의 심리학적 상담이론의 인간관 이해 2. 개인주의 상담이론의 목적과 상담절차의 이해

학습내용	1. 개인주의 심리학적 상담이론의 인간관과 생활양식에 대해 학습한다. 2. 동기수정을 강조하는 개인주의 상담이론의 목적과 상담절차 등에 대해 학습한다.

■ 알프레드 아들러의 개인심리학 상담

1. 서론

개인심리학은 알프레드 아들러(Alfred Adler)에 의해 개발된 성격이론과 심리치료, 이론체계로서, 인간을 그 자신의 현상학적인 장 내에서 가공적 목표를 향해 움직이는 창조적이고, 책임이 있으며, '형성되어 가는' 총체적인 존재로 본다. 개인심리학은 인간의 생활양식이 열등감으로 인해 때때로 자기 파괴적이 될 수 있다는 입장을 취한다. "정신병리"가 있는 개인은 아프다기 보다는 의기소침한 것이며, 상담의 과제는 상담자와의 관계, 분석 및 활동방법을 통하여 그 사람을 격려하고 그의 사회적 관심을 활성화시켜 주며, 새로운 생활양식을 발달시켜 주는 것이다.

2. 주요개념

1) 인간관

(1) 총체적 존재

아들러 심리학의 가장 중요한 가설은 인간이 통일되고 자아 일치된 유기체라는 것이다. 프로이드가 환원론의 입장에서 인간을 의식과 무의식, 본능, 자아, 초자아로 분류한데 반대하고 인간을 더 이상 분류하거나 분리, 분할할 수 없는 그 자체로서 완전한 전체로서 보았다. 아들러는 이러한 자아 일치된 통합된 성격구조를 개인의 생활양식이라 부르고 있다.

****** 개인심리학의 명칭유래**
자아일치된 통합된 성격구조= 개인의 생활양식

(2) 창조적 존재

아들러는 성격형성에 있어서 유전과 환경의 중요성을 인정하면서도, 개인은 분명히 이 두 요인 이상의 산물이라고 하였다. 그래서 사람들이란 창조적인 힘을 가지고 자기 인생을 좌우할 수 있는 존재로 묘사한다. 즉 자유롭고 의식적인 활동이 인간을 정의하는 특징이다.

(3) 주관성을 지닌 존재

개인주의 심리학은 현상학적인 관점을 수용하여, 개인이 자신과 자신이 적응해 나가야 하는 환경을 어떻게 보느냐에 따라 그의 행동이 결정된다고 하였다. 모든 개인은 그들 자신이 가진 통각의 도식과 일치하는 방향으로 그들 자신이 설계한 세계 속에서 산다.

2) 개인심리학의 주요 개념

아들러학파의 기본 전제는 개인심리학으로 알려져 있는데 이것은 성격은 유일성으로 이해되어야 하며 나눌 수 없는 전체로 이해되어야 한다는 것이다. 인간은 부분으로 나눌 수 없는 전체이기 때문에 삶의 목표를 향해 움직이는 역동성과 통일성으로 이해하는 것이 가장 좋다.

(1) 목적적이고 행동지향적인 특성

개인심리학은 모든 인간행동은 목적을 가진 것이라고 가정한다. 아들러는 결정론적인 표현이라는 관점을 목적론적인(목적적인, 목표지향적인)관점으로 대치하였다. 행동의 목표는 개인이 지각과 결정에 의해 창조된다. 개인심리학의 기본 과정은 우리가 어디로 가고 있는가, 무엇을 추구하고 있는가가 중요하다는 것이다. 아들러 학파는 개인의 과거가 현재 개인의 추구에 미치는 영향을 경시하지 않으면서 미래에 관심을 갖는다. 아들러 학파는 개인이 결정은 그의 과거 경험, 현재상황, 그리고 그가 추구하고 있는 방향 등에 의해 결정된다고 가정한다.

(2) 중요성과 우월성을 위한 추구

인간에게는 완전성을 향한 추구와 지배욕에 의해 열등감에 대항하려는 욕구가 내재한다는 것을 강조한다. 인간행동을 이해하기 위해서는 기본적인 열등감과 보상의 개념을 파악하는 것이 중요한다. 우리는 능력, 지배, 완전성을 추구하기 때문에 열등감을 느낀다. 예를 들면 우리는 약점을 장점으로 바꾸려고 한다든가 다른 여러 면에서의 약점들을 보상하기 위해 한 가지 일에 몰두하려 한다. 우리가 능력을 추구해 가는 독특한 방식이 개인성(individuality)을 구성한다.

(3) 생활양식(style of life)

생애유형은 개인의 성격을 움직이는 체계적 원리로서 부분에 명령을 내리는 전체의 역할을 한다. 개인의 독특성, 즉 삶의 목적, 자아개념, 가치, 태도 등을 포함하는 것으로 삶의 목적을 달성하는 독특한 방법들이다. 이러한 생활양식은 우리의 독특한 열등감을 극복하기 위한 노력을 나타내며, 4–5세경에 그 틀이 형성되어 그 후에는 거의 변화하지 않는다. 따라서 우리의 모든 심리적 과정의 의미는 개인의 생활양식의 내용을 보아야만 비로소 알 수 있다. 아들러는 생활양식의 진정한 형태는 생활과제에 접근하고 이를 해결하는 태도에 따라 구별된다고 하였다. 아들러는 생활양식을 사회적 관심과 활동수준이라는 두 가지 차원을 중심으로 다음과 같은 네 가지 유형으로 구분하였다.

가) 지배형 : 사회적 관심이 거의 없으면서 활동수준이 높아 공격적이고 주장적인 형

나) 획득형 : 이러한 사람들은 기생적인 방법으로 외부세계와 관계를 맺으며, 다른 사람에게 의존하여 욕구를 충족하는 형

다) 회피형 : 사회적 관심도 적고 활동도 적다. 이들의 목표는 인생의 모든 문제를 회피함으로써 한 치의 실패 가능성도 모면하려 는 것이다.

라) 사회형 : 심리적으로 건강한 사람의 표본이 된다. 활동수준과 사회적 관심이 높아 자신의 욕구는 물론 다른 사람의 복지를 위해서 협력하려는 의지를 가진다.

(4) 허구적인 결말주의(fictional finalism)

아들러 학파들은 인간의 행동을 이끄는 상상된 중심목표를 언급하기 위해 "허구적인 결말주의" 또는 "가상적 목표"라는 말을 쓴다. 아들러는 인간행동은 이 세계에 대한 개인의 개념화에 의해 지배된다는 철학자 바이힝거(Vaihinger)의 관점에 영향을 받았다. "만약–라면"이라는 이 철학은 인간은 허구에 의해 살며(또는 이 세상이 어떻게 되어야 한다는 관점에 의해 살며)과거에 어떤 일이 일어났는가 하는 것보다 미래에 대한 기대에 산다는 것을 의미한다. 아들러는 인간은 자신의 행동을 이끄는 관념을 창조한다는 생각을 정립하였다. 행동에 방향을 주는 이런 개인적인 목표들은 개인이 생활양식의 기본 측면이 된다.

(5) 사회적 관심(social interest)

사회적 관심 또는 사회적 느낌이란 용어는 아마도 아들러의 가장 중요하고 독특한 개념일 것이다. 이 용어는 사회를 살아가는 개인의 태도를 의미하며 보다 나은 미래를 추구하는 관심을 포함한다. 그는 사회적 관심을 다른 사람에 대한 동일시나 공감과 등식화하고 있다. 즉 "다른 사람의 눈으로 보는 것, 다른 사람의 귀로 듣는 것, 다른 사람의 마음으로 느끼는 것"이다. 개인심리학은 우리의 행복과 성공은 주로 사회와 관련되어 있다는 핵심사상에 근거한다. 우리는 사회의 일원이기 때문에 사회구조를 떠나 고립된 존재로 이해될 수 없다. 삶을 통해 소속되고자 하는 욕구가 인간행동의 기본이 된다. 우리가 경험하는 문제의 대부분은 자신이 가치를 두는 사람들에게 수용되지 못한다는 두려움에 관련되어 있다. 만약 이러한 소속감이 충족되지 못하면 불안이 발생한다. 아들러는 우리는 소속되고자 하는 강한 욕구를 가졌고 또 소속감을 가질 때만이 문제에 직면하고

그것을 처리하려고 노력한다고 주장하고 있다.

(6) 생활과제

아들러학파는 다섯 가지의 주요 과제를 완성해야 한다고 주장한다. 그것은 친구나 가족과의 관계, 일, 성욕, 자기에 대한 감정 그리고 정신적인 영역(생의 목표, 의미, 목적 등)을 포함해서)이다. 우리는 성역할을 규정하고 다른 사람과 관계하는 것을 학습해야 한다. 우리는 자기충족적인 존재가 아니므로 상호의존적으로 배워야 한다. 일은 생존의 기본이기 때문에 일 속에서의 의미를 추구해야 하며 사회라는 큰 조직 속에서 한 부분이 되어야 한다.

상담의 목표

1. 상담의 목표

아들러 학파의 상담이론의 기본 목표는 내담자의 사회적 관심, 즉 잘못된 사회적 가치를 바꾸는 것이다. 아들러학파는 행동수정보다 동기수정(motivation modification)에 보다 관심을 갖는다. 즉 그들은 기본적인 삶의 전제들, 즉 생의 목표나 기본 개념들에 도전하려고 하며, 단순한 증상제거에 별로 관심을 갖지 않는다.

상담과정은 정보제공, 교시, 안내, 격려 등에 초점을 둔다. 그들은 내담자를 병든 존재나 치료되어야 할 존재로 보지 않는다. 그것보다는 사회에서 동등하게 즉 다른 사람과 주고받을 수 있는 사람이 되도록 재교육하려는 목표를 갖고 있다.

2. 모삭(Mosak)의 상담목표

① 사회적 관심을 기르기
② 패배감을 극복하고 열등감을 감소시키기 위해 내담자를 돕기
③ 내담자의 관점과 목표, 즉 생활양식을 수정하기
④ 잘못된 동기를 바꾸기.
⑤ 내담자가 다른 사람과 동등한 감정을 갖도록 돕기.
⑥ 사회의 구성원으로 기여하도록 돕기

3. 드레이커스의 상담과정 목표

① 바람직한 내담자−치료자 관계를 만들고 유지하기.
② 생활양식과 목표 그리고 이 요소들이 개인에게 어떻게 영향을 미치는가를 포함해서 내담자의 역동성을 확인하기.
③ 통찰로 이끄는 해석을 제공하기
④ 재정립을 성취하고 이해한 것을 행동으로 옮기기.

상담자의 기능과 역할

1) 아들러 학파의 사람들은 기법의 정확성에 얽매이지 않는다. 그들은 때로는 절충적이 되며 기법을 다양하게 구사한다. 그들의 기법은 개인심리학의 기본 개념들에 일치하지만 내담자 개개인에게 맞추어 적용한다.

2) 아들러 학파의 상담자들은 상담의 인지적 측면에 초점을 둔다. 그들은 내담자는 그릇된 인지(신념이나 목표들) 때문에 행동면에서 비효율적이며 정서적으로 침체되어 있다고 인식한다. 그들은 내담자가 기분 좋게 느끼고 효율적으로 행동하기 위해서는 그릇된 신념이 무엇인지 찾는 것이 중요하다는 가정 하에 작업한다. 상담자들은 사회에서의 중요한 잘못을 찾으며 잘못된 신념, 이기중의 비현실적 욕망, 신뢰성의 부족 등을 중시한다.

3) 상담자의 주 기능은 진단자로서의 기능이다. 상담자는 내담자의 가족 내의 위치에 관한 정보를 모은다. 이러한 과정에서 개인의 어린 시절의 환경을 요약하고 해석하면 상담자는 내담자 초기의 회상을 해석함으로써 내담자의 인생에 대한 조망을 얻는다. 내담자의 인생관은 현재의 신념과 사회적 관심을 비교함으로써 확인한다. 이것이 완성되면 상담자와 내담자는 상담을 위한 목표를 설정하게 된다.

내담자의 경험

1) 아들러 학파의 상담에서 내담자는 생활양식을 갖고 작업하는데 생활양식은 그의 활동 사진이다. 상담과정에서 내담자는 생활양식을 유지하며 변화시키기를 거부한다. 일반적으로 사람들은 사고와 행동에서의 실수를 인식하지 못하고, 어떻게 잘못 행동하는가를 알지 못하며, 새롭고 예측할 수 없는 행동이 두려워서 과거의 행동을 벗어나지 못하기 때문에 변화에 실패한다. 따라서 그들은 비록 자신의 생각과 행동이 잘못되었더라도 친숙한 유형에 집착하려고 한다.

2) 상담에서 내담자는 삶의 현실에 맞지 않는 개인적 논리에 의해 결정을 내리기 때문에 문제가 발생한다. 상담 경험의 핵심은 내담자가 기본적인 잘못을 발견하고 이러한 잘못된 가정과 결론을 어떻게 교정하는가를 학습하게 하는 것이다. 아들러학파에 의하면, 감정은(원인이라기보다는)사고와 행동의 결과로 보기 때문에, 내담자가 보다 기분 좋게 느끼고 보다 바람직하게 행동하려면 보다 합리적으로 사고하는 길을 찾아야 한다.

상담자와 내담자의 관계

1. 아들러 학파는 상담자와 내담자의 관계가 행동, 상호신뢰, 존경에 기초된 동등한 관계라고 가정한다. 상담은 협동적 모험이기 때문에 특수한 목적은 위한 계약이 만들어지고 그 목표를 위해 내담자와 상담자가 연합해야 한다. 상담 초기에서부터 이 관계는 협동적인 것이며 두 사람

이 상호동의에 의해 만들어진 하나의 목표를 향해 일하며, 내담자 또한 자신이 수동적인 존재가 아니라 어떤 우월한 자도 열등한 자도 없는 관계에서 활동적인 주체자임을 인식하게 된다.

2. 아들러학파에서는 상담의 결과에 관련된 것으로서 상담관계의 질(quality)을 중요하게 보지만 이런 관계만으로 변화가 일어난다고는 보지 않는다. 이것은 변화과정의 시발점이다. 이런 신뢰와 라포가 없으면 개인의 생활양식의 변화를 위한 어려운 작업은 시작되기 어렵다.

■ 적용 : 절차와 기법

1. 상담의 절차

아들러학파의 심리상담은 상담과정의 네 가지 측면에 부합되는 네 가지 목표들 중심으로 구성된다.
① 적절한 상담관계를 만들기
② 내담자에게 작용하는 역동성을 탐색하기(분석과 평가).
③ 자기이해(통찰)의 발달을 격려하기.
④ 새로운 선택(방향의 재조정)을 하도록 돕기.

1) 국면 1 : 관계의 형성

– 아들러 학파의 상담자들은 내담자로 하여금 그의 삶에 책임감을 느끼도록 협동관계에서 일한다. 상담과정은 상담목표가 분명하게 정의되고 상담자와 내담자 간의 목표에 대한 공동노선의 설정이 이루어져야만 가능해진다. 상담과정이 효율적으로 되려면 내담자가 중요하다고 인식하여 기꺼이 논의하고 변화시키려는 개인적 문제를 다루어야 한다.

2) 국면 2 : 개인의 역동 탐색

– 이 국면에서 내담자의 목표는 자신의 생활양식을 이해하고 그것이 현재의 생의 과제에서 어떻게 기능하는지를 이해하는 것이다. 이 단계에서는 상담자가 내담자의 다음과 같은 주관적 상황과 객관적 상황에 대하여 논의해야 한다.
가) 가족 내에서의 개인의 위치
나) 아동기의 회상
다) 꿈
– 생활양식의 평가의 한 방법으로 아들러 학파의 상담자들은 최근의 꿈뿐만 아니라 아동기의 꿈에 특별한 관심을 둔다. 개인심리학의 관점에서 보면 꿈은 문제를 표면화 시키는 역할을 하여 상담을 위한 풍향계의 역할을 제공한다. 왜냐하면 문제를 표면화시키기 때문이다. 아들러 학파의 관점에서 보면 꿈은 개인에게 목적적이고 독특하다.
라) 우선적 욕구
마) 통합과 요약

일단 개인의 가족 내에서의 위치와 초기회상, 꿈, 우선권 등에 대한 자료들이 수집되면 각 영역을 분리해서 요약한다. 마지막으로 생활양식 평가 설문지에 기초해서 이 자료들을 통합하고 요약하며 해석한다. 이런 통합의 과정은 내담자의 장점뿐만 아니라 자신의 기본적인 잘못을 드러내도록 고안한다. 요약은 내담자에게 제시하여 논의한 후 내담자와 상담자가 상호 협력하여 특정한 관점을 수정한다. 아들러 학파는 이런 잘못된 가정들은 도전될 수 있고 궁극적으로 바뀔 수 있다고 본다.

바) "격려"의 과정

****모삭은 생활양식을 "개인의 신화"라고 쓰고 있다.

사람들은 마치 신화가 현실인 것처럼 행동하는데 왜냐하면 그것이 그들에게는 현실이기 때문이다. 모삭은 다섯 가지 기본적 잘못을 목록으로 제시하고 있다.

① 지나친 일반화 -"세상 어디에도 공정함은 없다."

② 잘못된 또는 불가능한 목표 - "나는 내가 사랑받는다고 느끼려면 모든 사람을 기쁘게 해 주어야 한다."

③ 삶의 요구에 대한 잘못된 자각 - "인생은 나에겐 너무 힘들어."

④ 개인의 기본적인 가치의 부정 - "나는 근본적으로 어리석어. 그래서 어느 누구도 나와 함께 무엇을 하려고 하지 않는 거야."

⑤ 잘못된 가치 - "최고로 올라가야 해. 그런 과정에서 누군가 상처를 입더라도 상관하지 말고."

3) 국면 3 : 통찰의 격려

상담자는 내담자의 언행의 불일치, 이상과 현실간의 불일치 등에 대해 내담자가 직면하여 자신에 대한 통찰을 얻을 수 있도록 해야 하며 해석을 통하여 내담자의 장점을 지적하고 격려하여 통찰을 얻는 과정을 용이하게 해준다.

4) 국면 4 : 재교육을 통한 도움

상담절차의 마지막 단계는 행동 지향적 국면으로 태도의 수정(reorientation) 또는 내담자의 통찰을 실세 행동으로 전환되게 하는 재교육 단계이다. 이 단계에서는 내담자가 변화를 시도하고자 하는 열망이 얼마나 강한가에 달려있다.

8강 개인주의상담이론(2)/실존주의 상담이론

학습목표

1. 개인주의 심리학적 상담이론의 기법 이해
2. 실존주의 상담이론의 철학적 배경 이해

학습내용

1. 개인주의 심리학적 상담이론의 대표적 기법들을 학습한다.
2. 실존주의 상담이론의 철학적 배경과 대표적 학자들의 입장을 학습한다.

🔲 개인주의 심리학적 상담이론의 기법

1) 즉시성

현재 순간에 무엇이 일어나고 있는지를 다루는 기법이 즉시성이다. 어떤 결정을 할 때 상담자에 대한 내담자의 기대 때문에 상담자가 어떻게 영향 받는지를 내담자에게 말해 준다면, 이것이 곧 즉시성이다.

2) 격려

불행, 우울, 분노, 불안의 심리 상태에 있는 사람은, 성장할 수 있고 보다 자기 충족적인 방향으로 모험을 감행할 수 있는 스스로의 능력에 대한 신뢰가 없기 때문이라고 생각한다. 따라서 이런 사람들의 내적 자원의 개발을 촉진하고 긍정적인 방향으로 나아갈 수 있는 용기를 북돋아 주는 것이 필요한데 그것이 곧 격려이다.

3) 역설적 의도(기법)

바라지 않거나 바꾸고 싶은 행동을 의도적으로 반복 실시하게 함으로써 역설적으로 그 행동을 제거하거나 벗어날 수 있게 하는 행동을 말한다. 역설적 의도의 이론적 배경은 사람은 어떤 상황에서 그가 어떻게 하고 있는가를 극적으로 자각하게 되면 그런 행동의 결과에 대한 책임이 자기에게 있다는 것을 자각하게 된다는 것이다. 나아가 다소 과장된 방식으로 문제에 직면하면 내담자는 자기가 원하는 것을 얻을 수 있는 대안을 생각하게 된다.

4) "마치 ~인 것처럼" 행동하기

상담자는 내담자가 마치 자신이 그런 상황에 있는 것처럼 상상하고 행동하도록 하는 역할놀이 상황을 설정한다. 내담자가 "만약 내가 ~만 할 수 있다면" 이라고 말하면 상담자는 내담자에게 최소한 일주일 정도 마치 무슨 일이 일어날 것 같은 그의 환상을 역할놀이를 통해 표현해 보도록 격려 할 수 있다.

5) 내담자의 수프를 엎지르기

상담자는 목표를 정해서 어떤 행동을 종식시키며 내담자의 눈앞에서 어떤 행동의 유용성을 감소시킴으로써 게임을 망치게 하기도 한다.

6) 자신을 파악하기

자신을 파악하는 과정에서 내담자는 자기경멸감이 없이 자기 파괴적 행동이나 비합리적인 사고를 자각하게 된다. 처음에 내담자는 자신이 옛날 유형에 너무 얽혀 있다는 것을 깨달을 것이다. 그러나 결국에는 실천함으로써 어떤 사건이 일어나기 전에 그것을 파악하여 그 유형을 바꿀 수 있음을 알게 된다.

7) 단추누르기

단추누르기 기법은 내담자가 대안적으로 유쾌한 경험과 불유쾌한 경험을 가진 다음 이 경험들에 수반되는 감정에 주의를 기울이는 것이다. 이 기법을 쓰는 목적은 내담자에게 무엇을 생각하겠다고 원하면 어떤 감정이든지 만들어낼 수 있다는 것을 가르치기 위한 것이다. 그는 생각에 의해 감정을 통제할 수도 만들 수도 있다.

8) 결점이 많은 아이를 피하기/악동피하기

내담자는 일상생활에서 사용하는 자기패배적인 행동유형을 상담상황에 가져온다. 그는 왜곡된 지각이 없어질지도 모른다고 생각하기 때문에 잘못된 가정에 집착할지도 모른다. 예를 들면 어떤 내담자는 아무도 그를 돌보아 주는 사람이 없다고 생각하기 때문에 다른 사람이 그에게 하는 것처럼 반응해 주기를 시도한다. 상담자는 그런 덫에 걸리지 않도록 조심해야 하며 그런 오래된 행동유형을 계속 지키려는 내담자의 행동을 강화하지 않도록 주의해야 한다. 더불어 상담자는 보다 심리적인 성숙으로 이끄는 그런 행동들을 격려하도록 해야 할 것이다.

9) 과제설정과 이행

문제를 해결하기 위해 구체적인 단계를 설정함에 있어서 내담자는 현실적 · 소득적 과제를 설정하고 이것을 한정된 시간에 수행할 수 있도록 계획이 이루어져야 한다. 이러한 방식으로 내담자는 특정한 과제를 이행하는 데 있어 성공감을 맛볼 수 있으며 새로운 계획들을 자신감을 갖고 발달시킬 수 있다. 만약 계획이 잘 수행되지 않으면 다음 상담시간에 논의하고 수정한다. 만약 성공적으로 수행한다면 내담자가 원하는 방향으로 보다 개선 할 수 있는 장기적인 목표를 수행하게 한다.

10) 면담을 종결하고 요약하기

상담기간 내에 문제에 계속적인 탐색을 배제하지 않으면서 종결을 유도하고 상담기간 중 가장 절정이 되는 부분을 요약하는 것은 상담자의 가장 중요한 기술이다. 그것보다는 내담자가 학습한 것을 다시 검토하고, 내담자가 상담기간 동안에 실행해 온 행동지향적인 과제들을 논의한다. 이런 식으로 해서 내담자는 새로운 학습을 일상의 생활에 적용하도록 격려 받게 된다.

■ 적용의 영역

아들러의 개인심리학은 의학적 모델이 아니라 성장모델에 기초하므로 아동지도센터, 부모-아동상담, 부부상담, 가족상담, 집단상담과 상담, 아동과 청소년의 개인상담, 문화갈등, 교정과 목적상담, 정신건강기구 등 다양한 영역에 적용될 수 있다. 이 원리들은 또한 약물남용프로그램, 빈곤층과 죄수의 문제, 노인문제, 학교조직, 종교단체, 사업기관에서의 프로그램에 널리 적용할 수 있다.

■ 아들러 이론의 공헌점 및 제한점

1. 아들러 학파의 공헌

아들러 이론에서 성격의 사회적 요인에 대한 강조는 집단 내에서 개인을 상담하는 집단상담의 개념을 선도하였다. 따라서 중요한 공헌은 초등교육, 부모교육집단, 결혼상담, 가족상담 등이다.

2. 제한점

1) 아들러는 자신의 이론을 잘 다듬고 체계적으로 조직하기보다는 실행과 교수를 강조하였다. 따라서 그의 저술은 대부분 어딘가 느슨하고 지나치게 산만하다.

2) 아들러의 이론적인 개념은 실제적인 연관이 상당히 높은 것으로 인정되는 반면, 이 개념들의 경험적인 검증은 수적으로 빈약하다. 개인주의 심리학 개념의 경험적 검증의 어려움은 그의 이론적 체계 속에 구체적인 하위수준의 개념이 부족하고 너무 일반적인 성질을 지녔기 때문이다. 그래서 아들러는 상식적인 감각의 심리학이라는 비판을 받았으며 복합적 개념을 지나치게 단순화하고 있다는 비난을 받았다.

■ 실존주의 상담이론

1. 서론

1) 실존주의 접근은 실존주의 사상과 심리학에 있어서 제3세력으로 간주되고 있는 인본주의 심리학에 근거하여 출현하였다. 그래서 상담에 있어서 실존주의적 접근은 다른 접근에 비하여 철학적인 면이 강조되고 있으며 구체적인 상담 기술보다는 상담의 바탕이 되는 인간

관에 더 많은 관심을 가지고 있다.

2) 실존주의 사상은 인간의 본질, 현재 세계에서의 인간의 존재, 그 개인에 대한 인간 존재의 의미에 관심을 두며, 그 초점을 인간의 가장 직접적인 경험인 그 자신의 존재에 두는 것이다.

2. 실존주의의 철학적 배경

– 상담에 있어서 실존주의적 접근의 발달적 배경을 살펴보면 실존주의의 기원에서부터 시작된다. 키에르 케고르(Kierkegaard)에서 사르트르(Sartre)에 이어지는 실존주의는 대체로 자신의 존재(存在)를 각성한 실존(實存)을 문제 삼는다.

– 실존은 본질에 앞선다는 점, 즉 자신의 본질은 자신이 존재하고 난 뒤 자신의 자유 의지에 의해 선택하고 행동하고 책임지는 가운데 스스로 형성해 간다는 점을 강조한 사상

– 어느 사상보다도 개인의 개별성(個別性)과 주관성을 강조한다. 또한 우리 모두가 무한한 가능성을 가지고 있으며 그 자신이 가치와 의미의 창조자임을 강조한다.

3. 관련학자, 이론가들

1) 도스토예프스키(1821-1881)

도스토예프스키는 인간은 가장 쾌락을 준다고 믿는 것에 따라 행동한다는 정교한 신념을 깨뜨렸다. 우리는 "가장 이익이 되는 것"에 대항해서 결정하거나 행동하기도 한다. 양심은 고통스럽고 우리를 망설이게 하지만 결국 우리의 삶에 위대한 자유를 준다고 하였다.

2) 키에르 케고르

키에르 케고르는 인간개체와 인간정서의 중요성을 강조하였을 뿐만 아니라 고립된 개별 존재로서의 실존(Existenz)의 개념을 완성하였다. 이렇게 시작된 실존주의는 현대 철학의 주류가 되다시피 했다.

3) 니체(1844-1900)

독일의 철학자인 그는 인간은 합리적인 존재라는 고대의 정의는 잘못된 것이라고 증명하였다. 우리는 합리적인 지능을 가진 존재라기보다 의지의 창조물이다. 그러나 사회는 도덕, 종교, 정치 등을 주입시킴으로써 우리를 무력하게 만든다. 만약 양떼처럼 "집단도덕성"(herd morality)을 묵인한다면 우리는 단지 어리석은 군중에 지나지 않을 것이다. 그러나 만약 우리가 권력에 대한 우리의 의지의 고삐를 풀어 놓음으로써 우리를 해방시킨다면 우리는 창조성과 공성을 가진 우리의 잠재력에 한 발 더 다가갈 수 있을 것이다. 이것이 지도자 즉 "초인"(superman)이 되는 길이다라고 하였다.

4) 하이데거(Heidegger)

하이데거는 야스퍼스(Jaspers)와 함께 20세기의 실존 철학의 창시자로서 특히 심리학자와

카운슬러를 연결하는 가교의 역할을 했다고 볼 수 있다. 그는 "존재와 시간"에서 실존이란 현존재(Dasein)가 일상인(Das Man)으로 전락하여 자기 존재의 근거를 상실한 상태에서 본래적 존재 방식을 기투적(企投的)으로 취하는 것이라 했는데, 그렇게 본다면 실존이란 현존재의 본래적인 존재방식을 의미한다고 할 수 있다. 실존철학의 주된 관심사는 자신의 존재를 각성한 실존 그 자체이다. 그래서 "실존은 본질에 앞선다(Existence precedes essence)"는 명제를 앞세우고 경험의 주관적인 측면, 선택의 자유, 책임 등을 강조한다.

5) 사르트르(1905-1980)

철학자이며 소설가인 그는 제2차 세계대전이라는 위험스런 저항의 시기의 영향으로 인해 과거의 실존주의자들보다 더 인간은 자유로운 존재라는 것을 확신하였다. 개인의 과거가 어땠건 각 개인은 자신의 의지에 따라 선택할 수 있으며 그래서 지금과는 아주 다르게 될 것이다. 그러나 선택은 위임될 것이라는 자유의 다른 측면인 책임성을 강조하였다.

6) 빅터 프랑클(Frankl)

Frankl은 오스트리아의 정신과 의사로서, 1942년부터 1945년까지 동일의 아우슈비츠 강제수용소 등에 투옥되었는데 그곳에서 많은 고난을 겪고 있는 사람들의 심리를 연구한 끝에 의미요법(logotherapy)을 개발하였다. 프랭클은 프로이드의 결정론적인 개념에 반대하여 자유, 책임성, 삶의 의미 그리고 가치추구와 같은 기본 개념으로 심리치료의 이론과 시제를 정립하였다. 그가 발전시킨 주제는 "의미에의 의지"(will to meaning)이다. 프랭클에 의하면 현대인은 가끔 무엇을 위해 사는지 모르는 채 그의 삶을 산다고 한다. 우리 시대의 비극은 일상에서 그리 바쁘지 않을 때 경험하는 무의미함과 "실존적 공허"(existential vacuum)이다. 치료과정은 개인으로 하여금 또 다른 삶속에서 사고, 고통을 받고, 사랑하면서 그런 것들을 통해 삶의 의미와 목적을 찾는 데 도전하도록 하는 것이다.

7) 미국의 실존주의 정신의학자들

(1) 메이(May)

메이(May)는 미국에서 가장 유명한 실존심리 분석가인데 미국 심리학분야에서 실존적-인본적 심리학 운동에 앞장섰으며, 개개인의 개성을 강조하였고 치료자가 환자를 제대로 이해하고 치료하기 위해서는 선입견이 개입되는 진단에 구애받지 않아야 한다고 했다. 메이는 유럽의 실존주의를 미국의 심리치료의 이론과 실제의 주류에 옮겨 놓은 심리학자이다. 메이는 또한 빈스방거와 보스가 내담자를 대상으로 보지 않고 하나의 개인적 세계를 가진 존재로 보는 관점에 영향을 받았다. 그의 저술은 치료의 주관적 영역을 강조하는 이런 점을 반영하고 있다.

(2) 얄롬(Yalom)

얄롬은 〈실존적 심리치료〉(1980)

9강 실존주의 상담이론(2)

학습목표
1. 실존주의 상담이론의 인간관 이해
2. 빅터 플랑크의 의미치료와 성격이론 이해

학습내용
1. 실존주의 상담이론의 인간관과 인간조건에 대한 내용을 학습한다.
2. 빅터 플랑크의 의미치료와 자아를 초월한 건강한 성격의 특성 등을 학습한다.

■ 실존주의 상담이론의 주요 개념

1. 인간관

1) 인간은 자신이 선택한 주체요, 그 선택은 미래를 결정하는 기준이 되며 그런 결정은 모든 책임을 자신이 지어야만 하는 존재이다. 내던져진 존재의 본성을 자신이 창조하며 자신의 잠재력을 각성함으로써 인생을 보다 행복하게 만들 수 있는 존재라는 것이다.

2) 인간은 실존하고 난 뒤에 자유로운 자신의 의지에 의하여 선택하고 행동하며 그 결과에 대해 책임지는 가운데 자신의 본질을 자신이 만든다는 것이다. 인간은 자기를 각성할 수 있는 능력을 가지고 있고 무의미한 세계에서 의미와 가치를 추구하며 자아실현의 경향성을 가지고 있다는 것이다.

3) 실존적 접근법에 의하면 인간조건의 기본 영역은 즉 ① 자기인식의 능력, ② 자유와 책임, ③ 자신의 정체감의 발견과 다른 사람과의 의미 있는 관계의 정립 ④ 의미·목적·가치·목표의 추구, ⑤ 삶의 조건으로서의 불안, ⑥ 죽음과 무의식 등과 같은 내용을 포함하고 있다.

(1) 전제 1 : 자기인식의 능력

인간존재로서 우리는 자기인식의 능력이 있기 때문에 반성할 수 있고 선택을 할 수 있다. 그래서 인식을 넓히는 것은 삶을 완벽하게 사는 능력을 성장시키는 것이며, 인식이 넓어질수록 자유의 가능성도 커진다.

(2) 전제 2 : 자유와 책임

우리는 본질적으로 자유로우므로 삶을 이끌어 갈 책임을 수락해야 한다. 실존주의 철학에서 자유라는 것과 인간존재는 그 의미가 같다. 사르트르의 관점에서 보면 인간은 자유롭도록 운명 지어진 존재이다. 인간은 자신의 생애와 생활 그리고 실패에 대해 전적으로 책임을 갖고 있다. 자유와 책임은 병행한다. 우리는 자신의 운명과 삶의 상황과 문제를 스스로 결정한다는 의미에서 삶의 제작자이다. 다른 사람을 계속 비난함으로써 자신의 책임을 수용하지 않는 내담자는 치료에서 효과를 얻을 수 없다. 책임성을 인정한다는 것은 변화의 기본조건이다.(Yalom, 1980).

(3) 전제 3 : 정체감의 추구와 다른 사람과의 관계

사람은 그들의 고유성과 중심성을 유지하는데 관심을 갖고 있다. 그러나 동시에 다른 사람이나 자연과 관계를 갖고 싶어 한다. 많은 실존주의자들이 고독, 뿌리가 뽑혀 나간 것 같은 허탈감, 소외, 외로움, 고독 등을 논의하는데 이런 것들은 다른 사람이나 자연과 밀접한 관계를 맺는 데 실패한 결과이다. 인간은 혼자 설 수 있을 때, 자신의 힘으로 깊숙이 침잠할 수 있을 때 다른 사람과의 관계가 우리의 내부에 자리를 잡으며 박탈감을 느끼지 않는다. 그러나 만약 개인적으로 박탈감을 느낀다면 다른 사람에게 매달리는 기생적이며 공생적인 관계밖에는 기대할 수 없다.

(4) 전제 4 : 의미의 추구

인간의 특성 중 가장 뚜렷한 것의 하나는 삶의 중요성을 인식하고 삶의 목적을 위해 힘쓰는 것이다. 인간은 본질적으로 의미와 개인적 주체성을 추구한다. 내담자들의 근본적인 갈등은 "내가 왜 여기에 있는가? 내가 나의 인생에서 얻으려는 것은 무엇인가? 나의 인생에 의미를 주는 것은 무엇인가? 인생에서 의미의 근원은 무엇인가?"와 같은 실존적 문제로 집약될 것이다.

가) 인습적인 가치관을 버리는 문제

상담에서의 문제들 중의 하나는 대체시킬 다른 적절한 가치관을 발견하지 못한 채 전통적인 가치관, 자기에게 부과된 인습적인 가치관을 버리는 경우, 내담자는 자신을 "키" 없는 배와 같다고 공허함을 느끼면서 자신의 새로운 측면에 적합한 새로운 지침과 가치관을 찾으려 한다. 그러나 당분간은 그것들 없이 지내게 될 것이다. 이런 경우 치료과정에서의 과업은 아마도 내담자의 존재방식과 일치하는 생활방식에 기초한 가치체계를 창조하도록 내담자를 돕는 데 있으며, 상담자의 역할은 의미 있는 삶을 제공해 줄 수 있는 가치체계를 내담자 스스로 그의 내부에서 찾아낼 수 있으리라고 믿는 것이다.

나) 무의미성

세상을 살아가는 것이 무의미하다고 느끼면 내담자는 어려운 투쟁을 계속하는 것이 가치 있는지 심지어는 사는 일이 가치 있는지 까지도 회의하게 된다. 그런 무의미성을 프랑클(1978)은 현대의 삶에 있는 실존적 신경증이라고 보았다.

다) 새로운 의미를 창조하기

로고테라피(의미치료)는 사람들이 삶의 의미를 찾는 것을 도와주도록 고안되었다. 삶의 의미성에 도전하다는 것은 인간존재의 표지이다. "의미에의 의지"(the will to meaning)는 개인의 기본적인 추구이다. 삶이란 그 자체로 의미 있는 것은 아니다. 인간은 의미를 발견하고 창조하여야 한다. 우리 자신의 의미를 창조하는 과제는 삶이 계속되는 한 결코 끝낼 수 없다. **상담자는 내담자에게 그들의 삶의 의미가 무엇인가를 가르쳐 주는 것이 아니라 내담자가 고난 속에서도 삶의 의미를 발견 할 수 있다는 것을 지적해 주는 것이다.**(Frankle, 1978). 또한 프랭클은 인간은 고통, 죄의식, 저망, 죽음에 직면할 수 있으며 일단 그것에 직면하면 그 절망에 도전하여 승리한다고 주장하였다. 그러나 의미란 우리가 직접 찾고 얻을 수 있는 것은 아니다. 이성적으로 그것을 찾으면 찾을수록 우리는 더욱 그것을 잃게 되므로, 얄롬(1980)과 프랭클은 쾌락처럼 의미도 완곡하게 추구되어야 한다는 점에 동의한다.

(5) 전제 5 : 삶의 조건으로서의 불안

생존하고 유지하며 자신을 주장하기 위한 개인적 열망이 일어날 때 우리는 인간조건의 필수적 부분으로 불안에 직면하게 된다. 실존주의자들은 <u>정상적 불안</u>과 <u>신경증적 불안</u>을 구분하는데 그들은 불안을 성장의 잠재적 근원으로 본다. 정상적 불안은 직면한 사건에 대한 적절한 반응이다. 나아가 이런 종류의 불안은 억압되어서는 안 되며 변화의 동기로 사용되어야 한다. 이것은 보통 의식되지 않으며 개인을 활성화시켜 준다. <u>우리는 불안이 전혀 없으면 생존할 수 없으므로, 정상적 불안을 제거하는 것은 치료과제가 아니다.</u> 메이(1981)에 의하면 자유와 불안은 같은 동전의 양면이다. 불안은 새로운 생각이 떠오를 때 수반되는 흥분과 비슷하다. 그래서 우리는 잘 아는 영역에서 나와 미지의 영역으로 들어갈 때 불안을 느낀다. 불안에서 도피하기 위해 우리 대부분은 미지의 세계로의 도약을 회피한다. 메이는 이것을 "우리는 모험을 하지 않으면 불안에서 벗어날 수 없다. 즉 자유를 묶음으로써 많은 사람들이 어떤 생각이 의식수준에 도달하기 전에 불안 때문에 그들의 영감을 잠가 버리기 때문에 가장 창조적인 생각을 인식하지 못하는 것이라고 나는 확신한다."고 표현하였다.

(6) 전제 6 : 죽음과 무의식에 대한 인식

실존주의자들은 <u>죽음을 부정적으로 보지 않고 인간조건으로서 삶에 의미를 주는 것으로 인식</u>하였다. 죽음에 대한 직면을 하게 되면 각 개인의 과제를 완성하는 데 영원한 시간이 주어진 것이 아니므로 따라서 현재의 순간이 결정적으로 중요하다는 것을 깨닫게 된다. <u>죽음에 대한 인식은 삶에 향기와 맛과 창조성을 제공하는 근원</u>이 된다. 죽음과 삶은 상호의존적이며 비록 육체적 죽음이 우리를 파괴한다 하더라도 죽음의 관념은 우리를 구제하게 되는 것이다.

Frankl의 성격이론

Frankl은 인간에 있어서 의미에의 의지(will to meaning)의 중요성을 강조하였다. 그래서 삶의 의미를 찾기 위한 독특한 치료기법인 의미치료(logotherapy)를 개발하여 근본적으로 의미가 없는 삶을 살아가는 사람들을 치료하였다. Frankl의 의미치료에서 비롯되는 인간본성의 이론은 의지의 자유(freedom of will), 의미에의 의지(will to meaning), 삶의 의미(meaning of life)의 세 기둥위에 토대를 두고 있다. 의미치료는 삶에 의미를 가져다 줄 수 있는 세 가지 방법을 제시하고 있는데 어떤 창작품을 발표하는 것에 의해서, 경험으로 세상살이에서 얻은 것에 의해서, 그리고 고통에 대해 취하는 태도에 의해서다.

Frankl의 관점에서 본 <u>자아를 초월한 건강한 성격의 특성</u>은 다음과 같다.

① 자기 행동과정을 자유롭게 선택한다.
② 자기가 살아가며 행하는 행위와 운명을 보는 태도에 개인적 책임의식이 있다.
③ 자기 외부의 힘에 의해 제한 받지 않는다.
④ 자기에게 적합한 삶의 의미를 갖고 있다.
⑤ 자기생활에 의식적 통제력이 있다.
⑥ 창조적, 경험적, 태도적 가치를 표현할 수 있다.
⑦ 자신으로 향하는 관심을 초월할 수 있다.

이외에도 건강한 성격의 사람은 미래의 목표와 과제에 관심을 돌리는 미래지향적인 사람이다.

실존주의 상담의 목적 및 과정

1. 상담의 목적

실존주의 접근의 상담의 목적은 내담자의 타고난 경향성을 실현하게 하는 것이다. 이를 위해 상담자는 내담자의 실제 안에 존재하는 그대로 이해하려고 하고 내담자가 보는 세계를 그대로의 세계로 보고 이해하려고 하는 것이다. 즉 상담자는 내담자가 자기각성을 최대화할 수 있도록 도와주어야 한다는 것이다. 이 접근의 상담목적을 위한 구체적 상담목표로는 내담자가 자신의 각성능력을 각성하고 자유, 선택, 책임을 각성하며 죽음이 있음을 통하여 삶의 의미와 목적을 각성하게 하는 것이다.

2. 상담자의 역할 및 기능

실존주의 상담자들은 내담자가 새로운 이해와 선택을 하도록 돕기 위해 내담자의 주관적인 세계를 이해하려고 한다. 내담자의 현재 상황에 중점을 두며 과거를 회상시키는 데 중점을 두지 않는다(May & Yalom, 1984). 상담과정에서의 기법이란 상담자로 하여금 내담자를 이해하고 효과적으로 도전하게 하는 상담관계를 형성하는데 주안점을 둔다. 실존치료자들은 소위 "제한된 실존"(restricted existence)이라고 불리는 사람들을 상대하므로, 이러한 경우 상담자의 주요 임무는 내담자로 하여금 제한된 실존의 현장에 직면하도록 하며 이런 상황을 만든 것이 자신들이었다는 것을 자각하도록 돕는 것이다.

가) 내담자가 말하고 있는 내용과 관련하여 자기의 개인적인 반응을 보인다.

나) 내담자의 경험과 비슷한 경험이 있을 때 적절히 노출한다.

다) 내담자로 하여금 불확실한 세계 내에서 겪는 선택의 필연성에 대한 고뇌를 표현하고자 한다.

라) 내담자로 하여금 선택을 피하려는 자신의 모습을 보게 하고 위험을 무릅쓰고라도 선택할 수 있도록 한다.

마) 내담자로 하여금 그가 인간의 독특한 면을 정확하게 그대로 경험하고 있으며 궁극적으로 그는 혼자이며, 그는 스스로 결정을 내려야 하며 그는 자신의 결정에 대하여 확신하지 못하는 데 대한 불안을 경험할 것이며, 때때로 무의미하게 보이는 세계에서 살아가는 것이 갖는 의미를 규정해야 된다는 사실을 알도록 한다.

3. 내담자의 경험

1) 주관적 경험의 세계에 대한 인식
실존적 상담에서의 내담자는 그들의 세계에서 어떻게 "지금"과 같은 선택을 하였는지 책임을 받아들일 수 있도록 두려움, 죄의식, 불안 등 자신의 주관적인 경험의 세계를 심각하게 받아들이도록 격려 받는다.

2) 자신을 개방하려는 노력
실존적 상담에서 내담자는 자신을 개방하려는 노력을 기울여야 한다. 내담자가 잠긴 문을 힘겹게 열 때 그는 자신을 심리적으로 묶고 있던 결정론의 사슬을 풀기 시작하게 된다. 점차로 지금까지 자신이 어떤 사람이었는지, 지금은 어떤 사람인지를 자각하게 되며 이를 통해 보다 나은 장래를 결정하게 되는 것이다.

3) 궁극적인 관심사에 대한 직면
메이에 의하면 출생, 죽음, 사랑, 불안, 죄의식 등과 같은 주요 경험은 해결되어야 할 문제가 아니라 직면되고 인식되어야 할 패러독스(역설)이다. 그래서 "상담과정에서 우리는 삶의 이런 역설이 나타내는 의미를 분명히 하는 방법에 의해 문제를 해결하도록 조언해야 한다"(1981)라고 기술하였다. 상담기간 동안의 주요 주제는 불안, 자유, 책임, 고립, 소외, 죽음 등과 그것들이 삶에 주는 의미 그리고 의미를 향한 끊임없는 추구 등이다.

10강 실존주의 상담이론(3)

<table>
<tr><td>**학습목표**</td><td>1. 실존주의 상담이론에서 말하는 궁극적 관심사 등 이해
2. 실존주의 상담이론의 기법 등 이해</td></tr>
<tr><td>**학습내용**</td><td>1. 얄롬이 언급한 실존주의 상담이론에서 말하는 궁극적 관심사 4가지에 대해 학습한다.
2. 실존주의 상담이론의 상담단계와 기법, 적용영역에 대해 학습한다.</td></tr>
</table>

■ 실존적 존재로서 인간이 갖는 궁극적 관심사 – 얄롬

1. **죽음** : 실존적 관점에서 내적 갈등의 핵심은 불가피한 죽음에 대한 개인적 자각과 삶을 지속시키려는 동시적 소망사이에 있다. 즉, 죽음 자각에 대항하는 방어가 성격구조를 조성한다. – 이를 극복하는 것이 관심사

2. **자유** : 자유란 인간이 그 자신의 세계, 자신의 인생 설계, 자신의 선택과 행동에 책임이 있다는 사실을 말한다. 자유의 개념에는 책임과 의지의 측면을 수반한다. 의지란 책임에서 행동으로 가는 통로이다.

3. **고립(소외)** : 실존적 인간은 역동적 갈등을 갖고 있다. 즉, 전체에 융화되고 또한 부분이 되고자하는 소망 사이에서 갈등한다. 상담은 자신의 자아경계를 누그러뜨리고 다른 사람의 일부가 되면서 개인적인 성장을 하고 성장에 수반되는 고립감을 피한다.

   *사랑에 빠지거나 강박적인 성욕도 무서운 고립의 일반적 반응이라고 본다.

4. **무의미성** : 모든 인간이 죽어야 하고, 자신의 세계를 세워야 하고, 상이한 우주안에서 혼자 있어야 한다면, 인생이 지닐 수 있는 의미는 무엇이고 왜 사는지, 어떻게 살아야 하는지에 대한 의문을 갖게 된다. 따라서 상담자는 존재의 패턴, 존재에 대한 설명, 존재의 의미를 찾도록 하며 삶의 가치(우리가 사는 이유와 방법 등)를 깨닫도록 도와줘야 한다.

■ 상담자와 내담자 간의 관계

1. 실존주의 상담에서는 상담자와 내담자와의 관계에 중요한 의미를 둔다. 상담과정에서의 이런 인간 대 인간의 질(quality)은 긍정적 변화의 자극제가 된다. 상담자는 내담자 쪽으로 향해 있어야 하며 내담자를 솔직하고 통합적이며 용기 있는 존재로 지각해야 한다. 상담관계는 함께 하는 여행이다.

2. 내담자는 고정된 실체가 아니라 변화하는 존재로 인식된다. 공감의 과정을 통해 상담자는 상담관계를 깊게 하는 방법의 하나로서 내담자의 반응을 공유한다.

3. 내담자가 진지하고 솔직하게 자기를 드러내는 행동을 통해 진실한 삶을 살도록 인도할 수 있는 상담자가 필요하다고 하였다. 그는 또 상담자는 내담자에게 나와 너의 관계를 형성하도록 도와야 하며 그런 관계에서 상담자의 자발적인 자기노출은 내담자의 성장과 진실성을 키워준다고 보았다. 상담관계는 내담자를 변화시킬 뿐만 아니라 상담자도 변화시킨다.

■ 상담의 적용 및 기법

1. 상담의 과정

실존주의 상담의 목표는 내담자로 하여금 자기의 인생에서의 의미를 발견하고 발전시키도록 돕는 것이라고 할 수 있는데 이러한 목표는 일반적으로 두 가지 단계를 통하여 달성될 수 있다.

1) 1단계

먼저 내담자는 자유인(Free agent)으로서 옳고 그름을 선택할 수 있는 조건이 자기에게 주어져 있음을 알아야 하며,

2) 2단계

실존주의적 상담의 목표는 내담자로 하여금 자기의 실존을 사실대로 경험하도록 하는 것이다. 실존주의 상담은 상담관계를 참만남의 관계로 파악한다. 참 만남의 관계에서 정직 또는 진실성이 본질적인 특징이 된다. 그러므로 상담자는 자신의 세계를 노출해야 하며 내담자를 이용하거나 조종할 대상물로 취급해서는 안 된다. 상담자가 인간적이 될 때 내담자도 그렇게 될 수 있으며 이런 과정을 통하여 내담자는 자신의 잠재력을 실현하며 자기성장을 이룰 수 있다.

2. 상담의 기법

실존주의 상담은 내담자의 인간실존을 이해하기 위한 상담자의 자세와 태도, 철학을 강조하기 때문에 상담기법에 대해서는 크게 관심이 없다. 즉 일반적인 상담적 접근들이 "기법에 따른 이해"를 강조하는데 실존주의적 접근에서는 반대로 "이해에 따른 기법"의 입장을 지지한다.

결국 특정 상담기법의 적용보다는 오히려 인간관계에 초점을 두고 있다고 보며 일반적으로 상담자가 취할 수 있는 태도는 다음과 같다.

① 상담자는 인간 대 인간 접근 방식의 중요성을 수용한다.
② 상담자는 자신의 책임의 역할을 인정한다.
③ 상담자는 상담적 관계의 상호성을 인식한다.
④ 상담자는 성장태도를 공유한다.
⑤ 상담자는 총체적 인간으로서 내담자와 관련을 가질 것을 강력히 주장한다.
⑥ 상담자는 최종적 결정과 선택이 내담자에게 있다는 것을 인정한다.
⑦ 상담자는 내담자에게 자신의 견해를 표현하고 그의 목표와 가치를 발전시킬 자유를 주어야 한다는 것을 알고 있다.
⑧ 상담자는 내담자의 의존심을 감소시키고 내담자의 자유를 증대시키는 방향으로 노력한다.
이상과 같이 볼 때 실존주의 상담에서는 상담기법에 대해서는 별로 관심이 없는 듯하지만, 기법을 회피하는 것은 아니고 오히려 실존적 기법은 내담자에 따라 동일한 내담자에 대한 상담에 있어서도 단계에 따라 융통성을 지니고 있기에 실존주의적 상담의 기법은 다양하다고 할 수 있다.

1) 역설적 의도

역설적 의도는 내담자가 갖는 예기적 불안을 제거함으로써 강박증이나 공포증과 같은 신경증적 행동을 치료할 수 있는 기술의 하나인데, 여기서 예기적 불안이란 내담자가 두려움으로 경험한 바 있는 어떤 사태가 재발될 것이라는 예상 때문에 미리 갖게 되는 불안을 말한다. 이 방법은 특히 강박증 환자들과 공포증환자들의 단기치료에 적합한데 이 방법을 적용할 시에 상담자는 내담자의 증상 자체에 초점을 둘 것이 아니라 그것에 대한 내담자 자신의 마음에 태도에 관심을 가져야 한다.

2) 역반영

방관(dereflection) 또는 역반영은 증상에 대한 과도한 관심, 의도, 자아 관찰에 초점을 두도록 적용되는 기술이다. 방관 자체는 부정적인 면과 긍정적인 면을 함께 내포하고 있는데 내담자는 이 방관을 통해 자기의 관심을 다른 곳으로 돌림으로써 문제를 극복할 수 있다.

공헌 및 제한점

1. 공헌점

1) 인간을 보는 관점을 바꾸어 놓았다는 것이다. 즉 인간의 무한한 가능성의 인성을 포함하여 인간을 긍정적으로 보았다는 점이다.
2) 인간을 기계적이고 일반적인 범주로 보지 않고 독특성을 가진 개체로 보았으며, 특히 개인의 주관성을 강조했다는 점이다.

3) 자신의 삶의 의미를 스스로 찾아서 이를 실현할 수 있다고 한 점이다.

2. 제한점

1) 실존주의적 상담은 고상하고 추상적인 개념에 대한 이해가 어렵고 실제로 적용하기가 곤란하다는 점이다. 불필요하고 광범위하여 파악하기 어려운 개념과 어휘는 상담과정을 오히려 복잡하게 한다는 것이다.

2) 실존주의적 상담기법은 보편화된 기법이 없으므로 상담자가 책략을 발달시키거나 다른 접근으로부터 적합한 기법을 빌려와야 한다는 점이다.

3) 실존주의적 상담기법은 비교적 높은 수준에서 심리적 사회적으로 역할을 하는 내담자에게는 도움을 줄 것이 많으나 낮은 수준에서 역할을 하는 내담자에게 적용하는 데에는 심히 많은 제한을 받고 있다.

4) 체계적인 치료과정이나 그 효과를 지지할 평가 자료가 부족하다는 점이다.

   *** tip **실존주의 상담이론의 요약**
   1. 이론의 개요
      – 실존주의 철학에 바탕을 둔 정의적(정서적) 영역의 상담이론으로 메이, 플랑클이 대표자
      – 인간의 불안문제를 인간존재의 가장 중요한 문제로 본다.
      – 인간의 부적응 행동의 원인은 삶에서 의미를 찾을 수 없는 실존적 신경증이나 패배적 정체감에서 비롯
   2. 기본가정
      – 인간존재의 불안의 원인은 시간의 유한성과 죽음에 대한 불안에서 기인된다.
      – 문제해결의 방법은 인간존재의 참된 의미를 발견하는데 있음
      – 인간의 자기책임, 자기존재의 의미, 가치에 대한 자신의 선택을 기본전제로 출발
      – 정서적 장애는 삶에서 보람을 찾는 능력이 없는 실존적 신경증에서 기인
      – 실존적 신경증은 상담자와 내담자의 인간관계의 만남을 통해서 치료될 수 있다고 전제한다.

3. 상담기법

1) 의미요법
   (1) 내담자의 성격에서 무의식적이고 정신적인 요인을 자각하게 하는 의미 치료
   (2) 내담자의 자기 책임의식을 갖게 하는 실존분석

2) 현존분석
 (1) 내담자의 내적 생활사를 밝혀 그 세계내의 존재의 구조를 분석하는 방법
 (2) 내담자의 생활사, 행동 등을 관찰, 기술하여 내담자의 내적 세계의 의미를 해석하는 방법

4. 상담의 특징

1) 문제의 증상에 대한 내담자의 태도에 관심을 둠.
2) 전에 불안을 일으킨 불안이 재발하지 않을까 하는 기대불안(예기적 불안)을 중시한다.
3) 기대불안의 치료는 역설적 지향(의도)의 방법을 사용
4) 지나친 자기의식과 반성에서 벗어나게 하는 반성제거의 방법(역반영, 방관기법)을 사용한다.
5) 상담의 궁극적인 목적은 인생의 적극적인 가치를 자기 속에서 발견하여 인생의 목표를 긍정적으로 만드는 것이다.

11강 내담자중심상담이론(1)

학습목표
1. 인간중심상담이론의 철학적 배경 이해
2. 인간중심상담이론의 주요개념 이해

학습내용
1. 인간중심상담이론의 철학적 배경과 인간관에 대해 학습한다.
2. 인간중심상담이론의 주요개념과 용어에 대한 내용을 학습한다.

■ 내담자(인간중심)중심상담이론

1. 서론

1940년대에 로저스는 개인상담에서 지시적이고 정신분석적인 접근법에 대한 반동으로 비지시적 상담으로 알려진 상담법을 발전시켰다. 그는 또한 충고, 암시, 상담자의 지시, 설득, 교수, 진단, 해석 등 일반적으로 받아들여지고 있던 상담과정의 타당성에 대해 도전하였다. 그의 기본 가정은 인간은 본질적으로 신뢰로우며 상담자 측의 직접적인 지시가 없이도 자신과 자신의 문제를 이해할 수 있는 잠재적 능력을 갖고 있으므로 상담관계에 참여하게 되면 자기 지시적으로 성장할 수 있는 가능성이 있다는 것이다. 처음부터 로저스는 상담자의 태도와 성격특성을 강조했으며 상담과정의 결과를 결정하는 요소로 내담자와 상담자 간의 관계의 질(quality)을 강조했다. 그는 상담자가 가진 이론이나 기법에 관한 지식은 그 다음의 문제라고 계속 강조하였다.

2. 인간본성에 대한 관점

로저스의 저술에 일관되게 나타나는 중심 주제는 만약 존경과 신뢰의 풍토가 조성된다면 인간은 긍정적이고 건설적인 방향으로 발전하려는 경향을 지닌다는데 대한 깊은 믿음이다. 그는 인간은 신뢰할 수 없으며 우월하고 "탁월한" 위치에 있는 사람에 의해 지시받고, 동기화되고, 가르침 받고, 처벌받고, 보상받고, 통제되고, 지배받아야 한다는 가정에 기초한 프로이드의 이론이나 행동주의 같은 결정론적 이론적 체계들에 대해 공감하지 않으며, 인간은 근본적으로 합목적적이고, 전진적이며, 건설적이고, 긍정적이며, 독립적이고, 수용적이며 현실적인 존재인 동시에 신뢰할 만한 선한 존재로 보는 인간관을 가지고 있다.

*인간중심이론의 철학적 가정

1. 개인은 가치를 지닌 독특한 존재이다.
2. 개인은 자기확충을 향한 적극적인 성장력을 지니고 있다.
3. 개인은 근본적으로 선하며, 이성적이고 믿을 수 있는 존재이다.
4. 개인을 알려면 그의 주관적 생활에 초점을 두어야 한다.
5. 개인은 자신이 결정을 내릴 권리를 가지고 있을 뿐 아니라, 자신의 장래를 선택할 권리도 지니고 있다.
6. 개인은 결정하고 계획하고 훌륭한 사람이 되는데 소용되는 내적자원을 지니고 있다.
7. 상담의 목표는 개인으로 하여금 자기를 수용하고 , 자기 통찰을 통하여 전인적인 기능을 발휘하도록 하는 것이다.

🔲 인간중심상담의 특성

1) 내담자의 능력과 책임감을 강조

인간중심접근법은 현실과 좀 더 완전하게 만날 수 있는 내담자의 능력과 책임감을 강조한다. 내담자들은 자신들을 가장 잘 아는 사람들로서, 성장하는 자기자각을 바탕으로 해서 자신에게 보다 적합한 행동을 발견할 수 있는 사람들이다.

2) 현상적 세계의 강조

이 접근법은 내담자의 현상적 세계를 강조한다. 정확한 공감과 내담자의 내적 준거를 이해하려는 노력을 갖고 상담자는 주로 내담자의 자아와 세계에 대한 인식에 관심을 갖는다.

3) 광범위한 치료 범위

이와 같은 상담의 원리들은 모든 내담자들 즉 "정상인", "신경증환자", "정신병환자"에게 모두 적용된다. 심리적으로 성숙하고자 하는 충동은 인간 본성에 깊이 뿌리 박혀 있다는 관점에 근거한 인간중심적 상담은 심리적 부적응의 정도가 심한 사람뿐만 아니라 비교적 정상 수준에서 기능하는 사람들에게도 적용된다.

4) 건설적 인간관계로써의 상담

인간중심접근법에 의하면 상담은 건설적인 인간관계의 하나의 본보기에 불과하다. 내담자가 혼자서 할 수 없는 것을 도와주는 다른 사람과의 관계 자체에서 또는 그런 관계를 통해 내담자는 상담적 성장을 경험한다. 이것은 내담자의 상담에서의 변화를 돕는 일치성 있는(외적 표현과 행동이 내적 감정이나 생각과 일치하는), 그리고 수용적이고 공감적인 상담자와의 관계이다.

인간중심적 접근법에서 상담자의 기능은 즉시 제공되어야 하고 내담자에게 접근 가능해야 하며 그들의 관계에서 만들어진 지금-여기의 경험에 초점을 맞추어야 한다.

📖 인간중심상담의 주요 개념들

1) 유기체

유기체는 각 개인을 의미하는데, 이 때 유기체는 사고, 감정, 행동을 포함한 인간의 자기지각으로 이루어져있다. 즉, 유기체란 인간 각 개인의 사상, 행동 및 신체적 존재 모두를 포함하는 전체로서의 한 개인을 지칭하는 것이다. 유기체의 일차적 목적은 욕구를 만족시키기 위해 행동하는 것이고, 늘 유기체 자신을 향상시키고 유지시키려는 동기를 가지고 있다.

2) 현상학적 장

현상학적 장(phenomenal field)이란 경험적 장으로 바꾸어 말할 수 있다. 즉, 현상학적인 장은 개인(유기체)이 경험하거나 지각한 장으로 그 개인의 사적이고 주관적인 경험의 세계를 말한다. 이는 한 유기체로써의 개인의 실재세계를 말한다.

3) 자아

자아는 개인의 전체적인 현상학적 장 혹은 지각적인 장으로부터 분화된 부분이다. 자아는 현상학적 장으로부터 "나 혹은 나에게"로 한정지우는 하나의 심상을 형성하게 된다. 다시 말해서 자아란 자기존재의 각성 또는 기능화의 각성을 의미하는 것이다.

*** 자아 이론적 접근(Self-Theory Approach)

4) 자아실현 경향성

인간을 포함한 모든 유기체는 그것 자체가 갖고 있는 고유한 가능성들을 건설적인 방향으로 성취하고자 하는 실현 경향성을 갖고 있다. 이러한 경향성은 인간의 기본적 욕구를 충족하고 유지하며, 인간의 성숙과 성장을 촉진 향상하여 유기체의 생존을 보장하려는 기본적인 동기이다. 인생초기에는 신체적 요소가 더 우세하지만, 자아가 발달하면서 심리적인 것으로 실현경향이 옮겨가게 된다. 자아실현은 그 개인의 특성들과 잠재력을 발달시키는 계속적인 성장과정이다.

📖 인간중심상담에 있어서의 성격파괴와 정신병리

어떤 경험이 자아구조와 불일치하고 그 정도와 빈도가 높아지면 그 사람은 과도한 불안을 체험하고 심각한 성격파괴로 인한 신경증이 발생될 수 있으며, 이러한 현상은 자아가 위협적 부조화의 경험으로부터 자신을 방어할 수 없을 때, 무방어 상태일 때 성격파괴, 정신병리 등의 증상이 나타날 수 있다.

1. 위협과 방어

우리가 지각하는 위협이란 자신의 경험과 자아개념사이에 부조화가 생길 때 발생하며, 이 때 개인은 긴장과 내적혼란을 체험하는 과정에서 불안과 성격장애가 일어날 수 있다. 불안이란 자아구조와 위협적인 경험 간의 갈등이 의식되었을 때 자아구조가 분해될 위험이 있음을 알려주는 위협에 대한 정서적 반응이라고 할 수 있다. 이러한 위협에 대한 유기체의 행동적 반응을 방어라 하며, 현재의 자기 구조를 유지하기 위한 반응이라 할 수 있다.

2. 방어기제

1) 지각적 왜곡

부조화적인 경험을 자신의 자아상과 일치하는 형태로 왜곡시키는 것으로, 예를 들어 F학점을 맞은 대학생이 교수의 잘못된 책임으로 돌리는 것은 실패를 왜곡시켜 자아개념의 손상을 막으려는 지각적 왜곡현상이다.

2) 방어

방어란 위협적인 경험의 의식을 완벽하게 거부함으로써 자기의 자아구조의 통합을 보존하려는 것으로, 부조화적인 경험을 완전히 무시하고, 이러한 부정이 심해지면 현실과 유리된 생활을 하게 되어 성격적 파괴나 병리현상이 나타날 수 있다.

■ 인간중심상담과 관련된 용어

1. **자아실현 경향(actualizing tendency)** : 생체가 자기 자신을 유지, 상승시키기 위한 모든 역량을 발전시키려는 생체의 생태적인 경향

2. **경험 (experience)** : 스스로 의식하고 있거나 의식할 수 있는 심리적 본체로서 주어진 시간에 생체 속에 진행되고 있는 모든 것을 말함.

3. **느낌(feeling)** : 감정적으로 물든 경험, 개인적으로 부가된 경험

4. **지각(perception)** : 생체에 자극이 주어졌을 때 느낌으로 나타나는 행위에 대한 가설, 지각과 의식은 동의어이나 지각은 과정에서 자극을 강조하는 입장

5. **자아, 자아개념(self, concept of self)** : "나"라고 하는 특성의 자각의 조직적이고 통합적인 총체. 나와 타인, 타 사물과의 관계 및 거기 부착된 가치를 포함한 관계의 지각

6. **이상적 자아(ideal self)** : 자기가 가장 갖고 싶어 하는 자아개념

7. **자아와 경험사이의 불일치(incongruence between self and experience)** : 스스로 지각하고 있는 자아와 자기가 치룬 경험과 일치하지 않는 일

8. **취약성(vulnerability)** : "자아와 경험사이의 불일치"의 상태를 말함.

9. **불안감(anxiety)** : 현상학적으로 그 원인을 잘 알 수 없는 불안과 긴장의 상태

10. **위협(threat)** : 자아의 구조와 일치하지 않는 불안상태 같은 것을 지각하거나 기대하는 경험이 존재하는 상태

11. **심리적 부적응(psychological maladjustment)** : 사회적 견지에서 볼 때 자아와 경험의 불일치에서 오는 중요한 경험을 부인하거나 그 지각을 왜곡하는 상태

12. **내적 준거(internal frame of reference)** : 주어진 순간에 개인의 의식에 영향을 미칠 모든 경험의 테두리로서 주관적인 개인의 세계를 말함.

13. **기타 개념들**

   *방어(defence) : 위협에 생체가 대처하는 행동반응, 방어의 목적은 자아의 현재 상태를 계속 유지하려는 데 있다.

   *의식의 왜곡, 의식의 부정(distortion in awareness, denial to awareness) : 자아개념과 불일치하는 경험을 부정하거나 왜곡하려는 것으로서 방어하려는 목적을 달성하려는 방어 기제임.

   *고의성(intentionality) : 생체가 방어적인 상태에 있을 때의 특징으로서 완고, 지나친 일반화, 현실을 추상화하는 것

   *일치, 조화(congruence) : 자아개념의 조화 있고 건전하게 상징화된 상태

   *경험에 대한 개방(openness & experience) : 위협의 제거, 방어의 반대 개념

   *심리적 적응(psychological adjustment) : 완전한 일치. 완전한 경험에 대한 개방의 상태

   *성숙(mature, maturity) : 사람이 사물을 현실적으로, 외향적으로 보고, 타인과의 차이점을 받아들이며 자기 자신의 행동에 책임을 지고, 새로운 경험에 더하여 자기 행동평가를 수정할 줄 알고, 타인이 자기와 다른 독특한 존재임을 인정하고 자기와 타인의 존재가치를 높일 줄 아는 사람을 성숙한 사람이라고 한다.

   *접촉(contact) : 관계성의 최소한의 필요한 것, 여기서 두 사람이 서로 상대방의 경험적 장의 차이점을 인식하게 된다.

   *긍정적 지각(positive regard) : 타인의 자아 경험의 지각이 긍정적 차이점을 나타내 보일 수 있는 지각

   *긍정적 자아지각(positive self-regard) : 타인의 태도에 직접 의지하지 않고 스스로 긍정적으로 자기 영역을 개척할 수 있는 태도

   *공감(empathy) : 타인의 내적 준거를 정확하게 그리고 그 감정적 요소와 거기 관련된 의미를 마치 자기가 그 사람인 것처럼 느끼는 상태

12강 내담자중심상담이론(2)

학습목표
1. 인간중심상담이론의 상담목표 이해
2. 완전히 기능하는 인간형의 이해

학습내용
1. 인간중심상담이론의 상담목표와 경험에 대한 개방성 등에 대해 학습한다.
2. '완전히 기능하는 인간형'에 대한 내용과 상담자와 내담자간의 관계성을 학습한다.

▢ 인간중심상담이론의 상담의 목표

상담자는 상호신뢰적인 분위기를 조성하여 내담자가 거리낌 없이 자기를 공개하여 자신의 내면세계를 스스로 이해하고 그들이 현재 직면하고 있는 문제들과 앞으로의 문제들을 극복할 수 있도록 그들의 성장과정을 도와준다. 상담의 기저에 깔린 목표는 개인이 "완전히 기능하는 인간"이 되도록 하는 풍토를 제공하는 것이다. 내담자들이 그 목표를 향해 상담하기 전에 그들은 먼저 사회화의 과정을 통해 발달시킨 자신의 가면을 벗어던져야 한다. 상담과정을 통해 가면이 벗겨져 나가면 경험에의 개방, 자신에 대한 신뢰, 내적평가, 계속되는 성장에의 의지를 갖게 된다.

이런 과정에서 내담자는 자신의 환경에 대한 왜곡된 지각을 수정하고 현실적 경험과 자아개념 간의 조화를 이루며 이어 자신의 능력과 개성을 최대한으로 발휘하는 자기실현을 촉진하게 된다. 자기실현을 이룬 사람의 특징은 다음과 같으며, 인간중심 상담의 최종목표는 한 개인을 자기실현을 이룰 수 있도록 돕는 것이다.

1) 경험에 대한 개방

경험에 대한 개방은 선입관을 가진 자아구조에 맞추어 현실을 왜곡하지 않고 현실을 있는 그대로 보는 것이다. 방어의 반대인 경험에 대한 개방은 자아가 외계에 존재하는 실체에 대하여 좀 더 잘 자각하게 되는 것을 뜻한다. 이것은 또한 사람의 신념은 고정된 것이 아니라 좀 더 나은 지식과 성장에 대해 자기를 개방할 수 있으며 모호성을 수용할 수 있다는 것을 뜻한다. 사람은 현재의 상황에서 자신을 인식할 수 있으며 새로운 방법으로 자신을 경험할 수 있는 능력을 갖고 있다.

2) 자기신뢰

상담의 목표 중의 하나는 내담자가 자기신뢰감을 갖도록 돕는 것이다. 상담의 초기 단계에서 종종 내담자는 자신과 자신의 결정을 잘 믿지 않지만 내담자가 자신의 경험에 대해 보다 개방적으로 됨에 따라 자기신뢰감이 나타나게 된다.

3) 내적 근거에 의한 평가

자기신뢰감과 관련되어 내적 근거에 의한 평가는 실존의 문제에 대한 해답을 발견하기 위하여 좀 더 자신을 살펴보는 것을 의미한다. 자신의 인격상을 파악하기 위하여 외부세계를 살피는 대신에 점점 더 자신의 중심으로 눈을 돌리게 된다. 자신의 행동기준을 결정하고 삶의 결정과 선택을 자신 속에서 찾는다.

4) 성장을 계속하려는 자발성

자기(self)를 성장의 산물로 보지 않고 성장의 과정으로 보는 것이 중요한다. 비록 내담자를 성공적이고 행복한 상태(마지막 산물)로 만들기 위해 어떤 기법을 사용해서 상담을 시작한다 하더라도, 내담자는 성장이란 하나의 계속적인 과정이라는 것을 깨닫게 된다. 내담자는 고정된 실체라기보다는 자기지각과 신념에 도전하는 유동적 과정에 있는 존재이며 새로운 경험과 전환에 대해 자신을 개방하는 존재이다.

◼ 로저스 "완전히 기능하는 사람"

- 완전히 기능하는 사람은 경험에 대해 개방적이며 모든 느낌과 태도에 개방적이다.
- 완전히 기능하는 사람은 매순간 충분히 만끽하며 실존적 삶을 영위하며 과거에 얽매이지 않고 미래를 예측하지 않으며 매순간 새로운 것을 경험한다.
- 유기체적 신뢰를 믿고 타인의 판단에 의존하지 않으며 자신의 평가에 의해 행동하며 가장 만족스러운 행동에 도달하는 방법으로 자신을 신뢰한다.
- 자기가 선택한 삶을 자유롭게 살아간다며 자신의 행동과 그 결과에 대해 책임을 진다.
- 창조적 삶을 살며 문화내에서 건설적으로 살며, 사회속에 얽매이지 않고 자신의 깊숙한 욕구를 만족시키며 산다.

◼ 상담자의 기능과 역할

1. 내담자의 성격변화를 촉진시키는 것은 결코 상담자의 상담지식이나 기법이 아니며 내담자에 대한 상담자의 태도이다. 근본적으로 상담자는 자기 자신을 변화의 도구로 사용한다.
2. 상담자는 내담자와 인간 대 인간으로서 친밀한 관계를 유지하면서, 내담자의 성장을 촉진하는 상담적인 분위기를 조성한다. 이러한 허용적 분위기 속에서 내담자는 방어적 태도를 버리고

자기 자신을 솔직하게 탐색하게 되며 또한 자기의 이해가 깊어지게 된다.

📖 내담자의 경험

1) 대부분 내담자는 이상적 자기상과 현실적 경험의 불일치 상태에서 상담자를 찾는다. 예를 들면 어떤 대학생이 장차 의사가 되고 싶은데 성적이 평균이하이므로 의과대학에 갈 수가 없는 경우가 그것이다. 내담자가 자기를 어떻게 보는가(자아개념), 또는 내담자가 자신을 어떻게 보고 싶어하는가(이상적인 자아개념)와 학교성적이 나쁘다는 현실사이의 불일치가 불안과 개인의 취약성을 초래할 것이며 그것이 상담을 받으려는 동기를 제공할 것이다.

2) 상담 초기의 내담자는 융통성이 결여되어 있고, 자신의 감정도 잘 모르며, 또한 다른 사람과 친밀해지는 것을 두려워하고 자신을 불신한다. 처음에 내담자는 우선 상담자가 해답과 지시를 주기를 기대하거나 상담자를 마술적인 해결을 주는 전문가로 보려고 하면서 상담자에게 의존적 태도를 지닌다.

3) 상담이 진행됨에 따라 내담자는 자신의 감정을 깊고 넓게 탐색할 수 있게 된다. 불안이나 죄책감, 수치스러움, 분노 등 과거에 외면했던 자신의 부정적 감정들을 수용하고 표현할 수 있게 된다. 그리하여 자신의 내면세계에 대한 이해가 깊어져 내담자는 방어적인 태도를 버리고 왜곡된 경험의 구속에서 벗어나 자유로운 판단과 결정을 내리게 된다. 상담과정에서의 내담자의 경험은 자신을 심리적인 감옥에 가두었던 결정론적인 속박으로부터 벗어나게 하는 것이다.

4) 점차로 자유가 증대됨에 따라 내담자는 심리적으로 보다 성숙하게 되며 보다 자기실현화로 나아가게 된다. 따라서 자기 자신에 대한 신뢰감도 커지며 상담자에 대한 의존적 태도는 사라지게 된다. 이러한 과정을 통하여 내담자는 성숙과 자기표현을 이루어 간다.

📖 상담자와 내담자 간의 관계

Rogers(1961)는 "만약 내가 어떤 유형의 관계를 제공하면 다른 사람은 이 관계를 이용하여 성장하고 변화하려는 능력을 자신 내에서 발견할 수 있게 되고 인간적인 발달이 일어날 것이다"고 말하며 다음의 여섯 가지 조건(1967)이 내담자의 성격 변화를 가져오는 필요충분조건이라 하였다.

① 두 사람이 심리적인 관계를 갖는다.

② 우리가 내담자라고 부르는 첫 번째 사람은 불일치의 상태에 있고 상처받기 쉬우며 불안한 상태에 있다.

③ 우리가 상담자라고 부르는 두 번째 사람은 두 사람의 관계에서 일치성이 있고 통합되어 있다.

④ 상담자는 내담자에 대해 무조건적인 긍정적 관심을 갖는다.

⑤ 상담자는 내담자의 내적 근거에 대하여 공감적 이해를 가지며 이것을 내담자에게 전달하려고 노력한다.

⑥ 상담자는 공감적 이해와 무조건적인 관심을 내담자에게 전달한다.

로저스는 이 이외의 어떤 다른 조건도 필요하지 않다고 가정하였다. 만약 이 여섯 가지 조건이 상담기간에 존재한다면 내담자의 건설적인 성격의 변화가 일어날 것이다. 이러한 상담자와의 관계 안에서 내담자는 상담자가 자신을 보호하고 존중해 준다는 것을 발견함에 따라 점차로 자신을 가치 있는 존재로 보게 된다. 상담자의 진실성을 경험함으로써 내담자는 가장(pretense)에서 벗어나 자신과 상담자를 진실로 만나게 된다.

■ 상담관계의 핵심을 이루는 상담자의 특성 또는 태도

일치성 혹은 진실성, 무조건적인 긍정적 관심, 정확한 공감적 이해는 상담관계의 핵심을 이루는 상담자의 특성 또는 태도이다. 상담자의 무조건적 수용(관심, 존중), 공감적 이해, 진실성의 정도가 클수록 내담자의 상담이 발전하는 기회는 더욱 커진다.

1) 무조건적인 수용, 긍정적 관심과 존중
- 내담자를 하나의 인격체로서 깊고 진실하게 돌보는 것이다. 돌본다는 것은 내담자의 감정이나 생각, 행위의 좋고 나쁨의 평가와 판단에 의해 영향을 받지 않는다는 점에서 무조건적이다.
- 상담자는 내담자를 수용함에 있어 규정을 정하지 않고 무조건 존중하고 따뜻하게 받아들인다. 상담자는 내담자를 있는 그대로 존중한다는 의사전달을 해줌으로써 상담자의 수용을 잃는 다는 염려 없이 자유로이 자신의 감정과 경험을 갖도록 돕는다.
- 로저스는 비소유적인 방식으로 관심을 가지고, 칭찬하고, 수용하고, 존중하는 정도가 클수록 상담이 성공적일 가능성이 더 크다고 말하고 있다.

2) 정확한 공감적 이해
- 상담자의 주요 과업 중 하나는 상담기간 중에 상호작용을 통해 나타나는 내담자의 경험과 감정을 민감하고 정확하게 이해하는 것이다. 상담자는 내담자의 주관적인 경험 특히 지금-여기의 경험을 이해하도록 노력한다.
- 공감적 이해란 상담자가 내담자의 감정에 빠져들지 않으면서 내담자의 감정을 자신의 감정인 것처럼 느끼는 것을 의미한다. 공감은 내담자가 자신에게 더욱 밀접하게 다가가게 하여 더욱 깊고 강한 감정을 경험하여 내담자 내부에 존재하는 불일치성을 인식하여 해결하도록 격려하는데 그 목적이 있다.

- 공감적 이해의 요령은 상담자가 이런 느낌을 잃지 않으면서 마치 자신이 내담자인 것처럼 내담자의 주관적인 세계를 공유하는 것이다. 즉 상담자가 자신의 정체감(identity)을 잃지 않으면서, 내담자가 현재 보고 느끼는 주관적인 세계를 경험할 때 내담자의 건설적 변화가 일어난다고 믿고 있다.

3) 일치성 혹은 진실성

- Rogers는 최근의 저서에서 세 가지 특성 가운데 일치성이 가장 중요한 것이라 하고 있다. 일치성은 관계에서 느끼는 분노, 좌절, 좋아함, 매력, 관심, 권태, 귀찮은 등을 감정을 있는 그대로 표현하는 것이다.
- 상담자에겐 거짓된 태도가 없고, 그의 내적 경험과 외적 표현은 일치하며. 내담자의 관계에서 일어나는 감정이나 태도를 솔직하게 표현한다.
- 진실한 상담자는 자발적이며 긍정적이건 부정적이건 자신의 행동이나 감정에 솔직하다. 부정적인 감정을 표현(수용)함으로써 상담자는 내담자와 정직한 대화를 촉진시킬 수 있다.

상담이론

13강 내담자중심상담이론(3)/게슈탈트상담이론

학습목표
1. 인간중심상담이론의 기법 이해
2. 게슈탈트 상담이론의 주요개념 이해

학습내용
1. 인간중심상담이론의 기법과 상담자중심상담이론과의 비교점을 학습한다.
2. 게슈탈트 상담이론의 주요개념과 철학적 배경을 학습한다.

☐ 인간중심상담의 주요기법

인간중심상담은 위에서 언급한 상담자의 세 가지 태도를 강조하면서 기법을 따로 열거하지 않는 경향이 있다. 그러나 로저스의 상담 사례 등을 보면, 대체로 반영, 명료화, 공감적 반응 등을 상담자의 주요 기법으로 사용하고 있음을 알 수 있다.

☐ 인간중심상담의 발전 및 평가

로저스의 상담기법에 대한 견해가 발전되어 감에 따라 초점이 상담기법에서 상담자의 인간성, 신념, 태도, 그리고 상담관계로 옮겨갔다. 상담자의 말이나 행동이 중요한 것이 아니라 상담관계를 중요시했다. 상담자가 기법사용에 매달려 있으면 관계를 비인간적 관계로 만들게 된다고 보았다. 인간중심적 구조에서의 기법은 수용, 존경, 이해를 표현하고 전달하며 그리고 생각하고 느끼고 탐색함에 의해 내담자가 내적 준거의 구조를 발달시키도록 돕는 것이다.

가. 인간중심상담의 발전

인간중심접근법에서 기법의 위치를 기준으로 하트(Hart, 1970)는 해당이론의 발전시기를 세 단계로 나누었다.

1) **제1기(1940-1950) : 비지시적 접근**

이 단계에서는 상담자가 수용적이며 비간섭적인 분위기를 만들어 줄 것을 강조한다. 수용과 명료화가 주요기법이다. 비지시적 상담을 통해 내담자는 자신과 삶의 상황에 대해 통찰하게 된다.

2) **제2기(1950-1957) : 반영적 접근**

상담자는 주로 내담자의 감정을 반영해 주고 관계에서 위협을 피한다. 반영적 상담을 통해 내담자는 자아개념과 이상적 자아개념 간의 일치성의 정도를 발전시킬 수 있게 된다.

3) 제3기(1957-1970) : 경험적 접근

기본적 태도를 표현하려는 상담자의 광범한 인격과 성격특성 및 행동영역이 경험적 접근법을 특징짓는다. 상담은 내담자의 경험과 상담자의 경험의 표현에 중점을 둔다. 내담자는 연속선상에서 직접 경험을 사용하는 것을 배움으로써 성장한다.

4) 제 4기(1970-1980) : 공감적 접근

상담자의 솔직성·긍정적 존중·심층적 이해를 포함하면서도 상담관계에서의 '공감적 과정'을 가장 중요시 했다. 즉 어떤 유형의 상담에서든 상담자의 공감적 태도가 내담자의 변화와 성장의 기본요인이라고 보았다.

나. 인간중심접근의 공헌 및 제한점

1) 공헌

가) 인간 내면의 주관적 경험을 다룰 수 있는 새로운 과학적 연구모델을 고안함으로써, 치료자 자신의 치료방식과 신념을 검토하도록 했다.

나) 치료자들이 자신의 상담스타일을 개발해 나갈 수 있도록 하였다.

다) 자신의 개념을 검증 가능한 가설로 진술하고 연구 가능하도록 하여, 심리치료의 영역에 대한 연구의 문을 열었다.

라) 다양한 문화를 지닌 사람들의 상호 이해를 발전시키는데 적용됨으로써, 인간관계와 중다문화적 치료에 지대한 공헌을 하였다.

마) 로저스는 상담과 심리치료라는 저서의 제목을 통하여 "상담" 과 "심리치료"를 연결하고 당시까지만 해도 심리치료영역에서만 다루어지던 내담자 문제를 상담자도 다룰 수 있다는 사실을 제시하였다.

바) 로저스는 상담 장면을 테이프에 담아 공개하고 상담기술을 체계화하여 보편화 시켰다.

2) 제한점

가) 정서적 및 감정적인 요소를 크게 강조하는 반면에 지적 및 인지적 요인을 무시하는 경향이 있다. 심리검사 등의 객관적인 정보(측정도구 등)를 사용하여 내담자를 도와주는 면이 부족하다는 비판을 받고 있다.

나) 상담자의 기술수준을 초월하는 사람됨의 문제이므로 상담자의 인격과 수양이 요구되나 이를 달성하기가 결코 쉽지 않다.

다) 인간중심상담을 비롯한 현상학에서는 객관적 환경은 그대로라도 수용방법이 변하면 행동이 변한다고 본다. 그러나 이런 생각은 환경의 작용을 경시할 위험이 있다.

라) 인간중심상담에서는 가르친다는 것을 죄책감으로 생각하는 편견을 소유하게 되나 사실상 상담도 하나의 가치관을 가르치고 있는 것이다.

마) 로저스 이론에선 저항과 감정 전이 등이 무시된다.

상담자중심 상담이론과의 비교

*상담자중심 상담이론 : 파슨스, 윌리암슨, 홀랜드 등을 대표로 하는 특질이론중심의 상담이론으로 내담자의 심리적 구성물(특질)을 진단하여 횡적으로 문제분석을 하며 문제중심의 해결을 하고자하는 입장(미네소타그룹)

구 분	상담자중심(지시적) 상담	인간/내담자중심(비지시적)상담
상담의 중심	상담자	내담자
관심사항	문제자체	내담자
강조점	지적요소	정(情)의적 문제
라포에 대한 인식	선택적 요소	필수요소
테크닉	심리검사, 기록, 사례를 중시	방해요소로 인식되기도 함
시점	과거 중심(경험)	현재(여기-현재)
진단에 대한 인식	중시	배제

게슈탈트(Gestalt) 상담이론 – 형태요법

1. 서론

최근 상담 및 심리상담의 한 접근방법으로 인정받고 있는 형태주의적 접근은 펄스(C. Perls)에 의해 창안되었다.

형태주의 상담은 카렌 호나이의 정신분석 상담이론을 위시하여 골드슈타인의 유기체 심리학, 빌헬름 라이히의 신체이론, 레윈의 장(field) 이론, 베르트하이머 등의 게슈탈트 심리학, 모레노의 사이코드라마 기법, 라인하르트의 연극과 예술철학, 하이데거와 마르틴 부버, 폴틸리히 등의 실존철학, 그리고 동양사상, 그 중에서도 특히 도가(道家)와 선(禪)사상 등의 광범위한 영향을 받으면서 탄생하였다. 게슈탈트 심리학의 이론 중에서 게슈탈트 상담에 도입한 관점들은 다음과 같다.

(1) 개체는 장을 전경과 배경으로 구조화하여 지각한다.
(2) 개체는 장을 능동적으로 조직하여 의미 있는 전체로 지각하는 경향을 지니고 있다.
(3) 개체는 자신의 현재욕구를 바탕으로 게슈탈트를 형성, 지각 한다.
(4) 개체는 미해결된 상황을 완결지으려는 경향을 지니고 있다.
(5) 개체의 행동은 개체가 처한 상황의 전체 맥락을 통하여 이해된다.

2. 주요 개념들

1) 인간관

(1) 형태요법의 기본 가정은 개인은 책임을 질 수 있고 통합된 인간으로 생활할 수 있는 충분한 능력을 갖고 있다는 것이다. 발달상의 어떤 문제들 때문에 사람들은 문제를 회피하는 양식을 형성하게 되고, 이로 인하여 개인적 성장을 이루지 못하게 된다. 이 상담법은 필요한 중재(개입)와 도전으로써 개인이 통합과 자발성과 활기에 찬 실존으로 나아가는데 필요한 지식과 자각을 얻도록 도와준다. 내담자는 자신을 지지하고 상담을 이해하는 데 필요한 책임감을 수용할 능력이 있다고 가정된다.

(2) 게슈탈트(형태주의)이론의 인간관
인간은 과거와 환경에 의해 결정되는 존재가 아니라 현재의 사고, 감정, 행동의 전체성과 통합을 추구하는 존재

2) 기본철학

(1) 인간의 본성에 관한 형태상담의 관점은 실존철학과 현상학에 뿌리를 두고 있다. 참된 지식은 지각자가 경험하는 즉시적인 사건의 산물이다. 이 접근법은 자각을 확장시키거나 책임을 받아들이는 것, 그리고 행동하는 것과 통합하는 것을 강조한다.

(2) 상담목표는 내부의 갈등의 영역을 분석하는 것이 아니라 통합하는 것이다. 소유하지 못했던 자신의 부분들을 "되찾는"(reowning)과정과 단일화하는 과정은 내담자가 성장을 꾀할 수 있을 만큼 충분히 강해질 때까지 단계적으로 진행된다.

■ 형태요법의 주요개념들

1) 게슈탈트(Gestalt)

게슈탈트란 전체, 형상, 형태, 모습 등의 뜻을 지닌 독일어로, 게슈탈트 심리학자들에 의하면 개체는 대상을 지각할 때 그것들을 산만한 부분들의 집합이 아니라 하나의 의미 있는 전체 즉, '게슈탈트'로 만들어 지각한다고 말한다. 게슈탈트 상담에서는 게슈탈트란 개념을 상담적인 영역에 확장하여 사용하는데, 여기서 게슈탈트는 개체에 의해 지각된 유기체 욕구나 감정 즉, 개체가 자신의 욕구나 감정을 하나의 의미 있는 전체로 조직화하여 지각한 것을 뜻한다(Thomson, 1968). 이때 주의하여야 할 점은 욕구나 감정이 바로 게슈탈트가 아니라 개체가 하나의 의미 있는 전체로 조직화하여 지각했을 때 게슈탈트라 할 수 있다. 개체는 모든 유기체 활동을 게슈탈트를 형성함으로써 조정 해결하는데, 유기체가 매 순간 그 상황에서 자신에게 필요한 것을 자연적으로 알아서 지각하고 해결해 나가기 때문에 인위적으로 게슈탈트를 형성하려고 노력할 필요는 없다. 간혹 개체가 자연스런 유기체 활동을 인위적으로 차단하고 방해함으로써 문제가 발생할 수 있는데, 개체의 이러한 차단행위를 '접촉

-경계 혼란'이라고 한다.

2) 전경과 배경

우리가 어떤 대상을 지각할 때 관심 있는 부분은 지각의 중심부분으로 떠오르고, 나머지는 배경으로 물러나는 것을 체험할 수 있다. 이처럼 관심의 초점이 되는 부분을 전경(도형)이라 하고, 관심 밖으로 물러나는 부분을 배경이라고 한다. 게슈탈트 상담에서는 개체가 게슈탈트를 형성하여 지각하는 것도 전경과 배경의 관계로 설명한다. 따라서 '게슈탈트를 형성한다'는 말은 '개체가 어느 한 순간에 가장 중요한 욕구나 감정을 지각하여 전경으로 떠올린다'는 뜻이다. 건강한 개체는 매 순간 자신에게 중요한 게슈탈트를 선명하고 강하게 형성하여 전경으로 떠올릴 수 있는데 반해, 그렇지 못한 개체는 전경을 배경으로부터 명확히 구분하지 못한다. 다시 말해, 어떤 특정한 욕구나 감정을 다른 것보다 강하게 지각하지 못하며, 이런 사람들은 자신이 진정으로 하고 싶은 일이 무엇인지 잘 몰라 행동이 불분명하고 매사에 의사결정을 잘 하지 못한다(Zinker, 1977). 개체가 전경으로 떠올렸던 게슈탈트를 해소하고 나면 그것은 배경으로 물러나고, 다시 새로운 게슈탈트가 형성되어 전경으로 떠오르려는데 그것도 해소되어 배경으로 물러나는 과정을 되풀이하는 유기체의 순환과정을 '게슈탈트의 형성과 해소' 혹은 '전경과 배경의 교체'라 한다.

3) 미해결 과제

미결과제는 분노, 격분, 증오, 고통, 불안, 슬픔, 죄의식, 포기 등과 같은 표현되지 못한 감정들을 포함하는 개념이다. 개체가 게슈탈트를 형성하지 못했거나 혹은 게슈탈트를 형성하긴 했으나 이의 해소를 방해받았을 때 그것은 배경으로 사라지지 않고 배경으로 남아 있으면서 계속 전경으로 떠오르려고 노력한다. 그렇다고 전경으로 떠오르지도 못하므로 그것은 중간층에 남아있게 된다. 이렇게 완결되지 못한 혹은 해소되지 않은 게슈탈트를 '미해결 게슈탈트' 혹은 '미해결 과제(unfinished business)'라고 한다. 이러한 미해결과제는 계속 이의 해결을 요구하며 전경으로 떠오르려고 하면서 전경과 배경의 자연스런 교체를 방해하기 때문에 개체의 적응에 장애가 된다. 이처럼 미해결 과제가 많을수록 개체는 자신의 유기체 욕구를 효과적으로 해소하는데 실패하게 되고 마침내 심리적, 신체적 장애를 일으키게 된다. 미해결 과제는 항상 전경으로 떠오르려고 노력하기 때문에 항상 '지금 여기'에 그 모습을 드러내고 있으며, 따라서 개체는 단지 그것을 회피하지 않고 알아차리기만 하면 되므로(Perls, 1976:), 펄스는 미해결 과제를 해결 할 수 있는 방법을 '지금 여기(here and now)'를 알아차리는 것이라고 주장한다.

상담이론

14강 **게슈탈트상담이론(2)**

학습목표	1. 게슈탈트상담이론에서의 불안의미 이해 2. '알아차림 - 접촉'의 과정이해

학습내용	1. 게슈탈트상담이론에서의 불안과 현재성(지금-여기)에 대해 학습한다. 2. '알아차림-접촉'의 과정 및 게슈탈트 형성과 해소의 주기 등을 학습한다.

☐ 게쉬탈트 상담이론에서의 주요 개념

1. 현재성

1) 지금 - 여기의 중요성

펄스에게는 지금 이외에는 아무것도 존재하지 않는다. 왜냐하면 과거는 지나간 것이며 미래는 아직 오지 않았기 때문에 현재만이 의미가 있다. 형태상담의 주요한 공헌점의 하나는 지금-여기에 대한 강조이며 현재의 순간을 완벽하게 이해하고 경험하며 음미하는 것을 배우도록 강조한 점이다. 과거에 초점을 두는 것은 현재의 경험과 만나는 것을 피하려는 방법의 하나로 간주된다.

2) 현재성을 강조하는 질문들

내담자가 현재와 접촉하는 것을 돕기 위해 형태상담자들은 "왜"라는 질문을 가급적 피하고 "무엇"이나 "어떻게"라는 질문을 한다. "왜"라는 질문은 내담자를 합리화나 "자기기만"으로 끌고 가고 경험의 즉시성에서 멀어지게 하며 현실경험에 저항하는 과거경험을 끝없이 완고하게 되풀이하게 만든다는 것이다. "지금"이라는 자각을 증진시키기 위해 상담자는 내담자에게 지금 무슨 일이 일어나고 있는가? 지금 무엇이 어떻게 되어 가고 있는가? 이 순간에 무엇을 인식하고 있는가? 등과 같이 현재 시제로 질문함으로써 대화를 유도할 수 있다.

2. 형태요법에서 과거의 의미

1) 형태요법의 상담자들이 개인의 과거에 아무런 관심도 갖고 있지 않다고 말하는 것은 옳지 않다. 과거가 현재의 기능에 어느 정도 의미 있는 주제로 작용할 때는 가치가 있다. 과거가

513

현재의 태도나 행동에 중요한 관계를 갖는 경우에는 가능한 한 현재로 끌어들여 취급해야 한다.

2) 내담자가 과거를 이야기할 때 상담자는 마치 그것들이 현재에 살아 있는 것처럼 내담자에게 과거를 현재화하도록 요구한다. 상담자는 내담자에게 "환상을 여기로 가져오도록" 지시하며 전에 경험했던 느낌을 되살리도록 내담자에게 지시한다.

3. 형태요법에서의 불안의 의미

1) 펄스는 불안을 "현재와 미래 사이의 갭"이라고 묘사했는데 개인은 현실에서 멀어져 미래에 몰두하게 될 때 불안을 경험하게 된다고 한다. 미래를 생각할 때 유기체는 "무대공포증(stage fright)"을 경험할지도 모른다. 왜냐하면 "미래에 일어날 나쁜 일들에 대한 예기불안(catastrophic expectation)으로 가득 차거나 아니면 미래에 일어날 놀라운 일들에 대한 기대(anastrophic expectation)"로 가득 차기 때문이다.

2) 그래서 유기체들은 현재에 살기보다 현재와 미래 사이의 갭을 결단과 계획과 비전으로 채우려고 노력하게 된다.

4. 회피

1) 미해결과제에 관련된 수단이 회피인데 이것은 미해결과제에 직면하거나 미해결상황과 관련된 불편한 정서에 직면하는 것을 스스로 막는데 사용하는 수단을 언급하는 것이다.

2) 불안, 슬픔, 죄의식 등의 불편한 감정들을 직면하고 충분히 경험하는 것을 회피하려는 경향을 갖고 있기 때문에 이런 감정들은 마음의 밑바닥에 깔리게 되어 우리가 완전하게 사는 것을 방해한다. 그래서 게쉬탈트상담자는 상담기간에 전에는 결코 표현하지 못한 강렬한 감정들을 표현하고 경험하도록 격려한다.

3) 떨쳐버리기 어려웠던 자신의 이런 면을 경험함으로써, 그는 통합의 과정을 시작하고 성장을 방해했던 장애를 뛰어넘게 된다. 회피를 넘어섬으로써 우리는 현재 생활을 방해하는 미해결과제를 처리할 수 있게 되어 건강하고 통합된 존재로 나아가게 된다.

📗 접촉

1. 형태상담에서 접촉은 변화와 성장을 일으키기 위해 필수적이다. 우리가 환경과 접하면 필수적으로 변화가 일어난다. 접촉을 보고, 듣고, 냄새 맡고, 만지고 , 움직이는 것에 의해 이루어진다. 바람직한 접촉이란 자연스런 상호작용을 일컫는 것이며 자신의 개별성을 잃지 않고 다른 사람과 상호작용하는 것을 일컫는 것이다. 접촉은 다음과 같은 구조에 의해 발생한다.

2. 알아차림-접촉의 과정

ⓐ 배경에서 어떤 유기체 욕구나 감정이 신체감각의 형태로 나타나고

ⓑ 이를 개체가 알아차려 게슈탈트로 형성하여 전경으로 떠올리고,

ⓒ 이를 해소하기 위하여 에너지(흥분)를 동원하여

ⓓ 행동으로 옮기고

ⓔ 마침내 행동과 환경과의 접촉을 통해 게슈탈트를 해소하게 되는 과정이다.

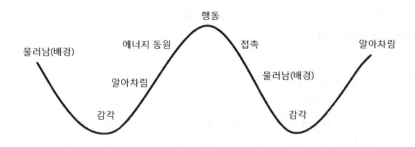

게슈탈트 형성과 해소의 주기

게슈탈트 치료에서는 알아차림과 접촉의 주기를 다음과 같이 여섯단계로 나누어 설명한다.
- 배경으로부터
- 어떤 욕구나 동기, 감정이 신체 감각의 형태로 나타나고
- 이를 알아차리고 게슈탈트로 형성하여 전경으로 떠올리며
- 이것을 해소하기 위해 에너지를 동원하여
- 적절한 행동과 실천으로 옮기며
- 마침내 환경과의 접촉을 통해 게슈탈트를 해소하게 되는 것
- 해소된 게슈탈트는 배경으로 물러나고 사라지게 됨. 이후에는 또 다른 게슈탈트가 형성의 과정으로서 배경으로부터
- 어떤 또 다른 새로운 욕구나 동기, 감정이 신체 감각의 형태로 나타나고
- 이를 알아차리고 게슈탈트로 형성하는 새로운 알아차림과 접촉의 주기가 이어짐.

1) 접촉-알아차림
① **알아차림(awareness)** : 개체가 자신의 유기체 욕구나 감정을 지각한 다음 게슈탈트를 형성하여 전경으로 떠올리는 행위
② **접촉** : 전경으로 떠오른 게슈탈트를 해소하기 위해 환경과 상호작용 하는 행위 즉, 에너지를 동원하여 실제로 환경과 만나는 행위

③ **알아차림-접촉 주기** : 게슈탈트가 형성되고 해소되는 반복과정
- 우리의 유기체적인 삶은 게슈탈트의 형성과 해소의 끊임없는 반복순환 과정으로 전경과 배경의 교체에서 알아차림과 접촉이 매우 중요하다. 왜냐하면 개체는 알아차림과 접촉을 통해 전경과 배경을 교체하기 때문이다. 이때 알아차림은 게슈탈트 형성에 관계하며 접촉은 게슈탈트 해소에 관계한다.
- 게슈탈트가 형성되어 전경으로 떠올라도 이를 환경과의 접촉을 통하여 완결 짓지 못하면 배경으로 사라지지 않는다. 따라서 알아차림과 접촉은 함께 서로 보완적으로 작용하여 '게슈탈트 형성-해소'의 순환과정을 도와주어 유기체 성장에 이바지한다.

④ **알아차림-접촉주기의 단절**
- 알아차림-접촉주기의 단절은 아래에서 언급한 ⓐ~ⓕ까지의 여섯 단계의 어느 곳에서나 단절될 수 있는데, '알아차림-접촉 주기'는 게슈탈트를 형성하고 해소하는 과정을 통하여 자연스럽게 유기체의 활동을 진행하는 과정이라고 볼 수 있다.
- 어느 단계에서든 차단이 되면 유기체는 게슈탈트를 완결 지을 수가 없고 그 결과 현실적 응에 실패하게 된다. 이를 단계별로 나누어 설명하면 다음과 같다.
  a. 배경으로부터 감각이 나타나는 과정의 장애
    알아차림-접촉의 첫 단계에서는 배경으로부터 유기체 욕구나 감각이 차단되어 신체의 고통이나 불편한 상태 등이 느껴지지 않는다거나 외부 환경에서 일어나고 있는 사건들이 지각되지 않는 현상으로 분열성 성격장애를 보이는 내담자가 흔히 이러한 감각 장애를 보임.
  b. 감각과 알아차림 사이의 장애
    신체감각에 의한 지각은 이루어지지만 이를 환경과의 유기적인 관련 속에서 조직화함으로써 의미 있는 유기체 욕구나 감정으로 알아차리지 못하는 현상으로 그것을 잘못 해석하는 경우가 발생함.
  c. 알아차림과 에너지 동원 사이의 장애
    게슈탈트 형성에는 성공했지만 이를 해소하기 위한 에너지 동원 혹은 '흥분(excitement)'에는 실패한 경우로 지식인이나 강박증 환자들에게서 볼 수 있고, 머리로는 이해하지만 의욕이 일어나지 않아서 행동으로 옮기지 못함.
  d. 에너지 동원과 행동 사이의 장애
    에너지 동원에는 성공하지만 게슈탈트를 완결시키는 방향으로 이를 사용하지 못하는 경우, 즉 동원된 에너지를 외부환경을 향한 행동으로 옮기지 못하고 차단해 버림.
  e. 행동과 접촉사이의 장애
    - 에너지를 동원하여 행동으로 옮기지만 접촉에 실패함으로써 게슈탈트를 내담자의 행동이 목표 대상을 잘 겨냥하지 못하고 산만하게 일어남으로써 발생한다. 에너지

를 효과적으로 쓰지 못하고 여기 저기 흩어 버리기 때문에 자신이 원하는 결과를 얻지 못함.

- 임상적으로 전향적인 히스테리 환자의 행동이 여기에 속한다. 그들은 많은 일에 관여하지만 행동이 산만하며, 에너지를 모아서 한 행동에 투여하지 못하고 여기저기 흩어 버림

　f. 접촉과 물러남 사이의 장애(리듬장애)
- 정상적인 경우 개체는 접촉이 끝나면 자연스럽게 만족해서 뒤로 물러나 쉬게 되고, 새로운 '알아차림–접촉 주기'의 리듬이 시작되어야 하는데 그렇지 못한 경우로 어떤 사람은 긴장하여 정상에 머물러 있으려고 한다. 즉 그들은 만족할 줄 모르며 물러나 쉴 줄 모른다.
- 현대사회에서는 위에 머물러 있는 것은 가치 있고, 밑으로 내려오는 것은 무가치하다는 편견이 지배한다. 기쁨은 인정하되 슬픔은 거부하며 타인과 함께있는 것은 찬양하나 고독은 나쁜 것으로 본다. 자연스럽게 기능하는 유기체는 긴장과 이완, 일과 휴식, 기쁨과 슬픔 등의 리듬 속에서 살아가는데, 현대 산업사회에서는 이러한 리듬을 무시하고 지속적인 긴장을 요구함으로써 리듬장애가 빈번히 발생하게 된다.

■ 접촉에 대한 저항의 단계(접촉–경계혼란의 단계)

1. 접촉 – 경계 혼란은 '알아차림–접촉 주기'의 각 단계에서 차단이 일어나는 것을 말하는데 게슈탈트의 형성과 해소과정을 방해하는 정신 병리현상으로, 접촉에 대한 저항이라고 볼 수도 있다. 형태상담의 관점에서 보면 저항은 완전하고 진실한 방법으로 현재를 경험하는 것을 방해하는 방어체계로써, 사람이 진실해지는 것을 방해하는 자아방어기제들이다.

2. 게슈탈트상담에서 나타나는 주요한 저항

1) 주입(introjection)
　(1) 주입은 다른 사람의 신념이나 기준을 내담자 자신에게 동화하지 않고 무비판적으로 수용하는 것이다. 이런 주입은 내담자를 자기 자신으로부터 소외시킨다. 왜냐하면 우리는 그것들을 분석하거나 재구성할 수 없기 때문이다. 일단 주입되면 내담자는 수동적으로 환경이 제공하는 대로 움직이게 되며, 주입된 타인의 행동방식이나 가치관의 영향 때문에 무엇을 원하는지 명료화할 수 있는 시간을 가질 수 없게 된다.
　(2) 펄은 음식물을 제대로 씹지 않고 삼키게 되어 소화불량이나 복통을 일으키는 것처럼, 사회나 부모의 가치관을 동화시켜 자기의 것으로 만들지 못하고 무비판적으로 받아들임으로써 내면적인 갈등을 일으키는 현상으로 보았다.

2) 투사(projection)

(1) 투사는 자신의 생각이나 욕구, 감정을 타인의 것으로 지각하는 현상으로, 이러한 현상은 개체가 자신의 욕구나 감정을 자신의 것으로 자각하고 접촉하는 것을 두려워한 나머지 그것에 대한 책임 소재를 타인에게 돌림으로써 나타난다.

(2) 개체가 투사를 하는 이유는 받아들이기 힘든 부분을 부정해 버리고, 그것을 타인의 것으로 돌려버림으로써 심리적 부담을 덜 수 있기 때문이다. 게슈탈트 상담에서는 우리의 생각과 감정, 행동이 우리 자신의 창조물이라는 것을 자각하고 이해할 때 비로소 우리는 좀 더 책임 있는 삶을 살 수 있고, 삶을 능동적으로 개척해 가면서 자기 자신의 작품으로 만들어 나갈 수 있다고 말한다.

3) 융합(confluence)

(1) 밀접한 관계에 있는 두 사람이 서로 간에 차이점이 없다고 합의함으로써 발생하는 '접촉 – 경계 혼란'을 융합이라고 하는데, 갑이 행복하다고 느끼면 을도 행복하다고 느끼고, 갑이 불행하다고 느끼면 을도 불행하다고 느끼는 마치 일심동체 관계와 같은 것으로, 겉으로 보기엔 서로 지극히 위해주고 보살펴 주는 사이인 것처럼 보이지만 내면적으로는 서로 독립적으로 행동하지 못하고 의존관계에 빠지는 경우가 많다.

(2) 다만 서로가 상대편이 필요하다고 생각하기에 붙들고 있는 상태이다. 그들은 서로의 개성과 자유를 포기하고 그 대가로 얻은 안정을 깨뜨리려는 행위를 서로에 대한 암묵적인 계약을 위반하는 것이므로 상대편의 분노와 짜증을 사게 되며 융합 관계를 깨뜨리려는 사람은 죄책감을 느끼게 된다. 융합을 심하게 보이는 사람은 자신의 행동을 결정할 때 자신의 유기체 욕구보다는 그것이 타인의 마음에 들지 여부에 맞춘다.

4) 반전(retroflection)

(1) 개체가 다른 사람이나 환경에 대하여 하고 싶은 행동을 자기 자신에게 하는 것 혹은 타인이 자기에게 해주기를 바라는 행동을 스스로 자기 자신에게 하는 행동으로, 이러한 과정은 처음에는 의식적으로 행해지지만 나중에는 차츰 습관화가 되어 마침내 무의식적으로 된다.

(2) 성장과정에서 부모가 지나치게 엄격하거나 어려운 처지에 있어서 어떤 비판이나 요구를 할 수 없을 때, 아이들은 자신의 욕구충족을 포기하고 자신의 감정표현이나 욕구충동을 억제하게 되는데 이러한 행동이 반복됨으로써 반전이 형성된다.

(3) 어릴 때 냉정한 분위기에서 자란 어린이는 자기가 자기 자신을 돌보지 않으면 안 된다는 사실을 재빨리 학습한 후 자기가 필요한 것을 스스로 찾아 해결하는데 익숙해진다.

(4) 펄 등에 의하면 대부분의 반전은 분노 감정 때문에 일어난다고 하였는데, 분노는 개체의 가장 중요한 미해결 과제의 하나로 이를 차단시켜 반전하면 결국 유기체는 수도관이 막힌 것과 같은 상태가 된다. 즉 분노 감정의 차단으로 다른 정서가 형성되지도, 표현되지

도 못하여 강박증상, 열등의식, 자기관찰, 죄책감 등으로 나타날 수 있다.

5) 편향(deflection)

(1) 감당하기 힘든 내적 갈등이나 외부 환경적 자극에 노출될 때 이러한 경험으로부터 압도 당하지 않기 위해 자신의 감각을 둔화시킴으로써 자신 및 환경과의 접촉을 약화시키는 행위를 말한다.

(2) 흥분이 없으면 불안을 못 느끼고, 인생의 즐거움과 기쁨도 동시에 사라진다. 편향은 불안을 줄이는 데는 도움이 되지만 삶의 생기와 활력도 동시에 줄어들어 권태와 무력감, 공허감과 우울감에 빠지게 된다.

(3) 게슈탈트 상담에서는 흥분을 인생의 가장 훌륭한 가치로 찬양하고 격려한다. 따라서 편향을 상담하고 극복하는 것은 게슈탈트 상담의 중요한 과제가 된다.

15강 게슈탈트상담이론(3)

학습목표
1. 게슈탈트 상담이론의 성격변화 단계와 층 이해
2. 펄이 언급한 '지금-여기의 사람'의 내용 이해

학습내용
1. 게슈탈트 상담이론의 성격변화 단계와 5개의 층에 대한 내용을 학습한다.
2. 펄이 언급한 '지금-여기의 사람'의 내용을 학습한다.

☐ 형태요법 상담을 위해 지켜야 할 일반적인 규칙 – Levisky & Perls

① 여기-지금에 충실하라
② 말로써 설명하거나 분석하는 대신 직접적인 경험을 하라.
③ 내담자에 의한 자기 발전을 강조하라.
④ 내담자의 각성에 초점을 맞추라.
⑤ 욕구좌절을 기술적으로 활용하라.
⑥ 책임과 선택을 강조하라

☐ 게슈탈트 상담을 통한 성격 변화 단계

펄은 상담을 통한 성격변화의 단계를 다섯개의 심리층 개념으로 설명하였다.

1. 다섯게의 심리층

① 피상/허위의 층
첫째 층은 '피상층(cliche or phony layer)'으로 사람들이 서로 형식적이고 의례적인 규범에 따라 피상적으로 만나는 단계

② 공포층
둘째 층은 '공포층(phobic)', 혹은 '연기층(role playing layer)'이라고 하는데, 개체가 공유한 자신의 모습으로 살지 않고 부모나 주위환경의 기대에 맞추어 행동하며 살아가는 단계로 개체는 환경에 적응하기 위해 자신의 욕구를 억압하고 주위에서 바라는 역할 행동을 연기하며 사는데, 자신이 하는 행동이 연기라는 것을 망각하고 그것이 진정한 자신인 줄로 착

각하고 산다.

③ 교착층

셋째 층은 '교착층' 혹은 '막다른 골목(impasse)'이라 부르며, 이 단계에 오면 개체는 이제껏 해왔던 역할연기를 그만두고 자립하려고 시도하지만 동시에 심한 공포를 체험, 지금까지 환경으로부터 도움을 받기 위해 해온 역할연기를 포기했지만, 다른 한편으로는 아직 스스로 자립할 수 있는 능력은 생기지 않은 상태이므로 오도 가도 못하는 실존적인 딜레마에 빠지게 됨으로써 심한 공포를 체험한다.

④ 내파층

넷째 층은 '내파층(implosive layer)'이라고 부르며, 이제까지 자신이 억압하고 차단해 왔던 욕구나 감정을 알아차리게 된다. 이 단계의 내담자들은 처벌에 대한 두려움 때문에 혹 상대편에게 상처를 줄까 두려워 자신의 감정을 표현하지 않고 억제하며 타인에게 분노감을 표현하는 대신에 자기 자신에게 공격성을 돌려 자신을 비난하고 질책하는 행위를 한다.

⑤ 폭발층

다섯째 층은 '폭발층(explosive layer)'이라고 하는데, 이 단계에 오면 개체는 자신의 감정이나 욕구를 더 이상 억압하거나 차단하지 않고 밖으로 표출 할 수 있게 된다. 개체는 자신의 욕구와 감정을 분명하게 알아차려 강한 게슈탈트를 형성하고 마침내 환경과의 접촉을 통해 이를 완결 짓는다.

이 과정에서 내담자들은 상담적 체험을 하게 되는데 온몸으로 자신의 억압되었던 감정을 표출하기도 한다. 이 단계에 도달하게 되면 내담자들은 신체적 정신적으로 강렬한 자각과 접촉을 하게 되고 또한 인지적으로 깊이 몰입하여 마침내 정신과 신체의 총체적인 통합을 체험하기도 한다.

2. 성격변화의 단계들을 알아차림-접촉 주기와 관련해 보면

1) 표피층과 공포층은 아직 게슈탈트 형성이 잘 안되는 단계이고,
2) 교착층은 게슈탈트 형성은 되었으나 에너지 동원이 잘 되지 않는 단계이며,
3) 내파층은 에너지 동원은 되었지만 행동으로 옮기는 단계에서 차단되어 게슈탈트가 완결되지 않은 상태이며
4) 폭발층은 마침내 개체가 게슈탈트를 해소하고 완결 짓는 단계라고 할 수 있다.

📋 게슈탈트상담의 목표

1. 체험확장

1) 개체가 자신의 욕구나 충동을 억압하지 않으면서 동시에 환경의 자극이나 상황에 대해서도 열려 있어 자신의 유기체 욕구를 자연스럽게 지각하고 표현하여 환경과 자유롭게 유기적으로 교류할 수 있어야 한다는 것이다(Zinker, 1977).

2) 내담자는 체험확장의 과정을 통해 모험과 도전을 배우고 불안과 공포를 극복하고 삶에 새롭게 도전하며 자유를 얻는 과정을 학습하게 된다. 체험은 삶의 무한한 원동력이며 체험 자체가 삶의 가장 중요한 가치라는 것을 깨닫게 된다.

2. 통합

1) 분할되고 소외된 인격의 부분을 다시 접촉하고 체험하게 함으로써 마침내 내담자가 이들을 자신의 인격의 일부로 통합시키도록 해준다. 특히 외부로 투사한 통합된 에너지를 다시 지각하여 통합하는 것을 중요시하는데 이러한 투사된 에너지는 창조적으로 사용되지 못하고 파괴적으로 쓰이게 될 가능성이 크기 때문이다.

2) 통합은 자기와 세계에 대한 새로운 인식을 가져다준다. 경험을 통하여 자신에 대한 새로운 개념을 형성하는 것이 상담의 중요한 목표라고 할 수 있으며 이제까지 소외되었던 자신의 부분들을 통합하는 것은 자신에 대한 새로운 개념형성을 하게 해 준다.

3. 자립

내담자가 스스로 자신을 보살필 수 있다고 믿으며 상담자는 내담자의 자립능력을 일깨워 주고 그 능력을 다시 회복하도록 도와주는 방향으로 이루어져야 한다. 외부지지를 받기 위해 타인에게 의존하거나 조종하려고 하려는 내담자의 시도를 좌절시킴으로써 자신의 에너지를 동원하여 주체적으로 행동하고 자기지지를 배우도록 도와준다.

4. 책임자각

형태요법에서는 모든 것은 각자의 선택으로 보고 내담자가 타인에게 자신을 자학하거나 열등감을 개발함으로써 책임을 회피하려거나 어떤 경우든 모두 자신의 선택이며, 궁극적으로 내담자가 타인에게 의존하려는 자세를 버리고 자립함으로써 자신의 행동을 스스로 선택하고 책임질 수 있도록 도와주는 것이라고 본다.

5. 성장

형태에서는 개체를 어떤 고정적인 대상으로 보기보다는 환경과의 관계 속에서 스스로 성장,

변화해 나가는 생명체로 보기 때문에 내담자의 증상을 제거하기보다는 성장에 더욱 관심을 기울인다. 개체는 스스로 자신의 가장 이상적인 상태로 변화하고 성장해 나갈 수 있다는 신념을 갖고 있다.

6. 실존적인 삶

상담자는 개조자의 역할을 거부하고 내담자가 스스로 자기 자신이 되도록 격려해야 한다, 자기 자신이 된다는 것은 실존적인 삶을 산다는 것과 같은 의미이며 실존적인 삶이란 유기체가 자연스런 욕구에 따라 사는 것을 의미한다. 실존적인 삶이란 남보다 나은 자신을 입증하는 대신에 자기 자신이 되려고 노력한다 즉 자기 자신의 진정한 존재 가능성을 매 순간마다 실현시키는 데 삶의 진정한 의미를 찾는다.

▣ 펄의 " 지금 – 여기의 사람"

1. 심리적으로 건강의 최고상태에 도달한 자
2. 잠재력을 완전히 실현시키는 자
3. 현재 실존의 순간에 안정되게 그 바탕을 두고 있다.
4. 자기의 장점과 단점을 인식하고 잠재력을 인식하고 있다.
5. 자신의 충동과 욕망을 죄책감없이 표현한다.
6. 삶에 대한 책임을 자각한다.
7. 자기 삶에 영향을 미치는 외부조건들로부터 자유롭다.
8. 솔직하게 분노를 표현할 줄 안다.
9. 현실감있게 반응하며 객관적으로 상황을 감지한다.
10. 위축된 자아경계가 없다.
11. 행복을 추구하기보다 순간순간의 상황에서 자기모습 그대로 존재한다.

▣ 상담자의 역할(태도와 과제)

1. 상담자의 태도

가) 관심과 감동 능력

상담자는 내담자의 존재와 그의 삶에 대해 진지한 흥미와 관심을 보일 수 있어야 하며, 그의 이야기에 심취하고 감동할 수 있는 능력을 갖고 있어야 한다. 세상에서 자신의 이야기를 관심 있게 들어주고, 감동해 주는 사실은 삶을 이해하고 받아들여주는 것이기 때문이다.

나) 존재 허용적 태도

내담자 스스로 자신의 삶을 살도록 허용해 주어야 한다. 상담자의 가치관에 따라 상담자의 계획에 따라서가 아니라 내담자 스스로의 본성에 따라 자신의 존재를 실현해 나가도록 허용해 주어야 한다.

다) 현상학적 태도

모든 상담행위는 나타나는 생명현상의 흐름을 따라 가면서 진행되어야 한다. 즉 상담자는 항상 내담자로 하여금 스스로 문제를 발견하고, 탐색과 실험을 통하여 그것을 스스로 해결해 나가도록 도와주어야 한다. 상담자는 이끄는 자가 되기보다는 항상 따라가는 자가 되어야 한다.

2. 상담자의 과제

가) 알아차림과 접촉의 증진

형태요법 상담자의 주된 상담적 과제는 내담자로 하여금 자신의 욕구와 감정을 분명히 알아차리고 이를 환경과의 접촉을 통해 잘 해소할 수 있도록 도와주는데 있으므로 상담자는 내담자의 알아차림과 접촉을 증진시키는데 주력해야 한다.

나) 좌절과 지지(support)

진정한 성장은 좌절을 통해서 가능하다는 특별한 의미를 부여하여 내담자의 자립적인 태도나 행동은 격려하고 지지해 주되, 의존적인 태도나 회피행동은 좌절시켜야 한다. 상담의 초기 단계에는 지지를 많이 해 주어 자아 강도를 높여주는 것이 좋고, 내담자와 충분한 라포가 형성된 후 좌절을 주어야 하며 개인적인 발달 단계에 맞추어 좌절의 강도를 조절해야 한다. 좌절은 내담자가 자신에게 닥친 좌절의 의미를 바로 이해할 수 있을 때 그리고 상담자의 따뜻한 배려를 동시에 느낄 수 있을 때 상담적 효과가 있다.

다) 저항의 수용

저항이란 내담자가 유기체의 통합성을 위협하는 외부압력에 대해 자신을 보호하려는 정당한 노력으로, 심한 저항을 하는 것은 상담자의 미숙에서 나온 것이다. 즉 상담에서의 창조성의 결여와 경직성 때문에 저항이 나타난다. 상담자는 저항에 맞서 싸울 것이 아니라 내담자의 저항을 받아들이는 것이 저항을 극복하는 길이다. 상담자는 내담자의 저항 행동을 지적하거나 비난하는 것이 아니라 자신의 행동을 돌아보는 동시에 내담자의 행동을 이해하려고 있어야 하며 내담자에게 신뢰감을 심어 주도록 힘써야 한다.

라) 내담자의 신체언어에 주의를 기울일 것

내담자의 언어적 의사전달은 거짓일 경우가 많다. 내담자의 자세, 움직임, 제스처, 머뭇거림 등의 비언어적 단서들은 자신도 모르는 감정들을 자주 나타내므로 상담자에게 귀중한 정보를 제공해준다. 따라서 상담자는 언어화된 것과 신체로서 나타내는 것 사이의 불일치를 면밀히 살펴야 한다. 내담자는 말로는 분노를 나타내면서 동시에 웃기도 할지도 모른다.

마) 내담자의 언어유형에 직면하도록 할 것

상담자는 내담자의 언어에 초점을 맞춤으로서 내담자가 현재 무엇을 경험하고 있으며, 지금-여기의 경험과 접하는 것을 어떻게 회피하고 있는지 자각하게 된다.

① **"그것"**

"나(인격적인 언어)"대신에 "그것(비인격적인 언어)"이라고 말하는 경우, 비인격적인 언어를 인격적 언어로 대치하도록 요구하여 책임감을 고조시킨다.

② **"우리"**

상담자는 일반화된 "우리"라는 단어의 사용을 지적하여 그것이 실제 의미하는 "나"로 대치하도록 격려할 수 있다. "우리"라 말함으로써 내담자는 강렬한 감정으로부터 한 걸음 물러서려는 것이라 할 수 있다. 그 각각을 말할 때 내담자는 자신의 느낌이 다르다는 것을 알게 될 것이다.

③ **질문들**

내담자는 흔히 자신을 숨기고, 보호하고, 알리지 않기 위해 질문을 계속한다. 이때 상담자는 내담자에게 질문을 진술로 바꾸도록 요구함으로써 스스로 자신의 표현을 어떻게 방해해 왔는지 자각하게 하고, 책임감을 느끼게 할 수 있다.

④ **능력을 부정하는 언어**

어떤 내담자는 자신의 진술에 덧붙여 공언하거나 단정함으로써 그의 개인적 능력을 부정하려는 경향을 가지고 있다. 상담자는 내담자가 "내 생각에는, 아마 ~~일 거야, ~라고 추측해"등의 말을 사용하게 함으로써 단정적으로 능력을 부정하는 내용에서 직접적인 자신의 진술로 표현을 바꾸도록 도와줄 수 있으며, "할 수 없다"를 "하고 싶지 않다"로 대치하도록 요구함으로써 자신의 능력을 스스로의 것으로 수용하도록 도와야 한다.

내담자의 경험

1) 내담자의 첫 번째 책임은 상담에서 자신이 진실로 무엇을 원하는가를 결정하는 것이다. 상담자를 찾아가는 사람은 누구나 숨기고 있는 문제가 있다. 대략90%의 사람들은 상담을 받으러 가는 것이 아니고 그들의 신경증에 보다 잘 적응하기 위해서 간다. 따라서, 내담자가 혼란되어 있거나 스스로 상담목표를 상담자가 정해 주었으면 하고 말하는 때가 상담이 시작되는 때이다. 상담자는 내담자와 함께 그가 이런 책임성을 받아들이기를 회피하는 것에 대해 탐색할 수 있다.

2) 형태상담의 일반적 경향은 내담자가 자신의 생각, 감정, 행동에 대해 더욱 많은 책임을 져야 한다는 가정에 기초한다. 상담자는 내담자가 상담을 계속할 것인지, 상담에서 무엇을 배우기를 원하는지 그리고 상담시간을 어떻게 이용하기를 원하는지에 대해 결정하도록 요구한다. 형태상담에서는 내담자는 자신이 스스로 해석하고 의미를 만드는 적극적 참여자이다. 또한 자각을 증진시키고 개인의 학습을 활용하거나 활용하지 않거나를 결정짓는 사람이다

상담자와 내담자의 관계

1) 실존상담의 한 분야로서 이 형태상담은 상담자와 내담자 간의 인간 대 인간의 관계를 포함한다. 상담자의 경험, 자각 그리고 지각은 상담과정의 배경이 되고 내담자의 자각과 반응은 그 전경(forefront)을 구성한다. 상담자는 지금-여기에서 내담자와 대면하면서 자신의 현재의 지각과 경험들을 내담자와 공유하는 것이 중요하다.

2) 상담자는 자신의 존재(presence)의 질(quality)에 대해 책임을 져야 한다. 왜냐하면 자신과 내담자를 알기 위해, 그리고 내담자에게 자신을 개방하기 위해 이것이 필요하기 때문이다.

3) 형태상담에서는 나와 너의 관계가 우선적으로 중요한데 이것은 상담자와 내담자 간에 대화와 긴밀한 접촉이 있다는 것을 의미한다. 이런 긴밀한 상호작용을 통해 내담자는 자신에 대해 배우고 변화할 수 있게 된다. 상담자가 쓰는 기법은 그리 중요한 것은 아니다. 오히려 한 인간으로서 그가 어떤 사람인가 그리고 무엇을 하고 있는가가 더욱 중요하다.

상담이론

16강 게슈탈트상담이론(4)

학습목표	1. 게슈탈트상담이론의 주요기법 이해 2. 게슈탈트상담이론의 주요공헌점과 한계점 이해

학습내용	1. 빈의자기법, 뜨거운의자기법, 지금-여기 기법 등 게슈탈트상담이론의 주요기법을 학습한다. 2. 게슈탈트상담이론의 영향을 받아 발전된 이후의 학파들에 대한 내용 등을 학습한다.

▣ 주요 기법

1. 욕구와 감정자각

개체가 자신의 욕구와 감정을 자각함으로써 게슈탈트 형성을 원활히 할 수 있고 또한 환경과의 생생한 접촉이 가능해지기 때문에, 상담자는 내담자들의 생각이나 주장 혹은 질문들의 배후에 있는 욕구와 감정을 자각하도록 주의를 환기시킨다. 특히 지금 여기에서 일어나는 욕구와 감정을 자각하는 것이 중요하다.

2. 자각기법

1) 신체자각

우리의 정신작용과 신체작용은 서로 불가분의 관계에 있다. 따라서 내담자로 하여금 자신의 신체감각에 대해 자각하도록 함으로써 자신의 감정이나 욕구 혹은 무의식적인 생각을 알아차리게 해줄 수 있다.

2) 언어자각

내담자가 사용하는 언어 소재가 불명확한 경우 상담자는 내담자로 하여금 자신의 감정과 동기에 대해 책임을 지는 형식의 문장으로 바꾸어 말하도록 시킴으로써 내담자의 책임 의식을 높여줄 수 있다.

3) 환경자각

내담자로 하여금 주위 사물과 환경에 대해 지각하도록 함으로써 환경과의 접촉을 증진시킬 수 있다. 내담자들은 흔히 미해결 과제로 자기 자신에게 몰입해 있기 때문에 주위 환경에서 일어나는 사건들이나 상황을 잘 못 알아차린다. 이러한 환경자각 연습은 공상과 현실에 대한 분별 지각력을 높여 준다.

3. 과장하기

내담자가 어떤 상황에서 자신의 감정을 체험하지만 아직 그 정도와 깊이가 미약하여 감정을 명확히 자각하지 못하고 있을 때, 상담자는 내담자의 행동이나 언어를 과장하여 표현하게 함으로써 내담자가 감정을 자각할 수 있게 도와준다(Perls, 1969b). 이 기법은 내담자의 신체언어를 이해하고 자각시키는데 도움이 된다.

4. 반대로 하기

내담자가 회피하고 있는 행동과 감정들을 만나게 해줌으로써 스스로 차단하고 있는 자신의 성장에너지를 접촉하게 해주는 방법으로, 내담자가 흔히 보이는 행동은 근저에 억압된 반대의 표현에 불과하다. 따라서 반대되는 행동을 해보도록 요구함으로써 억압하고 통제해온 자신의 다른 측면을 접촉하고 통합할 수 있게 도와줄 수 있다.

5. 느낌에 머물러 있기(staying with)

내담자들은 일반적으로 고통스러운 감정뿐만 아니라 받아들이기 힘든 좋은 감정에 대해서도 중단시키는 경향이 있는데 그 감정을 피하거나 대항해서 싸우기보다는 그 감정을 그대로 받아들이고 동일시함으로써, 그것을 중단(stop)시키는 대신에 완결(finish)시킬 수 있다는 것이다.

6. 빈 의자 기법

게슈탈트 상담에서 가장 많이 사용하는 기법 가운데 하나로, 현재 상담 장면에 와 있지 않은 사람과 상호 작용할 필요가 있을 때 사용되며, 내담자는 그 인물이 맞은 편 의자에 앉아 있다고 상상하고 그와 대화를 나눔으로 자신의 억압된 부분과의 접촉을 통하여 자신의 내면세계에 대해 더욱 깊이 탐색할 수 있다.

7. 자기 부분들간의 대화

내담자의 인격에서 분열된 부분들을 찾아내어 대화를 나누게 함으로써 분열된 자기 부분들을 통합시키는 방법이다. 상담자는 내담자의 분열된 자기들을 빈 의자에 바꾸어가며 앉혀서 서로 간에 대화를 시킴으로써 서로간의 갈등을 줄일 수 있다.

8. 꿈 작업(dream work)

형태요법에서는 꿈에 나타난 인물이나 사물들은 모두 내담자의 소외된 자기 부분들이 투사되어 상징적으로 나타난 것이라고 본다(Perls, 1969b). 꿈을 다루는 방법은 내담자로 하여금 투사된 것들을 동일시하게 함으로써 이제까지 억압하고 회피해 왔던 자신의 욕구와 충동, 감정들을 다시 접촉하고 통합하도록 해주는 것이다.

9. 투사놀이

어떤 사람은 자신의 감정을 부정하고 동기를 다른 사람에게 돌리는 데 너무 많은 에너지를 투사한다. 특히 집단에서는 가끔 한 개인이 자신에게 또는 다른 사람에게 하는 말들이 실은 자신이 갖고 있는 어떤 속성의 투사인 경우가 있다. 투사게임을 통해 상담자는 "난 당신을 믿을 수 없어요"라고 말하는 사람에게 믿을 수 없는 사람의 배역을 하도록 즉 상대방이 되어 보도록 요구하여 불신감이 어느 정도로 내적 갈등을 일으키는가 알아보게 할 수 있다.

10. 행동연습의 실험

펄스에 의하면 우리 사고의 대부분은 행동연습이라고 한다. 우리는 사회에서 기대한다고 생각되는 배역을 상상 속에서 연습한다. 상담집단의 구성원들은 그들의 사회적 역할 수행을 지원하는 데 효과가 있는 수단들을 좀 더 잘 자각하기 위해 서로가 이런 행동연습실험에 참가한다. 그들은 점차로 다른 사람의 기대에 부응하는 것, 인정받고 수용되고 사랑받으려는 정도, 그리고 인정받으려고 스스로 노력하는 범위 등에 대해 자각하게 된다.

▣ 게슈탈트요법의 추가적 기법 − 뜨거운 자리

1. 개인의 자아각성을 촉진시키기 위해 활용되는 기술로서 먼저 구성원에게 '뜨거운 자리'에 대해 설명을 해주고 나서 해결하고 싶은 문제가 있는 성원으로 하여금 상담자와 마주보이는 빈자리에 앉게 한다. 이때 빈자리가 바로 '뜨거운 자리'가 되는 것이고 흔히 '도마 위에 앉은 식'의 장면이 연출되는 것이다.

2. 뜨거운 자리에 앉은 집단성원은 자신을 괴롭히는 특정한 문제에 대해 이야기하게 되며, 상담자는 시간의 흐름(20-30분)에 관여치 않고 문제가 해결될 때까지 직접적이고 때로는 공격적인 상호작용을 계속한다. 이러한 상호작용은 문제를 표출한 개인과 상담자 사이에만 일어나며 다른 구성원들은 특별한 허락없이는 이들의 상호작용을 방해하지 않도록 하는 규칙이 세워진다.

🔲 공헌 및 제한점

1. 형태요법의 공헌

1) 형태요법의 행동지향적인 접근은 삶에 갈등과 투쟁을 가져다준다. 사람들이 단지 격려된 태도로 자신의 문제를 끝없이 이야기하는 것과는 대조적으로 그들의 투쟁을 생생하게 경험한다는 것을 알았다. 그렇게 함으로써 그들은 현재 순간에 자신이 무엇을 경험하고 있는지에 대한 자각을 증진시킬 수 있다.

2) 형태요법의 또 다른 공헌점은 과거를 현재와 관련되는 면으로 가져와서 생생하게 처리하는 점이다. 과거로부터의 미결과제는 무시되지 않으며, 오히려 상담자는 내담자가 창의적인 방법으로 현재의 기능을 방해하는 문제를 자각하고 그 문제를 다루도록 격려한다. 이런 자각을 통해 그는 자신이 체험하고 있는 것에 대해 개인적으로 책임감을 공유해야 한다는 가정을 할 수 있게 된다.

3) 형태요법의 직면적인 양상은 변화가 없는 데 대한 핑계로 무기력해지는 것을 단호히 거부하고 열정적으로 직면하도록 한다.

4) 꿈을 가지고 작업하는 형태적 기법은 개인으로 하여금 자신의 삶의 중심 주제를 자각하게 해주는 독특한 통로이다. 각각의 꿈을 자신의 투사로 봄으로써 내담자는 꿈을 현실로 가져와서 그 개인적 의미를 해석하고 그것에 대한 책임성을 가정할 수 있게 된다.

2. 형태요법의 한계와 비평

1) 펄스식의 형태요법에 대한 주요한 비평은 이 접근법이 성격의 인지적 측면을 무시한다는 점이다. 펄스는 개인의 경험에 대해 생각하는 것을 금지하고 있으며 많은 형태상담자들은 생각을 탐색하는 것을 무시하고 감정을 있는 그대로 인식하고 표현하는 것을 강조해 왔다. 비록 형태요법이 즉각적인 경험의 과정을 방해하는 것을 반대하고 인지적 설명을 통해 통합시키는 것을 반대하지만 내담자는 자신의 생각을 명료화하고 신념을 탐색하며 상담에서 그들이 재 경험하는 것들에 의미를 부여해야 한다.

2) 형태요법은 또한 내담자가 자기발견을 하는 과정을 촉진시키는 데 방해가 되는 교수-학습을 반대한다. 그러나 내담자는 상담자가 주는 적절한 교수로부터 자기발견과 이익을 얻을 수 있는 측면이 존재한다.

3) 형태요법에서 가장 효율적으로 사용될 수 있는 기법들은 상담자가 가진 잘 발달된 기술, 경험, 감수성, 훌륭한 판단들이다. 하지만 일부 상담자들은 극히 최소한의 훈련만 받고 또 교육지도를 받지 않고 있다. 제대로 훈련받지 못한 무능력한 상담자들이 먼저 내담자에게 강한 인상을 주려 하거나 자신을 조작하려고 하는 것은 위험할 수 있다.

교류분석적 상담이론(1)

학습목표	1. 교류분석상담이론의 개요와 행동동기 이해 2. TA 이론의 자아상태와 분석이해

학습내용	1. 교류분석상담이론과 관련된 인간행동의 동기에 대한 내용을 학습한다. 2. TA 이론의 자아상태별 내용이해와 '명령과 초기결정들'에 대한 내용을 학습한다.

☐ 교류분석적 상담

1) 의사교류분석(Transactional Analysis:TA)은 개인상담에 사용될 뿐만 아니라 특히 집단 상담에 적합한 상호역동적인 상담기법이다. 이 접근법은 대부분의 다른 상담과 달리 계약 적이며 의사 결정적이다. 즉 상담과정의 목표와 내용을 뚜렷이 하는 내담자에 의해 발달된 계약을 포함한다. 이 기법은 각 개인의 초기결정을 중요시하며 새로운 결정을 내릴 수 있는 개인의 능력을 강조한다. TA는 성격의 인지적·합리적·행동적인 면을 모두 강조하며 내담자 가 새로운 결정을 해서 생의 과정을 바꿀 수 있도록 하게 하기 위해 자각을 증대시키려는 경향을 갖고 있다.

2) Eric Bern에 의해 발달된 이 접근법은 개인간 그리고 개인 내부의 상호작용을 분석하기 위 한 구조를 제공해 준다. 이 접근법은 세 가지 자아상태-부모, 어른, 아동의 개념에 기초해 있다. 이것은 몇 가지 기초개념들을 사용하며 쉽게 이해하고 배울 수 있는 구조를 제공하고 있다.

3) 주요 개념들은 부모(Parent), 어른(Adult), 아동(Child), 결정(decision), 재결정, (redecision), 게임(game), 극본(script), 라켓(racket), 애무(stokes), 할인(discounting), 그리고 우표수집(stamps)등이다.

4) 상담 과정에서 계약은 상담자와 내담자의 능력을 동등하게 취급하는 특성을 갖고 있다. 현 실적으로 변화하기 위해 내담자는 적극적으로 행동한다. 따라서 TA는 개인은 자신을 신뢰 하며 스스로 생각하고 결정하며 감정을 표현할 수 있다고 가정한다.

인간행동의 동기(인간은 무엇을 목적으로 교류하는가?)

1. TA에서는 인간이 생리적 욕구와 심리적 욕구를 가졌다고 가정한다.
2. 생리적 욕구는 공기, 물, 음식과 같이 개체를 유지하려는 것과 관련된 필수적인 기본적 욕구이다.
3. 심리적 욕구는 자극의 욕구, 구조의 욕구, 자세의 욕구와 같이 심리적 만족과 관련된 욕구이다. 이것이 인간행동의 동기로 작용한다.

  1) 자극의 욕구
  　(1) 자극의 욕구는 일종의 인정의 욕구인데 Berne은 이것을 일차적인 욕구로 여겼다. 그런데 이 욕구의 충족은 스트로크(strokes : 인정자극)를 통하여 이루어졌다. 이러한 접촉과 인정은 어떤 개인으로 하여금 자기존중감을 느끼게 하고, 자신을 긍정적인 존재로 인식할 수 있게 하며, 애정과 보살핌에 기초한 인간관계를 맺게 할 수 있다.
  　(2) 스트로크는 긍정적인 것일 수도 부정적인 것일 수도 있지만, 이 부정적인 스트로크도 스트로크가 전혀 없는 상태보다는 더 낫다. 스트로크는 신체접촉과 같은 (안아주고 머리 쓰다듬어주기) 신체적인 것과, 언어, 표정, 자세등과 같은 상징적인 것도 있다.

  2) 구조의 욕구
  구조의 욕구란 인간이 스트로크를 극대화할 수 있는 방향으로 시간을 활용하고자 하는 욕구이다.

  *시간구조화의 6가지 *
  　① 철수 : 철수는 신체적 혹은 심리적으로 자신을 타인으로부터 멀리함으로써 인정자극(스트로크)을 얻는 방법이다. 이런 구조를 하는 사람은 모험을 하지 않고, 안전한 자기 자신의 생각에로 도피하기 위해 다른 사람과 대화를 하지 않는다. 과거에 받았던 인정자극에 빠져서 살거나, 인공적인 인정자극을 획득하기 위해 다른 사람과의 만족스런 관계를 상상한다.
  　② 의식 : 고도로 구조화되고 사회적으로 인정되며 예측이 가능한 시간구조로 예배, 의식, 인사가 여기에 해당된다. 이것은 차단에 비해 사회적 상호작용에서 아주 안전한 형태이다. 그러나 이것을 통해서 낮은 친밀한 관계와 인정자극을 받을 뿐이다.
  　③ 소일 : 특별한 목적없이 무의미하게 다른 사람과 함께 시간을 보내는 것이다. 날씨, 운동경기, 자녀, 음식에 대한 이야기를 서로 교환하고 있는 경우가 이에 해당한다. 소일은 큰 정서적 동요없이 자신의 사회적 위치를 안전하고 확고하게 하는 데 도움을 주는 구조방법이다.
  　④ 활동 : 확실한 목표가 있는 사람들에게서 흔히 볼 수 있는 시간구조의 한 형태이다. 회사에서 동료와 함께 어떤 문제를 해결하는 것과 같은 것이 이에 해당된다.

⑤ 게임 : 겉으로 내어보이는 행동과는 달리 속으로는 숨은 의도와 동기를 갖고서 상호교
류하는 사람들에게 볼 수 있는 시간구조의 한 방법이다.

⑥ 친밀성 : 서로 신뢰롭고 애정어린 관계 속에서 솔직하고 개방적인 태도로 자신의 생
각, 감정, 경험등에 대해서 함께 나누어가질 수 있는 구조화의 방법이다.

3) 자세의 욕구

■ 주요 개념들

1. 인간관

1) TA이론은 인간은 자기의 현 상태와 과거의 계약을 초월할 능력이 있다고 주장하는 반결정
론적 철학에 뿌리를 둔다. 이것은 인간은 자신의 행동유형에서 벗어나서 새로운 목표와 행
동을 선택할 능력을 갖고 있다는 믿음에서 출발한다.

2) 자율성을 가진 존재

3) 변화 가능성을 지닌 존재

4) 긍정적 시각 ; "인간은 모두 왕자나 공주로 태어난다."

2. 자아상태

모든 사람은 세 가지 자아상태(ego state)로 그 인격을 이루고 이 세 개의 인격은 각각 분리
되어 특이한 행동의 원천이 된다고 보았다. 의사교류분석은 세 가지로 구분되는 행동 형태인
부모, 어른, 아동의 자아상태(P-A-C)로 묘사된다.

1) 자아상태의 분석

어버이 자아 (Parent ego)	ⓟ	NP	· 양육적 부모 자아(어머니) (nurturing parent: NP)
		CP	· 비판적 부모 자아(아버지) (critical parent: CP)
성인 자아 (Adult ego)	Ⓐ	-	
아동 자아 (Child ego)	ⓒ	FC	· 자연스런 아동 자아 (free child ego: FC)
		LP	· 작은 교수 자아 (little professor ego: LP)
		AC	· 적응된 아동 자아 (adapted child ego: AC)

가) 부모 자아

5세 이전 부모를 포함한 의미 있는 연장자들의 말이나 행동을 무비판적으로 받아들여 내면화시킨 것으로 독선적·비현실적·무조건적·금지적인 것이 행동들이 많다.

① NP – 양육적 어버이

부모가 자녀를 사랑하고 돌보는 등 자녀를 양육하는 말이나 행동이 그대로 내면화된 자아(어머니로부터 얻는다)로서, 구원적·보호적·위안적·배려적·동정적이어서 온화하고 부드러운 말투와 수용적이고 보호적인 자세가 강하다. 또한 남의 고통을 자신의 고통으로 여기는 면이 있다.

② CP – 비판적·통제적 어버이

어버이의 윤리, 도덕, 가치판단의 기준이 그대로 내면화된 자아(아버지로부터 얻는다)로서, 다른 사람의 권리를 고려치 않고 편견적, 봉건적, 비난적, 징벌적, 배타적인 말을 단정적·조소적·강압적·교훈적인 말투로 나타내는 경향이 강하다.

나) 성인 자아(어른자아)

현실적인 것을 위해 필요한 지식을 축적하고 그것을 합리적으로 이용하는 부분. 즉 진행 되고 있는 정보를 수집하는 인간의 객관적인 부분을 말한다. 감정이 아닌 사실에 입각해서 행동하기를 좋아하며(감정과 윤리 도덕적인 면은 배제), 외부와 개체내부의 모든 원천으로부터 정보를 수집·정리·분석하고 객관적·합리적·분석적·지성적·논리적·사실 평가적 경향이 강하다.

다) 아동 자아

인간 내에서 생득적으로 일어나는 모든 충동과 감정, 그리고 5세 이전에 경험한 외적 사태, 특히 부모와의 관계에서 경험한 감정과 그에 대한 반응양식이 내면화된 것으로 기능적인 면에서 자연스런 아동 자아(FC), 작은 교수 자아(LP), 적응된 아동 자아(AC)로 나누어진다.

① FC – 자연스런 아동

부모나 어른들의 반응에 영향 없이 내면에서 자연스레 일어나는 그대로 자신을 나타내며 천진난만, 순수성, 창조성, 자유분방, 멋대로 사는 경향이 강하다.

② LP – 작은 교수 자아

인간의 내부에 있는 재치 있는 작은 어린이의 모습을 나타내는 자아로 창의적·직관적·탐구적·조정적 기능을 가진 선천적 지혜를 갖고 있다.

*LP – 작은 교수 자아

성인 자아의 축소판이라 불리기도 하며 천재적 착상, 순발력, 조정력 등의 면이 강하다.

③ AC – 적응된 아동

부모나 권위의 관심을 얻기 위해 이들의 요청에 부응하려는 자연적 충동의 적응기능, 어른들에게 칭찬 받으려고 하는 행동들을 나타내며, 순응적·소극적·의존적·반항적 특징, 순종, 우등생 기질, 착한 모범생, 규범준수형, 권위복종형 등의 경향이 있다. 또한 고분고분한 순응적 자아와 반항적인 어린이 자아로 나눌 수 있으며 고분고분한 순응적 자아는 타인을 지나치게 의식하여 죄의식, 두려움, 부끄러움 등으로 특정 지워지며 반항적인 어린이 자아는 타인에 대해 화를 내는 것과 같은 행동을 보인다.

3. 명령과 초기 결정들

1) TA의 기본 개념의 하나는 명령이거나 또는 "하지 말라"는 것이다. 명령은 부모 자신의 고통들─분노, 불안, 좌절, 불행 등─로부터 부모의 내면에 있는 아동(Child)에 의해 그의 아동(child)에게 주어지는 메시지이다. 이 메시지들은 아동들에게 그들이 무엇을 해야 하며 무엇이 되어야 하는지를 말해준다.

2) 비록 이런 명령들 중의 어떤 것은 부모에 의해 자녀에게 언어적이거나 직접적인 방식으로 전달되기도 하나 부모의 행동으로부터 추론되는 경우가 더 많다. 기본 명령이라고 가정되는 것들을 목록은, "하지 말라", "태어나지 말았어야 한다.", "가까이 하지 말라", "중요하지 않다", "어린아이처럼 굴지 말라", "성장하지 말라", "성공하지 말라", "너처럼 되지 말았어야 한다", "건전해지지 말라 그리고 잘 되지 말라,", "소속되지 말라" 등이다.

3) 이런 초기 결정은 때로 보모에게 인정받으려는 욕구나 그들에게서 애무 받으려는 욕구, 또는 신체적·심리적 생존을 위한 욕구에서 동기화된다. 요점은 이런 명령들은 아동기의 어느 시점에서는 적절했을지 모르지만 성인기로 이해되기에는 부적절하다.

4. 애 무(Stroke) ─인정자극

TA에서 애무는 인지의 형태이다. 우리는 서로의 대화를 위해 이것들을 사용한다. 긍정적 애무는 "나는 너를 좋아한다"와 같이 말하는 것이며 따뜻한 신체적 애무, 수락하는 말들, 친밀한 몸짓 등으로 표현될 수도 있다.

상담이론

18강 교류분석적 상담이론(2)

학습목표	1. TA 이론에서 언급하는 '게임'의 의미 이해 2. 자세의 욕구(인생극본)의 유형 이해

학습내용	1. TA 이론에서 언급하는 '게임'의 의미와 게임을 하는 이유 등에 대해 학습한다. 2. 자세의 욕구(인생극본)의 유형과 TA 상담의 목적 등을 학습한다.

▢ 게임

1. 게임은 최소한 한 사람에게 나쁜 감정을 주고 끝내는 일련의 암시적 의사교류이다. 게임은 본래 친밀감을 방해하도록 고안된다. 이것은 처음의 결정을 지지할 목적에서 발달되며 개인의 인생극본(생을 위한 계획이나 또는 이 세상을 살아나가기 위해 어떻게 행동해야 하는가에 대한 결정)의 하나이다.

2. 게임(game)에서 의사거래에 관여하는 두 사람 모두, 혹은 최소한 한 사람에게는 좋지 않은 감정을 초래하는 의사거래의 한 형태이다.

3. 게임을 하는 이유

사람들이 불쾌한 결말감정을 가지면서도 게임을 하는 이유는 무엇일까?
① 생활시간을 구조화하는 수단이 된다.
② 애정이나 인정자극을 위한 수단이 된다.
③ 만성부정감정(racket)을 계속 유지하기 위해서이다.
④ 개인의 생활자세를 반복, 확인하기 위해서이다.

4. 게임을 그만 두려면

① 타인의 게임에 말려들고 있다고 느껴지는 순간 벗어나라.
② 자신의 게임을 인식하고, 그 게임을 중단하라.
③ 숨겨져 있는 보상을 주지 마라. 게임에 말려들지 마라.

④ 자신이 원하는 것을 청구하거나 상대가 원하는 참된 인정자극을 주라.

"당신이 아주 현명하니까 그것을 잘 해결할 수 있다고 나는 믿어요."

"너가 ~ 할 때 나는 ~라는 생각이 들어 나는 ~해진다(괴롭다). 그래서 나는 너가 ~하기를 원한다."

⑤ 시간을 건설적으로 구조화한다.

⑥ 게임을 한다고 상대에게 명명하지 마라.

5. 게임의 특징

① 게임은 깊숙한 곳에 참된 동기나 목적이 숨겨져 있다.

② 게임을 하고 있는 사람은 자신이 게임을 하고 있다는 것을 거의 의식하지 못한다. 만약 그것을 알고 한다면 그것은 계략이지 게임이 아니다.

③ 게임은 예측이 가능한 일정 과정을 거쳐서 결말에 이른다.

④ 게임은 두 사람 모두 또는 최소한 한 사람에게는 불쾌감을 가져온다.

6. 게임의 종류

번(1964)의 'Game People Play'나 언스트(Ernst, 1972)의 'Game students play' 등에 많은 게임이 소개되고 있다. 그중 가장 많이 활용되는 몇 가지를 소개한다.

① **일상생활 게임(Life Game)**

· 나를 차세요(Kick me): 규칙위반이나 처벌, 배척, 실패를 당하도록 스스로를 몰아감

· 흠 들추기(Now I've got you, son a bitch): 상대방 실수나 실패를 틈타서 그 때까지 참았던 분노를 폭발시킴.

② **결혼생활 게임(Marital Game)**

· 법정(Courtroom): 제3자를 끌어들여서 자신이 옳다는 것을 보증하는 게임.

· 냉감증(Frigid woman): 상대를 성적으로 흥분시켜 놓고 결정적인 순간에 퇴짜를 놓는 게임

③ **파티게임(Party Game)**

· 발뺌(Schlemiel): 잘못을 거듭하고서는 그 때마다 상대편의 용서를 얻는 게임으로 상대가 화를 내면 패한 사람으로, 참으면 인내력을 시험해 본 형식으로 게임을 즐김

· 예, 그러나(Why don't you-yes but): 상대편에게 해결책을 구하게 해 놓고서는 그것을 제시하면 일일이 반론을 제기하여 어느 것이나 실천할 것을 거부하고 드디어 상대편에 무력감을 맛보게 하려는 게임.

▣ 라켓(rackets) – 불쾌하고 쓰린 감정들

1. 게임 뒤에 맛보는 불쾌하고 쓰린 감정을 라켓(rackets)이라 부른다. 우리가 갖게 되는 이런 감정은 때로 부모와의 관계에서 경험하기도 한다. 이것은 또 우리가 어린아이처럼 행동했을 때 느끼는(우리가 받은 접촉으로부터)감정들이다.
2. 게임처럼 라켓도 초기 결정을 지원하며 개인의 인생극본의 기본이다. 사람은 주의를 좀 끌기 위해 불쾌하고 쓰린 감정, 위장된 죄의식 또는 위장된 우울한 감정을 발달시킬 수 있다. 이런 위장된 감정은 불쾌하고 쓰린 감정을 지속시켜 주는 상황을 자발적으로 선택함으로써 계속된다.

▣ 자세의 욕구

1. 인생극본, 인생시나리오, 생활각본(life script)

2. 연극에서 말하는 각본과 비슷하다. 이 세상을 무대로 본다면 인간의 삶도 어떤 각본에 따라 절정과 종말에 이른다는 것이 교류분석의 입장이다.

3. 인생극본의 형성
① 각본은 어린 시절의 결단에 기초한 삶의 계획이며 유아기에 형성된 무의식 또는 전의식적 생활계획이다.
② 생활각본의 형성은 자극의 욕구를 충족시키기 위한 각종 활동과 부모의 허용, 금지령, 초기 결정, 생활자세와 같은 자세의 욕구에 의해 결정된다.
③ 자신에 대한 타인의 '태도'에서 얻은 자신의 해석은, 주로 비언어적(긍정적 각본, 부정적 각본)으로 표현된다.
④ 자신에 대해 타인이 전해주는 말(message)에 대한 해석은 주로 언어로 이루어진다.

4. 인생극본의 종류
① **승리자 각본** : 스스로 자신의 인생목표를 정하고 전력을 다해 이를 성취하며 NP(양육적 어버이)의 가치관에 따라 살아갈 수 있는 사람
② **비승리자 각본** : 남과 같은 수준에 이르면 그것으로 만족하여 CP(비판적, 통제적 어버이)의 지시에 충실히 따르는 사람
③ **패배자 각본** : 인생의 목표를 달성하지 못하여 일이 잘못될 경우 그 책임을 남에게 전가하는 사람

*자세의 욕구(인생극본, 인생시나리오), 생활각본(life script)의 유형

인 생 극 본		행 동 성 향
자기부정 - 타인긍정 (I'm not O.K., You're OK)	헌신 패턴 (나이팅게일)	출생했을 때 관련. 타인과 친밀한 관계를 맺기 어려움, 열등감, 죄의식, 우울, 타인불신, 정도가 심하면 자살
자기부정 - 타인부정 (I'm not O.K., You're not OK)	갈등 패턴 (햄릿)	생후 1년 전후. 인생에 대해 무가치함, 허무감, 정신분열 증세, 자살이나 타살의 충동을 느낌, 일생동안 정신병원이나 교도소 출입
자기긍정 - 타인부정 (I'm O.K., You're not OK)	자기주장 패턴 (도날드 덕)	2~3세 경에 경험. 지배감, 우월감, 양심부재, 타인에 대한 불신, 독재자, 비행자, 범죄자에게 흔히 볼 수 있다. 자신의 잘못을 타인이나 사회에 돌려 자신을 희생당하고 박해받는 사람으로 여긴다.
자기긍정 - 타인긍정 (I'm O.K., You're OK)	원만 패턴 (보통)	가장 건강한 생활자세로 정신적, 신체적으로 건전, 사물을 건설적으로 대함. 타존재(他存在)의 의미를 충분히 인정하는 건설적인 인생관을 지닌 사람이 된다.

5. 여타 인생극본의 종류

1) 그 후(After) 각본
잠시 순조롭게 보내며 곧 재난이 있을 것으로 예측하면서 살아가는 인생, 시한부 행복과 관련된 각본

2) 몇 번이고(Over and Over) 각본
성공을 눈앞에 두고 실패를 되풀이하는 사람, "... 했으면 되었을 텐데"라는 말을 전형적으로 사용함.

3) 무계획(Open-Ended) 각본
P(부모)의 지시에 충실히 따라서 의무수행만을 목적으로 삶

◻ 상담의 목적과 목표

1. 목적

의사교류분석상담에서 상담의 목적은 개인이 자신의 삶에 대해 책임지고 스스로 지도할 수 있는 자율성(autonomy)을 갖도록 하는 것이다. 자율성을 갖기 위해서는 각성, 자발성, 친밀성이 중요하다고 보았다.
가) 각성(awareness) : 자기 자신의 양식으로 보고, 듣고, 접촉하고, 맛보고, 평가할 능력

나) 자발성(spontaneity) : 감정을 선택하고 표현할 수 있는 자유, 강박관념으로부터의 해방

다) 친밀성(intimacy) : 순수한 직관적 지각을 지니고 여기 지금에 살고 있는 오염되지 않는 아동자아의 자유, 숨김없이 남과 사랑을 나누고, 친숙한 관계를 맺을 수 있는 수용 능력

2. 목표

위의 목적, 즉 각성, 자발성, 친밀성을 유지하여 결국은 자율적인 인생극본을 갖도록 하는 의사교류분석상담의 목적을 달성하기 위한 구체적인 목표는 다음과 같다.

가) 혼합이 없이 성인 자아가 정상적으로 기능할 수 있도록 한다.

나) 배타가 없이 상황에 따라 P, A, C가 적절히 기능할 수 있도록 한다.

다) Racket을 각성시켜 게임에서 벗어나게 한다.

라) 초기결단 및 이에 근거한 생활각본을 새로운 결단에 근거한 자기긍정-타인긍정의 생활각본으로 바꾼다.

■ 상담자의 기능과 역할

1) 교사, 훈련가 그리고 깊이 관여하는 정보제공자로서의 역할

교사로서의 상담자는 구조적 분석, 의사교류분석, 극본분석 그리고 게임분석 같은 개념을 설명해 준다. 상담자는 또한 내담자가 자신의 초기 결정과 인생의 계획에 있어 과거의 불리한 조건을 발견하도록 도우며 다시 고려하고자 하는 전략들을 발달시키도록 돕는다.

2) 동반자로서의 역할

슈라이너와 같은 TA이론가들은 "동등한 관계"가 중요하다고 강조하였으며 상담자와 내담자는 상담가정에서 동반자의 위치에서 계약을 맺어야 한다고 지적하였다. 그리하여 상담자는 내담자가 제안하는 명료하고 특수한 계약의 구조에 자신의 지식을 투입한다.

3) 내담자가 변화에 필요한 도구를 얻도록 돕는 역할

상담자는 내담자가 상담자의 어른(Adult)에 의지하기보다 그 자신의 어른(Adult)에 의지하도록 격려하고 가르친다. 최근의 TA의 실제에서는 상담자의 주요 임무를 내담자가 어린 시절에 한 진부한 결정에 따라 살지 말고 현재에 적절한 결정을 함으로써 삶을 변화시킬 수 있는 자신이 내면적 능력을 발견하도록 돕는 것이라고 보고 있다.

■ 상담에서의 내담자의 경험

1) 상담계약을 기꺼이 이해하고 받아들이려는 내담자의 능력과 의지

상담계약에는 내담자가 해야 할 자세하고 구체적인 목표와 이 목표를 효과적으로 달성할 수

있는 방법과 시기를 결정하는 기준 등이 포함되어 있다. 상담자와 내담자는 계약에 나타난 자료에 초점을 맞추며 그렇게 함으로써 내담자는 그가 상담자에게 어떤 도움을 받으러 왔는지 명확히 인식하게 된다.

2) 능동적인 행위자로써 변화의 의지를 가진 내담자

계약에 명시된 목표를 수행하기 위해 내담자와 상담자는 상담과정과 일상생활을 위한 "과제"를 고안한다. 내담자는 새로운 행동양식을 실험하며, 그렇게 함으로써 자신이 옛날의 행동을 택할지 현재의 행동을 택할지 결정할 수 있게 된다. 상담이 성공하기 위해서는 직접 행동으로써 변화의 의지를 나타내고, 내담자는 바람직한 변화가 일어나도록 행동해야 한다.

상담자와 내담자 간의 관계

1) 상담자와 내담자 간의 어른 대 어른의 동의에 기초한 동등한 계약관계

계약이 없으면 상담은 목표도 없고 변화를 위한 개인적 책임도 고려하지 않은 채 목적 없이 방황하기 쉽다. TA의 계약적 접근법은 상담자와 내담자가 상담계약에서 상호 합의한 목표를 향해 함께 일한다는 것이다. 상담자는 수동적인 방관자의 역할을 하지 않으며 내담자도 수동적으로 물러앉아 상담자가 마술적 상담을 해주기를 기다리지 않는다.

2) 처치(treatment)에 초점을 둔 계약적 상담관계

내담자는 설정한 목표에 도달하기 위해 자신이 설정한 특수한 신념, 정서 그리고 행동을 스스로 결정한다고 쓰고 있다. 그래서 내담자는 지혜와 방법을 제공하는 상담자와 함께 계약의 성질을 결정하는 작업을 한다. 상담자는 내담자를 위해 상담계약을 지지하고 이 상담계약에 따라 작업한다.

3) 의사교류분석에서 계약의 의미

가) 상담자와 내담자는 서로 동료가 되어 같은 어휘와 개념을 공유한다.

나) 내담자는 상담기간 동안 완전하고 동등한 권리를 갖는다.

다) 계약은 상담자와 내담자 간의 지위의 차별을 줄여 주고 평등성을 강조해 준다.

19강 교류분석적 상담이론(3)

학습목표
1. TA 이론의 상담절차와 각종분석 이해
2. TA 이론의 상담기법과 이론의 공헌점 등 이해

학습내용
1. TA 이론의 6단계 상담절차에 대한 내용과 각단계별 분석내용을 학습한다.
2. TA 이론의 상담기법과 자아상태의 혼입과 배타에 대한 내용을 학습한다.

☐ 상담절차 및 각종 분석

1. 상담절차

계약 → 구조분석 → 교류분석 → 게임분석 → 생활각본분석 → 재결정

2. 각종 분석

1) 구조적 분석(structural analysis)

(1) 구조적 분석은 어떤 개인에게 내재해 있는 "부모(P)", "어른(A)", "아동(C)"이라는 자아상태의 내용과 기능을 인식하게 하는 도구이다. TA의 내담자는 자신의 자아상태들을 어떻게 확인해야 하는가를 배우게 된다.

(2) 구조분석은 내담자가 어쩔 수 없다고 느끼는 행동유형을 해결하는데 도움을 주며, 자기 행동의 기초가 되는 자아상태를 발견하게 해준다. 이런 지식을 갖고 개인은 자신이 무엇을 선택해야 할지 결정할 수 있게 된다.

(가) 혼입성과 배타성

자아 기능에 장애를 주는 대표적인 것으로는 혼합과 배타가 있다. 혼합은 부모 자아 또는 아동 자아가 성인 자아에 간섭하여 행하는 것이나, 느끼는 상태를 말하며, 이런 종류의 오염의 대표적인 것이 편견이나 맹신이다.

① 혼입성(contamination)

혼입성은 하나의 자아상태의 내용이 또 하나의 다른 자아상태와 혼합될 때 존재한다. "부모"나 "아동" 또는 그들이 "어른"의 자아상태의 영역 내에 침입하거나 "어른"의 명

석한 사고와 기능을 간섭한다. "부모"로부터의 혼입은 현실을 왜곡해서 지각하는 것을 포함한다. 이런 경우 혼입의 대표적인 것이 편견이나 맹신으로 나타난다.

　a. 부모가 혼입된 것을 반영하는 진술의 예

　　"너는 다른 종류의 사람들과 섞이지 말라", "** 나라사람들을 믿지 말라", "기계를 잘 지켜라. 그것들은 매번 너를 속일 것이다", "10대들에게 의존하지 말라" 등이다.

　b. 아동이 혼입된 것을 반영하는 진술의 예

　　"모두가 다 나를 괴롭히고 있어. 아무도 날 정당하게 대접해 주지를 않아",

　　"내가 원하는 것을 지금 당장 얻어야 해", "누가 나를 친구로 삼고 싶어 할까?" 등이다.

② 배타성(exclusion)

　배타는 세 가지 자아상태의 하나만으로 자신을 너무 장기간 지나치게 지배하면 그 사람은 완전한 전체적인 자신 대신에 부모이든, 항상 성인이든가, 항상 아동이든가로 되고 마는 상태, 즉 자아상태의 경계가 경직되어 심적 에너지의 자유로운 이동이 거의 불가능한 상태를 말한다.

　a. "어른"과 "아동"이 제외된 "완고한 부모"

　　전형적으로 의무에 충실한 과업지향적인 사람에게서 발견될 수 있다. 그런 사람들은 다른 사람들에 대해 비판적이고 도덕적이며 요구적이며, 업무충실형이어서 일에 얽매여 쉬지도 않으며, 때로 지배적이고 권위적인 태도로 행동할 것이다.

　b. "어른"과 "부모"가 배제된 "완고한 아동"

　　이들은 의식하지 않고 반사회적 행동을 한다. "완고한 아동"에 의해 움직이는 사람들은 성장을 거부하는 영원한 어린이와 같다. 그들은 자신을 위해 생각하거나 결정하지 않고 대신에 자신의 행동에 책임에서 벗어나기 위해 의존적으로 남아서 누군가가 자기를 돌보아 주길 바란다.

　c. "부모"와 "아동"이 배제된 "완고한 어른"

　　이들은 대상적이고 객관적이다. 사실에 관여하고 관심을 가지며 감정이나 자발성이 없는 로봇처럼 보이는 사람들이다.

(나) 자아상태의 객관적 흐름 - Egogram

　Bern의 직계 제자인 Dusay는 자아상태의 개개가 방출하고 있다고 생각되는 에너지의 양을 눈으로 보이는 기호로 써서 나타내는 것을 생각하여 아래와 같이 그래프로 나타냈다. Egogram은 성격구조를 P, A, C를 사용하여 자기분석을 해나가는 것이다. 그 목적은 자기의 성격의 불균형을 발견하는 것이다.

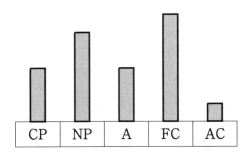

2) 의사교류분석(transactional analysis)
  (1) 의사교류분석은 기본적으로 사람들이 자신과 다른 사람에게 무엇을 하며 무슨 말을 하는
      가를 묘사하는 것이다. 사람들 사이에서 일어난 것은 무엇이든지 그들 자아상태의 의사
      교류를 포함한다. 즉 메시지가 전달되면 반응이 기대된다. 의사교류에는 세 유형이 있다.
      상호보완적(complementary), 교차적(crossed) 그리고 암시적(ulterior)유형이 있다.
  (2) 의사교류분석의 유형 – 3가지 교류유형
    가) **상호보완적 교류**
        교류의 자극과 반응(의사소통의 통로)이 평행을 이루는 유형으로 바람직한 인간관계
        를 형성하는 교류이다.
    나) **교차적 교류**
        의사소통의 방향이 평행이 아닐 때, 의사소통의 단절을 느끼게 하며 성실성이 없거나
        바람직하지 못한 인간관계를 형성할 수 있다. 때론 교차적 교류이지만 교차되지 않고
        평행할 경우도 있다.
    다) **암시적 교류**
        상호작용에 관계되는 자아상태가 바깥으로 나타나 보이는 것과 실제로 기능 작용하고
        있는 자아가 다르며 한 가지 자극을 가지고 두 가지 사실을 동시에 의미하는 교류형태
        이다. 또한 표출된 메시지와 실제로 작용하는 내용이 다르고 엉큼한 성격, 속임수가
        개입, 위장된 의사소통을 말한다.

3) 게임과 라켓(rackets:만성부정감정)의 분석
  (1) **게임의 분석**
      번(1964)은 게임을 "분명하게 정의된, 예견할 수 있는 결과를 향하는 일련의 보충적인
      이면적 의사교류"라고 기술하고 있다. 대부분의 게임에서 참가자는 "나쁜" 감정을 갖고
      끝을 맺게 되는데, 이때 왜 게임이 이루어지는지, 게임의 결과가 무엇인지, 어떤 접촉을
      받았는지 그리고 이런 게임들이 어떻게 거리를 주거나 친밀성을 방해하는지를 관찰하고
      이해하는 것이 중요하다. 개인의 라켓을 이해하고 이 라켓이 그의 게임, 결정 그리고 인

생극본에 어떻게 관련되는지를 이해하는 것은 TA상담에서 중요한 과정이다.

  ** 게임이란 숨겨져 있는 무의식적 동기를 갖고 있는 세련된 보상행동을 목적으로 하는 암시적, 이중적 교류를 말한다.

  ** 게임의 하는 이유
    – 생활시간의 구조화
    – 인정자극 획득수단
    – 라켓의 유지
    – 생활자세를 반복하고 이를 확인하기 위해서

(2) 라켓의 분석

  – 라켓은 개인이 자신의 인생극본과 결정을 정당화하기 위해 사용하는 여러 가지 감정들로 구성되며, 사람은 분노라켓, 상처라켓, 죄책감 라켓, 저기압 라켓과 같은 상태들을 일으킬 수 있다. 거부당했다거나 분노, 우울, 버려짐, 죄의식 등을 느끼기 위해 다른 사람을 귀찮게 하거나 구원하는 방법으로 낡은 감정들을 수집하기도 한다.

  – 라켓은 일차적으로 어떤 사람을 실세계로부터 가려주는 방법이기 때문에 다른 사람을 조작하는 데 있어 게임처럼 중요하다. 상담자는 라켓으로서 사용되는 분노, 눈물, 두려움과 진실한 감정의 표현 등을 구별할 수 있는 능력을 가져야 한다.

4) 극본(각본)분석(script analysis)

  (1) 개인의 자율성의 결여는 대개 자신의 인생극본, 즉 어린 시절에 결정된 인생계획에 자신을 위임하는데서 비롯되는데 인생극본의 중요한 면은 개인으로 하여금 그것을 연기하도록 강요하는 특성을 갖는다는 것이다.

  (2) 극본분석은 내담자가 따르는 인생 유형을 확인해 주는 상담과정이다. 이것은 내담자에게 그가 어떤 극본을 얻으며 극본대로 움직이는 자신의 행동을 어떻게 정당화하는지를 보여준다. 내담자가 자신의 인생극본을 자각하게 되면 그는 계획을 바꾸는 데 필요한 어떤 것을 하려고 한다. 자각을 통해 개인은 자신이 초기 극본의 희생자로서 경멸받아야 할 존재가 아님을 알게 되며 재결정이 가능해진다.

  (3) 극본분석은 극본점검표에 의해 수행될 수 있다. 극본점검표는 인생의 위치, 라켓, 그리고 게임에 관련된 문항들로 구성되는데 이것들은 모두 개인의 인생극본에 핵심적인 기능을 하는 요소들이다.

5) 재결정

  (1) 일단 초기 결정이 내려진다고 해서 그것들이 바뀔 수 없는 것은 아니다. 그들의 관점에서 보면 우리는 삶을 지시하는 초기 결정에 협동해서 적절한 새로운 결정을 현재 할 수 있고 그것이 우리로 하여금 새로운 삶을 경험하게 해준다고 할 수 있다.

(2) 상담자와 함께 재결정의 과정을 작업하면서 이런 결정이 만들어진 아동기의 장면으로 돌아간다. 아동자아상태로부터 새로운 결정을 촉진시키는 작업을 한다. 그래서 내담자로 하여금 과거의 상황을 정서적으로 재 경험하게 하고 인지적으로 뿐만 아니라 정서적으로 새로운 결정을 하게 해야 한다.

(3) 재결정의 과정은 끝이라기보다 시작이다. 재결정 후에 개인은 다른 방식으로 생각하고 행동하고 느끼게 된다. 그는 자신의 자율적인 능력을 발견할 수 있게 되고 자유와 기쁨과 힘의 감각을 경험할 수 있게 된다.

📖 상담의 기법

1. 빈 의자(empty chair)

빈 의자 기법은 구조분석에서 자주 사용하는 절차이다. 예를 들어, 자기의 상관(부모자아상태)과 일하는 데 있어 어려움을 겪고 있는 내담자로 하여금 자기 앞에 놓인 의자에 앉은 어떤 사람과 이야기를 한다고 상상하도록 요구받는다. 이 과정은 내담자가 자아상태의 역할들과 관련된 여러 가지 생각, 감정, 태도 등을 표현하도록 해준다. 이런 경우에 내담자는 부모자아상태뿐만 아니라 상상된 상태에 관련된 어떤 특성을 지닌 다른 두 자아상태에 대해 그의 자각을 명확히 할 수 있다. 빈 의자 게임은 어떤 결정에 대해 보다 예리한 초점과 확고한 자각을 얻고자 하는 내적 갈등을 지닌 사람들에게 유효한 기법이다.

2. 역할연기(role playing)

교류분석의 절차는 역할연기의 기법을 유효하게 결합시킬 수 있다. 집단상담에서는 역할연기 상황에서 다른 구성원을 참여시킬 수 있다. 집단의 다른 사람은 문제를 가진 내담자의 자아상태가 되며 내담자는 그 사람과 이야기한다. 또한 구성원들이 사회에서 해보고 싶은 어떤 행동을 다른 구성원과 재연해 볼 수 있다. 또 다른 가능성은 내담자가 집단에서 그의 현재행동에 대한 반응을 얻을 수 있도록 하기 위해 "완고한 부모", "완고한 어른". "완고한 아동"의 성격 유형을 과장하는 것이다.

3. 가족모델링(family modeling)

가족모델링은 구조분석의 또 다른 접근법으로 특히 "완고한 부모", "완고한 어른". "완고한 아동"의 상황에서 작업할 때 유용하다. 내담자는 자신을 포함해서 가능한 한 많은 과거의 중요한 타인들을 상상하도록 요구받는다. 내담자는 무대감독도 되고 연출가도 되며 배우도 된다. 그는 상황을 설정하고 가족구성원의 대치물로서 집단구성원을 쓴다. 내담자는 그들을 그가 기억하는 상황 속에서 배치한다. 이런 연출 다음에 따르는 토의 활동, 평가는 특별한 상황에 대한 자각을 높여 주고 내담자가 갖고 있던 개인적 의미에 대한 자각을 높여준다.

4. 카프만의 극(드라마)삼각형(drama triangle)

(1) 카프만(Karpman)은 무대에서 연극배우가 교체되는 것과 같이 게임에서도 연출간에 극적 인 역할교체가 일어난다고 하면서 드라마 삼각형을 제시하였다. 드라마 삼각형은 P(persecutor:가해자), V(victim:희생자), R(rescuer:구제자)의 세 가지 역할로 구성된다.

(2) 가해자(P)는 인간관계에서 주도권을 쥐고 있는 자로서 상대를 억압 또는 지시하며 주로 CP가 기능한다.

(3) 희생자(V)는 인간관계에서 희생되는 자, 주로 AC가 기능한다.

(4) 구제자(R)는 희생자를 구제하거나 가해자를 지지, 가해자와 희생자를 화해시키거나 관대 한 태도를 취한다. 주로 NP가 기능한다.

■ 공헌 및 제한점

1. 공헌

1) 대인관계에 있어 의사소통의 질을 개선할 수 있는 구체적인 방안을 제시했다. 이는 친밀한 관계를 형성할 수 있는 구체적인 방안을 제시했다는 점이다.

2) 효율적인 부모가 될 수 있는 길을 제시했다. 스트로크, 금지령들의 문제점과 초기 결단에 미치는 악영향, 암시적 의사거래의 문제점을 분명히 제시했기 때문에 부모가 보다 효과적 으로 자녀와 대화할 수 있는 길을 제시했다.

3) 상담자와 형식적인 상담을 제시하지 않고 내담자 스스로 자신을 변화시킬 수 있는 방법을 제시했다. TA의 내용이 구체적이어서 혼자서도 자신을 이해하고 분석하여 보다 자율적이 인간이 될 수 있는 방안을 제시해 주고 있다.

4) 상담자 내담자의 계약을 중시했다. 다른 상담에서 볼 수 없는 계약을 통해 상담자와 내담자 간의 자유와 책임을 분명히 해 주었다.

5) 자신의 상담기술만을 고집하지 않고 형태주의 상담기술 등을 차용하여 상담 목적을 달성할 수 도 있음을 제시한다.

2. 제한점 또는 비판

1) TA의 주요 개념을 포함한 많은 개념이 인지적이므로 지적 능력이 낮은 내담자의 경우 부적 절할 수도 있다는 점이다.

2) TA의 주요 개념이 창의적인 면도 있지만 추상적이어서 실제적용에 어려움이 많다.(용어가 많고 그 의미가 모호, 용어설명이 다양)

3) TA의 주요 개념에 대한 실증적 연구도 있었지만 아직은 그러한 개념들이 과학적인 증거로 제시되었다고 보기엔 어렵다.

상담이론

20강 행동주의 상담이론(1)

학습목표	1. 행동주의 상담이론의 개념과 주요용어 이해 2. 고전적 조건화 이론에 대한 이해

학습내용	1. 행동주의 상담이론의 의의와 인간관, 이론적 변천에 대한 내용을 학습한다. 2. 고전적 조건화 이론과 관련 학자들의 이론을 학습한다.

☐ 행동주의(과학) 상담이론

1. 의의

1) 행동치료상담(행동학습이론)은 개인의 인지적 영역을 강조하며 내담자가 그의 행동을 한 단계씩 변화시켜 나가도록 돕는 다양한 행동지향적인 방법들을 제공해 준다.

2) 행동수정이나 행동치료는

① 그 기술(description)과 이론에서 심리학적 연구의 실험적 발견에 의존하는 광범위하게 정의된 임상절차를 사용하는 것

② 객관적이고 측정 가능한 결과를 바탕으로 임상적 자료를 경험하고 분석적으로 접근하는 것(Craighead, Kazdin, & Mahoney, 1976)으로 정의된다.

3) 행동수정에 대한 또 다른 정의는 "개인적, 사회적 문제를 해결하고 인간기능을 증대시키고자 하는 실험심리학의 기본적 연구와 이론을 적용하는 것"이다.

4) 행동주의는 인간에게서 관찰될 수 있는 행동에 초점을 두고 인간을 연구, 설명하는 입장으로 기본적인 가정은 학습이 행동의 강화라는 것이고, 학습은 자극과 반응의 결합에 의해 일어난다고 본다. 행동주의 상담은 심리학의 대상을 의식에 두지 않고 사람 및 동물의 객관적 행동에 두는 입장으로 자기의 의식 현상을 의도적, 계획적으로 관찰하는 일을 배척하고 오직 자극과 반응의 관계, 그리고 그 관계로 구성되는 체계만을 다룬다. 1913년 J. B. 왓슨이 주장한 미국 심리학의 중요한 조류가 되어 오늘날에 이른다.

2. 행동주의 상담이론은 인간의 행동이 자연현상과 마찬가지로 일정한 법칙성을 지니고 있다고 가정함. – "과학"이란 용어의 근거

▨ 주요 개념들

1. 인간본성에 대한 관점

1) 초기의 인간관

초기의 행동주의자들은 과학적 법칙성에 의해 인간의 행동을 설명할 수 있다고 보았다. 즉, 초기의 인간관은 주로 환경에 반응하는 수동적인 것이었으며, 기계론적이고 결정론적인 입장이었다. 행동주의에 있어 비교적 초기의 인간관을 대변하고 볼 수 있는 Hosford의 인간관을 요약해 보면 다음과 같다.

가) 인간은 좋지도(good) 나쁘지도(bad) 않은 상태로 이 세상에 태어났다.

나) 인간은 환경의 자극에 대해 반응하는 유기체이다.

다) 인간의 행동은 유전과 환경의 상호작용에 의해 형성된다.

라) 인간의 행동은 학습된 부정적 혹은 긍정적 습관으로 구성된다.

마) 인간의 행동은 생활환경이 제공하는 강화의 형태와 그 빈도에 의해 결정된다.

2) 1070년 이후의 인간관

시간이 지남에 따라 행동주의자들 중에서 인간의 자유와 의지적 선택을 강조하는 경향이 늘어났다. 행동주의적 접근에 있어 1970년대 초반의 행동주의자였던 밴듀라(Bandura)의 인간관을 요약해 보면 다음과 같다.

가) 인간의 행동은 부분적으로나마 환경을 창조할 수 있고 환경도 인간의 행동에 영향을 미칠 수 있다.

나) 인간은 자기를 조절(regulation)할 수 있는 능력이 있다.

다) 환경에 영향을 줄 수도 있고 받을 수도 있는 인간은 자기를 지도할 수 있는 능력이 있다.

이렇게 볼 때, 행동주의적 접근에서의 인간관은, 항상 환경에 의해 영향을 받기만 하는 수동적 입장의 기계론적이고 결정론적인 데서, 환경에 영향을 줄 수도 있다는 면이 강조되면서, 인간의 자유와 의지적 선택을 중심으로 한 인간의 능동적인 측면이 강조되는 경향으로 나아가고 있다.

특히, 최근에는 이 접근에서 자기지도(self-direction), 자기관리(self-management), 자기통제(self-control)등의 개념이 나오면서 인간의 새로운 측면이 강조되고 있다. 즉, 인간은 자신의 행동을 스스로 수정할 수 있는 능력이 있다는 점이 강조되고 있다. 이렇게 볼 때, 행동주의적 접근의 인간관은, 기계론적이고 결정론적인 데서 인본주의적인 인간관으로 변모해가고 있다고 볼 수 있다.

2. 기본 특성과 가정

행동주의 접근법은 매우 다양하므로 일련의 동의된 가정이나 전 영역에 적용할 수 있는 특성을 열거하기가 어렵다. 다음에 열거한 특성들은 비록 전체 영역에 모두 공통적인 것은 아니지만 행동적 접근법에 가장 폭넓게 적용되는 특성들이다.

① 이 상담법들은 개인사적인 결정인자들에 반대하는 것으로 현재 개인의 행동에 영향을 주는 것들에 초점을 둔다.

② 이 상담법들은 상담에서 평가되어야 할 주요 준거로서 개인의 겉으로 나타나는 행동을 관찰할 것을 강조한다.

③ 이 상담법들은 가능한 하나의 행동을 묘사할 수 있는 구체적이고 객관적인 용어로서 상담목표를 구체화한다.

④ 이 상담법들은 처치와 특수 상담기법들에 대한 가정의 근원으로서 기초적인 실험연구에 의존한다.

⑤ 상담에서의 핵심문제를 특수하게 정의함으로써 처치와 평가가 가능해진다.

행동적 접근의 기본 가정은 상담에서 다루어야 할 장애들은 실험심리학의 관점에서 이해되어야 한다는 것이다. 다양한 심리학적 실험에서 도출된 원리들은 행동변화를 목표로 하는 임상의 실제에 적용될 수 있다.

3. 행동의 변화에 대한 견해

1) 모든 행동들은 학습된 것이라는 학습이론에 근거하여 행동변화를 설명한다. 행동주의적 접근은 행동주의적 접근을 취하는 대부분의 학자들은 수정이 가능한 행동에 초점을 두고 있기 때문에, 성격의 구조나 역동성 등 비교적 지속적인 행동 특징들에 대해서는 별로 관심을 갖고 있지 않다.

2) 행동의 변화를 성격의 구조에 의해서라기보다도 유전적 기초 위에 자극, 반응, 반응의 결과, 그리고 인지구조의 상호관계에 의해 설명하고 있다. 즉, 학습이론을 통해 행동의 변화를 설명하려고 한다. 따라서 신경증적인 행동을 포함한 모든 행동은 학습된 것으로 본다. 즉, 비정상적 행동과 정상적 행동은 똑같은 학습 원리에 의해 학습된다고 가정한다.

▨ 발달 배경 및 주요 이론들

행동적 접근법은 1950년대에 시작해서 1960년대 초반에는 당시에 지배적이던 정신분석적 관점에서 급속히 분리되었다. 행동주의 운동을 역사적으로 간략히 묘사해 보면 세 가지 중요한 발달의 영역을 포함하고 있다. 고전적 조건화, 조작적 조건화, 인지적 치료가 그것이다. 오늘날은 우리가 알다시피 이 접근법은 매우 다양하다.

1. 고전적 조건화(classical conditioning)

가) 이론적 배경

1950년대 볼페(Wolpe)와 남아연방의 라자러스(Lazarus)그리고 영국의 아이젱크(Eysenck)는 임상장면에서 공포증을 처치하기 위해 동물을 대상으로 한 실험적 연구에서 나온 결과를 사용하기 시작하였다. 그들은 헐(Hull)의 학습이론과 파블로프(Pavlov)의 조건화에 기초해서 연구를 하였다. 이 선구자들의 연구의 주요 특성은 실험적 분석과 치료과정의 평가에 초점을 둔 것이었다. 볼페는 체계적 둔감법이라는 기법을 발달시켰는데, 이것은 실험적인 연구의 결과에서 나온 학습원리가 어떻게 임상적으로 적용될 수 있는지를 보여 준다.

나) Pavlov의 개실험과 고전적 조건화

Pavlov의 개실험이란 우선 개를 묶어놓고 음식을 개의 입에 넣어주면 개는 타액분비를 시작한다. 이때 실험자는 종을 울린다. 이런 절차를 약 50~60회 반복하면 개는 음식을 주지 않고 종소리만 울려도 타액을 분비하게 된다. 이 실험에서 음식은 타액분비라는 무조건적 반응을 하는 무조건적 자극이다. 또 종소리는 원래 타액분비와는 관계가 없는 중성자극이었으나 개가 조건화됨으로써 무조건적 자극뿐 아니라 중성자극에도 반응을 보이게 된다. 이와 같이 고전적 조건화는 중성자극을 일차적 유발자극과 교차시켜 유기체에 투입함으로써 중성자극에도 특정반응을 유발시키는 힘을 형성하는 과정이다. 즉 행동을 유발하는 힘이 없는 중성자극에 반응유발능력을 불어넣어 조건자극으로 변화시키는 과정이 고전적 조건화이다.

다) 반응적 행동

고전적 조건화는 어떤 자극에 유기체가 자동적으로 또는 수동적으로 어떤 반응을 일으키게 만드는 속성 때문에 반응적 조건화라고도 불리며, 이렇게 조건화에 의해 형성된 행동을 반응적 행동이라 한다. 즉, 반응적 행동은 인간 유기체가 특정 자극에 대해 자동적으로 반응을 보이는 것을 의미한다. 타액분비, 눈물, 재채기, 수업시간에 교수가 질문을 하면 초조해 하는 행동 등을 예로 들 수 있다.

라) 고전적 조건형성의 주요 개념

① 소거(extinction)

일단 조건형성이 되었더라도 무조건자극 없이 조건자극만 계속 주게 되면 조건반응이 일어나지 않는다. 이렇게 조건자극을 주어도 조건반응이 더 이상 일어나지 않은 것이 소거이다.

② 자극 일반화(stimulus generalization)

조건형성이 되었을 때의 조건자극과 비슷한 자극에도 조건반응이 일어나는 것을 말한다.

③ **자극 변별**(stimulus discrimination)

조건 형성 과정에서 조건 자극에만 고기를 주고 그 외의 자극에는 고기를 주지 않을 때 조건 자극과 다른 자극을 변별할 수 있게 된다.

마) Pavlov 의 조건형성의 법칙

Pavlov의 모든 학습 개념이 상담에 활용되고 있지만 특히 내부 및 외부 제지의 법칙은 Wolpe의 상호제지기법에 영향을 주어서 상담기술에 많이 활용되고 있다.

① **내부 제지의 법칙**(low of internal inhibition)

조건 형성이 이루어지고 나서 무조건 자극을 제시하지 않고 계속해서 조건자극만을 제시하면, 이미 확립된 조건 반응이 일어나지 않는데, 이것을 내부 제지의 법칙이라 한다.

② **외부 제지의 법칙**(low of external inhibition)

조건형성이 확립된 후 조건자극과 함께 새로운 방해 자극을 제시하면 조건반응의 크기가 줄어든다. 또 잘 소거된 조건반응도 일정 기간이 지나서 조건자극을 제시하면 무시하지 못할 정도의 조건반응이 나타난다. 즉 새로운 외부 자극은 잘 확립된 조건반응의 양을 줄이거나, 잘 소거된 조건반응의 양을 늘리는데 크게 작용한다.

바) 상호제지기법

- 볼페(Wolpe)에 의해 체계화된 개념이다. 한 반응의 유발이 동시에 일어날 다른 반응의 강도를 감소시키게 되는 것을 말하며, 볼페는 체계적 둔감법을 발달시켰다.
- 한 반응의 유발이 동시에 일어날 다른 반응의 강도를 감소시키게 되는 것

▨ Hull의 학습이론

1. 반응성 제지

Hull은 16가지의 공리를 통해 학습이론을 설명하고 있다. 반응도 하나의 작업이기 때문에 반응을 계속하면 피로를 가져오게 된다. 즉, 우리가 어떤 반응이나 행동을 계속 반복하면 생리적 피로나 심리적으로 싫증이 일어나게 되는데, 이 때 발생하는 피로나 싫증이 그 반응이나 행동을 제지하는 요인이 된다. 이러한 제지를 반응성 제지(reactive inhibition)라고 한다.

2. 조건성 제지

상담과 관련지어 이야기한다면 피로나 권태가 하나의 혐오자극이 되기 때문에, 이를 피하기 위해 반응을 보이지 않음으로써 어떤 행동이나 반응이 제지되는 것이다. 이를 조건성 제지(conditioned inhibition)라고 한다.

■ Guthrie의 학습이론

그의 이론 중 "습관을 깨뜨리는 법칙"과 "연습은 수행을 향상시킨다"라는 이론이 특히 상담과 깊은 관계가 있다. 다음은 습관을 깨뜨리는 방법들에 대한 설명이다.

가) 식역법

점근법을 사용하여 체계적 과민성 제거를 비롯한 많은 상담 기술의 기본개념이 되었다.

나) 피로법

야생마를 길들이는 것을 예로 하자면, 야생마에게 말안장을 얹고 탈 때, 말이 반항하더라도 내리지 않는다. 그렇게 시간이 흐르다보면, 말은 조용하게 반응할 것이다. 그 다음부터는 말안장을 얹어 말을 타더라고 말은 조용하게 반응할 것이다. 이러한 방법은 부의 연습을 비롯한 상담의 여러 가지 기술에 활용되고 있다.

다) 양립불가능 반응법

하나의 기술은 많은 행위로 이루어져 있고, 행위는 많은 동작으로 이루어져 있다. 그 기술에 필요한 모든 결합이 이루어지기 위해서는 많은 시간과 연습이 필요한 것이다.

행동주의 상담이론(2)

학습목표
1. 조작적 조건화의 내용이해
2. 행동주의 상담이론의 인지적 경향 이해

학습내용
1. 조작적 조건화와 '강화&벌'에 의한 적용기법 등을 학습한다.
2. 행동주의 상담이론의 인지적 경향과 반두라 이론을 학습한다.

🔲 조작적 조건화(operant conditioning)

1. 스키너 상자 실험과 조작적 조건화

1) 스키너 상자란 동물실험을 위한 조종장치로서 쥐나 다른 동물이 먹이를 얻기 위해 지렛대를 누르도록 훈련시키는 장치이다. 스키너 상자에 24시간 굶주린 쥐를 넣으면 처음에 쥐는 새로운 환경탐색을 위해 이리저리 돌아다니며 여러 가지 행동을 한다. 쥐는 이러한 탐구활동을 하다가 우연히 지렛대를 누르게 되며 그러면 작은 음식덩어리가 자동적으로 접시에 나오게 된다.

2) 지렛대를 누르는 행동은 처음엔 먹이 찾는 행동과 무관하게 우연히 일어난 사건으로 간주될 수 있으나 24시간 먹이를 주지 않는다면 쥐는 실험상황에서 지렛대를 건드리는 반응을 일으킬 가능성이 더 높아질 수 있다. 이 때 실험상자는 쥐가 지렛대를 누를 때마다 음식접시에 먹이를 준다. 그러면 쥐는 지렛대 근처에 있는 시간이 많아지며 지렛대를 누르는 횟수도 많아진다.

3) 이렇게 조작적인 조건하에서 쥐의 행동은 강화(음식)을 산출한다는 점에서 도구적 행동(즉 환경을 조작한다)이 된다.

4) 스키너는 이렇게 자극이나 특수한 조건에 의해 어떤 반응이 유발되는가에 대한 분석을 실시하여 행동의 원인과 결과를 발견하고 행동의 원인인 자극을 조정함으로써 그 결과인 반응을 통제할 수 있다는 조작적 조건화의 원리를 주장하였다.

2. 조작적 행동

스키너 상자 실험과 같이 조작적 조건을 주어서 습득하게 된 행동을 조작적 행동이라 한다.

3. 변별자극(식별자극)

특정한 반응이 보상되거나 보상되지 않을 것이란 단서 혹은 신호로 작용하는 자극을 말한다. 즉, 어떤 행동이나 반응을 보여야 바람직한 결과를 얻을 수 있는지를 알려주는 신호이다. 변별자극은 바람직한 결과 또는 덜 위협적 결과를 성취하기 위해 어떠한 행동을 선택해야 할지를 알려주는 기능을 한다. 어머니의 찡그린 얼굴은 애교를 주리거나 좋은 성적을 갖다주어야만 칭찬을 받을 수 있다는 것을 알려주는 신호가 된다.

4. 강화와 벌

① 강화

특정 행동에 뒤따르는 결과 중에서 행동재현 가능성을 높여주는 것이다.

a. 긍정적 강화

즐거운 결과를 낳게 하여 행동의 빈도를 증가시키는 강화를 말하며, 어머니가 자녀에게 매일 침대에서 잠을 자면 일주일에 한번씩 영화구경을 시켜주겠다고 했을 때 그 아이가 자기 침대에서 자는 경우가 많아지는 경우를 들 수 있다. 이 때 영화구경을 시켜주겠다고 하는 것은 그 아이에게 매일 침대에서 자게 하는 좋은 결과를 낳은 것으로서 긍정적 강화라고 할 수 있다.

b. 부(정)적 강화

혐오적 결과를 제거하여 행동의 빈도를 증가시키는 강화를 말한다. 어머니가 아이에게 침대에서 자라는 잔소리를 하지 않게 되면 자기 침대에 가서 자는 경우가 많아지는 것을 들 수 있다. 이 때 잔소리를 하지 않은 것은 혐오적 결과를 제거하여 침대에서 자는 행동을 증가시킨 것으로 부적 강화라고 할 수 있다.

② 벌

특정행동에 뒤따르는 결과중에서 행동재현 가능성을 낮추는 것을 말한다.

a. 혐오적 자극의 제시

혐오적인 자극을 제시함으로 행동재현 가능성을 낮추는 것이다. 적색신호등에 정지하지 않은 사람에게 범칙금을 부과한다는 혐오적 자극을 제시함으로 교통위반 빈도를 줄이는 것이다.

b. 유쾌한 자극의 철회

유쾌한 자극을 철회시킴으로 행동재현 가능성을 낮추는 것이다. 수업시간에 다른 아이들이 바깥에서 신나게 놀고 있을 때 아이에게 떠든 이유로 교실에 남아있게 하면, 그 아이는 수업시간에 소란스러운 행동을 멈춘다는 것이다.

c. 소거

벌은 가하는 사람에게 공격적 행동을 하게 만들거나 나쁜 감정을 갖게 할 수 있으므로 이 방법보다 행동의 빈도를 줄일 수 있는 또 다른 방법이 소거이다. 학급에서 바보처럼 행동하는 아동에게 선생님과 다른 학생들은 그 아이의 우스꽝스러운 행동에 관심을 기울이지 않기로 약속하면 그 아동은 처음에는 우스꽝스러운 행동을 하다가 결국은 그런 행동을 중단하게 되는 것이다.

③ 강화계획

행동증가를 목적으로 사용하는 강화물을 제시하는 빈도를 말한다. 강화계획은 강화간격과 강화비율이라는 두가지 기준에 따라 구분할 수 있다. 연속적 강화계획은 행동이 일어날 때마다 강화물을 제시하는 것이며, 고정간격 강화계획은 정해진 시간안에 강화를 하는 것이다. 간헐적 강화는 예측할 수 없는 시간간격으로 강화를 하는 것이며 고정비율 강화계획은 특정한 수의 반응이 일어날 때만 강화를 하는 것이다. 가변비율 강화계획은 평균적으로 정해진 어떤 수의 반응이 일어난 후 강화를 하는 것이다.

④ 이차적 강화물

일차적 강화물과 계속 짝지어진 중립적 자극은 그 자체가 강화물이 되는데, 이게 이차적 강화물이다. 강화물인 음식과 함께 보여주는 미소, 칭찬 등이 있다. 특히 유아에게 있어 어머니는 1차적 보살핌(기저귀 갈기 등)과 함께 미소, 칭찬을 해 주므로 이차적 강화물이라 할 수 있다.

5. 행동조성

인간행동의 대부분은 점진적으로 학습되는데 이를 행동에 대한 점진적 접근이라 하고 이 대표적인 개념으로 행동조성을 들 수 있다. 행동조성은 복잡한 행동이나 기술을 학습시키는데 유용한 방법으로 기대하는 반응이나 행동을 학습하도록 기대에 부응하는 행동에 대해 강화를 함으로써 행동을 점진적으로 만들어 가는 것을 말한다. 유아에게 대소변가리기 행동을 하기 위해 먼저 응아하는 말로 배변욕구 표현행동을 조성하고 그 다음으로 바지내리기, 변기앉기, 배설하기, 물내리기로 차례로 행하게 하여 행동을 만들어 가는 경우를 말할 수 있다.

6. 일반화

특정 자극상황에서 강화된 행동이 처음의 자극과 비슷한 다른 자극을 받았을 때 다시 발생하게 되는 것을 의미한다. 아주 어린 아이가 삼촌에게 '짬촌'이라고 칭찬을 해주었다면 비슷하게 생긴 성인남자를 보고도 '짬촌'이라고 하는 것을 들 수 있다.

행동주의에서의 인지적 경향

1. 고전적 조건화와 조작적 조건화 모형의 행동주의 학자들은 사고개념(사고과정, 태도, 가치 등의 역할)에 대한 언급을 배제하였다. 이것은 행동주의가 정신 역동적 접근법의 통찰지향적인 성격에 대한 반동에서 출발했기 때문이다. 하지만 최근의 행동주의는 사고에 보다 본격적인 위치를 부여하고 있다. 심지어는 행동의 문제를 이해하고 치료하는 데 있어 인지적 요인을 중심역할로 선정하고 있다.

2. 최근의 행동주의 경향

행동주의적 접근법은 중요한 변화를 시도해 왔으며 상당히 확장되었다. 더 이상 학습이론에만 국한되지 않으며 또한 일련의 기법으로만 좁게 정의되지도 않는다. 최근의 행동치료는 그 효율성에 대한 상당한 논쟁점뿐만 아니라 행동변화를 이해하고 설명하는 개념화, 연구방법, 치료절차 등을 포괄하고 있다.

3. 대리학습에 의한 행동의 변화

1) 밴듀라(Bandura)는 사회적 맥락 속에서 행동의 변화를 설명하고 있다. 그에 의하면, 인간의 행동이 변화해 가는 것은 다른 사람들이 하는 것을 관찰함으로써 가능하다는 것이다. 즉, 모델의 관찰을 통해 인간의 행동이 학습되고 변화해 간다는 것이다. 밴듀라는 인간이 외적인 보상이나 처벌에 의해서 뿐만 아니라 내적인 규제에 의해서도 행동이 변화해 간다는 점을 지적하고 있다.

2) 인간은 자신의 가치나 행동 기준에 따라 행동 기준에 따라 행동하는 경우가 많다. 이러한 내면화된 기준은 자신의 행동을 스스로 평가하게 한다. 그리고 그 결과에 따라 자기를 긍정하거나 비판함으로써 자기를 강화하거나 자기를 처벌한다. 이러한 내면적인 것들이 자신의 행동 변화에 많은 영향을 미치고 있다는 것이다

4. 반두라의 사회학습이론

1) 관찰학습

인간이 단순한 환경적 자극에 대한 반응을 통하여 행동을 학습하는 것이 아니라 타인들의 행동을 관찰함으로써 이전에 하지 않았던 행동을 학습한다는 것이다. 인간은 타인의 행동을 모방할 뿐 아니라 서로 상이한 모델 및 사례들로부터 선택하여 그것을 종합해서 새로운 행동을 만들어 내기도 한다. 여기에는 4단계로 구성된다.

① 주의집중단계

    개인이 모델의 행동에 주의하고 중요한 측면들을 재인식하고 뚜렷한 특징들을 서로 변별하는 단계로서 모델자극의 특성이 일반적이고, 단순하고, 독특하고, 특이할수록 주의집중도가 높으며, 관찰자의 특성이 감각능력이 높고, 욕구수준 높고 관찰 준비가 되어 있는 사람일수록 주의집중도가 높은 게 일반적이다.

② 파지단계

    모델자극을 재생하려면, 그것을 기억해야 하므로 모델자극의 주요요소들을 회상할 수 있는 능력을 갖는 단계이다.

  a. 기호적 부호화

    모델자극을 관찰 후 모델행동을 상징적 기호로 부호화하는 것이다.

  b. 인지적 조작화

    언어적 부호화를 통해 사상들을 기억하는 것이다.

  c. 기호적 및 운동적 연습

    심리적이고 행동적으로 모델자극을 사전에 연습해두는 것이다.

③ 운동재생단계

    기호화된 표상을 외현적 행동으로 전환시키는 단계로 새로운 행동을 수행 할 수 있는 신체적 능력이 전제조건이 된다.

  a. 반응 선택 단계

    행동유형을 분석하고 인지적으로 조직화하고 요소반응을 실행할 수 있는 기술이 있는지를 판단하는 단계이다.

  b. 계속적 접근단계

    행동을 재생하는 과정에서 자기관찰과 피드백을 보고 행동을 수정하고 조정하는 단계이다.

④ 동기화 단계

    모델에 주의집중하는 방식은 동기의 영향을 받으며 관찰을 할지의 여부를 정함에 있어서도 동기의 영향을 받는 단계를 말한다. 동기가 적절히 반영되면 사회적 행동의 습득과 수행이 촉진될 수 있다. 동기화는 주로 강화에 의해 이루어지는 경우가 많다.

2) 대리적 조건화와 학습

① 대리적 조건화

    모델을 관찰함으로써 이미 알고 있는 행동들을 강화받는 경우를 대리적 강화라고 한다. 식당에서 좋은 서비스를 받고 지배인에게 팁을 주는 것을 보았을 때 그 행동을 본 사람은 좋은 서비스를 받기 위하여 팁을 줄 가능성이 높아지는 것을 들 수 있다.

② **학습**

대리적 강화와 아울러 대리적 조건화에 의한 학습도 이루어질 수 있다. 어떤 사람에게 벨소리에 이어 계속 고통스런 전기충격을 주면 그 모델행동을 관찰한 사람은 대리적 조건화가 이루어져 벨소리에 공포를 경험하게 되는 것을 들 수 있다.

3) 자아강화와 자아효능감

① **자아강화**

- 밴듀라는 개인의 감정, 사고, 행동들을 통제 할 수 있는 자기 반응적 능력을 지니고 있기 때문에 개인의 행동은 자아강화와 외적 영향요인에 의해 결정된다고 보았다. 이러한 자아강화는 각 개인이 수행 또는 성취의 기준을 설정하고 자신의 기대를 달성하거나 초과하거나 또는 그 수중에 못 미치는 경우에 자신에게 보상 또는 벌을 내린다는 개념이다.
- 예를 들어 동생을 때려서 어머니의 꾸중을 들은 아이는 자신의 공격적 행동과 어머니의 사랑의 감소를 연관시켜 생각하게 된다. 결국 이 아이는 폭력이 나쁘다는 어머니의 기준을 따르지 못할 경우 애정의 감소가 뒤따른다는 사실을 알게 되어 이후 공격적 행동을 하려는 충동이 일어났을 때 어머니에 의해서 설정된 행동평가기준에 따를지의 여부를 스스로 평가하여 반응하게 된다.

② **자아효능감**

- 자신의 내적 행동평가기준과 자아강화기제에 의하여 자아효능감이 형성된다고 보고 있다. 자아효능감은 자신이 특정행동을 성공적으로 수행할 수 있다는 신념이다. 개인은 자아효능감에 근거해 자신이 행동해야 할지의 여부를 결정할 뿐만 아니라 얼마나 오래 수행할 수 있을지 행동을 수행하였을 때 얼마나 많은 처벌을 감수해야 할지를 결정하게 된다.
- 자아효능감이 낮은 사람은 종종 자신의 결함들을 곰곰히 생각하고 과제가 실제보다 어렵다고 판단하게 되어 실패의 가능성이 높다.

22강 행동주의 상담이론(3)

학습목표
1. 행동주의 상담이론의 목적과 상담자의 역할 이해
2. 상담기술의 적용과 상담결과의 평가방법 이해

학습내용
1. 행동주의 상담이론의 목적을 이해하고 구체적인 목표설정의 기능을 학습한다.
2. 상담의 과정과 기술의 적용 및 효과적 학습방법에 대해 학습한다.

상담의 목적 및 목표

1) 목적

행동주의적 접근에서는 내담자의 바람직하지 못한 행동도 바람직한 행동과 마찬가지로 학습된 행동으로 보기 때문에 상담 목적은 잘못 학습되었다고 생각되는 행동을 소거하고, 보다 효과적이고 바람직한 행동을 새로이 학습하도록 내담자를 도와주는 것이다. 이 접근의 초기에는 사회적 활동을 저해하는 비현실적인 공포나 불안을 제거하는 것이 이 접근의 중요한 상담 목적이 되었고, 그 후에는 잘못 학습된 행동에 대치되는 새로운 행동의 학습을 통한 행동 수정이 주축을 이루었다. 최근에는 앞의 2가지와 더불어 자신의 행동을 스스로 지도해가는 프로그램이 발전해 가고 있다.

2) 목표

행동주의적 접근에서는 포괄적인 상담 목적보다 구체적인 행동목표를 강조한다. 즉, 상담목표는 관찰될 수 있는 구체적인 행동동사로 각각의 내담자를 위해 각기 다르게 진술되어야한다고 보고 있다. 행동주의적 접근에서는 상담 목표가 중요한 기능을 담당한다.

첫째, 상담목표는 내담자가 관심을 가지고 있는 영역을 분명히 규명해 준다.

둘째, 상담 목표가 상담 전략이나 구체적으로 어떤 상담 기술을 선택하는데 기초적 자료를 제공해 준다.

셋째, 상담목표가 사전에 분명히 규명되어지므로 상담자는 이 상담 목표의 달성 여부를 평가할 수 있는 어떤 준거를 제공받을 수 있다.

상담자의 기능과 역할

1. 행동주의 상담자는 상담에서 능동적이고 지시적인 역할을 담당해야 한다.

행동주의 상담자는 전형적으로 부적응한 행동을 진단하고 개선된 방향으로 인도하는 상담적인 절차를 수행하는 전문가로 기능해야 한다.

행동주의 상담자는 특수한 것에 초점을 두고, 상황적인 선행사(antecedents)와 문제행동의 영역, 문제의 결과에 대한 정보를 토대로 한 일련의 평가과정이 끝난 후에 특수한 행동목표를 설정하고 내담자의 공포행동을 소거하기 위해 상담전략을 세워서 구체화된 목표를 향해 작업해 달라는 위임을 받으며 두 사람은 상담기간 동안 이 목표를 이루기 위해 상담과정을 평가할 것이다.

2. 행동주의 상담자들은 내담자를 위한 역할모델이 되어야 한다.

밴듀라는 직접경험을 통해 일어나는 학습의 대부분은 다른 사람의 행동을 관찰함에 의해서도 얻어진다고 지적한다. 그는 내담자가 흉내(모방)를 통해 새로운 행동을 배우는 것을 상담의 기본과정에 넣고 있다. 하나의 인간으로서 상담자는 중요한 모델이 된다. 내담자는 때때로 상담자를 가치 있는 존재로 숭배해서 그의 태도, 가치, 신념, 그리고 행동 등을 모방하게 되므로, 상담자는 내담자의 동일시의 과정에 결정적인 역할을 한다는 것을 자각해야 한다.

상담에서의 내담자의 경험

1. 행동주의 상담에서의 내담자는 잘 정의된 역할의 구조와 사용하기 좋은 잘 정의된 절차의 체계 안에서 내담자에게 명확한 역할을 부여해 주며 내담자의 자각의 중요성을 강조하여 목표의 선택과 결정 등 상담과정에 적극 참여할 것을 강조하고 있다. 만약 내담자가 이런 식으로 적극 참여하지 않으면 상담이 성공할 가능성은 크지 않을 것이다.
2. 단순히 통찰을 얻는 것 이상으로 모험을 시도함으로써 상담 장면에서 학습한 것을 바깥 상황으로 일반화하고 전환하도록 격려 받아야 한다. 새로운 행동을 실행하려는 시도에서 성공하느냐 실패하느냐 하는 것은 상담적 모험의 가장 중요한 부분이다.

상담자와 내담자 간의 관계

1. 행동주의 상담자들은 다른 접근법의 상담자들보다 상담자와 내담자와의 관계의 중요성을 덜 강조하는데 이것은 행동주의 상담자들이 상담이나 치료 장면에서 냉정하고 기계적인 된다는 것을 의미하는 것은 아니다.
2. 행동주의적 접근에서의 상담자들은, 내담자와의 작업관계를 형성할 수 있는 따뜻함, 공감성,

진실성, 수용성 그리고 인정 등의 감수성과 내담자와의 작업관계를 형성할 수 있는 능력을 겸비하여 내담자의 행동변화를 이끄는 능동적이고 지시적이며 조언자 또는 문제 해결자로서 기능 한다.

■ 상담의 과정

일반적인 상담 과정으로는 상담관계의 형성, 문제행동의 규명, 현재의 상태파악, 상담 목표의 설정, 상담 기술의 적용, 상담 결과의 평가, 상담의 종결로 요약될 수 있다.

1. 상담관계의 형성

상담자는 가치 판단이 없이 내담자가 말하는 것을 수용하고 이해하려는 노력이 필요하다 (Wolpe, 1958). 상담자가 내담자를 이해한다는 점과 이렇게 상담자가 내담자를 이해하고 있다는 점을 내담자에게 알리는 것이 상담에 있어 중요한 것으로 믿고 있다. 상담자는 온정적이고 공감적이며 내담자에 대해 많은 관심을 가져야 한다. 만일 이러한 분위기가 되지 않으면, 상담자는 내담자의 어려움이 무엇인지 알 수 없거나 내담자가 필요로 하는 도움을 내담자에게 주지 못할 것이다. (Krumboltz, 1966)

2. 문제 행동의 규명

내담자 스스로가 자신의 문제 행동을 분명히 알고 있을 경우도 있지만 그렇지 못할 경우도 많다. 상담자는 내담자 스스로가 자신의 문제를 확실히 알 수 있도록 도와주어야 한다. 그런데, 상담자와 내담자의 관계가 잘 형성되지 못하여 내담자가 상담자를 믿지 못했을 경우에는, 내담자가 자신의 문제행동을 분명히 밝히기를 꺼려할 수도 있다. 그래서 관계 형성이 잘못된 상태에서 너무 문제 행동에만 집착하여 이를 규명하려고 하면 상담이 계속되지 못하고 중도에 중단될 수 있다.

3. 현재의 상태파악

가) 내담자에 의해 제시된 문제 행동을 분석한다. 문제 행동을 분석할 때는 내담자가 지나치다고 하거나 부족하다고 한 구체적 행동에 초점을 둔다.

나) 문제 행동이 일어나는 장면을 분석한다. 이 분석은 문제 행동과 관련된 선행(antecedent) 및 결과(consequence) 사태(event)를 분명히 밝히려는 것이다.

다) 동기를 분석한다. 내담자가 일상생활에서 강화를 받고 있는 사태를 분명히 밝힌다. 새로운 학습에 도움을 주는 몇몇 사태의 이용으로 새로운 학습이 일어난다면, 현재 강화를 받고 있는 사태가 약화(reduction)될 수 있다는 가능성도 함께 탐색한다.

라) 발달 과정을 분석한다. 문제 행동을 변화시키는데 도움이 될만한 발달 과정에서의 생물학적, 사회적, 행동적 변화에 대한 정보를 수집한다.

마) 자기 통제력을 분석한다. 내담자가 자신의 문제 행동을 어느 정도 스스로 통제할 수 있는지를 분석한다. 이 때는 통제가 어떻게 이루어지고 있는지와 자기 통제에 제한을 주는 사태를 파악한다.

바) 사회적 관계를 분석한다. 내담자의 생활에 의미 있는 영향을 주는 사람과 내담자와 그 사람과의 관계를 파악한다. 그리고 이러한 관계를 유지하는데 사용된 방법도 분석한다.

사) 사회적, 문화적, 물리적 환경을 분석한다. 여기서는 사회적, 문화적 규범이나 환경의 제한점이 분석되어진다.

이러한 7가지 영역에 대해 모여진 정보는 내담자의 문제를 더 잘 이해하거나, 상담 목표를 설정하고 내담자의 관심사를 해결하기 위한 상담 기술을 선정하는데도 도움이 될 것이다.

4. 상담 목표의 설정

얻어진 정보와 이에 대한 분석을 토대로 하여 상담자와 내담자는 서로 받아들일 수 있는 상담목표를 설정한다. 상담의 목표를 정하는 방법은 몇 가지 단계로 나누어 생각할 수 있다.

가) 상담자는 상담목표의 성질과 상담목표를 설정하는 취지를 내담자에게 설명한다.

나) 상담자는 내담자가 달성하고 싶어 하고 또 달성이 가능한 목표를 생각해 낼 수 있도록 도와준다.

다) 내담자는 자신이 바라는 구체적인 목표를 결정한다.

라) 내담자가 정한 목표가 달성할 수 있는 목표인지 그리고 그 목표가 나중에 측정될 수 있는 것인지에 대해 함께 고려해 본다.

마) 내담자가 정한 목표에 대해서 얻은 여러 정보를 기초로 하여 상담자와 내담자는 상담을 계속할 것인지 그렇지 않으면 상담 목표를 다시 정할 것인지에 대해 결정을 내린다.

바) 상담을 계속하기로 결정을 하였을 경우에는 최종 목표를 보다 구체적인 목표로 나누어 적절한 순서를 정한다.

5. 상담기술의 적용

1) 행동주의적 접근에서는 여러 가지 학습방법이 사용되어질 수 있다. 언어를 통해서도 학습이 이루어지겠지만 여러 가지 매체를 통해서도 학습이 더 잘 이루어질 수 있는 경우도 있다. 그래서 언어에 의하든 여러 가지 매체를 사용하든 행동주의적 접근에서는 내담자가 더욱 효과적인 학습방법을 배우도록 하는데 초점을 두고 있다고 볼 수 있다.

2) 행동주의에서는 단순한 문제뿐만 아니라 복잡한 행동수정의 문제도 다루게 되는데, 이러한 측면에서 행동주의적 접근을 하는 상담자들은 내담자와 함께 창의적으로 상담기술을 개발

해야 하며, 행동주의에서의 대부분의 상담 전략은 몇 가지의 학습 개념을 각각의 상담 목표 달성에 적절하게 결합하여 사용한다.

6. 상담결과의 평가

1) 평가는 상담 목표에서 구체적으로 진술한 내담자의 구체적 행동에 기초하여 이루어진다. 상담 결과를 알아보기 위한 행동 평가는 상담자가 얼마나 상담을 잘 했는지와, 사용되어지고 있는 특별한 상담 기술이 얼마나 효과가 있는지를 알아보는데 사용되어진다. 평가 단계는 어떤 기술이 과거에 도움이 되었는지 그렇지 않았는지에 대해서와 마찬가지로, 그 기술이 현재 도움이 되는지 어떤지도 알아보는 것이다. 과거에는 도움이 되었다는 기록이 있더라도 현재의 평가 결과에 따라 어떤 한 기술에 얽매이지 않고 상담 기술을 바꿀 수 있는 것이다.

2) 행동주의적 접근에서는 상담이 끝날 때는 물론이고 상담 도중에도 평가가 계속 된다. 구체적인 상담의 단계마다 평가를 해야 하며 각 시점에서의 평가는 그 다음 단계를 위한 중요한 정보가 될 수 있다.

7. 상담의 종결

1) 상담의 종결은 그 상담에서의 최종 목표행동에 대한 최종 평가에 뒤이어 이루어진다. 상담의 종결은 상담 목표가 달성되어서 상담을 그만둔다는 것만을 의미하지는 않는다. 때에 따라서는 상담의 종결이 추가적인 상담이 필요한지에 대한 탐색의 기회가 되기도 한다.

2) 또한 행동주의적 접근을 하는 상담자는 상담 목표가 달성되었다는데 만족하지 말고 상담 과정에서 배운 원리를 내담자의 다른 행동 변화에 전이될 수 있도록 도와주는데 초점을 두고 상담을 종결해야 한다. 즉 상담자는 내담자가 이제까지의 상담활동을 통해서 배운 원리를 공식적인 상담이 끝난 후에도 계속 자신의 삶에 적절히 적용할 수 있도록 도우는데 초점을 두고 상담을 종결한다는 것이다.

23강 행동주의 상담이론(4)

학습목표	1. 행동주의 상담기법의 내용이해 2. 행동주의 상담이론의 공헌과 제한점

학습내용	1. 고전적 조건화, 조작적 조건화 등의 이론에 의거한 각종 상담기법의 내용을 학습한다. 2. 행동주의 상담이론의 인지적 경향성에 터잡은 인지적 상담기법 등을 학습한다.

행동주의 상담기법

– 상담과 심리치료에서의 행동주의적 접근법의 중요한 강점의 하나는 과학적 방법을 통한 특수한 상담절차의 발달이다.

라자러스(1971)는 이론적 기원에 관계없이 다양한 기법을 사용할 것을 주장한다. 그의 관점에서 보면 상담기법이 보다 확장될수록 상담은 보다 효과적이라고 한다. 행동주의 상담자는 학습이론에서 나온 기법에 너무 엄격히 자신을 구속해서는 안 되며, 마찬가지로 행동주의 기법은 다른 기법에 통합될 수 있다.

다음의 이완훈련, 체계적 둔감법, 토큰법, 벌의 유형, 모델링, 주장훈련, 자기관리 프로그램 그리고 복합모형 상담 등 상담자에게 유용하게 쓰일 수 있는 일련의 상담기법들이다.

1) 이완훈련

(1) 이완훈련은 사람들에게 일상의 삶에서 만들어지는 스트레스에 대처하는 법을 가르치는 방법으로서 보편화되었다. 이것은 신체와 정신의 이완을 목적으로 하며 쉽게 배울 수 있다.

(2) 이완절차는 일차적으로는 체계적 둔감화 과정의 한 부분으로 사용되었지만, 자주 다른 행동기법과 결합되어 사용되고 있다. 이것은 상상적 둔감화, 주장훈련, 자기-관리 프로그램, 녹화된 강의 생체환류로 유도된 이완(biofeedback-induced relaxation), 최면, 명상, 신체의 자발적인 훈련통제 및 자동암시를 통한 상상적 기능 등으로 구성되어 있다.

(3) 이완훈련을 받는 내담자는 자의적으로 계약을 맺고 근육을 이완시키는 동안 조용한 환경에서 수동적이고 이완된 상황에 놓인다. 깊고 규칙적인 호흡과 함께 근육을 이완시킨다. 동시에 정신적으로는 즐거운 상상이나 생각에 초점을 맞춘다. 매일 20-25분 정도 훈련하면 습관적인 유형이 생길 수 있게 되어 이완이 잘 될 수 있다. 이런 연습기간 동안 내담자로 하여금 적극적으로 긴장을 느끼고 경험하게 하며 그의 근육이 점점 긴장되는 것에 주의를 집중시키게 하고 이 긴장을 충분히 경험하도록 하는 것이 도움이 된다. 또한 긴장과 이완 간의 차이점을 경험하게 하는 것이 유용하다.

2) 체계적 둔감법(systematic desensitization) = 조직적 과민성 완화요법

(1) 고전적 조건화 이론에 기초한 체계적 둔감법은 행동주의 상담과정에 가장 널리 쓰이고 임상적으로 검증된 기법이다. 이것은 일차적으로 불안이 원인이 된 부적응행동이나 회피행동에 적용된다.

(2) 이 기법은 우선

① 근육이완훈련을 학습시킨 다음,

② 불안을 일으키는 자극을 행동적으로 분석하여 불안의 정도에 따라 불안위계 목록을 만들고,

③ 내담자가 눈을 감고 이완 상태에 도달하면 불안위계 목록 중 가장 적게 불안을 일으키는 장면부터 상상시키는 방법(불안위계표에 따른 이완훈련)이다.

(3) 이런 상상장면에 대해 내담자가 불안을 일으키면 상담자는 다시 이완 상태로 유도하여 불안을 야기한 자극과 불안반응 간의 관계가 소거될 때까지 이완훈련을 하면서 반복해서 실시된다.

(4) 체계적 둔감법은 인간관계에 대한 불안이나 예기적인 두려움, 일반화된 두려움, 신경증적 불안 그리고 성기능장애와 같은 불안을 야기시키는 광범위한 상황에 효과적으로 적용 될 수 있다. 동물이나, 죽음, 상처 그리고 성관계 등에 대한 두려움, 백일몽, 신경성 식욕부진, 강박증, 충동증, 떨림 그리고 우울증에도 효과적이다.

3) 토큰법(token economy systems)

(1) 토큰법은 바람직한 행동을 인정해 주는 등 직접적 강화인자만으로는 별 효과가 없을 때, 토큰을 주어 나중에 음료수, 사탕 및 입장권 등 내담자가 원하는 물건이나 권리와 바꿀 수 있도록 하는 치료 절차를 말한다.

(2) 이 기법은 개인적으로 실시되기보다는 보통 교실에서나 빈둥거리는 청소년들이 있는 가정 그리고 정신과 병동과 같은 집단상황에 적용된다. 이 토큰법은 토큰이라는 강화인자를 갖고 적응행동을 발달시키려는 목적을 갖고 있다. 때로는 토큰을 뺏음으로써 바람직하지 못한 행동을 소거시키려는 목적으로도 사용된다.

4) 벌

- 벌은 원치 않는 행동을 소거시키기 위해 상담자가 사용하는 조작적 조건화의 중재전략이다. 벌은 바람직하지 않은 행동의 결과에 대해 불쾌하거나 혐오스런 자극을 제공하는 것이다.

- 스키너에 의하면 벌은 그것이 암시하는 것처럼 그렇게 효과적인 것은 아니며, 단지 반응경향을 감소시킬 뿐이다. 벌이 소거되면 부정적 행동은 다시 일어날 수 있으며, 벌을 사용하면 분노나 우울증 같은 부정적인 정서반응을 일으킬 위험이 따르기도 하므로, 만약 벌을 사용하려면 긍정적 강화와 결합시켜 사용해야 한다.

- 다음은 원치 않는 행동을 소거시키는데 쓰이는 세 가지 조작적 방법이다. 이에 대해 어느 정도 가치 있는 방법으로 평가되는 것은 강화로부터의 격리기법과 과잉교정기법, 반응가이다.

  가) 격리(time out) T.O법

  긍정적 강화로부터 격리시키는 이 과정은 만약 개인이 긍정적 강화를 겪을 기회가 박탈된다면 목표행동의 빈도가 감소될 것을 가정한다. 예를 들면 교실에서 파괴적인 아동을 잠시 강화인자(다른 사람의 관심이나 또는 즐거움)가 제공되는 상황에서 분리시킨다.

  나) 과잉교정(overcorrection)

  과잉교정은 잘못된 행동이 지나치게 일어날 때 특히 효과적이다. 또한 강화로 제공될 대안행동이 거의 없거나 효과적인 강화인자가 없을 때 유용한 기법이다. 과잉교정은 파괴행동을 하는 아동이나 병원에 있는 어른들에게 적용된다. 이 절차는 내담자에게 먼저 자신의 부적응행동 후에 즉각적으로 자연스런 상황을 재구성하도록 요구하도록 하는 것이다. 하나의 예로서 불끈해서 먹을 것을 집어 던진 어떤 아동에게 우선 흩어진 것들을 치우도록 요구하고 그런 다음 마루바닥을 깨끗이 닦게 함으로써 "이전보다 더 나은"상태가 되게 한 후 음식물을 다시 원상태로 정돈하게 하는 것이다.

  다) 반응가(response cost)

  반응가는 강화인자가 부적절하거나 소망스럽지 못한 행동을 할 때 주어지는 벌의 유형

5) 모델링

- 모델링, 관찰학습, 모방, 사회학습 그리고 대리학습 같은 용어들은 서로 바꾸어 사용될 수 있다. 다른 사람이 하는 시범을 관찰학습 함으로써 자신도 시행착오 없이 바람직한 행동을 하는 법을 배울 수 있다. 반듀라(1971)는 발달에서 모델링의 역할과 인간행동의 조형을 강조하였다.

가) 모델링의 효과

반두라(1969, 1971)는 모델링의 세 가지 중요한 효과를 제시했는데 그 각각은 임상상담에 중요한 의미를 갖고 있다.

첫째, 새로운 반응이나 기술을 인지하고 그것을 실행하는 방법을 획득한다. 관찰한 운동에서의 학습기술, 언어학습의 유형, 모델을 통한 자폐아동의 말하기 훈련, 사회적 기술의 학습 그리고 병원의 환자들에게 사회로 돌아가서 생활하는 데 필요한 기술을 학습시키는 것 등이 모델링의 첫 번째 예에 포함된다.

두 번째, 공포반응의 제거(inhibition)이다. 이것은 관찰자의 행동이 같은 방식으로 제지되거나 제거될 때 일어난다. 예를 들어 뱀을 다루지만 물리지 않는 사람의 행동과정을 관찰한 후 뱀에 대한 공포를 줄일 수 있을 것이다.

세 번째, 관찰 대상이 된 모델이 어떠한 단서를 제공하는 식으로 반응을 촉진하게 하는 것이다. 예를 들어 블루진 상품을 소개하는 TV상업광고에 출연하여 말하는 매력적인 십대 모델들을 보고, 다른 청소년들은 그런 풍조를 모방하는 경우, 사회적인 모임에서 먼저 그 자리를 떠나는 사람을 보고 나머지 사람들도 그런 행동을 곧 따르게 되는 경우 등이 있다.

나) 모델의 유형

① 살아있는 모델

살아있는 모델은 내담자가 적절한 행동을 하도록 가르칠 수 있으며 내담자의 태도와 가치에 영향을 주고 사회적 기술을 가르칠 수 있다. 예를 들면 상담자는 내담자가 얻고자 희망하는 바로 그런 성격의 모델이 될 수 있다. 상담기간 동안의 실제적인 행동을 통해 상담자는 자기개방, 모험의 수행, 개방성, 정직, 열정 그리고 사랑을 가르칠 수 있다. 상담자는 내담자에게 살아있는 모델로서 계속적인 봉사를 한다.

② 상징적 모델(symbolic model)

모델의 행동을 필름, 비디오테이프 또는 다른 녹음 기구를 통해 내담자에게 보여 준다. 한 예로서 두려움을 겪는 내담자가 있다. 어떤 두려운 상황을 나쁜 결과를 겪지 않고 성공적으로 관찰하게 함으로서 그 내담자는 두려움을 감소시키거나 제거시킬 서있다.

③ 복합적 모델(multiple models)

복합적 모델은 특히 집단상담에 관련되어 있다. 관찰자는 집단에서 성공적으로 행동하는 동료의 행동을 관찰함으로써 자신의 태도를 바꿀 수 있으며 새로운 기술을 학습할 수 있다.

다) 효과적인 모델의 특성

나이, 성, 종족, 태도 등이 관찰자와 비슷한 모델이 그렇지 않은 모델보다 더 잘 모방의 대상이 된다. 높은 지위나 상류층에 있는 모델이 낮은 지위나 하류층의 모델보다 좋은 모델이 된다. 실행면에서 능력이 있는 모델과 따뜻함을 보여 주는 모델은 모델링의 효과를 촉진시키는 경향이 있다.

6) 주장훈련(assertive training)=적극성 훈련

주장 훈련 또는 자기표현 훈련은 주로 대인관계의 문제를 해결하는데 쓰인다. 분노나 적개심을 표현하지 못하는 사람, 거절하지 못하는 사람, 지나치게 겸손하거나 다른 사람에게 이용당하는 사람, 애정이나 다른 긍정적 반응을 표현하는 데 어려움을 느끼는 사람, 자신의 생각이나 신념, 느낌을 표현할 권리가 자신에게 없다고 느끼는 사람 등에게 효과가 있다. 이훈련은 특히 상담자와 내담자가 문제된 대인관계상황을 놓고 서로 역할을 바꾸어 가면 자유로이 자신의 감정과 의사를 표현하는 역할행동의 연습을 통해 이루어 질 수 있다. 상담방의 입장에서 느낀 바를 서로 이야기하면서 상담자는 내담자가 보다 효과적으로 자기표현 또는 주장을 할 수 있도록 지도해준다. 내담자가 일반적으로 상담과정에서 적용하는 주장훈련의 여섯 가지 임상적인 전략이 있다. 교시, 피드백, 모델링, 행동연습, 사회적 강화 그리고 과제 등이 그것이다.

① **교시** : 상담자는 내담자에게 그의 특수한 행동을 말해 준다. 명확한 교시는 내담자가 눈을 맞추고 소리를 높일 수 있게 도와준다.

② **피드백** : 이것은 교시가 끝나고 일련의 행동을 실행하는 내담자에게 주어지는 상담자의 논평을 말한다. 긍정적 또는 부정적 피드백은 뚜렷한 행동변화가 일어나는 것을 보여 준다.

③ **모델링** : 때때로 상담자는 내담자가 흉내 내도록 하기 위해 바람직한 행동을 적극적으로 보여 주기도 한다. 살아 있는 모델이나 비디오테이프로 된 모델이 쓰인다.

④ **행동연습** : 이것은 상담기간 동안의 역할놀이이다. 인간관계 상황에 대한 효율적인 또는 비효율적인 행동들이 비판되며 여러 상황에서 실행된다.

⑤ **사회적 강화** : 이것은 내담자가 바람직한 반응을 했을 때 내담자를 칭찬하는 것이다. 칭찬을 통해 목표반응이 점진적으로 조형된다.

⑥ **과제** : 주장훈련의 통합된 면은 행동적 본질에 대해 특수한 과제를 부과하는 것이다. 이런 과제를 통해 내담자는 상담기간에 배운 것을 실제 생활로 옮겨간다. 그리고 새로운 학습을 실제의 인간관계 상황에 적용시킬 수 있다. 내담자는 요구를 받아들이기도 하고 거절하기도 하며 적절한 때에 자신의 감정과 생각을 표현할 수 있다. 내담자는 자신의 과제를 이행하는 데 직면하는 어려움을 겪으면서 보다 주장적일 수 있다.

7) 혐오(Aversion) 치료

혐오치료는 증상이 나타날 때마다 고통스런 혐오자극을 가하여 문제행동을 소거시키는 치료법이다. 혐오 자극으로 사용되는 것으로는 전기쇼크, 화학적 혐오자극, 시각 혐오자극, 내재적 과민성 제거, 타임아웃, 벌의 추가, 반응 대가가 있다. 혐오적인 자극은 비록 내담자의 바람직한 행동을 위해 많이 사용되고 있을지라도, 논쟁의 여지가 많은 것 중의 하나이다. 그러나 상담자의 능력과 문제의 성질, 그리고 내담자의 협력 등을 감안하여 잘 선택하여 사용하면 효과적일 수도 있다. 자폐증 어린이의 문제행동, 알코올 및 약물중독, 흡연, 강박증 등에 적용가능 하다.

8) 긍정적 강화

바람직한 행동을 할 때마다 보상을 주어 그 행동을 강화시키는 방법이다. 강화물에는 음식, 수면 등 생리적 욕구를 충족시켜 주는 것과 미소·인정·칭찬돈선물 등 사회적 욕구를 충족시켜 주는 것이 있다. 치료 절차는 먼저 바람직한 행동을 세부적으로 조사하고 내담자 개인에게 보상이 될 수 있는 것을 찾아낸다. 그런 후에 내담자가 바람직한 행동을 할 때마다 체계적으로 보상(=보수)을 준다.

9) 조형(shaping)

조형은 복잡한 도달점 행동을 습득시키기 위하여, 그 행동에 접근하는 근사한 모든 행동을 소단계로 나누어 각 소단계의 행동을 단계적으로 강화해 나가는 방법이다. 조형에서 사용되는 강화자극은 1차적 강화자극(예, 음식 등)일 수도 있고 2차적 강화자극(예, 칭찬 등)일 수도 있다. 조형에서는 내담자의 여러 행동 중 상담자가 바라는 행동에 대해서만 강화를 주고 그렇지 않은 행동은 강화해 주지 않는다. 이는 주로 동물 훈련에 많이 사용되었으나 인간 행동의 변화에도 사용될 수 있다.

10) 역할연기(role playing)

일상생활 속에서 수행하지 못하거나 수행하기 곤란한 역할 행동 때문에 이상행동(abnormal behavior)을 하고 있는 내담자에게 현실적 장면이나 극적 장면을 통하여 역할 행동을 시키고, 그것을 연습(rehearsal)시킴으로써 이상 행동을 적응 행동으로 바꾸는 기술이다. 역할 연기의 구체적인 과정은 다양하지만 분위기 조성, 행동, 피드백, 일반화의 4단계로 요약될 수 있다.

11) 행동연습(behavior rehearsal)

행동 연습은 원래 행동적 심리극(behavioristic psychodrama)이라고 불리어졌다. 이 기술은 구체적인 어떤 장면에서 자신이 하고 싶은 그대로 행동하지 못하여 이상 행동을 하는 내담자에게 도움이 된다. 이 기술은 내담자의 실제 생활에서 구체적인 행동이 어려운 장면에 대해 역할 연기 등을 통해 반복해서 연습을 하는 것이다. 그런데 한두 번으로 끝나는 것이 아니고 상담자가 바라는 행동 수준(내담자도 바라는 행동 수준이면 더욱 좋음)에 이를 때까지 상담자는 시범이나 교육, 피드백을 통해 계속 반복하는 것이다. 때에 따라서는 행동 과제를 내어 행동을 연습해 오도록 할 수도 있으며, 혼자 거울을 보면서, 연습할 수도 있다. 이 행동 연습은 처음에는 상담실에서 이루어질 수 있지만 가급적 실제 장면에 가까운 장면을 통해서 행동을 연습하는 것이 좋다. 이 행동 연습은 목표 행동에 대한 이해, 목표 행동의 시범, 역할 연기 등을 통한 행동 연습, 실제 장면에서의 행동 연습이 통합되어질 때 더욱 효과적이 되겠다.

12) 자기지시(self-instruction)

불안이나 기타 부적응 행동에 대해 불안을 줄이거나 적응 행동을 할 수 있도록 자기 자신에게 지시하거나 자기 스스로 말하는 것(자기진술;self-statement)이다. 이 자기 지시에는 정서적 안정을 위한 근육 이완을 하도록 하는 지시, 비합리적 생각을 합리적 생각으로 바꾸도록 하는 지시, 그리고 구체적 행동을 하도록 하는 지시들이 있다. 이러한 자기지시는 자기지도(self-direction)나 자기통제(self-control) 등의 프로그램에서 많이 사용되어지고 있다. 그러나 이 자기 지시만으로도 행동 수정에 도움을 줄 수 있다.

13) 사고중지(thought-stopping)

사고중지는 스스로 통제할 수 없는 지속적, 강박적, 비생산적인 생각에 빠져서 그 밖의 다른 일에는 정신을 집중하기 어려운 내담자의 경우에 사용되어진다. 이 기술은 내담자로 하여금 비생산적이고 자기 파괴적인 생각을 억제하거나 제거하게 함으로써 이러한 생각들을 통제하도록 도와준다. 바람직하지 못한 줄 알면서도 완전히 떨쳐버리지 못하고, 그 생각에 사로잡혀 고통을 받는 내담자에게 도움이 될 수 있다.

14) 행동계약(behavior contracts)

행동 계약은 두 사람이나 또는 그 이상의 사람들이 정해진 기간 내에 각자의 할 행동을 분명하게 정해 놓은 후 그 내용을 서로가 지키기로 계약하는 것이다. 상담에서는 주로 상담자와 내담자간, 또는 상담자, 내담자, 내담자의 부모(친구)간에 계약이 이루어진다. 계약된 그대로 잘 지켜지면 어떤 정해진 보수에 의해 강화자극이 주어지는 것이다. 효과적으로 계약을 맺기 위한 지침으로는 아래와 같은 것이 있다.

ㄱ 계약된 보상은 즉시 주어져야 한다.
ㄴ 행동계약시 보상의 기회를 자주 가질 수 있도록 계약 조건을 설정한다.
ㄷ 약속되는 보상의 무게가 상호 비슷하도록 한다.
ㄹ 계약 내용이 명확해야 한다.
ㅁ 계약은 개별적일 때 더욱 효과적이다.
ㅂ 내담자가 한 계약은 정해진 시간에 충분히 할 수 있는 것이어야 한다.

15) 인지적 행동수정(cognitive behavior modification)

인지적 행동 수정은 내담자의 행동을 수정하기 위해 내담자의 인지구조를 수정하는 것이다. 이 인지적 행동 수정에 대해 이제까지 나온 과정들을 종합해 보면 대체로 다음과 같이 요약될 수 있다.

 ㉠ 사고의 조직적 양상이라고 할 수 있는 인지 구조(cognitive structure)를 바꾼다.

 ㉡ 자기와의 대화(self-talking)를 바꾼다.

 ㉢ 합리적이고 자기 긍정적인 자기와의 대화에 따라 그대로 행동한다.

16) 자기지도(self-directed change)

행동주의적 접근에 인지적 측면이 강조된 또 다른 중요한 것으로는 자신의 행동을 스스로 지도해 가는 방법이다. 그 중 대표적인 것이 자기 통제(self-control), 또는 자기조종 (self-management)과 혼용되어 사용되는 자기지도이다. 이 자기지도는 내담자 스스로 자신의 행동 수정 프로그램을 이끌어 가는 것을 말한다.

■ 공헌 및 제한점

1. 행동주의의 공헌

1) 객관적 평가의 가능

행동주의적 접근의 중요한 점 하나는 행동주의적 접근에서는 겉으로 드러나는 구체적인 행동을 소거시키거나 새로운 행동을 획득하도록 상담목표를 정한다. 그래서 상담의 목표가 달성되었는지의 여부를 분명히 알 수 있을 뿐만 아니라, 어떤 행동이 소거되고 획득되었는지도 객관적으로 분명히 알 수 있기 때문에, 객관적인 평가가 가능하다. 객관적인 평가를 가능하게 함으로써 상담은 과학으로 발전할 수 있게 된 것이다.

2) 상담 및 치료에 있어 구체적이고 다양한 기술 적용 가능

상담에 있어 이 접근의 또 다른 기여점은 내담자와 상담자의 합의에 따라 개개인에게 맞는 구체적인 상담기술을 다양하게 적용할 수 있게 했다는 점이다. 행동하는 것을 강조하기 때문에, 내담자의 행동을 바꾸는데 도움을 주는 많은 행동적 기법 또는 전략을 가지고 있다.

2. 제한점 및 비판

1) 행동주의적 접근은 상담에 있어 중요한 것으로 여겨지는 상담자와 내담자와의 관계를 경시하고 기술을 지나치게 강조한다는 점.

2) 내담자가 가진 어떤 문제가 행동주의적 접근에 의해 일시적으로 사라진다고 해도, 이 접근은 문제를 근원적으로 해결할 수 없기 때문에, 이 접근에 의해 일시적으로 사라진 행동은 곧 다른 형태로 나타난다.

3) 행동주의적 접근은 행동의 변화는 있을지 모르나 느낌의 변화는 없다.

4) 행동주의적 접근은 통찰이 없다.

5) 행동주의적 접근에서는 내담자가 가지고 있는 현재의 문제에 대한 내력을 경시한다.

6) 행동주의적 접근이 구체적인 문제행동을 수정하는 데에 효과적일지 모르나 자아실현적인 측면에서는 아주 부적합하다.

7) 행동주의적 접근은 그 기본이 되는 원리를 학습이론에 두고 있는데, 이들 학습이론이 실험실에서 동물을 대상으로 한 연구에서 나왔기 때문에, 실험실 밖의 일상생활에서나 동물이 아닌 인간에게는 적절하지 않을 수 있으며, 특히 인간을 동물과 같이 취급하는데 대해 비판한다.

상담이론

24강 인지적-정서상담이론(RET)(1)

학습목표
1. 합리적정서행동이론의 의의와 이론적 가정 이해
2. 부적응 정서, 비합리적 정서 등 개념 이해

학습내용
1. 합리적정서행동 상담이론의 의의와 이론적 가정 및 철학적 배경에 대해 학습한다.
2. 부적응 정서, 비합리적 정서 등 비합리적 결과를 야기하는 과정을 학습한다.

▢ 인지적 – 정서적 상담(합리적 정서적 행동 상담이론)

– Rational Emotive Behavior Therapy

1. REBT의 의의

1) Rational Emotive Behavior Therapy(인지·정서·행동 상담)는 Albert Ellis 박사에 의해 처음으로 창안되었다.

2) 이 이론은 머리글자에서도 알 수 있듯이, 인간을 이해하는 데 있어서 핵심을 이루는 세 가지 영역, 즉 인지, 정서, 행동에 초점을 맞추고 있다. 특히 이 이론에서는 인지, 정서, 행동이 서로 상호 작용하는 과정에서 인지 부분이 중심이 되어 정서와 행동에 영향을 준다고 강조한다.

3) 이런 의미에서 REBT도 인지 행동 상담의 한 영역으로 볼 수 있겠으나, 초기 행동주의적 접근에서는 인간을 어떤 자극에 대하여 반응하는 수동적 존재로 받아들인 반면에 REBT에서는 인간이 자극을 어떻게 지각하느냐에 따라 반응이 달라질 수 있다는 입장을 취하고 있다는 점이 다르다.

2. 개관

1) Ellis는 처음부터 사람들의 신념 체계와 정서적 반응의 관계에 대해 관심을 표했던 것은 아니다. 심리상담사로서 그는 초창기에 가족 상담과 결혼 상담에서 권위 있는 정보나 지식을 제공하는 일에 전념했었다. 그러나 내담자들이 가지고 오는 문제들 중에는 정보나 전문적

인 지식의 제공만으로 해결할 수 없는 것들이 많았다. 내담자들 중에는 의외로 심리적으로나 정서적으로 혼란을 겪고 있는 경우가 많았다.

2) 그래서 그는 정신분석 훈련을 받고 직접 정통적 정신분석 방법으로 상담에 임했는데, 다소의 상담 효과는 얻었지만 그렇게 흡족한 것은 아니었다. 특히 임상 상담 과정에서 그는, 비록 내담자가 자신의 행동과 그 행동의 원인에 대해 충분한 통찰을 얻었다고 할지라도, 반드시 그의 행동이 달라지거나 개선되지 않는다는 것을 깨닫게 되었다. 좀더 효과적인 방법을 찾던 중 학습 이론에 관심을 가지게 된 그는 조건 형성의 원리를 이용하여 조건 형성된 내담자의 행동을 수정하려고 노력했다.

3) 여기에서도 그는 조건 형성의 효과는 인정했으나 이 상담법에 만족하지는 못했다. 왜냐 하면 비합리적이고 신경증적인 초기 학습은, 외부적 강화를 받지 않을 경우, 마땅히 소거되어야 함에도 불구하고 여전히 계속 지속되었기 때문이다. 이유는 분명했다. 그러한 반응이 계속되는 이유는 초기에 학습된 것을 반복하여 자신에게 계속 가르쳐서, 초기의 학습을 스스로 계속 강화시켰기 때문이다. 합리적 접근은 바로 이러한 확신에서부터 출발되었다.

4) 그래서 그는 내담자의 문제에 대해 심리학적인 면보다는 철학적인 입장에 더 큰 비중을 두어 합리적 접근에 일치하는 신념에 따른 사고를 할 수 있도록 내담자를 가르치기 시작했다.

5) REBT가 다른 접근에 비해 특히 강조하는 것을 중심으로 몇 가지 특징을 살펴보면 다음과 같다.

① 심리적 과정에서 인지, 정서, 행동은 서로 분리되어 존재하는 것이 아니고 의미 있게 상호작용하여 원인과 결과의 관계를 가지지만, 이 중에서도 인지(신념)가 가장 큰 영향력을 가졌다고 본다. 그래서 이 접근에서는 먼저 신념체계를 바꾸어서 이를 통해 정서와 행동을 바꾸려는 입장을 취한다.

② 이 접근의 신념(belief)에 중점을 두기 때문에, 상담자는 내담자의 자기 파괴적, 비합리적 신념에 대해 스스로 논박하게 하여 이들을 제거하거나 합리적인 신념으로 대치하게 하여 보다 현실적이고 효과적이며 융통성 있는 인생관을 갖도록 함을 강조한다.

③ 이 접근에서는 신념의 변화, 인지적 재구조화, 재교육 과정을 상담 과정으로 본다. 따라서 이 접근에서의 상담자는 비교적 지시적이고 훈육적인 교사로서의 기능을 담당한다.

■ 사상적 배경과 철학적 가정

1. 사상적 배경

REBT는 다른 접근에 비해 철학적인 면이 많이 강조된다. REBT의 철학적 기원은 고대 스토아학파의 사상에서 찾아 볼 수 있다. 그 사상의 요체는 에픽테토스(Epicenters)가 그의 저서 『The Enchiridion』에서 "인간은 대상 자체에 의해서가 아니라, 대상에 대해 갖는 관념에 의해서 혼란을 겪는다."고 한 말에 잘 압축되어 있다.

2. 철학적 가정

1) 가정 1

사람은 개인적 삶에 과학적인 방법이 적용되면, 정서적 혼란과 비효과적인 행동을 유도하는 역기능적이고 비합리적인 신념들을 더 쉽게 포기할 수 있다. 따라서 모든 사람들은 그들이, 자연적 세계와 당위적 세계에 대한 개념구성체(constructions)나 심상들을 창조해 낼 수 있다고 인정한다면, 비합리적 신념으로부터 더 잘 벗어날 수 있을 것이다.

① Kelly의 성격 이론에서 가장 중요한 개념인 개념구성체(constructions)

개인이 자신의 개인적 경험 세계를 구성하거나 해석하는 사고의 범주. 자신과 세계를 해석하고 이해하는 데 사용되는 자기 나름의 개념적 틀.

② 개념구성체의 형성 과정

초기 단계에서는 사람들은 그들이 접하는 경험 사태들을 이미 경험한 사태들이나 다른 사태들과의 유사성 또는 상이성이라는 대비적인 견지에서 주목하고 그것을 잠정적으로 해석한다. 그런 뒤에 반복되는 그와 같은 사태들의 경험들을 통하여 앞서와 같은 잠정적인 해석의 틀을 하나의 행동 양식으로 인식하게 되고, 따라서 그 경험 사태들의 구조와 의미를 확인하게 됨으로써 앞으로 접할 사태들을 해석, 예상, 조절하는 데 사용될 하나의 개념구성체가 형성된다. 그런데 이렇게 형성된 개념구성체가 그 뒤에 계속해서 환경 혹은 사태들을 정확하게 예상할 수 있게 하면, 그 개념구성체는 보존될 것이나, 만약 그렇지 못하면, 그 예상의 토대가 된 개념구성체는 일부 수정이 되거나 삭제될 가능성이 있다.

2) 가정 2

사람들이 그들의 신념, 개념도식(schemata), 지각, 마음에 새겨진 사실들이 잘못된 것일 수도 있다는 것을 인정한다면, 비합리적 신념으로부터 더 잘 벗어날 수 있을 것이다. 자신이 갖고 있는 신념의 타당성과 기능성을 평가하고, 대안적인 사고들을 받아들일 수 있는 의지를 가지는 것은 새로운 행동과 개념도식을 발달시키는 데 필요한 일들이다.

3. 이론적 가정

– REBT에서 강조하는 기본적 원칙들은 다음과 같다.

1) 원칙1 : 인지(Cognition)는 인간의 정서를 결정하는 요소로서 가깝고 접근하기 쉬우며 가장 중요한 요인이다.

간단히 표현하면, 우리는 생각하는 것을 느낀다. 어떤 사건이나 타인이 우리로 하여금 "좋은 감정"이나 "나쁜 감정"을 불러일으키는 것이 아니라, 우리 스스로가 인지적으로 그렇게 할뿐이다.

2) 원칙 2 : 역기능적 사고는 정서적 고통의 핵심적인 결정 요소이다.

역기능적 정서 상태나 정신 병리학의 많은 부분들은 역기능적 사고 과정의 결과이다. 이러한 역기능적 사고 과정은 지나친 과장, 과잉 단순화, 과잉 일반화, 비논리성, 비합법적인 가정의 사용, 잘못된 추정, 절대적으로 고정화된 개념도식 등으로 나타난다.

3) 원칙 3 : 우리는 생각하는 것을 느끼기 때문에, 정서적 문제에서 벗어나기 위해 우리는 먼저 사고의 분석부터 시작한다.

만약 고통이 비합리적 사고의 산물이라면, 그 고통을 극복하기 위해 우리는 이 사고를 바꾼다.

4) 원칙 4 : 유전적이고 환경적인 영향을 포함한 다양한 요소들이 비합리적 사고와 정신병리의 원인이 된다.

사람은 비합리적으로 생각하는 선천적 경향성을 가지고 있다. 그러나 비록 우리가 비합리적 사고를 쉽게 학습하는 경향을 가지고 있을지라도, 우리가 영위하고 있는 문화는 우리가 학습할 특별한 내용을 갖추고 있는 것으로 보인다.

5) 원칙 5 : 어떻게 그들이 비합리적 사고를 습득하게 되는가 보다는, 비합리적 신념에 대한 당시적 집착이 정서적 혼란의 더 가까운 원인이다.

비합리적 신념의 습득에 있어 유전과 환경적인 조건들이 중요하기는 하지만, 사람들은 신념의 자기 교화, 또는 예행연습에 의해 혼란을 지속시킨다. 만약 개인들이 그들의 사고를 재평가하여 비합리적 사고를 버린다면, 현재 그들의 기능들이 매우 다르게 작용할 것이다.

6) 원칙 6 : 당시적 신념도 바뀔 수 있다.

비록 그러한 변화가 쉽게 일어나지는 않을지라도. 인식하고 도전하고, 그리고 자신의 사고를 수정하기 위한 활동과 지속적인 노력을 통하여 비합리적인 신념은 변화되어질 수 있다.

주요 개념

1. 적응적 정서와 부적응적 정서

1) REBT는 혼란된 역기능적 정서와 비록 부정적이기는 하나 정상적으로 동기화된 정서를 구분한다. 즉, 부정적인 감정의 표현이 정신병리의 증거는 아니다.

2) 혼란은 역기능적 행동을 초래하거나 사회적 표현을 소원하게 하는 정서로 특징지워질 수 있다. 혼란되지 않은 정서는 문제의 해결과 처리, 사회적 결속 등을 이끌어 낸다.

합리적 신념은 적응적 반응과 사회적 의사소통을 유도하는 적절한 정서를 이끌어 낸다.

2. 비합리적 신념과 정서적 혼란

REBT가 답해야 할 중요한 이론적 문제들은 정서적 혼란을 유도하는 인지적 과정, 또는 비합리적 신념이란 무엇인가와 어떻게 그러한 비합리적 사고가 강렬한 정서적 혼란을 일으키게 되는가이다.

1) 합리적 사고와 비합리적 사고의 차이

특성 \ 구분	합리적 사고	비합리적 사고
논리성	논리적으로 모순이 없다.	논리적으로 모순이 많다.
현실성	경험적 현실과 일치한다.	경험적 현실과 일치하지 않는다.
실용성	삶의 목적 달성에 도움이 된다.	삶의 목적 달성에 방해가 된다.
융통성	융통성이 있고 유연하다.	절대적/극단적/경직되어 있다.
파급효과	적절한 정서와 적응적 행동에 영향을 준다.	부적절한 정서와 부적응적 행동을 유도한다.

2) 비합리적 사고의 요소

가) 당위적 사고

당위적 사고는 요구에 의한 표현으로 드러나는데, 영어로는 "must, should, ought, have to" 등의 단어로 표현된다.

Ellis는 절대적이고 당위적인 사고를 인간 문제의 근원으로 파악한다. 각 개인의 기본적인 세 가지 불합리한 신념은 다음의 중요한 세 가지 당위적 사고에 의해 요약될 수 있다.

① 자신에 대한 당위

나는 반드시 훌륭하게 일을 수행해 내야하며 중요한 타인들로부터 인정받아야만 한다. 만약 그렇지 못하면 이는 끔찍하고 참을 수 없는 일이며 나는 보잘 것 없는 하찮은 인간이 되고 말 것이다.

② 타인에 대한 당위

타인은 반드시 나를 공정하게 대우해야 하며, 만약 그렇지 못하면 그것은 끔찍하며 나는 그러한 상황을 참아낼 수 없다.

③ 세상에 대한 당위

세상의 조건들은 내가 원하는 방향으로 돌아가야만 한다. 만약 그렇지 못하면 그것은 끔찍하며 나는 그런 끔찍한 세상에서 살아갈 수가 없다.

Ellis는 인간이 위의 세 가지 기본적 당위에 대해 찬동해 버리면 장애는 저절로 수반하게 된다고 주장한다. 그리고 당위적 사고가 모든 비합리적 사고의 핵심이 되며 여기서부터 기타의 비합리적 사고가 파생되는데 이는 대표적으로 과장적 사고, 인간 비하적 사고, 좌절의 불포용이 있다.

나) 당위적 사고에서 파생된 사고

– 과장적 사고

과장적 사고는 현실을 있는 그대로 직시하기보다는 훨씬 더 과장해서 생각하는 것을 말한다. "…이 끔찍하다", "…하면 큰일 났다" 등의 표현으로 드러난다.
Ellis는 경악이라는 용어를 사용하였다.

– 좌절의 불포용= 낮은 인내성

처음에 Ellis는 이와 같은 비합리적 신념의 형태를 LFT(Low Frustration Tolerance; 낮은 인내성)라는 용어를 사용했는데, 욕구가 좌절된 상황을 충분히 참지 못한다는 의미에서 본다면 FI(Frustration Intolerance)라는 용어가 더 적절하다. 세상에는 인간이 할 수 있는 일이 있고 그렇지 못한 일이 있을 수 있는데, 인간의 한계를 수용하지 못하는 경우도 이에 해당된다.

– 인간 가치의 총체적 비하

대체로 사람들은 자신들의 잘못된 한 가지 행동을 가지고 자기 자신의 가치 또는 타인의 가치를 총체적으로 평가해 버리는 경우가 많은데, 그 형태가 자기 비하 또는 타인 비하로 드러나는 경향이 짙다. "나는 수학 시험을 잘 치지 못했어." 라고 말해도 될 것을, "그러므로 나는 아주 나쁜 아이야." 라고 표현하는 것은 자기 비하의 한 전형이다.

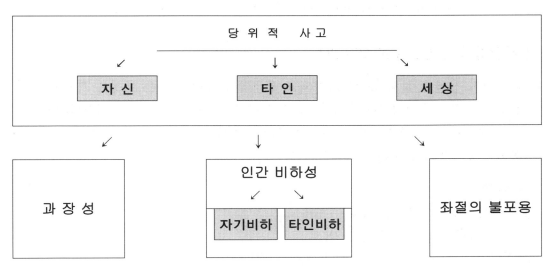

〈당위적 사고에서 파생한 비합리적 생각의 요소〉

인지적-정서상담이론(RET)(2)

> **학습목표**
> 1. 비합리적 신념과 사고과정에 대한 내용과 특성이해
> 2. ABC 모형, ABCDEF 모형에 대한 이해

> **학습내용**
> 1. 비합리적 신념이 발생하는 과정과 도식에 대한 내용을 학습한다.
> 2. ABC 모형과 이후 새롭게 재설계된 ABCDEF 모형에 대한 내용을 학습한다.

▣ 비합리적 신념 체계의 체득 과정

– Ellis에 의하면

① 인간은 생득적으로 비합리적 사고를 지닐 수 있는 경향성이 있다고 한다. 그리고 비합리적 사고의 대부분은 먼저

② 어린 시절에 부모나 사회가 교육시킨 것이라고 보고 있다. 이것을 학습이론적 용어로 표현하자면 조건 반사적 행동 내지 조건화(conditioning)된 것이라고 볼 수 있다. 다음에는

③ 사회나 부모의 가치를 옳은 것으로 수용하여 자기의 것으로 받아들임으로써 굳게 체득된다. 즉, 자기 교화(self-indoctrination) 내지 내재화의 과정이 이루어지는 것이다.

▣ 비합리적 신념[도식]과 사고 과정

1. 비합리적 신념은 실제적으로 고정되고 부정확한 도식과 같은 특성을 가지고 있다. Ellis는 비합리적 신념보다는 비합리적 도식이라고 표현하는 것이 더 정확할지도 모른다고 제안했다. 도식은 자연적 세계와 당위적 세계, 그리고 그러한 세계에서 좋고 나쁨이란 무엇인가에 대한 예상들의 집합이다.

2. **도식은**
   ① 사람들이 관심을 가지는 정보,
   ② 감각으로부터 받아들여지는 지각,
   ③ 지각한 자료로부터 결론을 이끌어 내는 자동적 사고나 추론
   ④ 실제적 또는 지각된 세계로 만들어 낸 평가

⑤ 문제를 풀기 위해 생각하는 결론에 영향을 줌으로써, 사람들이 그들의 세계를 조직하는 데 도움을 준다.

〈인자·정서에 대한 비합리적 도식의 역할〉

ABC 모델

영어의 A, B, C는 각각 선행 사건을 의미하는 Activating events, 그리고 사고나 신념을 의미하는 Belief system, 결과를 의미하는 Consequence의 머릿 글자를 따온 것이다.

어떤 사건(A)이 일어나면 각 개인은 이 사건을 자신의 신념 체계(B)를 매개로 하여 지각하고, 이 사건을 자신의 가치관이나 태도에 비추어 평가하고, 그로 인해 정서적이거나 행동적인 결과 (C), 즉 우울하거나 초조해 하거나 화를 내는 행동 등을 하게 된다.

이를 그림으로 그려보면 다음과 같다.

S (자극)		O (유기체)		R (반응)
선행 사건(A)	→	사고/ 신념(B)	→	결과 (C)

〈ABC 기본 모형〉

ABCDEF 모델

REBT의 관점에 의하면, 불안, 우울, 열등감, 시기, 질투, 죄의식 등과 같은 정서적 반응 (emotional consequence : C)은 주로 개인의 신념 체계(belief system : B)에 의해서 발생한다. 즉 심한 불안과 같은 바람직하지 못한 정서적 반응(C)의 원인은 어떤 사건의 발생(activating events : A)때문이 아니라 그 사건에 대해 가지는 자기 자신의 비합리적 신념(irrational belief : iB)때문이며, 그러한 혼란된 정서는 합리적인 신념(rational belief : rB)에 의해 효과적으로 논박(dispute : D)될 때 사라지며, 이러한 논박의 결과로 새로운 철학이나 새로운 인지 체계를 가져오는 결과(effects : E)를 낳게 되며 종국적으로 F(Feeling:논박확인을 통해 바뀐 합리적 신념에서 비롯된 새로운 감정)의 단계에 이르게 된다는 것이다. 결국 REBT는 인지적 재구조화를 위한 ABCDEF의 체계로 구성되는데, 이를 구체적으로 도식화하면 다음과 같다.

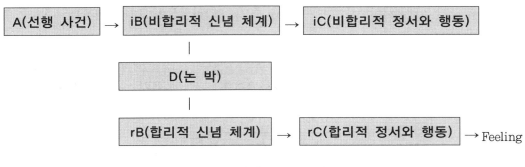

〈ABC의 확장된 모형〉

상담의 목적과 과정

1. 상담목적

　REBT에서의 상담의 목적은 내담자의 핵심적인 자기 파괴적 생각을 최소화하고 삶에 있어 더욱 현실적이고 관대한 철학을 갖도록 하며, 삶에 있어 바람직하지 못한 결과가 나왔을 경우 자기 자신이나 다른 사람에 대한 비난을 줄이고 미래에 닥쳐올 장애를 효과적으로 대처하도록 하는 것이다.

　다음은 REBT 상담자가 내담자와 함께 작업해야할 특수한 목표들이다.

　① 자기에 대한 관심(self-interest)의 촉진이다.
　② 사회에 대한 관심(social-interest)의 촉진이다.
　③ 자기지도력(self-direction)을 기르는 것이다.
　④ 관용성(tolerance)을 기르는 것이다.
　⑤ 융통성(flexibility)을 기르는 것이다.
　⑥ 불확실성의 수용(acceptance of uncertainty)이다.
　⑦ 심신을 몰입하도록 한다(commitment).
　⑧ 과학적으로 생각할 수 있도록 한다(scientific thinking).
　⑨ 자기 자신을 수용할 수 있도록 한다(self-acceptance).
　⑩ 모험을 할 수 있도록 한다(risk taking).
　⑪ 유토피아적인 생각을 갖지 않도록 한다(nonutopianism).

2. 상담의 과정

　1) RET의 상담과정은 내담자가 가지고 있는 비합리적 생각과 그 생각에 근거한 자기언어를 찾아서 이의 비합리성을 확인하고 논박(D:disputing)하여, 합리적 생각과 자기언어로 바꾸고 이를 토대로 적절한 정서를 가지며, 바람직한 행동을 할 수 있도록 하는 것이다.

2) 과정
 ① **상담관계 수립** : 내담자가 자유스럽게 이야기할 수 있는 분위기 마련한다.
 ② **부적절한 정서 및 행동 확인** : 내담자의 문제를 분명히 밝힌다.(문제와 관련하여 내담자가 현재 경험하고 있는 정서와 구체적인 행동.)
 ③ **성격의 ABC이론 확인** : 성격의 ABC이론을 내담자가 분명히 알 수 있도록 한다.
 ④ **비합리적인 생각 확인** : 내담자의 비합리적인 생각과 그 생각에 근거한 자기언어를 찾도록 한다.
 ⑤ **비합리적 생각 논박** : 부적절한 정서와 관련된 생각이 아무런 합리적 근거가 없음을 밝히는 것을 말한다.
 ⑥ **합리적 생각 확인** : 내담자에게 비합리적 생각과 대치되는 합리적 생각을 하게하고, 그 생각을 자기언어로 진술해 보도록 한다.
 ⑦ **합리적 생각 적용** : 자기언어로 진술된 합리적 생각이 실제 행동에 적용되도록 한다.
 ⑧ **합리적 인생관 확립** : 이상의 결과를 보다 일반화될 수 있도록 하여 내담자가 합리적인 사고와 자기언어에 근거해서 삶을 살아갈 수 있도록 한다.

▣ 상담자의 기능과 역할

1) 내담자의 문제를 장애 행동에 동기가 되는 기본적인 몇 가지의 비합리적 사고에 고정시킨다.
2) 내담자가 그런 자신의 신념들을 확인하도록 도전하게 한다.
3) 내담자에게 그의 사고가 비합리적인 본질을 지녔음을 보여준다.
4) 내담자의 비합리적 사고를 공격하기 위해 논리적인 분석을 한다.
5) 이런 신념들이 얼마나 비효율적이며 그의 미래에 어떻게 정서적·행동적인 장애를 가져다주는지를 설명한다.
6) 자기 파괴적인 감정과 행동으로 이끄는 현재나 장래의 비합리적·비논리적 신념에 대해 어떻게 과학적인 사고방식을 적용하는가를 내담자에게 가르친다.
7) 내담자가 자신의 감정에 대해 직접적으로 작업하고 장애에 대처해서 활동하도록 돕기 위해 여러 가지 정서적·행동적 방법들을 사용한다.

▣ 내담자의 경험

1) REBT에서의 상담은 현재의 내담자 경험에 초점을 둔다. 현재의 경험이 내담자가 인생초기에서 얻은 사고와 정서의 유형을 변화시킬 수 있는 있다는 점을 강조한다. 내담자의 기본적인 삶에 관계없이 그의 비합리적인 철학에 강조점을 두고 그가 자신과 외계에 대해 자기 폐쇄적인 관점을 계속 갖고 있기 때문에 장애를 받는다고 본다. 즉 REBT에서는 장애를 일으키는 생각과 감정을 지속시키는 것은 자기 자신이며, 합리적·정서적으로 그것들에 직면하

고 생각하며 제거시키기 위해 노력해야 한다는 내담자의 자각을 강조한다.

2) REBT 이론에 의하면 피상적인 통찰만으로는 성격변화에 이르기 어렵다. 왜냐하면 통찰은 개인이 가진 문제는 선행요인에 의해 발생된다고 보기 때문이다. 이런 종류의 통찰은 우리를 잘못 인도하는데 왜냐하면 현재 나타나는 사건들(A)이 행동장애를 가져오는 것은 아니기 때문이다. 오히려 개인의 혼란(C)의 원인은 자신에게 일어난 사건을 해석하는(B)방식에 있다. 따라서 REBT는 다음과 같은 세 가지 수준의 통찰을 가정한다. 이 수준들을 도해하기 위해 어떤 남성 내담자가 부인을 두려워하는 장애를 갖고 상담을 한다고 가정하자. 그는 공격적인 부인으로 인해 위협을 느끼며 강한 부인에게 어떻게 대처해야 하지, 그녀가 그에게 어떻게 할지 두려워한다.

가) 통찰 1

부적절한 정서와 부적응적 행동의 원인은 과거나 현재의 사건이 아니라, 그 사건을 해석하고 평가하는 비합리적 사고이다.

예) 내담자는 부인에 대한 그의 두려움에 선행원인이 있다는 것을 자각한다. 이 원인은 예를 들면 그의 어머니가 그를 지배하려고 하지 말았어야 했는데 그랬었고 아직도 그렇게 하려고 해서 두렵다는 그의 비합리적 신념이다.

나) 통찰 2

현재의 부적절한 정서와 부적응적 행동이 어떻게 일어났는가에 관계없이, 과거에 형성된 비합리적 사고를 계속적으로 재교화하고 재주입하고 있기 때문에 현재의 정서적 행동적 어려움을 겪게 된다.

예) 내담자가 과거에 받아들여서 계속 갖고 있는 비합리적 신념 때문에 아직도 여성에게서 위협을 느끼고 여성 앞에서 불편해 한다는 것을 인지하는 것이다. 그는 "여성들이 나를 파멸시킨다"거나 "그들은 내가 초인이기를 기대한다"거나 또는 다른 비합리적 신념을 계속적으로 자신에게 말하기 때문에 여성과 함께 있을 때 공포상태가 된다는 것을 직시해야 한다.

다) 통찰 3

통찰을 경험했다 하더라도, 비합리적 사고를 합리적인 사고로 바꾸기 위한 일관되고 지속적인 노력을 해야만 정서적 행동적 어려움을 제거할 수 있다.

예) 내담자가 자신의 비합리적인 신념을 바꾸는 작업을 부지런히 하지 않으면 개선이 되기 어렵다는 것을 받아들이는 것이다. 따라서 그의 과제는 매력적인 여성에게 접근해서 그녀에게 데이트를 신청하는 것이 될지 모른다. 이럴 때 그는 자신의 비합리적 신념, 파국적인 예가 그리고 무언가 일어날 것 같다는 생각에 도전하는 것이 좋다. 단지 두려움 대해 이야기하는 것만으로는 행동의 변화가 일어나기 어렵다. 중요한 것은 그의 비합리적 두려움을 깨뜨리는 일에 적극 참여하는 것이다.

상담이론

26강 인지적-정서상담이론(3)

학습목표
1. 합리적정서행동이론의 적용 및 주요기법 이해
2. 아론 벡의 인지치료이론의 이해

학습내용
1. 합리적정서행동이론의 주요기법과 적용에 대한 내용을 학습한다.
2. 아론 벡의 인지치료이론과 RET 이론과의 차이점 등을 학습한다.

☐ 상담자와 내담자간의 관계

REBT 상담법에서 기본관념은 내담자가 자기경멸을 하지 않도록 돕는 것이다. 또한 상담자는 내담자를 평가하지 않고 하나의 인간으로서 완전하게 수용한다는 것을 보여줌과 동시에 내담자로 하여금 그의 비합리적 사고와 자기 파괴적 행동에 도전하게 하며 내담자에게 애정을 주지 않으면서 불완전한 인간인 채로 수용하는 대신에 교시, 자서전 상담법, 행동수정 등 과학적인 기법을 사용하여 상담한다.

☐ 적용 및 주요기법

REBT는 인지적·정서적·행동적 기법을 내담자 개개인에게 맞추어 다양하게 사용한다. 이 접근법은 매우 실용적이며 적용하기에 좋은 기법으로 입증되었으며 내담자를 포기하지 않고 적절한 결과로 이끄는 기법이다. 다음에 제시하는 것들은 엘리스에 의해 구체화된 주요한 인지적·정서적·행동적 기법을 간략히 요약한 것이다.

1. 인지적 기법

1) 비합리적 신념에 대한 상담자의 논박

REBT의 가장 일반적인 인지적 방법은 상담자가 적극적으로 내담자의 비합리적 신념을 논박하는 것이다. 상담자는 내담자에게 그가 장애를 겪는 것은 어떤 사건이나 상황 때문이 아니라 그런 상황이나 사건을 자각하는 방법과 그런 것들을 반복해서 자기진술하기 때문이라는 것을 보여 준다.

2) 인지적 과제 부과

내담자의 내면화된 자기-메시지의 일부인 추상적인 "should 나 must"를 사용한 부정적인 자기진술을 긍정적인 메시지로 바꾸도록 하는 인지적 과제를 매일의 생활속에서 이행하도록 격려된다.(REBT에 관한 책을 읽거나 상담기간 중에 녹음한 것들을 듣도록 한다.)

3) 내담자 자신의 비합리적 신념에 대한 자기 논박

매일 일정시간 내담자는 자신의 비합리적인 신념이 약화될 때까지 대표적인 자신의 비합리적 신념을 논박하도록 하는 것이다.

4) 새로운 진술문의 사용 : 자신의 말을 바꾸기

내담자는 절대적인 "해야 한다(should, must, ought)"를 절대적이 아닌 "하고 싶다(preferable)"로 대치함으로써, 보다 합리적인 사고로 자신을 진술하는 법을 배울 수 있다. 내담자는 절대적인 "해야 한다"를 절대적이 아닌 "하고 싶다"로 대치함으로써 개인적인 힘을 얻으며, 자신의 언어유형을 바꾸고 새로운 자기진술을 함으로써 내담자는 다르게 생각하고 행동하게 된다.

2. 정서적 기법

1) 합리적 정서적 이미지

내담자로 하여금 습관적으로 부적절한 느낌이 드는 장면을 생생하게 상상하도록 한다. 그리고 그 장면에서의 부적절한 행동을 적절한 행동으로 바꾸도록 한다.

2) 역할 놀이

역할놀이에는 정서적·행동적 구성요소가 모두 포함되어 있다. 불쾌한 감정과 연관된 중요한 비합리적 신념을 통해 작업하는 것이 중요하다. 내담자는 문제행동과 관련된 장면에서 어떤 일이 일어나는지를 알기 위하여 그 장면에서의 행동을 시도해 본다.

3) 부끄러움-공격 연습

내담자들은 원래 다른 사람들이 자신을 어떻게 생각할까 하는 것 때문에 두려워하게 되므로 어떤 것을 과감히 해보는 과제를 받게 될 것이다. 그런 과제를 수행하므로써 내담자는 다른 사람들이 자신의 행동에 그리 큰 관심을 갖고 있지 않는 다는 것을 발견하게 된다. 내담자는 다른 사람들의 반응에 더 이상 연연해 할 필요가 없으며 그런 반대가 그로 하여금 자신이 하고 싶어 하는 일을 못하도록 방해하지 못한다는 것을 배운다.

4) 모델링

내담자가 겪고 있는 정서적 혼란에 대해 그것과 다르게 생각하고 도전하며, 행동하는 사람들의 생각이나 행동을 상담자가 연출해 보여 주는 것이다.

5) 무조건적 수용

내담자의 어떤 말이나 행동을 무조건적으로 수용하는 기술이다.

6) 유머

내담자에게 혼란을 일으키는 어떤 생각을 줄이기 위해 상담자가 유머를 사용한다.

3. 행동적 기법

RET는 인지적 행동적 상담의 한 형태이기 때문에 행동적 상담기법(조작적 조건화, 자기관리, 체계적 둔감법, 도구적 조건화, 생체 자기제어, 이완 등)을 거의 그대로 활용할 수 있다.

▣ REBT의 적용분야 및 기법들

1. REBT의 적용

가) 적용대상

REBT는 불안, 적개심, 성격장애, 정신장애, 우울증 등의 처치에 폭넓게 적용된다. 또한 성, 사랑, 결혼, 아동의 육아, 청소년, 사회적 기술훈련과 자기관리 등에도 적용되어 왔다.

나) 적용영역

REBT를 적용시키기 좋은 영역은 개인상담, 집단상담, 마라톤식 만남의 집단, 간이상담이나 위기상담, 결혼상담, 가족치료 등 광범위하다.

2. 다른 치료 기법들

가) 멀츠비의 합리적 - 행동적 치료

멀츠비는 엘리스와 함께 수학한 학자로써 합리적-행동적 치료(Rational Behavior Therapy, RBT)라고 불리우는 엘리스의 RET의 대안적 기법을 발달시켰다. RBT의 과정에서는 합리적인 자기분석의 과정(A-B-C)을 글로 적게하는 방법이 유용한 도구가 된다고 하였다. 이후에 멀츠비는 RBT를 기본으로 합리적 - 정서적 이미지 기법을 첨가하여 바람직하지 않은 습관을 소거하고 새롭고 바람직한 습관으로 대치시킬 수 있도록 하는 기법들을 고안하였다.

나) 벡(A. Beck)의 인지적 치료

- 벡의 인지적 치료(cognitive therapy)는 내담자로 하여금 자기패배적인 인식을 자각하고 버리게 한다는 점에서 엘리스의 RET와 근본적으로 같은 목표를 가지고 있다.
- 하지만 벡의 인지적 치료기법은
  ① 소크라테스식의 대화술을 강조하며 내담자가 잘못된 신념을 발견하도록 돕는 것을 강조하며,
  ② 인지적 치료는 RET보다 더 구조적이다.

③ 벡의 인지적 치료는 내담자의 인지유형에 따라 장애유형이 다르다고 보며 따라서 장애
유형에 따라 각기 다른 기법을 적용한다고 주장하며, 엘리스의 "비합리적 신념"이라는
용어에 대해 부정확하며 추상적이라고 비판하였다.

벡은 불안, 우울, 공포를 치료하기 위한 인지적 기법에 초점을 두었는데 이후 우울증 척
도(BDI)를 개발하여 우울증 환자의 증상관찰과 치료에 적용하였다.

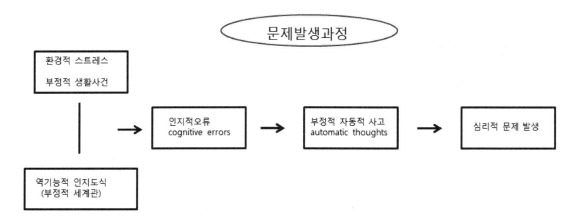

사례) 자신의 실직 (환경적 스트레스와 부정적 생활사건)

　　실직은 나쁘다.(친구나 아버지의 실직에 대한 기억: 역기능적 인지도식)

　　실직은 가정을 파괴한다.(인지적 오류)

　　나는 가정을 파괴하는 쓸모없는 인간이다.(부정적 자동적 사고)

　　심리적 문제발생

　　– 우울증, 취업활동포기(구직욕구저하, 효능감 저하, 공황장애)

　　　치유(자기효능감증진, 구직효율성 증진)

다) 마이헨 바움의 인지적 행동수정

마이헨 바움의 자기교시적 치료는 근본적으로 인지적 재구성의 형태로써 내담자의 자기언
어화의 변화에 초점을 두었다. 즉, 내담자가 자기대화를 자각하도록 하는 내적대화의 역
할에 초점을 두었으며, 이의 결과로 개인이 자신의 내면의 소리를 듣는 기술을 배움으로써
변화가 이루어진다고 하였다.

🔲 REBT의 공헌 및 제한점

RET는 인간의 생각이 정서와 행동에 크게 영향을 미칠 수 있다는 가정에 근거를 두고 있다.

즉 비이성적, 비논리적, 비합리적인 신념들을 가지고 있는 내담자를 RET의 핵심 이론인 ABCDE모형을 적용하여 보다 이성적이며, 논리적이고, 합리적인 신념으로 대치되도록 하여, 궁극적으로는 내담자의 인생관을 보다 긍정적으로 바꾸도록 하는데 있다.

1. 공헌점

1) 상담의 효과를 크게 높일 수 있음을 시사해 준 점이다.
2) 인간의 생각, 신념, 자기언어와 같은 인지적인 면이 경험이나 느낌만큼 인간행동에 중요한 영향을 미칠 수 있다고 본 점이다.
3) 통찰된 것을 행동으로 옮겨야 함을 강조한 점이다.
4) 포괄적이고 절충적인 상담과정에 강조점을 두었다는 점이다.
5) 정서적 장애와 문제행동의 원인 및 이의 해결방법을 아주 명확하게 제시하고 있다는 점이다.
6) 과거 불행한 사건의 무기력한 희생자가 아니라는 반 결정론적 관점이다.
7) 상담자의 직접적인 중재 전략 없이 자신의 상담법을 이행할 수 있는 방법을 내담자에게 가르칠 수 있다는 점이다.

2. 제한점

1) 이 이론이 모든 내담자에게 효과가 있을 것으로 기대해서는 안 된다.
2) 내담자의 의미 있는 과거 경험, 미결된 갈등, 무의식의 영역 등을 경시하는 점이다.
3) 상담자와 내담자의 래포와 협동관계를 기본적으로 강조하지만 인간적인 따뜻함, 내담자에 대한 호감, 개인적인 관심, 보호 같은 것이 효율적인 상담을 위한 필수요소가 아니라고 주장한다.
4) 자발성이 없는 내담자에게는 그 효과를 기대하기 어렵다는 점이다.

학습목표
1. 현실요법의 의의와 특성 이해
2. 현실요법의 주요 용어 이해

학습내용
1. 현실요법의 특성을 이해하고 인간관, 성공적 정체감 등을 학습한다.
2. 현실요법의 제한점과 주요 용어 등을 학습한다.

현실요법

1. 현실요법은 글래서(Glasser)가 주창한 상담과정으로 도움을 필요로 하는 사람이 일상적 활동에서 남의 욕구를 침범하지 않는 범위에서 자기의 욕구충족을 위한 자신의 행동을 주도적으로 선택해서 책임을 지도록 상담자가 도움을 주는 과정이다.

2. 현실요법은 과거를 중시하는 전통적인 상담 방법과는 달리 내담자의 행동과 '지금, 그리고 책임'을 강조하여, 경미하거나 심각하거나 한 정서적 혼란으로부터 심각한 정신병자라고 분류된 사람에 이르기까지 어떤 종류의 심리적·정신적 문제로 시달리는 사람들에게도 적용될 수 있다.

3. 현실상담은 현재에 집중하며, 그 현재의 행동이 내담자가 원하는 것을 얻는데 효과적인지 평가하도록 도와준다.

주요 개념들

1. 인간본성에 대한 관점

통제이론을 바탕으로 한 현실상담은 인간본성에 대한 결정론적인 철학에 의존하지 않고, 인간은 궁극적으로 자기 결정을 하고 자기 삶에 책임을 갖고 있다는 가정이다. 글래서는 인간은 자유롭고 자신의 목표를 스스로 선택하고자 하는 욕구를 지닌다고 가정하고 있다(Corey, 1993).

2. 성공적 정체감(sucessful identity), 패배적 정체감(failure identity)

이 접근이 인간관에 있어서 보다 구체적이며 빼놓을 수 없는 것은 인간이 자신의 정체감을 개발하려는 기본적 욕구를 가졌다는 것이다. 즉 인간은 일생을 통하여 정체감 그것도 성공적 정체감(sucessful identity)을 가질 수도 있고, 패배적 정체감(failure identity)을 가질 수도 있는데, 어떠한 정체감을 가지느냐는 것은 '사랑하고자 하는 욕구와 사랑받고자 하는 욕구' 및 '자신과 타인에게 가치 있다고 느끼느냐, 가치 없다고 느끼느냐'와 밀접하게 관련된 것으로 보고 있다. 이와 같이 현실상담에서 인간을 보는 철학은 긍정적이며 자기 스스로 삶에 책임을 지고, 문제를 해결할 수 있는 자원이 있다는 데서 출발하고 있다.

■ 현실요법의 특성

– 다음은 현실요법의 특성을 몇 가지 정의한 것이다.

1. 실존적–현상학적 성향

Glasser는 인간은 자신이 창조한 세계에 대해 책임이 있으며, 무력한 희생자가 아니고 보다 나은 삶을 만들 수 있다고 보았다. 그는 불행을 우연히 일어난 어떤 것이라고 보지 않는다. 따라서 그는 '우울하게 된'(being depressed)이나 '화가 나게 된'(being angry) 대신에 '우울한'(depressing)이나 '화난'(angrying) 사람이라는 표현을 쓴다. 우리의 행동은 우리가 선택한 결과라는 현실을 인식하고 그것에 입각해 행동할 때 변화가 일어난다.

2. 통제이론(선택이론)

현실상담에서는 상담을 위한 이론적 기초로 통제이론(또는 선택이론이라 칭하는 저서도 있음)을 사용한다. 통제이론이란 모든 살아있는 유기체는 끊임없이 자신의 목적에 따라 외부 세계를 통제하기 위해 행동한다는 것이다. 현실상담을 수정하면서 글래서는 우리들의 밖에 있는 현실세계에서 일어나는 것들은 우리의 내부 세계에 자리한 것에 관련되지 않는다면 별 의미가 없다고 강조한다. 이 주제를 발전시키면서 그는 외부 세계를 가능한 한 내부 세계에 밀접히 접근시키기 위해 현실 세계를 다루는 통제체제로서 두뇌가 어떻게 작용하는가에 대해 자세히 논의하고 있다.

3. 의학적 모델의 거부

신경증과 정신장애를 포함한 정신적인 병의 개념에 대한 전통적인 견해를 부정하는 것이 처음부터 현실상담을 이끌어준 힘이 되었다. "정신병적 행동"은 단지 우리에게 일어난 어떤 것이 아니고 오히려 우리가 외부의 세계를 조정하려는 방식으로 선택한 행동이라는 것이다.

비록 어떤 행동들(심신증적 장애나 약물중독이나 알코올 중독 등)은 고통스럽고 비능률적이 지만 그것들이 어느 정도 어떤 작용을 하지 않는다면 우리는 그것들을 사용하지 않는다. 글 래서는 우리가 의식적으로 이런 불만족스런 행동들을 선택한다고 주장한다.

4. 성공적 정체감과 긍정적 탐닉

성공적 정체감이라는 개념은 현실상담을 이해하는데 있어 핵심이다. 성공적인 정체감을 가 진 사람은 자신을 사랑을 주고받을 수 있는 존재로 보고 다른 사람에게 중요한 존재라고 느 끼며 다른 사람의 비싼 대가를 요구하지 않고 자신의 욕구를 충족시킨다. 긍정적인 탐닉을 얻는 두 가지 방법은 달리기와 명상이다.

5. 책임에 대한 강조

현실상담은 책임을 상당히 강조하는데 글래서는 이것을 다른 사람의 목표달성을 방해하지 않는 방식으로 자신의 욕구를 만족시키는 행동이라고 정의하고 있다. 즉 책임성은 개인이 그의 삶을 효과적으로 통제하는 것을 배운다는 의미이다. 자신을 수동적으로 보기보다는 만 약 현재 행동이 자신이 원하는 것이 아니라면 자신을 변화시킬 수 있다고 본다.

▢ 현실요법의 제한점

1. 과거탐색의 가치에 대한 과소평가

1) 과거의 외상이나 실패 또는 내담자의 현재 문제에 영향을 주는 외부조건을 탐색하는 이론과 는 달리 현실상담은 지금 여기에 초점을 둔다(Corey, 1993). 이 접근에서는 책임과 현실이 대단히 관계가 깊다. 책임이 현실의 직면과 직결된다는 것은 현실세계를 정확하게 받아들 여야만 한다는 점과 현실세계가 정해주는 어떠한 범위 내에서만이 자신의 욕구 충족이 가 능하다는 점을 분명히 이해해야 함을 의미한다.

2) 현재의 행동은 관찰되어질 수 있는 것 중의 하나이고 현실의 세계에서 엄연한 사실이기 때문에 현실의 한 부분으로서 강조되어진다. 감정은 행동보다 덜 확실하기 때문에 Glasser는 감정보다도 행동이 상담에서 강조되어야 한다는 점을 지적하고 있다.

3) 심리학에서 오랜 기간동안 '계란과 닭'의 논쟁이라고 할 수 있는 행동과 감정의 문제에 대 해, 그는 감정이 변하기 전에 행동이 변해야 함을 강조한다. 즉 행동의 변화가 감정을 변화 시킬 수 있음을 지지하는 견해이다(Glasser, 1990).

2. 전이의 가치에 대한 과소평가

전이의 개념을 그릇되고 왜곡된 개념으로 거부하면서 글래서는 인습적인 상담자들이 내담자의 머리 속에 전이의 개념을 주입시킨다고 주장한다. 현실상담에서는 내담자가 현재 갖고 있는 지각을 다루며 내담자에게 그의 반응과 관점이 과거에는 어떠했는가를 탐색하려 하지 않는다.

▣ 현실요법의 주요 용어들

1. 기본적 욕구

- 인간을 움직이게 하는 강력한 힘은 생래적인 기본적 욕구(basic need)에서 비롯된다.
- 기본적인 인간의 욕구는 신뇌(new brain)에 자리한 네 가지의 심리적이고 정신적인 욕구인 사랑과 소속의 욕구힘에 대한 욕구·즐거움에 대한 욕구자유에 대한 욕구와, 구뇌(old brain)에 자리한 생존에 대한 욕구 등의 다섯 가지가 있다.
- 이러한 인간의 욕구는 기본적이고 본질적인 것이지만 욕구를 충족시켜주는 구체적인 대상인 바람은 각 개인에 따라 독특하고 고유하다. 이 바람들은 비현실적일 수도 있고 변할 수도 있으며 서로 갈등을 일으키기도 한다. 현실에서 얻고 있는 것이 바람을 충족시켜 주지 못할 때 욕구 좌절을 경험하며, 이 때의 불균형과 고통이 행동의 동기가 된다.

2. 전(全)행동

- 모든 행동에는 목적이 있는데, 원하는 것과 얻고 있다고 지각한 것 사이의 간격을 줄이고자 고안된 것이다. 행동체계는 활동(acting), 생각(thinking), 감정(feeling), 신체반응(physiology)의 네 가지 요소로 구성되어 있다.
- 모든 행동은 항상 네 가지 구성요소가 모두 포함되어 있는 전행동(total behavior)이며, 전행동의 구성요소 중에서 활동요소에 대해서는 거의 완전한 통제력을 가지고 있으며, 사고요소에도 어느 정도의 통제가 가능하나 감정요소의 통제는 어려우며 신체반응에 대해서는 더욱 통제력이 없다.
- 우리가 전(全)행동을 변화시키고자 할 때, 활동과 사고를 먼저 변화시키면 감정이나 신체반응도 따라오게 된다.

3. 지각 체계(지식여과기/가치여과기)

개인이 인지하는 현실체계는 감각체계와 지각체계를 통해 인식하게 된다고 한다. 지각체계는 사물을 객관적이고 있는 그대로 바라보는 지식여과기와 우리들 각자가 가지고 있는 가치를 부여하는 가치여과기로 구성되어 있는데, 이를 통해 각자가 이상적이라고 믿고 욕구를 즉시 채워줄 수 있는 수단들을 질적인 세계에 보관하는 작업을 한다. 그런데 이렇게 지각된 세계가 우리가 원하는 질적인 세계와 맞지 않을 때 우리는 그것들을 머리속의 저울에 올려놓고 비교하게 되고 저울의 기울어진 차이를 줄이려는 욕구 때문에 다시 행동하게 되는 것이다.

상담목적/목표

1. 현실상담은 통제이론을 기초로 한 상담방법으로서 내담자가 자신의 삶을 보다 효과적으로 선택할 수 있도록 도와주는 것을 목표로 하고 있다. 즉 현실상담은 개인적 자율성을 갖도록 하며, 내담자의 노력하는 바가 성공할 수 있도록 내담자를 돕는 것이 이 접근의 상담 목적이다.
2. 현실상담의 목표는 내담자로 하여금 그들이 원하는 것을 얻도록 돕는 것이므로 내담자가 하고 있는 행동이 효과가 있는지 없는지를 결정하게 한다. 내담자들은 그 행동이 자신의 통제하에 있다는 것을 배우며 자신이 선택한 것이라는 것을 인식함으로써 변화할 수 있다는 것을 깨닫는다.
3. 이 접근에서는 내담자가 개인적 책임을 지도록 하는 것이 또한 핵심적인 상담 목표가 될 것이다.

상담자의 기능과 역할

1) 내담자가 특수한 계획을 짜도록 돕고, 행동적 선택의 대안을 제공하며, 내담자가 바라는 것을 얻도록 보다 효율적인 길을 안내하는 것이다.
2) 글래서는 기본적으로 내담자에게 수용적인 태도와 무비판적인 상담환경을 조성해주어야 하지만 건설적인 비판인 경우 허용할 수 있다고 하였다.
3) 현실상담에서의 상담자의 여러 가지 기능(Glasser, 1984)
   가) 개인의 강점, 태도 그리고 성공으로 이끌 수 있는 가능성에 초점을 두는 것
   나) 상담기간의 한계를 설정하고 삶은 개인에게 달려 있다는 것을 내담자에게 인식시키는 것
   다) 내담자가 원한다고 말하는 변화를 어떻게 이를 수 있는가에 대해 특수한 방법을 알도록 내담자에게 꼬집어 지적해 주는 것
   라) 내담자가 그의 계획을 완수하지 못할 때 늘어놓는 변명을 받아들이지 않으며 만약 필요하다면 계획을 수정하도록 도움으로써 내담자를 직면시키는 것.
   마) 현실에서 자신의 욕구를 충족시키고 자신과의 싸움에 개방적이며
   바) 인간적이며 고립된 위치를 갖지 않는 것
   사) 자신의 가치가 내담자에 의해 도전받도록 허용할 것
   아) 내담자를 이해하고 존중하며 내담자와 진실한 관계를 맺는 것

상담에서의 내담자의 경험

1) 비록 내담자의 행동이 부적절하고 비현실적이며 무책임하다고 하더라도 내담자는 사랑하고 사랑받고 싶은 기본 욕구와 자기 존중감을 이루려는 시도를 한다.

2) 내담자는 상담자로부터 삶에서 무엇을 하고 있으며 삶의 목표를 달성하기 위해 어떻게 효율적으로 행동하는지에 대해 판단, 검토, 평가하도록 요구받는다.

3) 내담자가 자신의 행동을 판단하고 어떻게 변화시켜야 할지 결정하게 되면 그는 실패행동을 성공행동으로 바꿀 수 있는 특수한 계획을 발달시키고, 이 계획을 수행하는 데 책임감을 갖고 전력해야 하며 능동적으로 실행에 옮겨야 한다.

상담자와 내담자 간의 관계

1) 현실요법은 내담자와 상담자 사이의 인격적 관계를 바탕으로 한다. 내담자는 상담자가 자신을 수용하며 현실세계에서의 욕구를 이루는 데 도움을 준다는 것을 알 필요가 있다.

2) 현실요법은 내담자의 소속욕구를 만족시킬 수 있는 따뜻하고 이해적이며 지원적인 상담자 - 내담자 관계를 강조한다.

3) 처음에는 내담자가 상담자에게 의존하지만 상담과정이 진행됨에 따라 내담자는 세상에 대처할 수 있는 심리적인 힘과 행동을 발달시킬 수 있게 되므로, 결국은 개인 각자는 한정된 상담세계보다 훨씬 큰 현실세계와 자신의 삶에 책임을 지게 된다.

28강 현실요법(2)

◻ 상담기법과 절차

가. 현실요법의 여덟 가지 단계

현실상담은 언어적으로 행동한다. 그 과정은 내담자의 삶에서의 성공을 돕는 것으로 현재 행동에 관계되는 내담자의 강점과 가능성에 초점을 둔다. 내담자가 성공적인 정체감을 창조하는 것을 돕기 위해 상담자는 다양한 행동기법을 사용한다.

현실상담은 어떤 종류의 일반적인 상담방법은 쓰지 않는다. 현실요법을 쓰는 정신의학자는 약물과 투약을 상당히 조심스럽게 사용해야 하며, 행동의 이유를 찾고 진단하는 데 시간을 허비하지 않는다.

글래서는 상담의 단계를 다음의 여덟 단계로 나누어 설명하였다. 이 단계들은 상담과정에 적용함 에 있어 상담자의 기술과 창의성을 상당히 요한다. 덧붙여서 이 단계들을 결정적이고 엄격한 범주로 생각해서는 안 된다. 각 단계는 전 단계를 기초로 하여 설정되고 상당히 상호의존적이며 현실상담의 전체적인 발달에 함에 기여하고 있다.

1) 관계를 형성하는 단계

현실상담의 첫 단계는 우정을 만드는 단계로 이것은 상담자가 수용적이고 지적인 관계를 만드는 것을 의미하다. 상담을 시작하기 위해서 내담자와의 이런 개인적인 접촉과 래포는 필수적이다. 이러한 관계를 기본으로 상담과정의 다음 단계에서 상담자는 내담자에 게 무엇을 원하는지 물을 수 있다.

2) 현재 행동에 초점을 맞추는 단계

글래서(1980, 1981)는 현재 행동에 관계없는 사고와 감정을 논의하는 것은 오히려 상담에 방해가 된다고 주장한다.

3) 자기 행동을 평가하도록 내담자를 초청하는 단계

현실상담자의 주요 임무는 내담자로 하여금 그의 행동이 자신에게 도움이 되는지를 스스로 평가하게 하는 것이다. 상담자는 내담자에게 "자신을 돕기 위해 어떤 행동을 하고 있는가? 되고자 하는 것을 위해 지금 무엇을 하고 있는 가? 당신의 행동은 도움을 주는가?"와 같은 질문을 함으로써 내담자가 가치 판단하는 것을 도울 수 있다.

4) 내담자가 행동 계획을 발달시키는 것을 돕는 단계

내담자는 가능한 행동을 탐색하여 그것들을 가지고 계획을 세운다. 계획은 현실상담에서 필수적이다. 계획은 상담자와 내담자 간의 논의에만 국한되는 것이 아니다. 내담자는 일단 계획이 수립되면 실천해야 한다.

5) 의무를 수행하게 하는 단계

내담자가 자신의 행동에 대해 가치판단을 하고 행동계획을 결정한 다음에는 상담자는 그가 매일의 생활에서 계획을 실행하도록 위임한다. 만약 그런 결정이 실행되지 않으면 결심과 계획은 아무 의미가 없어지기 때문이다.

6) 변명을 받아들이지 않는 단계

수립된 계획을 실행한 후에 현실상담자는 변명을 수락하지 않을 것이다. 글래서(1980)에 의하면 변명을 받아들이는 것은 "나는 당신이 변화를 할 수 있는 능력이 없고 부적절하다는 것을 인정합니다"라는 내용의 메시지를 내담자에게 전달하는 것이다. 그는 완고함과 용서하는 태도를 결합해서 사용해야 한다고 하는데, 상담과정에서 상담자는 변명을 받아들이지 말고 내담자가 계획을 수행하지 못한 것 때문에 고통을 받게 할 정도로 냉정해야 한다. 그런 연후에 상담자는 도움을 주고 너덧 단계 뒤로 물러나서 새로운 계획을 다시 세우고 새로이 계획을 수행하도록 도와준다.

7) 벌을 사용하지 않는 단계

현실상담에서는 벌을 사용하지 않는다. 글래서는 벌은 내담자의 정체감의 실패를 강화하거나 상담자-내담자 간의 관계를 손상시키는 결과를 가져온다고 주장한다. 특히 쓰지 말아야 할 벌은 내담자가 실패한 것 때문에 내담자를 억누르거나 비난하는 것이다. 벌을 사용하는 대신 상담자는 내담자에게 행동에 따르는 당연한 결과를 보고 받아들이도록 요구한다. 비판적인 논평을 하지 않고 변명을 받아들이지 않으며 비평가적인 태도를 유지하면서 내담자가 진실로 변하고 싶어 하는지 물어볼 수 있다. 내담자는 자신이 지금까지 해온 실행을 그대로 계속할지, 어떨지에 대해 재평가를 해야 한다.

8) 포기하는 것을 거절하는 단계

현실상담의 특성은 끈기이다. 사람은 희망이 없고 결코 바뀔 수 없다고 가정하는 것은 아무

도움이 되지 않는다. 따라서 내담자가 어떻게 말하거나 행동할지라도 상담자는 내담자의 변화 능력을 믿어야 한다.

현실요법의 적용

현실요법은 상담, 교육 및 교시, 위기상담, 교정의 목적을 가진 상담, 조직관리, 사회 발달 등에 적용할 수 있는 단기간의 중재전략(단기적인 상담 오리엔테이션)이다. 이 상담법은 학교, 교정기관, 종합병원, 시립병원, 도움의 집, 약물남용을 방지하는 기관에서 널리 사용된다. 또 군대에서는 약물남용과 알코올중독자를 위해 현실상담을 많이 선호하고 있다.

글래서는 현실요법은 비교적 약한 정서장애에서부터 정신병환자(격리환자)에 이르기 까지 어떤 종류의 심리적 문제에도 널리 적용할 수 있다고 주장하고 있다. 이것은 아동, 청소년, 성인, 노인들에게도 유용하다.

치료 절차 (WDEP)

1. 현실치료에서 중요한 것은 치료절차인 WDEP이다. 우선 내담자가 어떤 욕구를 가지고 있는지를 알아보아야 한다. 그런데 어떤 사람들은 자신이 욕구를 잘 충족시키는 쪽으로 선택하는 사람들이 있는가 하면, 어떤 사람들은 그렇지 못한 선택을 하고 변명을 한다는 것이다.

2. 내담자가 원하는 것(want)을 살펴보고, 그 다음에는 무엇을 하고(doing) 있는지를 살펴보는 것이다. 그런 다음에 그런 행동이 그 사람의 욕구를 이루고 있는가를 평가하고(evaluation), 그 후에는 다른 선택을 하도록 계획하는(planning) 것이다.

3. 이 계획은 구체적인 것이다. 언제 어디서 어떻게 할 것인지 까지 구체적으로 해야 한다. 따라서 상담자는 내담자에게 잘 질문함으로써, 교사와 안내자의 역할을 하는 것이다.

4. 심리치료에서는 "사고"와 "행위"에 초점을 두고 있지만, 이 중에서도 특히 "행위"에 중점을 두는 것이다. 행위에 돌입하게 되면 행위 전에 존재했던 불안이나 중압감이 사라지는 변화들이 뒤따라온다는 것이다.

공헌 및 제한점

1. 공헌

1) 이론적 체계를 기하려고 한다. 많은 상담이론이 분명한 이론적 체계를 가지지 못하고 있다. 물론 현실적 상담도 완전한 이론적 체계를 갖추지는 않았지만 통제이론을 개발하여 인간의 행동을 설명하려고 한 점이 높이 평가될 수 있다.

2) 상담기간을 단축시킬 수 있다. 현실적 상담은 자신의 문제에 대해 현실적인 의식수준에서

판단하고 직면하며, 그 결과에 대해 책임지는 것이기 때문에 비교적 짧은 상담기간에서도 효과를 볼 수 있다. 이는 많은 시간과 비용을 요하는 다른 상담이론에 비해 내담자로 하여금 상담에 관심을 가지게 할 수 있다.

3) 현실적으로 자신에게 부여된 책임을 강조한다는 점이다. 즉, 변명의 여지를 주지 않고 현실적 책임을 받아들이는 가운데 실천이 가능한 계획을 세우도록 그 방법을 제시했다는 점이다.

4) 내담자의 변화 정도에 대해 스스로 평가토록 한다는 점이다. 욕구 충족을 위한 활동계획이 실행되지 않으면 스스로 이 결과를 평가하고 책임지는 가운데 실행이 가능한 계획을 다시 짜도록 한다.

5) 학교나 수용시설과 같은 교육기관에 크게 효과가 기대된다는 점이다. 이 이론의 상담과정과 기술은 내담자가 현실적 방법으로 욕구를 충족시킬 수 있도록 행동, 생각, 느낌, 신체활동을 선택하여 환경을 통제할 수 있도록 교육하는 것이다. 그래서 현실감이 적어서 책임을 면제 받으려는 수용기관의 청소년을 포함한 학생의 교육에 도움을 줄 수 있겠다.

2. 제한점

1) 이론적 근거로 통제이론을 제시하고 있기는 하지만, 아직은 이 통제이론이 상담실제(과정, 기술)와 일관된 체계를 가지지 못하고 있다는 점이다. 상담의 과정과 기술도 통제이론의 체계에 근거하여 재구성되어야 하겠다. 또한 통제이론 자체도 보다 실증적으로 검증되어야 하겠다.

2) 정신병 거부의 타당성 문제이다. 정신병은 무책임 때문이라고 하지만, 현실적으로는 자신에 대해 책임질 수 없는 사람이 많고 또 완전히 책임질 수 있는 사람도 없다는 점이다. 현실적으로 거의 책임질 수 없는 사람에게 책임을 강요한다면 이는 내담자를 돕는 것이 아니고 그를 더 어렵게만 할 뿐이다. 따라서 현실적 상담은 어느 정도 현실적으로 책임질 수 있는 사람에게만 가능하다고 볼 수 있다.

3) 욕구 충족의 방법이 애매하다는 것이다. 자신의 욕구 충족을 위해 다른 사람의 욕구충족을 방해하지 않아야 하는데 그 구체적인 방법이 애매하다는 것이다. 즉, 어느 정도가 다른 사람의 욕구 충족을 방해하지 않는 것인지, 다른 사람의 욕구 충족을 방해하지 않고도 자신의 욕구 충족이 가능한지에 대한 의문이 제기되는 것이다.

4) 상담자의 가치가 지나치게 내담자에게 강요될 수 있다는 점이다. 내담자가 현실적인 맥락에서 활동하기 위해서는 판단을 해야 하는데 이 때 상담자의 가치가 개입될 위험이 크다는 것이다.

29강 여성주의 상담이론

학습목표
1. 여성주의 상담이론의 의의와 배경이해
2. 절충주의 상담이론의 이해

학습내용
1. 여성주의 상담이론의 의의와 상담의 원리 등을 학습한다.
2. 절충주의 상담이론의 역사와 상담 6 단계모형

▣ 여성주의 상담이론

1. 여성주의 상담이란 여성 내담자를 가부장제 사회에서 성차별에 억압당해 온 존재로서 이해하고 상담하는 상담치료기법을 말한다.
2. 여성주의 상담은 모든 문제는 자신에게서 비롯된다는 전통 상담치료의 개인적인 관점을 거부하고 내담자의 문제를 사회문화적 측면에서 거시적으로 접근한다.
3. 여성주의 상담은 전통적인 성역할과 남녀에 대한 성역할 고정관념이 여성문제에 있어서 중요한 원인이라고 보고 여성이 자신의 문제가 여성 자신의 개인 내적인 것뿐만 아니라, 사회구조적인 것에서부터 비롯됐다는 것을 깨닫도록 하여 성을 초월한 인간으로서의 자신을 개발하고 이해하도록 돕는 것이다.

▣ 여성주의 상담의 원리

1. 원리 I : 개인적인 것은 정치적인 것이다.

1) 이는 여성 내담자의 특성을 고려할 때 매우 중요한 지점이다. 가정폭력 피해 여성들의 경우 가정을 지키지 못했다거나 자신이 살기 위해 아이들을 두고 나왔다고 자책하고 성폭력 피해 여성들의 경우 사회가 피해자를 대하는 냉담한 시선 속에서 자신의 행동이 가해를 유발하거나 방관한 것이 아닌가라는 자책을 하곤 한다.
2) 가정폭력이나 성폭력의 피해자들에게 그들이 입은 폭력의 피해가 특수한 관계에서 발생하는 너와 나만의 문제가 아니라 사회문화 구조 속에서 발생하는 여성과 남성의 문제라는 것을 인지시키는 일, 다시 말해 '당신의 잘못이 아니다'라고 말해주는 일 자체가 하나의 치료가 될 수 있다.

2. 원리 Ⅱ : 상담자와 내담자는 평등하다.

1) 여성주의상담에서는 상담자 역시 여성폭력이 만연한 사회에서 폭력의 두려움으로부터 자유로울 수 없는 피해자이다. 이러한 관점에서 내담자의 폭력 피해에 대해 공감한다. 내담자를 자신의 삶에 관한 최고의 전문가라고 인정하고 피해자가 아닌 생존자로 바라봐야 한다.
2) 내담자의 문제와 감정에 대한 상담자의 개입을 최소화 하는 전통 상담치료와는 달리 여성주의 상담자는 자신의 여성주의 가치관을 명료히 하고 내담자의 잠재적인 가치관에 영향력을 끼친다.

3. 원리 Ⅲ : 역량강화

1) 여성주의상담자는 내담자들이 적응보다 변화를 지향하도록 도와야한다. 여성들에게 무력함을 사회화시키는 사회 권력 구조에 대해 자각하고 분석하고 이에 대해 다른 여성들과 토론하는 과정을 통해 여성들이 개인적, 관계적, 제도적 영역에서 힘을 성취하는 방법을 찾을 수 있도록 돕는다.
2) 전업주부라면 가사노동의 가치를 인정받고 가정 내의 재산권을 획득할 권리가 있다고 이해하도록 돕는 등, 내담자가 자기 욕구에 초점을 두고 경제적, 정신적 독립을 할 것을 강조한다.

4. 원리 Ⅳ : 여성의 시각으로 재조명하기

1) 내담자로 하여금 기존의 가부장제 질서의 사회 안에서 저평가되어 왔던 '여성의 경험'을 긍정하고 재평가하도록 촉진한다.
2) 기존의 언어를 여성의 언어로 바꾸어 보거나(ex. 폐경기→완경기) 여성의 경험에 입각해 사춘기, 2차 성징, 성관계, 임신, 출산, 양육, 노화 등의 발달 과정과 가사노동을 재해석하는 일 등이 이에 해당된다.

■ 여성주의 상담기법의 원리

1. 개인적인 것은 정치적인 것이며 여성의 문제를 사회구조적인 것에서 찾아서 여성 스스로가 자신의 정체성을 갖도록 하는 것이다.
2. 평등한 관계로서, 여성의 문제 중에 하나는 자신들을 스스로 종속관계 놓이게 하는 것으로서 상담자와 내담자는 평등한 관계로서 도움을 주어 내담자가 상담장면에서 '평등한 관계'를 체험학습 할 수 있어야 할 것이다.
3. '여성적 가치로 평가하기'라는 원리는 성 개념을 재구조화하는 것으로서 여성의 정형화된 특성들이 남성과 여성 모두가 가지고 있고 이는 인간의 중요한 특성(양성평등)으로 재평가하는 것이다.

▨ 의식향상집단 (Consciousness Raising Group: CR집단)

1. 의식향상집단은 1960년대 서구의 여성해방운동의 성과물로서 생긴 여성들의 지지집단이다.
2. 여성들이 모여서 여성으로서 억압받아온 자신의 경험을 이야기하고 나누며 여성주의상담의 제1원칙인 '개인적인 것은 정치적인 것', 즉 나의 문제의 원인이 내가 아니라 여성에 대한 사회구조적 차별임을 이해하는 상담치료기법이다.
3. 여성억압의 역사가 수천 년간 이어져 옴에 따라 여성에 대한 문화적, 심리적, 경제적, 정치적 차별들이 여성 스스로에게도 내재화 되어 있다. CR훈련은 이러한 여성의 인식 능력을 확장시켜 현재의 사회문화적인 상황에서 여성의 의미가 무엇인지 자각하게 하는 과정이다.
4. 여성에게 무심코 행해지는 일상적 차별들에 대해 자각하고 이를 여성 각자는 어떻게 느끼는가를 언어나 몸으로 표현해 내면서 여성들이 각자 자신의 삶 속에서 이러한 문제들을 이해하고 공감하게 되며 이러한 문제들이 '무엇'때문에 '왜' 일어나는지 알게 된다.

▨ 여성주의 상담의 접근

1) 자유주의적 여성주의 상담의 입장
   - 남녀의 기회평등에 관심이 있다.
   - 여성의 사회화에 따른 한계와 제약을 극복하도록 돕는 것.
   - 성적편견이나 전통적인 사회화에 기초한 치료적 절차를 거부하며 여성의 권한, 존엄, 가치, 자기충족, 양성 평등을 찾는 것.

2) 문화적 여성주의 상담의 입장
   - 여성에 대한 억압의 원인은 여성의 장점과 가치, 능력의 평가절하에서 온다고 봄.
   - 여성과 남성의 차이를 인식.
   - 상호주의와 남녀간의 협동적, 협력적 관계 중시
   - 협력적인 방식으로 사회의 가치를 융합시켜 나가는 것을 상담의 목표로 설정.

3) 급진적 여성주의 상담의 입장
   - 가부장적 지배구조에 대한 통렬한 비판과 함께 여성의 억압에 대한 인식과 함께 평등의 힘으로 사회변화를 꾀함.
   - 상담의 주요목표는 남성과 여성의 관계 변화, 사회제도의 개혁, 여성의 성과 관련된 여성의 결정권과 창조적 결정권을 증가시키는 것

4) 사회주의적 여성주의 상담의 입장
   - 상담자와 내담자가 상담관계를 통해 사회변화라는 목표를 공유
   - 여성의 사회적 역할에 대해 재인식하고 직업, 교육, 가족에서의 여성역할과 영향에 대해 관심
   - 사회관계와 제도를 개혁하는 것에 상담의 목표를 둠

■ 여성주의 상담의 특징

(1) 여성주의 가치관을 가져야 한다.
(2) 개인의 변화를 넘어 사회적인 변화를 추구
(3) 상담자와 내담자의 협력적 대등관계, 평등적 관계가 유지

■ 여성주의 상담과 기법

여성주의 상담은 내담자인 여성의 정체성 발달과 더불어 상담이 진행되어야 한다. 여성주의 정체성은 4단계로 구분된다.

1. 1단계 : 수용성의 단계로서, 여성인 내담자는 전통적인 역할을 수행하며 의심없이 사회구조를 받아들이는 단계

2. 2단계 : 폭로단계로서, 여성이 여성으로서 자신의 역할과 자신에 대해 회의감을 가진다.

3. 3단계 : 각인단계로서, 새로운 정체성을 받아드리는 단계

4. 4단계 : 참여단계로서, 여성주의 정체성을 수행하는 단계이다.

■ 절충적 상담

1. 절충적 상담의 의의

실용주의(pragmatism)에 근거하며 세 가지 이상의 상담이론을 통합적으로 사용한다. 이때 다양한 이론적 접근들을 필요에 따라 선별적으로 적용한다. 모든 문제에 효과가 있는 하나의 이론이나 기법은 없다고 가정하며 동일한 내담자에 대해 서로 다른 이론의 기법 적용을 허용한다.

2. 절충적 상담(접근법)의 역사적 의의

1) 1940년대 중반부터 시작된 새로운 변화로 대표적인 학자로 손(Thorne)과 브래머, 쇼스트롬 등을 들수 있다.
   특히, 브래머와 쇼스트롬은 절충주의적 입장을 취한 '실현상담'이론을 개발하였다.
2) 에간(Egan,1975)은 가장 널리 알려진 치료적 관계기법들을 목표지향적인 체계적 절충주의 모형으로 통합시켰는데, 이는 체계적 기술체계, 사회적 영향이론, 행동주의 이론의 세 가지 주요이론에 근거한 것이다.

3. 절충주의에 입각한 체계적 상담 6단계모형 – 길리랜드&데이비스

1) 1단계 : 문제탐색

인간중심 + 실존상담

2) 2단계 : 두 가지 차원으로 문제정의하기

인간중심 + 실존상담

3) 3단계 : 대안의 확인

인간중심 + 현실요법 + 정신분석 + REBT, 특성/요인이론, 아들러 개인심리학적 상담이론
+ 게쉬탈트 등 모든 이용 가능한 대안 동원.

4) 4단계 : 계획

인간중심 + 현실요법 + 정신분석 + REBT, 특성/요인이론, 아들러 개인심리학적 상담이론
+ 게쉬탈트 등 모든 이용 가능한 대안 동원.

5) 5단계 : 행동/헌신

6) 6단계 : 평가/피드백

■ 절충주의에 입각한 Hill & O' Brien의 3단계 상담모형

힐과 브리엔은 개인은 인지적, 신체적, 대인관계 영역에서 다양한 잠재력을 지니고 태어난다고 가정하며 유아기의 경험은 중요하며, 성격은 끊임없이 변화하며 정서/인지/행동은 개인이 지닌 성향의 중요한 구성요소라고 가정하였다. 또한 절충적 입장에서 상담의 3단계를 제시하며 각각의 단계는 다소 상호 중복된다고 설명하였다.

1) 탐색단계
2) 통찰단계
3) 실행단계

■ 절충주의 상담과 주요기법

관계형성전략/면접전략/자료수집전략/아이디어 생성전략/사례전략/통찰전략/행동관리전략
/ 평가와 종결전략/ 인간적–전문적 성장전략/연구전략 등 10가지

청소년 상담의 실제

학습목표
1. 청소년상담의 의의와 특성 이해
2. 상담기법의 이해

학습내용
1. 성인상담과 비교되는 청소년상담의 의의와 특성 등을 학습한다.
2. 청소년상담과 관련된 다양한 기법의 내용 등을 학습한다.

■ 청소년상담의 의의

1. 청소년상담은 인간발달단계 중 아동 후기부터 청년 후기까지의 단계에 속하는 청소년과 청소년 관련인(부모, 교사, 청소년 지도자 등), 그리고 청소년 관련 기관(가정, 학교, 청소년보호기관 등)을 포함하는 영역을 대상으로 하는 상담이다.

2. 청소년 단계에 발생하는 다양한 문제는 청소년 자신의 발달과업의 특징에서 유발되는 경우도 있지만, 주변의 다양한 환경과의 관계에서 발생하는 경우도 많기 때문에 청소년상담의 대상을 청소년뿐만 아니라 그와 관련된 사람들과 기관까지 포함하는 것이 현재 추세다. 우리나라의 청소년상담은 학교생활지도인 훈육의 차원에서 시작되었다.

3. 청소년상담의 활동영역은 관련된 여러 가지 자료를 통한 청소년 이해활동, 문제해결과 예방을 돕는 전문적인 상담활동, 자신을 둘러싸고 있는 다양한 환경을 이해할 수 있는 정보제공활동, 청소년 자신의 미래를 위한 올바른 선택을 할 수 있도록 도와주는 정치활동, 그리고 청소년의 지속적인 성장과 발달을 돕는 추수지도활동 등을 포함한다.

4.   이러한 청소년상담은 성인 상담과는 달리 내담자인 청소년이 상담에 비자발적으로 참여하게 되는 경우가 많다. 따라서 상담의 현장에서 대다수의 청소년들은 비협조적이고 거부적인 모습을 보인다.

5. 청소년상담자는 청소년과 학부모의 상담에 대한 기대를 정확하게 파악하고 효과적으로 대처해야 한다. 특히 청소년과 학부모는 상담에 대해 서로 다른 기대를 가지고 있을 수 있는데, 상담자는 이를 잘 파악하고 그 차이를 줄여 나가는 것이 필요하다.

📖 상담계획과 준비

1) 상담계획수립
2) 모집활동
3) 상담을 위해 필요한 물리적 공간 준비
4) 상담실 가구/ 각종 검사지 및 방송시설 등 배치
3) 각종 활동지, 서약서 등 서류준비

📖 상담목표

1. 청소년 상담의 목표 - 지오르지 & 크리스티아니

1) 행동변화의 촉진
2) 적응기술의 증진
3) 의사결정 기술의 함양
4) 인간관계의 개선
5) 내담자의 잠재력 개발
6) 내담자의 자아정체감 정립
7) 긍정적 자아개념 형성
8) 건전한 가치관 정립

2. 청소년 상담의 목표

1) 문제를 해결한다.
2) 이상심리를 치료한다.
3) 문제 발생을 예방한다.
4) 발달을 촉진한다.
5) 탁월성을 성취하도록 한다.

📖 상담과정과 절차

1) 접수면접
2) 상담의 초기 : 내담자 문제이해, 목표 및 진행방법 합의, 라포형성 등
3) 상담의 중기 : 문제해결단계, 상담기법 개입, 구체적 탐색과 직면 등
4) 상담의 종결 : 내담자 불안요소 제거 확인 및 평가

🟦 바람직한 초기면담의 유형

1. 솔선수범 면담

내담자에 의해 면담이 요청되었을 때 상담자는 내담자의 목적을 확신하지 못하여 상담자는 다소 불안함을 느낄 수 있으나 가능한 한 내담자의 말에 귀를 기울이면서 이러한 불확실성을 극복하여야 한다. 반면에 상담자에 의해 면담이 시작된 경우 상담의 실시 이유를 설명하여 내담자의 긴장을 완화시켜야한다.

2. 정보 지향적 면담

① 탐색

'누가, 무엇을, 어디서, 어떻게'로 시작되는 질문으로, 한 두 마디 이상의 응답을 구할 수 있으며 '왜'라는 질문은 내담자를 방어적인 위치에 둘 수 있으므로 피하는 것이 좋다.

② 폐쇄형 질문

'예, 아니오'와 같은 특정하고 제한된 응답을 요구하는 것으로, 이런 폐쇄적인 질문은 짧은 시간에 상당한 양의 정보를 추출해 내는 데 아주 효과적이나 왜라는 질문과 함께 바람직한 질문유형은 아니다.

③ 개방형 질문

개방형 질문은 폐쇄적인 질문과는 대조적으로 '무엇을, 어떻게, 가능하였다' 등과 같은 대답을 유도할 수 있는 질문으로 내담자가 말할 수 있는 가능한 많은 시간을 허락하는 것이 좋다.

3. 관계지향적 면담

재진술과 감정의 반영 등을 이용하여 상담자가 적극적으로 듣고 있다는 것을 내담자에게 전달하고자하는 면담의 유형이다.

4. 감정이입적 면담

🟦 상담기술과 기법

1. 즉시성(immediacy)

상담자가 자신의 바람은 물론 내담자의 느낌, 인상, 기대 등에 대해 깨닫고 이를 주제로 하여 대화를 나누는 것을 의미한다.

① 관계의 즉시성

관계의 즉시성이란 상담자-내담자 관계의 질에 대해서 그것이 긴장되어 있는 것인지, 지루한 것인지, 혹은 생산적인 것인지에 대해 내담자와 이야기를 나누는 상담자의 능력을 의미한다.

② 지금-여기에서의 즉시성

지금-여기에서 발생하고 있는 어느 특정 교류에 대해서 의논하는 것을 말한다.

2. 유머

유머는 적절하게 활용된다면 여러 가지 치료적 시사를 갖는 임상도구라고 할 수 있다. 유머를 통해 내담자의 저항을 우회할 수 있고 긴장을 없애거나 내담자를 심리적 고통에서 벗어날 수 있도록 도울 수도 있다.

3. 직면

직면은 문제를 있는 그대로 확인 시켜주어 내담자가 문제와 맞닥뜨리도록 함으로써 내담자로 하여금 현실적인 대처방안을 찾을 수 있도록 도전시키는 과정이다.

4. 라포(Rapport)의 형성

라포 형성은 상담자가 내담자로 하여금 적극적인 방향을 성장할 수 있도록 자신의 내적인 자원을 이용하게 하며 의미 있는 생활을 영위할 수 있도록 개인의 잠재력을 실현하게 하는 역동적 과정이다. 상담에서 상담자와 내담자간에 형성되는 라포의 정도는 상담의 깊이와 계속성, 내담자의 통찰에 크게 영향을 미치기 때문에 절대적인 조건이 되며, 상담에서 이러한 신뢰관계의 형성은 필수적이다. 상담자와 내담자의 관계는 세계의 축소판이라 할 수 있다. 내담자가 다른 사람들과 관계를 맺는 유형을 반영해준다. 수용적이고 내담자에게 깊은 관심이 있다는 것이 전달될 때 내담자는 상담자를 믿고 자기 세계를 개방할 수 있게 되므로 상담자는 내담자와의 라포형성에 노력해야 한다.

5. 공감적 이해

공감적 이해란 내담자가 전달하려는 내용에서 한 걸음 더 나아가 그 내면적 감정에 대해 반영하는 것을 말한다. 공감적 이해란 상담자가 내담자의 입장이 되어 그 주관적 세계를 이해하는 것을 의미한다. 내담자들은 흔히 진정으로 말하고 싶은 자신의 생각이나 느낌을 명확하게 직설적으로 말하기보다는 자신의 생각이나 감정을 확실하게 드러내지 않으려 한다. 따라서 상담자는 내담자가 겉으로 표현하는 말에도 주의를 기울여야 하지만 그 내면에 깔려있는 감정까지도 포착하여 전달해 줄 수 있어야 한다.

6. 반영

1) 느낌의 반영

반영은 내담자가 표현한 기본적인 태도를 상담자가 다른 참신한 말로 부연해 주는 시도라고 정의할 수 있다. 상담자는 반영을 통해 내담자의 태도를 거울에 비추어 주듯이 보여줌으로써 자기이해를 도와줄 뿐 아니라 내담자로 하여금 자기가 이해받고 있다는 인식을 주게 된다. 상담자는 내담자의 말속에 흐르는 주요감정을 놓치지 않고 반영해주기 위해 감수성을 동원하여 내담자의 내면적 감정을 정확히 파악하고 내담자에게 전달해주도록 해야 한다.

2) 행동 및 태도의 반영

상담자는 자세, 몸짓, 목소리의 어조, 눈빛 등에 의해 표현되고 있는 것도 반영할 수 있도록 노력해야 한다.

7. 수용

수용이란 상담자가 내담자에게 주의를 기울이고 있으며 내담자의 말을 받아들이고 있다는 상담자의 태도와 반응을 의미한다. 즉, 내담자로 하여금 자기 이야기를 계속해 나갈 수 있도록 강화시키는 효과가 있고 생각이나 대화의 중간을 연결해줌으로써 대화가 부드럽게 되어간다는 느낌을 갖게 하는 것을 수용이라고 한다. 상담자가 내담자의 인간됨 그대로를 받아들이고 존중함으로써 내담자로 하여금 아무런 위압감이나 의무감 없이 대화를 하도록 하는 것이다.

8. 구조화

1) 구조화의 정의

구조화란 상담과정의 본질, 제한 조건 및 방향에 대하여 상담자가 정의를 내려주는 것이다. 구조화를 통해 내담자는 상담관계가 합리적인 계획을 가지고 있다는 점을 느끼게 된다. 상담이 여행의 한 과정이라면 구조화는 그 여행의 이정표에 비유될 수 있다.

2) 구조화의 일반원칙

가) 불처벌의 원칙
나) 상호평안의 원칙
다) 행동규범의 원칙

9. 환언(재진술)

환언이란 상담자가 내담자의 이야기를 듣고 나서 상담자가 자신의 표현 양식으로 바꾸어 말해 주는 것으로 상담과정에 여러 가지 효과를 가져올 수 있다.

10. 경청

11. 명료화

명료화는 내담자의 말 중에서 모호한 점이나 모순된 점이 발견될 때, 이를 명확히 이해하고 넘어가기 위해서 다시 그 점을 상담자가 질문함으로써 내담자가 그 의미를 명백하게 하도록 하는 기술이다. 명료화는 상담자가 내담자의 말을 정확히 이해하기 위해서도 필요하고, 또 내담자가 스스로의 의사와 감정을 구체화하여 재음미하도록 돕기 위해서도 중요하다. 내담자에게 명료화를 요청할 때는 상담자가 내담자에게 도움을 주기 위하여 질문하고 있다는 느낌을 주어야 한다.

12. 해석

해석은 내담자가 새로운 방식(대안 제시 등)으로 자신의 문제를 볼 수 있도록 그의 생활경험과 사건들의 의미를 설명해주는 것으로 내담자로 하여금 그들의 문제에 대한 통찰력을 갖게 하여 결국에는 생활 속의 사건들을 그들 스스로가 해석하도록 도와주는데 그 목표가 있다.

13. 상담자의 자기개방

내담자를 도울 목적으로 상담자 자신의 감정, 태도, 경험 등을 공개하는 것을 말한다. 상담자가 자신에 관한 것을 적절한 때에 적절한 내용으로 공개해줌으로써 내담자로 하여금 자신을 개방하도록 유도한다.

14. 질문의 사용

1) 상담 장면에서 상담자가 질문을 많이 사용하는 것은 어떠한 경우에든지 바람직하지 못하다. 상담은 치료적 면접인 만큼 상담자는 심문자나 조사관의 역할을 해서는 안 된다. 많은 질문들, 특히 '왜'라는 질문은 내담자의 문제해결에 도움이 되지 못하고 오히려 상담자의 역할과 상담의 성격을 오해하게 만들 소지가 있다. 따라서 질문은 내담자로 하여금 이야기를 계속하여 자기탐색을 중단하지 않고 진행시키는 방향으로 유도하기 위해서나 혹은 내담자의 자기이해를 돕기 위해서 명료화나 직면화의 한 기법으로써 사용될 때에 이상적이다.

2) 질문의 구분
   가) 개방적 질문
      ① 질문의 범위가 포괄적이다.
      ② 내담자에게 모든 반응의 길을 터놓는다.
      ③ 내담자로 하여금 보다 시야를 넓히도록 유도한다.
      ④ 바람직한 촉진관계를 열어놓는다.
   나) 폐쇄적 질문

① 질문의 범위가 좁고 한정되어 있다.
② 내담자에게 특정한 답변을 요구한다.
③ 내담자의 시야를 좁게 만든다.
④ 바람직한 촉진관계를 닫아놓는다.

15. 요약

요약은 내담자의 여러 생각과 감정을 매회의 상담이 끝날 무렵 하나로 묶어 정리하는 기법이다. 요약의 기본은 대화의 내용과 감정들의 요체 그리고 일반적인 줄거리를 잡아내어서 정리를 하는 것이다. 요약은 내담자에게 매회의 상담을 자연스럽게 종결하도록 유도하면서 동시에 상담 도중에 나타난 문제점, 진행정도 및 다음 단계에 대한 계획을 파악하는데 도움이 된다. 요약은 상담자 또는 내담자가 상호간에 결정해서 실시할 수 있다.

▣ 청소년 내담자의 특성

- 상담동기 부족하여 자기 스스로 상담실의 문을 두드리기 보다는 의뢰된 내담자가 많다.
- 상담동기가 낮은 청소년 내담자는 여러 회기의 상담에서 요구되는 지구력이 부족하여 청소년의 집중력의 한계를 가지고 있으며 큰 변화와 재미없이 상담시간에 꾸준하게 자발적으로 참여하는 것을 힘들어 한다.
- 상담자를 부정적으로 지각하는 경향.
- 동시다발적인 관심경향.
- 감각적 흥미와 재미를 추구
- 형식적 조작단계에 있지만 인지적 능력과 언어 표현력이 부족한 상태
- 환경으로부터 영향을 받음(지배적 영향)
- 왕성한 변화의 시기
- 청소년의 문제는 복합적임, 즉 자기 자신과 가족, 학교생활, 친구배경, 미래에 대한 생각 등 총체적으로 살펴보아야 함.

▣ 단기상담이 적합한 내담자

- 호소하는 문제가 비교적 구체적인 경우
- 주 호소문제가 발달과정 상의 문제인 경우
- 내담자 주위에 지지적인 대화 대상자가 있는 경우
- 과거나 현재에 상호보완적인 좋은 인간관계를 가져 본 일이 있는 경우.
- 성격장애로 진단된 경우는 대부분이 단기상담에 적합하지 않다.

상담이론

31강 상담의 의의/정신분석이론

학습목표
1. 상담의 정의와 기능 이해
2. 정신분석상담이론의 기법 이해

학습내용
1. 상담의 정의와 기능, 상담자의 윤리적 문제 등을 학습한다.
2. 정신분석상담이론의 기본원리와 기법 등을 문제풀이형식으로 학습한다.

01 다음 중 상담에 대한 설명으로 올바르지 못한 것은?

① 상담은 전문적인 조력을 주는 관계이다.
② 상담은 일방적인 관계가 아니라 상호 역동적인 관계이다.
③ 상담은 도움을 필요로 하는 사람과 도움을 줄 수 있는 사람과의 관계이다.
④ 상담은 일상적 개인 관계이다.
⑤ 상담은 상담에 관하여 전문적 훈련을 받은 사람이 도움을 주는 관계이다.

정답 ④

해설 상담은 일상적 개인 관계라기보다는 사적이고 비밀이 보장되는 특수한 관계이다.

02 상담의 기능으로 옳지 않은 것은?

① 심리적 고통 해소   ② 대인관계 욕구 충족
③ 삶의 문제 해결   ④ 정신병리 발생 예방
⑤ 자기 성장 촉진

정답 ②

해설 상담의 기능중 대인관계의 효능감 증진은 적절한 내용이지만 대인관계 욕구를 충족하는 것이 그 기능이 될 수는 없다.

03 다음 중 상담의 정의로 옳지 않은 것은?

① 상담은 개인과 집단의 관계로 이루어진다.
② 상담은 내담자가 학습을 통해 발달하는 과정이다.
③ 상담은 상담자가 내담자를 전문적으로 돕는 것이다.
④ 상담은 상담자와 내담자 간의 사적인 관계로 이루어진다.
⑤ 상담은 언어를 통해 상담자와 내담자가 상호작용을 하는 것이다.

정답 ①

해설 상담은 개인과 개인의 관계로 이루어진다.

04 다음 중 효과적인 상담자의 특성으로 옳은 것끼리 묶인 것은?

> ㉠ 상담자는 내담자에 대해 이상적인 포부를 가져야 한다.
> ㉡ 상담자는 자신을 신뢰하며, 내담자의 감정에 자발적으로 민감하게 반응해야 한다.
> ㉢ 상담자는 내담자에게 열린 마음을 가지고 있어야 하며, 내담자의 감정에 귀를 기울여야 한다.
> ㉣ 상담자는 내담자에게 상담자 자신을 너무 드러내서는 안 되며, 내담자의 모든 요구를 들어주어야 한다.

① ㉠   ② ㉠, ㉡   ③ ㉠, ㉡, ㉢
④ ㉡, ㉢   ⑤ ㉡, ㉢, ㉣

정답 ④

해설 ㉠ 상담자는 내담자에 대해 현실적인 포부를 가져야 한다.
㉣ 상담자는 내담자에게 상담자 자신을 때로는 드러내야 하지만, 내담자의 모든 요구를 수용해야 하는 것은 아니다.

05 상담자의 비윤리적 행동에 해당되는 것을 모두 고른 것은?

> 가. 내담자에게 성적 매력을 느꼈다.
> 나. 내담자의 동의 없이 상담내용을 녹음하였다.
> 다. 사업가로 성공한 내담자의 투자권유에 응하였다.

① 가　　　　　　② 나　　　　　　③ 가, 다

④ 나, 다　　　　　⑤ 가, 나, 다

정답 ④

해설 단순히 내담자에게 성적 매력을 느낀다고 하여 그 자체로 상담자의 비윤리적 행동으로
볼 수 는 없다.

06 정신분석적 상담이론의 상담기법인 해석을 할 때 고려해야 할 내용으로 옳은 것을 모두 고른 것은?

> ㄱ. 내담자의 준비 정도를 파악해야 한다.
> ㄴ. 내담자 스스로 문제를 이해하고 있는 수준을 파악한다.
> ㄷ. 해석을 할 때 비판하거나 평가적으로 하지 않는다.
> ㄹ. 해석은 정확하고 구체적으로 한번만 제공한다.
> ㅁ. 다양한 가능성을 고려하여 해석한다.

① ㄱ, ㄴ, ㅁ　　　　　　② ㄱ, ㄷ, ㄹ

③ ㄴ, ㄷ, ㅁ　　　　　　④ ㄱ, ㄴ, ㄷ, ㄹ

⑤ ㄱ, ㄴ, ㄷ, ㅁ

정답 ⑤

해설 해석은 정확하고 구체적으로 해야 하지만 한번만 제공해야 한다는 원칙은 없다.

07 내담자의 저항에 대한 상담자의 태도로 적절한 것은?

① 저항을 상담과정의 자연스러운 현상으로 받아들인다.
② 저항이 가라앉을 때까지 개입하지 않고 기다린다.
③ 상담종결을 우선적으로 고려한다.
④ 내담자가 괴롭혀도 비위를 맞추며 견딘다.
⑤ 상담결과에 대한 기대를 낮춘다.

정답 ①

해설 저항은 자연스러운 현상이므로 이를 수용해야 하며 저항에 대한 갈등적 요소는 서둘러
다루어야 한다.

상담이론

32강 개인주의 심리학과 행동주의 이론

학습목표
1. 개인주의 심리학적 상담이론의 이해
2. 행동주의 상담이론의 이해

학습내용
1. 정신분석이론의 기법과 아들러의 개인주의 심리학적 상담이론 등에 대해 학습한다.
2. 행동주의 상담이론의 다양한 기법 등에 대해 학습한다.

---

01 해석에 관한 설명으로 옳지 않은 것은?

① 정신분석 상담의 주요 기법이다.
② "당신은 지금 괜찮다고 말하고 있는데, 나에게는 초조하게 보이는 군요."라는 진술은 해석의 예이다.
③ 효과적인 해석은 내담자를 통찰로 이끌어 행동변화를 유도할 수 있다.
④ 상담자의 이론적 입장이나 관심사에 따라 다른 양상으로 제공할 수 있다.
⑤ 내담자가 자신의 문제를 새로운 각도에서 이해하도록 생활경험과 행동의 의미를 설명해 주는 상담기술이다.

정답 ②

해설 ②의 내용은 직면기법을 설명하는 것이다.

---

02 다음은 정신분석상담의 주요 개념 중 무엇에 대한 설명인가?

> 자유연상, 꿈, 저항, 전이 등을 분석하고 그 속에 담긴 행동상의 의미를 내담자에게 지적하고 설명하는 것이다.
> 이를 시도하는 시기가 중요한데, 적절하지 못한 때에 이것을 하면 내담자가 거부반응을 일으킬 수가 있기 때문이다.

① 무의식　　② 훈습
③ 해석　　④ 역전이
⑤ 자아방어기제

정답 ③

해설 지문의 내용은 '해석' 기법을 설명한 것이다.

03 프로이트(S. Freud)에 의하면 갈등을 피하기 위해 동성부모를 동일시하는 자녀의 발달단계는?

① 구강기(Oral)　　② 항문기(Anal)
③ 성기기(Genital)　　④ 잠복기(Latent)
⑤ 남근기(Phallic)

정답 ⑤

해설 남근기(Phallic)에는 오디푸스 콤플렉스나 엘렉트라 콤플렉스가 나타난다.

04 평소 숙제를 제출하지 않던 학생이 숙제를 해오자 청소를 면제해 주는 행동수정 원리는?

① 조성　　② 정적강화
③ 부적강화　　④ 상호억제
⑤ 프리맥 원리

정답 ③

해설 '부적 강화'는 혐오스런 자극을 제거(부적으로 강화하여)함으로서 올바른 행동을 지속적으로 하도록 하는 기법이다.

05 다음 〈보기〉의 밑줄 친 부분과 관련된 비합리적 사고의 유형으로 적절한 것은?

> **보 기**
>
> A 중학교 3학년인 B군은 지난 6월 1일 오후에 자신이 다니는 학교 건물 3층에서 투신자살을 시도하다가 실패하여 학교 상담실에서 상담을 받게 되었다. A 중학교의 전문상담교사는 B군이 자살을 시도했다는 것을 B군의 담임선생님과 학부모에게 즉시 알렸으며, B군의 담임선생님에게 상담에 대한 협조를 부탁하였다. 전문상담교사는 B군에게 자살을 시도한 이유를 물었는데, B군은 처음에는 자살을 시도한 이유를 좀처럼 말하려 하지 않다가 나중에는 "제가 작년에는 학교 성적이 너무 좋았는데, 학교 성적이 작년보다 10점이나 떨어지다 보니 선생님께 인정을 못 받을까봐 너무 두려웠고 부모님께도 말씀드리기가 너무 힘들었습니다. 선생님과 부모님께 인정을 받고 싶었는데..."라고 대답하였다.

① 비난   ② 자기비하
③ 과잉일반화   ④ 파국화
⑤ 낮은 인내력

정답 ④

해설 지문의 내용은 '파국화'의 적절한 사례이다.

06 벡(Beck)이 제시한 인지적 왜곡(오류)의 형태를 올바르게 연결한 것은?

> 가. 한 명의 청소년 내담자를 상담하는 과정에서 어려움을 경험한 후, 모든 청소년상담 분야에는 소질이 없다고 결론을 내렸다.
> 나. 복도에서 만난 친구가 인사를 하지 않고 지나간 것에 대해 나를 미워하기 때문이라고 생각했다.
> 다. 발표를 한 후, 대다수는 칭찬을 했지만 소수의 사람들이 부정적인 반응을 보인 것만 보고 자신의 발표가 실패한 것이라고 여겼다.
> 라. 지난 주 사례회의에서 지적당한 것을 볼 때, 이제 곧 팀장자리도 내놓아야 하고 머지 않아 상담실에서도 쫓겨나고 말 것이라고 생각했다.

> A. 선택적 추상화(selective abstraction)
> B. 과잉일반화(overgeneralization)
> C. 개인화(personalization)
> D. 파국화(catastrophizing)

① 가 - A, 나 - B, 다 - C, 라 - D
② 가 - A, 나 - C, 다 - D, 라 - B
③ 가 - B, 나 - C, 다 - A, 라 - D
④ 가 - B, 나 - C, 다 - D, 라 - A
⑤ 가 - D, 나 - C, 다 - A, 라 - B

정답 ③

해설 가. 한 명의 청소년 내담자를 상담하는 과정에서 어려움을 경험한 후, 모든 청소년상담 분야에는 소질이 없다고 결론을 내렸다.
－ 과잉일반화(overgeneralization)
나. 복도에서 만난 친구가 인사를 하지 않고 지나간 것에 대해 나를 미워하기 때문이라고 생각했다.
－ 개인화(personalization)
다. 발표를 한 후, 대다수는 칭찬을 했지만 소수의 사람들이 부정적인 반응을 보인 것만 보고 자신의 발표가 실패한 것이라고 여겼다.
－ 선택적 추상화(selective abstraction)
라. 지난 주 사례회의에서 지적당한 것을 볼 때, 이제 곧 팀장자리도 내놓아야 하고 머지 않아 상담실에서도 쫓겨나고 말 것이라고 생각했다.
－ 파국화(catastrophizing)

상담이론

33강 인지적 접근의 이해

학습목표
1. 상담이론에서의 인지적 접근에 대한 이해
2. RET, 인지치료, 현실요법 등에 대한 내용 이해

학습내용
1. RET를 대표로 하는 상담이론중 인지적 접근법 등에 대해 학습한다.
2. 다양한 문제풀이를 통해 인지적 접근의 상담이론적 특성을 학습한다.

01 인지치료에서의 인지적 오류 중 과장 혹은 축소에 대한 설명으로 옳은 것은?

① 특정한 결론에 대한 증거가 없거나 그 증거가 결론과 같지 않음에도 불구하고 그러한 결론을 내는 것이다.

② 한두 번 지각한 특정 학생에 대해 선생님이 그 학생을 게으르다고 생각하는 것이 예이다.

③ 내담자의 심리에 대해 한두 가지 사건에 기반한 결론을 내리고 그것을 아무 상황에나 적용하는 것이다.

④ 내담자 자신이 시험을 망친 것 때문에 남자친구와 어쩔 수 없이 헤어졌다고 생각하는 것이 해당된다.

⑤ 사소한 부분에만 집착하여 그것에 근거하여 전체 경험을 평가하는 것이다.

정답 ②

해설 ① 특정한 결론에 대한 증거가 없거나 그 증거가 결론과 같지 않음에도 불구하고 그러한 결론을 내는 것이다. – 임의적 추론
③ 내담자의 심리에 대해 한두 가지 사건에 기반한 결론을 내리고 그것을 아무 상황에나 적용하는 것이다. – 과잉일반화
④ 내담자 자신이 시험을 망친 것 때문에 남자친구와 어쩔 수 없이 헤어졌다고 생각하는 것이 해당된다. – 파국화
⑤ 사소한 부분에만 집착하여 그것에 근거하여 전체 경험을 평가하는 것이다. – 선택적 추상화

02 다음 사례에서 혜민이가 보이는 인지오류는?

> 혜민이는 수업시간에 발표를 하였다. 혜민이가 발표를 하는 동안 대부분의 학생들은 긍정적인 반응을 보였지만 한두 명이 부정적인 반응을 보였다. 부정적인 반응을 보인 한두 명을 보고 혜민이는 자기 발표가 완전히 망했다고 생각했다.

① 마음읽기 ② 선택적 추상화
③ 흑백논리 ④ 의미 확대
⑤ 파국화

정답 ②

해설 지문의 내용은 '선택적 추상화'의 개념을 설명한 것이다.

03 다음 중 Beck의 인지적 오류에 대한 내용과 설명이 잘못 연결된 것은?

① 임의적 추론 – 충분한 증거 없이 최종적인 결론을 성급히 내려버리는 오류이다.
② 흑백논리 – 사물을 흑과 백의 두 가지 종류로만 보는 경향이다.
③ 과잉일반화 – 부정적 사건을 마치 계속적으로 반복되고 있는 실패로 생각하는 경향이다.
④ 선택적 추상화 – 상황이나 사건의 주된 내용은 무시하고 특정한 일부 정보에만 주의를 기울여 전체의 의미를 해석하는 오류이다.
⑤ 극대화 – 자신의 잘한 일이나 타인의 실수는 과장해서 축소하여 열등감에 빠지는 경향성이다.

정답 ⑤

해설 ⑤는 극소화에 대한 설명이다.

04 다음은 상담자가 실시한 검사해석의 일부이다. 이 상담자가 적용하고 있는 상담이론은?

> A는 자유와 즐거움에 대한 욕구가 매우 높은 편입니다. 이에 비해 A의 남자친구는 힘과 소속욕구가 높습니다. 두 분의 욕구에 있어서의 차이가 현재 겪고 있는 두 사람간의 갈등에 영향을 미칠 수 있다는 생각이 드네요.

① 교류분석　　　　　　　② 정신분석
③ 현실치료　　　　　　　④ 개인심리학
⑤ 게슈탈트치료

정답 ③

해설 지문의 내용은 윌리암 그래서로 대표되는 현실치료(요법) 상담이론에서 다루는 기본욕구에 대한 내용이다.

05 다음 중 현실치료의 특징으로 적절하게 짝 지워진 것은?

> a. 책임감에 대한 강조
> b. 과거 경험에 대한 체계적인 탐색
> c. 자율적이고 합리적인 모습 강조
> d. 내담자 스스로 계획수립 및 수행평가

① a, b, c　　　　　　　② b, c, d
③ a, c, d　　　　　　　④ a, b, d
⑤ a, b, c, d

정답 ③

해설 b는 정신역동적 상담이론에서 중요하게 다룸

06 다음은 직업상담기법 중 무엇에 대한 설명인가?

> 상담자는 두 부분의 개입을 하게 된다.
> 첫 번째는 낡은 사고에 대한 평가이며, 두 번째는 낡은 사고나 새로운 사고의 적절성을 검증하는 실험을 해 보는 것이다.
> 의문의 형태의 개입은 상담자가 정답을 제시하기 보다는 내담자 스스로 해결방법에 다가가도록 유도한다.

① 실제적 기법
② 심리측정 도구 사용기법
③ 인지적 기법
④ 논리적 기법
⑤ 도구적 기법

정답 ③

해설 지문의 내용은 낡은 사고체계, 비합리적 사고체계를 인지적 접근에서 치료하여 새로운 사고 체계를 갖도록 하는 인지적 접근에 대한 설명이다.

07 다음 중 합리적-정서적 상담(RET)에 대한 설명으로 옳지 않은 것은?

① 내담자의 문제를 학습과정을 통해 습득된 부적응 행동으로 보고, 상담과정을 통해 부적절한 행동을 밝혀서 제거하고, 보다 적절한 새로운 행동을 학습하도록 하는 것이 상담의 목표이다.
② 인간의 정서적, 행동적 문제의 근원은 비합리적 사고에 있다고 본다.
③ 우울증을 치료하는데 효과적이다
④ A-B-C 또는 A-B-C-D-E-F 이론이라고도 불린다
⑤ 행동주의 상담이론에서 출발했지만 인지적/정서적 영역에서 행동의 원인을 찾는다.

정답 ①

해설 ①의 내용은 행동주의 상담이론에 대한 설명이다.

상담이론

34강 이야기치료기법 등

학습목표	1. 이야기치료기법의 이해 2. 절충중의, 여성주의 상담의 이해

학습내용	1. 문제풀이를 통해 '이야기치료기법'을 이해한다. 2. 상담의 일반적 개념과 상담단계별 내용에 대해 학습한다.

01 이야기치료의 기법 중 '외재화하기'에 대한 설명으로 옳은 것은?

① 상담자가 내담자에게 자신을 부정적으로 바라보게 만드는 모든 문제들을 직면하고 사회 속에서 자신의 정체성을 올바르게 찾도록 돕는 것이다.

② 표출대화를 통해 문제와 반대되는 대안적 이야기들을 찾아내고 내담자가 과거 경험했던 긍정적인 경험들이나 관계를 회복하는 것을 의미한다.

③ 상담자가 내담자가 자신의 새로운 대안을 지지하고 격려하는 동료를 구하는 것을 돕고, 글쓰기를 통해 내담자와 동료들이 만족을 느끼게 하는 것이다.

④ 상담자가 내담자의 이야기를 경청한 뒤 내담자에게 부정적인 영향을 주는 문제들을 구별한 후 대안이 되는 이야기를 마련하기 위한 공간을 만드는 것이다.

⑤ 상담자가 내담자에게 내담자의 가족이 현재 겪고 있는 여러 가지 고충들을 충분히 공감하고 있다는 것을 암시한 후, 문제를 가족과 분리하여 다루는 것이다.

정답 ⑤

해설 ① 파괴적인 문화적 가설 해체하기
② 전체 이야기 다시 쓰기
③ 새로운 이야기 강화하기
④ 문제 이야기와 행간 읽기

02 해결중심상담의 질문기법과 이에 대한 예가 올바르게 짝지어진 것은?

① 척도 질문 – 최근 문제가 일어나지 않은 때는 언제였나요?

② 예외 질문 – 아침에 일어나서 지난밤에 기적이 일어났다는 것을 어떻게 알 수 있을까요?

③ 기적 질문 – 1점에서 10점까지 있는 천도에서 1점은 최악의 상태, 10점은 최상의 상태를 나타내는 점수입니다. 당신은 지금 몇 점에 해당되나요?

④ 악몽 질문 – 내일 아침에 무엇을 보면 악몽 같은 인생을 살고 있다는 것을 알 수 있을까요?

⑤ 대처 질문 – 그 외에도 또 무엇이 있습니까?

정답 ④

해설 ①은 예외 질문, ②는 기적 질문, ③은 척도 질문, ⑤는 '그 외에 또 무엇이 있습니까?' 질문에 대한 예이다.

03 절충적 상담에 관한 설명으로 옳지 않은 것은?

① 두 가지 이상의 상담이론과 기법을 사용하는 접근법이다.

② 내담자의 발달수준에 따라 다양한 상담이론을 활용하는 데 유리하다.

③ 이론적 근거 없이 여러 상담이론의 기법을 단순히 조합하는 것으로는 절충적 상담의 장점을 발휘할 수 없다.

④ 상담성과를 높이기 위해 특정 상담이론의 기법을 수정하기도 한다.

⑤ 특정 상담이론에 숙달된 전문가 집단에서는 절충적 접근을 취하지 않는다.

정답 ⑤

해설 특정 상담이론에 숙달된 전문가 집단에서도 필요시 언제든지 절충적 접근을 취할 수 있다.

04 여성주의치료에 관한 설명으로 옳은 것은?

① 내담자의 문제는 사적인 것으로 간주하여 사회 정치적 맥락을 배제하고 이해한다.

② 남녀의 행동차이를 사회화 과정보다는 선천적인 것으로 설명한다.

③ 내담자의 개인적 변화를 돕는 것이 주된 역할이며, 사회 변화를 위한 직접적 개입은 상담자의 역할이 아니다.

④ 사회적 성역할 기대는 정체성 형성에 커다란 영향을 미치는 것으로 간주한다.

⑤ 치료의 핵심은 권력에 대한 관심이므로 상담자에게 절대적 권위를 부여한다.

정답 ④

해설 여성주의 치료의 목적은 성에 근거한 차별과 제한을 벗어나 여성과 남성이 자아실현을 할 수 있도록 돕는 것이다. 여성과 남성이 사회적, 정치적, 경제적으로 동등한 존재가 되기를 돕는 것과 각 개인이 그러한 삶을 살 수 있도록 촉진하는 성 평등사회를 만드는 것이 주요 목표가 된다. 따라서 여성주의 치료는 성역할 기대에 따른 성역할 고정관념과 제도화된 성차별주의에 도전하는 여성주의를 상담을 통해 실현시키려고 하는 상담이론이다. 여성주의 상담에 있어서 상담자의 역할은 내담자의 개인적 변화를 돕는 것 이외에도 사회 변화를 위한 직접적 개입 등을 들 수 있다.

05 다음 중 상담의 구조화에 포함시켜야 할 사항을 모두 고르시오.

가. 상담목표 설정	나. 목표달성 기간
다. 상담의 시간 및 횟수	라. 문제 해결 방안 탐색
마. 실천계획의 수립	

① 가, 나, 다   ② 가, 다, 마

③ 나, 다, 라   ④ 나, 라, 마

⑤ 다, 라, 마

정답 ①

해설 '라'와 '마'는 중기 단계에 해당하는 내용이다.

06 상담목표 설정이 효과적인지를 검토하는 기준으로 옳은 것을 모두 고른 것은?

ㄱ. 내담자가 상담의 접근방식과 절차를 충분히 이해하였는가.
ㄴ. 내담자가 구체적으로 이야기하게 하였는가.
ㄷ. 내담자가 바라는 목표가 현실적이며 성취 가능한 것인가.
ㄹ. 목표를 달성하는 데 장애가 될 만한 요소는 없는가.

① ㄱ, ㄹ   ② ㄱ, ㄴ, ㄷ

③ ㄱ, ㄷ, ㄹ   ④ ㄴ, ㄷ, ㄹ

⑤ ㄱ, ㄴ, ㄷ, ㄹ

정답 ⑤

해설 지문의 내용 모두가 검토의 기준이 된다.

07 다음 중 내담자의 관심을 효과적으로 이끌 수 있는 기술로 옳지 않은 것은?

① 상담자는 내담자를 향해 앉는다.

② 내담자와 시선을 서로 맞춘다.

③ 내담자를 향해 똑바로 앉는다.

④ 긴장을 풀고 이완한다.

⑤ 팔이나 다리를 꼬지 않고 개방적 자세를 취한다.

정답 ③

해설 내담자를 향해 똑바로 앉는 것은 내담자에게 부담을 가질 수 있기 때문에 최근엔 측면에 앉는 것이 최근의 경향이기도 하며 경청의 태도로 몸을 약간은 내담자쪽으로 기울이는 것도 적절하다.

35강 상담기법과 예외질문법 등

학습목표	다양한 상담기법의 이해

학습내용	직면, 반영, 명료화 해석 등의 상담기법을 이해하고 척도질문이나 예외질문 등에 대해 학습하다

01 다음 중 상담기법 및 이에 대한 설명이 잘못 연결된 것은?

① 직면 - 내담자가 모르거나 안정하지 않는 생각과 느낌에 대해 주목하도록 지적하는 것이다.

② 재진술 - 내담자가 상담 시간 동안 이야기한 것을 상담자가 하나로 묶어 정리하는 기법이다.

③ 명료화 - 내담자가 자신의 느낌이나 생각을 분명하게 할 수 있는 기술이다.

④ 경청 - 상담자가 상대적으로 더 비중을 두어야 할 내담자의 말과 행동을 선택하여 주목하는 것이다.

⑤ 공감적 이해 - 내담자의 입장에서 그들의 내면세계를 이해하는 것이다.

> **정답** ②

> **해설** 재진술은 어떤 상황, 사건, 사람, 생각을 기술하는 내담자의 진술 중에서 내용 부분을 상담자가 다른 동일한 의미의 말로 바꾸어 기술하는 기법이다.

02 상담기술과 반응 예시의 연결이 적절하지 않은 것은?

① 감정반영 - "엄마의 그 말에 많이 실망했나 보구나."

② 재진술 - "네 말은 엄마가 동생을 더 예뻐하신다는 말이구나."

③ 명료화 - "너는 상황이 심각하다고 말하면서 웃는 표정을 짓고 있구나."

④ 자기개방 – "나도 네 나이 때는 사람들이 비웃을까봐 두려웠단다."

⑤ 간접질문 – "엄마의 말에 어떻게 대답했는지 궁금하구나."

정답 ③

해설 ③의 예시는 상담기법중 '직면' 기법에 대한 내용이다.

03 다음 대화에서 밑줄 친 부분과 관련된 상담기법은?

> 상담자는 상담에 비협조적인 한 청소년내담자와 상담을 하고 있다.
>
> [상담자] 나는 당신이 매번 상담을 뒤로 미루고, 정해진 상담시간도 잘 지키지
> 도 않아서 당신에게 매우 화가 나요.
> 왜냐하면 당신이 매번 상담시간을 지키지 않아서 다음 상담스케줄에
> 도 차질이 빚어지고 있거든요.
> 오늘은 마침 다음 내담자가 오지 않아서 상담을 할 수 있었지만, 다
> 음에 또 상담시간에 늦는다면 상담을 못할 수도 있어요.

① 조언　　　　　　　　　② 요약

③ 바꿔 말하기　　　　　　④ 자기노출

⑤ 나 전달법

정답 ⑤

해설 지문의 내용은 '나-전달법'에 해당하는 내용이다.

03 상담기술과 반응 예시의 연결이 적절하지 않은 것은?

① 감정반영 – "엄마의 그 말에 많이 실망했나 보구나."

② 재진술 – "네 말은 엄마가 동생을 더 예뻐하신다는 말이구나."

③ 명료화 – "너는 상황이 심각하다고 말하면서 웃는 표정을 짓고 있구나."

④ 자기개방 – "나도 네 나이 때는 사람들이 비웃을까봐 두려웠단다."

⑤ 간접질문 – "엄마의 말에 어떻게 대답했는지 궁금하구나."

정답 ③

해설 ③의 예시는 상담기법중 '직면' 기법에 대한 내용이다.

04 다음 〈보기〉의 대화에서 사용된 상담 기법으로 적절한 것은?

> **보 기**
>
> 현재 중학교 3학년인 내담자가 부모와의 갈등 해결을 위해 학교 상담실에 갔다가 상담사에게 오히려 상처를 받았다.
>
> [내담자] 제가 지난주 수요일 저녁에 엄마와 학교 성적 문제로 싸워서 목요일 오전에 학교 상담실에 갔다가 상담선생님이 오히려 "네가 얼마나 버릇없이 굴었으면 어머니가 화를 내셨겠니?"라며 저를 나무라셔서 상담선생님께 상처만 받았어요.
>
> [상담자] 저런, 상담선생님께 지지받고 싶어서 상담실에 왔는데, 오히려 상담선생님이 내담자님을 나무라니 너무 속상했나 보군요..

① 반영   ② 직면
③ 명료화   ④ 해석
⑤ 초점화

정답 ①

해설 반영이란 내담자의 말이나 행동을 통해 드러난 감정 및 내담자의 생각, 태도 등을 상담자가 다른 말로 명료하게 표현해 주는 것이며 지문의 내용은 이를 설명하는 적절한 예이다.

05 다음 대화에서 상담자의 말과 관련된 상담기법에 해당하는 것은?

> 자신이 들어간 동아리가 적성에 맞지 않아 고민하고 있는 청소년내담자가 청소년상담사를 찾아왔다.
>
> [내담자] 제가 이번 학기에 미드를 통한 일상 영어회화 배우기 동아리에 들어갔는데요, 전문 영어회화를 배우는 게 지금 제 적성에 맞지 않네요. 제 친구 ○○이는 참 좋아하는데... 저는 아무리 생각해도 지금 영어보다는 수학경시대회 준비 동아리에 들어가는 게 더 적성에 맞는 것 같아요. 동아리를 바꾸고 싶어요.
>
> [상담자] 아, 그렇군요. 계속 말해 보세요.

① 반영   ② 수용

③ 직면   ④ 해석

⑤ 재명명

정답 ②

해설 내담자의 진술내용에 대해 경청하고 받아주는 자세를 볼 수 있다.

06 다음 대화에서 상담자가 사용하는 질문기술에 해당하는 것은?

> 아버지의 잦은 외도와 도박으로 고통을 겪고 있는 청소년내담자가 청소년상담사를 찾아왔다.
>
> [내담자] 지난주에도 아버지는 밤늦도록 친구들과 도박을 하느라 밤을 새고 집에 들어오지 않으셨어요. 며칠 동안 계속해서 도박을 하시다가 가진 돈을 다 잃고 어젯밤에야 집에 들어와서는 어머니께 돈을 내놓으라고 소리치시면서 행패를 마구 부리셨어요. 그래서 제 마음이 너무 힘드네요.
>
> [상담자] 그래요? 아버지가 ○○군을 그렇게 힘들게 했는데, 지금까지 어떻게 버텼나요?

① 척도질문   ② 대처질문

③ 예외질문   ④ 기적질문

⑤ 관계성질문

정답 ②

해설 대처질문이란 과거 어려웠던 상황에 대해 지혜롭게 대처했던 경험들을 떠올리게 함으로써 내담자가 스스로 자신감을 찾게 하는 것이다.
- 척도질문 : 내담자가 자신의 정서적 문제와 문제들의 우선순위, 자아에 대한 존중의 정도, 치료에 대한 자신감, 변화를 위한 노력의 정도 등을 숫자를 통해 표현하게 하는 것이다.
- 예외질문 : 과거에 우연히 성공했던 경험을 떠올리게 하여 이것을 통해 내담자의 문제를 해결하게 하는 것이다.
- 기적질문 : 문제해결에 필요한 사항들을 명료화하기 위해 내담자가 문제가 해결된 상황을 상상하게 하는 것이다.
- 관계성질문 : 내담자에게 중요한 영향을 끼치는 주변 사람들이 내담자의 문제를 어떻게 바라볼지를 추측해보게 하는 것이다.

07 상담 중 내담자의 침묵에 관한 상담자 대응으로 옳은 것을 모두 고른 것은?

ㄱ. 상담 중 침묵에 대해서는 직접 다루지 않는 것이 바람직하다.

ㄴ. 내담자가 자신이 말한 것을 숙고하며 침묵하는 경우, 방해하지 않아야한다.

ㄷ. 내담자가 감정표현 후 휴식하기 위해 침묵하는 경우, 충분한 시간을 허용할 수 있다.

ㄹ. 상담에 대한 저항으로 나타나는 침묵의 경우, 상담자가 먼저 침묵을 깨서는 안된다.

ㅁ. 내담자가 무슨 말을 해야 할지 몰라서 가만히 있는 경우, 상담자가 침묵을 깨고 내담자를 도와줄 수 있다.

---

① ㄴ, ㄷ   ② ㄱ, ㄹ, ㅁ

③ ㄴ, ㄷ, ㄹ   ④ ㄴ, ㄷ, ㅁ

⑤ ㄴ, ㄷ, ㄹ, ㅁ

정답 ④

해설 상담 중 침묵에 대해서 상담의 촉진을 위해 직접 다루어야 할 때가 있다.
상담에 대한 저항으로 나타나는 침묵의 경우, 상담자가 먼저 이를 해소하기 위해 탐색하거나 대화를 이어갈 수 있다.

05

학습이론

학습이론

1강 학습의 의의와 학습유형

학습목표	1. 학습의 의의와 특징 이해 2. 학습의 종류 이해

학습내용	1. 학습의 의의와 학자별 정의에 대해 학습한다. 2. 학습정의에 따른 특징과 학습종류에 대한 심화학습을 이행한다.

📖 학습의 의의

학습(learning)이란 경험을 통하여 얻어지는 행동과 지식에서의 비교적 영속적인 변화이다. 학습은 일반적인 의미에서의 지식 습득뿐만 아니라 젓가락질을 배운다든지, 신발끈을 맨다든지, 자전거를 타거나 운전을 배우는 등의 다양한 행동을 포함한다. 이렇게 우리는 다양한 경험을 통해 지식과 기술을 습득하고 이를 유지한다.

📖 학습이란

1. 연습이나 경험의 결과 일어나는 행동의 지속적인 변화

2. 학습

1) 행동의 변화이며
2) 이러한 변화는 연습·훈련, 또는 경험에 의한 변화로서 성숙에 의한 변화는 학습으로 간주되지 않으며,
3) 이러한 변화는 비교적 영속적이어야 한다. 따라서 동기·피로·감각적 순응 또는 유기체의 감수성의 변화 등은 제외된다.
4) 한편 순수심리학적인 견해는 진보적 또는 퇴보적인 행동의 변화를 모두 학습으로 간주하나, 교육적인 견해로는 바람직한, 진보적인 행동의 변화만을 학습으로 간주한다.

3. 개념적 정의

1) 학습은 행동의 변화로 본다. 학습의 결과는 관찰 가능한 외현적 행동으로 나타나기도 하지

만, 내면적 행동의 변화로도 나타난다.

2) 행동변화는 비교적 영속적으로 나타나야 한다.

3) 행동의 변화는 학습 경험에 바로 이어서 나타날 필요가 없다.

4) 행동의 변화(행동의 잠재력)는 연습을 통해 생겨난다.

4. 학습이란 유기체 내에서 일어나는 내재적인 변화과정으로 직접 관찰가능한 것이 아니고, 수행(performance)으로 표현될 따름이다. 따라서 학습이란 수행과 그 선행조건을 통해서 추리할 따름이다. 한편 이상에서 언급한 학습의 형식적인 개념규정과는 달리 실질적인 면에서 학습 또는 행동변화의 내용이 무엇인가에 대한 견해는 실로 다양하다.

5. 학습의 내용을 조건형성 또는 자극과 반응의 결합으로 보느냐, 또는 인지구조상(認知構造上)의 변화로 보느냐, 또는 신경생리학적 변화로 보느냐에 따라 학습이론은 각기 입장을 달리하고 있다.

▣ 기출문제에서 언급된 학습의 개념 – 학자별 정의

① Gates – 학습은 경험이나 훈련을 통한 행동의 변용이다.

② Gagne – 학습은 상당기간 지속되고 성장과정에 그 원인을 돌릴 수 없는 인간의 특성 또는 능력의 변화이다.

③ Morgan & king – 학습이란 경험이나 연습의 결과로 발생되는 비교적 영속적인 행동의 변화이다.

④ Lewin – 학습은 인지구조의 변화 즉 어떤 것이 다른 어떤 것으로 이끌려 가는지에 대해 아는 것이다.

⑤ Koffka – 학습은 지각과정과 그 흔적이 복잡한 구조 속에서 조직화되는 제체제화의 과정이다.

▣ 학습의 목적

1. 정상행동과 비정상행동에 대한 이해 및 이를 바탕으로 심리치료 등에 활용하기 위한 것이다.

2. 유전과 환경의 상호작용을 이해하기 위한 것이다.

3. 실제 교육장면에 응용하기 위한 것이다.

▣ 학습의 특징 – 기출정리

(1) 학습은 그 결과로서 행동의 변화를 가져온다.

(2) 학습은 연습의 결과로써 일어난다.

(3) 학습은 비교적 영속적인 행동의 변화이다.

(4) 학습으로 일어난 행동의 변화를 직접 관찰하기 어렵다.

학습의 종류

1. 환경상태에 대한 행동의 방식에 따라서 학습은 여러 형태로 구별된다. 개에게 '앉아!'를 가르치는 것이나, 아기가 '얌냠(맛봄)'을 익히는 것과 같이 하나의 상태에 행동이 적응될 경우는 단순학습(simple learning)

2. 도로의 횡단신호를 배우는 경우처럼 2개 이상의 상대에 대한 차별반응을 습득하는 것은 변별학습(辨別學習:discrimination learning) 또는 지각학습(知覺學習:perceptual learning)
   – 학습은 사람이나 동물에게 고유한 감성기능을 통하여 행해지는 것이지만 그 역(逆)으로 학습을 통하여 자극에 대한 변별이나, 환경에 대한 인지(認知), 그리고 그 변화가 밝혀진다.

3. 타이프라이터나 자동차 운전의 기술습득처럼 운동동작이 미숙한 상태로부터 숙달된 상대로 형성되는 것을 운동학습(motor learning) 여기서는 운동과 감성의 제기능(諸機能)의 협동이 중요하다.

4. 지식의 획득을 위해 필요한 언어기호의 학습은 언어학습(verbal learning)이라 하는데, 이는 주로 암기학습(暗記學習:rote learning)이다.

5. 복잡한 개념·사고·추리의 형성은 개념학습(conceptual learning)·합리적 학습(rational learning) 등으로 부른다.

연합학습(associative learning)

1. 자극과 자극 혹은 반응과 자극의 연결의 반복에서 그 결합을 인식함으로써 성립되는 학습

2. 연합학습은 유기체가 환경 속에서 자극과 자극, 또는 자극과 그에 대한 반응이 반복해서 발생하는 것을 경험할 때 자극과 자극, 특정 자극과 그에 대한 반응이 결합됨을 인식하는 것이다.

3. 새로운 자극과 자극, 새로운 자극과 반응이 연결되기 위해서는 단지 시간적인 근접성만 필요하다고 주장하는 근접성 이론과, 새로운 연합을 위해서는 보상이나 강화와 같은 과정이 필요하다고 주장하는 효과이론 또는 강화이론의 견해가 모두 연합학습에 속한다.

4. 연합학습

1) 고전적 조건형성
   – 고전적 조건형성은 자극과 자극의 연합에 관한 학습
   – 고전적 조건형성에서는 연합의 조건으로 근접성 이론이 대표적

2) 조작적 조건형성

- 반응과 자극 혹은 행동과 그 결과의 연합에 관한 학습
- 조작적 조건형성에서는 새로운 연합을 위해 보상이 필수라고 보는 강화이론이 대표적.

■ 학습의 전이이론

1) 개념

새로운 정보가 작업기억으로 들어올 때마다 장기기억은 새로운 정보와 관련된 선행지식을 찾아 선행지식이 존재한다면 기억연결망은 활성화되고 새로운 정보가 장기기억에 잘 저장되도록 도와 선행학습이 새로운 학습에 영향을 미치는 것이다.

2) 긍정적 전이

선행학습이 새로운 학습의 이해를 촉진시키는 현상으로서, 바이올린 연주자가 피아니스트보다 비올라를 더 쉽게 배울 수 있다는 것이 사례이다.

3) 부정적 전이

선행학습이 새로운 학습의 이해를 방해해서 혼란 또는 오류를 낳는 현상으로서, 예전에 학습했던 영어단어는 불어단어를 새롭게 학습하는 데 혼란을 줄 수 있는 것이 사례이다.

4) 수평적 전이

한 분야에서 학습한 것을 다른 분야 또는 실생활에 적용하는 것으로서, 수학시간에 가감승제를 배우는 일은 물리시간에 배우는 공식을 이해하는데 도움이 되는 것이 사례이다.

5) 수직적 전이

기본학습이 이후의 고차원적이고 복잡한 학습에 적용되는 것으로서, 수학에서 가감승제를 배우는 일은 이후에 방정식을 푸는데 기초가 되는 것이 사례이다.

6) 전이의 질은 초기학습의 질과 맥락의 영향을 많이 받는다.

7) 기계적 학습(단편적인 지식)은 전이를 촉진시키지 않으나, 이해(포괄적인 법칙이나 개념 이해)를 동반한 학습은 전이를 촉진한다.

8) 정교화, 조직화, 심상과 같은 부호화 전략을 통해 정보를 저장하도록 유도해야 한다.

9) 전이는 학습되었던 상황과 전이가 일어날 상황이 비슷할 때 더 쉽게 발생한다.

10) 학습 내용과 실생활 간의 유사성이 클수록 전이가 촉진된다.

11) 수업방법 및 학습태도에 따라 전이 정도가 달라진다.

12) 기본적 원리를 확실히 이해할수록 전이가 촉진된다.

2강 전이학습과 학자별 학습 제이론

학습목표	1. 전이학습의 내용이해 2. 프로그램 학습의 내용과 특징이해

학습내용	1. 전이학습의 내용과 형식도야설, 동일요소설 등 전이학습유형에 대해 학습한다. 2. 프로그램 학습의 내용과 특징을 이해하고 캐롤의 학교학습 모형을 학습한다.

☐ 전이이론 - 향상학습

1) 형식 도야설 (formal discipline theory)
   (1) 로크(J.Locke)가 주장한 것으로 전이의 효과는 일반적이라고 주장하는 능력심리학을 계승한 것이다.
   (2) 사람들은 기본능력(기억력, 추리력, 의지력, 상상력 등)만 잘 훈련되면 그 효과는 여러 가지의 특수한 분야에 걸쳐서 일반적으로 전이된다는 설이다.
   (3) 즉, 수학을 배우면 수학 자체의 내용을 배우는 것이 중요한 것이 아니라, 수학을 배우는 과정을 통하여 추리력, 상상력 등이 발달되어 이것이 다른 문제 상태에 전이가 된다는 것이다.

2) 동일 요소설(identical elements theory)
   (1) 손다이크(Thorndike)가 주장한 것으로, 선행학습과 후행학습 사이에 같은 요소가 있을 때에만 전이가 가능하다는 설이다.
   (2) 이 설은 두 과제나 상황이 동일요소를 포함하고 있어야 하기 때문에, 전이가 일어날 수 있는 범위는 형식 도야설에 비해 훨씬 좁아진다.
   (3) 그러나 형식 도야설에 비해서 보다 실제적인 전이의 근거를 마련해준다.

3) 일반화설(Generalization theory)
   (1) 주드(C.H.Judd)가 주장한 것으로 동일 원리설이라고도 한다.
   (2) 두 가지 학습(선행학습과 후행학습) 사이에 놓여 있는 일반적인 원리가 유사할 때 전이

가 가능하고 또한 원리를 가르치면서, 실제 시험을 해 보이면 원리만 가르치는 것보다 전이가 잘 일어난다는 것이다.

(3) 즉, 전이가 일어날 수 있는 중요한 조건은, 학생들이 새로운 장면에 적용하거나 일반화할 수 있는 일반법칙이나 원리를 학습하는 것이다.(학문중심 교육과정에서 중시)

4) 형태 이조설(Transposition theory)

(1) 주드의 일반화설이 확장된 것으로 게슈탈트 학파 코프카(K.Koffka)에 의해 주장된 것으로 형태 전이설이라고도 한다.

(2) 이 이론은 어떤 상황에서의 완전한 형태의 수단, 목적 관계를 이해하는 것이 원리를 이해하는 것보다 전이가 더 잘 일어나도록 한다는 것이다.

5) 전문가-초보자 이론

① 전문가-초보자 이론은 자신과 전문가의 과제 수행을 지속적으로 비교하며 초보자가 전문가의 수준에 도달할 때까지 계속 자신의 과제 수행을 통제할 수 있도록 한다.

② 콜린스(Collins)는 사회적 참여를 통해 교사 혹은 전문가가 지닌 논리적 사고 방법 및 인지 전략 등의 인지적 구조를 모방하고 학습 영역의 지식과 기술의 습득과 전수를 교육의 목적으로 한다.

■ 프로그램학습(programmed instruction)

1. 특별한 형태로 짜여진 교재에 의해서 학습자료를 제시하고, 학생에게 개별학습을 시켜서 특정한 학습목표까지 무리 없이 확실하게 도달시키기 위한 학습방법. 프로그램학습에 대한 연구는 1926년 L.프레시가 처음으로 고안한 교수기계(teaching machine:티칭머신)가 출발점이 되어 발전된 수업형태이다.

2. 프로그램 수업은 B.F.스키너의 직선형(linear style)과 N.A.크라우더의 분지형(分枝型:branching style), 부첨형 등 3가지 형태가 있다.

3. 프로그램학습의 특징

① 학생에게 자극을 주고 반응을 불러일으키며 그 반응에 의한 강화의 횟수를 늘림으로써 학습의 효과를 높인다.

② 학습의 내용은 학습이 효과적으로 진행될 수 있도록 단계적으로 조직된다.

③ 학생은 제시된 내용에 대해 적극적인 반응을 나타나며, 그의 반응이 옳은지 그른지에 대하여 즉시 알게 된다.

④ 학생은 학습의 내용을 작은 단계로 익혀 가면서 자기의 학습능력에 맞는 문제부터 손을 대

기 시작하여 점차 높은 학습목표로 옮겨간다.

4. 대표적인 개별학습 형태인 프로그램학습의 성공은 프로그램 작성의 질에 의존하므로 교과 전문가·교육과정 전문가·수업전문가·교육공학 전문가·관련교사 등의 협동적 참여가 필요 하다. 프로그램학습이 갖는 교육적 의의는 철저한 개별지도가 가능하다는 점, 학생의 학습 결과를 기초로 하여 프로그램을 실증적으로 검토하여 점차적으로 그것을 수정할 수 있다는 점이다.

5. 프로그램 학습은 프로그램의 내용이나 제시의 순서가 일정하고 학생의 학습과정이 계속적으로 기록되기 때문에 학생의 학습 결과에 따라 프로그램을 검토·수정할 수가 있다. 프로그램 학습은 개별지도의 방법일 뿐만 아니라 실증적인 교육연구를 위한 효과적인 교육방법으로서 교육공학(教育工學)의 발전에 중요한 역할을 할 것이다.

■ 학자별 학습이론

1. 캐롤의 학교학습 모형(the Carroll model of school learning)

1) 미국의 교육심리학자 캐롤(J.B. Carroll)이 1963년에 발표한 바 있는 학교학습의 현상을 설명하기 위한 이론적 모형.

2) 그 후에 블룸(B.S. Bloom)이 그의 완전습득 학습(完全習得學習)의 이론적 배경으로 삼게 됨에 따라 크게 각광을 받게 되었다.

3) 캐롤의 학교학습 모형에 다르면 학습의 정도는 학습자가 어떤 과제의 학습을 위해서 필요로 하는 시간량에 비추어 얼마만큼의 시간을 그 학습에 실제로 사용하느냐의 비율에 의해 결정된다.

  *학습의 정도, 필요시간량, 사용시간량

4) 이 이론적 모형의 핵심점은, 학교학습의 상황에서 나타나는 학생들의 학습성취도(學習成就度)에서의 개인차(個人差)를, 학습에 필요한 시간량과 학습에 투입(사용)한 시간량의 비(比)로 설명하고 있다는 점이다.

 – 이를 방정식의 모양으로 표시하면 다음과 같다.

  학습의 정도 = {f} × {학습에 투입한 시간량} / {학습에 필요한 시간량}

 – 여기서, 분모의 필요 시간량의 결정 변수는 ① 적성 ② 수업 이해력 ③ 수업의 질이며, 분자의 투입 시간량의 결정 변수는 ④ 학습 기회 ⑤ 학습 지속력이다.

2. 블룸(Bloom)의 완전학습(mastery learning)이론

1) 학교 교육과정 속에 규정되어 있는 대부분의 교육목표들은 거의 모든 학생들에 의하여 능히 성공적으로 달성될 수 있는 것으로 보고, 이를 성취하기 위하여 수업절차가 학생 개개인의 능력과 학습속도에 대하여 최적의 것이 되도록 구성되어야 한다고 주장하는 교수이론의 한 입장

2) 블룸은 완전학습을 위해서는 3가지 주요 요소 즉, 인지적 투입행동, 정의적 투입행동, 수업의 질의 상호관련변인을 토대로 독자적인 학습이론을 구축하였다.

3) 블룸(B.S. Bloom)이 주로 캐롤(J.B. Carroll)의 학교학습 모형을 이론적 근거로 하여 이런 주장을 펼침

4) 완전학습의 성취를 위하여 권장되고 있는 구체적인 수업전략
   ① 진단적 평가에 의한 선수학습에서의 결손의 보충지도,
   ② 수업목표의 명시,
   ③ 적절한 학습단서의 제공,
   ④ 학생에 의한 반응·연습 등의 참여 강조,
   ⑤ 형성적 평가에 의한 체계적인 피드백(feedback)의 제공,
   ⑥ 형성적 평가에 입각한 적절한 교정지도,
   ⑦ 소집단 협력학습의 실시
   등을 들 수 있다.

3. 브루너(Brunner)의 교수이론과 발견학습

1) 브루너는 교수활동에 관한 규범적이고 처방적인 일반이론을 주장하며 4가지 요소 즉, 사전성향, 지식의 구조, 계열성, 강화 등을 활용한 학습의 촉진지침을 마련하였다.
   - Bruner는 학습이론은 기술적(descrpitive)이고 간접적인 반면에 교수이론은 처방적(prescriptive)이고 규범적(normative)인 성격을 띤다고 하였다.

   *처방적 : 특정한 교수목표에 도달하기 위한 가장 효과적인 방법이 무엇인가를 제시해야 한다.
   *규범적 : 교수상태의 구성과 평가를 하기 위해 필요한 기준, 준거들을 일반적으로 진술해야 한다.

2) 브루너는 인지이론에 근거하여 학습자의 자율성과 주도성 강조.

3) 브루너 교수이론의 4가지 구성요소
   ① 학습경향성(학습의욕)
   학습하고자 하는 의욕 또는 경향. 준비성 또는 출발점 행동과 유사 개념으로 여러가지 가

능성을 탐색하면서 학습하고자 하는 의지

② **지식의 구조**

지식의 구조는 학문이나 교과의 기저를 이루는 핵심적 아이디어나 개념이며 일종의 분류 체계라고 주장

*지식의 구조가 가지는 3가지 특징

(ㄱ) 표현방식: 어떠한 영역의 지식도 작동적, 영상적, 상징적으로 표현이 가능하다.

(ㄴ) 경제성: 지식의 구조를 머릿속에 기억해두었다가 내용을 이해하는데 동원되는 정보가 되므로

(ㄷ) 생성력: 학생이 학습한 명제들이 얼마나 응용력, 전이력이 있는가.

③ **학습계열(계열성)** : 학습과제를 순서대로 조직하여 제시하는 원칙. 학습 계열이 작동적, 영상적, 상징적 표현의 순서에 따라야 한다.

④ **강화(상벌)** : 학습 결과에 대해 피드백, 만족을 얻게 될때 학습이 이루어진다. 강화는 내적 보상일 때 학습에 가장 효과적

3강 브루너의 발견학습/가네의 목표별 수업이론

학습이론

학습목표	1. 브루너의 교수이론 이해 2. 가네의 목표별 수업이론의 이해

학습내용	1. 브루너의 교수이론과 발견학습의 내용특징 등에 대해 학습한다. 2. 가네의 목표별 수업이론과 학교학습의 요소, 학습의 조건 등에 대해 학습한다.

▢ 브루너의 발견학습

(1) 개념
- 학교학습의 목적을 학습자의 지적 성장을 돕는 일이라고 볼 때 가장 적합한 교수방법은 발견학습법
- 교사의 지시를 최소한으로 줄이고, 학생 스스로 자발적 학습을 통해 학습목표를 달성하도록 하는 교수–학습과정의 한 형태
- 학습자에게 교과를 최종적 형태로 제공하는게 아니라, 그 최종 형태를 학습자 스스로 조직하도록 하는 학습방법
- 발견학습과 탐구학습
  *탐구학습 : 학습자들이 학습자료를 통해 스스로 문제 발견, 문제 해결하며 탐구적 사고 방식을 배워나가며, 학습자들은 지식획득의 과정에 주체적으로 참가함으로써 학습자 스스로 탐구능력을 키워나가는 점 비슷함.
  *탐구적 : 객관적 근거를 바탕으로 논리적으로 문제를 해결한다는 의미 내포. 따라서 초등학교 저학년, 중학년은 주로 발견학습 적용, 고학년부터 탐구학습 적용

(2) 발견학습의 조건
① **학습태세** : 학습자가 학습상황에서 정보들 간의 관계를 찾으려 하는 경향성
② **요구상태(학습동기)** : 학습자의 학습동기 수준
③ **관련정보의 학습** : 학습자가 관련된 구체적 정보를 많이 가지고 있을 때 발견이 잘 일어난다.
④ **연습의 다양성** : 같은 정보라 하더라도 그 정보에 접촉하는 사태가 다양할 수록 그 정보를

조직할 수 있는 분류체계의 개발이 용이해진다.

(3) 발견학습의 장점
- 지식의 전이력을 증진시켜 준다.
- 분류체계의 형성을 위한 노력은 학습자의 문제해결력, 유추능력과 같은 고등정신능력의 증진을 가져온다.
- 발견의 기쁨에 의해 학습자의 내적 동기를 강화시켜 줄 수 있다.

(4) 발견학습의 한계, 단점
- 모든 지식을 학생 스스로 발견할 수 없으며, 문제해결력만이 교육의 기본목표는 아니다.

(5) 브루너(Brunner)의 교수이론의 특징
- 기본구조에 대한 철저한 학습 강조 : 교과의 구조를 알거나 기본 원리를 알게 되면 기본 분류체계의 형성이 증진되므로.
- 학습효과의 전이 중시 : 기본원리에 의한 학습의 전이 강조
- 학습 결과보다 과정과 방법 중시 : 교과의 최종형태를 학습자가 스스로 구성하게 만든다는 점에서 학습의 과정을 중시.
- 학습자의 능동적 학습 강조 : 학습자가 스스로 원리를 발견해내는 능동적이고 주체적인 학습 강조

■ 가네(Gagne)의 목표별 수업이론

1) 학습하려는 목표가 달라지면 학습과제는 달라진다.

2) 가네 이론의 핵심은 학교학습과제의 분류체계를 만드는데 있었다. 즉, 수업이 추구하는 학습의 결과 유형에 따라서 수업을 설계해야 한다.

3) 학교학습의 요소
  (1) 학습의 성과 : 학습의 결과로 얻어지는 대상 또는 목표
  (2) 학습의 상태 : 학습자 내부에서 정보가 처리되는 과정
  (3) 학습의 조건 : 학습의 내적 과정에 맞게 외부에서 부여하는 수업

4) 학습의 요인(학습조건)
  (1) 학습의 외적 요인
    ① 강화의 원리: 학습자가 좋아하는 행동으로 보상을 해주면 학습이 더 잘 일어난다.
    ② 접근의 원리; 학습자가 반응해야 할 자극과 적절한 반응이 시간적으로 접근되어 있으면 학습이 더 잘 된다.
    ③ 반복의 원리: 자극이나 그에 따른 반응을 되풀이하거나 연습하면 학습이 증진되고, 파

지가 확실해 진다.

(2) 학습의 내적 요인

① 선행학습: 학습이 이루어지기 위해 이전에 그에 필요한 여러 가지 정보를 학습할 필요가 있다

② 학습동기: 학습이 성공적이기 위해 학습 초기에 학습하고자 하는 동기가 있어야 한다.

③ 자아개념: 학습에 대한 자신감, 즉 긍정적 자아개념이 있어야 학습이 잘 이루어진다.

5) 5가지 학습영역과 학습방법

– 지적기능, 언어정보, 인지전략, 태도, 운동기능

(1) 지적기능(intellectual skill)

– 인간은 상징을 사용해서 환경과 상호작용하는 방법을 학습한다. 즉, 무엇을 하는 방법을 아는 것.

– 읽기, 쓰기, 셈하기 등은 초등학교 저학년때 학습하는 기본적인 상징들이다.

– 이런 종류의 학습된 능력이 지적 기능이며, 방법적 지식 혹은 절차적 지식이라고도 한다.

– 지적기능의 학습: 8가지 위계학습에 의해 이루어진다.

– 8가지 위계학습의 의의 : 개념학습, 원리학습, 문제해결학습

– 8가지 위계학습

*신호학습: 가장 단순한 형태. 고전적 조건형성과정을 통해 수동적으로 행동이 획득되는 것

*자극·반응 학습: 스키너의 작동적 조건형성을 통해 자극과 반응이 연결되는 것 의미. 반응에 대해 강화가 주어지면 학습이 잘 일어난다.

*연쇄학습(운동의 연결): 이 유형의 학습은 여러가지 행동을 동시에 할 수 있게 되는 것 의미. 열쇠를 열쇠구멍에 넣고 이를 돌려 문을 여는 것과 같은 행동을 하는 것.

*언어연상학습(언어적 연결): 언어를 연결하여 사용할 수 있는 능력의 학습 의미

*변별학습: 비슷한 여러 대상을 구별할 수 있는 능력의 학습 의미, 여러 가지 도형들 중 사각형을 구별할 수 있는 능력

*개념학습: 위의 변별학습이 사물의 차이를 아는 것이라면 개념학습은 사물간의 유사성과 공통성에 대해 아는 것

*원리학습: 원리란 두개 이상의 개념이 연결된 것. 원리를 안다는 것은 개념들을 연결하여 만들어지는 규칙을 익히는 것.

*문제해결학습: 위의 원리를 조합하고 간단한 원리를 직접 이용하여 문제를 풀어나가는 것

2) 언어정보

- 인간은 구두 언어, 문장, 그림 등을 사용해서 일련의 사실이나 사태를 진술하거나 말하는 것을 학습
- 사람들은 어떤 사실을 진술하기 위해 그것과 관련된 지적 기능들을 가지고 있어야 한다. 아이디어를 진술할 수 있는 학습된 능력을 언어정보라고 하며, 사실적 지식이라고도 한다.

*언어정보의 학습방법

① 내적 조건: 언어정보를 학습하기 위한 내적 조건. 학습자는 언어규칙(지적 기능)을 활용할 수 있어야 하며, 의미있게 조직된 정보의 인지구조를 학습자가 이용할 수 있어야 한다.

② 외적 조건: 첫째, 학습자가 인지구조에 쉽게 접근할 수 있게 해주는 선행조직자가 필요하며(유의미 학습의 필요), 둘째, 학습자에게 학습의 목표를 분명히 알려주는 것이 중요

(3) 인지전략

- 학습자들은 그 자신의 학습, 기억, 사고를 관리하는 기능을 학습한다.
- 예를 들어 학습자는 교재를 읽을 때 자신만의 독특한 방식을 사용하기도 하며, 단어를 외우는 학습을 할 때 나름의 방법이 있다.
- 학습자의 내적 과정을 통제해 주는 이러한 기능을 인지전략이라 한다.
- 인지전략의 학습방법: 많은 지적 기능의 학습과 연습을 통해 가능해진다.

(4) 태도

- 학습자의 행동선택에 영향을 주는 인간의 내적, 정신적 경향성
- 학습자의 선택이라고 할 수 있는 경향성을 태도라고 한다.
- 태도 영역의 학습방법

① 내적 조건: 학습자의 행동적 표현수단을 필요로 한다.

② 외적 조건: 관찰학습과 같은 대리강화, 동일시 등을 통해 간접적으로 가르칠 수 있다.

(5) 운동기능

- 운동기능의 학습방법

① 내적 조건: 운동기능은 보통 일련의 계열성을 지닌 동작으로 구성되어 있으므로 운동기능의 절차적 계열이 학습되어야 한다.

② 외적 조건: 운동기능 학습을 위한 가장 중요한 외적 조건은 연습할 시간을 제공하고, 시범을 관찰할 기회를 제공, 말로 설명하면 학습이 촉진된다. 반복연습 필요.

4. 가네의 9가지 수업사태

1) 교수의 목적은 학습의 과정을 도와주는 것이므로 교수를 구성하는 일련의 사태들은 학습자의 내부에서 진행되는 인지과정과 밀접한 관계를 가져야 한다고 본다.

2) 수업사태 9가지
   (1) 주의집중
   (2) 학습자에게 목표 제시
   (3) 선수학습의 회상
   (4) 자극 제시
   (5) 학습안내 제공
   (6) 학습자 수행 유도
   (7) 피드백 제공
   (8) 수행 평가
   (9) 파지와 전이 증진

4강 행동주의 학습이론

학습목표	1. 베르트하이머의 생산적 사고 학습의 이해 2. 행동주의학습이론의 전반 이해
학습내용	1. 베르트하이머의 생산적 사고 학습과 심적과정에 대한 내용을 학습한다. 2. 행동주의학습이론의 전반에 대한 내용과 왓슨의 행동주의 학습관에 대해 학습한다.

베르트하이머의 생산적 사고 학습

1) 베르트하이머(형태주의 심리학자)의 학습과정을 분석에 따르면 아동들은 모두 문제를 좀 더 좋은 형태로 재구성 했다.

2) 형태 심리학에 있어서 학습자가 주어진 상황에서 지각하게 되는 애매함이 정당한 처벌이나 보상보다는 학습을 증진시키는데 더 많이 작용한다.

3) 학습자는 보상과 같은 외적 요인에 의해서가 아닌, 인지적 조작에 의해서 애매성을 줄이는 동기를 유발하게 된다.

4) 베르트하이머는 기계적 암기를 위주로 하는 학습은 학습자가 사실과 법칙을 이해하지 않고 배우기 때문에 쉽게 잊어버리므로 기계적 암기학습의 전이는 상당히 제한적인 것이라고 보고 있으나, 형태주의 원리를 기초로 사고하면, 제시된 것들의 관계와 의미를 재구조화하여 생산적 사고를 유도할 수 있다고 하였다.

5) 오래전부터 무조건적 교육이 실행해져 온 사회에서 이러한 연구가 곧 교육현실을 더욱 더 발전시키게 하는 큰 계기를 마련하고 학습자나 교사의 입장에서 서로 내용을 보다 용이하게 받아들일 수 있다.

6) 생산적 사고는 과거의 경험을 이용하여 미지의 새로운 결론이나 새 발명을 끌어내는 사고과정을 의미한다.

7) 생산적 사고를 창조적 사고 또는 산출적 사고라고도 하며 사고과정은 대체로 문제발생을 초기 단계, 해결을 종결단계로 하는 일련의 심적 과정인데, 이 중간과정에서 수단으로 이용되는 기존에 획득한 지식이나 경험이 변모됨으로써 새로운 결론이나 문제해결이 가능해지는 경우를 생산적 사고과정이라 한다.

■ 행동주의 학습이론(behavioral learning theory)

1. 왓슨(J. Watson)이 처음 소개한 학습이론이다.

2. 내성법을 통해 인간의식을 연구하고자 햇던 기존의 학습이론에 반발하여 과학적인 방법을 적용하여 심리를 연구하고자 하였다. 심리학이 과학이 되기 위해서는 신뢰할 수 있게 측정할 연구주제가 필요한데 그것이 바로 행동이라고 보았다.

3. 왓슨은 의식에 관한 연구는 철학영역에 맡기고 심리학자는 유기체의 경험에 의해 행동이 어떻게 변화하는지에 관심을 가져야 한다고 강조하였다.

4. 왓슨은 "행동주의자의 관점에서 볼 때, 심리학은 객관적인 자연과학의 영역에 속한다. 심리학의 이론적 목표는 행동을 예측하고 통제하는 데 있다. 내성법은 심리학의 기본적인 연구방법이 되지 못하며, 이 방법으로 수집한 정보는 의식에 따라 해석해야 하므로 더 이상 과학적 가치가 없다.

5. 행동주의자는 단일의 도구를 사용하여 동물연구를 하기 때문에 인간과 동물을 구분할 필요가 없다. 인간의 행동은 세련되고 복합적이기는 하지만 결국 행동주의자들이 활용하는 연구 도구들 중의 하나에 불과하다."라고 주장하였다. 정신적 사상은 직접적으로 다룰 수 없으므로 무시한다. 행동은 직접 다룰 수 있는 실체이므로 심리학의 연구대상을 행동으로 보았다.

6. **대표적인 학자와 이론들**
   1) 학습을 설명하는 행동주의 이론으로, Pavlov, Thorndike, Skinner, Hull 등을 대표적 학자로 꼽는다. 이들은 학습을 경험이나 관찰의 결과로 유기체에게서 일어나는 비교적 영속적인 행동의 변화 또는 행동잠재력의 변화로 정의내리며, 유기체를 자극에 대해 수동적으로 반응하는 존재라고 보았다.
   2) Pavlov는 고전적 조건화 이론, Thorndike는 도구적 조건화 이론, Skinner는 조작적 조건형성이론, Hull은 체계적 행동이론을 정립하였다.

■ 향상학습 – 행동주의적 관점에 의한 학습원리

   1) 학습자는 수동적인 시청자가 아니라, '능동적인' 시청자여야 한다.
   2) S-R이론은 학습자의 반응을 중시하며 아직도 '행하면서 배운다'라는 슬로건을 고수하고 있다.
   3) '반복'은 기술습득과 파지를 보장하기 위한 과잉학습(Over learning)을 위해 중요하다.
   4) '강화'가 중요하다.

바람직한 반응이나 정확한 반응이 보상을 받는 상황에서 반복이 이루어져야 하며 세부적인 사항에 대한 논쟁이 없는 것은 아니지만 일반적으로 부적 강화보다 정적 강화가 더 바람직하다.

5) '일반화'와 '변별'은 더욱 광범위한 자극에 대해서 학습이 이루어지기 위해서는 다양한 상황에서의 연습이 필요하다는 것을 시사해 준다.

6) '새로운'행동은 모델의 모방이나 단서(cue), 조성(shaping) 등을 통해 길러지며, 진보적인 S-R학습 이론과 모순되는 것이 아니다.

7) '욕구 상태'(drive condition)는 학습에 중요하며 동기 상태가 학습에 중요한 요소가 된다.

8) 어려운 변별학습 과정이나 부적절한 동기가 유발되는 사회적 상황에서 '갈등'과 '좌절'이 일어나는 것은 불가피 하므로, 이와 같은 사실을 인정하고 이에 대한 해결 혹은 조정방안을 마련해야 한다.

■ 향상학습 – 행동연쇄법

1) 행동연쇄법은 조작적 조건화의 응용이다.

2) 아동이 주어진 단계를 강화에 의해서, 행동형성법이나 용암법에 의해서 성공적으로 학습한 뒤에는 그 단계를 다른 단계들과 적절히 연속적으로 결합해야 한다.

3) 사례로는 음식먹기가 있는데 강화자(음식)에 의해 초기 단계를 제일 먼저 가르치고, 나머지 부가적인 단계들 (숟가락을 입까지 들어올리기, 숟가락을 입에 넣기, 숟가락을 접시에 되돌려놓기)은 아동이 그 연쇄의 모든 단위를 완수할 때까지 점진적으로 익혀야 할 단계들이다.

■ 기출정리 – 강화물

1) 1차 강화물

어떤 반응을 학습시키는 데 필요한 강화물 중 음식이나 물, 전기충격의 종료 등은 유기체의 생물학적인 요구를 충족시켜 주는 것이므로 1차 강화물(primary reinforcer)이라고 불린다.

2) 2차 강화물 또는 조건 강화물(conditioned reinforcer)

어떤 자극들은 유기체의 생물학적 요구와 전혀 상관없지만, 1차 강화물과 짝지어짐으로써 강화력을 획득하게 된다. 이를 조건 강화물(conditioned reinforcer)이라고 하는데, 그 대표적인 예가 돈이다. 돈이란 쇳조각, 또는 종이 조각에 불과하지만 음식 등 우리가 원하는 무엇인가와 짝지어져 왔기 때문에 마치 1차 강화물과 같은 힘을 갖게 된 것이다.

3) 사회적 강화물

조건 강화물과 달리, 1차 강화물과 짝지어진 적이 없음에도 불구하고 강화력을 갖고 있는 다른 자극들도 있다. 예컨대 교사는 단순히 고개를 끄덕여 주거나 "잘했어"라는 말만으로도 충분히 학생의 반응을 강화할 수 있다. 사람의 경우에는 타인에게서 인정이나 칭찬, 관심을 받는 것이 강력한 강화물로 작용하는데, 이를 사회적 강화물(social reinforcer)이라 한다.

🔲 기출정리 – 프리맥의 원리(premack principle)

1) 개념
 (1) 1965년에 프리맥(D.Premack)이 체계를 세워 정리한 것으로 프리맥의 원리라고 불린다.
 (2) 그 요점은 사람들에게 어떤 한 가지 활동을 끝마친 후, 보다 더 바람직한 다른 활동을 할 수 있는 권리를 주겠다고 약속함으로써, 그 활동에 몰두하도록 만들 수 있다는 것이다.
 (3) 학생들이 좋아하는 활동이 그들이 좋아하지 않는 일을 하도록 하는 데 사용되는 강화물로서, 싫어하거나 잘 하지 않는 행동을 촉진시키는 데 사용된다.
 (4) 흔히 교사들은 학생들이 어떤 공부를 끝낸 후 자유시간을 줄 때 이 원리를 이용하고 있다.
 (5) 바람직한 행동을 증가시키는 방법 중에 하나이며 행동의 빈도가 높은 행동을 이용해서 행동의 빈도가 낮은 행동을 강화하는 것으로 아동이 좋아하는 행동(빈도가 높은 행동)으로 부적응 행동, 즉 하기 싫어하는 행동이나 하지 않는 행동(빈도가 낮은 행동)을 증진시키는데 이용하는 방법이다.

2) 프리맥 원리(예시)
 (1) 어떤 아동이 글자공부는 싫어하면서, 동물(특히 캥거루, 말 등)그리기는 무척 좋아한다면, 아동에게 네가 글자 5단어를 공부하고 나면 네가 좋아하는 동물 그리기를 한 장 그리게 해 주겠다고 약속을 하면 아동이 글자공부 하는 것을 늘린다.
 (2) 아동들은 tv속의 만화 등 재미있는 일에는 밥 먹는 것조차 잊고 열심히 몰두하는 반면 책읽기나 숙제하기를 싫어한다면, 숙제를 열심히 마치면 tv나 컴퓨터 게임 등 아동이 좋아하는 행동을 할 수 있게 해준다.
 (3) 수학과목을 싫어하는 학생에게 수학 과제를 다 마친 후에는 그가 아주 좋아하는 책 읽는 시간을 주거나 축구할 시간을 준다.

🔲 기출정리– 가르시아(Garcia)의 미각혐오학습(taste aversion learning)

– 미각혐오학습은 1950년대에 가르시아와 그의 동료들(1956)이 처음 발견하였다. 이들은 쥐

에게 단물(사카린 맛이 나는 물)과 구토유발 감마선을 동원한 실험을 하였다.(면역학습)

① 쥐들에게 처음 맛보는 단물을 주고 x-레이를 쬐이면, x-레이 때문에 구토와 복통이 발생한다.

② 그 후 다시 단물을 주면 이 쥐들은 단물이 구토와 복통을 초래한 것처럼 마시기를 기피하게 된다.

③ 단물은 조건자극(CS), X—레이로 인한 구토와 복통은 무조건 자극(UCS), 구토에 의한 고통은 조건반응(CR)인 고전적 조건형성에 해당된다.

인지주의 학습이론

학습목표	1. 인지주의 학습이론의 의의 이해 2. 인지주의적 관점에서 학습원리 이해

학습내용	1. 인지주의 학습이론과 '내성주의' 관점에 대한 내용을 학습한다. 2. 인지주의적 관점에서 학습원리와 기본가정에 대해 학습한다.

▨ 인지주의 학습이론

1. 인지주의 학습이론의 태동

인간 내부에서 일어나는 인지적 과정 즉 사물을 인식하고 해석하고 기억하는 방법 등을 강조해왔다. 인지주의 학습이론은 1950년부터 관심을 받기 시작하였다.

2. 학습에 대한 인지주의적 관점은 내성주의자(Introspectionist)인 W. Wundt에게서 시작되었다. 학습에 대한 초점을 인간 내부의 정신과정에 두는 이론이며 학습은 학습자 스스로 완성해가는 것이라 주장. 하지만 행동주의자들에게 측정방법의 신뢰도와 타당도가 부족하다는 비판을 받음

3. 인지학습의 개념

1) 인지학습은 학습을 단순한 외현적 반응의 변화가 아니라 내현적 변화로 보며, 이해, 통찰력, 목적과 같은 정신적 과정에 초점을 맞춘다. 이 이론의 대표적 학자와 이론으로는 쾰러(Kohler)의 통찰설, 레빈Lewin)의 장 이론, 톨만(Tolman)의 인지도 학습 등이 있다.

2) 인지학습이란 유기체 내부에 일어나는 사건에 관심을 두고 자극과 반응 사이를 매개 하는 인지 과정을 의미하며, 인지(사고)에 의해 학습이 일어난다고 보는 이론이 인지학습이론이다.

3) 고전적 및 도구적 조건화를 지지하는 연구자들은 모든 학습을 사고가 필요 없는 단순 연합으로 설명하려고 했으나, 인간은 강화 또는 처벌이 수반되지 않아도 학습이 가능한 것을 보면 이는 많은 한계점을 가지고 있다.

▨ 인지주의 학습이론의 기본 입장

1. 인지주의 학습의 개념

인지주의에서는 학습을 내적 사고과정, 즉 인지의 변화라고 본다. 내적 사고과정이란 정보를 조작하고 기억하는 과정이므로 지식의 습득과정이라고 할 수 있다. 그래서 인지주의는 인간이 지식을 어떻게 이해하고, 배우며, 기억하고, 이를 문제해결에 적용하는지에 관심이 있다.

2. 인지주의 학습이론의 기본가정

① 인간과 동물의 학습은 다르다.

　㉠ 인간의 학습과 동물의 학습에는 양적인 차이가 있는 것이 아니라 질적인 차이가 있다.

　㉡ 인간은 외부의 자극에 대해 동물과 같이 기계적으로 반응하는 것이 아니라 외부로부터의 자극을 능동적으로 지각하고, 해석하고, 재구성하는 주체적인 존재이다.

② 인간은 학습하고자 하는 의욕을 타고 난다.

　㉠ 그러므로 인간은 외부적으로 어떤 강화가 주어지지 않더라도 태어나면서부터 그의 외부환경과 상호작용하며 자신의 지각과정을 변화시켜 간다.

　㉡ 그래서 성공적인 학습 그 자체가 학습의욕을 더욱 증진시켜 준다.

③ 지각하는 사람의 경험이나 흥미에 따라 같은 사물을 다르게 지각한다.

　예를 들어, gogogogo 라는 것을 일반인들은 go, go, go, go 로 보지만, 고고댄서는 이것을 gogo, gogo 로 보게 된다.

④ 요소들을 연결하여 파악한다.

　㉠ 인간은 환경을 지각할 때 낱낱의 단위로 지각하는 것이 아니라 요소들 간의 관계를 기초로 전체로 지각한다.

　㉡ 예를 들어 음악을 들을 때 음 하나하나의 강도를 듣는 것이 아니라 음들 간의 관계 속에서 소리의 화음을 듣는다.

　㉢ 따라서 인간이 지각하는 전체는 단순히 각 부분을 합친 것보다 더 크게 된다.

■ 인지주의 학습이론 – 기출문제

1) 경험의 결과로써 일어나는 행동의 변화를 다루는 행동주의 이론과는 다르게 인지주의 학습이론은 정신적 과정에 초점을 맞추어 학습을 설명하는 이론.

2) 학습에 관한 인지적 접근은 인간의 기억, 지각, 언어, 추리, 지식, 개념형성, 문제해결 또는 인간의 내재적인 심리과정과 정신적 구조를 설명하기 위한 접근으로, 처음에는 형태주의 이론이나 통찰에 관한 연구에서 비롯되는 인지심리학에서는 인간의 정보처리 과정을 연구한다.

3) 인지주의 이론은 형태주의 심리학과 인지적 장(場) 이론이 근간이 되어 초기 인지심리학이 발전되었으며, 그 후 많은 교수이론가들이 인지이론의 발전에 기여한다.

4) 인지주의는 인간 행동의 습득, 조형엔 복합적인 정신적 과정이 중요한 역할을 하며 인지란

우리 머릿속에 일어나는 일련의 지적 과정을 말한다.

5) 인지론자들은 행동주의자와 달리 우리 눈으로 직접 관찰 가능하지는 않지만, 우리 두뇌 속에서 벌어지는 외부 감각적 자극의 변형, 기호화 또는 부호화(encoding), 파지(retention), 재생 또는 재인(recall)이라는 일련의 정보처리 과정을 연구한다.

6) 그들은 심리학의 연구 대상의 초점을 다시 행동에서 마음으로 바꾸어 놓은 셈이며, 또한 학습을 인간이 새로운 통찰, 인지구조를 획득하는 상호작용 과정이라고 정의한다.

7) 다시 말하면, 학습은 인지구조를 습득하는 것이다.

■ 향상학습 – 인지주의적 관점에 의한 학습원리

(1) '지각적 특성'을 고려하여 학습자에게 문제를 제시하는 것이 중요한 학습조건이 되므로 학습의 기본적인 특징이 학습자의 눈에 잘 띌 수 있도록 학습문제의 제시형태를 재구조화 하여 제시해야 한다.

(2) '지식의 구조(The organization of knowledge)는 교사나 교육 계획자에게 특히 중요한 관심사가 되어야 한다.

(3) 전체의 문제는 그 지식의 구조나 체계의 문제이기 때문에 복잡한 것이 어떻게 체계화 되는가에 관한 이론을 떠나서는 처리될 수 없다.

(4) '이해를 통한 학습(learning with understanding)은 기계적인 암기학습이나 공식을 통한 학습보다 더 영속적이고 전이가 잘 된다.

(5) '인지적 피드백(cognitive feedback)'은 정확한 지식을 확인해 주고 틀린 학습은 교정해 준다.

(6) 학습자에 의한 '목표설정'은 학습동기를 유발시킨다는 의미에서 중요하며 이 목표달성 여부는 미래의 새로운 목표설정에 중요한 요인이 된다.

(7) 논리적으로 정확한 해답을 이끌어 주는 수렴적 사고뿐만 아니라, 문제의 창의적인 해결이나 새롭고 가치 있는 결과를 창조하게 해 주는 '확산적 사고'가 육성되어야 한다.

■ 사회학습이론의 개요

1. 인간의 습관은 다른 사람을 관찰 학습하여 배우게 된다는 이론으로, 이러한 사회학습의 경험들이 자신의 성격을 형성한다고 보는 견해이다.

2. 대표적인 학자로 반두라(Bandura)를 들 수 있다. 그는 사회학습과 모방을 구분하였다. 즉, 사회학습에는 모방이 포함될 수도 있고 그렇지 않을 수도 있다고 보고 모방은 단순히 자신이 본 것을 따라하는 것인데 비해, 사회학습은 보고 배운 것을 인지적으로 처리하고 자신에게 유리한 행동을 하는데 지침이 되는 정보를 학습하는 것이다.

학습이론

6강 사회학습이론

학습목표	1. 반두라의 사회학습이론의 이해 2. 밀러&돌라드가 분류한 모방 행동의 3 가지 범주 이해

학습내용	1. 반두라의 사회학습이론과 관찰학습에 대한 내용을 학습한다. 2. 밀러&돌라드가 분류한 모방 행동의 3 가지 범주의 상세내용을 학습한다.

☐ 반두라 – 사회학습(인지)이론

1. 관찰학습(=대리학습)

(1) 관찰학습이란 인간이 단순한 환경적 자극에 의존하는 반응이 아니라, 타인들의 행동을 관찰함으로써 학습한다는 것이다.

(2) 인간의 학습과정은 직접적인 강화에 의한 경험을 통하여 학습되는 행동도 있지만, 타인의 행동을 관찰하고 이를 모방함으로써 새로운 행동을 학습할 수 있다.

(3) 관찰학습의 4가지 구성요소

주의집중 단계 (제1단계)	파지(=보존)단계 (제2단계)	운동재생단계 (제3단계)	동기화 단계 (제4단계)
모델의 행동에 집중, 정확하게 지각하는 단계	관찰된 모델의 행동을 기억하는 단계	모델의 행동을 기억한 것을 새로운 반응 유형으로 나타내는 단계	만약 정적강화가 주어지게 되면 모델의 행동을 수행하는 단계

(4) 관찰학습 과정

   가. 주의집중

      관찰을 통해 학습하기 위해서는 다른 사람의 행동과 그에 따르는 결과에 주의 집중한다.

   나. 파지 과정

      다른 사람의 행동을 관찰한 후 길게는 몇 년 동안 관찰한 반응을 사용할 기회 가 없을 수 있는데, 정신적 표상을 기억 속에 저장한다.

   다. 운동재생 과정

관찰한 행동을 필요할 때 스스로 행하기 위해서는 정신적 표상을 전환시킴으로써 반응을 실제로 수행하는 능력 또는 기술이다.

라. 동기화 과정(자기강화)

관찰한 반응이 자신에게 이익이 될 수 있는 상황이라고 판단될 때 자기강화(=동기화)되는 것이다.

☐ 기출 - 향상학습 - 사회인지이론의 자기조절(self-regulation)전략 중 자기점검(self-monitoring)기법

1) 자기점검은 자기조절의 가장 중요한 요소로서, 인지과정에 대한 계속적인 통제과정으로서, 그림 단서, 일정표, 또는 점검표 등을 이용해 이미 수행된 자신의 행동을 점검하는 것이다. (예: 예를 들어 학생이 세수하기, 이 닦기, 옷 갈아입기 등이 기록된 일정표에 옷 갈아입기를 성공적으로 수행하고 스스로 표시하는 것)

2) 자기점검의 전략은 학습과정 및 자신이 선택한 문제해결 절차에 대한 일련의 재확인 및 검토과정을 수반한다.

3) 자기점검(self-monitoring)은 학생으로 하여금, 스스로 자신의 과제 지향적 행동을 지속적으로 점검하여 기록하게 하는 직접 관찰 자료수집 형태이다.

4) 표적 행동이 드물게 발생하거나 아무도 없을 때만 발생하는 경우와 같이 다른 사람이 그 행동을 기록하기가 불가능할 때 사용하기 좋은 방법이다.

5) 또한 과제 참여시간, 학업 성과물, 적절한 사회적 상호작용의 증가를 위해서, 또는 과제에 대한 주의 집중 및 완수율과 정확도를 높이기 위하여 많이 사용된다.

6) 주로 주의집중력이 떨어지고, 산만한 학생들에게 효과적이며, 처음 배우는 학습 과제보다는 어느 정도 익숙한 과제를 반복 연습시킬 때 사용하는 것이 효과적이다.

☐ 기출정리 - 모델링의 기능

1. 반두라는 모델링의 주된 기능

1) 반응 촉진(response facilitation)
   (1) 사람들은 많은 기능과 행동을 배우는데, 배운 것들을 행동으로 옮길 동기가 부족하기 때문에 실제로 수행하지 않는다.
   (2) 반응 촉진이란 관찰자들이 적절하게 행동하게 하는 사회적 자극으로서의 역할을 수행하는 모델화된 행동을 일컫는다.

2) 억제와 탈억제(inhibition and disinhibition)

   (1) 모델을 관찰하는 것은 이전에 학습된 행동에 대한 억제를 강화시키거나 약화시킬 수 있다.

   (2) **억제(inhibition)** : 모델들이 어떤 행동을 수행한 것 때문에 벌을 받았을 때 일어나며, 결과적으로 관찰자가그러한 행동을 그만도록 하고 예방하는 데에 도움을 준다.

   (3) **탈억제(disinhibition)** : 모델들이 부정적인 결과를 경험하지 않은 채 위협적이거나 금지된 행동을 수행할 때 일어나며, 관찰자들로 하여금 동일한 행동을 수행하도록 유도할 수 있다.

   (4) 행동에 대한 억제, 탈억제 효과는 모델의 행동이 관찰자들에게 만약 자신들이 모델화된 행동을 수행한다면 비슷한 결과를 가져올 것이라는 것을 전달해 주기 때문이다.

3) 관찰 학습(observational learning)

   (1) 모델링을 통한 관찰 학습(observational learning)은 관찰자가 새로운 행동 패턴들을 보여줄 때 일어난다.

   (2) 이 행동 패턴들은 관찰자의 동기 수준이 높더라도 모델화된 행동을 접하기 전에는 발생의 가능성이 전혀 없는 것이다.

   (3) 핵심적인 과정은 새로운 행동을 산출하기 위한 방법들에 관한 정보가 모델로부터 관찰자에게 전달되는 것이다.

   (4) 관찰 학습은 네 가지의 과정, 즉 주의집중(attention), 파지(retention), 산출(production), 동기화(motivation)로 구성되어 있다.

◾ 관찰 학습에 대한 밀러&돌라드가 분류한 모방 행동의 3가지 범주

1. 동일한 행동

2인 이상의 개인이 동일한 상황에서 동일한 방식으로 반응할 때

2. 복사 행동

그림 그리는 학생에게 교사가 정확한 피드백과 지도를 할 때처럼 다른 사람에 의해 다른 행동이 지도되는 것을 포함한다. 복사행동을 통해 마지막으로 '복사된' 행동이 강화를 받고 강화된다.

3. 조작된 의존 행동

관찰자가 맹목적으로 모델 행동을 반복함으로써 강화 받는 것

📗 인지주의 학습이론의 기초

1. 구체적으로 형태주의 심리학자들은 인간의 감각기관을 통해 들어오는 정보의 형태를 인지하고 해석하는 인간의 지각에 대한 문제에 가장 큰 관심을 가진다. 이것은 문제 상황을 인식하고 정보를 조직하는 인간의 내면 과정을 강조한 것.

2. 인간의 지각(perception)에 대해 'S-R 연합과는 다른 무엇이 있다'는 입장

3. 우리가 무엇을 경험할 때 종종 실제 존재하는 사실과는 다르게 받아들이게 된다(파이현상 ; phi phenonenon)

4. 형태주의 심리학(Gestalt Psychology) 입장
  1) '전체란 단순히 부분의 합이 아니라 그 이상이다'
  2) 복잡한 현상을 단순한 요소로 분해하는 것은 현상에 대한 전체적인 모습을 왜곡한다.
  3) 인간이 정보를 받아들이고 그것이 학습, 기억되는 과정에 관심

5. 학습자는 능동적 존재
  1) 인간의 반응은 사전경험에 따라 다양하다
  2) 학습은 행동 잠재력의 변화까지 포함한다.

학습이론

7강 통찰학습/잠재학습

학습목표	1. 쾰러의 통찰학습이론의 이해
	2. 톨만의 잠재학습 이해

학습내용	1. 쾰러의 통찰학습이론과 획득지식의 전이 등에 대한 내용을 학습한다.
	2. 잠재학습의 의미와 톨만의 잠재학습이론의 상세내용을 학습한다.

쾰러(W.Kohler) 의 통찰이론(insight theory)

1. 어떠한 상황에서 관련 없는 여러 요인이 갑자기 완전한 형태로 재구성 되어 문제를 해결하는 것
2. 서로 관련 없던 부분의 요소들이 유의미한 전체로 갑자기 파악되면서 문제해결을 위한 수단과 목적으로 결합
3. 이때 학습자는 '아하' 현상을 경험, 이와 같은 통찰을 통해 획득된 지식은 다른상황에 쉽게 전이되며 오랫동안 기억됨
4. 문제해결 과정이 통찰 전략의 사용을 통하여 이루어짐
5. 문제를 하나의 전체로서 지각하는 의식현상을 중요시함
6. 문제해결 상황으로의 전환이 갑자기 일어남
7. 통찰에 의해 수행되는 행동은 오차가 적으며, 상당기간 유지되는 특성이 있음
8. 통찰에 의한 원리는 다른 문제에도 쉽게 적용될 수 있음

침팬지(Sultan) 바나나 실험

– 통찰 학습 실험: 침팬지의 문제 해결 능력

1. 침팬지가 머무는 우리, 천장에 바나나를 매달아 놓음
2. 바나나를 먹으려해도 손이 닿지 않자 포기함
3. 침팬지는 우리안의 상자들을 쳐다보다가 갑자기 그 상자를 쌓고 그 위에 올라가 바나나를 먹게 됨

쾰러는 위의 실험에서 침팬지는 이전에 형성된 연합을 사용하여 문제를 해결한 것이 아니라고 생각하였고 실험에서 관찰된 세가지 사실이 그의 견해를 뒷받침해 주었다.

첫째, 한 마리의 침팬지는 유사한 상황에서 그와 같은 경험을 해본 것처럼 바로 문제를 해결하였다.

둘째, 쾰러의 침팬지들은 효과가 없는 해결방안을 거의 시도하지 않았다.

셋째, 침팬지들은 갑자기 완전한 형태로 문제를 해결하였다. 높은 곳에 과일이 매달려 있는 경우, 한 침팬지가 몇차례 뛰어올라 과일을 따려는 시도를 하다가 멈추고는 주변을 살펴보았다.

마침내 침팬지는 과일 바로 밑에 나무상자를 쌓아올리고 그 위에 올라가서 과일을 따 먹었다. 주변에 이용할 수 있는 대상이 없는 경우에 침팬지는 쾰러에게로 가서 그의 팔을 끌어당겨 과일 아래로 데리고 간 후 등을 타고 올라갔다. 쾰러는 침팬지들의 이러한 문제해결 행동은 과거에 전혀 학습한 적이 없는 새로운 관계를 갑자기 파악했기 때문이라고 설명하였다. 즉, 침팬지들은 자극-반응연합을 형성한 것이 아니라 문제상황 전체에 대한 통찰을 획득했던 것이다. 쾰러의 발견을 고려할 때 학습이 항상 시행착오에 의해 힘들고 느리게 이루어지는 것은 아님을 알 수 있다.

4. 침팬지(Sultan)가 바나나를 따먹는 학습은 부분학습을 하나하나 한 것이 모여서 된 것이 아니라 학습의 장을 전체적으로 인식하고 해결하는 통찰, 아하! 경험에 의해 이루어진다.

5. 통찰(insight)은 '관계(relationship)에 대한 기본적 감각 혹은 느낌', '전체적 관계를 파악하는 지능적인 행동'을 말하는데, 즉 상황을 구성하는 요소 간의 관계를 파악하는 것을 말한다.

6. A-ha이론으로서의 통찰학습은 문제해결은 문제 장면을 전체적으로 파악(요소 간의 관계 파악)하여 목적과 수단의 관계가 한꺼번에 해결된다.

▣ 잠재학습 (latent learning)

1. 강화인이 제공되지 않은 상황에서도 일어나는 학습의 한 형태로, 강화인이 제공되기 전까지 학습된 행동을 사용하지 않고 잠재된 상태로 유지하는 것

2. 학습된 것이 행동으로 표출되기 이전에 잠복되어 있는 상태다. 효과의 법칙에 의하면, 일반적으로 보상은 선행하는 자극과 반응 간의 연합을 각인한다. 연합에 의한 학습이 일어나기 위해서는 강화인이 제공되어야 한다.

3. 그러나 일부 인지이론가들은 강화가 학습을 유발하는 것이 아니라 오히려 강화는 유기체가 학습해야 하는 많은 것들 중 하나에 불과하다고 주장한다.

4. 인지이론에 따르면, 유기체는 주변환경과 상호작용할 때 환경의 특성에 주의를 집중하고 그것에 대한 정보를 저장한다. 인간의 두뇌는 마치 입력되는 다양한 정보에 기초하여 복잡한 일

련의 조작을 수행하는 컴퓨터와 같기 때문에 강화인의 제시는 적절한 반응을 계산하는 데 사용되는 다양한 정보 가운데 하나일 뿐이다.

■ 톨만의 잠재학습

– 톨만은 인간의 행동을 결정하는 유기체의 기대, 목적, 인지도 등의 내부 인지과정의 중요성을 강조합니다.

1) 인지도(cognitive map)

유기체가 환경 내에서 활동하는 데 이용할 수 있는 일종의 그림 형태의 지식체계이다. 목표에 도달하기 위하여 각각의 개별적인 반응을 일으켜 행동하는 것이 아닌 전체적인 상황에 대한 인지지도를 발달시켜 목표에 도달할 수 있는 가장 짧고 효과적인 길을 선택한다(최소 노력의 원리).

(1) 미로를 사용한 쥐 실험으로 학습의 인지적 요인을 강조한다.

(2) 사람이나 침팬지뿐만 아니라 쥐도 인지학습을 할 수 있음을 실험을 통해 보여주었다.

(3) 톨만은 동물이 미로에 대한 일종의 정신적인 지도인 인지도(cognitive map), 곧 미로가 어떻게 생겼는가에 대한 지식을 학습한다고 주장한다.

2) 잠재학습

조작적 조건화에서의 학습의 조건이 강화와 벌(쏜다이크의 쥐의 실험)이었다면 인지적 행동주의에서는 강화 없이도 학습이 가능하다는 주장을 뒷받침한다. 학습 당시 외면 행동적으로 나타나지는 않지만, 적절한 동기가 주어졌을 때 행위로 나타나는 학습 현상을 잠재학습이라 설명이다.

(1) 학습에 대해 초기에 인지적으로 해석한 사람은 톨만(Tolman)이다.

(2) 쥐의 미로 학습

(3) 톨만(Tolman)은 쥐가 미로를 통과하면서 학습하는 것을 인지도(cognitive map), 즉 미로에 대한 정신적 지도를 형성하는 것으로 보았다.

(4) 톨만(Tolman)은 학습이 강화 없이도 가능하며, 강화는 단지 학습한 것을 수행으로 나타나도록 하는데 도움을 준다고 주장한다.

(5) 쥐의 미로 학습-세 집단의 쥐들을 매일 미로를 달리게 하였다.

　㉠ 미로의 끝 목표점에 도달하면 먹이를 준다. – 첫 번째 집단

　㉡ 목표점에 도달해도 먹이를 주지 않는다. – 두 번째 집단.

　㉢ 처음 10일 동안은 목표점에 도달해도 먹이를 주지 않았다가 11일째부터는 먹이를 준다. – 세 번째 집단.

　㉣ 세 번째 집단은 12일째부터 오류 수가 급격하게 줄어들어 첫 번째 집단과 비슷하게 나

타났다.

ⓜ 이것은 세 번째 집단이 처음 강화를 받지 않을 때도 첫 번째 집단의 쥐들과 마찬가지로 학습이 되었는데, 강화가 없기 때문에 수행으로 나타나지 않았다.

ⓗ 그러나 강화를 받고 이미 학습한 것을 갑자기 사용하였는데, 이것을 잠재학습(latent learning)이라 한다.

(6) 잠재학습

이미 학습은 되었으나 보상이 주어질 때까지는 학습한 것이 나타나지 않고 잠재해 있는 것이다.

(7) 톨만(Tolman)은 강화를 학습에 필수적인 것으로 보지 않았으며, 강화는 학습에 영향을 미치는 것이 아니라 학습한 것의 수행에 영향을 미친다고 보았다.

■ 톨만의 목적적 행동주의

1. 기본 과정

1) 강화 없이도 학습은 가능하다.
2) 행동 과정 연구 : S-R연합, S-S연합에 의한 조건반사로 분해하여 연구하였다.
3) 학습의 결과가 반드시 외적 행동으로 나타나는 것이 아니다.
4) 학습에서 학습자의 욕구와 습관의 강도, 유인가 등과 같은 중재 변인을 고려하였다.
5) 행동에는 목적이 있다.
6) 일련의 반응들만을 습득하는 것이 아니라, 체계적인 정보도 습득 가능하다.

2. 유기체는 목적 달성을 위해 새로운 환경으로부터 오는 자극(신호)과 이전에 접한 적이 있어서 자기에게 의미를 지니게 된 의미체(significate)를 연결하여 문제를 해결해 줄 것으로 기대되는 가설을 세웠다.

3. 가설을 적용하여 문제를 해결하는 과정에서 시행착오를 겪게 되고, 그 결과 인지지도를 구성하는데 이러한 인지지도의 구성이 바로 학습요소이다.

8강 행동주의-인지학습비교, 정보처리이론

<table>
<tr><td>**학습목표**</td><td>1. 행동주의 학습이론과 인지학습이론의 비교점 확인
2. 정보처리이론의 의미 이해</td></tr>
<tr><td>**학습내용**</td><td>1. 행동주의 학습이론과 인지학습이론의 비교점 및 인지학습전략을 추가로 학습한다.
2. 정보처리이론의 의미와 2 가지 모형의 차이점 등을 학습한다.</td></tr>
</table>

▨ 향상학습 - 지각학습

1) 지각 학습은 잠재학습(인지학습)과 관련되는데, 지각학습은 지각에서 학습의 역할 또는 학습에서 지각의 역할이다.

2) **사례** : 침팬지를 출생 때부터 16개월간 암실에서만 기르면, 밝은 방에서 안면을 향하여 놀라게 하는 동작을 가해도 눈을 깜박이지 않는다거나, 물체를 천천히 접근시키면 얼굴에 닿을 때까지 반응이 없다가 닿는 순간 깜짝 놀라는 경우

3) 이와 같은 초보적인 지각에도, 밝은 곳에서의 여러 가지 자극을 보거나 접촉하거나 하는 경험, 즉 학습이 필요하다는 것을 알 수 있다.

4) 결론적으로 지각학습은 강화가 제공되지 않아도 학습이 일어나는 현상을 의미하는 개념이다.

▨ 행동주의학습이론과 인지주의학습이론 비교

1. 행동주의 학습

1) 인간의 학습은 특정한 환경(자극)-적절한 (반응)이라는 조건화된 연합으로 발생. (환경에 지배-피동적) 관찰가능한 형태,빈도에서 변화와 같음.

2) 강화에 따른 반응이 미래에 잘 회상되도록 수행과 내용의 결과의 중요성에 초점.

3) 외현적 행동 변화 원리에 치중. 정신적 과정 평가를 위한 시도 없음.

4) 조건 형성에 의해 실제행동 (학습된 연합들로 조성)

5) 실험적 연구를 통해서 검증 가능.

2. 인지주의 학습

1) 학습은 반응의 확률적 변화가 아닌, 학습자가 능동적으로 환경을 이해하고 탐색하려는 시도에 의해 발생. (환경을 지배-능동적)

2) 학생의 학습과정의 개념화에 초점
   - 정보가 마음에 의해 받아들이고, 조직, 저장, 검색되는지의 문제 설명.
   - 무엇을 얼마나 많이 하는가가 아니라 그들이 무엇을 알고 어떻게 그것을 얻느냐에 관심.

3) 외현적 외 지식의 획득, 내재적 정신과정 변화 포함. (인지심리학, 인공지능의 핵심적 쟁점)

4) 실제행동 없이, 정신적 해결을 위해 탐색후 해답 도출.
   - 타인의 행동 관찰후 자신행동 변화
   - 사고. (정신적 구조, 절차의 조작된 형태로 구성.)

5) 관찰연구, 사고, 실험, 논리적 분석 사용

▣ 인지학습전략

1. 인지학습전략이란 학습자가 습득한 학습정보를 처리하고, 기억을 위해 저장하는 방법, 효과적으로 인출하는 인지과정에 관한 전략을 일컫는다.

2. Weinstein과 Mayer(1986)는 시연(reherarsal), 정교화(elaboration), 조직화(organization), 이해도 모니터링(comprehension monitoring), 정서적 전략(affective strategy) 5가지를 들고 있다.

   1) 시연(reherarsal)전략에는 유지 시연과 정교화 시연이 있다. 단기기억에서 정보를 보존하려면 활성화된 상태를 유지해야하고 마음속으로 되뇌어야 한다.

   2) 유지 시연은 마음속의 정보를 무한히 반복하는 것이고, 정교화 시연은 이미 알고 있는 정보, 즉 장기기억으로부터의 정보와 연합시키는 것이다.

   3) 활성화된 정보를 장기기억으로 영구히 보존하는 가장 효과적인 방법은 장기기억 속에 저장되어 있는 정보와 통합하는 것으로 정교화와 조직화가 중요한 역할을 한다.

      (1) 정교화란 새로운 정보를 기존의 지식과 연결함으로써 의미를 부가하는 것이고

      (2) 조직화는 정보를 질서 있고 논리적인 관계의 망으로 저장하는 것이다.

      (3) 한편, 선택적 주의, 유지시연, 정교화 시연, 조직화, 정교화 등에 대한 집행통제과정을 조절하기 위해 상위인지를 적용하게 된다.

■ 행동주의 학습이론과 인지주의 학습이론의 차이점

1. 행동주의 학습이론에서 인간을 바라보는 것과 인지주의 학습이론에서 인간을 바라보는 관점에 큰 차이가 있다.

2. 행동주의에서는 인간은 수동적인 존재로 봐요. 강화와 처벌에 의해서 행동하는 수동적인 존재로 보는 반면 인지주의는 인간은 능동적인 존재라고 봄.

3. 학습과정에서의 차이

행동주의는 자극하나에 반응 하나이지만 인지주의는 자극이 하나라도 개인마다 다른 반응을 보일 수 있다는 점.

4. 행동주의에서 강화물은 학습에 있어 필수 조건이지만 인지주의에서는 인지 구조의 변화를 유도하는 행동으로 나타낼 수 있게 하는 유인책에 불과하다고 봄.

■ 정보처리 이론

1. 정보 처리 이론

정보처리이론은 인간의 인지를 정보처리(information - processing)과정으로 보고, 이를 특히 컴퓨터에 비유하여 객관적/과학적으로 연구한다. 정보처리이론은 인간의 기억, 지각, 상상, 문제해결, 사고 등 인지의 가설적 과정을 설정하고 연구하는데, 특히 지식의 획득 과정에 관심이 많다. 대표적인 학자로는 Miller, Newell, Neisser 등이며 최근에는 Anderson 등을 들 수 있다.

(1) 학습자가 환경으로부터 받은 자극은 학습자의 감수기관에 영향을 주어 감각 기록처를 거쳐 신경계로 들어간다.

(2) 선택적 지각에 의해 처리된 정보는 단기 기억고에 저장된다.

(3) 단기기억고에서의 정보는 다시 유의미하게 기호화되어 장기기억고에 들어간다.

(4) 장기기억고에 들어간 새로운 정보가 이미 학습했던 내용과 부분적으로 관련이 깊을 때 다른 정보와 결합할 수 있도록 단기기억으로 재생되기도 한다.

(5) 단기 기억고나 장기 기억고에서 나온 정보는 반응 발생처로 옮겨져서 정보를 행동으로 변형시킨다.

(6) 환경으로부터 받은 자극이 행동으로 나타났을 때 실제로 학습이 이루어졌다고 말한다.

엣킨슨과 쉬프린(Atkinson & Shiffrin)의 이중기억모형과 크레이크와 로크하트 (Craik & Lockhart)의 정보처리의 수준모형

1) 엣킨슨과 쉬프린(Atkinson과 Shiffrin)의 다단계 모형(이중기억모형)

Atkinson과 Shiffrin(1968)의 이중기억모형은 단기기억과 장기기억을 강조하고, 기억저장 공간의 구분과 정보의 순서적인 이동을 주장하였으며 그 이후에 개발된 여러 모형의 기초가 되었다.

> **정보(외부자극) → 감각기억 → 단기기억 → 저장 → 장기기억 → 인출 → 반응**

2) 크레이크와 로크하트(Craik & Lockhart)의 정보처리수준모형

크레이크와 로크하트(Craik & Lockhart)의 정보처리수준모형은 인간의 기억체제를 정보의 부호화, 저장, 인출과 같은 능동적인 일련의 정보처리 과정으로 보는 기억이론이다.

(1) 정보처리수준모형 지지자들은 정보를 배우려고 의도하고 있을 때 더 철저하게 정보를 처리하지만, 학습의도 자체보다는 처리의 깊이가 학습 성공에 영향을 미친다고 주장한다.

(2) 정보처리 수준모형은 이중기억 모형과 대조된다.

(3) 정교화라는 개념이 첨가되었다.

(4) 정보를 받아들일 때 분석 수준이 높을수록 기억이 잘 된다.

(5) 정보처리수준의 깊이

- **지각** : 환경에 대해 즉각적으로 깨닫게 해주며, 보이는 형태 그대로만을 분석함
- **구조적 분석** : 좀 더 깊은 수준에서 입력의 구조적 특징을 분석함
- **의미적 분석** : 입력의 의미를 분석하는 것으로서, 무엇인지를 깊게 분석함

(6) 의미 수준의 분석이 최선의 기억을 하게 된다.

(7) 결론적으로, 공부가 재미있어야 기억을 잘하며 재미있게 의미를 분석하면서 공부를 해야 정교화가 잘 되어 기억을 잘하게 된다.

3) 이중기억 모형과 정보처리의 수준모형의 차이점

(1) 정보처리의 수준모형은 순서를 가정하지 않는다.

(2) 처리의 유형이 기억에 미치는 방식 면에서의 차이

- 정보처리수준 모형은 처리되는 수준이 깊을수록 기억을 잘한다.
- 이중기억모형은 많이 시연될수록 기억을 잘한다.

☐ 기출정리 – 정보처리이론에서 주의집중을 유도하는 방법

1) 물리적 유형

   교사가 수업시간에 사용하는 물리적 도구를 모두 지칭한다.

2) 흥미유발적 유형

   호기심을 자극하여 학생들의 주의집중을 이끌어 내는 방법으로 이는 시각적으로도 가능하고, 학생들의 사고를 자극함으로써 일어나기도 하며 기이하고 이상한 사건을 만들어 냄으로써도 가능하다.

3) 감정적 유형

   수업시간에 학생들의 이름을 부른다던지 혹은 감정과 관련된 단어들을 제시하는 것을 말한다.

4) 강조적 유형

   특별한 때에 강조하는 말이나 행동을 보이는 것이다. "이 부분은 아주 중요합니다." "시험에 출제될 수도 있는 곳이다" 등

9강 기능주의 학습

학습목표	1. 기능주의 학습이론의 의의 이해 2. 교육과 '사회화'의 의미 이해

학습내용	1. 제임스의 기능주의 학습이론에 대한 내용과 기능주의 교육관을 학습한다. 2. 교육과 '사회화'의 의미 이해와 뒤르껨의 이론을 학습한다.

기능주의 학습이론

1. 개요

1) 기능주의(functionalism)학습이론은 william james의 기능주의로서 의식의 기능과 작용에 초점을 둔다.
2) 의식을 요소로 환원할 수 없으며, 의식은 환경과의 관계에서 끊임없이 생성, 소멸하는 과정이다.
3) 그리고 인간의 의식은 하나의 통일체로 기능하며, 다윈의 진화론의 영향을 받았으며, 인간의 환경에 적응해 나가는 정신적 기능을 연구대상으로 한 학습이론이다.
4) 내성법(자신의 마음속에 일어나는 것을 가만히 생각해 보게 하는 방법)을 어느 정도 인정하였다.

2. 기능주의의 교육관

1) 기본 입장

기능이론에서는 사회의 한 부분을 이루고 있는 교육이 사회전체의 유지와 발전을 위해 기능한다고 본다. 교육 '사회화'와 '선발'의 기능을 통해 사회의 유지와 발전을 유지하며, 그러기 때문에 교육을 통한 사회혁신을 내세우지 않는다.

2) 사회화

기능주의 관점에서 사회화란 개인이 사회적 존재로 살아가는데 필요한 지식과 기능 및 사회적 규범을 개인에게 내면화시키는 것을 말한다. 그러므로 사회화는 개인이 사회 구성원으로서의 역할을 할 수 있도록 함으로써 사회의 유지와 발전에 기여한다.

3) 선발
  (1) 학습자에 대한 진단기능
      선발은 학생들의 능력의 종류와 수준에 따라 분류함으로써 학습자에 대한 진단기능을
      한다.
  (2) 직업세계에 대한 분류기능
      학교는 선발을 통해 학생들의 능력에 따라 다른 교육적 경험을 부여하고 이를 토대로 사
      회진출을 가능하게 함으로써 직업세계가 필요로 하는 사람들을 분류하는 여과기능을
      한다.
  (3) 개인적 능력의 극대화
      선발은 능력과 성취에 따라 사회적 지위와 소득을 배분함으로써 개인적으로는 능력을
      극대화 할 수 있는 기회를 부여하며, 이를 통해 사회의 평등에 기여한다.
  (4) 인력활용의 극대화
      사회적 성취에 따라 사회경제적 지위를 배분함으로써 사회적으로는 인력활용을 극대화
      할 수 있게 한다

3. 교육과정

기능이론에서는 학교에서 다루는 교육내용은 보편적인 것으로 누구에게나 의미 있고 가치
있는 것으로 보며, 그렇기 때문에 교육과정의 결정과정이나 내용의 사회적 의미를 분석하는
일에 관심을 기울이지 않고, 교육목표의 설정, 내용의 선정과 조직, 평가 등 교육과정의 효율
적 운영에 더 많은 관심을 기울였다.

4. 교육의 기회균등과 사회평등

기능주의는 교육이 개인의 능력을 증진시킨다고 본다. 교육을 통해 능력이 증진되며, 이에
따라 높은 사회적 지위와 소득을 부여받게 되므로, 교육을 통한 사회적 계층의 상승이동이
가능하다는 것이다. 따라서 교육의 기회가 확대되면 능력과 환경에 맞는 능력의 개발이 가능
해지고, 업적과 능력에 따른 사회진출을 통해 신분상승이 이루어지므로, 교육의 기회가 확대
되면 될수록 사회가 평등해 질 수 있다고 본다.

5. 사회화에 대한 기능주의 사회학자들의 입장

1) 뒤르껨(E. Durkheim)의 이론
  (1) 보편적 사회화
      보편적 사회화(도덕적 사회화)는 전체로서의 사회가 요구하는 것으로 한 사회의 공통적
      감성과 신념, 즉 집합의식을 새로운 세대에게 내면화시키는 것으로, 이를 통해 사회는
      그 특성을 유지하고 구성원들의 동질성 을 확보하게 된다. 따라서 사회과 분화되고 전

문화될수록 사회의 동질성의 확보가 필요하므로 보편적 사회화는 더욱 요구된다.

(2) 특수사회화

분업화된 각 사회집단은 나름대로 요구하는 신체적·지적·도덕적 특성을 지니고 있으므로 사회에 적응하기 위해서는 이의 교육이 필요하게 된다. 뒤르껨은 개인이 속하여 살아가게 될 직업집단의 규범과 전문지식을 학습하도록 하는 것을 특수사회화로 보았다.

뒤르껨(E. Durkheim)이론의 재정리

1. 보편적 사회화

① 한 사회의 공통적 감성과 신념(집합의식)을 새로운 세대에게 내면화시키는 것
   → 사회는 구성원들의 동질성을 확보
② 사회가 분화되고 전문화될수록 사회의 동질성의 확보가 필요

2. 특수사회화

① 사회에 적응하기 위해서는 개인의 교육이 필요
② 개인이 속하여 살아가게 될 직업집단의 규범과 전문지식을 학습하도록 하는 것

3. 파슨스의 이론

파슨스는 사회화를 사회적 가치와 규범이 개인의 인성구조 속에 내면화되는 과정으로 본다. 파슨스는 사회가 분화되고 전문화됨에 따라 '역할사회화'가 매우 중요하다고 보았다. 역할사회학이란 아동들이 장차 성인이 되어 담당하게 될 역할 수행에 반드시 필요한 정신적 자세와 자질을 기르는 것을 의미하는 것으로, 뒤르껨의 특수사회화와 유사한 것이다.

파슨스(T. Parsons)이론의 재정리

1. 사회는 사회적 가치와 규범의 개인 내면화 과정

2. 역할사회화를 중시

① 사회가 분화되고 전문화됨에 따라 '역할사회화'가 매우 중요
② 역할사회화란 아동들이 장차 성인이 되어 담당하게 될 역할 수행에 반드시 필요한 정신적 자세와 자질을 기르는 것을 의미하는 것

3. 드리븐(Dreeben)의 이론(독립성, 성취성, 보편성, 특정성)

(1) 독립성(independence)의 습득
   - 독립성은 학문적 학습활동에 적용되는 규범

- 학교에서 과제를 스스로 처리해야 하고 자신의 행동에 대한 책임을 지게 함으로써 습득됨.
- 부정행위를 할 수 없도록 감시하는 가운데 치러지는 공식적 시험을 통해 습득됨

(2) 성취성(achivement)의 습득

성취성은 학생들이 할 수 있는 최선을 다해 그들의 과제를 수행해야 한다는 전제를 받아들이고 그 전제에 따라 행동할 때 습득

(3) 보편성(universialism)의 습득

동일연령의 학생들이 같은 학습내용과 과제를 공유함으로써 형성 4) 특정성(specificity) : 개인은 학년이나 학교의 수준이 높아지면서 흥미와 적성에 맞는 분야에 한정하여 그 분야의 교육을 집중적으로 수행함으로써 습득

(4) 특정성(specificity)

개인은 학년이나 학교의 수준이 높아지면서 흥미와 적성에 맞는 분야에 한정하여 그 분야의 교육을 집중적으로 수행함으로써 습득

4. 하그리브스(D. Hargreaves)의 사회화 이론

학교는 사회적 연대를 강화하는 교육을 담당 → '수학여행', '학교캠핑'은 공동생활을 통한 연대의식의 함양

5. 기능주의 이론의 한계 및 비판

① 존재하는 모든 사회조직을 기능적인 것으로 본다.
② 보수적이다.
③ 목적론에 빠져있다.
④ 실증적이지 못하다.
⑤ 변화를 제대로 설명하지 못한다.
⑥ 구조나 성격과 같은 기본변수를 소홀히 취급한다.
⑦ 권력투쟁, 갈등, 일탈행동 등을 제대로 설명하지 못하고 이런 현상을 범법행위 또는 병리현상으로 간주해 버린다.
⑧ 사회적 이념, 목표, 규범 등의 보편성과 합의성을 과장한다.

결국 기능이론은 사회의 역사적 변화과정을 올바로 설명하기 어렵고, 사회내의 개인 간 및 집단간의 대립과 갈등을 정면으로 다루지 못하며, 변화와 개혁보다는 현상유지를 지지한다는 점에서 비판 받는다.

학습이론

10강 구성주의학습과 신경생리학적 학습

<table>
<tr><td>학습목표</td><td>1. 구성주의 학습이론에 대한 전반 이해
2. 신경생리학적 학습이론에 대한 이해</td></tr>
</table>

<table>
<tr><td>학습내용</td><td>1. 구성주의 학습이론과 티체너의 분석적 내성법 등을 학습한다.
2. 신경생리학적 학습이론의 핵심내용인 뇌, 에 대한 상세내용을 학습한다.</td></tr>
</table>

■ 구성주의 학습이론

1. 개요

(1) 최초의 심리학 학파인 구성주의는 19세기에 생겨났으며, 분트가 1879년 독일의 라이프치히 대학에 세계 최초의 심리학 실험실을 설치한 것을 시작으로 심리학이 발달되었다.

(2) 이는 과학 이전의 상태였던 경험적 심리학을 실험법의 도입으로 본격적인 과학의 길을 열었고, 심리학이 철학으로부터 독립해 독자적인 학문으로 자리매김하는데 중요한 이정표 역할을 담당하였다.

(3) 구성주의자들은 물질을 분석하고 세포, 원자, 분자로 분류하는 생물학자, 화학자, 물리학자들의 영향을 받고 생겨났다.

(4) 이러한 영향으로 구성주의자들은 마음을 구성요소를 통해 분석하고 이러한 구성요소가 어떻게 상호작용하는지 알아내려고 하였다.

(5) 주된 연구방법으로 "내성법"을 사용하였으며 내성법이란 자신의 마음속에 일어나는 것을 가만히 생각해 보게 하는 방법으로써 초창기의 심리학에서 많이 쓰였다.

(6) 내성법은 그냥 자기 마음에서 무슨 일이 일어나는가를 보고하기만 하면 되는 것이다.

(7) 분석적 내성법을 이용한 전형적인 한 연구에서 티체너(Titchener)는 피험자에게 소리와 같은 자극을 제시한 후에 피험자로 하여금 그 소리로 인해 생겨나는 심상, 느낌, 감각에 대해 보고하도록 하였다.

(8) 그러나 분석적 내성법은 꼼꼼하고 지루한 절차여서, 피험자가 연구에 참여하기 위해서는 그 전에 만 번의 내성을 하여야 했다. 그런 후에 1~2초간 주어지는 자극에 대한 반응의 내성적 보고를 위해 20분이나 소요되었다.

(9) 구성주의는 최초로 등장한 학파인 반면, 형태주의의 비판으로 가장 먼저 모습을 감춘 학파이기도 하는데, 그 이유는 연구가 연구실에만 제한이 되었고, 이성적이고 언어적으로 능숙한 성인의 의식적인 정신적 경험을 연구하는데 제한된 내성법에 지나치게 의존하여 일반화의 문제를 가졌기 때문이다.

2. 대표적인 학자 : 피아제(인지발달이론), 비고츠키(사회문화적 발달이론), 브루너(구성주의 수업이론) 등.

3. 구성주의학습의 기본성격 및 원리

1) 학습이란 발달의 결과가 아니라 학습 그 자체가 발달이다.
2) 불균형은 학습을 촉진시킨다. 실수는 학습자가 현재 가지고 있는 개념의 결과이므로 이를 줄이려고 노력해야 하며, 즉 학습자의 선행경험과 모순이 되는 여러 가지 가능성을 탐구하고 일반화시킬 수 있어야 한다.
3) 반성적 추상은 학습의 원동력이다. 논술쓰기, 표상하기, 토의하기 등이 반성적 추상작용을 촉진시킨다.
4) 공동체 내에서의 대화는 더 나은 사고를 유발한다. 학급을 활동과 반성 및 상호작용을 일으키는 대화의 공동체로 인식하게 된다.
5) 학습은 구조의 발달로 향해 나아간다. 학습자가 의미를 만들고자 노력할 때 관점의 구조적 변화가 이루어지고 경험을 통하여 일반화되거나 이전의 개념을 재조직하는 중심원리가 되며, 이러한 과정이 발달에 따라 지속된다.

신경생리학적 이론–신경생리학적 입장(Neuro-physiological paradigm)의 학습이론

1. 학습 이론의 하나로서 인간의 행동 또는 학습의 과정을 신경계통 특히 중추신경(뇌신경)의 구조와 기능을 통하여 규명해 보려는 실험심리학적 접근방법.
2. 인간이 새로운 정보에 접하여 이를 암기하거나 기억해내어 소생시킬 경우에 중추신경, 특히 뇌신경계통에는 어떤 변화가 발생하는가를 학습과 뇌신경상의 생리적 변화와는 관계를 중심으로 연구한다. 이 이론적 접근은 종래의 여러 학습이론들이 근본적으로 해결하지 못했던 점을 해결해 보려는 것으로서, 새로운 연구결과가 학습발생 과정에 관한 근원적인 해결점을 제시해 줄 가능성이 많은 영역으로 간주되고 있다.
3. 연구방법으로는 동물의 뇌를 절개(切開)하여 동물의 학습과제 해결 과정과 뇌의 특정부분과의 관계를 추정하다가 전자산업의 발달로 여러 가지 전자장치를 창안하여 연구에 활용하고 있다. 말하자면, 뇌파(EEG : 뇌전도) 기록장치를 통한 탐색 등의 방법이다. 그 외에 약물투입

방법도 활용되고 있다. 새로운 연구기법을 창안해내는 일이 이 분야연구의 진전에 필수적으로 요청되고 있다.

🟦 뇌의 구조

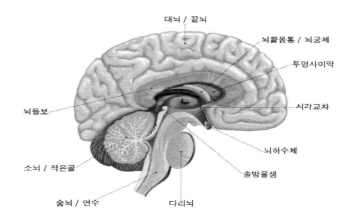

1. 대뇌/끝뇌

2개의 반구로 이루어진 뇌수의 커다란 부분, 고도의 신경기능(운동, 언어 등)을 담당하는 중앙관제소가 들어 있다.

2. 뇌활몸통/뇌궁체

신경세포 다발로 이루어져 있으며 뇌들보 아래에 있는 흰색 물질의 판, 해마와 시상하부를 연결시킨다.

3. 투명사이막

얇은 이중막, 2개의 대뇌반구 앞부분을 분리하고 뇌들보로부터 뇌활몸통까지 연장되어 있다.

4. 시각교차

오른쪽과 왼쪽 눈의 시신경이 서로 연결되어 생긴 구조, 두 신경섬유가 부분적으로 교차한다.

5. 뇌하수체

여러 가지 호르몬을 분비하는 샘. 특히 성장, 젖의 분비, 혈압, 항이뇨 등의 기능을 돕는다.

6. 솔방울샘

주로 생체리듬에 영향을 미치는 호르몬(멜라토닌)을 분비하는 샘

7. 다리뇌

신경섬유로 구성된 몸통 가운데 일부. 뇌, 작은뇌, 숨뇌 사이에서 다리 역할을 하며 호흡을 돕는다.

8. 숨뇌.연수

척수가 연장된 뇌줄기의 일부, 주로 호흡, 혈액순환, 심장의 운동 등을 제어한다.

9. 소뇌/작은골

주로 운동 협응, 평형유지, 근육긴장, 자세 등을 제어하는 뇌수의 일부

10. 뇌들보

신경세포 다발로 이루어진 흰색 물질의 얇은 판, 2개의 대뇌반구를 연결한다.

📗 두정엽(parietal lobe)

1. 중심열, 외측열과 두정−후두구에 의하여 구분되는 뇌의 상층 부위이다. 뇌피질의 바깥쪽 표면과 안쪽 표면에 걸쳐 있으며 감각신경원이 들어 있다.
2. 두정엽은 일차 체감각 기능, 감각 통합과 공간인식 등에 관여한다. 손운동과 혀·후두·입술 등 발성에 관한 운동 중추의 면적은 넓고, 허리와 하지 운동을 조정하는 중추는 비교적 좁다.
3. 신체를 움직이는 기능뿐 아니라 사고 및 인식 기능 중에서도 수학이나 물리학에서 필요한 입체·공간적 사고와 인식 기능, 계산 및 연상 기능 등을 수행하며, 외부로부터 들어오는 정보를 조합하는 역할을 한다.
4. 문자를 단어로 조합하여 의미나 생각을 만드는 곳이기도 하므로 이 부위가 손상되면 무인식증이 생긴다.

📗 전두엽(frontal lobe)

1. 대뇌의 앞부분에 위치
2. 가장 최근에 진화된 뇌 영역으로 기억력, 사고력 등을 주관하는 것으로 알려진 기관이다.
3. 다른 대뇌엽에서 들어온 정보를 조정하고 행동을 조절하여 의사결정, 문제해결, 사고, 계획, 언어기능을 비롯해 소위 실행적인 고차원적 기능을 담당한다. 전두엽이 손상되면 언어나 의식상태는 지장을 받지 않지만 적응하고 계획을 세우는 일은 힘들어진다.

후두엽(occipital lobe)

1. 대뇌피질의 후측 끝에 위치
2. 시각입력을 받은 시상핵의 축색들이 종지하는 곳이다. 후두엽의 가장 후측부를 일차 시각피질(primary visual cortex) 혹은 피질의 횡단 절편에 줄무늬가 있기 때문에 선조피질(striate cortex)이라고 한다.
3. 선조피질의 어떤 부분이 파괴되면 이와 관련된 시야에 피질성 맹(cortical blindness)이 나타난다. 예를 들어, 우반구의 선조피질에 광범위한 손상을 입으면 좌측 시야를 볼 수 없게 된다. 피질성 맹을 지닌 사람은 눈, 동공반사 그리고 일부 안구운동은 정상이지만 형태지각과 시각적 상상을 할 수 없게 된다.
4. 눈에 심각한 손상이 있으면 맹인이 되지만, 이들도 후두엽이 온전하면 시각적 장면을 상상할 수 있고 시각적 꿈도 꿀 수 있다.

측두엽(temporal lobe)

1. 대뇌 반구의 양쪽 측면에 위치
2. 기억저장, 정서, 청각, 언어를 관장하는 기관으로, 청각정보를 처리하는 역할을 한다고 알려져 있다. 측두엽이 손상되면 환각이 나타나거나 기억장애가 나타날 수 있다.

학습이론

11강 학습이론 - 뇌, 시냅스의 이해

학습목표	1. 학습이론과 시냅스의 이해 2. 학습이론과 해마의 기능이해

학습내용	1. 시냅스의 구조와 기능을 이해하고 시냅스 가소성에 대해 학습한다. 2. 해마의 기능을 이해하고 기억기능과의 관계를 이해한다.

☐ 뉴런

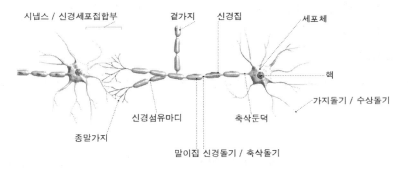

〈신경세포사슬〉

1. 시냅스/신경세포접합부

– 두 신경세포의 접촉 구역, 이곳에서 신경 자극이 전달된다.

2. 곁가지

– 신경돌기 갈래. 신경돌기는 곁가지라고 하는 하나 이상의 가지로 나누어진다.

3. 신경집

– 신경돌기의 바깥쪽 덮개, 말이집을 둘러싼다.

4. 세포체

- 구조와 기능을 유지하게 하는 신경세포가 불거져 나온 부분

5. 핵

- 세포의 유전자가 들어있고 그 활동을 제어하는 세포 소기관

6. 가지돌기/수상돌기

- 세포모통의 짧은 가지가 연장된 것. 각각 주위의 신경세포로부터 신경자극을 받는다.

7. 축삭둔덕

- 신경돌기가 자리잡는 세포체의 일부

8. 신경돌기/축삭돌기

- 신경자극을 다른 세포(신경세포와 근육세포 포함한 세포)로 전달하는 신경세포의 연장, 운동신경세포의 신경돌기는 길이가 1m를 넘기기도 한다.

9. 말이집

- 지방질 물질(미엘린)로 만들어진 신경돌기의 껍질, 신경세포를 전기적으로 절연시키고 신경자극의 전달 속도를 증가시킨다.

10. 신경섬유마디

- 신경돌기 전체에 걸쳐 일정한 간격 수축된 부분, 미엘린이 없다. 신경자극의 배포를 가속화시킨다.

11. 종말가지

- 신경돌기의 마지막 가지, 신경 자극을 이웃하는 신경세포의 가지돌기에 전하는데 사용할 화학 물질(신경전달물질)을 저장한다.

시냅스(synapse)

1. 두 신경세포의 접촉 구역. 이곳에서 신경 자극이 전달된다.

1) 한 뉴런의 축삭돌기 말단과 다음 뉴런의 가지돌기 사이의 연접 부위.
2) 신경섬유의 말단은 가지가 나누어지고 그 끝은 주머니 모양으로 부풀어 다른 뉴런의 세포체 또는 가지돌기와 접촉하여 시냅스를 만든다.
3) 신경세포의 원형질은 시냅스 부분에서 연락되지 않고, 막에 의하여 떨어져 있다. 뉴런의 흥분이 시냅스를 거쳐 다른 신경세포에 전해지는 것을 흥분의 전달이라고 하며, 동일 뉴런 안에서 일어나는 흥분의 전도와 구별된다.
4) 시냅스는 뉴런이 모여 있는 곳, 즉 뇌·척수의 회백질·신경절 등에 집중되어 있다. 실제로는

1가닥의 신경섬유는 많은 가지로 나뉘어 많은 뉴런과 시냅스를 만들고, 또 하나의 세포체에는 많은 신경섬유로부터의 분지가 시냅스를 만들어 접촉되어 있다.

*예를 들어 척수의 운동신경세포(운동뉴런)에서는 세포체 및 그 가지돌기 표면의 절반 가량이 신경섬유 말단으로 덮여 있다.

2. 시냅스의 발달
1) 임신 5개월에 시작해서 1세까지 지속 증가. 사춘기에 감소
2) 모든 층에서 거의 동시에 발달

3. 수초화 과정
1) 임신 4개월부터 1세 사이에 시작하여 2세 무렵에 가장 활발. 10대 중반까지 점진적 진행
2) 과잉형성 후 선택적 소멸
3) 환경에 민감하게 반응하는 '민감기'에 이때 솎아내기(가지치기)가 많고 최적화 된다.

4. 스냅스 상승작용
1) 장기 상승 작용(long-term potentiation)
특정 패턴의 시냅스 입력에 의해 시냅스 전달이 장기적으로 증강되는 것. 시냅스 후 세포에서 흥분성 시냅스 후 전위의 크기가 증가한 상태로 장기간 유지된다.

2) 연합적 장기 상승 작용(associative long-term potentiation)
하나의 뉴런에 연결되어 있는 약한 시냅스와 강한 시냅스를 거의 동시에 자극하면 약한 시냅스에서 장기 증강 현상이 일어나는 것. 고전적 조건 형성에서처럼 약한 입력(CS)과 강한 입력(US)이 특정한 시간 관계를 갖고 일어나야 약한 시냅스가 강해지기 때문에 고전적 조건 형성의 한 신경 생물학적 토대로 간주된다.

■ 시냅스 가소성 (synaptic plasticity) - 끊임없는 가지치기
1. 신경세포간 접점인 시냅스의 전달효율 혹은 그 형상이 시냅스 전부, 후부 혹은 양자 활동에 의해 지속적으로 변하는 현상.
2. 전달효율 변화에는 일정한 신호가 전달된 후에 지속적으로 증대하는 시냅스 장기증강과 감약하는 시냅스 장기억압이 있다. 장기증강을 일으키는 신호로는 고빈도 입력이나 동일 신경세포의 복수의 시냅스로의 동기 연합입력이 해마(海馬)나 대뇌신피질에서 알려져 있다. 또 장기억압을 일으킨 신호로는 소뇌에서는 등산섬유와 평행섬유로의 연합입력, 해마나 신피질에서는 저빈도 연속자극이 나타나고 있다.
4. 시냅스 가소성의 기능적 의의는 다양한데, 현재는 다음의 3가지가 주목을 받고 있다.
1) 기억과 학습의 기초과정이다. 일정한 패턴의 신호가 전달된 후 혹은 복수의 입력이 동기하

여 통과된 후 시냅스의 전달효율이 지속적으로 변한다는 것은 일종의 정보 축적으로 보고 있다. 특히 임상적으로 일찍부터 기억의 자리로 알려져 왔던 해마인데, 시냅스 장기증강이 최초로 발견된 점에서 이러한 주장이 강하게 대두되었다.

2) 생후환경에 대한 뇌기능의 적응적 변화이다. 생후 초기 임계기라는 시기에는 시각령피질의 신경세포기능은 시각입력에 대응하여 변하는 것이 알려져 있다. 이러한 생후입력에 의한 뇌내 신경세포의 기능 변화에 대한 기초는 시냅스 전달효율의 변화나 시냅스 형상의 변화가 있는 것으로 알려져 있다.

3) 뇌의 부분손상 후에 일어나는 신경회로기능의 변화이다. 뇌가 부분적으로 손상되더라도 손상부위가 일정한 크기 이하라면, 그 부분의 기능은 대상(代償)에 따라 회복되는 것으로 알려져 있다. 이 뇌의 기능대상에 시냅스 가소성이 중요한 역할을 하고 있는 것으로 보고 있다.

■ 해마(hippocampus)

1. 둘레계통에 포함되며 장기 기억과 공간 개념, 감정적인 행동을 조절.
2. 해마는 관자엽의 안쪽에 위치하면서 둘레계통(변연계)에서 한가운데 원호의 일부분을 차지한다. 해마는 학습, 기억 및 새로운 것의 인식 등의 역할을 하며 속후각겉질을 통하여 주된 들섬유를 받아들이고, 뇌활을 통하여 날섬유를 내보낸다.
3. 해마의 위치는 관자엽의 안쪽에 위치하며 대뇌겉질 밑에 존재한다. 해마의 앞쪽은 갈고리이 랑의 위쪽 뒤부분을 형성한다. 해마술과 맥락얼기 틈새는 해마머리의 뒤쪽 경계에서 시작한다. 해마머리는 편도의 뒤와 맞닿아 있으며 외측뇌실(가쪽뇌실, 측뇌실)의 관자뿔 천장 앞쪽을 형성한다. 해마의 몸통은 외측뇌실 관자뿔의 바닥 중앙부분을 따라서 뻗어 있고 해마 꼬리로 갈수록 얇아지면서 새발톱의 앞쪽에서 사라진다.

12강 뇌, 연합학습, 기억

◻ 편도체

1. 편도체(扁桃體, Amygdala)는 대뇌변연계에 존재하는 아몬드 모양의 뇌부위이다. 감정을 조절하고, 공포에 대한 학습 및 기억에 중요한 역할을 한다. - 하위구조

2. 편도체는 외측후삭핵, 피길핵, 기저핵, 외측핵, 중심핵, 내측핵 등으로 나뉜다. 편도체의 외측핵은 시상과 대뇌 피질로부터 감각 정보를 받아들이며, 중심핵은 뇌간 (brainstem)영역으로 신호를 보낸다. 이외에도 편도체는 해마(hippocampus), 솔기핵(raphe nucleus), 시상하부와도 연결되어있다.

3. 기능

1) 본능적 공포

동물의 편도체를 파괴하면 본능적인 공격성, 두려움등이 사라지기 때문에 쥐의 편도체를 파괴할 경우 고양이를 두려워하지 않으며 야생 스라소니의 편도체를 파괴하면 매우 얌전해진다. 사람의 편도체가 손상될 경우 지능은 정상이지만 두려움을 느끼지 못하고 온순해진다.

2) 불안증

편도체의 외측기저핵 신경세포의 활성에 의해 불안증이 조절된다는 보고가 있다. 예를 들어 흰쥐의 외측기저핵을 전기적인 자극으로 파괴하거나 억제성 신경전달물질인 가바 (GABA) 수용체에 대한 억제제를 처리하면 불안증은 강화된다. 반면, 흥분성 신경전달물질인 AMPA나 NMDA에 대한 수용체의 억제제나 억제성 신경전달물질인 가바 수용체에 대한 작용제를 처리하면 불안증은 감소한다.

☐ 좌반구와 우반구의 비교

좌뇌(좌반구)	우뇌(우반구)
말과 계산 등 논리적인 기능	음악과 그림 등 이미지를 떠올리는 기능
이름기억, 단어사용 등 언어적 학습에 유리	얼굴기억, 경험 등 비언어적 활동적인 학습에 유리
논리적인 생각과 사고로 문제해결	직관적 판단에 의해 문제해결
추리를 통한 학습, 수학학습에 유리	기하학적 학습, 공간적, 시각적 과정을 통한 학습에 유리
이성적, 사실적, 현실적인것에 선호	감상적, 창조적이며 새로운 것에 선호
논리적, 분석적, 상징적	창의적, 직관적, 공간적
남성적, 공격적, 능동적	여성적, 수동적, 예술적

☐ 기출정리 – 좌뇌와 우뇌의 기능

좌뇌는 언어, 논리, 판단, 부분지각, 오른쪽의 운동, 감각 역할을 담당하고 우뇌는 감성, 공간지각, 창의력 전체지각, 왼쪽의 운동감각 등을 담당한다.

☐ 무시 증후군(neglect syndrome)

1) 우반구(우뇌)손상 후에 나타나는 대표적인 인지장애이다.
2) 뇌병변 반대 측에 의미가 있는 자극을 제시하였을 때 이 자극에 대한 감지를 못하거나 반응을 하지 않는 것을 말한다.
3) 예 : 우반구 손상 환자에게 검사자가 환자의 왼쪽에 서서 말을 걸 때 오른쪽에 서서 말을 걸 때보다 훨씬 더 반응이 떨어질 수 있다.
4) 환자의 왼편에 어떤 물건을 놓고 그 물건을 잡게 하였을 때 잘 찾지 못하거나 손 움직임이 느릴 수 있다.
5) 단, 이와 같은 반응 장애가 기본적인 감각장애, 운동장애 때문이 아니어야 하는데, 예를 들어 자극을 제시하고 여기에 대한 반응을 손을 들게 하였을 때 그 반응하는 손에 심한 마비가 있다면 당연히 반응을 할 수 없을 것이다. 이와 같은 경우는 무시 증후군이라고 하지 않는다.

📋 기출정리 – 분리 뇌에 대한 연구

(1) 좌반구, 우반구 그리고 정보처리

① 우반구와 좌반구는 신체운동과 감각에 대한 통제도 두 대뇌 반구 간에 균등하게 나누어져 있지만, 실제의 실행은 상호 교환적으로 이루어진다.

② 좌반구는 신체의 오른쪽을, 그리고 우반구는 왼쪽을 통제한다.

③ 우반구에 손상을 입은 사람들은 주의(attention)와 지각(perception)에 관련하여 문제를 많이 보여주고 있음을 발견하였으며 우반구는 공간기능과 음악능력을 맡고 있으며 정보를 동시적으로 그리고 전체적으로 처리한다.

④ **사례** : 오른쪽 대뇌 손상을 입은 개인은 심지어는 친근한 환경 속에서도 방향을 잘못 잡고 친근한 얼굴이나 대상을 재인하는 데도 문제가 있었다.

⑤ 좌반구는 주로 분석과정, 특히 언어의 생성과 이해에 관여하고 있는 것으로 밝혀지고 있으며 투입정보를 계열적인 방법으로 처리한다.

📋 학습과 연합의 법칙(laws of association)

1. 인접(근접성)의 법칙(law of proximity)

1) 집단화의 법칙으로 서로 가까이 있는 것들은 한데 묶인 것으로 보인다.

2) 형태주의 심리학 법칙 중 하나로, 서로 가까이 있는 것들을 함께 묶어서 지각한다는 법칙이다. 근접성의 법칙(law of nearness)이라고도 한다.

2. 빈도의 법칙(law of frequency)

1) 어떤 행동이나 결합이 반복되면 될수록 다른 조건들이 동일한 이상 그러한 행동이나 결합의 학습과 획득이 더욱 빨라진다는 원리. 이는 와트슨(J. Watson)이 미로(迷路)에서의 올바른 통로의 학습과 파지(把持)에 요구되는 가장 중요한 조건의 하나로 지적한 것이다.

2) 두 단어가 자주 같이 일어날수록 서로는 보다 강하게 연합된다.

3. 유사성의 법칙(law of similarity)

1) 지각장면에 포함되어 있는 자극, 즉 사물들이 유사한 것끼리 군화하여 하나의 의미 있는 형태를 형성한다는 원리이다.

2) K hler는 유사한 쌍은 유사하지 않은 쌍보다 용이하게 학습된다는 사실을 명백히 하고 있다.

4. 대비의 법칙

반대되는 것이 재생된다.

5 . 감정 강도의 법칙

유쾌, 불쾌나 고통을 수반하는 것이 연합이 잘 된다.

기억

1. 기억의 작용에 있어서 3가지 의문점

1) 정보는 어떻게 기억 속으로 입력되는가? : 부호화

2) 정보는 어떻게 기억 속으로 유지되는가? : 저장(파지)

3) 정보는 어떻게 기억에서 인출되는가? : 인출

2. 감각 기억(sensory memory)

감각자극의 물리적 특징에 대한 정확한 표상을 잠시 동안 유지하는 것이다.

3. 단기기억(short-term memory:STM)

1) 20초-30초 정도 정보를 가지고 있을 수 있는 제한된 능력의 기억 저장고이다.

2) 감각기관에 수용된 자극 중 선택적 주의를 받은 자극이 단기기억으로 넘어간다고 본다.

3) 시연(rehearsal)

(1) 작동기억(단기기억)안에서 이루어지는 처리과정으로서 정보를 소리내어 읽든지 속으로 되풀이하든지 그것의 형태와 관계없이 계속적으로 반복하는 것을 의미한다.

(2) 작동기억 안으로 들어온 정보는 시연을 통해 파지(retention)가 되기도 하고 장기기억으로 전이가 이루어지기도 한다.

(3) 작동기억 안에서 의도한 목적을 달성할 때까지만 시연을 하는 것이다.

4) 단기기억의 용량

(1) 단기기억은 시간뿐만 아니라, 기억할 수 있는 정보의 항목 수에도 제한이 있다.

(2) 자극들을 더 크고 고차원적인 단위로 조합함으로서 단기기억의 용량이 증가할 가능성이 있다.

(3) 청킹(chunking) : 낱자보다 단어일 때 훨씬 더 많은 철자를 기억할 수 있는데, 이와 같이 보다 큰 단위로 부호화하는 것을 청킹(chunking) 이라 하며, 청킹을 통해 우리는 단기기억의 용량 제한을 어느 정도 극복할 수 있게 된다.

가. 청킹은 분리되어 있는 항목들을 보다 큰 묶음으로, 보다 의미 있는 단위로 조합하는 것을 의미한다.

나. 작동기억에 있어 청킹(chunking)의 역할은 매우 중요한 의미를 갖는다.

다. 사례

① 's, u, n'이라는 세 글자는 작동 기억 속에서 세 개의 단위로 자리하지만, 'sun'이라는 단어로 조합되면 한 개의 단위로 자리하게 된다.

② 이와 같은 청킹의 적극적인 활용은 제한된 작동기억의 수용량을 증가시키는 좋은 방안이 되는 것이다.

🔲 기출정리 – 단기기억과 청킹('마법의 수 7±2')

1) 단기기억의 중요한 특징은 용량이 제한되어 있다는 점이다. 숫자를 몇 개 돌려주고 나서, 들려준 숫자를 순서대로 회상하게 되면 단기기억의 용량을 알 수 있는데, 일반적으로 사람들은 아무 관련이 없는 숫자는 대략 일곱 개 정도를 들려준 순서대로 회상할 수 있다.

2) 그런데 여기서 중요한 것은 이 일곱 개가 절대개수가 아니라는 것이다. 낱자를 기억하게 하면 일곱 낱자 정도를 기억하지만, 단어를 기억하게 되면 일곱 단어 정도 기억한다. 이와 같이 우리가 기억할 때 어떤 단위로 부호화하느냐에 따라 절대 개수는 달라지지만, 처리 단위로 보면 비교적 일관되게 일곱 단위 정도로 그 용량이 제한되어 있다는 것이고, 이것이 조지 밀러의 유명한 구절 '마법의 수 7±2'라는 것이다(Miller,1956)

작업기억, 장기기억 등

학습목표

1. 기억의 유형에 대한 이해
2. 계열위치효과에 대한 이해

학습내용

1. 작업기억, 장기기억, 중다기억체계 등에 대한 내용을 학습한다.
2. 초두효과와 최신효과 등 계열위치효과에와 관련된 내용을 학습한다.

☐ 작업기억(working memory)

1) 단기기억은 되뇌임을 하는 단순한 임시저장고가 아니며 주어진 정보를 처리하는 기능을 한다는 측면을 강조한 단기기억의 다른 이름이다.

2) 단기기억을 작업기억(working memory)이라는 복잡한 모형으로 제안한다.

3) 작업기억의 세 구성요소
   (1) 음운루프(phonological loop)
       언어정보를 일시적으로 처리하고 저장한다.
   (2) 시공간 잡기장(visuspatial sketchpad)
       시각적 심상들을 일시적으로 처리하고 저장한다.
   (3) 중앙 집행기(central executive)
       정보의 통합이나 의사결정에 관여한다.

☐ 장기기억(long-term memory)

장기기억은 무한한 정보를 영구적으로 저장할 수 있는 곳이며 장기기억으로의 정보를 전이하기 위해 시연하는 것이 좋고, 장기기억은 일상기억과 의미기억이라는 두 부분으로 구성되어 있다.

1) 일상기억(episodic memory)
   (1) 주로 개인의 경험을 보유하는 저장소이며, 일상기억에서의 정보는 주로 장소의 이미지로 부호화하며 정보가 발생한 때와 장소를 기초로 조직된다.

(2) 일상기억은 기억되는 경험이 매우 의미있는 경우가 아닐 때에는 종종 인출에 실패하는 경향이 있는데, 이는 보다 최근에 발생한 정보로 인해 인출이 방해를 받기 때문이다.

2) 의미기억(semantic memory)
(1) 의미기억에는 문제해결 전략과 사고기술, 사실, 개념, 일반화, 규칙 등이 저장된다.
(2) 학교에서 학습하는 대부분의 내용들은 장기기억 중 의미기억에 저장되는 것이다.
(3) 의미기억에 저장되는 정보들은 서로 연관을 맺으면서 체계적인 네트워크(network)를 구성하게 된다.

■ 중다기억 체계

1) 절차적 기억과 서술적 기억
(1) 절차적 기억(procedural memory)
가. 언어화하기 어려운 기억으로서 행위나 기술에 대한 기억이다.
나. 사례 : 자전거 타기, 수영, 운전, 구두끈 매기 등
(2) 서술적 기억(declarative memory)
가. 언어화하기 용이한 기억으로서 사실적 정보에 대한 기억이다.
나. 사례 :단어, 이름, 얼굴, 사건, 개념 등

■ 기출정리

– 서술 기억(declarative memory)와 절차기억(procedural memory)

1) 장기 기억은 크게 서술 기억(declarative memory)와 절차기억(procedural memory) 의 두 갈래로 나눈다.

2) 서술 기억은 각자가 겪은 사건에 대한 기억인 '일화기억'과 객관적 지식에 관한 기억인 '의미기억(semantic memory)으로 구분된다.
  (1) **일화기억 사례** : 본인이 겪은 과거의 사건들에 대한 기억으로, 과거에 만난 사람들이나 작년 축제에 관한 기억, 어렸을 때 크게 다쳤을 때에 대한 기억 등등을 들 수 있으며 일종의 자서전적인 느낌이라고 할 수 있다.
  (2) **의미 기억 사례** : 흔히 '지식'이라고 말하는 것 외에도 동물 이름, 숫자 등 단순한 사실이나 개념 등을 기억하는 것이다.

3) 절차적 지식(procedural knowledge)은 절차 기억(procedural memory)과 관련되며 절차 기억(procedural memory)이란 행위, 기술, 조작을 위한 기억이다.
  (1) 절차적 기억(procedural memory)은 예로서 자전거 타는 법에 대한 지식에 대해서 생각

해 볼 수 있다.

　(2) 누군가에게 자전거 타는 법을 말해 주었다고 해서 그가 곧장 자전거에 뛰어 올라서는 자전거 타는 법을 알 것이라고 기대할 수는 없다.

　(3) 절차 기억은 사실을 아는 것과는 다르며 행위를 수행하는 법을 위한 기억이다.

4) 의미적 기억과 삽화적 기억

　(1) 의미적 기억(semantic memory)

　　가. 정보를 학습했을 때의 맥락과 관련이 없는 일반적 지식이다.

　　나. 사례 : 고래는? 포유류 등

　(2) 삽화적 기억(episodic memory)

　　가. 개인적인 경험이 일어난 연대기적 기억이다.

　　나. 사례 : "초등학교 학예회 때 ○○노래를 했다.", "작년 여름에는 울릉도를 갔었다." 등

5) 암묵기억과 외현기억

　(1) 암묵기억(implicit memory)

　　가. 무의식적이고 간접적으로 접근할 수 있는 기억이다.

　　나. 사례 : 강의시간에 교수님이 입고 왔던 옷 등

　(2) 외현기억(explicit memory)

　　가. 자기가 기억하고 있다는 것을 자각할 수 있는 기억이다.

　　나. 의식적으로 직접적으로 접근할 수 있는 기억이다.

　　다. 외현기억은 기억상실증, 나이, 약물의 투여, 간섭 등과 같은 요인들에 크게 영향을 받지만, 암묵기억은 거의 영향을 받지 않는다.

6) 기억 향상법

　(1) 적절한 시연과 깊은 처리

　　자신의 생활이나 경험과 관련지어 봄으로써 개인적으로 의미 있는 것으로 만드는 것이 유용하다.

　(2) 간섭의 최소화

　　유사한 내용을 서로 다른 날 학습할 때 간섭이 적게 일어나서 망각을 막는다.

　(3) 언어적 기억술

　　① 두 문자어(acronym)

　　　단어의 첫 글자를 이용해서 새로운 하나의 단어를 만드는 것이다.

　　② 이야기 만들기

　　　기억해야 할 단어를 적절한 순서대로 포함시켜 이야기를 만드는 것이다.

　(4) 시각적 심상

① 연결법

기억해야 할 항목들을 함께 연결해서 새로운 하나의 심상을 형성하는 것이다.

② 장소법

기억해야 할 항목들의 심상을 특정한 위치와 연결시키는 것이다.

③ 정보의 조직화

정보들이 잘 조직화될 때 기억하기가 더 쉽다.

📊 계열위치효과(serial-position effect)

1) 자유 회상에서 회상수준이 단어목록의 처음과 끝에 제시된 단어에서 제일 높게 나타난다.

2) 초두 효과(primary effect) : 목록의 첫 부분에 있는 항목들을 더 잘 회상한다.

3) 최신효과(recent effect) : 목록의 끝부분에 있는 항목들을 더 잘 회상한다.

14강 기억과 인출

1. 에빙하우스의 무의미 철자실험에 대한 이해
2. '인출'의 의의와 설단현상을 이해

1. '무의미 철자실험'과 결합과정에 대한 내용을 이해하고 학습한다.
2. '인출'의 의의와 인출단서, 설단현상, 망각 등에 대해 학습한다.

📖 에빙하우스의 무의미 철자 실험

1) 에빙하우스는 학습과 기억이라고 하는 고등 정신과정을 실험적으로 연구할 수 있다는 것을 보여주었기 때문에 심리학을 철학으로부터 해방시켰다.

2) 여러 세기를 통하여 연구자들은 결합이란 이미 형성되어 있는 것으로 전제하고, 반사를 통하여 이를 연구하였지만 에빙하우스는 오히려 결합이 일어나는 과정을 연구함으로써 그는 결합 발달에 영향을 미치는 조건들을 체계적으로 연구할 수 있었다.

3) 결합의 원리 가운데서 특히 중요한 것의 하나는 빈도의 법칙이었는데 에빙하우스는 여기에 연구의 초점을 두었다.

4) 빈도의 법칙이란 경험이 더욱 빈번하게 일어나면 날수록 그 경험은 보다 쉽게 해낼 수 있다는 것이다. 환언하면 기억은 반복을 통하여 강도를 더해간다는 것이다.

5) 이러한 생각을 검증하기 위하여 에빙하우스는 실험피험자의 이전의 경험에 의해 물들지 아니한 재료가 필요하였으며, 이러한 이전 경험의 효과를 통제하기 위하여 그는 유명한 무의미철자(nonsense syllable, 음절)를 창안해 내었다.

6) 무의미 철자란 두 자음 사이에 하나의 모음이 끼어 있는 것으로 되어 있다. 예 : gaw, jig, xuw, cew, tib

7) 무의미 철자는 12개를 한 묶음으로 배열하는 것이 보통이었다. 그러나 그는 학습하려는 자료 크기의 함수로서의 학습속도를 측정하기 위하여 묶음의 크기를 달리하기도 하였다.

8) 학습하려는 무의미 철자의 수가 커짐에 따라서 그 재료를 학습하는 데 더 많은 시간이 걸린다는 것을 발견하였다.

핵심단어법(keyword method)

교수–학습에 적용되어 온 기억술의 한 가지로 한 단어가 지닌 이미지를 이용하여 다른 단어를 기억하는 것을 말한다. 이 방법은 기본적으로 두 단계로 구성된다. 이를 테면 영어 사용자가 외국어 단어를 기억하고자 할 때 먼저 그 단어 전체 또는 일부와 비슷한 발음이 나는 영어 단어를 선택하되 가능하면 구체적인 명사를 선택한다. 그 다음 그 외국어 단어의 의미를 심상이나 문장으로 영어 단어와 연합한다. 예를 들어, '편지'라는 의미의 스페인어 단어 carta는 영어 단어 cart(손수레)와 발음이 비슷하다. cart가 핵심단어가 되면, 쇼핑용 손수레가 편지를 가득 싣고 우체국으로 가는 모습을 상상하거나, 또는 "편지로 가득 찬 손수레가 넘어졌다"와 같은 문장을 만든다.

인출

– 인출의 의의

1) 인출
   (1) 유용한 정보를 기억하더라도 필요할 때 꺼낼 수 있어야 한다.
   (2) 장기기억에서 정보를 찾는 탐색과정이며 부호화와 밀접하게 관련되어 있다.
   (3) 효과적으로 부호화되지 않으면 효과적으로 인출될 수 없다.
   (4) 저장된 정보는 장기기억의 어딘가에는 분명 존재하고 있지만, 그 정보를 인출할 수 있느냐 하는 것은 정보에 어느 정도 접근할 수 있는가에 달려있다.

2) 인출단서
   기억 속에 있는 특정한 정보에 접근하는 것을 도와주는 자극으로서, 인출 실패 상태에 있는 기억은 인출단서를 제시함으로 되살아 날 수 있다.

3) 설단 현상(tip-of-the tongue phenomenon)
   (1) 알고 있고 금방 기억이 날 것 같은데도 혀끝에서만 맴돌고 끝내 말을 하지 못하는 것이다.
   (2) 장기기억에 존재하는 특정한 정보에 대해 정확하게 접근할 수 없기 때문에 발생한다.
   (3) 이 현상은 실제 학교 현장에서 학생에게 자주 일어나는데, 정확한 인출을 위해서 정교한 부호화가 필요하다.

4) 맥락 단서(context cue)
   어떤 사건을 사건이 일어났던 맥락 속으로 돌아가서 생각해봄으로써 기억의 인출을 돕는 것이다.

5) 상태 의존적 기억

    (1) 부호화할 때와 인출할 때의 상태가 일치할 때 더 잘 기억하는 현상이다.

    (2) **사례** : 잠수부가 물밑에서 외우고 물밑에서 기억하기

    (3) 기억을 인출할 때 인출단서가 중요하다는 것을 보여주는 현상이다.

6) 정서 일치 효과(mood-congruence effect)

    행복한 기분일 때 불쾌한 정보보다는 유쾌한 정보를 더 잘 기억하고, 슬프거나 우울한 기분일 때는 즐거운 정보보다 불쾌한 정보를 잘 기억하는 현상이다.

인출 실패

가. 기억 속에 저장되어 있더라도 제대로 인출되지 않는 것이 망각이라고 본다.

나. 어떤 정보를 최초에 부호화하는 과정에서 같이 처리되었던 단서정보를 제시할 때 그 단서가 기억의 인출을 돕는데, 이 때 인출단서와 최초 부호화간의 잘못된 만남으로 생기는 인출실패가 망각의 원인이라고 본다.

향상학습 – 인출과 망각에 영향을 주는 요인

1) 기억은 부호화, 저장, 인출의 세 단계를 거쳐 이루어진다.

2) 망각은 기억 체계의 세 가지 단계 중 어느 하나의 실패 때문에 생기는 것이다. 즉 부호화가 부적절하거나 저장 도중에 정보가 왜곡되거나, 저장 용량이 적거나 찾아 끄집어낼 수가 없어서 망각이 일어날 수 있다.

3) 인출과 망각에 영향을 주는 요인

    (1) **기억 내용을 인출하는데 영향을 주는 요인**

        ① 처음 정보를 기억할 때, 정보의 처리 수준

            깊은 수준으로 처리된 정보는 기억경로가 많아 인출이 쉬움.

        ② 정보가 정보처리에 동원되는 정도

            정보처리에 자주 사용되는 정보는 쉽게 인출됨

        ③ 최근에 추가적 정보처리의 유무

            가끔씩 생각해보는 광고가 아니면, 시간이 지날수록 잊혀짐

        ④ 경쟁정보의 양

            간섭현상–비슷한 분야의 경쟁정보가 많으면, 기억을 방해함

        ⑤ 기억을 촉진할 정보의 인출단서

            소비자의 상황적 단서(내부, 외부적)가 인출한 정보의 내용에 영향을 줌.

⑥ 정보를 기억할 때의 감정 상태

　　인출 시 감정상태와 비슷한 감정상태에서 처리된 내용은 기억이 잘됨.

⑦ 사전지식과의 복합적 연계

　　사전지식과 새로운 지식을 많이 연결하거나 연합할수록 인출이 용이함.

⑧ 습득한 정보나 기술을 계속적으로 학습하거나 매우 많이 연습하여 자동화단계에 이를 때 즉 반복적 사용할 때 인출이 용이함.

■ 망각

1) 망각이 일어나는 이유

(1) 부호화, 저장, 인출과정의 결함 또는 그러한 결함들의 조합에 의해서 일어난다.

(2) 망각의 원인-소멸, 간섭, 인출실패

① 소멸 – 흔적 쇠퇴설(trace decay theory)

　– 망각의 원인에 대한 초기 이론으로 기억흔적이 시간이 흐르면서 희미해지기 때문에 망각이 일어난다고 본다.

　– 머리속에 저장된 내용을 계속 사용한다면, 흔적이 더욱 뚜렷해져, 소멸되지 않지만, 사용하지 않거나 또는 사용의 빈도가 적으면 흔적이 점차 쇠퇴해서 망각 현상을 가져온다고 본다.

② 간섭

　– 간섭이론(interference theory)

　　망각은 기억이 손실된 것이 아니고 기억 이전이나 이후의 정보에 의해서 기억정보가 방해를 받기 때문에 생기는 현상으로 설명한다.

　– 망각을 유발하는 간섭의 종류

　　ⓐ 역행간섭

　　　새로운 정보가 이전의 정보의 파지를 방해할 때 발생하는 것으로서 예를 들어, 친구의 핸드폰 번호가 바뀌면 예전 번호를 기억하기 어려운 경우이다.

　　ⓑ 순행간섭

　　　이전의 정보가 새로운 정보의 파지를 간섭하는 것으로서 예를 들어 몇 년간 사용하던 주차 장소가 바뀌면 새로 바뀌면 주차장소를 기억하기 어려운 경우이다.

📋 기출정리

- 순행 간섭(proactive interference)

1) 순행 간섭은 이전에 학습했던 정보가 새롭게 학습한 정보를 간섭함으로 인해 기억하기 어려워지는 현상을 말한다(Keppel & Underwood, 1962)

2) 자주 이용하던 피자 가게의 전화번호가 바뀌었는데도 피자를 주문하려고 할 때 예전의 전화번호로 전화를 거는 것과 같은 현상이 순행 간섭의 예라 할 수 있다.

3) 즉, 예전의 전화번호(이전에 학습한 정보)가 바뀐 전화번호(새롭게 학습한 정보)를 간섭함으로써 기억이 어려워지는 것이다.

4) 순행 간섭은 비슷한 내용을 학습하는 경우나 학습하는 항목들이 개념적으로 연관이 있을 때 효과가 더 크게 나타난다고 알려져 있다.

학습이론

15강 학습동기이론

학습목표	1. 기억과 감각등록기의 의미 이해 2. 학습동기의 의미 이해

학습내용	1. 감각등록기의 의미와 단기기억의 부호와 및 파지에 대해 학습한다. 2. 학습동기의 의미와 유형, 내재적 동기와 외재적 동기의 비교점 등을 학습한다.

📃 기출정리를 통한 추가학습

1. 감각등록기

1) 매우 짧은 시간 동안 정보를 잠시 보관하는 기억구조로서, 여러 감각기능을 통하여 주어진 외부 정보를 감지하여 운용기억으로 옮겨주는 역할을 담당하고 있다.

2) 어떤 정보든지 감각기관을 거치지 않고는 두뇌에 입력될 수 없다.

3) 인간은 시각(visual), 촉각(tactile), 청각(auditory), 후각(olfactory), 미각(gustatory) 등 다섯 가지의 감각기를 갖고 있다.

4) 감각등록기는 이러한 감각을 통하여 각기 다른 형태로 정보를 감지하게 된다.

2. 단기기억

1) 부호화와 파지

(1) 단기기억은 수명이 짧고, 용량이 제한되어 있다는 점이다.

(2) 그래서 보다 큰 단위로 부호화하는 것을 청킹이라 하며, 청킹을 통해 우리는 단기기억의 용량 제한을 어느 정도 극복할 수 있게 된다.

2) 인출과 망각

(1) 스턴버그의 기억탐사실험은 단기기억에 있는 정보는 한 번에 하나씩 순차적으로 처리되는 특징을 가지고 있다는 것을 보여 준다.

(2) 또한 단기기억에 있는 정보의 망각에 대해서는 다른 정보에 의해 대체된다고 보는 입장이 강하다.

3) 작업기억

최근에는 단기기억이라는 용어 대신, 작업기억이라는 용어를 많이 사용하는데 단기기억에서는 저장이라는 측면이 강조되는데 반해, 작업기억에서는 주어진 정보를 처리한다는 측면이 강조된다.

3. 장기기억

1) 부호화와 파지

(1) 관련된 정보들과 연결 지어 주는 정교화와 조직화가 장기기억의 부호화에 중요한역할을 한다고 할 수 있다.

(2) 파지에서도 단기기억과 장기기억은 다른 특성을 보여주며, 장기기억은 지속시간과 용량이 거의 제한이 없다고 알려져 있다.

2) 인출과 인출실패

(1) 장기기억에 있는 정보들은 일반적으로 아주 빨리 인출된다.

(2) 우리가 말을 하는 것은 단어의 발음, 뜻을 포함해 장기기억에 있는 정보를 사용하는 것인데, 모국어의 경우에는 상대방의 말을 듣자마자 곧바로 답을 한다.

(3) 또한 장기기억에는 많은 정보가 있다 보니, 내가 인출해야 하는 정보와 비슷한 정보들이 정확한 정보의 인출을 방해할 수 있다.

(4) 내가 찾는 정보보다 미리 학습한 정보가 방해를 하는 경우 순행간섭이라고 하고, 내가 찾는 정보보다 나중에 학습한 정보가 방해를 받는 경우 역행간섭이라고 한다.

3) 도식과 인출

우리가 인출해 내는 것은 기억에 있는 것만을 수동적으로 읽어 낸 것이 아니라, 여러 가지 정보를 종합해서 재구성해낸 것일 수도 있다.

☐ 장기기억의 형성에 직접적 영향을 미치는 신경전달물질

– *아세틸콜린(acetycholine)

1) 두뇌에서 신경세포들 사이의 신호전달은 아세틸콜린이라는 물질이 담당한다.

2) 아세틸콜린은 깨어있을 때나 렘수면 상태에서는 많이 분비된다.

3) 의사들은 기억력 상실이 아세틸콜린 분비량의 저하와 연관돼 있다고 보고, 알츠하이머병을 앓아 기억력이 약화된 환자에게 약물을 투여해 아세틸콜린이 분해되는 것을 억제한다.

4) '아세틸콜린은 기억이라는 기계를 작동시키는 오일'과 같아서 오일이 말라버리면 기계는 멈추고 만다.

🔲 기출정리

– 망각 방지법

1) 학습 내용을 구조화하여 기호화(encoding)할 것.
2) 기존 경험과 관련시켜 학습 자료의 유의미성을 높일 것.
3) 기존의 유사 경험과 관련시켜 변별성을 높일 것.
4) 충분한 강도로 학습할 것.
5) 최초의 학습 직후에 연습할 것.

🔲 학습동기

1) 동기(motivation)

   (1) 동기란 어떤 행동을 발생시키고, 그 행동을 유지시켜며, 또한 그 행동의 방향을 정해주는 요인으로서 행동의 수준 또는 강도를 결정하는 심리적 구조이며 과정이다.

   (2) 동기의 유형

    ① 내재적 동기

     개인적인 흥미에 따라 도전할만한 과제를 찾아 정복하는 과정에서 자연스럽게 능력을 발휘하게 되는 동기를 의미한다. 내재적 동기가 높은 사람은 과제 자체나 그것이 가져다주는 성취감을 즐긴다.

    ② 외재적 동기

     과제에 대한 관심이나 흥미보다는 그것을 통해 얻게 되는 이익에 의해 동기화되는 것을 의미한다. 외재적 동기가 높은 사람은 과제를 통해 얻게 되는 보상이나 처벌 등 자기 자신보다는 타인에 의해 제공되는 유인가의 영향을 받게 된다.

    ③ 학습동기

     학습자로 하여금 특정 학습의 준비 또는 일련의 학습을 지속시키도록 하는 내적, 외적 조건이다.

    ④ 학습무동기

     ⓐ 기질적 관점

     ⓑ 행동주의적 관점 : 적절한 강화부족, 벌의 정도가 낮은 상태 등

     ⓒ 인지주의적 관점(귀인이론) : 개인이 성공 혹은 실패를 귀인하는 방식을 원인의 소재, 안정성, 통제가능성 차원으로 구분해서 설명하고 있다.

     ⓓ 학습된 무기력(learned helplessness) : 거듭된 실패 경험으로 인해 자신의 반응이 혐오자극에 어떠한 영향도 미칠 수 없다는 것을 사전에 학습한 결과에서 기인한다.(Seligman, 1967)

⑤ 성취동기

ⓐ 맥클랜드(McClelland)의 의해 주창.

ⓑ 성취동기란 탁월한 업적을 이루려는 동기이며 그 결과에 따르는 즐거움 때문에 열심히 학습하게 된다.

▢ 향상학습 – 학습동기 유발방법

– 도전적인 학습목표를 구체적으로 설정한다.

– 학습자의 흥미와 적성에 맞는 학습과제를 제시한다.

– 열정을 가지고 가르치는 내용의 중요성을 의사소통한다.

– 학생들과의 관계를 중시한다.

– 다양한 교수 방법을 계획하고 실행한다.

– 학습자에게 긍정적인 기대를 갖는다.

– 학습 수행 과정과 결과에 대해 피드백을 해준다.

– 학습자의 지적호기심을 유발한다

▢ 기출정리–외재적 동기 & 내재적 동기 – Deci

(1) 내재적 동기

① 어떤 행동을 하는 그 자체가 목표이기 때문에 행동이 유발되는 동기이다.

② 개인이 가진 흥미, 호기심, 자기만족감과 성취감 등에서 비롯되는 동기이다.

③ 강화와 관계없이 활동 그 자체나 그로 인한 성취감이 보상으로 작용하기에 지속력이 강하다.

(2) 외재적 동기

① 행동 그 자체와는 상관없이 행동의 결과 주어지는 강화나 처벌 때문에 비롯되는 동기이다.

② 행동 결과 강화나 처벌이 주어질 때만 작동하는 동기이기 때문에 지속력이 없다.

▢ 기출정리 – 내재적 동기 & 외재적 동기 비교

구 분	내재적 동기	외재적 동기
형 태	자연 발생적	인위적 발생
주 체	자기 자신	타인
방 법	능동적	수동적
지 속	장기적	단기적
방 법	호기심, 즐거움, 보람, 기쁨, 성취 동기 등	칭찬, 상벌, 보상, 강화 등

16강 학습동기, 기대-가치이론

학습목표	1. 자기결정이론에 대한 이해 2. 켈리의 동기유발 기능 이해
학습내용	1. 자기결정이론과 이론기반에 대한 내용을 학습한다. 2. 켈리의 동기유발 기능을 이해하고 활성적 기능 등 4가지 기능에 대해 학습한다.

과잉정당화

1. 내적 동기와 외적 동기의 의미
2. 과잉정당화 효과(Overjustification effect)는 외부에서 귀인되는 많은 요인들로 인하여 내적 요인의 효과가 감소하는 것을 말한다.
3. 외부의 보상으로 인해 오히려 흥미를 잃어버리고 수행이 저하되는 것.

자기결정이론

1. 자기결정이론(自起決定理論, Self-determination theory, SDT)은 에드워드 데시(Edward Deci, 1942년~)와 리차드 라이언(Richard Ryan, 1953년~)이 1975년 개인들이 어떤 활동을 내재적인 이유와 외재적인 이유에 의해 참여하게 되었을 때 발생하는 결과는 전혀 다른 결과가 나타남을 바탕으로 수립한 이론을 일컫는다.

2. 에드워드 데시와 리차드 라이언이 발표한 자기결정성 이론은 총 네 개의 미니이론(mini-theory)들로 구성된 거시이론(macrotheory)이다. 자기결정이론은 사람들의 타고난 성장경향과 심리적 욕구에 대한 사람들의 동기부여와 성격에 대해 설명해주는 이론으로 사람들이 외부의 영향과 간섭없이 선택하는 것에 대한 동기부여와 관련되어 있는것으로 본다. 자기결정이론은 개인의 행동이 스스로 동기부여되고 스스로 결정된다는 것에 초점을 둔다.

3. 1970년대에 자기결정이론은 내재적 및 내재적 동기를 비교한 연구 그리고 개인의 행동에서 지배적인 역할을하는 주체적 동기 부여에 대한 이해 증진으로부터 발전했다.

1980년대 중반에는 자기결정이론이 공식적으로 소개되고 건전한 경험 이론으로 받아들여졌다. 2000년대 이후에는 자기결정이론을 사회 심리학의 다른 영역에 적용하는 경우도 상당히 많아졌다.

4. 자기결정이론을 구성하는 네 개의 미니이론으로는 인지평가이론, 유기적 통합이론, 인과지향성이론(Causality Orientation Theory; COT), 기본심리욕구이론(Basic Psychological Needs Theory; BPNT)이 있다. 네 개의 미니이론들은 각각 자기결정성 이론의 논리를 보충해주는 역할을 하고있다.

5. 자기결정이론의 이론기반

1) 자기결정이론은 인간 행동의 통제 원천이 어디있는가를 기반으로 하며 이 원천은 그 시작이 내면인가, 아니면 외부인가로 나뉜다. 이 이론은 인간의 동기가 개인 스스로 완전히 내적 통제(예: 흥미, 호기심)에 되었을 때 가장 높으며, 내적인 이유가 전혀없이 순전히 외적인 통제(예: 강제, 강요)에 의해서 행동하게 되었을 때 제일 낮다는 명제를 기반으로 한다. 또한 완전한 내적 통제와 완전한 외적 통제 사이에 다양한 통제 유형이 존재한다.

2) 기본적 심리욕구

자기결정이론에서 사람들은 생존을 위한 기본적인 삶의 생리적 욕구와 마찬가지로 생존을 위해 필요한 심리적욕구를 가지고있다. 자기결정이론에 따르면, 기본적이고 보편적인 심리적 욕구 세가지는 자율성(autonomy), 유능성(competence), 관계성(relatedness)이다. 헨리 머레이(Henry Murray, 1938)와에이브러햄 매슬로(Abraham Maslow, 1954)와 같은 심리학자들은 자기실현경향성(Maslow, 1954), 안정성, 돈, 영향력, 자기존경과 기쁨등을 포함해 모든 심리적욕구에 대해 연구해왔는데 자기결정이론에서 나타난 보편적 3가지 욕구는 해당 사회의 문화가 집단주의, 개인주의문화 혹은 전통주의, 평등주의가치 등에 상관 없이 모든 문화의 사람에게 중요하다고 나타났다.

(1) 자기실현 경향성

자기결정 이론은, 책임과 실현화, 성장을 강조하는 인본주의적 전통에 그 기반을 두고 있다. 또한 인본주의가 개인을 성장과 발전을 위해 최선의 방법을 추구하는 유기체로써 성장을 실현하기위해, 긍정적 변화를 가져오도록 하는 동기를 자기 실현 경향성(actualizing tendency)이라고 주장하였다.

(2) 자율성(autonomy)

자율성은 개인들이 외부의 환경으로부터 압박 혹은 강요 받지 않으며 개인의 선택을 통해 자신의 행동이나 조절을 할 수 있는 상태에서 자신들이 추구하는 것이 무엇인지에 대하여 개인들이 자유롭게 선택할 수 있는 감정을 말한다. 자율성은 개인의 행동과 자기조절을 선택할 수있으며 감정이나 타인의 의지와 달리 본인의 선택으로 자신의 행동이나 향후 계획을 결정할 수 있는 감정을 의미한다.

(3) 유능성(competence)

사람은 누구나 자신이 능력 있는 존재이기를 원하고 기회가 될 때마다 자신의 능력 을 향상시키기를 원한다. 또한 이러한 과정에서 너무 어렵거나 쉬운과제가 아닌 자신의 수 준에 맞는 과제를 수행함으로써 본인이 유능함을 지각하고 싶어 하며 이것을 유능성욕 구라고 한다. 행위과정을 통해 개인이 자신이 유능하다고 느끼는 지각에 의한 것이다. 이러한 자신이 유능한 존재임을 인식하는 지각은 유능감으로 표현되기도 하며 이러한 유능성에 대한 욕구는 개인 혼자서는 획득하기는 어려우며 사회적 환경과 서로 상호 작 용할 기회가 주어질 때 충족된다고 볼 수 있다. 유능함을 표현하기위해서는 사회와의 상 호작용이 필요하기 때문에 타인 혹은 집단과의 상호 작용이 필요하며 긍정적인 피드백 과 자율성의 지지는 개인이 받는 유능성의 욕구를 충족시키며 결과적으로 내재 동기를 증진시키는 효과를 가져온다.

(4) 관계성(relatedness)

관계성욕구는 타인과 안정적 교제나 관계에서의 조화를 이루는 것에서 느끼는 안정성 을 의미한다. 관계성욕구는 타인에게 무언가를 얻거나 사회적인 지위 등을 획득하기 위 한 것이 아니며 그 관계에서 나타나는 안정성 그 자체를 지각하는 것이다. 즉 주위 사람 에 대한 의미있는 관계를 맺고자하는 것으로 안정된 관계를 획득하고자하는 것이며 이 를 관계성의 욕구라고 한다.

6. 자기결정을 저해하는 요소 : 위협과 마감기한, 평가와 감독 등

■ 향상학습 - 켈러의 동기유발 기능 4가지

① 활성적 기능

동기는 행동을 유발시키고 지속시켜 주며, 유발시킨 행동을 성공적으로 추진하는 힘을 주 게 되는데 이것을 활성적 기능이라고 한다.

② 지향적 기능

동기에 따라 행동의 방향이 결정되기 때문에 이를 지향적 기능이라고 한다.

③ 조절적 기능

선택적 목표 행동에 도달하기 위해서는 필요한 다양한 동작이 선택되고 이를 수행하는 과 정을 겪는데, 이러한 과정에서 동기는 조절적 기능을 한다.

④ 강화적 기능

동기에 따라 그 행동이 일어날 확률을 증가하기도 하고 감소하기도 한다. 즉, 행동의 결과는 어떠한 보상이 주어지느냐에 따라 동기유발의 수준이 달라지는 것이다.

기대 – 가치이론

1. John William Atkinson은 개인의 성취 동기를 이해하기 위한 노력의 일환으로 1950년대와 1960년대에 기대 가치 이론을 개발했다. 기대–가치 이론에 따르면, 학생들의 성취와 업적에 관련된 선택은 두 가지 요인, 성공에 대한 기대, 주관적 과업 가치에 의해 결정된다.

2. 기대는 개인이 과업에서 성공하기 위해 자신의 능력에 얼마나 자신감을 갖고 있느냐인 반면에, 과업 가치는 개인이 그 과업을 얼마나 중요한지, 유용한지, 또는 즐거운지를 인식하는 것이다.

3. 기대와 가치는 업무, 지속적인 흥미, 그리고 학업 성취도와 같은 중요한 결과를 예측하기 위해 상호 작용하는 것으로 드러났다. 다른 요인들로는, 인구 통계학적 특성을 포함해서, 고정 관념, 이전의 경험, 타인의 믿음과 행동에 대한 지각이 있다. 이러한 요인들은 결과와 관련된 성취에 기대와 가치를 통해서 간접적으로 영향을 미친다.

4. **기대**
   1) 기대는 개인이 단기적 또는 장기적인 미래에 그들이 수행할 일에 있어서의 성공에 대한 구체적인 믿음이다. 개인이 가지고 있는 믿음은 그들이 하는 선택 뿐만 아니라 그들의 행동도 형성한다.
   2) 예를 들면, 고등학생들은 그들이 대학 수능시험 때문에 정말로 애쓰고 있다고 믿을지도 모른다. 이는 그들이 스스로 수능시험에서 좋지 못한 성적을 거둘 것을 예상하게 한다. 이러한 믿음은 그 다음에 그들의 수능시험에서의 실제 성과에 영향을 준다.
   3) 이러한 기대는 자아 개념과 자기 효능감과 같은 개념과 관련이 있다. 자아 개념은 목표에 도달하려는 그들 자신의 능력에 대한 믿음을 포함하는 폭넓은 개념을 말한다.

5. **주관적 과업 가치**
   1) 주관적 과업 가치는 "내가 이 활동을 하기 원하는가? 그렇다면 왜 원하는가?"라는 질문에 개인이 대답하게끔 만드는 자극, 즉 동기부여로 생각될 수 있다.
   2) 주관적 과업가치는 4개의 하위범주로 나눌 수 있다.

    – 성과 가치(정체성이나 자아의 중요성),

    – 본질적 가치(즐거움이나 흥미),

    – 실용 가치(유용성이나 타당성)

    – 비용(시간의 손실, 지나치게 많은 노력의 요구, 가치있는 대안의 상실 또는 스트레스와
       같은 부정적인 정신적 경험).

3) 전통적으로 성과 가치와 본질적 가치는 서로 굉장히 많이 관련되어 있다. 게다가 이 두
   개념은 본질적인 동기부여, 흥미 그리고 과업 지속성과 관련되는 경향이 있다.

17강 최적각성수준이론, 목표설정이론

학습목표
1. 최적각성수준이론에 대한 이해
2. 로크의 목표설정이론의 이해

학습내용
1. 최적각성수준이론과 여키스-도슨법칙에 대한 내용을 학습한다.
2. 로크의 목표설정이론의 발전내용과 의미, 주요학자들의 주장점을 학습한다.

▣ 최적각성수준이론

1. 각성이란 인간이 적절한 활동을 유지하기 위해 적정수준의 흥분감과 긴장을 유지하는 것

2. **여키스-도드슨 법칙(Yerkes-Dodson Law)**
   1) 각성수준과 수행능력 간의 관계를 밝힌 것이다. 각 과제의 성격에 따라 각성 수준이 달라지는데, 쉬운 과제는 각성수준이 높을 때 수행능력도 함께 증가하고, 어려운 과제는 각성수준이 낮을 때 수행능력이 증가한다.
   2) 각성수준은 과제수행과 연관이 깊은데 적절한 각성수준에서의 과제수행이 제일 좋으며 너무 높거나 낮을 때는 과제 수행이 저하되는데 이것은 역전된U함수 혹은 Yerkes-Dodson법칙 이라고 한다.

3. 레프코트와 마틴은 유머가 긴장을 감소시키거나 증가시키는 작용을 한다는 점에 초점을 맞추고, 웃음치료에 이 이론을 적용하였다. 웃음과 관련된 정신적 에너지는 유머, 농담, 코믹 등의 유형으로 분류할 수 있다. 유머는 농담이나 코믹과는 달리 사람들이 일상에서 겪는 슬픔, 공포, 불안, 긴장과 같은 부정적 정서들을 긍정적 정서로 전환시켜 주고, 유머로 발생하는 웃음은 고통을 야기하는 정서를 해방시켜 주는 에너지가 된다.

4. 벌린(Berlyne)에 따르면 인간은 자극의 크기에 따라 각성수준이 비례적으로 작용하여 스트레스를 유발하게 되므로 각성을 줄이는 방법을 찾는다고 하였다. 또 한편으로는 자극이 전혀 없거나 그 수준이 지나치게 낮을 경우 권태와 지루함을 느껴 각성수준을 높이는 방법을 찾는다고 하였다. 즉, 인간은 기본적 충동 및 생리적 욕구충족이 해결

되어도 자극을 찾는 존재인 것이다. 따라서 각성수준을 최적으로 유지하는 것이 중요하다.

5. 각성수준이 너무 낮으면 잠을 자고, 각성수준이 너무 높으면 불안과 스트레스를 경험하게 된다. 그리고 각성수준이 최적일 때 동기화가 적절하게 일어나 수행 능력이 최고가 되는데, 이것이 최적 각성이론이다. 각성이론이 가장 많이 적용되는 치료는 ADHD다. ADHD 아동의 경우는 각성수준이 정상 아동보다 낮기 때문에 이 각성수준을 평균으로 끌어올리는 노력을 해야 한다. 환경 내에서 적당한 자극이 주어지지 않으면 각성수준은 최적이 될 수 없다.

☐ 목표 설정 이론(goal setting theory)
- 목표를 달성하려는 의도가 동기의 근원이 된다는 이론

1. 개요
1) 목표 설정 이론은 로크(Locke)에 의해 시작된 동기 이론으로, 인간이 합리적으로 행동한다는 기본적인 가정에 기초하여, 개인이 의식적으로 얻으려고 설정한 목표가 동기와 행동에 영향을 미친다는 이론이다.
2) 목표는 개인이 의식적으로 얻고자 하는 사물이나 혹은 상태를 말하며, 장래 어떤 시점에 달성하려고 시도하는 것이다. 이러한 의식적인 생각이 사람의 행동을 조절하기 때문에, 목표를 설정하는 것은 동기와 수행 모두에서 효과적인 것으로 알려졌다.

2. 목표 설정 이론의 전개
1) 로크에 의해 시작된 목표 설정 이론은 인간 행동이 본능과 욕구에 따라 가장 쾌락적인 방향으로 동기화된다는 기존 이론들을 비판하면서 시작되었다. 로크(1968)는 인간 행동이 목표 혹은 의도(intention)에 의해 결정된다고 주장했다.
2) 목표는 어떤 개인이 장래에 달성하려고 시도하는 것으로, 인간 행동의 목적 또는 계획, 의도와 유사하다. 목표는 행동의 방향을 결정짓는 기능을 수행하여 동기의 기초를 제공하고, 행동의 지표가 된다.
3) 설정된 목표는 개인이 목표를 이루기 위해 노력을 기울여야 하는 정도와 지향성을 갖게 하고, 노력을 지속하게 함으로써 행동을 직접적으로 조절한다. 그리고 목표는 조직이나 개인 업적을 평가하는 기준이 되며, 더 어려운 목표를 달성했을 때 더 높은 평가를 받게 된다. 또한 설정된 목표는 이를 달성하기 위한 적절한 전략을 강구하고 실행할 수 있도록 돕는다.

3. 목표 설정 이론의 연구는 학문적 측면과 실무적 측면에서 각각 발전.

1) 학문적 측면에서는 르윈(Lewin) 등이 '열망 수준(level of aspiration)'의 결정 요인인 목표에 대해 연구했으며, 이후 뷔르츠부르크(Wurzburg) 학파와 레빈(Levin), 밀러(Miller), 갈랑테르(Galanter) 등을 거쳐 라이언(Ryan) 등이 연구했다.

2) 실무적 측면의 연구는 테일러(Taylor)의 과학적 관리법에서 출발했다. 테일러는 근로자에게 적절한 목표를 선별하여 제공함으로써 작업 성과를 높일 수 있다고 주장했다. 또한 근로자들은 목표 달성에 대한 피드백이 적절하게 이루어질 경우 다소 어려운 목표의 상황이 주어져도 이를 달성할 수 있는 적절한 수준의 자극을 받는다고 강조했다.

3) 1950년대에는 미국에서 처음으로 목표 관리(management by objectives; MBO)를 도입했고, 드러커(Drucker) 등을 통해 이에 관한 실무적 측면에서 다양한 연구가 진행되었다. 1960년대에 목표 관리와 목표 설정에 관한 논의가 학문적인 인기를 끌면서, 로크가 중심이 되어 목표 설정 이론을 정리했다. 목표 설정 이론은 로크(1968)에 의해 제시된 이후 현재에 이르기까지 여러 동기 이론 중 가장 많이 연구되었으며 가장 타당성이 있는 것으로 인정받고 있다.

4. 목표 설정의 특성

헬리겔과 슬로컴(Hellriegel & Slocum, 1978)은 조직 및 개인이 달성해야 할 목표가 적합하게 설정되어야 하고, 개인의 수행 목표는 다음과 같은 기준을 충족해야 한다고 주장한다.
- 수행 목표는 분명하고 세밀하며 모호하지 않아야 한다.
- 수행 목표는 필요조건을 정확하게 기술해야 한다.
- 수행 목표는 조직의 정책과 절차에 일치해야 한다.
- 수행 목표는 경쟁성을 지녀야 한다.
- 수행 목표는 기대, 동기 부여, 도전감을 유발할 수 있어야 한다.

5. 밀코비치와 부드로(Milkovich & Boudreau, 1997)는 목표 설정의 필요성을 제시하면서 다음 네 가지 조건을 주장한다.

첫째, 특정한 결과를 성취할 수 있도록 구체적으로 정해야 한다는 것이다. 이는 목표 구체성으로, 애매하거나 추상적인 목표보다는 양적인 명확하고 구체적인 목표를 제시할 때 효과가 높다.

*래섬과 발데스(Latham & Baldes, 1975)의 는 제재소로 통나무를 운반하는 트럭 운전사들을 대상으로 목표 구체성에 관한 연구

둘째, 양과 질, 영향력이 측정 가능해야 한다는 것이다. 브룸(Vroom, 1964)은 개인이 어떤

행동을 하려고 할 때, 그 행동을 통해 어떤 결과를 얻을 수 있는가를 생각하고 그 기대에 따라 행동을 결정한다고 했다.

*브룸의 기대 이론
 - 주요 요인 : 기대감, 유인성, 수단성
 - 기대감은 개인이 일정한 수준의 노력을 기울인다면 특정한 목표를 달성할 수 있을 것이라는 기대의 주관적인 확률이다.
 - 유인성은 개인이 특정한 목표를 달성함으로써 얻는 보상의 선호도로, 그 보상에 대해 개인이 느끼는 매력 정도를 나타낸다.
 - 수단성은 개인이 특정한 성과를 달성하면(1차적 결과) 이에 따라 바람직한 보상이 이어질 것(2차적 결과)이라고 믿는 기대의 주관적인 확률을 말한다.

셋째, 설정된 목표가 직무, 조직, 경력 등과 관련하여 달성 가능하고 도전 가치가 있어야 한다는 것이다. 이는 목표 난이도와 관련한 것으로, 사람들은 목표가 어려울수록 더 몰입하게 되어 과제에 대한 흥미와 동기가 높아지고, 직무 성취와 만족도가 올라간다.

*유클과 래섬(Yukl & Latham, 1978)은 타이피스트를 대상으로 한 연구

넷째, 결과를 완성할 구체적인 시간을 명시해야 한다는 것이다. 언제 완수하겠다는 목표가 명확하고 구체적일수록 더 명확한 동기를 부여하여 목표의 효과를 높일 수 있다.

6. 목표 몰입

1) 로크(1968)는 목표 설정에서 목표 몰입(goal commitment)의 중요성을 강조했다.
2) 로크와 래섬, 에레즈(Locke, Latham, & Erez, 1988)는 목표에 대한 몰입이 없다면 목표 설정 자체가 성립되지 않는다고 주장했다. 목표 몰입이란 목표를 달성하기 위해 하겠다는 결정과 이를 추구하기 위한 노력을 지속적으로 유지하는 것을 말한다.
3) 일반적으로 목표 수용(goal acceptance)과 혼용되기도 하는데, 목표 수용이 할당된 목표에 한정하여 수용하고 몰입하는 것을 의미하는 반면, 목표 몰입은 목표가 할당되었든, 자율적으로 설정했든 간에 상관없이 목표를 달성하기 위한 노력의 결정을 의미한다.

7. 목표 관리

1) 목표 관리(management by objectives)는 드러커(1954)에 의해 처음 언급되었는데, 조직 공동의 목표와 개인의 목표를 관리 계획에 따라 관리하는 과정을 말한다. 다시 말해 목표 관리는 직무 성과의 향상과 개인의 능력 개발을 위해 목표를 설정하고 달성 과정을 통제하며 성취 결과를 평가하는 과정에 있어 조직 전체의 목표와 개인의 목표를 관련시켜 적극적인 공헌 활동을 유발하는 참여적 관리 시스템이라고 할 수 있다.

학습이론

18강 학습정서이론

학습목표
1. 기대-가치이론에 대한 이해
2. 학습정서이론에 대한 전반 이해

학습내용
1. 에클스&와 위그필드의 기대-가치이론에서의 과제가치에 대해 학습한다.
2. 학습정서이론, BAS/BIS 척도에 대한 내용을 학습한다.

▣ 에클스&위그필드의 기대-가치이론

1. 성공할 것이라는 기대에 그 성공에 대한 개인이 부여하는 가치를 곱한 값만큼 동기화된다고 본다.

2. 성공에 대한 기대

 1) 과제난이도 인식 – 쉽다고 느낄 때 성공기대가 높아진다.
 2) 자기도식 – 자신에 관한 정보의 망 조직, 자아개념과 사람들에 대한 믿음 등이 포함.

3. 과제가치

 1) 내재적 흥미
 2) 중요성
 3) 효용가치 – 직업이나 미래목표를 충족시킨다는 인식
 4) 비용–시간의 양, 감정적 비용, 스트레스 등도 영향을 미침.

▣ 학습정서이론

 – 향상학습 – BAS/BIS 척도

 1) 행동활성화체계(Behavioral Approach System)
   – 자신이 바라는 바가 달성되리라고 기대할 때 생기는 긍정적 정서인 희망, 흥분, 행복 등을 유발하는 동기체계로서 '음식'이나 '성' 혹은 '더위나 고통의 회피' 등과 같은 원하는 어떤 것들의 단서를 민감하게 감지하고 적극적으로 추구하도록 만들어 준다.
   – 행동활성화체계의 뇌신경 기저는 카테콜라민계, 특히 도파민 경로라고 알려져 있다.

- 행동활성화체계에서의 높은 민감성은 목표 지향적인 행동에 관여하는 경향성을 높이고 보상이 가까이 있다는 정보를 주는 단서에 노출되었을 때 긍정적 감정을 더욱 크게 경험하게 만든다.

2) 행동억제체계(Behavioral Inhibition System)
    - 유기체가 처벌과 위험 단서에 반응해서 움직임을 억제하는 심리적 멈춤(브레이크) 체계에 비유할 수 있다.
    - '처벌'이나 '위협'과 같은 불안 관련 단서들에 반응해서 불안을 경험하고 현재 진행 중인 행동을 멈추고 다른 위험이나 위협 단서들을 찾기 위해 환경을 조사하도록 유도하는 동기체계이다.
    - 사람들이 부정적 결과를 예상할 때 흔히 경험하는 공포나 좌절, 불안, 슬픔 등의 정서가 행동억제체계의 높은 민감성과 밀접하게 관련된다.

▣ 기출정리 – 미신행동(=징크스)

① 유기체의 반응이 실제로 특정 결과를 초래한 원인이 아님에도 불구하고 마치 그런 것처럼 그 반응을 계속하는 것이다.
② 보상과 아무런 관련이 없으면서 완전히 우연히 한 어떤 행동이 강화에 선행한 경우 그 행동이 고정적으로 계속되려는 경향이다.
③ 동물의 미신행위
    스키너는 매 15초마다 비둘기에게 먹이를 제공한 후 비둘기의 행동을 관찰하였다. 먹이가 주어지기 직전에 어떤 비둘기는 바닥을 긁고, 어떤 비둘기는 날개를 퍼덕이고, 또 어떤 비둘기는 원을 그리며 돌고 있는 등 각자 다소 기이한 행동을 하고 있었다. 이러한 반응은 강화와 아무런 인과관계가 없었다. 그런데도 불구하고 반응과 강화물 사이에 마치 인과관계가 있는 것처럼 잘못된 연합을 학습한 것이다. 즉 비둘기는 자신이 한 어떤 행동으로 인해 먹이가 주어졌다고 믿게 되어, 다음 먹이를 위해 이러한 행동을 반복하게 되었던 것이다. 스키너는 이것을 미신행동이라고 불렀다.

▣ 학습된 무기력(learned helplessness)

(1) 개념
    ① 반복되는 실패를 경험한 후에 환경에 대해 통제를 할 수 없다는 무기력을 학습하는 것이다.
    ② 우울의 원인에 대한 근거로 우울한 사람들은 무엇을 해도 소용이 없다고 믿는다.
(2) 셀리그만(Seligman)의 동물 실험
    ① 개들에게 피할 수 없는 고통스러운 전기충격을 주고, 이후 전기충격을 피할 수 있는 환경

으로 바꾸어 주었다.

② 피할 수 없는 전기충격을 경험했던 개들은 전기충격을 피할 수 있는 상황에 놓여도 피하려 들지 않는다.

(3) 초기의 학습된 무기력 귀인이론을 추가해서 우울증에 대한 설명을 확장한다.

(4) 통제가 불가능한 경험을 내적이고 안정적이며 전반적인 원인에 귀인시키면 우울해진다.

(5) 사례 : 성적이 낮을 때, '시험이 어려웠어'라고 외부 귀인하기보다는 '머리가 나빠서 그래'라고 내부 귀인을 하거나, '시험 볼 때 컨디션이 안 좋았어'라고 특정 원인에 귀인하기 보다는 '원래 공부를 못해서 그래'라고 안정적이고 전반적인 원인에 귀인하는 경우

▣ 학습방법의 분류 – 기출정리

1) 학습 시간에 따른 분류 – 집중법과 분산법

(1) **집중법** : 학습 내용을 쉬지 않고 계속해서 반복하는 학습방법이다.
- 시, 산문, 유의미 철자의 기억 등 자료가 쉽고 짧은 경우
- 깊은 사고와 광범위한 탐색을 요구하는 학습과제인 경우
- 적극적 전이가 가능한 경우
- 학습하기 전에 준비운동이 필요한 경우
- 학습자료가 의미 있고 생산적인 경우
- 잘 알고 있거나 어느 정도 이해하고 있는 학습 자료일 경우
- 짧은 시간에 많은 내용을 학습해야 할 때

(2) **분산법** : 일정한 휴식기간을 사이에 두고 몇 회로 나누어 학습하는 방법이다.
- 학습과제에 유의성이 없는 경우
- 학습 과제나 작업량이 많은 경우
- 학습내용이 복잡하고 학습자의 수준에 비해 어려울 때
- 학습의 초기단계인 경우
- 학습자의 준비도가 낮고 노력과 시간의 투입이 많이 필요한 경우
- 무의미 철자나 숫자의 기억 등 자료가 길고 어려운 경우

▣ 학습과제의 양에 따른 분류 – 전습법과 분습법

(1) **전습법** : 학습과제를 하나의 전체로 묶어서 학습하는 방법이며 전습법은 망각이 적고 반복이 적으며 병합, 연합 작용이 생기며 시간과 노력이 적게 든다.
- 지능이 높은 경우나 고학년

- 연습이 어느 정도 이루어진 후
- 논리적 순서가 뚜렷하고 구조화가 잘 되어 있는 학습과제

(2) **분습법** : 학습과제를 몇 부분으로 나누어 조금씩 학습해 가는 방법이다. 분석법은 주의와 집중력의 범위가 좁아서 연습의 초기, 저능아, 끈기 없는 아동, 저학년, 내부적 연관성이 적고 무의미한 자료이거나 길고 곤란한 자료일 때 적당하다.

① **순수한 분습법(pure part method)**

교재의 각 부분 A,B,C를 따로따로 학습하고 일정한 수준에 달하면 각 부분을 전체로하여 학습하는 것을 말한다.

② **점진적 분습법(Progressive part method)**

A부분과 B부분을 따로따로 학습하고 일정한 수준에 달한 다음 A와 B를 하나로 하여 학습하고 그 다음에 C부분을 학습하는 것을 말한다.

③ **반복적 분습법**

A부분을 먼저 학습하고 나서 A와 B를 함께 학습하고 그 다음에 A와 B와 C를 함께 학습하는 것을 말한다.

19강 학습장애

학습목표	1. 학습장애 전반에 대한 내용 이해 2. 학습장애 아동의 특징 등을 이해

학습내용	1. 학습장애의 정의, 학습장애의 원인 등에 대해 학습한다. 2. 학습장애 아동의 특징 등을 이해하고 이를 극복하기 위한 방법 등에 대해 학습한다.

학습장애(learning disability)

1. 학습장애의 정의

학습장애는 한 분야 이상에서 듣기, 말하기, 쓰기, 읽기 및 산수 능력을 습득하거나 활용할 때 심한 어려움을 보이는 장애이다.

1) 정상 또는 정상 이상의 지능지수를 보여주고 정서적 또는 사회환경적 문제가 없음에도 학업성취도가 떨어지는 아동들을 일컫는다.
2) 시각장애, 청각장애, 운동장애, 지적장애, 자폐증 등으로 인한 학습 결손, 환경, 문화, 경제적 결핍으로 인한 학습결손은 학습장애에 포함시키지 않는다.

2. 학습장애의 원인

1) 학습과 관련된 뇌기능의 특정 영역이 결함을 보이거나 발육지연 또는 장애를 가지고 있기 때문이다.
2) 후천성 뇌손상, 유전적 원인, 신생아 초기 영양실조, 신경학적 문제 등으로 인한 것이다.

기출정리 - 학습장애

1) 학습장애란 정상 또는 정상 이상의 지능지수를 보여주고, 정서적이나 사회환경적으로도 문제가 없음에도 불구하고 학업성취도가 떨어지는 증상을 말한다.
2) 학교에서 학습에 참여하는 데 기본능력인 읽기, 쓰기, 셈하기 등의 기술을 익히는데 문제를 가져오는 학습장애가 아동기 후기에 발생할 수도 있다.

3) 학습장애는 정신지체 때문에 일어나는 것이 아니며 시력이나 청력과 같은 장애 때문에 일어나는 것도 아니다. 이것은 뇌가 정보를 받아들이고 처리하여 사용하는 방식에 있어서 발생하는 증상이다(Zastrow & Kirst-Ashman)

4) 구체적으로는 학습장애는 언어문제, 시각과 인식에 관련된 문제, 운동 장애, 과잉 행동으로 구분할 수 있다.

5) 학습장애는 읽기, 산술, 쓰기를 평가하기 위해 개별적으로 시행된 표준화 검사에서 나이, 학교교육 그리고 지능에 비해 기대되는 수준보다 성적이 현저하게 낮게 나올 때 진단된다.

학습장애 아동의 특성

1) 주의 산만, 기억장애, 지각장애를 보인다.
2) 말로 표현하고 타인의 말을 이해하는 기술에 결함이 있다.
3) 읽기장애, 쓰기장애, 수학장애, 학습에 대한 낮은 동기유발이 특징이다.
4) 공격성, 학습 회피행동이 나타난다.
5) 그밖에도 ① 과민한 행동과 마음을 졸이는 모습, ② 조화와 균형의 결핍, ③ 집중성의 결여 ④ 산만함과 비조직성 ⑤ 수행력과 과제 완성력의 결여 ⑥ 과목간의 불균등한 수행 등이 있다.

학습장애 학생을 위한 학습방법

1) 통합 교육(mainstreaming)
   학습장애 학생들을 따로 분리하지 않고 일반학급에서 일반학생들과 같이 공부하게 하는 것을 말한다.

2) 전략 훈련(strategy traning)
   학습장애 학생들에 대한 보다 직접적인 교수 처치로서 학습하는 방법, 즉 자신에게 가장 적절한 학습전략을 가르치는 것이다.

학습장애에 효과적인 방법

1) 교사의 시범
   – 학생이 성공 또는 실패를 할 때마다 교사가 적응적 귀인을 소리내어 말해준다.

2) 학생연습
   – 학생이 성공 또는 실패할 때마다 교사가 적응적 귀인을 말해주는 목소리를 점차 낮추고, 대신 학생이 스스로 목소리를 내어 말하도록 연습시킨다.

3) 교사의 강화

– 학생이 적응적 귀인을 말할 때마다 강화를 해준다.

4) 구인신념의 내면화

– 학생이 성공 또는 실패를 할 때마다 적응적 귀인을 말하는 목소리를 점차 낮추어, 최종적
으로는 목소리를 내지 않고 내면화하도록 한다.

☐ 기출정리

– 절차적 지식과 명제적 지식

1. 절차적 지식(procedural knowledge)

1) 수단적 지식, 방법적 지식이라고도 불리우며, 다른 지식이나 행동을 획득하는 수단이 된다.

2) 흔히 '~할 줄 안다(know how)', '운전을 할 줄 안다'

2. 명제적 지식(propositional knowledge, 선언적 지식)

1) 이는 '~이라는 사실을 안다(know-that)'와 같이 표현된다.

2) 명제적 지식이 뛰어난 사람은 그렇지 못한 사람에 비해 정교화, 조직화가 잘 되어 있다.

☐ 기출정리 – 매슬로우(A.H.Maslow)의 욕구 5단계설

1) 매슬로우는 인간은 욕구충족을 위해 동기가 유발된다고 보고 5단계의 욕구로 구분하였다.

2) 인간은 저수준의 욕구로부터 고수준의 욕구순서로 충족시켜간다고 주장하였다.

3) 한 욕구가 충족되면 위계상 다음 단계의 욕구가 충족을 요구한다.

4) 일단 충족된 욕구는 동기유발요인으로서의 의미를 상실한다.

5) 욕구 단계

1단계	생리적 욕구	생물학적 생존의 욕구	결핍 동기 박탈 동기 기본 동기 생존 동기
2단계	안전의 욕구	안정, 안락, 평온, 평정의 욕구	
3단계	소속과 애정의 욕구	사회적 욕구	
4단계	존경의 욕구	타인으로부터의 존경의 욕구, 자존의 욕구	
5단계	자아실현의 욕구	잠재능력 실현의 욕구	성장 동기 메타 동기 실존 동기

20강 귀인이론

학습목표	1. 귀인이론에 대한 전반 이해 2. 귀인편향에 대한 내용 이해

학습내용	1. 귀인이론에 대한 전반 이해와 와이너의 귀인이론에 대해 상세 학습을 한다. 2. 귀인편향에 대한 내용 이해와 기질적 귀인과 상황적 귀인에 대한 내용을 학습한다.

귀인이론

1. 1950년대를 기점으로 환경에 의한 인간의 행동변화(행동주의적 관점)가 급속히 약화되고 인지를 중심으로 한 인간행위(인지주의적 관점)를 설명하려는 시도 등장
2. 인간행동의 원인은 개인의 특성, 환경이 아닌 자신이 어떻게 생각하는냐에 따라 달라진다는 관점에서 출발.
3. 학생들은 어떤 일에 성공했을 때 혹은 실패했을 때 그 원인이 무엇이라고 생각하는가? 성공이나 실패의 원인이 자신의 노력이나 능력 등의 내적 원인이라고 생각하는 경우와 우연한 결과나 운 등의 외적 원인이라고 생각하는 경우는 후속 행동에 차이를 가져온다. 이처럼 성공이나 실패에 대하여 자신의 행동에 대한 원인을 귀속시키는 경향성에 대한 이론이 귀인이론이다.
4. Fritz Heider 가 창시, Bernard Weiner가 이를 교육학에 접목.

와이너(Weiner)의 귀인이론 개요

1. 학생들이 그들의 성공과 실패를 어떻게 설명하느냐에 대해 연구하였다.

2. 귀인이론의 기본가정

Bernard Weiner의 귀인이론의 기본 가정은 다음의 세 가지로 설명된다.
1) 지각된 행동의 요인은 내적요인과 외적요인으로 나눈다.
2) 법칙성이 투입되는 자극 정보와 인지구조 및 원인적 추론 사이에 존재한다.
3) 행동의 원인적 추론은 인간이 표출하는 여러 행동을 예측할 수 있다.

3. **귀인의 4가지 요소** : 능력, 노력, 과제난이도, 운

　– 학교시험에서 만점을 맞은 학생의 귀인 사례

　　① **능력**

　　　"이건 순전히 나의 뛰어난 능력(지적능력) 좋으니까 만점 맞은 거야! "

　　② **노력**

　　　"이번 시험은 중요한 것이 정말 열심히 공부했고 그래서 이런 결과가 나왔다하고 생각해"

　　③ **과제 난이도**

　　　"이번에는 학교시험 문제가 너무 쉽게 나왔네"

　　④ **운**

　　　"별로 공부도 안하고 다 적었는데 운이 좋아서 만점이네."

■ 귀인의 세 가지 차원

1. **원인의 소재** : 내부 – 외부

　1) 성공과 실패의 책임을 내부에 두는가 또는 외부에 두는가 여부이다.

　2) 결과에 대한 책임을 노력과 능력에 돌리면 내적 요인에 두는 것이다.

　3) 결과에 대한 책임을 과제난이도와 운으로 돌리면 외적 요인에 두는 것이다.

2. **안전성(stability)** : 안정 – 불안정

　1) 실패나 성공의 원인이 시간이 지나면 변화하는지 또는 아닌지의 여부이다.

　2) 노력으로 귀인하면, 의지에 따라 노력은 달라질 수 있으므로 불안정적이다.

　3) 능력은 비교적 고정적이라고 생각되는 안정적 요인이다.

3. **통제가능성** : 통제 가능 – 통제 불가능

　1) 성공과 실패의 원인이 개인에 의해서 통제될 수 있느냐의 여부이다.

　2) 개인이 통제할 수 있다고 귀인하면 자부심 느끼고 다음에도 비슷한 결과를 기대할 수 있다.

　3) 통제 불가능한 요인에 귀인하면, 차후 비슷한 결과를 기대하기 어렵다.

　　(사례 : 이번에는 운이 좋았어! → 다음에도 운이?)

■ 향상학습 – 귀인의 방향

　1) 가장 주된 귀인방향은 '내부적–외부적' 귀인이다.

　　(1) **내부적 귀인(internal attribution)**

　　　행동을 한 당사자, 즉 행위자의 내부적 요인(성격, 능력, 동기)에 그 원인을 돌리는 것이다.

(2) 외부적 귀인(external attribution)

　　행위자의 밖에 있는 요소, 즉 환경, 상황, 타인, 우연, 운 등의 탓으로 돌리는 경우를 의미한다.

2) 귀인의 두 번째 방향은 '안정적-불안정적' 귀인이다.

(1) 안정적 귀인(stable attribution)

　　그 원인이 내부적인 것이든 외부적인 것이든 시간이나 상황에 상관없이 비교적 변함이 없는 원인에 돌리는 경우를 말한다.

(2) 불안정한 귀인(unstable attribution)

　　① 자주 변화될 수 있는 원인에 돌리는 경우이다.

　　② 내부적 요인 중에서도 '성격이나 지적 능력'은 비교적 안정된 요인이라고 할 수 있지만, '노력의 정도나 동기수준'은 변화되기 쉬운 것이다.

3) 귀인의 또 다른 방향은 '전반적-특수적'귀인(global-specific attribution)이며, 이 차원은 귀인요인이 구체적으로 한정되어 있는지의 정도를 의미한다.

(1) '이성에게 거부당한 일에 대해서 성격이라는 내부적-안정적 귀인을 할 경우'에도 그의 성격 전반으로 귀인 할 수도 있고 그의 성격 중 '성급하다'는 일면에만 구체적으로 귀인 할 수도 있다.

(2) '수학 과목에서 성적이 나쁘게 나와 자신의 능력 부족에 귀인 할 경우'에는 '나는 머리가 나쁘다'고 일반적인 지적 능력의 열등함에 귀인 할 수도 있고, '나는 수리능력이 부족하다'고 구체적인 지적 능력에만 귀인 할 수도 있다.

▣ 귀인 편향(attribution bias 또는 attributional bias)

1. 귀인 편향(편견)은 사람이 그들 자신의 또는 다른 이들의 행동들의 이유를 평가하거나 찾으려고 시도할 때 체계적인 편향으로 불리는 인지적 편향이다. 사람들은 그들 자신 또는 다른 이들의 행동의 원인에 따라 지속적으로 귀인을 만든다. 하지만, 귀인은 항상 정확하게 현실을 반영하지 않는다. 객관적 지각자로써 작동하기 보다는, 사람들은 그들을 사회적 세계에 대한 편향된 이해로 이끄는 지각적 편향을 범하기 쉽다.

2. 귀인 편향은 1950년대와 60년대에 처음 귀인 이론을 연구한 Fritz Heider와 같은 이들에 의해 논의되었다. Harold Kelley, Ed Jones 같은 다른 심리학자들은 사람들이 다른 타입의 귀인을 만드는 것이 쉽거나 어려운 상황을 구분함으로써 Heider의 초기 연구를 확대시켰다.

▣ Fritz Heider

－ 심리학자 Fritz Heider는 '대인관계의 심리학' 이라는 자신의 저서에서

(1) 기질적 귀인(dispositional attribution) : 행동의 원인을 개인의 성격, 동기, 태도 등에서 찾는 것이다. 어떤 사람의 행동에 대해 그 사람으로 하여금 특정한 방식으로 생각하고 느끼고 행동하게 만드는 그 사람의 비교적 지속적인 경향성에 의해 그 행동이 일어났다고 판단한다면 기질적 귀인을 한다고 말할 수 있다.

(2) 상황적 귀인(situational attribution) : 행동의 원인을 사회규범, 외부환경, 우연한 기회 등에서 찾는 것이다. 어떤 사람의 행동에 대해 그것이 일어난 상황의 어떤 일시적 요인에 의해 그 행동이 일어났다고 판단하는 경우 상황적 귀인을 한다고 말할 수 있다.

■ kelly의 귀인이론

1. 인간은 어떠한 행동에 대해 그 원인을 추론하려는 성향이 있다.

2. 켈리는 타인이나 관심집단의 행동을 합치성, 일관성, 특이성을 기준으로 평가한다.

① **합의성, 일치성 (consensus)** : 유사한 상황에 처한 여러 사람이 같은 방식으로 행동하는 정도. / '다른 사람들도 그와 동일한 행동을 하는가?'
   – 합치성이 높으면 , 외적인 것 (외부 환경 탓)
   – 합치성이 낮으면 , 내적인 것 (사람의 성향이나 능력 등)

② **특이성 (distinctinveness)** : 어떤 사람의 행동이 평소의 행동과 얼마나 상이하는가 하는 정도. / '이 상황 외 다른 상황에서도 그렇게 행동하는가?'
   – 특이성이 높으면, 외적인 것
   – 특이성이 낮으면, 내적인 것

③ **일관성 (consistency)** : 같은 사람이 다른 때에도 동일하게 행동하는 정도를 말한다. / '이러한 행동이 항상 계속되는가?'
   – 일관성이 높으면, 내적인 것
   – 일관성이 낮으면, 외적인 것

21강 학습이론 - 기타내용

☐ 목표지향성이론(성취목표지향성)

1. 학생들이 성취 행동을 수행하는 의도 또는 이유, 이 이론은 학생이 갖고 있는 목표지향성에 비추어 학습동기를 설명하고 모든 사람들이 유목적적으로 행동하고, 스스로 설정한 목표를 달성하기 위해 합리적으로 행동한다고 가정함.

2. 목표지향형의 유형

1) 숙달목표 지향성

   학습과제 자체를 마스터함으로써 새로운 지식이나 기술을 습득하고 능력을 높이며 도전적인 과제를 성취하는 데 주안을 둠.

2) 수행목표 지향성

   자기 자신이 다른 사람들보다 상대적으로 능력이 더 높다는 것을 입증 내지 과시하려고 하거나 다른 사람들이 자신의 능력이 낮다고 인식하는 것을 회피하는 데 주안을 둠.

3. 목표지향성의 영향

1) 귀인패턴에서 보면 숙달목표 지향성은 긍정적이고 적응적인 귀인과 관련되고, 수행목표 지향성은 부정적이고 비적응적인 귀인과 관련됨. 숙달목표를 가진 학생들은 성공 및 실패 장면에서 노력에 귀인하고 능력이 노력에 비례한다고 생각함.

2) 인지전략 측면에서 숙달목표를 가진 학생들은 정교화나 조직화와 같은 심층적인 인지 전략을 적극적으로 활용하고 메타인지전략과 자기조절전략을 적절하게 적용함. 이에 비해 수행목표를 가진 학생들은 피상적이고 기계적인 학습전략을 활용하는 경향이 있다.

3) 정의적 특성 측면에서 보면 숙달목표를 가진 학생들은 노력을 통해 성공했을 경우 자부심을, 실패했을 경우 죄책감을 경험함. 그들은 내재적 동기가 높고 학습태도가 긍정적이며 과제에 가치를 부여한다. 이에 비해 수행목표를 가진 학생들은 학습과제에 대해 가치를 부여하지 않고 외재적 동기가 높다.

4) 행동적인 측면에서 숙달목표를 가진 학생들은 시간 및 노력을 효율적으로 관리하며 도전적이고 새로운 과제를 선호하고 위험부담경향성이 높다. 이들은 다른 사람들의 도움이 학습에 도움이 된다고 보고 적극적으로 요청함. 그러나 수행목표를 가진 학생들은 위험부담경향이 낮기 때문에 쉬운 과제를 선호하고 새로운 과제나 도전적인 과제는 기피함. 이들은 타인의 도움을 적극적으로 요청하지 않음.

■ 향상학습 – 성취목표 지향성 유형 중 수행 목표(performance goal)지향성을 가진 학습자의 특징

1) 수행목표는 자신의 유능함과 능력이 다른 사람의 능력과 어떻게 비교되느냐에 초점을 둔 목표(타인과의 상대적 비교를 기준으로 성공여부를 판단)로서, 수행접근 목표와 수행회피 목표로 구분된다.

2) 예 : 과학 실험수업에서 발표를 가장 잘함으로써 동료에게 유능하고 지적으로 보이기를 원하는 학생의 목표는 수행접근목표이지만, 단지 멍청하고 무능하게 보이는 것을 원하지 않는 학생의 목표는 수행회피 목표이다.

3) 수행목표는 부정적이고 비적응적인 귀인과 관련되며 숙달목표를 가진 학생은 성공 및 실패 장면에서 노력 귀인을 하고 능력이 노력에 비례한다고 생각한다.

4) 수행목표를 가진 학생은 성공 및 실패 장면에서 능력귀인을 했다.

5) 수행목표를 가진 학생은 피상적인 기계적인 학습전략을 활용하는 경향이 있다.

7) 수행목표를 가진 학생은 학습과제에 대해 가치를 부여하지 않고 외재적 동기가 높다.

8) 수행목표를 가진 학생은 위험부담 경향이 낮기 때문에 쉬운 과제를 선호하고 새로운 과제나 도전적인 과제를 기피한다.

9) 수행목표를 가진 학생은 다른 사람의 도움을 받는 것은 능력이 부족하다는 사실을 나타낸다고 보고 다른 사람의 도움을 적극적으로 요청하지 않는다.

■ 연습의 원리

(1) 학습자에게 연습의 필요성을 알도록 한다.
(2) 연습의 의미와 효과를 이해시킨다.

(3) 학습의 결과 또는 진전상태를 옳게 이해시킨다.

(4) 개인차를 고려해서 연습시킨다.

(5) 학습자료의 내용을 분석해서 그에 맞는 연습방법을 사용하여 연습시킨다.

(6) 연습목표를 성취하려는 동기를 갖도록 지도한다.

(7) 분산적 학습일 때는 전습법을 사용하고 집중적 학습법일 때는 분습법을 사용하는 것이 유리하다.

(8) 일반적으로 집중법보다는 분산법이 효과적이다.

(9) 일반적으로 연습기간이 짧은 것이 보다 큰 학습량을 갖게 한다.

(10) 일반적으로 연습기간이 길수록 휴식기간도 긴 것이 효과적이다.

(11) 운동기능학습에 있어서는 휴식기간이 짧은 것이 비교적 효과적이다.

(12) 짧은 연습기간과 짧은 휴식기간은 학습과제의 도입단계에서 유효하며, 학습의 정도와 성질에 따라서 점차적, 단계적으로 연습기간을 연장하는 것이 좋다.

(13) 새로운 학습과제는 가능한 소량으로 학습자에게 소개되어야 한다.

호기심과 탐색 행동

1. 화이트(R. White)는 탐색행동의 근원이 환경을 다루고 싶어하는 내적 욕구에 있다고 하였다.
2. 유기체는 새로운 것이나 신기한 것과 상호작용하고 싶어하며 그 과정에서 학습한다.
3. 진화론적 관점에서 볼 때 동물은 자신의 생존을 보장받기 위하여 탐색을 한다.
4. 벌린(D. Berlyne)은 탐색과 놀이행동에 깔려 있는 기본 기제를 각성 수준이라고 하였다.

학습에 대한 진화론적 관점

① 종 특유의 차이가 학습에 영향을 미친다.
② 동일한 종 내에서 자연적인 변인성이 발생한다.
③ 유기체 속성과 환경적 요구의 상호작용으로 자연선택이 이루어진다
④ 자연선택을 통해 적응이 이루어진다.

학생학습과 교사의 기대

1. 교사의 기대가 바뀌지 않아 학생의 성취수준이 그 기대수준에 계속 머무는 것을 기대유지효과라고 한다.
2. 학생의 신체적 매력도 교사의 기대에 영향을 미칠 수 있다.
3. 교사의 부정적인 기대가 실제로 실현되는 현상을 골렘 효과(Golem effect)라고 한다.

- 골렘 효과(golem effect)란 교육심리학에서 심리적 행동의 하나로 교사가 학생에 대해 부정적인 기대를 갖고 있을 경우 학습자의 성적이 떨어지는 것을 말한다. 즉, 특정 학생에 대한 교사의 기대 수준이 낮으면 그 학생은 그 기대에 부응하기 위해 노력을 하지 않으므로, 성취도가 낮아진다. 자기실현적 예언의 한 종류로 분류된다.

  *골렘이라는 명칭은 유대 신화 속의 랍비 로위가 만들었다는 골렘에서 유래되었다. 골렘은 본디 유대인들을 보호하기 위해 창조되었으나, 점차 흉포한 성향으로 변해가며 모든 것을 파괴하기에 이르렀다.

4. 교사가 자신의 능력과 학생의 학습을 어느 정도 통제할 수 있다는 교사의 신념도 교사의 기대에 영향을 미치는 요인이다.

📋 반응적 조건화(respondent conditioning)

'반응적 조건화(Respondent conditioning)'란 특정 자극에 반응해 행동하는 것을 말한다. '고전적 조건화(classical conditioning)' 혹은 파블로브의 '조건화 (pavlovian conditioning)'라고 부르기도 한다. 특정 자극은 특정 반응을 이끌어 낸다. 여기서 자극(stimulus)이란 말하는 것, 보는 것 혹은 소리를 듣는 것 등이다.

대부분의 반응은 학습되지 않는다. 반응은 자극에 노출될 때 자연적으로 유발된다. 이러한 자극을 '무조건적 자극(unconditioned stimulus)'이라고 한다. 반응적 조건화란, 새로운 자극에 반응하는 것을 학습할 때 일어난다. 여기서의 새로운 자극을 자연적으로 반응을 유발하는 것이 아니다. 그래서 이를 '조건적 자극 (conditioned stimulus)'이라고 부른다. 새로운 자극이 조건 자극으로 되기 위해서는 자연적으로 반응을 유발하는 자극과 짝을 이루어야 한다. 그렇게 되면 원래의 반응과 아무 상관없이도 특정한 반응을 하는 학습이 이루어지는 것이다.

2. 기출문제 사례)

전학을 간 초등학교 5학년 A양은 낯선 환경 탓에 제대로 적응하지 못할 것 같아 고민이 많았다. 하지만, 옆자리 학생이 이전 학교의 단짝 친구와 닮아서 마음이 훨씬 편해졌다.

📋 감각 전조건형성(sensory preconditioning)

1. 두개의 중성 자극이 먼저 짝 지어진 다음, 그중 하나가 무조건 자극과 반복적으로 짝 지어지는 절차로 무조건 자극과 짝 지어지지 않았던 다른 자극이 단독으로 제시되면 이 자극도 조건 반응을 일으킬 수 있다.
예를 들어, Brogden(1939)은 개를 피험 동물로 사용한 연구에서 불빛과 종소리를 하루에 20

회씩 2초 동안 짝 지어 주는 절차를 10일간 반복하였다. 그런 다음, 어떤 개들에게는 종소리를 앞다리에 가해지는 약한 전기 충격과 짝지어서 반사 운동이 일어나도록 조건 형성을 시켰다. 그 다음에 Brogden은 불빛을 제시하고 어떤 일이 일어나는지를 보았다. 그러자 불빛은 한 번도 무조건 자극과 짝 지어진 적이 없지만 종종 조건 반응을 일으킨다는 것을 발견하였다. 이 현상을 Brogden은 감각 사전 조건형성이라고 불렀다.

2. 기출문제(사례)

시험불안이 높은 A군은 시험 전 선생님이 시험지가 담긴 황색 봉투를 교탁 위에 '툭' 내려놓는 소리에 소스라치게 놀랐다. 이것이 반복되면서 A군에게 있어서 시험 전 황색 봉투와 이것이 내는 소리는 두려움의 대상이다. 이후 A군은 시험시간이 아님에도 불구하고 선생님이 출석부를 교탁 위에 '툭' 내려놓는 소리에 깜짝 놀란다.

학습심리에 대한 학자별 이론적 주장

1. 헵(D. Hobb) – 인간에게는 최적 각성 수준이 존재한다.

2. 쏜다이크(E. Thorndike) – 학습은 점진적으로 이루어진다.

3. 반두라(A. Bandura) – 인간은 행동을 할 때 자기조절적 특성을 지니고 있다.

4. 거스리(E. Guthrie) – 행동 동반 자극들의 연합이 반복되면 그 행동은 추후 유사 상황에서 이어지는 경향이 있다.

자기가치(self-worth)/ 자기손상(불구화)이론

1. 불가능한 목표설정은 자기손상(self-handicapping)전략의 예로 자기가치 보호가 목적이다.
2. 숙달목표지향성보다 수행목표지향성이 높은 학생들은 자기손상전략을 사용하는 경우가 많다.
3. 자기효능감의 수준은 과제 영역에 따라 다를 수 있다.
4. 자기효능감은 자신의 능력에 대한 스스로의 판단을 나타낸다.

22강 학습의 의의와 학습관

학습목표	1. 학습의 의의 이해 2. 구성주의/행동주의 학습관 이해
학습내용	1. 시대별 학습에 대한 의미를 학습한다. 2. 구성주의 학습관관 행동주의 -고전적 조건화에 의한 학습방법 등을 학습한다.

01 다음 중 각 시대를 대표하는 학자와 학습이론이 바르게 연결된 것은?

① 플라톤 – 정신도야설

② 아리스토텔레스 – 기능주의 심리학

③ 왓슨 – 구성주의 심리학

④ 제임스 – 환원주의 심리학

⑤ 코프카 – 행동주의 심리학

> **정답** ①

> **해설** ② 아리스토텔레스 – 근접 및 유사, 대비의 연합의 법칙
> ③ 왓슨 – 행동주의 심리학 ④ 제임스 – 기능주의 심리학
> ⑤ 코프카 – 행태주의 심리학

02 다음 중 서구 학습관의 변천과정에 대한 설명으로 옳지 않은 것은?

① 원시시대에는 주로 학교에서 교육이 이루어졌다.

② 고대 그리스시대에는 현세주의적·자연주의적 교육이 이루어졌다.

③ 로마시대에는 가정과 학교가 교육의 중심이 되었다.

④ 중세시대에는 종교 중심의 내세주의, 금욕주의 교육이 이루어졌다.

⑤ 르네상스시대에는 고전을 중심으로 한 인문주의적 교육이 발달하였다.

정답 ①

해설 원시시대에는 생활내에서 이루어지는 현장중심의 교육이 이루어졌다.

03 다음 중 학습의 동기를 유발하기 위한 방법으로 옳지 않은 것은?

① 학생들과의 라포 형성에 초점을 둔다.
② 학습자에게 긍정적·부정적 기대를 모두 갖는다.
③ 학습동기 유발을 위해 다양한 교수방법을 개발한다.
④ 학습자의 지적 호기심을 촉진하는 데 초점을 둔다.
⑤ 학습자에게 도전을 줄 수 있도록 구체적인 학습목표를 설정한다.

정답 ②

해설 학습자에게 긍정적 기대를 갖게 해야 한다.

04 티치너(E. Titchener)의 구성주의(structuralism) 심리학에 관한 설명으로 옳지 않은 것은?

① 분트(W. Wundt)의 주의설(voluntarism)을 수정 없이 계승했다.
② 인간의 정신작용에 대해 수동적 마음을 가정했다.
③ 요소주의 관점에서 내성법을 사용하여 연구했다.
④ 사고의 형성을 설명함에 있어 연합의 법칙을 강조했다.
⑤ 대상을 지각할 때의 즉각적인 경험만 보고하고 그 대상에 대한 해석은 배제했다.

정답 ①

해설 티치너의 구성주의는 최초의 심리학 학자인 분트(W. Wundt)의 영향을 받았지만 자신의 독특한 분석적 내성법을 개발하여 연구하였다.

05 다음 조건화에 대한 설명이 올바르게 연결된 것은?

① 자연 조건화 - 조건 자극 제시 후 자극이 사라진 후 무조건 자극을 제시한다.
② 흔적 조건화 - 무조건 자극 제시 후 조건자극을 제시한다.
③ 동시 조건화 - 조건 자극과 무조건 자극을 동시에 제시한다.

④ 지연 조건화 - 중립 자극의 철회와 무조건 자극의 제시 사이에 어느 정도의 시간 간격이 있는 것이다.

⑤ 흔적 조건화 - 중립 자극과 무조건 자극을 동시에 제시하였다가 동시에 제거한다.

정답 ③

해설 ①과 ④는 흔적 조건화, ②는 후진 조건화, ⑤는 동시 조건화에 대한 설명이다.

06 다음의 사례에 해당하는 조건화의 개념은?

> 엄마는 아이가 칭얼대고 울 때마다 달래 주던 행동을 중단하고, 아이가 울어도 못 본 척하고 달래 주지 않았다. 그 결과 아이의 칭얼대고 우는 행동이 줄어들었다.

① 강화 ② 벌
③ 소거 ④ 조건 자극
⑤ 변별

정답 ③

해설 지문의 내용은 벌의 일종인 '소거'에 대한 내용이다.

07 다음 중 조건형성에 대한 설명으로 올바르지 못한 것은?

① 파블로프는 고전적 조건형성의 대표적인 학자이다.
② 파블로프의 실험에서 CS는 음식물 + 종소리이다.
③ 손다이크는 조작적 조건형성의 대표적인 학자이다.
④ 고전적 조건형성에서 CS와 UCS사이에는 근접성이 중요하다.
⑤ 스키너는 고전적 조건형성의 대표적인 학자이다.

정답 ⑤

해설 스키너는 조작적 조건화(형성)이론의 대표적인 학자이다.

23강 행동주의 학습이론과 손다이크의 학습법칙

학습목표
1. 행동주의 학습이론 이해
2. 손다이크의 학습법칙 이해

학습내용
1. 행동주의 고전적/조작적 조건화의 학습기법 등을 학습한다.
2. 손다이크의 학습법칙과 행동중의 학습이론의 근간에 대해 학습한다.

01 부적 강화(negative reinforcement)에 해당하는 것은?

① 자리에서 이탈하는 학생에게 청소를 시켰더니 자리이탈 행동이 줄어들었다.
② 공부 시간 후에 자유 시간을 허용하였더니 공부 시간이 늘었다.
③ 게임 시간 후에 공부 시간을 늘렸더니 게임 시간이 줄었다.
④ 숙제를 제출한 학생에게 청소를 면제해 주었더니 숙제 제출 빈도가 늘었다.
⑤ 교칙을 잘 지킨 학생에게 상을 주었더니 교칙을 잘 지키는 학생 수가 늘었다.

정답 ④

해설 부적 강화(negative reinforcement)는 혐오스런 자극을 면제하거나 제거함으로써 바람직한 행동을 지속시키는 강화기법이다.

02 파블로프(Pavlov)의 조건반사의 기본 개념 중 정위 반응을 유발하는 요소로서, 파블로프의 실험에서 '음식물'에 해당하는 것은?

① 무조건 자극   ② 무조건 반응
③ 조건 자극   ④ 조건 반응
⑤ 중립 자극

정답 ①

해설 음식물은 무조건 반응을 일으키는 무조건 자극이다.

03 행동과 벌에 관한 설명으로 옳은 것을 모두 고른 것은?

> ㄱ. 행동과 벌 사이의 수반성(contingency)이 클수록, 벌 받은 행동은 더 많이 감소한다.
> ㄴ. 벌의 강도가 강할수록, 벌 받은 행동은 더 많이 감소한다.
> ㄷ. 벌보다 강화가 더 강력할 경우, 벌 받은 행동은 덜 감소한다.
> ㄹ. 벌의 강도를 낮게 시작해서 단계적으로 높일 경우, 벌 받은 행동은 더 많이 감소한다.

① ㄱ, ㄴ   ② ㄱ, ㄷ
③ ㄱ, ㄴ, ㄷ   ④ ㄱ, ㄷ, ㄹ
⑤ ㄴ, ㄷ, ㄹ

정답 ③

해설 벌의 강도를 낮게 시작해서 단계적으로 높일 경우, 벌 받은 행동은 덜 감소한다.

04 다음의 사례에서 설명하고 있는 개념은?

> 수학 선생님께 크게 혼난 이후 매 수학 수업 시간마다 긴장과 불안을 느끼게 되었고, 수학 교과도 싫어하게 되었다. 그 후 다른 선생님의 수업도 싫어하게 되었다.

① 조건 억제   ② 일반화
③ 반응 조형   ④ 증상 대체
⑤ 차별 강화

정답 ②

해설 지문의 내용은 '일반화'에 대한 설명이다.

05 고전적 조건형성이론의 원리 중 다음 〈보기〉에서 설명하는 것은?

> **보기**
>
> 교사가 수업시간에 '경주'라고 선창하면 학생들이 머릿속에서 신라, 첨성대, 석굴암, 대왕암 등의 용어를 효과적으로 연합시킨다. 또, 교사가 학생에게 동물의 그림과 글씨를 함께 보여주면서 글씨를 읽어주면 학생들은 선생님이 문자만 제시해도 동물들을 쉽게 떠올릴 수 있다.

① 강도의 원리　　　　　　　② 시간의 원리
③ 일관성의 원리　　　　　　④ 근접성의 원리
⑤ 계속성의 원리

정답 ④

해설 지문의 내용은 '근접성의 원리'를 설명한 것이다.

06 다음 사례의 밑줄친 부분에 해당하는 개념이 순서대로 바르게 나열된 것은?

> 학기 초 선생님은 모든 학생들에게 사탕을 나누어 주며 친절하고 상냥하게 대하였다. 그 후 학생들은 선생님이 사탕을 나누어 주지 않아도 선생님을 좋아하게 되었다.

① 중성 자극 – 무조건 자극 – 무조건 반응
② 조건 자극 – 중성 자극 – 조건 반응
③ 조건 자극 – 중성 자극 – 무조건 반응
④ 중성 자극 – 조건 자극 – 무조건 반응
⑤ 중성 자극 – 무조건 자극 – 조건 반응

정답 ⑤

해설 선생님 – 중성자극,　사탕 – 무조건 자극,　좋아하게 됨 – 조건반응

07 손다이크(Thorndike)의 학습의 법칙 중 다음 〈보기〉에서 설명하는 것은?

> **보 기**
>
> 준비된 학습자가 자극과 반응의 결합을 지혜롭게 이룬다는 원리로서, 학습자의 지능이 높고 성격이 열정적일수록, 인격적으로 성숙할수록, 의지가 강할수록, 예습에 철저할수록 학습자의 학습이 촉진된다.

① 결과의 법칙   ② 연습의 법칙
③ 중다 반응의 법칙   ④ 만족의 법칙
⑤ 준비성의 법칙

정답 ⑤

해설 지문의 내용은 '준비성의 법칙'이다.
- 결과의 법칙 : 자극과 반응의 경합에 의한 학습자의 만족감이 클수록 자극과 반응 간의 결합이 강화된다는 원리로, 만족의 법칙과 불만족의 법칙으로 나뉜다.
- 연습의 법칙 : 연습에 의해 학습자의 자극과 반응간의 연합이 강화된다는 법칙으로, 사용의 법칙과 불사용의 법칙이라고도 한다.
- 중다 반응의 법칙 : 모든 학습에서 겪게 되는 처음의 자극과 반응에 의해 문제가 해결되지 않으면 학습자는 또 다른 반응을 수행하게 된다는 것이다.

24강 행동주의 연합학습/인지적 접근

학습목표
1. 연합학습의 이해
2. 행동주의학습관과 인지적 접근에 대한 내용 이해

학습내용
1. 연합학습의 의의와 세부내용에 대해 학습한다.
2. 행동주의 학습관의 새로운 패러다임인 인지적 접근에 대한 내용을 학습한다.

---

01 다음 (　)에 들어갈 용어들이 순서대로 바르게 나열된 것은?

> 관찰과 모델링에 의한 학습은 처음에는 사회학습이론으로 알려졌으며 이 입장
> 은 (　)에서 비롯되었으나 지금은 (　) 입장의 개념도 많이 포함되어 있기
> 때문에 그 명칭이 (　)으로 점차 바뀌게 되었다.

① 형태주의 – 행동주의 – 인지행동이론
② 행동주의 – 인지주의 – 인지행동이론
③ 인지주의 – 행동주의 – 사회인지이론
④ 인지주의 – 행동주의 – 인지행동이론
⑤ 행동주의 – 인지주의 – 사회인지이론

정답 ⑤

해설 지문의 내용은 반두라의 인지적 접근에 대한 설명이다.

02 다음 중 고정간격 강화계획에 대한 설명으로 옳지 않은 것은?

① 실험자가 자극과 반응 사이에 일정한 시간간격을 두고 강화물을 제공하는 것
이다.
② 고정간격 강화계획의 예로는 50분 수업 후 10분의 쉬는 시간, 주5일제 근무가 있다.

③ 빨리 달아오르고 빨리 식는 냄비의 특징과 비슷한 행동계획이며, 냄비효과라고도 한다.

④ 변동간격 강화계획보다 학습자의 과제수행이 일관성 있게 유지된다.

⑤ 예측 가능한 강화 시기의 특성 때문에 반복적으로 사용되는 데 불리하다.

정답 ④

해설 변동간격 강화계획이 고정간격 강화계획보다 학습자의 일관성 있는 과제수행에 유리하다.

03 다음 중 소거에 대한 저항이 가장 심한 강화계획은 무엇인가?

① 정적강화   ② 연속강화

③ 고정비율강화   ④ 고정간격강화

⑤ 변동비율강화

정답 ⑤

해설 소거에 대한 저항이 가장 심한 강화계획은 변동비율강화계획이다.

04 다음은 무엇에 대한 설명인가?

> 이 기법은 특히 자폐 어린이로 하여금 언어적 행동이나 사회적 행동을 이끌어내기 위하여 많이 사용된다. 예를 들면 치료 초기에 자폐 어린이가 내는 그 어떤 모음 비슷한 언어반응에 대해서도 강화를 준다. 그러다가 그 아이가 어느 정도 안정된 수준으로 말을 하게 되면, 치료자는 보상을 높여 최종목표에 가까운 행동을 할 때만 보상을 줌으로써 결국 궁극적인 목표행동에 점점 더 가까운 행동을 보다 많이 하도록 하는 것이다.

① 조형   ② 체계적 둔감화

③ 미신행동   ④ 소거

⑤ 자발적 회복

정답 ①

해설 지문의 내용은 행동주의 상담기법중 조형에 대한 내용이다.

05 다음 중 추동감소이론에 대한 설명으로 올바르지 못한 것은?

① 몸에 생리적 결핍에 생기면 그 결핍의 상태를 감소시키도록 촉구하는 심적 각성상태를 추동이라고 한다.

② 추동 감소의 생리적 목표는 항상성을 유지하는 것이다.

③ 항상성 기제에 이상이 생기면 비만증, 소식증, 식후구토증 등을 유발할 수 있다.

④ 인간은 추동 감소뿐 아니라 추동과 긴장을 고조시키고자 행동하기도 한다.

⑤ 1차적 추동으로는 돈, 좋은 물건, 권력 등이 있다.

정답 ⑤

해설 1차적 추동에는 배고픔, 목마름, 고통회피 등이 있다.

06 행동주의 학습이론에서의 '조형' 강화기법 중 목표에 접근하는 행동을 점진적으로 강화하는 것은?

① 차별적 강화   ② 점진적 접근
③ 과제분석   ④ 보조법
⑤ 용암법

정답 ②

해설 지문의 내용은 세분화된 행동수정목표하에 바람직한 행동을 만들어가는 과정 즉, 조형기법에 대한 내용이며 이는 점진적 접근법의 하나이다.
- 차별적 강화
  : 강화할 때 강화할 행동과 그렇지 않을 행동을 명확히 구분하는 것이다.
- 과제분석
  : 행동주의 학습이론에서의 '연쇄' 강화기법중 복잡한 행동을 작은 단위의 간단한 행동으로 세분화, 구체화하는 것이다.
- 보조법
  : 일정한 행동수행에 대한 단서나 변별자극을 주어 내담자의 바람직한 행동을 유도하는 것이다.
- 용암법
  : 자극의 점진적 조절에 의해 내담자가 궁극적으로 새롭게 만들어진, 또는 기존의 것이 변화된 자극에 반응할 수 있도록 하는 절차이다.

07 학습의 종류 중 다음 〈보기〉에서 설명하는 것은?

> **보기**
>
> • 한 가지 사건과 다른 사건을 연결시키는 것이다.
> • 고전적 조건형성과 조작적 조건형성 등 행동주의 학습이론과 관련된다.

① 둔감화 ② 민감화
③ 연합학습 ④ 신호학습
⑤ 비연합학습

정답 ③

해설 지문의 내용은 연합학습에 대한 내용이다.

학습이론

25강 학습과 기억, 전이, 절차적 지식 등

학습목표
1. 학습과 기억 및 사회학습이론에 대한 이해
2. 학습전이와 절차적 지식등에 대한 이해

학습내용
1. 학습과정에서 기억의 의미와 인출경로 등을 학습한다.
2. 사회학습이론의 내용과 학습전이, 절차적 지식의 개념 등을 학습한다.

01 다음은 무엇에 대한 설명인가?

> • 우리가 그것을 기억하고 있다는 것을 의식적으로 알지 못하는 상황에서도 이전에 경험한 감각적 내용이나 운동 기술 등이 자동적으로 사용되어짐을 보이는 것으로 측정 가능하다.
> • 주로 단어완성 검사나 그림명명 과제, 어휘판단 과제 등을 사용하여 측정한다.

① 명시적 기억　　　　　② 암묵적 기억
③ 선언적 기억　　　　　④ 절차적 기억
⑤ 일화 기억

정답 ②

해설 지문의 내용은 암묵적 기억에 대한 내용이다.

02 다음 사례들이 공통적으로 설명하고 있는 사회인지이론의 자기조절(self - regulation)전략은?

> – 게임을 과도하게 하는 학생에게 일주일동안 게임하는 시간을 기록하게 하였다.
> – 산만한 학생에게 알람이 울릴 때마다 '나는 집중하고 있나?'를 확인하게 하였다.

① 자기 지시　　　　　　　② 자기 점검

③ 자기 강화　　　　　　　④ 재구조화

⑤ 자기부여 자극통제

정답 ②

해설 자기점검은 스스로의 행동에 대해 점검하는 것이다.

03 사회인지이론에서 제시한 모델링의 기능으로 볼 수 없는 것은?

① 반응촉진　　　　　　　② 관찰학습

③ 자발적 회복　　　　　　④ 억제

⑤ 탈억제

정답 ③

해설 '자발적 회복'은 행동주의 이론상 조건형성에 관한 내용이다.

04 학습의 전이에 관한 내용으로 옳은 것을 모두 고른 것은?

> 가. 포괄적인 법칙이나 개념보다 단편적인 지식을 학습할 때 전이가 촉진된다.
> 나. 학습내용과 실생활 간의 유사성이 클수록 전이가 촉진된다.
> 다. 수업방법 및 학습태도에 따라 전이 정도가 달라진다.
> 라. 기본적 원리를 확실히 이해할수록 전이가 촉진된다.

① 가, 나　　　　　　　　② 다, 라

③ 가, 다, 라　　　　　　④ 나, 다, 라

⑤ 가, 나, 다, 라

정답 ④

해설 포괄적인 법칙이나 개념이 단편적인 지식을 학습할 때 보다 전이가 더 촉진된다.

05 학습자의 정서에 관한 설명으로 옳지 않은 것은?

① 특성불안이란 특정 상황에서 일시적으로 나타나는 불안이다.
② 각성수준이 지나치게 높을 경우 불안이 나타날 수 있다.
③ 과제의 성격에 따라 최적의 각성수준이 다를 수 있다.
④ 시험불안의 정도는 시험상황에 대한 학습자의 평가에 따라 달라진다.
⑤ 과제 난이도에 따라 불안수준이 과제수행에 미치는 결과가 다를 수 있다.

정답 ①

해설 '상태불안'은 주어진 상황에 대한 임시적인 불안이며, '특성불안'은 일반적이고 장기적인 불안이다.

06 장기기억의 형성에 가장 직접적인 영향을 미치는 신경전달물질은?

① 도파민   ② 아드레날린
③ 아세틸콜린   ④ 페닐알라닌
⑤ 노르에피네프린

정답 ③

해설 • 도파민 : 정서적 각성, 주의집중, 쾌감각과 관련된 물질
       • 아드레날린 : 에피네프린, 혈당의 상승작용, 심장박출력 증가 작용과 관련된 물질.
       • 페닐알라닌 : 여러 가지 단백질속에 함유된 아미노산
       • 노르에피네프린 : 정서적 각성, 공포, 불안과 관련된 물질

07 절차적 지식(procedural knowledge)에 관한 설명으로 옳지 않은 것은?

① 일화 기억은 절차적 지식의 대표적인 형태이다.
② 조건적 지식(conditional knowledge)을 포함하고 있다.
③ '어떻게 하는 것'과 관련된 지식이다.
④ 언어적 부호와 이미지로 저장될 수 있다.
⑤ 수학문제를 풀거나 과학실험을 하는 과정에 활용된다.

정답 ①

해설 일화기억은 절차적 지식이 아닌 '명제적 지식'의 대표적인 형태이다.

26강 정보처리이론/분습법/간섭

학습목표	1. 정보처리이론의 이해 2. 각종 분습법과 순행/역행간섭의 개념 이해

학습내용	1. 정보처리이론의 개념과 유형에 대한 학습을 한다. 2. 반복적 분습법 등에 대한 내용과 순행/역행간섭과 관련된 기억, 흔적쇠퇴 이론 등에 대해 학습한다.

01 다음 중 정보처리이론에서의 기억의 단계별 특징에 대한 설명으로 옳은 것 끼리 묶인 것은?

> ㉠ 기억의 과정은 부호화 → 응고화 → 인출의 3단계로 진행된다.
> ㉡ 부호화 단계는 저장 단계라고도 하며, 이 단계에서는 뇌에 저장하기 위해 외부 자극을 간단한 형태로 전환한다.
> ㉢ 응고화 단계는 부호화 단계에서 뇌 속에 들어온 정보가 단기기억 속에 저장 된 후, 그 일부가 다시 장기기억에 저장되는 단계이다.
> ㉣ 인출 단계는 장기기억 속의 정보가 필요할 때 적극적 탐색 및 접근을 통해 다시 단기기억으로 나오는 단계이다.

① ㉠, ㉡
② ㉠, ㉢
③ ㉡, ㉣
④ ㉡, ㉢, ㉣
⑤ ㉠, ㉡, ㉢, ㉣

정답 ⑤

해설 지문의 내용은 전부 옳은 내용이다.

02 정보처리이론의 기본 개념 중 다음 〈보기〉에서 설명하는 것은?

> **보 기**
>
> 사건이 일어났던 배경에 따라 그 사건을 종합적으로 재구성함으로써 기억이 좀 더 효과적으로 재생되게 하는 것이다.

① 스키마　　　　② 신경망　　　　③ 초인지
④ 맥락단서　　　⑤ 인출단서

정답 ④

해설 지문의 내용은 '맥락단서'에 대한 설명이다.
- 스키마 : 개인의 이전 경험을 기반으로 표상된 하나의 사건 및 상황이 새로운 정보와 상호작용하게 만드는 위계화 된 지식체계이다.

03 정보처리학습의 기억력을 증진시키는 학습방법 중 정보 유지의 가장 기본적인 방법으로, 일정한 지식이나 정보를 학습자가 반복하여 활용하는 것은?

① 시연　　　　　② 의미학습　　　③ 정교화
④ 조직　　　　　⑤ 심상

정답 ①

해설 시연이란 학습자가 자신의 장기기억 속에 저장된 정보와 얼마나 연관되었는지를 의식하지 않고 자신의 지식이나 정보를 반복 연습하는 것으로, 학습자가 지적 수준을 유지하는 가장 기본적인 방법이다.

04 다음 중 내담자가 학습할 때 연습의 효과를 향상시키는 방법으로 옳은 것끼리 묶인 것은?

> ㉠ 순수 분습법이 필요한 학습자에게는 각 과목에서 학습자가 일정한 수준에 이를 때까지 개별 과목 단위로 학습한 후 학습자가 다시 이를 전체적·동시적으로 연습하도록 한다.
> ㉡ 점진적 분습법이 필요한 학습자에게는 새로운 단원을 공부한 후 앞의 단원들을 복습하게 한다.
> ㉢ 반복적 분습법이 필요한 학습자에게는 분산학습이 적합하다.
> ㉣ 문제 지향적 연습보다는 사실 지향적 연습을 하는 것이 좋다.

① ㉠   ② ㉠, ㉡
③ ㉡, ㉢   ④ ㉢, ㉣
⑤ ㉠, ㉡, ㉢, ㉣

정답 ②

해설 ㉢ 반복적 분습법이 필요한 학습자에게는 집중학습이 적합하다.
㉣ 사실 지향적 연습보다는 문제 지향적 연습을 하는 것이 좋다.

05 순행간섭(proactive interference)으로 설명할 수 있는 것은?

① 관심이 없는 정보일수록 기억하기가 어렵다.
② 중요한 정보일수록 기억하기가 어렵다.
③ 너무 오랜만에 만난 친구의 이름을 기억하기 어렵다.
④ 이미 암기한 단어 때문에 새로운 단어의 암기가 어렵다.
⑤ 스페인어를 배우고 난 뒤, 전에 공부했던 영어가 혼동된다.

정답 ④

해설 새 정보의 학습이 이전에 학습한 정보 때문에 방해받는 것을 순행간섭이라고 한다.

06 다음 중 순행간섭에 대한 설명으로 옳은 것은?

① 친구의 휴대폰 번호가 바뀌면 예전 휴대폰 번호를 망각하는 것과 관련된다.
② 학습자의 머릿속에 이미 저장되어 있던 정보로 인해 새로운 정보가 제대로 기억되지 못하는 것이다.
③ 학습자가 학습한 부분 중 맨 뒷부분을 가장 잘 기억하는 최신효과와 관련된다.
④ 학습자의 머릿속에 저장되어 있는 정보가 제대로 인출되지 않는 것을 말한다.
⑤ 인출의 단서와 최초 부호화 사이의 잘못된 결합으로 인해 망각이 일어난다고 보는 것이다.

정답 ②

해설 ①과 ③은 역행간섭, ④와 ⑤는 인출실패에 대한 내용이다.

07 다음 중 학습을 방해하는 망각의 원인을 규명하는 이론에 대한 설명으로 옳은 것끼리 묶인 것은?

> ㉠ 흔적쇠퇴이론 – 뇌에 저장된 정보를 자극하는 데 이용된 단서의 양이 너무 적거나 이전의 단서와 다른 경우 망각이 일어난다고 주장하는 이론이다.
> ㉡ 간섭이론 – 이전의 학습이 이후의 학습의 영향을 받아 정보의 망각이 일어나는 순행간섭과 이후의 학습이 이전의 학습의 영향을 받아 정보의 망각이 일어나는 역행 간섭을 합친 이론이다.
> ㉢ 응고이론 – 한 사건이 일어난 즉시 다른 사건이 일어나거나, 한 사건이 일어난 후 다른 사건이 일어날 때까지 걸리는 시간이 너무 긴 경우 망각이 일어난다는 이론이다.
> ㉣ 단서 – 의존망각이론 – 기억흔적신경세포들이 사용되지 않으면 소거 현상에 의해 필연적으로 망각이 일어난다고 보는 이론이다.

① ㉠, ㉡　　　　　　　② ㉠, ㉢
③ ㉠, ㉣　　　　　　　④ ㉡, ㉢
⑤ ㉡, ㉣

정답 ④

해설 ㉠ 흔적쇠퇴이론 – 기억흔적이 남겨진 신경세포들이 장기간 사용되지 않을 경우 화학 변화에 의해 세포가 퇴화되어 망각이 일어난다고 보는 이론이다.
㉣ 단서/의존망각이론 – 뇌에 저장된 정보를 자극하는 데 이용된 단서의 양이 너무 적거나 이전의 단서와 다른 경우 망각이 일어난다고 주장하는 이론이다.

청소년의 이해

1강 청소년의 일반적/법적/역사적 의미

학습목표	1. 청소년의 일반/법적의미 이해 2. 청소년의 역사적 의미 이해

학습내용	1. 청소년의 일반의 의미와 현행법상 청소년의 지위에 대한 내용을 학습한다. 2. 고대 그리스부터 역사상에 나타난 청소년의 의미와 학자들의 견해를 학습한다.

☐ 청소년의 의미

1. 청소년(靑少年)은 어린이와 청년의 중간 시기이다. 흔히 '청소년'이라 하면 14세 이상 19세 미만인 사람을 말하며, 통상 중학교와 고등학교의 시기에 해당된다.

2. 청소년에 대한 연령 규정은 법령이나 규범에 따라 다른데, 대한민국의 청소년기본법에는 9세에서 24세 사이의 사람으로 규정되어 있다.

3. 청소년의 보호와 규제를 목적으로 하는 청소년보호법에서는 19세 미만(19세가 되는 해의 1월 1일을 맞이한 사람은 제외한다)을 청소년으로 정의하고 있다.

4. 청소년에 대응하는 영어는 사춘기를 뜻하는 puberty, 13세~18세를 이르는 teenage가 있다. 영어의 어미에 -teen이 들어가는 숫자가 13~18이므로 teenage라고 하며 이 시기는 청소년기 및 사춘기와 거의 일치한다.

   즉 2차 성징이 나타나면서부터 성장이 급속화 되는 2차 급속성장기의 성장이 끝나 성인이 되기 전의 연령을 이르는 말이다.

   그러나 사회, 문화 및 법적 규정은 각각 조금씩 나이의 차이를 보인다. 10대의 청소년을 연령단계로 나눠 15세 이하를 로틴(low teen), 16세 이상을 하이틴(high teen)이라고 부르기도 한다.

▨ 청소년(young people)에 대한 영어권 개념

1. **청소년(adolescent)** : 청소년기에 있는 연령층 집단

2. **adolescent, youth** : 청소년을 지칭하는 의미로 많이 사용

3. **Adolescent** : 발달심리학에 도출되어, '육체적으로 급성장하고 정신적으로 부모로부터 독립성과 자아개념이 성숙하는 시기로 아동기에서 성인기로 이행하는 발달단계

4. **youth** : 사회적 성격을 더욱 가미, 청소년의 자율성과 책임성, 시민성 등 인정하고 당위성 강조함

▨ 동양적 관점에서의 청소년

1. **청소년이란 단어는 등장하지 않지만 그 시기 해당연령대 언급**

   10대, 20대 배움과 결혼 강조

2. **『논어』 위정편**

   "나는 나이 열다섯에 학문에 뜻을 품었고…"

3. **『예기』 곡례편**

   "사람이 태어나서 10년이면 유(幼)라고 하고 하여 이때부터 배우기 시작한다. 20세를 약(弱)이라 하며 비로소 갓을 쓴다…."

▨ 청소년 개념과 관련된 기타 내용

1. **UN 규정** : 15~24세 연령집단을 youth로 범주화

2. 하한연령 6세부터 상한연령 45세까지 나라마다 규정이 다양

▨ 청소년의 구분

1. **신체적 특성 구분** : 월경 · 사정의 시작

2. **법과 연령에 따른 구분**

   1) 청소년기본법 - "9세 이상 24세 이하의 자" (청소년)

   2) 청소년보호법 - "19세 미만"(청소년)

3) 청소년의 성보호에 관한 법률 – 19세 미만의 남녀"(청소년)

4) 청소년 활동진흥법 – 9세이상 24세이하의 자 (청소년)

5) 청소년복지지원법 – 9세이상 24세이하의 자(청소년)

6) 아동복지법 – 아동"이라 함은 "18세 미만의 자"

7) 민법 – "20세 미만의 자"를 미성년으로 규정

8) 소년법 – "20세 미만인 자를 소년"으로 규정

9) 근로기준법 – 18세 미만의 자는 도덕상 또는 보건상 위험한 사업에 사용치 못한다

10) 한부모가족지원법 – 18세미만의 자 (아동)

■ 청소년증

1. 만 9세 이상 18세 이하 청소년에게 발급하는 신분증이다. 학생 여부와 관계없이 공적 영역에서 청소년 본인임을 확인할 수 있다. 만 17세 이상이면 의무적으로 발급하는 주민등록증과 달리 청소년증은 신청한 사람(청소년)만 발급받을 수 있다. 주관처는 여성가족부로, 발급 주체는 신청 지역의 특별자치도지사나 특별자치시장, 시장·군수·구청장 등이다. 발급 이후 만 19세가 되기 바로 전날까지 유효하다.

2. 청소년복지 지원법 제4조

① 특별자치도지사 또는 시장·군수·구청장은 9세 이상 18세 이하의 청소년에게 청소년증을 발급할 수 있다.

② 제1항에 따른 청소년증은 다른 사람에게 양도하거나 빌려주어서는 아니 된다.

③ 누구든지 제1항에 따른 청소년증 외에 청소년증과 동일한 명칭 또는 표시의 증표를 제작·사용하여서는 아니 된다.

④ 제1항에 따른 청소년증의 발급에 필요한 사항은 여성가족부령으로 정한다.

■ 청소년에 대한 역사적 개관

1. 명칭 및 시대별 인식의 의의

1) 청소년에 대한 개념은 현대 서구 사회에서 처음 등장한 것으로 보인다. 전근대 사회에서 아동은 대부분 어린 나이에 가사 및 기타 노동에 참여하였으며 산업 혁명 이후에도 현대에 이르기 전까지, 아동들은 어린 나이부터 노동에 종사하는 것이 일반적이었다.

2) 이는 당시의 아동들이 오늘날과 달리 노동을 위한 예비 노동자와 같은 개념으로 대하여졌

으며, 이로 인하여 사회생활에 보다 빨리, 직접적으로 적응하면서 오늘날에는 흔한 사춘기에 겪는 각종 심리적 변화가 두드러지지 않았던 데에 있다.

3) 서구 사회 이외에서도 아동들은 보통 10대 중후반의 어린 나이에 관례를 치르거나 노동에 종사하기 시작하였으며, 서구 전현대 사회와 마찬가지로 아동에 대한 별도의 개념이나 보호 의식이 존재하지 않았다.

4) 그러나 이는 서구 사회에서 아동에 대한 별도의 의식과 이를 위한 교육 제도 등이 나타나면서 이로 인하여 아동과 사회 생활간의 분리가 나타났고, 이로 인하여 정신 및 신체적 성장이 두드러지는 10대 중후반에 이러한 특징이 두드러지면서 청소년기에 대한 개념이 나타난 것으로 보인다. 이러한 개념은 서구적 제도가 타 문화권에도 전파되면서 청소년 및 청소년기에 대한 개념은 세계적으로 당연시되었다.

2. 그리스 시대

(1) 플라톤(Platon)
- 성격 형성은 주로 아동기 초기에 발달하지만 청소년기의 경험도 성격형성에 영향을 미친다고 보았다.
- 이성은 아동기에 발달하는 것이 아니라 청소년기에 발달한다.
- 아동기 초기에는 지적인 면이 아니라, 성격적인 면이 발달되어야 한다.

(2) 아리스토텔레스(Aristoteles)
- 청소년기에 가장 중요한 것은 자기선택에 의한 자기결정을 하는 선택능력의 발달이라고 주장하였다.
- 청소년기의 자기결정능력과 통제능력이 육체적인 성숙과 이성의 도야를 함께 고양시킴으로써 발달될 수 있다고 보았다.
- 아리스토텔레스는 청소년기가 시작될 무렵에는 청소년들이 참을성이 없고, 안정감이 없으며, 자제력이 결여된 것으로 보았다. 그러나 21세쯤 되면 대부분의 청소년들은 보다 나은 자기통제력을 갖게 된다고 보았다. 그는 청소년기의 가장 중요한 발달 측면은 자기결정이라고 보았는데 이것은 오늘날 말하는 독립심이나 자아정체감과 비슷한 개념이다.
- 아리스토텔레스는 또한 청소년들의 성공에 대한 욕망, 낙천주의, 신뢰감, 과거가 아닌 미래에 대한 관심, 용기, 동조행위, 이상주의, 우정, 공격성 등에 관해서도 논의하였다.

2강 중세이후의 청소년/현대의 청소년 의의

학습목표	1. 중세와 계몽기시대의 청소년 이해 2. 현대의 청소년 의의 이해

학습내용	1. 중세와 루소 등 계몽기시대의 학자들의 청소년에 대한 입장 등을 학습한다. 2. 스탠리 홀, 마가렛 미드 등 주요학자들의 청소년에 대한 내용 등을 학습한다.

■ 중세와 계몽기

(1) 중세기

　가. 중세기 동안 아동 및 청소년에 대한 사회의 시각은 매우 냉소적, 비인격적인 존재로 취
　　　급하였다.

　나. 엄격한 교리주의적 전통은 아동의 비이성적이고 반문화적인 행동을 그들의 마음속에 악
　　　령이 내재되어 있기 때문이라고 해석하여 혹독한 훈육과 체벌, 노동을 통해 악령을 몰아
　　　내야 한다고 생각하였다.

　다. 청소년은 견습공 또는 하급 기술자에 지나지 않았으며 그들 나름의 독자적인 문화와 사
　　　고방식은 허용되지 않았다.

(2) 계몽기 – 루소(Rousseau)

　가. 청소년에 대한 보다 계몽적인 견해를 가지고 있었다.

　나. 어린이가 성인과 동일하게 취급받아서는 안된다는 신념을 펼치는데 주력하였다.

　다. '에밀'이라는 저서에서 '독립된 인격체'라고 주장하였다.

　라. 아동기와 청소년기의 발달이 일련의 4단계로 진행된다고 생각하였다.

　　　1단계(유아기) : ~ 최초 4, 5세까지

　　　2단계(야만인기) : 5 ~ 12세

　　　3단계(초기 청소년기) : 12 ~ 15세

　　　4단계(후기 청소년기) : 15 ~ 20세

■ 근대 말과 20세기 초

1. '청소년'이란 말이 등장하는 시기로서 19세게 말과 20세기 초는 우리가 지금 '청소년'이라고 말하는 개념이 창안된 중요한 시기이다.

2. 스탠리 홀(G. Stanley Hall)의 견해

가. 최초로 질문지를 설계하여 과학적이고 경험적인 방법으로 청소년기를 연구하였다.

나. 청소년들은 '질풍노도(period of storm and stress)'를 경험하고 있는 퇴폐적인 문제의 원인 제공자이다.

다. 많은 청소년들이 수동적인 존재로 보이지만, 그들은 내적으로 상당한 혼란을 경험하고 있다.

라. 진화론자인 다윈의 영향을 크게 받았다.

마. 청소년 발달연구에 과학적, 생물학적 측면을 적용하였다.

바. 유아기와 아동기의 발달은 유전적으로 결정된 생리학적 요소에 의해 통제되며 환경은 발달에 최소한의 역할을 수행할 뿐이다.

사. 청소년의 발달은 생의 초기보다는 환경의 영향력이 더 크며 유전과 환경과의 상호작용이 청소년의 발달을 결정한다.

아. 발달 4단계 : 유아가 – 아동기 – 청소년 전기 – 청소년 후기

자. 청소년기
  ① 14세~25세까지의 연령 범위에 해당된다.
  ② 질풍과 노도는 청소년기가 갈등과 정서혼란으로 가득 찬 격변기임을 나타낸다.
  ③ 청소년의 사고, 감정, 행동은 자만과 겸손, 선과 유혹, 행복과 슬픔 사이를 왔다 갔다 한다.

3. 마가렛 미드(Margaret Mead)의 사회 문화적 견해

가. 사모아 섬의 청소년들을 연구하여, 청소년들의 기본적인 성질이 생물학적 특징을 가진다고 주장하는 홀과는 달리 사회문화적인 특징을 지닌다고 주장하였다.

나. 미드의 사모아 섬의 청소년들에 대한 관찰은 청소년의 삶이 질풍노도와 비교적 거리가 멀다는 사실을 보여 주었다.

다. 미드는 청소년들에게 성관계를 관찰할 수 있도록 허용하고 아기 출산을 지켜볼 수 있도록 하고 죽음을 자연적인 것으로 간주하도록 하고 중요한 일을 하는 등의 문화가 청소년들을 스트레스로부터 비교적 자유롭게 한다고 주장하였다.

4. 창조주의자의 견해

- 20세기 초의 사회역사적 상황을 배경으로 하고 있다.
- 학자들이 경제공황기에는 청소년들의 심리적 미성숙과 교육적 요구에 대하여 기술한 반면, 세계대전 동안에는 공장 노동자 내지는 용병으로 기술하고 있는 데에서 청소년을 성인사회의 편리에 따라 해석하고 있음을 보여준다.
- 청소년에 대한 창조주의적 견해의 20세기 초의 사회 역사적 상황
  도제기간의 축소, 산업혁명 동안의 기술의 증가, 노동의 최신 기술과 전문화된 분업의 요구, 가정과 직업의 분리, 도시화, YWCA나 보이스카우트와 같은 청소년 단체의 출현, 연령에 따라 구분된 학교 등.
- 학교, 직업, 경제는 청소년에 대한 창조주의적 견해의 중요한 요소들이다.
- 청소년에 대한 법을 만듦으로써 성인의 권력구조는 청소년의 선택을 제한하고 의존성을 높이고 청소년들을 직업세계 속에 묶어 두어 더욱 편리하게 관리할 수 있도록 하는 방향으로 청소년을 복종적인 지위자로 만들었던 것이다.

■ 20세기의 청소년

(1) 1920년에서 1950년까지 청소년은 많은 복잡한 변화들을 겪었던 만큼 사회에서도 보다 현저한 지위를 획득하였다.

(2) 청소년의 생활은 1920년대에 보다 좋은 방향으로 전환되었으나 1930년대와 1940년대에는 어려운 시기를 겪었다.

(3) 성인의 지도성에 따른 수동성과 순응성은 동료들의 영향에 따른 자율성과 순응성으로 대치되었다.

(4) 젊은이들이 성인들의 행동을 모방하기보다 반대로 성인들이 젊은이들의 스타일을 모방하기 시작하였다.

(5) 1950년대에 청소년을 연령으로 구분한 발달심리학적 기반이 확립되었다.

(6) 청소년의 신체적, 사회적 정체성에 주목하도록 하였을 뿐만 아니라 법적 관심을 불러 일으켰다.

(7) 청소년의 정치적 저항운동은 1960년대 말과 1970년대 초에 절정에 달했다.
  - 미국의 비합리적인 베트남 전쟁 개입에 격렬하게 반대.

(8) 1960년대 10대들의 약물남용에 대해 많은 관심을 가졌으며 미혼남녀의 성행동, 동거생활, 금지된 성행위의 증가 등을 보였다.

(9) 1970년대 중반 경에 고등학교나 대학교 또는 직업훈련학교에서의 엄격한 교육을 통해 성취 지향적 직업이나 지위 상승적 직업에 관심을 갖게 되었다.

(10) 1970년대 가장 큰 저항은 여성운동과 관련된 것으로 1970년대 청소년에 대한 연구분야에서 남성에 못지않게 여성에 대한 비중이 높았으며 여성의 사회적 지위 향상과 성역할의 변화에 많은 관심이 모아졌다.

■ 현대사회와 청소년, 청소년 문제

(1) 산업화, 도시화와 관련된 청소년의 현행지위와 문제
   - 오늘날 대부분의 청소년들은 긍정적인 자아개념을 가지고 있으며 다른 사람과의 긍정적인 관계를 유지하고 있다.
   - 현대의 연구결과들은 청소년기를 인생주기에서 매우 혼란스럽고 극도로 긴장된 시기로 묘사하지 않는다.
   - 오히려 대다수의 청소년들은 아동기에서 성인기로의 이행을 가치 있는 도전과 기회 및 성장을 제공하는 신체적, 인지적, 사회적 발달의 시기로 생각하고 있다.
   - 높은 이혼율, 청소년층의 높은 임신율, 가족의 잦은 이사는 청소년의 삶에서 안정성을 위협하는 요인이 되고 있다.
   - 인종, 문화, 성, 사회 및 경제, 연령, 생활양식의 차이는 각 청소년의 실제적 생활궤도에 영향을 미친다.

(2) 정보사회에서의 청소년 비인간화 문제
   - 정보사회의 간접적이며 가상적인 인간관계로 인해 인간소외와 비인간화 문제가 등장하였고, 청소년 또한 예외는 아니다.
   - 청소년의 경우, 가상공간과 현실을 구분하지 못하고 이를 혼동하거나, 양 세계의 모순된 운영법칙으로 인해 가치의 혼란을 겪게 될 위험이 있다.
   - 개인의 행동을 제약하고 강제하는 현실세계와는 달리 가상공간은 이러한 심리적 압박감에서 상대적으로 자유로워 반사회적이고 비도덕적인 행동을 할 위험이 높아진다.

3강 청소년의 발달과 시대별 견해

학습목표
1. 청소년기 발달과 심리특성 이해
2. 시대별 청소년 발달에 대한 주요학자들 견해

학습내용
1. 플라톤/아리스토텔레스의 청소년기 발달에 대한 내용을 학습한다.
2. 스탠리 홀과 로저바커의 청소년 발달에 대한 내용을 학습한다.

▣ 청소년기 발달 이론과 심리특성

1. 초기이론

1) 청소년기에 대한 관심은 고대 그리스 시대로 거슬러 올라갈 수 있다. 플라톤과 아리스토텔레스는 이미 그 시대에 청소년의 본질에 관해 언급하기 시작하였다.

2) 그러나 아동을 성인의 축소판으로 본 중세기 동안에는 대부분의 철학자나 교육자들은 청소년기에 특별한 관심을 보이지 않았고 아동에서 바로 성인이 된다는 견해를 가졌었다.

3) 청소년발달에 관한 과학적인 연구는 19세기 말 청소년기에 깊은 관심을 보인 스탠리 홀(G. Stanley Hall)과 로저 바커(Roger Barker)에 의해 체계화되었다.

2. 플라톤(Platon)과 아리스토텔레스(Aristoteles)

1) 플라톤은 그의 국가론(the Republic)에서 인간발달에는 세 가지 국면이 있는데, 그것은 욕망, 정신, 이성이라고 하였다.

2) 가장 낮은 수준의 욕망(desire)은 오늘날 본능, 욕구, 충동으로도 표현되며, Freud의 정신분석 이론에서 말하는 원초아의 개념과도 비슷하다. 플라톤에 의하면 욕망은 주로 신체적 욕구 만족과 관련되어 있다. 그 다음 수준인 정신(spirit)은 용기, 확신, 절제, 인내, 대담과 같은 개념이며, 최고의 수준인 신성(divine)은 초자연적이고 영원하며 우주의 본질을 이루는 것으로 진정한 의미의 정신으로서 오늘날 이성으로 표현된다.

3) 아리스토텔레스는 플라톤의 제자였지만 스승의 이론에 많은 도전을 하였다. 특히 육체와 정신을 분리해서 이해한 플라톤에 반대하여 정신과 육체는 분리될 수 없으며, 구조와 기능면에서 서로 관련되어 있다고 주장하였다. 그러나 정신세계의 세 가지 다른 수준에는 동의하였는데 생물학적, 진화론적 관점에서 정신구조를 이해하였다. 그는 사고할 수 있는 능력

과 더불어 논리 및 이성을 활용할 수 있는 힘이 인간발달의 궁극적인 목적이고, 인간의 본질이라고 보았다.

4) 아리스토텔레스는 청소년기가 시작될 무렵에는 청소년들이 참을성이 없고, 안정감이 없으며, 자제력이 결여된 것으로 보았다. 그러나 21세쯤 되면 대부분의 청소년들은 보다 나은 자기통제력을 갖게 된다고 보았다.

그는 청소년기의 가장 중요한 발달 측면은 자기결정(self-determination)이라고 보았는데, 이것은 오늘날 말하는 독립심이나 자아정체감과 비슷한 개념이다. 아리스토텔레스는 또한 청소년들의 성공에 대한 욕망, 낙천주의, 신뢰감, 과거가 아닌 미래에 대한 관심, 용기, 동조행위, 이상주의, 우정, 공격성 등에 관해서도 논의했는데, 이와 같은 주제들은 오늘날에도 여전히 청소년심리학에서 주요한 주제가 되고 있다.

3. 로크(Locke)와 루소(Rousseau)

1) 로크는 인간이해에 관한 논문 중에서 인간은 마치 백지(tabula rasa)와 같은 상태로 태어나서 환경으로부터 주어지는 경험을 통하여 인간의 본성과 발달이 이루어진다고 보았다. 이러한 로크의 백지상태 개념은 전성설(아동의 성인축소판 개념)에 반대하여 질적인 측면에서의 성인과의 차별성을 주장하였다. 로크는 인간발달은 점진적으로 이루어지므로 아동초기에는 수동적인 정신상태에서 청소년기에는 능동적인 정신상태로 옮겨간다고 하였다. 그리고 이 발달과정의 마지막 무렵에 이성적 사고가 나타나기 때문에 이성적 사고를 청소년기의 특징으로 보았다.

2) 루소는 부분적으로는 로크의 영향을 받았지만 인간의 본질에 관해서는 자신의 이론을 전개하였다. 그는 인간의 본성을 선한 것으로 보았기 때문에 자연이 이끄는 대로 두면 바르고 건강한 발달이 이루어진다고 강조하였다. 루소도 인간의 발달은 단계적이라고 보고 그것을 4단계로 나누어 설명하고 있다.

제1단계인 유아기(4-5세)는 동물과 매우 비슷한 수준으로 강한 신체적 욕구를 지니며, 이때의 유아는 쾌락주의자이다.

제2단계인 아동기(5-12세)에는 감각의 발달이 매우 중요한데, 이때는 놀이, 스포츠, 게임 등이 교육의 중심이 되어야 한다고 주정하면서 이 단계 이전에는 이성이 발달되지 않는다고 보았다.

제3단계(12-15세)는 이성과 자아의식이 발달하고 신체적 에너지가 풍부하며 호기심이 왕성해져서 탐구심이 솟아나는 시기이다.

제4단계(15세-20세)에 와서야 비로소 이타적 사고나 성숙한 감정들이 발달하기 시작하여 가치체계와 도덕관이 형성되기 때문에 성인과 같은 활동이 가능해 진다고 보았다.

4. 스탠리 홀(G. Stanley Hall)과 로저 바커(Roger Barker)

1) 청소년에 대한 실질적인 의미의 연구는 Hall의 과학적인 태도와 방법에 의해 체계화되었다

고 볼 수 있다. 청소년심리학의 아버지로 불릴 만큼 청소년에 대해 깊은 관심을 가졌던 Hall 은 최초로 질문지를 고안하여 청소년기를 과학적으로 연구하여 1904년 청소년기 (Adolescence)라는 두 권의 책을 출간하였다. 이 저서들은 청소년기를 인생에서 특별한 시기로 본 첫 번째 시도로 기념비적인 것이다. Hall은 다윈, 헤겔, 루소, 라마르크의 영향을 받아 그들의 이론을 종합하였다.

2) Hall은 루소와 마찬가지로 인간의 발달을 유아기, 아동기, 전청소년기, 청소년기 등의 4단계로 구분하였다. 청소년기는 사춘기에 시작해서 22-25세 정도에 끝난다. Hall은 청소년기를 '질풍노도의 시기(a period of storm and stress)'로 묘사하였다. 그는 청소년기가 혼란스러운 것은 인간의 진화과정에서의 과도기적 단계의 반영 때문이라고 생각한다. 즉, 아동도 아니고 성인도 아닌 모호한 위치에서 청소년은 자아의식과 현실적응 사이의 갈등, 소외, 외로운, 혼돈의 감정을 경험하게 되고, 이로 인한 긴장과 혼란이 이 시기를 "질풍노도의 시기"로 만든다는 것이다. Hall은 또한 청소년기를 '새로운 탄생'으로 보았는데, 청소년기에 보다 높은 수준과 완전한 인간 특성이 새로이 탄생하는 것으로 보았다.

3) 로저 바커는 그의 저서 「청소년기 동안의 신체 성장이 갖는 신체 심리적 중요성」에서 아동기에 관심을 갖는 그 시대 심리학자들과는 상이하게 청소년기 발달에 초점을 맞추었다. Hall이 유전적 메커니즘을 강조한 것과는 대조적으로 Barker는 신체발달의 심리사회적 의미를 중요시하였다. 바커에 의하면, 아동기에서 성인기로 이동하는 결정적 요인은 개인의 신체발달이며 특히 개인의 체격이 사회적 경험을 결정한다. 그러므로 급속한 신체발달이 이루어지는 청소년기는 아동기와 성인기 사이의 과도기에 해당된다. 신체발달이 조숙한 청소년들은 보다 일찍 성인사회로 동화되는 반면, 신체발달이 만숙한 청소년들은 더 오랫동안 아동기에 머물게 된다. 따라서 청소년의 체격은 각기 상이한 사회적 경험을 초래하기 때문에 발달의 중요한 요인으로 작용한다.

■ 향상학습 – 스탠리 홀의 인간발달에 관한 주장

1) 청소년에는 생물학적 과정이 사회성 발달을 유도한다.
2) 청소년기는 아동에서 성인으로 옮겨가는 과도기로 불안정과 불균형을 경험한다.
3) 인간의 발달단계를 유아기, 아동기, 청소년전기, 청소년 후기로 보았다.
4) 성욕은 청소년기를 질풍노도의 시기 로 만드는 원인 중 하나이다.
5) 홀은 청소년에 대한 과학적 연구의 아버지로서 인간발달의 의의는 청소년 분야의 거장으로서 단순한 사변과 철학을 초월하여 청소년 발달을 이론화하고 체계화하고 의문을 제기하였다.
6) '질풍과 노도'는 청소년기가 갈등과 정서혼란으로 가득찬 격변기임을 나타내며 다윈의 영향을 받아 과학적이고 생물학적 측면을 적용하였다.
7) 홀은 환경의 영향력이 더 크다고 보았으며 유전과 환경과의 상호작용이 청소년의 발달을 결정한다고 보았다.

청소년의
이해

4강 청소년의 의미/ 발달적 특징

학습목표	1. 청소년의 발달적 특성이해 2. 청소년의 신체적/지적/정서적/사회적 특성이해

학습내용	1. 과도기적 발달기에 있는 청소년의 발달적 특성을 이해하고 그 내용을 학습한다. 2. 청소년의 신체적/지적/정서적/사회적 특성에 대한 상세내용을 학습한다.

☐ 청소년의 의미와 발달적 특징

1) 청소년(adolesence)의 의미

(1) 아동기와 성인기 사이에 놓여있는 성장의 시기이자 전환기이다.

(2) 청소년이란 용어는 '성장하다' 혹은 '성숙해 가다'라는 의미를 지니며 청소년은 아동의 특성과 성인의 특성을 부분적으로 가지고 있으면서 양자의 어디에도 속하지 않는 과도기적 존재이다.

(3) 청소년은 생식능력을 갖고 있지 못한 소년(소녀)과는 구별된다.

(4) 청소년은 성장이 완료된 청년과는 의미상 구별된다. 청년이라고 하였을 때는 신체적, 지적, 정서적 특성의 발달이 안정 상태에 도달함과 동시에 젊음과 힘을 상징하는 존재로 생각할 수 있지만 청소년은 신체적, 지적, 정서적 특성의 발달이 미성숙의 상태에서 성숙의 상태로 진행되고 있는 자이다.

(5) **정신분석이론에서 말하는 청소년기**

   – 프로이트는 청소년을 성적 흥분, 불안, 그리고 때때로 성격혼란이 있는 시기로 묘사하고 있다.

   – 사춘기는 유아 성욕이 사라지고 정상적인 성욕이 생기도록 하는 일련의 변화들이 나타나는 시기이다.

   – 프로이트는 아동기가 끝날 무렵까지 동성 부모를 동일시하여 동성 부모에게 정서적으로 무척 의존하게 된다고 보았다. 그러나 청소년기의 핵심과제는 독립된 성인이 되기 위해서 이러한 정서적 연대를 끊는 '개인화'과정을 거치는 것이다.

   *개인화 과정이란 개인의 행동, 감정, 판단 및 사고를 부모로부터 분리시키는 것이 포함된다.

(6) 안나 프로이트(Anna Freud)가 말하는 청소년기

- 청소년기를 정서적 갈등, 혼란, 방황 등의 개념으로 설명하고 있다.
- 청소년기에는 잠재기에 억압되었던 오이디푸스 콤플렉스가 재등장하며, 외부적 요인뿐 아니라 내적으로는 성적 충동이 증가하면서 원초아와 자아, 초자아 간의 갈등으로 인해 불안정한 시기를 보내게 된다고 하였다.
- 청소년기에 나타나는 두 가지 두드러진 자아방어기제로는 금욕주의와 지성화가 있다.

(7) 설리번(H. S. Sullivan)

- 대인관계의 상호작용을 통한 단계적 발달(6단계) 주장.
- 성격형성에서의 대인관계의 중요성을 주장.
- 청소년기 갈등과 혼란의 원인은 성행동의 사회적 제약과 욕구 사이 긴장.
- 대인관계의 역동성을 통해 자아체계가 형성되고 이것이 성격을 구성함.
- 발달단계의 남성 중심성, 현실적 접목의 어려움이 한계.

(8) 에릭슨(E. H. Erikson)

- 외부환경과의 적응과정을 통해 자아가 발달한다고 봄.
- 자아의 성장은 생활속 정신사회적 위험을 극복하는 과정
- 청소년기는 자아발달의 5단계로 자아 정체감 대 역할혼란 위기를 겪는 시기.
- 이 과정에서 남성과 여성은 중요가치의 차이를 보임.
- 개념의 모호함과 실증적 검증의 한계.

2) 청소년기의 범위

(1) 청소년기는 생식기관의 발달과 2차 성특징이 나타나는 '사춘기(puberty)'와 함께 시작되며 아동기의 종착점은 사춘기의 시작이며 청소년기의 종착점은 청년기의 시작이다.

(2) 사춘기는 생물학적으로 결정되지만 청년기는 사회학적 의미로 결정된다는 점에서 양 지점을 명확하게 구분하고 비교하는데 어려움이 있다.

(3) 청소년기의 시작을 알리는 사춘기는 일반적으로 11~12세경부터인데, 여자의 경우 10세경부터 남자의 경우 12세경부터 사춘기적 징후가 나타난다.

(4) 사춘기의 외형적인 특징으로는 신체적인 급성장, 즉 성장폭발 현상이 나타난다.

(5) 사춘기에는 신체적 급성장과 함께 성호르몬의 급격한 변화가 이루어진다.

(6) 성적 성숙은 신체적 급성장과 함께 사춘기 청소년의 심리적 발달에 큰 영향을 미친다.

(7) 청소년기는 아동기의 자기중심적 행동에서 벗어나 남을 의식할 뿐만 아니라 동료의식을 갖게 되면서 시작되며 사회적 자립과 함께 마무리된다고 할 수 있다.

(8) 청소년기는 사춘기부터 청년기 이전까지의 기간을 말한다.

(9) 청소년이란 지적, 정서적, 신체적인 제반 특성이 미성숙한 상태에서 성숙한 상태로 변화해 가는 과도기에 있는 자이다.

3) 청소년의 구체적인 특성들

(1) 신체, 생리적 특성
- 일반적으로 여자 10세, 남자 13세를 전후해 성장 급등기를 맞이하다가 여자 13세와 남자 15세경이 되면 성장 속도가 둔화되기 시작한다.
- 신체발달과 함께 성호르몬 발달 및 2차 성징의 발달이 이루어진다.

(2) 지적 특성
- 청소년의 지능은 12 ~14세까지 대체로 급상승하다가 그 이후에 발달속도가 완만해지며 17~18세경에 정점에 달한다.
- 청소년기는 지능의 우열에 의해 상황에 대한 적응력의 차이가 크게 나타난다.
- 형식적 조작의 사고를 할 수 있어 가능한 모든 대안을 통해 문제를 해결 할 수 있고 구체적인 사물에 의존하지 않고도 연역적 또는 가설적 사고를 할 수 있으며 자신에 대해서도 깊은 추리와 탐색을 할 수 있게 된다.

(3) 정서적 특성
- 청소년은 성 충동의 급격한 증가로 인한 정서적 혼동을 경험한다.
- 정서적 혼동은 불안감과 과민성을 증대시키며 이는 신체적 에너지와 심리적 긴장감을 수반한다.
- 청소년 후기가 되면서 정서적 혼동으로 인한 불안감과 긴장감이 감소되고 감정의 양가성이 점차 줄어들게 된다.

(4) 가정환경 또는 부모와의 관계와 관련
- 청소년들이 정체감 위기경험을 하고 있는 동안 그들의 부모도 정체감 위기를 경험한다.
- 청소년의 정체감 혼미에 따른 갖가지 문제행동은 그들 부모의 정체감 위기가 가세되면서 더욱 심각한 상황에 이르게 된다.

(5) 사회적 특성
- 청소년은 보모, 학교, 사회에 대한 의존적인 태도나 보호에서 벗어나 독립적인 대인관계를 구축한다.
- 아동기의 무조건적 교우관계에서 벗어나 선택적인 교우관계를 형성하고 동년배와의 연대의식을 형성하며 부모나 교사, 기성세대에 대한 비판적 안목과 배타적 성향을 갖게 된다.

🔲 기출정리

♠ 성장, 성숙, 학습의 의미

1. **성장(growth)** : 신체의 크기나 능력이 증가하는 것으로 주로 양적인 변화와 관련된다.

2. **성숙(maturation)** : 유전적 요인에 의해 발달적 변화들이 통제되는 생물학적 과정을 의미하는 것으로서, 사춘기의 빠른 성장이나 2차 성징과 같은 변화는 성숙과 관련된다.

3. **학습(learning)** : 직접 또는 간접 경험의 산물로서 훈련이나 연습에 기인하는 발달적 변화를 의미한다.

🔲 향상학습 - 연장된 의존기란

youth의 의미를 adolescence 와 adult 사이의 개념으로 보아 교육, 취업, 출가, 결혼 등의 사회적 역할을 기준으로 10대의 의존적 청소년기와 20대의 반의존적 청소년기 사이에 위치한 것으로 보는 입장을 취한다. 이를 연장된 의존기라고 할 수 있다.

🔲 행동적 특성

지나친 자기주장, 과격한 감정 표현, 충동성

🔲 향상학습 - 청소년기의 생리학적 특이점

남녀 성호르몬의 과다분비	• 남성 호르몬인 테스토스테론의 분비가 남녀 각각, 20, 5배로 증가-공격성 증가 • 여성호르몬인 에스트로겐도 사춘기 여학생의 공격성에 영향
뇌 기능	• 급속한 전두엽의 발달: 신경세포의 과잉 생성 및 과잉 연결로 비효율적인 정보전달체계 • 뇌 정보전달 경로(간접경로/성인의 경우 직접 경로)
뇌 활성화의 차이	• 감정 추론할 때 청소년은 '편도체(공격성 관련)' 사용
도파민의 과다분비	• 자극적 쾌락, 모험 추구의 뇌 호르몬인 도파민 분비가 가장 많이 활성화되는 시기로(아동기, 사춘기)충동적이고 모험적 행동 즐김

5강 사춘기 신체적 발달과 순서

학습목표	1. 사춘기의 성장급등에 대한 이해 2. 사춘기의 신체변화 순서 이해

학습내용	1. 사춘기의 성장급등에 대한 내용과 마샬의 제시내용 등을 학습한다. 2. 남녀간의 미묘한 차이를 보이는 사춘기의 신체변화와 그 순서 등을 학습한다.

신체적 발달

1) 사춘기의 신체발달

(1) 사춘기의 성장급등(growth spurt)

- 신장 및 체중의 증가와 함께 3~4년간에 걸쳐 성장 급등이 일어난다.
- 사춘기는 생물학적 변화로 인해 한 개인이 생식능력을 갖게 되는 시기를 말한다.
- 사춘기의 신체, 생리적 변화는 청소년기의 모든 발달을 선도하며 청소년의 정서와 성격, 인지능력, 사회관계 등 모든 측면에 중요한 영향을 미친다.

향상학습 – 마샬(Marshall, 1978)이 제시한 사춘기의 신체, 생리적 변화.

- 신장과 체중의 급격한 증가
- 남성의 고환과 여성의 난소와 같은 생식 선 또는 성선(sexual gonads)의 발달
- 생식기와 가슴의 변화, 음모와 수염의 출현과 같은 2차 성징의 발달
- 지방질과 근육 같은 신체 구성요소의 변화
- 신체의 순환계통과 호흡기의 변화로 인한 운동능력의 증가

사춘기 신체, 생리적 발달의 특징

1. 사춘기의 특징

1) 사춘기의 진행 과정은 개인에 따라 다르지만 누구나 비슷한 순서대로 진행되기 때문에 그 과정을 예측할 수 있음.

2) 각 신체부위에 변화가 시작되는 시기, 진행 속도, 변화의 정도는 개인에 따라 차이가 있지만 이는 정상이며. 각 부위의 변화는 지속적이지만, 신체적, 사회적, 감정적, 지적 발달 또한 동시에 같은 단계로 성숙해가는 것은 아님. 사춘기에 시작되는 신체 변화는 신체 내 호르몬 분비 양상의 변화를 의미함.

2. 가족적 특징

청소년의 성장과 발달은 가족의 사춘기 발달과 비슷한 경향이 있고 특히 어머니와 딸은 밀접한 관계를 가지므로 청소년의 성장과 발달을 평가하는데 지표가 될 수 있다.

3. 키와 몸무게

1) 사춘기 기간 중에 남자는 25-30 cm, 여자는 15-25 cm가 자람. 그 기간 중에도 특히 키가 많이 자라는 급증 시기가 있는데 여자는 평균 12세(범위 10-14세), 남자는 평균 14세(범위 12-17세)이다.

2) 급성장이 빠를수록 성장속도도 빠르지만, 급성장이 늦게 일어나면 최종 성인키는 더 크게 될 수 있고 키의 성장은 아래서 위로 올라가는 순서를 보인다.

3) 발의 성장 – 종아리 허벅지 – 엉덩이와 가슴 - 흉곽 : 몸무게가 가장 많이 늘어나는 때는 남자는 키가 가장 많이 크는 시기와 같고 여자는 그보다 6-9개월 후가 됨.

4. 몸의 성분 구성

1) 체질량 지수가 높은 과체중, 혹은 비만 소아가 사춘기를 빨리 시작하는 경향을 보인다.

2) 사춘기 전에는 남아와 여아의 체성분 비율상 차이가 없지만 그러나 사춘기가 시작되면 남자는 뼈와 제지방량(지방을 뺀 신체량/체중)이 계속 늘어나고 여자는 지방량, 특히 복부와 엉덩이에 지방이 많아지게 된다.

5. 사춘기의 신체 변화 진행순서

사춘기 시작 연령은 개인차가 크지만 대게 남자가 여자보다 1-2년 늦게 시작.

1) 여자

– **여자 청소년에서 사춘기의 진행순서** : 젖멍울 – 음모 출현 – 겨드랑이털 출현 – 키의 급증 – 초경

– 우리나라 여자 청소년의 사춘기 시작은 평균 11세(범위 8-13세)로 끝날 때까지 약 4년(범위 1.5-8년)이 걸림.

2) 남자

– **남자 청소년에서 사춘기의 진행 순서** : 고환 커짐 – 음모 출현 – 겨드랑이털 출현 – 사정 – 키 급증 – 얼굴 털

6. 생식능력의 생성시기

1) 남자는 대개 남자로서의 특징이 거의 다 완성되는 14-15세 정도에 생식능력이 생기지만, 첫 사정 전에도 정자를 생산할 수 있고 정자를 생산하기 시작하면 언제고 임신하게 할 수 있다.

2) 여자는 초경 이후에도 한동안 난자를 생산하지 못할 수 있으나, 초경 이후 임신이 가능한 시기는 개인에 따라 다르며 예측할 수 없음. 언제든지 임신할 수 있으며, 배란기, 즉 월경주기 중 중간시점에서 임신 가능성이 제일 높음.

7. 일찍 시작되는 사춘기의 영향

또래에 비해 사춘기가 일찍 시작하는 경우에 그 청소년이 받기 쉬운 영향은 자신의 신체 모습에 불만이 많고 자존심이 낮으며 자신의 정체성에 위기가 오기 쉽다. 학교에서 문제 행동을 일으키거나 성적 행동을 일찍 시작하는 경우도 있음.

8. 늦게 시작되는 사춘기의 영향

사춘기가 늦게 시작되면 청소년은 신체 모습에 불만이 많고 또래로부터 따돌림 당하거나 운동에 같이 참여하기 어려워지는 경우가 많아짐.

그러나 사회에서는 보호받는 요소가 오래 지속되는 면이 있음.

▨ 기출정리 – 사춘기의 신체, 생리적 발달의 중심적인 특징

– 청소년기 전기, 즉 사춘기를 맞이하면서 성장폭발(growth spurt)현상이 일어난다.
– 성장폭발이 일어나는 시기가 시대에 따라 점차 빨라지고 있는데 이를 신체, 생리적 발달의 가속화 현상이라고 한다.
– 사춘기의 신체적 발달은 다른 어떤 시기보다 불균형 현상이 심하다. 즉, 청소년 전기의 아이들은 신체의 각 부분의 고루 자라지만, 특히 다리와 팔의 길이가 동체에 비해 매우 큰 경우가 많다.
– 청소년기의 신체, 생리적 발달은 다른 어떤 시기보다도 개인차가 심하다.

▨ 청소년기 신체발달에 관한 설명 – 기출문제 풀이

가. 청소년기 성장급등 시기는 여자가 남자보다 빠르다.
나. 남성의 2차 성징은 안드로겐의 영향으로 나타난다.
다. 체력과 지구력이 최고조에 달한다.
라. 여성의 성적 성숙의 뚜렷한 변화는 초경의 시작이다.
마. 급격히 증가하는 성호르몬은 생식기관의 극적인 성장을 초래한다.

바. 사춘기는 신체적으로나 정신적으로 급격한 변화를 보여주는 시기로서 사춘기의 급속한 신체발달은 운동능력의 현저한 발달을 가져온다.

사. 청소년 전기, 즉 사춘기를 맞이하면서 성장폭발현상이 일어난다.

아. 사춘기의 신체적 발달은 다른 어떤 시기보다 불균형 현상이 심하다.

자. 사춘기의 신체적 성장은 대체로 신장과 체중의 급성장으로부터 시작된다.

차. 청소년기는 여자가 남자보다 2년 정도 빠르며(여자 11세, 남자 13세) 남성의 2차 성징은 안드로겐의 영향으로 나타나며 여성의 2차 성징은 에스토겐군의 영향으로 나타난다.

■ G S Hall의 재현이론 등 – 생물학적 관점

1) 「Adolescence」 라는 저서를 통해 인간발달에 대한 생물학적 견해를 제시

2) 생물학적 요인이 개인의 발달 및 성장, 행동을 통제하며, 이러한 발달의 패턴이 인류발달의 역사를 재현한다고 주장.

3) 개인의 발달은 원시적인 유아기, 아동기, 청소년전기, 후기기를 거쳐, 성인기로 발달한다고 본다.

4) 청소년기는 과도기적 단계 즉 『질풍노도의 시기』(a period of storm and stress)이며, 청소년 감성적인 삶을 "모순된 성향" 간의 심한 동요로 표현

   *모순된 성향의 예시
   – 청소년기의 극단적인 정서적 변화로
   "활력, 열정 vs 무관심, 지루함, 명랑함, 웃음 vs 우울, 청승, 허영, 허풍 vs 멸시,비하, 민감성 vs 무감각, 연약함 vs 야만성" 등

5) 발달단계론

발달단계/연령	발달적 특징
유아기-4세	- 유아가 동물적이고 원시적인 발달을 재현하는 시기 - 자기보존을 위해 감각기관을 중심으로 기술을 습득
아동기-7세	- 술래잡기 등 놀이를 통해 원시적인 사냥과 어획과 같은 원시적 생활을 재현하는 단계
청소년 전기-14세	- 현재의 청소년 이전단계로, 인간으로서의 특성과 야만적인 특성을 동시에 가지고 있었던 시기 - 연습과 훈련을 통해 읽고, 쓰고, 말하는 기술을 획득하는 단계
청소년 후기-25세	- 인류가 야만적인 생활에서 문명시대로 접어드는 시기 - 제2의 탄생기, 급진적이고 변화가 많아 안정적이지 못한 시기, 질풍노도의 시기에 해당함
성인-	- 인류 문명적인 생활을 영위하는 시기

🔲 생물학적 관점 - Gesell & MgCandless

1. Gesell의 관점

1) 청소년기를 반드시 질풍노도의 시기로만 규정하는 것을 반대함.
2) 발달이란 타고난 유전적 요인과 결과로만 이루어진다.
3) 개개인의 발달 속도와 시기는 차이가 있지만, 발달의 순서는 모든 사람에게 동일하게 적용된다.
4) 개인은 새로운 행동이나 능력이 언제 나타날 것인지 이미 결정되어 있다
5) 아동과 청소년의 발달적 신호를 강조하며, 준비된 훈련을 해야 한다고 주장

2. MgCandless

1) 동기이론을 통해 청소년기를 설명
2) 사춘기의 성적인 추동이 증가함에 따라 유기체의 일반적인 추동이 증가
3) 추동 수준이 낮은 아동기보다 청소년기에 더욱 강한 강도의 이성교제가 나타난다.

🔲 생물학적 관점에 대한 논평

- 생물학적 특성으로 인해 청소년기를 다른 발달단계와는 차별적인 특성을 지닌 단계로 인식하게 됨.
- 인간 발달에 대한 관점을 생물학적 성장에 초점을 두는 경향이 있어 발달의 복합성과 다양성을 배제한 일부 단편적인 시각을 제공하기도 함.
- 질풍노도, 급격한 변화, 모순된 경향성 등 청소년기가 급진적이고 변화가 많은 시기로 인식되어 부정적인 관점을 제시하기도 함.
- 하지만, 청소년기의 발달에 대해 특별한 관심을 기울이게 하여. 더 많은 지원과 그 당위성을 제공하는 것으로 인식되기도 함.

🔲 Kestenberg의 직접효과모델과 간접효과 모델

1. 사춘기의 호르몬 변화와 심리적 발달은 직접적인 관계가 있다고 하였는데 청소년기의 성욕의 증가와 호르몬의 변화가 심리적 변화에 직접적으로 영향을 미친다는 직접효과모델에서 비롯된 것이다.
2. 간접효과모델은 청소년기의 생물학적 변화는 내적인 심리적 요인들에 의해 중개되어 청소년의 심리적 현상에 영향을 주게 되는데, 중개변인이 되는 심리적 요인은 신체 및 생리적 변화에 대한 본인의 지각과 태도이며, 이를 조정하는 외적 요인은 사회의 가치 규범 관습이다.

6강 청소년발달과 성역할론

청소년의
이해

<table>
<tr><td>학습목표</td><td>1. 생물학적 관점에서의 청소년 발달 이해
2. 성역할이론과 성차이론 이해</td></tr>
</table>

<table>
<tr><td>학습내용</td><td>1. 생물학적 관점에서의 청소년 발달이론을 이해하고 주요학자들의 주장 내용을 학습한다.
2. 성역할이론 및 성역할 고정관념 등에 대해 학습하며 성차이론에 대해 이해한다.</td></tr>
</table>

📖 향상학습 – 추가 내용

– 청소년 발달의 이론적 관점 중 생물학적 이론

1. 생물학적 이론들은 주로 청소년기의 신체적인 변화에 초점을 맞추고 있다.
2. 청소년기에 관한 홀의 이론에서는 개인의 성장과 발달에 영향을 미치는 요인으로 문화적이고 상황적인 요인을 전혀 무시하지는 않았지만, 보다 중요한 것은 유전적으로 결정되어진 생물학적 요인이라고 견해를 내세웠다.
3. 따라서 사회적 구조, 부모의 가치관, 동료와의 관계, 생물학적 변화에 대한 문화적인 해석 등과 같은 환경적인 조건은 인간의 행동에 크게 영향을 미치지 못한다고 하였다.
4. 홀의 견해에 적지 않은 비판과 오류를 지적하는데 중요한 비판으로는
   첫째, 생물학적 요인을 과도하게 강조한 반면 환경적 요인을 과소평가하였다.
   둘째, 비정상적이고 문제 있는 행동에 대해 부모나 성인의 간섭은 오히려 문제를 악화시킨다는 것은 잘못된 견해이다.
   셋째, 청소년기를 질풍노도의 시기로서 이 시기 혼란은 불가피한 것이라 했지만 최근 연구들은 청소년기가 발달시기에 비해 특별히 혼란스럽지 않다는 것을 밝히고 있다.
5. 홀 이외에 청소년 발달에서 생물학적 요인을 강조한 학자로 게젤(Gesell, 성숙이론), 맥캔들스(McCandless, 추동이론) 등을 들 수 있는데 맥캔들스는 생물학적 요인을 강조하였지만, 사회문화적인 상황이나 타인의 기대도 무시하지 않았다.

■ 성(性) 역할(성적 발달)

1. 성 역할의 개념 및 변화

1) 성(gender)

(1) 성은 크게 사회적 성(gender)과 생물학적 의미를 지니는 성별(sex)로 구분된다.

(2) 청소년기에 성에 대한 인식은 단순히 생물학적 성별 차이에 대한 인식이 아니라 사회적 의미의 성 역할에 대한 인식과 관념의 기초가 된다.

(3) 청소년의 정체감 발달과 사회적 관계 형성에 있어서 가장 중심적인 위치에 있는 것이 성 역할(gender role)이다.

2) 성 유형화(sex typing)

성 정체성뿐만 아니라 자신이 속한 문화에서 남성 또는 여성에게 적절하다고 여겨지는 동기, 가치, 행동들을 습득하는 과정을 말한다.

3) 성 집중화 가설(gender intensification hypothesis)

(1) 청소년 초기가 되면 사회가 청소년들에게 전통적인 남성과 여성의 성 역할에 동조하도록 사회화 압력을 증가시키는 것으로 남자와 여자의 심리적·행동적 차이가 크게 나타난다.

(2) 청소년기의 성 역할 고정관념의 증가를 의미하는 것으로 청소년 초기의 남녀 모두에게 나타나지만 여성에게 더욱 보편적이다.

(3) 청소년기에 성 역할 집중화가 일어나는 이유는 생물학적·사회적·인지적 요인의 변화 때문이다. 사춘기에는 외모에서 남녀 차이가 증대되고 십대들은 성차와 관련해서 자신에 대해 많은 생각을 하게 된다. 사춘기의 변화는 또한 성 역할과 관련된 사회적 압력을 많이 받게 된다(아들·경쟁심, 딸-행동제한).

(4) 청소년들이 이성교제를 시작할 무렵이면 이성에게 더 매력적으로 보이기 위해 성 정형화된 행동을 더 많이 하게 된다.

(5) 청소년기의 인지적 발달은 사람들이 자신을 어떻게 생각하는지에 신경을 쓰게 되므로 다른 사람의 성 역할 기대에 어울리는 행동을 선택하게 된다.

2. 성 역할 고정관념과 콤플렉스

1) 성 역할 고정관념

(1) 남성성에 대해서는 힘이 세고 운동을 하는 놀이, 여성성은 부드럽고 인형을 가지고 노는 것 등이 연상된다. 이러한 고정관념은 문화적 변화에 따라 변경될 수 있다.

(2) 여성들이 고정화된 성 역할과 사회적 기대에 따라 경험하게 되는 심리적인 문제는 착한 여자 콤플렉스, 외모 콤플렉스, 슈퍼우먼 콤플렉스 등이다.

(3) 남성들은 사내대장부 콤플렉스, 온달 콤플렉스, 지적 콤플렉스, 성 콤플렉스, 외모 콤플

렉스 등으로 기대되는 성 역할에 대한 강한 부담감으로 인해 심적 고민을 하게 된다.

2) 성 역할 고정관념에서 오는 콤플렉스

(1) 사내대장부 콤플렉스 : 타인보다 우월해야 한다는 강박관념으로 성공한 남자, 믿음직한 남자, 대범한 남자라는 인상을 심어주기 위해 자신의 욕망을 희생하거나 지나치게 과장하면서까지 턱없는 우월감을 갖거나 한없는 열등의식을 갖는 것이다.

(2) 온달 콤플렉스 : 자의든 타이든 처가나 아내 덕을 보고자 하는 남성의 의존 심리를 말한다. 경제적·사회적으로 자립하지 못한 남성이 부를 쌓아가는 과정에서 여성의 도움을 받으려 할 때 생긴다.(집안이 흥하려면 며느리가 잘 들어와야 한다, 아내 덕으로 산다. 등)

(3) 착한 여자 콤플렉스 : 여성에게 나타나는 콤플렉스로 기본적으로 남성이 여성보다 우월하며 자기희생이 여성의 미덕이라고 생각한다. 그리고 여자가 있을 곳은 오직 가정이며 화를 내는 것은 여자답지 못한 행동이라고 본다. 주변을 기쁘게 해 주면서 자기는 희생되어야 한다고 생각하기 때문에 겉으로는 낙천적으로 보이나 내면에는 분노가 쌓여있기도 하다.

(4) 지적 콤플렉스 : 사회가 부여한 '여성은 남성에 비해 지적능력에서 열등하다'라는 가치를 여성 스스로가 내재화함으로써 나타내는 지적 열등감을 의미한다. 여성이 지적 콤플렉스를 갖게 하는데 가장 큰 요인은 제도교육이라고 할 수 있다.(암탉이 울면 집안이 망한다.)

(5) 외모 콤플렉스 : 아름다움이란 여성적인 태도, 성격, 용모의 기준이며 외모가 자신의 생애에 중요한 영향을 미친다고 생각한다. 이러한 콤플렉스는 외모에 대한 심리적 부담감이 열등감으로 표현되든 우월감으로 나타나든 여성의 의식과 생활에 중대한 작용을 한다. 열등감이 심해지면 대인 기피증, 우울감이 나타나기도 하고 신경성 식욕부진증에 걸리기도 한다.

3. 성 역할 고정관념이 주는 스트레스

1) 남성에 대한 고정관념은 성취 지향적이고 통제력이 있으며 지도적 위치에서 직업적인 역할을 수행하는 데 적합한 독립성과 지배성, 권위와 같은 성격특성들을 소유하고 있으며 과묵하고 포용력이 있고 무뚝뚝하며 감정을 표현하지 않는다.

2) 여성에 대한 고정관념은 복종적이고 동정심과 의존적, 언어 지향적, 내성적, 감정적 특성들과 같이 가정에서 가사를 돌보고 주위사람들을 정서적으로 돌보는데 적합한 성격특성을 지니고 있다.

3) 성 역할 고정관념으로 인한 여성들의 스트레스는 억압과 불평등이라면 남성들이 받는 스트레스는 구속이라고 할 수 있다. 여성들은 자신의 적성이나 동기와는 상관없이 가사노동이나 출산, 육아와 같은 인습적인 역할을 하도록 강요되고 정치적·사회적·교육적 불평등을 경험한다. 남성역시 모든 사회적 책임을 떠맡는 남성 역할을 수행해야 하며 이러한 역할을 수행하지 못했을 경우 상당한 사회적 제약과 스트레스를 받게 된다.

■ 성 유사성과 차이성 - 성차이론

1. 생물학적 측면과 인지적 측면, 성 측면

1) 생물학적 측면 : 임신에서부터 죽음에 이르기까지 신체적 질병뿐만이 아니라 정신적 질병에 대해서도 여성이 남성보다 가능성이 더 적다고 본다.

2) 신체적인 측면 : 남성과 여성의 신체적 측면의 차이가 많다.

3) 인지적 측면 : 남성은 수학기능과 시간 및 공간적 능력(건축가가 빌딩의 각도와 차원을 설계하는 데 필요한 기능)에서 더 우수한 반면, 여성은 언어능력에서 더 우수하다.

4) 성(性)측면 : 많은 연구자들은 성 인지적인 면에서 여성과 남성 간에 차이보다 유사성이 더 많다는 사실을 지적한다.

2. 대부분의 남성들은 대부분의 여성들보다 더욱 적극적이고 공격적이다.

3. 조력행동 측면

여성의 성역할은 양육이나 보호의 조력행동을 촉진하는 반면, 남성의 성할은 기사도와 같은 분야에서 조력을 촉진한다.

7강 양성성/청소년 사회성 발달

학습목표	1. 성역할과 양성성의 이해 2. 청소년의 사회성 발달 이해

학습내용	1. 성역할 고정관념과 양성성의 특징 비교 및 심리적 양성성에 대해 학습한다. 2. 청소년의 사회성 발달과 브론펜브레너의 생태학적 모형 등을 학습한다.

양성성의 발달

1. 성은 가지고 태어나는 것이다. 성역할은 학습하는 것이다. 어느 사회에서든지 남녀가 지니는 일련의 특성에 대해서 그 사회 구성원들은 대체로 비슷한 생각을 가지고 있는데, 이를 우리는 성역할 고정관념(sex-role stereotypes)이라고 부른다.

2. 고정관념이란 본질적으로 한 집단에 소속한 사람들은 모두 일정한 특징을 지니고 있다고 보는 것이므로, 그 집단의 구성원 개개인이 실제로는 그 특징을 가지고 있지 않을 수 있다는 점에 비추어, 대체로 고정관념은 남녀간의 실제적인 차이를 과장하고 왜곡하는 경향이 있다.

3. 대부분의 사회와 문화권에서 전통적으로 남성은 남성적이고 여성은 여성적인 것이 건강한 것으로 인식되어 왔다.

4. 그러나, 대부분의 남성과 여성들은 전적으로 남성적이지도 않고 전적으로 여성적이지도 않으며 상대성의 성역할을 포함하고 있다.

5. 개인의 성 역할 정체성 속에 남성적 역할과 여성적 역할을 조합해서 지니고 있는 사람들을 '양성성 소유자'라고 하고 양성성이란 하나의 유기체내에 여성적 특성과 남성적 특성이 공존하는 것을 의미한다.

6. 심리적 양성성
   한 사람이 남성성과 여성성을 동시에 가질 수 있기 때문에 상황에 따라 도구적 역할과 표현적 역할을 수행할 수 있는 보다 효율적인 성역할 개념이다.

7. 모든 인간에게는 기능성과 친화성이 어느 정도 공존한다고 하면서 개인이나 사회가 생존하기 위해서는 이 두 가지 특성이 균형을 이루어야 한다.

☐ 성역할 초월이론 – 기출풀이

– 성역할 사회화에 대한 전통적인 견해가 성별의 양극개념을 초래한다고 보는 성역할 발달 이론

1) 성역할 초월이론
 (1) 해퍼너(Hefer)등은 아직 남녀를 구별하지 못하는 아주 어린아이는 성역할이 분화되지 않은 상태에서 일반적인 사고를 하고 경험이 늘고 사고가 발달하면서 어린이는 성역할에 대해서 양극적인 개념을 가지게 되어 자신의 성역할을 기꺼이 받아들이고 그 반대는 배격한다.
 (2) 여자아이는 여성적이 되고 남자아이는 남성적이 되는 것이다.
 (3) 개인에 따라 이 단계에서 성역할 발달이 그치는 사람도 있고 다음 단계로 넘어가는 사람도 있는데, 세 번째 단계는 성역할 초월(sex-role transcendence)로서 양극적인 사고를 초월하여 더욱 개성적이고 적응적인 상태로 들어가는 단계를 의미한다.

2) 성별 도식이론
 (1) 벰(Bem, 1981)의 성별 도식이론은 인지과정에 초점을 두어 개인의 성역할 특성을 그의 정보처리과정과 연결 지어서 고찰하였다.
 (2) 성 전형화된 사람에 비해서 양성적인 사람은 정보처리과정에서 성별구분을 별로 하지 않으며, 나가가서 주어진 상황에서 어떤 행동이 여성 또는 남성에게 적합한 행동인가에 대해서 아예 의식하지 조차 않는다.

☐ 사회적 발달

1. 청소년기 사회적 관계의 변화
 – 인간 관계의 범위가 확대된다.
 – 기성 세대로부터 정신적 독립을 원한다.
 – 또래 친구와의 친밀감이 강해진다.

2. 청소년기의 인간 관계
1) 어른들과의 관계
 – 부모님이나 선생님과의 마찰이 빈번하게 발생한다.
 – 기성 세대의 간섭을 불필요하게 여긴다.
 – 기성 세대와의 갈등을 극복하면서 독립성 발달을 이룬다.

2) 또래와의 관계
 – 일생 중 또래와의 관계가 가장 친밀해진다.
 – 또래 중 특별히 친한 단짝 친구를 만들기도 한다.

- 또래들의 행동을 그대로 따르는 경향이 있다(문제 행동이 나타나기도 함)

■ 기출정리

- 청소년기 사회적 맥락의 이해 : 브론펜브레너(Brinfenbrener)의 생태학적 모형

1. 브론펜브레너의 생태학적 모형의 의의

브론펜브레너는 청소년 개인에게 부과된 여러 가지 기대, 압력, 요구, 경험 등이 고려되어야 하며, 또 그에게 영향을 주는 다양한 친구집단, 학교, 지역사회 등의 환경맥락 안에서 살펴 보아야 한다고 주장하였다. 브론펜브레너의 생태학적 모형은 청소년의 발달에 영향을 미치는 맥락적 요인들을 거시적이며 종합적으로 이해할 수 있는 틀을 제공해 주고 있다. 다섯 가지의 사회문화적 주도체계(미시체계, 중간체계, 외체계, 거시체계, 시간체계)와 이들 체계 내에서의 상호작용을 이해하는 것은 청소년기 발달을 연구하는 중요한 배경이 된다.

2. 다섯 가지의 사회문화적 주도체계

1) 미시체계(=소속체계)
   - 청소년들이 직접 접촉하는 친밀한 물리적 환경으로서 청소년의 발달에 강력한 영향력을 행사한다.
   - 생애 초기에는 집과 가족이 미시체계를 대표하지만 나이가 들면서 놀이터, 학교, 또래친구, 여름 캠프, 교회 등이 중요 미시체계가 된다.
   - 이들 요인들과 청소년과 지속적이고 의미있는 상호작용을 갖는다.
   - 일반적으로 청소년기의 또래 미시체계는 다양하고 강력한 영향력을 행사하는 데 지위와 특권, 우정, 인기, 수용의 측면에서 사회적 보상을 제공하기도 한다.
   - 건강한 미시체계는 부모의 충분한 정보제공과 안정적인 애착 제공, 또래집단의 가치있는 규범 수용, 성역할 정체성 확립 등을 포함하는 것으로 이것은 청소년의 발달을 촉진하며 미래 성공의 기회를 제공하게 된다.

2) 중간체계
   - 미시체계 사이의 관계나 상황들 사이의 연관성을 나타낸다.
   - 사례
     = 가족경험과 학교경험의 관계, 학교생활과 직장생활의 관계, 가족환경과 또래 우정 형성의 관계 등을 들 수 있다.
     = 가정에서 부모에 의해 거부된 청소년들은 학교에서 교사들과의 긍정적인 관계를 형성하는데 어려움을 겪게 된다.
   - 중간체계는 미시체계처럼 실제적인 대인관계에 초점을 두지만 서로 다른 미시체계 간 연

결고리 또는 상호 호혜적 상승관계를 일관성 있게 강화하거나 갈등적인 형태로 작용할 수 있다.

- **사례**

  부모와 또래친구의 가치관이 조화로울 수도 있고 갈등적일 수도 있으며 또래들이 학업을 방해하고 부모가 자녀의 학업을 지원해 주지 않는다면 청소년 개인의 학업적 성취를 일관되게, 조화로운 형태로 진행되는 것을 저해하게 된다.

3) 외부체계
- 청소년이 외부체계 의사결정에 직접 참여하지 않더라도 이러한 의사결정은 청소년의 삶에 직접 또는 간접적(부모나 학교를 통해)으로 영향을 미친다.
- 외부체계의 의사결정은 청소년이 무엇을 하고 무엇을 할 수 없을지에 영향을 준다.
- **사례**

  부모의 직장세계와 직장상황은 청소년이 살아가는 조건에 강력한 영향을 주며 부모의 직장 상사는 부모가 어디에서 일할지, 무슨 일을 할지, 얼마만큼 벌지, 여가를 얼마나 갖게 될지 등을 결정한다.

4) 거시체계
- 개인이 살고 있는 문화와 환경에서 일어나는 사건 및 사회 및 역사적 환경양식을 포함한다.
- 구체적으로 일반적인 문화, 정치, 사회, 법, 종교, 경제, 교육에 대한 가치관, 공공정책 등이 포함되어 있다.
- **사례**

  메마른 체형을 미와 성적 매력과 동일시함으로써 청소년들로 하여금 신경성 식욕부진증(거식증)이나 신경성 폭식증과 같은 섭식장애를 초래하도록 할 수 있는데 이와 같은 문제행동은 거시체계, 즉 외모에 대한 문화적 기준의 왜곡 때문이라고 볼 수 있다.

5) 시간체계
- 환경에서 일어나는 사건과 사회 역사적 환경의 양식을 포함한다.
- **사례**

  = 사례1. 이혼이 자녀에게 미치는 영향을 연구할 때 연구자는 이혼 후, 첫 일년이 부정적인 영향이 최고조에 달하고 그 영향은 딸보다는 아들에게 더 부정적이라는 것을 발견하게 된다.

  = 사례2. 이혼 후 2년 쯤 지나면 가족 간의 상호작용은 덜 혼란스럽게 되고 안정을 되찾게 된다.

  = 사례3. 사회 문화적 맥락에서 볼 때 오늘날의 소녀들은 20-30년 전과는 달리 직업을 갖도록 장려되고 있다.

8강 청소년기의 사고특성/자아중심성

학습목표	1. 청소년기의 인지발달내용에 대한 상세 이해 2. 청소년의 자아중심성과 감정지능 이해

학습내용	1. 청소년기 사고특징과 자아정체감 형성과 관련된 인지발달내용을 학습한다. 2. 청소년기의 주요특성인 자아중심성과 사회, 감정지능 등에 대한 내용을 학습한다.

▩ 인지적 발달/진로성숙

1. 지적 발달

1) 청소년기 사고의 특징
   (1) 추상적 사고가 가능해짐(독서, 경험 학습을 통한 향상 발전)
   (2) 가능성의 세계를 중요시함.
   (3) 논리적 방법으로 문제를 해결함.

2) 지적발달의 의의
   (1) 청소년기의 자아 정체감 형성과 도덕성, 정서, 사회성 발달의 기초가 됨.
   (2) 일시적 자아 중심성이 나타나게 함.
   (3) 기성 세대에 반항적이 되기도 함.

2. 자아 정체감의 발달

1) 자아 정체감
   (1) 자아 정체감의 이해
      - 자아 정체감이란 : 자신의 위치, 능력, 역할 및 책임에 대한 변함없는 인식
      - 자신의 모든 행동에 영향을 줌.
   (2) 자아 정체감 형성의 의의
      - 인생의 목표가 뚜렷해짐.
      - 일관성 있는 모습을 갖게 되어 타인에게 신뢰감을 줌.
      - 자신을 알아 가는 과정에서 진로 탐색의 기회를 가질 수 있음.

3. 청소년기의 직업과 진로 탐색/진로성숙

1) 스스로에 대한 정확한 이해가 우선되어야 함.
2) 자신의 적성과 흥미에 맞는 직업 분야의 탐색
3) 직업 활동을 위한 스스로의 능력 개발

◼ 기출정리– 피아제의 형식적 조작기

1. 가설적, 과학적, 연역적 추론

1) 추상적 개념을 고려할 수 있게 되면서 청소년은 가설을 만들어 내고 검증할 수 있게 된다.
2) 청소년은 또한 체계적, 조합적 사고가 가능하여 문제해결을 위해 사전에 계획을 세우고, 해결책을 체계적으로 시험하기도 한다.

2. 청소년기의 자아중심성

1) 상상적 관중(상상속의 청중 : imaginary audience)
2) 개인적 우화
3) 이상주의

◼ 청소년기 사회, 인지능력의 발달

1. 청소년 자아중심성, 개인적 우화, 상상속의 청중

1) 청소년기의 자아중심성 – 엘킨드(Elkind, 1984)
   (1) 자아중심성이란 청소년기 사고유형 특징 중의 하나로서 자아 중심성, 즉 자신의 관념이 가장 중요하고 최고의 가치를 가졌다고 생각하는 면이 두드러지는 현상을 일컫는다.
   (2) 따라서 자신의 관념세계와 타인의 관념세계를 구분하지 못하며 자신이 세상의 중심이 된다고 믿을 만큼 강한 자의식을 보인다. 자아중심성으로 인해 나타나는 현상 중에 '개인적 우화'라든가 '상상적 청중' 등이 있다.

2) 개인적 우화
   (1) 개인적 우화란 마치 평균대 위를 눈가리고 아슬아슬하게 걷는 행위에 비유할 수 있을 것 같다. 개인적 우화란 자신은 특별하고 독특한 존재이므로 자신의 감정이나 경험 세계는 다른 사람들과 근본적으로 다르다고 믿는 것 역시 청소년기 자아 중심성의 한 형태로 볼 수 있다.
   (2) 자신의 우정, 사랑 등은 다른 사람은 결코 경험하지 못하는 것으로 믿으며, 다른 사람이 경험하는 죽음, 위험, 위기가 자신에게는 일어나지 않거나 혹시 일어나더라도 별다른 피

해를 입지 않을 것으로 생각한다.

(3) 청소년들이 음주운전이나 폭주처럼 위험한 일을 서슴없이 행하는 것도 이런 믿음에 기인한다고 할 수 있다. 이따금 생각 없이 또래 무리에 끼여 법적 문제의 소지가 다분한 행동에 가담한다든지, 또래를 괴롭히는 행동의 책임에 대해 부인한다든지 하는 특성도 여기에서 기인한다.

3) 상상적 청중(상상속의 청중)

(1) 상상적 청중이란 청소년기의 과장된 자의식으로 인해 자신이 타인의 집중적인 관심과 주의의 대상이 되고 있다고 믿는 심리상태를 말한다.

(2) 청소년들은 주위의 모든 사람들이 자신만 보고 있다는 착각에 사로잡히는 경향이 있다. 자신이 타인의 집중적인 관심과 주의집중의 대상이 되고 있는 것처럼 느끼는 것이다. 청소년 주위에는 실재가 아닌 상상의 청중이 늘 따라다니고 있는 셈이다. 소위 '상상적 청중'을 즐겁게 하기 위해 많은 노력을 하며, 타인이 눈치 채지 못하는 작은 실수에도 스스로 번민하는 경우가 많다.

(3) 상상적 청중에 대한 자신의 위신을 손상시킨다고 생각되면 작은 비난에도 심한 분노 반응을 보이는 경향이 있다. 청소년들은 상상의 청중을 즐겁게 하기 위해 스타가 된 기분으로 멋 내는 일에 치중하기도 한다. 긴 시간, 거울 앞에서 자신을 연출해보는 일에 집착하거나 이유를 알수 없이 짜증을 내는 일도 잦아진다. 어른들은 이런 모습을 이해할 수 없다.

(4) 우리나라의 경우, 중학교 2학년 무렵에 가장 높은 상상적 청중 의식이 나타난 후 서서히 감소하지만, 상당수 사람에 있어서 어느 정도는 성인기에도 지속되는 경향을 보인다.

(5) 청소년기 자아 중심적 사고는 발달에 따른 자연스러운 특성이라고 할 수 있다. 자아 중심성은 형식적 조작 사고가 발달하는 11~12세경 시작해 15~16세경에 정점을 이루다가 다양한 대인관계의 경험을 통해 자신과 타인에 대한 객관적인 이해가 이뤄지면 서서히 사라진다.

📋 기출정리 – 청소년기 자기중심성에 대한 설명

1) 청소년기의 보편적 현상이다.
) 엘킨드는 초보적인 형식적, 조작적 사고의 결과로 보았다.
3) 사회적 상호작용을 통해 타인의 관심사와 경험을 이해하게 되면서 사라진다.
4) 자기도취적이고 요란한 옷차림을 하며 눈에 띄고 싶은 것이나, 타인들이 자신을 열광적으로 바라보고 있다고 생각하는 것은 '상상의 청중' 현상이다.
5) 청소년기 자기중심성은 개인적 우화의 형태로도 나타나는데 개인적 우화는 음주운전, 폭주, 마약, 성문란 등의 파괴적인 행동으로 나타난다.

청소년기의 감정(성)지능

1. Daniel Goleman은 자신의 감정과 타인의 감정을 이해하고 인식하고 관리 할 수있는 능력

  1) 감성지능이란 인간의 감성적 능력, 즉 자신의 감정을 조절하는 능력을 말한다.
  2) 머리와 가슴의 균형, 즉 지성적인 마음과 정서적인 마음의 균형이 핵심적인 특징이다.

2. 청소년의 감성지능 개발과 관련하여 제안할 수 있는 다섯 가지

  1) 자신의 감정을 아는 것(knowing one's emotions)
  2) 자신의 감정을 다루는 것(managing emotions)
  3) 스스로 동기화하는 것(motivation oneself)
  4) 다른 사람의 감정을 알아차리는 것(recognizing emotions in others)
  5) 대인관계 능력(handling relationships)

청소년의
이해

9강 감성지수/청소년 우정론

학습목표
1. 청소년기의 감성지능 5 요소 이해
2. 청소년기의 우정발달에 대한 내용 이해

학습내용
1. 청소년기의 자기인식 및 자각과 관련된 감성지능 요소들을 학습한다.
2. 청소년기의 우정발달과 정서적 특성에 대한 상세내용을 학습한다.

☐ 감성지능의 구성요소 5가지

1. 자기인식/자각(Self-Awareness)

- 다른 사람들에 대한 자신의 영향 뿐만 아니라 기분, 감성 및 동인(動因, drives)을 인지하고 이해 하는 능력
- 특질 : 자신감, 현실적인 자기평가, 자신의 중요성을 최소화하는 유머감각
  (Self-deprecating sense of humor)

2. 자기규율(Self-Regulation)

- 파괴적인 충동 및 기분을 통제하거나 방향을 바꾸는 능력
- 행동하기 전에 생각하기 위하여 판단을 보류하는 성향
- 특질 : 신뢰할 수 있음, 성실성, 모호함에서의 편안함 마음(comfort with ambiguity), 변화에의 개방성

3. 동기부여(Motivation)

- 돈이나 지위를 초월한 이유로 일을 하는 열정
- 특질 : 에너지와 인내를 갖고 목표를 추구하는 성향, 강한 성취욕구, 실패에 직면하여서도 낙관주의, 조직에의 헌신

4. 감정이입/공감(Empathy)

- 다른 사람들의 감성적 기질을 이해하는 능력
- 사람들의 감성적 반응에 따라 그들을 대우하는 스킬

– 특질 : 재능을 구축 및 계속 보유하는 전문적 지식(기술), 서로 다른 문화간의 민감성, 클라이언트 및 고객에의 서비스

5. 사회적 스킬(Social Skill)

– 관계를 관리하고 네트워크를 구축함에 있어서의 능숙한 스킬
– 공통점을 발견하고 친근한 관계를 구축하는 능력
– 특질 : 변화 선도에 있어서 유효성, 설득력, 팀 구축 및 리드하는 전문적 지식/기술

■ 청소년기 우정발달론

1. 청소년발달에 있어서 친구관계의 중요성을 강조하였다.

2. 성격은 개인의 의미있는 대인관계의 경험, 특히 친밀한 사람들과의 관계에 의해 일생 동안 형성된다고 보았다.

3. 청소년의 특징

1) 친밀감이 급격히 증가하며 특히 동성의 단짝 친구와 친밀감을 공유하고자 하는 욕구가 매우 강한 시기이다.
2) 이 시기에 주로 동성의 몇몇 친한 친구와 형성하는 친밀한 관계를 단짝관계라고 지칭하였다.
3) 단짝관계란 소수의 특별한 친구와 서로 비밀 이야기를 나누고 관심사를 공유하는 관계로 의리, 정직, 믿음 등에 기반한 가깝고 상호적인 우정관계를 말한다.
4) 나아가 청소년기의 친밀한 우정관계는 청년기와 성인기 전반에 걸쳐 타인과 친밀한 관계를 형성하는 밑거름이 된다.

■ 창의성

1. 창의성은 한 아이디어를 산출하거나, 전통적인 사고유형에서 벗어나 새로운 유형으로 사고하는 능력이다.
2. 창의적 사고는 지적으로 우수한 자에게만 있는 것은 아니어서 어떤 학생들에게도 창의적 잠재력을 개발할 수 있다.
3. 창의적 사고의 교육적 가능성은 매우 높으며, 부모나 교사는 학생들의 창의성 개발을 위해 더 많은 관심을 기울여야 한다.

■ 청소년의 정서적 특성

1. 역할 혼란(Role confusion) : 과도한 사회적 기대감과 요구, 과업이 원인

2. 청소년기 정서적 혼란의 원인

1) 청소년 초기의 급격한 신체적 변화(호르몬 변화)

2) 인지적 변화로서 형식적 조작능력의 획득

3) 자아의 발달

4) 사회적 역할의 확대와 그에 따른 복잡한 적응상의 문제에 맞닥트림

5) 성적욕구 등 새로운 욕구의 발현, 그에 따른 사회환경의 확대로 인한 불안정감

6) 외부의 지나친 기대에 따른 자신의 무능과 타인의 무관심으로 인한 실망과 낙담

7) 지적 능력의 강화에 초점을 사회적 기대와 적절한 감정 표출 기술의 부족

8) 자신의 감정에 대한 부족한 인식과 표현방법의 부족

9) 격렬함과 동요성

  (1) 쉽게 분노하고, 쉽게 감정에 동요된다.

  (2) 감정이 이기적인데서 이타적으로 되며, 자신의 감정에 대해서는 내면적 탐색

10) 정서의 자극 대상의 변화

  사회적 학습과정에서 불쾌한 정서적 자극보다는 자신의 무능력감과 불안정감을 일으키는 대상에게 정서자극을 받게 된다.

11) 정서표현의 내면화

  의식적으로 정서가 억제되어 분노가 초조감이나 혐오감으로, 공포심은 불안이나 우울감으로, 기쁨이나 환희는 행복감으로 이행되며, 억압된 강렬한 감정의 해소방법으로 자살을 선택하기도 함.

12) 정서의 개인차

  성공, 실패, 흥미, 사회적 요인등으로 인해 정서가 자극되지만, 개인차가 다양하게 나타난다.

■ 청소년 정서의 특징 – Young의 관점

1. 격렬하고 쉽게 동요하는 속성

1) 부모, 동료, 교사 등의 행동에 쉽게 분노, 얼굴 붉힘, 슬픔, 감동

2) 자기 영웅시의 감정과 어두운 열등감의 동시 작용으로 갈등

3) 격심한 정서 변화 통제할 수 없을 시 충동적, 탈선적 행동의 발생

4) 격심한 정서변화는 인간관계 어려움의 발생 가능성

2. 연령별 불쾌감 자극의 종류가 다름

1) **아동기** : 부상, 질병, 체벌, 징계, 병원가는 것 등

2) **청소년** : 학교에서의 실패, 원하는 것이 거부될 때, 부모와의 갈등, 죄에 대한 감정, 친구를 잃는 것 등 주로 대인관계 문제

3. 정서표현방식의 차이

1) **아동** : 직접적, 일시적, 외적인 표현 – 오래 지속되지 않음

2) **청소년기**
   (1) 내부에 숨겨짐, 방어기제에 의한 변용, 쉽게 드러나지 않음, 비교적 영속적 상태
   (2) **정서의 의식적인 억제** : 분노는 초조감이나 혐오감으로, 공포심은 불안이나 우울로, 기쁨이나 환희가 행복감으로 표현
   (3) **조용한 자연 환경 등의 아늑한 감정** : 정신생활에 풍부한 색체 부여
   (4) **정조의 생성** : 감정이 이상, 이념, 풍부한 상상력 등의 지적 활동 동반 시, 현실의 미화, 사상과 행동의 이상적인 방향으로 통제

4. 정서 변화에 가장 큰 영향을 미치는 요인 : 신체 생리적 변화, 심리 사회적 변화

1) **주요 심리사회적 변화(Hurlock)** : 부모의 간섭과 구속, 하고 싶은 것에 대한 저지, 충족감과 만족감의 저지 사태, 사회가 더 성숙된 행동을 기대할 때, 새로운 환경 적응 시, 이성에 대한 적응, 학업의 실패, 가족이나 친구와의 갈등

2) **신체적인 조건이 나쁠 때**(피로, 수면부족, 두통, 감기, 공복 등) 분노, 초조감이 크게 나타남
   (1) 지능이 높거나 낮은 학생은 중간 정도인 학생보다 분노의 빈도 높음
   (2) 여자는 남자보다 정서적 표현이 많음
   (3) 장자와 독자는 중간 자녀보다 더 쉽게 분노
   (4) 성별과 출생에 따른 특별한 정서라기 보다 문화적, 생활양식의 차이에서 비롯된 것으로 해석

■ 향상학습 – 엘론(Yelon)과 웨인스테인(Weinstein)이 제안한 창의성 개발 기법

1. 청소년들에게 다양한 경험을 제공하고 이를 결합할 수 있도록 하며 여러 가지 지적 영역에서 개방성을 조장한다.
2. 어떤 원리를 새로운 장면에 적용할 수 있도록 도와준다.
3. 비범한 질문이나 아이디어가 더 귀중한 것임을 인정하고 이를 수용한다.
4. 솔선하여 스스로 무엇을 행할 수 있는 기회를 마련해 준다.
5. 압력을 줄이도록 한다. 브레인스토밍 기법과 같이 비판을 줄이고 자유로운 사고를 권장한다.
6. 반추하여 생각할 시간을 마련해 준다.
7. 개인차를 존중한다.
8. 창의적 사고를 진행하는 동안의 무질서를 인정한다.
9. 자신이 원하는 것을 명확히 시사해 주는 것은 창의적 사고에 중요한 자극 요인이 된다.
10. 창의적 행동모형을 제시한다.

청소년의
이해

10강 도덕성 발달/정체성 발달

학습목표	1. 청소년의 도덕성 발달 이해 2. 청소년의 정체감 발달 이해

학습내용	1. 청소년의 도덕성 발달과 부모의 양육태도 유형과의 관계성 등을 학습한다. 2. 청소년의 정체감 발달이론과 올바른 자아정체감의 형성 등에 대한 내용을 학습한다.

☐ 청소년의 도덕성 발달

1. 도덕성 발달의 의의

도덕성(morality)는 옳고 그름에 대한 인간의 지각이다. 행동상 옳고 그름의 규준에 따라 개개인이 지각하는 인간의 본질이다. 도덕성은 가치관을 구성하는 중요요소로서 인간 상호간의 행복과 이익을 위해 인간 행동의 결과를 판단하는 기준이다.

2. 청소년 도덕성 발달

청소년기에는 추상적 사고를 할 수 있는 등의 지적 능력이 발달하면서, 도덕성의 수준도 높은 단계에 도달하며 청소년기의 도덕성 발달은 청소년들이 사회에 적응하고 부모님이나 선생님, 친구들과의 관계를 원만하게 유지해 나가도록 하는 기초가 된다.

1) 도덕성의 발달에 영향을 끼치는 요인

청소년의 도덕성 발달에 영향을 미치는 요인은 부모의 양육태도, 또래집단의 영향, 부모의 행동, 대중매체의 영향 등을 들 수 있다.

2) 부모의 양육태도 유형 - 바움린드(Baumrind)

(1) **권위있는 양육태도** : 부모는 아이들을 애정과 수용으로 대하며 많은 정보를 제공하고 합리적인 이유를 대면서 자녀의 행동을 통제한다. 이 집단의 유아들은 독립적이고 현실적이며, 자신을 통제할 줄 안다.

(2) **독재적인 양육태도** : 부모는 자녀에 대한 애정과 동정심이 적고, 양육에 있어서 융통성이 없으며 자녀들과 원활한 의사소통을 하지 못한다. 그러나 권위적인 행동을 하며 부모가 내린 결정이나 규칙을 절대적으로 준수하도록 강요하며 매우 성숙된 행동을 요구한다. 이

집단의 유아들은 자기를 통제하는 능력이 보통 정도이고 쉽게 불안정해지며, 퇴행적이고 신뢰심이 적다. 또 또래집단에 흥미가 없다.

(3) **허용적인 양육태도** : 부모는 자기 신뢰감과 탐구심이 없고 자기 통제력도 없으며, 온정적이긴 하지만 자녀들을 통제하지 못하고 성속된 행동을 요구하지도 않는다. 또한 가사도 조직적으로 운영하지 못하고 자녀의 성숙된 행동도 요구하지 않는다. 이 집단의 유아들은 미숙하고 의존심이 많으며 자아통제를 하지 못하며, 퇴행성이 심하다. 또 새로운 경험이나 긴장이 되는 경험을 회피한다.

■ 기출문제 – 양육태도의 유형, 바움린드(Baumrind)

(1) **민주주의형** : 권위주의형과 허용형의 중간형태. 이상적 유형

(2) **권위주의형** : 부모가 독재자처럼 전체적으로 자녀들을 지도하는 유형으로서 한계만 주어지는 형

(3) **허용형** : 부모가 자녀의 요구를 다 들어주기 때문에 질서의식과 규율이 거의 없다.

(4) **방임형** : 부모가 자녀를 양육하면서 최소한의 역할만 수행하는 무관심한 경우와 자녀 양육에 대한 철학이 없어 무기력하게 양육하는 태도

(5) **부모의 양육태도 유형** – 세퍼(Schaefer)
  - **애정적 – 자율적 유형** : 가장 이상적.
  - **애정적 – 통제적 유형** : 의존적이며 사회성과 창의성 부족 야기
  - **거부적 – 자율적 유형** : 정서적 불안야기, 사회적, 정성적 미성숙
  - **거부적 – 통제적 유형** : 사회성 부족, 퇴행적 행동 야기.

■ 청소년의 정체감 발달

1. 자아정체감이란 Erikson이 처음 사용한 용어

2. 자아정체감의 정의에 대해서는 그 용어를 처음 사용했던 Erikson도 여러 가지 의미로 쓰고 있기 때문에 한마디로 정의하기는 어렵지만 확실한 자아정체감은 개별성, 총체성, 계속성과 관련이 있다.

3. 개별성(독특성 또는 특수성;uniqueness or distinctiveness)은 가치나 동기 또는 관심을 타인과 공유하더라도 자신은 타인과는 다르므로 자기는 독특하고 특별하다는 인식이다.

4. Erikson은 자아정체감을 객관적인 면과 주관적인 면으로 나누어 설명하고 있다
  1) 객관적 자아정체감은 집단정체감이나 국가 정체감으로 불리는 것으로 어떤 집단의 역사, 전통 및 가치관 등에 자기 자신을 포함시켜 귀속감이나 소속감을 통해 자기 자신을 느끼는 것을 말한다.

2) 주관적 정체감은 개별적 정체감(individual identity)으로 불리는 것으로 다시 두 개로 나눌 수 있는데 하나는 개인적 정체감(personal identity)이고 다른 하나는 자아정체감(ego-identity)이다.

　　(1) 개인적 정체감은 어떤 개인이 놓인 상황이나 시대에 따라 다소 다른 모습으로 존재할 지라도 그와 관계없이 여전히 '나'라고 인식하고 있는 측면으로서 '자기 자신의 계속성과 동질성에 대한 느낌(feeling of sameness and continuity of self)'이라고 할 수 있다.

　　(2) 자아정체감이란 개인적 정체감보다 더 넓은 의미를 포함하는 것으로 대인관계, 역할, 목표, 가치 및 이념 등에 있어서 자기가 지니는 고유성 즉 '자기다움'에 대한 자각과 이에 부합되는 자기 통합성과 일관성을 견지해 나가려는 '의식, 무의식적인 노력'이라고 할 수 있다.

■ 청소년기 자아 정체감의 발달

1. 자아 정체감

개인의 신체적 특징은 물론 능력, 흥미, 욕구, 자신의 위치, 역할 및 책임에 대한 변함없는 인식

2. 청소년기 자아 정체감의 형성

청소년기가 되면 '나는 누구인가?', '나는 무엇을 할 수 있는가?' 등 자신에 대하여 여러 가지 의문을 가지게 되는데, 이렇듯 진정한 자기를 찾기 위해 노력하는 과정에서 자아 정체감을 형성하게 됨

3. 올바른 자아 정체감의 형성

1) 자아 존중감과 자신에 대한 정확한 이해를 통해 긍정적인 자아 정체감을 형성하는 것이 중요함

2) 자아 정체감이 바르게 확립된 사람은 자신의 인생에서 스스로 주인이 되어 의미 있는 삶을 살아갈 수 있음

3) 자아 정체감이 바르게 확립된 사람의 특징
　　- 삶의 목표가 뚜렷함
　　- 자신의 생각과 행동에 자신감을 가짐
　　- 독립된 사회 구성원으로서 살아갈 준비를 할 수 있음

4) 자아 정체감이 바르게 확립되지 않은 사람의 특징
　　- 삶의 방향이 뚜렷하지 않음
　　- 현재와 미래에 대하여 불안감을 가짐
　　- 자신의 역할에 대한 혼란으로 열등감을 가지게 되어 대인 관계에 좋지 않은 영향을 끼침

4. 긍정적인 자아 정체감 형성을 위한 노력

1) 자신을 객관화시켜 있는 그대로 받아들이며, 지나치게 과대 평가 또는 과소 평가하지 말아야 함
2) 자신의 장점과 단점을 모두 수용할 수 있는 심리적 여유를 가져야 함
   (장점은 길러 나가고, 단점은 고쳐 나가기 위해 노력함.)
3) 자신을 소중하고 가치있게 여길것
4) 자신만의 고유한 특성을 계발해 나가야 함

🟦 자아 정체감의 위기

1. 긍정적인 자아 정체감을 형성한 사람은 내면에 힘이 생기고 왜 공부를 해야 하는지도 스스로 알게 된다. 그러나 자아 정체감이 바르게 확립되지 못하면 정체감의 위기를 경험하게 된다.
2. 이러한 위기는 자신의 존재 의미에 대해 끊임없이 질문하며, 부정적으로 자신을 바라보게 되므로 자신에 대해 부정적인 태도를 가지게 된다. 이런 경우에는 열등감을 가지게 되어 원만한 인간관계를 형성하기 어려워지고, 다양한 상황에 적응하지 못하고 문제를 발생시킬 수 있다.
3. 청소년은 긍정적인 자아상과 자아 개념을 형성하기 위해 노력해야 함

청소년의 자아정체감 형성 및 사회적 특성

1. 마르샤의 자아정체감 형성과정 이해
2. 청소년기의 사회적 특성 이해

1. 긍정적 발달과업의 획득과 마르샤의 자아정체감 형성과정 등에 대한 내용을 학습한다.
2. 개별화와 또래집단에의 몰입 등 청소년기의 사회적 특성에 대해 학습한다.

■ 청소년기의 자아정체감 형성과정 - 마르샤(Marcia. 1966)

마르샤는 각 발달단계에서 긍정적 발달과업의 획득을 위해 공통적으로 필요한 두 가지 요소, 즉 위기와 관여를 근거로 정체감 형성과정을 '정체감 혼미, 조기완료, 지불유예, 정체감 성취'의 네 가지 지위로 구조화하였다.

1. 정체감 혼미

1) 사춘기를 전후하여 나타난다.
2) 발달과업의 성취를 위한 위기의식이나 대안이 없으며 또한 개인의 관여도 이루어지지 않고 있다.
3) 나는 누구인가? 라는 질문을 하였을 때 이들은 대체로 '나는 아무도 아니다' '나는 내가 누구인지를 모른다' '나는 내가 아니다.' 등의 혼란스러운 반응을 보인다.
4) 심리적인 유동상태에 있기 때문에 어떠한 유혹이나 영향력에도 쉽게 노출되고 자신의 성격을 확신하지 못하고 대인관계에 일관성이 없는 등의 심리적 특성을 나타낸다.

2. 정체감 유실(조기 완료)

1) 가치와 직업, 개인적 이념 등에 관여는 하고 있지만 위기의식은 없는 상태이다. 외형상으로는 안정된 상태인 것처럼 보이지만 가치체제가 고착화되어 있고 권위주의적인 태도를 보이며 자신의 정신적 지주라고 할 수 있는 성인(부모)에게 절대적으로 의존하는 경향이 높다.
2) 조기완료 상태가 지속되면 자신의 진정한 자아와 삶의 주체성을 상실하게 되며 융통성이 결여되게 된다.

3. 정체감 유예(지불유예)

1) 관여는 거의 이루어지지 않지만 위기상황을 경험하고 있는 상태이다. 자기 삶의 주체성과 독립성을 주장하기에는 무언가 불안하고 또 자신감도 없는 까닭에 아동도 아니고 성인도 아닌 어중간한 청소년으로서의 특권을 계속 유지시켜 나가는 일종의 정체시기라고 할 수 있다.

2) 마르샤는 이를 정체감 성취의 전제조건이라고 주장한다.

4. 정체감 성취

1) 위기와 관여를 모두 경험한 경우로, 청소년 자신이 직접 위기를 성공적으로 극복하여 정치적 및 개인적 이념체계, 직업 등에 대해 스스로 의사결정을 내려 자신의 역할을 수행하고 있는 단계이다.

2) 정체감 성취가 이루어진 청소년은 자신감과 성취의욕이 높으며 일반적으로 인지능력과 과업수행능력도 높다.

3) 대인관계가 원만하고 융통성이 뛰어나며 유머감각도 우수하다.

4) 심리적으로 안정되어 있으며 독자적인 삶을 개척해 나갈 수 있는 용기와 책임의식을 가지고 있다.

5) 집단 리더로서의 충분한 자질을 발휘하며 또래들의 부정적 영향에 쉽게 유혹되지 않는다.

■ 청소년기의 자아발달

(1) 청소년은 자기 보호적 단계(제1전환 단계)부터 개인주의적 단계(제3전환 단계)에 이르기까지 다양한 범위의 단계에 있다.

(2) 청소년이 전 순응주의적 단계에 속하는 경우는 비교적 드물지만 마찬가지로 이들은 자율적 단계나 통합적 단계에도 거의 속하지 않는다.

(3) 연령이 증가하면서 타인을 모방하는 단계(순응주의자)를 지나 가치를 내면화하는 단계(양심적)로 옮겨간다는 사실과 더불어 대부분의 청소년들은 일관되게 순응주의자 단계와 양심적 단계 사이에 있는 것으로 분류하는 경향이 있다.

(4) 점차 그들은 독립적인 결정을 하게 되고 자신을 행동의 주도자로 생각하며 자신의 행동에 대한 책임을 받아들인다.

■ 기출문제 - 청소년기 자아개념의 발달

1) 아동기와 달리 신념, 특성, 동기로 자신을 묘사한다.

2) 청소년기 초기의 자아개념은 청소년기 후기보다 모순되고 변화가 심하다.

3) 청소년기 초기에는 아동기에 비해 더 긍정적 자아개념을 가지는 것이 아니라 부정적인 개념을 가지는 경향이 있다.

4) 청소년기 중기에는 청소년기 후기보다 현실적 자아와 이상적 자아간의 불일치가 높다.

■ 청소년의 자아정체감 성취를 지연시키는 요인

1) 역할실험의 기회의 감소
2) 선택할 수 있는 대안의 증가
3) 취업을 위한 준비기간의 연장
4) 의사결정 할 수 있는 영역의 다양화
5) 아동기와 성인기의 문화적 불연속성의 증가

■ 청소년의 사회적 특성

1. 개별화

1) 부모로부터의 독립을 통한 독립성과 자율성의 획득
2) 부모와의 정서적 유대를 지속하면서 자신을 부모와는 다른 독특한 한 사람의 인격체로 인식하고 경험해 가는 심리적 과정
3) 애착대상이 부모에서 친구로 전환되며
4) 부모와의 가치관, 생각의 차이를 발견하고 내면화 하는 과정 : 부모입장에서 청소년의 이러한 태도와 행동을 무조건적인 반항, 질풍노도의 시기에 하는 행동 만으로 인식하게 되면, 갈등이 발생됨

2. 또래집단에의 몰입

1) 청소년기 가장 중요한 사회적 특성은 동성이나 이성친구 등 또래집단에의 몰입
2) 또래에 대한 심리적 의존 정도가 깊어지며, 자신의 정체감 형성과정에 심리적 사회적 지지를 얻게 됨.
3) 동성친구와의 경험이 강화되며 다양한 발달적 요소를 획득하게 된다.
   (1) 적절한 성 역할과 행동규범을 습득
   (2) 신체적 변화를 자신의 성체감에 통합시키며, 성적 충동을 조절하고
   (3) 남녀 역할에 대한 사회적 기대를 수용할 수 있는 능력을 습득하게 된다.

3. 또래집단

1) 또래집단의 긍정적 요소

2) 또래집단속에서 같은 행동양식의 추구와 이질감을 인식함으로 인해 갈등과 수용을 반복하게 됨

3) 집단속에서 자신의 위치를 파악하고, 그에 대한 역할을 이행함으로써 긍정적 자아감이 형성되기도 하며, 부모나 또래집단으로부터 심리사회적 지지를 받지 못하게 되면 부정적 자아상을 경험하기도 함, 사회적 위축과 고립감, 약물남용을 경험하기도 한다.

🔲 사회적 이해력의 발달

1. 자신이 경험하지 않은 일에 대해 타인의 감정이나 느낌을 공유할 수 있다.
2. 사회적 상호작용에 긍정적 영향
3. Maslow(1971)의 소속감과 애정의 욕구의 발현기
4. 초기 청소년기의 자기중심적 사고에서 ⇒ 타인에 대한 관심과 배려, 애정에 집중
5. 이타성의 획득

🔲 베네딕트의 청소년 발달이론

1. 서구의 원시사회와 산업사회의 청소년발달의 차이점을 비교분석하여 청소년기 발달의 특징을 체계적으로 이론화하였다.
2. 아동기에서 성인기로의 진행과정에 있어서 교육을 중시하였다.
3. 서구의 원시사회의 청소년기의 발달은 매우 점진적으로 이루어지는 반면, 현대 서구 산업사회에서는 발달이 과정이 매우 불연속적이며, 아동기와 성인기는 서로 단절되어 있다고 보았다.

진로발달 및 진로발달이론

학습목표
1. 진로지도의 의의와 목적 이해
2. 학자별 진로발달 내용 이해

학습내용
1. 진로지도의 의의와 목적 이해
2. 학자별 진로발달 내용 이해

☐ 진로발달 – 진로지도의 목적

1. 자신에 대한 보다 정확한 이해의 증진

1) 복잡한 직업세계에서 자기에게 가장 적합한 직업을 선택하고 성공적인 직업생활을 영위하기 위해서는 무엇보다도 자기의 가치관, 능력, 성격, 적성, 흥미, 신체적 특성 등에 대하여 올바르게 이해하는 일이 필수적이다.
2) 진로지도는 학생의 자기이해의 증진을 중요한 목표로 삼아야 한다.

2. 직업세계에 대한 이해의 증진

1) 과학기술의 발전으로 인한 산업의 분화와 고도화에 따라 직업의 종류도 양적으로 팽창하였고, 일의 내용도 복자해졌으며, 고도의 전문화되어 가는 추세에 있다.
2) 직업세계의 변화에 영향을 미치는 몇 가지 주요 요인
기술환경의 변화 , 산업구조의 변화, 지식기반 정보화 사회, 정부의 경제정책 변화, 생활수준과 생활방식의 변화, 세계화, 환경과 안전에 대한 인식의 변화 등

3. 합리적인 의사결정능력의 증진

1) 자신에 대한 정보, 직업세계에 대한 정보를 바탕으로 합리적인 결정을 내리느냐, 그렇지 못하느냐에 따라 자기에게 적합한 진로를 선택할 수도 있고 그렇지 못할 수도 있다.
2) 아무리 훌륭한 능력과 정보를 가지고 있어도 최선의 선택을 할 수 있는 의사결정기술을 갖추고 있지 않으면 올바른 진로결정을 하기는 어려울 것이다.
3) 진로지도는 진로에 관한 의사결정 과정에 초점을 두고 의사결정능력을 증진시키도록 조력하는 것을 중요한 목표로 삼아야 한다.

4. 정보탐색 및 활용능력의 함양

1) 진로지도 및 진로상담에서는 '정보제공'이 큰 비중을 차지하고 있다.
2) 교사는 단순하게 학생들이 원하는 정보를 제공해 주는 일도 해야 하지만, 학생들 스스로가 필요한 정보를 탐색하고 활용하도록 안내하는 역할을 할 수 있어야 한다.
3) 학생들 스스로가 정보를 탐색할 수 있는 방법을 알려주고 실해에 옮겨보도록 함으로써 학생들로 하여금 진로에 관한 정보의 탐색 뿐 아니라 삶의 모든 영역에서 자기가 필요한 정보를 수집해서 활용하는 능력을 키워주는 것이 필요하다.

5. 일과 직업에 대한 올바른 가치관 및 태도 형성

1) 진로지도의 중요한 목표중의 하나는 학생들로 하여금 일과 직업에 대한 올바른 가치관 및 태도를 갖도록 하는 것이다.
2) 일 자체를 목적으로보다는 수단으로 여기는 생각에서 벗어나도록 해야하고, 특정한 종류의 직업에 대한 편견을 버리도록 해야 하며, 성역할에 대한 고정관념에서 벗어나도록 조력하는 일은 소홀히 다룰 수 없는 중요한 일이다.

■ 긴즈버그(Ginzberg)의 진로발달이론

1. 직업선택은 대략 10세부터 21세에 걸쳐 일어나는 하나의 과정이며, 이 과정은 역행할 수 없고 욕구와 현실 사이의 절충으로 정점에 이른다고 보았다.

2. 직업발달 3단계

1) 환상기(Fantasy Period – 11세 이전)
  : 놀이가 점차 일지향(Work-oriented)이 되며, 처음으로 특정활동에 대한 선호를 나타낸다. 이것은 다양한 직업적 역할이 놀이를 통해서 나타나게 되며, 직업 세계에 대한 최초의 가치판단을 반영하는 것이다.

2) 잠정기(Tentative Period – 11~17세)
  (1) **흥미단계** : 좋아하는 것과 그렇지 않은 것에 대한 보다 분명한 결정을 하게 된다.
  (2) **능력단계** : 직업적인 열망과 관련하여 자신의 능력을 깨닫게 되는 단계
  (3) **가치단계** : 자신의 직업 스타일에 대하여 보다 명확한 이해를 하게 된다.
  (4) **전환단계** : 직업선택에 대한 결정과 진로선택에 수반되는 책임의식을 깨닫게 된다.

3) 현실기(Realistic Period – 17세~청장년기)
  (1) **탐색단계** : 이 시기 동안 개인은 자신의 진로선택을 2~3가지 정도로 좁혀간다. 대부분

이러한 선택은 애매하여 확실한 결정의 상태라고 보기는 어려우나 진로에 대한 초점 (career focus)의 범위는 훨씬 좁혀진 상태이다.

(2) 구체화단계 : 특정직업 분야에 몰두하게 된다.

(3) 특수화(정교화)단계 : 각자가 직업을 선택하거나 혹은 특정의 진로에 맞는 직업훈련을 받게 된 다.

이 단계에서 자신의 결정을 구체화시키고 보다 세밀한 계획을 세우며 고도로 세분화, 전문화된 의사결정을 하게 된다.

■ 수퍼(D. Super) 의 직업(진로)발달이론 – 자아개념이론

1. 직업선택은 자아개념의 발달과 밀접한 관계가 있는데, 자아개념은 연령과 더불어 변한다. 따라서 이 이론을 직업선택의 발달이론이라고 한다.

2. 직업(진로)발달 5단계

1) 성장기(growth stage. 0–14세)

  (1) 주요 인물과 동일시함으로써 자아개념을 발달시킨다. 자기에 대한 지각이 생겨나고 직업세계에 대한 기본적 이해가 이루어지는 시기라고 할 수 있다.

  (2) 초기–욕구와 환상이 지배적

  (3) 사회참여와 현실검증이 증가 – 흥미와 능력을 중요시

   ① 환상기(fantasy substage. 4–10) : 욕구가 지배적, 환상적인 역할 수행이 중요시

   ② 흥미기(interest substage. 11–12) : 취향 – 활동의 목표 및 내용을 결정하는 요인

   ③ 능력기(capacity substage. 13–14) : 능력 중요시, 직업의 요구조건 고려

2) 탐색기(exploration stage. 15–24)

  학교생활, 여가활동, 시간제 일 – 자아검증, 역할시행, 직업적 탐색을 함

  ① 잠정기(tentative substage. 15–17)

   – 욕구, 흥미, 능력, 가치, 직업적 기회 등을 고려하기 시작

   – 잠정적인 진로 선택 – 환상, 토의, 일, 기타경험을 통해서 시행해 봄

  ② 전환기(transition substage. 18–21)

   – 취업, 취업훈련, 취업교육을 받으며 자아개념을 실천하려고 함에 따라 현실적 요인을 중요시

  ③ 시행기(trial substage. 22–24)

   – 최초의 직업

3) 확립기(establishment stage, 25-44)

　적합한 분야 발견 - 영구적인 위치 확보 위한 노력

　① 시행기(trial substage, 25-30) : 적합한 일을 발견할 때까지의 변동

　② 안정기(stabilization substage, 31-44) : 안정된 위치를 굳히기 위한 노력

4) 유지기(maintenance stage, 45-65)

　직업에 정착 유지하기 위한 노력

5) 쇠퇴기(decline stage,65 이후)

　은퇴 후 다른 활동

3. 도널드 수퍼의 '진로아치문' 모형

수퍼의 진로아치문 모형은 인간발달을 위한 생물학적 - 지리적 기초를 의미하고 왼쪽 큰 석조기둥을 '사람'을, 오른쪽 석조기둥은 '사회'를 형성한다. 이러한 양 기둥을 바탕으로 일련의 발달단계를 거치면서 자기개념이 형성되기 때문에 진로아치의 가장 정점에 '자기(self)'가 위치한다. Super의 이론은 '자기개념(self- concept)'을 '직업적으로 적절한 능력 등에 재능이 있는 특성을 가진 존재'라 부를 만큼 진로발달에 있어서 자기개념을 강조한다.

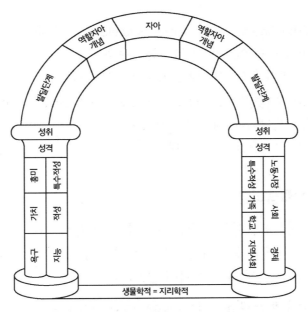

〈*수퍼의 진로아치문 모형〉

* '자기(self)' – 자기개념이란?
  : 개인의 외모, 능력, 성격, 성별, 가치, 사회 내에서의 직위같은 많은 요소들을 포함하고 있는 자기에 대한 개인적 관점 – 고트프레드슨

☐ 고트프레드슨(Gottfredson)직업포부(occupational aspiration)의 발달

1. 고트프레드슨(Gottfredson)에 따르면 사람들은 자신의 자아 이미지에 알맞은 직업을 원하기 때문에 직업 발달에 있어서 자기개념은 진로선택의 중요한 요인이 된다. 여기에서 자기개념 발달의 중요한 결정요인은 사회계층, 지능수준 및 다양한 경험 등이다.
   - 한계와 절충이라는 개념을 중시
   - 사람이 어떻게 특정 직업에 매력을 느끼게 되는가를 기술한다.

2. 직업포부의 발달단계

1) **힘의 크기 지향성(Orientation to size power, 3~5세)** : 어른이 된다는 것의 의미를 알게 된다. 사고과정이 구체화되며, 자신의 직업에 대해서 긍정적 입장을 취한다.

2) **성역할 지향성(Orientation to sex roles, 6~8세)** : 자아개념이 성(gender)의 발달에 의해서 영향을 받게 된다. 그리고 자신이 선호하는 직업에 대해서 보다 엄격한 평가를 할 수 있게 된다.

3) **사회적 가치 지향성(Orientation to social valuation, 9~13세)** : 사회계층에 있어서의 자아(self-in-situation)를 인식하게 되고, 일의 수준에 대한 이해를 확장시킨다. 그리고 직업에 대한 평가를 하기 위한 보다 많은 기준을 갖게 된다.

4) **내적, 고유한 자아 지향성(Orientation to the internal, unique self)** : 내성적인 사고를 통하여 자아인식이 발달되며, 타인에 대한 개념이 생겨난다. 자아성찰과 사회계층의 맥락에서 직업적 포부가 더욱 발달하게 된다.

☐ 크롬볼츠 – 사회학습이론

1. 진로선택에 대한 사회학습이론적 접근은 크롬볼츠, 미첼, 게라트에 의해 제안되었다. 이 이론에서는 진로발달과정이 유전요인과 특별한 능력, 환경조건과 사건, 학습경험, 과제접근기술 등의 네가지 요인과 관련된다고 본다.

1) **유전적 요인과 특별한 능력(genetic endowments and abilites)** : 유전적 요인과 특별한 능력은 개인의 진로기회를 제한하는 타고난 특질을 포함한다.

2) 환경조건과 사건(environmental conditions and events)
   - 환경조건과 사건은 종종 개인의 통제를 넘어서 영향을 미친다.
   - 여기서 강조하는 것은 개인환경에서의 특정한 사건이 기술발달, 활동, 진로선호 등에 영향을 미친다는 것이다.
   - 예를 들면, 개인환경에서 어떤 천연자원의 이용이나 어떤 직업을 규제하는 정부의 정책은 고용기회와 경험을 상당정도 결정할 수도 있다.

3) 학습경험(learning experiences)
   세 번째 요인인 학습경험은 도구적 학습경험과 연상적 학습경험을 포함한다.
   - **도구적 학습경험** : 개인이 결과에 대한 반응을 통해 학습하는 것, 행동의 직접적이고 관찰 가능한 결과를 통해 학습하는 것 등이다.
   - **연상적 학습경험** : 이전의 중립적 상황에 대한 부정적, 긍정적 반응을 통해 이루어진다. 예를 들면 '모든 정치인들은 부정직하다'. 또는 '은행가들은 모두 부자이다.' 와 같은 진술은 이 직업에 대한 개인의 인식에 영향을 미친다. 이러한 연상은 관찰, 출판물, 영화 등을 통해 학습될 수 있다.

4) 과제접근기술(task approach skill)
   - 과제접근기술은 문제해결기술, 작업습관, 학습습관 등과 같이 개인이 개발시켜 온 기술 일체를 말한다.
   - 이렇게 개발된 기술 일체는 개인이 직면한 문제와 과업의 결과를 상당 정도 결정한다.
   - 과제접근기술은 종종 바람직한 결과나 또는 바람직하지 않은 결과를 통하여 수정된다.

13강 문화의 개념/ 특징/유형

학습목표	1. 문화의 일반적 개념 이해 2. 취향문화론, 아비투스 등 문화관련 개념 등 이해

학습내용	1. 문화의 일반적 개념과 특성 그리고 문화유형에 대해 학습한다. 2. 허버트 갠스의 취향문화론, 용어이해, 문화관련 학자들의 연구내용 등을 학습한다.

☐ 문화의 개념

1) 사회구성원이 공유하고 있는 것이다.
2) 역사적으로 전승되어 학습된 것이다.
3) 사회 구성원의 행동 지침이나 통합된 체제 또는 형태를 의미한다.
4) 사회 구성원의 경험 조직의 표준이 된다.

☐ 문화의 특징

1) 문화는 정지해 있지 않고 움직이며, 또한 변화된다.
2) 문화는 단순히 다음 세대로 전승될 뿐만 아니라 변화된다.
3) 문화변화는 크게 내부요인과 외부요인에 의해 이루어진다.
   - 문화접변과 문화지체가 일어난다.
4) '문화실조(cultural deprivation)'는 개인의 발달에 필요한 문화적 요소의 결핍현상을 의미하는 것으로서, 대개 사회, 경제적 지위가 낮은 계층의 아동들에게 많이 발생한다.

☐ 갠스의 취향문화론

1. 허버트 갠스는 사람들이 문화를 통해 심미적 만족을 추구하며 문화를 선택하여 자신들의 가치와 취향을 표현한다면 그들이 선택하고 수용하는 문화가 고급이든 저급이든 모두 동등한 존재가치가 있고 바람직한 것이라고 보았음. 즉 문화는 국민들에 의해 수용되어야 하며 수용하는 국민 없이 문화가 존재할 수 없다는 것임.

2. 따라서 모든 문화는 문화의 수용공중(taste public)을 전제로 해야 하기 때문에 취향문화 수준에 따라 취향 공중이 설정되는 취향문화론을 주장함.

3. 그는 워너(Warnar)의 사회계층론을 도입하여 상급문화, 중상급문화, 중하급문화, 하급문화, 그리고 유사민속하급문화 등의 다섯 개 문화유형으로 취향문화를 나누었음.

   1) **상급문화(high culture)** : 고도의 전문적 감식안을 지닌 창작자들과 그 주변의 소수 후원집단이 향유하는 고급문화

   2) **중상급문화(upper-middle culture)** : 교양인과 문화인을 지향하는 중상류층 사람들의 취향과 밀접한 문화로써 상급문화의 창작품들을 일부 차용하기도 함. 유명 저널리즘 매체의 수용, 브로드웨이 연극 감상, TV 다큐멘터리 프로그램 시청 등이 여기에 포함.

   3) **중하급문화(lower-middle culture)** : 미국사회의 지배적인 취향문화로 사무직, 초등학교 교사, 저급 정신노동자 등이 주요 소비자층. 상급문화나 중상급문화의 작품들을 개작하여 통속화시킨 TV드라마, 쇼 등이 여기에 속함.

   4) **하급문화(low culture)** : 숙련공이나 준숙련공, 서비스노동자, 준숙련 사무원들이 주요 소비자층. 화려하고 원색적인 장식과 치장을 선호하지만 내용으로는 저급한 TV 프로그램, 선정적인 신문잡지매체, 영화 등이 여기에 포함.

   5) **유사민속하급문화(quasi-folk culture)** : 민속문화와 2차 대전 전의 상업적 하급문화의 혼합물. 비숙련노동이나 서비스업에 종사하며 초등학교 졸업정도의 학력밖에 없는 사람들이 주 소비자층. 하급문화와 거의 같은 문화를 수용하되 좀 더 단순한 내용의 민속문화적 표현과 속성을 갖고 있음.

🔲 아비투스

1. 아비투스(habitus)의 개념

아비투스(Habitus) : "일정 방식의 인간 행동과 인식, 감지와 판단의 성향체계(문화적 취향)"로써 개인의 역사 속에서 개인들에 의해 내면화되고 체화되며 또한 일상적 실천들을 구조화하는 메카니즘을 의미.

2. 즉 개인의 사회적 성향들의 결합이란 의미인 아비투스는 사회의 다양한 장면에서 지배계급의 의미있는 이해관계들 – 권력 – 에 기초해 형성됨. 따라서 아비투스는 사회구성원의 행위문법으로서 특수한 실천들의 생산을 위한 도식(schema) 내에서 하나의 계급을 다른 계급과 구별짓는 기능을 가짐.

📘 발터 벤야민(Walter Bendix Schönflies Benjamin) - 기출

1. 벤딕스 쇤플리스 벤야민은 독일의 유대계 작가이자 문예 평론가

2. 아우라의 몰락

1) 예술의 대량복제시대에 그 예술(원래의 예술작품)이 소유한 '아우라'가 사라진다고 봄.
2) 자본이 주도하는 경향과 사조가 개인의 시간과 의미를 앞질러버린 시대에는, 개인의 스토리텔링이 사라진다는 것. 지금의 시대에는 존재를 규정짓는 시간도 대량생산이 된다. 모두가 같은 것을 욕망하고 같은 곳만 바라본다.
3) 개인의 가치로 추구하는 소소한 일들도 그토록 사람마다 같을 수가 있을까? 그 소소함조차도 자본이 이끄는 경향과 사조에 끌려가는, 하나의 상품이며 개성넘치는 아우라는 몰락되었다.
4) 사람도 사랑도 상품으로 내놓아지는 절망의 시대
5) 타자의 담론 속에서 모든 것은 타자가 키를 쥐고 있다. 자기 스스로 해명할 수 있는 경험이 주어지지도 않을뿐더러, 관심도 없다. 정신의 구조를 지배하는 자본의 구조에 대한 통탄.

3. '우리가 어떤 현상의 아우라를 경험한다는 것은 시선을 되돌려 줄 수 있는 능력을 그 현상에 부여한다는 것', 다시 말해 아우라는 계속해서 바라볼 수 있는 가치들이다. 소비해 버리고 마는 것이 아닌, 소장으로써 '상품으로서의 성격을 영원히 제거하는' 개체의 특이성이다. 현대 사회는 그런 아우라 상실했다. 모든 것이 1회적이다. 이것을 선택하는 것이 저것을 선택하는 것과 별 다른 차이가 없다는 것이다.

📘 '학교와 계급재생산 - 폴 윌리스(Paul Willis) - 기출

1. 폴 윌리스(Paul Willis)의 『학교와 계급재생산』 (Learning to Labor: How Working Class Kids Get Working Class Jobs, 1977)은 잉글랜드 노동계급 학생들이 학교에서 어떻게 노동자 의식을 형성해 나가는지를 민속지학(enthnography) 방식으로 풀어나간 역작이다.
2. 이 책의 백미는 학교에서 소위 '싸나이들'(lads)로 불리는 '불량' 학생들과의 인터뷰가 담긴 1부다. '싸나이들'은 학교에서 공부는 안하고 끊임없이 서로 장난치고, 선생들을 곯리고, 싸우고, 땡땡이치는 아이들인데, 이들에게는 정당하게 노동을 하고, 그 대가를 받아 열심히 자기 맘대로 노는 것이 '싸나이'의 전범처럼 인식되어 있다. 하지만 학교는 이들을 교육 시스템 안에 끌어들이기 위해, 혹은 교육 시스템의 작동을 원활히 하기 위해 이들을 훈육하려 노력한다.

윌리스(저자)	지루함의 반대는 뭐지?
조이	흥미진진함이죠.
윌리스	그럼 뭐가 흥미진진한 거지?
조이	법칙을 부정하는 것, 규율을 깨버리는 것. 술 마시거나 그런거요.

학교는 갖은 협박, 체벌, 설득을 다 쓰지만 아이들은 순응하는 척하며 빠져나간다. 가령 이런 식이다.

윌리스(저자)	[킬킬거리고 웃는 행위에 대해] 킬킬거리는 건 뭐 때문이지? 그게 왜 그렇게 중요해?
조이	(. . .) 만약 웃을 수 있다면, 킬킬거릴 수 있다면, 정말 맘에서 우러나와서 그렇게 할 수 있을 때, 그 웃음은 우리를 많은 것들에서 벗어날 수 있게 해주잖아요.

3. 이 아이들의 이 킬킬거림은 선생이 결코 제압할 수 없다. 이 킬킬거림은 아이들이 미래의 노동자로서 자신의 정체성을 인식하고 학교를 억압기관으로 판단하기 때문에 나오는 행동이다. 이 아이들은 어떤 조직이 있는 것이 아니다. 이들은 그저 학교에서 서로 잘 알고, 비슷한 행동을 하면서 자연스럽게 만들어진 무리다. 우두머리도 없고, 서열도 체계도 없다. 그래서 이들은 모두다 우두머리이면서 모두다 '싸나이' 구성원들이다. 이들은 네트워크형 조직도 넘어선 벌떼, 개미떼와 같은 무형의 집단이다. 이들이 하는 저항은 선생에게 대드는 것이 아니라 그저 자기들끼리 장난치며 킬킬거리는 거지만, 바로 그 행위가 학교 시스템 전체를 무화시킨다. 선형조직에 대한 무형조직의 승리.
4. 미국 폭스방송의 인기 TV 시리즈 〈프리즌 브레이크〉(Prison Break)의 시즌1

14강 세대별 특징 및 각국의 상황

학습목표	1. 세대별 특징과 문화론적 관점 이해 2. 우리나라, 미국/유럽, 일본의 세대구분 이해

학습내용	1. 세대별 특징과 우리나라의 세대별 특징 등을 학습한다. 2. 미국/유럽, 일본 등 비교국가의 세대구분과 시대적 특성에 대해 학습한다.

▢ 에코/N/M세대

1. 세대

1) **생물학적 정의**

생물이 태어나서 성장하여 자신의 아기를 낳을 때까지 걸리는 평균 시간. 인간은 보통 30년, 초파리는 보통 12일이 한 세대

2) **사회학적 정의**

태어난 시기가 대략 비슷한 이들의 집단도 세대

2. 에코세대 (1980~88년생)

1) 민주화와 경제 발전에 따른 과실을 어렸을 때부터 향유
2) 궁핍했던 경험을 해본 적이 거의 없기 때문에 가난을 겪어본 기성세대들과 문화적 괴리가 심함
3) 외환위기라는 급격한 사회 변동을 겪으면서 극단적인 개인주의와 정글자본주의가 체화, 소위 '스펙 쌓기'에 골몰하는 양태를 보이기도 함
4) 사회 전반적으로 극단적인 변화가 많이 있었기 때문에 개인적 실력을 스스로 가장 중요시하는 특성이 있음.

   * X세대 후반대와 마찬가지로 어릴 때부터 정보화의 혜택을 누리기 시작

3. N세대 (1989~94년생)

1) 1999년 ADSL 기반의 초고속 인터넷망과 국민PC의 보급화 덕분에 힘입어 G세대 후반기와

마찬가지로 어릴 때부터 정보화의 혜택을 누리기 시작.

2) IT 분야에서는 1999년에 출시된 Windows 98 SE[18]와 ADSL 기반의 초고속 인터넷의 보급이 있었고 1996년부터 등장한 이른바 디지털 휴대폰이라고 불렀던 CDMA[19] 폰과 1998년부터 발매된 스타크래프트에 열광하던 세대.

3) 1989년생 2008학번부터는 처음으로 중학교 무상교육의 혜택을 받은 세대.

4) N세대는 베이비붐 세대 또는 386 세대의 자식세대일 확률이 높다. 이 경우 튜닝세대라고 불러야 한다는 의견도 제기된 바가 있다.

4. M세대 (Z세대, 1995~2002년생)

1) 미국/유럽에서는 이 세대를 가리켜 'Z세대(Generation Z)'라고도 한다.

2) M세대가 다른 세대와 구별되는 가장 특별한 점이라면 인터넷의 혜택과 그에 따른 정부 및 상류층에 대한 분노를 꼽을 수 있다. 다른 세대들이 생산과 수입 활동을 시작하는 성인이 되서야 정부와 정부가 만들어낸 사회에 대한 부조리함을 느꼈다면, 이들은 아주 어려서부터 외국의 사례, 지구촌의 경향에 대한 이해, 외국인들과의 교류를 하며 한국 사회에 대한 나름대로의 고찰이 유아·청소년기 내내 이루어졌다.

3) 이 세대는 중간의 과도기라 생각하면 된다. 아날로그(비디오 테이프, 폴더폰 등)와 디지털(스마트폰, mp3 등)을 동시 접함으로 앞뒤 세대의 문화를 공유하며 사회적 정체성 또한 공유한다.

4) 안 좋게 말하면 특징이 두드러지지 않는다는 점이고 좋게 말하면 유연하며 폭 넓고 다원적이다. 그래서 앞뒤 세대랑 사회문화적 특성 자체가 적어 세대 자체의 유동성과 붙임성이 좋은 편.

5. M세대 이후

M세대 이후 세대는 유아나 10대초중반의 초등학생, 중학생이기 때문에 딱히 사회에서 관심도 안가지고 아직 이름도 붙이지 않았다. 이들이 성인이 되는 2020년대 중반쯤에 이름이 생길 것이다.

🖥 미국/유럽에서의 세대 구분

1. 잃어버린 세대 (Lost Generation, 19세기 말 출생)

제1차 세계대전으로 인해 세상에 환멸을 느낀 세대.

2. 가장 위대한 세대 (Greatest Generation, 1900년 – 1927년 출생)

대공황을 겪고 자라났으며 나이가 들어서는 2차대전을 승리로 이끌고 미국의 황금기를 주도한 세대. 스트라우스-호우 세대이론에서는 "GI 세대'라고 부르기도 한다.

3. 침묵의 세대 (Silent Generation, 1928년 - 1945년 출생)

1) 대공황과 2차대전 중에 태어났으며 한국전쟁과 베트남 전쟁에 파병되었던 세대.
2) 큰 특징도 없고 정치적으로 큰 목소리를 내지도 않으며 묵묵히 일만 한다고 해서 타임지에 의하여 "침묵의 세대"라고 명명되었다.

4. 베이비 부머 세대 (Baby Boomer Generation, 1946년 - 1964년 출생)

1) 역사상 가장 안락한 삶을 살았던 세대 중 하나
2) 전쟁이 끝나고 미국의 출산율이 굉장할 때 태어난 세대이며 이 기간 동안 무려 7600만 명이 태어났다고 한다. 이 어마어마한 잠재력에 매료된 마케팅업자들에 의하여 어릴 때부터 철저하게 분석된 세대이기도 하며 은퇴의 나이에 이른 현재는 미국의 약품, 휴가, 개인금융 자산 시장을 먹여 살리고 있다.   3) 이전 세대들이 피를 흘려가며 얻어낸 근로자 인권과 사회복지의 혜택을 어릴 때부터 누렸으며, 그전까지는 부유층의 전유물이던 대학교육을 훨씬 싼 값에 받을 수 있었고 미국의 황금기에 자라났기에 그 이전 어느 세대보다도 부유하고 안락한 삶을 누렸다.

5. X세대 (Generation X, 1965년 - 1980년 출생)

1) "다음 세대는 이전 세대보다 더 부유하게 산다"는 통념을 처음으로 깬 세대
2) 이전 세대들보다 맞벌이나 이혼가정에서 자랐을 확률이 훨씬 높았기에 독립적이라고 평가 받는다.
3) 약 5천만 명가량으로 부머세대의 물량에 밀려서 정치적으로는 자기 목소리를 잘 내지 못했다는 평가를 받는다.
4) 한국의 X세대(우리나라 1975생 ~ 1980년초)도 10년 이상 늦지만 비슷한 모습을 보였다.

6. 밀레니얼 세대 (Millennial Generation 또는 Generation Y, 1981년 - 1996년 출생)

1) 한국에서는 밀레니엄 세대로 많이 알려져 있지만, 미국에서는 Millenial이라는 단어가 더 자주 쓰인다.
2) 혹은 제2의 부머라고 해서 "에코 부머"(Echo Boomers) 라고도 불린다. 이는 X세대가 출산률이 수직낙하하던 시기에 태어난 것과 비해서 출산률이 다시 상승세에 접어들 시기에 태어났기 때문이다.
3) 이 세대의 제일 큰 특징이라면 역시 어릴때부터 첨단기술을 접할 기회가 있었다는 것. 이전 세대들과 비교했을 때 부모와 더욱 친밀한 관계를 유지할 확률이 높지만, 최근의 경제난으로 인하여 대학 졸업 후 부모와 같이 사는 청년들이 늘어나면서 "부메랑 세대" 혹은 "피터팬

세대"라는 별명을 얻기도 했다.

4) 베이비 부머 기성세대에 대한 반감이 심하며 정치적으로도 진보적이다.

7. Z세대 (Generation Z, 1997년 – 2012년 출생)

1) 2010년대 현재 어린이–청소년으로 구분되는 세대.

2) 어느 정도 아날로그에 대한 기억이 남아있는 Y세대에 비해서 이 세대는 출생부터 인터넷을 접했기에 Digital Native라고도 불린다. 세계화가 완전히 이루어진 시점에서 태어난 세대이 기도 하다. 멀티태스킹에 능하지만 집중력이 산만하다는 평가를 받는다.

🔲 일본에서의 세대 구분

1. 다이쇼 세대 (1912년~1926년 출생)

다이쇼 일왕이 집권했을 당시에 태어난 세대로, 일본 역사상 최후의 징병제를 겪은 세대로, 어린 시절에는 관동 대지진과 세계 대공황을 겪었고,

청년 시절에 특히 남성들은 중일전쟁과 태평양 전쟁의 영향으로 대부분 징병을 당해, 그 세대의 16%가 전사했고 헬게이트 세대 현 전후 일본을 경제대국으로 올린 장본인이기도 하다.

2. 쇼와 한자릿수 세대 (1926년~1934년 출생)

청소년기를 전시체제 속에 지낸 세대로, 군국 소년 소녀가 되기 위해 교육을 받거나 군수공 장에서 일하게 되고, 일부는 가미카제로 참전하거나 공장 공습으로 전사하고, 또한 자신의 가족을 공습으로 잃은 사람이 많다. 이후에는 젊은 노동력으로 전후 고도성장의 주역이다.

3. 불탄 자리 세대 (1935년~1946년 출생)

유소년기를 제2차 세계대전 중에 보낸 세대. 아직 대학 진학률이 높지 않아 중졸, 고졸 학 력으로 사회에 나온 이들이 많으나, 전후 체제가 복구되면서 대학 진학률이 급속도로 상승 한 시기에 끼어있기도 하다. 특히 1940년대생은 당시 활발하던 학생운동에 참가하기도 하 였다.

4. 단카이 세대 (1947년~1949년 출생)

이 세대의 키워드는 경쟁, 학생운동, 외국 문물 등이 있다. 학생운동에 격렬하게 참가하였으 나 사회 변혁은 이끌지 못하고 사회에 흡수되었다. 그 후에는 일본 경제의 고도성장을 이끌 지만, 정작 그 혜택은 그보다 아래 세대인 신인류(60년대생)에게 돌아갔다.

5. 시라케 세대 (1950년~1964년 출생)

이 세대가 대학에 진학할 무렵에는 학생운동의 불이 완전히 사그라 들었다. 무라카미 하루 키는 이들이 다른 사람과의 차별성을 향해 내달렸다고 평가한다. 서브컬처류의 오타쿠 문화 도 이들 세대에서 태동했다.

6. 버블 세대 (1965년~1969년 출생)

80년대 일본 버블경제 당시 풍요롭기 그지없는 대학생 시절을 보냈거나, 또는 그 시대에 취 직 전선에 나선 세대.

7. 빙하기 세대 (1970년~1988년 출생)

이들이 취직 전선에 나선 90년대부터 일본의 취직 빙하기가 와서 이렇게 부른다. 무사히 취직에 성공했다 해도 일본 특유의 연공서열은 점차 사라져가고 장래에 대한 불안은 늘어 갔다.

8. 사토리 세대 (1987년~2004년 출생) さとり世代(사토리세다이), 득도세대

유토리 교육을 받고 자란 세대라 유토리 세대라고도 불린다. 심한 경제난으로 포기한 것을 넘어 삶의 의욕조차 없는 세대.

*ゆとり教育 / 유토리 교육 – 일본의 전인교육
*기존의 지식 전달에 치우친 교육에서 탈피하여, 지(知), 덕(德), 체(體)의 균형 잡힌 발달 을 지향하는 교육을 가리킨다. 지, 덕, 체는 고대 그리스 사회에서 주로 중요하다고 여겨 온 덕목으로, 완전한 '인간'이 되기 위한 조건을 육성하는 교육이라고 볼 수 있다. 즉 '올바 른 사람들로 길러주는' 교육을 뜻한다. 따라서 창의력, 예절, 인성, 내훈을 배우게 된다. 그에 따라서 지적 능력, 도덕적 능력, 체력적 능력을 함께 공부하는 것이다.
*대한민국에는 비슷한 말로 N포세대가 있다. 세계적인 청년실업으로 반체념 상태로 살아 간다는 점에서 흡사하다. 하지만, 사토리 세대를 한국의 N포세대와 100% 싱크로율이 맞 지는 않는다. 체념보다는 일탈하고 반항을 선택하는 경우가 있다. 미국의 화이트 트래쉬 나 영국의 차브족 등이 대표적이다.

청소년의
이해

15강 청소년 문화의 의의, 특성

<table>
<tr><td>학습목표</td><td>1. 청소년문화의 의의와 문화 유형이해
2. 청소년문화의 특성과 문제점 이해</td></tr>
</table>

<table>
<tr><td>학습내용</td><td>1. 밀러의 하위문화론과 청소년문화에 대한 내용을 학습한다.
2. 청소년문화의 특성과 문제점 그리고 청소년문화 활동영여과 범주 등에 대해 학습한다.</td></tr>
</table>

■ 밀러의 하위문화 이론

1. 하층계급 사회에는 그들만의 특징적인 가치와 생활방식이 오랫동안 존재해오고 있으며, 이 문화의 규범에 따르는 것은 사회 전체의 가치와 규범을 위반하게 된다는 것이다.
2. 하층계급문화의 특성은 사고를 저지르는데 대한 관심과 관대함, 강인함과 힘, 남을 속여서라도 목적을 달성하는 것을 강조하고, 자극과 모험을 선호하고 간섭받기를 싫어하며, 운명주의적인 생각에 빠지는 경향이 있다고 한다.
3. 하층계급 사회에서는 비행을 저지르는 것이 다른 사람의 관심을 끌고 인정을 받는 중요한 방법이 된다고 한다.

■ 청소년 문화

1. 일반적으로 청소년문화란 "아동기와 성인기의 중간단계에 놓여져 있는 청소년들의 행동양식, 사고방식, 취향 등"을 의미하는 용어로 사용됨.
2. 청소년과 문화라는 개념 자체가 시대에 따라, 사회에 따라 다른 함의를 내포하고 있고, 또 학문분야나 학자들에 따라서도 매우 다양한 의미로 사용되고 있기 때문에, 단일개념을 추출한다는 것은 사실상 불가능하다고 할 수 있음.
3. 청소년문화의 개념고찰에 이어, 이번에는 청소년문화의 유형에 대해 살펴보기로 함. 문화는 분류기준에 따라 여러가지 유형으로 구분 가능.
4. 우선, 문화는 주류문화와 하위문화로 구분할 수 있음. 주류(지배)문화란 사회적으로 영향력이 있는 집단에 의해 향유되는 문화를 의미하며, 하위문화는 사회의 특수한 집단이나 영역에

서 특징적으로 나타나는 문화

5. 문화는 존재양식에 따라 표현된 문화와 내재된 문화로 구분할 수 있음. 표현된 문화는 청소년들의 독특한 복장, 머리형태 등과 같이 관찰가능한 형태로 표현된 문화를 말하며, 내재된 문화란 청소년들의 독특한 복장이나 머리형태에 부여된 의미나 가치 등과 같이 직접적으로 관찰이 불가능한 영역의 문화를 말함

6. 문화는 이상적으로 바라고 있는 상태와 실제로 현실에서 진행되고 있는 상태의 차이가 나타날 경우 이상문화와 실재문화로 구분됨. 예컨대, 어른을 공경하고, 예의를 지키는 효문화는 이상문화에 속하며, 실제 지하철에서 자리를 양보하지 않거나, 어른을 공경하지 않는 문화는 실재문화

7. 문화는 물질문화와 비물질문화로 구분될 수 있음. 물질문화란 우리가 구체적으로 보고 만질 수 있는 물질적 형태의 산물과 그것을 사용하는 방법을 의미함. 반면, 비물질문화는 물질적이지 않은 상태로 유지되는 문화

🔲 **청소년문화는 하위문화로서, 표현된 문화와 내재된 문화, 이상문화와 실재문화, 물질문화와 비물질문화 등 다양한 형태로 존재함.**

1. 주류문화 vs 하위문화
- **주류문화** : 사회의 성인 다수의 집단에 의해 향유되는 문화
- **하위문화** : 사회의 특수한 부분, 영역에서 특징적으로 나타나는 문화

2. 표현된 문화 vs 내재된 문화
- **표현된 문화** : 관찰가능한 영역의 문화
- **내재된 문화** : 직접 관찰이 불가능한 영역의 문화

3. 이상문화 vs 실재문화
- **이상문화** : 이상적으로 바라고 있는 상태의 문화
- **실재문화** : 실제 현실에서 나타나고 있는 문화

4. 물질문화 vs 비물질문화
- **물질문화** : 구체적으로 보고 만질 수 있는 물질적 업적과 사용기법
- **비물질문화** : 물질적이지 않은 모든 문화 (ex, 정신문화, 행동문화)

'문화의 개념'에 대한 역사적 변천순서 - 기출

– 문화의 개념을 역사적 변천 순서에 따라 나열하면

1) 땅이나 곡물의 경작, 가축의 사육
2) 마음이나 정신의 수양, 예술
3) 사회발전의 일반적 과정
4) 특정사회구성원이 공유하는 의미, 가치, 생활양식
5) 의미를 생산하는 실천으로 '문화의 개념'이 변화되어 왔다.

청소년 문화의 문제점

(1) 청소년 문화공간이 없다.
(2) 성인 세대의 상업주의가 청소년의 불건전한 퇴폐문화를 조장하고 있다.
(3) 교육제도와 노동조건에 문제가 있다.
(4) 청소년 간의 문화불평등이 문제가 되고 있다.

청소년문화 활동 영역 범주

*문화관광부(2004). 청소년문화의 새로운 개념정립에 따른 정책연계방안

범주	영역	활동내용	비 고
1범주	학교	예능수업, 동아리활동, 스포츠활동, 특별활동	제도교육 공 간
2범주	가정	취미생활, 가정내 여가생활	
3범주	디지털문화	카페활동, 블로그, 커뮤니티, 휴대폰	소비문화 영 역
4범주	소비문화	쇼핑공간, 패스트푸드점, 노래방	
5범주	청소년단체	YMCA, YWCA, 걸스카우트, 보이스카우트	공공문화 영 역
6범주	청소년기반시설	청소년문화의집, 청소년수련관	
7범주	종교활동	교회, 성당, 사찰	
8범주	하위/또래문화	거리문화, 또래문화, 일탈문화	또래문화 영 역

청소년문화 활동 영역의 관계 설정

* 문화관광부(2004). 청소년문화의 새로운 개념정립에 따른 정책연계방안

관계범주	관계성격	지형
A범주	대립관계	학교/가정 ↔ 디지털/소비문화 제도교육공간과 소비문화공간의 대립관계
B범주	대립관계	청소년단체/시설/종교활동 ↔ 하위/또래문화 공공성과 자율성의 대립
C범주	모순관계	학교/가정 ↔ 하위/또래문화 제도적 틀과 자율적 감각의 모순
D범주	모순관계	디지털/소비문화 ↔ 청소년단체/시설/종교활동 사적소비와 공적이용의 모순관계
E범주	함축관계	학교/가정 ↔ 청소년단체/시설/종교활동 제도교육과 공공문화영역의 함축관계
F범주	함축관계	디지털/소비문화 ↔ 하위/또래문화 사적소비와 자율성의 함축관계

■ 청소년문화의 성격과 문제점

1. 청소년 문화의 성격

1) 청소년문화에 대한 관심과 논의가 활발해지고 있지만, 청소년문화의 존재여부에 대해서는 아직도 논란이 많음. 다시 말해, 청소년문화의 독자성을 인정하고, 그것을 육성/발전시켜야 한다는 주장이 커진 것은 사실이지만, 청소년의 독자적 문화를 인정하지 않으려는 주장도 여전히 존재함.

2) 청소년문화가 존재한다고 주장하는 사람들은
  - 청소년들이 성인들과 구별되는 독자적인 집단을 형성하고 있고, 성인이 접근할 수 없는, 그들만의 문화적 공간과 영역을 확보하고 있다고 주장.

3) 반면, 청소년문화의 존재를 인정하지 않는 사람들은
  - 청소년들은 성인중심의 문화 속에서 살고 있고, 아직은 미성년자
  - 청소년문화란 존재하지 않으며, 사회의 기존문화에 입문하기 위한 준비과정을 거치고 있을 뿐이라고 주장함

2. 청소년 문화는 청소년들이 공유하고 있는 청소년 세대 특유의 삶의 방식으로서 청소년 집단 간에 명시적, 잠재적 사회화를 통해 형성되고 전수되어지는 청소년 세대의 행동방식과 정신적 지표로 젊음을 풍기는 영상, 젊은이다운 행동, 젊은이 나름대로 쓰는 말을 통해 표출된다.

기어츠(C. Geertz)의 문화 개념

- 기어츠는 문화의 개념을 상징과 의미체계로 설명하며 사회적으로 특정사건이나 상황에 부
여하는 의미를 문화 이해의 중요한 핵심이라고 본다.

1. 상징과 의미체계로 문화 개념을 설명한다.
2. 특정 사건이나 현상에 대한 심층적 기술(thick description)을 강조한다.
3. 사회적으로 특정사건이나 상황에 부여하는 의미를 문화 이해의 중요한 핵심이라고 본다.

16강   청소년문화의 다양한 관점, 여가활동

학습목표	1. 청소년문화에 대한 다양한 관점 이해 2. 우리나라 청소년문화의 특징/청소년 여가문화이해

학습내용	1. 청소년문화에 하위성, 반문화성, 신문화성 등 다양한 관점 등을 학습한다. 2. 우리나라 청소년문화의 특징과 문화관련 용어, 청소년 여가문화의 특징 등을 학습한다.

▣ 청소년문화에 대한 다양한 관점

1) 청소년문화를 미숙한 문화로 보는 입장

　　이 관점은 성인들의 입장에서 청소년들의 문화를 미숙하고 모자란 것으로 보는 관점으로
서, 청소년문화에 대한 가장 전통적인 관점이라 할 수 있음.

2) 청소년문화를 비행문화로 보는 입장

　　이입장도 성인들의 입장에서 청소년들은 문제행동이나 비행을 지향한다고 보는 과점에서
발생된 시각

3) 청소년문화를 하위문화로 보는 입장

　　이는 청소년은 사회전체를 구성하는 하나의 하위집단이며, 청소년들의 문화도 전체 문화
가운데 하나의 하위문화를 이룬다고 보는 관점임.

　　*한국사회는 지역, 계층, 연령, 직업 등의 범주에 따라 다양한 하위집단으로 구분됨. 그리
　　고 하위집단들은 그에 걸맞는 문화를 가지고 있음.

　　청소년문화는 연령에 따른 한국사회의 하위문화로서, 청소년이라는 특정 연령집단에 적합
한 문화요소로 이루어져 있다고 바라보는 것.

4) 청소년문화를 대항문화 또는 반(反)문화로 보는 입장

　　– 기성세대의 문화를 주류문화라고 한다면, 청소년들은 기성세대의 문화를 거부하고, 기성
　　　문화에 대항하는 문화를 만들면서 개혁과 변화를 요구한다고 보는 관점임.

　　– 청소년들이 기성세대에 대해 비판하고 반항하는 것은, 그들이 미숙하거나 삐뚤어졌기 때
　　　문이 아니라, 기성세대와는 다른 인생관과 역사관을 갖고 있으며, 부모세대와는 다른 삶

의 방식을 추구하기 때문이라고 봄.

5) 청소년문화를 새로운 문화로 보는 입장

- 오늘날 청소년들이 보여주는 이상한 몸짓과 말투, 이상스러운 옷차림, 도저히 이해할 수 없는 인생관은 어른들의 눈에나 이상하고, 한심스럽게 보일 뿐, 청소년 자신들에게는 자연스럽고 정상적인 행동이기 때문에, 그들 세대의 독자적인 문화로 인정해야 한다는 것임.
- 또한, 새로운 문화적 요소가 생성되지 않는다면, 사회는 변화와 발전도 없는 침체상태에 빠지게 될 것임. 따라서 청소년문화는 사회의 생동적 발전을 위해 없어서는 안 될 중요한 자극, 활력소라고 주장.

향상학습 – 청소년문화의 특성 –기출

- 다양한 하위문화가 존재한다.
- 대중문화에 대한 의존성이 강하다.
- 기본적으로 학교문화와 밀접하게 관련되어 있다.
- 청소년은 단순한 문화소비자가 아닌 문화생산자로 문화현장에 참여한다.

한국청소년문화의 특징

1. 학교생활과 밀접한 관련성
2. 대중문화에 대한 높은 의존성
3. 감각적, 감성적 성향
4. 주류문화와 하위문화의 성격 혼재
5. 도덕적 가치보다는 개인선호도 중시
6. 새로운 가치관과 기성세대의 가치관 혼재
7. 다양성의 가치 증가
8. 물질주의적 가치 강조
9. 개인주의와 집단주의의 혼재
10. 사이버문화 세대로서 문화변동 주도

베블렌 과시소비이론 – 기출

1. 사람들은 과시욕과 모방 본능이 있기 때문에 오히려 터무니없이 가격이 높은 물건을 선호하는 비합리적인 경향을 말하며 이를 '베블런 효과'라고 한다.

2. 미국의 경제학자 소스타인 베블런(Thorstein Veblen, 1857~1929)이 이야기한 '가격이 높을수록 오히려 수요가 늘어난다'는 이른바 베블런 효과는 기존 경제학의 질서를 왜곡시킴.

3. 「유한계급론」(원제: The Theory of the Leisure Class: An Economic Study in the Evolution of Institutions, 1899)에서 유한계급과 같은 상류계급에서 보이는 두드러진 소비행태는 사회적 지위를 과시하기 위해 행해지는 과시적 소비임을 지적.

4. 모방 본능에 의한 소비

1) 사람들은 자신의 후생(welfare)을 증진하기 위해 독립적이며 합리적인 의사결정을 통해 소비를 하는 것이 아니라 주변의 존경과 선망의 대상을 모방하는 소비를 통해 자신의 욕망을 충족시킬 뿐.

2) 상류계급인 유한계급이 자신의 부를 과시하기 위해 쓸모없고 비싼 상품을 소유하면 할수록 그 보다 한 단계 낮은 지위의 계급들은 이를 모방하는 소비를 한다는 것.

5. 속물근성

6. '빚'

1) 근대사회 이후 이러한 사람들의 욕망을 지탱시켜 주기 위해 탄생한 최고의 발명품

2) '빚'이야 말로 '신용(credit)'이란 그럴 듯한 이름으로 변장을 하고 있긴 하지만, 사람들의 허영과 과시를 충족시켜주는 도구

🔲 청소년 여가문화

1. 여가란 어떤 의무로부터 해방되어 아무런 구속도 없게 되는 상태를 의미한다. 인간의 생활시간을 크게 생활 필수시간과 노동시간, 그리고 자유 시간으로 구분할 때 여가는 보통 생활필수시간과 노동시간을 제외한 자유시간이라고 할 수 있다.

2. 여가의 기능과 청소년 여가의 의미

단조롭고 지루하며 틀에 박힌 생활에서 탈피하고 싶어 하는 해방감을 충족시켜준다. 청소년들에게 여가는 특별한 활동이나 노는 시간이나 그들의 마음속에 있는 안정적이고 평화로움의 상태이며 일상생활 그 자체이다. 학업을 하든지, 친구와 대화를 하든지, 음악을 듣든지, 여행을 하든지, 집안일을 돕든지 이 모든 행위들에서 그들 스스로 인식하는 자유로움과 즐

거움이 곧 여가인 것이다. 청소년들에게 진정한 의미의 여가시간과 여가 공간, 여가활동 등을 보다 많이 제공할 때 청소년들의 학교성적을 향상시키고 적극적인 활동을 조장하고 집단 내 협동심과 공동체감을 증대시키며 심리적 안정감과 인간관계를 개선시키는 효과를 가져올뿐만 아니라 청소년들이 인식하는 여가활동은 그들만의 고유하고 가치 있는 문화를 창조하고 개발하는 데 중요한 역할을 한다.

3. 청소년 여가의 형태

1) 활동형
운동, 낚시, 등산, 여행, 견학, 답사, 봉사활동, 종교활동, 동아리활동, 단체활동, 예능활동 등

2) 소극형
독서, 음악감사, 사색, 공상, 라디오 청취, 텔레비전 시청, 바둑, 장기, 영화나 연극관람, 스포츠 관람, 잡담 등

3) 중간형
집안일 돕기, 산책, 쇼핑, 데이트 취미활동, 공작활동, 수예, 뜨개질 등

4) 부정형
전자오락, 낮잠, 당구장, 음주, 화투, 카드놀이 등

▦ 대중매체 문화(대중문화)와 청소년

1. 대중매체의 특징
대중매체란 다양한 많은 사람들에게 신속하고 효과적으로 메시지를 전달하는 조직화된 수단으로 이는 많은 사람들에게 문화전파의 기능과 앎의 권리를 신장시켜주었다.

2. 대중매체의 문제점

1) 대중매체의 중독성 문제
- 각종 대중매체는 인간의 이성을 마비시킬 수 있는 환상의 세계를 창출하고 있다.
- 대표적인 환상의 세계는 드라마, 공상만화, 스포츠 등을 들 수 있다.

2) 공간개념의 확장에 따른 문제
인간의 정신적 성장에 필요한 일정 기간의 시간을 갑자기 생략해 버림으로써 보이는 내적 갈등과 충격이 정신적 공허함과 심리적 우울을 야기할 수 있으며, 자연에 대한 직접적 경험이 아닌 간접적 경험만으로 세계를 인식, 이해하는 세대에 있어서 불균형적 성장을 초래한다.

3) 정보의 홍수 문제

현대사회를 정보의 시대라고 말할 정도로 현대인들이 접해야 될 정보는 매우 많지만 다양하고 복잡한 정보를 자기 것으로 수용하여 이를 소화하고 이용할 수 있는 개인의 능력에는 한계가 있다.

4) 언어의 편향적 섭취문제

각종 대중매체는 현대인들에게 이미 구두적인 언어보다는 청각적인 언어에 더 잘 적응하도록 만들고 있으며 이러한 현상은 대중매체를 통한 의사전달의 일반화 속에서 개인 간의 내적 감정이나 사상을 주고받는 인간적인 대화나 만남의 장이 거의 사라져 가고 있다.

5) 수용자의 자세를 획일화하고 있는 문제

대중매체의 근본적인 존재이유는 공통성을 창조하기 위한 것인데 공통성이란 문화와 행동의 통일성을 내포하고 있으며 이것은 획일성과 문화적 구속을 의미한다.

**문화적 구속이란 그 사회의 문화가 구성원들에게 갖는 구속력을 의미하는 것으로 모든 사람이 그 문화가 규정한 행동을 동일하게 할 것을 요구하는 것이다.

6) 가치관 전도와 물질만능 현상을 조장하는 문제

인간의 생에 대한 근본 의지를 권력과 불의에 대한 탐욕으로 바꾸어 놓고 있는 현상 등에서 대중매체가 갖는 가치관 전도 또는 물질만능 기능이 나타난다.

3. 대중가요와 청소년 – 청소년들이 대중가요 시장을 독점하다시피 하는 이유

- 청소년들은 육체적 참여를 통해 그들만의 욕구를 해소하고 있다고 볼 수 있다.
- 자신만의 상상적 공간으로 도피하고 있다고 볼 수 있다.
- 특정 가수의 스타일을 동일시하면서 대리만족을 추구한다.
- 또래집단에의 소속감을 강화시키며 이를 통해 집단정체성을 발달시킨다.
- '새로움'과 '남다름'을 추구하도록 한다.
- 가수를 성적 대상으로서 선호하는 경향이 있다.

17강 인터넷문화/청소년복지

학습목표	1. 청소년 인터넷 문화의 이해 2. 청소년복지의 의의

학습내용	1. 청소년 인터넷 문화와 인터넷 중독의 증상과 대책에 대해 학습한다. 2. 청소년복지의 의의와 청소년복지관련 각종 용어 등을 학습한다.

▣ 청소년 인터넷 문화

1. 인터넷 관련 문제행동 가운데 청소년들에게 광범위하고 지속적인 영향을 주는 것은 인터넷 중독(internet addiction)이다.

2. 인터넷 중독(internet addiction)은 인터넷 증후군, 훼바홀리즘(Webaholism), 가상중독(Virtual Addiction), 병적인 인터넷 사용(Pathological Internet Use), 인터넷 중독장애(IAD) 등 다양한 용어로 지칭되고 있다. 인터넷 중독은 병리적이고 강박적인 인터넷 사용을 의미하는 것으로 하위유형으로 사이버 섹스 중독, 사이버 교제 중독, 인터넷 강박증, 정보중독, 컴퓨터 중독 등을 포함한 복합적인 개념이다.

3. 인터넷 중독의 증상

가상과 현실의 혼동, 게임 관련 문제행동(절도, 폭력), 폭력물에의 둔감, 잘못된 성 의식이나 가치관, 폭력 모방, 신체적 및 심리적 부작용, 성매매의 증가 등

1) 청소년의 삶과 행동에 대한 인터넷의 긍정적인 영향
   의사소통의 증진과 학습속도의 증진, 가치 있는 정보의 공유, 경험의 확대 등

2) 인터넷 환경은 발달적 이행기에 있는 대부분의 청소년들에게 부정적인 영향을 준다.

4. 합리적인 대책

청소년들이 자기조절 능력을 갖도록 하는 것이며 이를 통해 스스로의 행동과 감정을 통제하도록 지도하는 것이다. 인터넷에 대한 청소년들의 요구와 인식, 중독성향 등을 지속적으로

정확하게 조사하여 이를 근거로 건설적이고 생산적인 인터넷 환경을 제공해 주는 것이다.

🔲 청소년복지의 정의

1. 청소년복지는 청소년의 올바른 성장과 발달을 목표로 청소년에게 일정한 사회적 역할 과 책임을 부여하는 동시에 현재의 삶의 질을 제고할 수 있는 환경을 조성해주고, 나아 가 미래에 긍정적인 자아실현과 자립기반을 조성할 수 있도록 청소년과 성인의 참여와 공동노력을 통해 청소년의 능력을 향상시키고, 다양한 삶의 기회를 마련해 주는 제반 의 복지활동이다.

2. 청소년기본법에서 말하는 청소년이란

- "청소년"이란 함은 9세 이상 24세 이하의 자를 말한다. 다만, 다른 법률에서 청소년에 대한 적용을 달리할 필요가 있는 경우에는 따로 정할 수 있다.(단, 소년법 상 청소년은 19세 미 만)

3. 현대사회에서 청소년복지의 필요성

1) 가족 양육기능의 보완
   (1) 청소년기는 부모의 보호를 받으면서 살아가는 시기이기 때문에, 부모가 없거나 한쪽 부 모밖에 없다는 것은 이른바, 결손가족이 될 수 있다.
   (2) 그 동안 청소년복지사업은 아동복지의 하나인 아동양육시설을 중심으로 이루어져왔으 며 가정에서 이탈된 요보호아동은 아동상담소를 거쳐서 아동양육시설에 입소하고, 아 동양육시설에서 퇴소한 아동은 바로 혹은 자립지원시설을 거쳐서 사회에 진출하게 되 었다.

2) 청소년문제의 예방과 치료
   (1) 청소년기는 신체적 정신적으로 성장하는 시기이기에 자신의 몸과 마음의 변화에 대해 서 민감하고, 자신의 욕구를 충족시키고자 노력하지만, 적절한 자원을 찾지 못한 경우 가 많다.
   (2) 정부는 청소년상담을 체계화하기 위하여 시, 도 단위에 청소년종합상담실, 시군구 단 위에 청소년상담실을 설치하고, 이들을 지원하기 위하여 한국청소년상담원을 설립하 였다.

🔲 기출정리 – 청소년복지와 관련용어 정의 – 청소년기본법

- "청소년 육성"이라 함은 청소년활동을 지원하고 청소년의 복지를 증진하며 근로청소년을 보

호하는 한편, 사회여건과 환경을 청소년에게 유익하도록 개선하고 청소년을 보호하여 청소년에 대한 교육을 보완함으로써 청소년의 균형있는 성장을 돕는 것을 말한다.

- "청소년활동"이라 함은 청소년의 균형 있는 성장을 위하여 필요한 활동과 이러한 활동을 소재로 하는 수련활동, 교류활동, 문화활동 등 다양한 형태의 활동을 말한다.
- "청소년복지"라 함은 청소년이 정상적인 삶을 영위할 수 있는 기본적인 여건을 조성하고 조화롭게 성장, 발달할 수 있도록 제공되는 사회적, 경제적 지원을 말한다.
- "청소년보호"라 함은 청소년의 건전한 성장에 유해한 물질, 물건, 장소, 행위 등 각종 청소년 유해환경을 규제하거나 청소년의 접촉 또는 접근을 제한하는 것을 말한다.
- "청소년시설"이라 함은 청소년활동, 청소년복지 및 청소년보호에 제공되는 시설을 말한다.
- "청소년 지도자"라 함은 제21조의 규정에 의한 청소년지도사 및 청소년상담사와 청소년시설, 청소년단체, 청소년관련기관 등에서 청소년육성 및 지도업무에 조사하는 것을 말한다.
- "청소년 단체"라 함은 청소년 육성을 주된 목적으로 설립된 법인 또는 대통령령이 정하는 단체를 말한다.

■ 청소년의 권리와 책임

1) 청소년의 기본적 인권은 청소년활동, 청소년복지, 청소년보호 등 청소년육성의 모든 영역에서 존중되어야 한다.
2) 청소년은 인종, 종교, 성별, 연령, 학력, 신체조건 등에 따른 어떠한 종류의 차별도 받지 아니한다.
4) 청소년은 외부적 영향에 구애받지 아니하면서 자기 의사를 자유롭게 표명하고 스스로 결정할 권리를 가진다.
5) 청소년특별회의의 개최
   국가는 범정부적 차원의 청소년육성 정책과제의 설정, 추진 및 점검을 위하여 청소년분야의 전문가와 청소년이 참여하는 청소년특별회의(이하 특별회의)를 매년 개최하여야 한다.
6) 청소년의 달
   청소년의 능동적이고 자주적인 주인의식을 고취하고 청소년육성을 위한 국민의 참여분위기를 조성하기 위하여 매년 5월을 청소년의 달로 한다.
7) 청소년상담사
   여성가족부장관은 청소년상담사 자격검정에 합격하고 청소년상담사 연수기관에서 실시하는 연수과정을 마친 자에게 청소년상담사의 자격을 부여한다.
8) 청소년육성전담공무원
   - 특별시, 광역시, 도, 시군구 및 읍면도 또는 제26조의 규정에 의한 청소년육성전담기구에

청소년육성전담공무원을 둘 수 있다.
- 청소년육성전담공무원은 청소년지도사 또는 청소년상담사의 자격을 가진 자로 한다.
- 청소년육성전담공무원은 그 관할구역안의 청소년 및 다른 청소년지도자 등에 대하여 그 실태를 파악해 필요한 지도를 하여야 한다.
- 관계행정기관, 청소년단체 및 청소년시설의 설치, 운영자는 청소년육성전담공무원의 업무수행에 협조하여야 한다.

🔲 청소년복지지원법

1. 청소년증
- 앞 강 내용 참조

2. 청소년복지시설의 종류
- 청소년기본법에 따른 청소년복지시설(이하 청소년복지시설)의 종류는 다음과 같다.

1) **청소년쉼터**
가출청소년에 대하여 가정, 학교, 사회로 복귀하여 생활할 수 있도록 일정 기간 보호하면서 상담, 주거, 학업, 자립 등을 지원하는 시설

2) **청소년자립지원관**
일정기간 청소년쉼터의 지원을 받았는데도 가정, 학교, 사회로 복귀하여 생활 할 수 없는 청소년에게 자립하여 생활할 수 있는 능력과 여건을 갖추도록 지원하는 시설

3) **청소년 치료재활센터**
학습, 정서, 행동상의 장애를 가진 청소년을 대상으로 정상적인 성장과 생활을 할 수 있도록 해당 청소년에게 적합한 치료, 교육 및 재활을 종합적으로 지원하는 거주형 시설.

🔲 청소년 쉼터에 관한 내용

1) 9세 ~24세의 가출청소년을 대상으로 주거, 학업, 자립 등을 지원한다.
2) 청소년의 가출예방을 위한 거리상담 지원활동을 한다.
3) 청소년쉼터는 가출청소년에 대하여 가정, 학교, 사회로 복귀하여 생활할 수 있도록 일정 기간 보호하면서 상담, 주거, 학업, 자립 등을 지원하는 시설이다.
4) 중장기 쉼터는 가출청소년을 사회의 유해한 환경으로부터 보호하고 쉽게 해주며 숙식을 제공하고, 의료지원은 물론 각종 상담 및 교육, 훈련 프로그램을 통한 서비스를 제공해 자립할 수 있는 기반을 조성해줌으로써 사회 속에서 각자의 삶으로 되돌려 보내기 위한 청소년

시설로서 2년간 보호하고 1년 연장이 가능하다.

5) 국가나 지방자치단체에서 직영하거나 민간단체에 위탁하여 운영하기도 한다.

청소년 쉼터에서 하는 업무

1) 일시보호활동

　　무료 숙식 및 의료 서비스제공 / 가출청소년을 위한 상담 및 심리검사/생활지도 등

2) 상담 프로그램

　　(1) 내용 : 가출 및 이성교제, 친구과제, 가족관계, 학교 부적응 등.

　　(2) 방법 : 전화, 서신, 면접상담, 개인 및 집단상담.

　　(3) 대상 : 가출 청소년 및 학부모, 일반청소년, 교사

3) 조사연구 활동 : 청소년 가출 실태조사 연구 등

4) 기타활동 : 청소년 문제 예방프로그램, 문화프로그램 등

18강 법률상의 청소년보호 등

학습목표
1. 근로기준법상 청소년 보호규정 이해
2. 청소년과 환경(가정, 지역사회 등)에 대한 이해

학습내용
1. 근로기준법, 청소년활동진흥법상 청소년의 보호를 위한 규정과 예외적 규정 등을 학습한다.
2. 청소년과 가정(부모-자녀관계), 청소년과 지역사회에 대한 내용을 학습한다.

☐ 청소년 노동시간(청소년 고용) - 근로기준법상 청소년의 노동보호 조항

1) 18세 미만자는 연소자 - 노동보호 대상
2) 도덕상, 보건 상 유해, 위험한 사업에 사용하지 못함.
3) 갱내 근로를 시키지 못함.
4) 15세 이상 18세 미만인 자의 근로시간은 1일 7시간, 일주일 40시간을 초과하지 못함.
5) 사용자와 협의하더라도 1일에 1시간, 1주에 6시간을 한도로만 연장할 수 있음.
   (다만, 15세 미만자는 특별히 인가받은 경우 외에는 근로금지)
6) 본인의 동의와 고용노동부장관의 인가를 받은 경우 외에는 야간근로(밤 10시 - 아침 6시 사이)나 휴일근로를 시키지 못함.

☐ 청소년 특별회의

1) 청소년 특별회의 개념
   (1) 청소년기본법 제12조에 의하여 청소년대표 및 청소년전문가들이 연간 토론과 활동을 통하여 청소년의 시각에서 청소년이 바라는 정책과제를 발굴하여 정부에 건의하여 정책화하는 청소년 참여기구이다.
   (2) 여성가족부 및 지방자치단체 청소년참여위원회 위원들과 청소년추진단으로 구성되어 있다.
2) 청소년특별회의에 참여할 수 있는 방법은 청소년특별회의에는 매년 2~4월경 여성가족부를 비롯한 각 시도, 청소년참여위원회 위원 및 청소년추진단 공개 모집시 지원하여 선발될 경

우 참여 가능하다.

3) 그 동안 청소년특별회의를 통해 제안되었던 정책과제들은 해당 부처의 협의를 거쳐 국가정책에 반영되어 왔으며, 2010년에는 지난 5년간의 정채과제에 대한 이행 여부를 점검하였고, 2011년에는 '우리 사회의 건전한 성문화, 건강하게 성장하는 청소년'이라는 정책의제로 3개 부문 41개 세부과제를 정부에 제안하였다.

■ 국립중앙청소년디딤센터

: 청소년복지지원법상 학습, 정서, 행동상의 장애를 가진 청소년을 지원하기 위해 설치한 거주형 청소년치료재활센터이다.

■ 청소년활동진흥법

1. 법상 용어정의

- "청소년활동"이라 함은 청소년기본법에 규정된 청소년활동을 말한다.
- "청소년활동시설"이라 함은 수련활동, 교류활동, 문화활동 등 청소년활동에 제공되는 시설을 말한다.
- "청소년수련활동"이라 함은 청소년이 청소년활동에 자발적으로 참여하여 청소년 시기에 필요한 기량과 품성을 함양하는 교육적 활동으로서 청소년지도자와 함께 청소년수련거리에 참여하여 배움을 실천하는 체험활동을 말한다.
- "청소년교류활동이라 함은 청소년이 지역간, 남북간, 국가간의 다양한 교류를 통하여 공동체의식 등을 함양하는 체험활동을 말한다.
- "청소년문화활동"이라 함은 청소년이 예술활동, 스포츠활동, 동아리활동, 봉사활동 등을 통하여 문화적 감성과 더불어 살아가는 능력을 함양하는 체험활동을 말한다.
- "청소년수련거리"라 함은 수련활동에 필요한 프로그램과 이와 관련되는 사업을 말한다.
- "이동, 숙박형 청소년활동"이란 19세 미만의 청소년(19세가 되는 해의 1월 1일을 맞이한 사람은 제외)을 대상으로 청소년이 자신의 주거지에서 떠나 청소년수련시설 또는 그 외의 다른 장소로 이동하면서 숙박, 야영하는 청소년활동을 말한다.

2. 청소년활동시설의 종류

1) 청소년 수련시설

- **청소년수련관** : 다양한 수련거리를 실시할 수 있는 각종 시설 및 설비를 갖춘 종합수련시설

- **청소년수련원** : 숙박기능을 갖춘 생활관과 다양한 수련거리를 실시할 수 있는 각종 시설과 설비를 갖춘 종합수련시설
- **청소년문화의 집** : 간단한 수련활동을 실시할 수 있는 시설 및 설비를 갖춘 정보, 문화, 예술중심의 수련시설
- **청소년특화시설** : 청소년의 직업체험, 문화예술, 과학정보/환경 등 특정 목적의 청소년활동을 전문적으로 실시할 수 있는 시설과 설비를 갖춘 수련시설
- **청소년야영장** : 야영에 적합한 시설 및 설비를 갖추고 수련거리 또는 야영편의를 제공하는 수련시설
- **유스호스텔** : 청소년의 숙박 및 체재에 적합한 시설, 설비와 부대, 편익시설을 갖추고 숙식편의 제공, 여행청소년의 활동지원 등을 주된 기능으로 하는 시설.

2) 청소년이용시설

수련시설이 아닌 시설로서 그 설치목적의 범위에서 청소년활동의 실시와 청소년의 건전한 이용 등에 제공할 수 있는 시설.

청소년 관련법 제정순서

1. 산업체의 근로청소년의 교육을 위한 특별학급 등의 설치 기준령(1977)
2. 한국 청소년 연맹 육성에 관한 법률(1981)
3. 청소년기본법(1991)
4. 청소년보호법(1997)
5. 청소년의 성보호에 관한 법률(2000)
6. 청소년활동진흥법(2004) : 수련시설 근거.
7. 청소년복지지원법(2004) : 청소년 쉼터 근거.
8. 아동, 청소년 성보호에 관한 법률(2009)

청소년과 가족환경

1. 가족은 인간이 태어나서 처음으로 대하는 타인이기 때문에, 자기 자신이 아닌 중요한 타인으로서 인간관계를 형성하게 되는 것이다. 청소년을 가족체계적인 측면에서 이해하고자 할 때 부부관계, 청소년 자녀의 행동과 발달, 부모의 양육방식 등을 중요하게 생각해야 한다.

2. 미누친(Minuchin)은 가족 구성원들이 선택한 관계 형성 방식에서 강화되는 부분이 가

족 구성원 간의 행동패턴을 결정하게 된다는 사회체계론적 관점을 보인다.

3. 청소년기 가정환경의 변화

1) 자녀가 아동에서 청소년으로 성숙됨에 따라 청소년 자녀와 가족구성원과의 관계도 커다란 변화를 겪는다.
2) 이러한 변화는 청소년기에 나타나는 생물학적, 인지적, 정서적 변화에 기인한다.
3) 청소년 자녀의 변화와 더불어 부모 역시 중년으로서의 새로운 변화를 겪는다.

■ 기출정리 : 청소년기의 부모-자녀관계

1. 청소년기 부모/자녀관계에 대한 전통적 견해 두 가지

1) 청소년기는 아동기까지 지속되던 부모에 대한 의존과 동일시로부터 벗어나 자율성과 책임감을 획득해야 하는 심리적 이유의 시기이다.
2) 청소년기의 부모/자녀관계는 갈등을 수반하며 이러한 갈등은 청소년기 발달에 바람직하지 못한 영향을 미친다.

2. 전통적 견해에 대한 생태학적 접근의 비판

청소년기 부모/자녀간에 나타나는 가벼운 갈등은 그들의 심리적 발달에 긍정적인 영향을 미쳐 생태학적 접근에서는 모든 갈등을 나쁜 것으로만 해석하려는 기존의 관점에서 벗어나 갈등의 정도와 지속성에 관심을 갖는다.

■ 지역사회와 청소년

1. 지역사회 개념

1) 지역사회는 타 지역과는 구분되는 특수성을 지니며, 물리적 지리성 및 지역적인 경계를 가지는 분리성이 있다.
2) 또한 사회문화적인 동질성을 공유하며 합의성과 자조성(Self-help)을 갖고 있으며 다른 형태의 집단행위와의 상호작용성을 특징으로 한다.
3) 지역사회의 핵심기능은 생산, 분배, 소비가 공통적으로 이루어지며 사회화, 사회통제, 사회통합, 상부상조 등에 대한 공유의식이 있다.

2. 지역사회와 청소년

1) 일정한 문화와 행동양식을 공유하기도 하며, 전통적인 틀을 유지하면서 시대적인 사회변화를 수용해 새로운 형태의 문화를 잉태하는 교화기능을 갖기도 한다. 뿐만 아니라 지역사회

는 청소년들에게 교육적 기능을 통해 인격과 전문성을 겸비한 성인으로 성장할 수 있는 터전이 되기도 한다.

2) 청소년은 자신의 성장, 발달과 인간성 형성을 위하여 지역사회가 필요하고, 지역사회는 지역사회대로 현 상태를 유지하고 발전시키기 위하여 청소년을 필요로 하기 때문에 청소년은 지역사회를 떠나서는 존재할 수 없으며, 지역사회 역시 청소년 없이는 존재할 수 없다.

3) 지역사회는 청소년들을 위하여 충분히 투자해야 하며, 지역사회는 지역사회 내에서 이루어지는 각종 문제해결의 과정에 청소년들을 참여시켜야 한다.

가상환경(virtual environment)

1. 가상환경이란 실재의 환경인 자연환경과 사회환경에 대응하는 개념으로서 컴퓨터류의 작동을 통해 생성되는 세계이다.

2. 가상환경의 특징

1) 인간의 의사소통 구조가 대면(face to face)방식이 아니라 컴퓨터나 통신매체라는 도구를 통해 이루어지는 시스템이므로 상당한 익명성을 확보할 수 있다.

2) 사이버환경은 컴퓨터를 매개로 의사소통이 이루어지는 흐름의 공간이기 때문에 인간관계에도 변화가 일어나며 인간의 정체성에서도 변동이 생기게 된다.

3) 가상환경의 풍부하고 다양한 정보 속에서 자신에게 유용한 지식과 경험을 선택해야 한다.

청소년의
이해

19강 또래집단과 청소년의 위험행동

학습목표	1. 또래집단에 대한 이해 2. 청소년의 위험행동 이해

학습내용	1. 또래집단의 의미와 발달내용, 청소년의 이성관계 등에 대해 학습한다. 2. 청소년의 동조심리와 위험행동의 의미, 위험행동 특징에 대해 학습한다.

■ 또래집단(교우관계)과 청소년

– 청소년기의 교우관계, 또래집단의 동조행동

(1) 청소년의 언어, 가치관 등 모든 면에 영향을 미친다.
(2) 부정적인 동조행동으로 속어나 비어 사용 등이 있다.
(3) 동조행동에 대한 또래집단의 압력은 청소년기에 가장 강력하다.
(4) 또래집단 내에 높은 지위에 있거나 자신감 있는 청소년은 동조행동의 영향을 덜 받는다.
(5) 부모와 또래집단의 가치가 상충될 경우 청소년은 부모보다 또래의 영향을 더 크게 받는다.

■ 청소년기의 이성관계

1) 청소년기의 이성관계가 발달 및 적응에 미치는 영향
   (1) 청소년기 이성친구와의 관계는 자신의 애착인물 집단을 확장시킴으로써 정서적 욕구를 충족시키는 데 유용한 가치가 있다.
   (2) 청소년기의 이성 관계는 청소년들에게 성적 정체감과 성역할 형성에 중요한 영향을 준다.
   (3) 이성 간의 우정 또는 연예관계를 확립한 청소년들은 성역할에 대해 전통적인 성 고정관념에서 탈피한 비교적 융통성 있는 성태도와 양성성의 개념을 형성하고 자기 성의 가치와 의미에 대한 확신감과 이성을 이해하고 수요할 수 있는 능력을 발달시키게 된다.

2) 청소년들이 이성관계에서 경험하는 문제들
   (1) 이성 친구에 대한 지나친 관심과 몰두
   (2) 이성친구와 교제에서 경험하는 여러 가지 심리적 갈등

(3) 이성 친구에 대한 지나친 수줍음과 불안

(4) 이성 친구에 대한 지나친 거부감과 혐오감

(5) 이성교제로 인한 부모와의 갈등

3) 이성관계와 청소년기들에게 있어서 주요 발달적 과제 세 가지

(1) 그들만의 독특한 정체성을 확립하는 것

(2) 이성과의 만남 관계를 통해서 친밀감을 발달시키는 것

(3) 새로운 성적 욕망 및 충동을 조절하는 것

■ 청소년의 동조행위

1. 동조 이론 (conformity theory)

– 모든 개인은 하나 이상의 집단에 속해서 집단의 구성원 역할을 한다. 이렇게 속한 집단은 개인의 인격이나 태도를 형성할 때 준거의 역할을 하거나 규범을 통해 개인의 행동을 강제 하기도 한다. 이와 같이 집단의 압력에 의해 개인이 태도와 행동을 변화시키는 현상을 동조 현상이라 한다.

2. 집단 동조압력

1) 청소년으로 하여금 집단의 바람직한 가치규범에 동조하게 함으로써 그들이 성인기의 사회 생활을 준비하는 데 도움이 되는 긍정적인 면이 있는가 하면, 집단의 바람직하지 못한 규준 에 동조하게 함으로써 문제행동을 유발시키는 요인이 되기도 한다.

2) 또래관계는 청소년들의 자아개념과 자아정체감의 발달, 사회적 성취와 사회적 기술의 획득, 갈등해결 능력, 장래 직업적 성취, 가족생활, 성역할 확립 등에 긍정적인 영향을 미친다.

3) 청소년 또래집단의 동조행동

– 청소년의 언어, 가치관 등 모든 면에 영향을 미침

– 부정적인 동조행위로는 속어나 비어 사용 등

– 동조행동에 대한 또래집단의 압력은 청소년기에 가장 강력.

– 또래집단 내에 높은 지위에 있거나 자신감 있는 청소년은 동조행동의 영향을 덜 받는다.

– 부모와 또래집단의 가치가 상충될 경우, 청소년들은 부모보다 또래의 영향을 더 크게 받 는다.

청소년의 위험행동

1. 위험행동(risk behavior)이란 일반적으로 신체적, 심리적, 법적, 경제적 부담을 감수하는 행동이다.
2. 청소년기의 위험행동은 일반적으로 사회적 규범에 반대되는 행동으로 자신의 신체적 건강을 위협하는 행동과 사회적, 경제적 지위를 위협하는 행동으로 구분된다.

향상학습- 위험행동의 특징

1. 위험행동은 일반적인 발달적 경로를 따른다.

예 : 성적 활동, 약물남용, 위험한 자동차 운전은 청소년기 동안 연령의 증가와 함께 그 비율이 높아진다.

2. 위험행동들은 다른 행동을 예측 가능하게 한다.

예 : 성적으로 활발한 10대들은 그렇지 않은 십대들에 비해 알코올과 마약을 사용할 가능성이 더 높다.

3. 위험행동은 비슷한 심리적, 환경적, 생물학적 선행조건을 공유한다.

위험행동의 동시 발생성

1. 위험행동은 한 가지만 단독으로 행해지는 것이 아니라 예측 가능한 방향으로 다른 행동들과 동시에 행해지는 경향이 있다.
2. 한 가지 행태의 위험행동에 개입하게 되면 시간의 경과와 함께 다른 종류의 위험행동에 보다 쉽게 그리고 보다 적극적으로 개입하게 된다는 것이다.

향상학습 – 청소년 비행중 지위비행

1) 지위비행은 성인들에게는 용납이 되는 행동이 청소년이라는 지위로 인해 비행으로 분류되는 행동이다.
2) 종류로는 가출, 음주, 흡연, 유흥업소 출입, 관람불가 영화보기 등이 있다.

또래집단적 요인

1. 친구로부터의 인정, 승인, 수용은 청소년들에게 있어 매우 중요한 의미를 가진다.

- **영향가설** : 비행친구와 교류를 통해 학습되어진 산물로서 비행을 보는 입장
- **선택가설** : 비행청소년은 비슷한 유형의 친구에게 더 많은 매력을 느끼고 비행청소년을 친구로 선택
- **강화가설** : 비행집단에 가입하는 청소년은 집단가입 이전에 이미 높은 수준의 비행에 참여하는 경향이 있으며, 이들의 비행수준은 비행집단에 가입으로 인해 더욱 심각

2. 비행친구와 교류는 비행의 원인이며 결과가 될 수 있음

청소년 가출

1. 가출의 원인

1) 개인적인 원인
- 불안정한 정서, 자아정체감 혼란, 충동적 경향
- 가정 및 학교환경에 대한 부정적 인식
- 스트레스 및 문제 상황에 대한 대처능력 부족
- 반복적인 실패 및 좌절 경험, 욕구불만
- 독립성, 자율성을 획득하려는 청소년기 발달단계
- 가출에 대한 평소의 태도

2) 가정적인 원인
- 가정의 구조적 결손 (부모의 사랑, 질병, 이혼, 별거)
- 가정의 기능적 결손 (가정불화, 가족간 결속 붕괴)
- 부모의 부적절한 양육태도 (무관심, 애정결핍, 방임, 과보호, 간섭)
- 가정 내에서의 신체적, 성적 혹은 정신적 학대
- 가정의 빈곤으로 인한 스트레스 및 경제적 독립에 대한 압력
- 부모 자녀간 대화 부족 또는 비효율적 의사소통
- 가출에 대한 부모의 태도 및 반응

3) 또래와 관련된 원인
- 가출에 수용적인 또래집단
- 비행 및 가출경험이 있는 또래들과 교류 및 동일시
- 또래관계에서의 부적응 (폭력, 따돌림, 외톨이)

4) 학교와 관련된 원인
- 지나친 경쟁과 입시위주의 교육환경
- 부모의 과잉기대로 인한 학업 스트레스
- 시험실패와 성적부진으로 인한 열등감과 좌절감

- 교사와의 관계에 대한 불만족 (무관심, 체벌)
- 학교생활과 관련된 부적응 및 불안 (흥미상실, 등교거부)

5) 사회적인 원인
- 청소년의 탈선을 조장하는 유해환경과 유해매체
- 유해업소의 미성년자 고용에 대한 허술한 규제와 단속
- 가출청소년의 선도 및 보호를 위한 관계법령 미비
- 가출청소년의 선도 및 예방을 위한 서비스와 시설의 부족
- 청소년을 위한 건전한 놀이 문화시설의 부족
- 청소년의 권리 및 보호에 대한 성인들의 의식부족

2. 청소년 가출의 유형

1) 가출에 대한 준비 정도에 따라
- 가출 계획 없이 충동적으로 가출 → 충동적 가출
- 어느 정도 시간적 여유와 준비기간을 가지고 가출 → 계획적 가출

2) 가출한 동기에 따라
- 새로운 경험이나 즐거움을 찾아 가출 → 추구형 가출
- 가정의 문제나 갈등으로부터 벗어나기 위해 가출 → 탈출형 가출

3) 가출한 횟수에 따라
- 한번쯤 자유로운 생활을 하고자 하는 욕구에서 1회 가출 → 일회성 가출
- 반복적 (만성적) 으로 가출하는 경우 → 반복적 가출

4) 가출의 원인과 결과에 따라
- 가정의 문제나 갈등으로부터 벗어나기 위해 가출 → 도피성 가출
- 가족들의 관심 획득을 목적으로 가출 → 시위성 가출
- 가정으로부터 버려지거나 쫓겨나 가출 → 추출성 가출

3. 가출 후 당면하는 문제

1) 의식주 해결의 문제
2) 교육 문제
3) 정서 문제
4) 건강 문제
5) 가족 문제

20강 청소년 비행이론

학습목표	청소년 비행이론의 이해

학습내용	청소년 비행이론에 대한 다양한 시각과 이론, 학자들의 주장하는 바를 학습한다.

🔲 비행이론

1. 범죄인론

롬브로소(Lombroso)에 의하면, 범죄자는 신체적 특징에서 비범죄자와 다르며 신체적 이상이란, 조상으로부터의 복귀적 징후이고 퇴화적 산물로 본다.

2. 아노미이론

1) 머튼(Merton)은 사회구조적인 입장에서 빈곤과 범죄는 연관이 있다는 사실을 밝혀내고 있다.
2) 사회를 구성하는 기본적인 기둥을 문화구조와 사회구조의 개념으로 파악하고 이 이론에 의하면 빈곤한 가정에 태어나 사회구조적으로 매우 불리한 입장에 있는 청소년들은 그들이 원하는 지위를 사회적인 배경 때문에 성취할 기회가 상대적으로 제약되어 있기 때문에 그들의 목적을 비행과 범죄라는 수단을 통해서 얻어내려고 한다는 것이다.

🔲 향상학습 - 아노미 현상이란?

1. 사회적 기준이나 규범, 가치관을 상실하여 정신적인 불안상태에 빠져 확신을 잃고 정신적 혼란을 가져오는 현상을 말함
2. 일정한 사회에 있어서 그 구성원의 행위를 규제하는 공통된 가치나 도덕적 규범이 상실된 혼돈상태

🔲 머튼의 아노미 이론

1. 머튼은 아노미현상을 목적달성의 수단과 사회적으로 허용된 수단과의 불일치적 상황에서 발생한다고 보았고 이를 비행으로 규정하였다. 빈곤층의 청소년들에게 사회적으로 허용된 합법적 수단은 매우 제약된 상태이며 이러한 배경으로 인해 이들이 자신들의 목적달성을 위해 비행 내지 범죄행동으로 나아간다는 이론.

2. **머튼이 분류한 아노미 유형(문화적 목표와 제도화된 수단의 수용, 일치성 등을 기준으로)**

   1) **동조형** : 문화적 목표와 제도화된 수단에 적응하려는 유형, 반사회적 행위로 보지 않음.

   2) **혁신형** : 문화적 목표는 수용, 제도화된 수단은 거부, 문화적 목표달성을 위해 불법적 수단 이용. 대부분의 범죄행위

   3) **의례형** : 문화적 목표는 거부, 절차적 규범이나 규칙만 피상적으로 지키는 즉, 제도화된 수단은 수용, 무산안일한 관료유형

   4) **도피형** : 모두 거부, 회피성 행동(알코올 의존, 금지약물 의존 등)

   5) **반역형** : 모두를 거부하며 동시에 새로운 문화적 목표, 수단 등을 획득/대체하려는 적응방식, 사회운동가 등

3. 차별적 접촉 이론

   1) 서덜랜드(E. H. Sutherland)는 기본적으로 범죄행위는 학습된다고 가정한다.

   2) 이 이론은 범죄 청소년들이 살고 있는 주변환경이 하층민들이 많이 모여 사는 열악한 빈민가라는 점에 착안하여 빈민가에 만연되어 있는 범죄에 대하여 비교적 우호적이고 동질적인 가치를 가진 친밀한 집단인 가까운 또래 친구들을 통해 범죄나 비행을 배울 기회가 많아 범죄소년이 된다는 것이다.

🔲 향상학습 – 차등적 접촉 이론

  범죄행위도 일반 행위와 마찬가지로 배워서 한다는 것이다. 배우는 내용은 범죄 기법뿐만 아니라 범죄에 대한 태도도 포함되는 것이며, 법을 위반하는 것이 나쁘다고 배우면 범죄를 하지 않게 된다는 것이며, 위법하는 것이 나쁘지 않다고 배우면 위반하게 된다는 거의 순환논리에 가까운 단순한 이론이다.

1. 비행 하위문화 이론

1) 코헨(Cohen)은 빈곤지역의 청소년들은 중산층의 문화가 지배적인 미국 사회에서 자신들의 지위를 획득하기가 힘들어 자기들에게 유리한 문화를 형성하게 되었다고 주장하였다.

2) 즉, 이들이 만드는 비행 하위문화는 중산층 문화에 대한 반동에서 형성된다. 따라서 이 문화가 바로 중산층 문화와 대립되는 성격을 갖고 있어 중산층 문화가 규율과 준법정신을 강조한다. 비행 하위문화에서는 법 위반에 대한 허용적인 태도를 형성하고 그 특징은 비공리성, 악의성, 부정성을 갖는다.

2. 낙인이론

1) 낙인이론에서 사람들은 누구나 우연한 기회에 사소한 일탈의 가능성에 놓이게 되는데, 이러한 일탈이 범죄로 규정되고 그 행위자에 대해 범죄자로서의 낙인이 주어지게 되면 그 행위자는 더욱 심각한 범죄를 저지르게 된다는 것이다.

2) 낙인 이론은 범죄자를 만들어 가는 과정에 관한 이론으로서 베커(Becker)는 사회적 지위로서 일탈은 행위의 특성이 아닌 다른 사람이 범죄인에게 법과 제재를 적용한 결과이며 결과적으로 준법과 일탈은 상대적이라고 주장하였다.

3) 또한 레머트(Lemert)는 일차적 일탈과 이차적 일탈로 구분하여 한 개인이 일차적 일탈을 저지르고 난 후 그 개인에게 사회적 상호작용 안에서 효과적으로 부인되는 경우에 이차적 일탈이 발생된다고 하였다.

■ 향상학습 – 청소년비행에 관한 낙인이론(labeling theory)의 관점

1) 어떤 행위에 대한 선악의 평가는 사회적으로 이루어진다.

2) 일탈의 원인보다는 일탈행동을 규정하는 규범과 처벌하는 과정에 더 관심을 가진다.

3) 일탈자로 규정된 사람은 그 낙인을 벗어나기 힘들기 때문에 계속 다른 일탈행위를 하게 된다.

4) 낙인이론은 일탈을 생산하는 것이 곧 낙인이라는 이론이다.

5) 벡커에 따르면 규칙위반 행위와 일탈은 다르다. 규칙을 위반한 사람일지라도 사회적으로 인식되거나 낙인찍히지 않으면 일탈자자 되지 않으며 규칙을 위반하지 않았을지라도 일탈자로 낙인찍힐 수 있다.

6) 따라서 이러한 관점에서 보면 일탈이란 한 사람의 행위에 대한 타인의 반응의 결과이므로 규칙위반 행위가 일탈로서 성립하려면 사회적 반응 혹은 낙인이 필수요인이므로 일탈을 생산하는 것은 곧 낙인이라고 볼 수 있다는 것이다.

6. 사회통제 이론(사회유대 이론)

1) 히르쉬(Hirshi)에 의해 제시된 사회통제 이론에 의하면 인간은 누구나 선천적으로 일탈 및 비행 성향을 갖고 태어난다고 보고 비행의 원인보다는 비행 성향을 갖고 있는 인간이 어떠한 이유로 비행을 안 하게 되는가에 대한 원인을 설명하려고 한다.

2) 히르쉬는 비행을 저지르지 못하게 하는 사회유대 요소로서 애정(attachment), 집착(committment), 몰두(involvement), 신념(belief)을 들고, 이 들 네 가지 요소는 유기적으로 관련되어 있으며 전체적으로 지극히 약화되면 범죄나 비행에의 확률이 높아진다고 한다.

3) 특히 청소년의 사회화에 있어 중요한 가정, 학교, 친구와의 유대를 강조하고 결국 청소년이 비행을 하게 되는 이유는 그들이 가정, 학교, 친구와의 유대가 약화되었기 때문이라고 본다.

7. 중화이론(Techniqus of Neutralization Theory)

1) 마차와 사이크스는 비행청소년도 비행이 나쁘다는 것은 알고 있지만 비행을 정당화하는 구실을 찾으므로 비행을 저지르게 된다고 하였다.

2) 비행청소년들이 비행을 정당화하는 유형에는 다른 것에 원인을 돌리는 책임의 부정, 피해자의 과실과 책임을 탓하는 피해자 부정, 비행을 비난하는 사람들은 더 비난받을 행동을 한다고 주장하는 비난자 부정, 자기 소속 집단에 대한 의리와 충성심의 강조 등이 있다.

■ 데이비드 맛차& 그레삼 사이크스의 중화이론/중화기술이론

- Techniques of Neutralization: A Theory of Delinquency Gresham M Sykes; David Matza(1957)

1. 중화이론의 의의

1) 중화의 이론이란 차별적 접촉이론의 접촉의 대상에 관한 이론으로 차별적 접촉이론이 범죄의 학습을 강조한 반면 중화의 이론은 범죄의 학습이 아닌 중화의 학습을 강조한다.

2) 원칙과 예외의 메커니즘으로 범죄를 설명한 중화이론은 자신의 행위가 실정법상으로 위법임을 알지만 적당한 명분을 내세워 자신의 행위를 정당한 것으로 합리화시키는 이론이다.

2. 중화의 유형

1) 책임의 부인

책임의 부인은 자신의 비행에 대하여 사실상의 책임이 없다고 자신을 합리화시키는 기술로써 비행의 책임을 가정환경, 부모훈육의 부재, 빈곤 등의 외부적 요인으로 전가하는 것이다.

2) 권리침해의 부인

권리침해의 부인은 자신의 행위로 손상을 입거나 재산상의 피해를 본 사람이 없다고 하여 자신의 비행을 합리화하는 기술로써 마약을 복용하면서 피해자가 없다고 하거나 방화를 저지르면서 보험회사가 보상해 줄 것이라는 등으로 자신의 행위를 변호하는 것이다.

3) 피해자의 부인

피해자의 부인은 자기행위로 인하여 피해를 본 사람은 피해를 입어 마땅하다고 생각하여 자기행위를 합리화하는 기술로써 매국노를 처단하거나 상점의 물건을 훔치면서 가게주인이 정직하지 못한 사람이다라고 자신을 합리화 방법을 말한다.

4) 비난자에 대한 비난

비난자에 대한 비난은 자신의 비행행위를 비난할 사람을 먼저 자신이 비난하여 비행행위를 정당화하는 기술로써 교사의 촌지나 성직자의 비리 등을 비난하여 본인의 죄책감이나 수치심을 억누르는 방법을 말한다.

5) 보다 높은 충성심의 표출

보다 높은 충성심의 표출은 사회의 일반적인 가치나 규범의 정당성은 인정하면서도 더 높은 가치에 기반하여 비행을 합리화하는 기술로써 가족을 위한 절도나 폭력현장의 화염병 사용 등으로 상위가치를 들어 본인의 행위를 합리화하는 방법을 말한다.

3. 이질적 반응의 해명

차별적 접촉이론이 범죄인은 자신의 행위의 위법을 인식하지 못하는 존재라고 설명한 것과는 달리, 중화의 이론은 범죄인도 자신의 행위가 위법함은 알지만 개별적인 경우에 자신의 규범침해를 정당화 할 뿐이라고 설명하고 이러한 중화의 학습정도에 따라 범죄성이 결정된다고 하여 결국 범죄의 학습이 아닌 중화의 학습을 강조하였다.

4. 중화 전파의 배경

Sykes와 Matza는 중화가 지역사회에 확산·전파되는 배경에는 유한계급적 가치관이 작용하고 있다고 주장하면서 지하적 잠재가치인 모험과 스릴의 추구·노동의 천시·남성상징적 공격성 찬양·일확천금의 추구·성급한 성공의 꿈 등의 유한계급적 가치관이 만연된 사회에서는 중화가 확산된다고 주장하였다.

5. 청소년 비행의 해명

Matza는「비행과 표류」에서 비행소년은 언제나 일탈행위를 하는 비행문화에 지배되는 것이 아니라 중화를 사용하여 규범과 일탈 사이를 표류하고 있는 존재에 불과하다고 주장하여 청소년의 비행은 교정해야 할 대상이 아니라 인정해야할 다양성이라고 주장하였다.

6. 중화이론의 한계

중화이론은 비행자가 중화를 비행전후 어느 때 사용하는지에 대한 해명이 없으므로 중화를 비행 후에 사용한다면 중화이론은 범죄원인론이 아니며 비행 전에 사용한다면 왜 비행청소 년들이 지속적으로 비행에 표류하며 무비행 청소년들은 비행에 표류하지 않는지 개인적 차 이를 설명하지 못한다는 비판을 받고 있다.

청소년의
이해

21강 학교부적응, 폭력, 자살, 가출문제

학습목표	1. 학교부적응, 학업문제 등 이해 2. 폭력, 자살, 가출문제 등의 이해

학습내용	1. 학교 부적응 청소년들의 행동특성을 이해하고 학업문제 등에 대한 내용을 학습한다. 2. 청소년의 폭력, 자살, 가출문제 등의 원인과 유형에 대해 학습한다.

☐ 학교 부적응의 문제

1. 개념

청소년들이 갖고 있는 문제중 학교 부적응은 학업문제, 학업성적과 결부된 핵심적인 내용이다. 학교 부적응이란 학교생활의 적응과정에 있어서 욕구불만이나 갈등이 심하여 이로 인한 긴장을 해소하기 위해서 학교생활에서 이탈하려는 행위이다.

☐ 향상학습 – 학교 부적응 청소년들의 행동특성

(1) 퇴행적 행동

평소에 말이 없고 지나치게 수줍어하며 친구가 없다.

(2) 공격적 행동

이기적이고 난폭하여 싸움이 잦고 파괴적인 행동을 예사로 한다.

(3) 미성숙 행동

주의가 산만하고 환경적 요구에 대처하는 능력이 부족하여 단체생활에 잘 적응하지 못한다.

(4) 방어적 행동

거짓말을 자주 하며 실패나 비판을 두려워하며 매사에 소극적이다.

(5) 신체적 징후

어렵고 힘든 일을 당하면 어쩔 줄 몰라 하며 손톱을 깨물거나 말을 더듬으며 두통이나 복통 등 신체적 증상을 호소한다.

2. 학교 부적응의 요인

1) 개인적 요인

   (1) **신체장애** : 지체 부자유, 시각장애, 청각장애, 음성 또는 언어기능장애 등

   (2) **지적능력 결핍** : 정신지체(지적장애) 등

   (3) **정서적 문제** : 높은 자기기대, 낮은 자아 존중감, 낮은 대인관계 신뢰 등

   (4) **사회화 문제** : 대인관계의 어려움 등

2) 가정적 요인

   결손가정, 빈곤가정, 위기가족, 부적절한 양육태도 등

3) 학교적 요인

   부적절한 교육제도, 교과과정의 문제, 교사의 부정적인 영향, 교우의 부정적인 영향 등

학업문제

학업문제는 청소년이 갖고 있는 핵심적인 내용이다. 때로는 학업성취 수준이 상위권인 청소년들이 중, 하위권의 청소년들보다 학업성적에 대해 더 많은 스트레스를 받기도 한다.

1. **학습지진(slow learn)** : 지능으로 대표되는 지적 능력의 저하로 인하여 학업성취가 뒤떨어지는 상태를 말한다.

2. **학습지체(academic retardation)** : 국가적으로 혹은 지역적으로 규정된 학년, 학기의 학습목표를 달성하지 못하여 뒤처지는 상태를 말한다.

3. **학습부진(school underachivement)** : 학업영역에서 나타나는 학업성취 수준이 학생이 지닌 잠재적인 능력(지적 능력 수준)에 미치지 못하고 현격하게 뒤떨어지는 상태를 말한다.

청소년 방과후 아카데미

1. 청소년방과후아카데미

초등 4학년부터 중학 3학년까지의 청소년을 대상으로 여성가족부와 지방자치단체에서 청소년들의 건강한 방과 후 생활과 삶의 질 향상을 위해 전문체험 및 학습 프로그램, 청소년 생활관리 등 종합서비스를 지원하는 국가정책지원 사업.

2. 청소년방과후아카데미는 2005년 46개소 시범운영을 시작하여 2006년 전국적으로 확대, 현재 청소년수련관, 청소년문화의집 등의 지자체 공공시설에서 260개소가 운영되고 있음.

3. 정책 목표

1) 중앙·지방 및 학교와 가정·지역사회가 연계하여 방과후 돌봄이 필요한 '나홀로 청소년'을 대상으로 가정과 공교육을 보완하는 공적서비스 기능 강화.
2) 맞벌이·한부모·장애·취약계층 가정의 나홀로 청소년 대상으로 활동·복지·보호·지도를 통하여 스스로 자립할 수 있는 역량배양 지원(교육·문화적 격차 완화, 학습능력 향상 도모, 자기주도역량 함양 등)
3) 여성의 경제참여 지원, 저소득가정 사교육비 절감, 나홀로 청소년의 범죄·비행 노출 예방 등 효과 기대

4. 운영기능

1) '방과후 나홀로 청소년'을 위한 안전하고 안정적인 공간의 기능
2) 체험을 통한 건강한 놀이·문화를 체험하고 실천하는 기능
3) 보호자·청소년·지역사회가 원활하게 소통할 수 있도록 돕는 기능
4) 정규교육으로 부족한 인성 및 창의성 개발 지원 기능

5. 추진내용

1) 지역사회 차원에서 청소년 활동·복지·보호체계 구축
2) 청소년 성장지원의 책임을 학교·가정·지역사회와 함께 추진
3) 지역사회의 인적·물적 자원을 연계 활용하는 통합적 지원체계 구축
4) 가정·학교와 지역사회의 상호 신뢰 및 연계 복원을 통한 청소년의 건강한 성장 도모
5) 학교교육 보완 기능으로서 공교육과 아카데미의 상호 연계 강화
6) 「방과후아카데미 지원협의회」구성을 통한 지역사회의 공동 운영
7) 청소년의 요구와 부모의 기대에 부응하는 운영
8) 청소년의 성장발달에 부합하고, 청소년·부모의 눈높이에 맞는 내용과 질이 담보되는 과정을 개발 운영

학업중단

1. 개념

중퇴 혹은 중도탈락과 유사한 뜻으로 사용되며, 정규학교를 다니다가 비행, 질병, 가사, 기타의 이유로 학교를 졸업하기 전에 학업을 중단하는 것을 의미한다.

2. 학업중단의 원인

1) 개인적 요인

낮은 자아존중감, 장기조망능력 부족 및 학업흥미나 학업성적 저하, 공격적 성향, 질병, 낮은 지능 등.

2) 가정환경적인 요인

바람직하지 않은 부모의 양육태도, 부모자녀갈등이나 부부갈등, 경제적 빈곤, 결손가정, 부모의 빈약한 교육지원 등

3) 학교요인

학업 동기나 흥미의 부족, 학교활동에 대한 비참여, 장기 무단결석, 학교에 대한 소속감 부족, 성적 비하, 징계경험, 비행경험 또는 처벌경험이 있는 친구와의 교제.

■ 폭력

1. 청소년의 사회적 문제행동 중 폭력

학교폭력이란 학교 내외에서 학생을 대상으로 발생한 상해, 폭행, 감금, 협박, 약취, 유인, 명예훼손, 모욕, 공갈, 강요, 강제적인 심부름 및 성폭력, 따돌림, 사이버 따돌림, 정보통신망을 이용한 음란, 폭력정보 등에 의하여 신체, 정신 또는 재산상의 피해를 수반하는 행위를 말한다.

1) 청소년 폭력의 특징

 - 청소년 폭력을 비롯한 범죄가 저연령화되고 있다.
 - 청소년 폭력이 더욱 잔인하고 비인간적인 방법으로 이루어지고 있다.
 - 청소년 폭력의 가해자는 다양한 얼굴을 지니고 있다.
 - 피해 학생의 경우, 그 사실을 부모나 선생님에게 잘 알리지 않는다.

2) 집단 따돌림(왕따)

 - 집단따돌림은 두 명 이상이 집단을 이루어 특정인(혹은 특정 집단)을 그가 속해 있는 집단에서 소외시켜 구성원으로부터 역할 수행에 제약을 가하거나 인격적으로 무시 혹은 음해하는 언어적, 신체적 일체의 행위를 말한다.
 - 내용상 특징 : 특정인과 대화를 거부하기, 약점을 들추어 내기, 은근히 혹은 공개적으로 비난하기, 하는 일마다 시비 걸기, 따돌림의 대상을 고립시킬 목적으로 그와 가깝게 지내려는 다른 집단구성원을 위해하기, 바보 만들기 등

■ 향상학습 – 교사가 파악할 수 있는 학교폭력의 징후

1) 갑자기 옷이 지저분하거나 단추가 떨어지고 구겨져 있다.
2) 안색이 좋지 않거나 평소보다 기운이 없다.
3) 친구가 시키는 대로 그대로 따른다.
4) 항상 힘겨루기 대상이 되고 패자가 된다.
5) 발표를 하거나 무슨 일을 할 때 전에 없이 자주 흠칫 거린다.
6) 친구 심부름을 하는 경우가 많아진다.

7) 혼자 지내는 모습이 두드러지게 많아진다.

8) 험담을 들어도 반발하지 않는다.

9) 몸이 아프다며 결석과 양호실 출입이 잦다.

10) 성적이 갑자기 떨어지고 이유를 잘 말하지 않는다.

■ 기출정리- '학교폭력예방 및 대책에 관한 법률'에서 가해학생에 대한 조치

– 제 17조

학교폭력 대책 자치위원회는 피해학생의 보호와 가해학생의 선도, 교육을 위하여 가해학생에 대하여 다음의 어느 하나에 해당하는 조치를 할 것을 학교의 장에게 요청하여야 하며, 각 조치별 적용 기준은 대통령령으로 정한다. 다만, 퇴학처분은 의무교육과정에 있는 가해학생에 대하여는 적용하지 아니한다.

1. 피해학생에 대한 서면사과

2. 피해학생 및 신고, 고발 학생에 대한 접촉, 협박 및 보복행위의 금지

3. 학교에서의 봉사

4. 사회봉사

5. 학내외 전문가에 의한 특별 교육이수 또는 심리치료

6. 출석정지

7. 학급교체

8. 전학

9. 퇴학처분

＊＊ 학교폭력 신고 대표전화 : 117번

■ 불안장애와 우울 및 자살

1. 불안장애는 불안의 대상이 뚜렷하지 않은 채 막연한 상태로 두려움과 초조함을 경험하기도 한다. 특정상황이나 대상에 대해 두려움을 갖는 대인공포증, 학교 공포증, 시험 공포증도 이 시기에 나타나며 이러한 공포증은 대부분 청소년기에 시작된다.

2. 우울증은 청소년기에 비교적 흔히 나타나는 증상으로서 기분이 저조한 상태로 대인관계 위축, 권태와 무기력, 수면장애, 섭식장애를 수반하기도 한다.

3. 자살은 청소년들이 대부분 불안이나 좌절에서 벗어나기 위한 수단으로 극단적인 자살 행위를 선택할 수 있다.

■ 청소년의 내적 문제행동

1. 내적 문제행동의 의미

비행, 행동장애, 반사회적 행동은 문제를 행동화하기 때문에 외향적인 것으로 간주되는 반

면, 우울, 자살, 섭식장애와 같은 문제들인 정신적인 장애는 문제가 내적으로 지향된다는 점에서 내향적인 성격을 지니고 있다.

2. 청소년 우울과 특징

1) 지속적으로 슬픈 감정을 보이며 이전에 좋아하던 활동을 하지 않으며 활동 자체가 감소되어 있으며 화를 잘 내고 두통이나 복통과 같은 신체적 증상을 자주 호소하며 학교를 자주 결석하거나 성적이 저조하고 숙제를 하지 않는 경향이 많으며 권태감이나 낮은 활동력 및 낮은 주의집중을 보이며 식사나 수면패턴의 변화를 보인다.

2) 친구들과 어울리는 시간이 줄어들어 혼자 지내거나 친구들과의 놀이에 흥미를 잃는 경우가 많으며 죽고 싶다는 말을 하거나 자살에 대해서 이야기한다.

3) 청소년 우울증의 치료 및 예방
   - 청소년의 우울증을 예방하는 방법은 스트레스 상황에 대처할 수 있는 능력을 증진시키고 문제해결 능력이나 생활기술을 가르치도록 계획된 프로그램이 효과적이다.
   - 기본적으로 모든 청소년들이 적어도 우울한 정서 상태를 경험할 수도 있다는 가정에 기초하여 전체 청소년에 대하여 예방 서비스를 제공하여야 한다.
   - 우울증으로 진단된 부모의 자녀들이 우울증을 보이는 경향이 높으므로 이들에 대한 예방 프로그램이 동시에 제공되어야 한다.
   - 부모의 우울을 이해하고 대처하는 데 필요한 정보를 가족구성원들에게 제공하는 것도 바람직하다.

3. 청소년의 사회적 문제행동 중 자살

1) 자살을 선택하는 청소년들은 대부분 외로움, 소외, 따돌림을 당하고 있고 부모와 가족으로부터 사랑받지 못하고 있다고 생각한다. 따라서 이들의 자살행위는 자신의 고통을 극단적으로 표현하는 것이며 관심을 얻으려는 수단이 되기도 한다.

2) 청소년 자살은 남자와 여자의 차이점이 있다.
   - 청소년 여자들은 남자보다 자살 시도률이 3배나 더 많다.
   - 완전한 자살은 남자가 여자보다 자살 성공 가능성이 4배 더 많다.

3) 치료와 예방
   자살에 대해 말하는 청소년과 이전에 자살을 시도한 청소년들은 매우 심각하게 취급될 필요가 있으며 그들이 재빨리 도움을 받을 수 있도록 해 주어야 한다. 자살각성 프로그램인 '다시 생각하기' 운영과 학교 구역들과 지역사회가 친구의 자살 이후에 청소년들에 대한 정서적 지원을 제공해 줄 필요가 있다.

청소년의
이해

22강 청소년자살, 약물중독문제 등

학습목표
1. 청소년 자살과 에밀 뒤르케임의 자살유형 이해
2. 청소년 중독문제의 이해

학습내용
1. 청소년 자살에 대한 특징적인 내용과 에밀 뒤르케임의 자살유형 4 가지에 대해 학습한다.
2. 청소년 중독문제(약물, 흡연, 음주, 게임 등)등을 이해하고 각각의 특징 등을 학습한다.

📖 기출정리 – 청소년 자살의 특징들

1. 계획적인 경우보다 충동적인 경우가 많다.

- 무가치하다고 생각되어질 때 충동적으로 선택
- 부모나 주변 어른들의 잔소리가 싫어질 때 충동적으로 선택
- 여러 사람 앞에서 비난이나 꾸중을 들을 때 충동적으로 선택

2. 자기 나름대로의 분명한 자살동기를 갖는다.

- 자살을 준비하던 중 "나가 죽어라"라는 말이 방아쇠가 되어 바로 시도.
- 고통의 끝이나 문제해결의 대안으로 선택
- 분명한 이유를 만들어 합리화하는 경향
- 남을 조정하거나 보복하려는 동기로 선택

3. 동반자살 및 모방 자살 가능성이 있다.

- 베르테르 효과 : 연예인이나 추종자의 죽음으로 연쇄 자살
- 피암시성이 강함.
- 자살사이트를 통한 관심

4. 죽음에 대한 환상을 갖고 있다.

- 판타지 소설류나 인터넷 게임의 영향

– 대중매체가 전하는 자살소식을 여과장치 없이 받아들임.
– 죽음을 문제해결방법으로 잘못 생각

자살 경고적 징후

– 타인에게 자살할 것이라고 위협을 하거나 죽고 싶다는 말을 자주 하는 것
– 죽음에 대해 지나치게 생각하거나 몰두하는 것
– 충동적으로 행동하는 것.
– 지속적인 슬픔을 느끼거나 가족 상실로 인한 슬픔이 지속되는 것.
– 친구 또는 좋아하는 활동을 포기하는 것
– 학교 성적이 갑작스럽게 떨어지는 것.
– 섭식 또는 수면습관이 급작스럽게 변하는 것.
– 심각한 죄의식과 수치감을 갖는 것.
– 자신의 가치에 대해 회의감을 갖는 것.
– 약물을 남용하는 것
– 자살을 시도하는 것.
– 아끼는 물건을 다른 사람에게 주거나 버리는 행위 등

기출정리– 에밀 뒤르껨(E. Durkheim)의 자살론(4가지 자살유형)

1. 자살이란 뒤르껨의 정의에 의하면 "희생자 자신이 행한 적극적 또는 소극적 행위가 그러한 결과를 가져오도록 노력한 것으로부터 직접 또는 간접적으로 발생한 모든 경우의 죽음"이라고 할 수 있다.

2. 유형 4가지

1) 이기적 자살
   (1) 대가족 사회가 붕괴되고 규범과 질서를 배울 수 있는 큰 어른의 존재가 없어지면서 개인은 자신이 옳지 않은 방향으로 행동하려는 데에 대한 방어막을 잃게 되어 행해지는 자살이다.
   (2) 사회의 통합하는 힘이 약해서 개인주의가 팽배함으로 생겨나는 '이기적' 자살이며 자신이 속해 있는 집단(예를 들면, 가족)에 대한 책임성과 의존성을 포기하고 자신의 이기적인 생각만 하게 만드는 사회 분위기가 문제이다.

2) 이타적 자살
   (1) 이기적 자살의 반대로서, 이는 자신보다 사회와 공동체에 큰 비중을 두게 되면서 극단적으로는 자신의 목숨까지 끊게 되는 것을 말하며 다른 사람의 목숨을 살리기 위해 자신을

기꺼이 희생하는 것이다.

(2) 사회의 통합하는 힘이 너무 강할 때 하게 되는 '이타적' 자살이며 집단에 대한 충성심이 강해서 집단의 이익이나 명예를 위해 기꺼이 목숨을 버리는 경우가 이에 해당한다.

(3) 노쇠, 질병 등에 당면했을 때의 남자들의 자살, 남편의 죽음을 당한 여자의 자살, 족장의 죽음에 있어 추종자들과 시종들의 자살도 사례가 될 수 있다.

3) 숙명론적 자살

− 사회가 더 이상 자신의 뜻대로 돌아가지 않으리라는 것을 깨닫고, 그 결과로써 나타나는 자살이다.

− 사회의 규제하는 힘이 너무 강할 때 생겨나는 '숙명적' 자살이며 이것은 사회가 개인의 자유를 심하게 통제할 경우 이것을 견디지 못하고 하게 되는 자살 유형이다.

− 노비 또는 노예의 자살을 사례로 들 수 있다.

4) 아노미적 자살

− 사회의 혼란과 연관된 개념으로 이 때 아노미에 대해서 먼저 정의내릴 필요가 있는데, 이는 인간의 행동을 규제해 줄 사회의 규범 또는 가치관이 혼란스러운 상태를 말한다.

− 아노미적 자살은 개인이 뒤따를만한 규범이 혼란스러운 아노미 시대에 돌입하면서 행동의 옳고 그름을 제대로 파난하지 못해서 발생한다.

− 즉, 사회의 규제가 너무 약할 때 생겨나는 '아노미적' 자살이며 정당한 수단이나 방법, 그리고 법과 규범이 무시되는 혼란스러운 사회상황에서 하게 되는 자살이다.

− 뒤르껨은 특히 경제와 관련해서 아노미현상이 일어나기 쉽다고 생각하였으며 경기침체가 발생하거나 심각한 대규모 실업사태가 생겼을 때 자살률이 급격히 높아지는 상태, 또는 경기가 호황일 때에도 급격히 높아진 사람들의 기대와 욕구에 현실이 미치지 못하면서 발생하는 자살률의 증가가 그 예가 된다.

− 입시의 과중한 부담을 이겨내지 못하고 죽어가는 고3 수험생들의 자살도 여기에 해당한다.

▨ 섭식장애

1. 거식증(anorexia nerorder)

1) 섭식장애의 하나로서 장기간 심각할 정도로 음식을 거절함으로써 나타나는 질병이다. 흔히 기질적 이유 없이 체중의 20% 이상을 잃었을 때 내리는 진단.

2) 심각한 체중 감소, 무월경이나 발기부전, 신체상의 왜곡, 비만에 대한 강한 두려움이 동반된다. 사춘기 또는 젊은 여성에게 많이 나타나며 이 증세를 보이는 사람은 내향성, 불안, 의존성 등이 정상인보다 강하고 강박적 관념을 지니고 있다.

2. 폭식증(bulimia nervosa)

1) 단시간 내에(약 2시간 이내) 일반인들이 먹을 수 있는 양보다 명백히 많은 양을 먹고, 음식을 먹는 동안 음식 섭취에 대해 통제력을 잃는다. 또한 체중 증가를 막기 위해 음식물을 토해내거나 설사약, 이뇨제를 남용하거나, 과도한 운동을 하기도 하며, 자신의 체중과 체형에 대하여 과도하게 집착하는 증상이 반복적으로 나타나는 상태를 폭식증이라고 한다.

2) 원인
   (1) 생물학적 원인으로, 음식을 먹을 때 포만감을 느끼게 해주는 세로토닌이라는 신경전달 물질과 관련된 문제가 있거나, 다행감을 느끼게 해주는 엔도르핀과 관련된 문제가 있을 때 폭식증이 발생한다는 연구 결과가 보고된 적이 있다.
   (2) 거식증과 유사하게 성취 지향적이고, 날씬함에 대한 사회적 기대에 부응하고자 하는 경향이 지나친 경우에 발병하기도 한다. 심리적으로 청소년기의 욕구를 적절하게 표출하거나 해소하지 못하는 경우나 행동 문제(병적 절도, 알코올 의존, 자해 등)를 일으키는 등 충동 조절 장애를 갖고 있는 경우에 발병하기도 한다.

◻ 가출유형을 통해 가출의 동기를 밝히고자 한 접근 - "Roberts(1982)

1) 참을 수 없는 가족상황에서 벗어난 사람
2) 모험을 추구하는 사람
3) 학교문제가 있는 사람

◻ 약물/음주 등의 중독

1) 음주 : 청소년들은 술을 마시는 행위를 어른스럽게 여길 뿐만 아니라, 우리 사회에서는 술을 적당히 마실 줄 알아야 사회생활을 잘할 수 있다는 왜곡되고 관대한 음주문화가 팽배해 있기 때문에 중학교 이전에 술을 접하는 경향이 있다.
2) 흡연 : 청소년 흡연의 원인으로는 성인행동의 모방과 또래집단의 압력을 들 수 있다. 또한 기성세대에 대한 반항이나 도전 심리, 학업이나 입시 스트레스, 부모의 흡연 및 부모와의 소원한 관계 등도 흡연에 영향을 미친다.
3) 마약 : 마약사용은 법에 위배되는 청소년 범죄일 뿐만 아니라 음성적으로 거래되기 때문에 중독된 경우에는 마약을 구하기 위해 제2, 제3의 범죄로 연결되는 무서움이 있다.

◻ 알코올이나 약물을 남용하는 청소년들은 다음의 특징을 가진다.

1. 빠른 해소감이나 즉각적인 만족감을 얻기 위해

2. 친구와 어울리기 위해

3. 자신의 불쾌한 감정들 즉 분노, 우울, 좌절감 등을 해소하기 위해

4. 자신감이나 자존감을 높이기 위해

5. 우울증, 행동장애, 주의력결핍 과잉운동장애 등의 정신질환이 있는 경우

6. 부모가 알코올의존 또는 약물중독인 경우

7. 성폭행 등 가정폭력의 희생자가 된 경험이 있는 경우

청소년 유해약물이라 함은 청소년에게 유해한 것으로 인정되는 약물

1. 「주세법」의 규정에 의한 주류

2. 「담배사업법」의 규정에 의한 담배

3. 「마약류관리에 관한 법률」의 규정에 의한 마약류

4. 「유해화학물질 관리법」의 규정에 의한 환각물질

5. 기타 대통령령이 정하는 기준에 따라 국가청소년위원회가 결정하여 고시한 것

중독과정

1. 실험적 단계

호기심과 모험심으로 시작

2. 사회적 단계

긴장과 억압적인 행동에서 탈출하려고 할 때

3. 도구적 단계

기분조절을 위한 목적으로 사용

4. 습관적 단계

약물사용이 일상생활의 중심

5. 강박적 단계

- 약물사용이 삶의 유일한 행동
- 모든 대인관계는 약물을 얻기 위한 단계

중추신경 억제제/흥분제

1. 억제제

1) 헤로인

- 모르핀의 한 종류, 약중의 약/영웅이란 의미의 뜻, 양귀비를 재료로 아편을 정제/가공한 억제제

2) 모르핀

- 마약성 진통제, 모르핀(morphine)은 아편의 주요 성분인 알칼로이드이며 아편 진통 의약 품이다. 통증을 줄이기 위해 중추 신경계에 직접 작용한다. 급성 통증과 만성 통증 모두에 사용된다. 모르핀은 심근 경색이나 통증 때문에 자주 사용된다.

3) 바비트레이트산염

- 신경활동, 골격근, 평활근, 심장근육 등에 상당한 억제 효과를 미치고 그밖의 넓은 범위의 생물학적 기능을 억제시키는 제제이다. 바비튜레이트는 술과 비슷한 효과를 가지는데, 소 량 사용시 평온감과 이완감을 느끼고, 다량 사용시에는 어눌한 말, 갈짓자 걸음, 판단력 저하 등이 나타나고 아주 많은 양을 사용시 혼수상태 혹은 사망하게 된다.

4) 벤조디아제핀

- 벤조디아제핀(Benzodiazepine, IPA: [bɛnzədaɪˈæzɨpiːn])은 벤젠 고리와 디아제핀 고리 가 결합되어 있는 화학구조를 가지는 향정신성의약품이다.
- 벤조디아제핀은 신경전달물질인 GABA의 효과를 향상시켜, 진정작용, 수면작용, 항불안 작용, 항경련작용, 근육이완과 기억상실을 일으킨다.

5) 알코올(술)

6) 덱스트로메토르판

- 바이엘에서 상품화한 러미라(Romilar)라는 이름으로 알려진 비마약성 중추작용 진해제 이다.
- 통상 용량으로는 마약 성질이 나타나지 않는 것으로 알려져 있으나, 300mg 이상의 고용 량 복용시 환각 등의 증상이 나타남.
- 마약류관리법에 의해 향정신성의약품으로 지정.

2. 흥분제

1) 코카인

- 코카나무 잎에서 추출하는 트로페인계 알칼로이드.
- 비강을 통해 흡입하는데 혈관 수축 작용이 있어서 지속적으로 흡입하면 각종 비염이나 기

관기 질병에 노출되기 쉬울뿐더러 코의 조직이 괴사하는 상황에 이를 수 있다.

- 헤로인처럼 현저한 내성이 생기지 않으므로 코카인 복용자가 쾌감을 느끼기 위해 점점 더 많은 양을 취할 필요는 없지만 강한 습관성으로 코카인을 중단하면 극심한 우울증으로 고생한다(코카인 블루스)
- 코카인은 뇌 도파민 활성을 크게 증가시켜 약효가 있는 동안은 쾌감과 집중력, 창의성과 삶의 의욕을 극도로 솟아나게 하지만 계속 복용하면 수면장애, 인성장애 등의 정신적 장애가 생기고 폭력, 반사회적인 행동의 증가 등을 유발한다. 그리고 피부 안에 벌레가 기어 다니는 것을 느끼는 환촉 및 환각 및 편집성 망상 등의 정신적 장애로 이어질 수 있다.

2) 암페타민
- 도파민/노르에피네프린 재흡수 억제제)이면서 동시에 도파민 분비 촉진제로써, 중추신경 자극제. 즉 각성제의 하나
- 암페타민 계통 화합물은 다양한 종류가 있으며, 대표적으로 암페타민, 메스암페타민(필로폰), 덱스트로암페타민 등이 있다.

3) 카페인
- 카페인(caffeine)은 메틸크산틴 계열의 중추신경계통(CNS) 각성제이다.[8] 알칼로이드의 일종이다. 세계에서 가장 널리 사용되는 향정신성 약물이다. 다른 많은 향정신성 물질과는 달리, 거의 모든 세계에서 합법적이며 규제가 없다.
- 카페인은 건강에 긍정적인 영향과 부정적인 영향을 모두 줄 수 있다. 기관지 형성 장애로 인한 미숙아 호흡장애, 미숙아 무호흡 등을 치료하고 예방할 수 있다. 카페인 구연산염은 WHO의 필수 의약품 모델 목록에 있다. [12] 파킨슨 병 (Parkinson 's disease)을 포함한 일부 질병에 대해서는 약간의 보호 효과를 나타낼 수있다.
- 카페인을 과다섭취하면 두통, 불면증, 행동 불안, 정서 장애, 혈압 상승, 부정맥, 역류성 식도염, 뼈 건강 악화 등을 일으킬 수 있다. 금단 증상으로는 두통, 심장 떨림, 구역감, 짜증, 불안, 신경과민, 우울증을 겪을 수 있다.

4) 니코틴
- 니코틴(nicotine)은 가지과의 식물에서 발견되는 알칼로이드 물질이다. 주로 담배에 많이 들어있는 성분
- 니코틴은 포유류에게 각성효과를 보인다. 그리고 그것이 흡연이 습관성이 되는 주요 요소 중의 하나가 된다. 미국 심장협회에 따르면 "니코틴 중독은 역사상 가장 끊기 힘든 중독중의 하나이다." 담배 중독을 결정하는 약리학적이고 행동학적인 특성은 헤로인이나 코카인과 같은 약물에 대한 중독을 결정하는 특성과 유사하다.

23강 학교폭력 및 예방 등

학습목표	1. 인터넷 중독/학교폭력 등에 대한 추가내용 이해 2. 청소년 보호를 위한 여러 가지 법적 장치 이해

학습내용	1. 사이버팸 등 인터넷 중독에 대한 내용과 학교폭력 및 예방 등에 대해 학습한다. 2. 청소년 보호법상의 주요내용과 청소년 시청보호시간제도 등의 내용을 학습한다.

🔲 인터넷 등의 중독

중독증(addiction)이란 단순한 대상 탐닉에 그치는 것이 아니라 대상에 몰두해서 그 대상으로부터 만족감과 편안함을 찾는 대상 의존성, 시간이 지남에 따라 점점 의존의 강도가 높아지는 내성현상, 그 대상에 몰두하지 않으면 나타나는 금단현상을 수반하는 것을 말한다.

** 사이버 팸

사이버와 패밀리의 합성어인 사이버팸이 인터넷 동호회, 채팅 사이트 등을 중심으로 생겨나기 시작한 것은 1999년 말부터이다. 그 이후 사이버팸은 같은 취미나 성향 등을 가진 청소년들이 '가족'을 형성, 나이차와 성별 등에 따라 서로를 아빠, 엄마, 삼촌, 이모 등으로 부르면서 가족처럼 지내는 모임 정도로 치부돼 왔다. 그러나 최근에는 일부 청소년들이 집단 가출해 팸 멤버끼리 모여 살거나, 가출 후 생활비 마련을 위해 함께 원조교제 등 탈선의 길로 빠지는 경우도 흔하게 발생하고 있다.

🔲 학교폭력예방 및 대책에 관한 법률

1. 학교폭력의 예방과 대책에 필요한 사항을 규정함으로써 피해학생의 보호, 가해학생의 선도·교육 및 피해학생과 가해학생 간의 분쟁조정을 통하여 학생의 인권을 보호하고 학생을 건전한 사회구성원으로 육성함을 목적

2. 사용하는 용어의 정의

1) "학교폭력"

학교 내외에서 학생을 대상으로 발생한 상해, 폭행, 감금, 협박, 약취·유인, 명예훼손·모

욕, 공갈, 강요·강제적인 심부름 및 성폭력, 따돌림, 사이버 따돌림, 정보통신망을 이용한 음란·폭력 정보 등에 의하여 신체·정신 또는 재산상의 피해를 수반하는 행위를 말한다.

2) "따돌림"

학교 내외에서 2명 이상의 학생들이 특정인이나 특정집단의 학생들을 대상으로 지속적이거나 반복적으로 신체적 또는 심리적 공격을 가하여 상대방이 고통을 느끼도록 하는 일체의 행위를 말한다.

3) "사이버 따돌림"

인터넷, 휴대전화 등 정보통신기기를 이용하여 학생들이 특정 학생들을 대상으로 지속적, 반복적으로 심리적 공격을 가하거나, 특정 학생과 관련된 개인정보 또는 허위사실을 유포하여 상대방이 고통을 느끼도록 하는 일체의 행위를 말한다.

4) "학교"

「초·중등교육법」 제2조에 따른 초등학교·중학교·고등학교·특수학교 및 각종학교와 같은 법 제61조에 따라 운영하는 학교를 말한다.

5) "가해학생"

가해자 중에서 학교폭력을 행사하거나 그 행위에 가담한 학생을 말한다.

6) "피해학생"

학교폭력으로 인하여 피해를 입은 학생을 말한다.

7) "장애학생"

신체적·정신적·지적 장애 등으로 「장애인 등에 대한 특수교육법」 제15조에서 규정하는 특수교육을 필요로 하는 학생을 말한다.

3. 학교폭력 예방교육

1) 학교의 장은 학생의 육체적·정신적 보호와 학교폭력의 예방을 위한 학생들에 대한 교육 (학교폭력의 개념·실태 및 대처방안 등을 포함하여야 한다)을 학기별로 1회 이상 실시하여야 한다.

2) 학교의 장은 학교폭력의 예방 및 대책 등을 위한 교직원 및 학부모에 대한 교육을 학기별로 1회 이상 실시하여야 한다.

3) 학교의 장은 제1항에 따른 학교폭력 예방교육 프로그램의 구성 및 그 운용 등을 전담기구와 협의하여 전문단체 또는 전문가에게 위탁할 수 있다.

4) 교육장은 제1항부터 제3항까지의 규정에 따른 학교폭력 예방교육 프로그램의 구성과 운용 계획을 학부모가 쉽게 확인할 수 있도록 인터넷 홈페이지에 게시하고, 그 밖에 다양한 방법으로 학부모에게 알릴 수 있도록 노력하여야 한다.

■ 학교폭력의 해결방안

1. 교사, 경찰, 교내 상담기관 등에 알려 도움을 받는다.

1) 신체적·심리적 피해 증거와 다른 아이들이 목격한 증언 확보도 중요합니다.
2) 학교에 알린 뒤에도 피해가 지속되면 학교폭력대책자치위원회(학폭위)를 요구하고, 가해학생에 대한 조치를 요구할 수 있음.

2. 학교에서의 학교폭력해결방법

- 피해학생의 보호제도
    ① 학내외 전문가에 의한 심리상담 및 조언
    ② 일시보호
    ③ 치료를 위한 요양
    ④ 학급교체
    ⑤ 그 밖에 피해학생의 보호를 위하여 필요한 조치
    *전학(2012.3.21. 삭제)

3. 학교폭력대책자치위원회가 가해학생의 선도 교육을 위해 필요하다고 인정하는 때에는 가해학생에 대하여 다음의 어느 하나에 해당하는 조치 (수 개의 조치를 병과 할 수도 있다)를 할 것을 학교의 장에게 요청할 수 있다.

① 피해학생에 대한 서면 사과
② 피해학생 및 신고/고발학생에 대한 접촉, 협박 및 보복행위의 금지
③ 학급교체
④ 전학
⑤ 학교에서의 봉사
⑥ 사회봉사
⑦ 학내외 전문가에 의한 특별교육이수 또는 심리치료
⑧ 10일 이내의 출석정지
⑨ 퇴학처분(단, 의무교육과정에 있는 가해학생에 대하여는 적용하지 않는다.)

4. 사회에서의 학교폭력피해자 지원가능기관

1) 안전Dream 아동·여성·장애인 경찰지원센터
2) 학교폭력 SOS 지원단
3) Wee센터
4) 청소년상담복지센터
5) 청소년상담1388 등

청소년 보호

1) 청소년 보호법
   - '청소년'이란 만19세 미만인 사람을 말한다. 다만 만 19세가 되는 해의 1월 1일을 맞이한 사람은 제외한다.
   - 청소년 '유해약물' : 주류, 담배, 마약류, 환각물질, 그 밖에 중추신경에 작용하여 습관성, 중독성, 내성 등을 유발하여 인체에 유해하게 작용할 수 있는 약물(관계기관의 의견+청소년보호위원회의 결정+여성가족부장관 고시)
   - 청소년 '유해물건'
   - 청소년 '유해업소'
     ① 청소년 출입/고용금지업소
     ② 청소년 고용금지업소(즉, 출입은 가능함)
   - 청소년 '유해환경'이란 청소년 유해매체물, 청소년유해약물 등, 청소년유해업소 및 청소년폭력/학대를 의미.

   (1) 인터넷 게임 제공자의 고지의무

   인터넷게임의 제공자는 16세 미만의 청소년 회원 가입자의 친권자등에게 해당 청소년과 관련된 다음의 사항을 알려야 한다.
   - 제공되는 게임의 특성, 등급, 유료화 정책 등
   - 인터넷게임 이용시간
   - 인터넷게임 이용 등에 따른 결제정보

   (2) 심야시간대의 인터넷게임 제공시간 제한

   인터넷게임의 제공자는 16세 미만의 청소년에게 오전 0시부터 오전 6시까지 인터넷게임을 제공하여서는 아니 된다.

청소년 시청보호시간제도

1. 방송심의에 관한 규정 제2조제6호
2. "청소년시청보호시간대"라 함은 7시부터 9시까지, 13시부터 22시까지를 말하며, 토요일, 공휴일, 여성가족부장관이 고시하는 초등학교·중학교·고등학교의 방학기간동안에는 7시부터 22시까지를 말한다.
3. 유료채널의 경우에는 18시에서 22시까지를 말한다.

아동, 청소년 성보호에 관한 법률

1. 용어 정의

'아동/청소년'이란 19세 미만의 자를 말한다. 다만 19세에 도달하는 연도의 1월 1일을 맞이한 자는 제외한다.

2. 아동/청소년대상 성범죄의 신고

누구든지 아동/청소년대상 성범죄의 발생 사실을 알게 된 때에는 수사기관에 신고할 수 있다.

■ 향상학습 – 성폭력을 당한 학생의 징후

1) 신체적 손상, 비뇨기와 관련된 질병이나 두통, 위장장애와 같은 신체적 질병의 징후.
2) 평소와 다르게 까다롭거나 갑작스러운 극도의 수줍음.
3) 안정감 상실과 정상적인 시간표에 부적응이 생기며 학교생활에 변화가 옴.
4) 음식을 거부하거나, 선호하는 오락, 텔레비전 프로그램, 활동 등을 즐기지 못함.
5) 낯선 사람에 대한 지나친 공포, 어둠에 대한 갑작스런 공포
6) 잠들기 어렵거나 악몽에 시달림.
7) 생식기를 자주 씻음.
8) 고민이 있는 것처럼 보이며 불안해하고 잦은 분노감정의 폭발
9) 우울, 자살경향, 술이나 약물 중독, 가출 등

■ 하트(Hart)의 청소년참여 사다리 모델 (the ladder of participation model)

1) 하트는 14세 이하의 청소년이 정책 또는 의사결정에 참여하는 수준을 8단계로 나눠 설명하였다.
2) 성인이 청소년을 이용하는 1단계에서 성인이 청소년을 명목상으로 참여시키는 3단계까지는 '비참여 단계'로 분류하고, 성인이 지시하지만 정보는 제공받는 단계인 4단계부터 '참여 단계'로 분류하였다.
3) 8단계
   (1) 1단계 : 성인이 이용하는 단계(manipulation)
     - 사업이 성인에 의해 주도되고 운영된다. 청소년은 프로그램이나 활동과 행사의 이슈에 대한 이해가 전혀 없다. 성인은 청소년을 이용하지만 그들을 이해관계자로 인정하지 않는다.
   (2) 2단계 : 장식처럼 동원되는 단계(decoration)
     - 사업이 성인에 의해 주도되고 운영된다. 청소년은 행사나 활동에 대해 제한적으로 이해하며 조직화 과정에서 참여도 없다.
   (3) 3단계 : 명목상으로 참여하는 단계(tokenism)
     - 사업이 성인에 의해 주도되고 운영된다. 청소년은 자문을 제공할 수는 있으나 의제를 형성하거나 환류에 대한 기회는 제공받지 않는다. 성인들은 청소년들을 이해관계자로 여기는 척 할 수 있다.

(4) 4단계 : 성인이 주도하지만 정보는 제공받는 단계(assingned but informed)), 역할부과
와 정보제공
- 참여가 시작되는 단계이다. 사업은 성인이 주도하고 운영하지만 청소년들이 그 의도를
이해하며 누가 왜 어떠한 결정을 내린 것인지 알고 사업을 이해한 후에는 사업에서 의미
있는 역할을 담당하며 사업에 참여한다.

(5) 5단계 : 성인이 정보를 제공하고 협의하는 단계(consulted and informed)
- 성인이 사업을 고안하고 운영하지만 청소년의 의견이 진지하게 다루어지며 청소년은 과
정을 이해하고 자문을 제공한다.

(6) 6단계 : 성인주도로 청소년과 의사결정을 공유하는 단계(adult-initiated, shared
decision with children)
- 진정한 참여가 시작되는 단계이다. 성인이 사업을 주도하지만 청소년과 의사결정을 동
등하게 공유한다. 청소년은 사업의 핵심관계자로 간주된다. 이때 성인이 청소년 참여에
대한 유능성이나 확신을 갖기 못하면 다음 단계로 넘어가기 어렵다.

(7) 7단계 : 청소년이 주도하고 감독하는 단계(child initiated and directed)
- 청소년이 성인의 참여 없이 사업을 시작하고 운영하는 단계이다. 성인은 관찰자로 존재
하면서 청소년의 활동에 대해 인식을 하지만 통제는 하지 않는 단계이다.

(8) 8단계 : 청소년 주도로 성인과 의사결정을 공유하는 단계(child initiated, shared
decision with adults)
- 청소년이 사업을 주도/관리하고 성인과 의사결정를 공유하며 관련기술에 대해 성인을
지도자와 코치로 활용하는 단계이다.

***1, 2, 3단계는 청소년의 참여가 이루어지는 수준이라기보다는 청소년들이 성인 정
책자나 의사결정자들에게 이용당하는 비참여 수준이라 할 수 있다.

4) 4, 5, 6, 7단계에서 청소년의 참여가 이루어진다고 할 수 있다.

5) 이 중 4, 5단계는 청소년의 참여가 형식적 차원에서 존중되지만 실질적인 의사결정권은 성
인 정책자나 의사결정자가 가지는 형식적 참여 수준이라 할 수 있다.

6) 6, 7, 8단계는 청소년이 실질적으로 의사결정권을 가지거나 상당 수준의 영향력을 행사하
는 실질적 참여수준이라 할 수 있다.

24강 청소년 사회참여 및 기타문제

학습목표	1. 하트의 청소년 참여사다리 모델 이해 2. 청소년 이해관련 기타 문제 등 이해 3. 청소년/학생인권 이해

학습내용	1. 청소년의 사회참여와 관련된 '하트'의 '청소년 참여사다리 모델'에 대한
	   내용을 학습한다.
	2. 청소년의 정책참여방법, CYS –Net(Community Youth Safety – Networt),
	   청소년과 대중매체의 기능 등에 대해 학습한다.
	3. 청소년/학생인권의 유형과 저해요소 등에 대해 학습한다.

☐ 하트의 청소년 참여 사다리 모델

1) 청소년 참여의 가장 높은 8단계를 항상 지향해야 하는 것은 아니다.
2) 청소년은 참여의 조작적 단계(manipulation)에서 프로그램이나 행사와 같은 쟁점에 대해 이해도 전혀 없고, 성인으로부터 이해관계자로 인정받지 못한다.
3) 청소년은 참여의 명목적 단계(tokenism)에서 의제에 대해 자문을 제공할 수 있지만 의제형성이나 피드백(환류) 기회를 제공받지 못한다.
4) 청소년참여 원리 중 가장 중요한 것은 '정보가 주어진 상태에서의 선택(informed choice)'이다.

☐ 공식적인 청소년 정책 참여기구

청소년특별회의, 청소년참여위원회, 청소년운영위원회, 청소년소리기자단, 청소년옴부즈맨, 청소년의회 등

1. **청소년기자단** : 청소년 보호정책에 대한 청소년들의 건전한 의견을 수렴하고자 결성된 모임
2. **청소년옴부즈맨** : 우선 청소년의 권리가 침해당하고 있는 가정, 학교, 지역사회 등 다양한 사회적 상황과 언론 등에서 나타나고 있는 침해 사례로부터 청소년들이 스스로 자신들의 권리를 찾을 수 있도록 모니터하는 일을 맡는다.

▣ 대한민국 청소년 박람회 - 기출

1) 청소년의 달(5월)에 개최하는 국내 최대 규모의 청소년축제의 장이다.
2) 청소년의 참여와 체험, 소통을 위한 주제별 공간을 마련하여 청소년들에게 새로운 문화콘텐츠를 공유, 창출, 확산하는 기회를 제공한다.

▣ 기출정리 - CYS -Net(Community Youth Safety - Networt)

1) 지역사회 위기청소년 지원을 위해 원스톱으로 상담, 보호, 의료, 자립 등 맞춤형 서비스를 제공하는 여성가족부 청소년복지정책이다.
2) 지역사회 청소년 통합 지원체계 'CYS -Net(Community Youth Safety - Networt)'는 위기청소년 보호지원을 위한 프로그램으로서 지역사회 시민 및 청소년 관련 기관 단체들이 위기사황에 빠진 청소년을 발견, 구조, 치료하는데 참여하여 건강한 민주시민으로 성장하도록 지원하기 위해 협력하는 연계망으로, 위기청소년을 위한 사회안전망이다.

▣ 청소년기 대중스타 수용경험이 갖는 긍정적 기능

1. 청소년기 대중스타 수용경험이 갖는 긍정적 기능

1) 자아정체감 및 집단적 정체감, 소속감의 형성과 수립
2) 다양한 문화경험을 체득하는 기회
3) 스트레스 및 현실불만 해소의 기능,
4) 적극적인 사회참여의 기회
5) 소비뿐만 아니라 문화적 생산자로서의 경험도 제공

2. 청소년기 대중스타 수용경험이 갖는 부정적 기능

1) 지나친 수용과 의존적 경향은 편집증적 성향을 부르며 이로 인해 다른 발달과업에도 지장을 미침
2) 지나친 집단적 동질성은 청소년 팬클럽들을 새로운 '이익단체'로까지 변모
3) 쉽게 문화산업이 갖는 상업성의 희생자가 되기 쉬움
4) 문화적 포퓰리즘의 경향에 종속될 수도 있음

▣ 청소년 유해매체물 판별기준

1. 청소년에게 성적인 욕구를 자극하는 선정적인 것이나 음란한 것

2. 청소년에게 포악성이나 범죄의 충동을 일으킬 수 있는것

3. 성폭력을 포함한 각종 형태의 폭력행사와 약물의 남용을 자극하거나 미화한 것

4. 청소년의 건전한 인격과 시민의식의 형성을 저해하는 반사회적·비윤리적인 것

5. 기타 청소년의 정신적·신체적 건강에 명백히 해를 끼칠 우려가 있는 것

■ 여기에서 한 가지 주목할 만한 점은, 청소년유해매체물에 대해서도 상반된 견해가 존재하고 있다는 사실임. 이에 대한 대표적인 이론으로 정화이론, 사회학습이론, 욕구점화이론을 들 수 있음.

1. 정화이론

- 인간은 죽음(파괴)와 성적본능을 가지고 있으며, 억압된 증오심과 성적욕구는 어떤 경로를 통해서든지 분출되어야 함
- 청소년들이 음란성, 폭력성 매체물에 노출될 경우, 내재된 공격욕구나 성적욕구가 대리충족 됨으로써 공격성향이 감소되고, 공격행위의 가능성도 약화시키기 때문에 현실적으로 무해하거나 오히려 유익함

2. 사회학습이론과 모방이론

- 청소년유해미디어의 부적절한 가치나 행동들은 청소년에게 모방되어지고 학습되며, 이로 인해 공격성과 폭력성이 형성됨
- 특히, 부적절한 행동에 대한 보상이 클수록, 모방의 가능성이 높아짐

3. 충동자극과 욕구점화이론

- 청소년유해미디어는 정서적 자극을 통해 생리적 변화를 일으킴으로써 청소년에게 부정적 영향을 미침
- 폭력물이나 음란물은 공격성, 성폭력·성충동 등과 같은 감정적 자극을 유발하여, 반사회적 행동에 이르게 함 → 방아쇠효과(trigger effect)

■ 청소년 비행유형 – 와이너(Weiner)의 접근방법

1. 1차적 일탈 : 낙인이론에서 누구나 우연한 기회에 저지를 수 있는 사소한 일탈이다.

2. 2차적 일탈 : 낙인으로 있게 되는 더욱 심각한 수준의 일탈이다.

3. 사회적 비행 : 반사회적 행동기준을 부과하는 하위문화의 구성원으로 비행을 저지른다는 것이다.

4. 신경증적 비행 : 자신의 욕구를 표현하고 충족시키기 위한 방법으로 행해지는 비행이다.
5. 성격적 비행 : 청소년의 비사회적 · 반사회적 성격구조에서 비롯된 비행이다.

청소년/학생인권의 종류

1. 학생들이 누릴 수 있는 권리로는 당연히 인간으로서 지니는 천부적인 권리인 〈자연권〉〈교육 기본권〉와 함께 학생이라는 특수한 신분에서 연유하는 〈학습권〉〈자치활동권〉〈문화활동권〉〈교육환경권〉〈교육과정 선택권〉 등을 들 수 있다.

   1) **자연권** : 학생 개개인은 독립된 인격체로서 존엄하고 인격적으로 대우받을 권리를 지닙니다.
   2) **교육 기본권** : 모든 학생은 성적 종교적 인종적 경제적 차이에 상관없이 평등하게 교육받을 권리를 지닙니다.
   3) **학습권** : 학생은 교육의 주체이며 학생의 자주적인 학습권을 보장받고 진실을 교육받을 권리를 지닙니다.
   4) **자치활동권** : 모든 학생은 학급(회)활동, 학생회활동, 동아리 활동, 특별활동, 언론활동 등 학교생활 전반에 걸쳐 자치적으로 활동할 권리를 지닙니다.
   5) **문화활동권** : 학생들은 주체적인 청소년 문화를 창조하고 자신들의 문화를 향유할 권리를 지닙니다.
   6) **교육환경권** : 모든 학생은 평등하고 쾌적한 교육환경에서 학습할 권리와 퇴폐향락 문화로부터 보호받을 권리를 지닙니다.
   7) **교육과정 선택권** : 학생들은 다양한 가치관을 접하고 학생 자신의 흥미와 관심, 적성에 기초하여 자유롭게 교육과정을 선택할 권리를 지닙니다.

]2. 프랜킨&프리맨의 청소년 권리유형 4가지

   1) 복지권
   2) 보호받을 권리
   3) 성인권(성인과 비교하여) 차별적 대우를 받지 않을 권리
   4) 부모에 대응할 수 있는 권리

■ 청소년/학생 인권을 침해·저해하는 요인들

1. 봉건 윤리

2. 국가주의 교육기제

3. 권위주의 교육풍토

'교사 – 학생의 관계'를 '국가 – 중앙 교육당국 – 지방 교육당국 – 학교장 – 교감 – 부장교사 – 교사 – 학생'이라는 중층적인 위계질서 속에서 최말단 하부단위로 파악하는 관료화한 교육풍토

4. 학력·학벌 중시 사회환경

학벌구조로 위계화된 한국사회의 새로운 카스트(caste)를 깨뜨리지 않고서 입시교육에 파묻힌 채 울리는 학생의 인권은 경시될 수 밖에 없는 환경.

5. 교육당국의 인권정책 부재

6. 비주체적 학생관

1) 학생들 스스로 오랜 제도교육의 틀 속에서 길들여진 결과, 학생 인권에 관련된 문제를 자신의 문제로 인식하지 못하는 현실을 초래.

2) 학생의 인권이 침해되었을 때 주체적으로 인식하고 자주적으로 해결하려는 태도를 보이기보다 문제의 가해당사자인 교사–학교–교육당국에 의존하는 자세를 보여옴.

3) 이러한 오랜 습성은 왜곡된 학생관을 낳아 학생들 스스로 문제를 해결해 보려는 주체적인 관점을 의식의 근저에서부터 흔들어 버려 학생 인권 문제를 더욱 후진적인 상태로 방치.

청소년의
이해

25강 청소년의 자기중심성/조숙, 만숙

학습목표	1. 청소년의 자기중심성 이해 2. 청소년 발달과 조숙, 만숙에 대한 이해

학습내용	1. 청소년의 자기중심성의 대표적 내용인 상상속의 청중 등에 대해 학습한다. 2. 청소년 발달과 관련된 조숙과 만숙의 의미을 이해하고 그 내용상 특징 등을 학습한다.

01 청소년들의 사회적 특징에 대해 다음과 같이 주장한 학자는?

> 아동의 역할과 성인의 역할의 차이에 따라 문화가 인간 발달에 주는 영향이 달라진다.

① 미드 ② 설리반 ③ 반두라
④ 베네딕트 ⑤ 브론펜브레너

정답 ④

해설 베네딕트(Benedict)는 각 문화권에서 아동의 역할과 성인의 역할의 차이에 따라 문화가 인간 발달에 주는 영향에 대한 해석이 달라진다고 보았다. 예를 들어, 서양 문화권에서는 그 사회에서의 아동의 역할이 성인의 역할과 확실히 다르지만, 다른 문화권에서는 아동과 성인의 역할 구분이 분명하지 않다고 주장하였다.

03 우리사회 가족형태 변화의 특징으로 옳지 않은 것은?

① 자녀수의 감소 ② 가구수의 감소
③ 핵가족의 증가 ④ 재혼가족의 증가
⑤ 한부모가족의 증가

정답 ②

해설 1인 가구의 증가로 가구수는 증가하는 추세이다.

02 다음 중 상상속 청중에 해당하는 예는 무엇인가?

① 지희는 아주 작은 실수를 했는데도 불구하고, 너무 큰 잘못을 저질렀기 때문에 모든 사람들이 자신있게 주목하는 것 같아서 심각하게 고민하고 신경을 쓰느라고 다른 일을 전혀 하지 못했다.

② 우성이는 어머니와 선생님의 만류에도 불구하고 오토바이의 스릴을 즐기는데, 자신에게는 절대로 사고가 일어나지 않으리라는 강한 믿음이 있기 때문이다.

③ 진아는 자신의 첫사랑인 남자친구와의 사랑이 너무도 애절하고 애틋하여 아무도 자신의 이런 사랑을 이해하지 못할 것이라고 생각하곤 한다.

④ 진호는 민수와의 우정은 그야말로 각별하고 유일무이하기 때문에 절대로 다른 사람들은 흉내조차 낼 수 없을 것이라고 믿어왔다.

⑤ 정훈이는 암만 술을 많이 마시고 운전해도 자신은 절대로 차사고를 내지 않는다는 강한 믿음을 가지고 있다.

정답 ①

해설 상상속의 청중은 사춘기의 청소년들이 자신을 무대의 주인공이라고 생각하며 나머지 사람들은 전부 자신을 쳐다보는 관객인 것처럼 여기는 자아중심성을 의미한다.

03 우리사회 가족형태 변화의 특징으로 옳지 않은 것은?

① 자녀수의 감소　② 가구수의 감소
③ 핵가족의 증가　④ 재혼가족의 증가
⑤ 한부모가족의 증가

정답 ②

해설 1인 가구의 증가로 가구수는 증가하는 추세이다.

04 다음 중 청소년의 조숙이 청소년의 심리적·정서적 발달에 부정적 영향을 주는 이유에 대한 설명으로 옳지 않은 것은?

① 심리적으로 조숙함을 감당할 수 있는 상태에 있지 않기 때문이다.
② 다른 청소년들에 비해 음주나 흡연 등에 노출될 수 있는 위험이 크기 때문이다.
③ 심리적으로 부적응을 경험할 수 있게 하기 때문이다.

④ 여자 청소년의 경우 친구들과 제대로 된 대인관계를 형성하지 못하게 되기 때문이다.

⑤ 남자 청소년의 경우 친구들보다 키가 작고 왜소해지기 때문이다.

정답 ⑤

해설 남자 청소년의 경우 친구들보다 키가 크고 장대하며, 운동을 잘하게 되는 경우도 많다.

05 다음 중 청소년의 성역할에 대한 설명으로 올바른 것을 모두 고르시오.

가. 부모와 사회로부터 영향을 받는다.
나. 성고정관념이 개방적인 사회에서는 그렇지 못한 사회에 비해 양성적인 사람들이 적응하기 어렵다.
다. 청소년 후기에는 성역할 집중화 현상이 증가한다.
라. 개인의 성역할 정체성 속에 남성적 역할과 여성적 역할을 조합해서 지니고 있는 것을 양성성이라고 한다.

① 가, 나
② 가, 라
③ 나, 다
④ 나, 라
⑤ 다, 라

정답 ②

해설 성고정관념이 개방적인 사회에서는 양성적인 사람들이 적응하기가 수월하며, 청소년 후기에는 성역할 집중화 현상이 점차 해소되는 경향이 강하다.

06 청소년기 인지발달의 일반적 특성으로 보기 어려운 것은?

① 불가역적 사고
② 추상적 사고
③ 가설연역적 사고
④ 가능성에 대한 사고
⑤ 사고과정에 대한 사고

정답 ①

해설 청소년의 인지발달수준에서는 가역적 사고가 가능하다.

07 피아제(Piaget)가 주장한 청소년기의 인지적 특성 중 자기중심성에 대한 설명으로 옳은 것은?

① 타인의 입장에서 다른 사람의 사고와 감정을 이해하는 것이다.

② 청소년이 자기 자신에게만 집중하는 것으로, 청소년 자신이 생각하는 것처럼 타인도 나를 독창적이고 특별한 존재로 생각한다고 느끼는 것이다.

③ 청소년기에는 신체적 성장으로 인해 성적·이성적 에너지가 충만하지만, 그것을 감당하지 못하여 심한 불안감, 수치심, 죄책감을 겪게 된다는 것이다.

④ 청소년의 성장은 성숙에 의해 좌우되며, 성장에 의해 체계화·조직화된다는 것이다.

⑤ 일생을 좌우할 자아정체성을 확립하기 위해 청소년기에 극복해야 할 위기와 과업을 말한다.

정답 ②

해설 ① 타인의 입장에서 다른 사람의 사고와 감정을 이해하는 것이다.
• '타인의 입장으로 보기'에 대한 내용
③ 청소년기에는 신체적 성장으로 인해 성적·이성적 에너지가 충만하지만, 그것을 감당하지 못하여 심한 불안감, 수치심, 죄책감을 겪게 된다는 것이다.
• '강도높은 정서적 경험'에 대한 내용
④ 청소년의 성장은 성숙에 의해 좌우되며, 성장에 의해 체계화·조직화된다는 것이다.
• 게젤의 성숙이론
⑤ 일생을 좌우할 자아정체성을 확립하기 위해 청소년기에 극복해야 할 위기와 과업을 말한다.
• 에릭슨의 인간발달단계론의 내용.

26강 도덕성발달 및 진로발달

학습목표	1. 청소년 도덕성 발달 이해 2. 진로발달 및 관련학자들의 이론 이해

학습내용	1. 청소년 도덕성 발달에 대한 콜버그 등의 학자들의 견해를 학습한다. 2. 진로발달과 관련 수퍼, 긴즈버그와 같은 관련학자들의 이론과 그 내용을 학습한다.

01 콜버그(L. Kohlberg)의 도덕성발달이론에 따르면 다음에 제시된 영수의 발달단계는?

> 하인츠 딜레마 이야기를 듣고 영수는 "안돼요. 남의 물건을 훔친 하인츠는 도둑으로 소문이 나서 그 동네에서는 창피해서 살 수 없을 거예요."라는 반응을 보였다.

① 벌과 복종 지향 단계 ② 착한 아이 지향 단계
③ 법과 질서 지향 단계 ④ 사회 계약 지향 단계
⑤ 보편 원리 지향 단계

정답 ②

해설 지문의 내용은 콜버그의 도덕성 발달 3단계(착한 아이 지향 단계)에 속하는 내용이다.

02 다음 중 교내 집단따돌림의 유형에 대한 설명으로 옳은 것은?

① 소외형 따돌림 – 신체장애나 소심한 성격을 가진 친구들에게 온갖 비속어로 놀리거나 비웃으며 따돌리는 것이다.
② 욕·협박형 따돌림 – 가해학생이 피해학생의 물건이나 신체를 때리거나 건드리기, 발 걸기, 가방이나 교복 등에 이물질 넣기 등의 직접적 폭력을 사용하는 것이다.

③ 강제형 따돌림 – 가해자가 피해자에게 숙제를 강제로 대신 하게 하거나 가방을 들게 하는 등으로, 주로 남학생 간의 권력관계에서 많이 나타난다.

④ 조롱형 따돌림 – 여학생 사이에 많이 나타나는 유형으로, 가해자가 피해자에게 말을 전혀 걸지 않고 집단에서 배제시키는 것이다.

⑤ 장난형 따돌림 – 언어를 통해 협박하고 가해자가 피해자에게 겁을 주며, 자존심을 상하게 하는 말을 많이 하고 빈정거리는 등의 언어폭력을 자주 사용하는 것으로서, 남학생에게서 가장 빈번하게 나타나는 따돌림 유형이다.

정답 ③

해설 ① 조롱형 따돌림 – 신체장애나 소심한 성격을 가진 친구들에게 온갖 비속어로 놀리거나 비웃으며 따돌리는 것이다.
② 장난형 따돌림 – 가해학생이 피해학생의 물건이나 신체를 때리거나 건드리기, 발 걸기, 가방이나 교복 등에 이물질 넣기 등의 직접적 폭력을 사용하는 것이다.
④ 소외형 따돌림 – 여학생 사이에 많이 나타나는 유형으로, 가해자가 피해자에게 말을 전혀 걸지 않고 집단에서 배제시키는 것이다.
⑤ 욕/협박형 따돌림 – 언어를 통해 협박하고 가해자가 피해자에게 겁을 주며, 자존심을 상하게 하는 말을 많이 하고 빈정거리는 등의 언어폭력을 자주 사용하는 것으로서, 남학생에게서 가장 빈번하게 나타나는 따돌림 유형이다.

03 다음 중 청소년 모라토리엄에 대한 설명으로 옳은 것끼리 묶인 것은?

㉠ 청소년과 성인의 청소년에 대한 인식의 차이로 인해 나타난다.
㉡ 최근에는 모라토리엄의 기간이 줄어들고 있다.
㉢ 지위비행 현상과 관련이 있다.
㉣ 청소년이 신체적으로 완전히 성숙하지 못한 채 심리적으로 성숙해지는 '심리적 조숙 과정'의 심화와 관련된다.

① ㉠   ② ㉠, ㉡
③ ㉠, ㉢, ㉣   ④ ㉡, ㉣
⑤ ㉡, ㉢, ㉣

정답 ③

해설 최근에는 모라토리엄의 기간이 연장되고 있다.

04 슈퍼(Super)의 자아개념이론에서 직업선택의 발달 과정 중 구체화 단계에 대한 설명으로 옳은 것은?

① 다양한 직업의 세계를 체험하게 되는 청년 후기에 해당하는 시기로서, 추상적이고 막연한 직업의 범위를 하나하나 구체적으로 좁히게 되는 단계이다.

② 자신이 선택한 직업에서 전문지식이 쌓이기 시작하는 20대 후반에 해당되며, 이때부터 직업이 자신의 가치관에 내면화되기 시작한다.

③ 20대 후반에 쌓이기 시작한 전문지식과 경험들이 강화되고 보다 원숙해지는 시기로서, 고참이 되기 전단계이다.

④ 은퇴가 임박한 시점에서 신체적·정서적으로 쇠퇴하기 시작하는 시기이며, 은퇴 이후를 준비하는 단계이다.

⑤ 10대 초반의 청년 초기에 직업에 대한 막연하고 추상적인 생각을 가지는 시기로서, 시간이 흐름에 따라 직업에 대한 확고한 정체성을 확립하게 된다.

정답 ①

해설 ② 자신이 선택한 직업에서 전문지식이 쌓이기 시작하는 20대 후반에 해당되며, 이때부터 직업이 자신의 가치관에 내면화되기 시작한다. - 확립단계
③ 20대 후반에 쌓이기 시작한 전문지식과 경험들이 강화되고 보다 원숙해지는 시기로서, 고참이 되기 전단계이다. - 강화단계
④ 은퇴가 임박한 시점에서 신체적 · 정서적으로 쇠퇴하기 시작하는 시기이며, 은퇴 이후를 준비하는 단계이다. - 쇠퇴단계
⑤ 10대 초반의 청년 초기에 직업에 대한 막연하고 추상적인 생각을 가지는 시기로서, 시간이 흐름에 따라 직업에 대한 확고한 정체성을 확립하게 된다. - 결정화단계

05 긴즈버그(E. Ginzberg)의 직업선택발달과정이 순서대로 바르게 나열된 것은?

① 현실적 단계 - 잠정적 단계 - 환상적 단계
② 잠정적 단계 - 환상적 단계 - 현실적 단계
③ 환상적 단계 - 현실적 단계 - 잠정적 단계
④ 환상적 단계 - 잠정적 단계 - 현실적 단계
⑤ 잠정적 단계 - 현실적 단계 - 환상적 단계

정답 ④

해설 환상적 단계 - 잠정적 단계 - 현실적 단계

06 청소년 의복문화의 일반적 특성으로 거리가 먼 것은?

① 소비적인 의복문화

② 충동적인 의복문화

③ 전통을 고수하는 의복문화

④ 동조와 비동조가 혼합된 의복문화

⑤ 정체성 형성도구로서의 의복문화

정답 ③

해설 청소년의 경우, 전통고수보다는 보다 혁신적인, 이질적인 의복문화에 심취하는 경향이 있다.

07 다음 중 인터넷 증후군의 내면 요인에 해당하는 것끼리 묶인 것은?

㉠ 개인의 인터넷 사용 시간
㉡ 중독 증상이 쉽게 올 수 있는 유전적 요인
㉢ 개인의 사제 및 교우관계
㉣ 개인의 가족관계

① ㉠, ㉡　　　　② ㉠, ㉢
③ ㉠, ㉡, ㉢　　④ ㉡, ㉣
⑤ ㉢, ㉣

정답 ①

해설 ㉢, ㉣은 환경요인(해설)

청소년의
이해

27강 청소년의 학교부적응/ 자살문제 등

학습목표	1. 청소년의 학교부적응 문제 이해 2. 청소년기의 우울과 자살 이해

학습내용	1. 청소년의 학교부적응 문제와 관련된 원인과 바람직하지 못한 결과들에 대한 내용을 학습한다. 2. 청소년기의 우울과 자살, 청소년 사회성 발달문제 등을 학습한다.

01 학교 부적응에 관한 설명으로 옳은 것을 모두 고른 것은?

> ㄱ. 학업부진은 학교 부적응과 관련이 없다.
> ㄴ. 개인의 정서문제는 학교 부적응과 관련이 있다.
> ㄷ. 또래나 교사와의 관계는 학교 부적응에 영향을 미친다.
> ㄹ. 학교 부적응 청소년에 대한 개입 시 부모나 보호자를 포함시키는 것이 바람직하다.
> ㅁ. 학업중단 청소년의 추후지도를 위해 각급 학교에서는 방과 후 돌봄교실을 운영하고 있다.

① ㄴ, ㅁ   ② ㄷ, ㄹ
③ ㄴ, ㄷ, ㄹ   ④ ㄱ, ㄷ, ㄹ, ㅁ
⑤ ㄴ, ㄷ, ㄹ, ㅁ

정답 ③

해설 학업부진은 학교 부적응과 관련이 깊다.

02 폭식증(bulimia)에 관한 설명으로 옳은 것은?

① 폭식 후에 구토나 단식이 뒤따른다.
② 왜곡되지 않은 신체상을 지닌다.
③ 거식증보다 더 심각한 저체중이 나타난다.
④ 폭식 후에 불안감이 감소한다.
⑤ 여학생보다 남학생에게 더 많이 발생한다.

정답 ①

해설 청소년의 섭식장애중 폭식증(bulimia)은 폭식 후에 구토나 단식이 뒤따른다.

03 청소년 자살에 관한 설명으로 옳지 않은 것은?

① 청소년 자살의 경우는 자살 전조행동을 보이지 않는다.
② 우울증이나 약물남용은 청소년 자살의 원인 중 하나이다.
③ 자살 시도는 여학생이 남학생보다 대체로 많은 편이다.
④ 가족 간의 유대는 자살을 예방하는 보호요인이 된다.
⑤ 입시위주의 교육환경은 청소년 자살과 관련이 있다.

정답 ①

해설 청소년 자살의 경우는 자살 전조행동을 보인다.

04 다음은 무엇에 대한 설명인가?

- 비고츠키의 이론을 적용하여 효과적인 개별화 교수의 주요 요소를 파악하려 하였다.
- 건물을 짓는 동안 일꾼들의 발판이 되는 일시적인 구조물과 같은 것으로, 교수학습에서의 교사나 유능한 동료와 상호작용하는 동안의 도움이나 지원에 대한 은유적 표현이다.

① 사회학습   ② 비계   ③ 평형화
④ 대리 강화   ⑤ 사회인지

해설 지문의 내용은 비고츠키의 '비계(발판)이론'을 설명한 내용이다.

정답 ②

05 타인과의 관계와 의사소통의 중요성을 강조한 심리사회적 발달이론가는?

① 프로이트(S. Freud)
② 게젤(A. Gesell)
③ 스탠리 홀(G. S. Hall)
④ 헤켈(E. Haeckel)
⑤ 설리반(H. Sullivan)

정답 ⑤

해설 정신역동적 상담이론가인 프로이드의 영향을 설리반(H. Sullivan)은 성격에 대해 대인관계와 관련하여 이론을 전개하였다.

06 다음 지문의 양육태도를 지닌 부모에게 양육을 받은 아이의 특징 중 틀린 것은?

> 부모가 자녀의 요구를 모두 들어주며, 무제한의 자유가 허용되고, 그 어떤 규칙도 강요하지 않는다.

① 의존적이다.
② 자신감이다.
③ 끈기가 없다.
④ 쉽게 좌절한다.
⑤ 공격적이다.

정답 ②

해설 지문의 내용은 부모의 '방임적', '허용적' 양육형태를 설명한 것으로 청소년의 '자신감'을 형성하는데 부정적 영향을 미친다고 본다.

07 다음 중 권위주의적인 부모에 대한 설명으로 올바르지 못한 것은?

① 부모가 독재자처럼 전체적으로 자녀들을 지도한다.
② 자녀는 항상 긴장하고 불안해한다.
③ 부정적 자기 이미지나 비하를 하는 자녀를 만들 수 있다.
④ 규칙을 정해놓으나 강요하지는 않는다.
⑤ 자녀들에게 무엇을, 언제, 어떻게 해야 하는지에 대해 일일이 설명한다.

정답 ④

해설 권위주의적 양육태도의 특징중 하나는 명령에 대한 복종 등을 요구하며 정해진 규칙준수를 엄격히 요구한다.

청소년의
이해

28강 청소년의 사회성발달/범죄이론 등

학습목표	1. 브론펜브레너의 생태학적 체계 이론 이해 2. 학교폭력과 청소년 범죄이론 이해

학습내용	1. 중간체계, 미시체계 등 브론펜브레너의 생태학적 체계 이론에 대한 학습을 한다. 2. 학교폭력과 다양한 청소년 범죄/일탈이론에 대해 학습한다.

01 브론펜브레너(U. Bronfenbrenner)의 생태학적 체계 중 생애 전반에 걸쳐
나타나는 변화와 사회역사적 환경을 의미하는 것은?

① 외체계   ② 중간체계

③ 미시체계   ④ 거시체계

⑤ 시간체계

정답 ⑤

해설 브론펜브레너(U. Bronfenbrenner)의 생태학적 체계 중 시간체계는 환경에서 일어나는 사
건과 사회 역사적 환경의 양식을 포함한다.

02 오늘날 청소년들의 이성교제의 역기능이 아닌 것은?

① 성폭력에 의한 갑작스러운 임신의 가능성 증가

② 동료 청소년과의 이성교제 빈도의 증가

③ 가출 청소년의 생존을 위한 성매매의 증가

④ 부정적 자아상을 극복하기 위한 성폭력 및 성희롱의 증가

⑤ 사회가 청소년에게 요구하는 역할규범과의 충돌 증가

정답 ②

해설 ② 동료 청소년과의 이성교제 빈도의 증가가 아닌 성인과의 이성교제 횟수가 증가하고 있다는 점이 역기능적 모습이다.

03 다음 중 학교에서 빈번하게 일어나는 학교폭력을 근절하기 위한 대처방안으로 옳은 것끼리 묶인 것은?

> ㉠ 가정에서 1차적으로 풀어야 한다.
> ㉡ 학교폭력에 대한 자진신고 및 피해신고 기간을 정하여 놓는다.
> ㉢ 폭력 및 학교폭력 예방을 위한 방법으로 스쿨존 사업이 있다.
> ㉣ 청소년 유해환경 제거 및 대중매체의 폭력에 대한 자율적인 규제가 필요하다.

① ㉠, ㉡   ② ㉠, ㉢
③ ㉡, ㉢   ④ ㉡, ㉣
⑤ ㉢, ㉣

정답 ③

해설 ㉠ 가정에서도 근절을 위한 노력을 해야 하겠지만 학교, 정부기관 모두가 1차적 관계기관이 된다.
㉣ 청소년 유해환경 제거 및 대중매체의 폭력에 대한 자율적/법적인 규제가 필요하다.

04 청소년비행에 관한 낙인이론(labeling theory)의 관점에 해당하는 것을 모두 고른 것은?

> 가. 어떤 행위에 대한 선악의 평가는 사회적으로 이루어진다.
> 나. 일탈의 원인보다는 일탈행동을 규정하는 규범과 처벌하는 과정에 더 관심을 가진다.
> 다. 비행은 사회통제가 개인에게 영향력을 행사하지 못하는 경우에 발생한다.
> 라. 일탈자로 규정된 사람은 그 낙인을 벗어나기 힘들기 때문에 계속 다른 일탈행위를 하게 된다.

① 가, 나, 다
② 가, 나, 라
③ 가, 다, 라
④ 나, 다, 라
⑤ 가, 나, 다, 라

정답 ②

해설 '다'의 내용은 '히르쉬'의 '사회유대이론'에 대한 내용이다.

05 다음 중 클라워드(Cloward)와 오린(Ohlin)의 차별기회이론에 대한 설명으로 옳은 것은?

① 청소년들의 비행행동을 체계화한 최초의 이론으로, 청소년들이 문제청소년이 되는 것은 비행행동과의 직·간접적인 접촉에 의해서라고 보았다.
② 비행을 다른 사람, 특히 친구들과의 언어·비언어를 사용한 의사소통을 통해 학습되는 후천적인 행동이라고 보았으며, 비행행동뿐만 아니라 문제를 저지르고자 하는 동기도 학습된다.
③ 개인과 개인 간의 유대에 의해 청소년들이 사회의 법과 규범을 지키게 되며, 개인과 사회의 유대관계가 훼손될 때 비행행동이 나타난다고 보았다.
④ 머튼의 아노미이론과 서덜랜드의 차별접촉이론을 융합한 이론으로, 모든 기회가 청소년들에게 불공평하게 주어지며, 그러한 사회구조 안에서 소외계층의 청소년들은 자신들만의 문화를 형성한다고 보았다.
⑤ 소외계층의 문화를 그들만의 고유한 문화로 보며, 문화의 결정요인을 말썽거리, 강인성, 영리함, 흥분, 운명, 자율의 6가지로 구분하여 설명하였다.

정답 ④

해설 클라워드(Cloward)와 오린(Ohlin)의 차별기회이론은 머튼의 아노미이론과 서덜랜드의 차별접촉이론을 융합한 이론이다.

06 다음 중 ADHD 청소년에 대한 올바른 설명을 모두 고르시오.

가. 아동기보다 과잉행동이 증가한다.
나. 학교의 규율이나 규칙을 위반한다.
다. 주의력 장애와 충동성으로 계획적인 학습활동을 방해한다.
라. 약물치료보다 가족상담이 효과적이다.

① 가, 나   ② 가, 다
③ 나, 다   ④ 나, 라
⑤ 다, 라

정답 ③

해설 아동기보다 청소년기에는 과잉행동이 감소하는 경향이 강하며 약물치료가 우선된다.

07 다음 중 아동, 청소년 성폭력 가해자의 신상정보 공개 내용에 해당하지 않는 것은?

① 주소   ② 나이
③ 성별   ④ 배우자
⑤ 성범죄 요지

정답 ④

해설 가해자 개인정보에만 국한된다.

학습목표	1. 청소년복지에 대한 이해 2. 청소년 관련 법령의 이해

학습내용	1. 청소년 복지와 관련 사업들에 대해 학습한다. 2. 각종 법령에 나타난 청소년의 지위와 보호 및 복지관련 규정 등을 학습한다.

01 중추신경 억제제에 해당되지 않는 것은?

① 아편
② 필로폰
③ 알코올
④ 헤로인
⑤ 모르핀

정답 ②

해설 그 외의 중추신경 억제제로는 진정 수면제, 항 불안제, 본드 등이 있다.

02 다음에서 설명하는 청소년 관련 사업은?

- 청소년의 달에 개최하는 국내 최대 규모의 청소년축제의 장이다.
- 청소년의 참여와 체험, 소토을 위한 주제별 공간을 마련하여 청소년들에게 새로운 문화콘텐츠를 공간을 마련하여 청소년들에게 새로운 문화콘텐츠를 공유, 창출, 확산하는 기회를 제공한다.

① 청소년 문화존
② 청소년특별회의
③ 여수국제청소년축제
④ 대한민국청소년박람회
⑤ 국제청소년성취포상제

정답 ④

해설 지문의 내용은 대한민국청소년박람회에 대한 설명이다.

---

03 다음 중 UN아동권리협약에 대한 설명으로 올바르지 못한 것은?

① 법적 보호를 포함한 특별한 보호와 배려를 포함한다.
② 모든 어린이가 안전하고 행복하며 충족된 환경에서 자신이 가진 잠재력을 충분히 발휘하기 위해 필요한 것들을 총망라해 놓은 것이다.
③ 모든 국가의 비준을 받은 협약이다.
④ 어린이의 권리보호만을 목적으로 만들어진 국제사회 최초의 협약이다.
⑤ 어린이도 권리를 가진 주체로서 인정한 유일한 협약이다.

정답 ③

해설 UN아동권리협약은 국제협약중 가장 많은 나라의 비준을 받은 협약이지만 미국과 소말리아는 제외된다.

---

04 청소년복지 지원법 제4조의 내용이다. (   )에 들어갈 숫자가 순서대로 옳은 것은?

> 특별자치도지사 또는 시장·군수·구청장(자치구의 구청장을 말한다)은 (   )세 이상(   )세 이하의 청소년에게 청소년증을 발급할 수 있다.

① 9, 18
② 9, 19
③ 9, 24
④ 13, 18
⑤ 13, 19

정답 ①

해설 청소년복지 지원법 제4조 참조

05 다음 중 청소년기본법상 청소년의 연령은?

① 9세 이상 ~ 20세 이하　　② 9세 이상 ~ 24세 이하
③ 18세 미만　　　　　　　　④ 19세 미만
⑤ 19세 이하

　정답 ②

　해설 관련법 제3조 참조

06 청소년복지 지원법상 청소년복지시설 또는 청소년복지지원기관으로 명시되지 않은 것은?

① 청소년쉼터　　　　　　　② 청소년자립지원관
③ 청소년치료재활센터　　　④ 청소년성문화센터
⑤ 이주배경청소년지원센터

　정답 ④

　해설 관련법　제30조, 제31조 참조

07 다음 중 청소년관련법상 청소년의 연령으로 옳지 않은 것은?

① 청소년기본법 – 9세 이상 24세 이하
② 청소년보호법 – 만 19세 미만
③ 청소년복지지원법 – 만 20세 이하
④ 아동·청소년 성보호에 관한 법률 – 19세 미만
⑤ 학교 밖 청소년 지원에 관한 법률 – 9세 이상 24세 이하

　정답 ③

　해설 청소년복지지원법에서의 청소년 범위는 9세 이상 24세 이하

■ 저자약력

조만업

미래세대진로코칭연구소장(책임교수)
가천대학교 고용&직업상담학과 교수
NCS청소년상담복지(청소년상담사) 신자격심사위원
NCS청소년지도분야(청소년지도사) 신자격검토/집중화 위원
구리시 YMCA 청소년진로캠프총괄책임자
고용부 청(소)년층 진로지도 프로그램(CAP+)전문진행가
서울시 상담직 채용시험 출제위원
공정근로 청소년 알바지킴이 전문상담사
용인고용포럼 사무국장
국가공인직업상담사
고용노동부 상담직렬공무원(진로지도팀장)

주요저서
● 청소년자기주도 진로설계 모형(가천대 출판부. 2014. 2015년)
● 청소년 발달심리학, 청소년집단상담론(도서출판 더배움. 2016년)
● 국가공인 청소년상담사2급 수험서 (도서출판 더배움, 2015년)
● 국가공인 청소년상담사3급 수험서 (도서출판 더배움, 2015년)
● 심리측정 및 평가(도서출판 더배움. 2015년)
● 진로/직업상담학(도서출판 형설, 2010)
● 진로/직업심리학(도서출판 정훈사, 2010.~2015년)

한양대 학사(법학)
한양대 석사(법학_일반대학원)
한국기술교육대(박사과정 수료 , 진로상담전공)

최신출제경향을 반영한
한권으로 끝내는 청소년 상담사 3급

초판인쇄 2020년 9월 9일
3쇄발행 2024년 8월 26일
지은이 조만업
디자인 에듀서울
제작지원 토픽코리아(TOPIK KOREA)

펴낸곳 ㈜도서출판 참
펴낸이 오세형
등록일자 2014년 10월 21일
등록번호 제25100-2022-000090
주소 서울특별시 구로구 디지털로30길 28 마리오타워 318호
전화 02-6347-5071
팩스 02-6347-5075
홈페이지 www.chambooks.kr
블로그 blog.naver.com/cham_books
메일 cham_books@naver.com
ISBN 979-11-88572-12-0(13180)